História das
Religiões
Mundiais

Dados Internacionais de Catalogação na Publicação (CIP)
(Câmara Brasileira do Livro, SP, Brasil)

Noss, David S., 1929-2010
 História das religiões mundiais / David S. Noss, Blake R. Grangaard ; tradução Andre Szczawlinska Muceniecks. – Petrópolis, RJ : Vozes, 2023.

 Título original: A History of the World's Religions

 ISBN 978-65-5713-285-2

 1. Religiões – Estudo comparado 2. Religiões – História I. Grangaard, Blake R. II. Título.

21-65203   CDD-200.9

Índices para catálogo sistemático:
1. Religiões : História 200.9

Aline Graziele Benitez - Bibliotecária - CRB-1/3129

História das Religiões Mundiais

DAVID S. NOSS
BLAKE R. GRANGAARD

Tradução de Andre Szczawlinska Muceniecks

EDITORA VOZES

Petrópolis

© 2018 Taylor & Francis.
Tradução autorizada da edição em língua inglesa, publicada inicialmente por Ashgate Publishing e publicada atualmente pela Routledge, membro do Grupo Taylor & Francis.

Título original em inglês *A History of the World's Religions*

Direitos de publicação em língua portuguesa – Brasil:
2023, Editora Vozes Ltda.
Rua Frei Luís, 100
25689-900 Petrópolis, RJ
www.vozes.com.br
Brasil

Todos os direitos reservados. Nenhuma parte desta obra poderá ser reproduzida ou transmitida por qualquer forma e/ou quaisquer meios (eletrônico ou mecânico, incluindo fotocópia e gravação) ou arquivada em qualquer sistema ou banco de dados sem permissão escrita da editora.

CONSELHO EDITORIAL

Diretor
Gilberto Gonçalves Garcia

Editores
Aline dos Santos Carneiro
Edrian Josué Pasini
Marilac Loraine Oleniki
Welder Lancieri Marchini

Conselheiros
Elói Dionísio Piva
Francisco Morás
Ludovico Garmus
Teobaldo Heidemann
Volney J. Berkenbrock

Secretário executivo
Leonardo A.R.T. dos Santos

Editoração: Fernando Sergio Olivetti da Rocha
Diagramação: Raquel Nascimento
Revisão gráfica: Nilton Braz da Rocha
Capa: Renan Rivero

ISBN 978-65-5713-285-2 (Brasil)
ISBN 978-1-138-21169-8 (Reino Unido)

Este livro foi composto e impresso pela Editora Vozes Ltda.

ÍNDICE

Mapa, 10
Prefácio, 13
Linha do tempo, 14

Parte 1 Algumas religiões primais e antigas, 17

1 Religião em culturas pré-históricas e primais, 19
    I - Os inícios: religião nas culturas pré-históricas, 20
    II - Terminologia básica: características da religião nas culturas primais, 25
    III - Estudo de caso: os Dieri do sudeste da Austrália, 38
    IV - Estudo de caso: os BaVenda da África do Sul, 44
    V - Estudo de caso: os Cherokees dos bosques do Sudeste, 48
    Glossário, 59
    Leituras sugeridas, 60
    Referências, 61

2 Religiões antigas que deixaram sua marca no Ocidente, 62
    I - Mesopotâmia, 62
    II - Grécia, 70
    III - Roma, 86
    IV - A Europa além dos Alpes, 95
    V - Mesoamérica: os maias, 101
    Glossário, 108
    Leituras sugeridas, 109
    Referências, 110

Parte 2 As religiões do sul da Ásia, 113

3 Hinduísmo antigo: a passagem do sacrifício ritual para a união mística, 115
    I - A religião da Era Védica, 117
    II - Bramanismo, castas e a vida cerimonial, 129
    Glossário, 146
    Leituras sugeridas, 148
    Referências, 148

4 Hinduísmo posterior: a religião como determinante do comportamento social, 150
    I - Mudanças no bramanismo: os quatro objetivos de vida e os três caminhos, 152
    II - Os três caminhos para salvação, 154

III – A vida devocional, 184
IV – Questões e problemas do presente, 189
Glossário, 201
Leituras sugeridas, 203
Referências, 205

5 Jainismo: um estudo sobre o ascetismo, 206
    I – A forma de vida de Mahavira, 208
    II – Filosofia e ética do jainismo, 212
    III – Os seguidores de Mahavira, 217
    Glossário, 219
    Leituras sugeridas, 220
    Referências, 220

6 O budismo em sua primeira fase: moderação e renúncia ao mundo, 221
    I – A vida do fundador, 222
    II – Os ensinamentos do Buda, 232
    Glossário, 245
    Leituras sugeridas, 246
    Referências, 247

7 O desenvolvimento religioso do budismo: a diversidade nos caminhos para o Nirvana, 249
    I – A expansão do budismo na Índia e no Sudeste Asiático, 252
    II – O surgimento de Mahayana na Índia, 261
    III – A expansão do budismo nas terras setentrionais, 263
    IV – A mensagem de ajuda ao próximo do Mahayana, 269
    V – As filosofias religiosas do Mahayana, 273
    VI – Escolas de pensamento Mahayana na China e no Japão, 280
    VII – O budismo no Tibete, 295
    VIII – O budismo hoje, 302
    Glossário, 310
    Leituras sugeridas, 312
    Referências, 315

8 Sikhismo: um estudo sobre o sincretismo, 316
    I – A vida e a obra de Nanak, 317
    II – Os ensinos de Nanak, 321
    III – A história política do sikhismo, 323
    Glossário, 329
    Leituras sugeridas, 329
    Referências, 330

Parte 3 As religiões do leste da Ásia, 331

9 Religião nativa chinesa e daoismo, 333
    I – Os elementos básicos da religião chinesa, 333
    II – Daoismo enquanto filosofia (Dao-Jia), 348
    III – Daoismo enquanto mágica e religião (Dao-Jiao), 362
    Glossário, 373
    Leituras sugeridas, 375
    Referências, 376

10 Confúcio e o confucionismo: um estudo sobre o humanismo otimista, 378
    I – O homem Confúcio, 379
    II – Os ensinamentos de Confúcio, 382
    III – As escolas confucionistas: seus rivais e campeões, 399
    IV – Neoconfucionismo, 416
    V – O culto estatal de Confúcio, 421
    VI – A religião na China no período moderno, 423
    Glossário, 428
    Leituras sugeridas, 429
    Referências, 431

11 Shintō: a contribuição nativa à religião japonesa, 433
    I – O pano de fundo de Shintō, 434
    II – O mito Shintō, 438
    III – Shintō nos períodos medievais e mais recentes, 441
    IV – Shintō de Estado até 1945, 447
    V – Shintō e o guerreiro, 453
    VI – Shintō de santuários hoje, 457
    VII – Shintō doméstico e sectário, 459
    Glossário, 463
    Leituras sugeridas, 464
    Referências, 465

Parte 4 As religiões do Oriente Médio, 467

12 Zoroastrismo: uma religião baseada em dualismo ético, 469
    I – A religião iraniana antes de Zoroastro, 471
    II – A vida e os ensinamentos de Zoroastro, 472
    III – A religião do *Avesta* posterior, 480
    IV – Os zoroastrianos dos dias atuais, 488
    Glossário, 494
    Leituras sugeridas, 495
    Referências, 496

13 O judaísmo em suas fases iniciais: das origens dos hebreus ao exílio, 497
    I - A religião dos hebreus pré-mosaicos, 499
    II - Moisés e o pacto com Yahweh (cerca de 1250 AEC), 502
    III - Entrando em Canaã e confrontando os baalins, 507
    IV - Protesto e reformas proféticos, 514
    V - O exílio babilônico, 531
    Glossário, 538
    Leituras sugeridas, 539
    Referências, 540

14 O desenvolvimento religioso do judaísmo, 541
    I - O surgimento do judaísmo no período da restauração, 541
    II - Novas tendências de pensamento nos períodos grego e macabeu, 547
    III - O período romano até 70 EC, 554
    IV - A grande dispersão, 557
    V - A formação do Talmude, 561
    VI - Os judeus na Idade Média, 565
    VII - O judaísmo no mundo moderno, 573
    Glossário, 582
    Leituras sugeridas, 583
    Referências, 583

15 O cristianismo em sua fase de abertura: as palavras e trabalhos de Jesus sob a perspectiva apostólica, 585
    I - O mundo ao qual veio Jesus, 587
    II - A vida de Jesus: a primeira fase, 591
    III - Os temas nos ensinamentos de Jesus, 595
    IV - Os eventos clímax, 602
    V - A Era Apostólica, 607
    VI - A Igreja Primitiva (50-150 EC), 614
    Glossário, 620
    Leituras sugeridas, 621
    Referências, 622

16 O desenvolvimento religioso do cristianismo, 623
    I - A antiga Igreja Católica (150-1054 EC), 623
    II - As Igrejas Ortodoxas Orientais, 640
    III - A Igreja Católica Romana na Idade Média, 643
    IV - A Reforma Protestante, 656
    V - A Reforma Católica, 668
    VI - Contracorrentes nos séculos XVII e XVIII, 671
    VII - A ortodoxia oriental no mundo moderno, 675
    VIII - O catolicismo no mundo moderno, 677

IX – O protestantismo no mundo moderno, 682
X – Tendências teológicas recentes, 691
Glossário, 696
Leituras sugeridas, 697
Referências, 698

17 Islã: a religião de submissão a Deus, inícios, 700
　I – Crenças e práticas árabes antes de Maomé, 702
　II – O Profeta Maomé, 707
　III – A fé e a prática do Islã, 715
　IV – A expansão do Islã, 725
　V – Os primeiros cinco séculos do pensamento muçulmano, 729
　Glossário, 744
　Leituras sugeridas, 745
　Referências, 748

18 A alternativa Shīʻah e desenvolvimentos regionais, 750
　I – O partido (Shīʻah) de ʻAlī, 750
　II – Desenvolvimentos posteriores, 758
　III – Islã e cultura, 762
　IV – Questões no mundo moderno, 764
　V – Desenvolvimentos regionais, 769
　VI – Movimentos em direção à inovação e ao sincretismo, 784
　Glossário, 787
　Leituras sugeridas, 788
　Referências, 788

Índice analítico, 791

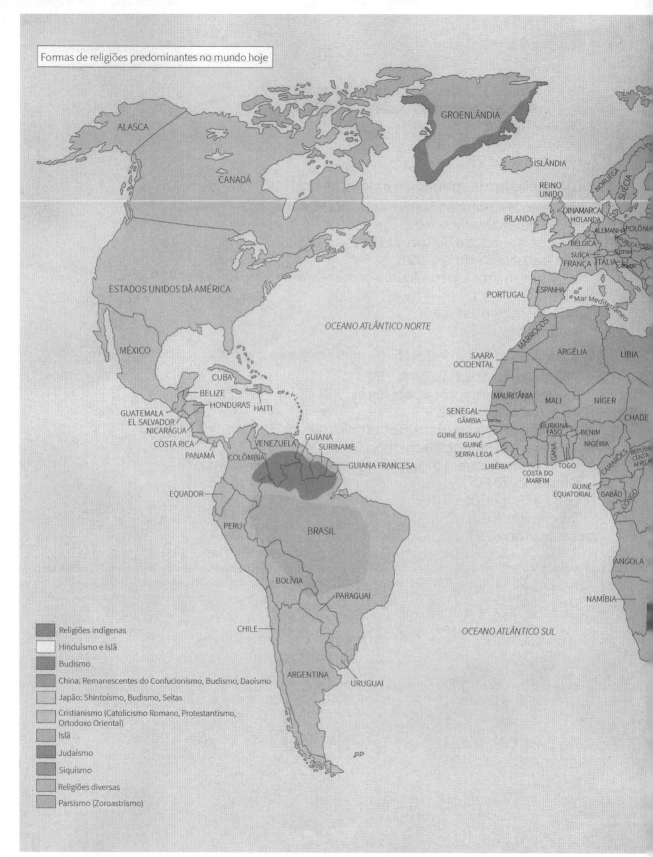

Prefácio

Por vez novas descobertas são acompanhadas por comentários espirituosos e piadas do tipo: "agora eles terão de reescrever os livros de história!" Não é o momento de "reescrever" este livro, mas é hora de atualizá-lo e tomar notas de algumas mudanças sugeridas em sua história. Em diversos lugares o leitor encontrará caixas de texto intituladas "Um ponto de vista alternativo". Seu propósito é reconhecer que a história está sempre sendo escrita e reescrita e aprendida e reaprendida à luz de novas evidências e novas interpretações de antigas evidências. Estes "pontos de vista alternativos" não são apresentações abrangentes, mas sim provocações para direcionar o estudante interessado rumo a uma área de possível investigação.

O QUE HÁ DE NOVO NESTA EDIÇÃO

- Estatísticas atualizadas baseadas nos estudos do Pew Research Center (Centro de Pesquisa Pew *), *The Changing Global Religions Landscape* (O cenário global mutável das religiões), lançado em 2017.
- Os mapas foram atualizados a fim de corrigir mudanças em fronteiras e em porcentagens populacionais.
- Caixas de texto introduzem um ponto de vista alternativo em relação às origens de uma religião.

O que *não há* de novo nesta edição? Não mudamos nosso foco. O livro continua sendo uma "história das religiões" em um volume, dirigido para professores e estudantes. Duas necessidades especiais identificadas por John B. Noss na primeira edição continuam a guiar sua composição: incluir "detalhes descritivos e interpretativos das fontes originais" e "preencher o intervalo entre a fundação das religiões até suas condições atuais".

Eu gostaria de encorajar os leitores a me contatar com sugestões ou correções. Agradecimentos especiais aos colegas da Universidade de Heidelberg, Omar Malik e Marc O'Reilly por muitas conversas proveitosas e valiosas sugestões. Agradeço também a Eve Mayer, Rebecca Shillabeer, Sarah Gore e seus associados no grupo "Routledge, Taylor and Francis", por sua atenção a este projeto.

---

* Centro de estudos norte-americanos dedicado a estudos da religião [N.T.].

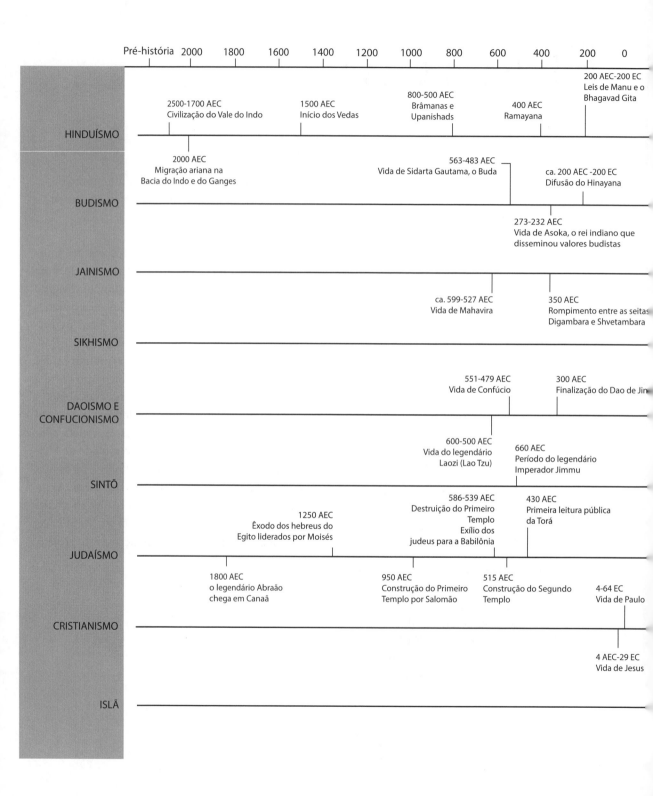

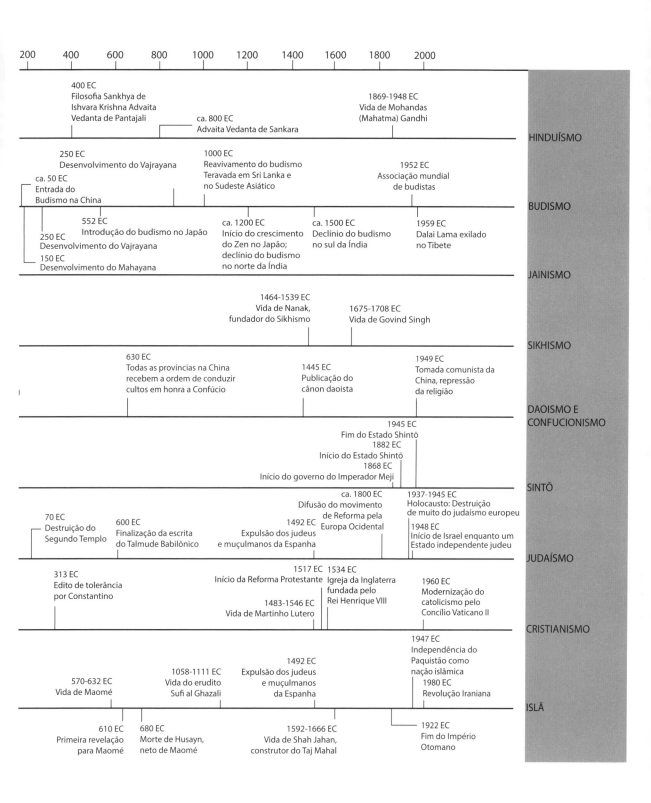

PARTE 1

ALGUMAS RELIGIÕES PRIMAIS E ANTIGAS

1
Religião em culturas pré-históricas e primais

Fatos resumidos:

- População mundial em culturas primais: ca. 94 milhões.
- Tradição sagrada: oral, pictórica, ou transmitida por meio de artefatos.
- Estudos de caso: culturas primais do passado recente:
    - *Os Dieri da Austrália*: data de estudo, ca. 1865; população, ca. 10.000.
    - *Os BaVenda da África do Sul*: data de estudo, ca. 1920; população, ca. 150.000.
    - *Os Cherokees do sudeste dos Estados Unidos da América do Norte*: data de estudo, ca. 1825; população, ca. 18.000.

Nenhum de nós pode pretender ser capaz de ver o mundo através dos olhos de nossos ancestrais pré-históricos. Podemos contemplar suas pinturas em cavernas, seus implementos, a disposição de corpos e artefatos em seus locais de enterramento, e fazer conjecturas. Nós podemos, no entanto, ter uma visão clara das religiões primais de nossa própria época. (O termo *primal* é usado aqui em referência a religiões em seus estados originais, isto é, confinadas a um contexto cultural relativamente pequeno, isolado, não sendo derivadas de outras religiões, e "não exportadas".) Apesar de não haver justificativas claras em interpretar as prováveis intenções de populações pré-históricas por meio de analogias com as de culturas primais mais recentes, nós nos vemos tomando notas de paralelos simplesmente por não haver modelos alternativos que embasem nossas suposições: devemos olhar para analogias com cautela.

As conjecturas acerca de culturas pré-históricas e as observações de culturas primais isoladas no passado recente convergem em uma função vital da religião: a conexão entre o mundo visível, cotidiano, com forças e espíritos poderosos e invisíveis. A respeito disso, as vidas dos povos antigos estavam muito mais entrelaçadas com as forças da natureza do que os modernos podem conceber de imediato. Temos o costume de objetificar as coisas: "uma tempestade súbita é produto de massas de ar em colisão"; "o falecido avô em um sonho é produto de uma função cerebral". Nas culturas antigas ou primais, a tempestade, o eclipse e o sonho aparecem não como objetos, mas como os "outros", em uma relação "sujeito para sujeito". Num sentido profundo, isso significa uma ampliação do escopo do encontro religioso. Compreender tal visão de mundo faz algumas exigências especiais de nossas capacidades empáticas.

I – OS INÍCIOS: RELIGIÃO NAS CULTURAS PRÉ-HISTÓRICAS

Oh, primo antigo.
Oh, Neandertalense!
Que forma enganadora, que sombra
*   corre através de sua mente*
*   primitiva?*

Eis seus ossos,
e um vazio, esmigalhado crânio,
Eis suas pedras esculpidas –
*   a última testemunha, inerte e muda,*
*   de sua força, já esvanecida há tanto*
*   tempo.*

Que amores você teve,
que palavras a falar,
que louvores,
Primo?
J.B. Noss

Se pudéssemos encontrar respostas para essas questões, elas nos ajudariam a determinar quando e como a religião começou. Se a atribuição de "religião" requer evidência de práticas regulamentadas com o intuito aparente de dar sentido ao mundo e controlar forças inumanas, então os Neandertais podem ser provavelmente os primeiros seres passíveis de serem identificados enquanto "religiosos". Talvez eles não o fossem, mas seus predecessores imediatos (*Homo habilis, erectus, e heidelbergensis*), ainda que tenham nos deixado ferramentas de pedra entalhada, armas, fogo, e coleções de crânios humanos, não nos deixaram uma quantidade comparável de evidências.

A antiga Idade da Pedra

NEANDERTAIS

O povo Neandertal, que floresceu de 230.000 a 30.000 anos atrás por uma área que se estende do sul da Espanha através da Europa até Hungria e Israel, é considerado hoje uma espécie provavelmente separada, substituída pelo *Homo sapiens* ao invés de se diluir em meio a ele. Não obstante, suas sepulturas fornecem as evidências claras mais antigas de práticas religiosas da antiga Idade da Pedra.

Alguns dos mortos recebiam enterramento cuidadoso. Juntamente com os corpos, que eram colocados usualmente em uma posição agachada, havia oferendas de alimentos (dos quais restam apenas ossos quebrados) e implementos de pedra: machados manuais, furadores, e raspadores-picadores.

Assume-se geralmente que tais objetos eram deixados a fim de servir ao morto no além. Outras oferendas tumulares eram menos utilitárias e mais puramente expressivas em suas intenções: um corpo na caverna de Shanidar, no Iraque, foi coberto com ao menos oito espécies diferentes de flores! Havia também sinais de outras formas de veneração ritual.

Aparentemente os Neandertais tratavam o urso da caverna com especial reverência. Eles caçavam-no com grande perigo para si mesmos e pareciam respeitar seu espírito mesmo depois que ele fosse morto. Eles pareciam colocar à parte certos crânios de ursos das cavernas, sem remover os cérebros – uma grande iguaria – e também certos ossos longos (ou com medula), os depositando também com cuidado especial em suas cavernas em lajes elevadas de pedra, em prateleiras, ou em nichos, provavelmente a fim de fazê-los o centro de alguma forma de ritual. Está no campo da conjectura se este culto ao urso – se é que era mesmo um culto – consistia em uma propiciação ao espírito do urso durante uma festa ritual, uma forma de magia de caça para garantir o sucesso na próxima caçada, ou ainda um sacrifício ou oferenda votiva a alguma divindade relacionada às inter-relações entre humanos e ursos.

Outro tema de debate é o tratamento dos Neandertais aos crânios humanos. Alguns dos

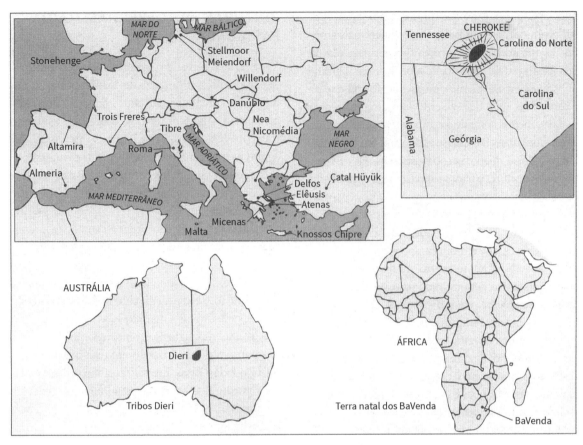

Sítios pré-históricos e primais

crânios são encontrados, singularmente ou em séries, sem estarem acompanhados dos outros ossos do corpo; foram separados dos corpos e abertos em suas bases de uma forma que sugere que os cérebros eram extraídos e ingeridos. A evidência é inconclusiva para afirmar se os crânios esvaziados eram colocados em posições rituais para ritos memoriais, ou se o povo Neandertal era composto de caçadores de cabeça que ingeriam os cérebros de vítimas sacrificiais ou de inimigos em algum procedimento de cunho sagrado, a fim de adquirir a força da alma que neles havia. Os fatos de que nem todos os corpos eram enterrados intactos e de que ossos largos do corpo humano eram frequentemente quebrados até a medula sugerem que cadáveres humanos eram uma fonte de alimentação, fossem ou não consumidos de forma ritual.

Quando chegamos aos níveis culturais posteriores e mais elevados da antiga Idade da Pedra, iniciada 30.000 anos atrás – até o período do chamado povo Cro-Magnon da Europa e seus equivalentes africanos e asiáticos – temos menos dúvidas em relação à precisa natureza das convicções e práticas religiosas da antiga Idade da Pedra.

CRO-MAGNONS

Os Cro-Magnons foram membros da espécie *Homo sapiens*; eles evoluíram de forma mais aproximada à espécie humana atual e eram de certa forma mais altos e robustos que a norma moderna. Eles surgiram durante um período climático mais ameno do que aquele que tornara tão perigosa a vida dos Neandertais, aos quais substituíram. Durante os meses mais quentes, da mesma forma que os Neandertais antes deles, eles viviam uma existência mais ou menos nômade, seguindo sua caça; durante as estações mais frias eles se abrigavam em cavernas, em refúgios e alpendres sob penhascos. Eles viviam da coleta de raízes e frutas silvestres e da caça, sendo que suas maiores presas eram bisões, auroques, mamutes ocasionais e, especialmente, renas e cavalos selvagens. Têm sido encontradas evidências de suas façanhas de caçada em um campo a céu aberto descoberto em Solutré, no centro-sul da França, onde arqueólogos têm desenterrado os ossos de 100.000 cavalos, ao lado de renas, mamutes e bisões – vestígios de séculos de festanças. Os Cro-Magnons nunca domaram e domesticaram o cavalo, mas o consideravam um bom alimento. Esse cavalo, peludo e pequeno, se movia em largas manadas, era altamente vulnerável a ataques e era inofensivo.

De modo um pouco similar aos Neandertais, os Cro-Magnons enterravam seus mortos. Eles escolhiam os mesmos tipos de locais de sepultamento – de forma não antinatural – nas entradas de suas grutas ou próximo aos seus abrigos; cercavam o corpo – usualmente colocado sob uma laje protetora de pedra – com ornamentos como braceletes de conchas e argolas para cabelo, bem como com ferramentas de pedra, armas e alimentos. Como alguns dos ossos encontrados estavam carbonizados, é possível – mas se trata apenas de conjectura – que os sobreviventes retornavam à sepultura para celebrar com os mortos durante uma refeição comunitária solidária. É de grande interesse o fato de que eles praticavam o costume de pintar ou derramar material de cor avermelhada (vermelho ocre) no corpo durante o enterramento ou em um momento posterior nos ossos, durante um segundo enterramento.

PINTURAS NAS CAVERNAS: MAGIA PARA CAÇA

Estamos cercados constantemente de pinturas de todo tipo, produzidas de forma casual; é-nos difícil compreender, portanto, o poder que imagens criadas podem ter tido sobre nossos ancestrais pré-históricos. As pinturas e gravuras que sobreviveram não foram produzidas casualmente: elas requereram o investimento de esforço que pôde vir à tona apenas a partir de um forte senso de propósito.

Cavernas na região Franco-cantábrica preservaram maravilhas da arte Cro-Magnon (40.000-10.000 AEC). Pinturas, estatuetas de argila, e gravuras em ossos retratam figuras humanas, símbolos de fertilidade, e especialmente animais da caçada: bisões, renas, ursos e mamutes.

Muitas das figuras e pinturas eram gravadas nas paredes de cavernas sombrias à luz de tochas ou lâmpadas rasas de pedra-sabão, alimentadas com gordura. Os artistas usualmente realizavam seus trabalhos tão longe da entrada das cavernas e em lugares praticamente inacessíveis que dificilmente pretendiam uma exibição diária de seus murais. O que teriam eles em mente?

A resposta que parece mais consistente com todos os fatos é que as práticas dos Cro-Magnons incluíam, para começar, um impulso estético-religioso e a celebração de um senso de parentesco e de interação entre os espíritos animais e humanos, que Rachel Levy chamou de "uma participação no esplendor das bestas que era da natureza da própria religião"[A*].

Mas parecem ter existido também propósitos mágico-religiosos, tais quais tentativas de controlar eventos. Parece além de qualquer dúvida a

---

* As indicações das citações são designadas por letras maiúsculas e elevadas, seguidas de número quando a obra em questão for mencionada mais vezes. Os livros citados são precedidos de letras maiúsculas e elevadas nas referências.

existência entre eles de especialistas mágicos (ou mesmo sacerdotes). Um vívido mural nas cavernas de Les Trois Fréres mostra um homem mascarado, com uma longa barba e pés humanos, retratado com chifres de rena, as orelhas de um veado, as patas de um urso, e a cauda de um cavalo. A figura provavelmente representa uma figura bem conhecida nas comunidades primais, o xamã: uma pessoa especialmente sintonizada com o mundo dos espíritos, chamada para lidar com eles em nome de outrem.

Tenham sido ou não os xamãs os próprios artistas, eles provavelmente conduziam cerimônias que faziam uso de pinturas e estatuetas de argila. Assim como em culturas primais da atualidade, crê-se que uma imagem ou uma pintura pode prover um substituto mágico para o objeto do qual ele é uma representação, da mesma forma os Cro-Magnons podem ter crido que a criação da imagem de um animal o submetia ao poder do criador da imagem. Vários exemplos sugerem claramente o uso mágico feito de murais realistas e trabalhos plásticos da Era Paleolítica. Na caverna de Montespan há uma figura de argila de um urso cujo corpo está coberto com representações de estocadas de dardos. Similarmente, na caverna de Niaux, um bisão gravado e pintado está marcado com contornos rudemente pintados de lanças e dardos, indicativos silenciosos do ápice de alguma caçada primal. É evidente que os caçadores Cro-Magnons, excitados e talvez reunidos antes da caçada, anteciparam e garantiram cerimonialmente seu sucesso com seus líderes (xamãs ou sacerdotes?) pintando representações de suas armas de caçada sobre o corpo de suas pretendidas presas, tão vividamente retratadas na parede da caverna.

A FECUNDA DEUSA-MÃE

Outra razão muito diferente para a execução de magia para a caça transparece através de pinturas e esculturas do Alto Paleolítico. Minúsculas estatuetas esculpidas de humanos do sexo feminino, usualmente medindo de 10 a 15 centímetros de altura, enfatizavam a fecundidade: quadris, nádegas, seios, coxas e vulvas são esculpidos em uma completude oval. Ao classificar os símbolos relacionados à deusa, Marija Gimbutas nomeou a retratação da fenda dupla como "o poder dual", representando a intensificação da fertilidade. Pinturas em cavernas também lidam com magia da fertilidade. Um mural mostra éguas parindo e outro, no abrigo rochoso de Cogul na Espanha, retrata nove mulheres cercando um homem nu, que aparenta ser ou o sujeito de uma iniciação tribal à puberdade ou o líder em um ritual conectado com magia da fertilidade.

Parece, portanto, que as culturas paleolíticas empregaram tanto magia da fertilidade quanto da caça, demonstrando uma evidente fé em sua eficácia enquanto métodos de controle da natureza.

COSTUMES FUNERÁRIOS

As crenças implícitas nos costumes funerários dos Cro-Magnons e povos similares do Alto Paleolítico têm importância diretamente religiosa. Já que os mortos ou seus ossos eram cobertos com pigmento vermelho (simbolizando sem dúvida a vermelhidão do sangue, da alma vital), deve ter havido no mínimo a crença de que o morto sobrevivia de alguma forma real, ainda que talvez tenha inexistido qualquer concepção de sobrevivência de uma entidade espiritual não física; o que quer que sobrevivesse possuía uma corporeidade fantasmagórica e as necessidades e desejos de um corpo real.

Os povos do Alto Paleolítico também possuíam um culto ao urso, não diferente daquele dos Neandertais; é possível que tenham tentado aplacar alguma divindade-urso, ou ao menos tentado mantê-la em um estado de espírito favorável. Ainda assim, no entanto, eles também empregavam medidas coercitivas (mágicas), como demonstrado por seus murais e figuras em argila de ursos: as imagens em argila são retratadas por vezes perfuradas com feridas, e as figuras são pintadas esguichando sangue pelas bocas, narinas e feridas no corpo, com o animal aparentemente em agonia mortal. Claramente, seja qual for a religião que os paleolíticos possuíam, ela estava inextricavelmente combinada com elaborados procedimentos que garantissem o sucesso na caçada.

A Idade da Pedra Média

Isso nos leva ao Mesolítico, ou Idade da Pedra Média (começando por volta de 10.000 AEC), a idade de transição que viu o retraimento das calotas de gelo e uma mudança gradual da vida nômade para a camponesa.

Os caçadores nômades, que perseguiam animais pelas florestas brotando atrás das calotas de gelo em retração, e que continuavam a usar lanças e ferramentas de corte da antiga Idade da Pedra para desmembrar suas presas, foram gradualmente excedidos numericamente e deslocados pelas tribos estacionárias. Essas últimas tribos eram capazes de suplementar, com peixes pescados por meio de anzóis de osso e redes de fibras, a carne provida pelos caçadores, bem como as bagas, grãos, frutos e plantas comestíveis coletadas por mulheres e crianças; todo esse processo ocorria em localidades mais ou menos fixas. Os caçadores, habilidosos no uso de arcos e flechas, eram agora auxiliados por cães domesticados que a eles se juntavam nas caçadas. Pescadores, também, podiam então empregar canoas escavadas em troncos para aumentar suas pescarias.

W.H. McNeill sugeriu apropriadamente os rumos tomados pelas religiões nesse período.

> Uma mudança crítica deve ter ocorrido quando coletores de grãos selvagens compreenderam que permitir que uma porção das sementes caísse no chão no tempo da ceifa garantia uma colheita aumentada no ano seguinte. Talvez essa ideia estivesse ligada com concepções [da existência] de um espírito dos grãos, a propiciação a esse espírito, e a recompensa que recebia o ceifador pio que deixasse parte da preciosa semente para trás[B].

É possível que a ideia da deusa-mãe tenha sido expandida, incluindo seu estímulo à semente brotando no solo na forma de plantas comestíveis; a terra fora concebida muito cedo enquanto uma mãe fértil e produtiva.

As relíquias desse período sugerem o temor da natureza – encontramos numerosos símbolos circulares do sol e da lua, pedras e pilares, que eram provavelmente venerados, e sugestões de cultos a estrelas e árvores.

A mistura de antigos temores com certa sofisticação derivando do poder obtido por meio do uso de novas invenções é demonstrado no fato de que machados e lanças eram aparentemente venerados como fetiches. A existência de muitos seixos pintados com símbolos rudes de provável significado mágico sugere que a magia tinha evoluído em um sistema complexo. Isso, no entanto, não necessariamente proporciona uma explicação correta de seu uso, pois não é possível a partir de nossa distância temporal ter certeza absoluta de quais eram seus reais propósitos.

> O tema principal do simbolismo da deusa é o mistério do nascimento, da morte e da renovação da vida; não apenas humana, mas toda a vida na terra e, de fato, em todo o cosmos.
> Marija Gimbutas[C]

A Era Neolítica

A Era Neolítica (7.000-3.000 AEC) distingue-se por diversos desenvolvimentos revolucionários: primitivas formas de agricultura com lavra ativa do solo; domesticação de animais e seu agrupamento em bandos e rebanhos; avanços nas artes da cerâmica, entrançamento, tecelagem e costura; estabelecimento de comunidades acompanhado por grande crescimento populacional; construção de habitações permanentes; invenção de carroças com rodas; e a primeira cirurgia.

Ocorreram desenvolvimentos adicionais na esfera da religião. A mítica deusa-mãe, ou a grande deusa das antigas culturas caçadoras fora associada de forma geral com a criação e a regeneração. Agora a agricultura voltava sua atenção de forma mais próxima à terra miraculosa. O poder divino feminino ultrapassou os limites dos modelos animais de nascimento e nutrição para a irrigação, cuidado e proteção de todo o mundo da vegetação; havia senhoras das águas e uma deusa da vegetação da terra prenhe. Estudos da antiga Europa (centralizados nos Bálcãs), conduzidos por Marija Gimbutas, revelam um panteão composto por uma maioria de divindades femininas, posteriormente obscurecidas mas não completamente substituídas por concepções posteriores indo-europeias de cunho patriarcal, polarizadas por gênero.

> Na antiga Europa o mundo dos mitos não era polarizado em feminino e masculino como entre os indo-europeus e muitas outras populações nômades e pastoris das estepes. Ambos princípios eram manifestos lado a lado [...]. O deus macho, o primevo Dionísio, está saturado de um significado intimamente relacionado àquele da grande deusa, em seu aspecto da deusa da natureza virgem e da deusa da vegetação. Todos são deuses do ciclo vital da natureza, preocupados com o problema da morte e regeneração, e todos são adorados enquanto símbolos de vida exuberante. O panteão reflete uma sociedade dominada pela mãe. O papel da mulher não estava sujeito ao do homem, e muito do que foi criado entre o princípio do Neolítico e o florescimento da civilização minoica foi resultado dessa estrutura, na qual todos os recursos da natureza humana, femininos e masculinos, eram utilizados por completo como uma força criativa[D].

Nós nos deteremos melhor na história da civilização minoica no próximo capítulo. Mas a fim de nos prepararmos para o estudo posterior dos desenvolvimentos primitivos das religiões precisamos clarificar alguns dos termos usados comumente (imediatamente ficará claro que os mesmos termos são também aplicáveis a aspectos das religiões desenvolvidas contemporaneamente).

II – TERMINOLOGIA BÁSICA: CARACTERÍSTICAS DA RELIGIÃO NAS CULTURAS PRIMAIS

As descrições a seguir de características individuais das *religiões* antigas e primais são peculiarmente modernas e "racionais"; suas subdivisões representam a forma em que *nós* compreendemos as coisas, mas que podem nunca ter ocorrido no pensamento das populações em questão.

1 O TEMOR DIANTE DO SAGRADO

Os seres humanos consideram tudo o que é sagrado ou santo com sentimentos ambivalentes: o medo luta com a atração. Assim como uma criança treme diante de uma enorme fogueira, o crente treme com um misto de pavor e fascinação. Rudolph Otto usou esta imagem em seu famoso estudo *The Idea of the Holy* (*A ideia do sagrado*), distinguindo "o sagrado" da perfeição moral ou do respeito intelectual, e chamando-o de "numinoso". Ele caracterizou-o como um *mysterium tremendum et fascinans**.

Na maior parte das comunidades tribais o sagrado possui tal significado que ninguém lida com ele casualmente ou de forma descuidada. Ele é definido não pelo *tipo* de causa por trás de si (de acordo com os termos modernos "natural" ou "sobrenatural"), mas por sua *potência*: assim, um espirro pode ser percebido como o expelir de um "espírito", mas pode se tratar de um espírito comum, e não um potente, dotado de significado sagrado.

A potência sacra pode ser tanto vitalizante como mortal: é um poder tanto para um bem quanto para um mal de atuação rápida. O mais possível é que a atitude de alguém em relação ao sagrado determina se se sucederá o bem ou o mal. A aproximação apropriada ao sacro, portanto, se dá com um sentido de santo mistério, temor e reverência.

> **E hoje...**
>
> Ninguém considera um espirro como um encontro maravilhoso com o mundo espiritual. Ainda assim a resposta exorcista "God bless you" (Deus te abençoe) nos países de língua inglesa remonta a um ponto de vista segundo o qual, desalojando um espírito irritado, a alma poderia momentaneamente deixar o corpo desprotegido (como a perda de consciência poderia sugerir) e, neste momento de ausência, permitir a entrada de outro espírito mau.

---

* Um "mistério tremendo e fascinante". Em latim no original [N.T.].

2 EXPRESSÃO DE ANSIEDADE RITUAL*

Há certa ansiedade diante da presença do sagrado. Será o santo poder levado à ação? Será esta ação favorável? Tão logo essa ansiedade surge, existe a necessidade de agir e de se falar de forma que se garanta um desfecho favorável. Esta é uma das bases fundamentais de todo ritual religioso. Malinowski, o famoso antropólogo, desenvolveu bastante este tema, no que toca a rituais mágicos:

> Em uma comunidade marítima dependente de produtos do mar não se pratica magia ligada à coleta de crustáceos e frutos do mar ou com a pesca por envenenamento, represamento e armadilhas, enquanto estes métodos forem confiáveis. Por outro lado, qualquer tipo de pesca perigosa, arriscada ou incerta está cercado de rituais. Na caçada, as formas simples e confiáveis de armadilhas e abatimento são controladas apenas pelo conhecimento e habilidade; mas assim que surge qualquer perigo ou incerteza ligado a um suprimento importante de caça, a magia imediatamente aparece. A navegação costeira, enquanto for inteiramente segura e fácil não exige mágica. Expedições além-mar invariavelmente estão ligadas com cerimônias e rituais[F].

Mesmo na mais remota pré-história se deve ter percebido, se não articulado, que o ritual corretamente executado era uma chave para abrir uma porta. Muitos rituais religiosos foram motivados de forma similar. Primeiramente, existe uma ansiedade primária que surge de crises e tensões na vida do indivíduo ou da comunidade; essa situação pe-

> *[O numinoso é] um termo especial para "o santo", sem seu fator moral... e sem seu aspecto "racional".*
> Rudolph Otto[E]

de por rituais, cujos propósitos são providenciar restauração e reafirmação. Mas desde que esses rituais foram firmemente estabelecidos com seus acompanhamentos míticos e institucionais, uma ansiedade secundária, derivado do temor de que os rituais *não* tivessem ocorrido a tempo ou sido executados propriamente, deu origem a ritos posteriores de purificação e expiação.

> **E hoje...**
> Cultos especiais de oração podem ser mantidos, por exemplo, quando há previsões meteorológicas da aproximação de um furacão.

3 RITUAIS E EXPECTATIVA

Mas nem todos rituais são expressões de ansiedade, apesar daqueles nos quais a ansiedade reprimida tem intensidade e urgência maior do que o normal. Muitos rituais são expectativas disfarçadas. Eles pressupõem eficácia causal, sendo executados a fim de trazer saúde, descendência, produtividade para o solo, fertilidade para o gado e outros benefícios desejados pela comunidade, assim como individualmente.

Rituais também celebram eventos anuais como o retorno da primavera, semeadura e colheita; eles se encaixam em um calendário de ritos periódicos. Outros rituais são menos regulares em sua recorrência por marcarem mudanças espaçadas no *status* de indivíduos (como a elevação à liderança tribal ou realeza) que usualmente têm um caráter sagrado pronunciado; ou então eles podem marcar a transição de indivíduos em maturação de um *status* social para outro. Entre os últimos ritos estão aqueles reconhecidos e nomeados por Arnold van Gennep como **ritos de passagem***; isto é, eles

* Os termos negritados remetem ao glossário, ao final de cada capítulo. Eles são destacados na primeira vez em que aparecem no texto.

são ritos em conexão com nascimento, o dar nomes, iniciação, noivado, casamento, morte, e similares. Estes eventos mudam o *status* não apenas dos indivíduos envolvidos mas também aquele de seus pais e outros parentes e associados. Os ritos antes de tudo "separam" essas pessoas de seu estado ou condição de vida anterior, incluindo seu *status* na comunidade; em seguida, eles suavizam sua "transição" para um novo estado e os "reintegram" na comunidade, nos seus novos papéis. Eis um exemplo óbvio: o casamento transforma um garoto e uma garota em marido e mulher; quando lhes nasce uma criança, ganham o *status* de pais, e seus próprios pais se tornam avós, enquanto seus irmãos e irmãs se tornam tios e tias; se um deles morre, o outro se torna um viúvo ou uma viúva, e assim por diante. Típicos ritos de passagem são os ritos de iniciação que nós observaremos entre os aborígenes australianos (p. 42).

Os rituais têm uma base no mito, e vice-versa.

> **E hoje...**
> Antes do jogo: os jogadores se amontoam para orar ou para bater suas mãos no meio de uma roda, a fim de aumentar o espírito de time e a solidariedade.

4 MITO E RITUAL

A criação de mitos é universal entre as culturas humanas. De fato, mitos são uma necessidade. Grupos primais consideram-nos vitais para a manutenção dos padrões da vida em grupo. Entre os aborígenes australianos, por exemplo, os mitos são invocados a fim de explicar e dar peso e autoridade de origens sobrenaturais a costumes, cerimônias e crenças das tribos (p. 41). Esse é um aspecto principal do desenvolvimento ritual, e acontece frequentemente que as tribos se encontrem seguindo antigos costumes e rituais cujos significados precisos não mais conhecem. Nessa situação lhes é natural buscar uma explicação para a necessidade de seguir o que de outra forma seriam ritos sem significado, afirmando "os pais nos ensinaram a fazer estas coisas", fazendo então as origens anteriores aos pais lembrados remontarem aos progenitores míticos ou heróis culturais até o início do mundo. Ou algum "alto deus" (p. 42) pode ser citado como o primeiro autor de "nossa tribo e forma de vida". Percebe-se sem sombra de dúvida que aqui os mitos servem à função muito necessária de prover sanções vinculativas para costumes e crenças tribais. Eles narram especificamente a imposição em forma de uma história de um impressionante decreto primário da parte de uma autoritativa figura paterna, expresso nas instituições e tradições da comunidade: "Faça assim e assado sem falhar. É para o seu próprio bem".

Mas os mitos têm outros papéis importantes. Deve-se dar um grande espaço para os mitos cosmogônicos, ou de "criação". É certamente especulativo buscar razões para que eles sejam contados em tal quantidade e variedade. Uma razão é sem dúvida a necessidade de se ter uma explicação da propriedade da terra para a habitação humana. Alguém – talvez o alto deus ou um herói cultural – mergulha nas águas para trazer a areia com a qual a terra habitável fora criada, ou separa forçadamente o pai celestial da terra-mãe – antes muito próximos – a fim de criar espaço para os deuses, humanos, animais e a vegetação por eles engendrada; ou os traz de uma caverna subterrânea, ou ainda combate os gigantes para obter os materiais dos quais ele formaria o mundo.

Muito próximos dos mitos de criação são aqueles que buscam uma explicação dos porquês de as coisas estarem no mundo, e como elas vieram a se tornar o que são (narrativas etiológicas). Enquanto questões como "Houve uma causa primeira?" podem ser encaradas com incompreensão, perguntas específicas como "Por que os humanos, ursos e lobos são diferentes em suas formas?" podem incitar indivíduos imaginativos a compor e transmitir para os outros um mito que traça suas origens às suas memórias e sonhos. Esses questionamentos também os incitam particularmente a contar o que eles pensavam que os anciãos de sua juventude poderiam dizer caso estivessem vivos. Veremos que muitos mitos dos Cherokees tomam essa forma.

Existem mitos quase históricos. Um líder admirado vem a ser associado com um valor em particular ou com um conjunto específico de valores.

Em culturas pré-letradas o herói pioneiro e o valor são elevados através de narrativas elaboradas e atingem um *status* quase divino. Tais mitos geralmente foram ampliados em tempos posteriores em sagas e épicos, nos quais sua verdade presumida é revestida de episódios de entretenimento criados pela imaginação.

Ralph Linton propôs o que pode ser chamado de "teoria do tédio" para explicar teologias complexas e sistemas míticos elaborados:

> A variedade de crenças e práticas religiosas é quase infinita, mas ainda assim o sistema desenvolvido por cada sociedade parece cobrir todas as suas necessidades. Alguns grupos têm desenvolvido credos elaborados. Parece que cada homem se diverte brincando tanto com sua mente quanto com seus músculos [...] a capacidade humana para se entediar, mais do que as necessidades sociais ou naturais, está na raiz dos avanços culturais do homem[G].

Ainda assim, especialmente no caso dos humanos mais antigos, mitos verdadeiros nunca foram mera fantasia ociosa; eles eram encontros viscerais com a totalidade do ser. Como colocado por Henri Frankfort,

É essencial que o verdadeiro mito seja distinguido de lendas, sagas, fábulas e contos de fadas. Todos estes podem reter elementos do mito [...] mas o verdadeiro mito apresenta suas imagens e seus atores imaginários não com a brincadeira da fantasia, mas com uma autoridade convincente. Ele perpetua a revelação de um "Tu"[H1].

> **E hoje...**
> Heróis nacionais mostraram marcas primitivas de grandeza: George Washington, quando jovem, era incapaz de mentir; o jovem Abraham Lincoln fora (pre)destinado a se tornar o grande emancipador desde o dia em que ele testemunhara um leilão de escravos.

5 TIPOS DE MAGIA

A "magia" pode ser definida vagamente como um esforço através do enunciado de um conjunto de palavras, da execução de um conjunto de atos, ou de ambos, a fim de controlar ou submeter os poderes do mundo à vontade de alguém. Ela não pode ser totalmente dissociada da religião, mas sua presença é discernível quando se dá ênfase em se *forçar* os eventos ao invés de se *pedir* que eles ocorram.

Sir James G. Frazer tornou um tipo específico de magia famoso; o nome inclusivo que ele lhe deu foi **magia simpática**. Ela geralmente toma uma forma "imitativa", baseada em uma analogia: a suposição de que coisas parecidas agem de forma parecida ou, de forma mais significativa, que a semelhança ou influência ou produz mais semelhança; dessa forma, se alguém imita a aparência e as ações de uma pessoa ou de um animal (ou mesmo de uma nuvem negra carregada de trovões), alguém pode induzir uma ação similar e desejada no ser ou objeto imitado.

Os resultados são descritos como produtivos, aversivos ou "contagiosos".

Magia produtiva – A magia de caça dos Cro-Magnon, como podemos ver de imediato, foi uma forma de magia imitativa. Em muitas partes do mundo ainda se crê que a exortação por palavras e ações pode impulsionar o crescimento de grãos brotando. A pessoa cuidando da colheita pode usar palavras de encorajamento ou comando, ou mesmo pular repetidas vezes para induzir, ou talvez compelir os brotos a crescer. Alguns procuram acabar com uma seca dirigindo-se para uma colina íngreme e rolando pedras por sua encosta, enquanto batem tambores e gritam "bum"! Isto é feito a fim de trazer uma tempestade.

Magia aversiva – A magia simpática também se presta para propósitos aversivos ou destrutivos. Se alguém, por exemplo, faz uma imagem (imitação) de um inimigo, talvez em cera, e a apunhala com alfinetes, aquele que é odiado morrerá. É frequentemente suficiente apenas descrever detalhadamente as terríveis coisas que acontecerão com um inimigo, e então ordenar (usualmente por meio de uma maldição) ou orar e prever que aquilo precisa acontecer; então ocorrerá!

Magia contagiosa – Frazer também descobriu uma forma de magia simpática que ele chamou de "contagiosa": coisas ajuntadas e depois separadas permanecem simpáticas umas com as outras. Assim, cabelos ou unhas dos dedos cortados mantêm uma magia simpática com a pessoa à qual pertenceram outrora e, dessa maneira, magia negra nelas executada causa danos àquela pessoa. Este tipo de magia possui muitas ramificações.

> *O temor é o melhor componente da humanidade.*
> Goethe

Métodos de controle

1) **Fetichismo** – Este termo é usado aqui para se referir a qualquer recurso ao presumido poder existente em coisas inanimadas. Elas podem variar de objetos naturais ou fabricados, tanto ativamente venerados e manipulados para se atingir efeitos desejados quanto carregados mais passivamente a fim de repelir o mal. Fetiches naturais podem ser seixos marcados curiosamente, aerólitos, ossos, varetas de formas estranhas e objetos similares. Fetiches ou amuletos fabricados podem consistir de uma peça única de material trabalhada em uma forma especial, ou de uma coleção de itens estufados em um receptáculo como uma bolsa de couro ou uma peça de chifre.

Considera-se que tanto fetiches naturais quanto fabricados tenham um tipo vago de personalidade, e pelo menos uma vontade ativa. Esta ideia responde pela atitude predominante em relação a eles, especialmente na África. Ali um fetiche é reverenciado do modo mais obviamente antropomórfico. É primeiramente tratado como um objeto de adoração, endereçado com orações e presenteado com oferendas. Se o resultado desejado não ocorre, pode se recorrer a adulação, bajulação, repreensão ou punição. Finalmente, pode haver a decisão de se obter outro fetiche ou se buscar uma recarga mágica daquele impotente.

2) **Xamanismo** – Espíritos são conjurados dentro ou fora de seres humanos por alguém que está possuído de forma similar. O xamã da Sibéria tem sido escolhido para nomear esta prática porque, em seu papel comunitário, ele é típico de todos pajés, curandeiros e curandeiras, exorcistas e feiticeiros. O xamã atinge um frenesi de possessão espiritual e é levado ao nível espiritual, tanto em consciência quanto em poder. Nesse estado ele estabelece controle sobre certos espíritos, especialmente aqueles de doença e morte, tanto para direcioná-los em pessoas (possessão ou feitiçaria) quanto para expeli-los (exorcismo), especialmente no caso de doenças.

Quando os xamãs reivindicam total controle sobre os espíritos, sua função é *mágica*. Mas deve-se notar que eles também podem agir mais humildemente como especialistas *religiosos*, habilidosos na persuasão. Eles atraem os espíritos, por exemplo, a fim de falar com os mesmos ou fazê-los falar com audiências através deles usando muitas vozes diferentes; eles usam técnicas especiais – toque de tambor, danças, concentração auto-hipnótica, cantos, drogas, e assim por diante – para entrar em profundos transes, enquanto audiências lotadas assistem. Durante os transes seus espíritos viajam para lugares distantes, sobre montanhas, debaixo do mar ou da terra, e descobrem o que outros espíritos intentam, assim adivinhando o futuro, ou o que está acontecendo com os mortos; aos últimos eles às vezes oferecem orientação baseada em outras jornadas espirituais, especialmente se eles estão perdidos e não podem encontrar seu caminho rumo ao seu descanso final. Em outras palavras, o xamã funciona como um sacerdote ou mágico.

6 ORAÇÃO

Orações em culturas pré-letradas podem ser (mas raramente o são) individuais e espontâneas e, desta forma, sem forma estabelecida; rituais públicos, por outro lado, são formais e estruturados, geralmente de tipo fixo, e suas palavras são herdadas talvez de tempos antigos, devendo ser repetidas termo por termo sem o mínimo erro. Nos locais nos quais os deuses e espíritos possuem aspecto antropomórfico, orações formais geralmente contêm os elementos encontrados em sociedades letradas, a saber: adoração, confissão de erros e promessa de expiação, ações de graças em reconhecimento agradecido de favores passados, e súplicas e petições de tipo mais ou menos específico. Após o louvor e as ações de graças, é seguro pedir por mais favores. Mas orações em geral têm de ser feitas apenas com base na esperança, sem qualquer certeza de sucesso. Já a magia e a **adivinhação** oferecem mais certezas.

7 ADIVINHAÇÃO

Pode se dizer que a adivinhação suplanta a oração, já que a resposta para a oração é, via de regra, revelada apenas nos eventos subsequentes; já a adivinhação, por seu lado, visa o conhecimento imediato das intenções ou disposições dos poderes espirituais. Aqui reside seu valor para aqueles que a ela recorrem.

Há uma clara conexão entre **xamanismo** e adivinhação, isto é, entre harmonia com os poderes espirituais e o vislumbre intuitivo sobre o que é obscuro ou está oculto no presente e futuro. Pensa-se que tal *insight* ocorre durante ritos específicos de adivinhação. Os xamãs podem usar seus poderes inerentes (magia) ou podem estabelecer relações proféticas dependentes com o sobrenatural (uma situação que é primariamente religiosa). Em geral, acredita-se que o xamã ou **necromante** possui o poder de fazer contatos no mundo espiritual, incluindo comunhão com os espíritos dos mortos, e dessa forma adquirir informação de outra forma inacessível sobre coisas e eventos na, sobre e debaixo da terra. Frequentemente acredita-se que o xamã seja "íntimo" de um espírito ou de uma alma singular e, desta forma, esteja atuando dentro do campo do "conhecido".

Em outros contextos, onde sacerdotes ao invés de xamãs são as figuras centrais, a adivinhação possui um aspecto religioso explícito. Este aspecto repousa na inspiração divina, seja através de comunhão direta com o deus, seja por meio de oráculos como aqueles nos quais os antigos gregos criam: palavras sussurradas pelos carvalhos de Dodona falando por Zeus (p. 73), enunciados murmurados em transe pelas sacerdotisas em Delfos (p. 75) quando Apolo se comunicava por meio delas. Outro aspecto da adivinhação é a leitura de augúrios no voo de pássaros, no som do trovão, em sonhos, em visões, no aparecimento de cometas, em eclipses, em "sinais nas estrelas", em acidentes, em mortes súbitas, e em fenômenos similares. Em muitas partes do mundo adivinhadores vieram a desenvolver técnicas para interpretar rachaduras na lama seca, em ossos, ou em formações rochosas ou, novamente, nos padrões do vento e da água em localidades específicas (geomancia). Métodos para predizer eventos baseados nos movimentos e conformações das estrelas (astrologia) foram igualmente favorecidos. A adivinhação parece ter sido de tamanha necessidade que se tornou virtualmente universal.

8 CRENÇA NO MANA

Mana é um termo melanésio, adotado por antropólogos como uma designação conveniente para a crença difundida – ainda que não universal – em uma força oculta ou poder sobrenatural interior similar, distinto tanto das pessoas como dos espíritos. Não é o único termo do tipo em circulação entre populações primais. O mesmo tipo de reação é refletido em vários termos paralelos usados por alguns grupos de indígenas norte-americanos (Sioux, Iroqueses, Algonquinos), por algumas tribos do Marrocos, pelos Pigmeus da África Central, pelos Bantus da África do Sul, e por povos aborígenes em muitas partes do mundo. Ainda que o papel dessa força difira de uma área para a outra, todos esses termos se referem à presença experimentada de uma força poderosa, porém silenciosa, nas coisas ou pessoas, especialmente qualquer força que se creia agir por si mesma, como uma adição às forças presentes usualmente ou naturalmente. É uma força que se crê ser transmissível de objetos na natureza aos seres vivos, de uma pessoa para outra, ou da forma contrária, de pessoas para coisas. Ela tem sua importância especial nos Mares do Sul. Resumindo, o conceito de mana indica a resposta ao vitalmente significativo ou extraordinário em qualidade, como algo distinto do ordinário, e do usual, ou que seja normal em termos de qualidade.

9 ANIMISMO

É de aceitação geral nas religiões primais dos dias atuais a crença animista de que todos os tipos de objetos inanimados, assim como as criaturas vivas e móveis, possuem almas ou espíritos, e que cada ser humano tem uma alma – ou almas – deixando o corpo temporariamente durante os sonhos e, finalmente, na morte. O termo **animismo**, como é definido comumente, está baseado em uma distinção vitalista entre o biótico e o inerte – uma distinção que provavelmente não emerge em culturas "pré"-racionais. Henri Frankfort protestou:

> O homem primitivo simplesmente não conhece um mundo inanimado. Por esta própria razão ele não "personifica" fenômenos inanimados nem preenche um mundo vazio com os fantasmas dos mortos como o "animismo" poderia nos levar a acreditar[H2].

O termo continua no uso corrente, de acordo com o qual ele também denota um domínio de almas e espíritos individualizados bastante distintos daquele do mana, que, por si mesmo, é impessoal, ainda que uma alma ou espírito possa manifestá-lo ou ser canal de ação. Almas e espíritos são usualmente concebidos de uma forma consumadamente antropomórfica. Eles possuem forma, mente, sentimentos, vontade e propósito; são como pessoas vivas, no sentido de estarem receptivos à razão quando de bom humor, e belicosos e agressivos quando furiosos ou aborrecidos. Eles apreciam bajulação, devoção e lealdade e, de forma geral e pelo que se pode lembrar, não se deve neles confiar. A vigilância eterna é o preço de se estar ao seu lado direito, e deve-se estar sempre alerta para se continuar em suas boas graças, assim que foram obtidas. Usando os termos de E.B. Tyler, "toda a natureza é possessa, permeada e está abarrotada de seres espirituais"[I1].

10 VENERAÇÃO E ADORAÇÃO DE PODERES

Tem-se dito – com razão – que as pessoas adoram a tudo o que possam considerar existir debaixo da terra, entre a terra e o céu, e mesmo acima dos céus[J]. Algumas vezes o objeto por si mesmo é adorado como algo vivo e ativo, carregado pesadamente de mana.

Em algumas ocasiões o objeto não é adorado por si mesmo, mas pelo espírito ou alma alojado nele ou inerente a ele. Uma terceira possibilidade é a de que o objeto não seja adorado de forma alguma; ele se torna um símbolo da realidade que é adorada e que ele representa visível e tangivelmente. Todas essas três formas de adoração podem por vezes ocorrer simultaneamente, pois, como no caso da adoração de imagens na Índia, alguns adoradores mais simples consideram a imagem por si só como viva, enquanto outros supõem residir nela um espírito. Já os devotos estudiosos, ou de mentalidade filosófica, fazem uso dela como um objeto de foco do pensamento, conveniente para simbolizar a realidade por trás de tudo. Em um nível simbólico, adoração e oração servem ao propósito social de intensificar o comprometimento com os valores representados pelo objeto ou divindades adorados. Tais ritos são classificados como **ritos de intensificação**.

Não chegando tão longe quanto a adoração e suas expressões, estão a veneração e o temor. Esses incluem o respeito e reconhecimento da presença do poder ou qualidade sagrados. Por vezes é difícil de saber onde termina a veneração e onde começa a adoração.

A veneração de pedras tem sido difundida e é tão antiga quanto os tempos pré-históricos. As pedras podem ser de qualquer tamanho, de seixos a pedregulhos, e em qualquer quantidade, singulares, em séries, ou mesmo em pilhas. Geralmente são notáveis em forma ou composição; às vezes são moldadas pela arte ou habilidade humanas, como no caso de ferramentas ou armas de sílex. Aerólitos são frequentemente venerados, e seu caso clássico é o da pedra da Caaba em Meca, que cada peregrino muçulmano beija ou toca para dela adquirir santidade. A veneração de pedras entalhadas e de qualquer ferramenta ou implemento não existiu apenas nos tempos pré-históricos, mas pode ser encontrada hoje em dia na África, Oceania, Índia, Japão, e entre indígenas norte-americanos. Entre alguns nativos das Ilhas Filipinas se diz que as armas do chefe estão carregadas de uma força vital que age por conta própria. Uma passagem de uma narrativa desses povos fala de um chefe: "Ele não era um mortal ordinário [...]. Seus companheiros insistiam que sua machadinha e sua lança matavam ao seu comando"[K]. Este tipo de crença não é incomum. O machado foi por muito tem-

po venerado nos distritos rurais da Alemanha e da Escandinávia; veneração deste tipo era geral no mundo greco-romano.

A veneração de plantas e árvores é também difundida não apenas em culturas isoladas, mas também nas mais complexas. A sobrevivência de tal veneração em sociedades sofisticadas pode ser vista no uso da árvore de Natal e na Festa do Mastro. Diz-se que na Europa, em partes da Baviera, madeireiros ainda murmuram um pedido de perdão para uma larga e boa árvore antes de derrubá-la. Diz-se que o naturalista John Muir enfatizou que ao entrar num bosque de grandes sequoias ele se sentiu compelido a tirar seu chapéu.

11 RECONHECIMENTO DE UM SER SUPREMO

Este é o lugar natural para levantar uma questão debatida: teriam os povos primais se dedicado, de forma geral e com ampla distribuição, ao relacionamento com um Ser Supremo? É comum se encontrar entre muitas dessas populações o reconhecimento da existência de uma deidade distante residindo no céu, afastada e separada, que criara a tudo – homem, mulher, terra, mar e céu – que vê tudo que acontece entre eles a distância, algumas vezes desaprova o desenrolar dos eventos, mas que não interfere com frequência. Entre grupos como os Pigmeus da África, os Fueguinos da América do Sul e os aborígenes australianos, a crença em uma divindade como essa tem sido ainda mais clara e definida.

Parece provável que na maior parte dos casos o postulado de um supremo Originador não evoca uma resposta religiosa de intensidade comparável àquela dada a espíritos e poderes familiares encontrados diariamente na

> O animismo em seu completo desenvolvimento inclui a crença em almas e em um estado futuro, com essas doutrinas praticamente resultando em alguma forma de adoração ativa.
> E.B. Tyler[12]

vida tribal. Provavelmente a ideia de um grande Originador que tem pouco a ver com a humanidade no curso ordinário da vida surgiu naturalmente na medida em que as pessoas tentavam responder a questões tais como: "De onde nossos rituais vieram?", "Quem começou com todas as coisas?", "Quem foi o Primeiro Pai?", ou "Quem foi a Primeira Mãe?" Incapazes de admitir que qualquer um dos poderes locais com os quais eles lidavam cotidianamente pudesse ter originado todas as coisas, eles criaram uma explicação monoteísta bastante especulativa. Porém o ser que eles inferiram existir raramente entrava em suas vidas, de forma que ele ou ela fora na maior parte das instâncias um postulado deísta, ao invés de uma realidade religiosa sempre presente.

12 TABU

Tabus são proibições ou avisos do tipo "não toque!" aplicados a muitas coisas, pessoas e ações, por serem considerados sagrados, perigosos ou socialmente proibidos. Existem especificamente coisas que não devem ser tocadas ou manipuladas, palavras que não devem ser ditas, pessoas que devem ser evitadas ou que devem ser abordadas apenas a partir de uma certa distância, ações que não devem ser executadas, e lugares nos quais não se deve entrar. Se nós definirmos o termo de forma ampla o suficiente, tabus são encontrados em toda religião e sociedade.

Muitos tabus estão baseados no temor de mana; outros refletem o pavor da profanação. Alguns criam uma barreira ao redor do deus; outros, ainda, procuram evitar a perda de poder, saúde ou sorte. Isto de forma alguma exaure o alcance dos tabus. Muitas coisas diferentes, atos, palavras sagradas, nomes e lugares estão na lista do que se deve evitar. Armas afiadas, ferro, sangue, cabeça e cabelo (pois contêm o espírito), cabelo cortado e unhas (mesmo quando separados do corpo, mantêm porção generosa de seu espírito), saliva, determinados alimentos, nós e anéis, e muitos mais nesta categoria.

Em muitas partes do mundo (alguns povos nativo-americanos são uma exceção) a pessoa do chefe é tabu. Isto se deve parcialmente a fim de proteger o chefe do mal, mas ainda mais para proteger a outros do mana: tocar o corpo, as roupas, utensílios de cozinha, ou mesmo o carpete ou piso de alguém tão pesadamente carregado de poder é altamente perigoso; devem ser tomadas medidas imediatas a fim de neutralizar as consequências fatais ao intruso. Ao entrar na presença do chefe, deve se observar o máximo de precauções.

Em mais de uma instância há registros de homens e mulheres que morreram de pavor após descobrir que haviam inadvertidamente comido os restos da refeição de um chefe. Seus corpos aparentemente não poderiam sobreviver a uma dose tão poderosa de substância imbuída de mana.

Existem tabus sobre outras pessoas. Em muitas partes do mundo guerreiros se tornam tabu antes e após a batalha. Isto se deve apenas por se encontrarem em um maravilhoso estado de excitamento, tornando-se perigosos. Mais especificamente, os guerreiros não devem ser distraídos. As mulheres, especialmente, devem manter distância e mesmo permanecer ocultas à sua vista; em algumas culturas, elas são estritamente proibidas de abordar um guerreiro por algumas horas antes da batalha, pois sexo antes da batalha drena seu poder. E o guerreiro é tabu também após a batalha, pois foi poluído pelo derramar de sangue. Homicidas são, de fato, usualmente intocáveis até que seja efetuada a expiação ou a limpeza ritual e que sejam removidos os contágios de morte, bem como a ira do espírito do defunto. Geralmente um tabu é colocado sobre todos aqueles que tiveram qualquer contato com os mortos, isso se estendendo até mesmo aos pranteadores contratados.

13 RITOS DE PURIFICAÇÃO

Já nos referimos mais de uma vez às cerimônias de purificação e limpeza durante a discussão anterior, referente ao tabu; essa referência não pode ser evitada. A existência de tabus implica aos fiéis não apenas um elemento muito real de perigo na quebra do tabu devido à ação vindicativa ou retributiva dos poderes ultrajados, mas também a culpa e sujeira do desafortunado que violou o tabu. Esta sujeira e contaminação é tal que toda a comunidade pode ser colocada em perigo. O violador do tabu é ostracizado, e pode inclusive ser posto sob sentença de morte até ser purificado da profanação.

Mas violação de tabu não é a única fonte de impureza. Nascimento, morte, derramar sangue, o próprio sangue e contato com pessoas sob tabu são formas de poluição. Pode ocorrer também uma condição sobrenatural, tal qual a presença de um espírito imundo assombrando uma família ou uma vila, uma condição que tem como consequência a necessidade de remoção da presença censurável.

A purificação pessoal pode ser efetuada de várias formas. São comuns entre os métodos de purificação o jejum, o raspar a cabeça e cortar as unhas, rastejar entre fumos de purificação produzidos durante um ritual elaborado, a passagem entre fogos ou o pular sobre fogos, lavar-se com água ou sangue e cortar ou ferir profundamente o corpo a fim de permitir sair o espírito mau com o sangue corrente.

Mas, enquanto o motivo maior para a execução de ritos de purificação seja a limpeza de poluição, existem também os motivos de purificar a si mesmo para a prática de um ritual futuro. Os oficiantes precisam purificar a si mesmos para ritos que deverão executar com jejum, abstenção de sexo, abluções e proibições similares, enquanto que aqueles que estarão presentes aos mesmos ritos podem ter de passar por purificações similares, mas talvez menos rigorosas. As purificações dos Cherokees antes da Cerimônia do Milho Verde são um exemplo (p. 57).

14 SACRIFÍCIOS E DÁDIVAS

Um sacrifício usualmente implica a desistência ou destruição (i. e., queima) de algo, animado ou inanimado, humano, animal ou vegetal, a fim de fazer com que isto passe da possessão humana para aquela dos poderes espirituais ou deuses. A forma mais simples de sacrifício é sempre a dádiva de oferendas e presentes de valores de muitos tipos, na esperança de agradar aos espíritos. Mas originalmente os sacrifícios parecem ter sido mais radicais do que isso, tendo envolvido sacrifício de animais e humanos, pois os espíritos, da mesma maneira que os humanos, precisavam da vitalidade e força presentes na vida e no sangue.

Quando membros de certas culturas descobrem que poderes particulares se comportam de forma pouco usual ou incontrolável, eles podem oferecer sacrifícios com a intenção de aplacar ou conciliar os poderes que eles não podem coagir; tais sacrifícios são propiciatórios.

Quando os indivíduos creem ter ofendido os poderes por suas ações, eles podem oferecer sacrifícios com a intenção de expiar ou reparar seus malfeitos. Ou eles podem esperar a abertura de um caminho para o influxo do poder sobrenatural dentro de si mesmos, quando o sacrifício é de tipo sacramental. Uma forma de se prestar este tipo de sacrifício é dividir alguma coisa – por exemplo, uma refeição sagrada – com os poderes espirituais. Todas essas formas de sacrifício trazem as marcas de religião, mas também está geralmente implicada a magia. É óbvio que os sacrifícios podem fazer algo para os poderes espirituais; em particular, eles podem conceder a força e o vigor necessários. Esta crença pode ser encontrada em

Homero e entre os antigos romanos. Homero implica que os deuses perderam não apenas prestígio, mas também poder, quando os homens pararam de sacrificar a eles. E podemos encontrar que os romanos sentiam que seus sacrifícios aumentavam o *numen*, ou poder espiritual dos deuses, e os deuses lhes deviam uma troca de favores, que era esperada com confiança (p. 86-88). Em latim, esta compreensão é expressa em *Do ut des* ("Eu dou a fim de que dês").

Na medida em que os poderes dependem dos humanos para os elementos revitalizadores presentes nos sacrifícios, os sacrifícios ganham uma potência mágica a fim de coagi-los. Nós nos referiremos em outro capítulo que nos tempos védicos na Índia um desenvolvimento religioso altamente sofisticado convertia adoração e sacrifício em mágica: os sacerdotes prometiam e garantiam que seus rituais poderiam forçar os deuses a agir da forma que eles os dirigiam (p. 120).

15 ATITUDES EM RELAÇÃO AOS MORTOS

Um importante universo de ideias pode ser encontrado nas atitudes relativas aos mortos. A noção da extinção completa da personalidade na morte é geralmente difícil de conciliar com nossa experiência diária. Uma pessoa, que tem sido uma companhia diária, deixa ao morrer um grande vazio em nossas vidas; nossos hábitos têm de ser ajustados à perda. Pensamos no ausente com frequência, e nossas memórias visual e auditiva são por algo tempo tão vívidas que a mera lembrança traz de volta uma presença viva; em sonhos, conversamos com a pessoa ausente.

Essas experiências eram certamente tão vívidas para nossos ancestrais pré-históricos como são para nós. Mas junto dessa convicção de que os mortos têm uma vida após a morte vem uma inquietação real. Imagina-se que os mortos tenham uma forma de permanecer por perto. Isso é embaraçoso, pois eles não cumprem seu antigo papel no ciclo da vida cotidiana.

Muito cedo nossos antigos ancestrais desenvolveram medidas de segurança contra interferências problemáticas da parte dos mortos. Eles levantavam uma pilha de pedras sobre o corpo morto, amarravam-no com fortes cordas, ou em alguns casos atravessavam uma estaca através de seu peito para fixar o corpo na terra. Estas práticas eram pensadas a fim de evitar que os mortos "andassem". Ao mesmo tempo, oferendas eram deixadas no local de sepultamento para manter os mortos satisfeitos e contentes. Muitos desses costumes ainda sobrevivem. Os mortos, em mais de uma região do mundo, são ainda carregados com seus pés dirigidos para fora, a fim de que possam ser "dirigidos para longe". Este procedimento é geralmente seguido por um processo de ziguezague da parte dos portadores do cadáver, a fim de desorientar os mortos e evitar que encontrem seu caminho de volta. Outro costume envolve levar o corpo da casa por alguma saída diferente da ordinária, através da janela ou por meio de um buraco feito na parede, que é imediatamente fechado. Alguns Bantus habitantes da floresta do Congo espalham espinhos na cova e sobre o caminho que leva de volta à vila para picar os pés dos mortos e evitar seu retorno. Às vezes barreiras mágicas são levantadas contra os mortos, como cercas ao redor do túmulo, sebes de galhos que simulam uma floresta sem trilhas, ou profundas linhas traçadas cruzando o caminho para representar um rio impossível de se atravessar.

Pode-se concluir que tais costumes pressupõem hostilidade da parte dos mortos. Essa interpretação, no entanto, não é acurada. Pode ser mais correto afirmar que até que os mortos encontrem seu caminho ao seu local final de repouso no além e estejam em paz, eles tendam a se demorar e protelar sua partida; geralmente eles se sentem perdidos e precisando de conforto. Eles ainda não se ajustaram ao seu novo estado e querem ser sustentados por alguma garantia de que os vivos ainda se importam com eles, sendo que o propósito básico da veneração é providenciar exatamente isso. Apenas se essa garantia lhes for negada é que eles se tornam perturbados, talvez hostis. É difícil para os vivos, no entanto, saber como os mortos se sentem, se satisfeitos ou zangados. É bom ser cauteloso – e esta precaução é sempre tomada – mas os mortos normalmente são amigáveis; isso é especialmente verdadeiro ao se falar de ancestrais. A antiga civilização chinesa foi fundada na crença otimista de que os espíritos ancestrais estão ansiosos em ajudar seus descendentes, mas só o farão se os vivos lhes prestarem a devida consideração.

Nós já vimos em nossa discussão sobre o xamanismo (p. 30) que se presume que os mortos tenham conhecimento não possuído pelos vivos, e que necromantes podem chamar os espíritos dos mortos para auxiliarem na adivinhação.

Além do duplo propósito de servir aos mortos que permanecem nas proximidades e de ajudar àqueles que estão prestes a partir para os domínios da outra vida surgiu o costume difundido mundialmente de fazer oferendas na sepultura. Comida e bebida são necessárias tanto para os mortos quanto para os vivos.

O esforço de apaziguar ou de assistir aos mortos começa mesmo antes do sepultamento e é especialmente evidente quando o enterro é iniciado. Armas, vestimentas, mobília, todo tipo de objetos preciosos (às vezes incluindo, como no Egito histórico, fornos em miniatura, pães de madeira, cadeiras, servos e similares), são colocados no túmulo ou na tumba. Em muitas partes do mundo esposas e servos vivos são "enviados juntamente", sendo ou mortos sobre o túmulo, queimados em uma pira, sepultados vivos, ou fechados nas tumbas.

16 TOTEMISMO

O totemismo reconhece a existência de um relacionamento mais ou menos íntimo entre certo grupos humanos ou indivíduos em particular e classes ou espécies de animais, plantas, ou objetos inanimados na natureza. O reconhecimento desse relacionamento resulta em agrupamentos sociais especiais (um fenômeno conhecido como totemismo social) e também em rituais ligando os grupos humanos às suas contrapartes totêmicas (totemismo cultual). Os cultos rituais são tão diversos a ponto de desafiarem sua generalização.

Os rituais dos aborígenes da Austrália são dignos de nota por estarem muito ligados à sobrevivência da tribo, como veremos adiante. Suas tribos são forçadas durante a encontrar uma quantidade suficiente de alimento que possibilite sua sobrevivência, e o totemismo tem provido o que parece ser para eles uma solução para o problema. Cada classe de animal, planta e objeto inanimado que tenha um lugar no suprimento de alimentos se torna o totem de um clã dentro da tribo. O raciocínio básico aqui pode ser colocado da seguinte forma: "Nosso suprimento de comida depende da existência de um suprimento abundante de animais, plantas e substâncias que são usadas na confecção de alimentos. Que o número de todos os animais e plantas aumente e seja abundante! Que então cada um dos clãs da tribo tendo um totem animal ou vegetal promova a abundância das espécies especialmente sagradas para eles por meio da prática de magia, do oferecimento de orações, e por meio da provisão de cuidados e solicitudes constantes. Ainda que aqueles que não pertencem ao clã possam comer do totem livremente, o clã totêmico deve considerá-lo tabu, e comer dele frugalmente mesmo nas ocasiões permitidas das refeições sacramentais periódicas, quando o clã compartilha de sua carne e/ou sangue". Estão inclusos entre os totens coisas tais como a chuva (necessária igualmente à existência dos animais e das plantas e infrequente na Austrália Central) e substâncias como o ocre vermelho (necessário à decoração daqueles praticando, dentre outras coisas, os ritos de fertilidade). Os aborígenes têm adicionado a essas práticas a provisão social da exogamia, prescrevendo casamentos fora do clã totêmico.

Outras variantes de totemismo são encontradas nas Américas do Norte e do Sul, na África, na Índia (onde existe parcamente) e nos Mares do Sul. Nessas áreas, as características particulares do totemismo variam, algumas vezes amplamente. Onde o suprimento de comida é farto, os dispositivos australianos para seu aumento são substituídos por outros interesses. Na América do Norte, por exemplo, tem sido característico de tribos indígenas se dividir em um número de grupos que expressa sua individualidade, tomando-se seus nomes de algum animal, pássaro ou objeto natural. Na maior parte dos casos o sentimento de um relacionamento especial com o totem desemboca em um mito de descendência que faz os membros do clã e seu totem descenderem de um ancestral comum. Às vezes, o relacionamento entre os membros do clã e o totem toma a forma de uma "afinidade mítica". Em outros casos, os rituais procuram propiciar ao grupo do totem. Ocasionalmente o totem de uma tribo é escolhido exclusivamente dentre pássaros ou animais. Na Austrália e em outros lugares, um clã ocasionalmente tem dois ou mais totens. E, é claro, os rituais acompanhantes variam amplamente, tanto em importância quanto em complexidade.

III – ESTUDO DE CASO: OS DIERI DO SUDESTE DA AUSTRÁLIA

O sentimento de uma religião primal não pode realmente ser compreendido a partir de uma análise por categorias. Para um entendimento mais completo devemos nos projetar, com o emprego da imaginação, em um lugar e situação particulares, assimilando assim o sentido das crenças e práticas no contexto que as produziu.

Alguns aborígenes Dieri isolados da Austrália continuam em um estágio cultural remanescente de alguma época entre o Paleolítico e o Neolítico. Nosso relato os descreverá da forma como foram observados por A.W. Howitt na década de 1860, quando eles ainda usavam exclusivamente ferramentas de pedra e quando suas crenças e práticas grupais estavam praticamente sem perturbação. Na narrativa que se segue algumas passagens estão no tempo presente, mas os leitores devem estar conscientes de que o século e meio que se sucedeu trouxe de fato novas ferramentas, e ocorreu considerável erosão em sua cultura tradicional.

Os Dieri habitam a terra a leste e sudeste do Lago Eyre, no sul da Austrália, uma região com mínima queda de chuva e temperaturas muito altas, com poucas árvores pontuando as planícies áridas. Exceto durante o clima frio, quando eles colocam quentes peles de cangurus, *wallabees** e gambás, eles vestem apenas um cinturão no quadril, ao qual os homens prendem suas armas.

Eles vivem em tribos dispersas, cada uma ocupando um território definido e falando um dialeto em comum. Sua cultura é coletora, pois eles são "um povo que nem lavra nem semeia, e que não cria nem pastoreia animais, mas apenas coleta e mata"[L]. Para eles, assim como para os Tasmanianos, a lança é ainda a arma mais importante, mas é munida de uma ponta separada feita de madeira de lei ou de pedra lascada, geralmente equipada com rebarbas; para lançá-la pelo ar eles usam uma lançadeira. Suas facas e machados são feitos de pedra lascada. É de seu crédito a invenção de dois tipos de bumerangue, um dos quais é tão conformado e torcido que retorna a quem o atirou. A vida tri-

---

* Pequenos marsupiais aparentados aos cangurus [N.T.].

bal, ainda que geograficamente se dê à parte da de outros assentamentos, não é completamente independente, sendo que a reciprocidade com outras tribos é ao menos tão generalizada quanto a hostilidade. Aqui, o totemismo possui um papel poderoso ao estabelecer linhas de parentesco cruzado e em entrecruzar as barreiras tribais.

Os Dieri são divididos em duas metades ou classes de casamentos exógamos, chamadas de *murdus*. O nome das classes são Matteri e Kararu. Nenhum Matteri pode se casar com um Matteri, e nenhum Kararu com um Kararu. Os Matteri são subdivididos em grupos menores, cada um possuindo um totem, dos quais exemplos típicos são a lagarta, o cormorão*, o emu, a águia, o falcão e o cão selvagem. Nenhum destes grupos de totens, é claro, pode casar entre si. Os Kararu possuem como totens entidades tão diversas quanto o pitão-de-carpete**, o corvo, o rato, o sapo, o morcego, o mussaranho, o ocre vermelho e a chuva. Cada indivíduo recebe seu totem grupal de sua mãe, sendo que a descendência é reconhecida através da linhagem feminina.

O poder executivo em cada divisão da tribo reside no homem mais velho do grupo de totem, seu *pinnaru* ou chefe. Os pinnarus são coletivamente os chefes da tribo, e entre eles um é geralmente superior aos outros. Os chefes são de importância fundamental nas cerimônias de iniciação, que serão descritas mais adiante.

O curandeiro

Sob o ponto de vista mágico-religioso, o indivíduo excepcional do grupo era o *kunki*, ou o curandeiro. Ele era creditado com o poder de se comunicar diretamente com seres sobrenaturais chamados de *kutchi*, e com os *Mura-muras*, os espíritos conceituados de heróis legendários (uma raça sobre-humana) que se cria terem precedido os australianos como seus protótipos, e terem ensinado a eles seus rituais. Pensava-se que ele tinha obtido seu poder desses seres sobrenaturais. Através deles ele interpretava sonhos, neutralizava feitiços malignos, e expulsava maus espíritos. Acreditava-se que ele podia lançar em suas vítimas substâncias tais como cristais de quartzo ou ossos.

Isto significava morte, é claro. Também se pensava que ele tinha o poder de sub-repticiamente subtrair de indivíduos sua gordura corpórea, que ele usava como uma poderosa infusão mágica; tal roubo de gordura era a causa *real* da morte subsequente dos indivíduos que foram roubados. Uma de suas funções especiais era a de agir como adivinhador quando os parentes do morto buscavam a identidade da pessoa ou pessoas que tinham planejado a morte, pois a morte não era considerada um evento natural; ela se dava sempre devido ou à magia ou às maquinações do kutchi. Relativo a doenças próximas da morte, se um kutchi tivesse feito com que qualquer um caísse doente, o curandeiro podia expulsá-lo. Mas nem sempre a doença se devia a um kutchi; ela poderia ser resultado de um "apontar de osso". Isto é, algum inimigo havia conseguido um cúmplice, e ambos executaram uma cerimônia secreta na qual fizeram uso de uma tíbia humana, apontando-a para a pessoa que eles esperavam adoecer, proferindo então um feitiço mágico. Tão logo a pessoa ficasse doente, portanto, amigos poderiam consultar o kunki e outros para descobrir se alguém havia "apontado o osso". Se alguém morresse, e recaísse a suspeita sobre alguém de ter "apontado o osso", essa pessoa era morta sumariamente por meio de uma pinya, ou "grupo de vingança", que partia em nome dos homens mais velhos da tribo (o concílio tribal) para rastrear e matar, ou então espancar severamente o acusado.

---

* *Cormorant* no original; também conhecido como corvo-marinho (*Microcarbo melanoleucos*) [N.T.].

** *Carpet-snake* no original; também conhecida como *Carpet-python* ou *Diamond python* (*Morelia spilota*) [N.T.].

O fazedor de chuva

Devido aos recorrentes períodos de seca, o curandeiro adquiriu grande importância como fazedor de chuva e alterador do clima. A tribo inteira se reuniu em uma cerimônia que ele e seus colegas conduziram. A teoria por trás do rito era que as nuvens seriam corpos nos quais a chuva seria produzida pelos Mura-muras, que viviam na planície elevada que é o céu. Para a cerimônia de fazer chuva, membros da tribo cavaram um buraco de cerca de sessenta centímetros de profundidade, três metros e meio de comprimento, e de cerca de dois metros e meio a três metros de largura, sobre o qual eles erigiram uma longa cabana feita de galhos e ramos. A cabana foi ocupada pelo velho, e durante a cerimônia seus braços foram cortados pelo principal curandeiro com uma peça afiada de pedra; fez-se então com que o sangue corresse sobre os outros homens que estavam sentados em volta.

Então outros dois curandeiros, cujos braços haviam sido previamente lancetados, lançavam punhados de penugem no ar. O sangue simbolizava chuva, e a penugem simbolizava as nuvens. A cerimônia terminava quando os homens, jovens e velhos, batiam na cabana com suas cabeças até derrubá-la. A perfuração da cabana simbolizava o perfurar das nuvens, e a queda da cabana uma chuva torrencial. Entrementes, suplicava-se aos fazedores de chuva pela garantia de chuvas pesadas, tendo-se em vista os danos causados pela seca e a condição faminta do povo. O significado da seguinte citação não precisa sequer ser destacado:

> Caso as nuvens não apareçam tão cedo quanto esperado, dá-se a explicação de que o Mura-mura está zangado com eles; e se não houver chuva por semanas ou meses, eles supõem que alguma outra tribo tenha impedido seu poder[M1].

Ritual da refeição totêmica

Outra cerimônia ainda mais importante foi projetada com o intuito de exercer influência sobre um Mura-mura chamado Minkani, enterrado profundamente em uma colina de areia*. Como o motivo da cerimônia, que é um típico ritual totêmico, é aumentar o suprimento de comida de pitões-de-carpete e lagartos nas colinas de areia, os homens que tomam parte nela assumem esses répteis como seus totens.

> Quando a cerimônia se realiza de fato, as mulheres são deixadas à esquerda do campo, e os homens procedem sozinhos ao lugar onde o Mura-mura será descoberto. Eles cavam até que se atinja a terra úmida e também o que eles chamam de o excremento do Mura-mura. A escavação é então feita cuidadosamente até que, como dizem os Dieri, o "cotovelo" do Mura-mura seja descoberto. Então dois homens se põem de pé sobre ele, e sendo a veia do braço de cada um aberta, deixa-se o sangue cair sobre o Mura-mura. A canção Minkani é então cantada, e os homens, em estado de frenesi, golpeiam-se mutuamente com armas, até atingirem o campo, distante cerca de um quilômetro e meio. As mulheres, que saíram para encontrá-los, correm em sua direção com gritaria barulhenta, e seguram escudos sobre seus maridos, para protegê-los e parar com a luta. Os Tidnamadukas (membros do grupo totêmico do Tidnama, um pequeno sapo) coletam o sangue pingando de suas feridas, e espalham-no, misturado com o "excremento" da escavação do Minkani sobre as colinas de areia[M2].

---

* Essas colinas de areia (*Sandhills*) australianas são ecossistemas desérticos cujo solo possui baixa capacidade de retenção de água e quantidade deficiente de nutrientes. Não devem ser confundidas com dunas [N.T.].

Espera-se que isso faça com que haja maior abundância de lagartos e pitões-de-carpete.

Os Dieri tinham a crença de que o sol se punha em um buraco na terra e viajava subterraneamente para o oriente, onde se levantava pela manhã. Eles chamavam a Via Láctea o rio do céu. O céu seria outro país, com árvores e rios. Ali viviam os espíritos dos mortos e dos Mura-muras. Os mortos que foram para o país do céu encontravam ali um bom lugar, mas eles podiam vagar, e de fato o faziam pela terra, visitando as pessoas que dormiam. Se o curandeiro considerasse que uma visita em sonhos pelo espírito de uma pessoa morta fosse uma visão real e não apenas uma fantasia, ele fazia com que aquele que recebera a visão deixasse comida na sepultura e acendesse um fogo ali. Essa era uma precaução necessária, pois os mortos podiam causar danos.

Rituais de morte

Quando um Dieri estava perto da morte, os parentes eram separados em dois grupos. Os membros de um grupo, composto do pai, tios e seus filhos, e *noas* (possíveis cônjuges, de acordo com as regras totêmicas) se sentavam nas proximidades e se lançavam selvagemente no corpo enquanto este expirava. Aqueles do outro grupo, incluindo a mãe, as irmãs da mãe, irmãos da mãe, irmãos e irmãs mais novos e irmã mais velha, permaneciam distantes, preocupados em não olhar para a face do morto. Isso era feito por proteção, pois a saudade do morto poderia atraí-lo, e eles poderiam morrer. Os homens do segundo grupo cavavam a cova. Aqueles do primeiro grupo entravam em luto pintando a si mesmos com material colorido de branco (gipsita); aqueles do segundo grupo usavam ocre vermelho misturado com gipsita. Se o morto tivesse sido influente, colocava-se alimento na sepultura para muitos dias, e no inverno uma fogueira era acesa para que o fantasma pudesse se aquecer. Antes que o corpo fosse baixado à sepultura, ele era questionado a respeito de quem lhe causara a morte; o cadáver respondia caindo das mãos dos dois homens segurando-o na direção da pessoa culpada! Intérpretes então tentavam determinar a identidade da tribo do culpado, e mesmo o nome do indivíduo culpado.

Reafirmava-se então por conta própria a curiosa consideração que os aborígenes australianos têm pelas propriedades mágicas da gordura humana. Um velho homem que permanecia na relação de *kami* (avô materno ou primo) do falecido caminhava à sepultura e cortava toda a gordura aderindo à face, coxas, braços e estômago, e passava-a em volta para ser consumida pelos parentes. Estes parentes participavam da gordura da seguinte forma: a mãe come seus filhos, e os filhos sua mãe; um homem come o marido de sua irmã e a esposa de seu irmão. Irmãos da mãe, irmãs da mãe, filhos da irmã, pais da mãe, ou filhos da filha também eram comidos; mas o pai não comia seus filhos, nem os filhos seu pai. O significado profundo desse canibalismo modificado é bastante evidente – o desejo de ser um com o falecido e de compartilhar de sua virtude e força.

Quando a sepultura estava preenchida, uma larga pilha de madeira era colocada sobre ela, o grupo inteiro ao qual o falecido pertencera levantava acampamento e, por medo de ofender ao morto, ninguém se referia ou falava do cadáver novamente. Alguns grupos Dieri temiam tanto a ressurreição dos mortos que eles amarravam os dedos dos pés juntos, prendiam os polegares atrás de suas costas, varriam o chão ao redor da sepultura ao entardecer e procuravam por rastros na manhã. Caso aparecessem rastros, o corpo era sepultado novamente em outro lugar, sob a teoria de que a primeira sepultura não fora satisfatória, e a pessoa morta, não se deitando facilmente, levantara e caminhara.

Um deus elevado?

Os homens adultos (mas não as mulheres nem os garotos não iniciados) da maior parte das tribos no sudeste da Austrália atribuíam todos os seus costumes e rituais, em última instância, a um alto deus, ou um velho homem residindo no céu que era eterno e não criado, tendo existido desde o início de todas as coisas, e que era supremo e sem igual, uma espécie de chefe do país do céu.

Eles criam firmemente que esse deus iniciara os ritos e cerimônias ensinados a eles por seus ancestrais e praticados tão fielmente nos dias antigos pelas tribos australianas. Ele fora chamado entre as tribos por vários nomes secretos, conhecidos apenas pelos homens iniciados, como Nurrundere, Biamban, Bunjil, Mungangama, Nurelli e similares. Geralmente, ele era referido como "Nosso Pai". Alguns homens da tribo achavam que ele não se preocupava muito com seus afazeres; outros, como os Kurnai, pensavam que ele constantemente zelava por eles. Howitt não encontrou evidência clara da crença em tal deus primevo entre os Dieri e seus vizinhos da região do Lago Eyre, mas isto pode ter se dado porque não se contou a ele o tanto quanto ele achou que foi contado. Quando se considera toda a evidência transparece que praticamente todas as tribos australianas mantinham a crença em alguma espécie de alto deus, e isso provavelmente inclui aos Dieri.

Os achados mais recentes dos antropólogos têm introduzido alguns conceitos desconhecidos para Howitt. Tem-se dado proeminência especial a um aspecto particular da evidência – o fato de que a **cosmogonia** (ou "registro do início das coisas") australiana geralmente começa com o caos, com a ausência de forma, e com inconsciência. Sucede-se então um período de alvorecer, conhecido como o *Alcheringa*, ou o "tempo de sonho", quando surgiram certos "Seres do Alvorecer" (eles eram seres não criados) e, movendo-se como figuras em um sonho, deram forma à terra a partir dos materiais preexistentes em sua estrutura atual, estabelecendo as várias espécies, seus hábitos e costumes. O Alto Deus fora o primeiro desses Seres do Alvorecer e, depois de ter dado instruções relativas aos costumes e rituais dos homens, ele ascendeu ao Reino dos Céus, enquanto outros Seres do Alvorecer, talvez impossibilitados ou proibidos de seguirem-no, estabeleceram centros totêmicos na terra.

Ritos de puberdade

Chegamos finalmente ao tópico fascinante das cerimônias de iniciação tão distintivas dos aborígenes por todo o continente australiano. Sempre que um garoto ou uma garota Dieri atinge a puberdade, ritos iniciatórios eram planejados para completar a transformação de renascimento do garoto em homem e da garota em uma mulher. As cerimônias para os garotos eram especialmente minuciosas, executadas em estágios diferentes por um período de meses. Todos os membros da tribo disponíveis por quilômetros ao redor se reuniam para as cerimônias finais. Era o principal chefe da tribo que decidia quando os jovens deveriam ser iniciados. Ele informava o conselho de anciãos quem eram os jovens e quando as diferentes cerimônias deveriam ocorrer.

A primeira cerimônia claramente significava que os garotos estavam prestes a sofrer um ritual de morte a fim de ressurgirem ou renascerem como homens. O símbolo da morte era uma cerimônia pela qual os dois dentes centrais inferiores de cada garoto eram batidos por peças de madeira em formato de formões. Os dentes, assim desalojados, eram enterrados doze meses depois, cerca de quarenta e cinco centímetros abaixo do solo. Por volta do mesmo tempo (ou tão cedo quanto o nono ano de vida do menino), uma cerimônia de significado similar tomava lugar – a circuncisão. Nesse momento o pai de cada garoto se encurvava sobre seu filho e lhe dava um novo nome. Algum tempo depois acontecia, subitamente e sem aviso prévio aos jovens rapazes, o curioso rito do *Kulpi*, ou cerimônia de subincisão, após a qual, e apenas então, o jovem era considerado um homem feito.

Enquanto isso ocorria o rito chamado de cerimônia *Wilyaru*, que definitivamente separava um jovem de sua infância e de qualquer dependência anterior das mulheres. O rito foi descrito da seguinte maneira:

> Um jovem rapaz, sem aviso prévio, é levado para fora do acampamento por alguns homens mais velhos que estão na relação de *Neyi* (primos aproximados, neste caso) com ele, e não de relacionamento próximo, mas distante, para com ele. Na manhã seguinte os homens, velhos e jovens, com exceção de seu pai e seus irmãos mais velhos, cercam-no, e fazem-no fechar seus olhos. Um dos homens velhos então ata firmemente com corda o braço de outro homem, e com uma peça afiada de lasca de pedra lanceta a veia, cerca de dois centímetros e meio do cotovelo, fazendo com que uma corrente de sangue caia sobre o jovem rapaz, até que ele esteja coberto com ele, e o homem velho comece a ficar exausto. Outro homem toma seu lugar e assim por diante, até que o jovem fique bastante viscoso da quantidade de sangue que aderiu a ele. A razão dada para esta prática é que ela infunde coragem dentro do jovem rapaz, e também mostra para ele que a vista do sangue não é nada, de forma que, caso ele receba um ferimento em batalha, em momento algum ele venha a considerar isso um problema[M3].

O significado profundo do rito talvez possa ter sido que o espírito e sabedoria dos homens mais velhos estavam transformando o jovem em um adulto, fazendo-o um em sangue com eles.

No estágio seguinte da cerimônia o jovem coberto de sangue era cortado profundamente com uma peça afiada de lasca de pedra em suas costas e pescoço, de forma que, quando as feridas se curassem, ele carregasse as cicatrizes, marcadas como um sinal de que ele era Wilyaru. Na conclusão do rito ele ganhava um Rombo, uma placa de madeira em forma de remo presa a um cordão feito de cabelo humano de cerca de três a três metros e meio de comprimento. Este foi seu primeiro encontro face a face com a fonte real do vibrante rugido que anteriormente aterrorizara a ele e às mulheres do acampamento, quando eles o ouviam a ressoar nos ermos. Mesmo os homens, ele descobria então, consideravam o Rombo como algo provido de efeitos extraordinários e potentes, que fala com voz de autoridade a todos os seres viventes. Ele era o símbolo e a voz dos Mura-muras, que tinham dado à tribo seus ritos e tradições sagrados. Presenteado então com o Rombo, que deveria ser devolvido para um lugar secreto, oculto, ele era ensinado em como girá-lo, e instruído a nunca mostrá-lo para as mulheres ou falar para elas sobre ele.

Depois disso se requeria dele que passasse por uma importante experiência psicológica: ele era mandado embora sozinho para os ermos para um período de teste (seu *walkabout*[7]*). Ele deveria se manter por conta própria até que suas feridas se curassem e todo o sangue com o qual ele fora coberto tivesse desaparecido naturalmente. Ele teria que repetir em sua mente as lições que ele aprendera.

> O jovem rapaz não é visto nunca pelas mulheres desde o tempo em que ele é feito Wilyaru até o momento em que ele retorna para o acampamento, depois de

---

* Pode ser traduzido como "perambulação", "jornada", dentre outros significados, mas é usado ampla e internacionalmente em sua forma inglesa, a fim de se referir aos ritos *específicos* australianos [N.T.].

talvez muitos meses [...]. Durante o tempo de sua ausência, suas parentes próximas ficam bastante ansiosas em relação a ele, frequentemente perguntando sobre seu paradeiro. Há grande alegria no acampamento quando o Wilyaru finalmente retorna para ele, e sua mãe e suas irmãs lhe dão muita atenção[M4].

Mas ele agora é um homem, e não mais pertence às mulheres.

Os Dieri e tribos vizinhas se uniam na cerimônia restante, o *Mindari*, que era um encontro geral de dança dos iniciados – os homens e as mulheres – e que era geralmente uma ocasião para resoluções amigáveis de quaisquer disputas desde o último *Mindari*.

Por trás de tudo isso ocorria a descrição oral pelos homens mais velhos, explicando cuidadosamente a origem sobrenatural e o significado de cada cerimônia, começando com um recontar dos mitos tribais relativos a elas. Os jovens eram admoestados sobre seus deveres e responsabilidades tribais. As regras e relações totêmicas eram definidas com exatidão. Claramente as leis e costumes da comunidade eram sacrossantas e delas não se devia desviar de forma alguma. A moralidade tribal se impunha assim para cada membro da comunidade com o peso total das sanções religiosas por trás de si.

IV – ESTUDO DE CASO: OS BAVENDA DA ÁFRICA DO SUL

Os BaVenda (ou Vhavhenda) foram estudados por Hugh Stayt na década de 1920*. Como um dos muitos povos de língua Bantu do sul da África, eles são conhecidos hoje como Venda, e seu número passa de meio milhão. Eles vivem principalmente ao sul do Rio Limpopo, no Transvaal Setentrional, mas também no Zimbábue.

Na época do estudo de Stayt, os BaVenda contavam cerca de 150.000 pessoas. Apesar de muitos aspectos de sua cultura terem mudado muito pouco, nós usaremos o tempo passado e o antigo nome para indicar o estado das práticas mágico-religiosas no tempo do estudo de Stayt. Ainda demonstrando habilidades pastorais, eles propiciaram um estudo esclarecedor da religião no início do estágio agrícola.

Os BaVenda viviam em cabanas cilíndricas, com telhados cônicos de sapê, sendo que os principais elementos estruturais eram fortes estacas unidas por vime. Eles mantinham grandes rebanhos de gado, por meio dos quais se reconhecia sua riqueza, ainda que eles dependessem da agricultura para sua subsistência de fato. Seus cultivos incluíam milho, sorgo, painço, feijão, abóbora, melancia, abobrinha e batata-doce, sendo que o solo era trabalhado com enxada, principalmente pelas mulheres. Até a introdução de produtos manufaturados da Europa, as produções nativas incluíam artes como tecelagem, esfolamento de animais, derretimento de ferro, confecção de enxadas e refinamento de cobre.

A organização social era complexa. Cada indivíduo era membro de alguns agrupamentos independentes. Os quatro mencionados a seguir eram os mais importantes. Um indivíduo pertencia ao círculo da sua própria família e também a um grupo largo, uma linhagem patrilinear, através da qual descendência, sucessão e herança eram reconhecidos. Em adição a isso, havia laços afetivos estreitos com toda uma linhagem matrilinear. Finalmente, o indivíduo pertencia a um grupo de linhagem de caráter totêmico, e era chamado pelo nome de algum animal, planta, ou objeto inanimado (leão, pombo, porco, elefante, bode, búfalo d'água, crocodilo etc.) ao qual o in-

---

* Este relato, que busca apresentar apenas concepções e práticas mágico-religiosas dos BaVenda, foi extraído do livro muito inclusivo *The BaVenda*, de Hugh A. Stayt (Oxford University Press, 1928). Citações feitas com permissão da editora.

divíduo tinha de prestar o reconhecimento devido a um totem.

A atitude dos BaVenda em relação ao sagrado era revelada em crenças e práticas que percorriam toda a gama das ideias religiosas, partindo da crença em algo como o mana, passando pelo animismo e culto aos ancestrais, até chegar na crença em um deus supremo presidindo misteriosamente sobre sua criação.

Animismo e fetiches

Havia um conceito fundamental de que cada objeto, animado ou inanimado, possuía um poder cinético para o bem ou mal. Por exemplo, quando Stayt perguntou sobre uma pequena peça de madeira usada como amuleto em volta do pescoço de um dos BaVenda para proteção quando viajando, ele descobriu que:

> [...] ele foi tomado de um ramo de uma árvore suspensa por meio de uma difícil escalada em um caminho muito frequentado. Esse ramo era agarrado por todo transeunte, a fim de assisti-lo a transpor a difícil passagem. Desta forma o poder daquele ramo em particular foi aumentado desordenadamente [...] e se tornou a fonte óbvia da qual poderiam ser obtidos amuletos efetivos para o tímido viajante. De forma inversa, a história [contada] sobre cerca de uma madeira seca que possuía grande quantidade de poder para fazer mal ao viajante revelava o fato de que em um caminho percorrido várias vezes uma pequena raiz gerava incômodo para todo transeunte, estando em um lugar onde ele quase que inevitavelmente a atingia com seu dedo do pé. Esta raiz, diferentemente do ramo amigável, se tornou uma fonte de poder maligno, e sua madeira foi usada para a confecção de amuletos que fizessem mal ao viajante[N1].

Xamãs e adivinhadores

As práticas mágicas dos BaVenda eram guiadas por especialistas. O xamã (*nganga*) e o adivinho (*mungoma*) eram as pessoas mais importantes na comunidade BaVenda.

O nganga tinha poder para curar doenças. Seu treinamento rigoroso nesse ofício o qualificava a ser ou um especialista em uma família de doenças ou um clínico geral tratando todo o tipo de doenças. Através do uso de drogas, eméticos e poções como aquelas encontradas em plantas, ele tratava uma variedade de doenças como malária, reumatismo, pneumonia, insanidade e dor de dente, geralmente com sucesso. Os agentes curadores supostamente conteriam diferentes tipos de poder, e através da mistura de certas formas de poder o nganga direcionava sua energia para os canais desejados. É importante se notar, no entanto, que raramente se considerava que a doença por si mesma se desse por causas naturais. Quase sempre ela era atribuída à ação de espíritos, fosse à influência adversa de espíritos ofendidos dos ancestrais ou às muito mais malevolentes ações da principal obsessão dos BaVenda – feiticeiros e bruxas.

Dois tipos de bruxaria

Feiticeiros e bruxas (sing. *muloi*, pl. *vhaloi*) eram temidos universalmente. Vhaloi podiam ser de qualquer sexo, mas geralmente consistiam de mulheres. Elas se dividiam em dois tipos. O primeiro consciente e deliberadamente praticava a arte malevolente, por conta própria ou com a ajuda de um nganga inescrupuloso comprado por meio de uma grande taxa. O motivo que mais geralmente convencia esse tipo de vhaloi era o ódio, um intenso desejo de destruir a pessoa ou as pessoas que se desgostava.

> Uma forma muito simples de se matar um inimigo era quando um muloi obti-

nha do nganga o pó causador de morte. Olhando na direção do inimigo ele sopra o pó em direção a ele, dizendo ao mesmo tempo: "Você deve morrer!" Quanto mais próximo o pó possa ser levado da vítima, o mais rápido deve se dar sua morte[N2].

O segundo tipo de muloi o era de forma involuntária; as circunstâncias envolvendo casos como este eram geralmente trágicas. O senso de inocência consciente não protegia da suspeita. Acreditava-se que qualquer um, a qualquer momento, poderia se tornar, subconscientemente ou durante o sono, uma pessoa possuída por algum espírito hediondo que tinha entrado no corpo, talvez de uma hiena, crocodilo, coruja ou cobra. Durante o dia, tal muloi, não suspeitando nada sobre a possessão, poderia ser um membro inócuo da comunidade, mas durante a noite poderia se transformar em um destruidor da saúde, propriedade e vida! Tornava-se então uma questão urgente descobrir quem era o maléfico e requerer uma penalidade severa. Um adivinhador ou nganga poderia detectar um culpado através de meios ocultos, mas meras aparências poderiam ser o suficiente para lançar suspeita, como prova a seguinte passagem:

> Um fazendeiro em Lwamondo atirou em um crocodilo, mas para sua extrema preocupação a bala ricocheteou em sua pele e feriu severamente um menino que estava a alguma distância; este garoto, ao retornar para sua vila, depois de se recuperar do ferimento, foi imediatamente tachado de muloi, e ele e todos os seus familiares foram obrigados a deixar aquela parte do país. As pessoas não tinham absolutamente nenhuma dúvida de que ele era um crocodilo disfarçado em forma humana, pois de outra forma a bala que atingiu o crocodilo nunca poderia tê-lo ferido também[N3].

O triste fato era que o suposto muloi usualmente convencia a si mesmo, para seu próprio grande horror, que ele ou ela era culpado conforme fora acusado. Ainda assim, talvez, a despeito de todo o horror, podia haver algum tipo de alívio pela resolução de um mistério.

Pessoas suspeitas eram trazidas diante do adivinho (mungoma), cuja função especial era, de forma distinta à do nganga, determinar a identidade daqueles que faziam o mal. Considerando que todas as mortes, com exceção das de pessoas de idade avançada, eram devidas à feitiçaria, ele se especializava em detectar aqueles que tinham causado morte. Ele ostensivamente fazia toda a sua adivinhação por meio do lançamento de um jogo de dados, que eram lidos após terem ficado imóveis, ou através da leitura de sementes flutuando em uma tigela divinatória.

O culto aos mortos

O culto aos mortos tinha um papel importante na vida religiosa dos BaVenda. Para eles, as almas humanas eram uma combinação de fôlego e sombra, dois elementos que partiam de cada criatura viva na morte. A alma, após deixar o corpo na morte, precisava encontrar um novo lugar onde descansar. Usualmente ela se demorava um pouco na sepultura. Logo ela partiria em busca de um lugar melhor de permanência. Ela poderia se revelar para seus descendentes em sonhos, e assim fazer conhecidas suas necessidades.

Ou então ela poderia encontrar outro corpo. Havia casos isolados entre os BaVenda de crença na reencarnação – especialmente de antigos chefes – em leões, leopardos e serpentes. Mas o estado mais desejado que as almas dos mortos podiam atingir era serem mantidas na memória dos descendentes vivos, sendo queridas e cuidadas por eles.

Quando qualquer pessoa morria todo parente tentava estar presente ao leito de morte; estar ausente era levantar suspeita de cumplicidade na morte. A primeira ação após a morte era cortar um pedaço da vestimenta do falecido e preservá-lo para o adivinhador até o momento em que a causa da morte pudesse ser determinada. Os parentes mantinham o local de enterramento um segredo, a fim de evitar que um inimigo escavasse os restos e praticasse bruxaria com eles. Uma parte característica do ritual era quando o filho mais velho murmurava sobre o túmulo de sua mãe, enquanto ele ali lançava o primeiro torrão de terra: "Você pode descansar em paz, minha mãe. Então não cause problema para nós; eu lhe darei tudo que você pedir"[N4].

O período de luto, marcado por raspar a cabeça de todos os parentes, continuava até que a causa da morte fosse descoberta pelo adivinhador e a morte fosse vingada. Era sumamente importante dali em diante manter o espírito ancestral satisfeito, pois todos os problemas para os vivos eram causados por bruxaria ou pela insatisfação dos mortos. A fim de que os espíritos ancestrais pudessem ser focalizados ou simbolizados em algo tangível, os ancestrais da linhagem paterna eram representados coletivamente ou por uma vaca e um touro negro sagrado, considerados como as personificações dos espíritos patrilineares, ou por duas pedras largas, cilíndricas e muito polidas, embutidas perto da cabana do chefe da linhagem. Os espíritos das mães eram representados por uma cabra negra. Em adição a isso, os membros do sexo masculino da linhagem eram representados individualmente por uma lança, depositada na cabana do chefe da linhagem com aquelas colocadas anteriormente ali, e os membros do sexo feminino por um anel de ferro ou cobre, ou por uma enxada em miniatura presa em um cajado e carregada por um descendente do sexo feminino.

Um espírito supremo

Em adição aos espíritos ancestrais, havia a crença em uma hoste de outros poderes, menos definidos em forma e caráter. Alguns eram espíritos das montanhas; sua visão trazia morte ao viajante. Outros espíritos em fontes e piscinas naturais eram armados com arco e flechas mortíferos. Um grande número de espíritos vivia em rios e lagos; alguns, ou talvez a maioria destes, eram ancestrais. Mas o maior e mais sombrio de todos os espíritos era o misterioso Ser Supremo, Raluvhimba. Esta deidade elusiva, monoteísta, era associada com a criação do mundo, e pensava-se que ela vivia em algum lugar nos céus. "A palavra *luvhimba* [diz Stayt] significa águia, o pássaro que plana em altas alturas; os BaVenda têm uma ideia muito real deste grande poder viajando pelo céu, usando as estrelas e o vento como seus instrumentos."[N5] Raluvhimba era visto como remoto e inescrutável, da mesma forma que deidades similares de outros povos Bantus, mas os BaVenda eram excepcionais na quantidade de respeito que dirigiam a ele, usualmente através de seus chefes. Eles o associavam com o fazedor de chuva, Mwari, dos Bantus de Matebeleland, e dessa forma buscavam seus favores especialmente nos tempos de seca, cuja ocorrência era a ele creditada. Qualquer barulho trovejante era sua voz. Em 1917, um meteoro explodiu no meio do dia em Khalavha, com um alto som ecoando e uma colisão que soou como trovão. Os BaVenda correram para o céu aberto em suas vilas, com gritos que expressavam alegria, batendo suas mãos e assoprando chifres, a fim de dar boas-vindas ao tremendo deus. O mesmo tipo de demonstração se deu após um terremoto, com indivíduos gritando "Dê-nos chuva! Dê-nos saúde!" Originalmente, Raluvhimba não era abordado por indivíduos, nem por famílias em devoção privada; ele era adorado por todo o povo em conjunto ou por um representante de todo o povo falando em seu nome. Aqui temos uma instância clara e rara de uma prática transicional por meio da qual um alto deus, originalmente distante, se tornou nas religiões mundiais o único verdadeiro Deus a quem não apenas o grupo, mas também os indivíduos, deveriam orar.

V – ESTUDO DE CASO: OS CHEROKEES DOS BOSQUES DO SUDESTE

Uma religião nativo-americana representativa a ser estudada é a praticada pelos Cherokees, antes de sua remoção forçada para Oklahoma em 1838. O território Cherokee durante os dois ou três séculos antes de sua remoção se estendia pelas terras altas dos Apalaches ao longo das atuais fronteiras da Carolina do Norte e do Tennessee, e partes da Carolina do Sul e Geórgia. Ainda que os Cherokees adotassem muito rapidamente vários aspectos da cultura material dos brancos, é claro que eles mantiveram um sistema conceitual e um padrão de prática cerimonial, ambos estáveis e internamente consistentes.

Sua Cerimônia do Milho Verde tem muitos paralelos nos bosques do leste e do sudeste e, de acordo com a evidência arqueológica, tem profundas raízes nas culturas do Mississipi. Como resultado dos esforços de Sequoyah, um Cherokee que não falava inglês, as tradições foram estabelecidas em sua própria linguagem, uma derivação da língua dos Iroquois. Consistindo no único caso de adoção de um sistema de escrita sem a instigação dos brancos, Sequoyah projetou e aperfeiçoou um silabário engenhoso de oitenta e seis símbolos, que se tornou padrão a partir de 1819*.

---

* As principais fontes nas quais esse registro foi baseado são *Observations on the Creek and Cherokee Indians* (1789), de William Bartram; *Myths of the Cherokees* (1900), de James Mooney; outros antigos trabalhos de Mooney e Hans Olbrecht; e publicações mais recentes por John Witthoft e Charles Hudson.

O nome Cherokee, que possui cinquenta grafias diferentes, parece ter sido dado por uma tribo vizinha. Significados sugeridos incluem "povo de fala diferente", "povo da caverna", e "povo do fogo". Mas o nome que os Cherokees usam para referirem-se a si mesmos, *Ani'-yun'-wiya*, tem uma clareza satisfatória; ele significa o "povo real/verdadeiro".

William Bartram, escrevendo em 1789, comentou sobre sua aparência física:

> Os Cherokees são a raça de homens mais alta que eu já vi. Eles são agradáveis como quaisquer outros, e sua compleição é brilhante, sendo da matiz oliva dos asiáticos [...].
> As mulheres são altas, esbeltas, e de figura graciosa, tendo características e maneiras cativantes[01].

O formato do mundo

Não existe um mito Cherokee sobre a criação do cosmos. As histórias começam com a modelação que tomou lugar quando criaturas vivas já estavam em existência "além do arco do céu"; sua ênfase está relacionada ao estabelecimento de uma estrutura ordenada.

A compilação de James Mooney, *How the Earth was made* (Como a terra foi criada) começa com um domo celeste de rocha sólida já instalado em seu lugar. Embaixo havia uma terra plana intermediária, e abaixo dela havia um terceiro domínio. Mooney acreditava que o original mito de criação sobrevivera apenas em fragmentos, alguns deles contaminados por ideias bíblicas. Na leitura de sua descrição chegamos a um tempo "quando tudo era água" no mundo intermediário, e a formulação subsequente é específica ao habitat Cherokee.

> Quando tudo era água, os animais estavam acima em Galunl'ati, além do arco;

mas ali estava muito cheio, e eles queriam mais espaço. Eles imaginavam o que havia debaixo da água, e finalmente Dayuni'si "Neto do castor", o pequeno besouro d'água, ofereceu-se para ir e ver o que poderia aprender. Ele se lançou por todas as direções sobre a superfície da água, mas não podia encontrar um lugar firme para descansar. Então ele mergulhou ao fundo e subiu com alguma lama leve, que começou a crescer e se espalhar por todos os lados até que se transformou na ilha que nós chamamos de terra. Ela foi posteriormente presa ao céu com quatro cordas, mas ninguém se lembra de quem fez isso[P1].

Esse mito continua descrevendo como o Grande Urubu foi mandado para deixar a ilha pronta para a habitação. Ele voou baixo sobre o solo macio, e quando ele chegou ao país Cherokee já estava muito cansado, de forma que em cada bater de suas asas o movimento para baixo criava um vale, e sua movimentação para cima formava uma montanha. "Quando os animais no alto viram isso, eles ficaram com medo de que o mundo inteiro pudesse se tornar montanhas, então eles chamaram-no de volta, mas o país Cherokee continua cheio de montanhas até este dia"[P1].

A ordenação sagrada do espaço

Os dois números sagrados dos Cherokees são quatro e sete. Os quatro cordões suspendendo a ilha terra marcam os pontos cardinais e impõem uma ordem espacial horizontal. As direções, por sua vez, são correspondidas por cores que simbolizam e governam quatro realidades inevitáveis da experiência social:

- Beneficente: leste, vermelho, poder (guerra/sucesso); sul, branco, paz.

- Malevolente: oeste, preto, morte; norte, azul, fraqueza (guerra/derrota).

De acordo com o mito "Como o mundo foi criado", quando os animais desceram à ilha terra ela ainda era escura; eles então tomaram o sol e o estabeleceram para se erguer a partir da parte inferior, viajando de leste até o oeste em uma altura apenas por cima das cabeças. Essa configuração provou-se muito quente, e eles então ajustaram por meio de "palmos" (não literais, mas intervalos de espaços medidos de cerca de um braço estendido em direção ao horizonte) até que a "sétima altura" fosse atingida. Essa configuração se deu justamente sob o arco celeste e na medida exata. O número sagrado sete geralmente é aplicado a uma medida de intensidade ou a uma hierarquia vertical de poder. Enquanto o número real dos clãs tribais Cherokee, ele também significa um total "na medida exata".

A estrutura ordenada do sistema conceitual Cherokee estabelece estados ideais, puros ou originais. O ardente sol purifica o mundo ideal superior, enquanto a água, o seu oposto, purifica o domínio inferior. Os diminutos habitantes estrangeiros do mundo intermediário, comprometido e imperfeito, usavam fogo e água com o intuito de aperfeiçoar seu ambiente imperfeito.

Categorias das coisas vivas

No mito da criação, animais inteligentes e articulados e plantas perfeitas residiam acima do domo celeste em uma preexistência agradável e ideal. Com o passar do tempo eles foram diminuídos, geralmente através de falta de vigor ou perseverança. "Como a terra foi criada" continua da seguinte forma:

Quando os animais e plantas foram criados – nós não sabemos por quem – foi lhes dito para vigiar e se manter acordados por sete noites, da mesma forma que jovens rapazes agora jejuam e se mantêm acordados quando eles oram por seus remédios. Eles tentaram fazer isso, e praticamente todos se mantiveram acordados durante a primeira noite; mas na noite seguinte vários caíram no sono, e na terceira outros adormeceram; e então outros, até que na sétima noite, de todos os animais, apenas a coruja, a pantera, e um ou dois mais ainda permaneciam acordados. A estes foi dado o poder de enxergar e de perambular na escuridão, e de fazer presas dentre os pássaros e animais que precisam dormir de noite. Das árvores apenas o cedro, o pinheiro, o abeto, o ílex e o loureiro permaneceram acordados até o fim, e a eles foi dado o sempre permanecerem verdes, e de serem os melhores para composição de remédios, mas aos outros foi dito: "Já que vocês não resistiram até o final, vocês perderão seus cabelos a cada inverno"[P2].

Os seres humanos vieram depois, e devido ao que pode se chamar de "razões ecológicas", seus poderes originais foram restringidos.

Os homens vieram após os animais e as plantas. De início havia apenas um irmão e uma irmã, até que ele bateu nela com um peixe e lhe disse para se multiplicar, e assim aconteceu. Em sete dias ela gerou uma criança, e dali em diante a cada sete dias a outra, e eles se multiplicaram muito rapidamente; até que surgiu o perigo de que o mundo não mais pudesse mantê-los. Então se definiu que uma mulher deveria ter apenas uma criança em um ano, e tem sido assim desde então[P2].

No sistema conceitual Cherokee, as principais categorias de coisas vivas – pessoas, animais e plantas – viveram em harmonia, mas as pessoas se multiplicaram rapidamente e os animais se viram "apertados". A inimizade cresceu entre pessoas e animais, mas as plantas permaneceram amigáveis. Os animais trouxeram doenças às pessoas, não por serem mortos para satisfazer necessidades humanas, mas, ao invés disso, pela indignidade de serem assassinados de forma *desrespeitosa*. As plantas providenciaram remédios para as doenças colocadas sobre as pessoas.

As categorias seriam divididas além: os humanos em clãs matrilineares; os animais em grupos de quatro patas, voadores e vermes (os últimos incluíam serpentes, peixes, e outros estrangeiros do aquoso mundo subterrâneo). Eram proeminentes nesses grupos o veado, a águia/falcão e a cascavel. As plantas também foram divididas em um sistema elaborado de subcategorias.

As coisas vivas que não se encaixam perfeitamente dentro das categorias do sistema conceitual atraem atenção em qualquer cultura. Nas culturas letradas isto significa constantes revisões e adições no sistema. Para um acultura pré-letrada na qual as categorias não são elaboradamente expandidas, estas anomalias tomam dimensões de poderes sobrenaturais e proeminência mítica. Charles Hudson sugere que as violações das categorias de ordem recebiam proeminência a fim de enfatizar o horror da mistura caótica. "Ainda que possa parecer paradoxal, esses seres anômalos no sistema de crença dos Índios do Sudeste eram subprodutos de sua busca pela ordem e, intelectualmente, eles ajudavam a sustentar aquela ordem"[Q1].

Os Cherokees atribuíam poderes e significados especiais para anomalias tais como as seguintes: criaturas de quatro patas que voam (o morcego e o esquilo voador); plantas que capturam e se alimentam de insetos (a Vênus papa-mosca ou Dioneia e as *Pitcher plants**); e besouros aquáticos que

---

* O termo, no original inglês, refere-se a uma categoria de plantas carnívoras, principalmente das famílias *Nepenthaceae* (as plantas *Nepenthes*, do sul da Ásia e Oceania) e *Sarraceniaceae* (as *Erica-*

"andam" e também nadam embaixo d'água. Assim, há um mito explicando como as águias e os falcões conseguiram asas para os morcegos e esquilos voadores, de forma que eles pudessem participar de seus jogos de bola em estilo *Lacrosse** e se mostraram peritos no jogo. Um jogador de bola Cherokee se apropriava da mágica prendendo uma peça de asa de morcego à sua vara de jogar bola. As plantas e animais anômalos oferecem inúmeros benefícios: a raiz da Vênus papa-mosca tinha poderes medicinais extraordinários, e o besouro d'água, tendo fiado uma cesta em suas costas, inventou uma maneira de trazer o fogo à humanidade.

Parentesco com os animais

Três dos sete clãs Cherokees empregam nomes de animais: Lobo, Veado, e pássaro. Dois nomes de clãs significam Tinta e Cabelos-longos; o significado dos nomes dos restantes é incerto. Em comparação com os elaborados relacionamentos totêmicos encontrados entre alguns outros grupo nativo-americanos, os laços entre os clãs e seus referentes nomeados são relativamente fracos; entretanto, mitos da região sugerem a descendência do totem ou atribuição do nome do clã a habilidades ou maneirismos mostrados por seus antigos membros. Há poucos tabus e ritos especiais requeridos dos clãs em virtude de seus nomes. Mas o relacionamento entre toda a humanidade e certos animais era importante, não apenas à luz de potenciais danos vindos das espécies, mas também em virtude de um tipo de imaginação empática.

O urso, por exemplo, enquanto uma criatura anômala (de quatro patas, mas frequentemente caminhando ereto), estava em uma classe especial de parentesco. Sua dieta era similar àquela dos humanos, e suas pegadas e suas fezes assemelhavam-se às dos humanos – pontos de importância entre caçadores que identificavam animais por seus rastros. Alguns mitos falavam dos ursos terem descendido de um menino primal amante da floresta (e depois de seu clã), que se isolou de outros humanos por sete dias de jejum, tendo então partido para a floresta e passado a comer apenas o que se tornaria a dieta dos ursos. Em um mito relativo à origem das doenças, o urso é o único animal que não se responsabilizava por alguma doença trazida para a humanidade. Ele não ganha crédito por isso, mas é considerado tolo por não invocar retaliação do clã. Dessa forma, "o caçador sequer pede perdão para o urso quando ele mata um"[P3].

Uma história tocante fala de ursos tentando sem sucesso usar arco e flechas. No mito "O urso-homem", um humano encontra um urso que o leva como convidado a um concílio de ursos. (Mesmo antes de eles o verem, os ursos perguntam-se uns para os outros: "O que é este fedor aqui dentro?")

> [depois de uma dança] os ursos notaram o arco e as flechas do caçador, e um disse: "Isso é o que os homens usam para nos matar. Vamos ver se podemos manejá-lo, e talvez possamos lutar contra o homem com suas próprias armas". Então eles pegaram o arco e as flechas do caçador para experimentá-los. Eles encaixaram a flecha e puxaram a corda para trás, mas quando a soltaram, ela ficou presa em suas longas garras e as flechas caíram no chão. Viram que não podiam usar o arco e as flechas e os devolveram ao homem[P3].

Em outro relato, um dos ursos disse: "Um de nós já morreu para prover a corda do arco, e se nós

---

les, das Américas), mas também de alguns membros das famílias *Cephalotaceae* e *Bromeliaceae*. Não há um termo genérico na língua portuguesa para tais plantas, que se caracterizam pela existência de um bulbo cheio de fluido, para o qual as presas são atraídas por meio das cores e aromas das folhas da planta, e pelas quais são digeridas [N.T.].

* Jogo nativo-americano da Costa Leste dos Estados Unidos, jogado com uma vara longa com uma pequena rede na ponta, por meio da qual se capturava e lançava bolas de borracha [N.T.].

agora cortarmos nossas garras nós pereceremos de fome todos juntos. É melhor para nós confiarmos nos dentes e garras que a natureza nos deu, pois é claro que as armas dos homens não foram projetadas para nós" [P4].

Dimensões do mundo espiritual

Os Cherokees têm como certeza a premissa animista de que cada criatura tem uma alma ou espírito, um duplo, separável do corpo de carne e osso. Os temores de represália pela morte de animais, parcialmente desviados por pedidos de desculpa apropriados e medidas defensivas rituais, foram posteriormente abrandados por uma visão corolária de que alguns espíritos tinham um tempo de vida alocado para si de forma que seus corpos "mortos" poderiam reencarnar a si mesmos de locais sangrentos deixados para trás. Acreditava-se por vezes que guerreiros poderosos fossem invulneráveis porque seus espíritos retiravam-se de seus corpos.

Existem mitos sobre uma variedade de categorias de seres espirituais: Pessoas pequenas parecidas com os Leprechauns, e clãs inteiros de "imortais" (*Nunne'hi*), que faziam aparições e se comportavam como se fossem pessoas ordinárias, mas que podiam também desaparecer à vontade. Algumas vezes eles chegavam no meio de batalhas, ajudavam aos Cherokees, e então misteriosamente desapareciam.

O Sol e a Lua

O Sol era supremo dentre os espíritos, geralmente considerado do sexo feminino, e referido em alguns rituais como "a repartidora" (do dia e da noite, e talvez da boa e má fortuna, da vida e da morte). Um relacionamento com o(a) Sol não era descrito por meio de abstrações como chamá-la de "todo-poderosa" ou "conhecedora de tudo", mas simplesmente como parentesco. Nos mitos, o(a) Sol fala do povo como seus netos. Seu consorte, a(o) Lua, chama o povo de "meus irmãos mais novos", empregando o termo usado por um ser do sexo masculino. A cópula que produziu sua descendência ocorrera de noite.

> Sol era uma jovem moça e vivia no oriente, enquanto seu irmão, Lua, vivia no ocidente. A garota tinha um amante que normalmente vinha vê-la todo mês quando a Lua escurecia, para cortejá-la. Ele podia vir de noite e partia antes da luz do dia [...] mas ele não podia dizer a ela seu nome [...]. Finalmente ela traçou um plano para descobrir quem ele era; na próxima vez que ele viesse ela astutamente mergulharia sua mão nas cinzas e pó da lareira e esfregaria sobre sua face, dizendo: "Sua face está fria; você deve ter sofrido com o vento", fingindo estar muito pesarosa por ele; mas ele não saberia que ela tinha cinzas em suas mãos [...].
> Na próxima noite, quando Lua subiu ao céu, sua face estava coberta de pontos, a então sua irmã soube que ele era aquele que vinha vê-la. Ele estava tão envergonhado por ela saber [quem ele era] que ele se manteve afastado o tão longe quanto pudesse, na outra extremidade do céu, por toda a noite. Desde então ele tenta se manter a uma longa distância atrás de Sol, e quando ele às vezes tem que se aproximar dela no ocidente, ele se faz tão fino como uma fita, de forma que dificilmente pode ser visto[P5].

Sacerdotes, bruxos, medicina e conjuração

Há referências míticas a um tempo quando havia uma ordem hereditária, um clã do qual os sacerdotes eram eleitos. A tradição sustenta que esses sacerdotes se tornaram arrogantes e abusaram de sua autoridade, especialmente com respeito às mulheres. Finalmente, a abdução e violação da esposa do irmão de um alto chefe levou a uma insurreição na qual cada membro da ordem foi morto. Em tempos posteriores, a prática de feitiçaria (ou de conjuramento, como é chamada na região sul dos Apalaches), interpretação de sonhos e adivinhação era distribuída entre várias pessoas de todos os clãs.

Como é usual no caso da identificação de xamãs, os Cherokees provavelmente reconheciam poderes espirituais especiais em indivíduos marcados por algum desvio das normas ordinárias: um gêmeo, especialmente o mais novo (o "extra"), ou uma pessoa com um talento saliente ou uma anormalidade física. Humanos ou seres sobrenaturais que demonstravam poderes extraordinários eram chamados *ada'wehi*, "fazedor de maravilhas".

Nas curas se utilizavam ervas e remédios administrados por membros da família ou por sacerdotes. Apesar de os remédios poderem ter sido de fato adotados por sua comprovada eficácia, a justificativa teórica para seu uso era feita usualmente em termos de analogia: magia simpática era aplicada para efeitos produtivos ou aversivos. Icterícia era tratada com um remédio feito de raízes ou flores amarelas. Uma mulher grávida recebia uma cocção de casca de olmo vermelho (para ter um canal de parto lubrificado)[12]*, e poderia ser tabu para ela comer truta salpicada, a fim de que sua criança não ficasse salpicada por marcas de nascimento. Pessoas sujeitas a reumatismo não deviam tocar animais como esquilos ou gatos (animais que faziam uma corcunda para cima com suas costas, em posturas de aparência reumática)[Q2].

Qualquer um poderia chamar sobre si o fardo de um tabu alimentar, geralmente como penalidade por submeter alguma criatura a uma indignidade. Um mito reconta como um homem que falhou em se acautelar de um *gaktun'ta* (tabu) contra comer esquilos padeceu o horror de assistir a si mesmo se transformar em uma serpente.

Frequentemente, a aplicação de conjuramento combinava o uso de substâncias físicas com encantamentos e atos simbólicos baseados no sistema conceitual. A cura para reumatismo (uma "intrusão" trazida pelo veado) poderia envolver poções feitas de "samambaia-de-urso" (o veado mantinha distância do urso) esfregadas no corpo e um canto cerimonial convocando cães míticos (o inimigo natural do veado) oriundos das quatro direções primárias governando a terra: o cão vermelho do oriente, o cão azul do norte, o cão negro do ocidente, e o cão branco do sul. Cada um era saudado por ter se "aproximado para ouvir", referenciado como um grande fazedor de maravilhas, e a cada um se suplicava:

> [...] Ó, grande *ada'wehi*, você nunca falha em nada. Ó, você aparece, e se aproxima rapidamente, pois sua presa nunca escapa. Você deve agora remover o intruso. Ha! Você resolveu uma pequena parte disso nos confins da terra[R1].

A cerimônia podia ser repetida ao alvorecer, na metade da manhã, e ao meio-dia – momentos nos quais o Sol (Beneficência) estava ascendente.

O uso de conjuramentos para ganhar as afeições de um amor potencial ou alienar um rival era comum. O que se segue é uma fórmula a ser recitada por um homem lavando-se em uma corrente de água:

> Escute! Ó, agora, em um instante, você se aproxima para ouvir, ó Ageyaguga (a Lua). Você veio para colocar sua saliva vermelha sobre meu corpo. Meu nome é ____. O azul tem me afetado. Você veio e me cobriu com uma vestimenta vermelha. Ela é do clã ____. Ela se tor-

---

* O olmo vermelho (*Ulmus rubra*) é chamado de *slippery elm* (olmo escorregadio) em língua inglesa [N.T.].

nou azul. Você tem direcionado seus passos diretamente para onde eu tenho meus pés, e eu me sentirei exultante. Escute!" [R2]

Charles Hudson destaca que o apelo é feito à Lua por se pensar que ela influencia as mulheres. Saliva é esfregada sobre a face e outras partes do corpo por ser a essência do ser. Vermelho é atrativo às mulheres, e azul é um emblema de ânsia solitária pelo sexo oposto[Q3].

Hudson também destaca que a linha entre magia branca (benéfica) e negra (destrutiva) não era traçada de forma muito marcada na cultura Cherokee. O termo para bruxo era aplicado para qualquer sexo, mas a distinção entre um sacerdote e um bruxo era importante. Enquanto um sacerdote poderia às vezes conceber um conjuramento negativo, seus embasamentos eram pensados fundamentalmente como sendo morais ou legais. Pensava-se que bruxos, por outro lado, seriam imorais por natureza; eles encurtavam a vida de outros de forma a aumentar a duração de suas próprias vidas. Eles eram impostores em forma humana e poderiam se transformar em outros animais a fim de completar seus objetivos egoístas. Em um caso de claro assassinato, o clã do assassino era obrigado a executar o assassino ou pagar uma vida por uma vida, mas no caso de se matar um bruxo não havia obrigações, e o clã do bruxo não tinha direito de reivindicar vingança.

Cristais de quartzo eram usados amplamente em *adivinhação*. Segurados contra a luz, os cristais reluziam cores propícias ou sinistras. Guerreiros consultavam-nos individualmente para descobrir se deviam avançar ou recuar. Miçangas vermelhas e pretas seguras entre os dedos de um adivinhador davam sinais bons ou maus através do que se acreditava serem movimentos espontâneos de um ou de outro. As interpretações dos sonhos eram em sua maioria específicas. Indicadores de más notícias eram mais comuns do que os de boas; sonhos de peixes e cobras prenunciavam perda de apetite, doença e morte; sonhos de águias requeriam o patrocínio de uma elaborada e cara dança da águia para evitar morte na família.

Ritos de passagem

NASCIMENTO

O nascimento, que tomava lugar em uma cabana menstrual, era seguido imediatamente pela purificação com água e se esfregando óleo de urso. O pai jejuava por quatro dias, e os casais eram proibidos de se tocarem ou se alimentarem juntos por três meses. Crianças do sexo masculino eram embrulhadas em peles de puma (predador), e do sexo feminino, em peles de veado ou bisão (fonte de alimento). Infantes eram presos em um berço de tábua, e a tira envolvendo a testa era amarrada apertada o suficiente para achatar o formato da cabeça – um costume que foi descontinuado durante o período colonial[Q4].

RITOS DE PUBERDADE

A categorização entre os meninos era estabelecida por atividades competitivas tais quais o uso do arco, permanecer em vigília por toda a noite, tolerar dor, corrida e jogos de bola. Posteriormente, tal categorização poderia se entender para títulos de guerra e assentos nos concílios deliberativos. As garotas aprendiam a cozinhar, olaria, cestaria e jardinagem. No começo do ciclo menstrual, elas eram iniciadas nos tabus e nas regras conectadas com a cabana menstrual.

CASAMENTO

Como pode se esperar em uma cultura matrilinear, a mulher da linhagem tomava lugar central nos arranjos de casamento. William Bartram deixou o seguinte registro em notas adicionadas a um manuscrito:

> Um homem que quer uma esposa nunca faz a solicitação pessoalmente; ele manda sua irmã, sua mãe, ou alguma outra parente do sexo feminino às parentes do sexo feminino da mulher que ele nomeia; elas consultam os irmãos e tios no lado materno, e algumas vezes o pai; mas isto é apenas um cumprimento, pois sua aprovação ou reprovação não tem serventia alguma. Se o grupo faz a solicitação de aprovar o par, ele responde de acordo à mulher que fez a solicitação. O noivo então ajunta uma coberta, e tantos artigos de vestimento o quanto ele for capaz de ajuntar, e os envia pela mulher às mulheres da família da noiva. Se elas o aceitam, o par é feito; e o homem pode então ir à casa dela o tão cedo quanto ele quiser. E quando ele tiver construído uma casa, semeado seu campo e o colhido, e então tiver caçado e trazido a carne para casa, e colocado tudo isto na posse de sua esposa, a cerimônia termina, e eles estão casados[O2].

Sob a estrutura social matrilinear dos Cherokees, o laço de casamento não era primário. A aliança primária de alguém era à linhagem e não ao cônjuge, um fato que acordava o mesmo nível de dignidade e liberdade a homens e mulheres. Como colocado por Hudson, "Uma mulher Cherokee [...] pode mais ou menos ir para a cama com qualquer um que ela escolher, e seu marido pode fazer pouco ou nada a respeito"[Q5].

MORTE

Os costumes funerários dos Cherokees refletiam tanto as estruturas conceituais animistas quanto as relativas à pureza/profanação. O espírito de uma pessoa morta vivia e necessitava de atenção respeitosa. Era esperado que as viúvas deixassem seu luto visível através do cabelo desarrumado e do uso de roupas pouco atrativas. Havia o temor básico de que se um fantasma sentisse algum desrespeito, poderia se demorar e causar doença e infortúnio ao invés de partir para o *tsuginai*, o país dos fantasmas. Em adição à atenção bajuladora, passos aversivos específicos eram por vezes tomados: queimar ramos de cedro, fazer barulhos altos, correr em volta pela área e gritar para espantar o fantasma. Montículos funerários elaborados testificavam as práticas mortuárias tribais nos tempos do Mississipi, mas nos séculos logo antes da remoção para Oklahoma, as cerimônias e rituais parecem ter sido dispersas entre os clãs e indivíduos. O membro da linhagem que de fato manipulava o cadáver se tornava impuro e necessitava de rituais especiais de purificação. Um diário Morávio relata o seguinte:

> Entre os índios um corpo é dado para um certo homem para o sepultamento. Ele o enterra em completo segredo, mas precisa ficar à parte das outras pessoas por diversos dias, e não pode entrar em nenhuma casa. Sua comida é passada para ele em vasos dos quais ninguém mais pode comer depois[5].

Ritos de intensificação e renovação

As cerimônias mais importantes entre os Cherokees eram: (1) os ritos para elevar a resolução e aumentar a estamina física para a guerra (ou, em escala menor, para caçada em grupo), e (2) a cerimônia anual do Milho Verde para purificação, para evitar doenças, e para a renovação no ponto de transição do ciclo de crescimento do milho.

GUERRA

Os principais propósitos da guerra eram dar uma resposta enérgica a uma ofensa, aterrorizar inimigos e mantê-los a distância. Os Cherokees não usavam a guerra para estender seus territórios ou para expandir seus domínios econômicos (de caça).

No sistema conceitual, a guerra era uma atividade *pura*, uma obrigação moral para preservar a ordem e o balanço, e não uma tentativa de roubar terras ou subjugar permanentemente outras tribos. Mal-entendidos com colonos ilustram esta lógica de clã. Charles Hudson cita o seguinte exemplo:

> Se um colono britânico matou um Cherokee, os Cherokees provavelmente deveriam entrar em guerra contra o povo britânico, mas se um Cherokee matou um colono britânico, os britânicos não entram usualmente em guerra contra os Cherokees; ao invés disso, exigem que os Cherokees entreguem o homem que cometeu o assassinato, uma exigência que era tão frustrante quanto incompreensível para os Cherokees[96].

Os britânicos, em outras palavras, não jogavam por regras de retaliação clânicas: alguém deveria ou culpar todos os Cherokees e dessa maneira fazer guerra, ou culpar o indivíduo e exigir que o *clã linear* providenciasse recompensa ou executasse o infrator ou um substituto. A chefia tribal não tinha autoridade para forçar um clã a entregar alguém para estrangeiros.

Sob o sistema matrilinear, os direitos de propriedade eram o domínio das mulheres, e as Amadas Mulheres anciãs ocupavam altas posições nos concílios tribais. Desde que os cativos de guerra eram propriedade em potencial ou membros da família adotiva, seu destino era geralmente deixado para a Amada Mulher anciã de um clã: o cativo deveria ser morto, mantido como escravo ou adotado?

Dado que os objetivos de guerra eram preservar a clareza e o balanço da ordem moral, ritos de intensificação enfatizavam purificação e abstenção. Guerreiros jejuavam brevemente, se abstinham de sexo, e tomavam uma grande quantidade da "bebida negra", um chá feito principalmente de folhas assadas e ramos de ílex (*ilex vomitoria*), que induzia vômito.

A bebida era rica em cafeína, era um estimulante de forma geral e um intensificador para a preparação psíquica que se dava através de contos de guerra e morte. O fogo sagrado purificador da cerimônia de guerra providenciava carvões para serem levados junto na expedição em uma caixa especial de argila, e membros do grupo de guerra tomavam cuidado para não dormir diretamente no chão, a fim de que sua força não fosse exaurida.

Mitos relativos às fontes de alimento

A lógica explicativa mítica para a necessidade de se propiciar para as fontes de alimento e celebrá-las deixa claro que na condição ideal do passado distante, a humanidade tinha abundância de comida, mas por meio de malfeitos a facilidade de acesso foi perdida. O mito "Kanati e Selu: a origem da caça e do milho" nos conta que Kanati, o caçador sortudo, tinha acesso a uma caverna na qual todos os animais de caça estavam confinados. Tudo que ele tinha que fazer era confeccionar flechas e um arco, levantar a porta de pedra e tomar o que ele precisava. O problema começou quando seu filho, de temperamento mais "caseiro", encontrou seu irmão gêmeo "crescido nos ermos" e começou a correr com ele. Espiando seu pai, eles aprenderam como fazer arcos e flechas, descobriram a caverna, e deixaram toda a caça escapar. Kanati observou pesarosamente, "[...] depois disso quando você quer comer um veado, precisa caçar por toda a floresta para isso"[P6].

Similarmente, os garotos espiaram sua mãe Selu ("milho") quando ela foi até ao armazém. Eles viram-na esfregar seu corpo, e milho maduro caiu dele em uma cesta. "Nossa mãe é uma bruxa", eles concluíram. (Por que ela estava lhes alimentando com excremento disfarçado?) "Nós temos de matá-la". De volta a casa ela conhecia seus pensamentos e disse:

> [...] quando vocês tiverem me matado, limpem uma larga área de solo em frente da casa e arrastem meu corpo sete vezes em volta do círculo. Então me arrastem sete vezes dentro do círculo, fiquem acordados por toda a noite e vigiem, e na manhã vocês terão abundância de milho[P7].

Os garotos a mataram, mas limparam apenas sete pequenas áreas do chão. "É por isso que o milho cresce apenas em poucos lugares e não por todo o mundo." Eles arrastaram o corpo de Selu e onde quer que fosse que seu sangue caísse brotava milho; mas, ao invés de arrastá-lo sete vezes, eles o arrastaram apenas duas vezes, "[...] que é a razão porque os índios ainda trabalham o dobro em seu campo"[P8]. As propriedades enriquecedoras do solo e protetoras do sangue de Selu podem explicar o fato de que uma mulher da cabana menstrual deveria circular em volta de seu campo de milho de noite.

A Cerimônia do Milho Verde

A importância pivotal da Cerimônia do Milho Verde no calendário Cherokee é resumida por Charles Hudson, que observa que seria necessário combinar as observâncias do Dia de ações de graças, Ano-Novo, Yom Kippur, Quaresma e Carnaval para chegar perto. Na cerimônia é possível se encontrar praticamente todos os elementos principais da visão de mundo Cherokee. Os elementos que distinguem o ser humano de outros animais estão todos em primeiro plano: o fazedor de fogo, o caçador com o arco, e o cultivador do milho. O fogo, o purificador, é repurificado; os papéis dos dois sexos e suas ligações com as duas grandes atividades provedoras de alimento são reafirmadas e celebradas. Motivos de penitência, perdão e novos começos são proeminentes.

A Cerimônia do Milho Verde, ou *Busk*, acontece durante o primeiro amadurecimento da nova colheita, mais comumente em agosto. Ela foi observada por todos os bosques orientais, desde os Iroquois do norte até os Seminoles da Flórida. As diferenças entre as cerimônias dos Cherokees e as dos seus vizinhos, os Creeks, são difíceis de serem reconstruídas em detalhe, mas um estudo compreensível de John Witthoft enumerou certos elementos descritos como praticamente comuns a virtualmente todas as tribos do Sudeste[T].

As cerimônias, que podem durar de três até mesmo oito dias, começam com a limpeza da área central em frente da rotunda da cidade ou do monte do templo, removendo-se lixo, pedaços de comida e mesmo solo da superfície para eliminação ritual. Guardas eram posicionados para manter pessoas e animais impuros, principalmente cães, fora da área.

No ritual de renovação do fogo, todos os fogos antigos eram extintos e as lareiras, limpas. De acordo com Bartram, roupas velhas, itens domésticos e suprimentos em excesso eram colocados em uma pilha comum e queimados. Então o alto-sacerdote de confecção de fogo girava uma cavilha em uma peça de poplar, salgueiro ou carvalho parcialmente perfurada, e inflamava lascas de pinho resinoso no ponto de fricção com fumaça.

O novo fogo era colocado em uma tigela ritual (reminiscente do mito da aranha d'água que trouxera o fogo para os humanos em uma tigela em suas costas), e os lares eram convidados a levar o fogo fresco para suas lareiras. No solo central fogos subsidiários eram acesos ao longo do eixo de cada uma das quatro cores/direções. Indivíduos poderiam esfregar cinzas do novo fogo no queixo, pescoço e barriga. Havia eloquentes exortações e avisos: o fogo sagrado poderia punir aqueles que continuassem em impureza ou em comportamento imoral.

Durante o dia, os homens sentavam na praça após se limparem internamente pela emética bebida negra. Eles jejuavam por um ou mais dias. De noite, havia séries de danças, algumas por homens, outras por mulheres, algumas por ambos os sexos em grupos contrários, e algumas "danças de amizade", nas quais homens e mulheres se alternavam. Os títulos das canções e danças, tais quais "dança do urso", "dança do búfalo", "dança da refeição", a "dança do pequeno sapo", sugerem que todo o panteão dos seres superiores estava sendo honrado. A dança por toda a noite recordava as admonições de um mito para manter a vigília, de forma que o milho pudesse crescer. (Similarmente, espigas da primeira degustação deveriam ser preservadas reverentemente por quatro dias, comemorando o corpo da deusa do milho Selu, que permanecera no chão por quatro dias depois de ter sido morta.)

Era estritamente proibido comer qualquer coisa da nova colheita antes de se atingir o momento apropriado da cerimônia. Antes que o milho novo fosse consumido havia os rituais de se arranhar a pele (a fim de permitir a saída do sangue ruim) e o ritual de purificação de "ida para a água", uma cerimônia de mergulho formalizado sob a água de um rio sete vezes. Assim como falhar em tomar os passos aversivos depois de matar um veado poderia trazer reumatismo, a ingestão de novo milho sem completar os rituais apropriados poderia levar à proliferação de parasitas intestinais. Em adição ao ritual, remédios especiais eram usados para evitar isso. Já que parasitas dificilmente são adquiridos do milho, é possível que estas medidas tenham emergido da necessidade de simetria, um paralelo das consequências negativas de se tomar animais sem medidas de precaução. Talvez a origem mítica do milho como excreção do corpo de Selu sugerisse os vermes como formas de retaliação.

A Cerimônia do Milho Verde marcava um novo começo anual e era uma ocasião para anistias. Malfeitores que tivessem fugido para cidades de paz ou cidades de refúgio podiam retornar, e casais que quisessem dissolver seus casamentos se tornavam livres para se casar novamente. Em resumo, as cerimônias reparavam os laços entre humanos, animais e o mundo superior ideal, de forma que se afirmava que todas as categorias da existência estavam em ordem.

GLOSSÁRIO

Adivinhação: o emprego de práticas mágicas (lançar sortes, augúrios, poderes psíquicos especiais etc.) com o propósito de se obter conhecimento de eventos futuros ou de eventos impossíveis de serem conhecidos por meio de investigação ordinária.

Animismo: a atribuição de um espírito residente discreto para cada forma material da realidade, tais quais plantas, pedras e assim por diante, e para fenômenos naturais como tempestades, terremotos e similares.

Cosmogonia: uma teoria ou mito relacionado à origem do universo, da terra e dos seres vivos.

Fetichismo: veneração e uso de objetos naturais ou preparados (fetiches) imbuídos de poder especial (mana) com o propósito de se afastar efeitos maléficos ou adquirir valores.

Magia aversiva: o uso de materiais, ritos e encantamentos extraordinários para afastar ou destruir agentes considerados prejudiciais.

Magia contagiosa: forma de magia simpática baseada na visão de que coisas outrora existentes em conjunto continuam a influenciar-se mutuamente quando separadas; assim, a magia executada em uma mecha de cabelo pode afetar a pessoa da qual ela veio.

Magia produtiva: o uso de materiais, ritos ou encantamentos extraordinários a fim de se ganhar produtos, valores ou efeitos desejados.

Magia simpática: o esforço de se controlar eventos, animais ou pessoas por meios extraordinários que são imitativos ou análogos em forma. (Uma boneca ou efígie, p. ex., pode ser apunhalada ou queimada como meio de lançar um encantamento sobre um ser vivo, ou pó de ocre vermelho pode ser usado para restaurar o brilho da vida para um corpo pálido.)

Mana: um poder invisível que se acredita habitar pessoas, objetos ou fenômenos extraordinários e temíveis.

Necromante: alguém que se comunica com os mortos com propósitos de adivinhação ou de influenciar magicamente o curso dos eventos naturais.

Ritos de intensificação: formas prescritas de cerimônia, adoração ou veneração usadas com o propósito de fortalecer valores comunais ou aumentar o poder espiritual.

Ritos de passagem: formas prescritas de cerimônia usadas para marcar e celebrar eventos significativos nos estágios da vida de um indivíduo: nascimento, puberdade, casamento, ordenação para um papel especial, morte, e assim por diante.

Tabus: proibições estritas aplicadas a uma pessoa, uma coisa, ou uma ação. (Um tabu é um mandato dado por uma lei sagrada sobre-humana, e as exclusões de uso, abordagem ou menção são tacitamente aceitas como além de explicação ou contestação racionais.)

Totemismo: o reconhecimento da existência de um relacionamento especial entre um grupo humano ou um indivíduo e uma classe ou espécie de animais, plantas, ou objetos inanimados (o relacionamento ritual é usualmente visto como mandamento de forças sobre-humanas para o benefício mútuo dos humanos e dos objetos totêmicos).

Xamanismo: uma forma de se lidar com o mundo espiritual através da ação de um indivíduo separado, como estando possuído por espíritos e equipado especialmente para lidar com forças sobre-humanas (o termo xamã é aplicado genericamente para curandeiros, exorcistas, feiticeiros, magos, sacerdotes de fetiches e similares).

LEITURAS SUGERIDAS

Religião em culturas pré-históricas e primais

BERNDT, R.M.; BERNDT, C.H. *The World of the First Australians*. Chicago: University of Chicago Press, 1965.

CHARLESWORTH, M. *Religion in Aboriginal Australia: An Anthology*. Santa Lucia: University of Wueensland Press, 1984.

DE WAAL MALEFIJT, A. *Religion and Culture: An Introduction to Anthropology of Religion*. Nova York: Macmillan, 1968.

DURKHEIM, É. *Elementary Forms of Religious Life*. Nova York: George Allen & Unwin, 1915.

ELIADE, M. *Birth and Rebirth*. Nova York: Harper & Brothers, 1958.

FRANKFORT, H. *The Intellectual Adventure of Ancient Man: An Essay on Speculative Thought in the Ancient Near East*. Chicago: University of Chicago Press, 1946.

GIMBUTAS, M. *The Goddesses and Gods of Old Europe (6500-3500 BC.)*. Berkeley: University of California Press, 1982.

GIMBUTAS, M. *The Language of the Goddess: Unearthing the Hidden Symbols of Western Civilization*. Nova York: Harper & Row, 1989.

HAYS, H.R. *In the Beginnings: Early Man and His Gods*. Nova York: G.P. Putnam's sons, 1963.

HOPPAL, M. *Shamanism in Eurasia*. Goettingen: Herodot, 1984.

HUDSON, C. *The Southeastern Indians*. Knoxville: University of Tennessee Press, 1977.

HULKRANTZ, H. *The Religions of American Indians*. Berkeley: University of California Press, 1979.

LESSA, W.A.; VOGT, Z. (eds.). *Reader in Comparative Religion: An Anthropological Approach*. Evanston: Row, Peterson and Co., 1958.

LEVY, G.R. *Religious Conceptions of the Stone Age*. Nova York: Harper & Row, 1963.

LOWIE, R.H. *Primitive Religion*. Nova York: Boni & Liveright, 1924.

MALINOWSKI, B. *Magic, Science, and Religion*. Boston: Beacon, 1948.

MOONEY, J. *Myths of the Cherokee and Sacred Formulas of the Cherokees (ca. 1900 and 1891)*. Nashville: C. Elder, 1982.

RAY, B.C. *African Religions: Symbol, Ritual, and Community*. Londres: Heinemann Educational, 1972.

SWANSON, G. *The Birth of the Gods: The Origin of Primitive Beliefs*. Ann Arbor: University of Michigan Press, 1960.

TWOHIG, E.S. *The Megalithic Art of Western Europe*. Oxford: Clarendon Press, 1981.

TYLER, E.B. *Primitive Culture*. Londres: Harper Touchbooks, 1871.

VAN GENNEP, G. *Rites of Passage*. Chicago: University of Chicago Press, 1960.

Leitura fácil

CONLEY, R.J. *The Peace Chief*. Nova York: St. Martin's Press, 1998.

Outros

BANYACYA, T. The Hopi Message to the United Nations General Assembly. *Kykyotsmovi*, Arizona, 10/12/1992. Disponível em https://digital.libraries.ou.edu/utils/getfile/WMankiller/id/5600/filename/5599.pdfpage [Reimp. FISHER, M.P.; BAILEY, L.W. An Anthology of Living Religions. 2. ed. Upper Saddle River: Prentice Hall, 2008, p. 58.]

ELIADE, M. Introduction. *The Sacred and the Profane: The Nature of Religion*. Nova York: Harcourt/Brace, 1959, p. 8-18.

ELK, B. The Great Vision. In: DeMALLIE, R.J. (ed.). *The Sixth Grandfather: Black Elk's Teachings Given to John G. Neihardt*. Lincoln: University of Nebraska Press, 1984, p. 111-142 [Reimp. FISHER, M.P.; BAILEY, L.W. *An Anthology of Living Religions*. 2. ed. Upper Saddle River: Prentice Hall, 2008, p. 51-55.

REFERÊNCIAS

[A] LEVY, G.R. *Religious Conceptions of the Stone Age*. Nova York: Harper Torchbooks, 1963, p. 20.

[B] McNEILL, W.H. *The Rise of the West*. Chicago: University of Chicago Press, 1963, p. 28.

[C] GIMBUTAS, M. *The Language of the Goddess*. Nova York: Harper & Row, 1989, p. xix.

[D] GIMBUTAS, M. *The Goddesses and Gods of Old Europe: Myths and Cult Images*. Oakland: University of California Press, 1981, p. 237-238.

[E] OTTO, R. *The Idea of the Holy*. Londres: Oxford University Press, 1923, p. 6.

[F] MALINOWSKI, B. Culture. In: SELIGMAN, E.R.A.; JOHNSON, A.S. (eds.). *An Encyclopaedia of the Social Sciences*. Nova York: The Macmillan Company, 1931, p. 630.

[G] LINTON, R. *The Study of Man*. Nova York: Appleton Century, 1936, p. 89.

[H] FRANKFORT, H.; FRANKFORT, H.A.; WILSON, J.A.; JACOBSEN, T.; IRWIN, W.A. *The Intellectual Adventure of Ancient Man: An Essay on Speculative Thought in the Ancient Near East*. Chicago: University of Chicago Press, 1946, [1]p. 7; [2]p. 5 [Reimp. com a permissão dos editores].

[I] TYLER, E.B. *Primitive Culture*. Nova York: G.P. Putnam's Sons, 1871, [1]vol. II, p. 185; [2]vol. I, p. 427.

[J] HOPKINS, E.W. *The Origin and Evolution of Religion*. New Haven: Yale University Press, 1923, p. 13.

[K] COLE, M.C. *Savage Gentlemen*. Nova York: D. Van Nostrand, 1929, p. 15.

[L] FERM, V. (ed.). *Forgotten Religions*. Nova York: Philosophical Library, 1950, p. 275.

[M] HOWITT, A.W. *The Native Tribes of South-East Australia*. Londres: Macmillan, 1904, [1]p. 395; [2]p. 798; [3]p. 650; [4]p. 661.

[N] STAYT, H. *The BaVenda*. Londres: Oxford University Press, 1928, [1]p. 262; [2]p. 276; [3]p. 276; [4]p. 162; [5]p. 230 [Reimp. com a permissão dos editores].

[O] BARTRAM, W. Observations on the Creek and Cherokee Indians. *Transactions of the American Ethnological Society*, vol. 3, 1853, [1]p. 28; [2]p. 65.

[P] MOONEY, J. Myths of the Cherokee. In: POWELL, J.W. *Nineteenth Annual Report of the Bureau of American Ethnology*. Washington, D.C.: US Government Printing Office, 1900, [1]p. 239; [2]p. 240; [3]p. 328; [4]p. 329; [5]p. 256-257; [6]p. 242; [7]p. 244; [8]p. 245.

[Q] HUDSON, C. *The Southeastern Indians*. Knoxville: University of Tennessee Press, 1977, [1]p. 147; [2]p. 348; [3]p. 359; [4]p. 32; [5]p. 201; [6]p. 239.

[R] MOONEY, J. The Sacred Formulas of the Cherokees. *Seventh Annual Report of the Bureau of Ethnology (1885-1886)*. Washington, D.C.: US Government Printing Office, 1891, [1]p. 347; [2]p. 378-379.

[S] BAILLOU, C. A Contribution to the Mythology and Conceptual World of the Cherokee Indian. *Ethnohistory*, vol. 8, 1961, p. 92-102.

[T] WITTHOFT, J. Green Corn Ceremonialism in the Eastern Woodlands. *Occasional Contributions from the Museum of Anthropology of the University of Michigan*, 13, 1949, p. 68.

2
Religiões antigas que deixaram sua marca no Ocidente

Fatos resumidos:

- Religião sumério-acádia:
  - *Divindades proeminentes*: Ishtar, Tammuz, Marduk.
  - *Literatura representativa*: *Épico da Criação*; *Épico de Gilgamesh*.
- Religião greco-romana:
  - *Divindades proeminentes*: Zeus (Júpiter), Hera (Juno), Afrodite (Vênus), Dioniso (Baco).
  - *Literatura*: *Ilíada*, de Homero; *Teogonia*, de Hesíodo; *Livros sibilinos*.
- Religião céltica e germânica:
  - *Divindades proeminentes*: Brigit, Wodan (Odin), Thor, Freyr, Freyja.
  - *Fontes*: a) para a religião céltica (druídica): iconografia, autores clássicos; b) para a religião germânica: *Eddas, Kalevala* (fino-úgrica).
- Religião maia clássica:
  - *Divindades proeminentes*: Hunab Ku (Itzamna), Chac, Ah Mun (Yum Kaax), Ixchel.
  - *Fontes*: textos glíficos e iconográficos de estelas, arquitetura, tumbas (também trabalhos do século XVI de europeus).

Quando dezenas de tribos locais se amalgamam em nações, os mesmos elementos que compunham suas crenças e práticas primais reaparecem em formas mais combinadas e articuladas. As religiões elaboradas não afastam suas raízes do solo primal. Assim podemos ter certeza de que haviam seres elevados semelhantes aos Mura-mura dos Dieri, aos Raluvhimba dos BaVenda, e à Mãe do Milho dos Cherokees entre as religiões primais predecessoras das quais emergiram Ishtar, Zeus e Odin como divindades compósitas. Ainda que algumas das religiões desenvolvidas do mundo antigo tenham desaparecido, sua herança, por outro lado, inspirou as religiões de hoje.

I - MESOPOTÂMIA

A fértil e plana Mesopotâmia, situada entre os rios gêmeos que a regam, estava sujeita a invasões e ataques por todos os lados. A temporariedade e a mudança estavam sempre presentes e nada permanecia estável por muito tempo; os prazeres da vida tinham de ser aproveitados rapidamente.

A situação pode ser resumida da seguinte forma: os caçadores e pescadores pré-históricos nos pântanos na conjunção dos rios Tigre e Eufrates deram lugar a uma cultura de vilas, cada uma com seu templo; então as vilas, camada por camada, deram lugar a cidades, ou entraram sob

Capítulo 2 - Religiões antigas que deixaram sua marca no Ocidente   63

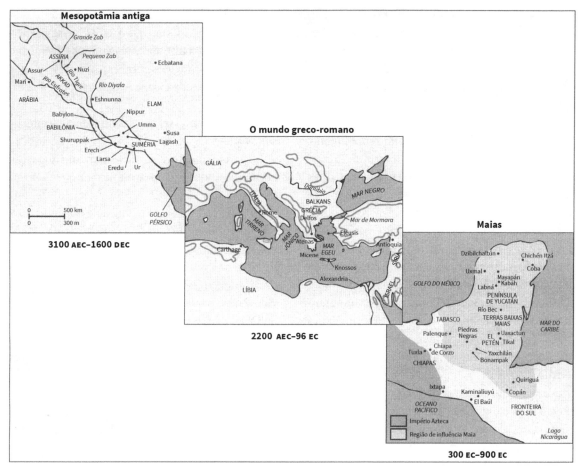

Mesopotâmia antiga

seu domínio – Uruk, Eridu, Lagash, Ur, Nippur e outras. As cidades lutaram entre si até que uma dominasse sobre a outra, e os reinos sumérios ascenderam, sendo seguidos e absorvidos por impérios semíticos que, por sua vez, sofreram do mesmo destino sob os persas. Da mesma forma, os deuses dos campos e das fontes de água e as divindades dos céus "tomaram" as cidades, organizaram-se em uma espécie de superestado com o poder de governo alojado em um concílio de deuses; eles lutavam, faziam amor e se misturaram entre si, compondo um vasto **panteão** com inumeráveis nomes.

O panteão sumério-acádio*

Já se afirmou que o panteão (rol de divindades) Sumério-Acádio contava com cerca de dois milha-

---

* O panteão sumério, o primeiro a ser formulado na Mesopotâmia, foi amplamente adotado pelos acádios de fala semítica, quando estes se estabeleceram na metade setentrional da região, daí o título do presente tópico. Após a primeira menção no texto seguinte, os nomes sumérios serão escritos primeiro, com os equivalentes acádios em parênteses. Pode-se notar nos parênteses que o nome sumério é modificado em alguns casos, mas em outros é substituído por um novo nome, presumivelmente semítico. Apenas poucos mitos sumérios sobreviveram intactos. O resto está em estado fragmentário; nós consideraremos, portanto, as versões acádias destes mitos e os seus nomes acádios.

res de deuses e deusas. Talvez, como alguns têm sugerido, o vasto panteão lembrasse o conceito de mana (p. 31s.) "amplificado" de forma desmesurada. No caso de alguma tentativa de imposição de ordem essas divindades poderiam ser "reclassificadas" como subsidiárias de divindades maiores, enquanto executoras de suas funções em nível local. Todo aspecto da natureza estava ali representado. Seis divindades eventualmente adquiriram importância sobre áreas mais amplas; cada uma delas presidia sobre uma cidade importante. An (Anu), o deus celeste, era a divindade chefe de Uruk e, ainda que nominalmente, era o "puro rei e governante" dos deuses. Ele foi, no entanto, ofuscado por Enlil (Bel), o deus do vento e da enchente que se tornou deus das terras abaixo dos céus, conferindo poder sobre reis. An também foi ofuscado por um grande guerreiro, a divindade-chefe de Nippur. Seu filho Nanna (Sin), o deus lunar, reinava em Ur. Utu, que depois recebeu o nome semítico Shamash, era o deus solar em Larsa; e quando a cidade foi destruída, ele se tornou o deus solar em Sippar. Enki (Ea), o deus da água, que também era o deus da sabedoria, fez morada em Eridu. Ninhursag (Aruru), também conhecida como Nintu e Ninmah, a deusa-mãe, prevalecia em Kish.

Era usual para as divindades masculinas, maiores ou menores, ter uma consorte, adorada em um santuário separado construído em seu templo, mas havia algumas exceções a esta regra. No mito sumério, a deus mãe Ninhursag não era casada, e a esposa de An não tinha importância, sendo que seu lugar foi tomado por sua filha, a deusa virgem do amor e senhora dos céus, Inanna. Os deuses eram hospitaleiros entre si. Nenhuma divindade reinante excluía outros cultos de sua cidade. Mesmo que o templo principal pertencesse sempre à divindade-chefe, outras divindades poderiam ter santuários menores dedicados para si em outras partes da cidade (assim, no período acádio Sin recebeu adoração em Harran e Shamash em Uruk, apesar de não serem as divindades reinantes de tais cidades).

Aparentemente eles mereciam um lugar ali porque, como mostrado pela terminologia semítica, cada um era o *bel* ou "proprietário" de uma grande gleba de terra próxima, devendo, portanto, possuir residência (templo) apropriada na cidade mais próxima.

Era natural que os acádios agrupassem essas divindades em tríades e famílias divinas. No seu devido tempo passou-se a acreditar que Anu, Bel e Ea dividiam o universo físico entre si como, respectivamente, governantes dos céus acima de tudo, da terra abaixo deles, e das águas sobre e sob a terra. Outra (posterior) tríade tinha um significado mais agrícola. Era composta por Shamash, o deus solar; Sin, o deus lunar; e Ishtar, a deusa semítica da fertilidade que, com habilidade inigualada em manter seu nome e suas funções dominantes, era mencionada separadamente nas listagens, não sendo identificada com a deusa-mãe Ninhursag e seus pseudônimos Ninmah, Nintu, Mami e Aruru, dentre outros (assim como Inana de Uruk, a rainha sumeriana dos céus [Vênus] e deusa do amor e da fertilidade era mencionada separadamente, e não enquanto deusa-mãe).

Ishtar, a deusa universal

De todas as divindades que emergiram na Suméria

> *Minha mãe era uma sacerdotisa [...]. Ela me colocou em um cesto feito de juncos e fechou a tampa com betume. Ela me colocou no cesto no rio [...] [ele] me levou até Akki [...]. Ele me adotou como seu filho [...]. Foi enquanto eu era seu jardineiro que a deusa Ishtar me amou. Então eu me tornei rei.*
> Sargão de Acade (Akkad) (Tradução baseada em Dhorme.)

e na Acádia, Ishtar foi a que esteve mais próxima de ser universalmente cultuada. Como uma deusa virginal do amor, uma rainha da fertilidade, e mesmo enquanto uma mulher guerreira, ela era a divindade focal feminina adorada em cultos que se difundiram por todos os setores do Crescente Fértil e além. Devido à sua ligação a Tammuz (sumério *Dumuzi*), o deus do sol da primavera e seu despertar no solo e nos animais, ela se estabeleceu como uma grande amante por direito próprio. Enquanto a deusa da fertilidade, ela dava filhos às mulheres e vida à vegetação. Enquanto o Planeta Vênus, ela era "a rainha dos céus e das estrelas". Estranhamente, ela era também uma cruel deusa guerreira, ao menos entre os acádios. Um rei acádio atribuiu explicitamente seu poder ao seu amor e suporte. Seu culto estava destinado a se difundir longinquamente para o ocidente, até a Palestina e o Egito.

Mesmo os zoroastrianos foram incapazes de resistir a ela, e depois de mudar seu nome para Anahita, "a imaculada" (assim purificando-a!), eles lhe deram praticamente a mesma proeminência que para o próprio Ohrmazd. Nós a encontraremos novamente mais adiante.

Marduk da Babilônia

O maior rival de Ishtar foi Marduk. Sua proeminência pode ser atribuída, de forma bastante curiosa, à pura boa sorte política. Aconteceu que o sexto rei da primeira dinastia da Babilônia, Hamurabi, o mesmo que lançou o código legal de fama mundial no século XVIII AEC, fez de sua cidade a capital de um reino poderoso que se estendia desde o Golfo Pérsico até às províncias centrais localizadas entre o Tigre e o Eufrates. Foi um feito de significado permanente, pois a Babilônia dessa forma se tornou e permaneceria, através de vinte séculos de mudanças, uma das maiores cidades do mundo. E com sua subida ao poder, Marduk, seu deus, ascendeu à grandeza também. Não sendo proeminente antes, ele praticamente absorveu os deuses circundantes. Ele associou a si mesmo Ea de Eridu enquanto seu pai (por meio do qual absorveu o antigo filho de Ea, Ninurta, um deus da vegetação e da guerra) e fez de Nabu de Barsippa, o deus do fogo, seu filho e o escriba dos deuses; ele também absorveu deles algumas de suas funções – a sabedoria de Ea e o poder de Nabu sobre o destino. Os atributos principais de Enlil de Nippur também foram transferidos para ele (incluindo a vitória sobre Tiamat, descrita na próxima seção), de forma que ele pudesse ser reconhecido como o senhor dos céus. Finalmente, a literatura religiosa da Babilônia foi extensivamente revisada de forma a dar a ele o proeminente papel que sua cidade dele exigia.

Os mitos e épicos babilônicos

Evidências de inscrições cuneiformes mostram que os sumérios e acádios tinham imaginação fértil. Eles amavam contar histórias sobre seus deuses e deusas, moldando seus mitos de forma a sondar questões profundas relacionadas ao seu lugar no universo. Ainda que não sirva ao nosso propósito explorar a inteireza de sua mitologia, os episódios seguintes são de interesse, em parte devido aos marcantes paralelos com a história do dilúvio das escrituras hebraicas.

A CRIAÇÃO

Temos aprendido que os Sumérios criam que a primeira coisa a existir fora o mar primordial (associado com a deusa Nammu), do qual emergiram o céu (An) e a terra (Ki), unidos como se fossem uma grande montanha no meio do mar. An e Ki produziram dentro de si ou entre eles Enlil, o ar, e assim que começou a se agitar na escuridão dentro da montanha ele separou o céu da terra. Então, a fim de enxergar melhor, Enlil gerou o deus da lua Nanna, que por sua vez gerou o deus do sol Utu, presumivelmente a fim de fazer a luz mais brilhante. Por este tempo o mundo tinha vindo a existir, pois o céu (An), por expansão do ar embaixo de si (Enlil), havia atingido uma grande altura, e a terra (Ki) tinha feito um piso sólido abaixo, com o sol e a lua trazendo a luz. Quando o ar se moveu ao redor da terra (ou então quando Enlil se uniu com sua mãe Ki) e recebeu a ajuda da água (Enki), as plantas e os animais vieram à existência. Finalmente, a humanidade foi criada pelos esforços conjuntos de Nammu, o mar primordial; Ninmah, a mãe terra; e Enki, o deus da água[A].

Mas de acordo com outra lenda (de origem acádia ou semítica?), a presente ordem no mundo fora formada depois de uma luta primordial por controle das tabuinhas do destino entre os dragões da escuridão e do caos, liderados pelo deus pássaro Zu (ou, em outros relatos, por Tiamat) e os deuses da luz e ordem, encabeçados por Ninurta, o deus da guerra. Mas os sacerdotes babilônicos remodelavam quaisquer materiais que herdassem, e eles fizeram de Marduk tanto o herói do combate contra o caos quanto o criador do mundo e da humanidade. Suas histórias começam com Apsu, o deus da água fresca, e Tiamat, o dragão (fêmea) da ilimitada água salgada (caos). Por sua mistura, em um período de anos o par produziu os deuses, mas os jovens deuses eram tão vivazes e ávidos em serem criativos que Apsu, que preferia a tranquilidade, não conseguia descansar e resolveu destruí-los, contrariamente à vontade de Tiamat.

> Apsu, abrindo sua boca,
> disse para a resplandecente Tiamat:
> "Os seus caminhos são muito
>   detestáveis para mim.
> Durante o dia eu não encontro
>   descanso, nem repouso de noite.
> Eu irei destruir, eu irei demolir seus
>   caminhos,
> A fim de que a quietude possa ser
>   restaurada. Que nós
>   tenhamos descanso!"
> Assim que Tiamat ouviu isto,
> ela se irou e chamou seu marido.
>
> Ela clamou aflita, enquanto se enfurecia,
>   completamente sozinha
> Enchendo seu humor de ais:
> "O quê? Deveríamos nós destruir o que
>   construímos?
> Seus caminhos são de fato muito
>   problemáticos,
> mas vamos resolver isto de forma
>   amena"[B1].

Mas antes que Apsu pudesse executar seu plano ele foi destruído por Ea, que tomara conhecimento da situação; dessa maneira, Tiamat decidiu vingá-lo. Ela criou monstros que fossem seus aliados, e tanto Anu quanto Ea fugiam de sua presença. Tiamat não podia ser parada até que Marduk, assegurado pelos deuses de que ele seria seu chefe, adiantou-se a fim de encontrá-la em combate.

> Então avançaram Tiamat e Marduk,
> o conselheiro dos deuses;
> Para o combate eles marcharam,
> eles avançaram para a batalha.
>
> O senhor lançou sua rede e pegou-a,
> O vento da tempestade que estava
>   atrás dele,
> ele soltou em sua face.
> Quando Tiamat abriu ao máximo sua
>   boca,
> Ele lhe dirigiu o mau vento, de forma que
> ela não conseguisse fechar seus lábios
> [...]
> Ele a deixou indefesa, ele destruiu sua
>   vida;
> Ele lançou seu corpo [em terra] e ficou
>   de pé sobre ele[C1].

Após subjugar os monstros que ela havia reunido contra ele, Marduk voltou-se para Tiamat e abriu-a em duas partes, como um marisco em duas metades. Com uma delas ele fez a canópia que sustenta as águas que estão acima dos céus; com a outra metade ele formou a cobertura que fica acima das águas sob a terra. Ele construiu locais para os deuses nos céus. Com a ajuda de Ea ele fez a humanidade, a partir do sangue do deus Kingu, aliado de Tiamat e seu segundo marido. Vendo o que ele fizera, os deuses, deliciados, concederam para ele muitos títulos como seu incontestável líder e rei[B2].

O DILÚVIO

A história original do dilúvio era suméria e derivou de experiências sombrias com o transbordamento dos dois rios. Diversas das versões posteriores do conto, em sua maioria fragmentárias, chegaram até nós. A melhor dessas é parte do épico de Gilgamesh, no qual foi inserida como uma interessante interpolação. De acordo com esta narrativa, os deuses decidiram, irados, enviar um dilúvio sobre a terra. Sua decisão secreta foi revelada para um homem. O bom deus Ea, sentindo-se amável em relação a Utnapishtim, contou-lhe sobre o dilúvio. O homem imediatamente procedeu em construir uma arca.

> Seus lados tinham 120 cúbitos de altura,
> O canto de seu teto chegava a 140 cúbitos[C2].

Como Utnapishtim depois contou para Gilgamesh (citamos parcialmente):

> Eu trouxe para dentro de meu barco minha família e minha casa,
> O gado dos campos, as bestas dos campos, artesãos, todos eles eu trouxe para dentro.
> Shamash tinha indicado um tempo fixo, dizendo:
> "Quando o governante da escuridão enviar uma chuva pesada,
> então entre no barco e feche a porta".
> O tempo indicado se aproximava [...]
> Surgiu no horizonte uma nuvem negra.
> Adad trovejava de dentro dela [...]
> A tempestade de Adad chegava até ao céu,
> Toda luz se tornara em trevas [...]
> A água chegava até às montanhas [...]
> Os deuses temiam o dilúvio.
> Eles recuavam, eles escalavam até o céu de Anu.
> Os deuses rastejavam como cães, eles se acovardavam perto do muro.
> Ishtar chorava como uma mulher em trabalho de parto; a rainha dos deuses clamava em alta voz:
> "A antiga raça foi transformada em barro".
> Quando veio o sétimo dia, a tempestade cessou; o dilúvio, que tinha lutado como um exército, acabou.
> Então o mar descansou, a tempestade adormeceu, o dilúvio cessou [...]
> Toda a humanidade havia se transformado em barro [...]
> Eu abri a janela e a luz caiu sobre minha face,
> Eu me curvei, eu me sentei, eu chorei,
> E minhas lágrimas rolavam sobre minha face,
> Eu olhava o mundo, e tudo era mar.
> Depois de doze dias (?) a terra emergiu.
> O barco tomou seu caminho para a terra de Nisir,
> O monte de Nisir se aproximava rapidamente, mas não se movia [...]
> Eu enviei uma pomba e a deixei ir.
> A pomba voou aqui e acolá,
> Mas não havia lugar de descanso e ela retornou.
> Eu enviei uma andorinha e a deixei ir,
> A andorinha voou aqui e acolá,
> Mas não havia lugar de descanso e ela retornou.
> Eu enviei um corvo e o deixei ir,
> O corvo voou para longe, ele viu o recuo das águas,

> Ele aproximou-se, ele vadeou, ele crocitou, mas não voltou.
> Então eu enviei a todos rumo aos quatro quadrantes da terra, eu ofereci sacrifício,
> Eu fiz uma libação sobre o pico da montanha[C3].

Enquanto os paralelos com o relato do dilúvio hebreu sejam óbvios, a relação entre os textos é provavelmente complexa. A narrativa do Gênesis está profundamente enraizada no pensamento hebraico e pode ter derivado de versões mais antigas próximas das fontes sumério-acádias.

ISHTAR DESCE À TERRA DOS MORTOS E RETORNA COM A PRIMAVERA

Se a referência obscura a Tammuz no final da história da descida de Ishtar foi interpretada corretamente, Ishtar desceu ao mundo dos mortos a fim de recuperar seu amante morto, a personificação do forte sol da primavera, cujo vigor se esvanece no outono. Quando ela veio à porta da terra da qual não há volta, ela clamou imperiosamente ao porteiro:

> Oh, porteiro, abra teu portão,
> Abra teu portão de forma que eu possa entrar!
> Se tu não abrires o portão de maneira que eu não possa entrar,
> Eu esmagarei esta porta, eu estilhaçarei os ferrolhos,
> Eu esmagarei os batentes, eu moverei a porta,
> Eu levantarei os mortos, devorando os vivos.
> De forma que os mortos serão mais numerosos que os vivos[B3].

Tendo recebido da deusa dos mortos a ordem de obedecer, o porteiro permitiu a entrada da rainha do céu, mas enquanto ela passava por cada um dos sete portais, ele tirava dela um artigo de vestuário ou uma joia, até que ela adentrou o círculo interno do mundo inferior inteiramente nua. Enquanto foi mantida ali, ela passou por muito sofrimento, pois o deus da peste, Nam-tar, a afligia sucessivamente com sessenta doenças. Enquanto isso, os homens e animais no mundo superior seguiam apáticos e embotados, incapazes de reproduzir suas espécies. O amor e a fertilidade deixaram a terra. Os deuses estavam angustiados.

> Papsukkal se adiantou diante de seu pai Sin,
> Chorando, suas lágrimas fluindo diante de Ea, o rei:
> "Ishtar desceu ao mundo dos mortos, ela não voltou"[B4].

Ea enviou um mensageiro para o Hades, e a deusa dos mortos relutantemente ordenou a Namtar que ele borrifasse Ishtar com a "água da vida". Ela, voltando a florescer e a ter saúde, iniciou sua jornada de volta ao mundo superior, recebendo de volta em cada portal as vestes e joias das quais ela tinha sido despida.

Nunca se concebeu um registro mais satisfatório poeticamente do que este do desaparecimento da deusa da vegetação na chegada do inverno e seu retorno na primavera.

A JORNADA DE GILGAMESH

O mais acabado e literário dos épicos babilônicos, a história de Gilgamesh começa com o conto de amizade de Gilgamesh, o governante da cidade de Uruk (Erech/Ereque), com o homem selvagem Enkidu, que morre prematuramente por ofender a deusa Ishtar. Ele então conta sobre sua jornada através de muitos perigos em busca da imortalidade, rumo ao domínio dos mortos além das "águas da morte" no ocidente (o Mediterrâneo?), onde seu ancestral Utnapishtim morava, concluindo-a com seu retorno desconsolado para Uruk. Uma serpente lhe roubou a erva da imortalidade; Utnapishtim fê-lo apto a encontrá-la no fundo do mar. A história completa é cheia de pesar e desapontamento humano em face da morte. Gilgamesh, prestes a embarcar nas águas da morte no ocidente, se dirige a uma estalajadeira que morava no mar.

> Ó, estalajadeira, faça com que eu não veja a morte que eu constantemente temo.
> A estalajadeira disse para ele, para Gilgamesh,
> "Gilgamesh, para onde você vaga?
> Você não encontrará a vida que você busca.
> Quando os deuses fizeram a humanidade,
> Eles fizeram a morte como a sina dos humanos,
> Mas eles mantiveram a vida em suas próprias mãos.
> Então, Gilgamesh, enche sua barriga;
> Alegre-se de dia e de noite;
> Tenha prazer todos os dias;
> De dia e de noite dance e jogue.
> Vista roupas limpas;
> Lave sua cabeça; banhe-se em água;
> Se alegre com a criança que segura sua mão;
> Permita que sua esposa seja feliz com você.
> Isto é que é a sina de um homem!"[D1]

Aqui de fato respira o espírito do povo da Babilônia. Eles não tinham esperanças como os egípcios de amenidades no mundo além. Toda a alegria se encontrava nesta vida.

Sacrifício e magia

A fim de garantir as bênçãos desta vida, os babilônios recorriam aos seus sacerdotes em busca de sacrifícios, encantamentos, orações rituais e a leitura das estrelas. Eles ouviam com arrebatada atenção às canções para a flauta e as canções de prostração que eram oferecidas diante dos deuses. As liturgias eram longas, mas elas abrandavam aos deuses. E se os deuses não fossem gentis, havia encantamentos – poderosos e convincentes – aos quais os deuses tinham de dar ouvidos, e aos quais os maus espíritos não tinham outra escolha senão obedecer. Os adoradores pagavam bem aos sacerdotes a fim de suplicar a Ishtar.

> Tenho clamado a ti, sofrendo fatigado e angustiado, como teu servo.
> Olha para mim, ó, minha senhora; aceita minhas orações [...]
> Perdoa meus pecados, minha iniquidade, meus feitos vergonhosos, e minha ofensa.
> Ignore meus feitos vergonhosos; aceita minha oração [...]
> Que tua grande misericórdia esteja sobre mim[B5].

Os sacerdotes podiam fazer mais que orar; eles podiam lançar encantamentos nos espíritos maus que afligiam o corpo do suplicante enquanto se colocavam de pé ao lado do leito do enfermo, no telhado da casa do paciente, em uma cabana de juncos em frente ao rio, ou em um complexo do templo; eles podiam falar ao paciente em tom peremptório.

> Sai do meu corpo!
> Sai do meu corpo, para longe!
> Sai do meu corpo, por vergonha!
> Não oprima o meu corpo!
> Por Shamash, o poderoso, sê tu exorcizado!
> Por Marduk, o maior exorcista dos deuses, sê tu exorcizado![D2]

Os sacerdotes eram homens ocupados, bem-organizados em suas tarefas, e ofereciam muitos serviços para a sua clientela. Eles haviam aprendido durante os séculos, desde antes de 3200 AEC (!), a atuar através do que poderia ser chamada (em qualquer sentido do termo) de uma "corporação" do templo, uma entidade legal geralmente em posse de grandes propriedades e funcionando de acordo com métodos estritos de negócios, com todos os recibos e gastos registrados em sinais escritos em tabuinhas de argila. As estruturas do templo administradas pelas corporações eram largos edifícios construídos com largas carreiras de tijolos secos ao sol, e ocupando espaçosos complexos de templos, no centro dos quais geralmente ficavam montes construídos pelos homens e revestidos por tijolos; chamados de **zigurates**, possuíam um santuário em seu topo. Nestes complexos, os sacerdotes executavam seus longos rituais, especialmente do segundo ao quinto dias do festival de ano-novo de doze dias. Ali eles também conduziam escolas para o ensino de leitura, escrita e aritmética, e também praticavam a adivinhação, no empreendimento ambicioso de ler os sinais dos tempos e prever o futuro.

Adivinhação e astrologia

A adivinhação era, de fato, uma das muitas funções do sacerdócio. Uma ordem inteira de sacerdotes era especializada na interpretação dos sonhos e presságios percebidos nos eventos naturais. Eles devotavam muita atenção à leitura de presságios no fígado de ovelhas, pois pensavam que a vontade e as intenções dos deuses eram reveladas nas dobras na superfície e nas peculiaridades físicas dentro do fígado. Mas o mais importante de seus métodos divinatórios, para nós (e para eles), era a **astrologia**.

Sua origem recua até os tempos dos sumérios. Na tentativa de se estabelecer o que poderiam ser chamados de "métodos científicos" na leitura da vontade dos deuses através da disposição dos corpos celestes, os adivinhadores mantinham registros acurados e detalhados dos movimentos que observavam nos céus, preparando dessa maneira o caminho para a astronomia científica de nosso próprio tempo. Seus instrumentos astronômicos projetados para a execução de medidas espaciais e para o estudo temporal das estrelas eram maravilhosamente precisos e acurados.

O reflorescimento contemporâneo da astrologia como um método de usar o movimento e a posição dos astros e planetas a fim de prever o curso de eventos individuais e mundiais deve muito ao estudo dos presságios celestiais pelos babilônios; foram, entretanto, os gregos posteriores (do período helenístico) que fizeram a astrologia evoluir para uma teoria detalhada da influência dos corpos celestiais nos assuntos humanos. Os astrólogos ocidentais, assim como praticantes hindus e muçulmanos, têm recorrido às fontes helenísticas ao invés das babilônicas para elaborar suas teorias do zodíaco e seus horóscopos.

Voltemo-nos agora para a Grécia.

II – GRÉCIA

O último século tem assistido a uma completa revisão das ideias antigas sobre a religião clássica grega. Homero não é mais considerado pelo seu valor nominal; seu panteão, descrito com suas palavras brilhantes e de grande significado em uma concepção insuperável poeticamente, foi aceito por muitos séculos como uma retratação acurada da antiga religião grega. À luz dos estudos recentes, nada disso se sustenta. Entendemos agora que os acadêmicos que liam as características dos deuses gregos a partir das estátuas do período clássico e das linhas traçadas por Homero deveriam ter dado atenção maior ao que Gilbert Murray chamou de "as cruas e emaranhadas superstições do campesinato do continente", meio reveladas e meio escondidas na poesia de Hesíodo. O estudo do folclore deixa claro que na base da religião grega há muitos elementos pré-gregos. A beleza e o balanço do panteão homérico foram, na verdade, o triunfo da unificação e sublimação.

Em suma, temos aqui outro caso de amalgamação tribal acompanhada pela mistura e reordenação dos deuses.

A reunião dos deuses na Antiga Hélade

O fato determinante na formação da antiga religião grega foram as invasões vindas do norte que se iniciaram a partir do século XX AEC. Os invasores eram formidáveis guerreiros pastores de língua ariana ou indo-europeia, que desceram das partes setentrionais da Grécia em suas carruagens para estabelecerem-se como senhores dos povos que ali habitavam anteriormente, chamados de heládicos. Os historiadores não têm certeza sobre as origens de todos os grupos envolvidos, mas há uma concordância básica em que as mais antigas culturas que podem ser verdadeiramente chamadas de "civilizações" na região eram pré-gregas: a criada pelos minoicos em Creta (que floresceu por volta de 2200-1500 AEC) e a dos Egeus da Idade do Bronze, no arquipélago grego e no continente (2500-110 AEC), conhecidos pelos gregos posteriores como "pelásgios".

A civilização minoica, parte do que Marija Gimbutas chamou de "Velha Europa" (*Old Europe*), foi destruída por volta de 1450 AEC, provavelmente de início pela explosão vulcânica na ilha próxima de Kalliste (moderna Thera), e posteriormente por invasões vindas da terra firme (da parte dos aqueus?). Ainda que Creta não fosse de forma alguma indefesa, vestígios arqueológicos de estruturas e implementos de guerra são relativamente esparsos. Seu modo de vida agrícola ao invés de nômade pastoril/caçador fomentava a complementaridade dos papéis de gênero. Imagens refletindo práticas religiosas minoicas são notáveis pela proeminência dos papéis femininos, retratando sacerdotisas, assim como deusas da fertilidade e da renovação da vida. De qualquer forma, o palácio cretense de Knossos foi destruído, e os padrões sociais subsequentes refletiram os costumes pastorais, mais patriarcais, dos conquistadores.

A cultura cretense, no entanto, havia anteriormente se difundido pela Grécia continental, e produziu nas partes setentrionais do Peloponeso e mais ao norte a civilização micênica, da qual a Idade Homérica (ou Aqueia) foi provavelmente uma forma tardia. É provável que os aqueus – líderes dentre os invasores de cabelos compridos e peles claras vindos do norte – tenham adotado a cultura micênica após dominarem seus criadores, tanto na Grécia como em Creta. Finalmente, durante o século XX AEC, ondas migratórias de nortenhos – os formidáveis dórios e seus aliados – sobrepujaram a civilização micênica. Isso causou um desalojamento em larga escala que resultou nos assentamentos gregos ao longo da costa da Ásia Menor, compostos principalmente de Jônios e Eólios, mas também de Dórios. Quando todos haviam se assentado novamente, as cidades-Estado gregas históricas vieram a existir, e os padrões da religião grega, agora tão familiar para nós, começaram a se formar.

O panteão misto

Estes novos padrões na religião eram combinações de muitos elementos de origens diferentes. Gradualmente foi montado um panteão de deidades. Os invasores indo-europeus contribuíram para o divino *sunoikismos*, ou "fusão" de ao menos estas divindades: seu deus chefe Zeus, o *Pater*, pai celeste e fazedor de chuvas (um nome que reaparece como Dyaus Pitar entre os indo-arianos e Júpiter entre os romanos); Deméter, a mãe-terra; e Héstia (a Vesta dos romanos), deusa virgem da terra, irmã de Zeus, e uma deusa do longínquo passado indo-europeu, honrada com libações no começo e no final de cada sacrifício. Mas muitos dos deuses não tinham uma origem assim distante. Reia parece ter sido minoica e Atena, micênica (ao menos quando a vislumbramos pela primeira vez), enquanto Hermes e Hera, egeus ou heládicos. Apolo parece ser proveniente da Jônia, Afrodite de Chipre ou Citera (*Kythera*), e Dioniso e Ares da Trácia. É como se os deuses tivessem se ajuntado no Olimpo vindo de todos os pontos cardinais.

Interação com os deuses

É evidente dessa forma que os gregos do período clássico consideravam-se cercados de divindades de cuja assistência eles necessitavam. Eles eram politeístas por razões semelhantes às que fizeram dos egípcios e mesopotâmicos politeístas: os poderes e forças residindo em e sob a terra (**chthon**), no céu e embaixo do mar eram imediatamente conhecidos na vida diária, e sabia-se serem diversos, assim como numerosos. Ao descrevê-los os gregos eram antropomórficos, pois prefeririam retirar suas analogias e símbolos da vida e da personalidade humana. É importante enfatizar que eles não pensavam nas divindades em quem mais confiavam como transcendentes e distanciadas. Ao invés disso, elas estavam muito perto e ao seu alcance, tão perto como a lareira (Héstia), a *herma*, ou pedra marcadora de limites e fronteiras (Hermes), os santuários na frente da casa, que eram sagrados talvez para Apolo das estradas; ou então o jarro largo nos depósitos, sagrado para Zeus Ktesios (guardião das posses da família), e o pátio, guardado por Zeus Herkeios.

Injúrias físicas e problemas de saúde cotidianos levavam as pessoas comuns para clínicas nos templos, chamadas de *asklepieia*, onde sacerdotes curandeiros receitavam remédios, executavam cirurgias e presidiam sobre oferendas para os deuses da cura: Esculápio (*Asklepios*) e Hígia (*Hygieia*). Os médicos dos dias de hoje se inspiraram em um sacerdote de Esculápio do século IV AEC, Hipócrates, como modelo de dedicação à cura. Todas as ocasiões formais requeriam a invocação de um deus ou deuses – os casamentos, por exemplo, e a própria recepção de um bebê recém-nascido no círculo familiar, ou a morte e sepultamento de membros da família. A agricultura e outras ocupações não poderiam ser executadas com sucesso e tampouco uma viagem em terra ou mar poderia ser tentada sem a aprovação dos deuses. O endereçamento aos deuses em tais ocasiões era simples e cortês, mas não servil; um gesto natural, quase irrefletido de cooperação e comunidade, não dominado pelo medo.

Se uma divindade fosse conhecida como muito distante, sua existência poderia ser reconhecida, mas a ela não seriam oferecidas nem orações nem sacrifícios; não havia sentido em sacrificar para uma divindade que não estava ciente do fato. Dessa forma, ainda que prontamente se cresse em Hades, o deus do mundo dos mortos, e em Urano, o deus do céu, os mesmos não eram adorados nos lares gregos. Por outro lado, Zeus era invocado com frequência, pois ele se encontrava tanto nas proximidades como nas distâncias, e o mesmo era verdade em relação a Apolo que, não tendo sido identificado com o sol até uma data tardia, re-

> O termo velha Europa é aplicado para uma cultura pré-indo-europeia [...] matrifocal e provavelmente matrilinear, agrícola e sedentária, igualitária e pacífica [...]. Nesta cultura o elemento masculino [...] representava poderes espontâneos e estimulantes – mas não geradores – da vida.
> Marija Gimbutas[E]

cebia honras diárias como o patrono de muitas artes e habilidades humanas.

As funções complexas das principais divindades

Geograficamente, a Grécia é composta de pequenos vales e planícies, cada um deles cercado por montanhas, ou confinado entre um semicírculo de colinas e o mar. Diferentemente do Egito e da Mesopotâmia, que ajuntava as pessoas, a Grécia as separava. Antes das invasões do norte, os habitantes divididos da Grécia Heládica cultuavam muitos espíritos da natureza em seus territórios isolados, buscavam a ajuda de uma variedade de poderes da fertilidade e se engajavam em diversos ritos conectados com magia, tabus e o culto dos mortos. Os nortenhos que inundaram a região impuseram não apenas uma nova linguagem e certa alegria calorosa, mas também uniformidade nos nomes dos deuses. Desde então os deuses e deusas principais foram identificados com os poderes locais que pudessem de qualquer forma ser absorvidos por eles, tomando para si suas funções, ritos e histórias, ao mesmo tempo que a eles adicionavam suas próprias qualidades.

ZEUS

Zeus é um caso instrutivo de como um deus invasor assumiu os deveres de divindades locais.

Por ter começado como o grande pai dos céus, governante dos ares superiores e doador das chuvas, durante o processo no qual ganhava seu espaço pela Grécia ele foi identificado com muitos cumes de montanhas. Ele era não apenas Zeus do Olimpo, mas Zeus Lykaios na Arcádia, Zeus Laphystios no sul da Tessália e Zeus Citerão (*Kithairon*) na Boécia. Mas ele também assumia outros deveres, mais pé no chão. Ele era o deus da fertilidade em muitos distritos, e ao menos em três lugares era considerado uma divindade do mundo dos mortos. Enquanto Zeus Polieus ele era guardião de várias cidades-Estado. Enquanto Zeus Aphiktor ele era o clamor unificado de seus suplicantes, que se transformava em uma divindade por si só, e lutava de forma forçada em busca de seu caminho para o céu. Em Atenas ele era Zeus Phratrios, e recebia em seu altar os votos lançados pelos membros do clã quando um pai trazia seus filhos para inscrição. Em Dodona ele proferia **oráculos** através das folhas murmurantes do carvalho do santuário. De forma mais geral, é claro, ele era o Amontoador de nuvens, o Fazedor de chuvas, carregando seu raio brilhante arremessado entre tremores que sacudiam a terra, mas o raio às vezes tinha o uso judicial de punir a maldade dos homens. Enquanto a fonte da genialidade, ele era pai de uma ampla progênie de heróis, reis e fundadores de cidades. Tampouco Hera fora sua primeira esposa. Ao chegar ao norte, em Dodona, pela primeira vez, Zeus trazia consigo uma consorte vinda de um passado desconhecido chamada Dione, e em outros lugares ele tinha outras esposas. Mas Hera estava destinada a se tornar sua esposa permanente.

HERA

Hera é uma instância do outro lado – o lado dos conquistados. Ela trouxe para sua união com Zeus um passado propriamente seu.

Este era no mínimo tão respeitável quanto o atribuído a Zeus. Suas origens são obscuras e sem datação. Devido às vacas possuírem um importante papel em legendas antigas sobre a deusa, ela pode ter sido originalmente uma deusa vaca. Nos tempos micênicos ela era a Argive Korê (donzela), ostentada de forma mais que fraternal nas planícies do Argos do Peloponeso com Hércules, o forte e jovem herói daquela região. Mas de qualquer forma, ela também estava conectada pelo mito a Argos na Tessália, local no qual, por meio de amizade maternal, ela ajudou a Jasão, outro forte e jovem herói a lançar o navio Argos, quando ele partiu de Pagasai em busca do Velo de Ouro. Ela parece não ter sido naquele tempo a deusa da terra, mas uma donzela majestosa identificada com a passagem do ano. Por sua causa, Zeus rompeu com Dione e se tornou seu carrancudo consorte. Eles tiveram seus problemas. Zeus a acusava pela personalidade "orgulhosa e inflexível" de seu filho Ares. Ao explicar suas brigas antigas, Jane Harrison propôs a seguinte interessante história:

> O casamento de Zeus e Hera reflete a subjugação dos povos indígenas pelos nortenhos que chegavam. Apenas assim podemos explicar que o marido e mulher divinos estão em constante e indecoroso conflito. É claro, sempre se alega um motivo humano: Hera é ciumenta, Zeus está constantemente irritado. Mas a razão real é um conflito radical[G].

Talvez esta explicação sirva, ou talvez ainda outra: ela era a rainha das terras do interior e de montanheiros atrasados, entre os quais a tradição matrilinear protogrega persistia enquanto Zeus, o senhor dos patrilineares nortenhos, casou-se com ela a fim de ganhar um ponto de apoio ali. Por qualquer que seja a razão de isto ter se dado, seu casamento não foi considerado infeliz por um longo tempo. Foi, por final, declarado um grande sucesso e se tornou aos olhos gregos uma "santa união", o próprio ideal da existência conjugal. Hera veio a se tornar a patrona das mulheres casadas, sua conselheira e exemplo.

APOLO

Na pessoa de Apolo pode se ver uma mistura ainda maior de diversas funções. Ele provavelmente não era helênico. Na *Ilíada*, ao menos, ele não está ao lado dos gregos, mas dos troianos, sendo um implacável e temido inimigo para os guerreiros "vestidos em bronze" que sitiavam Troia. Talvez, como sugerem os mitos, ele fosse originalmente da Ilha de Delos, ou das planícies da Ásia Menor. Sua origem não pode ser traçada com certeza. Muito primitivamente ele defendia interesses pastorais e agrícolas; certamente ele não era originalmente um deus solar. Ele era um pastor para Laomedão, perto de Troia e para Admeto, na Tessália. Ele pode ter sido por algum tempo um deus lobo, mas enquanto pastor ele protegia seus bandos e rebanhos de sua fraternidade lupina. Em áreas agrícolas, bosques e árvores estavam sob sua proteção; o loureiro era sagrado para ele. A partir do amor pastoral às canções, ele atraiu para si devotados jovens e donzelas com seu vivaz tocar da lira. Ele acreditava de coração na juventude, e era patrono de disputas atléticas, carregando ele mesmo um forte arco. Ele era Hekatebolos, "o atirador de longe".

> Atrás de seus ombros estava pendurado seu arco, e uma ampla aljava; em suas costas sacudiam as flechas fatídicas enquanto ele se movia[H1].

Suas flechas não apenas derramavam sangue, mas feriam os homens com doenças mortais (ele também foi o deus da cura até ser substituído por seu filho Esculápio). Ele matou nas encostas do monte Parnaso, na Grécia, o Píton, a quem ele substituíra em Delfos (assim como Zeus, ele suplantou ou absorveu muitos espíritos locais). Sua proeza em Delfos foi um ato importante, com resultados a lon-

> *Para os acontecimentos do cotidiano, os deuses estavam próximos aos caminhos de qualquer um e poderiam ser invocados a qualquer momento a fim de confirmar um juramento, evitar o mal, curar doenças ou abençoar todo tipo de ação.*
> H.J. Rose[F]

go prazo no desenvolvimento da religião grega, pois como consequência dela ele se tornou o deus da revelação. Nenhum outro deus era a fonte de oráculos tão diretos, com a exceção de Zeus. No centro de seu templo em Delfos estava a famosa abertura na terra, da qual jorrava de tempos em tempos um vapor intoxicante, e quando a sacerdotisa, chamada Pítia, assentava-se no tripé entre os vapores, ela balbuciava palavras que eram universalmente consideradas como sendo de Apolo.

Foi com base nesta crença que por séculos muitos homens famosos da Grécia viajaram

> [...] para Delfos, onde Febo*, no meio da terra, no umbigo do mundo entronizado, tecia sua canção eterna, o amansar de tudo que é ou que virá a ser¹.

Usualmente se rogava a ele através de um oráculo antes que uma cidade fosse fundada, e após isso ele se tornava seu patrono. Não foi até idade tardia, e então talvez como resultado de uma influência egípcia ou de outra natureza, que ele foi identificado com Hélio, o sol, que dirigia sua carruagem dourada dos portais orientais do céu até as regiões sombrias da noite.

OUTRAS DIVINDADES

As histórias de outras divindades são similares. Ártemis, a deusa donzela dos ermos, patrulhando através das montanhas e florestas com suas ninfas em reserva virginal, mas sentindo-se completamente à vontade e em casa com os animais selvagens de seu domínio, era também gentil e amorosa com as crianças, a protetora de homens e de donzelas, e a amiga solícita que buscava aplacar as dores do nascimento. Curiosamente na Jônia, onde ela era uma das deusas favoritas, ela se tornou Ártemis de Éfeso, uma deusa maternal, conectada com a fertilidade, sua frente sendo coberta por seios.

Hermes, que surgiu em tempos recuados do período pré-helênico, foi além de seu mais antigo símbolo – uma simples pilha de pedras como as que camponeses na terra pedregosa erigiam nos cantos dos campos e que associavam com seus mortos. Montões de pedra serviam como marcadores de caminho tanto em extensões de terreno montanhoso quanto em outros lugares e, dessa forma, pensava-se que Hermes guiava os viajantes até seus destinos. Mais tarde ele foi identificado com um pilar quadrado de pedras chamado de *herma*, por vezes encimado com sua cabeça, e foi, como esperado, erguido dos solos nos quais havia permanecido imóvel, recebendo botas aladas.

Outras divindades mostraram complexidades de funções similares. Poseidon era deus do mar, mas fora originalmente um deus equino guardando lagos no interior e fontes de água. (Teria sido ele empurrado para o litoral pelos invasores?) Atena, a sábia e virginal donzela guerreira, fora originalmente uma deusa coruja (pois a coruja era sagrada para ela, e ela mesma se transformava ocasionalmente em pássaro, desaparecendo no alto do céu), mas sua imagem mais antiga estava ligada de alguma forma com a fertilidade da importante colheita da azeitona. Deméter, deusa do solo fértil, estava, enquanto mãe da esbelta e bela Perséfone (a Korê, ou "a donzela"), também conectada com o mundo dos mortos. Muitos deuses e espíritos eram absorvidos e sublimados em todas essas divindades. Mesmo Afrodite, a deusa do amor – uma retardatária no panteão – talvez tenha sido a forma ocidental de Ishtar da Babilônia; ela foi renascida da espuma do mar, com a pele limpa, delicada e bela, ainda que fosse um pouco imoral. Ainda assim, ela era desprovida da prostituição cultual no templo e na automutilação que acompanhavam o culto de suas contrapartes orientais.

---

* Um dos epítetos de Apolo. Ele significa "brilhante" ou "puro".

Apenas Dioniso parecia inassimilável e indomável (veremos os porquês mais adiante).

Homero: os deuses enquanto uma família

Em Homero, os deuses não mais vivem em lugares muito distantes entre si. Eles são retratados como uma família residindo no alto Olimpo, mais uma região celestial do que propriamente o real topo da montanha, na Tessália. Ali Zeus, o Amontoador de nuvens, é amável, e Hera, a vestida de branco, é sua rainha, a "senhora do trono de ouro". Os outros deuses podem se ausentar eventualmente de seus palácios cercados de nuvens, mas usualmente Zeus precisa saber onde eles têm ido e o que eles têm feito. Os deuses, não sem falarem por trás, submetem-se a sua disciplina, pois ele é o pai da maior parte deles. Sua filha favorita é Atena, dos olhos cinzentos, a deusa donzela da sabedoria. Um filho favorito é Apolo, o deus arqueiro, aquele das madeixas douradas, que tanto cura quanto fere. Ártemis, "deleitando-se com javalis selvagens e corças velozes", é a filha tímida, que frequentemente se ausenta em esconderijos nas montanhas. Ares, o "perfurador de escudos", é o filho selvagemente guerreiro a quem Zeus por vezes repreende severamente.

> Não mais venha até mim,
> Tu, vacilante vira-casaca, com tuas orações de lamúrias:
> De todos os deuses que residem no Olimpo
> Tu és o que mais odeio; pois te deleitas em nada além de contenda e guerra;
> Tu tens herdado o humor orgulhoso e inflexível de tua mãe, Hera,
> A quem eu dificilmente posso controlar[H2].

Afrodite, a sedutora deusa do amor, é uma filha de Zeus com Dione. É casada com seu meio-irmão Hefesto, o deus aleijado da forja e do fogo – um filho de Zeus com Hera –, mas ela é infiel a ele, e tem um notório caso de amor com Ares. Ainda outro filho de Zeus, nascido de um caso com Semele, é Dioniso, mas em Homero ele tem apenas uma aparição e nada mais. De maior importância era Hermes, o guia celeste, cujo nascimento foi consequência do amor entre Zeus e Maia. Ele é primariamente o arauto e mensageiro dos deuses, mas é perspicaz e astuto, não tendo escrúpulos em se associar com ladrões nas ocasiões em que sai por sua própria conta, como quando ele se afasta do Olimpo para guiar almas para dentro e fora do Hades. Poseidon, o deus do mar, e Hades (Plutão), o deus do mundo dos mortos, são irmãos por completo de Zeus, nascidos, como ele, de Cronos e Reia, e Deméter é sua irmã pelos mesmos pais, mas Homero não a coloca no Olimpo.

FUNÇÕES DIVINAS RACIONALIZADAS

Eis então o grupo familiar fechado e muito coeso dos deuses em Homero. No todo, eles formam um grupo bastante aristocrático. Como deuses, eles estão encarregados das forças naturais, mas são mais claramente caracterizados e separados destas forças do que estiveram em tempos anteriores. Suas funções foram tanto sublimadas como simplificadas; eles não são mais "primitivos". Os fetiches minoicos, as divindades em forma de animal e as deusas-mãe se foram. Os antigos envolvimentos da Idade do Bronze com a fertilidade animal e humana ou com a vegetação, a morte e o mundo dos mortos foram neles amplamente refinados. Suas personalidades não mais são portentosas com forças vagas e misteriosas; eles vieram à luz do dia e são claramente definidos, com contornos nítidos, distintos entre si; não há dois deles iguais. De fato, eles são em tudo como homens e mulheres mundanos, com pensamentos, desejos, humores e paixões humanos em demasia. Ainda que imortais, eles não mais são desconhecidos, terríveis e imprevisíveis. Esteticamente, são atraentes, divertidos, civilizados, mais proporcionais e belos do que os humanos – eles são, de fato, o presente inestimável dado para os futuros artistas da Grécia. Seus corpos imponentes em mármore e bronze, equilibrados e sem defeito, seriam em devido tempo erigidos em praças de mercado e nas acrópoles, com suas maravilhosas cabeças olhando calmamente para baixo dos frontões e pedestais dos templos, senhoriais e distantes, como alguém de outro e mais perfeito mundo. Os mortais podiam olhar para eles apenas com admiração e inveja.

Ainda assim a maravilhosa qualidade que faz com que os deuses carreguem em suas pessoas um *mysterium tremendum* os abandonara!

Talvez a última sentença seja um pouco exagerada. Os deuses em Homero realizam feitos sobrenaturais, pois quando Zeus acena com a cabeça todo o Olimpo estremece, e certa feita, quando Poseidon se apressou para o Olimpo com três imensos passos,

> embaixo dos pés imortais do Senhor do oceano
> estremeceu a imensa montanha e a floresta sombria[H3].

O grito de Poseidon – e de cada um dos deuses – é trovejante:

> Como de um grito de nove mil ou dez mil homens,
> Se encontrando em combate mortal[H4].

Os deuses também detinham grande poder sobre as vidas humanas, fosse com desgraça ou bênção. Por suas vontades cidades caíam, homens morriam e exércitos fracassavam. Mas nisso eles demonstravam pouca preocupação com a justiça no sentido moderno; ao invés disso, eles colocavam em primeiro lugar a demonstração da excelência (*areté*) adequada ao seu *status* divino, exercendo seus poderes e suscitando honras e sacrifícios da humanidade.

Nos tempos homéricos, a justiça não era central nem para os deuses nem para a humanidade. Quando um deus era descrito como "bom" (*agathos*), isto significava que ele era *bem-sucedido* em proteger seus favoritos, fossem pessoas ou causas (como quando Zeus teve sucesso em proteger os gregos diante de Troia e Apolo fez o bem em proteger seus favoritos, os troianos). No mesmo sentido, um pai humano era "bom" quando ele era um bom provedor. Deuses e humanos tinham *areté* quando eles tinham o desejo por excelência, a virtude do vigor em perseguir seus interesses fundamentais. Em tal esquema de coisas, a justiça enquanto o "bem" era secundária ao se atingir os objetivos.

A PRIMAZIA DE MOIRA (DESTINO)

Mas mesmo com tudo isso, o poder dos deuses é gravemente limitado. Há algo mais poderoso, diante do que mesmo Zeus, o próprio Amontoador de nuvens, se submete, ainda que possa mudá-lo pelo poder de sua vontade. Isto é **moira**, ou o que está alocado (destinado) para cada pessoa como uma parte, uma porção designada na vida e em seus acontecimentos.

Moira não está sozinha; com ela operam forças vagas – Loucura Cega, Terror, Contenda, Perturbação, Rumor, Morte. Por mais poderosos que fossem os deuses, eles estavam contidos dentro do quadro geral da natureza e da história junto com os humanos. Ainda que eles fossem sobre-humanos, seus poderes não eram ilimitados.

A *Teogonia* de Hesíodo

Hesíodo (século VIII AEC) não fez melhor. Em um esforço característico do racionalismo grego, ele tentou trazer aos deuses alguma semelhança de ordem ao levantar a questão de suas origens (**teogonia**).

Influenciada talvez por tentativas do Oriente Médio nesta direção, Hesíodo declarou em sua *Teogonia* que o Caos original havia, por meio da evolução cósmica, dado lugar à Terra (Gaia ou Ge), ao Tártaro (o Abismo), e ao belo Eros (Amor). O próprio Caos produziu a Noite e a Escuridão, e eles, por sua vez, pelo poder de Eros, acasalaram a fim de gerar Dia e Ar. Sem o acasalamento, Noite produziu Sono, Sonho, Morte, Velhice, Miséria, Amizade e Discórdia. Similarmente, a Discórdia, por si mesma e sem marido, gerou a Fome, Fadiga, Assassinato, Batalha e outras formas de tensões e lutas humanas, enquanto Terra trouxe à existência sem ajuda a Céu (Urano, o céu estrelado), Montanhas e Oceano. Acasalando com Oceano, Terra produziu as criaturas do mar, e então tomando a Urano como marido, concebeu os primeiros grandes deuses, mas ela era incapaz de lhes dar à luz, pois Urano prevenia seus filhos de emergirem de sua mãe (as profundezas da terra). Com a ajuda da Terra, entretanto, Cronos conseguiu sair, esgueirou-se até seu pai adormecido e castrou-o com uma foice. O sangue corrente engravidou Terra, e ela gerou as Fúrias (*Erínias*), os Titãs (*Gigantes*) e certas ninfas, enquanto da espuma do mar em volta do membro castrado surgiu Afrodite, a deusa do amor. O triunfante Cronos casou-se com sua irmã Reia, que tinha agora nascido, mas temendo ser ele próprio subjugado, ele engolia seus filhos assim que nasciam. Então Reia, com a ajuda da avó Terra, trocou Zeus, o último a nascer, por uma pedra, e Cronos a engoliu sem saber. Zeus foi escondido por sua avó em uma caverna em Creta e finalmente emergiu para subjugar seu pai e forçá-lo a vomitar os jovens deuses e deusas que ele engolira. Depois disso, Zeus iniciou seu reino como rei dos deuses.

Essa foi a tentativa de Hesíodo de trazer uma ordem racional ao caos mitológico, mas ainda que ele tenha satisfeito aos gregos teologicamente, ele não fez muito no sentido de alterar a prática diária da religião, que ainda desafiava a ordem.

A religião cotidiana nos agregados familiares

A observação diária da religião pelas pessoas comuns da Grécia era primariamente uma questão da piedade nos agregados familiares e de comparecimento a cerimônias públicas. Na área rural as principais atenções eram dadas a Pã, o pastor (um macho brincalhão com chifres, orelhas pontudas, uma cauda e pés de bode); a Deméter, a deusa terra; a Hermes ("o das pilhas de pedra"); aos **daemones** (tipos variados de espíritos repletos de mana, alguns sendo mais chegados que um irmão – Sócrates tinha um, dizia ele); às *Kéres*, ou poderes vagos, que traziam estados tão prejudiciais quanto a velhice e a morte, e paixões destrutivas como ciúmes e arrogância; às *Erínias*, as "Fúrias", punidoras de desvios do destino designado (moira), geralmente lançadas sobre os viventes pelos mortos desapontados ou ultrajados, mas inclinadas também à correção ou vingança; aos fantasmas; aos "heróis", isto é, os nobres mortos, metade humanos e metade divinos, mas ainda assim poderosos e protetores; e às divindades **ctônicas**, que residiam no subsolo e que deviam ser apaziguadas por temor à sua associação com a morte, ou reverenciadas por seus poderes de fertilidade e ressurreição. Ao lado de tudo isso, as pessoas do campo preocupavam-se com presságios, tabus, magia (por meio da qual se mandava embora fantasmas e se promovia a fertilidade dos campos, do gado e das mulheres) e os duradouros ritos tradicionais dos agregados familiares.

Enquanto isso os habitantes das cidades, além de aderirem à religião e magia dos agregados familiares, compareciam aos festivais da cidade que honravam aos grandes deuses do panteão. A estes nós nos dirigiremos a seguir.

Os festivais atenienses

De forma geral, os atenienses pensavam em suas divindades de acordo com as estações do ano. O ano oficial começava no verão com um grande sacrifício para Apolo, chamado de Hecatombaia, porque uma centena de cabeças de gado supostamente devia ser ofertada. Imediatamente antes do verão (maio), a Thargelia honrava-o com um rito de purificação no qual dois homens sujos, envoltos com figos secos pretos e amarelos, eram perseguidos pelas ruas e expulsos da cidade como bodes expiatórios. No final do verão e início do outono, três outros festivais celebravam seu poder de promover boa vizinhança, levantar "ajudadores" e prover auxílio à agricultura.

Atena, a patrona principal da cidade, recebia altas honras durante a Panatenaia, realizada todo ano, e a cada quarto ano com especial pompa, a fim de celebrar seu "aniversário". Realizada no meio do verão, era um dos grandes festivais da cidade. Uma longa procissão carregava um manto recentemente bordado, montado como uma vela em uma nau com rodas, até chegar diante de sua imagem na Acrópole. Havia sacrifícios e jogos em acompanhamento. No início do verão a cada ano festivais de embelezamento e purificação, Kallynteria e Plynteria, purificavam tanto o templo quanto a cidade. Devotos carregavam uma antiga imagem da deusa até o mar, a fim de banhá-la.

Deméter e sua filha Perséfone recebiam honras no final do verão e no outono em nada menos do que cinco festivais de cidades. O primeiro era a Eleusinia (não deve ser confundida com os Mistérios de Elêusis), realizado a cada dois anos e com grande esplendor a cada quarto ano. Ao longo de seus jogos o prêmio dado aos atletas vitoriosos era cevada colhida de um dos campos sagrados de Deméter, a Planície Rariana. Os outros festivais (Proerosia, Thesmoforia, Haloa e Skiroforia) incluíam um arar mágico, o semear da terra usando porcos em aleitamento e bolos sagrados (um tipo de magia de fertilidade), e um ritual mágico durante o qual dignas matronas contavam piadas a fim de encorajar os poderes da fertilidade.

O maior dos festivais de primavera, Diasia, se dava em honra a Zeus. Ele incluía um *holocausto*, o termo grego para uma oferenda queimada por completo. Hera era honrada em conjunto com ele em janeiro durante a Gamelia, que celebrava seu "santo casamento", e havia outros dois festivais, um em novembro e outro em julho.

A conexão de Ártemis com os animais era lembrada em três festivais da fertilidade na primavera, mas o grande deus da estação era Dioniso. Comemoradas em abril ou maio, as Grandes Dionísias levavam seis dias. Elas tinham e ainda mantêm grande importância literária por se tratarem da ocasião para a *performance*, sob a supervisão do sacerdote de Dioniso, das tragédias imortais de Ésquilo, Sófocles e Eurípides, e das comédias de Aristófanes. Aqui a religião e a arte eram combinadas de forma memorável.

As religiões de mistério

Mesmo enquanto o panteão homérico era estabelecido por toda a Grécia enquanto o grupo-padrão para a concepção da aparência e comportamento dos deuses, surgiu outra forma religiosa excitante e satisfatória para os gregos *sentirem* os deuses dentro de si e assim compartilhar de sua natureza imortal. Este era o caminho dos mistérios – um caminho que oferecia para os indivíduos satisfações e

> *A religião grega era decididamente algo do cotidiano. Os deuses não estavam confinados aos seus templos, aos seus céus ou domínios inferiores, mas estavam nas ruas e nas casas das pessoas.*
> H.J. Rose[F]

garantias privadas e pessoais não supridas pelos sacrifícios públicos oficiais aos deuses.

Dessa forma, os devotos desses cultos se tornavam de fato tão ardentes que praticavam seus ritos mesmo quando pairavam grandes crises públicas e os cidadãos comuns pensavam apenas no perigo comum. Heródoto, em uma passagem famosa, conta a respeito de um grupo arrebatado que seguia os ritos eleusianos, mesmo quando a Ática estava sendo devastada pelo exército em terra de Xerxes, e os gregos rondando pelas costas debatiam se deviam arriscar sua frota em Salamina. Testemunhas do lado persa foram tomadas de pavor supersticioso, diz Heródoto, ao ver a procissão de devotos percorrendo a via-sacra de Elêusis até Atenas, levantando "uma nuvem de poeira como a que uma hoste de três mil homens poderia levantar", e cantando o hino místico para Dioniso. Um disse para o outro:

> Demareto, é certo que alguma grande calamidade cairá sobre as tropas do rei. Pois, desde que a Ática está deserta, é manifesto que há algo mais que mortal vindo de Elêusis para vingar os atenienses e seus aliados. Se isso descer sobre o Peloponeso há perigo para o próprio rei e seu exército em terra; mas se se voltar contra as naus em Salamina, o rei estará em perigo de perder sua frota. Esta festa é comemorada pelos atenienses a cada ano para a mãe e para a donzela, e qualquer ateniense ou outro grego que desejar é iniciado. O som que tu escutas é a canção do Iaco (Dioniso) que eles cantam em seu festival.

E Demareto respondeu:

> Mantenha a calma e não fale para nenhum homem sobre este assunto, pois se estas palavras chegarem aos ouvidos do rei, tu perderás sua cabeça, e nem eu nem tampouco qualquer outro homem que vive será capaz de te salvar[K1].

Os mistérios eram assim chamados por consistirem em ritos que eram mantidos secretos para todos, exceto para os iniciados. Sob a condução de um *hierofante* ("o revelador das coisas sagradas"), os candidatos passavam por (1) uma purificação preparatória, tal qual a procissão para o mar e nele se lavar, (2) instrução no conhecimento místico, usualmente dada atrás de portas fechadas em um salão místico, (3) uma contemplação solene de objetos sagrados, seguida por (4) uma execução de uma história divina, geralmente na forma de um desfile ou uma encenação, na qual as divindades do culto eram imitadas, e (5) uma coroação com coroa ou guirlanda de cada um dos candidatos como iniciados de pleno direito. Acompanhando estes atos, que podiam se estender por vários dias, havia procissões e festas sagradas, incluindo cerimônias que duravam toda a noite e que proviam simultaneamente um alívio de tensões e um aprofundamento do senso de participação mística nas realidades sobrenaturais.

Os mistérios de Elêusis

Os mais antigos e mais sóbrios dos mistérios eram os de Elêusis. As figuras centrais em seus ritos eram Deméter e sua filha, Perséfone, a Korê ou Donzela. Como todos sabiam, a Korê havia sido arrastada para o mundo dos mortos por Hades (Plutão) para ser sua noiva, mas sua mãe, no decorrer de longos dias de busca e lamento, havia se recusado a fazer o cereal crescer; por fim, Zeus ordenou a Hades que permitisse que a donzela retornasse para a terra. Mas a donzela incauta havia comido uma semente de romã dada astuciosamente a ela por Hades; e quando sua ansiosa mãe lhe questionou, como relata o hino que chegou até nós do século VII AEC, lemos o seguinte:

> Criança, tu comeste qualquer alimento no mundo abaixo?

fala-me; pois em caso negativo, que tu possas então residir ao lado de mim e do Pai Zeus,
honrado entre os imortais;
Mas caso tu tenhas (comido), precisas retornar novamente
para os lugares secretos da terra
e ali habitar a terça parte de cada ano.
E sempre a terra florescerá com todas as doces flores da primavera.
e então, da escuridão nebulosa tu te erguerás e retornarás,
uma maravilha para os deuses e para os homens[K2].

Infelizmente Perséfone teve que confessar que ela fizera exatamente aquilo que requeria o seu retorno anual para o mundo dos mortos. A elaborada história de Perséfone e da donzela foi reencenada de forma igualmente elaborada, em sua maior parte por mulheres. Em dado momento Dioniso foi introduzido na história como associado de Deméter (ele consistindo na força vital na vegetação, nas vinhas e nos animais que se reproduzem, incluindo os humanos); mas não está claro quando isto aconteceu. O mistério propriamente dito era negado ao público, mas todos em Atenas podiam ver a parada até o mar para banhar os candidatos, e qualquer cidadão também podia testemunhar a procissão ao longo da via-sacra de Atenas a Elêusis que carregava a imagem do jovem Dioniso (Iaco). Os participantes esperavam conseguir uma "melhor parte", uma imortalidade mais gloriosa no outro mundo que, aparentemente, não era uma recompensa para a virtude, mas, ao invés disso, se dava por assimilação dos poderes de ressurreição de Deméter, da Korê, e de Dioniso. De acordo com o hino que citamos há pouco:

Seja abençoado entre os homens sobre a terra aquele que tem visto estas coisas;
Mas aquele que é um não iniciado nos ritos, e assim não tem neles parte
nunca terá uma parte equivalente no frio lugar de escuridão[K3].

Deve-se acrescentar que esta esperança amoral chocava até mesmo os gregos. Plutarco preserva um comentário atribuído a Diógenes, o cínico: "Terá Pataikion, o ladrão, uma 'melhor parte' após a morte do que Epaminondas, apenas por ser iniciado?"[K4]

OS CULTOS DIONISÍACOS E DE ORFEU

Os decorosos cultos de mistério eleusianos foram de longe ultrapassados em violência e excitação pela mitologia do culto dionisíaco. Esse culto tinha uma origem Traco-Frígia e interpretava o embriagamento que se seguia ao uso ritual do vinho de Dioniso como possessão pelo deus.

Poesias e pinturas em vasos retratam uma comunhão mística e sacramental com o deus por meio da ingestão da carne e do beber do sangue de um cabrito ou touro identificado com ele e literalmente rasgado em pedaços – um rito chamado de *omofagia*. As *Ménades* (ou *Bacantes*) dionisíacas – mulheres devotas – eram retratadas como enlouquecidas por possessão divina, "lançando-se" ou "precipitando-se" como touros no frenesi de rasgar em peças o animal sagrado. Também se conta sobre o triste destino de Orfeu, o inventor dos mistérios de Dioniso, que se tornou ele mesmo vítima do rito da omofagia e foi despedaçado em peças pelas Ménades da Trácia quando, estando em luto por sua segunda perda de Eurídice, não prestou atenção a elas. Isto, ao menos, é a mitologia, senão a prática ritual de fato.

> *Nenhuma visita nos deleita mais que aquela feita ao santuário; nenhuma ocasião é mais agradável que os festivais, e nada do que fazemos ou vemos é mais agradável que nossas ações e visões diante dos deuses.*
> Plutarco[J]

O rebento órfico comparativamente moderado do culto dionisíaco se espalhou pelo mundo mediterrâneo – ou em qualquer lugar no qual houvesse gregos – incluindo o sul da Itália, Creta e Chipre. Os iniciados do deus sofrendo e morrendo desejavam fortalecer o elemento divino em si mesmos seguindo as regras órficas de pureza, usando vestes brancas, abstendo-se de toda carne, evitando a quebra de tabus contra a indulgência sexual e poluição, e sendo geralmente ascetas, como exigia o orfismo. Dessa forma eles poderiam refinar o mal que havia em si mesmos e evitar sua ida ao lugar de punição após a morte. De forma mais positiva, sendo dignos eles poderiam esperar desfrutar de uma melhor parte no outro mundo e ao mesmo tempo aumentar seu senso de segurança espiritual neste. Por fim, eles podiam escapar de todo à necessidade de renascimento, na qual criam os órficos, e ir para a Ilha dos Bem-aventurados.

Pode ser surpreendente à primeira vista que estas ideias tenham tido parte no desenvolvimento de uma das grandes escolas da filosofia grega. Mas é verdade que a coloração órfica era forte na irmandade filosófica fundada por Pitágoras. Os irmãos pitagóricos acreditavam que a maior tarefa da vida de alguém era purificar a alma, e ao seguir a Orfeu (ou quem sabe Apolo) eles esperavam levar suas almas a um estado de serenidade, compreensão e equilíbrio quase divino. Seus estudos em medicina, música, astronomia, matemática e filosofia pura eram planejados de forma a nutrir em suas almas os elementos divinos, de forma que eles pudessem futuramente não ter de sofrer a transmigração de um corpo terreno para outro corpo terreno, mas que pudessem readquirir um estado espiritual de pureza e discernimento.

Este não foi o único caso no pensamento grego de busca por um estado mais elevado.

A religião grega e os poetas trágicos

As tragédias de Ésquilo, Sófocles e Eurípedes giram em torno do horrível tema de que desastres e desgraças são trazidos sobre os homens pelos deuses. Isto os mitos diziam há muito tempo, mas não era sempre claro se os deuses eram impelidos por um propósito justo, por pura determinação, ou pelos decretos de um inexorável destino, do qual mesmo os deuses eram, querendo ou não, os ministrantes. Os grandes dramaturgos se referiam eles mesmos aos problemas humanos levantados por essa confusão, e ao assim fazer produziram passagens de reflexão moral e religiosa que não têm paralelo na literatura antiga, com exceção dos poderosos enunciados dos profetas hebreus.

No século V Ésquilo e Sófocles seguiram mais ou menos o poeta Píndaro em elevar Zeus ao peso moral de ser o administrador de uma justiça cósmica. As outras divindades continuaram a existir conjuntamente com Zeus, mas elas se curvavam por completo à sua vontade enquanto ele prevalecia sobre elas em nome da justiça por ele empunhada. O Destino não mais era cego. Ésquilo, de forma geral, colocava Zeus na posição superior de/ou comandar o Destino ou de ser servido por ele. Seria, portanto, Zeus realmente quem enviava as Fúrias vingadoras que puniam os pecados dos mortais, pecados esses que sempre permaneciam e se multiplicavam de geração a geração entre os malfeitores.

Orésteia, a grande trilogia de Ésquilo, declara vigorosamente, de fato:

> Zeus, o alto deus! – o que quer que seja que esteja obscuro, em dúvida,
> isto nosso pensamento pode rastrear:
> o golpe que derruba o pecador vem de Deus,
> e, da forma que ele quer,
> o cajado da vingança pune dolorosamente [...]

Pois aquele que é a destruição dos altos deuses
não é de se esquecer em relação aos filhos da carnificina:
Por muito tempo parece que o injusto prospera e é forte,
até que venham as negras Fúrias
e golpeiem toda sua casa com severa revogação,
rebaixando-o para a obscuridade e obstrução –
ele se foi, e não há nada de ajuda e esperança entre o perdido[L].

Ainda que em *Prometeus acorrentado* o torturado Titã, que é sua figura central, desafie Zeus como sendo injusto, é evidente que Ésquilo considerou que Zeus teria aprendido algo deste encontro, e não havia dúvida de que o rei dos deuses deveria ser abordado com a mais elevada piedade, como o governador moral do mundo.

Sófocles, o dramaturgo sábio, compassivo e supremamente equilibrado, deu ao personagem de Zeus algo de sua própria humanidade de sentimento. Seguindo algumas sugestões providenciadas por Ésquilo que, no entanto, de forma geral apresenta Zeus como severo e temível em seu fervor moral, Sófocles abranda os julgamentos do grande deus com misericórdia. Ele faz Polinices, por exemplo, em *Édipo em Colono*, começar seu apelo final ao seu pai real lembrando-o que a Clemência se assenta ao lado de Zeus, dividindo seu trono e interferindo em todas as suas decisões, um fato que deveria influenciar potentados terrenos e fazê-los mais misericordiosos. Ainda assim Sófocles também está certo de que o favor de Zeus não é ganho facilmente, pois quem espera experimentar toda a clemência divina necessita ser puro na palavra e nos feitos, como Zeus espera das alturas nas quais se encontra.

Eurípides, uma geração depois, cheio de dúvidas que tinham talvez sido despertadas em sua mente pelos sofistas ou por mentes tão ousadas como a de Anaxágoras, levantou sua voz com menor convicção em relação à obediência aos deuses. Apesar de nos ser algo difícil o decidir quando Eurípides está colocando palavras nas bocas de seus personagens e quando ele está expressando a sua própria opinião, parece certo que ele veio a questionar a justiça e integridade, senão de Zeus, ao menos de Apolo, de Afrodite e de outros dentre os deuses. Geralmente ele lamenta os mortais feridos e lançados em terra pelos deuses impiedosos. Por exemplo, Eurípides faz o orgulhoso e puro de coração Hipólito chorar:

Ah, dor, dor, dor!
Ó, maldição do injusto! [...]
Tu, Zeus, tu me vês? Sim, sou eu;
O orgulhoso e puro, o servo de Deus,
O branco e brilhante em santidade!
Rumo a uma morte visível, para um torrão aberto no solo,
percorro meus caminhos;
E todo o labor de dias santos
Perdidos, perdidos sem significado[M1].

Enquanto isso, uma donzela no coro já proferiu a maravilhosa repreensão:

Vós, deuses, que o laçaram,
Ei! eu lanço em vossas faces
Meu ódio e meu desprezo[M2].

E os homens haviam cantado sua fé incerta com desencorajamento esmagador:

Certamente o pensamento dos deuses traz sempre consigo um bálsamo,
para me fazer esquecer de meus pesares; e um pensamento bem profundo,
no escuro de minha mente, procura se agarrar a uma compreensão melhor das coisas. Ainda assim
o espírito dentro de mim desfalece quando vejo os feitos dos homens
em comparação com as recompensas que encontram. Pois o bem vem nos rastros do mal;

e o mal, ao bem substitui;
e a vida, entre suas faces mutáveis
vaga fraca e cega[M3].

Mas parece que Eurípides de forma alguma era um total descrente. Ele realmente buscava uma noção de Deus expurgada das falsas concepções da mitologia e da tradição. Sua verdadeira voz talvez chegue até nós pelas palavras tateantes:

Tu, profundo fundamento do mundo, e tu, alto trono
acima do mundo, quem quer que tu sejas, desconhecido
Um encadeamento das coisas de difícil compreensão,
ou a razão de nossa razão;
Deus, a ti levanto meu louvor, avistando a estrada silenciosa
que traz justiça antes que o fim seja trilhado
a todo aquele que respira e morre[M4].

Nesta "estranha oração", como o própria poeta a chama, o espírito questionador de Eurípides, assim como o de seus contemporâneos filosóficos, parece buscar uma nova teologia.

Os filósofos e os deuses

Que os filósofos podiam ir muito além do ponto de vista homérico está claro desde o princípio. A filosofia grega começou como uma espécie de monismo: tudo no universo é uma forma ou outra de uma mesma substância ou elemento. Tales disse que esta substância era água, Anaxímenes que era ar, Heráclito, que era fogo, e Anaximandro, que era indiferenciável e infinita. O que quer que fosse esse elemento, todos concordavam que era criativo ou divino. Xenófanes estava certo que o poder criativo era "um deus maior entre deuses e homens, não sendo como os mortais nem em forma e nem ainda na mente. Ele enxerga acima de tudo, pensa acima de tudo e ouve acima de tudo"[K5]. Mas os seres humanos insistem em vê-lo à sua semelhança, tendo assim caído na falácia antropomórfica (o engano de atribuir forma e sentimentos humanos a inumanos), como colocou J.M. Cornford:

> Homero e Hesíodo têm atribuído aos deuses todas as coisas que entre os homens são motivo de vergonha e repreensão – roubo e adultério e o enganar um ao outro.
> Os mortais pensam que os deuses nasceram, e vestem roupas como suas próprias, e têm vozes e uma forma.
> Se bois, cavalos ou leões tivessem mãos e pudessem escrever com elas e fazer trabalhos de arte como os homens fazem, os cavalos poderiam traçar as formas dos deuses como as de cavalos, e os bois como as de bois; cada tipo poderia representar seus corpos assim como suas próprias formas.
> Os Etíopes dizem que seus deuses são negros e de nariz achatado; os Trácios, que os seus têm olhos azuis e cabelos ruivos[K6].

PLATÃO

Platão fez uma crítica diferente. Na *República*, na parte em que ele pondera sobre a educação da juventude, ele teme os maus efeitos morais de ensinar os mitos homéricos em forma não expurgada:

> A narrativa sobre Hefestos prendendo sua mãe Hera, ou a de como em outra ocasião Zeus mandou-o voando para ter sua parte quando ela estava sendo espancada, e todas as batalhas dos deuses em Homero – estes contos não devem ser admitidos em nosso Estado, tenham eles supostamente um significado alegórico ou não. Pois um jovem não pode

julgar o que é alegórico e o que é literal; tudo que ele recebe em sua mente nessa idade provavelmente se tornará indelével e inalterável; e, desta maneira, é da maior importância que os contos que os jovens ouvem primeiro sejam modelos de pensamentos virtuosos[N1].

Uma crítica similar é dirigida por Platão contra as religiões de mistério. O problema com os mistérios é que eles não recomendam justiça por causa da justiça; eles praticam virtude pelas recompensas trazidas por essa prática, a "chuva de benefícios que os céus, como eles dizem, faz cair sobre os piedosos".

> Eles produzem uma série de livros escritos por Museu e Orfeu,[...] de acordo com os quais eles executam seu ritual, e persuadem não apenas a indivíduos, mas a cidades inteiras, de que expiações e reparações pelos pecados podem ser feitas por sacrifícios e divertimentos que preenchem uma hora vaga; [...] o último tipo eles chamam de mistérios, e eles nos redimem das dores do inferno, mas se nós os negligenciarmos ninguém sabe o que nos espera[N2].

Platão estava longe de negar a existência dos deuses. Mas eles não eram, dizia ele, nem caprichosos e falíveis como Homero os retratava, nem facilmente desviados da justiça imparcial como os mistérios implicavam. Eles estavam de acordo com um poder mais elevado, e dependiam em função desse mesmo poder. Havia acima deles, e por trás de todos os outros seres e coisas, um Artesão, um moldador do cosmos, comprometido com o mais elevado de todos os valores, o Bem.

Fora ele que no princípio observara o domínio das formas ideais, que nem ele mesmo criara, e fora inspirado por elas a fazer um mundo que participava de sua estrutura e no qual, em montanhas, planícies e mares, em deuses, humanos e animais, estava incorporado o bem, o belo e o verdadeiro em vários graus. Em relação aos homens e mulheres, cada um era uma alma em um corpo, e a alma necessitava crescer em direção ao bem mais elevado, de forma a não mais sofrer o aprisionamento em um corpo e o cativeiro de ciclos repetitivos de história material. Tal alma seria liberta em um estado no qual ela poderia, assim como Deus, contemplar e desfrutar para sempre da hierarquia das formas ideais, em toda sua verdade, beleza e bondade. Os deuses, por sua vez, não desejavam nenhum dos cultos supersticiosos e rituais mágicos que os humanos haviam desenvolvido em sua honra. Eles desejavam e esperavam apenas que cada alma pudesse atingir o desenvolvimento máximo e buscar o bem supremo que o alto deus havia definido diante de si. Firme nestas crenças, Platão, em sua velhice, lutou pela ideia de que o ateísmo ou qualquer afirmação de que Deus é indiferente à humanidade ou que pudesse ser comprado por dádivas ou oferendas deviam ser tratadas como sendo perigosas para a sociedade.

ARISTÓTELES

Aristóteles, ao menos em sua primeira fase, não encontrava necessidade em sua filosofia para os deuses tradicionais dos gregos. Ao considerar, porém, o mais elevado tipo de ser, teve de postular sobre Deus, o Primeiro motor, isto é – um ser causando todos os movimentos dos corpos celestes e terrestres por atração em sua própria direção, ao mesmo tempo que ele mesmo era desprovido de movimento. Aristóteles, os estoicos e os neoplatônicos estavam tão emancipados quanto Platão em relação às amarras limitadoras dentro das quais seus compatriotas se debatiam, em direção a uma vida mais plena e livre, e rumo a uma sabedoria maior.

III - ROMA

O que descobrimos ser verdadeiro em relação à religião da Grécia é ainda mais verdadeiro para a religião de Roma: a literatura do período clássico não é um bom guia da crença religiosa antiga. Os escritos dos romanos aos quais nós melhor conhecemos – aqueles que floresceram durante os dias do final da república e do início do império – precisam ser analisados criticamente de forma que as referências à religião da antiga Roma possam ser isoladas e possam receber seu devido valor. Pois se nós desejamos delinear um quadro verdadeiro da religião romana antiga, nós precisamos antes retirar as camadas superiores acumuladas, representando os empréstimos das religiões dos etruscos e dos gregos, e as importações mais esotéricas do Egito e do Oriente Médio; só então podemos proceder a fim de observar os antigos costumes e rituais subjacentes dos latinos.

Assim como sua contraparte grega, a Península Itálica foi habitada inicialmente por uma população não indo-europeia. Em algum momento, no início do segundo milênio AEC, ocorreram invasões do norte por tribos indo-europeias (inicialmente célticas). Mais tarde nesse mesmo período essas tribos cruzaram os Apeninos e se estabeleceram ao longo do Tibre e nas colinas a leste. Essas populações vieram a ser conhecidas como latinas, e seu território como o Lácio. Elas não permaneceriam, entretanto, com sua possessão indisputada. A elas se juntaram no século VIII AEC um povo aparentado chamado de Sabinos, que desceram das montanhas do leste. Um pouco antes disso, o território ao norte – a Etrúria histórica – foi colonizado por invasores, talvez oriundos do mar, do Mediterrâneo oriental – os enérgicos etruscos, que por um longo tempo foram os inimigos principais dos romanos e que durante algum tempo dominaram-nos por completo. Ocorreram incursões de estrangeiros também no extremo sul, quase que longe demais de início para que os romanos prestassem qualquer atenção. Gregos passaram a colonizar o sul da Itália em tão grande número que os romanos vieram depois a se referir à área como *Magna Graecia*; ou seja, *Grande Grécia*. Dessa forma os romanos se encontraram no século VIII AEC entre os etruscos ao norte e os gregos ao sul. Logo começaram a surgir efeitos dessa localização no desenvolvimento de suas ideias e práticas religiosas.

Inicialmente, Roma era uma das menores cidades latinas. Seu crescimento rumo à importância data da completa mistura de diversas comunidades nas famosas sete colinas e seu cercamento no século VI AEC por um longo e robusto muro circundante. Gradualmente as áreas ao redor caíram sob seu controle; finalmente Roma se tornou a cidade liderando toda a Itália. Ao final do século III AEC, a resistência cartaginesa ao domínio romano foi quebrada e o Império Romano dali em diante se estendeu sobre todo o mundo mediterrânico.

A religião da antiga Roma

A religião da antiga Roma teve, assim como a própria cidade, começos humildes. Os principais locais sagrados estavam localizados inicialmente fora de seu território. Diana era cultuada no Bosque de Aricia no Lago Nemi, sendo que seu templo ali era sagrado para toda a federação latina, e todo o Lácio se unia nas Colinas Albanas no festival em honra de Júpiter Lacial (*Jupiter Latiaris*).

Em tempos posteriores, os romanos se referiram ao antigo extrato de sua religião como "a religião de Numa", pois, ainda que seu tradicional legislador não pudesse tê-la inventado, ele a havia lhes prescrito. Era uma religião muito próxima à magia, precisa e escrupulosa em suas funções centralizadas nos sacerdotes e dando muita atenção a encantamentos, tabus e à leitura de presságios. Sua característica mais geral era a atenção dada às forças ou potências sobrenaturais chamadas *numina* (sing. **numen**). Esta palavra, derivada de um verbo significando *afirmar* (*acenar*) ou *ordenar*, veio a se referir de forma geral a um poder eficaz, um significado sugestivo de algo como um poder flutuante tal qual a mana das religiões primais dos Mares do Sul. Mas os termos não são equivalentes; mana imbuía pessoas e objetos com poder; numen fluía de indivíduos exercendo sua vontade. Os grandes deuses manipulavam-na de forma impressionante e a outorgavam sobre mortais e sobre a cena ritual, sobre sacerdotes, altares e objetos sagrados.

As divindades dispensando numen eram veneradas pelo nome desde os tempos mais antigos, mas a designação completa de características distintivas pessoais se deu vagarosamente. Atribuía-se aos antigos deuses e espíritos apenas uma personalidade geral. De fato, os poderes e espíritos dos campos e da casa de fazenda tinham personalidades tão pouco distintivas que os antigos romanos geralmente os consideravam simplesmente como formas ou expressões funcionais de numen; eles recebiam nomes descritivos ou pessoais apenas para distingui-los entre si. Consequentemente, os romanos não faziam imagens antropomórficas desses poderes, não tinham retratações deles em suas mentes que se importassem em escrever em uma parede ou pintar em um vaso. Foi apenas mais tarde que eles aprenderam dos etruscos e dos gregos como visualizar e humanizar seus deuses.

A religião doméstica

Os antigos romanos se dedicavam principalmente ao cultivo da terra, aos cuidados domésticos, à criação de crianças e à guerra. Quando eles desejavam sucesso no cultivo, dirigiam-se a fontes conhecidas relevantes de numen, que nomeavam desde os dias de antanho: dirigiam-se a Saturno para a semeadura, a Ceres para crescimento dos grãos, a Conso para a colheita, e a Opis (Ops) para o armazenamento seguro dos grãos. Telo tornava o solo lavrado frutífero; Flora trazia o florescimento aos campos e ramos, e Pomona o amadurecimento dos frutos nos galhos. Fauno presidia sobre as florestas, os Lares sobre os campos semeados, e os Pales sobre os pastos abertos onde o gado se alimentava. Término era o numen da pedra fronteiriça, Fonte das fontes e Volturno do rio corrente. Subdivisões funcionais ainda mais minuciosas apareciam em litanias pontificais invocando doze divindades menores que presidiam sobre o arar dos alqueires não cultivados, a segunda ara, o cavar dos sulcos, a semeadura, a cavadura, o gradeamento, a lavradura, a capinagem, a ceifadura, o transporte da colheita para casa, o armazenamento em celeiro, e o retirar da colheita do celeiro para o uso. Reinando sobre tudo estava Júpiter como o grande pai celestial, que trazia chuva e luz do sol[P1].

Nas tarefas domésticas e na criação de crianças havia uma designação similar de divindades para a posição de numen (o processo parece não ter se dado de forma reversa). Jano (Janus) era o numen da porta, protegendo os limites, e Vesta estava na lareira – exatamente como Héstia na Grécia. Era responsabilidade do homem da casa, como seu sacerdote, estar em bons termos com Jano, e das mulheres de cultuar Vesta em seu local na lareira, e presenteá-la com uma pequena porção de cada refeição antes que qualquer um comesse. Os Penates eram os numina que presidiam sobre a dispensa, preservando seu armazenamento de alimentos de dano. De início concebidos de forma indefinida, posteriormente seriam identificados com quem quer que fosse a divindade patrona da casa – Ceres, Juno, Júpiter, ou outro.

Mais preocupado com a história da família, como uma fonte de numen que exerce vigilância e proteção sobre toda a propriedade estava o Lar Familiaris. Originalmente, os Lares eram guardiães dos campos semeados e das encruzilhadas, tendo sua atuação estreitada para a propriedade da família e, finalmente, para a casa em particular, recebendo culto regular da família nas Calendas, Nonas e Idos de cada mês. Uma potência difícil de definir exatamente era o **gênio**, a energia e vitalidade de cada homem, considerado a essência de sua masculinidade. Era quase que um ser separado, um guardião e um poder externo, residente tanto no homem como no seu leito matrimonial. Cada homem o reverenciava e tinha expectativas em relação ao seu próprio gênio, e cada mulher em relação a sua correspondente **juno**, mas honra especial era ofertada para o *Genius Paterfamilias*, particularmente no aniversário do cabeça da família. Considerava-se que este gênio fosse de alguma forma simbolizado pela serpente da casa, uma espécie de duplo do numen do chefe da família.

Antes de seguirmos adiante, deve-se enfatizar que todas estas fontes de numen eram honradas e aplacadas por uma variedade de cerimônias e festivais, cuja essência consistia não tanto de palavras quanto de atos, pois nelas a religião estava intrinsecamente ligada à magia e tabu. Onde podemos recuperar material suficiente para análise, o simbolismo nestas *performances* cultuais é transparentemente claro. Os romanos não perdiam tempo com sentimentalidade vaga. Uma característica marcante de todos os seus rituais era seu aspecto seriamente formal. As regras eram precisas. Animais pretos pertenciam aos deuses do mundo dos mortos. Caso contrário, espécies brancas e sem manchas eram escolhidas: um boi para Júpiter, uma ovelha para Juno, um galo para Esculápio. Libações eram feitas de uma *patera* de bronze de forma-

to especial. Órgãos internos, geralmente submetidos a um especialista para inspeção e augúrio, eram queimados. O resto da carcaça devia ser cozido e comido. Não encontramos nenhuma sugestão de relacionamentos próximos interpessoais. Cyril Bailey caracterizou o típico romano como sendo essencialmente prático:

> Sua atitude mental natural era a de um advogado. E assim, no que concerne em sua relação com os seres divinos que devem ser cultuados, tudo precisa ser regulado por princípios claramente compreendidos e levado adiante com exatidão formal [...]. Ambos os lados estavam obrigados a cumprir suas partes: se o homem tinha cumprido seu "dever e serviço limitado", o deus precisava dar seu retorno: se ele não o fizesse, ou a causa estava em uma falha inconsciente no lado humano em cumprir tudo ao pé da letra, ou então, se o deus tinha realmente quebrado seu contrato, ele tinha, por assim dizer, se recusado a qualquer ação posterior, e o homem devia buscar ajuda em outro lugar[Q].

Aqui está a razão por que se cria nas cerimônias romanas que a omissão ou desalojamento de uma única palavra ou qualquer desvio no comportamento correto dos participantes podia tornar toda a execução da cerimônia sem efeito. Consequentemente, pois, havia a necessidade de sacerdotes, pois apenas eles poderiam manter as cerimônias dos tempos antigos intactas e executá-las sem erro ou, se não fossem eles os executantes, apenas eles poderiam treinar os oficiantes leigos no correto procedimento.

> *A antiga religião romana não conhecia histórias míticas de deuses pessoais, nem genealogias, casamentos ou filhos, nem lendas heroicas, cosmogonia, concepções de vida no mundo dos mortos — resumindo, nada daquilo com que Homero e Hesíodo tinham suprido tão abundantemente os gregos.*
> Carl Clemen[01]

A religião de Estado

A religião do antigo Estado romano era, em aspectos essenciais, o culto doméstico nacionalizado. As principais divindades tinham sacerdotes (*flamines*) designados publicamente para si, mas as cerimônias de Estado nem sempre estavam sob sua responsabilidade. No tempo da monarquia, o rei era o sumo sacerdote e executava algumas cerimônias importantes. Em todos os períodos posteriores os magistrados faziam frequentemente o mesmo, ainda que as questões religiosas estivessem supostamente nas mãos dos pontífices.

Nos dias prescritos publicamente, estabelecidos no calendário estatal e que totalizavam 104 dias de cada ano, os sacerdotes das diversas divindades executavam uma longa lista de cerimônias e sacrifícios. Eles percorriam suas tarefas meticulosa e arduamente, fossem eles os únicos disponíveis ou não. Eles lavavam suas mãos, colocavam vestes imaculadas, e estavam em um estado de pureza tanto moral como física. Plínio o Velho (23-79 EC) escreveu em relação a suas orações:

> [As] palavras diferem se alguém deseja obter presságios favoráveis, afastar augúrios sinistros ou apresentar súplicas, e nós vemos os mais altos magistrados usando *formulae* precisas em suas orações; a fim de evitar que qualquer palavra seja omitida ou invertida, alguém primeiro lê a *formula*, de um texto escrito, outro é responsável por sua supervisão cuidadosa, e um terceiro deve ordenar o silêncio, enquanto um tocador de flauta é ouvido a fim de cobrir todos os outros ruídos[R].

Para quais deuses todas estas cerimônias de Estado eram dedicadas? Em alguns casos, nenhuma divindade em especial parecia estar envolvida. Nós temos a lista, entretanto, das divindades de Estado que eram endereçadas em outras ocasiões.

Esta lista soa estranha, de fato, para aqueles acostumados a pensar que as religiões grega e romana eram quase indistinguíveis. Listadas alfabeticamente, as divindades eram "Anna Perenna, Carmenta, Carna, Ceres, Conso, Diva Angerona, Falacer, Fauno, Flora (Fonte), Furrina, Jano, Júpiter, Larenta, Lares (? Lemures), Liber, Marte, Mater Matuta, Netuno, Opis, Pales (Palatua), Pomona, Portuno, Quirino (? Robiguo), Saturno, Telo (? Término), Vejove, Vesta, Vulcano, Volturno"[02].

Os nomes familiares de Jano, Júpiter, Marte, Vesta, Netuno e Vulcano aparecem, mas Juno, Vênus, Apolo, Minerva e Mercúrio estão ausentes. Dos nomes na lista, nada mais se sabe a respeito de Falacer e Furrina, ainda que flamines fossem apontados para servi-los. Os outros dificilmente são mais bem conhecidos por nós. Muitos saíram da atenção pública por completo em tempos posteriores. Os porquês só podem ser imaginados. Podemos notar, no entanto, um fato significativo: aqueles que sobreviveram para desfrutar de proeminência posterior eram tão importantes na cidade como tinham sido no campo.

JÚPITER

Júpiter (Diespiter ou Diovis Pater = Pai Jove) tem uma origem que não pode ser datada. Ele é, claro, o indo-europeu Dyaus Pitar, ou Zeus Pater, e chegou até a Itália atravessando as montanhas da mesma forma que entrou na Grécia. Como na Grécia, ele absorveu as funções de muitos deuses locais italianos. Seu título mais exaltado era Optimus Maximus. Como consequência de ser o deus do relâmpago, trovão e chuva, ele adquiriu os epítetos Fulminator, Tonans e Pluvius, e por ser o deus da luz ele foi honrado ao ter os dias de lua cheia santificados para si. Ele predeterminava o curso dos assuntos humanos e prenunciava eventos vindouros por meio de sinais dos céus e do voo dos pássaros, que os arúspices eram designados para ler; consequentemente ele era chamado Jove Prodigialis, aquele que envia prodígios. Seu relâmpago era com frequência um juízo, uma punição catastrófica por um malfeito, pois ele era o guardião das leis do Estado e da santidade dos juramentos. Em Roma, seu templo era construído na Colina Capitolina, daí ele ter sido chamado também de Júpiter Capitolino. Em tempos posteriores ele dividia as glórias imperiais da cidade, como o protetor especial de Roma, e adquiriu títulos tais quais Imperator, Invictus, Victor e Praedator. Ele recebia a adoração dos cônsules da República quando eles assumiam seus ofícios. Os "triunfos" celebrados no retorno de generais eram processões espetaculares dando a volta pela cidade sob os gritos da população jubilosa, carregando espólios e cativos para seu templo.

MARTE E QUIRINO

Marte e Quirino eram os dois deuses da guerra. Marte, identificado pelos gregos com Ares, foi talvez originalmente o protetor dos campos e rebanhos de poderes inimigos de qualquer tipo, fosse animal, sobrenatural ou humano. Ele tornou-se de forma crescente associado com a guerra à medida que o Império Romano era estendido, e sua característica original mudou. Mas a natureza caseira e protetora de sua atividade original é vista na descrição que Catão nos deixou da procissão de um fazendeiro e de sua família ao longo da linha fronteiriça de sua fazenda; eles deram três voltas, acompanhados por um porco, uma ovelha e um boi, vítimas que após isso foram sacrificadas solenemente. Durante o sacrifício, o fazendeiro oferecia libações para Jano e Júpiter, e orava assim, como um advogado:

> Pai Marte, eu oro e suplico a ti que tu possas ser favorável e de boa vontade em relação a mim, à nossa casa e propriedade, causa pela qual eu tenho encomendado a oferenda de um porco, ovelha e boi a ser conduzida por meu campo, minha terra e minha fazenda, para que tu possas prevenir, afastar e evitar doenças visíveis e invisíveis, infertilidade e perda, acidentes e clima ruim. Que tu permitas que os campos, os frutos da terra e as vinhas e arbustos venham a se espalhar grandemente e prosperar, e que tu possas guardar os pastores e seus rebanhos em segurança, e dar prosperidade e saúde para mim, para nossa casa e para nossa propriedade; por todas essas razões, pela limpeza e purificação de minha fazenda, terra e campo, como eu já disse, sejas tu enriquecido pelo sacrifício desta oferenda de porco desmamado, cordeiro e bezerro[5].

Em Roma havia uma cerimônia de Estado similar no *Campus Martius* (Campo de Marte), o sacrifício *suovetaurilia* (literalmente, javali-carneiro-boi). Seu propósito central era a purificação. Às vezes partes dos animais sacrificados eram carregadas ao redor de um encontro marcial de tropas.

De Quirino nós sabemos quase nada, exceto que ele era o deus da guerra da comunidade de Quirinal, enquanto Marte era do Palatino. Quirino era servido por um flamen e tinha um festival dedicado para si que acontecia em 17 de fevereiro (a Quirinalia).

JANO E VESTA

Jano e Vesta estavam ligados ritualisticamente, por serem respectivamente a primeira e a última divindades invocadas em cada cerimônia. Jano, o protetor das portas, era invocado na abertura de praticamente qualquer coisa. Ele era o deus dos inícios, e, assim sendo, deus da primeira hora do dia, das Calendas de cada mês e, no calendário dos últimos dias, do primeiro mês do ano (janeiro). Seu símbolo original em Roma era simplesmente um portal colocado no canto nordeste do Fórum. Estava sob o cuidado do rei, e posteriormente lhe foram designados os serviços de um sacerdote chamado Rex Sacrorum, o mais alto em dignidade de todos os sacerdotes. Como Vesta, Jano não era originalmente personificado; a porta, abrindo e fechando, era seu único sinal, assim como a chama pura, guardada pelas virgens vestais no templo de Vesta, era suficiente para representar a deusa.

Mudanças devido à influência etrusca

Ainda que os fatos não sejam inteiramente claros, é certo que Roma entrou sob o domínio etrusco durante todo o século VI AEC. Isto trouxe algumas mudanças significativas. Os etruscos tinham mentalidade enérgica e comercial. Reconhecendo a posição estratégica de Roma, eles construíram um muro em volta da cidade que cercava um espaço suficiente para uma população de 200 mil pessoas. Eles tentaram tornar a residência na cidade atrativa para os plebeus, e por este motivo os favoreceram em relação aos patrícios. E eles introduziram algumas tendências completamente novas na religião romana.

Novas divindades foram trazidas, sem perturbar, de início, os costumes antigos já entrincheirados. Diana deixou seu bosque em Aricia por um templo erigido para ela no Aventino. O triunvirato de Júpiter, Marte e Quirino foi ofuscado por uma tríade bem-alojada composta de Júpiter, Juno e Minerva, estabelecida no Capitolino em um brilhante templo novo de mestria etrusca.

A associação de Júpiter e Juno, iniciada aqui, depois levaria a que eles fossem considerados marido e mulher. Esta foi a primeira ocorrência clara de casamento entre os deuses romanos. A mais antiga religião romana tinha providenciado alguns exemplos da união de nomes masculinos e femininos, mas isto havia significado muito menos que casamento ou conexão familiar. Nisso os eruditos encontraram apenas evidência fresca de que os antigos romanos não sabiam sem ambiguidade qual o sexo que seus numina tinham: às vezes, para ter completa certeza, eles lhes davam nomes que podiam significar ambos os sexos. Mas Juno se tornou a consorte de Júpiter e assim assumiu em muito maior grau os aspectos de uma personalidade distinta do que fizera antes. Originalmente, ela tinha simplesmente transmitido numen para mulheres e garotas (enquanto os homens tinham seus gênios, as mulheres tinham suas junos), e na forma de Juno Lucina ela era invocada no momento dos nascimentos. Agora ela atingira as características que fizeram com que gregos em visita a identificassem com Hera.

Minerva pode ter sido etrusca. Sua personagem tinha um paralelo com o de Atena. Ela era a deusa da sabedoria e a patrona das artes e negócios. Em devido tempo sua ajuda veio a ser buscada em guerra; por tal razão ela era representada como vestindo um elmo e uma cota de malha, e ela carregava uma lança e um escudo da mesma forma que sua contraparte grega.

Essa visualização de Minerva como uma divindade antropomórfica aponta para uma inovação dos etruscos que foi de grande importância. Eles colocavam imagens dos deuses nos templos por eles construídos. No templo no Capitolino eles erigiram duas fileiras de colunas até o centro do santuário, e colocaram na parte noroeste três imagens – uma estátua de Júpiter flanqueada por uma de Juno e outra de Minerva. Este foi o primeiro passo que levou à concepção visualizada e personificada de todas as divindades. Mesmo Jano adquiriu uma cabeça – mas com duas faces, uma olhando para frente e outra para trás. Mas estas mudanças não foram puramente etruscas.

Empréstimos dos gregos

Justo quando o poder político de Roma sob os etruscos se estendia em direção ao sul através da Itália, a influência cultural grega começou a avançar rumo ao norte. O ritual grego foi especialmente impressivo para os romanos. Ele provia elementos vitais de calor e poesia até então ausentes na religião romana. Os romanos, por sua vez, provaram-se prontos a adotar muitas concepções novas oferecidas pelos gregos, o que não significava abandonar quaisquer dos seus antigos caminhos.

Foi de impacto duradouro a introdução em Roma durante o século VI AEC de uma coleção de oráculos creditada à Sibila de Cumas – os Livros Sibilinos. Esses livros, armazenados no porão do templo Capitolino, foram dedicados a uma recém-criada ordem de sacerdotes patrícios, dois em número, os *duoviri sacris faciundis* ("os dois homens encarregados das questões sacras"), cujo número foi posteriormente aumentado para dez e ainda mais tarde para quinze. Pedia-se a esses sacerdotes em muitas ocasiões sérias que consultassem os oráculos; em cada caso eles anunciavam mais tarde, sem revelar os versos consultados, qual a forma aconselhável de procedimento. Como os oráculos eram de origem grega, os *viri sacris faciundis* usualmente recomendavam o recurso a divindades e cerimônias não conhecidas anteriormente pelos romanos, exceto talvez por meio de relatos, como remédios para desastres eminentes ou acontecendo no presente, ou mesmo como remédio para a perplexidade pública. Como resultado deu-se um número extenso de adoções na religião romana.

Não se pode dizer que os conselheiros Sibilinos sugeriram modificações sem precedentes. Castor e Pólux já haviam sido trazidos para Roma por meio da cidade latina de Túsculo, e Hércules também havia chegado por meio da cidade de Tibre.

Mas os Livros Sibilinos deram ímpeto a um processo que poderia de outra forma ter sido lento. Em 493 AEC seus versos foram interpretados como aconselhando a ereção de um templo para abrigar Ceres, Liber e Libera (= Deméter, Dioniso e Perséfone). Um templo para Apolo, como um deus curador, foi prescrito a seguir. Similarmente, ritos gregos em honra de Poseidon foram importados ao identificá-lo com o romano Netuno. Hermes veio para Roma também, mas sob o nome de Mercúrio, pois ele viria a ser o deus do comércio (*mercatura*). Depois, em grande parte da mesma maneira, e com um ritual grego acompanhante, Afrodite fez sua aparição como Vênus (que havia sido uma divindade menor italiana, talvez do jardim). Por volta da mesma época uma pestilência levou ao conselho de que Esculápio, o deus da cura, fosse introduzido imediatamente e provido de um templo. Essas divindades completamente personificadas adicionaram uma dimensão inteiramente nova à religião romana, assim como a importação da astrologia mesopotâmica por meio dos gregos helenísticos; ela se tornou amplamente popular sob o fundamento de que os corpos celestiais enviavam emanações que influenciavam indivíduos e eventos na terra.

Algumas vezes os conselheiros Sibilinos sugeriam um *lectisternium*. Aqui o ritual grego pedia pela introdução de um grupo inteiro de deuses, surgindo como figuras de madeira vestidas elegantemente e reclinadas em almofadas em volta de uma mesa de banquete, na qual era colocada uma refeição sacramental! Lívio relata que em 399 AEC, durante uma severa pestilência, Apolo, Latona, Hércules, Diana, Mercúrio e Netuno foram aplacados conjuntamente dessa maneira. Tampouco esta foi a última vez que esse rito foi executado. Os deuses se tornavam mais humanos a cada dia.

E como se fossem impulsionados para a criação original por meio dessas importações, os romanos adicionaram (ou melhor, fizeram ressurgir de tempos antigos) novas divindades de sua própria lavra: Fides para personificar a qualidade da lealdade celebrada no título "Fidius" designado para Júpiter, e Vitória para fazer o mesmo por suas qualidades como Júpiter Victor. Uma deusa da sorte e da boa fortuna também surgiu, sob o nome de Fortuna. Cada um desses recebeu um templo separado dentro da cidade.

Em conjunto com tudo isso surgiu um interesse crescente nos mitos e épicos da Grécia. Como consequência, muitos dos mitos gregos foram adaptados ao cenário italiano e à história romana, sendo relançados em nova forma, ainda que a maior parte tenha sido simplesmente adotada com poucas modificações, para se tornarem parte da herança romana. As histórias de vida de Júpiter, Juno, Minerva e outros foram construídas a partir de elementos gregos, resultando em histórias que se estendiam em um cenário internacional com uma coloração italiana. Ao mesmo tempo mentes inventivas (se não supremamente imaginativas) passaram a trabalhar nas tradições romanas, elaborando mitos italianos sobre Rômulo e Remo, Enéas, Tiberino e outros. O caminho para Ovídio e Virgílio, os poetas do futuro, estava assim preparado.

Cultos das áreas orientais mediterrânicas

Enquanto os romanos evoluíam de uma economia completamente agrícola em direção a um panorama urbano e imperial, um número crescente de pessoas perdia seu enraizamento com o solo, e assim com as atividades cheias de significado de buscar sua própria subsistência. Abriu-se assim espaço para especulação e ceticismo.

Cultos místicos prometendo satisfação emocional mais rica vieram do oriente. O primeiro destes foi dirigido a Magna Mater, ou Cibele, introduzida a partir da Frígia sob o conselho dos oráculos Sibilinos. Uma embaixada de cinco proeminentes cidadãos romanos saiu durante a prolongada crise da Segunda Guerra Púnica (218-201 AEC) em busca de uma pedra sagrada, caída do céu, na qual se pensava que Cibele residia.

Mas os chefes da cidade assumiram um ponto de vista um bocado sóbrio, em maior consonância com Cibele do que com a selvageria e fanatismo de seus devotos. Eles lançaram uma lei que não seria revogada até o Império, proibindo os romanos de entrarem em seu sacerdócio, pois ele usualmente significava sua castração; ela teria de ser servida por sacerdotes vindos da Ásia Menor. O povo, entretanto, tinha permissão de frequentar seu templo – o que fariam – em busca de sua ajuda, para esta vida e para a próxima.

Após a chegada de Cibele, sucedeu-se a religião de mistérios de Baco (Dioniso). Houve rápida resposta a ela, não apenas em Roma, mas através de toda a Península Itálica. Mas as classes altas odiavam religiões de segredos de qualquer espécie e desconfiavam fortemente delas, vindo a pensar o pior acerca das orgias Bacanálias. De acordo, o culto foi suprimido por um decreto do Senado em 186 AEC. Mas ele voltou à vida novamente e recebeu a permissão de continuar a ser praticado sob a supervisão do Estado.

Nos anos que se seguiram outros cultos orientais ganharam espaço e cresceram em influência. Ma da Capadócia, Adônis da Síria, Ísis e Osíris (Serápis) do Egito e Mitras da Pérsia foram trazidos para Roma, e cada um em alguma medida supriu a experiência religiosa e a esperança de imortalidade que a religião de Estado, que havia caído nas mãos de políticos e sacerdotes agnósticos, deixava de prover.

A atração do culto a Ísis, que prometia ressurreição corpórea e imortalidade, foi particularmente poderosa. Quatro decretos em separado do Senado romano e ordens explícitas dos imperadores Augusto e Tibério falharam em suprimi-lo. No ano 38 EC o Imperador Calígula reverteu a política oficial e deu ordens para que um templo a Ísis fosse construído.

As fases finais

A história da religião romana durante o último século da República (150-149 AEC) sugere a operação de forças se movendo em uma direção completamente oposta à de um tempo mais antigo. O movimento não mais era centrípeto, mas centrífugo. A religião de Estado havia se degenerado em puro formalismo – a estrutura estava ali, mas era vazia e sem significado. De certa forma, Roma era por si própria como que uma divindade (Dea Roma) e não mais precisava da ajuda dos antigos deuses e do antigo caminho. A religião era algo a ser discutido agradavelmente à mesa de jantar ou com amigos em um momento de lazer, mas à parte de seu valor enquanto elemento de ligação política, não era de preocupação vital para as pessoas ligadas ao pensamento.

A tentativa de Augusto César de trazer o mundo de volta ao normal após uma geração de guerras civis enervantes, revivendo as antigas práticas romanas religiosas, levou-o a reformar os templos decadentes de Roma, a induzir os homens a novamente entrar para o antigo sacerdócio, e a construir novos templos, como o que havia no Monte Palatino em honra a Apolo, o patrono de sua casa. Mas isto, por si só, não era suficiente. Afetava a Roma apenas, e, ainda assim, veio a levantar apenas uma resposta moderada. Ele deve ter percebido quão vantajoso politicamente seria para ele ser reconhecido fora da Itália como um deus. O mundo precisava olhar para um poder único, cujo culto poderia unificá-lo, e talvez nada pudesse ser tão útil para este propósito do que o contínuo gênio (numen) da casa imperial. A fim de encorajar esta percepção, Augusto erigiu um templo no Fórum, provido de sacerdotes especialmente designados e dedicado à honra de Divus Julius (Júlio César, seu pai por adoção), que já havia sido declarado deus pelo Senado romano em 42 AEC. Quanto a si mesmo, ele permitiu a ereção de santuários nos quais seu gênio era cultuado (ainda que não ele mesmo). Estes eventos prepararam o cenário para a introdução de um culto oficial imperial.

O culto imperial

Tornou-se mandatório nas províncias, como sinal de lealdade ao Império Romano, prestar reverência ao gênio do imperador, e às vezes ao próprio imperador. Ainda que durante sua vida Augusto tenha firmemente recusado honras para ele pessoalmente, era inevitável que após sua morte seu nome pudesse ser listado com o dos deuses, e que um templo fosse erigido para ele, com sacerdotes em serviço. Nem todos os imperadores imediatamente após ele receberam esta honra, mas no devido tempo a consagração do imperador como deus se tornou parte de cada funeral imperial. Finalmente a aura de divindade veio a ser ligada aos imperadores *antes* de sua morte. Calígula e Domiciano foram dois que exigiram adoração enquanto vivos, e Nero, vaidoso em relação às suas realizações musicais e poéticas, apreciou ser igualado a Apolo.

O que é significativo aqui é o seguinte: quando se tornou aparente que a multiplicidade de religiões levava apenas a uma dispersão centrífuga, o culto ao imperador foi apresentado como uma tentativa de reverter a fuga de um centro comum. Mas isso não foi o suficiente; serviu apenas parcamente a seu propósito e como uma ferramenta prática para controlar áreas estrangeiras. Mas em um sentido fundamental, não foi "cósmico" o suficiente, não esteve apto a ligar e agrupar os indivíduos, a sociedade e o universo sob um significado ou propósito inclusivo.

IV – A EUROPA ALÉM DOS ALPES

Na história antiga da Grécia e de Roma nós nos deparamos com bandos de indo-europeus migrando subitamente rumo ao sul; na Europa Setentrional, nós os encontraremos por toda a parte (posteriormente em nossa história nós os encontraremos também na Índia, Irã e Armênia). Um dos maiores quebra-cabeças da história é o lugar de origem desses povos e as razões que os lançaram em suas distantes jornadas e os fez se irradiar como os raios de uma roda, em direção ao sul, oeste, norte e sudeste. Mas o que quer que seja que os tenha movido de sua terra natal pré-histórica (o sul da Rússia e da Ucrânia?), eles tiveram sucesso. Graças ao seu domínio da carroça, ao ataque com cavalaria, ao portar de longas espadas empunhadas com as duas mãos, e ao uso do cavalo, eles tiveram sucesso não apenas em subjugar as tribos autóctones em seu caminho, mas também em impor sua linguagem sobre as línguas correntes entre as tribos por eles conquistadas, conjuntamente com muitos elementos de sua magia e religião. Os antigos celtas e germânicos desenvolveram práticas e crenças religiosas que, a despeito da assimilação de muitas concepções e costumes variantes locais, não obstante ilustram como poderia ser a visão de mundo original indo-europeia sem ser radicalmente alterada.

Os celtas

Nós já nos deparamos com os celtas (p. 86) ao escrever sobre o norte da Itália. Até onde podemos determinar a partir dos registros incertos, os celtas se moveram de sua primeira terra natal para o noroeste da atual Alemanha, onde se misturaram com tribos proto-germânicas e alpinas, formando um novo amálgama de grupos étnicos frequentemente marcados por pessoas altas, de olhos verdes e cabelo vermelho. Eles então se espalharam, migrando para o ocidente através do Canal até às Ilhas Britânicas, para o sudeste na França (Gália) e então para a Espanha, para o sul na Itália e Grécia, e mais longe para o sudeste na Ásia Menor, onde por séculos eles se mantiveram na província que recebeu seu nome (Galácia, o lugar dos gauleses).

Os celtas, de acordo com os *Comentários* de Júlio César, cultuavam principalmente um deus identificado por César como Mercúrio, mas ele não nos forneceu seu nome céltico (esse deus provavelmente era similar ao germânico Odin que encontraremos posteriormente, um deus da magia e da morte, e a fonte de inspiração de oradores e poetas). Ele diz que eles também cultuavam a Apolo, Marte, Júpiter e Minerva. A esta lista ele adiciona Dispater, deus do mundo dos mortos, a quem ele diz que os gauleses traçam sua origem. A ele se juntam Tácito, Plínio o Velho e Lucano na afirmação de que os celtas eram conduzidos por seus sacerdotes (os Druidas) em sacrifícios e culto aos animais e árvores.

OS DRUIDAS

Parece ter havido três ordens hereditárias entre os celtas da Gália e da Irlanda: sacerdotes (*Druides*), nobreza guerreira (*equites*) e artesãos (*plebs*). Os **Druidas**, como vistos nas fontes romanas, evocavam admiração (por sua reputada sabedoria, habilidades administrativas e poderes mágicos), mas também horror (por seus barbáricos ritos sacrificiais).

Sob a liderança druídica, cerimônias eram conduzidas em santuários nas florestas, nas casas e em bosques sagrados. César nos conta que os Druidas tinham funções tanto políticas quanto religiosas. Eles tinham papel relevante na eleição dos reis, serviam como embaixadores ou legados, e tomavam parte nas batalhas. Seus ensinamentos eram preservados oralmente e não podiam ser aprendidos sem um longo período de treinamento, que às vezes chegava a até vinte anos. Esses ensinamentos, de acordo com César, se referiam não apenas a questões religiosas e mágicas, mas também aos movimentos do sol, da terra, dos planetas e das estrelas (como estudos posteriores da orientação precisa de Stonehenge têm confirmado).

Não se pode saber o quão verdadeiramente César compreendia o que ele descrevia, mas parece provável que os Druidas se entregavam a especulações de que o mundo poderia algum dia chegar ao seu fim, e que poderia haver um dia do juízo que esmagaria homens e deuses, quando fogo e água engoliriam a terra, o céu desabaria, e toda a humanidade pereceria, dando lugar para novos céu e terra e uma nova raça de homens. Em qualquer caso, os celtas davam grande ênfase que o destino era algo que poderia apenas ser atrasado, mas nunca evitado.

DIVINDADES DA NATUREZA E RITOS DA FERTILIDADE

Os celtas viam o sagrado em toda a natureza à sua volta; eles reverenciavam o céu, as montanhas, rochas, árvores, lagos, rios, fontes, o mar, e todo tipo de animal – o javali, o urso, o boi, o cavalo, o coelho, o carneiro, o veado e mesmo o corvo, e muitas criaturas fêmeas também, além dos machos – a vaca, por exemplo (a serpente também recebia sua porção de consideração, de forma que, quando São Patrício veio à Irlanda, surgiu ali a lenda de que ele não apenas expulsou os deuses e deusas para as colinas e vales, fazendo-os servir em uma função menor, como fadas, mas também livrou a Irlanda de cobras: em suma, ele não podia tolerar a veneração a elas). Alguns deuses e deusas célticos tinham forma parcialmente animal e parcialmente humana.

Outros lembravam-se de Epona, a deusa gaélica da fertilidade, que carregava uma cornucópia quando estava a cavalo ou quando se assentava entre cavalos.

Outro fato certo é que os celtas se preocupavam muito com a fertilidade dos campos, rebanhos e humanos. Havia muitos poderes da fertilidade, masculinos e femininos, e uma variedade de deusas-mãe. Era comum reverenciar as últimas em grupos de três e retratá-las segurando em seus colos crianças ou cestos de frutas como evidência de sua influência na fecundidade. Entre as cerimônias recorrentes dos celtas estava o festival *May Day* (Dia de Maio). Os antigos festivais célticos carregavam todas as marcas de magia de fertilidade. Era prática difundida acender fogueiras nas colinas por volta de primeiro de maio e então executar os seguintes procedimentos: o gado era conduzido entre as fogueiras e o povo executava uma dança do sol entre os rebanhos; fogos novos destas fogueiras eram então levados para as lareiras de suas casas, e alguns dos ramos em chamas eram carregados em volta dos campos como sóis brilhantes. Havia também um rei e uma rainha de maio que simbolizavam ou eram considerados encarnações dos espíritos da vegetação, no solo e abaixo dele. É provável que eles se casassem para simular a fertilidade no solo e nos rebanhos.

PRÁTICAS SACRIFICIAIS

Fontes romanas relatam incidentes de sacrifícios humanos (proibidos sob a lei romana) entre os celtas e os seus próprios passos tomados a fim de suprimir a prática. Elas escrevem que os sacrifícios eram realizados não apenas para promover a fertilidade, mas mais geralmente para aplacar, agradecer ou ganhar a ajuda dos deuses. Ainda que vítimas das tribos fossem por vezes escolhidas – esposas ou crianças, às vezes –, era mais comum oferecer prisioneiros de guerra ou ladrões e outros criminosos. Assassinos, por exemplo, eram entregues aos Druidas como sacrifícios para os deuses. Os autores romanos contam-nos que as vítimas eram às vezes mortas anteriormente por flechas ou atravessadas por estacas colocadas em seus templos, mas também era uma prática dos Druidas construir uma grande efígie de vime ou madeira e palha, e então enchê-la com vítimas humanas e animais e queimá-la. Pode-se assumir que tais sacrifícios eram ocasiões muito especiais como, por exemplo, uma celebração de vitória, ou o funeral de uma pessoa importante, e que ordinariamente apenas sacrifícios de animais eram oferecidos. Homens e cães se juntavam na festa após o sacrifício, sendo que os cães, diz-nos Arriano sobre os celtas da Galácia, eram adornados com guirlandas de flores.

Em forma modificada, alguns desses ritos têm chegado até os nossos dias. Carl Clemen nos oferece os seguintes exemplos na França:

> No distrito em volta de Grenoble até o dia de hoje um bode é morto no tempo da colheita [...]. Em Pouilly um boi é morto, sendo que seu couro é mantido até a próxima temporada de semeadura. Indubitavelmente estes animais representam o espírito da vegetação. Nos dias passados, em Brie em 23 de junho, e até o ano de 1743 em uma rua em Paris em 3 de julho, uma efígie humana era queimada, e as pessoas lutavam pelos restos [...].
> Finalmente, existem certas frases ainda correntes em muitos distritos da França que contêm uma alusão à morte de um ser humano ou de um animal no tempo da colheita. Quando o último feixe está sendo colhido ou debulhado as pessoas dizem "nós estamos matando a velha", ou "a lebre", "o cão", "o gato" ou "o boi".[02]

Os germânicos*

Sendo referenciados na história após os celtas, os germânicos se expandiram rumo ao ocidente nas margens meridionais do Báltico como Anglo-Saxões e Jutas, para o sul como Saxões, Alamanos, Lombardos, Frísios e Francos, para o norte como Escandinavos e para o sudeste como Godos e Vândalos.

A tradição germânica chegou até nós principalmente através de dois trabalhos islandeses, a *Edda Poética*, uma antologia de hinos aos deuses e poemas heroicos, que diz-se ter sido reunida por Saemundr o Sábio (1056-1133 EC), e a *Edda em Prosa*, o trabalho de Snorri Sturluson, um cristão do século XIII, erudito e cético, que buscou providenciar um manual prático para jovens poetas que quisessem empregar os mitos tradicionais da Islândia como seu conteúdo. Também têm relevância como fontes autênticas as sagas nórdicas e poemas escáldicos, dois quais oito ou dez são particularmente significativos.

Nós recebemos dessas fontes um quadro um tanto quanto abarrotado de deuses e deusas, alguns antigos, outros recentes, os quais podemos supor terem ganhado ou perdido importância com o passar do tempo. Um dos mais antigos era o deus do céu Tiw ou Tiwaz (Ziu, Tiu ou Tyr), cujo nome tinha possivelmente a mesma raiz que Zeus e o Dyaus Pitar dos indo-europeus (o nome aparece novamente na palavra de origem anglo-saxã *Tuesday* – terça-feira em inglês). Ele era originalmente o céu brilhante, mas abandonou sua posição elevada e sua proeminência para se tornar um deus da lei, fertilidade e guerra. Em contraste com ele, Donar (Thumor, Thor ou Þórr), o deus de barba-ruiva do trovão (donner) e da chuva e, dessa forma,

---

* Optamos por empregar "germânicos" ao invés de "teutônicos" (a obra original usa *Teutons*), por se tratar de termo mais atual, abrangente e pertinente às populações descritas, desde que os autores empregam fontes e conceitos especificamente escandinavos, e não derivados dos teutões e germânicos continentais [N.T.].

também da agricultura e do carvalho, cresceu em importância com o passar dos anos, tornando-se o centro de um culto que se difundiu pelo mundo germânico. Carregando seu famoso martelo do trovão, Mjöllnir, em mãos vestidas com uma luva de ferro, como Thor ele percorria o céu em uma carruagem puxada por dois bodes. Ele se tornou o principal deus na Noruega e na Islândia (nós temos hoje em dia seu nome na palavra *Thursday* – quinta-feira em inglês). Enquanto Thor era popular com o povo comum, Wodan ou Odin (também Othin, Othinus e Óðinn), o astuto – quiçá trapaceiro – deus da terra, da magia e dos mortos, era exaltado pelos príncipes governantes e pelos chefes de guerra. Ele era para eles um deus da guerra que protegia heróis e fazia com que suas duas Valquírias, ou donzelas de guerra, carregassem os guerreiros mortos em batalha para seu grande salão no céu, Valhalla. Quando viajava pelos céus ou visitava o mundo dos mortos, ele galopava sobre Sleipnir, seu cavalo de oito patas, acompanhado por seus lobos, Geri e Freki.

No céu, ele vigiava o mundo pelas janelas de seu lar Valaskiaf, carregando em seus ombros dois corvos – Huggin (pensamento) e Munin (memória), os quais sussurravam em seus ouvidos relatórios de tudo o que eles haviam visto em seu voo. Sua temida lança Gungnir, feita por anões, nunca errava o alvo. Sabendo e vendo tudo, ele era a fonte da sabedoria de videntes e poetas (ele ainda é honrado com o nome *Wednesday* – quarta-feira em inglês). Snorri da Islândia o chama de chefe dos Ases (Aesir), os deuses no céu, que dominam os Vanes (Vanir), os deuses da fertilidade na superfície. Ele é chamado Pai-de-todos, pois, como veremos em breve, assistira na criação.

FERTILIDADE, MORTE E DESGRAÇA

Três coisas parecem ter preocupado grandemente os povos germânicos: fertilidade, morte e o fim do mundo. Em relação ao primeiro, eles não colocavam toda sua confiança da chuva estimulante à vida de Thor. Eles recorriam também a Freyr (Frey, Fricco), simbolizado pelo garanhão e pelo javali, "senhor" da fertilidade nos humanos, animais e vegetação e senhor, também, do verão; eles recorriam, também, para sua irmã gêmea e esposa Freyja (a "Senhora"). Freyr e Freyja eram muito possivelmente filho e filha do deus da fecundidade e riqueza, Njörd, Njördr ou Njörth, simbolizado por um barco que trazia a prosperidade chegando nas praias após uma viagem, e a deusa Nerthus, sobre a qual Tácito muito relata.

Freyr e Freyja eram os divinos Rei e Rainha de Maio cujo enlace mágico trazia a renovação da vida na primavera. Mas os ciclos de primavera, verão e outono eram simbolizados por outros deuses e deusas, dos quais o mais notável era Balder (Balðr), cuja morte trágica (outono?) é relatada no mito bem-conhecido. Balder (a luz abençoada) era o mais amável, nobre e gentil dentre os deuses. Sua mãe, Frigg, consorte de Odin e rainha dos deuses (em honra a quem *Friday* – sexta-feira em inglês – recebe seu nome), tomou juramento de todas as coisas de que elas não o feririam, mas ela negligenciou o juramento do visco. Considerando Balder invulnerável, os deuses se divertiam atirando todo tipo de objeto nele, sempre sem feri-lo. Mas Loki, o malicioso e trapaceiro dentre os deuses, descobriu que o visco não havia feito o juramento, e persuadiu o cego, mas poderoso, Hödr (Höther) a arremessar um ramo de visco em Balder, que foi morto. Balder então desceu para Hel, o mundo dos mortos, aguardando ali sua libertação quando o fim do mundo chegasse. Às vezes nas Eddas o mundo dos mortos é personificado pela filha de Loki, Hel, uma criatura repulsiva e temível que designava os lugares de todos que eram enviados para o mundo dos mortos.

A morte era um pensamento perturbador para os germânicos, pois muito frequentemente era apenas o início dos problemas. Até que o cadáver de um homem apodrecesse, ele podia causar danos como um espectro ou vampiro (uma crença que os nórdicos compartilhavam com os chineses, no outro lado do mundo), e o cadáver por si só corria o risco de ser destruído em pedaços por lobos de Hel, por demônios em forma de cavalos, ou por águias que atacavam violentamente, como Hraesvelg, o demônio gigante do vento. Por outro lado, os espíritos dos mortos, se tivessem sido bons em vida e fossem reverenciados fielmente após a morte, poderiam trazer boa fortuna para seus descendentes.

As convicções referentes à vida após a morte parecem confusas. Em tempos posteriores os germânicos criam tanto que seus mortos viviam nos locais de seu enterramento quanto que eles, ainda assim, viajavam nove dias e noites pelos caminhos infernais até o mundo dos mortos, onde se assentavam em bancos nos grandes salões de Hel e bebiam hidromel. Mas os guerreiros iam para o Valhalla – ao menos aqueles favorecidos por Thor – e ali eles festejavam com carne de javali atrás das 540 grandes portas do salão (coberto com um telhado feito de escudos). Dali eles se levantariam para lutar entre si no pátio, para manter o condicionamento e por esporte.

A razão pela qual os guerreiros do Valhalla praticavam um regime de condicionamento está na expectativa de que Wodan/Odin viria a necessitar dos seus serviços no conflito cósmico que ocorreria durante o Crepúsculo dos deuses (*Götterdämmerung*; *Ragnarok* na Escandinávia). Neste ponto, o pensamento germânico atingia certa profundidade – ou seria nada mais que uma visão dramática do tempo e da história?

O ÉPICO EM PROSA DE SNORRI

De acordo com Snorri (na *Edda em Prosa*, refletindo os mitos não apenas da Idade Viking, mas provavelmente também dos antigos povos germânicos), o primeiro estado das coisas, o Ginnungagap – um imenso abismo ou abertura entre uma região de neblina e frio, Niflheim, e uma região de calor abrasador, Muspelheim – gerou de sua geada e lodo um gigante cósmico, Ymir. Similarmente, de acordo com uma tradição paralela, ali também teria emergido uma vaca cósmica, Audumla, cujos úberes cheios de leite alimentaram Ymir e tornaram possível para ele gerar outros seres. Em breve vieram os gigantes do gelo, de debaixo dos braços e dos pés de Ymir; a vaca Audumla, também, ao lamber o gelo salgado no norte, descongelou e libertou Buri, um gigante que se tornou avô, por meio de seu filho Bor e sua nora Bestla, de Odin*, Vili e Ve. Levantando-se contra Ymir, Odin e seus irmãos mataram e desmembraram o gigante primal, fazendo a terra a partir de sua carne, as árvores de seu cabelo, as montanhas de seus ossos, o mar que circunda a terra de seu sangue, as nuvens de seu cérebro, e a cúpula do céu de seu crânio vazio (os hindus e os chineses contam histórias similares sobre as origens da terra).

Das faíscas que saíam de Muspelheim foram formados o sol, a lua e as estrelas. Os três irmãos então tomaram as sobrancelhas de Ymir para criar uma planície elevada chamada Midgard, a fim de ser a morada dos homens, e de duas árvores, no mar, eles formaram o primeiro homem e a primeira mulher, Askr e Embla, os progenitores da raça humana. Os três irmãos também criaram anões para viverem em cavernas sob a terra e nas rochas e colinas. Na região acima da terra eles fizeram Asgard, a morada dos deuses, com seus grandes salões e palácios, e entre o céu e a terra eles colocaram uma ponte de arco-íris, protegida contra os

---

* *Wodan*, no original. Traduzimos, aqui e nas referências seguintes, com o equivalente escandinavo Odin (na forma amplamente anglicizada e simplificada de Óðinn, encontrada na bibliografia), pois é a forma usada nas fontes islandesas citadas. Wodan é o equivalente germânico continental [N.T.].

gigantes por Heimdall. Assim conta a história de criação na *Edda em Prosa*, ainda que outras fontes, como o poema *Voluspá* na *Edda Poética*, contem a história de forma um pouco diferente, mas não é nosso propósito ir mais além na questão.

Uma ordem mundial inquieta foi estabelecida. Os gigantes do gelo foram exulados nas praias de Utgard, o mar que circundava a terra; os deuses moravam em Asgard e os homens em Midgard; os mortos se reuniam em Hel, cujo portão em Niflheim era vigiado pelo cão de guarda Garm. No mar, jazia submerso e enrolado em volta da terra plana o imenso corpo da malévola serpente de Midgard. Fora do mundo, em Muspelheim, a região de calor, estava o feroz lobo Fenris, preso por uma corrente mágica dos deuses, e o gigante Surtr, o valente líder dos gigantes do fogo. Os deuses de Asgard, governantes deste inquieto mundo, atravessavam Bifrost, a ponte de arco-íris, a fim de emitirem seus juízos debaixo da árvore do mundo.

É difícil de dizer como exatamente a árvore do mundo, Yggdrasil, se encaixa neste quadro, mas a antiga árvore era o "pilar" entre as nove regiões do mundo. Sob suas três raízes estavam as três regiões onde moravam os mortos, os seres humanos vivos e os gigantes do gelo exilados. As regiões do céu eram sustentadas por seus ramos (esta é uma concepção que os germânicos compartilhavam com os celtas, eslavos, mesopotâmicos, hindus e numerosos grupos na Ásia Central).

Mas os povos germânicos sabiam que essa ordem mundial não poderia durar para sempre. Em um salão embaixo da árvore do mundo moravam as três Nornas ou Destinos, representando o passado, o presente e o futuro; elas fixavam a parte ou destino de cada indivíduo no seu nascimento. Esse foi um conceito importante, pois o destino fixo ou **wyrd** – do qual a palavra inglesa *weird* é derivada – era um destino além de apelação determinado da mesma maneira para deuses e humanos, e não podia ser evitado. As Nornas em algum momento tornariam conhecido o dia final. Quando esse dia chegasse a velha árvore gemeria e tremeria; o lobo Fenris quebraria suas cadeias e partiria furioso pela terra; o gigante Surtr conduziria os gigantes do fogo em um assalto contra os deuses; os gigantes do gelo atacariam de todos os cantos do mundo; a serpente de Midgard, debatendo-se furiosamente no mar, lançaria enormes ondas sobre a terra. O cão vigia em Hel lançaria um uivo e permitiria que Loki passasse, conduzindo seus aliados rumo à terra a fim de se juntar na derrocada da ordem mundial. Os invasores atacariam Bifrost, apenas para ver a frágil ponte quebrada sob si. Então a batalha final do mundo ocorreria nas planícies da terra, com os deuses e os heróis de Valhalla caindo, derrotados. A humanidade sofreria uma extinção aparente, e a terra seria queimada pelas forças vitoriosas do fogo e caos.

Após algum tempo, uma nova terra emergiria do mar, e os filhos de Odin e Thor, juntamente com Balder e Hödr, libertos de Hel, estabeleceriam uma nova e mais promissora ordem mundial. A vida humana recomeçaria novamente de dois sobreviventes do *Ragnarok* e sua conflagração de um novo mundo.

Esta notável concepção de tempo e história conecta os povos germânicos aos povos da Índia, que também acreditavam – e ainda o fazem – em ciclos mundiais. É óbvio que o cristianismo, ao chegar, poderia se aproveitar (e o fez, de fato) da expectativa da morte dos antigos deuses e do retorno do gentil e cruelmente assassinado Balder de Hel.

A resistência escandinava ao cristianismo retardou a conversão da Escandinávia até o século X. Os reis da Dinamarca e da Noruega foram batizados nesse século, e a Islândia adotou o cristianismo pouco depois, por volta do ano 1000.

O mais recente dos épicos compostos na Península Escandinava, o finlandês *Kalevala*, reflete e transmuta o tema do crepúsculo dos deuses. Um tesouro de poesia folclórica compilado primeiramente em 1835 (mas incorporando conteúdo de ao menos trezentos anos anteriores), ele aceita a inevitabilidade da mudança com uma mistura de tristeza e apreciação. O herói Väinämöinen parte para regiões elevadas cantando uma última vez à exaustão em sua maravilhosa *kantele* (saltério). Ele dá lugar para uma virgem e sua criança, mas deixa para trás sua kantele, a herança das canções dos tempos antigos*.

V - MESOAMÉRICA: OS MAIAS*

O florescimento clássico da civilização maia, a mais impressionante de uma constelação de culturas mesoamericanas, abrangeu seis séculos (300-900 EC). Grupos de sítios arqueológicos na Península do Yucatán e ao longo das fronteiras atuais da Guatemala e de Honduras têm revelado feitos arquitetônicos espetaculares: altivas pirâmides-templos, pátios cerimoniais e magníficas rodovias elevadas. O mais significativo de tudo são as centenas de monólitos (estelas) contendo hieróglifos, muitos deles com informação calendárica específica. Por razões que podem nunca chegar a se tornar claras (mudança climática? Exaustão do solo? Desintegração social?), os grandes complexos cerimoniais caíram abruptamente em desuso bem antes de incursões militares do norte trazerem infusões de outras culturas, particularmente dos astecas. A vegetação tropical e a erosão desmontaram incansavelmente as estruturas materiais, enquanto outros grupos mesoamericanos e, por fim, as invasões espanholas, impuseram estruturas completamente novas de pensamento. Ainda assim alguns quadros conceituais e valores distintivos maias resistiram, deixando suas marcas na cultura da América Central de hoje.

Em termos religiosos, os marcos mais significativos religiosos maias não estão tão presentes nos aspectos da cultura maia que fascinam acadêmicos e impressionam turistas: a arquitetura, a arte, os glifos e o intrincado sistema calendárico. Ao invés disso, eles consistem em atitudes fundamentais de devoção e de sentimento pelo sagrado, que são praticamente universais entre os *campesinos* hoje. Os maias retêm uma atitude de devoção em relação às fontes de sustento: o solo é sagrado, especialmente o lote de milho *milpa*; e o milho por si mesmo é tão entesourado que se fala dele com um prefixo de reverência, muito parecido com Vossa Senhoria. Os antigos maias estavam tão agudamente focados no significado sagrado do tempo que eles designaram patrocínios divinos separados para cada dia da rodada sazonal. Eles consideravam natural que os frutos da terra devessem ser oferecidos aos provedores divinos e compartilhados com todos seus filhos humanos. Estes pontos de vista prefiguram elementos da Teologia da Libertação na América Central de hoje.

O formato do mundo

Para uma descrição detalhada da cosmologia maia (e de muitos outros elementos da religião maia no período clássico) deve-se complementar as escassas pistas hieroglíficas com registros escritos pela primeira vez no século XVI: o *Popol Vuh* (ca. 1530), o *Relacíon de las cosas de Yucatán* (ca. 1560) do Bispo Diego de Landa e os *Livros de Chilam Balam*. Enquanto seja arriscado inferir muito sobre os tempos antigos desses registros, convergências ocasionais de detalhes com informação hieroglífica em códices e estelas sugerem que conceitos fundamentais na mitologia foram preservados.

Os maias concebiam o domo do céu como composto por sete camadas: seis passos ascen-

---

* Estritamente falando, os finlandeses se enquadram entre as populações fino-úgricas; não pertencentes, portanto, à família linguística indo-europeia, tampouco germânica. O recebimento de influências escandinavas após a conquista sueca, sua natureza e profundidade não cabem aqui, evidentemente [N.T.].

dentes para o leste, uma cobertura, e seis passos descendentes para o oeste – treze compartimentos ao todo. O céu era suportado por quatro deuses, os Bacabs. O registro do Bispo Landa diz que eles eram filhos de Hunab Ku, "o único deus existente", uma divindade criadora remota. Os Bacabs eram correlacionados com as direções cardinais e com as cores: o Bacab vermelho ao leste, o branco ao norte, o negro a oeste, e o amarelo ao sul. Aparentemente, o mundo repousava sobre um enorme crocodilo semelhante a um dragão, ou talvez sobre quatro deles – muitas divindades apareciam com quatro aspectos, uma configuração também encontrada na visão do formato de mundo Cherokee. De fato, J. Eric S. Thompson sugere uma teoria de origem comum das antigas migrações asiáticas. Ele considera a associação de cores e dragões celestiais com quatro quartos do mundo como ideias "muito complexas e não naturais para terem evoluído independentemente tanto na Ásia quanto na América"[T1].

De acordo com o Popol Vuh dos maias quichés, a criação requereu três tentativas. Havia apenas água no princípio. Os deuses criadores falaram a palavra *terra* e a terra apareceu. Eles então produziram vegetação e os animais do tipo que não podiam falar e oferecer adoração; assim, eles também produziram criaturas mais elevadas feitas de lama. As criaturas de lama podiam falar, mas não eram inteligentes e se dissolveram na água. Houve uma segunda criação usando madeira, mas estes fantoches ainda não eram inteligentes e não demonstravam gratidão. Os outros animais se viraram contra eles: "Por que vocês não nos dão nada para comer?" Alguns poucos dos fantoches escaparam e se tornaram os ancestrais dos macacos.

Na terceira tentativa, os ancestrais dos maias quichés foram feitos a partir do alimento provedor essencial, um mingau de milho amarelo e branco. Desta vez, os quatro seres originais foram dotados *demais*; então os deuses, não desejando que os homens fossem nem de perto seus iguais, embruteceram sua visão com um pouco de névoa. Esposas foram criadas para eles. Então apareceu a estrela da manhã, o sol surgiu, e os humanos adoraram aos seus criadores[T2].

Thompson destaca neste registro que o evento culminante não foi a criação da humanidade, mas o alvorecer dos tempos e o início da adoração.

A forma e a sensação de tempo

Tanto o sistema hieroglífico quanto o calendário provavelmente se originaram com a cultura pré-clássica Olmeca, mas foram grandemente expandidos. Havia um ano sagrado (*tzolkin*) de 260 dias e um ano sazonal de colheita do milho (*haab*) de 365 dias. No ano sagrado, um ciclo de vinte dias nomeados (cada um com seu glifo) rodava, cada um tendo um número de prefixo de um a treze (cf. p. 103). Os números eram repetidos de forma que em 260 dias cada número tinha sido combinado com cada dia nomeado. O ano civil era composto de dezenove meses (dezoito meses de vinte dias e um mês de fechamento de cinco dias). A interface entre os calendários pode ser imaginada como uma mistura de rodas dentadas (ou engrenagens). A roda *tzolkin* fazia setenta e três revoluções e a roda *haab* cinquenta e duas, antes que ambas retornassem para as suas posições originais. Uma vez a cada cinquenta e dois anos civis o glifo de qualquer "dia portador" irá cair no primeiro dia do ano e se tornar o "portador do ano".

O que foi mencionado acima sugere a mecânica de medida, mas é a "sensação" ou o peso do tempo que é religiosamente significativo. Como Thompson coloca:

> Os maias concebiam as divisões do tempo como fardos carregados por toda a eternidade pelo revezamento de por-

tadores divinos. Esses portadores eram os números pelos quais os diferentes períodos eram distinguidos. Os fardos eram carregados nas costas, o peso suportado por faixas ligadas a bolsas, presos na fronte* [...]. [Em um hieróglifo] o deus noite, que assume quando o dia acaba, está no ato de erguer seu fardo. Com sua mão esquerda ele ameniza o peso da bolsa (*mecapalli*); com sua mão direita no chão ele se firma e começa a se erguer. O artista comunica no esforço refletido nas características do deus o esforço físico de se levantar do solo com seu pesado fardo[T3].

Tal imaginário sugere o compartilhar de boa ou má sorte de acordo com o aspecto do deus portador com o qual o dia começou. De fato, apenas quatro nomes de dias poderiam cair no começo de um ano.

> Assim, se o ano começa com o dia Kan, pode-se prever uma boa colheita porque Kan era meramente um aspecto do deus do milho; se o dia Muluc fosse o portador do ano, boas colheitas podiam também ser esperadas, já que Muluc era o deus da chuva.
> Pelo contrário, as influências dos dias dos deuses Ix e Cauac eram malévolas; logo, anos que começassem com eles seriam desastrosos[T4].

A fim de que os presságios do portador do ano não criassem um futuro rigidamente definido, deve-se enfatizar que havia muitos meios de modificação reivindicados pelos sacerdotes, de forma que ritos de expiação e cobertura podiam ser usados.

Finalmente, a obsessão dos maias com o tempo levou-os profundamente ao passado e muito longe no futuro em seus cálculos: uma inscrição alcança 400 milhões de anos. Associado a isto estava a concepção de que a história se repete, de forma que se podia preparar para repetições de eras boas ou más se os cálculos fossem acurados o suficiente.

Sacerdotes, realeza e camponeses

A disparidade entre o *glamour* dos complexos cerimoniais e o estilo de vida dos camponeses morando em cabanas com telhados de palha, com sua *milpa* de corte e queimada levanta muitas questões. Claramente havia a hierarquia de uma realeza sacerdotal hereditária que pesquisava o detalhamento calendárico e presidia os complexos do templo. No período clássico, esses podem não ter sido palácios cerimoniais, mas locais visitados apenas para cerimônias. O estupendo gasto de esforço para construir estes complexos testifica a existência de uma firme organização e de um poder centralizado. Mas quão profundo era o fosso entre sacerdotes e campesinato, e o quanto essas relações se modificaram ao longo do tempo? Thompson sugere que o abuso de poder pode ter levado a uma ruptura na coesão entre a elite e o campesinato e contribuído para o rápido declínio no final do período clássico. Por outro lado, a relativamente esparsa aparição de figuras militares ou de coerção pela força nos hieróglifos e na arte sugere que na maior parte do período os camponeses doavam seu labor por vontade própria e não se sentiam totalmente excluídos do sistema de culto. Morley estimou que um camponês maia, ou *milpero*, poderia produzir milho suficiente para sua família em quarenta e oito dias de trabalho. "Aqui", escreve ele, "está o tempo excedente – por volta de nove a dez meses – durante o qual os antigos centros cerimoniais maias foram construídos"[U1].

---

* *Tumpline* no original; refere-se aos *mecapalli* mesoamericanos [N.T.].

O mais alto ofício entre a elite era o *halach uinic*, ou "verdadeiro homem," essencialmente um líder civil, mas também uma autoridade religiosa *ex officio*. Em seguida vinham as altas fileiras sacerdotais, o *ahau can mai* ou "cascavel-tabaco," e *ah kin mai*, ou "sacerdote-empoado-tabaco". Suas funções principais eram a educação e ordenação de sacerdotes regulares, os *ah kin*, "prognosticadores diários", que dispensavam conselhos divinatórios e presidiam todas, menos as mais importantes cerimônias. Havia também especialistas, *chilam*, para a profecia em transe e outros funcionários para sacrifício. Uma ordem de virgens cuidava dos fogos sagrados nos templos.

As divindades

As divindades maias apareciam em quatro modos. Seguindo o padrão de Ake Hultkranz, agruparemos as divindades em (1) celestiais e remotas, (2) de fertilidade e domésticas, (3) de morte e guerra e (4) calendáricas e cerimoniais.

CELESTIAS

O nome Itzamna é proeminente entre as divindades celestes, mas a referência a ele é complexa. Geralmente, ele é identificado com filho de Hunab Ku, o vagamente apreendido "único deus existente". Ele é um criador, senhor do dia e da noite, aquele que injeta o sopro de vida na humanidade. Mas ele também é uma divindade calendárica, o patrono do dia Ahau, o último e mais importante dos vinte dias maias. Por outro lado, seu nome pode derivar de *itzam* ("lagarto"), e ele pode ser um herói cultural deificado da cidade de Itzmal, no norte do Yucatán, retratado como um homem velho barbado com nariz romano. Enquanto divindade cerimonial, Itzamna faz aparições frequentes no calendário anual; como o ano-novo ele é aquele que evita calamidades; no mês de Uo ele é a fonte de augúrios; no mês de Zip, é o deus da medicina (juntamente com sua esposa Ixchel); e no mês de Mac garante junto com Chac uma boa colheita. Itzamna em sua manifestação especial como Kinich Ahau, o deus sol, é esposo da deusa lunar Ixchel. Claramente, o processo de assimilação entrelaçou divindades conhecidas por uma variedade de nomes em áreas locais. Um processo posterior tendia a favorecer um dualismo demasiadamente simplificado, designando divindades para grupos benevolentes ou malévolos. Itzamna estava claramente no campo benevolente.

FERTILIDADE

As divindades da fertilidade e domésticas estavam relacionadas intimamente com a vida cotidiana, pois a origem divina dos seres humanos, a nutrição de seus corpos e a manutenção da vida comunal estavam entrelaçados. De acordo com a decifração de Schele dos textos do século XVII de Chan-Bahlum de Palenque, houvera uma primeira Mãe que derramara sangue, fazendo com que o milho – a matéria-prima da humanidade – brotasse das águas do mundo dos mortos. Por meio deste ato ela ensinou às pessoas como oferecer seu sangue a fim de nutrir a vida, como manter a ordem social e como comungar com os ancestrais no mundo dos mortos[vi]. Em tempos posteriores as funções relacionadas à fertilidade e à vida doméstica foram designadas para divindades diferentes.

Chac, o deus da chuva, é a divindade da fertilidade mais proeminente. Ah Mun, o deus do milho, e Ixchel, a patrona da gravidez, nascimento, medicina e tecelagem, também detinha proeminência. Nos antigos códices o glifo de Chac, o deus da chuva, aparece mais frequentemente que os de qualquer outra deidade. Ele é honrado também em formas de quatro cores e direcionais, conjuntamente com os quatro Bacabs que suportam o céu. Seus símbolos são escritos em forma em "T", sugerindo que a chuva consiste de suas lágrimas, e a cobra, um emblema da água. Associado com Chac está Kukulcan, "Vento", às vezes como uma manifestação alternada, e às vezes como um deus separado. Chac é usualmente uma divindade benevolente. Mas ocasionalmente, quando seu glifo está acompanhado pelo símbolo da morte, ele é conectado com danos de aguaceiros, enchentes ou colheitas apodrecidas.

Ah Mun é o deus de todas as colheitas, mas a do milho, é claro, recebe destaque. Ele é retratado universalmente como um jovem com uma espiga de milho como guirlanda. Ele não é poderoso por si mesmo. Às vezes ele é retratado como estando sob a proteção do deus da chuva, e às vezes ele está em combate com o deus da morte. Nos mitos sobre a origem do milho não é deste rapaz, mas de um dos quatro grandes Chacs, o raio que finalmente (após os outros três outros Chacs terem falhado) abre a montanha rochosa e liberta o milho. Ocasionalmente, ele é associado com Yum Kaax, "o senhor da floresta".

Ixchel, a patrona da fertilidade humana, do nascimento, medicina e tecelagem, deve ter herdado estas funções de uma deusa-mãe principal pré-clássica. Ela as mantém distantes dos contos míticos que primeiro retratam-na como uma esposa devassa para o sol, e então elevam o casal para deus sol e deusa lua. Nos mitos, sua luz como a lua é obscurecida porque o sol não quer que ela corresponda ao seu brilho, e arranca um de seus olhos. Talvez por seu marido sol ter sido associado com o benevolente Itzamna, o processo dualista de classificação a viu, em balanço, como malévola. O simbolismo da serpente a associa com a água. Talvez ela tenha sido em outro tempo a donzela das águas, mas os aspectos benéficos dessa atribuição foram redirecionados para Chac. Uma ilustração do Códex de Dresden a associa com a velha mulher que destrói o mundo em um di-lúvio. Ainda assim, os papéis carinhosos de Ixchel como mãe e parteira, tecelã e curandeira por meio da medicina, da magia e da adivinhação, não são extintos. Por séculos sua imagem foi colocada embaixo do leito nupcial na esperança de promover a concepção. Quanto à confusão em dias posteriores, o título de "Nossa Mãe", juntamente com o fato de que as pinturas espanholas às vezes mostrarem a Virgem Maria de pé em um crescente, não podiam deixar de reforçar identificações com esta deusa lunar/deusa-mãe. Pois o ciclo do tempo reveza as mesmas divindades em formas alternadas.

MORTE E GUERRA

Os deuses personificando morte e guerra provavelmente ganharam maior proeminência perto do final do período clássico. Seu reino estava abaixo da terra. *Ah Puch*, o deus da morte, tinha uma caveira como cabeça, costelas nuas e projeções da espinha vertebral. Se ele é mostrado com carne, ela está inchada e coberta com círculos negros significando putrefação. Na forma do demônio-chefe Hunhau, ele preside sobre o mais baixo dos nove mundos inferiores maias. Seus companheiros incluem o cachorro e a coruja. *Ixtab*, a deusa do suicídio, merece menção principalmente porque os maias criam que os suicidas iam diretamente para o céu. Ela é mostrada pendurada do céu por um laço de corda. O deus da guerra, retratado com preto em volta de seus olhos até as bochechas, governava sobre as mortes violentas e sacrifícios. Em tais cerimônias ele é geralmente pareado com o deus da morte. A faca sacrificial de lasca é um de seus emblemas. Uma divindade negra ambivalente, *Ek Chuah*, tinha dois papéis: em um deles, era um capitão de guerra e um mercador da morte, mas em outro, um benevolente patrocinador de mercadores viajantes e patrono da colheita do cacau.

DIVINDADES CALENDÁRICAS E CERIMONIAIS

As divindades calendáricas e cerimoniais patrocinavam os treze segmentos do mundo superior e os nove níveis do mundo inferior. Havia um deus específico para cada nível, mas cada segmento podia também ser concebido como tendo uma divindade patrocinadora em separado. Havia nove glifos para as divindades do mundo inferior, e pode ser que os glifos para os primeiros treze numerais se aplicassem também para as divindades do mundo superior, mas havia outras identificações com divindades mais proeminentes. Todos os treze diferentes katuns, ou períodos de vinte anos, tinham um patrono, assim como os dezenove meses do ano maia e os vinte nomes dos dias. Certamente havia muito conteúdo para o *curriculum* a se estudar nos seminários dos sacerdotes!

Ritos de passagem

Cada estágio da vida de uma pessoa era dominado por horóscopos calendáricos interpretados pelos sacerdotes. Entre os maias Kaqchikel (Cachiquel) das terras altas até mesmo o nome de uma criança era fixo automaticamente como o nome do dia da data de seu nascimento.

Se esta fora a prática no norte do Yucatán durante o período clássico, ela foi abandonada antes da chegada dos espanhóis. Mais comumente, as crianças eram levadas até um sacerdote para receber um horóscopo e para que lhe fossem conferidos quatro nomes individuais: o seu nome próprio, o nome da família do pai, os nomes de família combinados de ambos os pais, e um apelido. Da mesma forma como a prática dos Cherokees em tempos posteriores, os maias clássicos usavam pranchas e faixas para achatar a fronte de infantes.

Aos 3 ou 4 anos os garotos tinham uma conta branca presa em seus cabelos e as garotas começavam a vestir uma concha vermelha (símbolo de virgindade) amarrada a um cinto. Quando as crianças atingissem a puberdade, estes emblemas eram removidos em uma cerimônia familiar. O Bispo Landa descreveu este rito, dizendo que o nome maia para ele era "a descida dos deuses". Após um banho purificador e um interrogatório sobre seus hábitos relativos à pureza pessoal, os candidatos tinham um tecido branco de algodão colocado sobre suas cabeças. Depois que o tecido fosse batido nove vezes com um osso sagrado, haveria uma posterior unção com água "virgem" (coletada em cavernas e presumidamente não contaminada por infiltrações pelo solo), o compartilhamento de vinho e tabaco e uma festa para a vizinhança. Convidados podiam ser mandados embora com peças dos panos brancos da cabeça como presentes talismânicos[U2]. Logo após a puberdade, os garotos deviam se mudar para a casa dos homens não casados, mas deveriam continuar seus dias trabalhando para seus pais. As garotas permaneciam em casa e eram consideradas casadouras após a puberdade.

Os casamentos, normalmente arranjados por um casamenteiro profissional, sempre envolviam um preço pela noiva. Mesmo o "dote" das necessidades da casa era providenciado pela família do noivo, e o próprio noivo ficado jurado de trabalhar para o pai da noiva por um período de seis ou sete anos. Estes costumes sobreviveram entre os maias até os dias de hoje. Em ritos funerários e sepultamentos, o contraste entre camponeses e a elite era extremo. No nível do campesinato o cor-

> *Os maias não colocaram a raça humana tão à parte do resto da vida criada como nós fazemos, mas tinham – e ainda têm – um senso mais profundo de sua irrelevância na criação.*
> J. Eric S. Thompson[T5]

po do falecido devia ser coberto em panos após se colocar um pouco de milho e uma conta de jade (dinheiro) na boca. O corpo era enterrado juntamente com algumas poucas imagens e algumas ferramentas de trabalho atrás da cabana ou embaixo de seu piso. Comentando sobre as criptas funerárias cristãs, um maia Mam moderno em Guatemala observou que os corpos precisavam estar alinhados com o lote de milho. "A terra nos dá alimento; nós devemos alimentá-la."[T6]

Oferendas individuais e orações

O milho era absolutamente a essência da vida de trabalho e do sustento do *milpero*. Mesmo nos dias atuais com outros grãos disponíveis, ele compõe 80% de sua dieta. Entesourar o milho, mostrar honra a Vossa Graça e fazer oferendas para ele vieram naturalmente. Como escreve Thompson, "O milho parece estar lutando dentro de si em uma defesa infindável contra todo tipo de inimigo"[T7]. Com tão vívido sentido de aliança não é de se maravilhar que os maias personificassem o milho e o aplacassem com oferendas.

Antes de limpar a terra ou a semear, os maias jejuavam, praticavam continência e faziam oferendas. Às vezes a oferenda era seu próprio sangue, retirado por furar uma orelha, a língua ou o prepúcio, e coletando-o com uma palha. O sangue oferecido podia besuntar a boca de um ídolo ou ser pingado na milpa. Alternativamente, o suplicante poderia fazer uma oferenda de copal (uma resina aromática queimada como incenso) ou derramar uma libação de *balche*, uma cerveja de milho fermentado. O princípio *Do ut des* (eu dou para que você dê) não parece de forma alguma grosseiro

para os maias, nem diminui suas devotas expressões de gratidão. A oração é um meio sensato de tornar um contrato explícito. Thompson escreve:

> A oração maia é dirigida com fins materiais; eu não posso imaginar um maia orando para resistir à tentação, para amar melhor os seus vizinhos, ou por um vislumbre mais profundo dos caminhos de Deus ou de seus deuses. Não havia conceito de bondade em sua religião, que exigia um coração sangrento, e não um contrito[W1].

Existem contos afirmativos sobre a retribuição que visitava os que não haviam feito a oferenda da Milpa. Um destes *milperos* viu um homem alto – os Chacs tinham a fama de serem altos – arrancando espigas amadurecendo de seu campo. "Eu estou aqui recolhendo o que mandei." O sujeito alto acende um charuto com um raio, desaparece em um trovão, e imediatamente uma chuva de granizo destrói a colheita restante do camponês que não pagou.

Sacrifícios cerimoniais públicos

Os sacerdotes presidiam sobre sacrifícios de animais e de seres humanos nos centros cerimoniais. O ato crucial era retirar o coração e colocá-lo na boca de um ídolo faminto. Os sacrifícios humanos não eram de forma alguma frequentes entre os maias como vieram a se tornar entre os belicosos astecas de tempos posteriores.

Entre os maias os sacrifícios eram claramente vistos não tanto como uma punição, mas como um teste

> *Assim como o milho não pode semear a si mesmo sem a intervenção de seres humanos, assim o cosmos requer sangue sacrificial para manter a vida.*
> Linda Schele[V2]

de devoção e o oferecimento de um presente caro. Sem dúvida, porém, a maior parte das vítimas não era composta por voluntários, mas por escravos, malfeitores, cativos de guerra ou pessoas que tinham cometido algum erro ao entalhar uma imagem sagrada ou um monólito. Parece que coragem e decoro da parte da vítima eram esperados e usualmente obtidos com base na confiança de uma vida após a morte.

Oferendas de todos os tipos aos deuses da chuva e aos espíritos da água aconteciam nos cenotes (profundas cisternas naturais) e poços. Jovens garotas eram preferidas devido à sua pureza. Cada uma delas era instruída a levar questões para as divindades da água. No meio do dia, se elas ainda estivessem vivas, elas poderiam ser tiradas de lá para relatar as respostas. As chances de sobrevivência eram diminutas. Thompson escreve que as vítimas podem ter sido amarradas: "Uma vítima chapinhando pela água por sete horas de forma alguma elevava a dignidade do rito"[W3]. Ele completa que a maior parte das vítimas era devota e cooperativa mas que havia o conto de "uma vadia petulante, que declarara sem rodeios que se ela fosse jogada ali dentro, o inferno que ela ia pedir para os deuses por uma boa colheita de milho ou por qualquer outra coisa". Outra vítima foi buscada, aparentemente uma garota mais piedosa[V4].

O fato de nós ficarmos assustados pela coragem da "vadia petulante" sugere que a civilização maia era completamente diferente dela em espírito. Talvez nenhuma outra religião no mundo tenha sido em algum momento tão obcecada como foram os maias com pistas calendáricas e horoscópicas sobre o destino e sobre como dele escapar. E talvez nenhuma tenha sido tão devotamente comprometida à aceitação desse mesmo destino.

GLOSSÁRIO

Astrologia: um método de se predizer o curso das vidas de indivíduos e eventos mundiais relacionando-os aos movimentos e posições das estrelas e planetas.

Chtônicas: forças, poderes ou divindades residindo em ou sob a terra.

Daemon (pl. **daemones**): tipos variados de espíritos cheios de mana, geralmente mentores interiores, fontes de inspiração e guardiões morais de indivíduos.

Druidas: membros de uma ordem céltica de sacerdotes mágicos ou feiticeiros dos quais os rituais, centrados no culto a animais e árvores, diz-se que incluíam sacrifícios humanos.

Gênio: um espírito-guia (tutelar) ou *daemon* do sexo masculino, originariamente específico do cabeça do clã, mas posteriormente aplicado para um indivíduo ou lugar.

Juno: um espírito tutelar do sexo feminino, contraparte de um gênio.

Moira: o que está alocado; o destino, no pensamento grego.

Numen: potência divina emanando de uma divindade, pessoa ou coisa; às vezes a parte divina de uma pessoa deificada.

Oráculos: revelações divinas ou especialmente autoritativas (ou as pessoas que a traziam), geralmente falas ambíguas ou enigmáticas faladas por meio de médiuns em estado de transe.

Panteão: um conjunto de divindades, usualmente todos os seres divinos venerados em uma cultura ou uma religião.

Teogonia: um relato da origem dos deuses.

Wyrd: termo teutônico para "o que acontece"; chance, destino ou sorte, algumas vezes personificado genericamente, algumas vezes concebido como operando através de três personificações chamadas Nornas.

Zigurates: tipos de estruturas piramidais erigidas pelos antigos mesopotâmicos, montes construídos pelos homens com terraços recuados revestidos por tijolos, encimados por um santuário.

LEITURAS SUGERIDAS
Obras gerais

BLEEKER, C.J.; WIDENGREN, G. (eds.). *Historia Religiorum: Handbook for the History of Religions – Vol. I: Religions of the Past*. Leiden: E.J. Brill, 1969.

KRAMER, S.N. *Mythologies of the Ancient World*. Anchor Books, 1961.

Mesopotâmia

FRANKFORT, H. *Kingship and the Gods*. Chicago: University of Chicago Press, 1948.

HEIDEL, A. *The Gilgamesh Epic and Old Testament Parallels*. 2. ed. Chicago: University of Chicago Press, 1948.

JACOBSON, T. *The Treasures of Darkness: A History of Mesopotamian Religion*. Nova York: Yale University Press, 1976.

MENDELSOHN, I. (ed.). *Religions of the Ancient Near East: Sumero-Akkadian Religious Texts and Ugaritic Epics*, New York: Liberal Arts Press, 1955.

Grécia

GARLAND, R. *The Greek Way of Life: From Conception to Old Age*. Ithaca: Cornell University Press, 1990.

GARLAND, R. *Introducing New Gods: The Politics of Athenian Religion*. Ithaca: Cornell University Press, 1992.

GUTHRIE, W.K.C. *The Greeks and Their Gods*. Boston: Beacon Press, 1950.

GRANT, F.C. (ed.). *Hellenistic Religions*. Nova York: Liberal Arts Press, 1954.

KERENYI, K. *Dyonysus: Archetypal Images of Indestructible Life*. Princeton: Princeton University Press, 1976.

LLOYD-JONES, H. *The Justice of Zeus*. Berkeley: University of California Press, 1971.

OTTO, W.F. *The Homeric Gods*. Londres: Thames & Hudson, 1979.

Roma

BAILEY, C. *Phases of the Religion of Ancient Rome*. Berkeley: University of California Press, 1932.

DUMÉZIL, G. *Archaic Roman Religion*. University of Chicago Press, 1970.

FERGUSON, J. *The Religions of the Roman Empire*. Ithaca: Cornell University Press, 1970.

MARTIN LUTHER, H. *Hellenistic Religions*. Nova York: Oxford University Press, 1987.

PRESTON, J.J. (ed.). *Mother Worship: Theme and Variations*. Berkeley: University of North Carolina Press, 1982.

WAGENVOORT, H. *Roman Dynamism*. Oxford: B. Blackwell, 1947.

Além dos Alpes

BRANSTON, B. *Gods of the North*. Londres: Thames & Hudson, 1955.

DAVIDSON, H.R.E. *Gods and Myths of Northern Europe*. Harmondsworth: Penguin Books, 1964.

KOLEHMAINEN, J.I. *Epic of the North*. Nova York: The Northwestern Publishing Co., 1973.

MACCULLOCH, J.A. *The Celtic and Scandinavian Religions*. Londres: Hutchinson, 1948.

PIGGOTT, S. *The Druids*. Nova York: Praeger, 1968.

Os maias

MORLEY, S.G. *The Ancient Maya*. 3. ed. Stanford: Stanford University Press, 1956.

SCHELE, L.; FRIEDEL, D. *A Forest of Kings: The Untold Story of the Ancient Maya*. Nova York: William Morrow, 1990.

THOMPSON, J.E.S. *The Rise and Fall of Maya Civilization*. 2. ed. Norman: University of Oklahoma Press, 1966.

Outros

OGDEN, D. (ed.). A Companion to Greek Religion. *Blackwell Companions to the Ancient World*. Malden: Blackwell Publishing, 2007.

REFERÊNCIAS

[A] KRAMER, S.N. *Sumerian Mythology*. Nova York: Harper Torchbooks, 1961, p. 73.

[B] PRITCHARD, J.B. (ed.). *Ancient Near Eastern Texts Relating to the Old Testament*. 3. ed. Princeton: Princeton University Press, 1969, [1]p. 61; [2]p. 62s.; [3]p. 107; [4]p. 108; [5]p. 384-385. Princeton University Press.

[C] ROGERS, R.W. *The Religion of Babylonia and Assyria*. Nova York: Eaton & Mains, 1908, [1]p. 124-126; [2]p. 201; [3]p. 202-204.

[D] JASTROW, M. *Aspects of Religious Belief and Practice in Babylonia and Assyria*. Nova York: G.P. Putnam's Sons, 1991, [1]p. 374; [2]p. 303. Reimpresso com a permissão dos editores.

[E] GIMBUTAS, M. *The Goddesses and Gods of Old Europe (6500-3500 B.C.)*. Berkeley: University of California Press, 1982, p. 237.

[F] ROSE, H.J. *Religion in Greece and Rome*. Nova York: Harper Touchbooks, 1959, p. 12.

[G] HARRISON, J.E. *Mythology*. Boston: Marshall Jones, 1924, p. 94.

[H] EDWARD, E. *The Iliad of Homer, Everyman's Library*. Londres: J.M. Dent & Sons, 1910, [1]p. 2 (livro I); [2]p. 94 (livro V); [3]p. 221 (livro XXIII); [4]p. 239 (livro XIV).

[I] HARRISON, J.E. *Prolegomena to the Study of Greek Religion*. Cambridge: Cambridge University Press, 1903, p. 321.

[J] NILSSON, M.P. *Greek Piety*. Oxford: Clarendon University Press, 1948, p. 10.

[K] CORNFORD, F.M. (ed.). *Greek Religious Thought from Homer to the Age of Alexander*. Londres: J.M. Dent & Sons/E.P. Dutton, 1923, [1]p. 94; [2]p. 50; [3]p. 51; [4]p. 51; [5]p. 87; [6]p. 85. Reimpresso com a permissão dos editores.

[L] MORSHEAD, E.D.A. (org.). *The house of Atreus, Being the Agamemnon, Libation-bearers, and Furies of Aeschylus*. Londres: The Macmillan, 1901, p. 18, 22, 380-385, 467-476.

[M] MURRAY, G. (org.). *The Plays of Euripides*. Londres: George Allen & Unwin, 1914, ¹p. 1.347ss.; ²p. 1.144s.; ³p. 1.102s.; ⁴p. 884-888. Reimpresso com a permissão dos editores.

[N] JOWETT, B. (org.). *The Dialogues of Plato*. Londres: Oxford University Press, 1893, ¹livro II, p. 378; ²livro II, p. 364-365.

[O] CLEMEN, C. (ed.). *Religions of the World: Their Nature and History*. Nova York: George G. Harrap/Harcout Brace, 1931, ¹p. 204; ²p. 220; ³p. 220.

[P] MOORE, G.F. *History of Religions*. Charles Scribner's Sons/T. Clark, 1913, 1919, ¹vol. I, p. 544; ²vol. I, p. 541. Reimpresso com a permissão dos editores.

[Q] BAILEY, C. *The Religion of Ancient Rome*. Constable & Company, 1907, p. 18-19. Reimpresso com a permissão dos editores.

[R] BLEEKER, C.J.; WIDENGREN, G. (eds.). *Historia Religiorum: Handbook for the History of Religions – Vol. I: Religions of the Past*. Leiden: E.J. Brill, 1969, p. 470.

[S] BAILEY, C. *Phases of the Religion of Ancient Rome*. Berkeley: University of California Press, 1932, p. 74.

[T] THOMPSON, J.E.S. *The Rise and Fall of Maya Civilization*. 2. ed. Norman: University of Oklahoma Press, 1966, ¹p. 47; ²p. 277; ³p. 278; ⁴p. 164; ⁵p. 164; ⁶p. 271; ⁷p. 180.

[U] MORLEY, S.G. *The Ancient Maya*, 3. ed. Stanford: Stanford University Press, 1956, ¹p. 140; ²p. 156.

[V] SCHELE, L.; FRIEDEL, D. *A Forest of Kings: The Untold Story of the Ancient Maya*. Nova York: William Morrow, 1990, ¹p. 255, 266; ²p. 19.

[W] THOMPSON, J.E.S. *Maya History and Religion*. Norman: University of Oklahoma Press, 1970, ¹p. 172; ²p. 171; ³p. 180; ⁴p. 180.

PARTE 2

AS RELIGIÕES DO SUL DA ÁSIA

3
Hinduísmo antigo: a passagem do sacrifício ritual para a união mística

Fatos resumidos:

- Componentes: Pré-ariana:
  - *Civilização do Vale do Indo*: ca. 2500-1500 AEC.
  - *Culturas primais indígenas (dravídicas): caçadoras-coletoras, agrícolas.*
  - *Religião ariana nômade.*
- Emergência do bramamismo: ca. 1500 AEC
- Literatura: Vedas 1500-800 AEC:
  - *Brâmanas*, 850 AEC.
  - *Upanishads,* 500 AEC (gráfico na p. 145).
  - Divindades da morte e do céu: Rudra, Indra, Varuna, Rita, Ushas.
- Divindades rituais: Agni, Soma, Brâmanaspati (Brihaspati ou *Brahmanaspati*).

A "Índia" é um agrupamento que abrange uma quantidade mais diversificada de culturas e linguagens do que, digamos, a "Europa". Se hesitamos em fazer generalizações sobre a "Europa", um cuidado ainda maior é necessário em relação à "Índia". Da mesma maneira, os subgrupos de fé indianos compreendidos sob o termo *hinduísmo* mostram uma diversidade quase que ilimitada. Nós simplesmente não podemos resumi-los com uma frase, ou sugerir que eles concordam em relação ao que deve ser dito e feito no mundo. Esses subgrupos não consistem em de fato uma religião, mas, ao invés disso, em uma família de religiões. O termo *hinduísmo* foi cunhado relativamente recentemente, e foi usado primeiramente por observadores estrangeiros olhando para o que lhes parecia ser uma religião distintiva e um complexo cultural. Os hindus modernos têm se acostumado a usar eles mesmos o termo quando falando ou escrevendo em inglês, mas entre si eles usam a antiga palavra *dharma* ("forma de vida e pensamento").

Essa variedade e complexidade de crenças e práticas entre os hindus têm levado observadores a distinguir entre um significado "mais amplo" de um "mais restrito" de hinduísmo. Como regra, a maior parte dos hindus prefere a definição mais ampla. Para eles, hinduísmo é o complexo inteiro de crenças e instituições que têm surgido desde o tempo em que suas antigas (e mais sagradas) escrituras, os Vedas, foram compostas, até o dia de hoje. Acadêmicos ocidentais, no entanto, são inclinados a preferir a definição mais estreita, de acordo com a qual os períodos chamados de védico e bramânico são considerados desenvolvimentos que prepararam o caminho para o hinduísmo propriamente dito. Esta definição mais estreita identifica o hinduísmo com o vasto sistema social e religioso que tem crescido entre os povos da Índia desde o terceiro século AEC.

O hinduísmo em seu sentido estreito dificilmente é menos maravilhoso e diversificado do que quando considerado em seu significado amplo. Os hindus têm uma seleção de crenças e práticas extraordinariamente ampla para se selecionar: eles podem ser (usando termos ocidentais) panteístas, politeístas, monoteístas, agnósticos ou mesmo ateístas; dualistas, pluralistas ou monistas.

Os hindus podem seguir padrões morais diferentes, ou podem escolher, ao invés disso, um misticismo além da moralidade. Eles podem viver uma vida ativa ou contemplativa; podem gastar muito tempo com rituais religiosos domésticos, como a maior parte deles faz, ou dispensá-los completamente. Eles podem cultuar regularmente em um templo ou não frequentá-lo por completo. Sua única obrigação geral é respeitar as regras de sua casta e confiar de que assim o fazendo eles

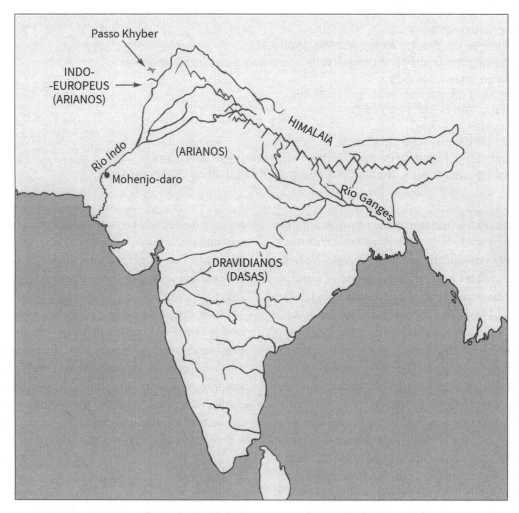

O mundo dos Vedas e o brahmanismo primitivo

estarão totalmente livres do renascimento, ou ao menos serão elevados pela transmigração para uma próxima vida menos onerosa.

I - A RELIGIÃO DA ERA VÉDICA
Índia pré-ariana

A Índia é uma terra cujos povos possuem longas histórias, algumas delas remetendo até aos tempos pré-históricos. Tribos aborígines com culturas da Idade da Pedra identificadas por antropólogos como protoaustraloides ainda sobrevivem nas selvas da Índia Central. O sul da Índia é dominado por milhões de pessoas de pele escura falando linguagens **dravídicas**, que têm uma origem pré-histórica.

Em outras áreas, tribos com uma herança mongólica têm mantido territórios no nordeste da Índia desde ao menos o início do segundo milênio AEC.

Os invasores que chegaram ao noroeste da Índia entre cerca de 1800 a 1500 AEC (os indo-arianos) encontraram ali uma população estabelecida já há muito tempo. Eles chamaram os nativos que resistiram a eles de Dasas (ou *Dasyus*), e descreveram-nos como povos de pele escura e lábios grossos que possuíam gado e falavam uma linguagem estranha. Os Dasas podem ter sido os representantes sobreviventes de uma cultura anterior em rápido declínio que se desenvolvera ali antes de 2000 AEC, ao longo do Rio Indo e de seus tributários. Povos de origem mista e composição étnica diversa se combinaram produzindo a civilização da Era do Bronze com arte e arquiteturas bem desenvolvidas (trazidas à luz por escavações das cidades fortificadas em Harappa no Punjab e Mohenjodaro no Sind). Elas eram equiparadas, aparentemente, por uma religião igualmente avançada que continha ao menos o gérmen de ideias atualmente incorporadas nas doutrinas hindus da Lei do Karma e da reencarnação.

Vestígios arqueológicos incluem muitas figuras de deusas-mãe e pequenos selos de pedra-sabão representando frequentemente o touro e o búfalo. Um selo mostra uma figura humana sentada com as pernas na posição de yoga; em sua cabeça há chifres curvados para fora, vindos de uma projeção central em forma de mitra. Uma interpretação vê a figura como um protótipo do deus hindu Shiva, com um ornamento na cabeça em forma de tridente sobre uma face humana frontal flanqueada por duas faces laterais. Outra interpretação enxerga uma cabeça de búfalo com papadas laterais, sugerindo que a figura híbrida representaria uma contraparte real à deusa da fertilidade. Desafortunadamente não foram encontrados exemplos extensos de sua escrita, e a brevidade dos textos sobre os selos frustra sua decifração.

O desaparecimento da civilização do Vale do Indo provavelmente se deu mais devido à crescente aridez do clima do que à invasão das tribos indo-arianas.

A chegada dos indo-arianos

Em algum momento do segundo milênio AEC, povos que eventualmente conquistariam a Índia começaram a atravessar as passagens das montanhas do Hindu Kush. Os próprios conquistadores seriam profundamente transformados pelo ambiente indiano. Suas tribos eram tipicamente compostas de povos altos e pele clara de origem indo-europeia, que chamavam a si mesmos de **arianos**. Eles se moviam para o leste já por um longo tempo, buscando por um lugar de residência permanente. Por fim, durante um período de diversos séculos, eles emergiram das montanhas para as planícies do noroeste da Índia. Eles faziam parte do mesmo grupo étnico complexo ao qual pertenciam as poderosas tribos que se moveram para o sul, oeste e norte da Europa, e que, com a infusão de seu sangue e linguagens, formaram os históricos gregos, latinos, celtas, germanos e eslavos. Enquanto as migrações originais ainda estavam em progresso, os indo-arianos aparentemente migraram para o sul, vindos da Europa, dirigindo-se então para leste. Após um número desconhecido de anos passados nas estepes da Báctria e ao longo do Rio Oxus, eles emigraram novamente (talvez devido a alguma seca?), desta feita ainda mais para o leste, através de passagens nas montanhas até a Índia. Outro grande ramo do mesmo grupo étnico adentrou o Irã (antiga Pérsia). Eles tinham sido companheiros de migrações dos indo-arianos, mas separando-se deles migraram rumo ao sul. Com o tempo ocorreriam grandes mudanças na língua, nos hábitos e ideias, tanto entre os iranianos quanto entre os indo-arianos, e uma mudança de perspectiva religiosa tão grande quanto a que existe entre o hinduísmo e zoroastrismo. Não obstante, as similaridades originais tanto nas línguas quanto nas religiões podem ainda ser traçadas sem dificuldade.

Os indo-arianos, cujas carruagens puxadas por cavalos eram desconhecidas na Índia antes de sua chegada, subjugaram os pacíficos habitantes nativos, chamados de Dasas, e se assentaram inicialmente nos afluentes superiores do Rio Indo. Eles tinham constituído um povo nômade, mas então passaram a viver em simples agrupamentos de vilas com seus rebanhos e bandos. À medida que se moveram rumo ao sudeste, ao longo da base dos Montes Himalaias, começando a se ajustar ao novo clima, sua vida se tornou menos pastoril e mais agrícola. Os animais que eles levavam consigo para a Índia eram comuns a um povo composto por pastores – vacas, cavalos, ovelhas, bodes e cães. Ainda não tinham conhecimento de elefantes, macacos e tigres. Eles se apegavam a sua antiga dieta de leite e carne e davam continuidade aos seus costumes de séculos (de fato, os iranianos tinham uma prática idêntica) de fazer um líquido estimulante que chamavam de **soma**. Este eles extraíam de uma raiz cuja identidade ainda é incerta, misturavam com leite e o bebiam durante longos rituais. Acreditando que seus deuses também apreciavam esta poção, eles ofereciam-lhe libações dela cada vez que sacrificavam.

Na vanguarda do avanço ariano, o embate com os Dasas de pele escura era contínuo. Enquanto ondas sucessivas de invasores se acumulavam, haviam conflitos intertribais que viriam a ser imortalizados posteriormente em grandes épicos hindus, o *Ramayana* e o *Mahabharata*. Com o tempo toda a região dos Cinco Rios (os ramais superiores do Indo) foi ocupada, e o problema de controlar o novo território teve de ser enfrentado pela classe governante.

Estrutura social ariana

Cada tribo tinha sobre si um chefe, chamado de *rajá* ("rajah" – mesma raiz que o latim *rex*), cujo ofício era geralmente hereditário. As funções do chefe rapidamente se tornaram mais complexas à medida que mais e mais territórios entraram sob seu governo; finalmente, próximo do final do Período Védico, o chefe passou a ser distinguido de outros cidadãos por um largo cortejo, um palácio e o uso de um brilhante vestuário. Esperava-se dele que não apenas mantivesse um exército privado para a proteção de seu povo, mas também que reunisse ao redor de si vários sacerdotes para auxiliá-lo em assegurar a bênção divina sobre seus súditos, bem como a aprovação dos deuses para seus próprios atos. Os fazendeiros e pastores, no entanto, cujo cotidiano era muito semelhante ao de seus ancestrais, de longe ultrapassavam numericamente aos guerreiros que formavam o exército privado do rajá e aos sacerdotes que serviam tanto o governante quanto o povo. O pai, ou *pitar* (mesma raiz que o latim *pater*, alemão *Vater*, inglês *father* etc.) era o cabeça da família, o proprietário de seus bens e, nesses dias da Antiguidade, ainda o sacerdote da família. A esposa e mãe ou *matar* (latim: *mater*; alemão: *Mutter* etc.) era comparativamente livre, muito menos isolada do que suas descendentes no Vale do Gange viriam a ser na posteridade. Sua autoridade na casa sobre as crianças e servos era relativamente desprovida de restrições. As esposas se juntavam aos seus maridos na condução dos ritos domésticos (e mulheres são nomeadas como autoras de alguns dos hinos no **Rig-Veda**). As filhas eram livres para permanecer sem se casar, sem censura, e tinham voz ativa na seleção de um marido, assim como na configuração do contrato de casamento.

Tendo estado acostumados por séculos ao movimento rumo a novos horizontes e perigos, os arianos se assentaram vagarosamente. Estabelecer-se em um lugar era algo difícil para guerreiros nômades. Restava-lhes apenas um substituto para a aventura perdida, do qual se apropriaram: eles continuaram a vagar em suas imaginações, explorando o mundo ao seu redor com veloz sagacidade. Dificilmente os arianos haviam ganhado para si áreas bem-definidas na Índia antes que começassem a desenvolver sua tradição oral. Seus sacrifícios rituais se tornaram mais elaborados; seus contos populares e suas histórias épicas tomavam forma. Ao mesmo tempo, os hinos e orações de seus sacerdotes davam voz a suas concepções religiosas em expansão. Destas últimas, juntamente com antigas runas e encantamentos mágicos, brotaram os mais antigos escritos sagrados dos hindus, os *samhitas* ("coleções"), no número de quatro tratados: o *Rig-Veda*, Sama-Veda, Yajur-Veda, e o **Atharva-Veda** (a palavra **Veda** significa "conhecimento sagrado", tendo a mesma raiz que o inglês *wit* e *wisdom*, o grego *oida*, o latim *video* e o alemão *wissen*). Nosso conhecimento dos deuses dos indo-arianos deriva principalmente dos quatro Vedas, que constituem o núcleo "ouvido" (**Shruti**) da literatura sagrada ariana (cf. gráfico na p. 145). Veremos em primeiro lugar o mais antigo dos quatro.

Um ponto de vista alternativo

Alguns historiadores da antiga Índia argumentam que não teria ocorrido nenhuma migração de indo-arianos estrangeiros no continente. Tais acadêmicos enfatizam, ao invés disso, o desenvolvimento interno das práticas e crenças hindus, à parte de quaisquer influências externas. Aqueles que defendem esta abordagem indígena apontam para a falta de evidência arqueológica de estrangeiros (a domesticação do cavalo sendo uma notável exceção). Em adição, eles notam que a teoria da influência externa é por si só um produto de acadêmicos ocidentais, não indianos. Como Edwin Bryant colocou: "Muitos membros da Escola Ariana indígena estão compreensivelmente desconfortáveis em relação a herdar um registro de sua história antiga que foi montada para eles por seus mestres coloniais de outrora"*.

Em contraste, proponentes da teoria da migração indo-ariana confiam nas similaridades linguísticas entre os Vedas e outras linguagens da árvore linguística indo-europeia. Ainda outros sustentam que a migração de uma *linguagem* não necessariamente implica a migração de *pessoas*.

* BRYANT, E. *The Quest for the Origins of Vedic Culture: The Indo-Aryan Migration Debate*. Oxford: Oxford University Press, 2001, p. 304.

O *Rig-Veda*

O *Rig-Veda* (literalmente, "o Veda de estrofes de louvor") é uma antologia de poesia religiosa em dez livros, contendo mais de 1.000 hinos e refletindo a devoção religiosa de famílias e outros grupos estabelecidos há tempos antes e durante a Era Védica. De início estes hinos (alguns compostos por indivíduos) existiam apenas na forma oral. Eles consistiam em orações endereçadas para uma ou frequentemente duas ou mais divindades, chamadas de *devas*, ou "os brilhantes", um termo igual ao latim *deus* (homônimo do português), cujas moradas se localizavam em três regiões – a terra, os céus e o ar intermediário.

Quando os arianos se ocupavam com a adoração pública eles não tinham templos, tampouco preceitos sagrados de tipo permanente, mas cultuavam sob o céu aberto, como faziam os antigos iranianos. Eles empregavam áreas com gramado aparado e varrido, no centro do qual preparavam uma clareira ou um local para um altar. O local consistia em um espaço de terra nua ou escavada de forma rasa, largo o suficiente para conter até três fogareiros – um ocidental (o *garhapatya*, de formato circular, representando a terra, o único mencionado no *Rig-Veda*), um oriental (o *ahavaniya*, de formato quadrado, representando os céus de quatro direções) e um meridional (o *dakshina*, com formato como de uma meia-lua, representando o domo de ar entre a terra e o céu).

É possível que nos mais antigos tempos védicos apenas um fogo, o garhapatya, fosse usado, mas isto está longe de ser uma certeza; pelo menos é o único que era mencionado. Em tempos posteriores, a área do altar era elevada em cerca de trinta centímetros ou mais (ao invés de ser cavada) e era frequentemente construída com tijolos quadrados arrumados em formas pouco usuais para se parecer, por exemplo, com dois triângulos, com uma mulher, com um falcão, uma tartaruga ou ainda outra coisa.

RITOS PÚBLICOS

Diversas ordens de sacerdotes presidiam em público ritos dentro da área do altar. Um assento na grama aparada, próximo aos fogos, era reservado para os convidados divinos invisíveis. As ofe-rendas consistiam em um ou mais dos seguintes itens: manteiga clareada ou derretida (*ghee*), grão, *soma*, e um bode, uma ovelha, uma vaca, um boi, ou um cavalo (sendo que o sacrifício de cavalos era o mais caro e o mais efetivo). Com o tempo, à medida que os sacrifícios se alongavam em elaboradas cerimônias, sacerdotes – cada qual com funções especiais – assumiram a liderança. Um deles poderia ser o *adhvaryu*, ou construtor do altar, que também preparava os materiais para sacrifício e os dispensava manualmente, enquanto recitava as palavras apropriadas. Outro era o *hotar*, o derramador de libações e invocador dos deuses, que podia chamar os deuses, para que os mesmos descessem e desfrutassem das oferendas sacrificiais e do soma colocado em jarros na grama:

> Tu tendes feito das orações a forma de te exaltar,
> Desta maneira nós esperamos por ti com hinos,
> Ó, Indra [...]
> Deleita-te do nosso bolo sacrificial,
> Tomai do Soma e do leite misturados
> Assenta-te na grama do sacrificador
> [...]^A1.

Outro sacerdote poderia ser o *agnidh*, ou acendedor do fogo sacrificial. Mas conforme o tempo passou, o mais importante deles veio a ser o **Brâmane**, aquele que representava em sua pessoa a petição sagrada central, ou **brâman** (a oração).

BRÂMAN E O PAPEL DOS BRÂMANES

O nome Brâman foi usado com diferentes sentidos. Ele tem os sentidos amplos de "mundo santo", "conhecimento sagrado" e "encantamento", com a implicação neste último caso da presença de poder mágico. Ele se aplica não apenas a palavras e estrofes (*mantras*) do *Rig-Veda*, mas também a encantamentos e feitiços do *Atharva-Veda*. Outra palavra foi usada no *Rig-Veda* para transmitir um significado semelhante: *vac*, ou fala, possuindo a conotação de Enunciado ou Palavra sagrada, fazendo-o assim um termo equivalente a Brâman ou alternativo a ele. *Vacaspati* é um dos nomes de Brâmanaspati (ou **Brihaspati**, o poder da oração deificado).

É importante compreender que o Brâmane não era meramente alguém que usava símbolos verbais para se remeter a realidades sagradas ou se dirigir a deuses. Ao invés de significarem alguma divindade externa, as sílabas sagradas constituíam o poder santo em um momento vivo. Ou, colocando de outra maneira, a realidade sagrada fazia a si mesma real na garganta do Brâmane.

SACRIFÍCIO RITUAL: SOMA

Os brâmanes executavam sacrifícios rituais de grãos, carne e líquidos. A oblação (substância sacrificial) mais importante era uma bebida sagrada, soma (emblema de uma divindade, Soma), derramada como libação em um fogo sagrado ou consumida pelos participantes.

Este rito era o ato final em uma longa série de eventos rituais que se alongavam por mais de um dia: o achado ou compra da planta da qual o suco tinha de ser extraído; seu transporte reverente por carro ou em cima de cabeças humanas até o lugar em que seria esmagada; a retirada da água para encharcar os ramos então secos; o espremer dos ramos entre pedras de prensar, após o que eles seriam inchados com água; a filtragem do líquido através de tecidos de lã (um ato marcado por um som característico interpretado com algum exagero como o "mugido de um boi", e por um brilho estreito de cor "dourada"); a mistura do líquido com leite ou mel e, finalmente, sua oferenda aos deuses e sua distribuição para os participantes humanos, nos quais o efeito intoxicante ou alucinatório era quase que imediato.

O soma pode ter sido extraído do cânhamo, ou seja, uma planta semelhante à maconha, ou pode ter sido composto por alguma substância de efeitos menos pronunciados como o suco de talos de rhubarb. Mas parece mais provável que tenha vindo da alucinógena *Amanita muscaria*, um cogumelo cujo suco é venenoso quando puro, mas apenas alucinógeno e embriagante quando diluído em leite, água ou mel. Ele parece muito semelhante à "planta" descrita no *Rig-Veda*: uma "planta" sem raízes, folhas, frutos ou sementes, mas com um caule branco, uma cobertura vermelha, e um suco que era dourado.

Esses rituais sacrificiais tanto se basearam quanto inspiraram uma mitologia sempre crescente; na página 27, nós vimos como rituais dão origens a mitos, da mesma forma que mitos dão origem a rituais. Há exemplos a se destacar aqui. Os mitos dos indo-arianos estavam já bem desenvolvidos quando eles adentraram na Índia, mas continuaram a mudar e crescer após isto. Como os rituais sacrificiais tinham sido concebidos para obter segurança para os humanos tanto em situações de mudança quanto em situação estabelecida, os deuses eram por vezes sendo *reconcebidos* e providos com novos poderes. Durante este processo, deuses que outrora foram poderosos se retiravam para o pano de fundo enquanto outros deuses, considerados mais capazes de enfrentar as necessidades em alteração, tomavam seus lugares. Os próprios rituais requeriam a introdução de poderes ou presenças divinos, tais quais **Agni**, Soma e Brihaspati (p. 125s.).

SACRIFÍCIO E AS ORIGENS CÓSMICAS

Mais adiante, diversos deuses cósmicos bastante novos emergiram quando os rituais passaram a ser compreendidos como algo que afetava não apenas aos deuses, mas ao próprio cosmos. Isto aconteceu quando os sacrifícios se transformaram em eventos tão centrais e convincentes por sua própria conta que se cria que o mundo inteiro seria afetado e envolvido por eles – com tal intensidade que o cosmos viria a se tornar uma estrutura sacramental por toda a sua extensão – e defendia-se que o universo tivera sua própria origem em um sacrifício cósmico. Existem passagens nos Vedas e na literatura interpretativa, os **Brâmanas** e **Upanishads**, que concebem o universo como tendo sido em sua totalidade uma vaca cósmica, um cavalo, ou um homem, que foi primordialmente sacrificado e desmembrado a fim de criar as montanhas, rios, terra e seres viventes da experiência cotidiana. Assim, de acordo com o *Rig Veda* X.90, o original homem cósmico, **Purusha**, permitiu aos deuses que pareciam emergir de lugar nenhum (fora do próprio Purusha ou de espaço extra ou pré-cósmico?) fazer um sacrifício de *si mesmo*.

> Quando eles dividiram Purusha,
>   quantas porções eles fizeram?
> O Brâman (Brâmane) era sua boca,
>   e de ambos os seus braços
>   o Rajanya (Kshatriya) foi feito.
> Suas coxas se tornaram o Vaishya,
>   de seus pés o Sudra (Shudra)
>   foi produzido.
> A lua foi gerada de sua mente,
>   e de seu olho nasceu o sol [...]
> De seu umbigo veio o ar intermediário;
>   o céu foi formado de sua cabeça,
>   e a terra de seus pés [...][A2]

Os nomes dos quatro **varna** (classes de castas) aparecem na passagem anterior – **Brâmane**, **Kshatriya**, **Vaishya** e **Shudra** – nós discutiremos mais adiante sobre as castas. A este ponto, precisamos apenas observar que mesmo nesta mais antiga referência os quatro grupos são retratados como criações separadas na ordem cósmica original.

No *Satapatha-Brâmana* outra cosmogonia vê um cavalo sacrificial como o ser primal.

> Verdadeiramente, o amanhecer é a cabeça do cavalo sacrificial, o sol, seu olho, o vento sua respiração, o fogo sua boca aberta. O ano é o corpo do cavalo sacrificial, o sol, suas costas; o ar sua barriga, a terra a parte interna de sua barriga...[B1]

A ideia de que o mundo inteiro se originou de um sacrifício cósmico aparece também em um hino (*Rig-Veda* X.81) que honra Vishvakarman como o criador do mundo, ou arquiteto do mundo, pois ele executara um sacrifício primordial no qual ele fora, paradoxalmente, tanto a vítima sacrificial quanto o artesão que, com os braços e os pés atingindo todas as partes do cosmos, trouxe o mundo à existência.

Um hino (X.121) com uma ideia ligeiramente diferente celebra Hiranyagarbha, o Ovo dourado ou Gérmen (ou, de acordo com outra leitura, o útero de grandes águas – o mar primordial – que gerou o ovo dourado), como o elemento do qual jorrara Prajapati – o Criador e o Fazedor dos deuses, dos humanos e animais. Prajapati aparentemente efetuou seu ato criador a partir dos materiais providos pelo próprio ovo ou gérmen.

Os rituais, portanto, deram origem a mitos surpreendentes descrevendo a origem de todas as coisas.

DIVINDADES DA TERRA E DO CÉU

Estes novos elementos de mito foram, é claro, baseados em concepções traçadas a partir de uma mitologia anterior. Muitas das divindades invocadas tinham obviamente uma origem temporal muito recuada. A crença em três deles era compartilhada com os iranianos, os hititas, os gregos e os romanos. Eles eram Dyaus Pitar, ou Pai Céu (a quem nós já encontramos como o Zeus Pater dos gregos e o Júpiter dos romanos), seu par Prithvi Matar ou Grande Mãe Terra (a Gaia Mater dos gregos), e Mitra (o Mithra dos iranianos), um deus altamente moralizado representando a manutenção da fé e da lealdade, mas talvez originalmente um deus solar. No *Rig-Veda* estas divindades eram concebidas bastante vagamente e a elas raramente se apelava, tendo sido substituídas em sua antiga proeminência por deuses e deusas que pareciam mais efetivos no noroeste da Índia.

DEUSES VÉDICOS PRIMÁRIOS

INDRA

O estrondoso **Indra** era proeminente entre os deuses efetivos, sendo o governante dos deuses na região intermediária do céu e em particular o deus das tempestades, especialmente as tempestades de chuva (monções) que encerravam a estação seca. Ele era também o deus da guerra. Para seus adoradores ele parecia uma figura gigantesca, com longos e esvoaçantes cabelos e uma barba sacudida pelo vento através da qual ele gritava e bramava com alta voz. Segurando firmemente em suas mãos o raio destruidor de inimigos – *vajra* – ele entrou em campo como aliado e protetor dos arianos. Não é de se admirar que seus inimigos fugissem. Na maior de suas festas anuais, ele aflige o dragão da seca Vritra, que retinha as águas nas fortalezas das montanhas. Para este perigoso empreendimento, ele se fortalecia bem; como o herói ariano que era, forte lutador e bebedor, "as três taças de soma ele esvaziou de um gole". E então, com seu raio mortal, "ele matou a Serpente que descansava nas montanhas; e fluindo rapidamente, velozes as águas correram abaixo rumo ao oceano"[C1]. Seus adoradores poderiam cantar em veneração a seu respeito:

> Quem está no comando dos cavalos, das vilas e de todas as carruagens? Quem deu origem ao sol e ao Amanhecer? Quem é o líder das águas? – ele, ó, homens, é Indra!
> A quem as duas partes, se encontrando em um conflito, invocam – tanto vanguarda quanto a retaguarda, ambos os inimigos? A quem eles proferem várias invocações? Ele, ó, homens, é Indra!
> Sem ele os homens não conquistam; e a ele, quando em batalha, eles invocam por ajuda. Quem é o padrão para tudo, quem abala os inabaláveis? – ele, ó, homens, é Indra [...]
> Que possamos nós, ó, Indra, amigos teus em todos os tempos, louvar-te na assembleia, [dotados de] descendência piedosa[C2].

Tal louvor não deve, é claro, ser considerado como evidência de monoteísmo no sentido estrito. Os adoradores tendiam à bajulação que pudesse agradar e, desta forma, eles não elevavam uma deidade para supremacia olímpica permanente, mas falavam de cada um de suas divindades como sendo supremas – ao menos durante as orações.

Henoteísmo

A atitude védica é melhor descrita enquanto **henoteísmo** (i. e., elevação bajuladora temporária de um entre muitos deuses à suprema posição, que pode ser acordada, verbal ou ritualisticamente). Franklin Edgerton diz a respeito disso:

> [O]u se faz com que o deus do momento em particular absorva todos os outros, acerca dos quais se declara serem manifestações dele; ou de outra forma, ele recebe atributos que em lógica estrita só podem ser dados para uma única divindade monoteística.
> Assim, cada um dos vários deuses védicos já foi declarado em momentos diferentes como criador, preservador e animador do universo, o único governante de todas as criaturas, e assim por diante. Tais hinos, considerados separadamente, parecem claramente implicar em monoteísmo; mas tudo que eles realmente

> implicam é henoteísmo ritual. Assim que chega o estágio de cada deus na procissão de ritos, ele tem garantida de forma imparcial toda esta extravagância de ritos, até que tudo o que possa ser dito de todos os deuses coletivamente é dito de cada um deles, um de cada vez, individualmente. Podemos notar que o henoteísmo védico está enraizado no ritual hierático (sacerdotal), sem o qual ele talvez dificilmente tivesse sido desenvolvido[E].

RUDRA (SHIVA)

Em contraste agudo com Indra havia o deus da montanha **Rudra**, que apesar de não ser endereçado com frequência era muito temido. Rudra era o autor feroz das desastrosas tempestades que varriam tudo que ficava em seu caminho, desde as neves dos Himalaias. Em sua própria natureza, ele não era de maneira alguma aliado dos arianos, mas sim o destruidor de seus bens e de suas pessoas. Temor e admiração acompanhavam sua presença; seus adoradores o buscavam em humildade e com súplicas trêmulas, implorando-lhe que, enquanto o "imortal", ele fosse "auspicioso" (*shiva*) ao invés de malévolo, e que fosse misericordioso com seus filhos e netos. Eles poderiam suplicar da seguinte forma:

> Não mates os nossos grandes, os nossos pequenos, aqueles que crescem entre nós ou os que já estão crescidos, nem nosso pai nem nossa mãe. Não firas, ó Rudra, nossos queridos! Não nos fira por meio de nosso gado ou cavalos. Em tua ira, oh, Rudra, não mates nossos heróis. Nós te invocamos com sacrifícios[C3].

> Eu proclamarei os heroicos feitos de Indra, os primeiros que o portador de vajra (arma) completou. Ele matou o dragão, libertou as águas, e abriu os flancos das montanhas [...]. Ele apenas governa sobre todas as tribos como seu rei.
> Rig-Veda I.32[D]

Por outro lado, Rudra pode ser por vezes um gentil curador, presidindo (em suas fortalezas nas montanhas?) sobre as plantas medicinais: ele possui tanto um lado auxiliador quanto o destrutivo. Isto é de certa relevância histórica, pois o maior significado desse deus está no fato de consistir em uma forma primitiva do grande deus do hinduísmo posterior chamado de Shiva, o destruidor (e reavivador).

DIVINDADES DA NATUREZA

Exceto por **Ushas**, as divindades femininas na literatura védica eram principalmente mães, esposas, irmãs e amantes. Faltando caracterização clara, elas eram personificações: as águas primais (Apah), os rios (Saraswati, Ganga), e o poder ritual da fala (Vac).

Ushas, o(a) amanhecer (grego *Eos*), é eternamente jovem e núbil, uma "donzela em vestes brancas", resplandecendo a distância em sua carruagem puxada por cavalos com pintas vermelhas[C4]. Seus atendentes do sexo masculino, os Asvins, gêmeos cavaleiros do amanhecer, correm atrás dela através do céu em uma carruagem com assento dourado, rédeas de ouro, eixo e rodas de ouro, e em um voo tão rápido que ultrapassa o piscar dos olhos.

Outras divindades da natureza eram Vayu, o vento, portador de aromas, e os tempestuosos pequenos Maruts, ou espíritos da tempestade, "rápidos como o vento [...] vestidos em chuva [...] os cantores do céu"[C5]. Havia certo número de deuses do sol, provavelmente representando diferentes fases da luz: Surya, por exemplo, montava uma frota de cavalos dourados e gerava as constelações, inundadas com o esplendor de seus olhos que a tudo enxergavam, para "se adiantar, como ladrões, junto com seus fachos"[A3]; Savitar, o de "cabelos dourados, brilhante com os raios de sol", que atravessava os "antigos caminhos sem poeira bem-estabelecidos na região do ar intermediário"[A4]; e Yama, o primeiro homem a morrer, feito então o deus da morte, o juiz e governante dos falecidos.

Havia também Vishnu, o andarilho que percorria grandes distâncias e atingia toda a extensão da terra, ar e céu com três passos velozes, redimindo dessa forma o mundo da noite.

Dele se pode ser dito que, ainda que estivesse destinado, juntamente com Rudra, a ultrapassar o resto das divindades védicas e se tornar um dos principais deuses hindus, não fora proeminente no *Rig-Veda* e tinha ali perdido quase todas as suas características solares.

VARUNA

Muito acima moralmente dos outros deuses estava o imponente deus **Varuna** (grego *Ouranos*, latim *Uranus*), originalmente o deus do elevado e arqueado céu. Ele recebeu posteriormente a função inclusiva (análoga a manter a ordem entre as estrelas) de dirigir as forças atuantes em toda parte na manutenção da ordem natural e moral. Sua esfera de atuação estava parcialmente no domínio das leis naturais, pois era ele quem mantinha a ordem física do mundo contra as forças que buscavam seu colapso. Por outro lado, era sua preocupação manter as pessoas obedientes à lei moral; ele era o revelador de pecados, o juiz da verdade e da falsidade. Seus espiões estavam ocupados correndo atrás dos homens. Quando as pessoas pecavam, era para Varuna quem elas oravam pedindo perdão e, dessa forma, os atos que eram reconhecidos como pecados naqueles tempos pioneiros aparecem nas orações dirigidas a ele.

> Se eu tenho pecado contra o homem que nos ama,
> Se eu tiver alguma vez feito o mal para um irmão, um amigo ou camarada,
> para o vizinho que está sempre conosco, ou para um estrangeiro,
> ó, Varuna, remove de nós as transgressões.
> Se nós, como jogadores, trapaceamos ou temos trapaceado,
> se feito mal sem perceber ou pecado de propósito,
> Lança fora todos estes pecados como penas soltas,
> e faz, Varuna, com que sejamos teus amados[A5].

Como o principal interesse de Varuna era manter a ordem no universo – fisicamente, moralmente e ritualisticamente, era natural que ele viesse a ser associado a Mitra, o deus da lealdade, honra e manutenção de promessas, e também com o misterioso princípio abstrato chamado de Rita (latim *ritus*, português *rito*). Rita era concebido como o princípio residente em tudo no universo que mostrasse ordem e regularidade de ação; de acordo com Rita, a norma divina do universo, o dia sucedia à noite, o verão seguia à primavera, o sol mantinha seu curso determinado e os seres humanos iam do nascimento à morte, guiados invisivelmente.

DIVINDADES LITÚRGICAS

Havia ainda outros deuses no *Rig-Veda* que eram elementos deificados de rituais – seres que podiam ser chamados de *divindades litúrgicas* por estarem principalmente associados quando e onde surgissem atos de adoração, sendo identificados com a própria adoração em parte ou no todo. Eles eram Agni, o deus do fogo; Soma, a presença divina no suco da planta soma; e, não muito conhecido da população, porém muito importante para os sacerdotes, Brâmanaspati (ou Brihaspati), o poder deificado da palavra sagrada de oração.

AGNI

Nenhum sacrifício era efetivo sem a presença de Agni (latim *ignis*), o deus do fogo em sua acepção geral, celeste ou terrestre, mas especialmente do altar de fogo. Ele era invocado com petição diligente, e sua vinda era sempre concebida como um novo nascimento (fosse num altar ou lareira). Ele era cultuado e adorado com a maior sinceridade (aqueles interessados em comparação histórica podem ver aqui uma conexão com as cerimônias do fogo dos zoroastrianos). Da mesma forma que o fogo purifica e limpa, Agni removia pecado e culpa. Ele era luz e sabedoria, um vidente em cantos escuros, um solucionador de mistérios, por quem era bom ser guiado. Ele consagrava os casamentos, era um marido espiritual para as donzelas e um irmão para os homens. Ele era sacerdote, portador de oblações e mediador entre deuses e seres humanos. Seus adoradores sabiam que seu bem-estar dependia de sua presença.

SOMA

A participação do deus Soma (o Haoma dos antigos persas) também era necessária no sacrifício. Sua introdução era, como já vimos, um aspecto central do ritual: tanto os deuses quanto os humanos necessitavam dele. Dessa forma, durante cada cerimônia, suco de soma era derramado na grama onde os deuses sentavam invisivelmente; e, enquanto eles bebiam, os adoradores cantavam:

> Nós temos bebido soma e nos tornado imortais;
> e os deuses descobriram que nós temos atingido a luz.
> O que a hostilidade pode fazer agora contra nós?
> E o que pode fazer, ó deus imortal, o despeito dos mortais?[F]

BRIHASPATI

Uma terceira divindade litúrgica, Brâmanaspati (Brihaspati), representava uma sutil mistura entre a oração, o orador (o sacerdote) e o poder da oração personificada. Apesar do poder criativo da fala sagrada ter sido personificado em uma deusa (Vac) no *Rig-Veda*, ela é substituída na tradição litúrgica por uma divindade do sexo masculino apta a fazer os deuses mudar de ideia e a compeli-los a garantirem seus favores.

> É fácil de se aproximar do sublime Brihaspati; ele garante a seus amigos os mais plenos descansos [...]
> Glorificai-o, ó, amigos, a ele, que merece a glória:
> que ele possa fazer justiça à oração
> e conceder uma boa passagem[A6].

Era doutrina dos sacerdotes que Brâmanaspati tinha de estar presente no ritual e ao longo dele, ou ele seria esvaziado. Se ele estivesse de fato ativo, a oração teria uma eficácia tão grande a ponto de exercer igualmente poderes sobre deuses e humanos; não haveria falta de resultado. O enunciado sacerdotal proferido corretamente ou a palavra de oração – o brâman – assumia a força de um princípio existente independentemente. O sacerdote que o proferia, o santo Brâmane, recebia igual importância. O "orador" (sacerdote), a oração e a divindade endereçada coalesciam como manifestações do Princípio Último.

Os outros Vedas

Os outros Vedas são, em muitos aspectos, dependentes do *Rig-Veda* ou até mesmo apêndices do mesmo. O *Yajur-Veda* é escrito principalmente em prosa com o intento de providenciar dedicações, orações e litanias para acompanhar o uso devocional do *Rig-Veda*. O *Sama-Veda* é uma coleção de cantos rítmicos para o uso de sacerdotes cantores nos sacrifícios soma, sendo que seus hinos foram em grande parte emprestados do *Rig-Veda*.

O *Atharva-Veda* é mais independente. Um tesouro de encantamentos, simpatias, maldições e feitiços de grande antiguidade, muitos deles claramente de origem não ariana, ele deu expressão a aspectos da experiência deixados largamente inarticulados no *Rig-Veda* – medo, paixão, fúria, ódio, desconforto físico e os esforços humanos para corrigi-los. Pode-se argumentar que os caros rituais sacerdotais resumidos na seção prévia eram destinados à elite governante, enquanto que os ritos do *Atharva-Veda* eram aqueles do povo comum em suas casas e vilas. Esse Veda abunda em bênçãos e maldições mágicas. De uma forma reminiscente à magia europeia, ele apresenta simpatias remediais que tinham a intenção de remover todo mal ou de fazer cair os pesados golpes do destino sobre a cabeça de uma pessoa odiada e desafortunada.

> Afastai de nós as moradas de demônios com milhares de olhos!
> Que ele golpeia aquele a quem nós odiamos,
> – aquele a quem odiamos, tu certamente castigarás[H1].

Magia e ciência rudimentar

Podemos citar um exemplo do tipo de encantamento mágico comum no *Atharva-Veda*. Alguém que quisesse promover o crescimento de seus cabelos deveria colher a raiz sagrada que prevenia calvície e dizer as seguintes palavras, durante vários pontos do procedimento:

> Como uma deusa sobre a deusa terra tu nasceste, ó planta! Nós te desenterramos, ó nitatni, para que tu possas fortalecer o crescimento do cabelo.
> Fortaleça os cabelos velhos, dá nascimento aos novos! Que aqueles que vierem, apresentem-se mais voluptuosos.
> Aqueles teus cabelos que caíram, e aqueles com raízes quebradas, e todos os outros, sobre eles eu borrifo aqui a erva que cura por completo[H2].

Em antigas instruções o paciente devia ungir a cabeça com a cocção negra feita da planta mencionada, e a tê-la aplicada por um curandeiro vestido de negro que houvesse comido comida negra no início da manhã, antes que os corvos (negros, também, é claro) se levantassem.

É impossível deixar de notar no simbolismo usado aqui uma esperança de crescimento de novos cabelos negros.

Este tipo de prática pode provocar um sorriso ao homem moderno urbano, mas de qualquer forma não era de todo mal-orientado. Essas práticas estavam relacionadas a investigações de um tipo mais amplo – mais especulativas na sondagem dos segredos do universo do que até mesmo o décimo livro do *Rig-Veda*. E outras investigações estavam próximas de serem científicas: diversas seções do *Atharva-Veda* (particularmente II.3 e X.2) exibiam grande interesse nos órgãos vitais, secreções e ossos do corpo humano, que eram distinguidos em separado e geralmente descritos com grande exatidão. Aparentemente uma arte médica esclarecida anatomicamente estava em desenvolvimento. De fato, um dos versos no *Atharva-Veda* diz que havia mais de centenas de praticantes de medicina trabalhando e milhares de ervas em uso.

O encerramento do Período Védico

A literatura védica, considerada no seu todo, ilustra a cultura exuberante desenvolvida pelos antigos indo-arianos. É muito claro que este povo vigoroso encarava a vida de forma positiva e, de forma geral, confiantemente, em muitos de seus aspectos. Com sua expressão literária própria, eles deixaram um vislumbre de grandes coisas que viriam mais tardiamente.

Uma dessas tem de ser mencionada. Ao se aproximar do final do Período Védico, quando os sacerdotes cresciam em número e em poder e faziam da religião e da busca por conhecimento o trabalho de suas vidas inteiras, começou a se expressar um anseio por garantias de unidade na totalidade das coisas. Assim, nós temos nos últimos hinos do *Rig-Veda* o aparecimento súbito de grandes figuras, tais quais Vishvakarman, "Aquele cuja obra é o universo"; Prajapati, "Senhor das Criaturas", o criador; e Purusha, já mencionado, o homem ou pessoa cósmica, doador da vida para todos os seres animados e, de fato, aquele que trouxe todo o mundo para a existência a partir de si mesmo.

O hino 129 do décimo livro é um dos mais arrebatadores, sendo endereçado para uma grande realidade cósmica não nomeada, referida muito simplesmente como *Aquela coisa una*, um princípio ou uma atividade neutra que se diz ter existido antes que houvesse um universo. Este hino contém uma antiga especulação sobre a origem da criação, e pode ser vertido desta forma:

> Então não havia nem o ser (Sat) nem o não ser (Asat):
> Não havia ar, nem o firmamento além dele.
> Haveria algum movimento? Onde? Além daquela cobertura?
> Haveria um grande abismo de águas insondáveis?
>
> Não havia nem a morte nem algo imortal;
> Nem qualquer sinal dividindo o dia da noite.
> Aquela Coisa Una não respirava ar,
> mas ainda assim, respirava por conta própria;
> não havia uma segunda coisa, de qualquer forma.
>
> Escuridão estava oculta em uma Escuridão ainda mais negra;
> Este Todo era um mar sem dimensões;
> O Vazio ainda mantinha informe o que existia em potência,
> até que o poder do Calor (tapas) produziu o único Um.
>
> Então, naquele Um, o Desejo se modificou em ser,
> Desejo que fora a mais antiga semente do Espírito.
> (Os sábios sondando em seus corações com sabedoria
> descobriram o parentesco do ser com o não ser.
>
> Esticando sua linha ao longo do vazio, eles ponderavam;
> Haveria qualquer coisa acima dela, ou haveria qualquer coisa debaixo dela?)
> Os doadores das sementes ali estavam; e poderes;
> Energia livre na parte de baixo: em cima, ação rápida.
>
> Quem verdadeiramente conhece, e quem aqui o pode declarar?
> De onde ele surgiu, e como este mundo foi formado?
> Os deuses vieram depois da criação da terra;
> quem sabe então do que o mundo foi engendrado?
>
> Tenha o mundo sido feito, ou tenha ele feito a si mesmo,
> Ele sabe com toda a certeza, apenas Ele;
> Quem no mais alto céu guarda e vigia;

[Para o sacerdote Brâmane], a essência transcendental una reside anonimamente no interior de tudo – dentro do sacerdote oficiante, da vítima ofertada, e das divindades que aceitaram o sacrifício.
Heinrich Zimmer[G]

Ele sabe de fato, mas então, talvez, Ele não saiba![A7]

Sob todos os pontos de vista este é um poema maravilhoso; as últimas seis palavras são especialmente tocantes em sua qualidade burlesca. Está claro que ao final da Idade Védica os sacerdotes desenvolviam uma considerável habilidade filosófica. Essa foi sua resposta à necessidade de determinar a origem do mundo e de todas as coisas. Antes que as montanhas viessem a surgir, antes que os deuses viessem à existência, antes que qualquer porção do universo visível existisse, havia um ser – desprovido de nome, mas originador de tudo. Os sacerdotes estavam excitados com o pensamento. Havia qualquer nome que eles pudessem lhe dar? Eles ponderavam a respeito... Pessoas haviam feito inúmeras tentativas até então, com adequação menos que completa. Quando entoavam hinos a Vac (Enunciado Sagrado) enquanto a última instância no conhecimento humano, eles cantavam:

> Eles chamam-no de Indra, Mitra, Varuna, Agni,
> e o celestial e nobremente alado Garutman.
> Ao que é o Um, os sábios dão muitos títulos:
> eles chamam-no Agni, Yama, Matarisvan...[A8]

Os brâmanes estavam dispostos a pensar subsequentemente na questão.

A conquista ariana e a conciliação

Por todo este tempo os arianos continuavam em suas migrações. Eles faziam pressão no Vale do Ganges, forçando para leste e sul os nativos de compleição escura. Ainda que tenham adquirido controle do Vale do Ganges, eles não a conquistaram, de fato. A literatura védica contém referência aos *Panis*, povos hostis com algum poder e riqueza, que por um longo tempo se recusaram a amparar os sacerdotes arianos e seus rituais, e até mesmo conduziam incursões nos rebanhos arianos, geralmente com impunidade, ainda que tais incursões fossem eventualmente a causa de guerras. E mais importante, havia amplos distritos ao longo da base dos Himalaias, no Delta do Ganges, e através da Índia do sul, que mantiveram sua independência por séculos e não aprenderam o sânscrito védico nem praticaram as cerimônias conduzidas nele. (Há, de fato, base para se pensar que estas áreas antibramânicas deram origem aos movimentos religiosos conhecidos como jainismo e budismo.)

Entretanto, ainda que a resistência religiosa continuasse, o estilo de vida das classes governantes em todas as áreas mudou gradualmente; havia ampla imitação dos costumes e procedimentos sociais e políticos dos arianos. Com efeito, então, à medida que o tempo corria, todas as terras, de uma forma ou outra, caíram sob seu domínio. Enquanto isso, esses intrusos arianos se assentaram – e a mudança tomou a *eles próprios*.

II - BRAMANISMO, CASTAS E A VIDA CERIMONIAL

O surgimento do sistema de classes (*Varna*)

Cerca do final do século sétimo AEC a ocupação ariana do Ganges havia resultado na organização de um número de principados ou estados distintos, alguns governados monarquicamente por rajás hereditários, e muitos ainda na forma de agrupamentos pouco coesos de clãs. Em grande parte não arianos, eles também não eram muito diferentes de repúblicas, com as tribos sendo governadas por um concílio central de chefes. Nas áreas que ocupavam, os arianos formaram o extrato superior de uma ordem social ainda fluida; abaixo deles havia os não arianos. Nesse momento, ainda que a separação entre as classes não tenha sido dura e rápida, os brâmanes passaram a defender a divisão em quatro grupos sociais distintos: os brâmanes ou sacerdotes, os governantes Kshatriya (ou Rajanyas), os Vaishyas, ou povo comum (artesãos e cultivadores, incluindo Aryo-Dasas, pois ocorreu uma considerável mistura na Planície do Ganges antes que ela fosse impedida), e finalmente os Shudras ou serventes, presumivelmente os Dasas ou nativos não arianos.

As primeiras três classes, afirmavam os Brâmanes, deveriam ter o máximo de cuidado em se manterem separadas da última. Surgiram então as distinções de *varna* (literalmente, "cor"), o termo Brâmane para classe.

O uso contemporâneo emprega o termo *jati* (grupo de parentesco) para se referir às castas da Índia, os cerca de 3.000 grupos endógamos de parentesco, ou guildas, formadores na estrutura social operativa do presente. (Nós ainda teremos mais a dizer sobre *jati* posteriormente.) Ainda que varna seja usualmente traduzido como "casta", é menos confuso vertê-lo como "classe" quando se referindo ao ponto de vista religioso antigo de hierarquia social, e se referir a "classe de castas" no período moderno.

Não apenas o casamento entre as barreiras de classe era proibido, mas mesmo a tomada de intimidades amigáveis sociais, como beber do mesmo copo ou sentar-se para tomar da mesma refeição devido à frequência com que questões relacionadas à pureza de sangue surgiam em consequência de tais conexões. Existia também uma disputa por prestígio social entre os nobres governantes Kshatriya e os Brâmanes, cada grupo, em nome ou do costume ou de prerrogativa sobrenatural, reivindicando a autoridade final e suprema.

A ascendência Brâmane

Os Brâmanes tinham a esta altura desenvolvido um poder fenomenal. A migração ao longo do Ganges lhes providenciou uma oportunidade que eles não tardaram a aproveitar. Os nobres se ocupavam, lutando e administrando os novos territórios, e precisavam confiar cada vez mais nos sacerdotes a fim de cumprir as necessárias funções religiosas. Enquanto isso, a suprema consideração que todos tinham com o Brâman, ou poder sagrado na oração sacrificial, resultou no rápido aumento de prestígio daqueles cujas funções eram proferi-la. De fato, os brâmanes chegaram a reivindicar uma posição de ainda mais vital importância do que a dos deuses. Como nós já vimos anteriormente, a fórmula sagrada, assim que proferida, estava destinada a ter uma eficácia compulsiva e mágica. Mesmo os deuses tinham que obedecê-la. Os sacerdotes, dessa forma, declaravam ocuparem o lugar central de poder; eles eram os seres essenciais em um vasto processo que atingia todas as partes do universo, inferno, terra e céu. Por meio dos sacrifícios que eles executavam – alguns dos quais levavam semanas e meses para serem completados – eles modificavam o próprio curso dos eventos cósmicos. A essa altura os nomes dos deuses possuíam pouco mais que um significado ritualístico; o sacrifício era o elemento de momento mais importante, especialmente o enunciado das fórmulas sagradas de oração em conexão com eles.

Que estes rituais dos sacerdotes se afastaram da súplica religiosa em direção à coerção mágica fica claramente evidente na leitura de certos tratados, os *Brâmanas*, compilados pelos sacerdotes a fim de serem adicionados aos quatro Vedas (cf. p. 145).

Textos rituais: *Brâmanas*

Cada um dos quatro Vedas traz anexado seu próprio *Brâmana* ou *Brâmanas*, com a intenção de conduzir os sacerdotes em seu uso dos hinos e orações. O *Rig-Veda* tem dois que sobreviveram, o *Aitareya* e o *Kaushitaki*. O Branco *Yajur-Veda* tem o famoso *Satapatha-Brâmana*, o Negro tem o *Taittiriya-Brâmana*. O *Sama-Veda* tem oito *Brâmanas* anexados a ele por ser constantemente usado nos rituais soma, mas nenhum deles é notável o suficiente para ser mencionado. O *Atharva-Veda* tem um *Brâmana*, o *Gopatha*.

Os *Brâmanas* são um curioso e volumoso corpo de literatura. Originalmente, eles eram instruções orais confiadas à memória para candidatos ao ofício sacerdotal nas várias escolas de sacerdotes. Eles foram escritos pela primeira vez durante o período por volta de 300 AEC, ou talvez até mesmo depois, e foram então frequentemente editados. Eles foram projetados tanto para dar instruções práticas com detalhes exaustivos referentes à conduta de todos os tipos de sacrifícios quanto para explicar o significado interno desses ritos. Os *Brâmanas* eram, assim, os livros-texto de diferentes escolas ou famílias de brâmanes, com uma sugestão aqui e acolá de alguma filosofia de adoração. Nenhuma literatura provê instruções mais detalhadas para a execução de rituais.

Ao serem lidos, os *Brâmanas* deixam duas impressões marcantes: primeiro, que os sacerdotes eram fascinados e ficavam completamente absorvidos no processo de elaboração e interpretação de seus rituais; e segundo, que eles consideravam que esses rituais não tinham um poder apenas constrangedor, mas também criativo, pois executá-los era possibilitar que eventos ocorressem sob a demanda de apenas palavras e atos rituais.

Ritos

RITOS PÚBLICOS

Os sacrifícios descritos nos *Brâmanas* podem ser divididos em domésticos e públicos.

Os ritos públicos ocorriam na colheita do arroz, cevada, painço e outros grãos, na lua cheia e na lua nova, no começo da primavera, durante a longa estação chuvosa, no outono; e ocorriam novamente na celebração de vitórias na guerra, na "consagração" de reis, ou quando os deuses eram chamados para descer à terra a fim de receberem a propiciação de sacrifícios e oferendas e serem persuadidos. Longos ritos públicos também acompanhavam a instalação de altares, os sacrifícios soma e a instalação dos três grandes fogareiros no terreno do altar. O mais longo de todos os ritos públicos era o **Asvamedha**, ou Sacrifício equino, que levava mais de um ano para ser completado e envolvia em seu começo o ajuntamento e apresentação, se não o próprio sacrifício, de 609 animais. Mas para os rajás que desejavam asseverar seu poder mundano através dos sacrifícios – sendo os únicos que podiam arcar com eles –, os sacerdotes garantiam: "Isto é a purificação por tudo. Aquele que executa o Asvamedha redime todo o pecado"[B2].

RITOS DOMÉSTICOS

Os ritos domésticos eram de longe bem mais simples, geralmente tomando lugar dentro da casa e usando o fogo da lareira, alimentado com combustível fresco pelo dono da casa. As oferendas da manhã e da tarde de arroz ou cevada para Agni (o *Agnihotra*) são um exemplo. As ofertas ao ar livre mensais de pinda (bolos de cereal) aos espíritos ancestrais eram mais complexas. O exemplo a seguir do *Satapatha-Brâmana* está condensado. Há de se notar que cada ato é cuidadosamente explicado. O dono da casa ou "sacrificante" permanece de pé com as vestes dos membros superiores dobradas reverentemente acima do cós. O sacerdote oficiante era um *adhvaryu*.

> Ele [o adhvariyu] apresenta-o [o sacrifício] na tarde. A manhã, sem dúvida, pertence aos deuses; o meio do dia aos homens; e a tarde aos pais [i. e., aos an-

cestrais]; desta forma ele apresenta-o de tarde.

Enquanto sentado atrás do Garhapatya, com sua face voltada em direção ao sul, ele pega no vagão o material para a oferenda. Então ele se levanta e debulha o arroz enquanto de pé, voltado para o norte do fogo Dakshina. Somente então ele limpa o arroz; pois foi de uma vez por todas que os pais partiram; e desta forma ele limpa apenas uma vez.

Ele então o ferve. Enquanto permanece diante do fogo dakshina, ele derruba alguma manteiga clarificada (ghee) nele – eles derrubam a oferenda no fogo para os deuses; para os homens, eles tiram a comida do fogo; e para os pais, eles fazem dessa mesma maneira: consequentemente, eles derramam a ghee no arroz enquanto ele está sobre o fogo.

Após removê-lo do fogo, ele oferece para os deuses duas libações no fogo. Ele oferta tanto para Agni quanto para Soma. Para Agni ele oferta porque Agni tem direito a uma parte em cada oferenda; e para Soma ele oferta porque Soma é sagrado para os pais.

Desta forma ele traça com a espada de madeira uma linha (sulco) ao sul do fogo Dakshina – fazendo isso no lugar do altar: ele traça apenas uma linha, pois os pais partiram de uma vez por todas.

Ele então coloca um tição no final [sul] da linha. Pois se ele apresentasse aquela comida para os pais, sem ter deitado um tição, os Asuras e Rakshas (espíritos maliciosos) poderiam certamente adulterá-la. Ele então toma o jarro com água e faz os pais lavarem suas mãos, dizendo simplesmente: "N.N., lave-se!", nomeando o pai do sacrificante; "N.N., lave-se!", nomeando o avô do sacrificante; "N.N., lave-se!", nomeando seu bisavô. Da mesma foram que alguém derrama água para um convidado quando ele está prestes a comer, acontece aqui.

Então os caules da grama sacrificial são cortados com um único golpe, e cortados próximos da raiz – o topo pertence aos deuses, a parte do meio aos homens, e a parte da raiz aos pais: desta forma, eles são cortados próximos à raiz. Ele os espalha ao longo da linha com seus topos virados para o sul. Depois disso ele apresenta aos pais três bolos redondos de arroz. Dizendo "N.N., isto é para ti!", ele dá um bolo de presente para o pai do sacrificante (similarmente ele dá de presente um bolo cada para o avô e o bisavô). Ele dá de presente a comida em ordem, se afastando do tempo presente, porque foi se afastando dali em diante que os pais uma vez por todas partiram.

Ele então balbucia: "Aqui, ó, pais, regalem-se: como bois que se aproximam, cada um com sua parte!

Ele então se vira, para ficar de frente para o lado oposto (norte). "Que ele permaneça de pé com a respiração suspensa até que seu sopro falhe", diz alguém, "pois isto estende muito a energia vital". Entretanto, tendo permanecido assim por um momento.

Ele novamente se volta e balbucia: "os pais se regalaram; como bois eles vieram cada um para sua própria parte".

Dali em diante ele toma o jarro d'água e os faz lavarem-se, dizendo simplesmente: "N.N., lave-se", nomeando o pai do sacrificador; "N.N., lave-se", nomeando seu avô; "N.N., lave-se", nomeando o bisavô.

Ele então abaixa a dobra da veste do sacrificador e presta reverência. Ele balbucia; "Dá-nos casas, ó pais!", pois os pais são os guardiões das casas. Depois que os bolos foram colocados de volta ao prato contendo os restos do arroz fervido, ele (o sacrificador) cheira aquele arroz; este cheiro é a parte do sacrificador. Ele coloca no fogo os caules da grama sacrificial cortada em um golpe; e ele também lança fora o tição[B3].

Este rito é um dos mais simples; descrições de outros ritos explicam a lógica de seu procedimento em maior detalhe e com frequência citam mitos que os confirmam ou validam. Misturadas com as instruções para os sacrifícios existem expressões de aspiração espiritual genuína e um crescente senso de um princípio de unidade no universo. Há um progresso em direção à concepção de tal unidade; as teorias de criação sugeridas nos últimos hinos do *Rig-Veda* estão fundidas aqui em um acordo monoteístico no qual Prajapati, o Senhor das criaturas, se torna Brâma Svayambhu (Brâma autoexistente), o criador pessoal do universo. Havia ocorrido para os mais especulativos dos sacerdotes que se o poder sagrado que trabalhava por meio da fórmula de oração podia alterar o curso dos eventos cósmicos, então aquele poder, capaz como ele era de forçar a obediência tanto de deuses quanto de humanos, deveria ser de alguma forma, final. Seria ele talvez o verdadeiro poder central no universo? Poderia a realidade última do universo ser chamada de Brâman?

Os autores dos Brâmanas deram aqui um grande passo adiante, e em uma direção que a filosofia indiana estava destinada a seguir longamente.

A filosofia dos Upanishads

Estava aberta então uma das maiores eras especulativas na história da religião. Muitas mentes alertas na Índia encaminhavam a discussão para novas e profundas interpretações filosóficas da existência. Eles criaram composições orais que expressavam estas ideias por um período de três ou quatro séculos, terminando por volta de 300 AEC. Essas composições estão entre os suplementos, **Vedanta**, anexados aos Vedas. Eles são os famosos tratados conhecidos como Upanishads, verdadeiramente indispensáveis para o estudo das religiões da Índia. Eles concluem a primeira metade do que mais tarde veio a se tornar a classificação bipartida da literatura sacra hindu: Shruti, "aquilo que é ouvido" (védico), e **Smriti**, "aquilo que é lembrado" (não védico) (p. 145).

Os Upanishads (significando "sessões próximas a um professor", no sentido de "discussões de sabedoria final") são apresentados frequentemente na forma de diálogos, compostos com vistas à memorização e, dessa forma, soam repetitivos para os ouvidos modernos; mas eles não foram menos profundos ou sutis por isso. Neles, kshatriyas, e em algumas instâncias homens e mulheres de outras classes, são dramatizados como tomando parte nas discussões – as mulheres o fazem de forma tão pronta e apta quanto os homens. No *Brihadaranyaka* o conhecimento do grande Yajnavalkya é validado apenas após ter sido colocado à prova pelas questões mal-humoradas da mulher Gargi (3:8.2-12), e sua mãe Maitreya abre mão das riquezas que ele oferece para ela, preferindo o conhecimento de Brâman (2:4.1-14).

De fato, os Upanishads provavelmente não foram compostos no todo por brâmanes. Há uma boa razão para se pensar que não brâmanes, especialmente kshatriyas, tenham composto alguns deles – particularmente aqueles que refletem o ponto de vista dualístico ao invés de monista; pois os kshatriyas eram, concluiu-se, mais inclinados do que os brâmanes para o proto-hinduísmo que sobrevivia dos tempos pré-arianos, para os ritos de fertilidade pé no chão e para as práticas mágicas baseadas na aceitação da realidade do mundo externo e de suas forças mágicas.

Ritual interiorizado

Pode se notar um movimento em direção à interiorização da prática religiosa. Essa propensão adquiriu duas formas.

Primeiro houve uma tendência em direção ao ascetismo; isto é, o distanciamento da atividade no mundo em direção à atividade interior da mente e do espírito. Pensadores ascetas e meditativos se multiplicavam numericamente e rivalizavam com os sacerdotes ao receber o mais alto respeito. Mesmo brâmanes passaram a se retirar para as florestas, se ocupando com a meditação e diálogo. Esse não era de fato um tipo novo de comportamento. O *Rig-Veda* menciona ascetas, chamando-os de *muni* e *vratyas*. O humor dos arianos estava mudando. Mais e mais deles estavam inclinados a desistir do mundo e buscar emancipação (**mokṣa**) desta ilusão e dor.

Em segundo lugar, havia uma tendência a se afastar de ritualismo externo. É verdade que os Upanishads (os mais antigos, o *Brihadaranyaka* e o *Chandogya* em particular), como apêndices aos Brâmanas, bem como seus suplementos (os Aranyakas), estão longe de renunciar aos sacrifícios enquanto prática religiosa ou como um ideal de vida. Não obstante, eles reagem contra o ritualismo ao encontrar equivalentes, para não dizer substitutos, para os rituais ao redor do altar. Tais substitutos são encontrados nos atos e nos estados de corpo e mente dos ascetas e sábios (*rishis*). O *Satapatha-Brâmana* já havia sugerido que cada sacrifício era, por um lado, Prajapati, o Senhor das criaturas (= Purusha sendo oferecido de novo, assim como o fora na criação), e, por outro, o Sacrificador, que oferece a si mesmo conjuntamente com seu sacrifício; assim, nós temos a equação, o sacrificador = o sacrifício = Prajapati.

Outra linha de raciocínio, que enlaça a vida devocional do hinduísmo do começo ao fim, considera o calor (**tapas**) gerado pela austera devoção do asceta na floresta equivalente ao fogo no altar, e a repetição mental dos cantos védicos equivale à sua recitação ao lado do altar (cf. a descrição do terceiro estágio da carreira de vida do Brâmane, p. 161s.). Ao se modificar a ênfase dos sacrifícios no altar para seus equivalentes seria possível continuar vivendo no espírito dos rituais dos Brâmanas, e ainda que os desconsiderando na prática, mantê-los na essência. Isto se deu para interiorizar os rituais por meio da passagem do sacrifício oferecido aos deuses externamente para o sacrifício ocorrendo dentro de si mesmo.

Acompanhando esta mudança do sacrifício externo para o interno havia uma nova ênfase no que há de mais digno do espírito, ou da alma – o eu interior (**atman**). Comparado a este eu interior, o mundo natural (**prakriti**, matéria), incluindo o corpo e seus estados sensorial e mental, é de uma ordem inferior. Escolher ignorar o eu interior e estar contente com o mundo natural seria um ato de ignorância que podia resultar apenas em ilusão e sofrimento. Por conseguinte, ainda que sacrifícios rituais como meios de alterar o mundo natural pudessem ter algum mérito em melhorar a parte destinada para alguém, a salvação era alcançada de forma melhor quando o indivíduo se separava do mundo natural e de sua própria experiência sensorial e mental, por meio de ascetismo e meditação; isto é, "abandonando o corpo" e "libertando a alma".

A tendência em direção ao monismo

O ponto de vista resumido é um dualismo entre a natureza material (prakriti) e o eu interior, imaterial (atman). É uma posição minoritária presente em alguns Upanishads (e.g., o *Shvetasvatara*). Mas muitos pensadores Upanishádicos foram além de tal posição, a ponto de equalizar e mesclar estes dois extremos em um ponto de vista unificado (**monismo**). Em sua busca pelas conexões interiores entre as coisas, eles encontraram equivalências e identidade por toda a parte. Por exemplo, no Chandogya Upanishad, o fogo no altar é identificado com o fogo no sol, e o fogo no sol com o poder criativo (calor, tapas) do Ser em si (Brâman).

Esta presença por toda a parte do calor como poder criativo foi antecipada nos Vedas. No hino de criação (p. 128) o calor ("o poder do calor") trouxe a própria "Coisa Uma" à existência ativa. O calor está por toda a parte. Os Vedas notaram que o calor do sol vaporiza a umidade da terra e do mar, trazendo assim a chuva; o mesmo calor amadurece frutas e grãos; os fogos da lareira e do altar, por meio de seu calor, cozinham o alimento das casas e dos sacrifícios; as energias de Indra e dos outros deuses são um resultado de seus fogos internos, e as atividades dos homens têm estímulo similar; o calor do estômago "cozinha" sua comida; todos os eventos tanto dentro quanto fora do corpo requerem calor para acontecer. Um raciocínio similar encontrou por toda parte a presença de água e comida. Em um brâmana (*Tait.* 2.8) o Alimento declara: "Eu sou a real essência do universo. Minha força incandesce os sóis do céu".

A atividade das abelhas extraindo néctar das flores pelo calor (ou energia) é a mesma que a atividade dos sacerdotes extraindo o mel da bênção do suco de soma e leite aquecido no fogo sacrificial, e isto, novamente, é exatamente o que a mente faz ao extrair o mais elevado bem de uma aquecida contemplação do ritual.

A luz que brilha acima de todos os mundos e sobre tudo é a mesma luz que está dentro de cada homem e que pode ser experimentada quando nós tocamos seu corpo e percebemos o calor de seu fogo interno. Esta tendência de enxergar todas as coisas como essencialmente equivalentes foi intensificada quando os deuses e todos os outros objetos foram concebidos como formas ou elementos derivados da autodistribuição de uma fonte originadora, ou base do Ser – uma Pessoa, cavalo, ou vaca, sacrificando a si mesma através do autodesmembramento e buscando agora sua reconstituição ou reunificação ao ligar novamente suas partes em conjunto. Em última instância, todas as coisas estão unidas, não apenas por semelhança de atividade, mas em realidade – ou seja, em *Ser*. Os hindus vieram a conceber que eles não estavam separados dos deuses e entre si mesmos, mas que as pessoas formavam uma identidade com um Ser ou Realidade eterno, inclusivo por completo; desta forma, pode-se buscar livramento (mokşa) da separação pela união mística com esse ser, ou realidade.

Brâman

Este ser ou realidade totalmente inclusiva é mais comumente chamado de Brâman. Nos Upanishads, o termo estava removido do seu contexto antigo védico: ele não mais se referia apenas ao poder sagrado das orações, mas se aplicava diretamente à realidade última. Brâman é um termo neutro (em alguns textos, é escrito como Brâma, e facilmente confundido com o nome de uma divindade, **Brâmā**. A fim de reduzir a confusão, um *n* é colocado em todas as nossas citações).

Os Upanishads não procuram trazer uma definição precisa de Brâman e suas descrições variam. Alguns dos tratados, principalmente os últimos, concebem Brâman como um tipo de divindade provido de personalidade.

> Imortal, existindo como o Senhor.
> Inteligente, onipresente, o guardião deste mundo,
> É Ele quem constantemente governa este mundo [...][11].

Muitas passagens indiscriminadamente misturam designações pessoais e impessoais para esta realidade última. Em outras passagens as designações pessoais parecem ter recorrido mais por hábito ou como concessão a uma imaginação problemática do que a qualquer outra coisa. O "Um limitado" é descrito como "Ele/Aquele [que] acorda este mundo".

> Verdadeiramente, no começo do mundo havia Brâma(n),
> o Um ilimitado – ilimitado para o leste, ilimitado para o norte [...] ilimitado em todas as direções.
> Incompreensível é esta alma, ilimitada, não nascida,
> não passível de ser compreendida, impensável –
> Aquele cuja alma é espaço! Na dissolução do mundo
> apenas Ele permanece acordado.
> Daquele espaço, Ele, de forma garantida, desperta este mundo,
> que é uma massa de pensamento.
> Ele foi pensado por Ele, e n'Ele desaparece.
> Sua é aquela forma brilhante que dá calor ao distante sol
> e que é a brilhante luz em um fogo sem fumaça, como também
> o fogo no estômago que cozinha a comida. Pois assim foi dito:
> "Aquele que está no fogo, e aquele que está na lareira,
> e aquele que está muito distante no sol – ele é um"[12]

Alguns tratados, os mais antigos, regularmente referem a Brâman como algo neutro, sem moção ou sensação, a matriz impessoal da qual o universo foi emitido e para a qual em seu devido tempo retornará. Este Isto, esta Coisa Una, é o substrato de tudo.

> Verdadeiramente, este mundo inteiro é Brâma(n).
> Que tranquilamente se adore-O como aquilo do qual se veio,
> Como aquilo no qual se dissolverá,
> E como aquilo no qual se respira[13].

BRÂMAN E ELE-ELA/O SER ALÉM

Os Upanishads posteriores mostraram uma consciência do problema colocado pelos pronomes alternativos Ele-Ela e o pronome neutro. Se "Ele-Ela" é divindade, então o "ser" representado pelo pronome neutro está além, ainda que se mantenha inclusivo à Divindade (na terminologia de Mestre Eckhart, o místico medieval, o "ser" representado pelo pronome neutro é o "Deus além de Deus"). Estes Upanishads, portanto, fazem uma distinção entre Brâman manifesto como uma pessoa (Ele-Ela) e Brâman não manifesto (representado pelo pronome neutro). Assim, o *Maitri Upanishad* diz:

> Existem, certamente, duas formas de Brâman:
> o formado e o sem forma.
> Mas o que é formado é irreal (ou não é real por completo);
> o que é sem forma é real (i. e., real em última instância)[14].

Nesta imputação de relativa irrealidade ao Brâman formado tem-se um vislumbre de uma doutrina elaborada mais tardiamente, a doutrina de **maya**. De acordo com esta doutrina, o Não manifesto é a fonte e a base de todas as coisas e seres manifestos (o mundo e tudo que nele há, incluindo o Brâman formado, ou personificado). Mas estes elementos e entidades não são completamente reais. Apenas o Brâman oculto é completamente real e imperecível.

Alguns Upanishads têm empregado ainda outros termos para tornar esta distinção explícita. Confrontados com o problema de como um ser disforme e inativo pôde criar um mundo de formas visíveis e mutáveis, eles dizem que o Brâman não manifesto expressou seu poder criativo inerente ao produzir Hiranyagarbha, o Ovo dourado, que na aurora da criação emergira do "Mar de Brâman" e se tornou o ativo deus criador, Brâmā. (Note-se que *Brâmā* é masculino, não neutro, e que a tônica está na última vogal.) Por meio do "poder mágico" inerente (maya) de Brâman, Brâmā criou o mundo. Enquanto deus pessoal ocupando uma posição soberana, seu título é *Ishvara*, "Senhor", um título que é também dado a Shiva, o destruidor, e a Vishnu, o Preservador, em outros contextos.

BRÂMAN MANIFESTO E NÃO MANIFESTO

Em um esforço posterior de clarificação, alguns Upanishads tardios dizem que o deus personificado, pessoal, é *Saguna Brâman* ("Brâman com atributos"), enquanto o não manifesto, não cognoscível e não condicionado Brâman é *Nirguna Brâman* ("Brâman sem atributos"). O último é tão indescritível que referências a Ele devem ser abstratas e negativas; deve-se dizer acerca Dele/Dela: "Neti, neti" ("Nem isto, nem aquilo"). Por outro lado, Saguna Brâman pode ser tanto conhecido como descrito; ele é o senhor deus reinante nos céus que responde ao amor e à oração humanos.

É evidente, então, que o não manifesto e disforme Nirguna Brâman é o definitivo, e o manifesto pessoalmente Saguna Brâman é o intermediário, fonte de todo o mundo externo; como Ele/Ela e o Neutro (Divindade e o Um todo-inclusivo), Brâman é o elemento constitutivo, e a presença penetrante em tudo o que é objetivo, tudo que está fora de nós, o mundo inteiro da natureza percebido por nós por meio dos sentidos. No diálogo contido no *Brihadaranyaka Upanishad* entre o renomado brâmane, Gargya Balaki, e o rei dos Benares, um kshatriya que é seu superior na compreensão filosófica, há uma progressiva definição de Brâman como a realidade interna e ainda assim além do sol, da lua, relâmpago, espaço, vento, fogo, água, espelhos, sons e reverberação; as diferentes quatro partes dos céus, as sombras e os corpos[15]. Outros Upanishads têm o mesmo tom geral: todas as coisas, todas as criaturas são, em última instância, fases d'Aquele Um – "o sacerdote ao altar, o convidado na casa"[16].

Brâman e Atman

Mas isto é apenas metade da história. Brâman é também tudo que é subjetivo, todo o mundo interior da razão, sentimento, vontade e consciência própria, com os quais o mais íntimo do próprio ser é identificado. Tudo o que acontece na alma humana, e a própria alma, são fases d'Aquele Um. O termo usado aqui para o ser interior é *atman/atma*, um termo usado filosoficamente para denotar a parte interna mais íntima e invisível de uma pessoa, enquanto algo distinto de seu corpo, órgãos sensoriais e mentalidade; isto quer dizer que *atman* se refere ao ser transcendental, não ao observável, empírico ser (*jiva*) cujas características mentais e psicológicas são desenvolvidas no corpo e são passíveis de ser conhecidas por meio da experiência sensorial. Muitos dos Upanishads insistem que, ao contrário da crença popular na absoluta individualidade da alma humana, há uma identidade real entre Brâman e atman, e que isto é verdadeiro em relação a qualquer e todo atman, seja ele encontrado em seres humanos, bestas, insetos, flores, peixes ou qualquer outra coisa viva. "Yajnavalkya", clama um ansioso inquiridor no *Brihadaranyaka*, "explique para mim sobre aquele que é o Brâma(n) presente e não além de nosso alcance, aquele que é a alma de todas as coisas". "Ele é sua alma", veio a resposta.

> Aquele que, residindo na terra [...] nas águas [...]
> no fogo [...] na atmosfera [...] no vento [...] no céu [...] no sol [...]
> nos quartos do céu [...] na lua e nas estrelas [...] espaço [...]
> escuridão [...] luz [...]
> Aquele que, residindo em todas as coisas, ainda assim é outro em relação a todas as coisas,
> a quem todas as coisas não conhecem, em cujo corpo todas as coisas são,
> e que controla todas as coisas do interior –

Ele é sua alma, o Controlador do Interior, o Imortal [...]
Aquele que, residindo na respiração [...] na fala [...] nos olhos [...] na audição [...] na mente [...] na pele [...] na compreensão, ainda assim é outro diferente da compreensão,
Ele é o vidente não visto, o ouvinte não ouvido,
o pensador não pensado, o que compreende mas não é compreendido.
Além d'Ele não há quem veja [...] que pense [...]
que compreenda [...]
Ele é sua alma, o Controlador do Interior, o Imortal[18].

"TU ÉS TU"

Tal passagem sugere de forma suficiente a conclusão para a qual essa forma de raciocínio conduz. O verdadeiro eu de uma pessoa e a alma do mundo (*paramatman*, o atman universal) são um, idênticos. Esta identidade é expressa no *Chandogya Upanishad* na fórmula *Tat tvam asi*, que significa, "Este (ou isto) és tu!"[19] Em outras palavras, a Alma cósmica é o próprio elemento do qual a alma humana é formada. E os Upanishads variam ao considerar se este elemento é de natureza mental ou material. Tudo é Ser (*sat*), consciência (*cit*) e alegria (*ananda*), mas também os seus opostos. Nada acontece no ser individual que não tenha sua fonte e base no *Próprio* Ser. Nós podemos desta forma equiparar Brâman, a Totalidade objetiva, e Atman, o ser interior, e chamar à realidade definitiva, portanto, **Brâman-Atman**, reconhecendo dali em diante que o objetivo e o subjetivo são um.

Não se deve dizer que esta é a inequívoca conclusão de todos os Upanishads. Alguns deles não chegam tão longe e são mais monoteístas do que monistas. Nenhum deles chega exatamente na doutrina de que por apenas Brâman-Atman existir, todo o universo seria completamente uma ilusão, ou o "passatempo", "jogo" ou "arte" da criativa Alma cósmica. Há ainda o reconhecimento de uma realidade relativa ou derivativa do universo; é algo que fora expirado por Brâman-Atman e penetrado por seu/sua/(pronome neutro) ser. Ainda assim, talvez "expirado" e "penetrado por" não sugiram de forma suficiente a coesão e unidade de ser que existe entre o Subjetivo e o Objetivo. O *Brihadaranyaka*, ao invés disso, claramente insiste que, apesar das coisas e seres poderem ser chamados de emanações, criações ou construtos penetrados por Brâman-Atman, "assim como uma navalha pode estar oculta em uma bainha"[110], todas as coisas *são* em última instância Brâman-Atman sem quaisquer qualificações (Brâman-Atman é tanto a navalha quanto a bainha).

O *Chandogya Upanishad*, fazendo um jogo de palavras com a frase *Tat tvam asi*, conta a seguinte história:

> Havia [alguém chamado] Shvetaketu Aruneya. Seu pai lhe disse: "Aquele que é a melhor essência [...] isto, este mundo o tem como sua alma. Isto é a realidade. Isto é Atman. Isto és tu, Shvetaketu".
>
> "O senhor fazes-me compreender cada vez mais."
> "Assim seja, meu caro", disse ele...
> "Traga aqui um figo."
> "Ei-lo, senhor". "Reparta-o."
> "Está repartido, senhor."
> "O que tu vês ali?"
> "Aquelas sementes tão boas, senhor."
> "Destas, reparta uma."
>
> "Está repartida, senhor."
> "O que tu vês ali?"
> "Absolutamente nada, senhor."
> Então ele lhe disse: "Verdadeiramente, meu caro, esta fina essência que tu não percebes – verdadeiramente, meu caro, é desta melhor essência que esta grande árvore Nyagrodha (figueira sagrada) surge".

"Creia em mim", disse ele, "que aquela que é a melhor essência – este mundo inteiro a tem como sua alma. Isto é a Realidade. Isto é Atman. Isto és tu, Shvetaketu"[112].

UNIDADE EXPERIENCIAL

Os pensadores dos Upanishads não pararam por aqui. Sabendo que sua filosofia estava baseada em misticismo, e não apenas na busca pelo conhecimento, eles afirmaram que, quando a alma humana *conhece* sua completa identidade com Brâman, ela celebra este conhecimento com um sentimento de unidade próximo do êxtase. A experiência deste conhecimento seguro foi descrita como sendo tanto beatífica quanto indescritível; uma bem-aventurança.

> Um lugar de onde retornam as palavras juntamente com a mente,
> não tendo alcançado [seu objetivo][113].

Indubitavelmente, a maior parte dos autores dos Upanishads conhecia, se é que eles próprios não praticassem, a técnica de tal compreensão da identidade com o Brâman, ou da completa absorção nele. Nessa técnica, o prospectivo conhecedor de Brâman sentava-se meditando em profunda quietude de mente, buscando conhecer – verdadeiramente *saber*, e não ter uma opinião ou uma mera crença, mas a certeza espiritual – como o conhecedor interno e o mundo externo dos sentidos teriam similarmente o mesmo fundamento de existência; que ele ou ela e a árvore nas proximidades eram um, pois eles eram ambos fases do Um; em resumo, *eram* Brâman-Atman e nenhum outro. A certeza de tal unidade se apresentava para alguém quando este alguém estava em um estado mais de inconsciência do que consciência (estritamente falando, alguém não estaria nem inconsciente, tampouco consciente. Alguém poderia estar em um transe, no qual o sentido de identidade pessoal se dissolva). Ao buscar analogias para isso, os pensadores Upanishads tardios declararam que haviam três estados mentais que poderiam ser comparados utilmente com ele: o estado de despertamento da consciência, o estado de sono com sonhos, e o estado de sono profundo, sem sonhos. Todos eram estados de consciência, mas enquanto modos de se experimentar a realidade eles eram todos defeituosos, especialmente os dois primeiros, pois neles havia a persistência da consciência de uma dualidade entre sujeito e objeto, ser e não ser, ego e não ego. Um sono profundo e sem sonhos estava o mais próximo de prover uma analogia para o estado de união com Brâman porque representava uma submersão de volta para um tipo de não consciência na qual sujeito e objeto não mais se distinguiam.

ESTADO DE PURA CONSCIÊNCIA: *TURIYA*

Mas um quarto estado subjacente de consciência e que ainda assim transcende os primeiros três – a Consciência pura – vem completamente à existência apenas com a experiência de união com Brâman (chamada de *turiya* ou *caturtha*). Este estado é considerado o mais elevado de todos os estados de mente por representar a mais pura existência da alma, quando ela está sem intento de dormir e quando sujeito e objeto são indistinguíveis na pureza do ser. Um intérprete moderno da Índia identifica-o como uma "pura consciência intuitiva, onde não há conhecimento de objetos internos ou externos"[11]. O *Mandukya Upanishad* contém uma interessante definição dele:

> O quarto estado não é o que está consciente do subjetivo, nem aquele que está consciente do objetivo, nem aquele que está consciente de ambos, nem aquele que é simples consciência, nem aquele que é uma massa toda-senciente, nem aquele que é todo escuridão. Ele

é invisível, transcendente, a única essência da consciência de si mesmo, a completude do mundo[12].

No estado turiya o mundo e o próprio ser não são obliterados como eles ficariam em um sonho profundo e sem sonhos, mas tanto o próprio ser e o mundo são mantidos juntos em suas puras essências, despojados de toda distorção e ilusão experimentados como estando unidos com a existência de Brâman-Atman, onde se descobre que sua realidade existe. Experimentar tal estado de consciência é atingir mokṣa, a libertação final, o livramento do renascer.

Primeira aparição no pensamento hindu de reencarnação e karma

Foi nesse mesmo período que uma nova cor foi dada ao pensamento indo-ariano por meio da adoção de duas doutrinas que se tornariam elementos permanentes no contexto da Índia.

Ciclos cósmicos: Kalpas

Uma doutrina desenvolvida durante esse período permite uma periódica dissolução ou suspensão da existência de todas as almas e de todo o mundo. Esta é a famosa teoria da destruição cíclica e recriação do mundo. De acordo com esta teoria, o mundo se dissolve ao final de cada **kalpa**, ou período de existência criada, e todas as almas no universo se afastam de seus corpos em um estado de existência suspensa. Após um período de completa nulidade e repouso, chamado de *pralaya*, o mundo volta novamente à existência, e as almas por muito tempo em repouso passam por uma nova incorporação em vegetais, animais, seres humanos, deuses e demônios. As castas são formadas novamente, os Vedas recompostos, e outro Kalpa procede, rumo ao seu inevitável fim, com a história geralmente repetindo a si mesma.

Tais concepções contêm o gérmen de muita filosofia futura. Os seis grandes sistemas de filosofia hindu (p. 162s.) se desenvolveriam a partir destes primeiros frutos de especulação. A mente indiana tinha de fato sido desperta do abismo.

Ambas doutrinas fizeram sua primeira aparição na literatura indiana nos Upanishads, mas muito provavelmente não foram meras invenções do tempo; elas podem ter sido tomadas de antigas crenças. Em qualquer caso, tais doutrinas não estavam presentes no antigo espírito ariano; ao invés disso, derivam sua relevância da própria Índia, considerada como o pano de fundo evocador de pensamentos da vida humana.

SAMSARA

A primeira dessas doutrinas, a crença em um ciclo de mudança de nascimento-morte-renascimento-morte, não é peculiar à Índia. Ela é amplamente defendida tanto em culturas primais como altamente desenvolvidas. O termo sânscrito *samsara* (sequência de mudança) está ligado nos Upanishads com

> *Estendido para cima e para baixo, Brâma(n) de fato é o mundo inteiro, em toda sua ampla extensão*
> O Mandukaya Upanishad[17]

a ideia de um atman (alma) imperecível, introduzindo uma doutrina de transmigração da alma de uma forma de vida para outra, da reencarnação do atman em uma sucessão de corpos (em outros contextos – no budismo, por exemplo – samsara é questão de impermanência; uma vida dá origem a outras vidas, mas a noção de uma entidade de alma imperecível transmigrando não é sobreposta).

Nos Upanishads, o raciocínio é o seguinte: a alma de uma pessoa que morre não passa para um estado permanente de existência no céu, inferno, ou qualquer outro lugar, exceto no caso único de alguém que, em sua morte, retorna para a unidade indistinguível com Brâman; a alma, ao invés disso, é renascida em outra existência que terminará em seu devido tempo e necessitará de ainda outro renascimento. Um renascimento se sucede ao outro com a única exceção mencionada, em uma cadeia interminável. Os sucessivos nascimentos não se dão provavelmente no mesmo plano de existência. O renascimento pode ocorrer por um tempo finito de tempo em qualquer uma das séries de céus ou infernos, ou sobre a terra, em qualquer uma das formas de vida, vegetal, animal ou humana. Ele pode, assim, ser mais elevado ou mais baixo do que no presente, ou que em qualquer experiência passada. Um homem de *status* social baixo pode renascer como um rajá ou um brâmane ou, mais provavelmente, como alguém sem casta, como um animal, um besouro, um verme, um vegetal, ou como uma alma no inferno.

Enquanto os Upanishads, focados em questões filosóficas, mal mencionam a multiplicidade de deuses tão importantes para o hinduísmo tardio, é digno de nota que todas as divindades corporificadas são percebidas como parte do mundo samsárico e sujeitas ao **karma**. Durações de vida de milhares de anos são, não obstante, finitas e sujeitas ao renascimento (ou livramento final), de acordo com o mérito.

KARMA

A existência futura de alguém é determinada por uma segunda nova doutrina, a Lei do Karma (*karma* significando "feitos" ou "trabalhos"), a lei de que os pensamentos de alguém, suas palavras e feitos têm consequências éticas, fixando a parte deste alguém nas existências futuras.

Observado retrospectivamente, *karma* é a causa do que está acontecendo na vida de alguém no presente.

A Lei do Karma assume que tudo que alguém faz, cada feito em separado de sua vida e pesado ao lado de cada outro feito, determina o seu destino. Cada único ato tem sua inevitável consequência, que será totalmente computada, seja para o bem ou mal. Este é o ponto de vista extremado; alternativamente, muitos hindus interpretam a lei como sendo menos rigorosa em sua definição das consequências de cada ato em separado e dizem que é simplesmente a lei de que cada um "planta o que colhe". Ou nós podemos usar ainda outra metáfora: os feitos não formam apenas o caráter, mas também a alma, e desta maneira na próxima encarnação da pessoa a alma, tendo uma forma definida, "pode encontrar reincorporação apenas em uma forma em que aquele contorno possa se espremer"[K]. Em qualquer caso, essa Lei do Karma opera como uma

> *Esta minha alma dentro do coração é menor que um grão de arroz, ou de cevada, ou que uma semente de mostarda, ou que um grão de painço, ou o núcleo de um grão de painço; esta minha alma dentro do coração é maior que a terra, maior que a atmosfera, maior que o céu, maior que os mundos [...]. Esta minha alma dentro do coração, isto é Brâma(n).*
> O Chandogya Upanishad[L.11]

lei da natureza. O processo é bastante impessoal; "Não há juiz nem julgamento; não há punição, arrependimento ou retificações, não há remissões de pecado por clemência divina [...] apenas o nexo causal inexorável do próprio universo eterno"ᴸ.

Em algum determinado tempo posterior ao que estamos a considerar, a recompensa exata dos feitos de alguém foi estimada precisamente da seguinte maneira:

> Em consequência de muitos atos pecaminosos cometidos com seu corpo, um homem se torna no próximo nascimento algo inanimado; em consequência por pecados cometidos pela fala, um pássaro, e em consequência de pecados mentais ele é renascido em uma casta mais baixa [...]. Aqueles que cometeram pecados mortais, tendo passado um grande número de anos em terríveis infernos, obtêm após a expiração daquele prazo de punição os seguintes nascimentos. O assassino de um brâmane entra no útero de um cão, um porco, um asno, um camelo, uma vaca, uma cabra, uma ovelha, uma cerva, um pássaro, uma Kandala, e uma Pukhasa [...]. Um brâmane que rouba o ouro de um brâmane deverá passar mil vezes através dos corpos de aranhas, serpentes, lagartos, animais aquáticos e destrutivos Pukhasas [...]. Homens que se deleitam em trazer sofrimento se tornam animais carnívoros; aqueles que comem alimentos proibidos, vermes; ladrões, criaturas consumindo sua própria espécie [...]. Por roubar grãos um homem se torna um rato [...] por roubar um cavalo, um tigre; por roubar frutas e raízes, um macaco; por roubar uma mulher, um urso; por roubar gado, uma cabraᴹ.

O desencorajamento que este tipo de perspectiva evocava é bem expresso no *Maitri Upanishad*: "Neste tipo de existência (*samsara*), qual o bem em se deleitar com desejos, quando depois que um homem deles se alimenta se dá seu repetido retorno aqui na terra? Agrada-te em libertar-me. Neste círculo de existência eu sou como um sapo em um poço sem água"ᴸ¹⁵. Aqui é expressa claramente a infelicidade que caracterizava a repulsa emocional da Lei do Karma.

É claro que o princípio do karma pode também ser visto como o meio certo para a liberdade final, pois ações puras garantem emancipação do samsara. Este lado brilhante da consequência kármica é raramente celebrado nos Upanishads, mas a garantia de justiça final e segurança de posição no presente receberiam um grande espaço na evolução do sistema de castas.

O lugar da casta no dogma religioso

Durante o período por volta de 500 AEC, o sistema de castas, tão distintivo na vida social hindu, foi gradualmente se estabelecendo, ainda que sua forma final levasse séculos para evoluir. As quatro classes (varna) eram no momento em questão, as seguintes: primeiro, os Brâmanes; então os Kshatriyas; abaixo destes, os Vaishyas ou "produtores"; e, por último, os Shudras ou servos. É possível que os brâmanes tenham imposto esta classificação quaternária por desejarem estabelecer sua supremacia – e eles tiveram sucesso. Completamente fora do sistema de castas – "além da fronteira" – estavam os sem-casta, incluindo um grupo que era "intocável". (O termo *pária* – *outcaste* em inglês – usualmente é lido como um substantivo; isto é, na maior parte dos casos, párias não eram grupos expelidos, como o inglês pode parecer indicar – *cast out*, mas aqueles que nunca estiveram incluídos.) Os párias constituíam a escória da sociedade; eram impuros e sem a esperança de sequer subir na escala social, a menos que acontecesse de serem indivíduos tornados párias temporariamente por infração de regras de casta, que aguardassem sua reintegração após a expiação de suas ofensas. A estratificação da sociedade foi ainda mais adiante. Nos séculos que se sucederam linhas rígidas foram traçadas, não apenas entre, mas também dentro das castas. As castas principais foram fissuradas em centenas de subcastas, *jatis*, cada uma proibindo casamentos mistos com outras subcastas e, de outra forma, restringindo liberdade de associação.

Mas nosso interesse aqui não está na extensão social do sistema de castas (para isso, cf. p. 195-197), mas sim no seu papel dentro dos dogmas religiosos desenvolvidos pelos brâmanes. Quando o sistema de castas foi ligado à Lei do Karma, as desigualdades da vida receberam subitamente uma explicação simples e compreensiva. A existência da casta na estrutura social imediatamente adquiriu um tipo de justificativa moral. Se uma pessoa nascera shudra, era porque ele ou ela havia pecado em existências anteriores e não merecia uma porção melhor. Brâmanes, por outro lado, tinham todo o direito de exaltar suas posições e prerrogativas; pelos bons feitos em existências anteriores eles mereciam sua atual alta posição. E aqui, também, a classificação das castas com os brâmanes no topo, os kshatriyas em seguida, os vaishyas em terceiro e os shudra como últimos parecia justificada por uma escala corrediça espiritual, por assim dizer: as classes na sociedade com o melhor histórico de feitos espirituais deveria estar no topo.

A consequência social da justificativa moral da casta era aparente em outro sentido. Ela removia qualquer motivação de nivelar as desigualdades da sociedade e estabelecer uma base mais ampla para justiça social e recompensa. Atos deste tipo se tornavam ou ímpios ou moralmente equivocados. Penalidades sociais e religiosas pesadas podiam ser invocadas contra aqueles que questionassem a Lei do Karma, ao mesmo tempo em que fixava a justa retribuição ou recompensa por feitos executados em vidas anteriores.

A NECESSIDADE DE UMA FORMA DE LIBERTAÇÃO

Os arianos que vieram para a Índia eram um povo robusto e otimista, mas este estado de espírito confiante persistiu apenas enquanto perdurou o humor expresso nos Vedas. Com o tempo o descontentamento com o mundo cresceu na antiga Índia, sendo expresso no surgimento do sistema de castas, na adoção das crenças de reencarnação e da Lei do Karma, além do desenvolvimento entre os poucos indivíduos mais sensitivos de um ascetismo de negação do mundo. Esta virada para dentro de si em busca de realização e preenchimento tinha outras causas também. Havia sem dúvida condições físicas e psicológicas que contribuíram para isso. Até o tempo de sua descida pelo Vale do Ganges, os arianos não haviam abandonado por completo sua forma de vida nômade. O mundo ainda os atraía, como um espaço cheio de ação e aventura. Mas após eles terem descido pela planície do Rio Ganges e encerrado suas perambulações, sua vida naquele clima quente e enervante se tornou menos ativa. Mentes sagazes não deixariam de refletir debaixo de tais condições. O pensamento poderia substituir as pernas e prover aventuras compensatórias ao intelectual, ao dotado de sentidos aguçados, ou mesmo ao amante de sonhos românticos – as aventuras da mente e da imaginação. Ainda assim, no caso deste mundo vir a ser considerado o único domínio da existência, tais mentes tenderiam a se tornar pesadas, tendo cada vez mais para a elaboração de negativas.

Mokṣa (*Moksha*)

Ainda assim, havia um antídoto clássico para tais hindus enfrentarem essa espécie de desencorajamento, uma solução final: "Você que pensa que esta vida é má, e que está tão angustiado pela perspectiva de eternos renascimentos recorrentes, está se esquecendo de algo. Há um reino que é eterno e imutável, de forma alguma parecido com este mundo que é tão cheio de mudança e decadência, de se vir e de se partir. Você pode ser liberado dele, se você tentar". Os hindus são, de fato, salvos do pessimismo ao aceitarem a crença de que este mundo não é o único domínio da realidade, que o sofrimento eterno não é o seu destino inevitável, e que há um outro domínio da realidade não envolvido sem quaisquer esperanças nesse ciclo de vir a ser, de mudança, desintegração e perecimento – a saber, o domínio do ser verdadeiro e da liberdade verdadeira, *mokṣa*.

Existem na Índia, como em qualquer outra parte, os muitos indivíduos de mentalidade mundana que se preocupam pouco com as desilusões dos poucos mais sensíveis "filosoficamente". Eles estão presos às suas casas e campos, às suas vilas e cidades, às suas esposas e aos filhos; eles se deleitam com comida, com sexo e com posições no cenário social. O Nirvana não é para eles – ainda não.

E é para este ponto que as ideias que temos examinado até então se encaminham com firmeza.

A história posterior das religiões indianas, ortodoxas ou heterodoxas, é essencialmente aquela da busca pela solução de um problema: Como alguém pode atingir um estado de experiência ou existência que transcenda às imperfeições desta vida? Colocando o problema em termos negativos – já que o renascimento é visto como provedor de uma grande rede de sofrimento estendida por grandes extensões de tempo e espaço, como alguém pode atingir a libertação da rodada de renascimentos? Em uma elaboração mais positiva, como alguém pode saber e experimentar o que é verdadeiramente real contra o que é enganosamente e apenas parcialmente real?

Mal quatro séculos se passaram desde o tempo da entrada dos arianos na Planície do Ganges até que esse problema se tornasse tanto claro quanto urgente. A mente da Índia tem trabalhado nele desde então.

Aos que se portavam com conduta agradável – a perspectiva é, de fato, que estes entrarão em um útero agradável, seja o útero de uma brâmane, ou o útero de uma kshatriya, ou o útero de uma vaishya. Mas aos que tinham conduta pútrida – a perspectiva é, de fato, que eles entrarão ou no útero de uma cadela, ou no útero de uma porca, ou no útero de uma pária.
O Chandogya Upanishad[L.14]

As escrituras hindus*

O gráfico aplica-se tanto para o hinduísmo antigo quanto para o posterior (capítulos 3 e 4)

Shruti ("aquilo que é ouvido") Literatura sagrada védica
1. *Samhita* - "Coleção" (de hinos)
   a. *Rig-Veda* - 1.028 hinos (ca. 1500-900 AEC)
   b. *Sama-Veda* - "Canto" (versos do Rig-Veda arranjados para uso litúrgico)
   c. *Yajur-Veda* - "Sacrifício" (200 anos depois)
      Recensão Sukla (branca) - mantras puros
      Recensão Krishna (negra) - mantras mais fórmulas sacrificiais
   d. *Atharva-Veda* - encantos e feitiços mágicos
2. *Brâmanas* (ca. 850 AEC) - conceitos-chave: varna (casta)
   Parte posterior: Aranyakas (ca. 500 AEC)
3. *Upanishads* "Vedanta" (ca. 500 AEC) - trabalhos filosóficos
   Conceitos-chave: Brâman, Atman, Maya, Yoga, Nirvana

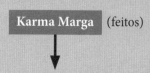 Karma Marga (feitos)

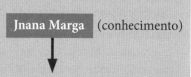 Jnana Marga (conhecimento)

Smriti ("aquilo que é lembrado") Literatura sagrada não védica
1. Vedāngas - fonética, gramática, etimologia, prosódia, medicina
2. Dharma Shastras - conduta, higiene, administração
   Leis de Manu (ca. 200 AEC) - um desenvolvimento posterior dos Brâmanas inclusos
3. Nibandhas - codificações das leis Védicas
4. Purānas e Épicos - literatura popular
   a. Purānas: esp.
      Bhagavata Purāna, glorificando Vishnu e Krishna
      Suta Samhita, glorificando Siva (filosofia Advaita)
   b. Épicos:
      Rāmāyana
      Mahabharata (inclui o *Bhagavad Gita*)
5. Darshanas - as seis escolas de filosofia
   a. Sankhya
   b. Nyāya
   c. Vedānta
   d. Yoga
   e. Vaishesika
   f. Mīmāmsā
6. Agamas ou Tantras (escrituras sectárias)
   a. Shaivismo
   b. Vaishnavismo
   c. Shaktismo

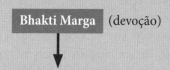 Bhakti Marga (devoção)

7. Escritos de gurus reverenciados
   a. Shankara ca. 800 EC
   b. Ramanuja século XII EC
   c. Ramakrishna morto em 1886

*Adaptado de V. Raghavan, apud MORGAN, K.W. *The Religion of the Hindus*.

GLOSSÁRIO

Agni (ăg'-ni): o fogo sagrado; enquanto Agni, o deus sacerdote ritual do fogo e da luz.

Arianos (indo-europeus): povos seminômades que migraram da Europa Oriental e da Ásia Central para o Ocidente, tornando-se os ancestrais dos gregos, romanos, celtas e germânicos, e para o Oriente, para a Pérsia e a Índia (ca. 1500 AEC); sua cultura sânscrita está infundida na tradição dominante da Índia de hoje.

Aşvamedha (ash-v-ã-mã'-d-ha): o antigo sacrifício equino ariano.

Atharva-Veda (a t-har'-vã-vê'-d'): poesia ritual brâmânica dedicada à solução de necessidades práticas: curar doenças, lançar feitiços para ganhar um amante, evitar má sorte ou expiar pecados (cf. gráfico na p. 145).

Atman (at'-mã n): a essência da consciência, a alma; em última instância, o componente subjetivo do Brâman.

Brâmã (brã-mã') (masculino): o Criador; ainda que menos popular que Shiva e Vishnu, ele compõe com eles a tríade suprema (*trimurti*), e é um portador do título Ishvara ("Senhor").

Brâman (bra'-mãn) (neutro): na literatura védica, uma potência mágica do tipo da mana associada especialmente com enunciados sagrados (mantras) e orações; nos últimos trabalhos filosóficos, Brâman é o último local de todas as formas e fenômenos, a Alma Cósmica, ou Alma do Mundo.

Brâmanas (bra'-mãn-ãz): comentários sobre os Vedas enfatizando a potência do ritual bramânico em relação ao controle sobre os deuses, natureza e humanidade (cf. gráfico na p. 145).

Brâman-Atman (bra'-mãn-a t-mãn): um termo composto para indicar a identidade essencial da consciência individual com o eterno Brâman, a Alma Universal.

Brâmane (ortografia comum portuguesa): um membro do *Brâmana*, ou classe sacerdotal das castas, o mais elevado grupo na ordenação varna da sociedade.

Brihaspati (Brâmanaspati): uma divindade ritual, o poder da oração personificado.

Dasas (Dasyus): habitantes indígenas de pele escura do noroeste da Índia subjugados pelos invasores arianos; os Dasas eram provavelmente sobreviventes da cultura do Vale do Indo e de povos aparentados do Punjab.

Dravídica: uma importante família etnolinguística de povos de pele escura não arianos mais numerosos no sul da Índia; é incerto se eles são descendentes da cultura do Vale do Indo.

Henoteísmo: atribuição ritual bajuladora da posição suprema e uma vasta gama de poderes para um de muitos deuses, ignorando temporalmente mas não negando a existência de outros.

Indra: deus das tempestades e das monções, assassino de Vritra em uma cosmogonia mística no *Rig-Veda*.

Jiva (ji' vã): o princípio de vitalidade, o ser empírico, ou o *atman* incorporado.

Kalpa: uma era mundial ou éon, uma unidade no ciclo de dissoluções periódicas e reconstituições de todas as coisas.

Karma: "feitos", "trabalhos", o princípio das inexoráveis causa e efeito.

Kshatriya (ou Kṣatriya; pron. ksha'trí-yā) (Rajanyas) : a classe de castas dos chefes-guerreiros, a segunda na classificação *varna*.

Maya: o poder de ilusão criativa de Brâman; diferentemente do delirante *avidya* (ignorância) dos mortais, este é o passatempo inventivo da Mente cósmica.

Mokṣa (mok-sha): livramento, libertação do ciclo do *samsara*.

Monismo: o ponto de vista metafísico de que a realidade última é feita de apenas uma substância; a diversidade é apenas aparente e pode ser traçada até um substrato.

Prakriti (prã'-krī-ti): o eterno mundo material autossubsistente, a Natureza.

Purusha: enquanto *Purusha*, a pessoa cósmica original; em filosofias posteriores, consciência pura, a contraparte imaterial, coeterna de *praktiri*.

Rig-Veda: uma coleção de mais de 1.000 hinos sânscritos, o manual litúrgico dos antigos sacerdotes *hotar* arianos, a mais antiga porção da literatura sacra brâmanica "revelada" (Shruti) (cf. gráfico na p. 145).

Rudra: deus da montanha e do vento setentrional, às vezes destruidor, às vezes curativo, depois adorado sob o nome *Shiva*, "auspicioso".

Samsara: sequências de mudança, impermanência, o ciclo de renascimento-(re)morte que aflige cada ser vivo até a libertação (mokṣa).

Shruti: "aquilo que é ouvido", o núcleo mais sagrado da literatura bramânica (cf. gráfico na p. 145).

Shudra: a classe de castas dos trabalhadores, a quarta e mais baixa classificação; a quarta na ordem social *varna*.

Smriti: "aquilo que é lembrado", nível secundário de escritos sagrados que derivam de revelação, mas são compostos por autores humanos (cf. gráfico na p. 145).

Soma: bebida sagrada; como Soma, o sacerdote-deus ritual das libações.

Tapas: "calor" gerado pela austeridade; subjetivamente, cada impulso dominado alimenta o fogo interior de poder psíquico; universalmente, contenção gera calor incubando o gérmen/ovo cósmico.

Upanishads (u-pan'-ī-shãdz): "sessões próximas a um professor", tratados comentados expandindo significados filosóficos encontrados nos *Vedas* (cf. gráfico na p. 145).

Ushas: deusa do amanhecer, vestida de robes brancos; eternamente jovem, ela cavalga uma carruagem dirigida por seus atendentes do sexo masculinos, os gêmeos Asvins.

Vaiṣya (vaí-shyã): a classe de castas dos mercadores, artesãos e pequenos proprietários, a terceira na ordem *varna*.

Varna: classe de castas.

Varuna (va-ru'-na): divindade védica do céu noturno, mantenedor das ordens natural e moral.

Veda: antigos hinos e rituais brâmanicos (cf. gráfico na p. 145).

Vedanta (ve-dãn'-ta): "o final dos Vedas", tratados comentados (Upanishads) sobre os Vedas (cf. gráfico na p. 145); em tempos posteriores, um dos seis sistemas reconhecidos da filosofia hindu.

LEITURAS SUGERIDAS

BASHAM, A.L. *The Origins and Development of Classical Hinduism*. Boston: Beacon, 1989.

DEBROY, B.; DEBROY, D. (org.). Realize the Brahman. *The Upanishads*. 2. ed. Books for All, 1995, p. 64-66.

DONIGER, W. *The Hindus: An Alternative History*. Nova York: Penguim, 2009.

EDGERTON, F. *The Beginnings of Indian Philosophy*. Cambridge: Harvard University Press, 1965.

EMBREE, A.T. (ed.). *The Hindu Tradition*. Nova York: The Modern Library, 1966.

FISHER, M.P.; BAILEY, L.W. Hindu-ness. *An Anthology of Living Religions*. 2. ed. Upper Saddow River: Prentice Hall, 2008, p. 85-86.

GANDHI, M. Untouchability. In: RAU, U.S.M. (ed.). *The Message of Mahatma Gandhi*. Ministry of Information and Broadcasting, 1968, p. 90-92. Reimp., FISHER, M.P.; BAILEY, L.W. *An Anthology of Living Religions*. 2. ed. Upper Saddow River: Prentice Hall, 2008, p. 83-84.

HOPKINS, T.J. *The Hindu Religious Tradition*. Encino: Dickensen, 1971.

KEITH, A.B. *The Religion and the Philosophy of the Veda and the Upanishads*. Cambridge: Harvard University Press, 1920.

PIGGOTT, S. *Prehistoric India*. Harmondsworth: Penguin, 1950.

RENOU, L. *Religions of Ancient India*. Nova York: Oxford University Press, 1953.

SAVARKAR, V.D. Hindutva. In: HAY, S. (ed.). *Sources of Indian Tradition*. Vol. II. Nova York: Columbia University Press, 1988, p. 292-295.

WHEELER, M. *Civilizations of the Hindus Valley and Beyond*. Nova York: McGraw & Hill, 1966.

REFERÊNCIAS

[A] GRIFFITH, R.T.H. (org.). *The Hymns of the Rig Veda*. Benares: E.J. Lazarus, 1896, [1]VI.23.6,7; [2]X.90.10-3; [3]I.50.2; [4]X.139.1; [5]V.85.7,8; [6]VII.98.7,8; [7]X.129; [8]I.164.46. Reimp. com a permissão dos editores.

[B] EGGELING, J. (org.). The Satapatha Brahmana. *Sacred Books of the East*. Oxford: Clarendon Press, 1879-1910, [1]X.6.4.1 (vol. XLIII, p. 40); [2]XIII.3.1.1 (vol. XLIV, p. 328); [3]II.4.2.8-24 (vol. XII, p. 363-369).

[C] THOMAS, E.J. (org.). *Wisdom of the East*. Londres: John Murray, 1923, [1]p. 45 (livro I.32.2,3); [2]p. 48-51 (II.12.7-9, 15); [3]p. 70 (I.114.7-9); [4]p. 31 (I.113.7); [5]p. 65-66 (V.57.4-5). Reimp. com a permissão dos editores.

[D] DE BARY, W.T. (ed.). *Sources of Indian Tradition*. Vol. 1. Nova York: Columbia University Press, 1958, p. 13.

[E] EDGERTON, F. *The Beginnings of Indian Philosophy*. Londres: George Allen & Unwin, 1963, p. 18s.

[F] MacDONELL, A.A. (org.). *Hymns from the Rig Veda*. Mysore: Wesleyan Mission Press, [s.d.], p. 80 (livro VIII.48.3).

[G] ZIMMER, H. *Philosophies of India*. Nova York: Pantheon Books, 1951, p. 411.

[H] BLOOMFIELD, M. (org.). *The Hymns of the Atharva Veda, Sacred Books of the East*. Oxford: Clarendon, 1897, [1]vol. XLII, p. 163 (livro VI.26); [2]vol. XLII, p. (VI.136). Reimp. com a permissão dos editores.

[I] HUME, R.E. (org.). The Thirteen Principal Upanishads, 2. ed. Londres: Oxford University Press, 1934, [1]Svet. 6.17, p. 410; [2]Mait. 6.17, p. 435; [3]Chand. 3.14.1, p. 209; [4]Mait. 6.3,7, p. 425; [5]Brih. 2.1-20, p. 92-95; [6]Kath. 5.2, p. 356; [7]Mund. 2.2.11, p. 373; [8]Brih. 3.7.1-23, p. 115-117; [9]Chand. 6.8.6, p. 246s.; [10]Brih. 1.4.7, p. 82; [11]Chand. 3.14.3, p. 210; [12]Chand. 6.12, p. 247; [13]Tait. 2.4, p. 285; [14]Chand. 5.10.7, p. 233; [15]Mait. 1.4, p. 413. Reimp. com a permissão dos editores.

[J] RADHAKRISHNAN, S. *The Philosophy of the Upanishads*. Londres: George Allen & Unwin, 1924, [1]p. 36; [2]p. 36-37. Reimp. com a permissão dos editores.

[K] ELIOT, C. *Hinduism and Buddhism*. Vol. I. Londres: Edward Arnold, 1921, p. lix. Reimp. com a permissão dos editores.

[L] MOORE, G.F. *The Birth and Growth of Religion*. Nova York/Edinburgo: Charles Scribner's Sons/T. & T. Clark, 1923, p. 118. Citado com a permissão dos editores.

[M] BÜHLER, G. (org.). The Laws of Manu. *Sacred Books of the East*. Vol. XXV. Oxford: Clarendon, 1886, p. 484, 496-498 (XII. 9.54-67). Reimp. com a permissão dos editores.

4
Hinduísmo posterior: a religião como determinante do comportamento social

Fatos resumidos:

• Nome ocidental: Hinduísmo.
• Aderentes em 2015: 1,1 bilhão.
• Nomes usados pelos aderentes: Sanatama Dharma (religião eterna); Varnashramadharma (forma correta de vida para todas as classes e idades).
• Seitas e divindades populares:
  - *Shaiva*: Shiva em muitas formas, incluindo Shiva-Shakti, Ganesha Shakti, a mãe-deusa, Devi, Parvati, Uma, Kali, Durga
  - *Vaishnaya*: Vishnu em dez formas avatares, especialmente Rama e Krishna, Hanuman Lakshmi, Sri, Devi
  - *Tradição*: cf. gráfico na p. 145

O despertamento religioso que ocorreu na Índia no século VI AEC manifestou-se não apenas no surgimento do bramanismo, mas também do jainismo e budismo, religiões que estudaremos em capítulos posteriores. O jainismo e o budismo rejeitaram o bramanismo como sendo ineficiente para aliviar o sofrimento interno das almas. Muitas pessoas buscavam formas práticas e facilmente disponíveis de libertação da sensação crescente da miséria essencial da existência. Elas rejeitavam a especulação filosófica e os sacrifícios sacerdotais do bramanismo enquanto incapazes de prover ajuda imediata aos indivíduos que mais sofriam. Tal rejeição não requeria muita ousadia intelectual nesse momento (séculos VI-III AEC) como o faria em períodos posteriores da história da Índia, pois, à parte dos rituais dos Brâmanas, dos quais não se devia desviar nem um milímetro, o bramanismo ainda tinha um caráter que estava aberto e experimental. A religião estava longe de clarificar o que poderia ser definido como seu ponto de vista correto ou verdadeiro, e isso era particularmente evidente nos Upanishads. De fato, o jainismo e o budismo não eram de forma alguma novos em suas posições morais e filosóficas; o que eles defendiam nessas áreas já fora sugerido na religião pré-ariana e na crescente tradição oral védica, especialmente nos Upanishads. Seu radicalismo estava na rejeição do sistema sacrificial dos Brâmanas e em sua recusa em dar aos brâmanes o primeiro lugar, ou

Capítulo 4 - Hinduísmo posterior: a religião como determinante do comportamento social

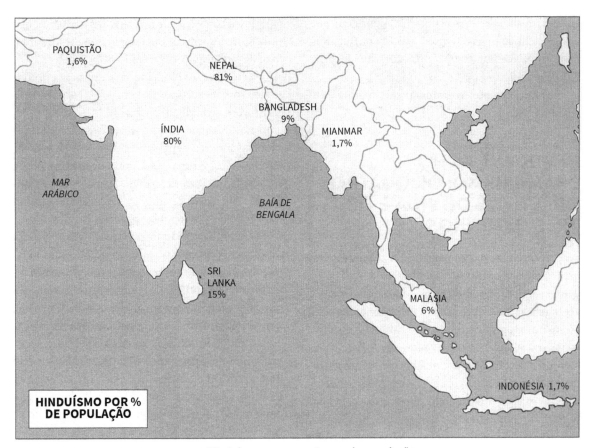

Hinduísmo por pocentagem da população

os direitos prescritivos de descobrir o caminho da miséria para a liberdade.

Razões para dissidência

Os governantes e príncipes (os kshatriyas) ficaram particularmente excitados com o surgimento de dissidências religiosas, descontentes como estavam com as implicações sociais e religiosas do Bramanismo. Os kshatriyas – alguns dos quais de origem não ariana – possuíam entre suas fileiras muitas mentes brilhantes que não tardaram a detectar uma usurpação em seus domínios. Os custosos sacrifícios que os brâmanes prescreviam poderiam amenizar as ansiedades daqueles que temiam ou esperavam nos deuses, mas não satisfaziam aos que estavam em dúvida. A Divindade trazia consigo algo maior do que zelo cerimonial e oferta de sacrifícios. Além disso, como se pode esperar, o monismo para o qual pendiam os Upanishads e seus expositores chocava a muitos kshatriyas de tendência realista, soando como algo absurdo.

O jainismo expressava parcialmente sua revolta de senso comum contra uma visão de mundo que desvalorizava o indivíduo e considerava o mundo como uma ilusão. Por outro lado, parecia aos indivíduos de mentalidade ética que a solução do bramanismo para o problema da miséria humana com sacrifícios estava muito distante da realidade – não consistia apenas em um desperdício de bens e tempo, mas era enganador. Essa especificamente foi a posição adotada pelo budismo antigo.

Inevitavelmente, o bramanismo mudou seu caráter antigo.

I – MUDANÇAS NO BRAMANISMO: OS QUATRO OBJETIVOS DE VIDA E OS TRÊS CAMINHOS

Uma revolução no pensamento foi necessária para se efetuar a transição de buscar a ajuda dos deuses sacrificando nos três grandes altares ao ar livre para a internalização destes procedimentos pelo asceta que morava na solidão nas florestas. Essa revolução teve dois aspectos marcantes: primeiro, o fogo no altar foi substituído pelo fogo interno (*tapas*) no coração do asceta e, em segundo lugar, os ritos sacrificiais rituais foram substituídos pela luta solitária do indivíduo que buscava desenredar seu eu interior (*atman*) de sua prisão física multiforme. Nos séculos que se seguiram essa revolução levou ao desenvolvimento de um método mencionado nos Upanishads tardios, chamado de *Yoga* ("unido, ligando"), que unia a teoria com a experiência, e o pensamento com a Realidade Final. Ele acabou por se tornar uma técnica altamente evoluída para disciplinar a mente e o corpo e tornar mais garantida a libertação final desejada. Os resultados finais desse processo serão referenciados em maior detalhe posteriormente neste capítulo.

Os brâmanes que não tomaram o caminho da emancipação solitária (o "Caminho do conhecimento") foram forçados a adaptar cada vez mais seu sistema sacrificial para comunidades estabelecidas em locações fixas.

Grandes mudanças ocorreram durante o milênio de 300 AEC a 700 EC com a construção de templos, a confecção de imagens dos deuses e a instituição de festivais nesses templos, que se tornaram foco de peregrinações durante o ano inteiro.

Além disso, os brâmanes que optavam em continuar com a execução de serviços sacerdotais encontravam-se também envolvidos no que é conhecido no Ocidente como "serviços pastorais": eles executavam casamentos, presidiam em nascimentos e mortes, ensinavam como gurus nas casas, e substituíam o proprietário da casa como executores dos rituais em cerimônias de adoção ou *pujas*, honrando aos deuses da propriedade.

O fato de que o bramanismo em sua forma do hinduísmo posterior ou tardio tenha se erguido vitorioso em relação aos seus rivais se deu à sua adaptabilidade às condições em alteração. Os brâmanes nunca se organizaram sob uma autoridade central, nem adotaram táticas acordadas, fossem de defesa ou de ataque, contra sistemas considerados heréticos. Eles prevaleceram, em última instância, não por serem intolerantes e desafiadores em relação a outros credos, mas exatamente pelo contrário – devido à sua tolerância em relação a outras crenças. Ao invés de declarar a total ilegalidade de pontos de vista distintos religiosos e filosóficos como os dos jainistas e budistas, os brâmanes atuaram no sentido de acomodá-los sob o guarda-chuva do hinduísmo em evolução, modificando e absorvendo diretamente algumas de suas ideias e simplesmente abrindo espaço para outras.

As imutáveis necessidades do povo ordinário

Quando os brâmanes passaram pela revolução que afastou muitos dentre os seus da execução de rituais rumo à meditação e união mística com a Realidade Final, o povo ordinário estava marginalmente consciente do que ocorria então, mas não foi forçado no sentido de adotar mudanças radicais. As pessoas comuns continuaram a praticar por séculos a fio os rituais os quais estavam acostumadas, rituais esses que sobreviveram em grande parte, ainda que em formas modificadas, até o dia presente. Este é um fato importante que precisa ser enfatizado: o povo da Índia foi e é profundamente absorto nos rituais domésticos através dos quais esperava estar em sintonia com seu ambiente sobrenatural.

A própria resistência do povo comum à mudança fez com que os brâmanes se adaptassem, de acordo com suas necessidades. Templos, festivais, peregrinações, imagens dos deuses, música e dança foram o produto conjunto dos sacerdotes e do povo, em busca de satisfazer a necessidade geral.

A inclusividade e tolerância dos brâmanes por um lado, e a aceitação diária dos costumes e tradições pelo povo por outro lado, se juntaram no desenvolvimento silencioso de doutrinas, atitudes e leis durante os séculos que se seguiram. Nesse processo, a regra central era mais de inclusão do que exclusão. Consequentemente, encontramos no tempo presente dois grupos inclusivos de julgamentos hindus que eram aceitos generalizadamente, um que endossava quatro *objetivos* de vida permissíveis, e outro que reconhecia não apenas um, mas três *caminhos* para a salvação.

Os quatro objetivos de vida permissíveis

Para os brâmanes, o **dharma** (lei sagrada) abrangia todas as buscas humanas possíveis, mas ele o fazia se adaptando de forma realista às exigências da vida cotidiana. Quatro objetivos vieram a ser considerados como sendo apropriados para o mundo samsárico de renascimento e (re)morte. Os dois primeiros permitem caminhos de desejo; os últimos dois enaltecem o dever e a renúncia. De forma significativa, os dois primeiros são tratados exclusivamente sob um ponto de vista masculino nos tratados clássicos – como se o desejo separado do dever não pudesse ter lugar na vida de uma mulher. Os quatro objetivos permissíveis são:

O CAMINHO DO DESEJO

1) *Kama*, ou prazer, especialmente por meio do amor. O desejo por gratificação ocupa um espaço tão grande na vida humana que alguns hindus o consideraram como a presença do deus Kama, que porta um arco florido carregado com cinco flechas floridas; seus dardos perfuram o coração e o enchem de desejo. O divertimento é um objetivo humano permissível, mas aqueles que estão atrás do prazer não o devem fazer sem condução. Aqueles que estão desastradamente apaixonados ou têm pouca habilidade nas artes que trazem o prazer da poesia e do drama podem encontrar instrução ou no *Kamasutra* de Vatsyayana (se buscam conhecimento da arte do amor) ou no *Natyasastras* (se seu interesse está nas artes e habilidades literárias). No caso de algumas pessoas escolherem abertamente a busca do prazer como seu objetivo primário, elas não devem ser criticadas, pelo menos enquanto permaneçam dentro das fronteiras definidas pelas regras sociais gerais; elas podem inclusive ser elogiadas por sua vitalidade e por possuírem um senso de direção definida. No entanto, é aceito amplamente que nesta ou em alguma existência futura os que buscam o caminho do desejo chegarão à conclusão de que o prazer não é o suficiente, e que o que realmente buscam é algo mais profundo e gratificante.

2) *Artha*, ou poder e substância – coisas, possessões materiais no presente; em última instância, posição social elevada ou sucesso – é o segundo objetivo permitido. O caminho de *artha*, como concebido para homens (e não para mulheres), é o seguinte: um homem que é apto e alerta pode muito naturalmente desejar maiores possessões, bem como o poder e a influência que podem ser obtidos através deles. Isto é compreendido como uma aspi-

ração legítima, mas requer crueldade e dureza. "O grande peixe come os pequenos." (Maquiavel foi antecipado em um século na literatura indiana). Nos *Arthasatras* (atribuídos a Kautiliya Kamandaki e outros) ou nas fábulas de bestas do **Panchatantra** se encontram instruções sóbrias e humorísticas sobre a competição cruel envolvida nesta forma de vida. Nenhuma culpa especial recai sobre aquele que busca riqueza e poder, pois seu modelo pode bem ser um grande e nobre rei, mas novamente se reconhece que se o que busca esse caminho aprender por sua própria conta seja nesta ou em alguma existência futura, ele chegará à conclusão de não ter buscado o objetivo mais elevado. Ele aprenderá que satisfação mais profunda e felicidade mais autêntica vêm do caminho da renúncia.

O CAMINHO DA RENÚNCIA

3) *Dharma*, derivado da raiz *dhr*, "sustentar, manter". Dharma foi concebido inicialmente como o princípio reforçador e regulador sustentando o universo. Considerado em seu sentido estrito como uma lei religiosa e moral, ele define os padrões para uma vida mais digna e mais satisfatória do que aquela oferecida por kama e artha.

Em termos amplos, alguém que segue o dharma é fiel na execução de deveres prescritos e está pronto para deixar de lado o prazer pessoal em favor do funcionamento tranquilo da sociedade ordenada divinamente. Padrões de obrigação mútua compõem uma intrincada grade ordenada de deveres e benefícios, e as particularidades de dharma como dever para cada indivíduo são específicas à posição da pessoa, em relação à sua casta, seu gênero e seu estágio da vida. Elas são prescritas no *Código de Manu* e em outros livros legais, os Dharmasastras.

Deve-se notar que nos textos clássicos as atitudes em direção às mulheres e em relação ao dharma eram ambivalentes. Por um lado, a fidelidade e infatigável devoção das mulheres para seus pais, maridos e filhos é a própria epítome de dharma: os épicos populares são cheios de relatos de homens maus redimidos pela inabalável devoção de suas esposas. Por outro lado, o princípio feminino é visto como sendo a mais potente e perigosa das forças naturais e a sexualidade da mulher como, de longe, a mais perigosa das armadilhas ao longo do caminho do dharma.

Qualquer que seja a posição de alguém na vida, garante a literatura bramânica, deve-se esperar que a obediência a princípios éticos seja acompanhada de profunda satisfação. Mas essa satisfação, ainda que grande, não é duradoura. Há, é claro, apenas uma satisfação final e permanente.

4) *Mokṣa (moksha)*, libertação ou livramento, esteve em certo momento subordinado a dharma em um esquema contando com apenas três objetivos para a aspiração humana. No tempo dos grandes épicos, porém, o caminho foi identificado separadamente e elevado como a culminação dos outros três, como a condição ultimamente satisfatória. Negativamente, este objetivo significa a libertação do ciclo de renascimento e morte e de todas as misérias da existência humana; positivamente, ele significa liberdade pura, libertação tanto da existência quanto da não existência em um domínio acerca do qual nenhuma descrição humana é adequada. A literatura sânscrita às vezes se refere a esta condição de libertação como *nirvana*, "extinção" (da ignorância e do apego ao mundo de renascimento e morte). No budismo, é a referência preferida para a bênção da iluminação.

II – OS TRÊS CAMINHOS PARA SALVAÇÃO

O vigor essencial da antiga fé foi demonstrado mais além pelo fato das três formas de libertação ou livramento reconhecidos pelo hinduísmo ortodoxo terem sido claramente planejadas e descritas:

o Caminho das Obras, o Caminho do Conhecimento e o Caminho da Devoção. Cada um dos caminhos é referido como um **marga** ("caminho"), ou um yoga ("disciplina").

1 O Caminho das Obras: a sociedade ordenada

O Caminho das Obras, *Karma Marga*, é um caminho bastante antigo. Ele pode ser chamado de o caminho do ritual, especialmente o ritual doméstico. Seguido pela avassaladora maioria das pessoas, tem a vantagem tripla de ser prático, compreensível, e de aproveitar a santidade de um costume centenário.

Não sendo marcadamente emocional, e ainda menos intelectual, é uma execução metódica e esperançosa de ritos, cerimônias e deveres que se somam aos méritos de alguém (karma favorável). Muitos hindus têm crido que por sacrificar aos deuses e ancestrais, reverenciar o sol nascente, manter o fogo da lareira sagrada aceso e executar meticulosamente os ritos e cerimônias que são apropriados no nascimento, na morte, no casamento, ou em uma colheita, pode-se adquirir mérito o suficiente para passar com a morte para um dos céus, ou renascer como um brâmane, com uma predisposição real na direção de atingir a união final com Brâman, o Absoluto.

O Caminho das Obras foi definido pela primeira vez nos Brâmanas, onde há uma lista dos "débitos do homem" na forma de boas obras. A lista, endereçada aos chefes do sexo masculino das propriedades, é simples e severa: todo homem deve sacrifícios, que são boas obras *por excelência*, aos deuses; em adição, deve-se aos seus videntes e professores o estudo dos Vedas e a geração de descendentes para os espíritos ancestrais, enquanto que para seus próximos deve-se hospitalidade. Se um homem paga estes débitos com fidelidade, ele cumpriu todo o seu dever, e "tudo foi obtido, tudo foi ganho"[A]. Mas a simplicidade da concepção, com sua grande ênfase em sacrifícios, foi modificada durante a passagem dos anos, sendo que gradualmente vários códigos vieram à existência combinando costumes velhos e novos em sistemas autoritativos. Eventualmente, as modificações foram escritas em novos livros da lei. Exemplo típico desses livros da lei (os famosos Dharma Shastras) é um trabalho atribuído a certo **Manu**, "o doador da lei". O *Código de Manu* foi composto como uma coleção de regras para a vida por sacerdotes de mentalidade legalista, datando aproximadamente de 200 AEC até 200 EC (cf. p. 145).

O *CÓDIGO DE MANU*

Todos os livros legislativos, a começar pelo *Código de Manu*, depositam grande ênfase em ritos de passagem; isto é, em ritos que marcam eventos na vida de cada indivíduo, do nascimento até a sua morte e além. Deve-se não apenas observar as regras da casta – nunca se casar fora dela, nem quebrar qualquer uma das estritas leis dietárias e regulações sociais – mas também se deve ser fiel em executar para si mesmo e para os outros os muitos ritos e cerimônias religiosas. O *Código de Manu* prescreve para cada indivíduo uma longa lista de ritos sacramentais apropriados para cada episódio significativo da vida – por exemplo, o nascimento, o recebimento de nome, a primeira saída de casa para ver o sol, a primeira alimentação com arroz cozido, o primeiro corte de cabelo, a iniciação na puberdade, o casamento, e assim por diante. Mas os ritos de passagem são apenas parte de todo o dharma. Existem honras devidas à divindade guardiã da propriedade. O cabeça da casa deve providenciar para que todas estas sejam apropriadamente adoradas cada dia e que antes de cada refeição elas sejam presenteadas com porções de comida preparada e fresca das mãos da dona da casa. Ninguém pode comer até que isso seja feito.

Entre os mais importantes de todos os ritos estão aqueles que se seguem à morte, executados com o intuito de ministrar aos espíritos ancestrais. Estes são chamados de ritos *shraddha*. A maioria dos hindus crê que sem essas cerimônias a vida após a morte da alma como ancestral é reduzida, e essa alma terá que voltar de imediato à maldição do ciclo do renascimento, de acordo com a Lei do Karma.

RITOS SHRADDHA: *PINDA*

Os ritos shraddha, consistindo em oferendas periódicas de orações memoriais e de alimentos, são considerados como necessários para a própria existência dos espíritos ancestrais; sem essas atenções, sua força pode falhar por completo, e eles podem ser varridos no desconhecido. Os elementos mais importantes nas ofertas de alimentos são chamados de *pinda* (bolas de alimento, usualmente feitas de arroz cozido comprimido em um bolo firme); supõe-se comumente que estes bolos proveem o morto com um tipo de substância corpórea, um "novo corpo". De acordo com um ponto de vista:

> No primeiro dia o homem morto ganha sua cabeça; no segundo, suas orelhas, olhos e nariz; no terceiro suas mãos, peito e pescoço; no quarto suas partes intermediárias; no quinto suas pernas e pés; no sexto seus órgãos vitais; no sétimo seus ossos, tutano, veias e artérias; no oitavo suas unhas, cabelos e dentes; no nono todos os membros e órgãos e sua força masculina. Os ritos do décimo dia são usualmente devotados especialmente à tarefa de se remover as sensações de fome e sede que o novo corpo então começa a experimentar[8].

Pinda é oferecido para o pai e a mãe, para parentes dos lados do pai e da mãe, e para aqueles que morreram longe de casa sem ritos e que estão, dessa forma, especialmente necessitados de cuidados fortalecedores.

(Os imaturos, entretanto – garotas que morrem sem se casar e garotos que não atingiram a idade de iniciação – não têm ritos shraddha executados para si.) O pinda deve ser oferecido por um descendente do sexo masculino; consequentemente, deve-se ter filhos homens, ou a pessoa deixará de existir com a mesma identidade após a morte! Considera-se que a maior parte dos espíritos esteja amplamente provida pelos ritos funerários que se seguem imediatamente sua morte, mas os líderes do sexo masculino recebem atenções posteriores: uma vez por mês pelo primeiro ano, e então anualmente dali em diante, no aniversário de sua morte.

Os ritos domésticos que temos considerado são distinguidos usualmente das cerimônias públicas. Dois grupos de sutras são devotados para os dois tipos de ritos: os sutras *Grihya*, que descrevem as cerimônias domésticas, e os sutras *Shrauta*, que foram originalmente escritos a fim de descrever os ritos públicos remanescentes dos sacrifícios dos tempos védicos.

OS DEVERES DAS MULHERES

Há um Caminho das Obras para as mulheres, que é facilmente definido: o dever das mulheres é servir humildemente seus homens. De acordo com seu *status* dependente, uma mulher deve se ocupar com os deveres domésticos, prestando inquestionável obediência às mulheres mais velhas na chefia do lado feminino da família e adorando seus homens. Enquanto uma esposa fiel aspirando morar com seu marido na próxima existência, ela deve honrar e obedecê-lo nesta, e nunca desagradá-lo, mesmo que ele seja destituído de virtude, infiel ou desprovido de boas qualidades. "Um marido deve constantemente ser adorado como um deus por uma esposa fiel"[C2].

Em certas áreas ultraortodoxas, mas mesmo nelas com frequência decrescente, a esposa é ensinada a mostrar honra ao seu marido prostrando-se e encostando sua cabeça em seus pés; ou então ela pode adorar o polegar de seu pé direito quando ele está prestes a se levantar de manhã, lavando-o como se faz com um ídolo, e até mesmo oferecendo incenso e brandindo luzes diante dele, como se ele pertencesse a um grande deus.

No *Padmapurana* – a regra de vida da esposa – são definidos os seguintes termos intransigentes:

> Não há outro deus na terra para uma esposa do que o seu marido. A mais excelente de todas as boas obras que ela pode fazer é buscar agradá-lo ao manifestar perfeita obediência a ele. Aí deve estar sua única regra de conduta.
> Seja seu marido deformado, envelhecido, infirme, ofensivo de sua maneira; seja ele colérico, pervertido, imoral, um bêbado, um jogador; frequente ele lugares de má reputação, viva ele em pecado aberto com outras mulheres, não tenha ele afeição por sua casa; delire ele como um lunático; viva ele sem honra; seja ele cego, surdo, retardado ou aleijado; em uma palavra, sejam seus defeitos quaisquer que sejam, uma esposa deve sempre olhar para ele como seu deus, enchê-lo de afeição e cuidado, não dando de forma alguma atenção ao seu caráter e não dando para ele de forma alguma razão para desaprová-la.
> Uma esposa deve comer apenas depois que seu marido teve sua parte. Se ele jejua, ela deve jejuar também; se ele não toca na comida, ela também não deve tocá-la; se ele está em aflição, ela deve estar também; se ele está alegre, ela deve compartilhar de sua alegria. Na morte de seu marido ela deve se permitir ser queimada viva na mesma pira funerária; então todos louvarão sua virtude[D].

A última parte desta citação remete à prática de se tornar uma **sati** (ou *sutee*): uma mulher que sacrifica a si mesma no fogo como um ato de devoção. A prática é honrada na literatura das castas elevadas, e em uma região específica até mesmo se incitava que ele fosse feita *anteriormente* à morte do marido, caso se considerasse provável que ele perecesse em batalha – uma precaução para evitar que uma esposa caísse nas mãos do inimigo. Tornar-se uma sati foi proibido por lei desde 1829, mas episódios isolados de imolação voluntária ou induzida de viúvas (e de algumas esposas indesejadas) ainda ocorrem (cf. p. 197).

Após a morte do marido uma esposa não poderia se casar novamente; ela "nunca [deveria] sequer mencionar o nome de outro homem", e deveria se manter alerta a fim de não seduzir outro para o mal. Até a sua morte ela devia se manter calada, paciente e casta, lutando para preservar "aquele mais excelente dever que é prescrito para as esposas que têm um marido apenas"[C3]. A viúva "que, por um desejo de ter descendência, viola seu dever para com o falecido marido, traz sobre si mesma desgraça neste mundo", e, ao invés de se juntar ao seu marido na próxima existência, irá "entrar no útero de um chacal"[C4].

Entretanto, requeria-se dos homens – de suas posições superiores – que honrassem às mulheres. Seu próprio bem-estar e felicidade, assim como as bênçãos da descendência, dependiam disso. Ordenava-se que fossem dados presentes especiais compostos por ornamentos, roupas e iguarias em feriados e festivais. Mas esta é uma honra outorgada por superiores sobre aqueles que os servem bem. Um brâmane, dessa forma, não deve comer na companhia de sua esposa, nem olhá-la enquanto ela come, e é proibido de observá-la enquanto ela se veste e aplica colírio em seus olhos.

Os parágrafos precedentes resumem as estipulações do *Código de Manu* em relação às mulheres. Nós veremos em seções subsequentes deste capítulo que na prática muito mudou, ainda que na teoria muito permaneça o mesmo.

Para seus devotos, o Caminho das Obras era um caminho ativo e satisfatório para a salvação. Para estudantes posteriores dos Vedas, entretanto, confiança exclusiva na observância ritual parecia inferior a outro modo de salvação mais filosófico, o *Jnana Marga*, "Caminho do Conhecimento", também chamado de *Jnana Yoga*, "A Disciplina do Conhecimento".

2 O Caminho do Conhecimento: o modo reflexivo

A solução para o problema da vida através do Caminho do Conhecimento (ou discernimento) é baseado no pensamento dos Upanishads. Apenas aqueles que compartilhavam da paixão filosófica dos Upanishads poderiam seguir tal caminho.

A premissa do Caminho do Conhecimento é a crença de que a causa da miséria humana e do mal é a ignorância (**Avidya**, insensatez ou cegueira). Os seres humanos são tão profundamente ignorantes em relação à sua própria natureza que todas as suas ações têm orientação errada. O erro mental, e não a transgressão moral, está na raiz da miséria humana e do mal.

Todos os sistemas filosóficos hindus concordam com esta pressuposição, que é distintiva de sua cosmovisão geral.

Apesar de compartilhar desse pressuposto geral, esses mesmos sistemas filosóficos não concordam sobre as pressuposições que devem ser erigidas sobre essa base. De acordo com as regras ocidentais de lógica, os Upanishads apresentam versões mutuamente incompatíveis do Conhecimento que leva à libertação. Por um lado, um ponto de vista dualístico (mais tarde elaborado como a escola **Sankhya**) considera a matéria e o espírito como realidades coeternas e separadas (ignorância é a falha em compreender esta distinção). Por outro lado, um ponto de vista monista nega a realidade objetiva da matéria (ignorância é a noção equivocada que a matéria é real). A ortodoxia posterior reconheceu seis filosofias separadas, que examinaremos mais adiante neste capítulo.

A esta altura um resumo do ponto de vista mais conhecido, o monismo, é o suficiente como um exemplo do Caminho do Conhecimento.

CONHECIMENTO EM TERMOS MONISTAS

De acordo com o ponto de vista monista, esta é a razão para o mal da situação humana: nós persistimos em pensar em nós mesmos como partes reais e separadas quando isto não é o que acontece de fato; desde que Brâman-Atman é o único ser real, em cuja unidade não existe dualidade, cada ser em si mesmo é na realidade Brâman-Atman, e não outro. É difícil de aceitar uma verdade como esta, admitem os filósofos monistas; muito frequentemente, "nesta roda do Brâman a alma fica a girar, pensando que ela mesma e o Atuador são diferentes"[E1]. Mas a persistência na ilusão fomentada por ignorância de que o próprio indivíduo e o mundo que ele conhece existem à parte um do outro e são diferentes da Alma-Cósmica é a causa da vida presa ao mundo da humanidade e de seus incessantes nascimentos em uma existência após a outra. Enquanto alguém como indivíduo continua ignorante e vive sob a ilusão de viver uma existência separada, então esta individualidade tem responsabilidade em manter a roda em movimento perpétuo.

> *Na infância uma mulher deve estar sujeita ao seu pai, na juventude ao seu marido, e quando seu senhor está morto, aos seus filhos; uma mulher nunca deve ser independente.*
> O Código de Manu[C1]

A fim de tornar clara e ilustrar esta ideia os monistas, desde o tempo dos Upanishads, têm com frequência recorrido a analogias. Eles dizem que a relação entre o indivíduo e o Brâman-Atman é similar àquela entre um rio e o oceano dentro do qual ele desaparece. Também se diz que o indivíduo é como uma onda se erguendo do mar e em seguida afundando nele, ou como uma gota de espuma que momentaneamente voa sobre o mar. Uma breve amplificação desta última analogia exemplifica o significado: uma gota de água salgada mantida à parte do oceano, como que "voando" sobre a sua superfície pode ser vista sob muitos aspectos. Sob o primeiro deles, ela parece ser uma gota única de certo tamanho e consistência, com uma localização particular no tempo e no espaço que a diferencia de qualquer outra gota ou entidade que seja.

Sob o segundo aspecto, entretanto, esta é uma descrição enganadora do caso, pois a gota é na verdade apenas o oceano no ar, apenas *aparentemente* uma coisa por si mesma, um indivíduo puro. Este segundo ponto de vista sobre a natureza da gota é defendido pelo monismo hindu. Através de analogias como essas a crença retorna à sua origem de que todas as coisas criadas, todas as "aparências" que o realismo de senso comum aceita como sendo exatamente o que elas parecem ser, são na realidade Brâma-Brâman-Atman e não o que aparentam ser. Todas elas têm realidade, mas é a realidade de serem Brâman-Atman.

Para a humanidade, então, a salvação vem com a compreensão correta, após o que:

O nó do coração é desatado,
Todas as dúvidas são cortadas,
E os feitos (karma) de alguém cessam[E3].

> Assim como os rios desaguando no oceano desaparecem, abandonando nome e forma, assim aquele que conhece, tendo sido libertado de nome e forma, adentra na pessoa celestial, mais elevada do que o elevado.
> O Upanishad Mundaka[E2]

CERTEZA INTUITIVA

Há ainda a necessidade de se deixar um ponto claro: Como alguém pode *saber* que este "nó do coração foi desatado"? Quando a fé na existência da união se transforma em conhecimento experimentado da própria união?

Nesse ponto todos os sistemas intelectuais concordam que conhecimento da união não é meramente uma questão de aceitar a boa doutrina. Existem variantes da doutrina aceitável, e a adoção de qualquer uma das variantes está, por si só, aquém da salvação. A própria salvação – o conhecimento salvífico que alguém possui por ter atingido o estado de consciência que admite alguém no reino da realidade na qual o karma cessa de exercer seus efeitos e o renascimento chega a um fim – vem por um lampejo extático de certeza em meio à profunda meditação.

Este lampejo de certeza é o objetivo final do Caminho do Conhecimento. Para atingi-lo é necessária longa preparação e autodisciplina.

A concepção clássica da preparação de vida requerida para se alcançar este último passo no Caminho do Conhecimento é dada pelo *Código de Manu*. A carreira ideal do brâmane está delineada ali, para a admiração de toda a Índia e para a emulação dos brâmanes. O código inclui muitas regras para as mulheres, mas seu foco está na carreira masculina. Existem quatro estágios ou **ashramas** no plano de vida ideal. Através de um programa exigente, o Caminho das Obras e o Caminho do Conhecimento são misturados. Os estágios são: (1) o estudante da religião, (2) o homem casado e chefe de família, (3) o ermitão na floresta, e (4) o estágio de **sannyasin**, ou "santo peregrino" mendicante. Os estágios se aplicam apenas aos membros das três classes de castas superiores (os "nascidos duas vezes"), e regras detalhadas são determinadas enquanto deveres masculinos, mas seus princípios amplos se aplicam às mulheres também.

OS QUATRO ESTÁGIOS (ASHRAMAS)

1) O estudante – Propôs-se que, quando o jovem brâmane, tivesse passado pelos ritos sacramentais envolvidos na primeira infância (nascimento, receber o nome, primeira saída para ver o sol, primeira alimentação com arroz cozido, primeiro corte de cabelo e assim por diante), ele deveria entrar no primeiro estágio de sua jornada consciente para a salvação, o estágio de estudante de religião. Este estágio era iniciado com a investidura cerimonial com o cordão sagrado – a marca da casta, uma solenidade durante a qual, cuidando do fogo sagrado e passando pelos seus ritos de purificação, ele experimentaria seu segundo nascimento, ou nascimento espiritual. Ele era, desta forma, "nascido duas vezes". Sua iniciação à vida adulta tendo sido assim efetuada, ele era conduzido à casa de um professor a fim de estudar os Vedas, os ritos purificatórios e cerimoniais e os deveres de sua casta. Sua residência na casa de seu professor deveria durar por um período indefinido, talvez até seu vigésimo quinto ano, dependendo do número de tratados védicos que ele desejasse estudar. Enquanto isso não se esperava que seu professor o sustentasse com alimento; isto deveria ser obtido pelo próprio estudante, que ia de casa em casa, com a cuia de pedinte na mão.

As garotas no estágio de vida de aprendizado permaneciam em casa. Suas professoras eram as mulheres mais velhas do aglomerado familiar, e o assunto ensinado a elas eram as prendas domésticas.

2) O chefe de família – Quando um jovem chegava ao final de seu período de estudo, ele devia deixar seu professor e adentrar o segundo estágio de sua vida. Ele devia agora se reunir com sua família, casar e assumir os deveres de chefe de família. Isto era considerado algo obrigatório. Nenhum brâmane, não importa o quão profundas fossem suas preocupações religiosas, era considerado digno ou sábio a não ser que deixasse um filho para levar a cabo os ritos periódicos devidos aos seus ancestrais e para propagar outra geração.

Como um chefe de família, tendo uma esposa com quem dividir as delícias da terra, assim como uma família para sustentar e proteger, ele poderia perseguir de forma apropriada o primeiro e o segundo dos "objetivos permissíveis" (p. 153): prazer (*kama*) e ganho material e de poder (*artha*). Mas havia cerimônias religiosas a cumprir e precauções a serem tomadas. Ele tinha de estar bem atento de que, pela necessidade, todo chefe de família feria coisas vivas, especialmente ao cozinhar:

> Um chefe de família tem cinco abatedouros que são um a um: a lareira, a pedra de afiar, o pilão e morteiro, e o jarro de água, através do uso dos quais ele está preso pelos grilhões do pecado. De forma a expiar com sucesso as ofensas cometidas por meio destes cinco, os grandes sábios têm prescrito para os chefes de família a execução diária de cinco grandes sacrifícios. Ensinar e estudar são o sacrifício oferecido a Brâma, as oferendas de água e comida chamadas de Tarpana, o sacrifício aos ancestrais; a oblação queimada o sacrifício oferecido aos deuses, Bali é a oferenda ofertada aos Bhutas (os bons e maus espíritos de muitos tipos), e a recepção hospitaleira de hóspedes a oferenda aos homens[C5].

Ele devia ser extremamente cuidadoso com sua dieta, e nunca devia quebrar regras de casta. De forma geral, apenas após muitos anos, quando o homem visse "sua pele enrugada, seus cabelos brancos e os filhos de seus filhos"[C6], ele estava prestes a entrar no terceiro estágio de sua carreira espiritual.

3) O eremita – Retirado para "a floresta", um homem se livrava dos pesos e responsabilidades de manter uma propriedade e uma família. Deixando a busca de segurança material para a geração seguinte, ele se concentrava no dharma e nos ritos religiosos. Não se requeria dele que se separasse de forma absoluta da fazenda, mas o ideal era um comprometimento com os objetivos espirituais.

Enquanto eremita, não se esperava que ele levasse uma vida fácil. Todo o seu pensamento tinha de estar concentrado em desenvolver uma completa indiferença em relação a tudo neste mundo com o que ele estivera anteriormente ligado.

> Abandonando todo o alimento crescido através do cultivo e todos os seus pertences, ele deve partir para a floresta, seja confiando sua esposa aos seus filhos, seja acompanhado por ela. Tomando consigo o fogo sagrado e os implementos requeridos para os sacrifícios domésticos, ele deveria residir ali. Que ele ofereça aqueles grandes sacrifícios de acordo com a regra. Que ele vista uma pele (de cervo) ou uma vestimenta esfarrapada [...] que ele seja sempre industrioso na recitação privada do Veda [...] que ele nunca seja um recebedor de dádivas [...] [que ele seja] compassivo para com todas as criaturas vivas [...]. Que ele não coma nada crescido na terra arada de uma vila [...]. De forma a obter completa união com a Alma suprema, ele deve estudar os diversos textos sagrados contidos nos Upanishads [...] abandonando toda ligação a objetos mundanos[C7].

4) O Sannyasin – O estágio final, o de andarilho sem-teto, requer a renúncia de todo laço terreno. O rito iniciatório inclui a cremação de uma efígie simbolizando a morte para o mundo, e o abandono de toda reivindicação a possessões, nome e *status* (a lei contemporânea indiana reconhece tal morte estatutária tanto para homens quanto mulheres, e não permite que se retorne ao *status* anterior após o ritual). Na Índia moderna, apenas uma minúscula minoria de homens "toma sannyas".

A participação de uma mulher no estágio sannyasa deve ser efetuada através de seu marido, e o consentimento da mulher é considerado como algo garantido, ou ele será forçado sobre ela. O *Código de Manu* infere que, quando um homem se torna um sannyasin e deixa sua esposa, ela perde parte de seu *status* como uma esposa e se torna não mais "sua", mas uma viúva por abandono sagrado.

Ele, entretanto, é ainda "dela", como uma manifestação terrena do divino e um caminho para mokṣa. De forma alternativa, um homem pode permitir à sua esposa se tornar uma *sannyasini*, continuando a servi-lo em coabitação celibatária. Teoricamente ela continuará a ser "dele" por até sete vidas mais. Instâncias nas quais uma mulher se torna uma sannyasini por seu próprio direito são raras, tendendo a acontecer em seitas modernizadas bakhti como os Lingayats (Virasaivas), entre os quais um novo casamento é também permitido para as viúvas.

O *Código de Manu* retrata o estágio final como um meio de completar o Caminho do Conhecimento: o ato de atingir a união espiritual com o infinito. A morte pode vencer uma pessoa antes do cumprimento de sua absorção no eterno Brâman, mas a forma ideal de alcançar a experiência era através da meditação. "Tudo depende da meditação", define o *Código de Manu*, "pois aquele que não é proficiente no conhecimento daquilo que se refere à Alma Suprema não colhe a recompensa completa"[C8]. O *Código* nos dá uma vívida descrição da situação final.

> Que ele perambule sozinho, sem qualquer companhia [...]. Ele não deve possuir nem um fogo nem uma morada [...].

Que ele peça esmola uma vez por dia [...]. Quando nenhum fogo se levanta da cozinha, quando o pilão permanece imóvel, quando as brasas não se extinguiram, quando as pessoas terminaram suas refeições, quando os restos nos pratos foram removidos, que então o asceta peça sua esmola [...]. Eis as marcas de alguém que obteve a libertação: as raízes das árvores por morada, vestimentas grosseiras e já usadas, vida em solidão e indiferença em relação a tudo; a ausência do desejo de morte, a ausência do desejo de viver, a espera por seu tempo designado, como um servo espera pelo pagamento de seu salário [...].. Que por meio de meditação profunda ele reconheça a natureza sutil da Alma Suprema, e sua presença em todos os organismos [...]. Aquele que desta maneira gradualmente abandonou todas as ligações repousa apenas em Brâman [...]. Ele atinge o eterno Brâman [...][C9].

Até os dias atuais este estado final de absorção no Definitivo (*samadhi*) é o objetivo em direção ao qual aspira todo aquele que toma o Caminho do Conhecimento. Mas não é fácil de atingi-lo por processos puramente intelectuais. Desde o início do seu desenvolvimento se percebeu que o corpo tinha de auxiliar à mente suspendendo, ao menos em parte, suas funções normais. Os Upanishads contêm as primeiras pistas sobre um método, chamado Yoga, começando com "controle da respiração, afastamento dos sentidos de objetos", e terminando com "contemplação" e "absorção"[E4].

Nós veremos posteriormente (cf. p. 164) sobre Yoga e yogins (aqueles que praticam Yoga). Mas podemos notar já neste momento que os seguidores das disciplinas de Yoga dão grande suporte ao Caminho do Conhecimento como um método de importância primária para a libertação dos fardos da vida e da ignorância de uma mente seduzida pelos sentidos. Como o método Yoga se preocupa primariamente com as técnicas de meditação, ele é considerado como parte do Caminho do Conhecimento.

Os modelos reflexivos: os seis sistemas aceitáveis

A palavra hindu para "ponto de vista sobre a natureza das coisas" é *darshana*, e talvez ela não deva ser traduzida como "sistema de filosofia", pois um darshana não objetiva, como os sistemas ocidentais, a chegar tão perto quanto possível de um ponto de vista sobre as coisas que seja estritamente objetivo, desengajado e puramente cognitivo; ao invés disso, ele procura, por meio de uma busca intuitiva, dissipar a ignorância, evitando a liberação de ilusões *maya* por meio de se "enxergar o Real". "Na Índia", diz Mircea Eliade, "o conhecimento metafísico sempre teve um propósito soteriológico"[F1]; isto é, ele busca salvação, por meio da liberação da alma ou espírito. Mas se nós nos lembrarmos de que no presente contexto o termo filosofia deve significar o que originalmente significava, "amor à sabedoria" (ao invés de "objetividade científica"), nós podemos usá-lo com segurança.

Durante o milênio de 500 AEC a 500 EC, os sistemas aceitáveis de filosofia hindu tomavam forma. Em outro milhar de anos, eles foram refinados em formas fixas finais. Seu número é de longe maior do que seis, mas os próprios hindus destacaram estes seis como sendo os mais significativos, pois entre si eles foram capazes de cobrir os caminhos traçados por todos os pontos de vista filosóficos aceitáveis. Os sistemas aceitáveis são: Sankhya, Yoga, Nyaya, Vaisheshika, Vedanta e Mimansa. Estes seis têm em comum a suposição que é considerada necessária pelos hindus para se adequar nas condições de ortodoxia, a saber: considerar que os Vedas são inspirados e a regra final de fé. É usualmente compreendido que neste caso os Vedas incluem os antigos comentários e interpretações (os Brâmanas e Upanishads) que estão anexados aos quatro livros originais.

Nós não seguiremos os sábios hindus considerando todos os seis sistemas; estamos interessados principalmente naqueles que tiveram o maior efeito na religião: Sankhya, Yoga e Vedanta.

O SISTEMA SANKHYA

Este importante darshana (forma de ver) permanece em agudo contraste com o monismo expresso nos Upanishads. A tradição indiana o considera o darshana mais antigo de todos. Em uma forma preliminar – um dualismo primitivo, não sistematizado talvez mais antigo do que até mesmo os mais antigos Upanishads – ele pode ter sido a fonte comum de muito do que está no jainismo, nos Upanishads, no antigo budismo e no **Bhagavad Gita**. Diz-se que seu fundador mítico (ou semimítico) foi Kapila, nascido em Kapilavastu um século antes de Gautama Buda. Ele teria comunicado suas posições a Asuri, que as transmitiu a Panchashikha, que as fez conhecidas, por sua vez, a Ishvarakrishna; essa linha nos provê uma escala temporal que certamente está encurtada, pois o último citado é o autor da declaração sistemática mais antiga da filosofia Sankhya, o *Sankhyakarika* – que provavelmente não foi escrita antes de 200 EC.

A filosofia Sankhya é firmemente ateística e dualista em sua forma original, sustentando que existem apenas duas (e *apenas* duas) categorias eternas de seres: (1) matéria (**prakriti**), que quando estruturada se torna o mundo natural, e (2) almas ou espíritos (*purusha*, os próprios seres). Nenhum deles é maya; isto é, ilusório. Ambos são reais. A mera presença de almas ou espíritos ativa prakriti, como dançarinos em uma apresentação da corte são ativados pela presença do rei, e as características peculiares (**gunas**) do mundo natural se tornam manifestas. As três formas de atividade que constituem o mundo natural (gunas significa vertentes, agentes de ligação) são (1) uma forma luminosa, boa, sábia e pura chamada **sattva** (claridade, bondade – forma correspondente ao discernimento); (2) uma forma ativa, motora, "levantadora de poeira" chamada **rajas** (energia, "vermelha", apaixonada); e (3) uma forma impassível, negra e temperamental conhecida como **tamas** (escuridão, inércia, conservadorismo obstinado). Os objetos físicos (corpos, inanimados ou animados) resultam do agrupamento de elementos densos sob a impulsão de tamas; os fenômenos psicológicos nas criaturas dotadas com vários sentidos (experiência sensorial, emoções) surgem do estímulo dos rajas; as atividades mentais e psíquicas brotam de uma predominância de sattva. O mundo da natureza é composto de vinte e quatro elementos ou princípios (*tattvas*, forças), incluindo os cinco elementos brutos (*sthula-bhutani*: éter, ar, fogo, água, terra), o alto intelecto (*buddhi*), a mente (*manas*), e a consciência do ego (*ahankara*); cada um desses elementos é formado por uma combinação diferente de gunas. Deve se enfatizar que estes últimos três, "intelecto", "mente" e "consciência do ego", são considerados pelos indianos como manifestações de realidade física. Eles podem espelhar ou falsificar purusha (pura consciência ou espírito), mas permanecem inteiramente no lado de prakriti (matéria) na dualidade cósmica.

As características físicas especiais de um indivíduo em qualquer momento se dão devido ao grau em que qualquer um dos gunas predomina. Se uma pessoa é inteligente, pura e feliz, prevalece sattva; se emocional ou enérgica, rajas; se é maçante ou bruta, tamas. Essa análise tripartite tem tido uma influência na Índia que vai bem além das fronteiras da escola Sankhya e que, de fato, tem afetado muitos aspectos do pensamento e vida indianos – incluindo, desafortunadamente, uma tendência a associar o *continuum* da luz (brilhante, inteligente) para o escuro (estúpido) com a hierarquia das castas).

A prakriti primal evolui em uma ampla gama de fenômenos, da matéria mais grosseira às mais altas manifestações de inteligência, mas todos esses fenômenos são aspectos da Natureza e não devem ser identificados com almas ou espíritos, nem derivados deles.

Quanto ao domínio das almas ou espíritos (purusha), ele não é constituído de uma única Alma Cósmica, pois Brâman-Atman é não existente. Antes, ele é formado por um número infinito de almas individuais, cada uma independente e eterna. Essas almas ou espíritos são "puras", "eternas", "passivas" e "sem qualidades" (sem gunas) discerníveis pela experiência humana. Separadas como estão do domínio da "natureza", elas são basicamente indiferentes ao que nele acontece. Cada espírito, declarado Ishvarakrishna, "é aquele que vê [testemunha]; [mas] está isolado, indiferente, um espectador meramente inativo"[F2]. A razão pela qual o espírito deve ser associado, da forma como ele é, com um corpo e uma mente na vida após a vida, é um mistério insondável; mas ele o faz. Nas mais altas instâncias do pensamento humano, o intelecto (buddhi) chega a enxergar que a alma ou espírito precisa ser liberta de sua associação com corpos e mentes (matéria viva, prakriti), mas ele é incapaz de libertar a si mesmo; a libertação vem do lado natural, não espiritual. O que precisa acontecer no domínio da natureza é a mais alta inteligência da humanidade, em seus momentos de discernimento ou "despertamento", tornar-se consciente de seu próprio caráter ilusório; libertar a si mesma do sofrimento trazido por sua falta de compreensão (avidya, ignorância); e livrar-se da falsa identificação de seus próprios processos físicos e mentais com o purusha, uma identificação que é inteiramente errônea e que constitui uma fonte de sofrimento obscurecendo a verdadeira separação e a eterna liberdade de purusha. Quando o intelecto humano destrói suas ilusões presentes nesse processo, ele destrói (desestrutura) a si mesmo também, e isso habilita sua alma ou espírito a tornar real sua liberdade através da passagem final para um estado de existência eterna, mas não terrena, na pureza do espírito. Aqui, também, a salvação é buscada pelo Caminho do Conhecimento.

O SISTEMA YOGA

O Sistema Yoga de disciplina mental tem sido bastante desenvolvido desde que foi mencionado pela primeira vez nos Upanishads, e tem ganhado um lugar importante na prática do Caminho do Conhecimento.

O Yoga se tornou uma técnica altamente refinada nas mãos de **Patanjali** (século II AEC), um yogin que derivou a maior parte de suas ideias do sistema Sankhya, ainda que diferisse dele ao aceitar como parte de sua visão de mundo um teísmo modificado (confiança em Ishavara, um espírito eternamente puro que ajuda os yogins). A base filosófica de Yoga é, entretanto, não tão importante historicamente quanto as suas medidas práticas: a técnica de meditação e concentração desenvolvidas em conexão com ela. Estas medidas práticas são uma modificação psicologicamente sofisticada do caminho puramente metafísico para "libertação e livramento".

O maior dos apelos do Yoga está em suas medidas fisiológicas e psicológicas para assistir à mente no esforço de se concentrar. Ele consiste largamente de posturas especiais, métodos de respiração e repetição rítmica de fórmulas de pensamento apropriadas. O procedimento típico, do clássico Raja Yoga de Patanjali, tem os seguintes oito passos:

>1) Execução dos cinco votos de aniquilação do desejo, ou Yama, um passo pelo qual o aspirante Yoga se abstém de ferir coisas vivas (i. e., praticar ahimsa), de enganar, roubar, da falta de castidade (tomando o voto brâmacharya), e da aquisitividade.

2) Observância, ou Niyama, de regras autodisciplinares – limpeza, calma, mortificação, estudo e oração.

3) Sentar-se na postura apropriada, ou Asana: a saber, com o pé direito sobre a coxa esquerda, o pé esquerdo sobre a coxa direita, as mãos cruzadas, e os olhos focados na ponta do nariz.

4) Regulação da respiração, ou Pranayama, onde o objetivo é reduzir a totalidade de se estar vivo em um ou dois processos simples e rítmicos, trazendo sob controle todos os músculos – voluntários e involuntários – e as correntes nervosas. O aspirante é aconselhado a sentar ereto, com a cabeça, pescoço e as costas em uma linha reta, e a respirar e expirar ritmicamente enquanto (talvez) internamente repetindo a palavra sagrada AUM (refinamentos posteriores deste passo sugeriram respirar pela narina esquerda, então expirar pela narina direita, segurando a respiração entre as repetições, de forma a permitir que as correntes nervosas desçam a coluna espinhal e golpeiem forçosamente as reservas de energia nervosa na base da espinha, libertando-as).

5) Afastamento das sensações de todos os objetos, ou Pratyahara, semelhante à forma que uma tartaruga se retrai sob seu casco, puxando para dentro sua cabeça e membros. Este passo cala o mundo exterior.

6) Concentração, ou Dharana, durante a qual a mente é mantida firmemente na contemplação de uma ideia ou objeto único até que esteja esvaziada de tudo o mais.

7) Meditação, ou Dhyana, uma condição semiconsciente que permite a transição para o último passo.

8) Samadhi, um transe no qual a mente, agora esvaziada de todo seu conteúdo e não mais consciente tanto do objeto quanto do sujeito, é absorvida no Último e é uma com o Uno.

A característica central da prática Yoga, seja nessa ou em outras formas, é o uso da mente para suprimir seus próprios movimentos conscientes, provendo para o corpo elevada disciplina a fim de auxiliar na gradual suspensão da consciência e trazer sobre si um estado de puro êxtase, que se dá sem pensamento e sem sensação. O resultado é sentido como uma completa libertação do verdadeiro eu do mundo externo e das causas naturais.

Uma forma posterior e mais esotérica de Yoga, frequentemente aconselhada por professores, é a forma tântrica de Hatha Yoga ou "Yoga do poder". Ela concebe o corpo como interconectado por muitos "conduítes" ou nadis (veias, artérias, nervos), três dos quais são os mais importantes. Dois destes correm ao longo dos dois lados da coluna espinhal e conectam os lombos à garganta. O terceiro, conhecido como *susumna*, corre dentro da coluna espinhal vindo do *cakra*, ou centro de poder atrás dos genitais (onde repousa o *kundalini*, nomeado a partir de um atributo da deusa **Kali**, *per si* só uma fonte latente de energia, "enrolado como uma serpente") e se move para a parte superior através de outros centros de poder na barriga, no coração, na garganta e entre as sobrancelhas até o sahasrara, o centro de poder no topo da cabeça. O objetivo de Hatha Yoga é excitar o "poder da serpente" de *kundalini* e fazer com que ele seja ampliado com a energia acumulada através dos outros *cakras* ou "rodas" de poder, produzindo iluminação da consciência na cabeça (samadhi). Reivindicações extraordinárias de poder psíquico são feitas por aqueles que aceitam as intuições que acompanham ou se seguem à maestria de Yoga: por exemplo, que o yogin alcança levitação de fato, pode transcender os limites de espaço e tempo e estar em diversos lugares ou tempos simultaneamente, ou que pode adquirir os poderes ou qualidades de qualquer coisa na qual ele ou ela escolha se concentrar.

Mas é evidente que nenhuma dessas coisas consiste no objetivo principal de Yoga; ele intenta, ao invés disso, experimentar de absoluta e completa liberdade do eu em relação às amarras terrenas.

O SISTEMA VEDANTA: TRÊS VERSÕES

O nome do Sistema Vedanta é derivado da fonte de suas principais doutrinas, os Upanishads, que eram comumente chamados de Vedanta; isto é, "as porções finais dos Vedas". Os Upanishads continham uma base excitante para especulação futura, e eventualmente dele evoluíram três diferentes versões: uma com ponto de vista monista (não dualista), uma com ponto de vista não dualista qualificado, e uma com ponto de vista dualista.

Havia filósofos que estavam certos que a intuição suplantava e transcendia o senso comum. Esses filósofos propunham a doutrina monista defendendo que o mundo externo e a consciência humana eram similarmente maya, ou aspectos da ilusão do mundo surgidos da energia criativa primal, e por tal razão eles defendiam a autoridade dos Upanishads. O pensamento avançado indiano estava geralmente em concordância com esses pensadores.

A primeira tentativa de estabelecer os ensinamentos monistas dos Upanishads em um sistema filosófico consistente está contida nos difíceis aforismos do *Vedanta Sutra*. Diz-se que eles teriam sido preparados por Badarayana, um notável professor que viveu provavelmente durante o século I AEC. Seus aforismos foram compostos de forma a serem guardados na memória, e eram tão fortes quanto ambíguos e confusos. Mesmo durante sua própria vida os seus comentários orais foram necessários a fim de torná-los inteligíveis. Durante os séculos que se seguiram, tal interpretação oral, geralmente apoiada de forma um tanto quanto dúbia pelo texto original, foi continuada, e resultou finalmente no surgimento de três sistemas diferentes de filosofia vedanta – aqueles fundados por **Shankara** (788-820 EC), **Ramanuja** (1040?-1137), e por **Madhva** (1199-?).

1 O "NÃO DUALISMO" DE SHANKARA (ADVAITA)

Para Shankara, o mundo (prakriti), o ego individual (*jiva*) e Brâman, ainda que não fossem absolutamente um, não existiam de fato separadamente, mas eram na realidade "não diferentes" (**advaita**), "não dois" (nem três ou mais). O Brâman impessoal e indescritível está completamente além do alcance da experiência humana (de forma absolutamente não empírica). Além d'Ele – o eterno, o que não decai, o pleno de existência – todo o restante é "transiente, impuro, sem substância, como um rio corrente ou uma lâmpada queimando, faltando fibra como uma banana, comparável à aparência de espuma, uma miragem, um sonho"; resumindo, um produto de maya. O mundo empírico é desta forma fenomenal, nem existente tampouco não existente, e verdadeiramente inexplicável; ele "descansa" em Brâman como sua base, mas Brâman não está de forma alguma envolvido com ele de forma causal, pois o universo tem de fato se desenvolvido, através de maya, por Ishvara, a manifestação criativa e pessoal do Brâman não manifesto.

A fonte deste ponto de vista é traçada de volta aos Upanishads tardios, nos quais, como por exemplo, no *Shvetasvara Upanishad*, está declarado:

> Poesia sagrada, os sacrifícios, as cerimônias, as ordenanças,
> O passado, o futuro, e o que os Vedas declaram –
> O criador de ilusões (mayin) projeta este mundo inteiro a partir de seu Brâman,
> E nele por meio de ilusão a alma individual (jiva) é confinada.

> Agora, deve-se saber que a Natureza (Pra-kriti) é ilusão (maya),
> E que o Poderoso Senhor (Ishvara) é o fazedor de ilusões![E5]

Mas diz-se que a ilusão conjurada pelo Poderoso Senhor não é absoluta. Shankara foi fiel ao espírito da filosofia indiana ao tratar este ponto com grande sutileza. Ele começou com uma vantagem inicial. Ao negar o *status* final e definitivo do mundo fenomenal e considerá-lo como maya (uma projeção da Mente Cósmica), ele evitou tanto a dificuldade encontrada pela filosofia Sankhya de sustentar que o universo e a alma, ambos igualmente reais, estão em associação, mas não em conjunção quanto ao problema no budismo, que surgiu da eliminação da alma ao mesmo tempo em que se afirmava o fato do sempre recorrente renascimento.

Os seres humanos, de acordo com Shankara, lidam com algo real ao olhar sobre este algo, mas meramente confiam em sua percepção sensorial a fim de obter esse conhecimento. O mundo cotidiano no qual suas experiências tomam lugar é a estrutura subjetiva espaçotemporal de referência através da qual sua ignorância (avidya, não conhecimento) percebe equivocadamente o Real. A noção de que os objetos da experiência sensorial são "realidades" é o resultado desta ignorância. Ignorância é, de fato, o tipo de reação que constrói o mundo cotidiano por meio de um processo, exatamente da mesma forma que um pedaço de corda deixado na beira da estrada pode ser visto no crepúsculo como uma cobra, ou um poste distante, como um homem.

Acreditar que alguém viu uma cobra ou um homem, em tais circunstâncias, é se submeter de forma acrítica ao poder criador de ilusões que produz o mundo fenomenal.

Ademais, acreditar na realidade independente da alma individual, como na experiência comum, é se mover no mundo de maya e possuir apenas um tipo de conhecimento inferior. Saber, porém, que nossos próprios eu-interiores e Brâman-Atman não são dois é apreender a realidade e obter o conhecimento mais elevado. Similarmente, creditar o mundo de objetos sentidos pela experiência no espaço e tempo (se sua realidade for de fato aceita por quem o faz) como fruto de trabalho do Criador – Ishvara, o princípio do deus vivo, adorado e propiciado pelo povo sob nomes como **Vishnu**, **Shiva** e Rama – é apreender a verdade absoluta através das aparências criadas pela ignorância. Na realidade, há apenas Brâman-Atman, que é exclusivamente existente, sem limites, sem dimensões espaciais e temporais, e eterno. Os Upanishads disseram corretamente: *Tat tvam asi*! ("Isto és tu!") A emancipação do desenrolar prolongado do recorrente sonho de ciclo de renascimentos vem apenas com o levantar do véu da ignorância que previne alguém de saber que a alma é e sempre tem sido idêntica com Brâman.

Essa, como pode se notar, é a culminação lógica das especulações monistas dos Upanishads.

Mas Shankara ignorou a vida devocional das massas ao estruturar sua filosofia. Muito antes de seu tempo haviam surgido as seitas inspiradas pela devoção aos deuses.

E estes defensores de **bhakti** (devoção) encontrariam um poderoso campeão quando Ramanuja veio em defesa do caminho da devoção em geral e do Vaishnavismo (adoração de Vishnu) em particular. Ele buscou provar que eles eram verdadeiramente védicos e ortodoxos, e mais ainda, que havia verdade na fundamentação de bhakti como um caminho de salvação.

2 O NÃO DUALISMO QUALIFICADO DE RAMANUJA (VISHISHT-ADVAITA)

Ramanuja (1040?-1137 EC) foi um monista na medida em que ele se baseava em certas passagens dos Upanishads como em *Brihadaranyaka* III.vii.3, onde Brâman é declarado aquele que é o Controlador Interno de todo o universo em cada uma de suas partes (cf. p. 138). Mas ele aceitava alguma diferenciação dentro da realidade única, introduzindo um "monismo qualificado", *Vishisht-advaita*, ao encontrar nos Upanishads, e certamente no *Bhagavad Gita*, não apenas uma ênfase na unidade de todas as coisas e seres em Brâman, mas também uma afirmação de diferenciação. Ele concluiu que o mundo físico, as almas individuais e a Realidade última ou o Ser Supremo são cada um, real, ainda que indivisíveis, pois os primeiros dois compõem o "corpo" do último; eles são formas através das quais Deus se manifesta a si mesmo. A Realidade última é um ser pessoal, e não impessoal. Seu nome é Vishnu. Resumidamente, Vishnu é Brâman. A Realidade última não é desta maneira (como disse Shankara), abstrata, desprovida de atributos, e incognoscível, mas uma pessoa concreta provida de toda qualidade desejável, possuindo onisciência, penetrando a tudo, um ser todo-poderoso, todo-amoroso e misericordioso. Ele revela a si mesmo como Deus de cinco formas. Primeiramente, ele se mostra a si mesmo às almas libertas em uma cidade celestial, onde sob uma marquise de joias ele se assenta em Shesha, a serpente do mundo, e é servido por *Lakshmi* e outras consortes. Em segundo lugar, ele se manifesta na acumulação de conhecimento e no universo – nesse último, em grande parte na criação, na preservação, na persistência, no poder de governo e na habilidade de vencer oposição. Em terceiro lugar, ele aparece nos dez avataras (p. 182). Em quarto lugar, ele reside dentro do coração humano, acompanha seus devotos onde quer que eles estejam, e às vezes aparece em visões. Em quinto lugar, ele apresenta a si mesmo nas imagens que as pessoas fazem dele. O maior objetivo da humanidade – e a porção de felicidade daqueles que rendem a Vishnu adoração apropriada (bhakti) – não é a absorção em um Absoluto impessoal (ainda que isto possa ser atingido), mas chegar ao céu para se deleitar na presença de Vishnu em completa consciência.

3 O "DUALISMO" DE MADHVA (DVAITA)

Madhva (1199-?) defendeu que a alma individual não é uma com, nem deve ser identificada com uma Alma Suprema ou Absoluta, aqui ou no porvir. Em seu ponto de vista dualista (***dvaita***) há uma diferença de tipo entre Deus (Vishnu) e as almas individuais (jivas). As almas são reais, e assim o é o mundo físico. Seu ponto de vista é monoteísta, pois ele cria que as almas que são salvas irão desfrutar bênçãos na presença da Alma Suprema (Vishnu); outros estão sentenciados a passar a eternidade ou nos infernos ou em transmigração infinita. Como a salvação chega? Ela vem, diz Madhva, por meio de Vayu, o deus do vento, o filho de Vishnu. Ele é um veículo da graça de Deus, e um tipo de espírito santo que assopra seu poder doador de vida naqueles que ele salva. Esta versão do Vedanta contém mais do que um eco do Islã e do cristianismo, que eram conhecidos na Índia no tempo de Madhva. Ela teve, como a versão de Ramanuja, uma influência imensa não apenas nos seguidores de Vishnu, mas por toda a Índia.

Muitos movimentos modernos de pensamento liberal creditam sua atitude geral, se não a substância de suas crenças, a Ramanuja, a Madhva, ou a ambos.

3 O caminho da devoção: o Modo devocional, o *Bhagavad Gita*

Talvez o maior elemento único na resistência de sucesso do hinduísmo à sua absorção no budismo seja a atitude do povo comum da Índia. Através dos longos anos de crises e lenta recuperação do hinduísmo, as pessoas ordinárias não tendo sido grandemente afetadas pela excitação intelectual das classes elevadas, simplesmente seguiram suas vidas, praticando a religião de suas próprias maneiras. Seu caminho era o caminho da devoção (**bhakti**).

Bhakti pode ser definida como devoção ardente e esperançosa a uma divindade em particular, em reconhecimento agradecido da ajuda recebida ou prometida. Ela frequentemente assume a forma de um amor passional da divindade, seja deus ou deusa. Suas marcas são a entrega do próprio ser ao ser divino e atos de devoção na adoração no templo e na vida e pensamentos privados.

O monismo e a autodisciplina ascética foram contornados e o bramanismo recebeu menor importância, pois um relacionamento valorizado, carregado de emoção, brotava entre um devoto e algum deus ou deusa que pudesse ser alcançado por *bhakti* e *puja* (adoração). Este relacionamento era pessoal e apaixonado, e satisfazia uma ânsia profundamente religiosa. Assim, após cerca de quatro séculos da Era Comum, surgiu um poderoso movimento *bhakti* que dominaria a vida religiosa indiana por mais de mil anos (como veremos posteriormente neste capítulo).

Os brâmanes, percebendo tudo isso, trabalharam em prol de desenvolver uma justificativa. Enquanto que as mentes mais sofisticadas eram encorajadas a buscar o Caminho do Conhecimento, era suposto que o povo buscasse ajuda dos deuses e deusas. O *Código de Manu*, de fato, contém mais que uma indicação da presença de um novo fator no panorama religioso, e com ela o surgimento de um terceiro caminho para salvação ou libertação, que rivalizava com o Caminho das Obras e o Caminho do Conhecimento. Ele menciona templos e sacerdotes dos templos pela primeira vez na literatura hindu. *Bhakti Marga*, "O Caminho da Devoção", também chamado de *Bhakti Yoga*, "A disciplina da devoção", veio à existência.

OS INSTINTOS DO POVO ORDINÁRIO

Bhakti emergiu proeminentemente, desta forma, em um período comparativamente tardio, mas trouxe consigo o sabor da antiga fé. O fato de ele ter surgido levanta a reflexão de que as necessidades do povo ordinário não podem nunca ser negadas por muito tempo. Desde tempos primitivos, as pessoas têm buscado o favor dos deuses e deusas, e elas não podem ser convencidas de que a devoção a divindades não traz salvação. Sua experiência tem sido que o mundo está repleto de poderes maiores do que elas mesmas, dos quais pode vir ajuda salvadora. O povo comum nunca poderia seguir os filósofos e intelectos meditativos através do Caminho do Conhecimento; ele não era capaz de longa e profunda introspecção nos obscuros movimentos de sua própria alma. Não que ele considerasse as descobertas das classes intelectuais como inverdades. Pelo contrário, ele as considerava com respeito, de forma semelhante à que um leigo atualmente aplaude, sem entender, as incompreensíveis teorias de um Einstein. Um devoto típico provavelmente raciocina desta forma: "O caminho do brâmane pode ser totalmente correto para um brâmane, mas eu preciso seguir o caminho prescrito para mim da melhor forma que eu possa fazer nesta vida. Talvez em alguma existência futura eu possa vir a ser um brâmane".

No hinduísmo popular, os efeitos de longa duração de bhakti nas formas externas de religião têm sido incalculáveis. Muitas seitas diferentes buscam a salvação por meio da devoção. Não se implica uma negação do Caminho do Conhecimento e do Caminho das Obras; até mesmo se admite que eles possivelmente tenham eficácia superior. Mas é feita a reivindicação positiva de que a devoção a uma divindade é um meio correto de salvação *per si*.

EXPRESSÃO LITERÁRIA NO *BHAGAVAD GITA*

O reconhecimento literário mais influente de Bhakti Marga como um verdadeiro caminho de salvação foi feito no famoso *Bhagavad Gita*, ou *Canção do Abençoado Senhor*, um dos grandes clássicos da literatura religiosa mundial. A ele nós devotaremos atenção especial, pois ele tem influenciado grandemente o hinduísmo por quase 2 mil anos.

Ainda que o poema tenha sido frequentemente impresso e apreciado como um trabalho em separado, ele é um segmento inserido em um épico enorme, o **Mahabharata**, que foi composto por um período de 800 anos, de 400 AEC a 400 EC (as estimativas de período de interpolação vão do século III AEC ao século II EC). O épico contém 100 mil dísticos, e lida principalmente com as façanhas dos clãs arianos, especificamente com a queda dos príncipes Kuru (Kaurava) nas mãos de seus parentes, os Pandavas (filhos de Pandu), dirigidos pelo deus herói **Krishna**, um *avatar* (forma alternativa) de Vishnu.

Em todos os sentidos um poema notável, ele tem sido crescentemente admirado e usado para necessidades devocionais e intelectuais, mais do que qualquer outro trabalho hindu – isto a despeito de seu caráter eclético, tanto filosoficamente como em outros sentidos. Sua verve e poder emocional têm ganhado muitos convertidos para suas doutrinas.

Ainda que ele tente sintetizar ou entrelaçar em uma forma de vida os três caminhos de libertação – conhecimento, obras e devoção – o grande significado histórico do Gita repousa em seu aval a bhakti como um caminho correto para a salvação ou libertação. Ele garante que o conhecimento leva à libertação incondicional. O executar das boas obras também não deve ser subestimado. Mas ele protesta contra a execução dos trabalhos prescritos meramente pelo desejo de recompensas que possam advir, e afirma que tal esforço por recompensas garante apenas bênçãos efêmeras na próxima existência. Ele segue além, assumindo uma posição muito à frente da postura bramânica comum quando declara que a execução de obras, se feita sem nenhum desejo por recompensa, mas apenas por causa do deus ou do justo, pode ganhar libertação na base apenas de tais obras. Mas a devoção religiosa é o melhor caminho de todos.

O CONTEXTO ÉPICO

O endosso do Gita a bhakti chega durante o curso de uma história concebida e contada dramaticamente. Arjuna, o grande guerreiro da família dos Pandavas, hesita subitamente quando está a ponto de liderar seus irmãos e seus aliados em uma batalha contra os príncipes Kuru, filhos de seu tio, o cego Dhritirashtra – assim sendo, seus parentes próximos. O deus herói Krishna é o condutor de sua carruagem e permanece a seu lado, pronto para ação imediata. Mas não é Arjuna quem age; é o líder Kuru, seu tio, que ordena que a concha seja assoprada como o sinal para a batalha.

> Então aconteceu –
> Contemplando a preparação de Dhritirashtra para a batalha.
> Armas sendo desembainhadas, arcos sendo puxados,
> a guerra pronta a irromper – Arjuna disse o seguinte
> para Krishna, o divino, o condutor de sua carruagem:
> "Dirija, destemido! Para além do terreno aberto
> entre os exércitos; eu quase consigo ver aqueles que lutarão conosco hoje, aqueles aos quais
> hoje matarei!"[G1]

Mas quando Krishna dirige a carruagem entre as linhas de batalha, com seus corcéis brancos como o leite, Arjuna marca em cada mão

os parentes de sua casa
avós e pais, tios, e irmãos, e filhos,
primos, cunhados e sobrinhos, misturados
com amigos e honrados anciãos;
Alguns do seu lado,
Outros alinhados naquele lado[G2].

Com esta visão, seu coração se derrete em súbito arrependimento. Ele se dirige ao seu condutor em tons de angústia:

"Krishna! Eis que contemplo:
reúnem-se aqui
a fim de derramar seu sangue em comum,
logo ali, a multidão de nossos parentes,
Meus membros caem, minha língua seca em minha boca,
um estremecimento sacode meu corpo,
e meus cabelos se arrepiam com horror;
dificilmente posso permanecer de pé.
[...] que ricos espólios pode-se lucrar,
que regra pode recompensar;
quanto tempo de vida aparenta ser doce,
quando comprados por meio de tanto sangue?
Vendo aqueles que permanecem aqui, prontos a morrer,
Para os quais a vida era bela, e o prazer lhes agradava,
E seu poder crescia, precioso – avós, pais, e filhos,
Irmãos, e sogros, e cunhados,
Anciãos e amigos!"
Falando assim, em frente às duas hostes,
Arjuna tombou sobre o assento de sua carruagem,
E deixou cair o arco e as flechas,
Doente em seu coração[G3].

Quando Krishna tenta incitar o relutante guerreiro com a acusação: "abandona a atitude de covardia! Acorda! Sê tu mesmo! Levanta-te, flagelo de teus inimigos!", a única resposta de Arjuna é reiterar suas dúvidas e pedir o conselho de Krishna.

O CONSELHO DE KRISHNA

A resposta de Krishna é dada ao longo de um extenso diálogo cujo objetivo, em primeira instância, é exaltar os deveres de casta acima de qualquer outra consideração, não importando suas implicações, e sem esperar qualquer recompensa. Ele fala para Arjuna que seu dever como um kshatriya é lutar quando há uma guerra em curso, tenha ele ou não que matar parentes seus. O Gita afirma claramente que, de longe, é melhor para o bem comum o cumprimento dos próprios deveres determinados por nascimento (*svadharma*), ainda que de forma inepta, do que executar os deveres de outrem, por melhor que se possa fazê-lo. Alguém abandonar seu próprio *svadharma* é pecado; o resultado é o caos social (com o passar dos séculos este pronunciamento reforçou firmemente a sociedade ordenada da Índia, mas na história recente seu resultado foram dificuldades profundas na redistribuição dos recursos humanos).

Quanto ao destino pessoal de Arjuna, se ele lutar e for morto adentrará no céu Swarga; se ele for vitorioso, ele subirá a um trono real. Quanto àqueles que ele possa vir a matar, o luto por eles pode ser falta de julgamento. A alma (*atman*) não pode ser morta.

"Tu lamentas quando não deve haver pesar!
Tu proferes palavras nas quais falta sabedoria!
Pois o sábio em seu coração não lamenta nem os que vivem nem os que morrem.
Nem eu, nem tu, nem qualquer um desses foi jamais, tampouco virá a ser.
Tudo que vive, sempre vive!
[...] indestrutível.

Aprende isto! A Vida espalha vida através de tudo [...]
Mas quanto a estas formas flutuantes que dela participam
de espíritos imortais, infindos, infinitos,
elas perecem. Deixe que pereçam, Príncipe! E lutai!
Alguém diz, "Eis, eu matei um homem!"
Outro pensa, "Eis, eu sou um assassino!"
Ambos não sabem de nada! A vida não pode matar. A vida não pode ser morta!G4

AÇÃO E CONHECIMENTO REORIENTADOS

Tendo, dessa forma, observado filosoficamente as dificuldades imediatas, Krishna procede para dizer ao guerreiro ainda emocionalmente abalado que existem dois caminhos para atingir o objetivo da salvação. Um deles é a disciplina do conhecimento (Jnana Yoga), e o outro é a disciplina da ação (Karma Yoga). Ambos conduzem à paz derradeira. Mas tais caminhos, das formas pelas quais se apresentam, se cruzam e mesmo coalescem. Pois ninguém pode jamais descansar em pensamento, por um momento que seja, sem que haja ação; e a ação disciplinada da forma apropriada requer e termina em conhecimento. No papel de um deus herói aconselhando um guerreiro, Krishna parece em certo momento dizer que se retirar da ação para se empenhar na meditação é inferior à ação disciplinada reforçada pela verdade, encontrada no próprio Krishna; ele afirma ainda mais enfaticamente, porém, que tanto a meditação quanto a ação são caminhos para a própria identificação com a Realidade Final.

Tanto pensamento quanto ação, entretanto, precisam ser corretamente orientados. De início, a ação deve ser desinteressada – executada apenas enquanto dever, sem o pensamento de frutos (recompensas).

Que os teus motivos sejam os bons feitos, e não os frutos que deles advêm.
E viva em ação! No labor!
Faz de teus atos a tua piedade,
lançando todo egoísmo à parte.
Desdenhando ao ganho e mérito [...]
Desta forma, executa a tarefa a ti prescrita felizmente, com o espírito livre,
já que um homem, na execução de deveres *per si*,
se assenta sobre as mais altas bênçãos [...]
Por Minha causa, então,
com meditação centrada dentro de ti,
sem buscar recompensa, de forma satisfeita e serena,
sem atentar a controvérsias – lutaiG5.

MEDITAÇÃO E DEVOÇÃO (BHAKTI)

Quanto ao Yoga da Meditação, a prescrição de Krishna não se assemelha de forma alguma aos rigorosos Oito Passos de Patanjali (p. 164) ou ao esquema centralizado em cakras do Hatha Yoga (p. 165).

Ele é orientado no sentido de uma união bhakti com uma divindade. A meditação deve ser disciplinada pelo conhecimento de que todas as coisas – todas as ações – procedem do eterno Espírito Cósmico, Brâman, sendo infundidas por ele. Aqui, o termo *Brâman* não deve ser entendido como possuindo conotação estritamente pessoal. *Brâman é Vishnu e Vishnu é Krishna*. Aqueles que se ligam a Vishnu através de Krishna, como Arjuna é convidado a fazer, podem por meio disso experimentar a realidade da união com Brâman por *bhakti* (devoção). O yogin cujo maior desejo é se deleitar no êxtase do perfeito livramento pela absorção na Realidade Última pode encontrar tal libertação por meio da absorção meditativa em uma Pessoa – seja Vishnu, uma divindade das alturas, ou Krishna, se a encarnação no galante cocheiro se provar mais atrativa.

Capítulo 4 - Hinduísmo posterior: a religião como determinante do comportamento social

Ele deve se assentar tranquilo,
Meditando firmemente solitário.
Seus pensamentos controlados, suas paixões lançadas fora,
Tendo sua morada fixa – nem muito elevada, nem muito abaixo – permaneça ele com seus bens:
Um tecido, uma pele de veado, e a grama Kusa.
Ali, orientando fixamente sua mente em direção ao Um,
Controlando o coração e os sentidos, silencioso, calmo,
Que ele execute o Yoga, e atinja pureza de alma, mantendo-se imóveis o corpo, pescoço e a cabeça, seu olhar absorto sobre a base de seu nariz,
Alheio a tudo ao seu redor.
Tranquilo em espírito, livre de temor,
Com o intento em seu voto Brâmacharya, [estando] devoto,
Meditando sobre Mim, perdido em seu pensamento a Meu respeito,
Que o Yojin, tão devoto, tão controlado,
Chegue ao espaço além – Minha paz, a paz do alto Nirvana! [...]
Aquele que assim jura um voto, sua alma rumo à Suprema Alma, abandonando o pecado, passa desimpedido à bênção eterna de unidade com Brâma(n).
Aquele que assim jura, tão imerso, vê a Alma-Vida residindo em todas as coisas vivas, e [vê] todas as coisas vivas contidas naquela Alma-Vida. E aquele que assim discerne a Mim em tudo, e tudo em Mim, eu nunca o deixarei se apartar[G6].

Nesta passagem memorável, o Gita busca assimilar as doutrinas dos Upanishads em seu teísmo parcial (seu teísmo é apenas parcial por possuir um lado pronunciadamente panteísta).

RITUAL ENQUANTO DEVOÇÃO

Tendo propósito semelhante, a poesia de Krishna "Eu sou" absorve o Caminho das Obras. Ritual e sacrifício são meros aspectos de Ele mesmo: "Eu Brâma(n) sou! O único Deus eterno!" Desta forma,

Eu sou o Sacrifício! Eu sou a Oração!
Eu sou o Bolo-Funerário deixado para os mortos!
Eu sou – de todo este universo sem fronteiras – o Pai, a Mãe, o Ancestral e o Guarda!
O fim do saber! Aquele que purifica com água santificada!
Eu sou OM! Eu sou Rig-Veda, Sama-Veda, Yajur-Veda;
O Caminho, o Fomentador, o Senhor, o Juiz,
A Testemunha; a Residência, a Casa de Refúgio,
O Amigo, a Fonte e o Mar da vida
Que expulsa e engole! Semente e semeador,
De onde brotam infindas colheitas! [...]
A Morte eu sou, e a Vida imortal eu sou,
Arjuna! SAT e ASAT, Vida Visível e Vida Invisível![G7]

A VISÃO ÚLTIMA: BRÂMAN NA FORMA DE DEUS

E então, enquanto Arjuna olha, maravilhado, Krishna é transfigurado diante dele em Vishnu, o eterno Brâman em forma de deus, demonstrando ao espantado guerreiro sua verdadeira realidade, provido de inumeráveis bocas, incontáveis olhos, faces que "a tudo consideram" voltadas para todas as direções, e vestidas em ornamentos, guirlandas e aparatos divinos perfumados com fragrâncias celestiais.

Se pudesse se levantar
subitamente nos céus

a luz de um milhar de sóis
Inundando a terra com raios indiferentes,
Então isto poderia ser a majestade e glória sonhadas
Pertencentes àquele Santo!G8

Com esta visão, que faz cada um de seus cabelos se arrepiarem com temor, Arjuna faz ser ouvida sua adoração, e então intercede que cesse a visão demasiadamente sublime, e que o deus retorne para o amigável disfarce de Krishna, o cocheiro. O deus cede à sua solicitação, e então segue em entregar o coração da mensagem do Gita: ele exige uma entrega completa, motivada pela perfeita fé por si mesma – bhakti incondicional – como o caminho para a completa e final libertação.

Agarra-te a mim!
Abraça-me com o coração e a mente!
Assim certamente tu viverás comigo nas alturas.
Mas se teus pensamentos caírem de tais alturas;
Se fores fraco para manter corpo e alma comigo constantemente,
Não te desesperes! Presta-me um culto menos elevado.
Buscai ler-me adorando com firme propósito
E, caso não possas me adorar com firmeza,
Trabalhas para mim, labuta em trabalhos agradáveis a mim!
Pois aquele que labuta por amor a mim no final me alcançará!
Mas, se nisto o teu coração falha, traz tua falha até Mim!
Encontrai refúgio em Mim! Deixai os frutos do labor chegarem, renunciando a tudo por Mim, com o coração humilhado;
Pois, ainda que saber seja maior do que a diligência,
Ainda assim a adoração é melhor que o saber, e a renúncia melhor ainda.
Próxima à renúncia – muito próxima –
Reside a paz eterna! [...]G9

O DEVOTO IDEAL

A primeira das duas passagens mencionadas acima é seguida por um conselho complementar referente à conduta em relação às outras pessoas. Esse conselho se tornaria a recomendação mais exemplar, tendo sido endossado com convicção por Mahatma Gandhi em tempos posteriores. Krishna declara que ele ama o homem altruísta e pacífico.

Quem a nada odeia dentre os viventes,
vivendo de forma benigna e compassiva,
isento de arrogância,
isento de amor por si mesmo, imutável pelo bem ou pelo mal; [...]
Quem não traz problemas para o seu próximo,
e não é atribulado por eles; livre da ira,
Vivendo acima de toda a alegria, lamento ou temor,
A este homem eu amo! [...]
Quem, em relação a amigos ou inimigos mantém o mesmo coração, a mesma mente,
suporta com a mesma paz a vergonha e a glória,
aguenta o calor e o frio, o prazer e a dor;
habita livre de desejos, recebe louvor e calúnia
com contenção desapaixonada, intocado por nada, [...]
A este homem eu amo!G11

Estas passagens têm tido importância histórica não apenas por sua beleza, mas

> *É melhor o próprio dever de alguém (svadharma, obrigação por casta e estágio da vida), ainda que executado de forma imperfeita, do que a lei do outro levada a cabo perfeitamente.*
> Bhagavad Gita 3:35H

também devido à sua influência na vida íntima de milhares de líderes e homens santos hindus – até mesmo o próprio Mahatma Gandhi, como notado há pouco.

Ainda que filosoficamente toda a concepção de realidade e o significado da vida no *Bhagavad Gita* sejam apresentados com inconsistências não resolvidas, seu efeito prático tem sido estimular e aprofundar o hinduísmo em seu aspecto religioso e a tornar o Bhakti Marga do hinduísmo popular algo intelectualmente respeitável.

Há ainda outra razão para o *Bhagavad Gita* ser apreciado na Índia. Nele, Krishna escancara o Caminho da Devoção e convida todos os viajantes, seja qual for seu sexo ou sua casta, a nele entrar.

> Estejas certo de que ninguém pode perecer, quando confia em Mim!
> Oh filho de Pritha! Qualquer um que se volta para mim,
> Ainda que tenha nascido do próprio útero do pecado,
> Seja homem ou mulher; tenha brotado da casta dos Vaisya ou dos desconsiderados e baixos Sudra – todos estão a plantar seus pés sobre o mais elevado caminho[G12].

Nada pode ser mais apropriado para responder às necessidades não explicitadas de milhões na Índia do que um raio de esperança em sua atribulada sujeição às restrições sociais e religiosas.

Os modelos devocionais: Épicos, Puranas e divindades

Bhakti, o espírito devocional epitomizado no *Bhagavad Gita*, estava destinado a crescer cada vez mais.

Durante o período Gupta (300-500 EC), quando a cultura indiana entrou em uma era de ouro, e particularmente sob os próprios imperadores Gupta (320-570 EC), surgiram professores das massas, tentando atender à necessidade popular por rituais, símbolos e imagens que pudessem prover as pessoas com uma concepção clara dos deuses pessoais (ishvaras) que, além de possuírem poderes cósmicos, estavam próximos o suficiente para serem abordados através de bhakti e puja (adoração).

Esta foi a era na qual bhakti veio a se tornar algo por direito próprio, uma forma religiosa que atraiu fortemente às massas e alistou o apoio de poetas e cantores de profundo sentimento religioso. Foi um tempo de avivamento religioso expressado em canções e hinos que recebiam resposta calorosa entre as pessoas e estabeleciam tendências na religião indiana que persistem até os tempos presentes. Ocorreram também então algumas transições importantes na arquitetura. Durante um período de mil anos iniciado com os Guptas, governantes e o povo se uniram na ereção de santuários e templos monumentais que sobrevieram até hoje, como ricas e adornadas afirmações de fé religiosa.

Os desenvolvimentos humanos acompanhando essas manifestações externas de sentimentos internalizados foram igualmente dignos de nota. As canções e hinos expressando deleite arrebatador no amor gracioso à divindade pelos devotos foram acompanhados tanto por manifestações individuais de bhakti quanto pelo surgimento de seitas devotadas a divindades tais quais Shiva e Vishnu, bem como seus cônjuges divinos. Um desenvolvimento posterior, mais exotérico, foi a prática de ritos secretos que celebravam (e buscavam) a união psicológica do devoto com o deus ou a deusa (estes ritos serão des-

> *Dá-me teu coração! Adora-me! Servi-me! Agarra-te à fé, ao amor e à reverência a mim! Assim tu te achegarás a mim! Em verdade eu prometo. Fazei de mim teu único refúgio! Eu libertarei a tua alma de todos os seus pecados! Tendes bom ânimo!*
> Bhagavad Gita [G10]

critos posteriormente neste capítulo sob o Shaktismo, e sob o tantrismo budista no capítulo 7).

AS SEITAS E SUAS LITERATURAS

Em todas as partes da Índia surgiram desse modo seitas que dominaram amplamente o cenário religioso até o presente. O termo *sectário* é sem dúvida alguma muito forte e partidário para caracterizar a maior parte dos hindus, pois eles preservam sua liberdade de adorar diferentes divindades de acordo com a necessidade. Muitos hindus, não obstante, encontram grande satisfação em se tornar parte de um grupo religioso distinto, com sua própria literatura, líderes e rituais. O espectro do hinduísmo sectário é amplo demais para ser enumerado em detalhes, sendo provido de demasiadas variações regionais dentro das famílias maiores de seitas. As maiores seitas têm sido Shaiva (Shivaite) e Vaishnava (Vishnuite). A primeira, em suas diversas variações, parece ter sido dominante sobre outros grupos durante o primeiro milênio após 100 EC. Foram os Shaiva também que, durante os séculos VII e XII desenvolveram as extraordinárias conexões entre erotismo e religião tão manifestas em seus ritos (Shaktismo), arquitetura, escultura e literatura. O cenário mudou; de 1100 EC até o presente, foi a vez do Vaishnavismo ganhar a maior parcela do apoio popular.

Uma expansão dos papéis da mulher nas práticas religiosas é correlata com o crescimento do devocionalismo. Diferentemente da atribuição ocidental de canções de cortejo a trovadores do sexo masculino, na Índia a articulação do amor romântico é tradicionalmente um papel feminino. Assim, devotos que compunham canções de amor a um deus achavam natural tomar o papel feminino no processo (para exemplos da espiritualização do erotismo, cf. p. 183-184).

ÉPICOS E PURANAS

Uma literatura nova e abundante foi tanto causa quanto efeito de todo esse processo. Na época que surgiram as seitas, os Vedas, Upanishads e Dharmasastras haviam se tornado um campo específico dos brâmanes e daqueles que buscavam o aprendizado Brâmanico. Os épicos Mahabharata e o ***Ramayana***, com seu realce do valor de bhakti, especialmente em suas interpolações como o *Bhagavad Gita*, atingiu um público mais popular, e deu surgimento à literatura das seitas. Na medida em que lealdades especiais eram desenvolvidas, jorravam frutos literários, expandindo especulação e mitologia um em direção à outra. Esses escritos eram os numerosos ***Puranas*** ("Antiga tradição") e Tantras ("Tópicos", "Ensinos básicos") (cf. p. 145). Ainda que se ensinasse que Shiva e Vishnu eram de igual importância e complementares mutuamente, rivalidades e antagonismos brotaram em certos momentos entre os seguidores de um ou de outro. Crenças diferentes eram expressas nos Puranas sectários, dezoito das quais foram geralmente considerados autoritativos. Ordenadamente divididas em três grupos de seis cada, eles exaltavam dependendo do caso a Brâma, Vishnu ou Shiva acima dos demais. Tomados em conjunto, os Puranas são um tesouro inexaurível de folclore e mito, alguns extraordinariamente ricos em símbolos. Quando as contrapartes femininas ou shaktis de Shiva ocupam o centro da atenção, nós temos os numerosos Tantras, manuais ou compêndios que são a expressão do tantrismo.

POESIA DEVOCIONAL

A esta extensa literatura deve-se adicionar as coleções de poesia devocional, de grande valor para os Tamils do sul da Índia (e recebedoras de elevado respeito em outras partes do país); ali uma bhakti fortemente emocional foi expressa por poetas religiosos, cantores e contadores de histórias, alguns dos quais atingiam o *status* de profetas e santos durante o seu próprio tempo de vida. Entre os devotos de Shiva, esses indivíduos inspirados vieram a ser conhecidos como Nayanars ("líderes"), enquanto que os devotos de Vishnu chamavam a seus poetas de Alvars ("os profundos", "mergulhadores nas profundezas"). Coleções típicas de hinos dos Nayanars aparecem nos *Doze Tirumarai* e dos Alvars no *Divyaprabandham*.

As palavras de um poeta tamil do século VI nos garantem que as divindades, aparentemente temíveis e remotas, respondiam à devoção com uma desconcertante e humana simplicidade:

> Quando você ver sua face, louvai-o com alegria,
> Louvai-o com as palmas das mãos unidas,
> Curve-se diante dele,
> De forma que seu pé toque sua cabeça [...]
> Sua forma será santa e poderosa, erguendo-se para os céus,
> Mas sua face severa estará oculta, e ele te mostrará a forma de um jovem rapaz, perfumado e belo;
> E suas palavras serão amáveis e graciosas –
> "Não se aflija – eu sabia que você estava vindo"[11].

Aqui a busca do Caminho do Conhecimento, na tentativa de mesclar o Eu com Brâman-Atman, o ser impessoal além do deus pessoal, é contornada.

Ao invés disso, descobre-se experimentalmente que um "aspecto" da Fonte Última é mais real do que Ele próprio.

Outra oração-poema Tamil toma a forma de uma expressão íntima e amável de gratidão:

> Em meu corpo vil de carne você veio, como se fosse um templo de ouro,
> acalmou-me por completo e me salvou,
> Ó, Senhor da Graça, Ó, gema mais pura.
> Lamento, nascimento, morte e ilusão – tudo isto você tirou de mim e libertou-me.
> Ó, bênção! Ó, luz! Eu tenho tomado refúgio em você, e eu nunca posso ser separado de você[12].

No *Bhagavata Purana*, Krishna confessa que, como deus, ele é mais movido por um coração devotado do que por Yoga, por uma lógica brilhante, pela perfeição moral, pelos cantos védicos ou pela renúncia dedicada:

> Yoga não me subjuga,
> nem Sankhya, nem dharma,
> nem recitação do Veda para alguém,
> nem austeridade religiosa, nem abandono,
> como o faz uma forte devoção a mim.
> Eu sou vencido apenas por bhakti[j].

Como um todo, essa literatura voltada para Bhakti supria o povo comum com as histórias e símbolos que eles necessitavam a fim de sustentar sua vida devocional; de fato, ela suplantava a literatura védica clássica ao dar substância e satisfação para o povo comum.

A tríade de deuses: Trimurti

Os brâmanes estavam, é claro, conscientes do movimento bhakti antes mesmo que ele ganhasse impulso, e tentaram desde cedo salvar o que pudessem dos conceitos cósmicos mais antigos e de cunho mais intelectual referentes à Realidade Última. A literatura bhakti, ao se proliferar regionalmente, elevava muitos deuses e deusas locais. Ao invés de rebaixar as divindades locais, os brâmanes as cooptaram em um esquema que veio a ser chamado de a Grande Tradição. O processo mítico gradualmente assimilou divindades favorecidas localmente como formas alternativas (avatares ou avatars) do antigo panteão sânscrito. No pináculo desta estrutura, os brâmanes desenvolviam o conceito de *Trimurti*, ou "tríade de deuses". Nos antigos tempos Gupta, dizia-se que três grandes divindades – Brâma, Vishnu e Shiva – haviam atingido conjuntamente uma significativa manifestação cósmica de Brâman-Atman; eles repartiam e executavam entre si as funções da criação, preservação e destruição. Essa era uma síntese compreensível e satisfatória intelectualmente. Entretanto, o povo comum da Índia nunca foi, ao menos na prática, conquistado completamente por essa visão esquemática, preferindo focar em um grande deus por vez – usualmente Shiva ou Vishnu – e ganhar o seu favor, ou de seu(s) consorte(s).

BRÂMA (BRÂMĀ)

Dos três grandes deuses Brâma, o Criador, é o adorado menos amplamente (o 'ā' final alongado em seu nome o distingue do neutro Brâman no nome para o Absoluto, Brâman-Atman). Nem meia dúzia de templos são dedicados a ele atualmente. Ele pode ser comparado ao "alto deus dos povos primitivos", não mais ativo na terra após ter concluído o trabalho da criação. Na arte, ele é retratado como um personagem real, com quatro cabeças, lendo severamente os Vedas, e é mostrado cavalgando um ganso selvagem branco, simbólico de seu distanciamento.

SHIVA

Shiva é um dos grandes deuses da Ásia. Seus seguidores lhe dão o nome de Mahadeva, "o grande deus", e ele está à altura do nome. Seu personagem é dotado de elevada complexidade acompanhada de certos aspectos fascinantes. Enquanto uma forma tardia do terrível deus Rudra dos tempos védicos, Shiva ainda é (em um aspecto importante) o Destruidor. Nas palavras do Yajur Veda, ele é "o ameaçador, o assassino, o molestador e aquele que aflige". Sua presença é sentida "na queda de uma folha", e ele é quem traz doença e morte, sendo, portanto, um "assassino de homens". Sua presença é sentida na pira funerária, e ali ele deve ser honrado. Mas ele não é mal puro; seu nome indica que ele é, ou pode se tornar, "auspicioso" (*shiva*). É de certo interesse especular sobre a origem de seu nome. No final da Idade Védica, Rudra parece ter sido tão temido que seu nome nunca era pronunciado. Isto está contido por completo no provérbio europeu: "não fale do diabo senão o diabo aparece". Como os camponeses da Europa em circunstâncias similares, os indo-arianos falavam dele preferencialmente por meio de títulos descritivos. No final o termo Shiva, inicialmente aplicado a outras divindades, veio a representar apenas a ele. Talvez ele não apenas possa *ser* auspicioso por conta própria, mas uma referência bajuladora feita a ele possa fazê-lo se *tornar* auspicioso?

Além disso, há razões para se acreditar que ele possuía um aspecto construtivo e ajudador. Originalmente ele era um deus da montanha dado a expedições destrutivas e punitivas nas planícies, mas aqueles que penetrassem na solidez de sua montanha descobriam que sob seu amável cuidado cresciam ervas para a cura de homens e mulheres. Poderia acontecer que seu único intento fosse a destruição? Não seria sua destruição a abertura em direção a uma nova vida? Pois, apesar de tudo, a destrutividade pura não alcança resultados permanentes em países tropicais: a morte e a decadência da vegetação são o prelúdio do surgimento de novas formas de vida, ainda mais vigorosas por terem húmus do qual se alimentar à sua disposição. Além disso, em uma terra onde a reencarnação é uma crença aceita, a morte implica a libertação praticamente instantânea rumo a uma nova vida. Por meio de sugestões derivadas de conclusões como esta, as funções de Shiva receberam significativa ampliação.

Ele veio a ser identificado com o processo reprodutivo em cada área da vida – vegetal, animal e humana. Ele parece ter recebido os emblemas e características fálicas dos deuses da fertilidade da Índia pré-ariana. A energia sexual que era identificada com ele foi representada aos olhos de seus seguidores como **lingam** e **yoni**, emblemas convencionais dos órgãos reprodutivos masculino e feminino. Com um senso reverente do mistério da força criativa divina e humana, os adoradores de Shiva – tanto em suas casas quanto nos templos – abordavam esses símbolos com adoração devota. No mesmo espírito reverente, a seita adoradora de Shiva fundada no século XII EC, chamada de Lingayats e contando com cerca de 8 milhões de aderentes atualmente, carregavam consigo, usualmente em uma cápsula pendurada no pescoço, um lingam de pedra-sabão, sem o qual não deviam nunca aparecer em público.

Através de um desenvolvimento posterior dessa associação de ideias, Shiva representava a própria vida, como energia ou força pura. Ele é frequentemente representado dançando no corpo contorcido do demônio da ilusão, com seus quatro braços graciosamente acenando no ar, uma mão segurando um pequeno tambor e a outra uma chama ou um pote de fogo. Equilibrado em apenas uma perna, sua figura inteira demonstra tremenda vitalidade, e crê-se que essa dança acelera os ciclos de nascimento e morte. Sua vitalidade é sugerida ao se prover Shiva de um terceiro olho colocado verticalmente no meio da testa, e pintando-o como possuindo um corpo azul e uma garganta negra cercada por um colar de serpentes. Algumas imagens o retratam com cinco ou seis faces com expressões variando, que, quando tomadas em conjunto, sugerem seus múltiplos atributos e energias.

À primeira vista pode parecer surpreendente que Shiva seja também o patrono de ascetas e homens santos. Ele geralmente é representado como estando em meditação profunda, seu corpo nu coberto de cinzas e seu cabelo entrelaçado à maneira dos ascetas. O raciocínio que atribui a ele interesses ascéticos parece ser semelhante a este: o asceta "destrói" seu ser inferior a fim de permitir a expressão de seu ser mais elevado ou espiritual; o corpo precisa ser inibido para libertar a alma; todas as afeições humanas e luxúrias precisam ser expulsas.

O resultado é um grande surto de poder. Mas tal regeneração é exatamente o que Shiva mais intenta fortalecer. Ele está, portanto, do lado dos ascetas.

Apesar de o nome "Shiva" geralmente apontar para uma divindade do sexo masculino, seus atributos duais recebem rótulos de gênero: o lado ascético, contemplativo (*purusha*) é concebido como do sexo masculino; o lado da energia ativa ou **shakti** (prakriti) é concebido como do sexo feminino. Dessa forma, lingam e yoni aparecem juntos, e imagens de Shiva Ardhanarishvara mostram uma figura dividida verticalmente, metade homem e metade mulher.

Associado também a Shiva está Ganesha, o deus com cabeça de elefante, e Nandi, o touro branco. Ganesha é filho de Shiva por Parvati, sua consorte montanhesa. A cabeça de elefante, encontrada por todas as partes nos templos de Shiva, simboliza a astúcia de Ganesha e sua habilidade similar à do elefante em remover obstáculos através do uso de grande força. A imagem de Nandi, branca como o leite, ou representando um touro negro, pende nos templos de Shiva. Seu representante, o touro branco vivo, vaga pelas cortes do templo e pelas ruas abaixo em liberdade, e é o camareiro do templo de Shiva, além do guardião dos quadrúpedes.

PODER DA DEUSA: DEVI/DURGA/KALI

Independentemente, a deusa Devi pode ser considerada como energia indomada. Ela é **Durga**, "a inacessível", Chandi, "a selvagem", ou Kali, "a negra". Como tal, ela é destrutiva em relação aos demônios, mas protetora de seus devotos. De forma mais convencional, Devi é retratada como uma esposa graciosa e nutridora: a amável Parvati ou a maternal Uma.

Durga era aparentemente uma deusa indígena adorada com oferendas de sangue entre os grupos tribais pré-arianos comedores de carne e bebedores de sangue. Em sua feroz independência, ela era a antítese do ideal feminino bramânico. Até os dias de hoje, no que é considerada uma religião Shakta separada, seus devotos nas vilas consideram-na tanto uma mãe punitiva quanto ferozmente protetora. A lealdade a ela é, definitivamente, mundana: ao invés de um caminho para Mokṣa e uma esposa, ela é uma juíza independente e uma defensora. Eventualmente ela foi também assimilada no panteão ariano através de uma variedade de mitos. Um deles sugeria que os deuses trouxeram-na à existência a fim de sobrepujar o demônio búfalo Mahisha, cuja austeridade lhe conferira invencibilidade em relação a todos os oponentes do sexo masculino. Mahisha, vendo-a desprotegida por qualquer macho e enamorado por sua aparência sedutora, ignorou seus avisos combativos como se fossem meros joguetes de romance. Ela o rasgou em pedaços. Atribuições posteriores associam Durga não apenas com shakti (energia cósmica), mas também com prakriti (natureza primal), com maya (a criação de ilusões criativas) e com a fertilidade das vidas animal e vegetal.

Kali usa ao redor de seu pescoço negro um colar feitos de crânios, e usa seus quatro fortes braços como malhos para demolir suas vítimas antes que ela encha sua boca de suas carnes. Mas ela é infinitamente generosa e amável com aqueles a quem ela ama, e que a amam em contrapartida. Em Bengala, ela é adorada como a Grande Mãe. Místicos e videntes como **Ramakrishna** e Vivekananda devotaram-se a ela com o mais intenso tipo de conexão apaixonada (bhakti).

SHAKTISMO TÂNTRICO

Enquanto a adoração da deusa serve a muitos propósitos em vilas por toda a Índia, algumas variedades do nordeste (Bengali) se dedicam claramente à obtenção de Mokṣa por meio de práticas baseadas em um sistema ideológico específico. Como também existe um tantrismo budista, este culto é denominado de forma mais específica e precisa de Shaktismo Tântrico. Da forma como ele é praticado, o sistema possui variantes que vieram a ser chamadas de formas de "mão direita" e "mão esquerda". O Shaktismo de mão direita tem um aspecto refinado e filosófico: ele centra sua atenção no lado branco ou benévolo de shakti; isto é, nas fases benevolentes das energias da natureza, consideradas sob o símbolo de uma deusa-mãe, "combinando em uma forma vida e morte". Poetas e swamis bengaleses recentes como Tagore e Ramakrishna têm explorado muito este aspecto do mistério e da realidade do universo. Eles identificam shakti com maya, o poder criador de ilusões que têm produzido o belo e terrível mundo dos fenômenos. Assim Ramakrishna, ao adorar a deusa negra Kali como o símbolo apropriado da Realidade, verdadeira e corretamente compreendida, viria a exclamar:

> Quando eu penso no Ser Supremo como inativo, nem criando, nem preservado, nem destruindo, eu o chamo de *Brâman* ou *Purusha,* o Deus impessoal. Quando eu penso nele enquanto ativo, criando, preservando, destruindo, eu o chamo *Shakti* ou *Maya* [...] o deus pessoal. Mas a distinção entre eles não implica uma diferença. O pessoal e o impessoal são o mesmo Ser, da mesma forma que o leite e sua brancura, ou o diamante e seu lustro, ou a serpente e suas ondulações. É impossível conceber um sem o outro. A Mãe divina (Kali) e Brâman são um[K1].

O Shaktismo de mão esquerda é tanto primitivo quanto altamente sofisticado. Seus ritos são essencialmente mágicos e exotéricos. Durga e Kali, como representantes do lado violento de shakti, são as manifestações da energia divina. Estar identificado com elas significa ser tomado por expressões convencionalmente proibidas dos impulsos naturais. Em ritos secretos, cujos detalhes não são conhecidos por completo, os aderentes cuidadosamente selecionados se encontram no "círculo de adoração", marcado por danças, o beber de vinho e sangue, e atos sexuais ritualísticos. Os cinco M's ordinariamente proibidos são tolerados, a saber: vinho (*madya*), carne (*mansa*), peixe (*matsya*), grãos secos (*mudra*) e união sexual (*maithuna*). Compreende-se que é altamente perigoso para o bem-estar do participante (condição do *karma*) se ele executa o rito em busca do prazer. Na verdade, seu objetivo é possuir controle tão elevado dos sentidos a ponto de se elevar completamente acima dos prazeres em direção a uma completa identificação ("união não dualista") com a sagrada força natural – em última instância, com o propósito de cavalgar as costas deste "tigre" rumo ao Nirvana.

VISHNU

O terceiro membro da grande tríade hindu é chamado de Vishnu, o preservador. Ele é sempre benevolente; primariamente o conservador de valores, ele é ativo em torná-los realidade. Diferentemente do complexo Shiva, ele é o perfeito e paciente exemplo de cativante Amor divino. Assistindo dos céus, a qualquer momento em que ele veja os valores sob ameaça ou o bem em perigo, ele exerce toda a sua influência preservadora em prol de sua proteção. Dessa forma, ele rivaliza com Shiva quanto à popularidade entre as massas. As histórias de sua atividade divina atraem um séquito crescente. Ele é usualmente representado com quatro braços, segurando em duas mãos os símbolos de seu poder real – a maça e o disco – e nas outras duas, os emblemas do poder mágico e da pureza imaculada, respectivamente a concha e o lótus. Sua cabeça é encimada por uma alta coroa e um diadema, seus pés são azuis, sua vestimenta, amarela, e ele tem os olhos de lótus tão admirados pelos hindus. Quando reclinado, ele é mostrado descansando sobre a serpente do mundo, Shesha ou Ananta; seu veículo é o pássaro Garuda, e seu símbolo, um peixe. Sua shakti ou esposa é a amável deusa da fortuna e beleza, Lakshmi.

A ascensão de Vishnu a um estado de alto favorecimento popular se deu em parte devido à mitologia védica. Nos Vedas, como vimos, ele é uma divindade solar. Inspirando-se pelo fato de o sol redimir a terra da escuridão com sua passagem entre ela e o céu, o povo védico desenvolveu o mito contando como, na ocasião em que o rei-demônio Bali tomara controle da terra, Vishnu apareceu na forma de um anão e humildemente pediu e obteve do gigante (divertido pelo pedido) a promessa de que lhe daria tanta terra quanto ele pudesse atravessar com três passos.

Tendo sido a barganha concluída, Vishnu imediatamente retornou à sua própria forma e restaurou os céus e a terra para os deuses e homens, ao cobri-los com dois passos rápidos. Ao não dar um terceiro passo sobre o inferno, ele o deixou na possessão do demônio. Esse mito provê a indicação relativa ao caráter dos interesses e atividades de Vishnu que levaram ao aumento da estima popular. De tempos em tempos ele se mostra em um disfarce ***avatar*** alternativo.

AVATARES DE VISHNU

O número de formas alternativas nas quais Vishnu aparece é indeterminado: o

> *Kali não é outro que aquele que vocês chamam de Brâman. Kali é energia primitiva (Shakti) [...]. Aceitar Kali é aceitar Brâman [...]. Brâman e seu poder são idênticos.*
> **Ramakrishna**[K2]

Mahabharata menciona sete, e o *Bhagavata Purana*, mencionando vinte e duas, chega a dizer que existem outras incontáveis. A lista convencional no hinduísmo moderno menciona dez: (1) O peixe, *Matsya*, que resgatou o primeiro homem, Manu, de ser varrido em um dilúvio mundial; (2) a tartaruga, *Kurma*, que nadou sob o Monte Mandara e assistiu os deuses ao usá-lo para agitar o oceano cósmico de leite para produzir o néctar da imortalidade e outros produtos valiosos; (3) o javali, *Varaha*, que usou suas presas para levantar a terra submersa acima da superfície do mar; (4) o homem-leão, *Narasimha*, que rasgou em pedaços um demônio pai que tentava matar seu próprio filho, adorador de Vishnu; (5) o anão mencionado anteriormente, *Vamana*, um sacerdote brâmane em miniatura que acertou um acordo segundo o qual Vishnu com três grandes passadas viria a resgatar os mundos e subjugar o asura criador de malefícios Bali que havia tomado o seu controle; (6) O brâmane vingador, *Parasurama*, que em vinte e uma batalhas vingou seu pai e estabeleceu permanentemente todos os brâmanes contra o poder invasivo de arrogantes kshatriyas; (7) Krishna; (8) Rama; (9) Buda (sobre quem mais será visto adiante); e (10) o Avatar que há de vir, *Kalki*, um messias com uma espada em chamas, cavalgando um cavalo branco, que virá para salvar os justos e destruir os perversos ao final do depravado quarto período mundial. (Para alguns, o cavalo é tão proeminente que eles nomeiam este avatar de Ashvatara, o "Avatar cavalo".)

É significativo que o Buda esteja na lista. Suspeita-se que o nome do grande fundador do budismo tenha sido adicionado à lista de avatares de Vishnu como uma manobra tática, projetada a fim de reconciliar budismo e hinduísmo – objeto no qual teve sucesso. Veremos no capítulo referente ao desenvolvimento religioso do budismo o quão bem essa identificação serviu para facilitar o retorno do budismo indiano ao aprisco-mãe do hinduísmo.

Rama

Incomparavelmente os mais populares dos avatares são os de Rama e Krishna. Rama é o homem ideal dos épicos hindus, e sua esposa, a mulher ideal. Como contado no *Ramayana* de Valmiki, o feliz casamento de Rama com Sita, uma bela princesa da casa real de Mithila, foi seguido por grandes problemas. Ravana, o rei-demônio de Lanka, capturou Sita de forma traiçoeira, e levou-a para sua ilha, onde ele residia. Em grande angústia, Rama conseguiu a ajuda de Hanuman, o general macaco (por sinal, o mais antigo detetive na literatura mundial – atualmente um deus hindu com méritos próprios). O general macaco foi capaz de conduzir uma extensa busca do ponto de vista vantajoso no topo das árvores, e Sita foi finalmente encontrada. Rama lutou com Ravana, matou-o, e resgatou Sita. Ela foi de início rejeitada, pois residira na casa de outro homem, mas passou por fim com sucesso a uma provação pelo fogo a fim de provar sua castidade, juntando-se novamente com seu par. Através da Ásia indiana a influência do *Ramayana* em suas várias versões dificilmente pode ser exagerada. Nomes pessoais, analogias políticas, promessas de casamento e doutrinas teológicas brotam dele. No norte da Índia, a maior parte das pessoas aprende sobre Rama, não do épico sânscrito, mas do *Ramcaritmanas*, de Tulsidas, do século XV, um piedoso "reservatório mental" da verdade de Rama, recontando a história a fim de enfatizar seu caráter divino. Mesmo demônios hostis são vistos como devotos, nesta versão.

O romântico caso de amor de Rama com Sita é exaltado, e seu abandono duplo dela não é mencionado. Ela e Hanuman são os modelos para bhakti humanos.

Milhões fazem de Rama o objeto de sua devoção, e sua imagem é geralmente adorada de forma a sugerir que ele não é um mero salvador, mas Deus por completo. Havia, de fato, duas fases da adoração de Rama: (1) respeito reverencial por Rama como um herói que era um avatar de Vishnu, e (2) adoração teísta de Rama, que dava a ele exclusiva devoção como a divindade suprema. (Seu nome era o favorito nome para Deus, para Mohandas Gandhi. Ele morreu suspirando "Ram, Ram".)

Seria interessante explorar, de uma forma que não podemos fazer aqui, as doutrinas teológicas que se desenvolveram como resultado da atitude teísta em relação a Rama. Ainda assim, uma questão doutrinária precisa ser mencionada. Ela tem a ver com a famosa controvérsia se Rama salva da maneira do "macaco" ou da maneira do "gato"; isto é, com ou sem a cooperação do indivíduo. Um grupo de devotos de Rama contende que Rama salva apenas por meio da livre-cooperação com ele da parte do fiel; o fiel precisa se apegar ao deus como um bebê macaco se apega à sua mãe quando ela está a se balançar rumo à segurança das árvores. O outro grupo acredita que a salvação é um processo que depende de Deus apenas, e que Rama salva seus escolhidos carregando-os da mesma forma que um gato carrega seu filhote pelo cangote.

Krishna

Por mais considerado que seja Rama, ainda assim Krishna detém maior popularidade, tanto como avatar quanto como deus. Seu caráter é mais complexo do que o de Rama, apresentando dois aspectos distintos que não são conciliados com facilidade. O *Mahabharata* mostra-o em uma fase, e a poesia pastoral e o folclore, em outra. No *Mahabharata*, ele é sério e severo, um herói de guerra cheio de recursos. Através dos extenuantes episódios do épico ele aparece primariamente como um ser ansioso em direcionar a atenção de toda a humanidade para Vishnu, a forma divina do Absoluto, da qual ele é a encarnação. Nesta conexão (como já notamos em nosso sumário da porção do *Mahabharata*, conhecida como o *Bhagavad Gita*), ele pede pela devoção incondicional da verdadeira bhakti em direção a ele mesmo, como a forma terrena de Vishnu, o supremo Senhor do mundo.

O outro Krishna é arteiro e fazedor de milagres, a figura pivotal em um vasto folclore. No ***Bhagavata Purana***, a imaginação hindu se detém amavelmente em sua infância, na qual ele é retratado como um "ladrão de manteiga", um assombrador de dispensas e um pequeno e gordo companheiro de brincadeiras. Milhares de mulheres hindus o adoravam diariamente nesta fase, olhando para suas imagens infantis rechonchudas com muita devoção. Mas este Krishna é mais frequentemente retratado representativamente como uma encantadora figura pastoral. Na maior parte dos contos folclóricos ele é um jovial e amoroso pastor de gado, provido de uma flauta melodiosa em seus lábios; ele a toca enquanto se movimenta entre o gado, assoprando um ar arrebatador através do qual ele ganha o amor das *gopis*, ou leiteiras – com as quais ele flerta com paixão cega. Ele se une a centenas dessas adoradas (um Purana fala de 1.600 adoráveis!), mas valoriza acima de todas a bela Radha, sua amante favorita. A literatura erótica que tem surgido para descrever esta fase da atividade do deus carrega certa semelhança em seu tom geral à literatura do Shaktismo, ainda que prefira se expressar em histórias ao invés da filosofia e do tantrismo do último.

As seitas que dão a Krishna uma devoção (bhakti) mais ou menos exclusiva consideram-no de forma tão elevada como os adoradores de Rama fazem com seu próprio paradigma. Em Bengala, uma seita coloca Radha ao lado de Krishna como sua eterna consorte e dirige sua adoração a fim de buscar o favor de ambos diligentemente, na esperança de serem transportados na morte para os bosques de prazer do céu de Brindaban, onde Krishna e Radha fazem amor para sempre, em delícia perene.

Não é inesperado que os extremos do Shaktismo de mão esquerda ocorram em alguns cultos a

Krishna, ainda que a maior parte dos devotos do deus enfatize o amor do deus como provido de paixão espiritual ao invés de carnal. A paixão pelas gopis pelo pastor divinamente adorável recebe um significado simbólico; mesmo seus êxtases de amor, a sensação arrepiante nas raízes dos cabelos, a emoção asfixiante e os desmaios são explicados como descrevendo um quadro verdadeiro em imagem sensorial da exaltação produzida no adorador que está olhando para a imagem de Krishna e pensando em seu amor. Em encontros devocionais com canções modernas (*bhajanas*) os devotos, homens e mulheres, imaginam a si mesmos como gopis enquanto dançam ao redor de uma pintura de Krishna, cantando canções de amor para ele.

III – A VIDA DEVOCIONAL
Observâncias nas vilas

O povo comum da Índia não é monoteísta. Mesmo que a experiência ou hábitos familiares levem uma pessoa a adotar um deus ou uma deusa como patrono ou guardião a ser entesourado em casa e honrado com repetições do nome e devoções especiais no amanhecer e no entardecer, ainda assim todos os seres sobrenaturais são honrados. O número dessas divindades é incontável; os hindus estão acostumados a afirmar a existência de trinta e três *crores** – cerca de 330 milhões. Com esta compreensão, moradores das vilas vão de santuário em santuário de acordo com a necessidade. Se eles desejam ter os obstáculos para algum empreendimento removidos, eles adoram a Ganesha, o filho de Shiva com cabeça de elefante; se eles precisam de maior força física para algum trabalho pesado, eles oram a Hanuman, o deus macaco; se um pai está morrendo, eles intercedem a Rama. Suas esperanças de imunidade à cólera, segurança em uma viagem, aproveitar boa sorte, ou a saúde de seus animais levam os aldeões a buscar ajuda de ainda outras divindades. Sua reverência é expressa não apenas nos santuários ou diante das imagens; eles podem cultuar em qualquer lugar, reconhecendo símbolos de Shiva em pedras arredondadas levantadas do rio, ou venerando sugestões de Yama, o deus dos mortos, em árvores decoradas com tinta vermelha.

A adoração em uma localidade toma três formas distintas simultaneamente. Primeiramente, cada pessoa adora de acordo com a necessidade, seja em casa, em um templo ou em qualquer outro lugar por meio de atos individuais de devoção. Em segundo lugar, um sacerdote ou alguém na família, usualmente um dos pais, conduz os simples ritos domésticos em nome de toda a família diante de uma imagem ou símbolo do deus da propriedade. Em terceiro lugar, sacerdotes locais conduzem uma cerimônia de homenagem, uma puja, no templo local, em nome de toda a comunidade.

Peregrinação

Mas as necessidades do povo ordinário não são saciadas por completo, mesmo com todas as rotinas das cerimônias domésticas descritas há pouco. Eles almejam visitar locais sagrados de peregrinação nos quais possam receber bênçãos especiais. Não estaria longe da verdade afirmar que milhões de hindus obtêm sua satisfação religiosa primordial das peregrinações que fazem e dos festivais em templos aos quais comparecem. Com essas atividades, não apenas eles dão testemunho e expressão de sua fé por meio de puja (o ritual de adoração), mas também se divertem grandemente nas feiras comerciais associadas (*mela*).

Dada a compreensão hindu de divindade, é de se esperar que os locais sagrados se multipliquem com o passar dos anos. De fato, do ponto de vis-

---

* Expressão indiana que representa um número de dez milhões. Usualmente, mas não exclusivamente, refere-se às rúpias; a moeda da Índia [N.T.].

ta hindu, pode-se dizer que a Índia está crescendo em santidade a todo o tempo devido ao lento aumento no número de lugares sagrados a serem encontrados nela. Estes locais são de dois tipos: (1) locais sagrados por si mesmos, cuja santidade torna inevitável a construção de templos e santuários ali, e (2) locais que se tornaram sagrados *após* templos e santuários terem sido erigidos neles. Às vezes é difícil, entretanto, saber em que grupo enquadrar os locais sagrados mais antigos.

Locais sagrados do primeiro tipo podem surgir em praticamente qualquer lugar na montanha ou planície onde uma caverna, uma rocha de formato estranho, uma fissura no solo, uma fonte termal ou uma maravilha natural tenha dado origem a um conto de visitação por espíritos ou a um milagre, mas na maioria dos casos eles se localizam ao longo de grandes rios. Os hindus têm considerado desde muito tempo suas fontes mais poderosas como sendo santas, da fonte à foz. Os Puranas glorificam praticamente cada curva e tributário da Índia com histórias de alguma teofania – uma visita de Shiva ou uma de suas shaktis, um feito de Rama, Krishna, ou de algum outro ser divino que veio ao lugar para consagrá-lo por meio de uma conversa significativa sobre feitos maravilhosos.

Consequentemente, é um trabalho de grande mérito (espiritual) seguir o curso de um rio sagrado de sua fonte até sua foz, e retornar para sua fonte ao longo da outra margem, parando sempre em cada local sagrado a fim de ler e ouvir novamente as lendas santas, visitar os santuários, e se engajar em devoção piedosa. Mas os peregrinos não tomam essa longa e árdua jornada com frequência. É o suficiente se podem visitar um ou mais de um dos muitos templos que se alinham nas margens das correntes sagradas, lançar flores na superfície (também sagrada) dos rios, se lavar na água purificadora e carregá-la para casa em pequenos contêineres destinados para os últimos ritos dos mortos e outras ministrações.

O rio mais sagrado de todos – o Ganges – é conhecido através de toda a Índia como a "Mãe Ganga". Sua sacralidade é explicada pelo mito de que ele jorra do pé de Vishnu no céu e cai bem abaixo na cabeça de Shiva, fluindo de seus cabelos. Um dos lugares mais santos ao longo de todo o seu curso é a posição de onde ele jorra, forte e claro, dos Himalaias. Neste local se encontra o famoso centro de peregrinação Haridwar, com suas longas linhas de degraus descendo rumo ao rio e multidões de banhistas buscando purificação na água gelada. Igualmente sagrada é a conjunção do Rio Yumuna com o Ganges, em cuja localidade supõe-se que um terceiro rio, o santo Saraswati, surge na superfície. Ali se localiza Allahabad, a cidade que atrai milhões de peregrinos para seus *melas*, ou feiras religiosas. A foz do Ganges, se esvaziando em um grande delta no Golfo de Bengala, é também santa, particularmente a Ilha de Saugor, que fica dentro do delta e é o local de um festival de banhos sagrados no começo do ano.

Mas é para Varanasi (Benares) que a maior parte dos peregrinos se dirige a fim de lavar seus pecados. Frequentemente os peregrinos que adentram seu território são vencidos pela alegria da visão das torres dos templos a distância que se prostram e derrubam areia do chão em suas cabeças como sinal de sua submissão espiritual. Eles procedem alegremente aos *ghats* (degraus) de banho ao longo do rio e são purificados por imersão nas águas purificantes da sagrada Mãe Ganga. E quando eles finalmente retornam pelos caminhos para suas casas, o fazem com a convicção jubilosa de que todos os pecados do passado foram expiados e que seu futuro está assegurado. Se qualquer peregrino for tomado por alguma doença mortal dentro do território sagrado, ainda assim tudo vai bem, pois qualquer um que morra sobre seu sagrado solo – especialmente se os pés estiverem imersos no rio sagrado e o corpo for cremado com o ritual apropriado em um *ghat* de cremação – vai para o céu de Shiva, de delícias infindas.

> ## Ayodhya
>
> Tradicionalmente considerado como o local de nascimento de Rama e o ambiente onde se passa a história do Ramayana, a cidade de Ayodhya tem uma história contenciosa. Em 1992, extremistas hindus protestaram contra a presença de uma mesquita no local suposto de nascimento de Rama. O protesto se transformou em tumulto, e a mesquita do século XVI foi destruída pela plebe. Apenas em 2010 um tribunal julgou e decidiu um acordo entre as reivindicações de hindus e muçulmanos. A terra disputada foi dividida em três partes, um terço dado para as autoridades muçulmanas e dois terços divididos igualmente entre organizações hindus para construção de um templo a Rama.

Astrologia

Desde os tempos de Gupta tem havido muitos lançamentos de sortes por leitura de horóscopos e uso de astrologia na Índia. Ainda que a Índia védica já tivesse iniciado o estudo dos astros (com exatidão suficiente para justificar que chamemos tal estudo de astronomia), os métodos preferidos de prever o futuro eram a interpretação de presságios e sonhos, e também leituras tomadas do tamanho e forma da face e dos membros e de características especiais, como marcas de nascimento e linhas aparecendo na palma das mãos e nas solas dos pés (o Buda, p. ex., foi examinado por adivinhadores pouco após seu nascimento, diz a lenda, e as marcas em seu corpo e as solas de seus pés – "as trinta e duas marcas do super-homem" – lhes disseram que ele estava destinado à grandeza). Mas nos períodos Gupta e medieval a astrologia, em parte por se poder recorrer a ela sem demora assim que necessário, entrou no uso diário; acredita-se nela constantemente por toda a Índia dos dias atuais. O sacerdote familiar pode ser o astrólogo da família que ajuda a definir datas para casamentos e viagens. Também é pensado que há mais sorte no nome dado a uma criança se a primeira letra for tomada das estrelas sob as quais a criança nasceu. Quando um intermediário encontra uma garota apropriada para um rapaz se casar, o noivado não acontece até que os horóscopos do casal sejam favoráveis.

Mesmo hindus escolados que não mais acreditam eles mesmos na prática, ainda assim consultam astrólogos antes de eventos familiares importantes, a fim de ter certeza de que todos os participantes fiquem confortáveis acerca do que está para acontecer.

Proteção à vaca

Eruditos que prontamente apreciam a importância da ideia de reencarnação têm por vezes deixado de dar reconhecimento similar a uma característica igualmente difundida na vida religiosa hindu – a veneração da vaca. Ninguém menos que o próprio Mahatma Gandhi chamou-a de "proteção à vaca", e chegou a nomeá-la "o fato central do hinduísmo, a única crença concreta comum a todos os hindus". Ele falou sobre ela nas seguintes palavras memoráveis:

> A proteção à vaca é para mim um dos fenômenos mais maravilhosos na evolução humana. Ela leva o ser humano além de sua espécie. A vaca para mim significa todo o mundo sub-humano. O homem, através da vaca, é intimado a perceber sua identidade com tudo o que vive [...]. Ela é a mãe de milhões da humanidade

indiana. A vaca é um poema de piedade. A proteção à vaca significa a proteção de toda a criação irracional de Deus[L].

Os hindus não estão desprovidos de argumentos ao dizer que a exaltação da vaca é moralmente muito superior que à da águia ou do leão. Mas a atitude hindu não é tão circunspecta como as palavras de Gandhi podem indicar.

Em muitas partes da Índia as vacas recebem em certas estações do ano a honra dada a divindades. Guirlandas são colocadas sobre suas cabeças, óleo é derramado em suas frontes e água em seus pés, enquanto lágrimas de afeição e gratidão surgem nos olhos dos espectadores.

Esterco de vaca é usado hoje em dia na maior parte das vilas da Índia de muitas maneiras: como combustível, como um elemento desinfetante dissolvido na água usado para lavar pisos, soleiras e paredes; como ingrediente em argamassa de barro e reboco de lama; como remédio. Em algumas regiões rurais, uma pessoa morrendo que deseja garantir passagem segura desta vida para a próxima pode agarrar a cauda de uma vaca apoiada à cabeceira da cama ou, caso o aposento seja inacessível para o animal, o inválido pode segurar uma corda amarrada à cauda de uma vaca fora do aposento.

Em tempos passados quem abatia vacas merecia pena de morte; nos dias atuais as pessoas ainda são tornadas párias por isso. As animosidades atuais entre hindus e muçulmanos são inflamadas pelo fato de alguns muçulmanos sacrificarem bezerros em comemoração à oferenda de Ismael por Abraão. É assumido que nenhum hindu devoto pode vender uma vaca para um muçulmano. Ainda assim, transferências acontecem, e há disponibilidade de produtos de carne bovina (por outro lado, foi graças a tabus alimentares que hindus e muçulmanos se uniram em uma revolta em 1857 contra o governo britânico. Recrutas militares se rebelaram quando receberam a ordem de morder cápsulas de percussão que se acreditava terem sido lubrificadas com gordura de vacas ou porcos). No contexto político moderno, sabe-se de casos em que hindus ultraconservadores usaram acusações de "tolerância ao assassínio de vacas" como tópicos inflamados para obter vantagem contra membros do governo vistos como demasiadamente ocidentalizados. Hindus ricos podem ameaçar reter quantias prometidas para algum projeto de saúde humana, transferindo-as para hospitais de vacas. Os méritos da vaca têm em algum grau sido passados para bois e touros. Libertar bois dedicados a Shiva, de forma que eles possam vagar pelas ruas, é uma obra de elevado mérito, e quando feita no nome de alguém falecido recentemente é de grande benefício para esta pessoa na vida vindoura.

A santidade dos brâmanes

A santidade enquanto um elemento potente na personalidade humana fascinou a Índia no passado, e ainda o faz no presente.

Apesar de as pessoas de outras castas poderem ser reconhecidas como santas (como testemunho disso, cf. Gandhi e o título dado a ele), os brâmanes têm tido sua santidade reconhecida acima da de todos os outros. O *Código de Manu* deixou isto claro há muito tempo; ele colocou o brâmane na posição de "senhor de toda esta criação", cujo nascimento é "uma encarnação eterna da lei sagrada"[C10]. Como sacerdote ou como **guru**, ou em qualquer ocupação, o brâmane é o "mais elevado na Terra", e "o que quer que exista no mundo é sua propriedade"; devido à excelência de sua origem, ele tem o direito a tudo.

> Um brâmane, seja ele ignorante ou estudado, é uma grande divindade, da mesma forma que o fogo é uma grande divindade. O brilhante fogo não é contaminado mesmo nos lugares de enterramento e, quando apresentado com oblações de

manteiga em sacrifícios, ele de novo é grandemente aumentado. Assim, apesar de os brâmanes se empregarem em todos os tipos de ocupações desprezíveis, eles devem ser honrados de toda maneira; pois cada um deles é uma grande divindade[C11].

Hoje em dia a qualidade misteriosa da pessoa do brâmane pode ser preservada apenas com certa dificuldade, mas ainda assim ela o tem sido. Não importa qual seja sua forma de vida, matá-lo ou maltratá-lo é sempre um pecado hediondo. Ainda assim seria errôneo concluir que um brâmane, individualmente, é necessariamente reverenciado. Ele é, de fato, em teoria, um grande senhor na sociedade, qualquer que seja sua ocupação, mas pode-se considerar a pessoa de um rei como sagrada, e ainda assim se desprezar seu espírito ou zombar de seus atos. Atualmente, quando os brâmanes se envolvem com todos os tipos de ocupações, é talvez natural que em alguns casos ele venha a ser ridicularizado, como o eram os monges da Europa medieval devido a seus vícios mesquinhos, especialmente se eles adotassem um ar de respeitabilidade extrema. Mas mesmo aqueles que dão risada de um brâmane podem desejar eles mesmos estarem em seu lugar, esperando se tornar um deles após a morte, na próxima vida.

Gurus

Entre os brâmanes honrados de forma mais elevada na Índia estão aqueles que são gurus. Eles exibem os esforços conscientes do hinduísmo em direção à educação religiosa. Sua função é ensinar aos hindus os princípios de sua religião que dependem mais diretamente da vida comum e das cerimônias domésticas.

Apesar de este ser tradicionalmente um papel masculino, uma minoria significativa de gurus mulheres tem ganhado amplo respeito, especialmente entre as seitas bhakti, desde o século XIX. Ramakrishna passou por sua iniciação tântrica por meio de uma guru mulher, e sua "esposa espiritual" Sharadevi deu liderança para seu ashrama, assim como o fez Mirra Alfassa para o ashrama de Aurobindo. A guru Janananda foi a "única mulher a quem jamais foi permitido tomar *sannyasa*", pelo presente líder do monastério Shankara em Kanchipuram.

Aqueles que podem pagar com frequência mantêm permanentemente um guru em suas casas como tutor da família, mas na maioria dos casos um guru serve a várias famílias, servindo-as em turnos. Sua principal função é treinar jovens no conhecimento religioso e iniciá-los na responsabilidade da vida adulta ao investi-los cerimonialmente com o cordão sagrado. Nem todos os gurus são brâmanes, mas espera-se que todos aqueles que não são brâmanes tenham credenciais que demonstrem treinamento e autoridade religiosos.

Outros "santos"

Não podemos deixar de lado os "santos" – os *sadhus*, sannyasins e *yogins*, que são distintivos da Índia. Algumas leves diferenças os distinguem. Os yogins são, como seu nome implica, aqueles que têm esperança de que sua prática de Yoga algum dia lhes dará o discernimento e o *status* dos sannyasins e sadhus. Hoje em dia os sannnyasins são usualmente seguidores de Shiva, cobertos de cinzas em imitação dos ardores ascéticos do grande deus, mas na concepção clássica hindu eles ganharam seu *status* ao atingir o quarto estágio do caminho de vida ideal. O termo mais inclusivo *sadhu* se aplica a qualquer pessoa de grande santidade, mas especialmente a alguém que "atingiu" ou "chegou" à unidade espiritual com a realidade final e, desta forma, tendo gozado de mais de uma experiência de samadhi ou transe, é agora verdadeiramente "santo". A maior parte dos sadhus se apresenta completamente vestidos – mas eles são facilmente identificáveis por marcas na face, pelo cajado, ou pela cuia de pedinte. Como lembretes visíveis do objetivo final da libertação de samsara, eles exercem uma constante influência no povo ordinário. Poucos deles, no zelo do esforço concentrado, ficam seminus ou nus, cobertos de cinzas, ou congelados em silêncio inquebrável. Os lugares sagrados da Índia são como um ímã natural para os mais fanáticos dentre eles. Durante festivais, sadhus excêntricos – uma seita especial – marcham nus, por volta de centenas, e após terem passado, as pessoas correm para recolher a areia tornada sagrada por suas pegadas, de forma que possam esfregá-la em si mesmas ou levá-la embora.

Hijras: O "Terceiro Gênero"

Os Hijras têm sido uma parte visível da cultura da Índia por milhares de anos. Em 2014, a Corte Suprema reconheceu-os oficialmente como um "terceiro gênero", habilitando-os a serem beneficiados pelo sistema de cotas da Índia para trabalhos governamentais e posicionamento nas faculdades. Geralmente pessoas transgêneros, eunucos e intersexuais fazem parte também da população Hijra. Geralmente perseguidos e sofrendo discriminação, Hijras também têm sido reverenciados e celebrados como auspiciosos, e se pede geralmente que abençoem ocasiões tais quais casamentos e nascimentos.

Manifestações de autocontrole

O Ocidente é familiar com fotos de homens santos hindus exibindo controle sobre seus corpos ao se reclinar em camas com pregos, sentando-se em meio a fogos, ou suspensos com suas cabeças para baixo na fumaça, vestindo farpas emplumadas colocadas em sua carne, mantendo um ou ambos os braços (ou as pernas) na mesma posição até que a atrofia os torne inúteis, olhando para o sol sem desviar o olhar até que seus olhos se tornem cegos, vestindo pesadas e barulhentas cadeias envolvendo suas pernas e corpos, e assim por diante. Nessas posições, ou impedidos por estes pesos embaraçantes, eles permanecem juntos por horas, dias, semanas ou anos. O observador ocidental se enche de admiração diante do mero pensamento sobre tal sofrimento autoimposto, tal paciência e resistência. Mas seria demais também esperar igual sinceridade e devoção em todos os casos. O homem santo de natureza mais filosófica suporta o tormento autoinfligido no silêncio e na solidão de uma floresta ou de um abrigo na montanha, aperfeiçoando a si mesmo na quietude de seu próprio pensamento. Outros almejam a presença das multidões e vivem das ofertas dos piedosos. Tudo isto não carece de lógica. Pode parecer um raciocínio estranho este que leva a tais maltratos do corpo, mas o propósito básico sincero é este: o controle da carne em prol da libertação do espírito.

IV – QUESTÕES E PROBLEMAS DO PRESENTE

Nenhuma generalização pode abranger a diversidade das mudanças (ou as áreas estáveis) ao longo do mundo hindu, mas alguns exemplos podem ser dados. Antropólogos têm revisitado vilas estudadas uma década ou mais anteriormente (cf., p. ex., ISHWARAN, K. (ed.). *Change and Continuity in India's Villages*). Exemplos de tendências em algumas áreas são: (1) surgimento de mais divindades: Gandhi e Neru têm se juntado ao panteão e divindades regionais se tornaram mais amplamente conhecidas – Ayyapan, Vaishno Devi, e Santoshi Ma; (2) menores restrições ou interdições; (3) relaxamento dos tabus de impureza: couro, por exemplo; como os Chamars, uma casta de catadores, deixam suas vilas (e seus deveres de *jajman* – "trabalho de permutas") para trabalhar em troca de dinheiro nas fábricas, os fazendeiros precisam lidar com os animais mortos por conta própria; (4) diminuição de requerimentos rituais, especialmente em relação aos festivais: as antigas restrições se rendem à participação ampla nas vilas.

Nossa abordagem traçará o desenvolvimento histórico de questões selecionadas ideológicas e sociopolíticas.

Reações à religião e ciência ocidentais

O hinduísmo é paradoxalmente uma das mais liberais e uma das mais conservadoras religiões do mundo. Seu liberalismo flui da liberdade intelectual garantida a seus aderentes, uma liberdade através da qual eles podem mesmo chegar a negar a inspiração dos Vedas, a santidade dos brâmanes, ou as concepções ortodoxas do sistema de castas, mas ainda assim permanecerem hindus – *desde que* eles não rompam completamente com as práticas morais aceitas de suas localidades ou com o código de conduta social nos quais eles foram criados, especialmente em relação a restrições de dieta, leis de casamento e veneração à vaca; resumindo, desde que eles procurem reformar o hinduísmo de dentro, e não ajam como completos rebeldes.

No decorrer dos séculos foi permitido para um grande número de seitas hindus a adoção com poucas mudanças das doutrinas principais de religiões heréticas ou estrangeiras. Os brâmanes reclamaram e objetaram por vezes, mas não houve ruptura considerável da paz religiosa, a menos que alguma seita quebrasse por completo com a lei de casta ou, como ocasionalmente aconteceu sob a influência muçulmana, ingerisse carne de vaca.

Durante o século XIX surgiu um novo tipo de liberalismo. Ele foi o resultado direto de impressões favoráveis criadas pelo ensino de missionários cristãos e pela instrução na história e ciência ocidentais em escolas estabelecidas sob os auspícios europeus. Quando este movimento liberal tomou seu caminho ele foi seguido por outros, alguns reacionários, alguns radicais, outros tolerantes e relativistas. Eles podem ser brevemente descritos sob os cinco títulos seguintes.

O BRÂMO SAMAJ

Comecemos com o primeiro movimento liberal de aproximação com o Ocidente. O **Brâmo Samaj** (Sociedade Bramanista) é um movimento importante dentro do próprio hinduísmo, não tanto devido ao seu número de membros, mas antes devido à sua influência. Ele foi fundado em Kolkata (Calcutá) em 1828 por Ram Mohan Roy, um brâmane de mente brilhante cuja herança religiosa continha fortes influências Vaishnavitas e Shaivitas – das quais ele se apartou parcialmente por uma educação que o colocou em contato com budismo, zoroastrismo, Islã e cristianismo. Ele encontrou em todas as religiões um núcleo espiritual similar e, dessa forma, liderou a organização de uma sociedade religiosa devotada à essência do que parecia ser central em cada fé religiosa. Seu próprio credo surgiu da convicção de que a verdade subjacente em todas as religiões é a unidade, personalidade e espiritualidade de Deus, "o ser Eterno, Insondável e Imutável que é o Autor e Preservador do universo". De acordo com isto, ele atacou todas as formas de politeísmo e idolatria e advogou que as cerimônias hindus fossem purgadas desses elementos. Ele dava boas-vindas a qualquer um que testemunhasse a unidade e personalidade de Deus. Os preceitos de Jesus eram, sob seu ponto de vista, "os guias para Paz e Alegria". Em sua busca de formular uma religião universal ele abriu mão de muitas das crenças gerais do hinduísmo, tais quais a transmigração das almas e a teoria de que a alma está destinada a ser eventualmente absorvida na Alma Cósmica.

Desde o início, não eram permitidos pinturas, imagens e sacrifícios de animais nos cultos religiosos de Brâmo Samaj. A adoração era conduzida (pela primeira vez por hindus) congregacionalmente como no protestantismo europeu, com hinos, sermões e leituras de escrituras. Reformas sociais, como a abolição de sati (para cuja abolição oficial Ram Mohan Roy teve contribuição que não foi pequena), proibição do casamento infantil e da poligamia, foram incitadas, mas não buscadas ativamente. O objetivo era a agitação ao invés de ação. A razão para esta moderação está em parte no fato de que Ram Mohan Roy permaneceu fiel às restrições sociais de sua própria casta e nunca deixou de vestir o cordão sagrado dos brâmanes. Ele não desejava quebrar a comunhão com seus companheiros hindus. Ele esteve assim apto a ganhar aristocratas de Bengali bem providos para seu movimento. O avô, e depois o pai, do famoso poeta Bengali Rabindranath Tagore, se tornaram líderes no Brâmo Samaj.

O Brâmo Samaj rachou em dois movimentos na década de 1860 quando os Keshab Chandra Sen, de mentalidade social, que tinham crescido em uma escola inglesa e aprenderam a amar a figura de Cristo como um reformador social divino, começaram a atacar o sistema de castas por completo, advogando um varrimento radical das restrições de casta, incluindo aquelas colocadas em casamentos intercastas. Seguiu-se uma ruptura entre os radicais e os conservadores. Os seguidores de Keshab seguiram-no na organização de uma nova sociedade, a Brâmo Samaj da Índia, para distingui-la da Adi (ou original) Brâmo Samaj, que era o nome dado à antiga sociedade. Depois, mais de seus seguidores deixaram-no para formar a Sadharan (ou geral) Brâmo Samaj. Keshab nomeou sua diminuída sociedade de Nava Bidhana Samaj, ou Igreja da Nova Dispensação. Durante os poucos anos de vida que lhe restaram ele passou a considerar cada vez mais que dava continuidade à obra de Cristo na terra. Após sua morte, esta surpreendente fase de seu pensamento foi minimizada o máximo possível por seus seguidores.

Atualmente, o Adi Brâmo Samaj e o Nava Bidhana Samaj têm influência menor do que o Sadharan Brâmo Samaj, mas estes três grupos continuam a defender uma religião universal baseada na unidade da família humana sob uma divindade cuidadora.

O ARYA SAMAJ

O *Arya Samaj* (Sociedade Ariana) é um movimento "de retorno aos Vedas", um esforço em estabelecer uma religião universal que teve algum sucesso na Índia. Ele foi fundado no noroeste da Índia em 1875 por Swami ("professor") Dayananda, um brâmane que tivera a interessante experiência religiosa de se revoltar na infância em relação à adoração a Shiva, passando então pelo ascetismo através de um período de crença no monismo dos Upanishads, chegando finalmente até um período de crença no dualismo da filosofia Sankhya.

Ele finalmente chegou à convicção de que a religião dos Vedas era a mais antiga e pura de todas as religiões e se pôs a expurgar o hinduísmo de todos os elementos não védicos (com a exceção da doutrina do Karma). Ele considerou os Vedas como não tendo sido maculados pela superstição, pela idolatria ou por concepções errôneas como a doutrina dos avatares, e livre de características questionáveis do sistema de casta. Descobrindo que o termo *jati* (literalmente, "nascimento", o nome para as castas hereditárias), não aparecia nos Vedas, ele concluiu que as quatro classes *varna* tinham a intenção de constituírem grupos de aptidão aos quais qualquer ariano deveria pertencer por habilidade, ao invés de nascimento.

Os Vedas, ele ensinou, eram uma direta revelação do único Deus e, propriamente compreendidos, não ensinavam nem politeísmo nem panteísmo. Não apenas eles forneciam a única verdadeira chave para o passado, mas antecipavam todos os desenvolvimentos futuros de pensamento. Eles teriam antecipado tais descobertas da ciência como engenhos a vapor, linhas de ferro, ônibus, linhas oceânicas e luzes elétricas. Neles estavam definidos os princípios básicos de tais ciências como a física e a química.

Os estudos de Dayananda, publicados como *The Light of Truth* (A Luz da Verdade) em 1874, abriram as comportas para uma torrente posterior muito mais ampla de nacionalismo hindu do que ele poderia ter previsto. O resultado imediato foi a formação do Arya Samaj, uma sociedade veemente em sua crítica às influências externas – tanto muçulmanas quanto cristãs e seculares – mas moderada o suficiente em suas atividades para atrair hindus de classe média.

Dois ramos do Arya Samaj existem atualmente. Um é liberal, o outro conservador. Ambos se engajam em obras educacionais e filantrópicas pelo norte da Índia. Em suas escolas, ciência moderna "baseada nos Vedas" é ensinada. Seus adeptos perfazem um número de talvez três quartos de um milhão.

TEOSOFIA

Um movimento religioso moderno relacionado, mas inclassificável, é a *Teosofia*. Apesar de este movimento ter sido fundado na cidade de Nova York, seu quartel-general tem estado desde 1878 na Índia, onde reside sua real inspiração. O cumprimento de seu objetivo, que é o estabelecimento da unidade – nomeado por eles de "Irmandade" – entre todos os povos é considerado como dependente de uma antiga sabedoria exotérica expressa no Vedanta e transmitida por meio de "mestres" ou "Mahatmas", que surgem de era em era. Essas "grandes almas" teriam poderes ocultos que lhes davam controle único sobre seus próprios corpos e sobre forças naturais. Sob sua condução a humanidade, destinada à roda em permanente movimento da reencarnação pela Lei do Karma, iria algum dia atingir a felicidade – em um mundo que iria então beber de uma espécie de maravilhosa Fonte da Sabedoria, da qual todas as religiões teriam retirado suas verdades até então parciais. Duas mulheres se destacaram na liderança da Sociedade Teosófica, Madame Helena Petrovna Blavatsky, sua cofundadora (em conjunto com o Coronel Henry Steel Olcott), e sua presidente inglesa, Sra. Annie Besant (Sra. Besant é também a fundadora da Universidade Hindu de Benares). Os teosofistas têm defendido a existência de profecia, da segunda visão e do culto hindu aos ídolos e castas. Com seu quartel-general localizado em Chennai (Madras), estima-se que a Sociedade tenha entre 30 mil a 40 mil aderentes. Ela tem executado um útil trabalho educacional na Índia. Isto é perfeitamente natural, pois a teosofia é, a despeito de sua professada hospitalidade para com todas as religiões, hindu em seu coração.

O MOVIMENTO RAMAKRISHNA

O Movimento Ramakrishna é uma resposta de tolerância e sincretismo. A aceitação de mente aberta da essência das tradições religiosas ocidentais e sua inclusão nos ensinos do hinduísmo podem ser vistas muito claramente na vida e nas posições de talvez o mais excepcional santo e vidente hindu do século XIX, Ramakrishna. Nascido um brâmane em Bengala, ele seguiu a tradição familiar ao se tornar um dos sacerdotes de um templo de Kali perto de Kolkata (Calcutá).

Capítulo 4 - Hinduísmo posterior: a religião como determinante do comportamento social

Com uma fome espiritual que não era aplacada pela execução de suas funções sacerdotais, ele ansiava por uma experiência imediata do divino. Ele se concentrou na imagem de Kali, a mãe divina. Ao olhar para sua imagem, ele experimentou um transe (samadhi) não apenas uma, mas muitas vezes, e com intensidade crescente, frequentemente vendo-a se mover e vir até ele. Ele entendeu na primeira vez que esta era uma forma de se conhecer a Deus. Ele se dispôs a tentar as outras formas. Em um período de doze anos, ele meditou como um yogin; adorou como um bhakta; praticou o jainismo, o budismo e o shaktismo; por fim, experimentou a realidade tanto de Brâman sem atributos (i. e., o Deus impessoal) quanto de Brâman com atributos (i. e., o Deus pessoal). Vestido como um muçulmano, ele orou até conhecer a Deus como Allâh. Ele se voltou para o cristianismo e encontrou Deus em Cristo. Deus se tornou real para ele como Rama, como Krishna, e como Sita. Todas as religiões eram para ele como que diferentes caminhos para Deus, e todas as criaturas eram Deus em tantas formas diferentes.

Ele fez amigos dentre os membros do Brâmo Samaj; Keshab Chandra Sen, em particular, tornou-se seu amigo. Ele certa vez disse ao último, em uma típica expressão de convicções:

> Tudo está na mente. Prisão e liberdade estão na mente. Você pode pintar a mente com qualquer cor que você desejar. É como uma peça limpa de linho branco: mergulhe-a em vermelho, e ela será vermelha, em azul e será azul, em verde e será verde, ou qualquer outra cor. Você não vê que se você estudar inglês, palavras inglesas virão prontamente para você? Novamente, se um pandit estudar sânscrito, ele irá prontamente citar versos dos Livros Sagrados.

> Se você mantiver sua mente em má companhia, seus pensamentos, ideias e palavras serão coloridas com o mal; mas mantenha-a na companhia de Bhaktas, e então seus pensamentos, ideias e palavras serão de Deus. A mente é tudo[M1].

Uma porção reveladora de reminiscências suas está contida na passagem seguinte:

> Outro dia eu fui até ao lugar da parada para ver a ascensão de um balão. Subitamente meus olhos caíram sobre um jovem garoto inglês se inclinando contra uma árvore. A própria postura de seu corpo trouxe diante de mim a visão da forma de Krishna e eu entrei em samadhi. Novamente eu vi uma mulher vestindo um ornamento azul sob uma árvore. Ela era uma meretriz. Enquanto eu olhava para ela, instantaneamente a ideia de Sita apareceu diante de mim! [...]
> Por um longo tempo eu permaneci imóvel. Eu adorei a todas as mulheres como representantes da Mãe Divina[M2].

Um grupo organizado de discípulos se reuniu ao redor de Ramakrishna durante os últimos seis anos de sua vida, conduzido por um jovem estudante de direito que se tornou seu sucessor, sob o nome de Swami Vivekananda. Um orador brilhante e ardente apologista do Vedanta, Vivekananda, após a morte de Ramakrishna, fundou o Movimento Ramakrishna e difundiu-o por todo o mundo. Ele era o porta-voz para o hinduísmo no Parlamento das Religiões em Chicago em 1893, onde ele causou uma grande impressão que eletrizou a Índia. Ele foi instrumental na fundação das sociedades vedanta em Nova York e em outras cidades norte-americanas. Ele também fundou centros Ramakrishna na Europa, no Ganges e nos Himalaias. Atualmente existem cerca de 1.000 centros mundo afora.

SECULARISMO

Dois sentidos de "Secularismo" precisam ser distinguidos: (1) secularismo leve (*soft secularism*), ou a aceitação de uma base comum não religiosa para a identidade pessoal e social, e (2) secularismo estrito (*hard secularism*), ou a rejeição da religião.

1 Secularismo leve

Tem tido algum avanço na cultura indiana. Ele envolve uma mudança sutil na percepção de si mesmo e da sociedade, um reconhecimento de que há o domínio de uma realidade externa à sua própria perspectiva religiosa, um terreno comum sobre os quais os seres humanos podem interagir independentemente de sua identidade religiosa. No Ocidente pós-Renascimento, este reconhecimento é tido como garantido. Qualquer pessoa crescida no mundo ocidental tem pouca dificuldade com a ideia de que indivíduos e estruturas sociais (e, desta forma, direitos individuais) podem ser percebidos como inteiramente à parte da religião: "Eu sou antes de tudo um ser humano compartilhando cidadania no país X com outros seres humanos e, além disso, eu tenho vindo a identificar a mim mesmo como tal a despeito da questão da religião".

Esta pressuposição de secularismo leve não é aceita facilmente na Índia. A maior parte dos hindus acha difícil separar sua identidade pessoal enquanto ser humano do contexto religioso de renascimento e (re)morte kármicos. A religião de alguém é sua identidade. Muitos indivíduos pensam, "Eu nasci um hindu sob a realidade kármica. Como tal, eu estou disposto (ou não disposto) a conceder espaço nesta realidade kármica para outros que inexplicavelmente negam-na ou rejeitam-na".

A pressuposição do secularismo leve estava nas mentes daqueles que fundaram o contemporâneo Estado Indiano, nominalmente pluralista. O ressurgimento do nacionalismo hindu por meio do poderoso Partido Bharatiya Janata (BJP) desafiou implicitamente ao secularismo leve. É difícil de aferir mudanças sutis na percepção de si mesmo e da sociedade, mas parece provável que no presente a maioria dos hindus é ambivalente em relação às pressuposições do secularismo, se é que eles as concebam de alguma forma. As massas não parecem estar atentas acerca da profunda importância de uma base secular para o funcionamento da sociedade pluralista concebida em sua constituição nacional.

2 Secularismo estrito

Vai além da pressuposição neutra de uma base além da qual alguém pode ou não adotar a religião. Afirmando que as religiões são, na melhor das hipóteses, irrelevantes, e na maioria das vezes impedimentos ao progresso, este tipo de secularismo é fácil de discernir, e não há dúvida de que ele tem tido considerável crescimento. Apesar da maior parte dos indianos exultar na "espiritualidade" da Índia, tem havido no último século uma pronunciada tendência em direção a formas de materialismo científico que são negativas em relação aos valores religiosos tradicionais. Alguns intelectuais têm demonstrado cada vez menor interesse na religião organizada. Eles a veem friamente como uma massa de superstição construída em volta de uma visão antiquada da vida e do mundo, condenando seu ponto de vista pessimista e sua atitude de negação do mundo. Observando a religião e as pessoas religiosas com maior indiferença e julgamento crítico do que jamais foi possível antes, milhares têm deixado de crer no antigo Dharma hindu e em suas cerimônias. E ainda assim em muitos casos, mesmo que convicções religiosas tenham sido deixadas de lado, a concordância social com elas tem sido mantida por razões familiares.

O humanismo ocidental e afastamentos na ideologia como o marxismo têm também ampliado o processo de dissolução religiosa. Em alguns círculos, especialmente onde o comunismo tem sobrevivido, o ateísmo desafiante é ainda pronunciado. Censos recentes relatam que menos de 1% caracteriza a si mesmos como ateístas; 9% não se subscrevem a afiliações religiosas. Jovens hindus têm escrito para publicação: "O conflito entre teísmo e ateísmo é o conflito entre a mente escrava do homem e seu livre-arbítrio"[O].

Reforma social

A era moderna tem visto não apenas mudanças no panorama intelectual, mas, como nosso breve resumo do Brâmo Samaj deve ter indicado, a defesa vigorosa de mudanças sociais de longo alcance. Isto tem sido especialmente verdadeiro nas mudanças propostas nas leis de casta e casamento, regulações que desde seus primórdios têm constituído fontes principais de dificuldade social e religiosa.

PROBLEMAS DE CASTA

Na Índia antiga, a rigidez do sistema de castas estava implicada a presumida finalidade da estrutura econômica, então relativamente simples. Mas a ordem social não podia ser mantida simples; ela se tornou cada vez mais complexa. De acordo, as castas dos tempos antigos virtualmente se quebraram, e as muitas assim chamadas castas funcionais (as *jatis*) na realidade as tornaram obsoletas. Jati, que sociologicamente significa um parentesco endógamo ou um grupo de guilda, tem funcionado nas mentes hindus com a conotação de casta: ele tem indicado a posição de alguém na sociedade de forma mais precisa do que o termo *varna*, que denota uma classificação muito mais ampla. De qualquer forma, jati veio a significar grupos regionais seguindo ocupações similares, casando-se apenas dentro de seus próprios círculos, e restringindo seus contatos sociais íntimos (i. e., comendo e dormindo) a membros de seus próprios grupos especiais. Tão cedo como no tempo do Imperador Asoka (século III AEC), o historiador da Grécia antiga Megástenes nos conta que havia na Índia sete castas: pastores, fazendeiros, artesãos, soldados, magistrados, filósofos (i. e., brâmanes) e conselheiros, cada uma delas endógama e hereditária. Verdade ou não, tais grupos se multiplicaram no decorrer dos anos em diversos milhares de grupos funcionalmente distintos. A confusão resultante tem levado muitos hindus de mentalidade reformadora a defender a reabsorção das inúmeras jatis dentro das quatro *varnas* clássicas como uma medida de simplificação.

Como bem se pode imaginar, a industrialização, no grau em que foi introduzida, tem produzido ainda mais variação na estrutura de castas.

Ao lado destas castas funcionais existem as castas raciais (grupos tribais e nacionais levados para dentro do grupo hindu mais amplo), castas sectárias (originárias das seitas que, ironicamente o suficiente, rejeitavam o sistema de castas e afastavam-se dele, apenas para se tornarem outras castas), e castas formadas por invasão, migração, ou mistura.

As castas mais baixas têm sido separadas entre "puras" e "impuras". As puras podem

> *Os vegetais na panela cozinhando se movem e saltam, até ao ponto de as crianças pensarem que são seres vivos. Mas os adultos explicam que eles não estão se movendo por conta própria; se o fogo for retirado, eles logo cessarão de se agitar. Assim é a ignorância que pensa: "Eu sou o que faz". Toda a nossa força é a força de Deus.*
> *Ramakrishna*[N]

ser agrupadas de forma geral sob o antigo nome de Shudra.

Seus membros não seguem ocupações degradantes, e são de certa forma ortodoxos em suas práticas sociais e religiosas, sendo capazes, ao menos em algumas ocasiões, de conseguir brâmanes reputáveis como seus sacerdotes. As impuras são em geral as castas envolvidas em alguma ocupação degradante, incluindo, por exemplo, contato profanador com corpos mortos, humanos ou animais, ou o varrimento de sujeira e refugo das ruas. As castas impuras incluem os cortadores de couro e sapateiros, os varredores e catadores, os fazedores de cadeiras de cana, e os Kulis, ou trabalhadores diaristas sem habilidades específicas.

Os membros destas castas impuras e degradadas têm sido por muito tempo considerados pelas castas altas como "párias" ou "intocáveis". Mahatma Gandhi tornou corrente o termo **Harijans** (filhos de Deus) como uma forma de se referir a eles. Mais recentemente seu termo preferido para referência própria, **Dalits** (os oprimidos), tem ganhado amplo uso. Ainda que oficialmente não pertencendo a nenhuma casta, ou estando "fora dos limites" (não "lançados fora" – *cast out*, mas simplesmente "nunca [tendo estado] dentro"), os próprios Dalits são organizados em um complexo sistema de subcastas.

No passado, a situação difícil dos intocáveis era digna de pena. Como os desprezados Chandala do *Código de Manu*, que eram categorizados junto aos porcos da vila e os cães sem teto, o intocável era objeto de menosprezo, desprezado por todos. Não apenas o toque, mas até a sombra de um intocável poderia profanar uma pessoa de casta alta. Assim, em algumas partes da Índia os intocáveis deviam anunciar sua presença em voz alta enquanto passavam pelas ruas, de forma que aqueles que pudessem ser profanados por sua presença pudessem arregaçar as orlas de suas vestes ou saírem de alcance. A passagem dos intocáveis por certas vias públicas e bazares era proibida. Eles não tinham a permissão de chegar a alguma distância de certos templos, tampouco podia tirar água do poço público, mas tinham que se dirigir até um poço usado apenas por seu próprio grupo. Se um brâmane estivesse por perto, os intocáveis tinham que sair da estrada para um campo. Se eles chegassem muito perto de um brâmane, o último se banhava, renovava seu cordão sagrado, e passava por outra purificação. Em alguns lugares os párias não podiam pegar as mercadorias das mãos do mercador, mas esperavam que ele as depositasse no chão e se distanciasse, ou as jogasse neles. Parece ter sido objetivo das castas altas reduzir os intocáveis em criaturas sofridas e abjetas, de forma que eles nunca procurassem fazer nada a fim de melhorar sua parte (deve-se lembrar que as castas mais altas invocavam a Lei do Karma para justificar esta moralidade; os intocáveis sofriam, portanto, a retribuição por seus pecados passados).

É fácil de perceber por que o hinduísmo tem testemunhado uma tentativa após a outra, por pessoas que ganharam livre-discernimento, de contornar a intocabilidade e outras restrições impostas pelo sistema de castas, ou de se livrar de uma vez por todas dessa estrutura. Estas tentativas têm se dado principalmente de duas formas:

Oposição por afastamento

As tentativas mais antigas de se lidar com as restrições de casta foram feitas por pensadores independentes de vontade forte que convidavam seus conversos a se retirarem do mundo e entrarem em uma vida monástica desprovida de castas. Jainismo e budismo são exemplos deste tipo de afastamento. Para a vasta maioria na Índia, os resultados não foram duradouros. Membros laicos que não entravam no círculo dos monges continuavam a moldar suas vidas de acordo com as regras que eles haviam conhecido sob o sistema de castas. Eles se casavam e se davam em casamento ao longo das linhagens das castas, e retornavam aos papéis sociais designados para eles por outras castas.

Efeitos sociais mais pronunciados, mas ainda temporários, foram produzidos pelos adoradores de Shiva, os Lingayats de Mumbai (Bombay) e do sul da Índia e os Baishtams de Bengala. Inspirados por uma revelação, eles declararam que todos os conversos eram iguais, livres para comer, visitar e casar entre si. Mas como eles usualmente não se casavam fora da seita, tanto por não o querer ou por não conseguir arranjá-lo, membros da nova seita com o tempo se tornaram outra casta. Em muitas instâncias, o caso dos convertidos ao cristianismo era um pouco diferente. Como o abandono das regras e rituais dominados pelos brâmanes muito frequentemente implicava o assentamento em vilas separadas, os cristãos com frequência eram percebidos simplesmente como membros de outra casta, e cristãos de origem Dalit geralmente sofriam discriminações da parte dos outros cristãos.

Reforma a partir de dentro

Defensores de mudanças frequentemente apresentavam seus esforços como a restauração do intento original dos escritos sagrados. Na década de 1950 o Dr. Sarvapelli Radhakrishnan, vice-presidente da Índia, defendeu o ponto de vista levantado anteriormente por Swami Dayananda (p. 191) de que cada uma das quatro classes varna dos Vedas devia ser vista como um tipo de aptidão, e não como um *status* determinado por nascimento. Muitos indianos acreditam que esta interpretação devia prevalecer mesmo que sua conexão védica seja enfraquecida pelo fato de que o termo "varna" significa literalmente "cor".

Nos últimos dias do controle britânico da Índia, grupos anteriormente conhecidos apenas como párias ou intocáveis organizaram a si mesmos em castas e, começando em 1935, 400 de tais castas foram colocadas em uma lista ou "agenda".

Foram definidas percentagens e cotas de lugares na educação e emprego para tais "castas agendadas" como uma reparação compensatória por injustiças do passado.

Em 1948, a campanha de vida de Mahatma Gandhi contra a intocabilidade finalmente se tornou lei quando a Assembleia Constituinte da Índia proibiu sua prática "em qualquer forma". No mundo real, entretanto, a discriminação continuou.

Debates políticos recentes têm utilizado categorizações amplas como "classes atrasadas" e "castas de camponeses" para se referir a muitos dos grupos praticamente destituídos e não reconhecidos oficialmente como "castas agendadas". Esses grupos, conjuntamente com as castas agendadas, compõem cerca de 52% da população da Índia – um constituinte formidável. Em 1990, uma decisão suportada ardentemente pelo nacionalista Partido Bharatiya Janata, reservou 27% de todos os trabalhos centrais no governo para as "castas atrasadas" – em adição aos 22,5% para as "castas agendadas". Isto gerou uma violenta repercussão e atos de intimidação, mas também instâncias de imolação própria como protestos de membros das castas mais altas nas áreas urbanas. O efeito de tais legislações com o intuito de remediar discriminações do passado tem por vezes fortalecido lealdades de casta na medida em que as pessoas reconhecem a vantagem da ação política coletiva (cf. Mudança política, p. 199-200).

CASAMENTO INFANTIL E VIUVEZ

O casamento infantil existiu na Índia por muitos séculos. Ele está geralmente ligado à lei familiar, recuando até o século V AEC, que requeria o casamento de todas as garotas antes da puberdade. Esta lei (observada apenas imperfeitamente até 800 ou 900 anos atrás) pode ter se originado do desejo de frustrar ligações românticas entre jovens de castas diferentes, mas havia outros fatores na situação. Por um lado, a antiga lei de castas proibindo casamento fora da própria casta tornava urgente que os pais buscassem por garotas elegíveis para seus filhos tão logo fosse possível, ou não sobraria nenhuma; desta forma, os pais passaram a casar seus filhos quando eles tinham apenas alguns meses de idade, e o casamento era frequentemente celebrado quando a noiva e o noivo tinham apenas 7 anos de idade. Outro fator – da maior importância – era a grande utilidade prática do casamento infantil para o sistema familiar na medida em que ajudava a manter o grupo familiar unido. Noras maduras eram comparativamente mais difíceis de serem assimiladas aos hábitos fixos de uma família, mas uma noiva jovem poderia ser facilmente moldada e se adequar à rotina familiar.

Até o início do século XII, o casamento infantil era desdenhado como inevitável e inescapável; mas uma consciência aguda do problema cresceu dentre os hindus, largamente como resultado de críticas ocidentais, de protestos de reformadores hindus e de relatórios adversos de autoridades médicas. Sob o domínio britânico, o governo, após uma experiência com leis progressivamente aumentando a idade do consentimento, fez valer em 1930 o projeto de lei restringindo o casamento infantil, o que tornou o casamento de garotas abaixo dos 14 anos e de garotos abaixo dos 18 anos ilegais. A lei atual sob um governo nacional nominalmente secular define a idade mínima de 18 anos para o casamento para as mulheres. Como temos visto, porém, costumes maritais enraizados religiosamente são erodidos muito lentamente. Um censo de 2001 descobriu que nos sessenta anos desde 1941, a idade média para o casamento das mulheres tinha aumentado apenas de 17,5 para 18,3.

Uma consequência do casamento prematuro tem sido a viuvez prematura. A jovem viúva proibida de se casar novamente se torna uma boca extra para os agregados alimentarem, pode ser de alguma forma culpada pela morte do marido e ser tolerada apenas a contragosto como ajudadora doméstica. Em alguns casos, ela pode ser evitada e abandonada para se tornar uma sem-teto. Ainda ocorre de muitas das jovens moças da Índia se tornarem viúvas, divorciadas ou abandonadas aos 19 anos. As viúvas não são tão desafortunadas; elas podem se casar novamente, se encontrarem um noivo adequado. Mas isso tem levado frequentemente a casamentos desiguais entre homens de meia-idade e jovens esposas.

O ato de proibição de dote em 1961 reconheceu que altos dotes podiam levar ao feticídio e ao infanticídio (exames ultrassom nos anos recentes têm diminuído ainda mais o número de nascimentos de mulheres vivas). Mas a proibição legal tem tido pouco efeito. Altos dotes na Índia (como casamentos esbanjadores mundo afora) são meios de se enfatizar o *status* social. Por um processo chamado às vezes de "sanscritização", uma casta esperando atingir mobilidade para cima, palmo a palmo com outras castas, pode lustrar sua imagem ao enrijecer regras sobre a dieta, casamentos mistos, dotes e educação (em escolas privadas sânscritas). Uma estimativa de 1997 do custo total de um dote de casamento é de que chegue a cerca de dez vezes a renda anual de um pai.

A liberdade dos homens de se casar novamente, associada à ganância por segundos dotes, tem resultado em casos de assassinato – nomeados como "mortes acidentais" – de jovens noivas por causas como incêndios em cozinhas. A incidência tem sido mais alta nas castas altas urbanas, nos estados hindus localizados ao norte.

Em 1986 uma emenda ao ato de proibição de dotes estabeleceu critérios para definir a "morte por dote". Mortes altamente suspeitas de terem ocorrido por dote subiram 170% em um período de dez anos, chegando a 6.200 em 1996. Para 2005, a estimativa chegava a ser tão alta quanto 25 mil.

Por outro lado, fatores demográficos e econômicos provavelmente acelerarão mudanças. Uma economia florescente tem levado a um aumento no número de mulheres solteiras trabalhando nas principais cidades. Sites de paquera têm se tornado um fato da vida. Também, entre as classes altas urbanas de hoje, os ritos religiosos contrários ao divórcio são crescentemente evadidos, e a urbanização tem inchado o número de pessoas muito pobres, entre as quais a regulação marital existe de forma escassa.

PROBLEMAS POPULACIONAIS

Em uma superfície que cobre menos que 2,5% da Terra, a Índia precisa sustentar mais que 17% da população mundial. A uma taxa de crescimento de 1,58%, serão adicionados anualmente mais de 18 milhões de pessoas à população estimada em 2011 de cerca de 1 bilhão e 190 milhões, que precisarão ser alimentadas, vestidas, abrigadas e ter cuidados de saúde. É difícil conter o crescimento populacional quando escrúpulos religiosos ficam no caminho. Os hindus hesitam em interferir com os processos da vida fixados pela Lei do Karma, e ter muitos filhos têm sido sempre interpretado como bênção kármica.

A despeito do fato de que a oposição ao controle de natalidade foi um fator contribuinte para a saída de Indira Gandhi do poder em 1977 e para as dificuldades subsequentes colocadas para seu ramo no partido do congresso, a promoção de planejamento familiar continuou. Os governos indianos, no entanto, pararam longe da aplicação das penalidades econômicas aplicadas na República Popular da China.

Pelo menos dois filhos são um tipo de seguro, não apenas para garantir o futuro dos pais, mas também a continuação perpétua dos ritos familiares apropriados em prol dos ancestrais. Em face da alta mortalidade infantil, a ansiedade suporta o adágio "um filho é nenhum filho". O tamanho resultante da família mediana é de 4.2 filhos.

Uma crescente diferença de gêneros

Imagens de ultrassom têm tornado possível uma potencialmente desastrosa desproporção entre as taxas de nascimento de homens e mulheres. A despeito de uma lei de 1994 de diagnósticos pré-natais (atualizada em 2002), abortos e feticídio feminino continuam a uma taxa alta. Aproximadamente 98% dos abortos são de mulheres, e a disparidade populacional em 2005 foi estimada pela Unicef como uma falta de 50 milhões de garotas. Para remediar a falta de parceiras de casamento, garotas são traficadas de áreas desvantajosas e tribais e de países vizinhos empobrecidos como Bangladesh e Nepal a preços equivalentes a U$ 200 (a fim de comparação, um boi pode custar cerca de U$ 1.000).

Deve-se notar que a valorização de filhos e a subordinação das mulheres são características de uma herança cultural profundamente enraizada no subcontinente, não confinadas à comunidade religiosa hindu. Os mesmos valores se aplicam em graus variados para muçulmanos, indianos, cristãos e sikhs.

MUDANÇA POLÍTICA

Mohandas Gandhi

Honrado pelo título de *Mahatma* (grande alma) e reverenciado como um líder religioso e moral, Mohandas Gandhi foi o proeminente líder político na luta da Índia por sua autodeterminação. Sua estratégia foi a não violenta *satyagraha* (força da verdade), uma mistura desconcertante de não cooperação passiva e insistência sobre *swadeshi* (lealdade ao próprio modo de vida). Seu uso de uma hábil persuasão manteve unidos elementos divergentes no Partido do Congresso, enquanto ganhava concessões do Raj Britânico. Mas a desconfiança profunda entre hindus e muçulmanos não pode ser sobrepujada. A partição, criando o Paquistão como um Estado muçulmano separado, gerou massivas migrações contracorrente. Animosidades, desconfiança e pânico levaram a um caos assassino e à perda de vidas de milhões de muçulmanos, sikhs e hindus.

Jawaharlal Nehru, idolatrado por milhões como o sucessor natural de Gandhi, conduziu o Partido do Congresso e o governo indiano até sua morte em 1964. Durante a metade do século seguinte, o Partido do Congresso enfrentaria oposição conservadora hindu às inovações seculares e as aspirações ferventes nacionalistas entre os sikhs. Depois de dois anos da morte de Nehru, sua filha Indira Gandhi se tornou a primeira-ministra, servindo até 1977, quando a oposição hindu a derrubou. Ela ganhou de volta o ofício em 1980, mas foi assassinada quatro anos depois. Seu filho Rajiv sucedeu-a até ele também ser assassinado em 1989. Sua esposa nascida italiana, Sonia, veio à liderança do Partido do Congresso, mas o espectro de uma terra-mãe governada por uma estrangeira era assustador, e coalisões religiosas hindus lideradas pelo Janata Dal e pelo Partido Bharatiya Janata (BJP) subiram ao poder, nele permanecendo pelos próximos treze anos.

Tensões internas entre pragmáticos moderados e nacionalistas hindus militantes eventualmente enfraqueceram o BJP, permitindo uma desconcertante vitória em 2004 de uma coalisão do Partido do Congresso liderada por Sonia Gandhi. Ela escolheu abdicar como candidata para primeira-ministra e deu suporte a Manmohan Singh. Sendo um sikh, ele se tornou o primeiro líder não hindu da Índia. Falando em enfatizar o "elemento humano", ele relaxou alguns controles governamentais rígidos e recebeu crédito pela melhora no crescimento econômico, bem como pela ajuda a fazendeiros com dificuldades.

Nós teremos mais a dizer sobre repercussões negativas religiosas na próxima seção, e sobre o separatismo em um capítulo posterior sobre o sikhismo.

LIBERALISMO RELIGIOSO E REAÇÃO

Na segunda metade do século XX, dois filósofos hindus buscaram com sinceridade uma integração entre as religiões orientais e o pensamento ocidental (*Eastern Religions and Western Thought* – foi o título de um livro escrito por um deles). Um, o falecido Aurobindo Ghose, um brâmane de Bengali, trocou a política nacionalista pela filosofia, de forma a defender a possibilidade de que o "yoga integral", como ele chamava, pudesse habilitar o homem a se tornar um super-homem. Ele viu na eterna shakti o movimento descendente da Realidade (i. e., do infinito, do Brâman inclusivo por completo) em "descidas, erupções, mensagens ou revelações". Depois que isso tivesse exercido seu efeito na mente humana, poderia haver uma "ascensão" do humano ordinário até o nível de super-homem.

O outro, o Dr. Sarvepalli Radhakrishnan, antigo presidente da Índia falecido, foi um acadêmico e professor conhecido internacionalmente, cuja cordialidade em relação à religião e filosofia ocidental foi acompanhada por consistente ênfase no misticismo enquanto o próprio coração da religião. Consequentemente, o hinduísmo emergiu em seus numerosos escritos como a maior das religiões. Ele defendeu o hinduísmo contra a crítica de que seria uma religião não ética (uma crítica feita por Albert Schweitzer) ao enfatizar sua ênfase no crescimento moral como a preparação necessária para a união mística com a realidade última, ao apontar o dever de se aplicar as lições espirituais da religião nas atividades sociais e políticas.

Opondo-se a esta cordialidade ao ocidente existem grupos apoiando o hinduísmo ortodoxo tais quais o Mahasabha, o Rashtriya Swayamesevak Sangh (RSS) e a "National Purity Service Organization" (Organização Nacional do Serviço de Pureza), que defende tornar a Índia um Estado religioso hindu. Foi um membro da RSS que assassinou Mahatma Gandhi em 1948.

Tradicionalmente, os hindus têm sido tolerantes para com outras crenças. Apesar de isto ainda ser verdade, paradoxalmente o ponto de vista prevalecendo através da Índia atualmente é que a conversão de uma religião para outra deve ser desencorajada. A conversão é vista ou como efeito de proselitismo ou como uma "migração". Como sua consequência social, o convertido se torna um estranho e desalojado culturalmente, fratura famílias, separa parentes e perturba a ordem social e nacional. Memórias de pressões muçulmanas em direção à conversão e do favorecimento britânico de missionários (que, como colocado por um ponto de vista extremista, "invadiram" a Índia e outros países asiáticos como "parte integral da dominação das raças brancas sobre a Ásia") têm reforçado o desejo nacionalista de preservar a unidade indiana e de prevenir o desenvolvimento de "nacionalismo religioso" entre grupos minoritários como, por exemplo, os Sikhs e alguns grupos aborígenes sob a influência de missões luteranas e católicas[p].

Ao ganhar terreno nas eleições parlamentares, o partido hindu Bharatiya Janata (BJP) teve de abrandar algo de sua retórica "A Índia apenas para os hindus", de forma a compor as alianças necessárias para formar um governo. A eleição em 1997 de K.R. Narayan, um intocável, como décimo presidente da Índia, assinalou que o nacionalismo hindu não podia ser de forma alguma elitista. O BJP alcançou pluralidade nas eleições de 1998 e 1999 e teve sucesso em alcançar uma maioria parlamentar, ainda que instável, pois o Partido do Congresso havia ganhado força renovada.

À guisa de conclusão, alguém pode se permitir a reflexão – no que concerne ao hinduísmo, consequências incalculáveis derivam de uma circunstância como esta: uma grande religião de renúncia ao mundo tem produzido líderes modernos que não têm buscado Nirvana na solidão da floresta, mas, ao invés disso, têm vindo ao mundo a fim de se empenhar de forma realista e prática na tarefa do melhoramento humano por meio da ação social.

GLOSSÁRIO*

Advaita: não dualismo; na filosofia vedanta, é a negação da dualidade entre o próprio ser e o mundo.

Artha: poder ou ganho material, o segundo dos quatro objetivos permissíveis na vida.

Arya Samaj: um movimento de reforma "de retorno para os Vedas" (monoteísta, no entanto) fundado por Dayananda em 1875.

Ashramas: os quatro estágios da vida: o estudante, o chefe de família, o eremita e o andarilho sem-teto.

Avatar: formas alternativas ou encarnações assumidas por um deus.

Avidya: ignorância; no vedanta, confundir *maya* com realidade; no Sankhya, confundir *purusha* com *prakriti*.

Bhagavad Gita: a "Canção do Abençoado Senhor", referente aos caminhos de salvação enfatizando o caminho de *bhakti*.

Bhagavad Purana: um épico popular sobre as façanhas de Krishna enquanto uma criança fazedora de milagres, amante e rei.

Bhakti: devoção; enquanto Bhakti Yoga (ou Bhakti Marga), um dos três caminhos para *mokṣa*,

---
* Para um guia de pronúncia, cf. p. 146.

mais popular que o Caminho das Obras ou o Caminho do Conhecimento.

Brâmo Samaj: um movimento eclético de reforma religiosa fundado por Ram Mohan Roy em 1828, misturando monoteísmo hindu com uma ética tingida por pensamento cristão.

Dalits: "os oprimidos", o termo preferido para se referir a si mesmos usado pelas castas anteriormente descritas como "impuras"; cf. *Harijans*.

Dharma: dever ou lei moral, às vezes um termo genérico para pensamento e práticas religiosas.

Durga (Kali): uma temível, mas, ainda assim, benevolente deusa, personificando *shakti*, energia cósmica; uma consorte de Shiva.

Dvaita: dualidade; entre as filosofias vedanta, uma característica do ponto de vista de Madhva.

Gopis: leiteiras ou jovens esposas; seus encontros amorosos com *Krishna* no *Bhagavata Purana* são paradigmas do relacionamento *bhakti* de um devoto com Deus.

Guna: uma vertente, qualidade ou atributo da matéria experimentada pelos sentidos; cf. *sattva*, *rajas* ou *tamas*.

Guru: um guia espiritual ou professor.

Harijans: "Filhos de Deus", termo de Gandhi para párias ou intocáveis.

Jati: nascimento, família; um termo específico para casta.

Jnana: conhecimento ou compreensão, um caminho para mokṣa.

Kali (Durga): "a escura", uma forma de *shakti*, feroz enquanto flagelo de demônios, mas também a Mãe Divina de todos.

Kama: prazer, um dos quatro objetivos, especialmente apropriado para o estágio de vida do chefe de família. Como *Kama*, o deus do amor, ele atira flechas floridas.

Krishna: o avatar negro de Vishnu, criança arteira, amante de *gopis*, e rei guerreiro ideal.

Lakshmi: deusa da boa fortuna e prosperidade, a esposa favorita de Vishnu.

Lingam: símbolo fálico, representando Shiva como o princípio masculino, usualmente circundado pelo feminino *yoni*.

Madhva: filósofo do século XIII que transformou o não dualismo qualificado de Ramanuja em um sistema completamente dualista (*dvaita*).

Mahabharata: o grande épico indiano sobre os cinco irmãos Pandava, progenitores de Bharata (Índia); suas muitas interpolações incluem o *Bhagavad Gita*.

Manu: nome de um pai mítico da raça humana; o *Código de Manu* (ca. 200 AEC-200 EC) definiu a Lei Bramânica.

Marga: um caminho ou forma, como em *Karma Marga* (o Caminho das Obras), *Inana Marga* e *Bhakti Marga*.

Maya: a arte criativa da mente cósmica, poder consciente criador de ilusões.

Mokṣa: (mok-sha) livramento, libertação do ciclo de renascimento/(re)morte.

Panchatantra: fábulas animais definidas em uma estrutura narrativa retratando-as como lições em sabedoria prática (*niti*), um contraste ao conhecimento acadêmico bramânico.

Patanjali: autor dos *Yogasutras*, o trabalho central na escola Yoga de filosofia.

Prakriti: o mundo material, natureza; no dualismo Sankhya, contraparte coeterna com *purusha*, consciência pura; no *advaita* vedanta, um produto de *maya*.

Puja: adoração, ritos cúlticos nos templos ou nos lares.

Puranas: épicos populares, coleções de histórias e poemas sobre deuses e sábios sectários favoritos.

Rajas: um dos três gunas; vermelho, incansável, impetuoso e febril.

Ramakrishna: santo e vidente do século XIX que proclamou a unidade de todas as religiões; seu discípulo, Vivekenanda, fundou o movimento sincrético Ramakrishna, de orientação vedanta, em sua honra.

Ramanuja: autor do século XII de uma escola vedanta teísta qualificada não dual (*vishisht-advaita*).

Ramayana: épico das lutas de Rama e seus aliados ao resgatar Sita do demônio Ravana.

Samadhi: o estado de transe final na prática de Yoga, um vislumbre de mokṣa no qual as distinções entre sujeito e objeto são transcendidas.

Sankhya: o ponto de vista filosófico dualista afirmando a realidade eternamente separada da matéria (*prakriti*) e espírito (*purusha*).

Sannyasin: alguém que renuncia a todos os laços terrenos, buscando mokṣa enquanto um mendicante; o quarto *ashrama*.

Sati: uma viúva virtuosa cremada para se juntar ao seu esposo morto; posteriormente, a *performance* da imolação própria.

Sattva: o mais refinado dos *gunas*; branco, luminoso, inteligente, e revelador.

Shakti: energia cósmica; no *Shaktismo*, personificada enquanto a consorte de deuses e yogins, especialmente Shiva.

Shankara: defensor do século IX da interpretação não dualista ou *advaita* no Vedanta.

Shiva: um dos principais deuses; o ascetismo gera sua potência simbolizada por *lingam*, como destruidor/criador.

Tamas: o *guna* negro; inerte, enfadonho e pesado.

Tapas: energia psíquica "quente" gerada por ascetismo, frequentemente uma referência geral para austeridades.

Vishisht-advaita: não dualismo qualificado, um ramo teísta do Vedanta associado a Ramanuja.

Vishnu: um dos principais deuses, saudado como o "Preservador"; entre seus dez avatares oficiais estão Rama e Krishna.

Yoga: técnicas de disciplina para superação do cativeiro; como os *Yogasutras* de Patanjali, a fundação de um dos seis sistemas filosóficos aceitáveis.

Yoni: um anel, o emblema vaginal circundando a *lingam* fálica no simbolismo de Shiva/Shakti.

LEITURAS SUGERIDAS

BROCKINGTON, J.L. *The Sacred Thread: Hinduism in Its Continuity and Diversity*. Edimburgo: Edinburgh University Press, 1981.

COURTRIGHT, P.B. *Ganesa, Lord of Obstacles, Lord of Beginnings*. Nova York: Oxford University Press, 1985.

DONIGER O'F. (org.). *Hindu Myths: A Sourcebook*. Harmondsworth: Penguin, 1975.

DONIGER O'F. (org.). *Women, Androgynes, and Other Mythical Beasts*. Chicago: University of Chicago Press, 1980.

DONIGER O'F. (org.). *Shiva: The Erotic Ascetic*. Nova York: Oxford University Press, 1981.

EASWARAN, E. (org.). *Bhagavad Gita*. Delhi: Arkana/Penguin Books, 1986, p. 132-136. Reimp. em FISHER, M.P.; BAILEY, L.W. I Am the Beginning and the End. *An Anthology of Living Religions*. 2. ed. Upper Saddow River: Prentice Hall, 2008, p. 66-68.

EDGERTON, F. *Bhagavad Gita, Harvard Oriental Series*. Nova York: Harper Torchbooks, 1964.

GONDA, J. *Visnuism and Sivaism: A Comparison*. Londres: Athlone P., 1970.

GROWSE, F.S. (org.). *The Ramayana of Tulsi Das*. 7. ed. Allhabad: Ram Narin, 1937.

HAZRA, R.C. *Studies in the Puranic Records on Hindu Rites and Customs*. Calcutá: University of Dacca, 1940.

HILTEBEITEL, A. Hinduism. In: ELIADE, M. (ed.). *The Encyclopedia of Religion*. Nova York: Macmilan, 1987.

LESLIE, J. (ed.). *Roles and Rituals for Hindu Women*. Londres: Printer, 1991.

KINSLEY, D. *The Goddess' Mirror: Visions of the Divine from East and West*. Albânia: State University of New York Press, 1989.

KRAMRISCH, S. *The Presence of Siva*, Princeton: Princeton University Press, 1981.

MARGLIN, F.A. *Wives of the God-King: The Rituals of the Devadasis of Puri*. Nova York: Oxford University Press, 1985.

MILLER, D.; WERTZ, D.C. *Hindu Monastic Life: The Monks and Monasteries of Bhubaneswar*. Montreal: MacGill-Queens University Press, 1976.

MITCHELL, G. *Hindu Temple*. Nova York: Harper & Row, 1978.

NIKHILANANDA, S. (org.). *The Gospel of Sri Ramakrishna*. Nova York: Ramakrishna-Vivekananda Center, 1952.

RADHAKRISHNAN, S.; MOORE, C. (eds.). *Source Book in Indian Philosophy*. Princeton: Princeton University Press, 1957.

RAJAGOPALACHARI, C. (org.). *Ramayana*. 27. ed. Mumbai: Bharatiya Vidya Bhavan, 1990, p. 86-89. Reimp. FISHER, M.P.; BAILEY, L.W. Rama, Sita, and Lakshman Enter the Forest. *An Anthology of Living Religions*. 2. ed. Upper Saddow River: Prentice Hall, 2008, p. 68-70.

SHARMA, A. *A Hindu Perspective on the Philosophy of Religion*. Nova York: St. Martin's Press, 1991.

Siva Purana. Delhi: Motilal Banarsidass, 1970, p. 320-321. Reimp. em FISHER, M.P.; BAILEY, L.W. In Praise of Durga. *An Anthology of Living Religions*. 2. ed. Upper Saddow River: Prentice Hall, 2008, p. 75-76.

STUTLEY, M.; STUTLEY, J. *Harper's Dictionary of Hinduism*. Nova York: Harper & Row, 1977.

VALMIKI. *The Ramayana of Valmiki*. 3. ed. Londres: Shanti Sadan, 1976.

VON BUITENEN, J.A.B. "Hindu Mythology" and "Hindu Sacred Literature". *The New Encyclopaedia Britannica*. Vol. 8. 15. ed. Macropaedia.

ZAEHNER, R.C. *Hinduism*. Nova York: Oxford University Press, 1962.

ZIMMER, H. *Philosophy of India*. Nova York: Meridian Books, 1956.

ZIMMER, H. *Myth and Symbol in Indian Art and Civilization*. Nova York: Harper Torchbooks, 1962.

Leitura fácil

MARKANDAYA, K. *Nectar in a Sieve*. Nova York: J. Day, 1955.

SINGH, K. *Train to Pakistan*. Nova York: Grove, 1956.

REFERÊNCIAS

[A] EGGELING (org.). *Satapatha-Brahmana – Sacred Books of the East*. Vol. XII. Oxford: Clarendon, 1882, p. 190-191 (I.7.2.5). Reimp. com a permissão dos editores.

[B] CROOKE, W. Ancestor-Worship (Indian). In: HASTINGS, J. (ed.). *Encyclopaedia of Religion and Ethics*. Vol. I. Edimburgo/Nova York: T. & T. Clarke/Charles Scribner's Sons, 1959, p. 453. Reimp. com a permissão dos editores.

[C] BÜHLER, G. (org.). The Laws of Manu. *Sacred Books of the East*. Oxford: Clarendon, 1986, [1]vol. XXV, p. 195 (V. 148); [2]vol. XXV, p. 196 (V. 154); [3]vol. XXV, p. 196 (V. 157, 158); [4]vol. XXV, p. 197 (V. 161, 164); [5]vol. XXV, p. 87-88 (III. 68-70); [6]vol. XXV, p. 198 (VI. 2); [7]vol. XXV, p. 199-205 (VI. 3-6, 8, 16, 29, 33); [8]vol. XXV, p. 213 (VI. 82); [9]vol. XXV, p. 200-13 (VI. 42, 43, 55, 56, 44, 45, 65, 81, 79); [10]vol. XXV, p. 25 (I. 93,98); [11]vol. XXV, p. 398 (IX. 317-9). Reimp. com a permissão dos editores.

[D] Esta citação é de recorte de jornal que não identifica a passagem, apenas afirmando que ela provê do *Padmapurana*. Os autores tiveram sucesso em traçar sua origem. É uma amplificação das *Leis de Manu*, V. 154 (cf. p. 155).

[E] HUME, R.E. (org.). *The Thirteen Principle Upanishads*. 2. ed. Londres: Oxford University Press, 1934, [1]Svet. I.6, p. 395; [2]Mun. 3.2.8, p. 376; [3]Mun. 2.2.8, p. 373; [4]Mait. 6.18, p. 435; [5]Svet. 4.9, p. 404. Reimp. com a permissão dos editores.

[F] ELIADE, M. *Yoga: Immortality and Freedom*. Pantheon Books, 1958, [1]p. 13; [2]p. 16.

[G] ARNOLD, E. *The Bhagavad Gita: The Song Celestial*, [1]I.13-23; [2]I.24-26; [3]I.28-47; [4]2.11-20; [5]2.47-51; 3.19-30; [6]6.10-15, 25-31; [7]9.16-19; [8]11.12; [9]12.8-12; [10]18.64-66; [11]12.13-20; [12]9.28-30.

[H] RADHAKRISHNAN, S. *The Bhagavad Gita*. Nova York: Harper & Brothers, 1948, p. 147.

[I] BASHAM, A.L. *The Wonder That Was India*. Londres: Sidgwick & Jackson, 1954, [1]p. 330; [2]p. 331.

[J] HOPKINS, T. The Social Teaching of the Bhagavata Purana. In: SINGER, M. (ed.). *Krishna: Myths, Rites and Attitudes*. Chicago: University of Chicago Press, 1968, p. 13. Reimp. com a permissão dos editores.

[K] ROLLAND, R. *Prophets of the New India*. Nova York: Albert & Charles Boni, 1930, [1]p. 42-43; [2]p. 43n.

[L] GANDHI, M. *Young India (1919-1922)*. Nova York: Huebsch, 1923, p. 804.

[M] ABHEDANANDA, S. (ed.). *The Gospel of Ramakrishna*. Nova York: Vedanta Society, 1907, [1]p. 158-160; [2]p. 207-214.

[N] RAMAKRISHNA. *Teachings of Ramakrishna*. Amora: Advaita Ashrama, 1934, p. 31.

[O] RAO, S.G.R. *A Note on Atheism*. Vijayawada: Atheist Centre, 1974, p. 1.

[P] DEVANANDAN, P.D. The Contemporary Attitude to Conversion. *Religion in Life*. Vol. XXVII. Nova York: Abingdon Press, 1958, p. 381-392.

5
Jainismo: um estudo sobre o ascetismo

Fatos resumidos:

- Nome ocidental: Jainismo.
- Fundador: Nataputta Vardhamana, 599-527 AEC (data tradicional).
- Aderentes em 2011: 4 milhões.
- Títulos: Mahavira, "Grande herói", Jina, "Conquistador", Os Vinte e Quatro Tirthankara.
- Nomes usados pelos aderentes: Jaina Marga, Jaina Yoga.
- Tirthankaras Anteriores, "Fazedores de vau":
  - *O primeiro*: Rishabha, cinco kalpas (ciclos mundiais de 21 mil anos).
  - *O vigésimo terceiro*: Parshva, século VIII AEC.
- Seitas:
  - *Digambaras*, "Vestidos com o céu": principalmente dravídicos e meridionais, sucessores dos Nirgranthas, "libertos", século VI AEC.
  - *Shvetambaras*, "Vestidos de branco": setentrionais e urbanos.
  - *Sthanakvasis*: renunciam templos e imagens.
- Literatura sagrada: Jaina Sutras:
  - *Cânon Shvetambara em prácrito*, século VI EC (algumas porções podem recuar até 900 anos).
  - *Cânon Digambara* inclui material do século I EC.
  - *Literatura posterior em sânscrito*.

Além da complexa matriz da antiga civilização hindu, na qual ideias defendidas desde os tempos da religião pré-ariana disputavam a atenção com ideias derivadas dos Vedas e elaboradas nos Upanishads, duas religiões – jainismo e budismo – desafiaram o curso do hinduísmo com respostas alternativas para o problema central da vida indiana: como encontrar libertação do **karma** e da contínua rodada de renascimentos implicada por ele. Uma dessas duas religiões, o jainismo, viria a ganhar adeptos apenas na Índia. A outra, o budismo, se espalharia rapidamente por toda a Índia e, ultrapassando suas fronteiras, atingiria novas formas e uma posição permanente ao sul e a leste em Sri Lanka, Burma, Tailândia, Camboja, Laos e Vietnã, e ao norte na China, Coreia, Japão, Tibet e Mongólia. Essas religiões supriram tais áreas com algumas respostas profundamente satisfatórias para necessidades humanas universais. Ele estaria destinado a quase desaparecer na própria Índia, com exceção das fronteiras desta terra de maravilhas. Por 1.000 anos o hinduísmo cresceu em silêncio buscando estabelecer-se, e seu eventual retorno a uma posição de domínio no campo religioso é de certa forma espantoso.

Quando se observa o que o jainismo tem a oferecer, as mentes ocidentais tendem a receber um choque inicial. Para qualquer um criado nas atitudes hedonistas predominantes no Ocidente o jainismo parece, à primeira vista, uma correção da vida e uma rigorosa negação do mundo equiparável a qualquer crença encontrada na história das religiões.

Assim como o budismo, que surgiu aproximadamente na mesma época, o jainismo foi uma reação a algumas tendências colocadas em movimento pelos brâmanes. Naquele momento (o século VI AEC), o sistema sacrificial bramânico havia atingido o seu auge no Vale do Ganges, encontrando após isto oposição robusta e expressiva. Nas regiões ao norte do Ganges e mais a leste a resistência à língua, aos costumes e à religião dos arianos se alongava. O sistema de castas dos tempos posteriores ainda não estava solidificado, e quando a classe sacerdotal defendeu suas reivindicações amplas de supremacia espiritual e social, muitos – ainda que certamente não todos – nas fileiras da nobreza resistiram a estas reivindicações. **Mahavira**, o fundador histórico do jainismo, estava dentre esses. As classes governantes naquele período eram ativas e hábeis na discussão filosófica; mentes críticas entre eles consideravam inaceitável o idealismo monista que resolvia o problema do mundo material do cotidiano como se ele consistisse em uma única

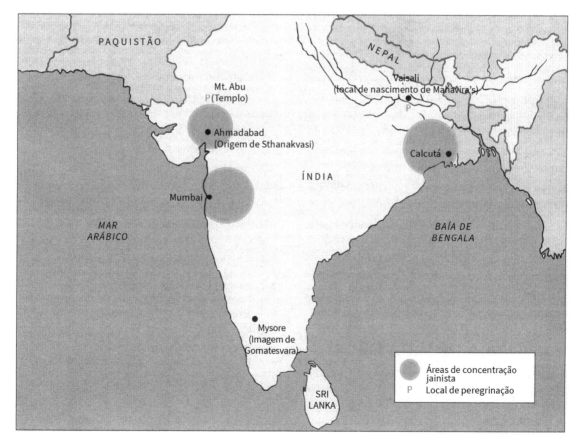

Centros jainistas

entidade incognoscível. Para seus olhares de senso comum, cada coisa viva e todos os tipos de outras entidades eram tão reais quanto aparentavam. Os humanos e as almas humanas, pedras, árvores e colinas, criaturas com patas ou voadoras e os peixes do mar, todos eram realidades independentes e existentes por seu próprio direito. O conflito contra o idealismo monista dos brâmanes frequentemente tomou a forma de negação da realidade de todas as hipotéticas almas cósmicas, mantendo uma posição que era, em última instância, ateísta. Muitos especialistas ocidentais, portanto, defendem que por esses pontos de vista aparecerem nos Upanishads, deve ter existido uma visão de mundo dualista pré-ariana, para a qual muitos antimonistas podem ter aderido – uma visão de mundo que afirmava por um lado a realidade do mundo físico, e por outro a existência de um número infinito de almas viventes.

Nós já identificamos esta posição como uma posição minoritária dentro dos próprios Upanishads (p. 133); ela é atualmente conhecida como filosofia *Sankhya*, e parece ter sido sistematizada um pouco antes da fundação do jainismo, sendo listada atualmente como um dos seis sistemas aceitáveis de filosofia do hinduísmo (p. 162).

Mahavira pertence ao grupo que rejeitou o bramanismo, e tomou uma posição similar à da filosofia Sankhya. Mas ele possuía um comprometimento especial que o levou a modificar quaisquer convicções que coincidissem com o ponto de vista Sankhya; ele baseou sua vida no ensino e nas práticas ascéticas de **Parshva**, que vivera cerca de 250 anos antes.

I – A FORMA DE VIDA DE MAHAVIRA

Mahavira é um título honorífico significando "Grande homem" ou "Herói". Seu uso suplantou razoavelmente o de Nataputta Vardhamana, nome pelo qual ele fora conhecido originalmente. Diz-se que ele teria nascido próximo a Vaisali (na moderna Bihar) em 599 AEC, e que teria morrido em 527 (estas são as datas tradicionais definidas pela seita **Shvetambara**. Entretanto, alguns especialistas modernos pensam que essas datas possam ser recuadas demais). Seu pai, diz-se, fora um rajá; Mahavira não era seu filho mais velho – uma circunstância que fizera mais fácil para ele renunciar sua vida principesca mais tarde.

Evidentemente é difícil recuperar a verdade devido ao estado incerto dos registros; o relato a seguir é a história da vida de Mahavira como contada na escritura Shvetambara, provavelmente o mais antigo dos dois cânones principais de literatura sacra (ainda que sua cronologia seja objeto de debate). Os compiladores do cânon Shvetambara admitem que escreviam 980 anos após a vida de Mahavira! De qualquer forma, sua história é representativa de um amplo espectro do ascetismo indiano.

Que Mahavira foi criado no luxo das antigas cortes da Índia pode ser apreendido da afirmação de que ele era atendido por cinco amas: "uma ama de leite, uma ama para banhá-lo, uma para vesti-lo, uma para brincar com ele e outra para carregá-lo", e que, "transferido do colo de uma ama para outra", vivia "no gozo dos cinco prazeres e alegrias nobres permitidos, consistindo no som, toque, gosto, cor e cheiro"[A1], os prazeres dos sentidos aos quais ele renunciaria posteriormente.

Ele se casara e tivera uma filha, mas não estava satisfeito com a vida de príncipe. Em um parque fora da cidade vivia um grupo de monges que seguia a regra do asceta Parshva; Mahavira ficara muito atraído por seu modo de vida. Por respeito aos seus pais, entretanto, ele decidiu que "não convém a mim, durante a vida de meus pais, entrar no estado de desabrigado"[A2]. Tão logo seus pais morreram (a lenda diz que eles morreram por cuidadoso planejamento prévio, de acordo com o rito de **sallakhana**, ou fome autoinfligida: Em uma cama de grama-kusa eles rejeitaram toda comida, e seus corpos secaram pela mortificação final da carne"[A3]), Mahavira se preparou para desistir da vida principesca. Ele estava então com 30 anos de idade, mas ainda tinha de pedir o consentimento de seu irmão. Sob a condição de permanecer no palácio por mais um ano (quiçá ponderando melhor sua decisão?), o consentimento foi obtido. Mas ele usou o tempo para se desfazer de "seu ouro e sua prata, suas tropas e carruagens"; ele "distribuiu, dividiu em partes e abriu mão de seus tesouros mais valiosos"[A4].

Juntando-se a uma ordem ascética

Então, no primeiro mês do inverno, ele "retirou-se do mundo". Ele se juntou a um grupo de monges em seus cubículos fora da cidade. Como parte de sua iniciação em sua ordem, ele retirou todos seus ornamentos e adornos e manteve apenas uma vestimenta, um roupão com um "padrão de flamingo". A seguir, "arrancou com suas mãos direita e esquerda os cabelos, dos lados direito e esquerdo de sua cabeça, em cinco punhados". Ele fez o seguinte juramento: "Eu negligenciarei meu corpo e abandonarei o seu cuidado; eu suportarei, passarei e sofrerei com equanimidade todas as calamidades surgidas dos poderes divinos, de homens ou de animais"[A5].

Alguns meses após ter-se juntado à ordem de Parshva, Mahavira partiu por conta própria. Lançando fora seu roupão e, desta forma, vagando completamente nu, ele iniciou uma longa perambulação pelas vilas e planícies da Índia Central em busca do livramento do ciclo de nascimento, morte e renascimento. Suas duas convicções eram que (1) salvar a alma de alguém do mal (i. e., purgando a matéria contaminadora da alma) era impossível sem praticar o mais severo ascetismo, e que (2) manter a pureza e integridade de sua própria alma envolvia a prática de **ahimsa**, ou não injúria, a todo e qualquer ser vivente. Nenhuma destas duas convicções era nova, pois Mahavira as tomou de seus predecessores, mas a fidelidade e sinceridade com que ele as vivia eram notáveis.

Viajando com Goshala

A tradição diz que por alguns anos ele vagou com outro homem nu, **Goshala Makkhali** (Maskariputra), "Goshala do corpo de mendicantes". Goshala foi posteriormente líder da seita dos *Ajivakas*, um grupo ascético que defendia a posição estritamente determinista de que todos os seres vivos deveriam passar por renascimentos, sem abatimento ou remissão, por 8.400.000 **kalpas**; se fossem incapazes em todo este tempo de alterar seu fim, estariam "sujeitos" a isto por um inexorável e implacável destino, até o final de uma ascensão longa e predestinada em direção ao estado superior, quando a libertação viria automaticamente. Não havia possibilidade, dizia Goshala, de se levar um Karma imaturo – no jainismo, o Karma era considerado uma forma de matéria (p. 212) – à sua fruição ou conclusão (nem de exaurir Karma já amadurecido) por meio de conduta virtuosa, por penitência ou por castidade; havia apenas o destino (**niyati**). Goshala não era apenas um fatalista, mas também um ateu. Não havia, dizia ele, razão para a depravação ou para a virtude, fosse nas escolhas individuais ou em alguma instância final. Se ele praticava o nudismo e o ascetismo, era por que ele estava destinado a fazê-lo; e se ele caísse na imoralidade enquanto era um asceta, isto também era o que lhe estava predeterminado.

Nós veremos mais adiante que esta doutrina fatalista de Goshala levantou oposição determinada da parte do Buda, quando ele soube a respeito dela, pois ele cria exatamente no oposto: que o comportamento moral e a castidade podiam mudar totalmente a parte kármica de alguém, tornando-o apto a entrar em Nirvana imediatamente após a morte.

A ordem Ajivaka, a qual Goshala se juntou e posteriormente dominou, teve continuidade suficiente para durar por 2 mil anos como uma alternativa viável a outras crenças – hinduísmo, jainismo e budismo – antes de finalmente desaparecer do cenário do pensamento indiano.

Nós não temos como saber sobre o que Goshala e Mahavira falavam; tudo o que sabemos é que os dois andarilhos nus discutiam entre si – talvez sobre o problema de se alterar o destino de alguém ao escolher o caminho da virtude; talvez (quem sabe?) o debate fosse sobre o ponto de vista de Goshala de que uma pessoa podia ter como parte de seu destino, ao mesmo tempo, o ascetismo e a atividade sexual. Qualquer que fosse o caso, Mahavira seguiu seu próprio caminho, evitando dali em diante se envolver com qualquer outro indivíduo.

Em relação às mudanças, Mahavira nunca permaneceu mais que uma noite em uma vila, ou mais que cinco em uma cidade. Ele estava determinado a não formar ligações com qualquer lugar ou pessoa que pudessem prendê-lo ao mundo e aos seus prazeres. Apenas durante os quatro meses da estação chuvosa ele permanecia no mesmo lugar, pois as estradas e caminhos estavam fervilhando de vida, e caminhar ao longo deles poderia levar à transgressão do princípio de ahimsa.

As passagens a seguir dos documentos jainas são merecedoras de um estudo aprofundado; cada sentença possui seu valor. Elas constituem um registro único de consistência a um princípio.

Prática meticulosa de Ahimsa

A passagem seguinte do **Kalpa Sutra** ilustra com grande vivacidade as precauções pouco usuais que Mahavira tomava para não ferir a qualquer coisa viva, direta ou indiretamente.

> Conhecendo minuciosamente os corpos terrenos, os corpos aquáticos, os corpos de fogo e corpos de vento, os líquens, sementes e brotos, ele compreendia que eles estão – se inspecionados de perto – imbuídos de vida, e evitava feri-los. Caminhando, ele meditava com seus olhos fixos em um espaço quadrado diante dele do cumprimento de um homem [...]. Olhando um pouco para o lado, olhando um pouco para trás, olhando cuidadosamente em sua trilha, (ele caminhava de forma a não pisar em qualquer coisa viva). Muitos tipos de coisas vivas se reuniam em seu corpo, rastejavam sobre ele e causavam dor (mas ele exercitava autocontrole de forma a não se coçar). Sem parar de refletir, o Venerável vagarosamente perambulava e, sem matar criaturas, ele mendigava sua comida[A6].

Outras passagens consolidam este quadro: aparentemente Mahavira tornou sua prática de, ao caminhar, carregar consigo uma vassoura suave, a fim de varrer o caminho onde quer que ele pudesse estar coberto com insetos. Ele limpava o chão do lado de fora das portas antes de se inclinar para descansar ou dormir; na parte de dentro ele examinava sua cama para se certificar de que estivesse livre de ovos e de seres vivos. Ele recusava comida crua de todo tipo e levava em sua cuia de pedinte apenas comida preparada originalmente por outra pessoa e abandonada, pois se ele permitisse a qualquer um tomar a vida de algum ser expressamente para ele, ele deveria considerar a si mesmo como a causa da morte daquele ser vivo.

Ele carregava um pano para filtrar a água antes de bebê-la, e sempre examinava cuidadosamente uma cuia com alimento para checar se qualquer parte dela tinha sido afetada por ovos, brotos, vermes, bolor, teias de aranha ou qualquer coisa viva; se tivesse sido assim afetada, ele removia as porções que as continha antes de comer o resto de forma "circunspecta".

Ascetismo rigoroso

O grupo seguinte de passagens é testemunho suficiente em relação ao rigor com o qual ele praticava o ascetismo:

> Esta é a regra seguida pelo Venerável: quando a estação fria estava em sua metade o sem-teto, deixando suas vestes e esticando seus braços, passou a vagar ao invés de ficar inclinado contra o tronco de uma árvore.
> Quando soprou um vento frio, sob o qual alguns sentiam incômodo, alguns monges desabrigados na chuva fria buscaram um lugar abrigado do vento. "Nós vestiremos uma ou mais roupas; queimando lenha, ou bem cobertos, nós estaremos aptos a suportar a sensação dolorosa do frio." Mas o Venerável não desejava nada disso; forte em seu controle, ele sofreu, desprezando qualquer abrigo.
> Às vezes na estação fria o Venerável meditava na sombra. No verão, ele (se expunha) ao calor, e (sentava) de cócoras ao sol.
> O Venerável não buscava o sono pelo prazer; ele acordava a si mesmo, e dormia apenas um pouco.
> Purgantes e eméticos, tomar banho, untar o corpo e limpar os dentes não lhe convinham[A7].

Indiferença ao abuso

Temeroso de criar conexões pessoais prazerosas, ele se abstinha de falar com pessoas ou de cumprimentar a qualquer um. Isto lhe conseguiu uma boa dose de má vontade da parte dos aldeões curiosos, mas ele suportava todas as afrontas com indiferença determinada:

> Para alguns não era fácil fazer o que ele fazia, não respondendo aos que o saudavam: batiam nele com varas, e ele era golpeado por pessoas pecaminosas. Desistindo por completo da companhia dos chefes de família, ele meditava. Quando lhe perguntavam algo, ele não respondia.
> Desconsiderando desfeitas difíceis de suportar, o Sábio perambulava, não sendo atraído por contadores de histórias, por pantomimas, por canções, por lutas com bastões e por disputas de boxe.
> Os cães o mordiam, e corriam em sua direção. Poucas pessoas afastavam os cachorros que o atacavam e mordiam. Golpeando o monge, eles gritavam "Khukkhu", e faziam os cães morderem-no.
> Quando ele uma vez se sentou sem mover o corpo, eles cortaram sua carne, arrancaram seu cabelo, cobriram-no de pó. Jogando-o para o alto, eles o deixaram cair, ou perturbaram-no em suas posições religiosas: abandonando o cuidado com seu corpo, o Venerável se humilhava[A8].

Agarrando-se firmemente a esta invencível autodisciplina, Mahavira perambulou por doze anos, esperançoso em atingir Mokṣa, o livramento.

Tornando-se um Jina (conquistador)

A experiência de coroação de seus esforços por ele buscada não lhe foi negada; ela finalmente chegou. O registro jaina fala do evento com grande particularidade.

> Durante o décimo terceiro ano, no segundo mês do verão, na quarta quinze-

na [...] quando a sombra havia se virado para o leste [...] fora da cidade de Grimbhikagrama, na margem norte do Rio Rigupalika, no campo do proprietário Samaga, na direção nordeste de um antigo templo, não longe de uma árvore do sal, em uma posição de cócoras, com os joelhos altos e a cabeça baixa, em profunda meditação e no meio de meditação abstrata, ele atingiu Nirvana – o completo e por inteiro[A9].

Ele se tornou assim o *Jina* (Conquistador), e todos os seus seguidores se tornaram jainas, pois ele tinha alcançado uma completa "vitória" sobre seu corpo e sobre os desejos que ligam alguém a este mundo de matéria e pecado.

Tendo alcançado a experiência pela qual ele lutara por doze anos, Mahavira começou a buscar pessoas e a ensiná-las. Seguiram-se conversões ao seu modo de vida. E após trinta anos de ensino e organização bem-sucedidos, aos 72 anos, ele "cortou em pedaços os laços de nascimento, velhice e morte" e foi "finalmente liberto, aliviado de todas as dores"[A10] – aparentemente através do rito de fome voluntária (sallakhana). Ele está agora, de acordo com todas as seitas jainas, gozando a suprema bênção no topo do universo, para onde vão os perfeitos, em um estado não mais sujeito ao renascimento.

II – FILOSOFIA E ÉTICA DO JAINISMO

A história de Mahavira foi contada na seção anterior da forma mais simples possível, com o mínimo uso de termos técnicos dos jainas. Mas os seguidores de Mahavira consideram necessário o uso de distinções técnicas a fim de descrever seus caminhos de vida filosóficos e éticos. Karma, alma, matéria, salvação – todos esses termos possuíam significados refletindo uma visão de mundo distinta do bramanismo ou do budismo.

Os jainas interpretam a doutrina do Karma estritamente, de acordo com sua ideia de que as consequências dos feitos de alguém são *literalmente* depositadas na e sobre a alma. Vários tipos de karmas (substâncias materiais) são acumulados durante este nascimento e nos anteriores, como pátinas ou incrustações de matéria estrangeira que podem formar até cinco camadas ao redor da alma, e que podem ser gastas pelo processo de viver. Ou, como ensinado pelos predecessores de Mahavira, recuando até ao asceta Parshva, é como se um material rarefeito, venenoso e estrangeiro, penetrasse na alma, sendo necessário lançá-lo fora pela atividade da própria alma.

Almas permeadas pela matéria

Esta ideia jaina é baseada em um ponto de vista muito interessante sobre a relação entre as almas e o mundo físico. O último, constituído de matéria, espaço e tempo grosseiros – os agentes ativos de movimento e descanso –, é o reino de substância não vivente (*ajivadravya*), e varia em densidade, indo da solidez até o mais fino tipo de substância além do alcance dos sentidos; os sólidos são pesados e grosseiros, e as formas rarificadas leves e voláteis. A matéria é eterna e consiste de átomos que podem se agrupar em qualquer formato ou qualidade, formando terra, água, vento, sons, cores, e corpos sencientes de todos os tipos, incluindo no último caso seus sentidos e sensações. O modo mais sutil da matéria é a matéria de karma. Ela se forma sobre e dentro da alma; seja a última movida por maus desejos ou paixões, o karma se torna como que uma matéria pegajosa, e a alma fica por ele coberta ou permeada. Tais adesões e infiltrações de matéria afetam o curso da transmigração, pois a alma, ao final de cada período de existência, carrega consigo essa matéria contaminante de sua pureza. Estando cheia de matéria, a alma se afunda em posição inferior na escala da existência, talvez até mesmo chegando ao inferno; se ela possuir apenas um pouco de matéria em si, estará leve o suficiente para se elevar – talvez até aos céus – e encontrar sua corporificação ali no corpo de algum deus, ou subir ainda mais e se tornar um ser eternamente "liberto".

O problema principal da alma, livrando-se de sua matéria de karma (que é diferenciada em ao menos oito formas), é em parte automaticamente resolvido simplesmente quando os karmas exercem seus efeitos e passam. Mas a atividade eticamente correta da alma aniquila antigos karmas mais velozmente, e ao mesmo tempo (pois cada ação cria um novo karma) produz apenas os novos karmas que têm o mais breve efeito e que são rapidamente dissipados ou neutralizados.

Pluralismo de duas camadas

O principal fato da vida que emerge disso tudo é a oposição inerente entre alma e carne, mente e matéria. Mahavira e seus seguidores eram pluralistas, mas eles agrupavam todas as coisas em duas categorias distintas: (1) *ajiva*, ou coisas sem vida no universo, especialmente no reino da matéria densa e morta, e (2) *jiva*, ou seres viventes no universo, a serem definidos como a multidão infinita de almas individuais compondo o reino dos espíritos (ou substância viva). O ajiva é eterno, ainda que mau; mas o jiva, também eterno, é de valor infinito e contém todo o bem, pois as almas são indestrutíveis e infinitamente preciosas.

As almas são classificadas de acordo com o número de sentidos que possuem. Aquelas tendo cinco sentidos – deuses, humanos, animais e seres infernais – estão no grupo mais elevado. A seguir vêm os seres de quatro sentidos, os insetos maiores como abelhas, moscas e borboletas. Sem ver e ouvir, o terceiro grupo inclui as traças e os insetos menores. O grupo de seres de dois sentidos, possuindo tato e paladar, inclui os vermes, frutos do mar, sanguessugas e criaturas diminutas. Um último grupo com apenas o sentido do tato é referenciado com frequência nos escritos jainas; ele inclui vegetais, árvores, sementes, líquens, corpos de terra, corpos de água, e corpos de fogo.

A alma liberta (Siddha)

Em seu estado puro, quando inteiramente libertas da matéria, todas as almas são perfeitas, possuindo percepção infinita, conhecimento infinito, poder infinito, e bênçãos infinitas. Quando libertas, elas se elevam pelo universo (que é concebido como tendo uma forma similar à de um corpo humano) e vêm a residir em um lugar com formato de guarda-chuva (o topo do crânio?), conhecido estruturalmente como *Isatpragbhara* ("ligeiramente convexo") ou, espiritualmente, como o *Siddha-sila* ("o lar dos perfeitos").

Os **Siddhas** que entraram nesse lar celestial não são reduzidos a nada, pois ainda que eles possam ser descritos como existindo sem qualidades ou relações de qualquer tipo, não há neles a cessação da consciência. "O liberto", como diz certo texto jaina, "não é longo nem pequeno [...] nem pesado nem leve; ele é sem corpo, sem ressurreição, sem contato com a matéria; ele não é nem feminino, nem masculino, nem neutro; ele percebe, ele sabe, mas não há analogia [por meio da qual se conheça a natureza da alma liberta]"[A11]. E assim, sem mais adições, o texto abandona a questão da melhor forma possível!

Ausência de ajuda transcendental

Sendo indestrutíveis e absolutamente independentes, as almas não são fases ou emanações lançadas por alguma outra coisa. Os jainas têm defendido desde seu princípio de que não há Brâman-Atman como defendem os brâmanes. Mesmo se a Substância, em uma vasta corrente, mantenha o universo unido, não há Governante Supremo do mundo, como aquele a quem buscam os devotos. Há numerosos seres elevados que podem ser chamados de "deuses" e que existem em vários níveis das regiões celestiais, mas eles são seres finitos, estando sujeitos da mesma forma que os seres humanos ao renascimento. Quanto a isto, seu ponto de vista pode ser chamado de "transteísta". Nenhuma ajuda, ensinou Mahavira, devia ser esperada da parte de tais seres, os quais também tinham a necessidade de redenção. Quanto à libertação, seu ponto de vista era o equivalente ao ateísmo. Dessa forma, as almas humanas presas aos predicamentos da existência no mundo físico e necessitando encontrar um caminho de escape do karma por meio de Mokṣa (libertação) precisavam compreender que a salvação era obtida por conta própria. Orar aos deuses não era de proveito algum.

> Um monge ou uma monja não deve dizer: "O deus do céu! O deus da tempestade! O deus do raio! O deus que dá início à chuva! [...] Que a chuva caia, ou que ela não caia! Que as colheitas cresçam! Que o sol se erga!" Eles não devem usar esta linguagem. Mas, conhecendo a natureza das coisas, ele deve dizer: "O ar; uma nuvem se ajuntou, ou desceu; a nuvem fez chover".[A12]

Não havia utilidade alguma confiar em outras pessoas ou nas palavras de outros a fim de obter salvação; os sacerdotes não possuíam autoridade especial. Os Vedas não eram especialmente sagrados e não deviam ser usados como agências miraculosas de libertação do renascimento. Ao invés de confiar nessas ajudas externas, cada pessoa devia perceber que a salvação se encontra no interior de cada um.

A forma mais garantida e rápida para se atingir a libertação ou Mokṣa era através do poder acumulado pela prática do ascetismo ou das austeridades (*tapas*). O que Mahavira compreendia por ascetismo parecia ser a sua própria prática do mesmo. Seus seguidores adicionaram jejuns de acordo com certas regras e tipos de meditação que levavam a estados de transe marcados por completa dissociação do mundo exterior e pela transcendência de seu próprio estado físico. Presumia-se que este estado de transe era similar ao que Mahavira entrara no décimo terceiro ano de sua busca, que lhe garantiu a libertação final. Não se podia atingir tal estado, defendiam os jainas, sem o completo controle da mente e das paixões, pois os atos não podiam ser controlados nem os karmas prevenidos de se acumularem dali em diante, a menos que a mente estivesse tão controlada a ponto de ser purificada de todo desejo ou dependência do mundo e de seus objetos, animados e inanimados.

Os cinco grandes votos

A prática ascética de Mahavira foi resumida (provavelmente não por ele mesmo) nos "Cinco grandes votos" para os monges. Estes votos foram escritos posteriormente, de forma bastante completa. Nestas declarações completas[A14] havia algumas definições interessantes do que Mahavira compreendia como ahimsa e como a quebra de cada ligação ao mundo e seus objetos. Ahimsa é o tema do primeiro voto:

> 1) O primeiro grande voto, senhor, diz o seguinte: Eu renuncio completamente a matar seres viventes, sejam seres móveis ou imóveis. Tampouco devo eu matar seres viventes nem ser a causa de que outros o façam, nem consentir com isto. Enquanto eu viver eu confesso, eu condeno e me eximo desses pecados, na mente, no falar e no corpo.

Esse voto possuía cinco cláusulas:

Um **Nirgrantha** (asceta; literalmente, um desnudo/nu) é cuidadoso em seu caminhar, e não descuidado.
Um Nirgrantha vasculha dentro de sua mente. Se sua mente é pecaminosa, agindo por impulso, criando disputas e dores, ele não deve usar tal mente.
Um Nirgrantha vasculha sua fala. Se sua fala é pecaminosa, criando disputas e dores, ele não deve proferir tais falas.
Um Nirgrantha é cuidadoso ao abaixar os seus utensílios de esmola.
Um Nirgrantha come e bebe após inspecionar sua comida e bebida. Se um Nirgrantha comer e beber sem inspecionar sua comida e bebida, ele pode ferir, deslocar, injuriar ou matar todo tipo de seres vivos.

O segundo voto se referia à fala verdadeira.

2) Eu renuncio a todos os vícios da fala mentirosa que surjam da ira, da ganância, do medo ou do júbilo. Eu não devo nem eu mesmo falar mentiras, nem ser a causa de que outros falem mentiras, nem consentir que outros falem mentiras.

Há cinco cláusulas ligadas a este voto também, e elas provêm que um Nirgrantha deve falar apenas após deliberação, de forma a ter certeza de que as palavras sejam verdadeiras; não devem nunca ser palavras furiosas, de ganância nem de temor, de forma que estas emoções não o traiam rumo à falsidade; e não se devia dar lugar às falas alegres ou, como podemos dizer, "brincadeiras" ou "piadas", pois estas formas de diversão são baseadas em desvios em relação ao fato.

3) O terceiro grande voto diz o seguinte: eu renuncio a pegar qualquer coisa que não me tenha sido dada, seja em uma vila, em uma cidade ou em uma floresta; seja pouco ou seja muito, seja grande ou pequeno, de coisas vivas ou desprovidas de vida. Eu nunca devo tomar eu mesmo nada que não tenha sido dado, nem ser a causa de que outros o tomem, nem consentir em que o façam.

Novamente aqui há cinco cláusulas reforçando severo autocontrole em relação a cada forma de ganância.

4) O quarto grande voto diz o seguinte: eu renuncio a todo prazer sexual. Eu não devo dar lugar à sensualidade, nem ser a causa de que outros assim o façam, nem consentir a ela em outros.

As cinco cláusulas sob este voto explicam como um Nirgrantha recusa, mesmo da mais remota forma possível, sentir a atração do sexo.

5) O quinto voto diz o seguinte: eu renuncio a todas as ligações, sejam elas a muito ou a pouco, a coisas pequenas ou grandes, a coisas vivas ou sem vida; tampouco devo eu formar tais conexões, ser a causa de que outros o façam, nem consentir em que isso seja feito.

As cláusulas desse surpreendentemente compreensivo voto podem ser condensadas como se segue:

Se uma criatura com orelhas ouve sons agradáveis e desagradáveis, ela não deve se ligar a isso, nem se alegrar ou se perturbar com os sons. É impossível não se ouvir os sons que chegam ao ouvido, e o mendicante deve evitar amor ou ódio originado por eles.
Se uma criatura com olhos vê formas, se uma criatura com órgão olfativo cheira, se uma cria-

> Mahavira:
> "Homem, tu és teu próprio amigo. Por que desejas tu um amigo além de ti mesmo?"
> Os Gaina Sutras[A13]

tura com uma língua sente gostos, se uma criatura com um órgão de sentido sente toques agradáveis ou desagradáveis, ela não deve se prender a eles, (e) deve evitar amor ou ódio originado por eles.

> ### Sallakhana (Santhara)
>
> Sallakhana é uma prática controversa executada por apenas alguns monges ou monjas, e apenas com a permissão de seu guru. É o morrer proposital. Não é suicídio, mas, ao invés disso, enquanto expressão final de ahimsa, de finalmente não fazer mais mal para qualquer coisa viva que alguém possa comer ou ferir de outra maneira. Por um período de tempo, até mesmo anos, uma pessoa abre mão de diferentes alimentos, até que finalmente abre mão de toda comida. Pessoas que praticam sallakhana são reverenciadas como santos vivos (ainda que estejam morrendo).
>
> A prática tem seus críticos, é claro. Em 2015, uma corte suprema de Estado definiu-a como suicídio e baniu a prática. Mais tarde, no mesmo ano, a Corte Suprema da Índia reviu a decisão e removeu o banimento, declarando em essência que a prática é um componente legítimo do jainismo.

Desses votos, o mais radicalmente ascético é o último. Os votos relativos à ahimsa e a renúncia de todos os prazeres sexuais são importantes, também. A renúncia à sexualidade foi enfatizada por Mahavira, que é citado dizendo: "A maior tentação [sic] no mundo são mulheres [...]. É claro que os homens afirmam, 'Estes são os vasos de felicidade'. Mas isso os leva à dor, à desilusão, à morte, ao inferno, ao nascimento como seres do inferno ou como bestas brutas"[A15]. A linguagem é forte o suficiente. Não obstante, o quinto voto é mais inclusivo e, por implicação, contém todos os restantes. Ele de fato assegura que, ainda que um monge esteja no mundo, ele enfaticamente pertence ao mundo.

Regras para os leigos

Era óbvio desde o princípio que os Grandes Cinco Votos estavam destinados apenas para ascetas jainas. Para os leigos, aos quais o modo de vida prescrito no código mais severo é impossível, os líderes jainas escreveram uma regra de vida bastante modificada. Os aderentes leigos tinham de fazer doze votos: (1) nunca tomar conscientemente a vida de uma criatura senciente (dessa forma, nunca arar o solo, nem se ocupar em matadouros, ou com pescaria, fermentação ou qualquer ocupação que envolvesse tirar alguma vida); (2) nunca mentir; (3) nunca roubar, ou tomar o que não é dado; (4) nunca ferir a castidade (ou, colocando de forma positiva, sempre ser fiel ao marido ou à esposa, e ser puro no pensamento e na palavra); (5) conter a ganância, colocando um limite sobre a própria riqueza e desistindo de qualquer excesso; (6) evitar a tentação de pecar por meio de atos como, por exemplo, evitar viagens desnecessárias; (7) limitar o número de coisas no uso diário; (8) estar de guarda contra males que possam ser evitados; (9) manter períodos definidos de meditação; (10) observar períodos especiais de autonegação; (11) passar dias ocasionais como monge; e (12) dar esmolas, especialmente no suporte de ascetas. Destes votos, o primeiro é indubitavelmente o mais importante em seu efeito social.

Ele constituiu uma limitação que deve ter parecido séria para os primeiros seguidores de Mahavira, mas que na longa duração provou valer a pena, tanto econômica quanto religiosamente, pois os jainas descobriram poder obter maiores ganhos ao deixar as ocupações envolvendo dano direto a criaturas vivas, dando preferência a carreiras nos negócios (em termos modernos, como banqueiros, advogados, mercadores e proprietários de terras). As outras restrições morais de seu credo – que proibiam o jogo, comer carne, beber vinho, adulterar, caçar, roubar e praticar a devassidão – lhes conferiram respeito social, contribuindo assim para sua sobrevivência no cenário social.

III – OS SEGUIDORES DE MAHAVIRA

Tão grande foi a impressão que Mahavira deixou sobre seus seguidores que a quantidade de lendas referentes a ele cresceram rapidamente. Seu nascimento foi considerado sobrenatural. Ele foi declarado como o último de uma longa série de seres salvadores chamados de **Tirthankaras**. Ele desceu do céu para entrar no útero de uma mulher; quando os deuses descobriram que esta mulher era uma brâmane e, desta forma, indigna de carregar o futuro "corretor" do bramanismo, eles transferiram o embrião para o útero de uma mulher da casta kshatriya. Ele cresceu sem pecado ("qualquer coisa pecaminosa, o Venerável desfez"[A16]) e era onisciente ("ele sabia e via todas as condições de todos os seres vivos no mundo"[A17]).

Ainda assim, conforme o tempo passou, a eminência de Mahavira foi um pouco obscurecida pela veneração concedida aos vinte e três Tirthankaras que se considerava terem-no precedido (*Tirthankara* significa "Fazedor de Vau", no sentido de encontrar um caminho ao longo de uma corrente). Parshva, seu predecessor imediato, ou seja, o vigésimo terceiro "fazedor de vau", teve um grande templo erigido em sua honra com seu nome na Montanha Parasnath, a cerca de 321km a nordeste de Calcutá. Nemi, o vigésimo segundo, teve outro erigido para si no penhasco sob o Monte Girnar, distante no oeste da Índia, na Península de Kathiawar. Dois santuários muito sagrados, um no Monte Satrunjaya, perto de Palitana, em Kathiawar, e outro no platô do Monte Abu nas colinas de Aravalli, foram construídos para honrar a Rishabha, o primeiro dos Tirthankaras. Apesar de o único tipo de culto que concorda com a teoria jaina é "um tipo de culto memorial em honra ao professor do caminho para salvação"[B], esses templos têm projeto elaborado e distinto. O jainismo, de fato, obteve um lugar de proeminência na história da arquitetura na Índia. Outros templos, ao lado dos mencionados – como aqueles em Ahmedabad e Ajmer na Índia Ocidental e um santuário monolítico de beleza exótica em Kaligamalai no sul da Índia – têm se tornado vitrines da arquitetura indiana.

Três seitas

Cedo na história de sua fé os jainas dividiram-se na questão de vestir roupas. Os Shvetambaras, ou "vestidos de branco", foram os liberais que mantiveram sua posição em usar ao menos uma vestimenta, enquanto os estritos e mais conservadores **Digambaras** tomaram seu nome da sua insistência em sair, sempre que requerido pelo dever religioso, "vestidos pela atmosfera". (Especificamente, as ocasiões requerendo nudez são as seguintes: enquanto o indivíduo é um monge, quando está em peregrinação, ou durante jejuns e rituais religiosos. Os Digambaras dizem que qualquer monge que tem propriedade ou veste roupas não pode atingir Isatpragbhara.) Os Shvetambaras estavam no norte e tinham de suportar tanto um pouco dos ventos frios quanto outro tanto das influências sociais e culturais vindas da planície do Rio Ganges.

Os Digambaras, não sendo olhados com desconfiança pelos residentes Dravídicos de sua terra sulista, mantiveram mais facilmente as atitudes mais antigas e severas no decorrer dos tempos. Outra diferença existe no fato de que enquanto os Shvetambaras admitem mulheres em sua ordem monástica e assumem que elas têm uma chance de experimentar Mokṣa, os Digambaras se agarram ao famoso veredicto de Mahavira de que as mulheres seriam "a maior tentação no mundo" e "a causa de todos os atos pecaminosos". Elas, dessa forma, não deveriam ser aceitas nos templos ou na vida monástica. As mulheres, segundo este último ponto de vista, não podiam obter a salvação até que tivessem renascido como homens. Esta era sua única esperança.

Ainda outra seita jaina, os **Sthanakvasis**, não toleravam ídolos nem tinham quaisquer templos. Eles cultuavam "por toda a parte", principalmente por meio de meditação e introspecção.

Monges e leigos não são amplamente separados

No geral os monges e leigos jainas não são estritamente separados entre si, segundo o princípio jaina de igual valor para todas as almas, humanas ou de animais. Os leigos costumeiramente jejuam com monges ao menos uma vez ao ano, e os monges são simplesmente leigos que adotaram uma disciplina própria mais severa. O laicado também participa com os monges nos eventos recorrentes do calendário jaina. No último dia de seu ano (por volta do final de agosto) os monges e o laicado, por exemplo, se abstêm conjuntamente de toda comida e bebida e tomam um tempo para rever e se arrepender de todos os malfeitos e das horas malgastas do último ano, pedindo perdão para aqueles contra os quais erraram e pagando débitos. Este ato comunal de arrependimento (o Paryushana) é seguido no dia seguinte por um tempo de júbilo geral – o dia de ano-novo dos jainas. Outras celebrações se repetem a intervalos mais longos. Em Mysore, por exemplo, onde estão largamente localizados os Digambaras, a cada doze anos a estátua monolítica de dezessete metros de Gomatesvara, um dos Tirthankaras, tem sua cabeça ungida do topo de um andaime atrás de si pelo conteúdo de mais de mil potes de leite, coalhada e pasta de sândalo, em meio à aclamação por gritos dos espectadores jainas, que esperam um acréscimo em seus méritos devido a esta expressão de gratidão.

É defendido de forma geral pelos jainas que o universo é eterno e que ele não ressurge periodicamente. Ele percorre seu curso e então desaparece em um período de nulidade, um ***pralaya*** (cf. p. 140). Mas eles acreditam que ele passa por longos períodos de melhora e declínio. Os jainas afirmam que a era de ouro da humanidade se encontra longe, no passado, e que nós estamos agora no quinto e próximo do último período de 21 mil anos de constante e firme declínio; nós seríamos mais baixos em estatura, mais torpes e imorais, mais do que nunca necessitando de restrições da parte dos poderes governamentais, e continuaremos a degenerar até que o sexto período de declínio tenha passado. Apenas então começaremos lentamente a melhorar, período por período, até que após 100 mil a era de ouro retornará mais uma vez.

Lógica Jaina distintiva

Entretanto, a filosofia Jaina tem tido algum efeito a distância no pensamento da Índia, principalmente no campo da lógica. O efeito disso tem sido coibir qualquer tendência para o exagero. A lógica jainista considera todo conhecimento relativo e transiente; toda questão pode ser respondida com sim e não. Nenhuma proposição é absolutamente verdadeira ou falsa. Os jainas apreciam sua antiga ilustração da falácia lógica inerente em todo pensamento humano – a história dos seis homens cegos que colocam suas mãos em partes diferentes de um elefante e concluem cada qual para sua própria satisfação, que o elefante é exatamente igual a "um leque", "um muro", "uma serpente", "uma corda", e assim por diante. Apenas a alma livre e purificada, tendo ido para o céu jaina, possui conhecimento perfeito.

Acima de tudo: Ahimsa

Jainas são encontrados virtualmente por todo o mundo, sendo ativos em movimentos pacifistas e em prol do desarmamento nuclear. Em nível local na Índia, eles expressam a ideia de *ahimsa* mais comumente não apenas através de ação política contrária ao assassínio de animais, mas também por meio da criação de instituições chamadas de *pinjarpols* – albergues para o cuidado e proteção de vacas perdidas, porcos, bodes, ovelhas, pássaros e mesmo insetos; algumas proveem serviços veterinários. Às vezes em leilões um rico jaina compra uma carreta inteira de ovelhas ou galinhas e as liberta no interior.

GLOSSÁRIO

Ahimsa: não injúria; abstenção de violência e assassínio.

Ajiva: matéria não viva, não senciente.

Ajivakas: uma ordem de ascetas determinista e ateia.

Digambaras: literalmente, "vestidos de ar", uma seita do jainismo no sul da Índia.

Goshala Makkhali: companheiro temporário de Mahavira, um fatalista e ateu; posteriormente dominou a ordem Ajivaka.

Isatpragbhara: literalmente, "levemente convexo": o domo do cume do universo.

Jina: "Vitorioso", o título de alguém que conquista os desejos que aprisionam e ligam as almas ao mundo de matéria.

Jiva: no jainismo, a mônada da vida, finita e permanente, recipiente dos efeitos kármicos; a alma.

Kalpa: uma era cósmica; no jainismo, um "raio" na roda do melhoramento e deterioração cíclicos.

Kalpa Sutra: um segmento do cânon de escrituras Shvetambara recontando a vida dos *Jinas*.

Karma: ação-consequência; no jainismo, um sutil modo de matéria depositada na alma.

Mahavira: fundador do século VI AEC do jainismo, vigésimo-quarto *Tirthankara* (nome pessoal: Nataputta Vardhamana).

Nirgrantha: literalmente, "desnudo"; um asceta.

Niyati: destino ou parte determinada mecanicamente.

Parshva: asceta do século IX AEC, predecessor de Mahavira; o vigésimo-terceiro *Tirthankara* do jainismo.

Pralaya: um tempo de nulidade ou descanso para o universo ao fim de um período de dissolução.

Sallakhana: morte ritual jaina.

Shvetambara: literalmente, "vestido de branco"; seita setentrional jaina.

Siddha: um perfeito, um ser que obteve Mokṣa.

Siddha-sila: "casa dos perfeitos" jaina sob o domo do Apex.

Sthanakvasis: seita jaina que culta sem o uso de imagens ou templos.

Tirthankaras: literalmente, "fazedores de vau", os vinte e quatro heróis Siddhas dos Jaina.

LEITURAS SUGERIDAS

CAILLAT, C. *The Jain Cosmology*. Basel: Ravi Kumar, 1981.

JAINI, P.S. *The Jaina Path of Purification*. Berkeley: University of California Press, 1979.

JAINISM GLOBAL RESOURCE CENTER. *Elephant and the Blind Men*, 02/09/2010. Disponível em http://www.jainworld.com/education/stories25.asp

MEHTA, M.L. *Outlines of Jaina Philosophy*. Varanasi: P.V. Research Institute, 1954.

MEHTA, M.L. *Jaina Culture*. Varanasi: P.V. Research Institute, 1962.

SANGAVE, V.A. *Jaina Community: A Social Survey*. 2. ed. Bombay: Popular Prakashan, 1980.

STEVENSON, S. *The Heart of Jainism*. Nova York: Oxford University Press, 1915.

TOBIAS, M. Remembering our Own First Principles. In: FISHER, M.P.; BAILEY, L.W. *An Anthology of Living Religions*. 2. ed. Upper Saddle River: Prentice Hall, 2008, p. 108-110.

WILLIAMS, R.H.B. *Jaina Yoga*. Nova York: Oxford University Press, 1963.

ZIMMER, H. *Philosophies of India*. Nova York: Meridian Books, 1956.

REFERÊNCIAS

[A] JACOBI, H. (org.). *The Gaina Sutras – Sacred Books of the East*. Oxford: Clarendon Press, 1884, [1]vol. XXII, p. 192-193; [2]vol. XXII, p. 250; [3]vol. XXII, p. 194; [4]vol. XXII, p. 194; [5]vol. XXII, p. 200; [6]vol. XXII, p. 79, 80, 82, 87; [7]vol. XXII, p. 82, 83, 86; [8]vol. XXII, p. 80, 84, 85; [9]vol. XXII, p. 201; [10]vol. XXII, p. 264; [11]vol. XXII, p. 52; [12]vol. XXII, p. 152; [13]vol. XXII, p. 33; [14]vol. XXII, p. 202-210; [15]vol. XXII, p. 21; [16]vol. XXII, p. 81; [17]vol. XXII, p. 264. Reimp. com a permissão dos editores.

[B] PRATT, J.B. *India and It Fate*. Boston: Houghton Mifflin, 1915, p. 255.

6
O budismo em sua primeira fase: moderação e renúncia ao mundo

Fatos resumidos:

- Nome ocidental: Budismo.
- Fundador: Sidarta Gautama, ca. 563-483 AEC.
- Linguagem: Páli.
- Nomes usados pela comunidade fundadora:
    - O *Dhamma*, "ensino".
    - O *Sasana*, "sistema".
    - Posteriormente, *Tri-Ratna*, "As três joias".
    - O Buda, "o iluminado".
    - O *Sangha*, "ordem dos(as) monges/monjas",
- Literatura Sagrada Antiga: o Tripitaka (cânon escrito completo ca. século I EC).
- Principais subdivisões:
    - *Theravada* (em páli), "O caminho dos anciãos"; também *Sthaviravada* (em sânscrito); posteriormente: *Hinayana*, "Pequeno Veículo".
    - *Mahayana*, "Grande Veículo", de ca. século II AEC a partir de um precursor, o Mahasanghika – a "Grande Ordem".

O termo budismo em sua forma no singular se refere a uma gama diversa de crenças e práticas e implica um grau de uniformidade que não existe. Como os hindus, os budistas, ao se referirem ao que o Ocidente chama de "budismo" ou de "Religião budista", usam o termo **Dharma** (em páli, Dhamma) – literalmente, "a norma, o que é correto". Sua única diferença em relação aos hindus nesse aspecto está em ligar este termo com os ensinos e injunções morais de um único homem, Gautama Buda. Um termo alternativo é *Sasana*, que significa todo o corpo de crenças e práticas da fé budista; de forma ampla, a "dispensação" ou "sistema" budista.

Apesar de ter surgido uma geração após o jainismo, na perspectiva alongada do tempo o budismo aparenta ser seu contemporâneo. Além disso, ele compartilha com o jainismo alguns de seus motivos mais profundos. Da mesma forma que o jainismo, o budismo foi um movimento em busca da libertação do ser do sofrimento implicado em viver no mundo. Foi também um passo rumo à independência de ação e pensamento, surgindo da casta kshatriya e apelando a todas as classes e condições de homens.

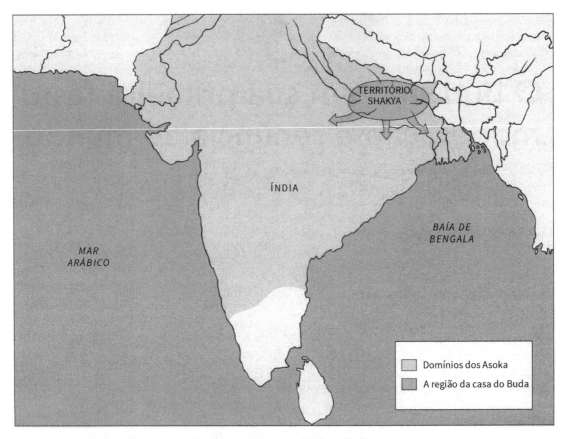

O reino do imperador budista Asoka

Assim como Mahavira, o monge **Gautama** considerava a filosofia dos brâmanes inaceitável, e suas reivindicações infundadas. Ele também veio a negar a doutrina da eficácia salvífica dos Vedas e das observâncias rituais neles baseadas, e desafiou a reivindicação de que apenas o sacerdócio brâmane poderia mostrar o caminho para a salvação.

Mas, ainda que as similaridades do budismo com o jainismo sejam grandes em alguns aspectos, suas diferenças, por outro lado, são amplas. Enquanto o jainismo fixou toda a sua esperança em um ascetismo intransigente extremo, o budismo encontrou a libertação em um "caminho do meio" moderado e baseado no senso comum. Para o **Buda**, o ascetismo extremo não se aproximava mais do senso comum do que a sensualidade.

Fria e objetivamente, o Buda testou cada caminho para a salvação oferecido pelos professores e líderes espirituais de seu tempo, e recusou ser tomado por qualquer comportamento religioso excêntrico, não importa o quão consistente sua lógica interna fosse.

I - A VIDA DO FUNDADOR
Uma nota sobre as fontes

Como no caso de Mahavira (e viremos a notar que a mesma precaução será aconselhável em outros casos que ainda surgirão diante de nós no decorrer da obra), o leitor precisa estar atento para não aceitar a bibliografia tradicional de forma acrítica. Os personagens históricos que fundaram as grandes religiões têm sido relembrados com amor e reverência por seus seguidores, que por sua vez demonstram usualmente uma necessidade bastante humana de visualizá-los claramente, adicionando assim inconscientemente detalhes aos registros que lhes chegaram. Seria bom que o leitor lesse, "Esta é a história que milhões têm tomado como verdadeira, e *pela qual têm vivido*".

Como os povos da Índia têm seguido mais ideias específicas do que uma mentalidade histórica, é difícil de discernir entre verdade histórica e tradição. Essa dificuldade é, então, grandemente aumentada pelo fato de que a transmissão oral foi a principal forma de preservação da literatura e do saber por muitos séculos. Mesmo no período no qual os textos sagrados foram escritos (ca. século III AEC?), eles eram considerados de certo modo inferiores às fontes transmitidas oralmente, pois a voz de uma pessoa recitando os textos sagrados que ela compreendia podia transmitir significados e nuanças não apreendidos apenas por meio dos olhos.

O caráter relativamente tardio da transmissão escrita obviamente amplifica também as incertezas da crítica textual.

Relatos paralelos

Existe um tipo de paralelo entre as vidas de Mahavira e do Buda que levou alguns estudiosos de outrora a considerar os dois homens como idênticos. Ambos tinham, por exemplo, alta posição enquanto membros de famílias kshatriya proeminentes (se é que nós *devemos* aceitar o que é relatado nos registros tradicionais); ambos experimentaram insatisfações com seus destinos, e, ainda que tenham se casado e tido um filho, abandonaram seus lares e se tornaram monges mendicantes andarilhos; ambos rejeitaram o idealismo monista dos brâmanes; ambos fundaram ordens monásticas que lançaram fora as distinções de casta; ambos eram não conformistas com o ponto de vista hindu ao negarem a santidade especial da literatura védica. Alguns dos paralelos podem ter se dado devido ao fato de que ambos vieram dos distritos ao norte do Ganges, locais nos quais o domínio ariano ainda encontrava resistência, e onde o bramanismo era questionado. Mas é evidente que eles divergiam mais pronunciadamente do que concordavam, e que as semelhanças em carreira e crença se deram parcialmente devido à similaridade imposta sobre eles por seus tempos e ambientes, e parcialmente à pura coincidência.

É significativo que em ambos os casos seus seguidores escreveram suas doutrinas inicialmente não em sânscrito, a linguagem dos arianos, mas em dialetos locais misturados com o sânscrito, o Ardhamagadhi (*prácrito*) no caso do jainismo, e o **Páli** no caso do budismo.

Nas páginas seguintes, entretanto, os nomes de lugares e pessoas e a maior parte dos termos aparecendo no discurso budista serão usualmente dados em sânscrito, com a ortografia páli indicada quando considerado recomendável. Como a ortografia sânscrita tem sida usada de forma geral por todo o leste da Ásia, assim como na literatura tardia da Índia, recorrer a ela é menos confuso em uma introdução ao tema do que usar ortografias que refletem pronúncias locais.

Príncipe Sidarta

Sidarta (em páli, Siddharta) era o prenome e Gautama (em páli, Gotama) o nome de família do fundador do budismo. Ele nasceu talvez em 563 AEC no norte da Índia, cerca de 160km de Varanasi (Benares), em um fértil trato de terra aos pés dos Himalaias. Um dos títulos do príncipe era ***Shakyamuni***, "sábio dos Shakyas", pois seu pai era um chefe do clã Shakya – uma tradição que ganha credibilidade no fato de que poderia ter se inventado um *pedigree* mais distinto para o Buda. As várias famílias Shakya mantinham seu território em controle conjunto, sendo que era de sua prática tomar decisões políticas em assembleias "completas e frequentes". Segundo os relatos, sua mãe morrera quando ele tinha poucos dias de vida, e uma tia se tornou sua madrasta ao se casar com seu pai.

A lenda tem agido de forma prolífica nos escassos fatos relativos à infância de Gautama Sidarta. A tradição insiste que seu pai esperava que o filho se tornasse um "monarca universal", o imperador de toda a Índia. Mas se esta fora sua expectativa na realidade factual, estava fadada a se tornar um desapontamento. O jovem Gautama possuía uma mente clara e analítica e um espírito sensível. Ele estava destinado a se tornar cada vez mais um estranho na casa de seu pai. As tradições sem dúvida exageram o luxo que o cercava, mas há provavelmente alguma verdade nas frases características que foram posteriormente creditadas a Gautama: "Eu usava vestes de seda e meus criados seguravam um guarda-sol amarelo sobre mim"[A1]. Dificilmente pode-se considerar verdade que, como afirma a tradição, seu pai tenha sido um "rei" que construíra "três palácios" para o seu filho. É possível que a residência de um chefe não se localizasse em um local remoto, mas diretamente na praça do mercado[A1]. Aos 16 anos ou, como dizem alguns relatos, aos 19, ele casou com uma prima, uma "princesa" vizinha. A lenda declara que ela era "majestosa como uma rainha do céu, sempre constante, alegre de dia e de noite, cheia de dignidade e dotada de graça em abundância"[B1], o paradigma de devoção conjugal. Mas internamente Gautama se tornava cada vez mais inquieto. Em algum momento nos seus 20 anos ele parece ter decidido secretamente "abandonar sua vida de chefe de família rumo ao estágio de desabrigado" dos mendicantes religiosos, e quando, por volta de seus 30 anos, sua esposa lhe deu um filho, ele deve ter se sentido livre para seguir sua inclinação secreta.

Um ponto de vista alternativo

A datação da vida de Buda prové um bom exercício sobre a maneira como as fontes precisam ser reunidas a fim de comporem uma história razoável.

Nós podemos dizer ao menos que Gautama foi uma figura histórica, e não ficcional como alguns ocidentais de séculos anteriores pensaram. As fontes escritas divergem nos detalhes, mas elas datam tipicamente seu nascimento em relação ao reinado de diversas figuras reais, especialmente o Rei Asoka (cf. p. 253), enquanto outras os distanciam em ao menos um século. Para complicar ainda mais a questão, os textos discordam entre si quanto à datação do reinado de Asoka – diferindo ao menos entre ca. 325 ou ca. 270 AEC. De forma geral, a evidência dos textos antigos nos permite propor uma data para o nascimento de Buda em algum momento entre 624 a 340 AEC.

Recentemente, a evidência arqueológica tem entrado no debate. Escavações patrocinadas pela Unesco em Limbini iniciadas em 2011 sugerem que um santuário honrando o lugar de nascimento do Buda datado do século VI AEC foi encontrado. Dessa forma, a data usada neste livro, 563 AEC, parece razoável o suficiente.

As quatro visões passageiras

Esta determinação em abandonar sua vida de chefe de família tem apresentado um problema interessante para os fiéis budistas. Por que, têm eles questionado, o afortunado príncipe com esposa e pais tão devotos, e tendo um filho mesmo ainda sendo tão jovem, não obstante decide renunciar à vida sob o mesmo teto com eles? Com verdadeiro discernimento psicológico, os fiéis têm buscado as causas para essa renúncia não apenas na reação espiritual do jovem príncipe ao seu ambiente imediato, que era o mais agradável possível, mas na vida por ela mesma, e na forma pela qual cada pessoa deveria por ela passar – fosse um príncipe ou um pobre. Eles desenvolveram a famosa lenda das "Quatro visões passageiras".

Existem muitas variantes dessa história; a mais conhecida aparece nos contos **Jataka** e conta algo semelhante ao que se segue: o pai de Gautama foi advertido por adivinhadores na época do nascimento do príncipe de que seu filho desistiria da vida de chefe de família e se tornaria um monge mendicante. Por outro lado, caso fosse possível evitar que ele tomasse tal passo, ele poderia vir a se tornar imperador de toda a Índia ("um monarca universal"). O pai, portanto, providenciou para que o jovem príncipe nunca experimentasse as severidades e infortúnios da vida; tampouco deveria ele conhecer o triste fato que leva tantos à religião, a saber, que a vida humana é encurtada pela velhice, doença e morte. Gautama foi cercado por jovens criados. Seu pai construiu para ele três palácios, "e no gozo de grande magnificência ele vivia, conforme a mudança das estações, em cada um destes palácios"[C1]. O pai teve tanto sucesso em manter fora de vista os idosos e os doentes, e livrava tão cuidadosamente as estradas de todas as pessoas – exceto de jovens e donzelas – quando o príncipe saía para cavalgar, que o último cresceu na ignorância em relação ao destino comum dos mortais – a inevitabilidade da velhice, da doença e da morte.

Os deuses, olhando para baixo dos céus e sabendo que teriam de tomar alguma atitude em relação a essa situação, enviaram alguns de sua categoria para baixo, à terra, a fim de assumir as formas que poderiam despertar o jovem príncipe para o seu verdadeiro destino. Um dia, enquanto o príncipe passeava em sua carruagem, um deus apareceu na forma de um velho decrépito. O príncipe perguntou para o seu cocheiro o que era aquilo que ele estava vendo. O cocheiro respondeu: "um homem velho". "E quem fica velho?" "Todos". Em outro dia, o príncipe viu a segunda aparição, a de um homem doente em forma repugnante, e descobriu pela primeira vez como a doença física e a miséria acompanhavam os mortais por todos os dias de suas vidas. A terceira visão foi a de um homem morto sendo carregado para uma pira funerária, e o príncipe veio a tomar conhecimento do terrível fato da morte. Essas três horrendas visões roubaram toda a sua paz de espírito (é fato, e talvez a lenda esteja baseada neste fato, de que uma das mais antigas passagens nos escritos budistas mostra-o afirmando: "Eu também estou sujeito à decadência, e não estou livre do poder da velhice, da doença e da morte. É certo que eu deva sentir horror, repulsa e desgosto quando eu vejo a outros em tais apuros?" E quando eu refleti sobre isso, meus discípulos, toda a alegria que existia na vida morreu dentro de mim)[D1].

Alarmado pelo espírito deprimido do príncipe, seu pai buscou alegrá-lo com entretenimentos elaborados, mas sem obter sucesso. O príncipe permaneceu perturbado até contemplar a quarta visão, a de um calmo asceta em vestes amarelas, caminhando em sua direção enquanto ele estava sentado em uma árvore à beira da estrada. Dessa pessoa, que tinha ganhado verdadeira paz de espírito, ele aprendeu como a liberdade em relação às misérias da velhice, da doença e da morte poderia ser obtida. Então, se diz, o príncipe resolveu sair da vida de chefe de família para entrar no estado de mendicante.

A grande renúncia

As lendas budistas narram com amáveis detalhes a luta através da qual Gautama chegou à decisão de renunciar à sua alta posição: como seu pai ordenou que dançarinas fossem entreter ao príncipe cismado – em vão, pois ele permaneceu assentado em silêncio no divã até que todas as dançarinas tivessem caído exaustas no chão e entrassem em sono profundo; como o príncipe, então, se levantou e caminhou com desgosto íntimo sobre as formas esteladas das adormecidas, tomando seu caminho para o apartamento de sua esposa. Ali, olhando silenciosamente para baixo, para a mãe adormecida com o infante Rahula ao seu lado, ele proferiu um adeus, silencioso e não pronunciado. Então, no que é chamado como "A grande partida", ele saiu do palácio, saltando em seu grande cavalo branco e cavalgando adiante com seu cocheiro andando ao seu lado, até um lugar distante, além de um rio. Tendo raspado todo seu cabelo e barba e trocado suas ricas vestes por uma rude túnica amarela, ele enviou seu cocheiro de volta e meteu-se na floresta, onde um dos grandes grupos anônimos de mendicantes havia feito votos de buscar libertação dos cuidados da existência mortal.

Assim se iniciou um período de seis anos de intensiva luta para se atingir a salvação.

Os seis anos de busca

As lendas implicam que ele estava desejoso de não rejeitar a filosofia brâmane até que a tivesse testado. Ele partiu primeiro para Rajagaha, a cidade real da Província de Magadha, e se tornou discípulo de dois professores ascetas vivendo nas cavernas na colina, um de cada vez.

Ele evidentemente praticou várias disciplinas de Yoga com esses professores. O primeiro deles, o asceta Alara Kalama, ensinou-o sobre a "Esfera do nada" que um homem poderia atingir

> *Em toda a beleza de meus primórdios, dotado de uma riqueza de cabelos negros da cor do carvão intocados pelo cinza – a despeito dos desejos de meus pais [...] eu cortei meu cabelo e minha barba, vesti a túnica amarela e saí de casa para a mendicância.*
> *Majihima Nikaya*[E1]

se seguisse os "estágios de meditação". Mas Gautama ficou desapontado; a têmpera de sua mente era muito objetiva e prática. Dessa forma, ele se dirigiu ao segundo professor, o asceta Uddaka Ramaputta, que discursou acerca do "estado nem de ideação nem de não ideação", sem obter melhores resultados[E2]. Ao final, convencido de que estes professores não podiam levá-lo ao verdadeiro caminho da iluminação, Gautama retirou-se e resolveu testar o extremo ascetismo corpóreo que o jainismo, dentre outras seitas, estava a advogar.

Após um curto período de perambulação, ele entrou em um bosque em Uruvela, depois do qual fluía um rio claro com "dificilmente uma vila para o sustento" em suas proximidades[E3]. Ali, sentado sob as árvores, ele submeteu-se por cinco anos a uma autodisciplina tão rigorosa que a vida quase o abandonou, e ele se tornou meros carne e osso. Sua teoria, de acordo com os relatos mais antigos, era que a mente se tornaria mais clara conforme o corpo ficasse mais disciplinado pois, pensava ele, "é como se houvesse uma vareta verde e viçosa na água, e um homem viesse com seu cajado de andar, a fim de acender um fogo e criar uma chama. Pensas que ele poderia ter sucesso esfregando o cajado naquela vareta verde e viçosa da água?"[E4] Por outro lado, ele argumentava, reclusos cujas vidas eram vividas à parte dos prazeres dos sentidos descobriam que a luz seca da compreensão poderia por fim ser neles acesa.

Indubitavelmente deve-se dar um grande desconto ao exagero histórico, mas a tradição afirma que nesse momento Gautama se assentava com os dentes e a língua pressionados contra seu palato, buscando "através da pura força de mente [...] controlar, coagir a dominar" seu coração, até que o "suor jorrasse de suas axilas"[E5]. Ele praticava a contenção da respiração até ouvir um rugido em sua mente e sentir como se uma espada estivesse atravessando seu crânio; a dor violenta quase o deixava sem sentidos, e ainda assim a iluminação não chegava. Ele sobrevivia por períodos com todo o tipo de alimento nauseante, vestido em roupas que irritavam a pele e causavam assaduras; mantinha-se por dias na mesma postura ou, tendo se agachado, movia-se nessa posição. Ele sentava-se em uma cama de espinhos, deitava em um cemitério sobre ossos carbonizados entre corpos apodrecidos, deixava que pó e sujeira se acumulassem em seu corpo até que caíssem dele mesmo por conta própria, e até mesmo comia os seus próprios excrementos no extremo da autodisciplina. Ele reduziu sua dieta para "apenas um grão de cânhamo" ou "um simples grão de arroz" ou "uma fruta jujuba" por dia. Ele emagreceu excessivamente. O *Majjhima Nikaya* atribui a ele as seguintes palavras vívidas de autodescrição: "Quando eu sobrevivia com uma fruta por dia, meu corpo ficou esquelético ao extremo; [meus membros se tornaram] como as juntas nodosas de trepadeiras murchas; minhas nádegas encolhidas eram como cascos de búfalo; minha espinha vertebral era como as voltas em uma corda; minhas magras costelas pareciam vigas de um teto desmoronado; como brilhos estrelados na água funda nas profundezas de um poço, assim eram meus olhos brilhantes afundados nas profundezas de suas cavidades; e como a casca de uma abóbora murcha encolhe ao calor, assim murchou e encolheu o escalpo de minha cabeça... Se eu tentava sentir minha barriga, eram minhas costas que eu encontrava com o aperto de minha mão"[E6].

Abandonando os extremos de ascetismo

Tal extraordinária mortificação autoinfligida deveria ter produzido resultados, se a teoria psicológica que Gautama estava a adotar fosse sólida, a saber – que a meditação perseguida diligentemente em um corpo rigorosamente disciplinado levaria alguém ao seu objetivo. Mas, para sua grande aflição, ele estava tão distante da iluminação quanto havia sempre estado. De acordo com o *Majjihima Nikaya*, ele pensava consigo mesmo: "Apesar de todas estas austeridades, eu não pude transcender os limites ordinários humanos e me erguer às alturas dos mais elevados graus de entendimento e visão. Poderia haver outro caminho para a iluminação?"[E6] Enquanto isso, cinco outros ascetas haviam se juntado a ele, na esperança de que ele compartilhasse seu conhecimento com eles. Certo dia, enquanto eles observavam, ele se levantou de seu assento e desceu para a fonte, onde caiu desmaiado, como que morto. Os cinco ascetas se reuniram em torno de seu corpo imóvel e pensaram: "Ele morrerá. O asceta Gautama irá morrer". Eles imaginavam se ele havia entrado no **Nirvana**. Mas ele voltou a si e, após entrar na água rasa perto do banco do córrego, ele estava suficientemente renovado em mente e espírito para começar novamente sua vida. Com a visão objetiva que havia marcado sua vida, ele concluía agora que o caminho da automortificação tinha falhado, que seu corpo não podia dar suporte a seu intelecto, e que ele podia comer e beber para fortalecê-lo[B2]. Assim ele tomou sua cuia de pedinte em suas mãos e continuou com a vida de um *paribbajaka* (mendicante andarilho). Enquanto sentado sob uma figueira, exausto e esquelético, ele levantou a compaixão de uma jovem aldeã chamada Sujata, que lhe deu uma cuia de arroz cozido em leite que ela preparara como oferenda. Ele aceitou. Enquanto isso, os cinco ascetas tinham ficado ultrajados com sua autoindulgência; eles partiram para Varanasi com palavras indignadas, dizendo que a luxúria o havia reivindicado e que, ao abandonar a luta, ele se tornara um desertor.

Mas apesar de ter retornado ao senso comum, Gautama não podia se alegrar. Seis anos de busca ao longo dos dois caminhos mais amplamente conhecidos na Índia para a salvação, a meditação filosófica e o ascetismo corpóreo, não haviam trazido resultados. Mas ele não desistiu de sua luta. Seu pensamento agora se tornara muito mais profundo e significativo.

A grande iluminação

Ele se dirigiu para um local chamado agora de Bodh-gaya, em um bosque, e sentou-se nas raízes de uma grande figueira (uma árvore que veio a ser conhecida como a árvore do conhecimento, árvore Bodhi, ou simplesmente, árvore-Bo), e ali ele iniciou um processo de meditação que viria a afetar o pensamento de milhões de pessoas após ele. Os livros budistas insistem em que ele cerrava seus dentes e dizia para si mesmo determinadamente: "Ainda que a pele, os nervos e os ossos fiquem gastos, e o próprio sangue que dá vida seque, eu permanecerei sentado aqui até atingir o Iluminamento"[A3].

Por outro lado, algum biógrafo de sua psicologia poderia sugerir que nesse ponto de sua jornada Gautama tentara de tudo, tão duramente, que sua própria determinação se colocava entre ele o estado de consciência que ele desejava. Nesse momento, frente à derrota sofrida para si mesmo, sua vontade se relaxava, e ele permitia que sua mente vagasse de volta para sua experiência prévia. É possível que algumas questões como as seguintes tivessem surgido em sua mente: O que ele devia pensar a respeito de sua vida e de sua busca por salvação até o presente momento? Por que ele havia falhado?

E, subitamente, a resposta veio. Sua inabilidade em experimentar a libertação deste sofrimento se dava devido ao desejo (*trishna*; em páli, *tanha*, "sede", "ânsia"), constante e dolorosamente frustrado. Mas para eliminar o desejo produtor de miséria ele precisava determinar suas causas e prevenir que elas resultassem nas ânsias e sedes características. Um desejo pode ter muitas causas, mas elas podem ser determinadas. De fato, ele podia então perceber que todo o contexto de vida e pensamento no qual ele vivera abundara em causas de desejo e sofrimento.

O foco de Gautama sobre o desejo foi antecipado nos Upanishads. Yajnavalka diz no *Brihadaranyaka* que as ações de alguém (***karma***) são motivadas por seus desejos. Se alguém deseja o apego a este mundo, este alguém irá retornar repetidamente após a morte em outras formas, até que tenha eliminado os desejos terrenos ao desejar *apenas* Brâman-Atman; então ele poderá ir para sempre para o Nirvana. Mas a ênfase do Buda estava nos aspectos psicológicos ao invés de metafísicos do desejo; ele conectava desejo com frustração e dor, e se focava neste fato.

Uma interpretação cósmica

As tradições budistas buscam ilustrar este fato colocando o futuro Buda simbolicamente em um predicamento de escopo cósmico. Elas supõem que Gautama fora abordado pelo maligno na pessoa de Mara, o deus do desejo e da morte, tentando-o (i. e., tentando fazer com que ele) a desistir de sua busca e sucumbir ao prazer. O tentador trouxe suas três filhas voluptuosas acompanhadas por um sensual séquito de dançarinas, e quando elas falharam em seduzir Gautama, ele assumiu seu mais terrível aspecto e convocou uma hoste de demônios para assisti-lo em aterrorizar o futuro Buda e despertar ao menos o seu desejo de se apegar à vida.

Eles assaltaram-no com vento e chuva e lançaram nele projéteis mortais como árvores desenraizadas, lama em ebulição, rochas em fogo, carvões em brasa e cinzas incandescentes que faziam a própria negra escuridão se tornar incandescente. Mas o futuro Buda estava sentado em um lugar "imóvel" sob a grande figueira e permaneceu ele próprio imóvel. Os mísseis mortais entraram em sua consciência como borrifos de flores. Ao final foi o maligno que passou a temer, pois quando o imóvel tocou os dedos de sua mão direita no solo (um gesto ou *mudra*, "convocando a terra para testemunhar"), um som como o de centenas de milhares de rugidos trovejaram da simpática terra, e o maligno fugiu[F]. Pouco depois, a completa iluminação (*Bodhi*) veio até ele, assentado serenamente sob a árvore Bo, pois ele percebera que o desejo surgia no contexto de uma cadeia de doze elos de causação. Ele, no entanto, escapara dessa cadeia rumo a uma nova vida, em direção a uma forma mais elevada de consciência, liberto de desejo e do sofrimento que o acompanhava.

Uma antevisão do Nirvana

Deste momento em diante o Príncipe Sidarta merece o título Buda (o Desperto, ou o Iluminado). Qualquer que tenha sido o processo de seu pensamento, ele estava então desprovido de desejo. Ele não mais sentia desejos sexuais, e estava purgado de "estados de mente errôneos". Os livros budistas dizem que ele passara para um estado de "consciência" ou "despertamento" impregnado de um êxtase de quatro fases culminando no "estado que, não conhecendo nem a satisfação nem a insatisfação, é a pureza consumada de equilibrada equanimidade e atenção plena"[E8]. Parecia-lhe que a "ignorância fora destruída, e o conhecimento havia surgido; a escuridão fora destruída, e a luz se erguera" enquanto ele estava assentado ali, "sincero, esforçado, resoluto"[F2]. Ele também estava convencido de que "não havia mais renascimento; eu vivi a mais elevada vida; meu trabalho está completo; e agora, para mim, não há mais nada daquilo que eu tenho sido"[E9]. Ele, assim, experimentou uma terrenal antevisão de Nirvana (em páli, *Nibbana*). Dali em diante, ele era o Buda, o Iluminado.

Uma doutrina a ser compartilhada

Após o êxtase que ele havia experimentado, ele foi imediatamente confrontado por um problema, por uma tentação. Este é um dos fatos mais bem atestados nos livros budistas. Ele chegara a uma doutrina que era "profunda, recôndita e de difícil compreensão"[E9]. Pregar esta doutrina ou *Dharma* (em páli, Dhamma), e os outros não a compreenderem seria labor e incômodo para ele. Após alguma luta consigo mesmo, buscando decidir se ele deveria permanecer "um iluminado para si próprio" e após a "exaustão" de seu karma entrar no Nirvana em sua morte ou, postergando sua entrada final no Nirvana, tornar-se um Buda para todos, um Buda instrutor – ele se levantou e retornou para o mundo, a fim de comunicar aos outros sua verdade salvífica.

Ele buscou os cinco ascetas que o desertaram em Uruvela. Encontrou-os no parque das corças em Varanasi, e ali experimentou um grande triunfo pessoal. De início, quando eles o viram se aproximando entre as árvores, eles disseram de forma amarga: "Eis que se aproxima o asceta Gautama, aquele que se alimenta de ricas comidas em autoindulgência. Que não mostremos respeito a ele, nem nos levantemos para saudá-lo. Ainda assim coloquemos um assento extra e resmunguemos: 'Se queres assentar-te, assenta-te!'" Mas o Buda demonstrou tamanha serenidade e esplendor que eles não conseguiam olhar para outro lugar, nem se conter em recebê-lo. Ele se levantou; um deles veio e adiantou-se a fim de pegar a sua cuia e túnica; outro ainda indicou seu assento; e por fim outro trouxe água para lavar seus pés.

O discurso do Parque das Corças: o Caminho do meio

Deu-se início a uma prolongada e amigável discussão. Às suas acusações de que ele teria desistido da possibilidade de iluminação ao abandonar o ascetismo e se voltar para a autoindulgência, ele respondeu nas palavras do que é conhecido como o Sermão do Parque das Corças em Varanasi: "Existem dois extremos, ó homens de esmolas, que aquele que abriu mão do mundo deve evitar. Quais são estes extremos? – Uma vida dedicada a prazeres, devotada a prazeres e luxúria; isto é degradante, sensual, vulgar, ignóbil e sem proveito. E uma vida dada às mortificações; isto é doloroso, ignóbil e sem proveito. Ao evitar esses dois extremos Aquele-que-encontra-a-verdade [o *Tathagata*: a designação do Buda para si mesmo – literalmente, "aquele que verdadeiramente chegou no ou atingiu ao *Tatha*, a talidade* – o indescritível Último"] ganhou o conhecimento do Caminho que leva à visão, que leva à sabedoria, que conduz para a calma, para o conhecimento, para a Iluminação, para o Nirvana"[G1]. Ele compartilhou com eles sua própria experiência e os desafiou a acreditarem em seu testemunho e a admitir que ele era um *arahat* (um monge que experimentara a iluminação), e a tentar o "Caminho do meio" que ele defendia então.

Os cinco ascetas se converteram, e assim o *Sangha* (a ordem monástica budista) veio à existência. Na metáfora budista, este evento "pôs uma roda a girar" – a Roda da Doutrina (Dharma), e, dessa forma, esse discurso é chamado comumente de "O discurso do colocar a Roda do Dharma em movimento".

O Buda então começou seu ensino itinerante no norte da Índia.

---

* Neologismo para o inglês *Suchness*, usado comumente na terminologia budista em língua portuguesa, significando "as coisas como elas realmente são" [N.T.].

O estabelecimento da Ordem Budista

Na medida em que o Buda perambulava pregando, mais conversões se seguiam, algumas ocorrendo em sua própria casta dos kshatriya, até que o número dos seus discípulos chegou a sessenta. Dali em diante o número de monges se multiplicou rapidamente. Não apenas kshatriyas e membros das castas baixas, mas muitos brâmanes também se juntaram ao grupo de inquiridores e seguidores. Entre estes houve um que se tornou um líder entre seus discípulos, o brâmane Sariputta. Outros vieram de sua própria classe, como seu primo **Ananda**. As distinções de casta não eram então, de forma geral, definidas tão marcadamente na sociedade como viriam a ser posteriormente, e, de qualquer forma, cessavam de ser aplicadas aos indivíduos que se juntavam à ordem budista. De início, todos os candidatos para ordenação na ordem eram trazidos por discípulos diretamente ao Buda, mas quando, no decorrer do tempo, os conversos vinham de lugares distantes e em números crescentes, ele autorizava monges ordenados (em páli, *bhikkus*) a conceder a ordenação eles mesmos, seguindo certas regras simples. De fato, à medida que o número de conversos crescia, tornou-se oportuno inaugurar um programa e definir regras para o comportamento. Durante a estação seca o Buda enviava anualmente seus discípulos a pregar, dando o exemplo ele mesmo. Durante os três meses da estação chuvosa, ele e os monges se reuniam, alguns aqui, outros acolá, e viviam uma vida monástica de autodisciplina, instrução e serviço mútuo.

Três refúgios, preceitos para monges e laicos

De forma muito natural, então, surgiu uma grande ordem – os Sangha – governada por regras e agendas definidas. As regras essenciais, desenvolvidas talvez após a época do próprio Buda, eram simples: vestir a túnica amarela, raspar a cabeça, carregar a cuia de pedinte, praticar a meditação diária, e subscrever-se à confissão do iniciado: "Eu me refugio no Buda, eu me refugio no Dharma [a Lei ou Verdade], eu me refugio em Sangha [a Ordem]". Os monges aceitavam obedecer aos Dez preceitos, e os laicos aos cinco primeiros. Estes preceitos podem ser simplificados da seguinte maneira:

1) Abster-se de destruir vida (o princípio de Ahimsa).
2) Não tomar o que não tiver sido dado.
3) Abster-se da falta de castidade.
4) Não mentir ou enganar.
5) Abster-se de intoxicantes.
6) Comer moderadamente, e não após o meio-dia.
7) Não assistir a espetáculos de dança, canto, ou dramáticos.
8) Não adotar o uso de guirlandas, fragrâncias, unguentos ou ornamentos.
9) Não usar camas altas ou largas.
10) Não aceitar ouro ou prata[H].

Os primeiros quatro destes preceitos são os mesmos quatro votos tomados pelos monges jainas, mas ao invés dos cinco votos extremamente compreensíveis dos jainas (renunciar a todos os apegos) aparece aqui o preceito contra o uso de substâncias intoxicantes. Pode-se dizer que os preceitos ilustram o caminho do meio entre o ascetismo e a autoindulgência de forma especialmente concreta; por um lado, a autoindulgência nos prazeres da vida é explicitamente repudiada, e, por outro, as práticas ascéticas mais extremadas não são adotadas. Espera-se fidelidade no cumprimento dos preceitos. Se qualquer monge quebrar qualquer um deles, ele deve fazer uma confissão pública de seu pecado diante da assembleia de seu capítulo nos dias de jejum bimestrais.

As primeiras cinco dessas injunções (conhecidas como Os Cinco preceitos) são prescritas para todos os associados leigos da ordem. A prioridade dada ao Sangha de fato dessacraliza o casamento e nulifica as obrigações de esposos; entretanto, o Buda reconhecia que havia aqueles que por uma razão ou outra não podiam "abandonar a vida de chefe de família", mas que eram tão simpáticos aos ideais da ordem a ponto de deverem ser conduzidos a uma associação ativa com ela. Ele tomou, portanto, providências para a ligação de associados leigos à ordem, sob a condição de que eles obedecessem aos Cinco preceitos e evidenciassem o espírito de gentileza ao promover o crescimento da ordem. Em alguns casos, como daqueles para os quais o meio de sobrevivência na presente vida impedia o cumprimento de algum dos votos (pescadores e *ahimsa*, p. ex.), a subscrição a apenas quatro dos cinco era respeitada.

Foi em grande parte por meio dos membros leigos que a ordem adquiriu suas extensas propriedades e bens. Leigos de alto nascimento da casta dos kshatriya doavam entusiasticamente bosques, parques e monastérios para a ordem.

Mulheres aceitas como monjas

A tia e mãe adotiva do Buda, Mahaprajapati, é considerada a fundadora da ordem das monjas (em páli, *bhikkhunis*). Rejeitada quando ela pediu inicialmente ao Buda para entrar na ordem, conta-se que ela fez um segundo esforço, caminhando de Kapilavastu para Vesali. Ananda, vendo seus pés inchados e sua angústia, foi convencido a interceder ao Buda. Após ter sido adiado várias vezes, ele finalmente perguntou: "Serão as mulheres capazes de atingir o estado de arahat? [atingir a iluminação]" O Buda respondeu: "Elas são capazes". Ananda pressionou ainda mais: "Como então o Abençoado recusa o mais alto benefício para alguém que o amamentou?" O Buda cedeu. Ainda assim, diz-se que ele teria feito as seguintes secas considerações privadamente: "Se, Ananda, as mulheres não tivessem recebido permissão para entrar na Ordem, a religião pura poderia ter durado mais tempo, e a boa lei poderia perdurar por mil anos. Mas como elas receberam permissão, ela durará agora apenas quinhentos anos"[D3].

Parece estar atestado o suficiente que um grupo bastante grande de parentes de Gautama se tornou monges e monjas. A tradição diz que o Buda introduziu seu próprio filho, Rahula, na ordem, e que tanto sua esposa quanto sua madrasta se tornaram monjas. Seu primo, Ananda, se destaca dentre todos os seus seguidores como o perfeito tipo de discípulo devotado, ministrando com amor incansável às necessidades pessoais de seu professor e atendendo-o constantemente. Outro primo, Devadatta, se identificava tanto com a ordem em nível pessoal a ponto de se tornar culpado de uma tentativa de cisma, ostensivamente no interesse de maior rigor (a tradição budista afirma que ele foi movido por ciúmes).

As regras para a ordem de monjas eram similares àquelas para os monges, com restrições adicionais projetadas a fim de garantir que as monjas estivessem sempre subordinadas a monges.

Nós trataremos mais acerca das ordens de monjas no próximo capítulo.

As últimas horas: Parinirvana

Quarenta e cinco anos se passaram no trabalho de pregação, ensino e planejamento construtivo. Finalmente, em uma jornada para uma cidade obscura chamada de Kusinara, a nordeste de Varanasi, aos 80 anos de idade (por volta de 183 AEC), Gautama chegou ao seu fim. Ele fez sua refeição da metade do dia na casa de Chunda, um ferreiro de ouro. O mais provável é que a refeição de carne de porco que ele ingeriu (ou, como alguns preferem, o prato de trufas) tenha causado um ataque de doença mortal. Ele não percorrera o caminho inteiro em direção a Kushinara quando a morte o reclamou, enquanto ele se reclinava entre dois salgueiros. Isto foi o *parinirvana*, o momento de sua morte física e aceitação do Nirvana.

Essas últimas horas foram lembradas posteriormente em grande detalhe. A lenda diz que ele falou amavelmente a Ananda, que tinha se colocado de lado para chorar: "Basta, Ananda, não lamentes, não chores. Não já te disse eu, Ananda, que está na própria natureza de todas as coisas próximas e caras para nós a necessidade de nos desligarmos delas? Como é possível, Ananda, que qualquer um que tenha nascido não venha a perecer? Por um longo tempo, Ananda, você esperou no Tathagata com um serviço amável, devotado, alegre, honesto e imaculado. Você adquiriu muito mérito, Ananda; exercita-te a ti mesmo, e logo estarás livre de todo defeito". Ele disse ter deixado um legado para seus seguidores: "A Doutrina [Dhamma] e Disciplina [Vinaya] que eu vos ensinei devem ser seu professor quando eu tiver partido". Suas últimas palavras foram: "E agora, oh, sacerdotes, eu me ausento de vós; todos os elementos constituintes da existência são transitórios; trabalhem em prol de sua salvação com diligência"[I].

II – OS ENSINAMENTOS DO BUDA

Rejeição da filosofia especulativa

Paradoxalmente o suficiente, deve-se iniciar o estudo das concepções filosóficas do Buda com a observação de que ele rejeitava a especulação filosófica como meio de libertação. Para ele, questões puramente metafísicas eram de pouco proveito.

Ele tinha uma perspectiva intensamente prática, e questões não relacionadas à situação humana ofendiam seu senso comum. Os registros budistas listam um número de problemas então comuns na filosofia de seu tempo que Gautama escolheu não comentar ou "elucidar":

> Traga sempre em mente o que é que eu elucidei e o que é que eu não elucidei. E o que é que eu não elucidei? Eu não elucidei que o mundo é eterno; eu não elucidei que o mundo não é eterno; eu não elucidei que o mundo é finito; eu não elucidei que o mundo é infinito; eu não elucidei que a alma e o corpo são idênticos; eu não elucidei que o monge que alcançou (o arahat) existe após a morte; eu não elucidei que o arahat não existe após a morte; eu não elucidei que o arahat tanto existe quanto não existe após a morte; eu não elucidei que o arahat nem existe nem não existe após a morte. E por que eu não elucidei isto? Porque não traz proveito, nem tem a ver com os fundamentos da religião; desta forma, eu não elucidei estas coisas.

O interesse psicológico do Buda é expresso nas próximas sentenças, atribuídas a ele:

> E o que eu tenho elucidado? Eu elucidei a miséria; eu elucidei a origem da miséria; eu elucidei a cessação da miséria; e eu elucidei o caminho levando à cessação da miséria. E por que eu elucidei isto? Porque isto é proveitoso, tem a ver com os fundamentos da religião e conduz à ausência de paixão, ao conhecimento, à suprema sabedoria e Nirvana[C2].

Em outras palavras, nossa dificuldade não está na forma que filosofamos, mas na forma que sentimos. Nós devemos devotar nosso pensamento a compreender nossos sentimentos e desejos e controlá-los por meio da força de vontade; neles, espreita o verdadeiro perigo.

Rejeição da devoção religiosa

O Buda também rejeitou a devoção religiosa como um meio de salvação. Sua posição foi um tipo de ateísmo que já havíamos notado antes em Mahavira. Ele acreditava que o universo abundava de deuses, deusas, demônios e outros poderes e agências inumanos, mas todos sem exceção eram finitos, sujeitos à morte e renascimento. Na falta, então, de algum Ser eterno e transcendente, que pudesse garantir os desejos humanos, a oração era, para o Buda, de nenhuma valia; ele, ao menos, não recorria a ela. Por razões similares, ele não colocava qualquer confiança nos Vedas, nem na adoração de seus muitos deuses por meio da execução de rituais sacrificiais como caminho de redenção, nem aprovava o se dirigir aos brâmanes como sacerdotes (estas estão entre as principais razões pelas quais o budismo é inaceitável para o devoto hindu). Como Mahavira, o Buda mostrava a seus discípulos como confiar em si mesmos e em seus próprios poderes para atingir a salvação, focados na redenção por meio de autodisciplina espiritual.

Esta foi a mais estrita forma de humanismo na religião.

Antigo Karma e novo Karma

Ainda que o Buda tenha removido de sua visão de mundo a maior parte do que é comumente considerado como distintivo da religião enquanto tal, ele manteve duas doutrinas principais hindus que aparecem ordinariamente em contexto religioso. Ele acreditava na Lei do Karma e no renascimento. Ele, entretanto, modificou essas duas doutrinas.

Ele deu à Lei do Karma maior flexibilidade que a maioria das filosofias posteriores estaria disposta a dar. De acordo com seu ponto de vista, uma pessoa de qualquer casta ou classe poderia experimentar uma completa mudança de coração ou disposição a ponto de escapar da completa consequência dos pecados cometidos em existências prévias. A Lei do Karma operava sem remorso e sem remissão de uma vírgula da completa retribuição em todos aqueles que andavam no antigo caminho – o caminho do desejo não contestado –, mas ela não podia prender a uma pessoa completamente mudada, que tivesse atingido o estado de arahat, "o estado daquele que é digno". Os arahat "que por firmeza de mente tinham se tornado livres do mau desejo" podiam ter certeza de que "seu antigo karma está exaurido; nenhum novo karma está sendo produzido; seus corações estão livres de desejar por uma vida futura; tendo sido destruída a causa de sua existência, e nenhum desejo brotando dentro deles, eles, os sábios, serão extinguidos em sua morte como uma lâmpada"[J]. Não haveria renascimento para esses.

São aqueles que não foram emancipados da "vontade de viver e ter" (*tanha* ou *trishna*) os que irão renascer.

Renascimento sem transmigração

O Buda defendia firmemente a doutrina do renascimento, mas a forma que ele deu a essa doutrina tem intrigado os comentaristas desde então. Ele parece ter defendido que o renascimento toma lugar sem que qualquer substância de alma de fato passe de um estado impermanente para outro. Expositores posteriores dessa doutrina declararam que o Buda, após análise da pessoa humana, concluíra: "Não há ego [atman] aqui a ser encontrado"[C3]. Este é um dos pontos mais obscuros e mais profundos no sistema de pensamento do Buda.

Ao invés da crença milenar de que uma alma imperecível e dotada de substância passa de uma existência para a outra, com a sua direção e *status* sendo determinadas de forma absoluta de estágio em estágio pelo nexo causal inexorável da Lei do Karma, o Buda parece ter sustentado uma doutrina que é surpreendentemente objetiva e moderna. Essa reflexão em sua própria personalidade o levou a negar que qualquer de seus elementos tivesse qualquer permanência. O que tinha sido chamado de entidade contínua da alma imortal deveria realmente ter seu fim de volta em uma agregação impermanente ou em um compósito de estados constantemente em mudança de existência ou **skandhas** (em páli, *khandhas*). Estes *skandhas* são cinco em número: (1) corpo (*rupa*), (2) percepção (*jamjna*), (3) sentimentos (*vedana*), (4) *samskaras* (termo de difícil tradução; literalmente, "configurações", "tendências inatas" ou "predisposições" geradas por hábitos passados nesta e nas posteriores existências; *grosso modo*, no equivalente moderno mais próximo, um agrupamento dos "instintos" e do "subconsciente"), e (5) ideação ou raciocínio (*vijnana*). É a união destes cinco que compõe o indivíduo. Enquanto eles se mantêm unidos, o indivíduo funciona como um ser singular, vive e tem uma história.

Mas cada componente está em fluxo perpétuo. O corpo muda de dia em dia, de forma apenas um pouco menos óbvia que os outros estados. Na morte, a união é dissolvida, e os skandhas se dispersam.

O que é conhecido por nós como o ego é, desta forma, nada além de aparência, meramente o nome que nós damos a uma unidade funcional que subsiste quando os cinco skandhas mutáveis configuram o complexo jogo que constitui a vida pessoal de um indivíduo.

As tradições budistas abundam em símiles para o misterioso evento de morte-renascimento. O pressionar de um anel-sinete em cera de lacrar é usado para ilustrar a causação efetiva sem a transferência de qualquer substância. Nenhuma porção do anel é transferida para a cera, apenas a forma dos caracteres gravados no lacre. Assim, no renascimento nenhuma alma é transferida, apenas a estrutura do caráter carregado de karma da vida anterior. No fim de uma existência um indivíduo possui características definidas endurecidas com certa rigidez, mas no momento da dissolução essas características são passadas adiante para a cera mole de uma nova existência em um novo útero. Nada de substância passa adiante, mas ainda assim há uma conexão definida entre um complexo de elementos e o próximo.

Alguns intérpretes dizem que o Buda nunca negou que uma entidade de algum tipo passa de uma vida para a outra. Ele se recusava a discutir o que esta entidade poderia ser, exceto por implicar que ela era impelida pelo karma. Ainda que ele rejeitasse a doutrina hindu da forma que é encontrada nos Upanishads, de que existe uma alma ou ser (atman) imperecível residindo no corpo perecível à parte de outros "órgãos psíquicos" de uma pessoa individual, parece que ele deve ter pensado que *algo* real, ainda que momentâneo, passa para outra vida. Ou seja, que um pulso de um ser impermanente, mas que transcende a morte, marcado com certas características causativas (i. e., certo indivíduo é "carente", possui certa denominação de karma, hábitos, manias e predisposições) que permanecem. Se isto é garantido, é certo que ele estava mais perto de explicar o que esta parte de ser que transmigrava *não era* do que o que ela era.

Mais um exemplo do *Milindapanha* (Questões do Rei Milinda) põe a questão da seguinte forma:

> Assim disse o rei [Rei Milinda]: "bhante Nagasena, o renascimento ocorre sem a transmigração de qualquer coisa?"
> "Sim, vossa majestade, o renascimento ocorre sem a transmigração de qualquer coisa."
> "E como, bhante Nagasena, ocorre o renascimento sem a transmigração de qualquer coisa? Dá-me uma ilustração."
> "Suponhas, vossa majestade, que um homem acenda uma luz a partir de outra luz; diga-me, poderia uma luz ter passado para a outra luz?"
> "Não, é verdade, bhante."
> "É exatamente da mesma forma, vossa majestade, que o renascimento ocorre sem a transmigração de qualquer coisa."
> "Me dê outra ilustração."
> "Tu te lembras, vossa majestade, de aprender quando menino um verso ou outro de seu professor de poesia?"
> "Sim, bhante."
> "Diga-me, vossa majestade, o verso passou [transmigrou] para ti, vindo de teu professor?"
> "Não, é verdade, bhante."
> "Exatamente da mesma forma, vossa majestade, o renascimento acontece sem a transmigração de qualquer coisa."
> "És um homem hábil, bhante Nagasena[C4].

Continuidade causal

Pode-se dizer da seguinte maneira: sabemos que um processo conduz a outro, da causa para seu efeito; assim, a personalidade humana em uma existência é a causa direta do tipo de individualidade que aparece na próxima. Um texto explica isto da seguinte forma:

> Esta consciência, estando de sua parte inclinada em direção ao objeto de desejo, e impelida adiante por karma, como um homem que ao se balançar sobre uma vala por meio de uma corda pendurada em uma árvore no outro lado, sai de seu lugar de descanso e continua (na próxima existência) a subsistir em dependência sobre objetos dos sentidos e outras coisas [...]. Aqui a consciência anterior, desde sua saída da existência, até ser renascida em uma nova existência, é chamada de renascida. Mas se compreende que

esta consciência posterior não chegou à presente existência vindo da anterior, e também que é devido apenas a causas contidas na velha existência – a saber, a predisposições chamadas por karma, a inclinações, um objeto etc. – que se dá a presente aparição.

Servem de ilustrações de como a consciência não vem da existência anterior até à presente, e de como ela surge por meio de causas que pertencem à existência anterior os ecos, a luz, as impressões em um lacre de cera, e os reflexos em um espelho. Pois assim como os ecos, a luz, a impressão do lacre e as sombras têm forma e etc., devido a suas causas, e existem sem ter vindo a surgir por conta própria do nada, assim é com essa mente[C5].

Isto não significa, disse o Buda, que alguém que nasceu é diferente da pessoa precedente que passou o seu karma em sua morte, nem significa que alguém é a mesma pessoa. Tal questão é tão sem importância como dizer que o corpo é diferente do ser ou que o corpo e o ser são os mesmos. Já que não há uma entidade-ego permanente acompanhando os skandhas, discussões sobre se as personalidades sucessivas em uma série contínua de renascimentos são a mesma não têm sentido. É melhor simplesmente saber que uma necessidade específica (karma) leva à origem de uma vida como o resultado total da existência prévia de outras, e que a conexão é tão próxima como a de causa e efeito, ou como a ignição de uma nova chama a partir do calor de outra. É difícil de interpretar adequadamente, mas o fato fundamental permanece – que o que alguém faz e pensa agora continua amanhã, depois e no porvir.

Por mais interessante que seja esta astuta discriminação de distinções, as suas implicações para as concepções mais amplas do Buda em relação à vida e destino são da maior importância. As conclusões envolvidas parecem ser as seguintes: onde quer que observemos, o mundo vivente, seja ao redor ou dentro de nós, está constantemente em fluxo, em um estado de surgimento infindo. Não há um Ser Cósmico central, nenhuma Pessoa soberana nos céus mantendo tudo em unidade. Existe apenas a última unidade impessoal do Ser *per si*, cuja paz envolve o ser individual quando ele cessa de chamar a si mesmo "eu" e adentra na pureza sem característica nenhuma do Nirvana.

Originação dependente

O Buda fala de toda essa experiência como uma "massa de sofrimento", sofrimento que deriva de uma cadeia de doze elos de causas e efeitos, sendo que os dois primeiros elos surgem da vida anterior, e os dois últimos levam em direção à existência futura. Os livros budistas chamam a isto de Originação dependente ou Cadeia de Causalidade.

Sua explicação é a seguinte: a primeira e mais fundamental das causas da dolorosa vinda à existência de cada indivíduo é a ignorância, especialmente ao se considerar verdadeira a aparência de realidade do ser e da permanência do mundo. Este erro básico, que é originário da vida anterior, é construído a partir do conjunto ou das inclinações originais da personalidade desde o nascimento, as predisposições (samskaras). Predisposta desta forma, a personalidade se torna consciente ou reflete sobre o mundo e sobre si. Isto, por sua vez, determina as características distintivas que alguém tem ("nome" e "forma"; a individualidade pela qual alguém é conhecido). A individualidade expressa a si mesma de forma causal, por meio de um exercício particular dos cinco sentidos e da mente. Estes, por sua vez, fazem contato com outros seres e com coisas. Daí surge a sensação. As sensações causam desejo (trishna ou ânsia). Da ânsia vem o apego à existência. O apego à existência implica o processo de vir a ser. O vir a ser traz um novo estado de existência, não como o precedente. Finalmente, este novo nascimento inevitavelmente implica sua própria "velhice e morte, pesar, lamento, sofrimento, desânimo e desespero. Tal é a originação de toda esta massa de sofrimento humano"[G2].

Pode-se começar no final e partir de volta para o princípio, como se diz que o Buda fez. Assim, em qualquer caso particular, velhice e morte não ocorreriam se não tivesse havido nascimento; o nascimento depende de fatores que levam ao vir a ser; o vir a ser depende de um apego anterior à existência; o apego à existência depende de desejo (trishna, sede de vida); o desejo depende das sensações ou sentimentos de alguém, e estes dependem dos contatos de alguém com pessoas e coisas; os contatos dependem do exercício dos sentidos e da mente; a maneira como se exercita os sentidos e a mente depende da configuração individual (nome e forma); a individualidade depende da consciência, e a consciência depende da predisposição carregada a partir das existências prévias.

Finalmente, isso tudo está baseado na ignorância que aceita o ser e o "mundo" experimentado pelo ser como reais. Assim, em uma ponta da cadeia se tem o pesar e o lamento, e na outra, a ignorância.

As três marcas da existência: Anicca, Anatta e Dukkha (termos páli)

Essas convicções não são encorajadoras. O Buda discerniu nelas suas razões básicas para se retirar do mundo. Como ele parece ter ensinado, todos os "seres compostos" aptos a raciocinar sofrem de três grandes falhas perturbando sua existência: impermanência (*anicca*), a irrealidade última do Ser ou atman (*anatta*), e tristeza ou sofrimento (***dukkha***). O terceiro aspecto parece suceder os outros dois sem remorso. A impermanência em todo que aparenta existir, a mudança incessável, o infindável vir a ser que nunca é o ser de fato, preencheram o Buda de cansaço, de uma real miséria: ele ansiava por paz, pela cessação de desejo, por algum estado de consciência com permanência o suficiente para garantir a libertação da roda do perpétuo e doloroso vir a ser. Este, é claro, é o desejo imemorial da Índia. Aqui, entretanto, o processo de pensamento se moveu através de estados de sentimento obscuros. É *doloroso*, o Buda sentiu, experimentar a continuação em uma corrente de consciência composta principalmente de estados de incompletude.

> Pois as sensações agradáveis, as sensações desagradáveis, as sensações indiferentes – Ananda – são transitórias, e se dão por causas originadas por dependência, estando sujeitas à decadência, desaparecimento, apagamento e cessação. Enquanto uma pessoa experimenta uma sensação agradável, ela pensa: "Este é o meu Ego (o Ser, atman)". E após a cessação desta mesma sensação agradável, ela pensa: "Meu Ego morreu". Enquanto ela experimenta uma sensação desagradável, ela pensa; "Este é o meu Ego". E após a cessação desta mesma sensação desagradável, ela pensa: "Meu Ego morreu". E enquanto ela está experimentando uma sensação indiferente, ela pensa: "Este é o meu Ego". E após a cessação desta mesma sensação indiferente, ela pensa: "Meu Ego morreu"[C6].

Assim, o Buda aparenta ter percebido que sem dúvida era algo humano, mas era tolice, estupidez e ignorância, se apegar à ânsia, como a maioria das pessoas faz, à vida senciente e aos seus lamentavelmente poucos prazeres, quando por toda a vida a dor da mudança é tão predominante. Esta vontade de viver e de ter, esta "sede", este "apego" ao mundo e aos seus objetos era, ou parecia ser, de longe a característica mais marcante que passava de uma existência para outra, e se fosse possível extingui-la, a principal causa do renascimento seria removida. Se se *pudesse* fazê-la morrer, então se *deveria* assim fazê-lo!

Esta análise psicológica moldou o ensino ético do Buda.

As Quatro Nobres Verdades

No budismo, *Dharma* é um termo com uma grande gama de significados. Em vários contextos, ele significa (a) objetos observáveis (fenômenos), fatos, eventos, (b) o ensinamento ou doutrina (i. e., a verdade concernente à natureza e às causas dos fatos e eventos observáveis); e (c) dessa feita, a conduta esperada tendo-se em vista a Verdade revelada em fatos ou eventos.

O problema ético fundamental ao qual o Buda se referia ele mesmo era: de que forma se deveria viver a fim de obter a cessação da dor e do sofrimento, de trazer ao fim a vontade néscia de viver e ter, e finalmente de se atingir a completude da alegria da libertação?

Ele comprimiu a resposta para este problema nas Quatro Nobres Verdades. É notável que a palavra convencionalmente traduzida como "nobre" (nas Quatro Nobres Verdades) é "Ariano", sendo também o nome dado para uma nobreza definida etnicamente. Gautama responde à questão "Quem é um Ariano?" em termos de comportamento, ao invés de hereditariedade. Os verdadeiros nobres eram aqueles que compreendiam e seguiam as Quatro Verdades. No registro oficial de seu primeiro sermão – no Parque das Corças de Varanasi, para os cinco ascetas – elas são colocadas assim:

Esta, ó Bhikkus, é a (primeira) Nobre Verdade do Sofrimento: nascimento é sofrimento; decadência é sofrimento; doença é sofrimento; morte é sofrimento. A presença de objetos que odiamos é sofrimento; a separação de objetos que amamos é sofrimento; não obter o que desejamos é sofrimento. Brevemente, o apego em cinco partes à existência (por meio dos cinco skandhas) é sofrimento.

Esta, ó Bhikkus, é a (segunda) Nobre Verdade da Causa do Sofrimento: a sede, que leva ao renascimento, acompanhada por prazer e luxúria e encontrando seus deleites aqui e acolá. (Esta sede é tripartite), a saber, sede de prazer, sede pela existência e sede de prosperidade.

Esta, ó Bhikkus, é a (terceira) Nobre Verdade sobre a Cessação do Sofrimento: (ele é parado com) a completa cessação de sua sede – uma cessação que consiste na ausência de toda paixão – com o abandono desta sede, com o afastamento em relação a ela, com a libertação da mesma, e com a destruição do desejo.

Esta, ó Bhikkus, é a (quarta) Nobre Verdade do Caminho que leva à Cessação do Sofrimento: o santo caminho óctuplo, a saber, crença correta, aspiração correta, fala correta, conduta correta, meios de vida corretos, empreendimentos corretos, atenção correta, meditação correta[K].

O caminho óctuplo indica que o sistema ético do Buda não é inteiramente negativo ou pessimista. De forma provisória, durante a provação da existência humana, enquanto alguém procede ao longo do caminho que ruma para o total desapego, algumas escolhas comportamentais são desejáveis no sentido de serem preferíveis a outras. Em último caso, é claro, todo desejo, todo apego deve ser sobrepujado se alguém pretende atingir o Nirvana.

O Dharma (Dhamma) enquanto ética

1 A NEGATIVA: EVITAR O APEGO

O primeiro princípio – negativo – na ética do Buda requer a dissolução dos desejos, ânsias e ligações que deixam uma pessoa vulnerável ao sofrimento. Como as três primeiras das Quatro Nobres Verdades deixam claro, a miséria surge do desejo (tentar satisfazer as ânsias é algo fútil: ou alguém nunca consegue o suficiente, ou o "suficiente" é evanescente e deixa a pessoa com o sentimento de perda).

Declarado desta forma, o pensamento ético do Buda passa um aspecto claro de senso comum. Não é desse *princípio* que as mentes ocidentais podem inteligentemente vir a dissentir; é da *aplicação* desse princípio às últimas consequências da ética budista. Pois em tal aplicação o Buda vai longe rumo a uma direção negativa. Alguns de seus julgamentos éticos são comuns o suficiente na maior parte dos sistemas éticos. Há ampla concordância entre os filósofos éticos, por exemplo, de que a busca de prazeres sensoriais enquanto um fim produz miséria. Mas apesar de o Buda concordar com esta afirmação suficientemente comum, ele aconselha muito mais do que o abandono dos prazeres sensoriais. Ele previne contra ligações de qualquer espécie, apegos que a maior parte dos filósofos ocidentais poderia considerar como saudáveis.

Ligações familiares

A posse de propriedades e terra, amor de pais, esposas, crianças ou amigos – tudo isto também traz aflição em seu final, ensinou o Buda. Em cada caso há constante preocupação e desejo insatisfeito. Se alguém se apega ao cônjuge, então a morte, a separação, a vida de pobreza, doença e centenas de outras situações são dolorosas; a própria intensidade do amor é dolorosa. Assim também ocorre com crianças, pais idosos, e mesmo com amigos.

A atitude do Buda é mais bem apresentada por meio de ilustração. A lenda diz que certo dia uma avó apareceu em lágrimas diante dele. Ela acabara de perder um neto. O Buda olhou para ela solenemente. "Quantas pessoas existem nesta cidade de Savatthi?", ele perguntou, com aparente irrelevância.

Após receber sua resposta, ele chegou ao ponto: "Você gostaria de ter tantos filhos e netos quanto há pessoas em Savatthi?" A senhora, ainda chorando, clamou: "sim, sim!" "Mas", o Buda gentilmente admoestou, "se você tivesse tantos filhos e netos quanto há pessoas em Savatthi, você teria de chorar todo dia, pois pessoas morrem diariamente ali". A velha senhora pensou por um momento: ele estava certo! Ao partir confortada, ela carregava consigo o dito do Buda: "Aqueles que têm uma centena de pessoas queridas têm uma centena de preocupações; aqueles que têm noventa queridos têm noventa preocupações [...] aqueles que têm um querido têm uma preocupação; aqueles que não consideram nada importante não têm preocupações"[M1].

Se esta lenda retrata fielmente a visão do Buda, então ele poderia ter aprovado também outra história, contada após a sua morte: um jovem monge, após uma longa ausência de casa, retornou para o seu lugar de nascimento, ocupou um cubículo construído por seu pai para monges em passagem, e mendigava comida diariamente à porta de sua mãe. Sua mãe não o reconheceu nas vestes de monge e em sua condição esquelética. Por três meses ele tomou comida de suas mãos sem anunciar a si mesmo, e então partiu silenciosamente. Quando sua mãe ouviu posteriormente quem ele era, ela mostrou reverência, dizendo: "Me parece que o Abençoado deve ter em mente um grupo de monges como o meu filho [...]. Este homem comeu por três meses na casa da mãe que o gerou, e nunca disse 'Sou teu filho, e tu és minha mãe'. Oh, que homem maravilhoso!" E o relato budista conclui: "Para alguém como ele, mãe e pai não são obstáculos"[C7].

Em alguns locais, essa renúncia aos laços familiares foi recebida com ira. "O povo estava incomodado, murmurava e se irou, dizendo: 'O asceta Gotama faz com que pais não gerem filhos [...], com que esposas se tornem viúvas [...] e [leva] famílias a se extinguirem'"[G3]. Se seu sucesso com os jovens aumentasse, ele poderia ameaçar a existência da raça humana!

Ligações ao Buda ou a si mesmo

O budista consistente deve exercitar a contenção mesmo em relação ao Abençoado, ao próprio Buda.

> O venerável Sariputta disse isto: "Enquanto eu meditava em reclusão surgiu esta consideração: existe qualquer coisa em todo o mundo na qual uma mudança possa fazer surgir em mim pesar, lamento ou desespero? E pensei: Não, não há tal coisa". Então o venerável Ananda disse para o venerável Sariputta: "Mas o Mestre – não poderia a sua perda fazer surgir em ti pesar, lamento, desespero?" "Nem mesmo a perda dele, amigo Ananda. Não obstante, eu devo ter o seguinte sentimento: que o poderoso, ó, que o tão dotado Mestre, tão maravilhoso, não seja levado de nós!"[M2]

Em adição, deve-se abandonar toda autoconsideração, toda inclinação emocional em direção ao seu próprio ser empírico. Atitudes em defesa própria ou assertivas são especialmente danosas à paz. A verdade da doutrina anatta precisa ser entendida pela experiência. Entre as qualidades do verdadeiro monge estão aquelas demonstradas por Kassapa quando, ao fazer suas andanças buscando receber comida por esmolas, ele encontrou um leproso e, a fim de permitir que o mesmo adquirisse méritos ao doar esmolas, deu-lhe a oportunidade de lançar um bocado em sua própria tigela estendida. Durante o processo "um dedo, de forma mortificante, quebrou e caiu", mas apesar disso Kassapa não teve escrúpulos: de volta ao monastério, comeu com equanimidade imperturbável a comida que estava ao lado do dedo leproso na cuia. Tendo igualmente dominado suas emoções, Sariputta experimentou completa libertação das preocupações referentes ao seu ego. "Sua pessoa está serena, pura e radiante", exclamou um monge. "Onde você esteve hoje?" "Eu estive sozinho, no primeiro **dhyana** [em páli, *jhana* ou meditação profunda], irmão, e nunca me veio o pensamento: *Eu* estou atingindo-o; *Eu* emergi dele. E assim, tendências individualizantes e egotistas foram expulsas, por um longo tempo, de Sariputta"[O].

Assim como os jainas, os budistas estavam determinados a renunciar a todas as ligações que perturbam a absoluta paz de mente e de alma. Para eles a salvação, aqui e no porvir, significava isto apenas: um estado de paz e alegria perfeitamente indolores, uma libertação alcançada por conta própria, de todo tipo de miséria. Isto explica por que a literatura budista cria tantas listas de coisas a serem evitadas, de desejos a serem abandonados, e de conexões a serem cortadas: "As Três intoxicações" (ganância [*lobha*], ódio [*dosa*], e ignorância [*moha*]); "Os Cinco obstáculos" (desejo de prazeres sensoriais, má vontade, preguiça ou torpor, inquietude e dúvida); "os Dez grilhões por meio dos quais os seres estão presos à roda da existência" – uma lista que, como pode ser visto, abrange muita coisa: (1) crença na existência do próprio ser, (2) dúvida, (3) confiança em rituais e cerimônias como eficazes para salvação, (4) luxúria, (5) ira ou má vontade, (6) desejo por renascimento em mundos de formas, (7) desejo por renascimento em mundos sem forma, (8) orgulho, (9) justiça própria, e (10) ignorância.

Theravada (Hinayana)

Os budistas de hoje supõem comumente que, quando um monge "conquista" os primeiros três dos Dez grilhões, ele adentra a corrente principal da salvação própria budista e não pode renascer mais que sete vezes adicionais antes de entrar no Nirvana; quando ele faz progressos consideráveis em conquistar os dois próximos grilhões, ele nascerá apenas mais uma vez no nível humano; quando ele conquista por completo os primeiro cinco grilhões, ele não pode ser renascido em qualquer um dos "mundos de formas" ou ter novamente a desvantagem de um corpo material; e quando ele conquista todos os grilhões, ele atinge a experiência terrena do Nirvana e se torna um arahat.

2 A POSITIVA: VIVENDO EM DIREÇÃO À BÊNÇÃO TRANSCENDENTAL

A libertação dos "grilhões" obviamente não pode ser atingida apenas por meio de formas negativas. É por meio de viver em direção à realização dos desejos que trazem alegria e que são corretos ou verdadeiramente libertadores que alguém pode atingir a supraconsciência, a bem-aventurança, que transcende por completo e apaga da consciência do dia a dia cotidiano o tipo de desejo que produz sofrimento.

Consideremos o Caminho óctuplo, a quarta das Quatro Nobres Verdades. O princípio nele expresso é este: os desejos aos quais a indulgência não resulta em aumento de miséria, mas ao invés disso, em uma diminuição da mesma (ou no afastamento total da miséria), são desejos que conduzem firmemente para a salvação, o último estado no qual todos os desejos são engolidos, mesmo o desejo de não ter desejo.

Foi ao aplicar esse princípio que o Buda formulou o Nobre Caminho Óctuplo, "o caminho que leva para nenhum desejo".

O Caminho óctuplo

(1) O primeiro passo no Caminho óctuplo é a crença correta; isto é, crença nas Quatro Nobres Verdades e na visão de vida neles implicada. (2) O próximo passo, aspiração ou propósito correto, é atingido quando se resolve sobrepujar a sensualidade, ter o correto amor pelos outros, não ferir nenhum ser vivo, e suprimir de forma geral todos os desejos geradores de miséria. Os (3, 4) terceiro e quarto passos – fala e conduta corretas – são definidos como não indulgência em conversas incontidas ou prejudiciais, ou em má vontade; deve-se amar todas as criaturas com o tipo correto de amor na palavra e nos feitos. (5) Meios corretos de sobrevivência, o quinto passo, significa escolher a ocupação apropriada do tempo e das energias, obtendo um viver consistente com os princípios budistas. (6) O sexto passo, esforço correto, implica incansável e incessante alerta intelectual ao discriminar entre desejos e ligações sábias e tolas. (7) Atenção correta, o sétimo passo, é possível através de hábitos mentais bem disciplinados durante longas horas passadas na atenção a tópicos úteis. (8) Meditação correta ou absorção, o oitavo passo, se refere ao clímax de todos os outros processos – a realização final dos estados de transe que são os estágios avançados no caminho para se tornar arahat (a santidade) e a garantia da passagem da morte para o Nirvana, o estado de quietude, e renascimento para um fim eterno.

Duas coisas devem ser notadas sobre o Caminho óctuplo: (1) que ele se insere sob três temas – (a) compreensão, (b) moral, e (c) concentração; e (2) que ele é planejado de forma a conduzir progressivamente para o estado de arahat e assim, finalmente, ao Nirvana. Dos três grupos dentro dos quais se encaixam os passos do caminho, os dois primeiros são suficientemente naturais. A compreensão da *teoria* e da *prática* da ética do budismo é certamente necessária se o fiel budista pretende justificar o ter fé em absoluto. Mas o terceiro grupo (concentração) leva para um nível diferente. A concentração pode se iniciar ao se cultivar a aversão a visões superficialmente tentadoras. Um remédio sugerido é "olhar mais de perto": uma pele lisa é atraente? Olhe mais de perto para ver os poros dos quais vaza líquido malcheiroso. Cabelo amável? Olhe mais de perto a fim de perceber que ele é oleoso; imagine um chumaço dele na boca. Um sorriso radiante? Observe o mau hálito, os pedaços de comida, e assim por diante. Um par atraente de amantes? Pense na decadência forjada pela morte.

Finalmente, ao se afastar em alívio agradecido dos horrores temporais (*samsáricos*), a concentração pode se dirigir a pensamentos sobre o permanente e o eterno, a fim de buscar o puro êxtase, a supraconsciência, disponíveis por meio de exercícios meditativos. Nesse aspecto o budismo se assemelha ao hinduísmo. Alguns budistas antigos se voltaram aos métodos de Yoga na esperança de trazer psicologicamente o êxtase. Eles respiravam de certas maneiras, fitavam objetos brilhantes, repetiam certas fórmulas, e assim por diante. O Buda condenava dar muito valor para tais métodos técnicos para o êxtase. O estado de arahat, ele defendia, podia ser atingido sem se recorrer a quaisquer práticas especiais de tipo mais técnico. Era herético, de fato, buscar a entrada no Nirvana apenas por meio do cultivo de êxtase.

O caminho para a bem-aventurança não era o caminho por meio de procedimentos meramente formalistas; era um caminho de meditação, até que se enxergasse com um "olho que transcende os sentidos" e se ganhasse uma percepção que ultrapassava toda a consciência, algo semelhante a um "despertamento", como se toda a vida até ali tivesse sido um sono cheio de sonhos até que finalmente se acorda para a realidade.

O arahat e Nirvana

Os passos do caminho, como já dissemos, levam ao estado de arahat. Este é o estado "d'aquele que foi desperto", de alguém que "atingiu o final do caminho óctuplo". O arahat é o santo budista, uma pessoa que alcançou a sabedoria e o restante das "seis perfeições", a saber, moralidade, caridade, paciência, esforço e meditação. Além disso, o arahat conquistou as "três intoxicações" – sensualidade, ignorância e a "sede" que leva ao renascimento – e goza da "visão mais elevada" (sambodhi) com alegria, prazer, calma, benevolência e concentração.

A alegria dos arahats é profunda, pois eles já sentiram o gosto do Nirvana no transe de iluminação, e no balanço de seus dias eles conhecerão a bem-aventurança da libertação dos desejos que trazem miséria. Não mais sentindo sofrimento e não tendo prazer em alegrias terrenas, o arahat está apto a dizer: "Eu não desejo a morte, eu não desejo a vida". Neste estado, ele pode esperar com calmo contentamento e sem apreensão o "apagar de sua chama da vida" – a entrada no Nirvana final, em sua morte. Exatamente o que este estado final será ninguém, estando neste mundo, pode dizer. É suficiente não mais estar infeliz. Como notado anteriormente, o Buda se recusou a oferecer qualquer decisão sobre se um arahat existe ou não após a morte. O Nirvana parece, à primeira vista, uma concepção completamente negativa. Ele significa o fim, o "assoprar" a vela do anseio e, assim, da existência de sofrimento, de forma que não haverá mais transmigração. E como os skandhas da última existência terrena estão dispersos e não há mais ego remanescente, pode pa-

> *Que nenhum homem, portanto, ame a qualquer coisa; a perda do que se ama é mal. Aqueles que não amam nada e a nada odeiam não têm grilhões.*
> O Dhammapada[L1]

recer que Nirvana é "aniquilação". Mas o Buda não disse isto; ele não pensou que isso fosse verdade. Tudo que ele sabia, ou tudo que ele se importou em dizer, era que o Nirvana era o fim do doloroso vir a ser; era a paz final – um estado eterno nem de ser nem de não ser, pois era o fim de todos os estados finitos e dualidades. O conhecimento e a fala humanos não poderiam compreendê-lo.

O problema de se descrever Nirvana

O Udana cita o Buda falando da seguinte madeira sobre o Nirvana:

> Existe, monges, um plano (de existência) onde não há nem extensão nem [...] movimento, nem o plano do éter infinito [...] nem aquele da ideação, sequer o da não ideação; nem este mundo nem outro, nem a lua nem o sol. Aqui, monges, eu digo que não há o ir nem o vir, nem a permanência, o perecimento ou o surgimento, pois isso tudo é por sua própria conta algo sem suporte, sem continuidade, sem objeto mental[P].

Em seu estudo do budismo birmanês contemporâneo, Melford E. Spiro diz: "Os budistas birmaneses contemporâneos exibem três pontos de vista referentes ao significado de Nirvana [...]. Um pequeno grupo diz que, a não ser que se experimente o Nirvana, nada pode ser dito a seu respeito (além de que ele implica a ausência de sofrimento) [...]. Um segundo grupo diz que apesar de não podermos dizer o que o Nirvana é, ele não é extinção ou aniquilamento. Alguns membros deste grupo defendem que apesar de o Nirvana significar a completa extinção do aspecto físico da vida, seu aspecto espiritual ou mente permanece. Outros insistem que apesar da mente também ser destruída, ali permanece um tipo especial de consciência [...] o terceiro grupo – aqueles que creem que o Nirvana é extinção total – é o maior". Ele cita um birmanês dizendo algo similar a que no Nirvana "nada existe" – não há mente, não há alma, não há corpo, não há sentimento de qualquer espécie. "Se há algum sentimento, não há neikban (nirvana). Ainda assim não é correto afirmar que neikban é nada – existe algo. Isto é, existe o estado de paz"[Q].

Uma coisa é certa: o arahat não é mais atormentado pelo próprio ser; ou seja, por considerações e preocupações individualizantes e egoísticas. Existe uma sugestão nos textos páli – mas que pode ser uma adição posterior aos ensinos do Buda – que, apesar dos skandhas não constituírem verdadeiramente um próprio ser, quando uma mente humana transcende sua consciência normal por meio de Dhyana (meditação no plano da supraconsciência), um ser verdadeiro ou espiritual é tornado realidade e começa a funcionar como tal. Mas mesmo este próprio ser espiritual que então se torna manifesto é anulado no Nirvana.

O Nirvana despoja o ser do próprio ser, em qualquer sentido desses termos.

A benevolência do arahat

O altruísta arahat é, não obstante, descrito como benevolente. Enquanto o ideal budista do que alguém pode vir a se tornar, o arahat é magnânimo, transbordante de boa vontade. Assimilar esse conceito é de grande relevância para nossa compreensão da história posterior do budismo. Apesar de fundamentalmente os seguidores budistas estarem inclinados em direção do seu próprio melhoramento e de sua própria bênção, cada indivíduo é geralmente encorajado, nas palavras do próprio Buda, a "vagar sozinho como um rinoceronte"[R1], esquecendo-se de tais obstáculos como casas, terras e parentes; não obstante, cada seguidor é encarregado de amar a todos os seres humanos sem exceção. Que o próprio Buda possuía a qualidade da compaixão por toda a humanidade fica evidente em sua vida devotada à pregação e ao ensino. Apesar de ele ter lutado a fim de cortar cada laço com indivíduos em particular baseado em emoção, de acordo, como já vimos, no argumento de que qualquer laço desta espécie produz miséria, ele encarregou seus discípulos de amar a toda a humanidade com um amor de mãe.

> Como uma mãe, mesmo com risco para sua própria vida, protege a seu filho, seu único filho, que se cultive o amor sem qualquer medida em direção a todos os seres. Que se cultive em direção ao mundo inteiro – acima, abaixo, em volta – uma terra de amor dado com liberalidade, não misturado com o sentido de diferir ou opor interesses"[R2].

Tornou-se parte do estudo autodidata budista sentar-se silenciosamente em um esforço concentrado a fim de invocar das profundezas do coração um amor tão compreensivo que embrace todos os seres vivos no universo e que ao mesmo tempo possua tamanha intensidade a ponto de ser ilimitado. É por meio de tal pensamento amoroso que o monge budista se prepara para sua tarefa de apontar o caminho para o Nirvana.

Amor sem ligação

Mas neste momento chegamos a uma pausa. Seria este calor do amor benevolente consistente com o tema da busca por monastérios, tão primário na vida do monge ansioso pelo Nirvana? Como pode brotar o amor de qualquer ser tão absorto em sua própria libertação, a ponto de buscar o distanciamento emocional em cada relacionamento? Trata-se de uma questão séria: existe ao menos uma inconsistência prática aqui que foi reconhecida desde cedo na história do budismo. De fato, ela levou eventualmente, como veremos, à divisão fundamental dentro do budismo entre o **Mahayana** e o Theravada (o Hinayana). Mas a benevolência tinha espaço na teoria completa do Buda. O que ele evidentemente quis dizer foi que o amor que seus discípulos deveriam cultivar por toda a humanidade devia ser geral ou universal em caráter. Este amor pela humanidade (alguém poderia dizer, o amor por todos, mas não o amor por alguém) pode ser uma fonte apenas para alegria elevada e desinteressada. Não é como o amor de um indivíduo por outro, que perfaz uma relação de dependência e ligação apaixonada e, desta forma, carregada das misérias que acompanham a chance infeliz e a mudança.

Alguns budistas têm citado o foco de um médico (um médico *sem* um comportamento de médico) como um ideal: habilidades impessoais afastam a malignidade ao beneficiar uma espécie sem rosto da humanidade que não é nem próxima e querida, nem um inimigo (é precisamente o conflito entre tal amor distante e o amor angustiado derivado de conexões pessoais com os pacientes que é explorado em virtualmente toda série de televisão em hospitais já produzida).

A benevolência de um arahat não é afetada pela resposta que ele recebe; a cada rejeição, ele permanece inalienável. Pacientemente, ele paga o mal com o bem.

O segredo dessa paciência e boa vontade é explicado em algumas das sentenças de abertura do *Dhammapada* da seguinte maneira:

> Se um homem fala ou age com o pensamento puro, a felicidade o segue, como uma sombra que nunca o deixa. "Ele abusou de mim, ele bateu em mim, ele me derrotou, ele me roubou" – naqueles que hospedam tais pensamentos o ódio jamais cessará – naqueles que não hospedam tais pensamentos o ódio cessará. Pois o ódio não cessa por meio de ódio em qualquer tempo; o ódio cessa por meio do amor – esta é uma regra antiga[L2].

E no Majjhima Nikaya encontramos estas palavras, expressivas da mesma sublime e inalterável boa vontade:

> Se alguém te amaldiçoa, você precisa reprimir qualquer ressentimento, e tomar a firme determinação: "Minha mente não será perturbada, nenhuma palavra furiosa deve escapar de meus lábios, eu devo permanecer amável e amigável, com pensamentos amáveis e nenhum rancor secreto".
> Se você for então atacado com os punhos, com pedras com varas, com espadas, você deve reprimir todo ressentimento e preservar uma mente amável sem mágoas secretas[M3].

O tipo correto de amor, conforme concebido pelo próprio Buda, é melhor ilustrado em uma história. Um de seus discípulos mais promissores desejava pregar, diz-se, entre certo povo selvagem da floresta. O Buda, procurando testá-los, manteve com eles a seguinte conversa:

> "Mas, Punna, os homens daquele país são violentos, cruéis e selvagens. Quando eles ficarem furiosos contigo e te fizerem mal, o que tu pensarás deles?"
> "Eu devo pensar que eles são um povo verdadeiramente bom e amável, pois enquanto eles falam palavras furiosas e insolentes, eles se contêm de me bater ou apedrejar."
> "Eles são um povo muito violento, Punna. E se te golpearem ou apedrejarem?"
> "Eu devo pensar que foi amável e bom eles não me espancarem com cajado e espada." [...]
> "E se eles te matarem?"
> "Eu devo pensar que eles são amigáveis e bons de fato por me libertarem deste corpo vil com tão pouca dor."
> "Bem dito, Punna, bem dito!" Depois de sua grande dádiva de paciência, você pode de fato tentar cumprir esta tarefa. Vá, Punna, tu mesmo salvo, e salva a outros[M3].

Ainda que se possa atribuir uma fina qualidade ética a esta magnanimidade inalienável, a dificuldade para ocidentais, e para os próprios budistas desde o princípio, tem sido esta: tal amor é o produto de um quase infinito afastamento da vida cotidiana. Não é um amor cuja marca principal é uma identificação altruísta com os outros. Isto viria apenas em um estágio posterior do budismo.

GLOSSÁRIO

Ananda: primo de Gautama Buda; ananda significa literalmente "bênção".

Anatta: a irrealidade do ser: não há atman; e sânscrito: anatman.

Anicca: impermanência, a transitoriedade de todas as coisas.

Arahat: um monge budista iluminado.

Dharma: "fundação", verdade, a ordem da natureza e causalidade, dever; enquanto uma das três "joias" – Buda, Dharma e Sangha –, dharma é doutrina. No plural, dharmas são objetos-evento irredutíveis, o fenômeno apreensível pela mente como um órgão dos sentidos. Em páli: dhamma.

Dhyana: meditação em níveis que transcendem a consciência; em páli, jhana.

Dukkha: "tristeza", o sofrimento inerente na impermanência (anicca) do ciclo de morte e renascimento.

Gautama: o gotra, ou nome de clã (sobrenome) do Príncipe Sidarta, o fundador do budismo; em páli: Gotama.

Jataka: "história de nascimento", versões folclóricas das vidas exemplares de animais, demônios e humanos, cada um representado como uma vida anterior do Buda ou de alguma figura proeminente do budismo.

Karma: no budismo, as ações do corpo ou da mente que produzem uma consequência fixa para a vida presente, ou para a vida futura (resta alguma liberdade nas respostas dadas às situações ordenadas pelo karma); em páli: kamma.

Mahayana: "Grande veículo", nome genérico assumido por seitas surgindo na Índia desde o século II, após o parinirvana do Buda; estende-se hoje pela China, Coreia, Japão e Vietnã.

Nirvana: "esfriado" ou "saciado", o estado de liberação incondicional, libertação do ciclo de morte e renascimento; em páli, Nibbana.

Páli: uma antiga linguagem da Índia usada nas antigas escrituras Theravada.

Parinirvana: "final" ou "completo" Nirvana; p. ex., o Buda em suas últimas horas na sua partida final do mundo de fenômenos.

Sangha: "assembleia", a ordem dos monges e monjas (no uso Mahayana o laicado também pode ser incluso); terceira das três "joias" ou "refúgios" do budismo.

Shakyamuni: "sábio dos Shakyas", um dos títulos aplicados a Gautama Sidarta enquanto personagem histórico.

Sidarta: "o que alcança seus objetivos", nome pessoal dado para o príncipe dos Shakyas que se tornou Buda Gautama.

Skandhas: "pilhas", "aglomerados", os cinco agregados impermanentes (forma, sentimento, concepção, disposições de karma e consciência); por sua colocação, eles dão origem à percepção equivocada do "próprio ser".

Tanha: "sede", desejo ou ânsia, o ímpeto de se apegar e vir a ser – e assim sendo, a causa do renascimento; em sânscrito, trishna.

Tathagata: "o que assim veio (ou foi)" (ou "tal que veio..."), uma autorreferência deliberadamente não descritiva usada pelo Buda: "aquele que fez aquilo" (demonstrável; porém, indescritível).

Theravada: "o caminho dos anciãos", uma das escolas Hinayana de Sri Lanka; os aderentes hoje usam o nome para se referir de forma genérica à tradição do Budismo Páli existente em Sri Lanka, Mianmar, Tailândia, Laos e Camboja.

LEITURAS SUGERIDAS

Fontes traduzidas

CONZE, E. (ed. e trad.). *Buddhist Meditation*. Nova York: George Allen & Unwin, 1956.

CONZE, E. (trad.). *Buddhist Scriptures*. Harmondsworth: Penguin, 1959.

DAVID, T.W.R. (trad.). *Dialogues of the Buddha*. Nova York: Oxford University Press, 1899, 1921.

DAVID, T.W.R. *Psalms of the Brethren*. Nova York: Oxford University Press, 1909.

DAVID, T.W.R. *Psalms of the Sisters*. Nova York: Oxford University Press, 1913.

HURWITZ, L. (trad.). *Sutra of the Lotus Blossom of the Fine Dharma*. Nova York: Columbia University Press, 1976.

Sacred Books of the East, esp. *Sutta Nipata*, no vol. 10 e os textos *Vinaya* nos vol. 13, 17, e 20.

Trabalhos Modernos

RAHULA, W. Buddha. *New Encyclopaedia Brittanica*. Vol. 3. 15. ed. Macropaedia.

RAHULA, W. *What the Buddha Taught*. Bedford: G. Fraser, 1959.

REYNOLDS, F.E. The Many Lives of the Buddha: A Study of Sacred Biography and Theravada Tradition. In: REYNOLDS, F.E.; CAPPS, D. (eds.). *The Biographical Process*. The Hague: Mouton DeGruyter, 1976.

ROBINSON, R.H.; JOHNSON, W.L. *The Buddhist Religion: A Historical Introduction*. 3. ed. Belmont: Wadsworth, 1982.

THOMAS, J. *History of Buddhist Thought*, 2. ed. Londres: Routledge & Kegan Paul, 1951.

THOMAS, J. *The Life of Buddha as Legend and History*. 3. ed. Londres: Routledge & Kegan Paul, 1975.

Outros

GROSS, R.M. *Buddhism After Patriarchy: A Feminist History, Analysis, and Reconstruction of Buddhism*. Albânia: Suny, 1993, p. 17-27.

HANH, T.N. *The Heart of the Buddha's Teaching*. Broadway Books, 1998.

BYROM, T. (trad.). *Dhammapada: The Sayings of the Buddha*. Boston/Londres: Shambhala, 1993, p. 30-42.

REFERÊNCIAS

[A] SAUNDERS, K.J. *Gotama Buddha: A Biography Based on the Canonical Books of the Theravadin*. Nova York: Association Press, 1920, [1]p. 9; [2]p. 8; [3]p. 21; [4]p. 112. Citado com a permissão dos editores.

[B] BEAL, S. (trad.). Asvaghosa's Life of Buddha (Buddha carita). *The World's Great Classics*. Nova York: Colonial Press, 1900, [1]p. 306; [2]condensação de uma longa passagem do livro XII (de acordo com BECK, A. *The Story of Oriental Philosophy*, p. 133).

[C] WARREN, H.C. *Buddhism in translation*. Cambridge: Harvard University Press, 1992, [1]p. 55 (Jataka I.58.7); [2]p. 122 (Majjhima Nikaya 63); [3]p. 129 (Milindapanha 25.1); [4]p. 234 (Ibid. 71.16); [5]p. 239 (Vissudhi Magga 17); [6]p. 136 (Maha-Nidana-Sutta do Digha-Nikaya, 256.21); [7]p. 436 (Dissudhi Magga 3). Reimp. com a permissão dos editores.

[D] ELIOT, C. *Hinduism and Buddhism*. Londres: Edward Arnold, 1921, [1]vol. I, p. 135 (Anguttara Nikaya 3.35); [2]vol. I, p. 139 (Majjhima Nikaya 1.22); [3]vol. I, p. 160 (Maha-Parinibbana 5.25). Reimp. com a permissão dos editores.

[E] CHALMERS, R. (trad.). *Further Dialogues of the Buddha*. Londres: Oxford University Press, 1926, [1]I. p. 115 (1.163); [2]I, p. 115-117 (1.163-166); [3]I, p. 117 (1.166); [4]I, p. 173 (1.240-241); [5]I. p. 174 (1.242); [6]I. p. 56 (1.80); [7]I, p. 176 (1.246); [8]I, p. 15 (1.22); [9]I, p. 17 (1.24); [10]I, p. 118 (1.167). Reimp. com a permissão dos editores.

[F] Para vários relatos, cf. p. 101s. (*Jataka* 1.68), que proveu a versão mais elaborada condensada no texto. Cf. tb. HAMILTON, C.H. (ed.). *Buddhism: A Religion of Infinite Compassion*, p. 18s. • A versão de Sutta-Nipata, que faz de Mara pouco mais do que a personificação das próprias dúvidas de Gautama.

[G] DAVIDS, T.W.R.; OLDENBERG, H. (trad.). *Vinaya Texts – Sacred Books of the East*. Oxford: Clarendon, 1883, [1]vol. XIII, p. 94; [2]vol. XIII, p. 75s.; [3]vol. XIII, p. 150. Reimp. com a permissão dos editores.

[H] THOMAS, E.J. (trad.). *Buddhist Scriptures – Wisdom of the East*. Londres: John Murray, 1913, p. 52 (Khuddaka Patha 2). Citado com a permissão dos editores.

[I] DAVIDS, T.W.R. *Buddhism*. Londres: Society for Promoting Christian Knowledge, 1890, p. 81-83.

[J] MOORE, G.F. *History of Religions*. Vol. 1. Nova York/Edimburgo: Charles Scribner's Sons/T. & T. Clark, 1913-1919, p. 296. Citado com a permissão dos editores.

[K] DAVIDS, T.W.R. *Buddhist Suttas – Sacred Books of the East*. Vol. XI. Oxford: Clarendon, 1881, p. 148-150. Citado com a permissão dos editores.

[L] MÜLLER, F.M. (trad.). *The Dhammapada – Sacred Books of the East*. Oxford: Clarendon, 1881, [1]vol. X., XVI.211; [2]vol. X., 1:2-5. Citado com a permissão dos editores.

[M] PRATT, J.B. *The Pilgrimage of Buddhism*. Nova York: The Macmillan, 1928, [1]p. 30 (Udana VIII.8, de acordo com a versão alemã de Seidenstucken); [2]p. 30 (Samyutta 21, seguindo Rhys Davids); [3]p. 54 (Majjhima Nikaya, XXXI). Reimp. com a permissão dos editores.

[N] DAVIDS, T.W.R. *Psalms of the Brethren*. Londres: The Pali Text Society, 1913, p. 362 (CCLXI). Publicado para a Pali Text Society por Henry Frowde.

[O] SANGHARAKSHITA, B. *A Survey of Buddhism*. Bangalore Indian Institute of World Culture, 1957, p. 175 (Samyutta Nikaya, III.235).

[P] CONZE, E. (ed.). *Buddhist Texts Through the Ages*. Nova York: Harper Torchbooks, 1964, p. 94.

[Q] SPIRO, M.E. *Buddhism and Society*. Nova York: Harper & Row Paperbacks, 1970, p. 58s.

[R] FAUSBÖLL, V. (trad.). *The Sutta Nipata – Sacred Books of the East*. Oxford: Clarendon, 1881, [1]vol. X. p. 6S. (Khaggavissana Sutta 1-13); [2]vol. X, p. 25. Citado com a permissão dos editores.

7
O desenvolvimento religioso do budismo: a diversidade nos caminhos para o Nirvana

Fatos resumidos:

• Nome ocidental: Budismo.
• Fundador: Sidarta Gautama, ca. 563-483 AEC.
• Aderentes em 2015: 500 milhões.
• Nomes usados pelos aderentes: o caminho Dharma; os cinco votos; O Dharma; As(Os) Três "Joias" ou "Refúgios"; O Buda; Sangha.
• Subdivisões e literatura sagrada:
  - *Teravada* (*Theravada*), 38% (Hinayana ou Meridional); O Tripitaka (O cânon em páli); O Milindapanha (Nagasena); O Visuddhimagga (Buddhaghosa).
  - *Mahayana*, 56% (Setentrional): Literatura de Perfeição da Sabedoria; Prajna-Paramita (Sânscrito); Literatura Madhyamika; O Sutra do Lótus; Saddharmapundarika.
  - *Vajrayana*, 6% (Lamaísmo ou Budismo Tântrico): Tantras (Sânscrito e tibetano).

Os seguidores do Buda tiveram o que o próprio Buda não teve o privilégio de ter: um fundador de mentalidade similar e com um grande coração em quem crer e seguir. Era natural que eles viessem a ampliar o seu significado religioso, como de fato fizeram. Eles o proveram com uma origem e intenção sobrenaturais que o transformaram em uma das maiores figuras religiosas mundiais, e o cercaram de uma grande companhia de suporte de seres sobrenaturais, preocupados da mesma maneira que ele com a redenção humana do sofrimento.

Se o panorama do próprio Buda era religioso em seu sentido estrito é certamente passível de debate. Sua maior preocupação, dizem alguns comentaristas, estava em medidas para resolver os problemas do *próprio ser*, e não em medidas a fim de assegurar condições favoráveis no mundo "embaixo", e no céu acima. A religião, no sentido de um apelo esperançoso para os deuses a fim de alterar as circunstâncias de alguém, parecia-lhe algo mal-orientado. Heinrich Hackmann tem destacado que no budismo original os deuses foram absolutamente desentronizados; seus assentos celestiais se tornaram lugares de recompensa meramente transitórios. Não existia nenhuma divindade no completo sentido da palavra; adoração parece um absurdo, não há lugar para oração, conhecer ou não conhecer se torna a única preocupação primária, e o verdadeiro conhecimento pode ser encontrado apenas no círculo estreito de monges. "O grande mundo externo está excluído. Ele precisa ser deixado para trás. O caminho para a salvação conduz não para o mundo e através dele, mas a se afastar dele. Em uma vida de reclusão cada indivíduo precisa tomar sobre si mesmo a tarefa pesada de chegar à sua própria salvação por meio de autodisciplina, purificação própria, estudo, pensamento, meditação e concentração."

E apesar do caráter filosófico e abstrato do budismo original recomendá-lo às mentes superiores bem além das fronteiras da Índia, "parece que alguma têmpera era necessária para apreciar seu apelo profundo. O budismo, em sua forma original, não encontrava resposta entre as massas"[A].

O fundador como refúgio

Mas o povo ordinário estava primariamente interessado no *homem*. O budismo original poderia não ter tido um efeito tão grande na história da religião no Oriente se a filosofia friamente racional do sábio dos Shakyas não tivesse sido mediada através de uma personalidade calorosa e amigável que pudesse ser adorada. Felizmente para o futuro do budismo, seu fundador balanceou o ideal arahat de salvação própria com o ideal de boa vontade compassiva direcionada a todos os seres viventes, e praticava ele próprio dessa compaixão. Assim, cresceu após ele um culto que tomou refúgio *nele*, "o compassivo" as-

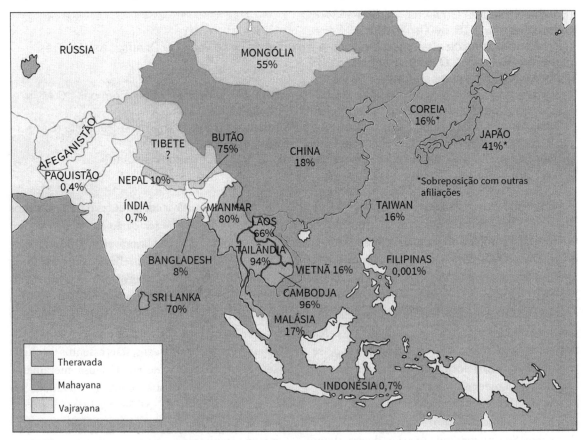

Mapa ilustrativo do percentual da população Theravada, Mahayana, Vajrayana

sim como "o iluminado", mais ainda do que nos seus ensinos, tão difíceis de entender e praticar.

Quando as massas ficaram interessadas, elas não podiam ser recusadas. Por um processo tal qual o que vimos no jainismo e veremos ainda em outras religiões, os fiéis se agarraram no homem por trás dos ensinos, viram nele divindade, sentiram uma intenção redentora em sua vinda entre eles, e se renderam em adoração a ele. Sua expressão foi uma manifestação antiga do movimento bhakti (devocional) que afetou a religião indiana posterior por completo, tanto budista quando hinduísta. Para eles este homem benigno era suprido de poderes superiores. Dentro dele residia um ser celestial que descera à terra em um "corpo glorioso" que permeava o físico, terreno, e que lhe dera as trinta e duas marcas de um super-homem.

Na Índia e além da Índia o povo comum, liderado pelos monges que esposavam o budismo, deixou que aqueles com dotes mentais pouco usuais construíssem teorias profundas e abstrusas (e os admiravam por seus dons), mas eles próprios se engajavam em algo muito mais ao seu gosto, e muito mais satisfatório para suas necessidades mais profundas – um budismo mágico, rico em mito e ritual.

Esta é uma simplificação da questão, é claro. O processo foi historicamente complexo e requereu um período de tempo de talvez mil anos. Ele foi grandemente auxiliado em sua inteireza pelos monges que compartilhavam o sentimento das massas.

Interesses leigos afirmados

Os seguidores ordinários adicionaram algo mais. Quando eles se juntaram ao movimento budista, trouxeram consigo os costumes e interesses estabelecidos há tempos no mundo leigo. Eles não apenas aderiram ao que os historiadores da religião chamam de "a grande tradição" (neste caso o ensino de Buda sobre o sofrimento e Nirvana), mas se agarraram também a suas "pequenas (ou menores) tradições", seus ritos mágicos de precaução e apaziguamento dos espíritos locais. Quanto ao Nirvana, parecia-lhes algo muito distante; era algo que deveria ser buscado apenas após muitas existências posteriores. Enquanto isso, a Lei do Karma havia os feito leigos, homens e mulheres; e achando-se eles próprios neste mundo, estavam obrigados a navegá-lo. Esperava-se deles que pudessem sustentar não apenas a si mesmos, mas também aos monges, aos quais eles deviam prover alimento e uma audiência respeitosa. Esta era a maneira através da qual os leigos poderiam acumular méritos. A angústia profunda que os monges aparentemente sentiam era de todo impossível para eles. Havia momentos de prazer e alegria em suas vidas. Era ao menos confortador se sentar diante de uma imagem do Buda e se juntar aos outros cantando os sutras. Além disso, havia alegria e riso em seus lares e prazer nas atividades diárias para as quais o karma lhes destinara. Um observador cuidadoso do budismo contemporâneo observa, quanto a alguns leigos bem-instruídos de Burma: "Se seu comportamento é um índice de sua convicção, pode-se dizer deles que, ao invés de rejeitar o mundo, eles gostam muito dele". Eles são atraídos para suas esposas e filhos; eles aspiram melhores casas e roupas mais caras; eles buscam os prazeres da comida e sexo. Quando desafiados, eles resolvem esta inconsistência dizendo que, apesar da doutrina budista de sofrimento ser inatacável, eles ainda não atingiram o estado de perfeição espiritual que os permite agir a respeito"[B].

Uma família de religiões

No decorrer do tempo desenvolveram-se ainda outras modificações no budismo. De fato, em última instância se desenvolveram dentro da fé tantas formas de organização religiosa, cultos e crenças, e tão grandes mudanças mesmo nos fundamentos da fé, que se pode dizer que o budismo como um todo é na verdade, da mesma forma que o hinduísmo, uma família de religiões ao invés de uma única religião. Mas famílias têm similaridades, e se há alguma coisa que pode ser chamada de semelhança familiar nesses últimos desenvolvimentos, é a restauração do otimismo, em um sentido ou outro, no âmago do que era originalmente um caminho de libertação dominado por um senso de miséria humana radical.

I - A EXPANSÃO DO BUDISMO NA ÍNDIA E NO SUDESTE ASIÁTICO

Os dois primeiros séculos na Índia

Durante os dois primeiros séculos após a morte do Buda, suas doutrinas encontraram grande aceitação dentro da Bacia do Ganges. Não apenas o corpo de monges cresceu, mas os aderentes leigos aumentaram numericamente de forma ainda mais rápida, incluindo entre si muitos membros das classes governantes.

A tradição sustenta que imediatamente após a morte do Buda quinhentos arahats, sob a liderança de Kassapa, se reuniram para passar a temporada chuvosa em Rajagaha, onde eles recitaram e cantaram juntos os conteúdos do **Tripitaka**. Apreendemos disso que os ensinos do Buda foram fixados muito cedo nas formas repetidas da tradição oral.

Quando foram eles reduzidos para a escrita? A tradição certamente está equivocada ao defender que os monges do chamado "Primeiro Concílio" recitaram o conteúdo do *Tripitaka* de hoje (p. ex., que Ananda, o primo de Buda e seu amável atendente, recitara o *Sutta Pitaka* em sua inteireza, e Upali, outro discípulo proeminente, fizera o mesmo com o *Vinaya Pitaka*). Provavelmente muitos séculos se passaram antes que a tradição oral tomasse forma como os livros do cânon páli (sua coleção oficialmente aceita dos textos sagrados).

A escolha do dialeto páli enfatizava a rejeição dos budistas do brâmanismo e de sua escritura em sânscrito. Os escritos eram divididos em "três cestos" (que é o significado da palavra *Tripitaka*), a saber, o *Vinaya Pitaka*, ou Regras Monásticas; o Sutta (Sânscrito, *Sutra*) *Pitaka*, ou Discursos; e, o último a ser composto, o *Abhidhamma* (*Abhidharma*) *Pitaka*, ou Suplemento às doutrinas, composto de sete trabalhos adicionados ao cânon páli. O *Sutta Pitaka* é o mais importante, pois a principal voz ouvida em seus discursos é a do próprio Buda. Ele é subdividido nos *Digha Nikaya* (os Discursos longos), nos *Majjhima Nikaya* (os Discursos curtos), nos *Samyutta Nikaya* (os Ensinamentos conectados), nos *Anguttara Nikaya* (os Ensinamentos graduados), e nos *Khuddaka Nikaya* (pequena coleção de livros). Os *Khuddaka Nikaya* são uma miscelânea de quinze trabalhos, todos eles compostos algum tempo após o Buda. Eles incluem o tratado moral de grande significado chamado de *Dhammapada* (Versos sobre a lei); o *Budha Vamsa*, trazendo a vida de Gautama e de seus vinte e quatro sucessores; os *Theragatha* e os *Therigatha* (Hinos dos anciãos monges e monjas); e os *Jataka*, uma coleção de cerca de quinhentos poemas-história, que se afirma serem lembranças do Buda de suas vidas passadas enquanto ele era anda um **bodhisattva**, ou futuro Buda.

Esses livros logo se tornaram objetos de comentários. No século V EC, o erudito Buddhaghosa de Sri Lanka compilou-os (ou diz-se que ele os compilou) no *Visuddhimagga* (o Caminho da purificação); ele adicionou um comentário em prosa sobre os poemas do *Jataka*, dando seu completo contexto em forma de prosa. Um tratado independente, importante para a complementação dos *Tripitaka* é o *Milindapanha*, ou "Questões do Rei Milinda" (Menandro), citado no último capítulo. A importância dos Digha Nikaya e Majihima Nikaya é indicada pelo número de vezes que os citamos até aqui, pois em nenhum outro lugar encontramos indicações tão claras sobre os interesses e caráter do Buda histórico.

Cerca de um século após o Primeiro Concílio, o Segundo se reuniu em Vaisali e, de acordo com a tradição, debateu sobre pontos da doutrina e sobre a questão da moderação da severidade da antiga disciplina budista. O resultado, diz-se, foi um cisma, com aqueles que queriam a doutrina e a disciplina interpretadas mais liberalmente se retirando a fim de formar uma nova ordem por sua própria conta. Eles chamaram a si mesmos de Mahasanghika, "Membros do Grande Sangha", talvez porque eles ultrapassassem em número aqueles que se lhes opunham; quiçá por terem incluído leigos em seu meio; ou talvez simplesmente por desejarem possuir um título sonoro. A tradição parece estar correta sobre a data e local do Segundo Concílio, mas há alguma evidência de ela estar errada quanto ao Concílio ter sido a ocasião de um cisma, desde que o Concílio pode de fato ter *enfatizado* a unidade budista. O cisma não ocorreu então, mas talvez alguns anos depois. Os monges mais ortodoxos foram chamados de Sthaviravada (em páli, Teravada), "Aderentes do Ensinamento dos Anciãos". O nome páli sobreviveu como designação para todos os aderentes do antigo budismo, o Budismo Teravada (ou Hinayana).

O processo de divisão interna, uma vez em movimento, produziu não menos que dezesseis outras seitas durante os três séculos seguintes, e poderia ter trazido o desastre sobre a causa budista se um grande imperador não lhe tivesse dado proeminência por toda a extensão da Índia.

Asoka

Em 273 EC veio ao trono de Mágada, que então dominava toda a Índia, um dos maiores imperadores da história indiana. Seu nome era **Asoka**. Ele foi o neto do famoso Chandragupta, fundador do Império Máuria (primeiro da Índia) que, após forçando o retorno e entrando em acordo com as guarnições macedônias deixadas na Índia em 325 AEC por Alexandre o Grande, partiu para a conquista da maior parte do restante da Índia para si mesmo. Asoka, de sua parte, adicionou ao grande domínio que herdara um reino ferozmente resistente ao longo da Baía da Bengala, mas o banho de sangue e sofrimento que ele trouxera sobre o povo conquistado incomodou sua consciência, já aguçada por seus professores budistas. Ele adotou publicamente o budismo como sua fé, e se tornou intensamente interessado em sua propagação.

De forma a expressar seu "profundo pesar e arrependimento" pelo sofrimento que ele causara com suas guerras, o imperador lançou um edito, entalhado em rocha durável para todos o verem, declarando que Sua Sagrada Majestade sentia remorso pelas mortes e desalojamentos de tantas centenas de milhares do povo, e que doravante "se a centésima da milésima parte" de todo o povo que fora então morta, levada à morte, ou levada cativa, "tivesse de sofrer agora o mesmo destino, seria uma questão de pesar para Sua Sagrada Majestade"[C1].

Sua Sagrada Majestade dali em diante praticaria a gentileza e suportaria todos os erros feitos contra si mesmo com toda a mansidão e paciência possíveis.

Chegando à conclusão de que o assassínio de animais para a mesa imperial era inconsistente com o budismo que praticava, Asoka baixou o consumo do palácio para dois pavões e um antílope por dia, e então proibiu até mesmo esta quantia. Ele já abolira a caça real. Em 259 AEC, ele lançou decretos regulando através de todo o Império a morte de animais e proibiu por completo o morticínio de muitas classes de criaturas vivas.

OS EDITOS DE PEDRA ("EDITOS DE ASOKA")

Ainda mais importantes foram as exortações de Asoka para que seu povo vivesse pacificamente, sem violência, e que praticasse todas as piedades budistas. Em 256 AEC ele lançou uma série de editos, incisos em rochas em sete lugares amplamente dispersos (os "Quatorze Editos de Rocha"), de forma que pudessem ser lidos e relidos por seu povo. Eles foram seguidos pelas "Sete inscrições em Pilares", pelos dois "Editos Kalinga", pelas "Três inscrições da Caverna", pelos "Quatro Editos Menores dos Pilares", e outros. Totalizando trinta e cinco ao todo, estes Editos falavam da forma como ele desejava que seu povo vivesse.

> Assim falou sua Sagrada Majestade: "Pai e mãe devem ser ouvidos; similarmente, o respeito pelas criaturas vivas deve ser firmemente estabelecido; a verdade deve ser dita. Essas são as virtudes da Lei que devem ser praticadas. Similarmente, o professor deve ser reverenciado pelo aluno, e a cortesia apropriada precisa ser demonstrada nas relações". Esta é a natureza antiga das coisas – isso leva [a se viver por] muitos dias, e os homens devem agir de acordo com isso.
> As pessoas executam várias cerimônias. Na doença, no casamento de filhos, no casamento de filhas, na partida em jornadas [...]. Ainda que esse tipo [de ritos] traga poucos frutos [...]. Por outro lado, o Cerimonial da Piedade traz grande fruto. Nele estão inclusos o tratamento apropriado de escravos e servos, a honra aos professores, a gentileza em relação às criaturas vivas, e a liberalidade em relação aos ascetas e brâmanes [...]. Mesmo que este Cerimonial da Piedade não consiga atingir o seu fim desejado neste mundo, ele certamente produz méritos infindos no mundo além[C2].

Este é um credo leigo idealista, mas prático. Deve-se notar a tolerância recomendada em relação aos ascetas (jainas?) e brâmanes. Talvez ele não fosse um converso completo ao budismo. Ele tinha pouco interesse na ideologia budista. Não há referência aqui às Quatro Nobres Verdades, à prática de meditação, ao Nirvana, ao objetivo dos arahat. O interesse de Asoka era que seu povo, agora que ele era supremo politicamente sobre todos eles, deveria estar unido, e deveria praticar a piedade e a lei comum; que eles acumulassem méritos em prol do renascimento em um paraíso dali para frente. Com esta perspectiva, ele estava mais que satisfeito, pois ele não era monge e não poderia atingir o Nirvana sem se tornar um.

O Nirvana estava destinado para os arahats. A grande massa do povo tinha que se contentar com a perspectiva de acumular méritos suficientes para entrar em Swarga, o céu. Em algum renascimento distante, eles poderiam vir a se tornar monges e atingir o Nirvana; enquanto isso a bênção do paraíso aguardava e convidava. Isto era o suficiente. Ainda assim, uma tradição não substanciada assevera que Asoka pode ter preparado a si mesmo para o monasticismo ao aceitar a ordenação dentre os Sangha e ao se retirar para um monastério após quarenta anos de governo.

EDUCAÇÃO MORAL SISTEMÁTICA

Asoka requereu que os oficiais do governo, do menor até o maior, expusessem oralmente o Dharma para o povo, de forma a dar efeito às exortações morais contidas em suas inscrições. Ele também designou Censores da Lei da piedade para supervisionar a população no geral e Censores das Mulheres para supervisionar a moral das mulheres em particular. Esses oficiais especiais eram enviados para cada parte do Império, mesmo para os distritos mais remotos e atrasados.

Asoka estava muito interessado no budismo enquanto religião organizada. Para mostrar sua devoção à memória do Buda, ele fez peregrinações piedosas para locais sagrados ao Abençoado. Percebendo, também, que um budismo dividido se enfraqueceria em sua terra natal, ele lançou editos desencorajando cismas, recomendando a harmonia intrabudista (e também entre crenças), e convocando (assim reivindica uma tradição dúbia e não mais verificável) o Terceiro Concílio, que presumivelmente reorganizou e reformou a ordem (Sangha).

MISSIONÁRIOS

Ainda de maior importância é que ele parece ter concebido o budismo como uma religião mundial, pois ele enviou seus missionários e embaixadores tanto para terras próximas quanto distantes.

Seus emissários atingiram a Síria, Egito, Cirene e Grécia. Seu próprio irmão mais novo (ou filho?) liderou um grupo missionário, como veremos a seguir, dirigido a Sri Lanka. Tudo isso foi o início de uma extraordinária expansão, cuja extensão completa o próprio Asoka não poderia ter antevisto.

Sri Lanka

Asoka abordou primeiramente o assunto de enviar professores da doutrina para Sri Lanka em uma troca de dádivas e cumprimentos. Subsequentemente, ele enviou Mahinda – segundo alguns seu filho, e segundo outros seu irmão – para liderar um grupo de missionários. A civilização de Sri Lanka pode ser datada deste tempo; surgiram sacerdotes budistas e monastérios para perpetuar a maravilhosa doutrina e, por essa perpetuação, o resto do mundo budista veio a ficar muito agradecido. Devido ao Sri Lanka ter permanecido por alguns séculos sem ser afetado pelas mudanças às vezes catastróficas que aconteceram na própria Índia, foi o destino histórico dos monges budistas de Sri Lanka conservar para a posteridade os mais antigos textos budistas. A história que chegou até nós foi esta: Mahinda não levou consigo registros escritos para Sri Lanka, mas ele e seus associados mantinham na memória a inteireza do que constitui hoje os antigos textos páli. A lenda continua, afirmando que as escrituras originais foram vertidas para o dialeto singalês ou insular, e por um tempo esses textos foram a única coleção completa dos textos antigos em todo o mundo budista. Diz-se que no século V EC, o grande erudito budista Buddhaghosa foi para Sri Lanka aprender a língua singalesa, e começou a tarefa de retraduzir os textos antigos de volta para o páli. Este conto interessante, aliás, conflita com outra evidência de que os textos páli foram escritos *na Índia* cerca de 80 AEC. Foram estes textos que Buddhaghosa teria comparado com os singaleses.

AS MONJAS DO SRI LANKA

As mulheres de Sri Lanka tiveram sua parte ao preservar e transmitir as ordens de monjas. Sob sua requisição Samghamitta, irmã de Mahinda, teria ido para Sri Lanka, e ali ela teria fundado uma comunidade de monjas. Suas sucessoras em tempos posteriores transmitiram a linhagem de ordenação feminina para a China, onde ela sobreviveu, ainda que eventualmente tenha se extinguido em Sri Lanka.

O zelo devocional dos budistas de Sri Lanka foi nutrido ao longo dos anos pelas relíquias trazidas de todas as partes da Índia. Estas incluíam o que os devotos criam ser a cuia de pedinte, o dente canino esquerdo e uma clavícula do Buda.

Santuários impressionantes – agora de avançada idade – abrigam estes tesouros.

O povo do Sri Lanka pertence até os dias de hoje predominantemente à escola budista mais antiga (Teravada), às vezes chamada de Hinayana.

Burma e sudeste da Ásia

Burma (atual *Mianmar*) e os países do sudeste da Ásia também são predominantemente Teravada. Todos eles em um momento ou outro sofreram influência do hinduísmo, e cada um deles, ao menos nas áreas setentrionais nas quais os chineses haviam se assentado, sofreram influências (tardias) budistas Mahayana. No geral, no entanto, desde os séculos XIII e XIV as tendências mais conservadoras Teravada prevaleceram. O que isto significou? Faremos uma pausa para checar.

O caráter geral de Teravada

Nas áreas Teravada, o monge é, como sempre foi, a figura central. Suas escrituras são os antigos textos páli e comentários. Ele professa que não há atman (o próprio eu), que o mundo é transiente e um cenário de pesar; dessa forma, seu objetivo é o Nirvana. Se alguém pergunta se Buda existe em algum lugar e pode ajudar os outros a atingir o Nirvana, a resposta correta é sempre que o Buda entrou em Nirvana, e desta forma não mais exerce uma influência pessoal ativa enquanto ser vivo. O Buda está em paz e não sabe nada mais de se tornar algo e de deixar de sê-lo. Quando se chega à questão de atingir Nirvana, portanto, o monge deve atingi-lo por si mesmo, em sua própria meditação solitária.

No sudeste da Ásia, os monges residem nos monastérios locais. Nas vilas, os monastérios são pequenas estruturas presididas por um único monge dotado de autoridade, assistido talvez por diversos monges menores ou por poucos noviços, e a meditação sistemática não é tão frequentemente parte do regime como em monastérios maiores.

Nos centros maiores os monges saem de manhã para mendigar, vestidos em robes amarelos e com as cabeças raspadas, assim como nos dias de Gautama, e eles seguem a mesma agenda diária de outrora.

A ROTINA DIÁRIA DE UM MONGE

A rotina diária típica de cada monge inclui se levantar ao som de um sino no raiar do dia, lavar-se, varrer sua cela, buscar e filtrar um suprimento de água, acender uma vela diante da imagem do Buda em sua cela, cantar uma saudação e então meditar em algum aspecto do Dharma e no que esse aspecto lhe desafia pessoalmente.

Após isso, ele pega sua cuia de pedinte e, escolhendo uma rua, desce-a quietamente, com os olhos para baixo e não olhando ao redor; ele para diante de cada residência, seja de alto ou baixo padrão, permanecendo em silêncio até a porta ser aberta. Se não há resposta, ele discretamente vai para a próxima casa. (Este é o ideal teórico. Na prática, as ruas e portais visitados são ocupados por costume e acordos prévios. Os monges passam por casas de leigos que fizeram conhecido seu desejo de contribuir. As propriedades participantes usualmente sabem quantos monges esperar ao longo da parreira da vizinhança.)

De volta para o monastério, o monge toma seu café da manhã. Então, ao som de um sino, ele se junta aos outros monges no saguão de reuniões para a reverência grupal ao Buda, para os cantos e instruções do cabeça do monastério. Das 11:00 às 11:30h ele se junta aos outros monges a fim de ingerir sua principal (e última) refeição do dia, lava e coloca de lado sua cuia, e, de volta à sua cela, devota sua tarde para o estudo e cópia das escrituras, e para a meditação.

Ao pôr do sol, o monge novamente varre sua cela e acende uma lâmpada. Ao soar do sino da tarde ele se dirige para outra reunião, como a da manhã. Após isso, se ele necessita de aconselhamento, o monge vai até seu superior para instrução ou para confessar suas deficiências e dificuldades de compreensão. Finalmente, ele se retira para a noite com uma sincera decisão para a manhã, de lutar contra o desejo e contra a ânsia com renovada diligência.

> ### A meditação de um monge
>
> T.W. Rhys Davids explicou os cinco tipos principais de meditação da seguinte forma:
>
> Existem cinco tipos principais de meditação, que no budismo assumem o lugar da oração. O primeiro é chamado de "Metta-bhavana", ou meditação em amor, na qual o monge pensa sobre todos os seres e almeja pela felicidade de cada um [...]. A segunda meditação é "Karuna-bhavana", ou meditação em Piedade, na qual o mendicante deve pensar sobre todos os seres em sofrimento, para imaginar o tão próximo que puder o seu estado infeliz, e assim despertar em si mesmo o sentimento de piedade, ou de pesar pelo sofrimento alheio. A terceira meditação é "Muditabhavana", ou a meditação da Alegria; na qual, sendo o contrário da última, ele deve pensar sobre a alegria e prosperidade dos outros, e se alegar em sua alegria.
> A quarta é "Asubhavana", a meditação sobre a Impureza, na qual o mendicante pensa sobre a vileza do corpo e sobre os horrores da doença e da corrupção; reflete sobre como o corpo se vai como a espuma do mar, e como pela repetição contínua do nascimento e da morte os mortais se tornam sujeitos a contínuo pesar. A quinta é "Upekka-bhavana", meditação sobre a Serenidade, na qual o mendicante pensa sobre todas as coisas que homens e mulheres mundanos consideram boas ou más – poder e opressão, amor e ódio, riqueza e vontade de ter, fama e inveja, juventude e beleza, decrepitude e doença – e as considera todas com indiferença fixa, com a maior calma e serenidade de mente[D].

AS MONJAS E A VIDA RELIGIOSA

Os *Therigatha*, uma coleção de gathas (canções) atribuídas a monjas anciãs (*theri*), lançam luz sobre as motivações das mulheres que escolhem uma vida monástica. Setenta e uma *bhikkhunis* (monjas) são caracterizadas nos comentários conectados com as canções. Elas representam várias caminhadas na vida: princesas, donas de casa, viúvas e cortesãs. As lendas de suas vidas incluem algumas que entraram para a ordem das monjas oriundas de condições domésticas desfavoráveis: privações, maridos exigentes, trabalho penoso ou viuvez. Mas ao menos metade dos comentários fala de mulheres em circunstâncias confortáveis tomando suas decisões com base das atrações positivas da doutrina e vida budistas. A princesa Sumedha, por exemplo, recusa a proposta de casamento de um Rajá e eventualmente faz dos pais e do "povo do Rajá" fiéis[E].

Muitas das canções desenvolvem o tema da transitoriedade da beleza e da "alegria". Ambapali, antes uma rica e bela cortesã de Vaisali, é autora de estrofes contrastando seus antigos encantos e atributos com a decadência de cada um deles, sempre com o refrão "A palavra verdadeira não é diferente dessa". As estrofes concluem:

Tal já foi meu corpo. Agora ele está cansado e cambaleante: a casa para muitas doenças, uma velha casa com o reboco caindo aos pedaços. A palavra verdadeira não diferente dessa[F].

Outros poemas falam da paz nirvânica que está além do pesar e da felicidade.

Monges e monjas igualmente criam que tudo no universo, incluindo deuses, humanos e bestas, estão em um estado de fluxo constante. Permanecer em fluxo significa sofrimento. Experimentar libertação do "cenário do pesar" requer *dhyana* (em páli, *jhana*), e isto, por sua vez, leva a **prajna**, a mais elevada sabedoria (ou seja, a percepção transcendental penetrando além dos fenômenos, chegando à verdade final); resumidamente, a iluminação (*bodhi*).

OS ESTÁGIOS DE DHYANA

Surge então a seguinte questão para os monges e monjas que tentam seriamente atingir a mais alta sabedoria: Quais os estágios de *dhyana* que levarão à prajna? As escrituras Teravada prescrevem quatro estágios iniciais ao responder essa questão. No primeiro estágio, os que meditam procedem em suprimir desejos sensoriais e outros estados mentais impuros, tais como má vontade, preguiça e dúvida (três das Dez Cadeias), experimentando em tal "distanciamento" uma satisfação libertadora. No segundo estágio eles atingem um estado de concentração mental chamada "unidirecionalidade" – isto é, a habilidade de dirigir seus pensamentos para apenas um objeto, livre de todas as distrações –, um estado marcado por um sentimento de confiança e serenidade. No terceiro estágio, a confiança e a serenidade recém-adquiridas são transcendidas por uma crescente alienação vinda de uma indiferença a tudo, com exceção apenas do próprio senso profundo de bem-estar daquele que medita. No quarto estágio, mesmo a sensação de bem-estar não é mais sentida, pois aquele que medita apagou os últimos vestígios de percepção própria e, tendo assim se esvaziado por completo, pode-se afirmar que está pronto então para entrar em Nirvana. Eles podem alcançar esse estado experimentando quatro *dhyanas* adicionais, assimilando-os a quatro palavras "sem forma": (1) espaço infinito além de toda percepção de objetos formados, físicos e mentais; (2) consciência ilimitada transcendendo percepção da existência ou de qualquer outra coisa que seja; (3) vazio ou o um vácuo supremo; e finalmente (4) um transe de nem ideação nem de não ideação.

Apesar de tudo isso estar em conformidade com o ensino original do Buda, ele parece não ter defendido uma preparação tão estruturada para a entrada no Nirvana; mas ele poderia ter aprovado as medidas morais tomadas.

REVERENCIANDO A PERFEIÇÃO DE BUDA

Em outro sentido os Teravada certamente foram contra a convicção frequentemente afirmada pelo Buda de que a devoção religiosa é de pouco proveito, pois eles desenvolveram práticas que se aproximavam da religião devocional. Além de assumirem uma atitude reverente em relação às relíquias do Buda, fazendo imagens dele de todos os tamanhos, das diminutas às colossais, e erigindo **stupas** gigantes em seu nome, eles desenvolveram uma cosmologia e uma visão de seu papel nela que pode ser chamada apenas de devocional.

Os textos páli (que transmitem o que o próprio Buda *pode* ter dito, mas isso é questionável) declaram que o sábio dos Shakyas não foi o único Buda a aparecer no mundo; ele tivera predecessores em outras eras – no número de seis, dizem alguns textos antigos, ou de vinte e quatro, diz um texto posterior. Eles também afirmam que o Buda era um ser perfeito, onisciente e sem pecado, e que através de incontáveis encarnações ele vivera de forma tão meritória a ponto de se tornar, através desse puro mérito, um ser divino que vivera no **Céu Tushita**. Dali ele veio à terra, entrou no útero de sua mãe, e foi nascido como um homem. Sua natureza divina se tornou manifesta em sua iluminação e vida de puro exemplo e ensino. Sua forma de vida é a verdade para todos; não há outra forma para sair da miséria para a paz. Ele próprio estava em paz – perfeita paz. O *próximo* Buda – agora um bodhisattva (em páli, bodhisatta); isto é, um Buda em confecção – é Maitreya. Ele está esperando pelo tempo apropriado para vir para a terra, onde ele atingirá a iluminação e fará por aqueles vivendo naquela época o que Gautama tem feito por aqueles nesta era.

VIDA DEVOCIONAL EM UM *WAT*

A religião implícita da posição Teravada se torna evidente para qualquer observador dos estabelecimentos religiosos típicos dessa corrente hoje em dia. Na Tailândia, onde suas condições são típicas, tal estabelecimento é chamado de *wat*, um agrupamento de construções dentro de um muro circundante. A entrada ao conjunto é efetuada pelo leste, guardada por uma estátua de um animal ou de um ser humano de olhar severo em postura defensiva, uma transmissão das tradições dos dias pré-budistas, quando demônios tutelares eram considerados essenciais para um portal bem guardado. A construção principal no cercamento é conhecida como *bot*. Ela possui usualmente um telhado curioso de três partes com telhas vermelhas, um telhado estando próximo do outro, com ornamentos dourados em formato de chifre se curvando para o alto, que se afirma representarem cabeças de serpentes.

Por dentro, a construção pode ser descrita como um salão para adoração e pregação. Próximo do meio do piso pode haver um estrado baixo para o líder dos serviços de pregação, e no chão, ao redor, esteiras para a congregação – leigos e monges. No final do salão, na parte mais distante da porta, está uma imagem dourada do Buda, resplandecente em um trono acima do altar, com imagens menores de pé ou sentadas, representando talvez o mesmo grande ser, arranjadas ao seu redor; e em cada lado existem imagens dos dois discípulos famosos do Buda, Moggalana e Sariputta, olhando para ele com ar de adoração. O altar é coberto com diversos objetos: oferendas dos devotos, queimadores de incenso, candelabros caros com suas velas nos lugares, flores em vasos caros, imagens de ouro sólido ou banhadas a ouro, pratos e cuias. Essas são todas dádivas preciosas para o fundador da fé, e aumentam o mérito dos doadores.

Durante os períodos de instrução e oração, a congregação se assenta no chão polido diante do altar e se empenha em canto coletivo.

Em adição ao *bot*, podem existir outros salões diversos, um talvez para abrigar imagens douradas do Buda em colunas compactas e outro, quem sabe, para cobrir uma suposta pegada do Buda na rocha sólida. Também, distribuídos de forma pitoresca através do complexo, podem haver stupas (*dagobas* ou *phras* para os tailandeses), estruturas douradas em formato de torre de projeto afunilado, terminando usualmente em um pináculo pontiagudo. Elas são construídas pelo laicado como um ato de mérito especial (de fato, a maior ambição do leigo devoto é construir um durante sua vida).

O complexo como um todo também serve ao público como um poderoso parque para a cidade; os pais passeiam com seus filhos; um leitor de sortes arma sua barraca em um pórtico; e um artesão exibe seus trabalhos manuais sob a sombra de uma árvore.

OS PAPÉIS DOS MONGES E DO LAICADO

Quando observamos as áreas Teravada como um todo, encontramos um elemento importante do panorama religioso: os monges têm respondido através dos séculos às tradições e necessidades dos leigos, não apenas ao se adaptar a costumes laicos durante casamentos, funerais e períodos de festas, mas, no que é da maior importância, ao saciar a necessidade de expressão da fé em atividades privadas e públicas, que provêm algo para os leigos fazerem, assim como para crerem. Muitas das necessidades do laicado budista são satisfeitas com visitas aos templos para participar de devoções privadas e períodos de instrução e meditação. Mas, além disso, eles apreciam atividades em grupo, tais quais cantos coletivos em um santuário dirigido pelo Buda, procissões através das ruas, celebrações de aniversários, e participação em festivais públicos originados de um templo budista.

Os monges têm cooperado fielmente com essas atividades.

É padrão nas áreas Teravada que os leigos devotos, assim como os monges, observem quatro dias sagrados em cada mês, sendo estes baseados nos *uposathas* – ou os encontros bimestrais dos monges – que remetem até aos primórdios do budismo. Eles são mantidos geralmente na lua nova e na lua cheia, e duas vezes entre elas.

Os aniversários são eventos mais públicos do que essas observâncias, especialmente os comemorando o nascimento do Buda, sua iluminação e entrada final no Nirvana em sua morte. Nos países Teravada estes eventos são geralmente comemorados juntos em um mesmo dia santo em abril. (Em terras Mahayana, eles são observados separadamente ao lado de outros aniversários honrando outros Budas e bodhisattvas.)

Nos países Teravada dá-se ênfase especial a um tempo de retirada do mundo chamado *Vassa*, que ocorre durante a estação chuvosa (julho a setembro), quando os monges permanecem em seus monastérios e os leigos, especialmente na Tailândia e em Mianmar, tomam votos monásticos, vivem nos monastérios por três meses, e retornam à vida laica ao final do período. (É o costume geral na Tailândia e em Mianmar para cada homem da idade de 20 anos viver em um monastério por não menos que três meses – menos tempo não seria respeitável: ele não seria considerado apto para o casamento.) Cada comunidade usualmente celebra o fim de Vassa, dando presentes coletivos para o monastério durante um período de dias de jejum, tais quais vestes amarelas e outras dádivas, incluindo um "grande roupão" requerendo os pontos de costura conjuntos dados por muitos voluntários.

Esta é apenas uma amostra da cadeia completa de atividades nas quais os budistas Teravada se envolvem.

Deve-se compreender que apesar de se sentir que essas atividades piedosas aumentam o mérito dos participantes, no todo essa é frequentemente uma consideração menor; as atividades são expressões devotas de fé em resposta a um impulso de dedicação própria a objetivos religiosos.

Uma questão final precisa ser levantada: Qual é a atitude do devoto Teravada diante da imagem dourada do Buda em seu trono acima do altar coberto de flores no salão central do templo? A resposta é que a atitude dos fiéis menos instruídos é sem dúvida de adoração. Na imagem é vista uma representação de uma pessoa sobrenatural que está apta a ouvir e responder orações. É apenas

> *A paz de uma monja: "Eu não almejo um céu de deuses – tenho expulsado os anseios do coração".*
> *Do Therigatha*

o monge ou leigo mais instruído que conhece a verdade de forma mais apropriada – a oração aumenta o mérito, especialmente se consistir de repetições de palavras e versos sagrados, mas não se deve esperar nenhuma *resposta*.

II - O SURGIMENTO DE MAHAYANA NA ÍNDIA

O nome

Quando os Mahayana tomaram seu nome (*Mahayana* significa "O Grande Veículo"), os budistas conservadores, antigos, aceitaram de malgrado o nome *Hinayana* ("O Pequeno Veículo"). *Yana*, um "meio ou método", pode ser visualizado enquanto um meio de transporte, tal qual uma jangada ou um carrinho. Se a analogia de cruzar um rio for usada para a salvação budista, então Mahayana é a Grande Balsa ou Jangada e Hinayana a Pequena Balsa ou Jangada. Ao lado da justaposição bastante derrogatória entre "grande" e "menor", que os Teravada não apreciam, há uma implicação, às vezes destacada, de "grande" ou de "pequeno", sendo os Mahayana a Grande Balsa transportando grupos inteiros de fiéis, com um piloto no comando, e os Hinayana a Pequena Balsa para o transporte individual, de um por vez.

A localização: o noroeste da Índia

Após Asoka, o budismo desfrutou de grande prestígio através da Índia por 800 anos. Ainda assim, quarenta anos após sua morte, quando a dinastia de Asoka caiu do poder, influências hostis ao budismo – como as oriundas do Império dos Shungas – ascenderam na Índia Central.

Mas então o budismo simplesmente transferiu seu centro de gravidade para o Ocidente. No noroeste da Índia ele começou a florescer e tomar novas formas. Nos séculos I e II AEC, sírios, gregos e citas afluíam ao Punjab, e tendo-o conquistado, tornaram-se os espíritos líderes de uma alegre cultura greco-bactriana. A conversão do Rei Menandro (ou Rei Milinda nas línguas nativas) colocou o novo reino ao alcance da influência budista. Então, no século I EC os kushans, uma tribo de nômades da Ásia Central semelhantes aos turcos, devastaram o Afeganistão e o noroeste da Índia e absorveram as artes e a cultura dos creco-bactrianos. Seu grande rei, Kanishka, tinha sua capital em Peshawar e inquiriu sobre muitas religiões, entre elas o zoroastrismo, antes de adotar o budismo. O mundo budista teve razão subsequente para ser grato por sua aprovação real e seu patrocínio para as novas e belas esculturas e arquitetura greco-budista, formas de arte que surgiram quando artistas gregos foram contratados para emprestar seus talentos ao adorno de temas budistas. Os budas de cabeça arredondada que eles criaram viriam a dominar a consciência estética de todo o budismo posterior, chegando a áreas tão distantes quanto o Japão (p. 266s.).

As doutrinas posteriormente incorporadas no Mahayana, a forma mais elaborada de budismo, começaram a tomar forma em algum momento entre o século III AEC – a era de Asoka, cujas inscrições não nos dão razão para pensar que o desenvolvimento religioso do budismo tivesse ido muito longe – e os séculos I e II EC, quando Kanishka governava a Índia. Os Mahasanghika, descritos anteriormente (p. 253), tiveram nisso um grande papel. Foi um novo desenvolvimento marcante historicamente – mais efetivo em fazer do budismo uma religião mundial do que até mesmo os planos bem-traçados de Asoka, pois foi capaz de transformar o caminho monástico do budismo primitivo em uma religião popular que oferecia recompensas eternas para os fiéis.

O primeiro passo: glorificação posterior de Gautama

Primeiramente, Gautama Buda, agora objeto de bhakti (devoção), foi adorado e cultuado como um ser divino que viera à terra por compaixão pela humanidade em sofrimento. Uma mitologia completa, registrada nos Jataka (ca. século II AEC), explica como o grande ser que se tornou o Buda viveu através de muitas existências, de acordo com todas as "perfeições", e finalmente atingiu um lugar no céu Tushita, do qual ele veio à terra.

Essas afirmações sobre o Buda foram consequência lógica de certas suposições primárias: (1) que ele fora uma pessoa de qualidades extraordinárias, e (2) que, quando nós inquirimos sobre sua encarnação anterior, é necessário crer, de acordo com o princípio de aptidão das coisas que marca a operação da Lei do Karma, que ele não poderia ter vindo do inferno nem de níveis animais ou humanos, mas devia ter vindo do céu – sem dúvida do céu Tushita, pois é o lugar intendido especificamente para indivíduos contemplativos de altos méritos.

O raciocínio subjacente aqui é o seguinte: o que poderia ou deveria logicamente ter acontecido, na falta de evidência contrária, acontece de fato. Muito mais do que o *Jataka* conta – como, da forma que as mentes humanas conseguem apreender, os deuses foram para o céu Tushita a fim de rogar ao grande ser que ele descesse à terra; como ele se assentou após fazer cinco observações em relação à adequação do tempo e em relação a onde e de quem ele nasceria; como ele tomou a forma de um elefante branco e desceu dos céus; como ele entrou no útero de sua mãe enquanto ela deitada sonhava sobre este próprio evento em um palácio de ouro nos Himalaias, para o qual os anjos velozmente a levaram; como, finalmente, ela o pariu em um bosque sagrado com o auxílio de anjos – tudo isso deve ser compreendido como sendo logicamente o que deve ter acontecido e, portanto, aconteceu de fato. Quanto à questão concernente ao seu nome antes de sua descida à terra, a resposta foi: "Ele era um *bodhisattva*". Esta palavra, em sua forma páli *bodhisatta*, ocorre em textos bastante antigos, mas aqui é puramente descritiva; ela meramente recita um fato que era completamente óbvio, a saber – que antes que Gautama fosse iluminado ele fora uma pessoa destinada a ser iluminada. Mas no crescimento da doutrina Mahayana, esta palavra viria a mudar a história religiosa; ela se tornou um termo de grande importância.

O segundo passo: a descoberta de outros Budas e Bodhisattvas

Possivelmente o próximo passo se seguiu enquanto resultado da influência direta do bramanismo, que insistia em uma realidade por trás de todos os fenômenos que se mostrava cada vez mais nos eventos recorrentes. Provavelmente devido a razões mais intrínsecas, os Mahayana enfatizavam grandemente o que os mais conservadores (os Teravada) também anunciavam com menor proeminência: Gautama não fora o único Buda, antes dele muitos outros existiram. Alguns vieram para a terra, alguns permaneceram nos céus, e alguns estavam no meio do processo; estes eram os Budas do futuro, os bodhisattvas.

O processo de criação do mito chegou perto de um estado de compleição quando, de certa forma ultrapassando de longe os modestos feitos antigos a este respeito, os Mahayana recuperaram os nomes e histórias tanto desses outros Budas quanto dos que viriam a ser Budas! A literatura dos Mahayana, em manuscrito após manuscrito em sânscrito, adicionou assim imensas reservas de conhecimento para o devoto. Diante de seus olhos se abriam panoramas imensuráveis: o universo ficou radiante ao extremo com os seres que podiam e queriam ajudá-los. Suas imaginações tinham agora do que se alimentar. Além disso, orações eram agora possíveis novamente, e um culto rico e luxuriante veio à existência. Os devotos foram supridos com pinturas nas paredes e esculturas como auxílios à devoção. A salvação não era mais algo a ser atingido apenas através do esforço próprio; seres divinos com vastas reservas de mérito estavam ansiosos em compartilhá-las com os infiéis.

Muito haveria de brotar disso tudo. Não apenas todo o aspecto do budismo mudou para os fiéis, mas seus próprios destinos melhoraram em grande extensão de uma só vez. Países que responderam vagarosamente ao apelo das doutrinas Teravada adotavam agora as Mahayana com ansiedade. E como a doutrina Mahayana era por natureza expansiva, ela se modificava enquanto se movia; os povos entre os quais ela encontrou espaço contribuíram para o seu desenvolvimento.

Por esta razão, nós traçaremos a disseminação dos Mahayana antes de resumir seus ensinamentos completos, da forma com que se encontraram no auge de seu desenvolvimento.

III – A EXPANSÃO DO BUDISMO NAS TERRAS SETENTRIONAIS

China: contatos iniciais hesitantes

A história do budismo chinês é muito difícil de ser resumida em poucos parágrafos. Apenas suas linhas gerais podem ser traçadas aqui.

Em um período muito distante – como talvez o século III AEC –, China e Índia estavam em contato.

Atividades tanto militares quanto comerciais se davam além do mar e através de uma rota que cruzava a Ásia Central, mas as distâncias e dificuldades da jornada tendiam a fazer os contatos poucos e breves. É difícil de determinar o quanto mais era conhecido na China além do nome de Buda, sua pessoa e seus ensinamentos, nos relatos dos viajantes antes da época do Imperador Ming Di (58-75 EC). Talvez o conhecimento fosse considerável. Historiadores chineses do passado têm relatado que cerca de meia dúzia de anos antes de Ming Di começar a reinar ele se tornou ativamente interessado no budismo; ele teria visto em um sonho a imagem dourada do Buda voando em seu quarto, com a cabeça brilhando como o sol. De acordo com um conto antigo, que é muito provavelmente pura lenda, ele mandou doze enviados especiais à Índia para trazer de volta conhecimento mais exato acerca dos ensinamentos do Abençoado. Os enviados trouxeram consigo em seu retorno uma biblioteca de livros sagrados, estátuas do Buda, e o que era da maior importância, dois monges budistas, cheios de gentil zelo missionário. Diz-se que os monges descarregaram os livros sagrados das costas de seus cavalos, entraram no monastério que o imperador havia erigido para eles, e começaram o trabalho de transliterar sua escritura sagrada para o chinês. Incidentes *parecidos* com este aconteceram, mas talvez não nesse tempo nem sob a insistência do imperador. Nós estamos em terreno mais sólido se acreditarmos que Ming Di, em 65 EC, permitiu que uma estátua do Buda fosse erigida e o culto budista propagado, sem ser ele mesmo um aderente do abençoado.

Barreiras

O budismo inicialmente fez pouco progresso na China. Ele parecia, em sua versão Teravada, como algo estrangeiro ao temperamento e tradição chineses. O monasticismo não podia ser facilmente reconciliado com o ideal chinês de devoção à vida familiar ou com sua busca otimista de bem--estar material. A têmpera especulativa e mística do budismo teria de provar seu parentesco com o misticismo chinês nativo (daoismo) antes de exercer qualquer atração sobre os chineses. Precisava ser mostrado antes para os chineses o valor para a vida das doutrinas da natureza transitória do mundo, da não realidade da atividade mundana, da não existência do ser, e da necessidade de salvação da miséria da existência. Uma tradição bem fundada conta que durante as duas dinastias Han (206 AEC-8 EC e 23-220 EC) a oposição familiar ao monacato foi tal que um banimento público foi lançado em relação à entrada de garotos chineses em monastérios.

Mas esta atitude de frieza do budismo foi quebrada por várias razões. Durante o período dos Han, a China estava unida e podia se devotar em construir sobre a terra uma sociedade ideal feudal ou confucionista, mas a Dinastia Han posterior se dissolveu na turbulência que produziu os Três Reinos (220-280 EC). Durante os três séculos que se seguiram, as tribos nômades da Ásia Central entraram na China em grande quantidade, gerando desunião e miséria. Os eruditos e intelectuais buscavam em vão por sinais de um retorno público à antiga vontade chinesa de fazer deste mundo um lugar feliz de morada para uma família humana ordenada e harmônica. Em seu grande desencorajamento, muitos deles se voltaram do humanismo otimista de Confúcio para as consolações místicas, e para a quietude de retorno à natureza presente no daoismo (cf. capítulos 9 e 10). Um desprezo pelo mundo não característico chinês os possuía, e eles estavam maduros para o budismo. De fato, há evidência de que mesmo no tempo dos Han os daoistas já haviam mostrado um interesse no budismo, pois ele lhes parecia apresentar semelhanças com o seu próprio contexto. Muitos outros sentiam o mesmo interesse, pois o mundo, da forma como eles o conheciam, os reduzira à desesperança, se não ao verdadeiro desespero.

O APELO DO ENSINO MAHAYANA

Essa razão bastante negativa para o sucesso eventual do budismo na China foi mais que balanceada por um motivo positivo: o puro brilhantismo das formas de pensamento avançadas descobertas nos textos budistas, uma sutileza intelectual, meticulosidade lógica e profundidade sem paralelos no pensamento chinês daquele tempo. Os intelectuais foram poderosamente atraídos para eles.

Mas o povo ordinário também vinha sendo preparado para o budismo. Entre os nômades que se infiltravam de além da Grande Muralha havia alguns Mahayana, que traziam um evangelho para as massas. Do sul também os missionários Mahayana chegavam, vindos diretamente da Índia. Seu credo flexível os habilitava a reconhecer a validade das necessidades chinesas e seus modos de pensamento. A ênfase na piedade filial que é encontrada no próprio budismo habilitou-os a elencar essa virtude ao lado da manutenção da santidade da vida animal, da abstenção de álcool, e do resto dos Cinco preceitos da ordem budista. De fato, eles começaram a dizer que, para cumprir com os deveres de piedade filial, os filhos deveriam complementar os ritos funerários confucionistas tradicionais com as cerimônias budistas para os mortos, como forma de tornar a parte de seus ancestrais mais feliz. Aqui a vívida imagem dos monges budistas, que se baseavam livremente em concepções indianas da vida pós-morte, começou a se expressar.

O confucionismo tivera pouco a oferecer na forma de conforto, com exceção da fé vazia de que o indivíduo poderia se juntar aos seus ancestrais na morte, ficando dependente eternamente dali em diante da piedade filial e da lembrança de seus próprios descendentes. Foi em parte apenas porque o Budismo Mahayana, da forma que ele veio a florescer, ultrapassava de longe tanto o daoismo quanto o confucionismo ao apresentar quadros atrativos da vida após a morte, que ele passou, por volta do século IV, a exercer um apelo popular mais amplo. Isto não quer dizer que o daoismo e o confucionismo foram completamente desalojados, mas apenas que o budismo ganhou um lugar ao seu lado. (Alguém pode, de fato, ser ao mesmo tempo um confucionista buscando o bem-estar interno e a harmonia familiar, um daoista entrando em harmonia com os processos naturais externos, e um budista de olho na segurança após a morte. As três religiões pareciam se complementar mutuamente.)

De forma geral, o norte da China foi a primeira região do país a responder ao budismo, talvez porque sua composição étnica estava então grandemente misturada com o sangue de invasores "bárbaros", e a antiga cultura chinesa estava então perturbada e abalada ao máximo. O sul da China foi mais lento para se render. Ali o confucionismo ainda tinha poder duradouro, e mesmo seus daoistas eram inóspitos. O orgulho nacionalista era o mais forte na região. Mas eventualmente, por toda a terra chinesa surgiram monastérios; imensos templos cheios de imagens dos vários Budas da fé Mahayana se multiplicaram, e os intelectuais se dividiram em muitas escolas de pensamento budista.

Ciclos de crescimento e repressão

O número de aderentes aos vários grupos budistas era grande, e assim permaneceu, enquanto dinastias ascendiam e caíam. Às vezes um imperador severamente confucionista ou vigorosamente daoista poderia instituir uma perseguição difundida. Mas imperadores tolerantes geralmente desfaziam o trabalho dos antibudistas, e ao menos o dano físico era reparado. É difícil de comparar relatórios de censos de era a era porque havia formas variadas de classificar os fiéis. No geral, os governos buscavam controlar ordenações para manter baixo o número de pessoas isentas do serviço militar e da corveia (trabalho forçado). Em alguns períodos, os ordenados privada ou ilegalmente ultrapassavam em número os ordenados oficialmente até a proporção de seis por um. Diz-se que o Imperador Wu Zong destruiu em 845 EC 45 mil construções budistas, derreteu dezenas de milhares de imagens budistas, e enviou cerca de 400 mil monges, monjas e atendentes do templo de volta para o mundo. Outros números de censos parecem menos extremos. No intervalo de 713-741 EC, perto da metade da Dinastia Tang, um censo listou 75.524 monges e 50.576 monjas. Em 1077 EC na Dinastia Sung os números eram de 202.872 monges e 29.692 monjas, um grande aumento de monges, mas um declínio na proporção de monjas de dois terços para cerca de um sétimo. O censo em 1677 EC no Período Qing listou 110.292 monges e 8.615 monjas, metade da quantidade de monges de antes, dos quais apenas cerca de um-décimo terceiro da proporção de monjas[G1].

Quando templos e monastérios floresceram, os monges e aderentes leigos tinham muito para crer e fazer. Em contos chineses como a famosa novela medieval *Shui Hu Zhuan*, que Pearl S. Buck traduziu sob o título *Todos os homens são irmãos* (*All Men Are Brothers*, no inglês), o indisciplinado guerreiro Li Ji Shen descobre ser este o caso. Quando busca refúgio no templo de Siang Guo, ele é nomeado por um abade para um de seus monastérios a fim de servir como gerente de um jardim de vegetais, e ele protesta vigorosamente. Mas o monge responsável pelo recebimento de hóspedes lhe responde:

> "Ouça-me. Em nosso meio cada sacerdote trabalhando tem seu dever e lugar. Eu, que sou o monge que recebe, saúdo aos hóspedes e faço coisas semelhantes. Tais posições onde há pouco o que se fazer não são conseguidas tão facilmente. Mestre do templo, sacerdote-chefe, mantenedor das cortes, to-

dos estes cuidados com as despesas do templo; você acabou de chegar aqui, e como subitamente deseja se tornar um desses homens mais elevados? Contador dos registros, do tesouro e dos depósitos, mantenedor dos salões particulares, mantenedor dos deuses acima, mantenedor dos jardins de flores, mantenedor dos banhos – todas essas são posições oficiais, e são destinadas aos sacerdotes de posição média. Existem então aqueles que cuidam do pagode, aquele que supervisiona a alimentação e as cozinhas, aquele que cuida do chá, o cuidador das latrinas – estas são todas posições para os sacerdotes de grau um pouco mais baixo. Você, por exemplo, Irmão Sacerdote, se você gerenciar o jardim de vegetais por um ano, subirá a mantenedor do pagode; após um ano de bom serviço ali você virá a ser mantenedor da casa de banho, e apenas após outro bom ano você poderá ser mestre do templo."
Lu Chi Shen disse: "Se é assim e há uma forma de ascender, eu começarei amanhã"[H].

Há mais a ser dito sobre o budismo na China na seção VI deste capítulo.

A chegada do budismo na Coreia

A introdução do budismo na Coreia seguiu-se à sua expansão na China. A Coreia estava naquele tempo dividida entre três estados independentes, nenhum dos quais tinha atingido uma cultura altamente avançada. Koguryo, no norte, recebeu o monge Sundo do norte da China em 372 EC. Doze anos depois Paekche no sudoeste abrigou um monge indiano, Marnananta. Cerca de cinquenta anos depois o budismo chegou a Silla, no sudeste, e foi este o reino que viria a conquistar seus vizinhos e a tornar o budismo a religião de Estado de uma Coreia unificada. Uma idade de ouro se disseminou através da Dinastia Koryo (935-1392 EC). Quando ocorreram as invasões mongóis no século XIII, a associação próxima da hierarquia budista a uma corte ineficiente desencadeou um período de declínio. Um dos produtos marcantes desse período de tensão foi um imenso projeto piedoso de impressão de sutra. O *Tripitaka* completo foi cortado em blocos de madeira de impressão – 81.258 painéis!

A chegada do budismo ao Japão

O budismo chegou ao Japão em 552 EC, como uma dádiva do reino assediado da Coreia. Ameaçado pelo poder de Silla e esperançoso de obter ajuda japonesa, o rei de Paekche enviou tributo e dádivas para o Imperador Kimmei do Japão: uma imagem do Buda banhada a ouro, alguns escritos sagrados, e uma carta referente à excelente, mas difícil, doutrina budista. Esta doutrina, dizia a carta, poderia produzir imensurável boa fortuna ou dolorosa retribuição. Esta reivindicação provavelmente não impressionou o imperador tanto quanto a declaração posterior de que a doutrina encontrara aceitação reverente da longínqua Índia e através de toda a China. Um imperador ansioso em emular qualquer coisa que tivesse feito a China grande deve ter ficado impressionado por essa religião. Ele discutiu a questão com os seus conselheiros. Alguns foram tão receptivos, mas cautelosos, como ele mesmo o fora; outros se colocavam em declarada oposição à nova religião, na crença devota de que os *Kami* (os deuses nativos do Japão) poderiam se enfurecer. O primeiro-ministro, chefe do clã Soga, sugeriu uma ação favorável. Ele ficara impressionado pela proteção mágica oferecida pelos Budas (e necessitava de sanções religiosas compensadoras para usar contra as facções Shintō hostis no governo). O imperador tomou o caminho da prudência e passou a imagem dourada para o cabeça do clã Soga, a fim de que ele tentasse usá-la em sua família e descobrisse se os Kami objetariam. Quando uma pestilência irrompeu entre o povo achou-se que os Kami haviam de fato objetado; a imagem dourada foi então lançada em um canal, e o budismo caiu dos favores do imperador de maneira irrecuperável.

No devido tempo o imperador morreu e o monarca coreano enviou outra embaixada que incluía, além dos sacerdotes e de 200 textos sagrados, uma monja, um fazedor de imagens e um arquiteto de templos. No espírito da cortesia, a embaixada recebeu a permissão de construir um templo para seu próprio uso, e mais uma vez o clã Soga apoiou a posição de que a nova religião deveria receber um julgamento justo. Novamente uma pestilência irrompeu e, se devemos acreditar no antigo conto, mais uma vez as imagens do Buda encontraram seu lugar de descanso no fundo de um canal.

A perspectiva parecia sombria para o budismo. Mas então ocorreu algo que deixou aos japoneses perplexos: a pestilência continuou! O cabeça dos Soga apresentou, dessa forma, o argumento instigante de que não eram os Kami que tinham se irado – de outra forma, a pestilência haveria se encerrado – mas os Budas, que se ressentiam da frieza da recepção que receberam. As autoridades cautelosas decidiram deixar a questão à deriva.

AS ATRAÇÕES DO BUDISMO NO JAPÃO

A impressão deixada por este conto precisa de alguma correção e suplementação. O budismo era atrativo por muitas razões para os líderes de clã e para a aristocracia da corte. Ele tinha uma abundância de escrituras, escritas nos caracteres chineses que então eram adotados por completo pelos japoneses. Essas escrituras precisavam de interpretação, mas não de tradução, pois os japoneses haviam aprendido a pronunciar cada caractere chinês com o som da palavra japonesa equivalente. Quando isto foi alcançado, as escrituras estimulavam grandemente a imaginação devido ao seu alcance universal, seu imaginário ricamente simbólico, suas ideias que ampliavam a mente, e suas aplicações excitantes no ritual, magia e na arte. Necessidades humanas privadas também eram satisfeitas por consolações budistas emocionalmente confortadoras: escrituras para o conforto dos doentes com a compreensão explícita de que as mesmas tinham efeitos curativos, ritos funerários solenes e belos, cultos memoriais para os mortos, cremação e preservação das cinzas, e escrituras e orações para o repouso do espírito do falecido, recitadas por um sacerdote no *butsu-dan* ("Altar do Buda") na casa (ou palácio) e agraciadas com uma tabuinha de madeira memorial inscrita com o nome do morto (usualmente o "nome celeste", revelado pelo sacerdote).

Na época que o imperador seguinte subiu ao trono, o budismo fizera progressos reais. De fato, o imperador, a despeito da oposição militar provincial e sacerdotal, olhava para a nova religião com favor. Com novos missionários budistas chegando sempre, a maré começou a virar. Em 588 EC, quando a Imperatriz Suiko subiu ao trono, seu sobrinho **Shōtōku Taishi**, um ardente budista, se tornou regente. Ele enviou grupos de acadêmicos para a China para trazer de volta um conhecimento tão completo quanto possível tanto do budismo quanto do sistema de governo chinês. Ele construiu o primeiro templo público budista no Japão e organizou a primeira escola monástica. Para exemplificar o humanitarismo dos Mahayana, ele erigiu um hospital, um dispensário e uma casa de refúgio. Outros líderes budistas doaram casas de esmolas, canais de irrigação, pomares, portos, balsas, reservatórios e boas estradas. A nova religião tinha demonstrado ser boa não apenas para o indivíduo, mas para a sociedade como um todo.

Tendo conquistado a aderência da corte, o budismo lentamente começou a descer rumo ao povo ordinário. Há ainda mais a ser dito sobre as escolas budistas no Japão na seção VI deste capítulo.

Budismo no Tibete e na Mongólia

O budismo chegou tardiamente no Tibete e na Mongólia. Ele se estabeleceu de uma forma tão diferente da escola Teravada e mesmo da Mahayana, na forma como essas escolas são habitualmente compreendidas, a ponto de ser chamado por outros nomes. Apesar de os tibetanos preferirem que sua religião fosse chamada simplesmente de budismo tibetano, ela é às vezes chamada pelo nome de lamaísmo devido à proeminência dos **lamas** (monges), mas isto é enganador. Outros nomes se referem a suas práticas e doutrinas. Assim, ela pode ser chamada de Mantrayana ("o Veículo dos Mantras", ou "Palavras Sagradas", o que enfatiza seu caráter mágico), ou de Tantrayana (que aponta para sua relação com o Hinduísmo Tântrico, p. 180) ou, melhor ainda, de **Vajrayana** ("O Veículo do raio", o que reflete sua teologia ousada). Devido à sua chegada tardia, história estranha e doutrinas mais estranhas ainda, ela será descrita em separado na Seção VII deste capítulo.

O declínio do budismo na Índia

De forma bastante estranha, a curva de crescimento do Mahayana na China e no Japão é igualada por uma curva abrupta descendente na Índia. Este é talvez um lugar tão bom quanto qualquer outro para notar um fato perturbador: o budismo declinou firmemente na Índia após o século VII EC. O peregrino chinês Fa Xian (Fahsien), que visitou a Índia de 405 a 411 EC, notou com alegria a condição de florescimento tanto dos monastérios Hinayana quanto Mahayana, mas quando seu conterrâneo Xuan Zhuang (Hsüan Chuang) chegou dois séculos depois (629-645 EC), o declínio havia se instaurado. Parte do declínio pode ser associada à invasão dos Hunos Brancos no norte da Índia durante o século VI, incursões que resultaram no saque e destruição de monastérios budistas e na desorganização da liderança budista.

Mas esta fraqueza induzida externamente foi mais que equiparada por uma duradoura fraqueza interna. O budismo esperava que o laicado alimentasse e assistisse aos monges, mas lhes oferecia em retorno poucas das cerimônias envolventes que os brâmanes eram tão capazes de executar – cerimônias para nascimento e morte e, durante o tempo de vida entre elas, cerimônias para todos os eventos promissores ou ameaçadores que favoreciam ou perturbavam profundamente vilas, casas e indivíduos. Passou a haver também uma ameaça constante para o budismo quando um movimento separado dos seguidores de Vishnu, tão cedo quanto talvez o século IV EC, adotou o Buda como a nona encarnação de Vishnu. Mas a causa mais séria dentre todas foi o declínio da energia criativa intelectual dentro do próprio budismo. Um golpe final veio em 1197 quando os muçulmanos, que haviam entrado na Índia quatro séculos antes, invadiram a última das fortalezas budistas. O que sobrara do budismo desiludido em Mágada foi eliminado rudemente. Apenas alguns poucos seguidores do Abençoado se apegavam à fé, a maioria em comunidades dispersas aos pés dos Himalaias.

Em 1951, B.R. Ambedkar, um líder entre os intocáveis, fundou a Sociedade Budista da Índia. Sua própria indução à ordem foi testemunhada por mais de meio milhão de pessoas, e no movimento que se seguiu, cerca de 400 mil pessoas, em sua maioria membros de classes deprimidas em Maharashtra, declararam-se budistas. Em 2010, havia um número estimado de 18 milhões de budistas na Índia, cerca de 8/10 ou de 1% da população.

IV – A MENSAGEM DE AJUDA AO PRÓXIMO DO MAHAYANA

Qual foi o segredo do sucesso Mahayana fora da Índia? A resposta não é difícil de ser achada: a maior parte dos Mahayana reivindicava que o Buda ensinara *privadamente* que o indivíduo não necessariamente precisa salvar a si mesmo, mas que poderia buscar *ajuda* para consegui-lo.

Os autores divinos da salvação

Para o povo comum, o Mahayana oferecia a boa-nova da existência de multidões de salvadores, reais e potenciais, cujo desejo principal era a cura ou o melhoramento do sofrimento humano. A benevolência pura desses salvadores era a melhor de todas as garantias. Com sua ajuda, era possível ao menos ganhar o céu após a morte, senão o que poderia ser obtido apenas por conta própria – o Nirvana.

No Mahayana, os autores da salvação são de três tipos, se encaixando naturalmente em ordem. Eles são os **Budas Manushi**, os bodhisattvas, e os **Budas Dhyani**. Para os fiéis, esses Budas eram realidades manifestas. Edward Conze escreveu:

> Para o historiador cristão e agnóstico, apenas o Buda humano é real, e os Budas mágico e espiritual consistem para ele nada mais do que ficções. A perspectiva do fiel é bem diferente: a natureza do Buda e o seu "corpo glorioso" (seu corpo Bodhisattva) se distinguem muito claramente, e o corpo humano do Buda e sua existência histórica aparecem como alguns poucos panos lançados sobre sua glória espiritual[1].

1 BUDAS MANUSHI

Budas Manushi são salvadores que, como Gautama, apareceram na terra no passado na forma de seres humanos, atingiram a iluminação, instruíram homens e mulheres sobre o verdadeiro caminho de vida e então, cumpridos seus deveres, atingiram o Nirvana. Eles são antes de tudo professores. As orações dos homens não podem chegar até eles.

2 BODHISATTVAS

O conceito dos Bodhisattvas poderia nunca ter se tornado vital se não fosse pela existência dos Budas históricos como Gautama, mas ao menos no Mahayana eles são mais importantes, dotados de maior realidade religiosa. As escrituras Teravada reconhecem apenas dois seres desse tipo, Gautama antes de sua iluminação e Maitreya. Mas na forma completa do Mahayana os Bodhisattvas compõem uma grande e até mesmo inumerável companhia de seres sobrenaturais, que ouvem orações e vêm ativamente em ajuda das pessoas. A visão popular que prevalece em relação aos Bodhisattvas, especialmente na China e no Japão, tem sido a de que eles são seres que fizeram um voto, muitas existências atrás, de se tornarem Budas, e que têm vivido desde então de tal maneira a ponto de adquirir acúmulo de mérito praticamente inexaurível.

Este mérito é tão grande que eles poderiam prontamente atingir o estado completo de Buda e passar para o Nirvana caso desejassem fazê-lo, mas eles são seres compassivos; por amor e piedade da humanidade sofredora eles atrasam sua entrada no Nirvana e transferem seus méritos, de acordo com a necessidade que surge, para aqueles que os chamam em oração ou que lhes ofertam pensamento devocional para eles. Eles se assentam entronizados nos céus, olhando para o mundo necessitado e às vezes, em piedade redentora, descem com o disfarce de anjos ministros para executar feitos de misericórdia. Nós temos espaço aqui apenas para a breve menção dos mais amplamente populares dentre eles.

Maitreya

Maitreya, o próximo Buda (conhecido na China como Milo-fo), já foi mencionado. Ele foi honrado primeiramente na Índia, e então por todo o mundo Mahayana. Numerosas imagens dele mostram o alto respeito no qual ele sempre foi mantido, mas, é estranho dizer, a adoração a Maitreya nunca foi tão ardente como se deu no caso de outros bodhisattvas. Talvez a fé de que ele anda no caminho de se tornar o próximo Buda tenha aberto espaço para um sentimento de que ele está, ou deveria estar, guardando seus méritos para sua carreira terrestre, não podendo abrir mão deles. O povo então se voltou para outros, como Manjusri (em Chinês, Wen-Shu) e Avalokitesvara (**Guan--yin**). O primeiro desses é a mais antiga das criações Mahayana. Ele é o bodhisattva que assiste àqueles que desejam conhecer e seguir a Lei Budista (o Dharma). Ele é representado então como uma figura principesca, carregando, em adição à sua espada (para cortar a ignorância), um livro (descrevendo as imperfeições da sabedoria). Próximo à sua imagem frequentemente aparece a de outro bodhisattva, Samantabhadra (Pu-hien), que traz felicidade para seus seguidores e inspira neles sua própria amabilidade universal.

Avalokita (Guan-yin)

Mas de longe o bodhisattva mais popular, por sua conta própria e também por meio de suas metamorfoses, é Avalokitesvara, ou Senhor ***Avalokita***. Como seu nome indiano parece implicar (ele provavelmente significa "o Senhor que olha de cima para baixo nessa era"), ele tem um interesse especial no povo do tempo presente. A personificação da compaixão divina, ele vigia e cuida a todos que habitam o mundo, e diz-se que ele teria descido para a terra mais de trezentas vezes em forma humana, e uma vez como um cavalo miraculoso, para salvar aqueles em perigo que o chamavam. Ele evita não apenas catástrofes morais como ira, tolice e luxúria, mas também dores físicas e desastres, tais quais naufrágios, roubos ou morte violenta. Ele garante a mulheres as crianças pelas quais oram. Sua imagem usualmente o representa com as vestes de um grande príncipe, com um alto ornamento de cabeça, carregando em sua mão esquerda uma lótus vermelha (um de seus pseudônimos é Padmapani o Mão de Lótus), e estendendo sua mão direita com um gesto gracioso. Frequentemente ele é retratado assentado em uma grande lótus e é chamado, com devoção poética, de "a Joia na Lótus". Às vezes ele é retratado com quatro, seis ou muitos mais braços – todos carregados com dádivas para homens e mulheres. Às vezes ele se ajoelha; suas posturas são muitas.

Nós veremos (p. 297) que no Tibete Avalokita é pareado com uma consorte, **Tara**, seu aspecto feminino; mas na China, por meio de uma metamorfose cuja história é obscura, ocorre uma mudança de gênero, e a enormemente popular Guan-yin, deusa da misericórdia, emerge. (Nos contextos chinês e japonês, as designações de gênero são consideradas sem importância, pois todos bodhisattvas são percebidos como tendo transcendido a sexualidade.) As atitudes de Guan--yin são aquelas de Avalokita na Índia, com a adição do calor do sentimento maternal. Suas imagens, nas quais os artistas têm esbanjado sua mais elevada arte, mostram-na em todas as variedades de posturas graciosas e cativantes. Elas podem ser encontradas por toda a China, Coreia (onde ela é chamada de Koan-Eum) e Japão (onde o nome foi modificado ainda mais para Kanon, e formas masculinas e neutras são comuns em sua representação artística). Como seu *alter ego* indiano, ela frequentemente é mostrada assentada em uma lótus, cavalgando em uma nuvem, ou deslizando em uma onda no mar. Em seus braços, ela geralmente carrega uma criança, pois é isso que ela traz para suas adoradoras, e em sua cabeça ela pode vestir uma coroa ajeitada com uma imagem em miniatura de Buda Amitabha, o Senhor do Paraíso Ocidental, para quem ela leva aqueles que são fiéis a ela mesma. Novamente, ela pode ser retratada sem ornamentos.

Kshitigarbha

Outro Bodhisattva importante é Kshitigarbha. Na China, sob o nome de Di Zang, e no Japão, como Jizo, ele está elencado de forma elevada no quesito de popularidade, principalmente porque, no caso de parentes e amigos enlutados, ele desce até os infernos, liberta seus sofredores e os transporta para o céu. Em encarnações prévias, ele foi duas vezes uma mulher, o que explica sua incansável amabilidade, terna misericórdia e seu interesse em ajudar as mulheres nas dores de parto. A fim de creditá-lo com o empreendimento de estar em muitos lugares ao mesmo tempo, multiplicando assim seu poder de ajuda, os chineses declararam que havia seis dele, um para cada um dos seis níveis do universo. No Japão, no personagem de um único ser, Jizo foi identificado com o deus Shintō da guerra, Hachiman; representado como cavalgando vestindo um elmo de guerra, ele se tornou o favorito dos soldados japoneses. Mas ele também era o amigo amado das pequenas crianças, em cuja relação ele aparece sob o disfarce de um simples e honesto monge.

3 BUDAS DHYANI (TATHAGATAS)

A terceira classe de seres salvadores é composta pelos Budas Dhyani. Seu nome vem de uma tradição tardia nepalesa e se disseminou por ser terminologicamente conveniente. O nome usual nos textos sânscritos é Tathagatas (no sentido de "aqueles que percorreram a estrada para a 'Talidade'") ou Jinas ("os vitoriosos"). Esses "Budas contemplativos" diferem de bodhisattvas por terem atingido por completo seu estado de Buda, mas eles se inserem em uma categoria diferente dos Budas Manushi por não terem atingido o estado em forma humana. Eles residem nos céus; e no intervalo indefinido entre o tempo presente e sua entrada final no Nirvana compassivamente postergada, eles ministram ativamente as necessidades humanas, como fez Gautama entre sua iluminação e morte. Seu nome implica que são Budas de contemplação (dhyana), e suas imagens passam a impressão de profunda meditação e calma. Enquanto os bodhisattvas geralmente têm aspecto caro, vestem ricas roupas, cravejadas com ouro e joias, a fim de simbolizar seu papel ativo, servindo no mundo, os Budas Dhyani estão sentados ou de pé com as simples vestimentas de um monge, tendo suas mãos seguras em suas frentes ou entrelaçadas em seus colos nas cinco **mudras**, ou posições estabelecidas, seus olhos virados para baixo, e um sorriso quieto iluminando seus, de outra maneira, semblantes contidos e sérios.

Levando-se todo o mundo Mahayana em consideração, nota-se que os Budas Dhyani aos quais mais se apela são **Vairocana**, Bhaisjyaguru e Amitabha. Eles são poucos dentre muitos. O primeiro é um Buda solar, cujas funções o ligam ao Mitra persa, ao Savitar védico e ao Apolo mediterrânico. Ele é um Buda da maior importância em Java, e no Japão a deusa Amaterasu tem sido considerada sua manifestação. O segundo é o Buda da cura, tendo um grande séquito no Tibete, na China e no Japão.

Amitabha (Amida)

O terceiro Buda Dhyani, **Amitabha** (conhecido pelos chineses como O-mi-tuo e pelos coreanos e japoneses como Amida), é um dos grandes deuses da Ásia. Antes ele fora um monge, tendo feito o voto um número incalculável de eras atrás de se tornar bodhisattva; chegou à sua presente categoria, e agora preside sobre o Paraíso Ocidental, um campo ou domínio do Buda, que ele trouxe à existência: Sukhavati, ou Terra da bem-aventurança, geralmente conhecida como "a Terra Pura". Como ele era o amável senhor deste céu feliz da área ocidental e admitia livremente qualquer um que o buscasse em fé, ele tem ultrapassado mesmo Shakyamuni, o Gautama divinizado, na estima das massas na China e no Japão. Este é o cerne da questão: enquanto os bodhisattvas atendem necessidades presentes, Amitabha assegura bênção futura. O devoto esperançoso, incapaz de emular Shakyamuni em gentileza, ou de adquirir o mérito ajuntado por arahats e bodhisattvas, se volta a Amitabha e tem mérito transferido para ele do depósito do grande ser. Algumas seitas entre os chineses e japoneses creem que a graça de O-mi-tuo é garantida em sua completude para qualquer um que meramente repita seu nome sagrado com devoção. Um tratado Mahayana amplamente lido na China e no Japão, *A descrição da Terra de Bem-aventurança* (o *Sukhavativyuha* menor), fala distintamente que a fé em Amitabha (e seu princípio ativo, Amitayus, "vida imensurável"), estando bastante à parte de trabalhos e feitos de mérito, é suficiente por si só para salvação. Ele declara:

> Seres não nascem no país do Buda como recompensa e resultado de boas obras executadas na vida presente. Não, todos homens e mulheres que ouvem e trazem em suas mentes por uma, duas, três, quatro, cinco, seis ou sete noites o nome de Amitayus, quando vierem a morrer, deixarão esta vida com quietude de mente. Amitayus estará de pé diante de si na hora da sua morte, após o que nascerão no Paraíso (i. e., a Terra Pura)[J1].

Nesta concepção, o budismo original é completamente transcendido.

Mas isto não é menos verdadeiro a respeito da totalidade do esquema Mahayana de Salvação. Ninguém nega que Gautama ensinou e praticou a boa vontade e a compaixão para com todos, mas estas expressões de amor eram em certo grau impessoais, como exigia sua filosofia de vida. O amor tinha que ser feito o máximo possível um amor por todos e não *por alguém*, como observamos antes (p. 244), e em nenhum momento o mérito adquirido era esquecido – ao menos na teoria. Mas em sua concepção de caráter dos bodhisattvas e Budas Dhyani, o Budismo Mahayana eleva à supremacia o puro altruísmo na esfera moral, e ao insistir que ele é expresso em seres sobrenaturais que respondem a orações, essa forma budista se move contrariamente ao ensino de Gautama de que não se deve orar, mas sim se devotar as energias para algo realmente efetivo – salvar-se a si mesmo.

Os Mahayana reconhecem francamente esse desvio em relação ao antigo ensino budista, mas eles têm a crença de que Gautama ensinara vários tipos de doutrina, dependendo da natureza dos ouvintes: para os fracos e egoístas ele teria delineado o caminho óctuplo arahat; para aqueles dotados de maior compreensão e força de caráter, ele teria transmitido o ideal do bodhisattva compassivo e altruísta. Esta versão dos ensinamentos de Gautama tem habilitado os Mahayana a atacarem vigorosamente o egoísmo dos "Hinayanistas", que são acusados de abandonar o mundo ao seu próprio destino enquanto eles buscam sua própria salvação individualmente, cada um "vagando sozinho como um rinoceronte".

O voto do Bodhisattva

O esquema de altruísmo que acabamos de resumir conduz, de fato, para talvez um dos inspirados ensinamentos budistas. Pode ser talvez um pouco estranho declarar o seguinte: assim como os bodhisattvas, que agora são divinos mas foram humanos outrora, fizeram votos em um passado distante para se tornarem Budas e então postergaram sua entrada no Nirvana por puro altruísmo ao transferirem seus méritos para outros, da mesma forma é possível que qualquer ser humano do presente, homem ou mulher, possa, caso ele ou ela desejar, fazer um voto similar a respeito do futuro.

Apesar de o bodhisattva ser essencialmente assexual, a literatura Mahayana exibe ambivalência se as mulheres precisam primeiramente renascer como homens antes de finalmente atingirem o estado de bodhisattva. Na tradição mais antiga, uma das "trinta e duas marcas" do corpo do Buda era um pênis, mas o *Sutra Diamante* contrapõe que todas as marcas são ilusórias. O *Sutra do Lótus* descreveu o momento quando a filha do Rei Dragão se tornou bodhisattva assim: "No mesmo instante [...] o sexo feminino da filha de Sagara, o rei-Naga, desapareceu; o sexo masculino apareceu e ela se manifestou ela mesma como um bodhisattva"[K]. Em qualquer caso os bodhisattvas transcendendo sexualidade eram representados como femininos – na escultura, tão recuadamente quanto Bharhut (século II AEC) e nas formas celebradas de Guan-yin (p. 270) e dos Taras Tântricos (p. 297).

Todos são potencialmente um Buda e devem fazer agora o voto para se tornar bodhisattva. A quantidade de tempo necessária para cumprir o destino empreendido dessa forma pode estar além do cálculo, mas a benevolência verdadeira não necessita ser incitada e não espera por nada. O tempo para começar é agora.

Enquanto as doutrinas Mahayana se desenvolveram assim em direção a suas formas completas, este ideal foi articulado mais claramente e foi ligado, como brevemente veremos, a um vasto *background* metafísico. Vários estágios foram distinguidos na carreira de um bodhisattva, e um corpo literário emergiu para transmitir instruções de como entrar em seus estágios iniciatórios. De acordo com o *Bodhicaryavatara*, um manual do século VII, os estágios iniciais podem ser entrados por aqueles que sentem alegria nas boas ações de todos os seres vivos e que desejam doar a si mesmos no aumento de tal bem. Pessoas com esse temperamento podem então orar para os Budas pedindo que os ajudem a adquirir iluminação – não para que eles possam passar para o Nirvana; mas ao invés disso, para que eles possam assegurar o bem de todos os seres vivos. É com essa finalidade em vista que eles fazem seus votos solenes de postergar sua entrada no Nirvana até que tenham ajudado todos os seres vivos dentro do alcance, ou até que a última folha da grama pudesse ser liberta!

Na Ásia do leste, os monges budistas ascendem através de vários graus de ordenação que culminam naquele do de um bodhisattva. O grau que imediatamente o precede é, de forma significativa, o de um arahat, e esta ordem de graus mostra claramente como o sentimento Mahayana foi além dos ideais éticos dos Teravada. Pois os Mahayana consideravam que o Buda colocava a compaixão acima da salvação própria.

V – AS FILOSOFIAS RELIGIOSAS DO MAHAYANA

O que para o povo era uma mensagem de salvação, para os intelectuais e místicos era uma filosofia, profunda e sutil. Era tão compreensiva que intrigava as mentes dos que nela criam, não menos do que as alegrava.

O contexto: Escola Teravada

A maior parte da filosofia budista foi produzida na Índia. Os filósofos Teravada (Hinayana) vieram primeiro, provendo a terminologia e problemáticas a partir das quais os filósofos posteriores Mahayana iniciaram suas próprias reflexões.

Como temos visto (p. 253), após a divisão do movimento budista entre os *Sthaviravada* e os *Mahasanghika*, outras subdivisões se desenvolveram. Eles evoluíram para as escolas Teravada e Mahayana.

1 Os Sthaviravada

De forma geral, os antigos seguidores do Buda, liderados pelos *Sthaviravada*, encontraram seu ponto de discordância nos ensinamentos do Buda de que o que se crê comumente como "ego" ou "próprio ser" fosse apenas um agrupamento de pouca coesão de skandhas fugazes e em constante mudança. Eles raciocinavam que esta análise da personalidade humana considerava o bem em todos os objetos e agregava o que quer que fosse: qualquer coisa existente seria dessa forma uma coleção pouco coesa de elementos pulsáteis e transitórios, que eles chamavam de *Dharmas* (em páli, *Dhammas*). Eles tendiam a pensar a respeito destes dharmas como algo temporariamente "existindo" objetivamente; isto é, os componentes físico e mental nos quais os chamados "próprios seres" e "objetos percebidos" do mundo a serem resolvidos eram "reais". Eles dizem que os dharmas eram, como os átomos dos jainas, "finais", ainda que viessem à existência, funcionassem, e então desaparecessem. O propósito dos Sthaviravada, entretanto, não era tanto afirmar um realismo filosófico quanto apontar que tudo é transiente e que ninguém deve se "apegar" a próprios seres e outros objetos, desde que eles eram compostos de elementos impessoais aos quais não se deveria se prender; era necessário se quebrar os laços que nos prendem a tais objetos. Como poderia alguém ficar apegado a uma coleção de dharmas ligados de forma impermanente em cadeias de causa e efeito que, por sua vez, apareciam e desapareciam?

2 Sammatiya

Algumas escolas Teravada antigas permitiram que seu realismo os levasse mais além. No século III AEC, uma escola carregando o nome de *Sammatiya* (mas apelidada de *Pudgalavada* ou Pessoalista) disputava que existiria em cada indivíduo vivo uma pessoa semipermanente, mas perecível em última instância (**pudgala**), que não é nem idêntica nem separada dos skandhas, e que ela tem consciência ("sabe") e transmigra com infelicidade de corpo a corpo até atingir a dissolução no Nirvana.

3 Os Sarvastivada

Outro grupo, dos *Sarvastivada*, contendia que "tudo existe". Não apenas os acontecimentos do presente, mas os do passado e do futuro (que são todos agregados de dharmas) existem simultaneamente, combinando-se de forma momentânea de acordo com o karma de alguém a formar sua consciência presente, tudo isso sem a existência de qualquer próprio ser ou ego. Na lista de agregados de dharmas existentes havia tais realidades não condicionadas como espaço e Nirvana, e como tais, realidades não apreendidas. Tais coisas deveriam existir, de outra forma elas não poderiam aparecer na consciência. Grupos opostos negavam vigorosamente isso sob a base de que algumas destas noções eram subjetivas e não objetivas, e que o argumento em sua totalidade adotava um "eternalismo" que era herético.

Duas escolas Mahayana

Quando os Mahayana vieram à existência no século I AEC, uma nova era de filosofia começou, durante a qual no curso de cinco séculos filósofos hindus e jaina se engajaram ao lado de budistas no que foi, de fato, a grande era sistematizadora no pensamento indiano.

No século II ou III EC, **Nagarjuna** deu expressão notável para a Escola **Madhyamika** (ou do "Caminho do meio"), fundada a partir das especulações anteriores que acabamos de resumir. Ele tomou uma posição média ou "intermediária" entre o realismo que garantia a existência aos dharmas e o idealismo que será descrito em breve, como característico da Escola **Yogacara**.

1 OS MADHYAMIKA DE NAGARJUNA

A partir desta posição do "Caminho do meio", Nagarjuna foi capaz de desafiar a qualquer extremo, e de dizer tanto sim e não quanto nem sim nem não para qualquer ponto de vista dogmático. Ele deu o passo de dizer claramente o que alguns budistas que o precederam se recusaram a dizer, que os elementos constituindo objetos percebidos (os dharmas), quando examinados, são de fato nada mais que fenômenos mentais ou fantasmas. Eles não são "vazios" ou "nulos" e não existem realmente enquanto tendo sido experimentados; eles são nada mais que a imaginação de mentes obscurecidas pela ignorância. Se alguém vê um objeto, diz uma pessoa, mesmo o Buda, andando pela rua, alguém realmente experimenta ver tal objeto; a experiência significa algo na história mental desse alguém; não obstante, o objeto não é o algo sólido e material como foi sentido inicialmente. Não se pode dizer que não há *nada* "ali", mas a substancialidade do mundo externo é negada.

"Tudo é vazio (*sunya*)." As coisas não são o que elas parecem. Na realidade, elas são vazias das características que se lhe atribuem.

Entretanto, certas qualificações importantes precisam ser feitas. O que acabou de ser argumentado é a verdade transcendental (*paramartha-satya*). Apenas mentes que abandonaram a "ignorância" podem apreendê-la. Enquanto as mentes continuarem a funcionar da forma ordinária ou usual, elas experimentarão a verdade cotidiana ou relativa (*Samvriti-satya*). À luz da verdade diária, as coisas não parecem ser vazias, mas aparentam possuírem qualificações que lhes dá existência e realidade a ser experimentadas. Este é o domínio do relativo e do impuro, no qual as pessoas nascem e renascem (o domínio de samsara, a ordem mundial).

Obviamente, tal visão da realidade aplica o ceticismo a praticamente todo o conhecimento humano. De fato, muito dos escritos sobreviventes de Nagarjuna lidam com a relatividade do conhecimento humano, incluindo o seu próprio. Nos dois tratados que parecem ser seus, o *Madhyamika Karika* e o *Vigrahavyavartani*, ele demole todas as posições baseadas em samvriti-satya como autocontraditórias ou ainda antitéticas em relação a alguma outra posição embasada de forma semelhante; e sem tomar uma posição sua própria, pois qualquer opinião que brote da consciência humana é apenas relativa, ele se inclina em direção a uma síntese "ainda não alcançada" das numerosas antíteses que ele destacou. A verdade de fato sempre permanece fora de alcance de qualquer formulação humana.

O paradoxo de sunyata (vazio)

A única certeza existente é que, para uma mente até agora lutando com verdades relativas, o que acontece com a chegada da iluminação é a compreensão de que a realidade Última que deve estar por trás – ou além – das aparências conhecidas pela consciência humana como Buda, o mundo de cativeiro (samsara), karma e reencarnação é indescritível: as mentes e línguas humanas nunca poderão abrangê-la por completo. Deve-se dizer, como colocado por Bhikshu Sangharakshita, que coisas que são verdadeiramente reais subsistem em um "mundo puramente espiritual que transcende pensamento e fala"[L]. Nessa Realidade, não há "nem produção, nem destruição, nem aniquilação, nem persistência, nem unidade, nem pluralidade, nem chegada, nem saída"[J2]. Além disso, não apenas as coisas são vazias, mas a entrada no Nirvana é equivalente a *sunyata* (estado de vazio), ou entrada em um vazio, porque significa se retirar todos os atributos de todas as coisas e adentrar no que "daqui" aparenta ser vácuo e silêncio, onde não há percepção, não há nome, não existem conceitos, nem conhecimento, olho, ouvido, corpo ou mente; não há gosto, toque, objetos; nem ignorância, decadência, morte, nem Quatro Nobres Verdades, nem a obtenção de Nirvana[M].

Um paradoxo posterior, que muito deleitava a Nagarjuna, é o seguinte: samsara (a ordem mundial) e Nirvana são *idênticos* no sentido de serem ambos humanamente apreendidos e, dessa maneira, sugestões vazias da Realidade indiferenciada para a qual todos os conceitos apontam. Considerando, então, que o mundo da experiência cotidiana – com todos os seus próprios seres ligados a si, motivados pelo desejo – e que Nirvana são duas formas de se olhar para a mesma realidade, e desde que ambos são, à luz da verdade transcendental, vazios, então nenhum deles é de fato um objeto razoável de desejo, pois como alguém pode, de forma razoável, desejar o vazio? O budista sensato, portanto, não desejará nada, e na tranquilidade da ausência de desejo ele encontrará a si próprio no Nirvana sem sequer tentar fazê-lo!

A sugestão Madhyamika de que tanto samsara quanto Nirvana são construções conceituais (i. e., subjetivas) leva ao questionamento: Por que e de onde as ideias surgem? Mesmo ilusões precisam de uma fonte ou embasamento. Descobrir o que podia consistir esta fonte ou embasamento veio a se tornar a principal preocupação da Escola Yogacara, também chamada de Vijnanavada.

2 YOGACARA (APENAS A MENTE)

A Escola Yogacara ("Idealista" ou "Apenas a Mente"), fundada no século III EC por Maitreyanatha, e tornada famosa no século IV ou V EC pelos irmãos Asanga e Vasubandhu, iniciava sua reflexão a partir do ponto no qual os Madhyamika haviam parado. Sob esta visão a fonte de todas as ideias é **vijnana** (estado de consciência), que é vista como a base fundamental da experiência. O mentalismo ou idealismo, à primeira vista, parece completo. A mente, ou a consciência humana, é a "imaginação da não realidade" (*abhutaparikalpa*), e os objetos de seu pensamento são apenas ideias. Como então a mente percebe o que outras mentes fazem, e não apenas o que lhe agrada perceber? Isto é, como ela compartilha do mundo cotidiano com outras mentes? Como ela aprende sobre o Buda e busca Nirvana? A resposta imediata é que há um reservatório ou armazenamento de percepções, um receptáculo cósmico de ideias coletadas de impressões prévias (um tipo de consciência coletiva) do qual todas as mentes bebem. Não se pode dizer que algo mais exista; isto é "a consciência que une tudo" (o *alaya-vijnana*).

Desde que isso se dá dessa maneira, o universo é "apenas mente". Ele está em fluxo como um oceano, de cujas ondas as mentes individuais, estando determinadas por Karma, reúnem o mundo dos fenômenos, apreendido pelos sete níveis de consciência criadores de ilusões – visão, audição, olfato, paladar, toque, discriminação entre os vários fenômenos do universo, e distinção entre sujeito e objeto. A "consciência receptáculo" é a fonte dos fenômenos ilusórios "percebidos" pelos sete outros tipos de consciência (ela é, por si só, o oitavo tipo de consciência). Mas alaya-vijnana não é a realidade última; ela opera dentro do Vazio (sunyata), que é a realidade última, e é nomeada dessa forma porque as mentes humanas (a "imaginação da não realidade") não podem apreendê-la. Identificar-se com a realidade última é, então, abandonar através de Yoga todas as ideias (ideação), incluindo a consciência derivada de alaya-vijnana, e atingir o Nirvana; isto é, perder-se em ou ser liberto no Vazio.

No famoso tratado *O despertar da fé*, um trabalho Yogacara chinês atribuído falsamente a Ashvaghosa, o campo final da consciência era nomeado de a Absoluta Talidade (Bhutatathata, "aquilo que é tal como é"), e diz-se que, quando uma mente embaraçada pela ignorância tenta compreendê-la, a ilusão que constituiu a aparente multiplicidade do mundo dos fenômenos é produzida, mas em si mesma a Absoluta Talidade é pura e está em descanso, a "unicidade da totalidade das coisas".

Budismo tântrico

Outra escola budista posterior precisa ser considerada – a *Tântrica*. **Tantra**, literalmente uma alusão à tecelagem, eventualmente veio se referir a extensões ou elaborações na forma de práticas que quebravam tabus, padrões elaborados de visualização e cantos. Apesar de encantamentos e outras fórmulas mágicas, juntamente com suas práticas acompanhantes, tenham parte pequena nas escrituras páli, elas receberam cada vez mais proeminência no budismo após 200 EC, e sua popularidade atingiu seu ápice no norte da Índia no século VIII. Eles foram levados para o Tibete, onde se tornaram proeminentes nos Vajrayana (cf. seção VII deste capítulo).

O ponto central defendido pelo tantrismo, seja hindu ou budista, é que o conhecimento arrazoado das escolas, destilado em livros, não é a forma mais efetiva de despertar alguém para a verdadeira fé. O *melhor* método é ganhar experiências vivas sob um guru apto a conduzir magicamente exercícios secretos potentes levando alguém em contato direto com a realidade. Pode-se melhor conhecer a realidade ao experimentá-la por si mesmo, e a forma mais elevada da experiência humana é experimentar a igualdade entre samsara e Nirvana (o mundo de experiência física e mental e o domínio da bem-aventurança eterna) ao se vivenciar em seu próprio corpo e mente o estado do Vazio.

Assim como no tantrismo hindu (cf. p. 180) os ritos budistas eram ousados quebradores de tabu; e, assim como nos ritos hindus, havia pouca concessão para impulsos orgiásticos. O alvo era se atingir uma vitória espiritual, e o objetivo fundamental era assegurar "iluminação" através do controle do corpo e de seus poderes psíquicos, usando uma forma modificada da Hatha Yoga (cf. o parágrafo sobre Hatha Yoga na p. 165). Havia também o alvo de se encarar de frente as forças elementais do mundo e transcender os desejos despertados por elas. Esses ritos eram secretos, e apenas iniciados cuidadosamente selecionados recebiam a permissão do guru de deles participar. Os ritos incluíam a formação de círculos (**mandalas**), recitação de **mantras** (estrofes), o lançamento de encantamentos hipnóticos, a execução de gestos mágicos, canto, dança, ingestão de alimentos e bebidas (vinhos) proibidos, e união sexual, os homens como divindades e as mulheres (usualmente garotas de 16 anos de castas baixas) no papel de deusas ou consortes divinas representando prajna ou percepção sagrada. Os nomes e identidades terrenos eram substituídos por outros, divinos. A prática aprovada nos ritos sexuais era inibir a ejaculação no momento de sua ocorrência por controle de respiração e força de vontade, de forma a fazer com que o sêmen retornasse para o corpo do homem e fortalecesse sua energia espiritual. Os tantras ("manuais descrevendo os ritos") escondiam seu significado usando uma linguagem codificada chamada "fala do crepúsculo". "Sêmen era chamado de 'cânfora', 'o pensamento de bodhi' e 'elixir'; os genitais masculino e feminino eram chamados de 'raio' e 'lótus'"ᴺ. Todos os atos com os quais essas palavras eram enigmaticamente associadas deveriam ser executados sem apetite sensual ou ego, com a percepção de que eram meramente os meios de se efetuar o Vazio.

Um papel elevado foi dado para as sílabas sagradas, círculos (mandalas) e estrofes sagradas (mantras). "Om!" e "hum!" eram repetidos constantemente (veremos exemplos disso no Tibete). As mandalas eram ou representadas pelas pessoas nos ritos, ou desenhadas e pintadas no chão, traçadas em papel, tecidas em pano, ou pintadas em várias superfícies, com Budas, bodhisattvas, humanos e animais renderizados vividamente em cores e tornados em objetos de meditação prolongada, na esperança da união com a divindade e da libertação de samsara.

A sabedoria que tem ido além (Prajna-paramita)

Atualmente a linguagem da erudição budista não mais tem sido o páli, mas uma variante do sânscrito, a linguagem clássica da Índia. Do início da Era Comum e através dos quinhentos anos seguintes, uma vasta literatura em sânscrito começou a surgir. São exemplos antigos dessa literatura o *Mahavastu* e o *Lalita-Vistara*, versões da vida do Buda cheias de milagres e maravilhas. Veio a seguir o *Buda-Carita* de Ashvaghosa (ca. 100 EC), uma famosa biografia do Buda na mais nobre forma poética. Seguiram-se então o *Lótus da boa lei* (o *Saddharma-Pundarika*), que é a mais amada das escrituras Mahayana, repleta de supostos discursos do Buda no Pico do Abutre, perto de Bodh-gaya; o *Sukhavati-Vyuha*, uma descrição muito valorizada da Terra pura de Amitabha e de como se chegar ali; e um grande grupo de sutras, contando 100 ou mais, lidando com problemas de filosofia da religião. Desses últimos, os sutras *Lankavatara* e *Surangama* têm sido os de maior influência.

Uma categoria especial dessa literatura, da qual é típico o popular Cortador de diamante (o *Vajracchedika*, chamado comumente de Sutra Diamante), recebe o nome de *Prajna-paramita Sutras*, assim chamados porque, por serem "discursos sobre a sabedoria que tem ido além" (uma tradução próxima); isto é, ensinamentos referentes à sabedoria transcendental (prajna). Talvez o mais antigo desses seja o *Astasahasrika Prajna-paramita*; foi um dos primeiros a difundir a doutrina sunyata, ou do estado de vazio, que vimos emergir do antigo budismo. Este sutra com a maior certeza era conhecido e valorizado pelas escolas Madhyamika e Yogacara.

É neste último grupo de tratados que encontramos uma metáfora que sugere perfeitamente o que significa **Prajna-paramita**. É a metáfora antiga budista de cruzar um rio de jangada ou balsa até a outra margem (Nirvana). À luz dessa metáfora, Prajna-paramita pode ser traduzido como "a Sabedoria que se foi para a Outra Praia". A margem mais próxima do rio é esse mundo, conhecido dos sentidos desde a infância. Dele não se pode imaginar de forma alguma como é a Outra Margem, que está muito distante. Mas a balsa chega, pilotada pelo Buda, e quando alguém sobe a bordo (i. e., adota o budismo como sua fé) e começa a travessia, a margem próxima que retrocede gradualmente sai da realidade, enquanto que a margem distante parece tomar forma. No final apenas a margem distante parece real, e quando se chega ali e se deixa para trás o rio e a balsa, também se perde todo o senso da realidade, porque agora se atingiu o Grande Além, que é o único elemento real por completo. Assim, o rio e ambas suas margens, assim como a balsa, o Buda e mesmo o objetivo humano, que têm sido todo tempo a recompensa última do Nirvana, são igual e completamente vazios. Enquanto *conceitos*, eles outrora foram meios úteis de se atingir prajna ou sabedoria transcendental, mas agora estão vazios e inúteis para sempre.

Descobrimos que o raciocínio está baseado em uma passagem famosa no Páli *Majihima Nikaya*, onde o Buda pergunta a seus monges:

> Qual seria sua opinião em relação a este homem? Seria ele um homem inteligente se, por gratidão à canoa que o carregou ao longo da corrente em segurança ele, tendo atingido a outra praia, se agarrasse a ela, carregando-a em suas costas, e andasse por ali com o peso dela? [...] Não seria o homem inteligente aquele que deixaria a canoa (de nenhum uso mais para ele) à deriva na corrente, e seguiria seu caminho sem olhar para trás? Não é ela simplesmente uma ferramenta a ser jogada fora e esquecida após ter servido o propósito para o qual foi construída? [...] Da mesma maneira o veículo da doutrina deve ser lançado fora e esquecido, assim que a outra praia do Iluminamento (Nirvana) tiver sido atingida[01].

Há um ponto ainda que precisa ser adicionado. Não apenas cada conceito humano a respeito da realidade é descartado no Nirvana, mas também o próprio ser empírico, da forma pela qual ele é pensado, é descartado também. O *Astasahasrika Prajna-paramita* diz isso com grande sutileza:

> O Iluminado parte na Grande Balsa; mas não há nada de onde ele partiu. Ele parte do universo; mas na verdade ele parte de lugar nenhum. Seu barco é tripulado por todas as perfeições, e é tripulado por ninguém [...].
> Ele [...] encontrará apoio no estado de conhecimento-completo, que por sua vez lhe servirá como não apoio. Além disso, ninguém jamais partiu na Grande Balsa; ninguém jamais nela partirá, e ninguém está nela partindo nesse momento. E por que isto? Porque tampouco aquele que parte, tampouco o objetivo para o qual ele se dirige podem ser encontrados[02].

Trikaya, ou corpo triplo

No processo de ampliar o papel de Gautama Buda na história humana, seus seguidores – como vimos anteriormente – viram no Gautama histórico a vinda para a terra de um bodhisattva celestial. O que estudamos agora é o passo seguinte: a consideração de que a aparência terrena de Gautama foi um "corpo de aparição" de um bodhisattva que permaneceu em seu lugar celeste. A seguir surgiu a ideia de que o bodhisattva celeste (ocupando um "corpo de bênção") era ele próprio a manifestação ou forma da própria Realidade ("o corpo dharma", a realidade última do Buda, originador, incognoscível, "vazio"). Assim, o Buda histórico foi a manifestação passageira na terra de um "corpo triplo" (o *Trikaya*).

De acordo com isso, temos a seguinte formulação das escolas budistas a considerar: em primeiro lugar vem "o Corpo do Buda cósmico ou absoluto" (o *Dharmakaya*); em segundo lugar, "o Corpo do desfrute do Buda", ou o "Corpo da Bênção Espiritual" (o *Sambhogakaya*); e o terceiro é o "Corpo das formas terrestres ou das manifestações do Buda" (o *Nirmanakaya*). O primeiro indica a realidade eterna do Buda que é base e fonte do mundo conhecido pela consciência de um Buda iluminado, e nela presente; ele é idêntico à Talidade absoluta, o Vazio, dentro do qual funciona ou subsiste alaya-vijnana, prajna, e Nirvana. O corpo da Bênção Espiritual é a manifestação celeste do Dharmakaya, particularmente nos Budas celestiais e bodhisattvas, sendo capaz de tomar nome e forma e de oferecer ajuda aos seres terrestres ao longo do caminho para o Nirvana. O Corpo das formas terrestres é uma manifestação do Corpo da bênção espiritual em aparição terrena, sendo seu primeiro exemplo Gautama, o Buda histórico.

Resumindo, o Corpo Dharma é indiferenciado e impessoal. O Corpo da Bênção é diferenciado e pessoal. O Corpo terreno é diferenciado e pessoal e uma manifestação deste mundo do Corpo da Bênção em limitações de tempo e espaço.

Derivado originalmente da análise do significado de Gautama Buda, esta doutrina, ao ser aplicada a ele, se torna uma fé referente a ele: a Talidade absoluta ou Vazio é a base de existência da qual emana o Corpo da bênção espiritual, manifesto em tais poderes celestiais como Amitabha, Avalokitesvara e os bodhisattvas que outrora residiram no céu Tushita e que compassivamente desceram à terra a fim de se tornarem o histórico Gautama Buda. (Uma formulação ainda posterior, aparentemente tibetana, considerava ser Amitabha o Buda celestial, cujo filho espiritual Avalokitesvara trouxe à existência o histórico Gautama Buda. Entretanto, há uma tradição tibetana definida de que Mahavairocana, a figura central entre os cinco Budas celestes, deu origem a Gautama Buda. De qualquer forma, o princípio parece consistir em que o sambhogakaya de Gautama Buda deve ser identificado em última instância com um dos Budas celestiais.)

Quando a missão terrena de Gautama Buda foi cumprida, ele retornou para a fonte de toda a existência, o Dharmakaya (Nirvana).

Comparação com o monismo do Vedanta

Nessas doutrinas, o leitor não encontrará dificuldade em ver uma similaridade com a especulação hindu dos Vedanta. Eles apontam para um Absoluto (o Vazio) que se assemelha em muitos aspectos ao Brâman-Atman do monismo hindu. Mas há uma diferença que precisa, em última instância, ser atribuída à influência da carreira e da personalidade do fundador histórico, Gautama Buda. Enquanto no pensamento vedântico Brâman-Atman permanece o Absoluto não retratável e inconcebível de existência estritamente neutra, no Budismo Mahayana a Essência Absoluta ou Talidade é identificada com um tipo de amor por trás das coisas que produz Budas particulares – uma essência do Buda no coração do universo. A importância dessa conclusão para a religião é certamente evidente. Pois aqui os Budas, enquanto expressões ou projeções do Próprio Ser, não são expressões meramente indiferentes ou sem sentimentos do Ser, mas ao invés disso, uma manifestação de amor compassivo (**karuna**), varrendo as mentes nubladas pela ignorância ao longo do caminho de amor do bodhisattva rumo ao Próprio Ser.

Aplicadas ao povo comum, essas posições filosóficas dos Mahayana levam ao ponto de vista que, considerando que a Absoluta Talidade da essência do Buda (o Dharmakaya) é manifesta em todas as coisas, há uma natureza ou potencialidade do Buda em cada pessoa. Qualquer um pode seguir a carreira de aspirante a Buda sem ter de renascer. O estímulo dessa grande esperança se infiltrou pelo leste da Ásia, e suas implicações otimistas excitaram as naturezas aspirantes dos devotos com um novo zelo.

VI – ESCOLAS DE PENSAMENTO MAHAYANA NA CHINA E NO JAPÃO

Nosso estudo do desenvolvimento religioso do budismo estaria longe de ser completo tanto em escopo quanto em interesse se nós não considerássemos, ainda que brevemente, as principais escolas e seitas Mahayana na China e Japão. No geral, o quadro é este: o que os teólogos especulativos da Índia sugeriram e divulgaram, os chineses adotaram e desenvolveram enquanto base lógica de suas diferenciações; os japoneses, ansiosos em aprender, foram mais adiante, dando os toques finais nos desenvolvimentos chineses, sempre adicionando algo de sua própria criação no processo.

A formação de escolas de pensamento divergentes se deu em alguns casos devido à vinda de professores indianos para a China, mas na maioria das vezes os chineses eram influenciados a variar seus pontos de vista principalmente pela literatura Mahayana que liam e discutiam. Essa literatura chegou até eles na forma de traduções dos originais em sânscrito ou como trabalhos literários produzidos pelos próprios chineses. Entre as mais antigas traduções estão as dos sutras *Astasahasrika Prajna-paramita* e *Sukhavati-Vyuha*. A tradução no século IV EC do influente texto Mahayana *O cortador de diamante*, ou *O Sutra Diamante*, foi da maior importância. A seguir vieram as traduções do *Sutra da Flor de Lótus da Lei Maravilhosa* e do *Despertar da fé*. Outras influências importantes derivaram dos longos trabalhos sânscritos conhecidos como *Avatamsaka Sutra*, *Lankavatara Sutra* e o *Compêndio dos Mahayana* de Asanga, que foram traduzidos no todo ou parcialmente para o chinês. Os próprios chineses parecem ter composto o *Sutra da Rede de Brâma*, o manual mais amplamente usado sobre a vida monástica. Escolas diferentes de pensamento também justificavam suas posições lançando diferentes tratados como a *Prática de Dhyana para iniciantes* e o *Sutra para o Sexto Patriarca*, dentre outros.

Influenciados por uma variedade de professores e sutras, os budistas da China e do Japão evoluíram em uma diversidade de escolas e seitas. As maiores tendências se encaixam sob cinco títulos.

Escolas da Terra Pura: Jing-tu e Jōdo

Nas escolas da Terra Pura existe um motivo que apela ao povo comum, que é o de se alcançar um paraíso de bem-aventurança na próxima vida. O interesse principal e objetivo aproximado dos budistas da Terra pura é o Paraíso Ocidental do Buda Amitabha. Uma extraordinária simplificação é alcançada ao se concentrar a atenção apenas neste aspecto da crença budista. Nas formas posteriores que essa fé tomou, a vida extenuante de "obras" é tornada desnecessária. São suficientes por completo uma fé inquestionável em Amitabha e a repetição devota de seu nome, especialmente através do uso da fórmula "Namu O-mituo Fo" ("Salve, Buda Amitabha!"). Toda a ênfase é colocada sobre a fé e crê-se que esta, em conjunto com a humildade, é suficiente para se atingir tal vida vindoura; de fato, os chineses, de mentalidade prática, têm chamado a Terra Pura de "o caminho fácil", e ele realmente assim parece.

Nos primeiros anos das escolas da Terra Pura outros caminhos não eram repudiados. Todos eles eram bons – estudo, leitura, meditação, boas obras, estrita autodisciplina, reclusão monástica. Mas a Terra Pura dizia que o seu tempo era uma era de declínio, e que a verdadeira fé não era aprendida facilmente, citando uma doutrina budista venerável exposta da forma mais clara pelo *Sutra do Lótus* (e uma doutrina mantida por muito tempo entre hindus e jainas). Como é explicado no Sutra, durante os primeiros séculos após a vinda do Buda, o *puro* dharma – ou doutrina – era conhecido e facilmente praticado; então séculos de dharma *comprometido* se passaram, quando surgiram modificações da verdade; desde então, o dharma *dos últimos dias* se desenvolveu, a fim de satisfazer as necessidades de uma era degenerada e pecadora. Os pregadores da Terra Pura têm, portanto, exortado as massas a tomarem o caminho aberto a todos, o caminho da Terra Pura, no qual eles podem seguir o dharma puro que não pode ser seguido na terra.

Na China, a Escola Jing-tu (Terra Pura) representa este ponto de vista. Seu antigo líder de maior influência, um daoísta convertido, surgiu no século VI EC.

Ele baseou sua posição na versão curta do sânscrito *Sukhavativyuha* (cf. novamente a p. 272), um escrito do século II que trazia a pré-história do Buda Amitabha, começando a milhões de anos (e muitas vidas) atrás; ele era então um monge chamado Dharmakara, que jurara se tornar um Buda que pudesse estabelecer no Céu ocidental a Terra Pura – Sukhavati – onde as pessoas poderiam ser finalmente felizes e poderiam meditar e buscar Nirvana de uma forma que não se podia fazer na terra. A fim de ajudar as pessoas em uma era degenerada, Dharmakara escreveu uma lista de votos através dos quais eles poderiam atingir a Terra Pura, sendo que o décimo-oitavo lhes prometia que por meramente chamar ou pensar em seu nome no momento da morte eles poderiam dirigir seu próximo nascimento para este Paraíso Ocidental. Este foi o texto adotado pela Escola Jing-tu da China como sua escritura principal.

A SEITA JŌDO NO JAPÃO

No Japão esta forma de se praticar o budismo, conhecida como amidismo, tornou-se extremamente popular. Ali os principais representantes do amidismo têm sido os Jōdo Shū (Seita da Terra Pura) e Jōdo-Shinshū (Verdadeira seita da Terra Pura). A seita **Jōdo** foi fundada no século XII por um acadêmico japonês treinado nos monastérios de **Tendai** no Monte Hiei, cujo nome era Genku (conhecido posteriormente como Hōnen Shonin, ou "Santo Hōnen"). Enquanto jovem, ele buscara em vão pela paz por meio das três disciplinas budistas ("preceitos, meditação e sabedoria"), e encontrara então a iluminação em uma biblioteca, enquanto ele lia em um comentário chinês as palavras confortadoras: "Repita apenas o nome de Amitabha com todo o seu coração, seja caminhando ou estando de pé, seja estando assentado ou deitado; nunca pare esta prática, nem por um momento. Este é o próprio trabalho que leva infalivelmente à salvação"[p]. Diz-se que ele afirmava, em idade avançada, que após ler o comentário amidista ele começou a repetir "Namu Amida Butsu!" ("Salve, Amida Buda!") 60 mil vezes por dia, e aumentou isso até chegar a 70 mil vezes! Esta foi a expressão máxima de sua fé, apesar de ele também reverenciar Gautama Buda e executar boas obras como gratidão a ele e enquanto dever religioso, sabendo que ele não poderia *ganhar por si mesmo* a salvação: era dádiva de Amida.

OS JŌDO-SHINSHŪ

A seita dos Jōdo-Shinshū (Verdadeira Terra Pura), estabelecida pelo discípulo de Genku, Shinran Shonin, introduziu algumas inovações radicais japonesas que dificilmente possuem paralelo no budismo em qualquer outra parte, e é atualmente a mais difundida das seitas japonesas, tendo a maior quantidade de templos, monges e professores. Ela tomou a posição confiante de que a humildade (a sensação da impotência humana para efetuar a redenção) e a fé no amor de Amida são em si mesmos sinais verdadeiros de que a graça redentora do Buda já foi concedida, e dali em diante a repetição da fórmula amidista (telescopada no Japão para "**Nembutsu**") não deveria ser considerada como pré-requisito para a salvação, mas deveria ser motivada pela gratidão; pois Amida busca e salva sem requerer antes fé e boas obras. De fato, a fé é trabalho dele apenas; ela brota espontaneamente da presença espiritual de Amida no coração.

Libertos do celibato, os sacerdotes Shin têm a permissão de se casar, comer carne e viver no mundo como os leigos. Como no caso das Igrejas cristãs, as instituições Shin dependem de contribuições voluntárias. Como os sacerdotes podem se casar, uma inovação similar àquela no Tibete ocorreu: a posição dos abades é hereditária. No passado, ao adquirir poder político e mesmo militar, esses abades "eram mais similares a barões do que a prelados celibatários"[13] das seitas antigas e semimilitarizadas da era feudal. A natureza alegre e de aceitação do mundo da seita dos Shin tem tido um resultado natural: muitas pessoas a têm considerado uma fé altamente atrativa.

Escolas meditativas: Chan e Zen

O objetivo das escolas meditativas é visão imediata além das palavras, iluminação tal qual a que Gautama atingiu sob a árvore Bo. O método de salvação é usualmente dhyana, ou meditação, mas a salvação é obtida de fato não pela meditação, mas pelo discernimento ou despertamento (prajna) seguindo à meditação. Para alguns que adotam essa forma de pensamento a pesquisa acadêmica, a leitura de livros, o ouvir de aulas, a execução de boas obras, o desempenho de rituais e assim por diante são de pouco mérito por si só. Elas são frequentemente, porém, um impedimento à verdadeira contemplação da realidade do Buda. Deve-se encontrar a salvação pela visão interior de sua própria natureza; resumindo, a salvação é uma experiência privada e pessoal.

De forma geral, as seitas Chan e **Zen** têm aceitado como normativas as seguintes quatro condições:

1) Uma transmissão oral especial de mestre para discípulo fora das escrituras.

2) Ausência de dependência da autoridade de palavras e cartas.

3) Direcionamento direto à alma humana.

4) Contemplação da própria natureza interna, atingindo-se assim o estado de Buda.

Ao tentar pronunciar o termo sânscrito *dhyana*, os chineses criaram seu próprio nome para essa forma de fé, a saber, a Escola Chan. Seu fundador teria sido um erudito e professor indiano chamado de **Bodhidharma**. Atualmente nada mais do que uma figura legendária obscura, é possível que ele tenha viajado para o sul da China no século V, o momento em que a crescente influência do budismo havia reivindicado um convertido imperial – o Imperador Wu Di da meridional Dinastia Liang. O interessante e antigo conto, que precisa ser aceito com ceticismo histórico devido à discordância das datas, afirma que o imperador o convidou. No decorrer da entrevista, o renomado professor foi indagado a respeito de quanto mérito derivava em fazer doações imperiais para a ordem budista e dar continuidade à tradução dos livros sagrados. "Nenhum mérito de todo!", respondeu o rude monge, que seguiu dizendo para seu ouvinte chocado que o conhecimento obtido pela leitura era inútil e nenhum mérito era derivado de boas obras; havia valor apenas na meditação, que conduzia o indivíduo a observar diretamente o Grande Vazio da realidade do Buda. Esta é a verdade que é revelada ao pensamento daquele que se volta para o seu próprio interior, tornando real o Buda em seu próprio coração. Rejeitado pelo imperador, Bodhidharma teria ido para o Monte Su, no norte da China, onde ficaria sentado com sua face voltada para um muro por nove anos.

Quaisquer que tenham sido as circunstâncias de sua origem, a Escola Chan começou de início com apenas a vida simples e uma severa autodisciplina como preparação para meditação e a visão interior. Ela

> *Mantra: Namu Amida Butsu.*
> *Salve Amida Buda*

considerava estimulantes as técnicas meditativas já desenvolvidas pelo daoismo nativo chinês, tanto em sua forma religiosa quanto filosófica (cf. a seção sobre o *daoismo* no capítulo 9). De início, ela desdenhava de todas as escrituras e era rigorosamente individualista, iconoclasta e avessa em considerar o princípio final do Buda ("o Nada"; "o Vazio") como definível em qualquer sentido. Gradualmente, entretanto, os antigos auxílios à vida religiosa foram reinstaurados e usados de forma moderada. Não obstante, percebeu-se que tais auxílios não podiam se tornar substitutos para a meditação, mesmo que se desenvolvessem diferenças em relação à própria natureza da meditação.

Existem diferentes tipos de meditação. A questão que surgiu foi se se deveria "sentar imóvel" em meditação, eliminando cuidadosamente pontos de vista falsos, sem quaisquer objetivos ou problemas em mente, aguardando e esperando por bodhi (por meio de um gradual iluminamento), ou se se deveria focar intensamente em um problema difícil, na esperança de desgastar o intelecto a tal ponto até que ele desistisse e, subitamente, o "iluminamento súbito" (compreensão) acontecesse. Finalmente, das sete seitas Chan, duas sobreviveram, os Lin-Ji e os Cao-dung (Ts'ao-tung); a primeira era devota de procedimentos abruptos e problemas densos levando ao iluminamento súbito; a segunda, ao amplo desenvolvimento da compreensão através do estudo de livros e da instrução, que levavam ao iluminamento gradual.

Em qualquer um dos casos era requerida a habilidade de se meditar de forma apropriada, e não era necessário ser estudioso de história ou filosofia ou especialista nos ritos e cerimônias tradicionais para atingi-la. Tudo que era requerido era visão com profundidade de seu próprio "coração". É útil citar-se a seguinte passagem "autobibliográfica" de um texto Chan a título de ilustração, pois ela mostra como um garoto do interior sem educação se tornou, por conta de suas qualidades intuitivas, o renomado Sexto Patriarca, **Hui-neng**:

> Eu vendia lenha no mercado (de Cantão) certo dia quando um dos meus clientes encomendou algo a ser enviado para sua loja. Após a entrega e o seu pagamento eu saí, e encontrei do lado de fora um homem recitando um Sutra. Não demorou após eu ter ouvido o texto deste Sutra para que minha mente fosse iluminada de súbito. Eu perguntei para o homem qual era o nome do livro que ele estava recitando e ele me disse que era o Sutra Diamante. Eu perguntei de onde ele vinha e por que ele recitava este Sutra em particular. Ele respondeu que ele vinha do monastério Tung-Tsan em Wongmui; que o abade encarregado era Hwang-yan, o quinto patriarca, tendo cerca de 5 mil discípulos abaixo de si [...].
>
> O bom karma acumulado de vidas passadas deve ter sido a razão pela qual eu ouvi isso, e pela qual eu depois recebi dez *taels* para a manutenção de minha mãe de um homem que me aconselhou a ir para Wongmui a fim de entrevistar o Quinto Patriarca. Após deixar tudo preparado para o sustento de minha mãe, eu parti para Wongmui, que levou cerca de trinta dias para ser alcançada.
>
> Eu prestei homenagem ao patriarca e ele me perguntou de onde eu viera e o que eu esperava receber dele. Eu respondi que era um plebeu de Sun-chow em Kwang-tung e respondi: "Eu não peço por nada além do estado de Buda".
>
> O Patriarca respondeu: "Então você é nativo de Kwang-tung? Você evidentemente é um aborígene; agora, como espera se tornar um Buda?"
>
> Eu respondi: "Apesar de existirem homens do norte e homens do sul, o norte e o sul não fazem diferença em sua natureza de Buda". Um aborígene é di-

ferente de vossa eminência fisicamente, mas não há diferença em nossa natureza de Buda"[9].

De acordo com a mesma fonte, essa resposta do rapaz do interior sem educação formal revelou sua alta capacidade de compreensão para o Quinto Patriarca. O Patriarca subsequentemente expôs o Sutra Diamante para ele, e, apesar de o jovem originalmente não poder nem ler nem escrever, ele foi tão completamente iluminado que veio a se tornar o Sexto Patriarca.

Tais indivíduos, no entanto, são raros, e reconheceu-se que a maior parte dos iniciantes precisava de orientação cuidadosa. Consequentemente, tem sido desde o princípio características das seitas Chan a leitura dos sutras ou textos básicos, a atribuição de problemas para reflexão concentrada e sugestões práticas sobre postura e respiração durante a meditação.

No Japão, a Escola Chan usa o nome de Zen (que é a forma como a palavra chinesa é pronunciada ali). Três ramos dos Zen se estabeleceram nos séculos XII, XIII e XVII, e eles têm tido influência de longo alcance, ainda que silenciosa, na totalidade da cultura japonesa. As duas seitas Zen, que são atualmente as mais ativas, são nomeadas a partir das duas seitas chinesas de maior duração: os Rinzai (chamados dessa maneira de acordo com a pronúncia japonesa de Lin-ji) e os Sōtō (do chinês Caodo). Apesar de a seita Sōtō ser numericamente maior, as características distintivas dos Zen são representadas mais dramaticamente nos Rinzai Zen, e o que discutimos a seguir segue em sua maior parte o seu ponto de vista.

No capítulo a respeito do Shintō, a religião nativa japonesa, teremos a oportunidade de mencionar a atração que o Zen exerceu sobre os severos e taciturnos homens do exército do Japão, resolutos como eles têm tradicionalmente sido com seu sacrifício próprio e sua devoção determinada em prol do imperador e do país. Além desse círculo, a ênfase dada por ambos ramos dos Zen à busca interna pelo essencial na vida tem tido um efeito determinante na arte japonesa, nos mobiliários das casas, na arquitetura e nas formas de etiqueta social, especialmente ao introduzir reticência e contenção enquanto marcas de bom gosto.

Mesmo a incomparável arte japonesa de arranjos florais parece ter sido um subproduto Zen.

Vejamos como isso se deu.

ATUALIZANDO A NÃO DUALIDADE

Zen é primariamente uma tentativa de experimentar ("atualizar") o caráter unitário da realidade. "Eu" e "não Eu" são um ("não dois"); ambos são aspectos da realidade de Buda. Isto se torna claro quando alguém "olha para sua própria natureza", em um momento de "despertamento".

A razão deliberativa não é suficiente nesse caso. Um indivíduo não consegue *pensar* a si mesmo dentro da percepção de que não há dualidade entre ele próprio e o mundo, e que "Eu" e "não Eu" são, em última análise, não duais. Tal compreensão precisa vir subitamente por meio de um clarão, de um *insight*, um "despertar"; algo que os japoneses chamam de **satori**. Existem duas formas de se lidar com a natureza. Uma delas é distinguir, descrever, analisar e, ao se buscar fins práticos, manipular objetos a partir de seu exterior; isto é, atuar por meio de conceitos e atos que são disjuntivos (dualistas) e enganadores. A outra forma é contemplar a Natureza, de maneira parecida como fazem os daoístas da China (p. 352s.), da posição de alguém que é, de forma indistinguível, um com ela. Para isso é necessário se passar pela Verdade, pelo Vazio (sunyata), pelo Dharmakaya, no que toca à afirmação "deve-se estar em silêncio"; pois dizer alguma coisa sobre ela (a natureza) é aplicar a ela conceitos equivocados. Uma forma favorita Zen de se falar a mesma coisa é afirmar o contrário:

que o indivíduo não pode, falando-se de forma apropriada, "passar pela Verdade (Tatha), pelo Vazio, pelo Dharmakaya", porque a Natureza não é "nada além de sua própria mente verdadeira" e, dessa forma, o Vazio também está em seu interior.

No interior de cada um, entretanto, há uma habilidade de se criar ilusões que é exercitada ao máximo por todos aqueles que residem e se apegam ao mundo dos sentidos como se ele fosse a totalidade da realidade. Mas isto é se submeter à ignorância; a verdade deve ser encontrada, ao invés disso, "no coração". Dentro de cada um, profundamente, existe uma natureza de Buda (uma natureza capaz de bodhi). Ao se atualizar essa natureza de Buda (transformá-la em realidade), o indivíduo deixa de raciocinar de maneira ignorante e adquire Prajna-paramita, a sabedoria que foi além – ao além que também está dentro de si.

Mas mesmo essa linguagem não é completamente satisfatória para aderentes Chan e Zen. Existe o perigo, dizem eles, de se falar sobre a própria natureza de Buda existente em si mesmo, ou do "Além interno", como se pudessem ser vistos como objetos, ou como possuindo fronteiras e limites. Eles são, na verdade, a realidade de Buda e, como tal, nem algo externo nem algo interno, nem objetivo, nem subjetivo, coisa ou não coisa; de fato, tais dualismos como estes precisam ser transcendidos pela compreensão (através de *satori*) de que a realidade de Buda não está fora de Mim, mas é "Eu-Mesmo" e que "Eu-Mesmo" não se coloca em contraste a "Não Eu Mesmo", pois a realidade de Buda inclui ambos, em um não dualismo que é de uma só vez – ao menos para a mente finita – tudo e ainda assim, nada; cheio de vida e ainda assim, vazio; a própria mente e ainda assim, a mente como um espaço vazio; "Eu-Mesmo" e ainda assim, liberto da limitação autoimposta; sem forma e não condicionado.

MÉTODOS PARA SE DIMINUIR O RACIOCÍNIO DUALISTA

Os mestres Zen no Japão seguem seus predecessores Chan ao adotar vários métodos para acordar os novatos de seus sonhos ilusórios, especialmente de seu apego a objetos e consequente forma de raciocinar de forma dualística. Pois a verdade não pode ser conhecida enquanto se pensar de forma disjuntiva sobre "eu mesmo" *e* "o mundo", ou "o Buda" *e* "eu", a essência do budismo *para* mim, o desafio básico do Buda *para* mim, e assim por diante, pois tudo é a existência do Buda (o Dharmakaya). Para se tornarem aptos a discernir suas próprias naturezas de Buda, os aprendizes precisam parar de distinguir, separar, definir, analisar e descrever; eles devem parar de fazer questões, pois elas são essencialmente dualísticas, e para tais questões não existem respostas. O problema está em as questões separarem o questionador do objeto sobre o qual ele indaga. Um aprendiz que insiste em tentar raciocinar sobre as coisas e que continua fazendo questões pode receber tapas do mestre, ser chutado, ou ser jogado no meio do salão. Quiçá isto possa quebrar seu apego aos objetos e despertá-lo em choque da tendência de fazer perguntas tolamente disjuntivas; talvez possa até mesmo subitamente fundir tudo com a não dualidade, trazendo assim a iluminação ali mesmo. Outra tática do mestre pode ser responder a uma questão de forma mais ou menos absurda, e então pedir para o aprendiz que ele traga sentido para a resposta, sabendo que na perplexidade o estudante terá de "ir além da percepção" (na terminologia japonesa, isto é, dar um **koan** para o aprendiz lidar). Ou então o mestre pode recontar um diálogo enigmático (que os japoneses chamam de **mondo**). O ponto principal é que o indivíduo precisa compreender que a razão discursiva é enganadora; a perplexidade da razão é uma indicação de sua natureza limitada e é necessário se ir além dos conceitos racionais rumo a uma compreensão que cega, como o clarão de um relâmpago – uma percepção que transcende todos os limites racionais.

Considere os seguintes famosos koans (a maior parte deles, de derivação Chan) como se dissessem, de fato: "Pare de se agarrar aos objetos, incluindo você mesmo; pare de fazer questões dualistas; ao invés disso, conheça em você mesmo o Vazio indiferenciado que é simultaneamente a base de todo ser distinto".

> Um monge perguntou para Tung-shan: "Quem é o Buda?", e recebeu a resposta: "Três medidas de linho".
> Quando questionado por um monge, "existe uma natureza Buda em um cão?", Chao-chou latiu, "Wu" ("Não!"). [Semanticamente negativo, mas de forma existencial, um som de cachorro.]
> Um monge pediu a Hui-neng que ele revelasse o segredo de Zen, e foi por sua vez questionado: "O que fez com que sua face parecesse como se seus pais tivessem te gerado?"
> O grande monge japonês Hakuin respondeu para um indagador batendo ambas as mãos, e então perguntando: "Que som faz uma mão?"

O que se segue é um **mondo**:

> Um monge que viu Yao-shan meditando perguntou: "Nesta posição imóvel, o que você está pensando?"
> "Pensando no que está além de pensar."
> "Como você pensa no que está além de pensar?"
> "Por meio de um ato de não pensar."

Existem vários corolários paradoxos nessa posição. O contínuo do tempo e o momento presente podem ser experimentados em contraste, mas eles também colapsam entre si. Um *haiku* (poema de dezessete sílabas) do monge Zen **Bashō** aponta para isso.

> Uma antiga lagoa: (pausa)
> Um sapo nela pula.
> A água soa! (plop!)

Uma pessoa meditando dessa forma percebe a unicidade (não dualidade) primeiramente com o contínuo silencioso e estático de uma "lagoa" (essência); após isso, percebe a unicidade com o súbito e ruidoso evento do mergulho (momento existencial), finalmente acordando no *satori* de experimentação pura do "plop".

NÃO DUALIDADE E GÊNERO

A não dualidade se aplica de forma prática ao gênero. Se não há em última instância nenhuma distinção significativa entre o próprio ser e o outro, ou mesmo entre o próprio ser e o corpo desse ser, então não há lugar para sexualidade na mente do Buda, e não há razão para se excluir qualquer pessoa de um monastério com base em seu gênero. As regras monásticas proíbem de fato o contato com pessoas do sexo oposto, mas aqueles que vivem em total consciência da não dualidade (e do senso comum) não hesitam em ignorar essas regras nas ocasiões apropriadas.

Existe a história de um monge experiente e de um novato que passaram por uma tempestade durante uma viagem feita a pé. Após a tempestade ter se dissipado eles encontraram uma jovem que hesitava à beira de uma corrente de água turva cruzando o seu caminho. Com um áspero "Venha, garota", o monge mais velho a pegou, carregou-a sobre as águas e a pôs de volta no chão do outro lado. Os dois monges viajaram em silêncio pelo resto do dia e jantaram em silêncio em uma estalagem. Na hora de dormir, o noviço deixou explodir: "Como você pode fazer aquilo?! Você conhece as regras que proíbem tocar em uma mulher!" O ancião respondeu: "Eu a coloquei no outro lado. Você ainda a carrega?"

O koan seguinte, retirado do *Mumonkan*, sugere que mesmo o grande Buda/bodhisattva Manjusri passou por dificuldades ao ter de lidar com uma mulher:

> Muito tempo atrás, o Um Venerado no Mundo veio a um lugar onde muitos Budas estavam reunidos. Quando Manjusri chegou ali, os Budas todos retornaram para seus lugares de origem. Apenas uma mulher permaneceu ali próxima ao Buda, sentada em meditação profunda. Manjusri falou ao Buda: "Por que uma mulher pode estar próxima ao assento do Buda, e eu não?" O Buda disse para Manjusri: "Acorde esta mulher de sua meditação e lhe pergunte". Manjusri andou três vezes ao redor da mulher, estalou seus dedos uma vez, então a levou até o Céu Brâma e usou de todos os seus poderes sobrenaturais, mas não foi capaz de tirá-la da meditação. O Um Venerado no Mundo disse: "Mesmo centenas de milhares de Manjusris seriam incapazes de tirá-la de sua meditação. Lá embaixo, passando um bilhão e duzentos milhões de países, tão inumeráveis quanto as areias do Ganges, existe um bodhisattva chamado Momyo, Ele será capaz de acordá-la da meditação". Em um instante Momyo emergiu da terra e adorou o Um Venerado no Mundo, que lhe deu a ordem. Momyo então caminhou rumo à mulher e estalou uma vez seus dedos. Com isto a mulher saiu de sua meditação.[R]

O bodhisattva júnior Momyo presumivelmente não pensou estar lidando com uma "mulher", e nunca duvidou de sua habilidade de fazer o que o Buda pedia. É claro que essas características superficiais não exaurem o significado do koan, mas elas lhe dão um aspecto divertido e picante.

Influência Zen sobre as artes

Um dos talentos dos japoneses com treinamento Zen é que eles podem contemplar as coisas belas – flores de cerejeiras, pinheiros, campos floridos, montanhas – de uma forma meditativa que permite que o objeto e aquele que o percebe coexistam em um campo unificado, por meio de um transe estético no qual é como se objeto e perceptor fossem realocados em um contínuo atemporal no qual tomam seus lugares lado a lado, como se estivessem em uma paisagem que não é desse mundo, presente apenas na mente do Buda. Pode-se tomar um exemplo de uma arte como o tiro com arco: não se "domina" o belo arco nem se atira a flecha; o arqueiro e o arco são não duais, e no esforço total a flecha atira a si mesma do arco.

Na cerimônia do chá o indivíduo rende a si mesmo ao belo e contido ritual como se estivesse em um sonho estético, tendo-se as dimensões da eternidade. Zen concede a ambos um sentido de não dualidade cósmica e uma imediata resposta estética à realidade sensorial.

Como todas as coisas, incluindo o próprio ser de alguém, são expressões transientes da realidade do Buda, elas devem ser imediatamente apreciadas em toda a sua variedade e encantamento, a ponto da intimidade e ternura estéticas, sem que se abra mão do não apego básico. No Zen, os japoneses dizem, o antigo dito Chan se torna verdade: de início, todos veem montanhas como montanhas e árvores como árvores; então quando se procura chegar a um acordo com eles (p. ex., como aspectos sensoriais da realidade última), as montanhas não mais parecem montanhas, nem as árvores parecem árvores; mas finalmente, quando o iluminamento é atingido, as montanhas novamente são montanhas e as árvores, árvores; a mente iluminada, aceitando todos os aspectos da realidade do Buda, olha novamente para a Natureza com felicidade sincera, tão diretamente e com tanta candura infantil como os poetas dos seguintes poemas curtos aceitam o caráter intrínseco de seus objetos:

Vejo eu uma flor caída
esvoaçando de volta para seu ramo?
Ah! Uma borboleta!

Moritake

Uma transformação mental
como os satori de hoje
Não pode ocorrer
Sem a firme imersão
nas cores das flores.

Saigyo

Em um ramo murcho
um corvo se assenta –
Crepúsculo de outono.

Bashō

Por fim, as seitas Zen têm criado uma técnica de meditação que é altamente exigente e requer disciplina. Ela é chamada de *zazen*, e nela se especializam os membros da seita Sōtō; ela requer períodos determinados de meditação. Na seita dos Rinzai Zen os monges se assentam em um salão designado para este propósito em longas plataformas, de frente uns para os outros, dia após dia, por períodos que chegam a dezoito horas. Suas meditações são ligadas a *sanzen*, ou consulta, com um "mestre", ao qual o monge consulta regularmente. Este plano de disciplina mental e espiritual atrai fortemente a muitos japoneses de mentalidade séria, para não falar de indivíduos em busca de autoconhecimento vindos do Ocidente, que se voltam para a prática como um meio de discernimento.

Escolas racionalistas: Tian-tai na China

Uma limpeza meticulosa da mente baseada na intuição na esperança de se obter a iluminação é obviamente uma empreitada anti-intelectual, baseada fundamentalmente em estados de sentimento ao invés da razão. Pode-se compreender facilmente, portanto, o surgimento das chamadas Seitas Racionalistas. Elas têm sido conhecidas na China como seitas Tian-tai, tendo gradualmente se separado da Escola Chan, ou Meditativa. O problema básico que levou ao seu surgimento foi a discordância entre aqueles que aguardavam pela "iluminação súbita" após a mente ter sido esvaziada de todo o seu conteúdo empírico, e os que defendiam a ideia contrastante da "obtenção gradual" da iluminação através do estudo das escrituras e de uma prática filosófica amadurecida de contemplação. No século VI um monge em um dos monastérios Chan no leste da China, cujo nome era Zhi-Yi (Chih-I ou, erroneamente, Chih-K'ai), foi convencido por outro monge chamado Huisi (Hui-ssu) de que a meditação devia ser balanceada por um estudo sério e prolongado de textos como o Sutra do Lótus. Consequentemente, ele assumiu uma posição inclusiva que atribuía o mesmo peso à meditação e ao estudo. A fé budista era, disse ele, maior que qualquer uma de suas escolas, e a mente devia estar aberta a fim de obter discernimento a partir de diversas fontes. A meditação (dhyana) era necessária, mas não completamente suficiente para o discernimento. Ele acreditava que a reunião do conhecimento obtido por meio de professores e escrituras com a execução de cerimônias e rituais, incluindo o canto de frases e textos sagrados, bem como a disciplina regular do monastério, eram todos elementos de muito valor na preparação da visão extática. Por buscar achar espaço para cada ponto principal expresso pelo budismo até a sua época, Zhi-Yi desenvolveu a doutrina de que o Buda (Gautama) teria ensinado de forma diferente nos diferentes estágios de sua vida, de acordo com a compreensão de seus ouvintes.

De início, ele ensinara as doutrinas dos Sutras Hinayana, e em períodos posteriores ele revelara, em versões progressivamente mais aprofundadas, as doutrinas Mahayana. A revelação completa sobre a verdade eterna fora feita próximo do final da vida do Buda, tendo sido incorporada no *Sutra da Flor de Lótus da Lei Maravilhosa*, o texto favorito da Escola Tian-tai. O Buda revelara ali que ele era uma manifestação do princípio cósmico penetrando todo o universo, estando presente mesmo nos seus menores objetos. Os Tian-tai concluíam que quaisquer coisas eventualmente poderiam tornar reais suas naturezas de Buda, e se tornarem Budas.

De acordo com o ensinamento de seu fundador, a Escola Tian-tai (que tomou seu nome da montanha para a qual se retirara Zhi-Yi) tentou reconciliar os Hinayana com os Mahayana, categorizando ambas sob o realismo modificado da Escola Madhyamika da Índia (Nagarjuna). Três níveis de verdade eram discernidos nas escrituras budistas, cujos ensinamentos foram reduzidos a três proposições: (1) todas as coisas (dharmas) eram "vazias" por carecer de substancialidade; (2) todas as coisas, não obstante, tinham existência temporária; e (3) todas as coisas estão em existência e no vazio ao mesmo tempo. Essas três verdades, quando consideradas em todos os seus aspectos, incluíam uma à outra e estavam em harmonia. Portanto, todas as escrituras budistas estariam em harmonia.

Correspondendo a essas três verdades existiam diferentes níveis de ouvintes. Gautama Buda é retratado no *Sutra de Lótus* como um ser celestial cercado por uma grande hoste de discípulos, arahats, deuses e bodhisattvas, aos quais ele expõe uma mensagem complexa no nível Mahayana; ela está dirigida para três níveis de ouvintes: aqueles que são ainda discípulos não iluminados esperando tornar-se arahats; aqueles que estão próximos da iluminação, mas que a buscam apenas para si mesmos e não para os outros (pratyekabudas); e os compassivos, os mais dignos de todos, que haviam protelado sua entrada no nirvana para ajudar a salvar todos os seres que mais poderiam se beneficiar de sua ajuda (bodhisattvas). Em um nível mais mundano (o plano Hinayana), há níveis menos sofisticados de verdade: um para os ingênuos que creem na realidade e no valor do mundo material, outro para aqueles que buscam confusamente uma vida espiritual no mundo material, e um terceiro para os seguidores melhor orientados que se devotam à meditação.

O reconhecimento da existência de todos esses níveis e a consideração por eles têm respondido pela tolerância e liberalidade entre os eruditos Tian-tai.

TENDAI NO JAPÃO

A relação genética entre Chan e Tian-tai na China foi revertida no Japão. Pois sob o nome de Tendai a escola racionalista de pensamento chegou ao Japão antes (em data tão recuada quanto o século VIII), e a Zen a seguiu posteriormente, como uma ramificação de base intuicionista.

O movimento Tendai foi importante historicamente porque seu fundador, Saicho, que se tornou conhecido postumamente como Dengyo Daishi ("o mestre que trouxe a mensagem"), ajudou ao Imperador Kwammu a estabelecer uma nova capital em Kyoto (Heian) e a se libertar dos poderosos sacerdotes budistas de Nara que haviam diminuído sua soberania. Saicho deixou Nara insatisfeito com as ambições mundanas e com as atitudes não japonesas que ele encontrara ali. Ele meditou recluso no Monte Hiei, inspecionando o local onde a nova capital seria construída. Ele se tornou um amigo de confiança do imperador, que o enviou à China em 804 EC a fim de estudar Tian-tai e obter o reconhecimento do estabelecimento da cidade no Monte Hiei. Ele retornou da China um ardente defensor do *Sutra do Lótus* como o registro perfeito das palavras proferidas pelo próprio Buda ao revelar seus ensinamentos mais elevados. Ele criticou as seitas de Nara por confiarem nos comentaristas ao invés das próprias palavras do Buda. De maior importância, ele viu nos Tian-tai uma interpretação do budismo que apresentava a unicidade fundamental de todas as coisas e a promessa de salvação universal. O budismo servia para todos os japoneses, e não apenas para os monges. Dali em diante ele proveu para o budismo uma virada nacionalista ao colocar o movimento a serviço da corte e do país como "um centro para a proteção da terra do Grande Japão" (*Dai Nippon Koku*). Ele teve sucesso em disseminar o budismo entre o povo comum ao torná-lo uma religião japonesa, aberta para todos. Além disso, ele e seus seguidores foram persuadidos (e o povo comum também aceitaria a ideia em larga escala) de que os deuses da religião nativa japonesa (Shintō) eram formas tomadas por uma das realidades do Buda. Consequentemente, eles advogavam que o Shintō deveria ser chamado de *Ichijitsu Shintō* ("Shintō de uma realidade"). Budismo e Shintō pareciam ser, dessa forma, dois aspectos de uma Verdade.

Seu abrigo no Monte Hiei, próximo a Kyoto, se tornou o centro educacional mais influente do Japão, com cerca de 30 mil monges em treinamento nos 3 mil templos e salões de estudo ali agregados.

Requeria-se dos monges que permanecessem reclusos no Monte Hiei por doze anos, antes de abandonarem suas posições de sacerdotes, professores ou servos do Estado.

Foi no Monte Hiei que os fundadores das novas seitas dos séculos XII e XIII (Terra Pura, Zen e **Nichiren**) receberam sua formação inicial e ordenação.

Muitos monastérios importantes com seus templos atendentes floresceram sob a seita Tendai, que fomentava o conhecimento. Sua influência no Japão é ainda difundida e poderosa, ainda que sua membresia leiga não seja tão numerosa quanto a de outras seitas budistas.

Escolas esotéricas ou de mistérios: Zhen-yan e Shingon

Toda religião enfatiza em algum momento o poder do nome salvador ou do rito místico. Os efeitos benéficos dessas ênfases são buscados por meio de magia sagrada executada contra um pano de fundo de crença racional, de um panteão ou de uma cosmologia de caráter impressionante. A tendência de fazer uso de fórmulas e gestos invocadores de milagres foi lançada na China durante o século VIII na origem da Escola Zhen-yan (Chen Yen), ou Escola da "Palavra verdadeira". As principais características dessa escola foram derivadas do Tantrismo da Mão Direita indiano, através do Tibete. Sua posição geral era fortemente mística, colocando sua confiança principal em um largo panteão de seres salvadores budistas, tanto do sexo masculino quanto feminino, com os quais se buscava uma identificação nos mais elevados níveis religiosos, e cujos bons serviços, nos níveis mais baixos, eram solicitados por meio de fórmulas "eficazes", pelo uso de gráficos desenhados ou mandalas, gestos, invocações e liturgias, que se cria trazerem infalivelmente bons resultados. Nesse momento Prajna-paramita se tornara proeminente entre as divindades, personificada então como uma deusa, a fonte prajna de todos os Budas e até a mãe dos mesmos, de acordo com um ponto de vista popular que a fez a consorte do **Adi-Buda** (o Buda originador). Os devotos executavam seus ritos de mistério ao acompanhamento de música e do estouro de fogos de artifício, com a expectativa confiante de obter por meio disso a ajuda dos Budas para curar doenças, resgatar os mortos do inferno, controlar o clima, garantir saúde e boa sorte e assim por diante.

A Escola Zhen-yan foi importada para o Japão, onde o nome se pronunciava **Shingon**. Os aderentes japoneses ampliaram o seu escopo e restringiram suas características mágicas ao assimilá-lo aos interesses racionais e ecléticos da seita Tendai (que, por sua vez, procedeu com a mesma consideração para com os Shingon). Assim os Shingon vieram a se tornar tão compreensivos e multifacetados quanto os Tendai, e sua atração popular foi grande. A seita foi fundada no século IX por um grande japonês chamado Kukai (renomeado Kōbō Daishi, "o mestre professor do Dharma"), que na China estivera sob a tutela de mestres Zhen-yan.

A INFLUÊNCIA DE KUKAI (KŌBŌ DAISHI)

Esse homem sincero e enérgico retornou ao Japão a fim de ensinar a "palavra verdadeira": todos os fenômenos do universo, incluindo os seres humanos, são manifestações do "corpo, voz e mente" (de acordo com os Tantras, os "três segredos" conhecidos apenas dos seres iluminados por completo) de um único todo-inclusivo e último Ser Buda, manifesto na forma de Mahavairocana, o Grande Sol (conhecido no Japão como Dainichi). Os outros Budas e os bodhisattvas são suas emanações, fases de sua energia "indestrutível" a trabalhar no universo. Gautama Buda fora sua manifestação terrena histórica. Mahavairocana (ou Dainichi) é, desta maneira, idêntico com o Dharmakaya dos filósofos, mas tem caráter mais pessoal do que impessoal, pois possui corpo, mente e fala, diferenciados em Budas, bodhisattvas, deuses, demônios, homens, animais e plantas, para não mencionar coisas inanimadas e substâncias. Kōbō ensinou que através da meditação, da repetição de fórmulas mágicas e da execução de gestos com as mãos e dedos (respectivamente, o uso esotérico da mente, da fala e do corpo), uma pessoa poderia se identificar com poderosos Budas e bodhisattvas. As implicações disso são elitistas: a pessoa ordinária poderia compreender uma parte, apenas uma parte, desse todo, que era apenas parcialmente comunicado nas alegorias e símbolos dos rituais e cerimônias. Para obter tal conhecimento esotérico devia-se submeter à tutela de um mestre Shingon. Qualquer pessoa podia, entretanto, ser encorajada (como supostamente Gautama teria ensinado) no amor dos templos e dos cultos, pois qualquer um pode começar sua caminhada ascendente, partindo de qualquer nível, em uma escada de dez graus, ou degraus.

A LADEIRA ESPIRITUAL

1) Ignorante, "caprino", absorção de comida e sexo.
2) Conformidade às regras sociais.
3) Libertação através da esperança do céu, de um medo infantil do inferno ou de ser ou um fantasma ou um animal após a morte.
4) Compreensão da verdade da doutrina *anatta*, de que o agregado que funciona como ser não possui uma alma ou ego permanente e está em fluxo.
5) Chegada ao nível do monge Teravada (Hinayana) que subjuga seus desejos determinando suas causas e sobrepujando-as.
6) Elevação ao nível Mahayana de compartilhar o segredo da libertação com todos os outros no "oceano da dor".
7) Meditação sobre os aspectos negativos das chamadas realidades desse mundo, seu vazio e insignificância.

8) Ver diante do um o verdadeiro caminho de salvação.
9) Agarrar ou ser agarrado pela verdade última referente ao universo, e sua natureza Buda.
10) Iluminação por meio da compreensão do mistério do mundo como visto de dentro; isto é, o Buda no coração [A seita Shingon].

MANDALAS

Ao apresentar esquematicamente essa síntese da teologia budista, as seitas Shingon têm se baseado em duas séries de gráficos, ou mandalas, cada uma na forma de dois ou mais círculos concêntricos. Em um deles (chamado de Mandala do Diamante), Mahavairocana é mostrado sentado em uma flor de lótus branca, em estado de profunda meditação enquanto círculos de Budas e bodhisattvas se expandem ao seu redor. No outro (a Mandala do Útero), os seis elementos materiais do mundo aparecem na forma de um anel central de divindades, com Mahavairocana sentado no meio em uma flor de lótus vermelha e deuses hindus e Shintō localizados no círculo externo. Kōbō defendia que antes do advento do budismo o povo japonês compreendia vagamente o verdadeiro esquema das coisas, incorporando sua percepção na mitologia Shintō (especialmente na deusa do sol, Amaterasu), que seria dali em diante igualada com os seres salvadores budistas concebidos de formas mais precisas e verdadeiras. Essa foi a contribuição do Shingon na formação do Shintō Ryobu, ou "misto", descrito no capítulo acerca do Shintō. Em grande parte devido aos esforços de Shingon (e Tendai) as duas religiões – Budismo e Shintō – têm praticado uma única fé no Japão por um milênio.

Por ter apresentado uma síntese tanto doutrinária quanto ritual o Shingon atraiu tanto à aristocracia quantos às massas. As últimas tinham grande fé nas *performances* dos proficientes sacerdotes Shingon, cujos ritos solenes pelos mortos e cujas elaboradas cerimônias nos templos os fascinavam e consolavam com esperanças de auxílio sobrenatural. A nobreza não se deleitava menos, pois apreciava especialmente o ensino de que assim como os Budas eternos não descansavam para sempre em contemplação espiritual, mas se manifestavam no domínio das aparições materiais, da mesma forma uma pessoa poderia emergir do treinamento monástico e demonstrar a utilidade da espiritualidade na esfera secular. Isso tornou possível para diversos jovens da nobreza se retirar em monastérios Shingon a fim de serem educados, reentrando no mundo posteriormente a fim de seguirem carreiras ativas nos serviços militar ou político.

Na interação de governos com seitas religiosas, a outorga do direito de ordenar monges é frequentemente a forma através da qual as autoridades civis exercem sua influência. Cada seita manobra a fim de estabelecer seu prestígio face a face com outras seitas em busca da permissão de estabelecer suas próprias "plataformas de ordenação" (cf. p. 294). Os monastérios Shingon detinham uma vantagem distinta através do seu controle das tradições esotéricas e de suas conexões com a nobreza.

Uma escola nacional japonesa: Nichiren

A Escola Nichiren é um fenômeno exclusivamente japonês, uma forma única de budismo com sua ênfase no nacionalismo e no ativismo sociopolítico. Ela foi fundada durante o Período Kamakura (1192-1333) no tumultuado século XIII, quando o imperador lutava em vão com os senhores (*daimyos*) das províncias pelo controle da nação, e necessitava de um apoio religioso maior do que estava recebendo. A ajuda veio de uma parte inesperada. Após ter estudado as doutrinas ensinadas em um monastério Tendai, Nichiren, um jovem e intenso monge, filho de um pescador, ficou profundamente impressionado pela simplicidade e verdade – em comparação com outras seitas – que ele encontrou na escritura favorita dos Tendai, o *Sutra do Lótus*. Ele sentia que a Escola Tendai se desviara ao dar crédito para outros escritos e vozes além da do Gautama Buda no *Sutra do Lótus*, ao qual ele considerou o Buda histórico proferindo seus ensinos mais avançados.

A tradição diz que, do topo de uma montanha, ao assistir o pôr do sol, ele experimentou um senso de identidade entre a realidade do Buda no sol (Mahavairocana) e a realidade do Buda revelada no *Sutra do Lótus*. A fim de se certificar de estar correto, ele passou por vários centros de estudos budistas – Amidista, Zen, Shingon e Tendai – e, a partir dessa busca, emergiu com a firme convicção de que todas as escolas predominantes confundiam as verdades básicas budistas ao seguirem caminhos falsos. Dessa forma, ele assumiu o objetivo de restaurar o budismo original lançando uma cruzada a fim de chamar a nação de volta para o *Sutra do Lótus*.

Os monastérios fecharam suas portas para ele que, então, passou a pregar nas vilas e nas ruas das cidades, de forma cada vez mais estridente e convicta. Ele fez a acusação de que a degeneração dos tempos se devia ao desvio das verdades contidas no *Sutra do Lótus*, e que todas as outras escrituras e as escolas que as usavam deveriam ser suprimidas como enganadoras e inautênticas. Ele investiu contra a corrupção dos tempos, que parecia se intensificar com a diminuição do poder do imperador pelos daimyos das províncias. Quando ele viu as pessoas deixando de endereçar os males do presente na esperança de obter a reparação no céu, ele fez dos amidistas e de seu paraíso no Ocidente o objeto de particular ataque, dizendo que era uma marca de uma era degenerada as pessoas negligenciarem as preocupações desse mundo em busca de felicidade no seguinte. É desnecessário dizer que isso provocou retaliação da parte das autoridades públicas. Ele foi banido duas vezes para uma região remota por perturbar a paz, sendo chamado de volta por duas vezes. Seu segundo banimento se deu quando ele predisse que a fraqueza moral da nação convidava algum poder estrangeiro à invasão, mas ele foi chamado de volta quando um ataque quase que bem-sucedido dos mongóis sobre a costa sul parecia confirmar sua profecia, mesmo que a frota mongol tivesse sido destruída por um tufão chamado de "vento divino" (kamikaze). Ele recebeu a permissão de viver em uma vila e de continuar suas tentativas de reforma religiosa.

Sua mensagem não era completamente negativa. Ele advogava "três grandes verdades secretas". A primeira era que a veneração de uma mandala em cuja estrutura aparecessem, de acordo com seu próprio projeto, os símbolos do Trikaya juntamente com Budas e bodhisattvas, exemplificava a natureza de Buda em todas as criaturas; a segunda verdade era que a repetição constante do *daimoku*, a frase "Salve a santa lei do Sutra do Lótus (*Namu myōhō renge kyō*)" era um meio de salvação; e a terceira era o estabelecimento de um lugar sagrado, um *kaidan* (literalmente, uma plataforma de ordenação), uma construção ou localidade dedicada ao treinamento dos fiéis.

Em seu isolamento, Nichiren se tornou cada vez mais confiante de corporificar pessoalmente o verdadeiro legado do budismo. Ele escreveu que:

> [...] em meu peito, no corpo carnal de Nichiren, está depositado secretamente o grande mistério que o Senhor Shakyamuni (Gautama Buda) revelou no Pico do Abutre, e que foi confiado a mim. Dessa forma eu sei que o meu peito é o local onde todos os Budas estão imersos em contemplação; que eles põem em movimento a roda da verdade em minha língua; que minha garganta lhes dá nascimento; e que eles estão atingiindo a Iluminação Suprema em minha boca[5].

Os seguidores de Nichiren herdaram, até os dias de hoje, sua assertividade fervorosa. Para eles também o canto *Namu myōhō renge kyō* é uma reificação mística do Dharma. O fiel é "lido pelo corpo": sua garganta de cada fiel se torna um *kaidan* no qual a verdade secreta é estabelecida.

Das três principais seitas Nichiren contemporâneas, a mais marcante é a ultramoderna **Sōka Gakkai** (Sociedade criadora de valores). Ela mantém um complexo de templos e um quartel-general no sopé do sagrado Monte Fuji, equipado com amplas construções (uma delas consistindo no maior templo do mundo), um lugar para o qual milhares de peregrinos se reúnem cada dia a fim de cantar a invocação tradicional do *Sutra do Lótus* e fitar a mandala do poder mágico, projetada por Nichiren. A seita também mantém um ativo programa social e político que inclui a adoção de um partido político (o *Kōmeitō*, ou Sociedade do governo puro), cujos candidatos têm concorrido para ambas as câmaras da Dieta do Japão nas eleições nacionais, obtendo até o momento considerável sucesso em algumas áreas urbanas.

VII – O BUDISMO NO TIBETE

Apesar de os budistas no Tibete não serem numerosos – especialmente quando comparados com as comunidades de fiéis em Burma e no sudeste da Ásia – eles recebem atenção especial, não apenas devido ao caráter único de seu Budismo Tântrico (Vajrayana), mas também devido à relativa inacessibilidade de sua cultura, e por sua sujeição à pressão extraordinária sob a ocupação chinesa terem atraído curiosidade e atenção simpática mundialmente.

O budismo chegou tardiamente no Tibete. Muito depois de os países ao sul e leste de seu alto platô terem se curvado à persuasão dos missionários budistas, o Tibete permaneceu sem ser afetado. Finalmente, por volta de 630 EC um príncipe tibetano chamado Srong Tsan Garm Po (*Songtsen Gampo*), que estabeleceu um Estado bem organizado centrado em Lhasa, sua capital, enviou emissários para o norte da Índia, em parte com o propósito de assegurar a introdução do budismo em seu domínio. Este interesse súbito pode ter se dado, como relata a tradição, ao fato de que suas duas esposas, princesas da China e do Nepal respectivamente, apresentaram-no à sua própria fé e ao seu desejo de praticá-la.

Ainda assim a introdução do budismo no Tibete por Songtsen Gampo não obteve muito sucesso. O temor de demônios dos nativos era muito forte para ser combatido pela nova religião e, além disso, os tibetanos achavam-na difícil de ser entendida. Um século se passou antes que qualquer ganho efetivo tivesse sido obtido; então, a chegada de dois homens de Bengala mudaria a situação. Um deles era Padma-Sambhava, um professor e fazedor de milagres do budismo esotérico no norte da Índia. O outro, com o qual Padma-Sambhava parecia ter se aconselhado, fora um erudito mais conservador, um professor chamado Shantarakshita, que incitou a construção de monastérios. O anterior se assemelhava a um yogin "sem-teto" perambulando livremente, e teve o impacto maior. Ele deixou os tibetanos excitados com suas habilidades yógicas e seus poderes xamânicos. Por meio de sua influência ali se enraizou o budismo de Bengala com sua infusão tântrica de simbolismo sexual, tornando-se por fim, após várias vicissitudes e "reformas", a religião do Tibete e subsequentemente também da Mongólia, para a qual se disseminou nos séculos XIII e XIV.

A antiga seita do "Chapéu vermelho"

A história desse antigo budismo "vermelho", assim chamado porque seus aderentes vestiam togas e chapéus vermelhos ao invés de amarelos, é complexa e difícil de comprimir. Resumidamente, ele sobreviveu a uma determinada perseguição real no século IX que eliminou o budismo do Tibete Central. Ele ter sobrevivido deu-se em grande parte pelo fato de que um rei anterior, além de expandir seu apoio à tradução dos textos sânscritos e à publicação de um dicionário sânscrito-tibetano, aumentou grandemente o poder dos monastérios em luta, garantindo-lhe terras e o direito de coletarem impostos sobre as mesmas. Ao lhes conceder tanto poder temporal, o rei desintegrou involuntariamente seu próprio reino; seguiram-se vários séculos de turbulência civil. Reis desapareceram do Tibete. Com os distúrbios do século IX, um erudito bengalês chamado Atissa foi convidado para o Tibete e ali reavivou os estudos doutrinários. Foi estabelecida uma organização resistente que viria a dar origem a um santo tibetano chamado **Milarepa** ("Mila, o vestido de roupas de algodão"). Seitas e subseitas começaram então a se multiplicar, algumas delas se tornando moralmente frouxas e corruptas.

Um monastério – dos Sakya – no Tibete Ocidental ganhou renome devido à sua erudição (nos séculos XIII e XIV, um estudioso chamado Buston estava prestes a oferecer um grande serviço ao saber mundial ao revisar e editar textos previamente traduzidos, expurgando-os de elementos espúrios e restaurando sua autenticidade). Em 1261, o grande imperador mongol da China, Kublai Khan, convocou o abade do monastério Sakya e, após um período de doutrinamento, ele próprio foi iniciado como um fiel. Kublai Khan possuía uma mente aberta e inquisitiva. Ele parece ter feito algumas tentativas de ouvir boas exposições, não apenas do daoismo, confucionismo e budismo chineses, mas também de muçulmanos e cristãos. Em relação à última fé mencionada, ele recebeu informações da parte de Marco Polo e de cristãos nestorianos no oeste da China. Para si próprio e para seus súditos mongóis, no entanto, ele escolheu o budismo tibetano. Talvez ele tenha sentido que era a religião mais apropriada para seus seguidores. De acordo com isso, ele concedeu ao abade tibetano o título de Guo-shi ("Instrutor da Nação") e colocou-o à frente de uma hierarquia recém-criada projetada para controlar todas as variedades de budismo no seu império.

Doutrina tibetana tântrica

Qual foi a versão tibetana que emergiu do Budismo Tântrico? Era uma forma de devoção a divindades budistas masculinas e femininas, representando energias naturais externas e internas. Ela era baseada em manuais (tantras) de caráter distintamente mágicos e dados a feitiços e encantamentos, inculcando uma doutrina psicológica – a prática da qual, como seus aderentes admitem, é "tão difícil como caminhar sobre o fio de uma espada ou segurar um tigre"[14] –, a saber, a doutrina de que a paixão pode ser exaurida pela paixão (a melhor forma de superar a necessidade por comida, bebida ou indulgência sexual seria se elevando sobre ela enquanto ela era satisfeita). Mas isso não é tudo. A contemplação da natureza, dizem os tantristas, revela que todas as grandes forças naturais, quando inspecionadas de perto, seriam a união dos elementos masculino e feminino.

Isto seria verdadeiro da mesma forma em relação à divindade. Os tantristas têm defendido na Índia que cada deus tem um complemento na forma de um cônjuge ativo, e que o poder mais elevado desse deus é atingido a partir da união com esse cônjuge, pois ele excita esse poder e o leva a ser manifesto. Outra crença ainda está entrelaçada com esta: na

Mantra: Namu myoho renge kyo (Salve [a] santa lei [do] Sutra Lótus).
Nichiren

união sexual a não dualidade e, ainda mais profundamente, o próprio Vazio, são experimentados por um momento; existe o apagar da distinção entre masculino e feminino. O tipo de budismo que finalmente se enraizou no Tibete transformou o budismo original ao assimilar a ele essas doutrinas tântricas.

Pares de cônjuges cósmicos: Upaya e Prajna

A nova e estranha fé que resultou tinha algumas características marcantes. Em primeiro lugar, os vários Budas e bodhisattvas eram providos de cônjuges ou consortes. Porém o relacionamento entre esses pares parece ser à primeira vista o reverso daquele no hinduísmo, onde os deuses do sexo masculino eram considerados como quiescentes (i. e., profundos) e distantes, e suas consortes do sexo feminino (*shaktis*) os despertavam e excitavam. No Tibete, os Budas e bodhisattvas do sexo masculino representam **upaya** (o melhor curso de ação ou intenção) e são ativos e criativos, enquanto que suas consortes são observadoras e contemplativas (i. e., intuitivas e sábias), sendo que o seu nome genérico, significativo de sua função, era prajna (em tibetano, *shesh rab*, "percepção mais elevada"), um termo que torna obsoleto o nome hindu *shakti*. O princípio masculino busca despertar cada prajna para uma atividade comparada ao fogo, colocando, por sua vez, o princípio masculino em chamas. Além disso, tornou-se então possível a elaboração de uma nova genealogia dos deuses. Diz-se geralmente existirem cinco Budas Dhyani celestiais, a saber: Amitabha no Ocidente, Akshobhya no Oriente, Amoghasiddhi ao norte, Ratnasambhava ao sul e Vairocana no centro; o pai de todos esses foi, de acordo com um relato tibetano, Adi-Buda, a essência de Buda originadora, retratado mitologicamente como um tipo de deus distante portando um raio mágico (o *vajra*).

O relato varia dependendo da localidade. É amplamente defendido (do Tibete até Java) que os cinco Budas Dhyani nasceram "por conta própria", e têm existido desde o início dos tempos. Esta visão é contrariada por toda a parte ao se elevar um dos cinco – tipicamente Vairocana – à posição de supremacia, como o Adi-Buda. Ou ainda se adiciona aos cinco um sexto Buda (como no relato mencionado anteriormente), que recebe o nome de Vajradhara (no Tibete) ou Vajrasattva (no Nepal).

No Tibete os cinco Budas Dhyani são pareados; Amitabha com Pandara, Akshobhya com Mamaki, Amoghasiddhi com Arya-Tara, Ratnasambhava com Locana, e Vairocana com Vajradhatvisvari. Diz-se que eles teriam dado origem aos cinco grandes bodhisattvas que, por sua parte, em união com suas próprias prajnas, geraram e enviaram homens e mulheres para as partes baixas (a terra). Dessa forma Avalokita, um descendente de Amitabha, é considerado por alguns como um ser do sexo masculino, sendo pareado com Tara, uma consorte com quem (i. e., embraçando prajna ou percepção) ele trouxe à existência Gautama Buda na Índia. Outros dizem que Vairocana foi o ser celeste que fez com que Gautama surgisse.

Baseado no exposto acima, nós notamos o surgimento de seres salvadores sob nomes femininos, que podem ser descritos tanto como divindades separadas ou como bodhisattvas multifacetadas do sexo feminino. Tara tem sido um nome usado amplamente, quase sempre com significado genérico. No budismo, ela tem sido o aspecto feminino (considerada como uma consorte) de Avalokita, quando o próprio não se mostra em uma forma feminina. Quanto à Tara Branca, ela se encarnou no Tibete na esposa do Rei Srong Tsan Garm Po, e enquanto a Tara Verde, em sua esposa nepalesa. Em sua forma azul, ela é Ugra-Tara, a feroz; quando amarela, ela está furiosa; em sua forma vermelha ela tanto traz riqueza quanto promove o amor. Ela tem tomado muitas formas; geralmente é considerada como compassiva, protetora; alguns budistas creem que ela está encarnada em cada mulher verdadeiramente pura e piedosa.

Enquanto isso se cria que os devotos humanos eram capazes de se identificar com qualquer um dos budas celestiais ou com suas consortes por um período de jejum e oração, em cujo clímax se proferiam sílabas místicas poderosas cheias de magia, ao que se seguia uma mistura das identidades. Esta era uma versão tibetana de entrar no Nirvana. Algumas doutrinas adicionais estavam envolvidas: que o ser humano é o universo em um microcosmo; que da mesma maneira que a natureza é penetrada pela energia oculta, assim o ser humano tinha depósitos secretos de energia serpenteando seu corpo (na base da espinha, se diz); que o corpo, como sugerido pela Hatha Yoga, provê canais para o surgimento de poderes espirituais que fluem através das artérias e nervos nas regiões da medula espinhal, do umbigo, do coração, e do pescoço até à cabeça; que certos sons e a exibição de grupos de letras e imagens mágicas, acompanhados por movimentos do corpo e das mãos, podem despertar – como se fossem o ribombar de um trovão – as forças do corpo, colocando o devoto em um nível no qual ele se aproxima do poder divino.

Por tais razões pode-se compreender por que esse sistema religioso tem sido chamado de Vajrayana ("o Veículo do raio"), a fim de distingui-lo do Hinayana e do Mahayana. Outra tradução do seu nome é "Veículo de Diamante". O diamante é duro e inquebrável; ele corta qualquer outro material com a irresistibilidade do trovão; ele lampeja relâmpagos em miniatura. Ambos são associados com bodhi, ou iluminação, que vem como o lampejo do relâmpago.

Cerimônias públicas

As cerimônias públicas que gradualmente evoluíram apelavam mais fortemente para o povo comum do Tibete. Quatro componentes rituais vieram a ser característicos de uma cerimônia completa: a mandala, ou moldura, em forma de pintura ou descrita e imaginada no ar, na qual os deuses eram colocados; os mantras ou versos proferidos; *puja*, ou oferenda, de um ou mais dos itens seguintes: orações, confissões de pecado, sacrifícios de flores, luzes, incenso, perfumes e unguentos; e os mudras, ou posições de mãos, que se criam estabelecer "contato real com os deuses"[T]. Estes mudras eram direcionados a trinta e cinco ou mais divindades, grandes e menores, e se sucediam em sequências que frequentemente requeriam trinta a cinquenta padrões de mãos a cada sequência. Eles não apenas atraíam a presença dos poderes benevolentes, mas também expulsavam os maus. Ao se descrever com as mãos certos padrões cabalísticos no ar, e ao se proferir simultaneamente as fórmulas sânscritas apropriadas, cria-se que duendes e demônios (que residiam nas montanhas, platôs desertos, cemitérios, estradas, no ar, quintais, residências, lareiras, poços e campos) podiam ser exorcizados. Com o mesmo procedimento se poderia manter afastados animais ferozes, ladrões, pessoas enlouquecidas, almas dos não enterrados ou de inimigos, demônios das tormentas, espíritos de sonhos maus, ou demônios responsáveis por doenças e por enfermidades nervosas.

As características geográficas do Tibete predispunham seus habitantes a buscar proteção na religião. Sua vida dura em platôs ventosos 3 mil metros acima do nível do mar, cercados de montanhas por cujas encostas podiam ocorrer a qualquer momento rajadas de ventos gelados acompanhados de sons de fraturas e uivos que os faziam temer aos elementos demoníacos da natureza. Emblemas da morte os cercavam por toda parte, pois o terreno, com uma camada de terra superior insuficiente, permitia que esqueletos expostos de enterramentos se tornassem uma visão familiar. Muito antes da chegada do budismo, os tibetanos haviam buscado conforto na religião indígena chamada de *Bon*, uma fé xamanística que lidava com demonologia, sacrifícios de animais, danças de demônios, calotas cranianas e trombetas de fêmures. Ela nunca foi suprimida por completo, e muito dela esgueirou-se para dentro das cerimônias budistas – como, por exemplo, as danças de demônios. Por outro lado, ela absorveu tanto do budismo que apenas suas práticas mágicas a mantiveram em funcionamento.

Benevolência em formas ferozes

O elemento demoníaco na natureza coloria até mesmo a concepção tibetana de benevolentes seres divinos. Eles não apenas retrataram em sua imaginação numerosos poderes do mal com faces distorcidas e hediondas, mas retratavam mesmo os mansos e benéficos Budas e bodhisattvas como se eles estivessem em um estado de fúria imponente.

As imagens de Buda pareciam ter sido feitas com a intenção de abalar o espírito dos devotos que delas se aproximavam. Mas a visão temível tinha, no final, este bom efeito: ela assustava os maus espíritos, enquanto que meramente temperava o adorador.

A busca por proteção criou várias tentativas de solução. A roda (ou moinho) de oração é um exemplo da união da magia com a religião. Se os tibetanos a inventaram ou não é uma questão discutível, mas eles fizeram um uso universal da mesma. Não consistindo em uma roda exatamente, pode ser descrita como um barril girando em seu eixo e contendo dentro de si orações escritas e páginas de escritos sagrados. Os tibetanos tinham o costume de carregar rodas de oração em miniatura por onde quer que fossem. Os templos possuíam grandes rodas em uma longa fileira, que eram rodadas uma após a outra por aqueles que neles adentravam. Girar a manivela da roda portátil de oração e rodar as orações era um ato de devoção que garantia aos Budas que o coração de quem o fazia estava no lugar correto. Algumas rodas de oração tinham pás presas em seu corpo a fim de que pudessem ser mergulhadas em água corrente; assim, as orações girariam automaticamente ano após ano, para grande mérito de seu proprietário.

Rodas de oração são vistas com menor frequência no Tibete desde a supressão chinesa do budismo (cf. p. 307), mas estão em grande evidência no budismo Vajrayana no Nepal.

Mantras

Outro recurso protetivo era proferir repetidamente a frase sânscrita sagrada *Om mani padme hum* ("Om! A joia está no lótus, hum!"). Essa frase era tanto uma expressão de fé religiosa quanto um encanto poderoso.

Repetida nas montanhas e embaixo, nos vales, inscrita nos muros e rochas, repetida infinitamente nas rodas de oração, e mostrada em faixas e letreiros, ela se tornou um elemento central na consciência nacional. Poucos que a repetem sabem o seu significado; no que importa, até os eruditos do Ocidente estão divididos em relação a ela se referir a Avalokita, como têm dito os monges tibetanos, ou a prajnas e consortes (no último caso, poderiam ter uma conotação sexual). A fórmula era praticamente uma obsessão tibetana.

Os sacerdotes também tinham, entre outras coisas, uma função protetora. O povo ia até eles para a execução de ritos, e para a elocução de orações para os Budas, que pudessem assegurar vida longa e proteção contra os poderes da morte. Após a morte, os sacerdotes executavam rituais que facilitavam a separação da alma de seu corpo, conduziam ritos funerários e supervisionavam a disposição do corpo – por cremação, para as pessoas ricas, ou pertencentes ao alto clero (pois o combustível era escasso), porém mais frequentemente pela exposição do cadáver em algum local remoto onde pássaros e animais pudessem consumir sua carne. Quando os grandes monastérios conduziam seus festivais, peregrinos chegavam de todas as partes, carregados com manteiga e panos para os monges, seus sacerdotes protetores. Por dias eles olhavam para as procissões excitantes, para as danças com máscaras e para os pajens dos monges, como se suas vidas dependessem disso. Nos intervalos os peregrinos se distanciavam a fim de honrar os personagens mitológicos e históricos retratados em peças de mostruário moldadas em manteiga e exibidas; não havia apenas arte nelas, mas também mágica. Finalmente, eles voltavam para seus lares, confortados pela bênção do lama-chefe e pela garantia do favor contínuo dos Budas.

Bardo Thodol

Também referido como o *Livro tibetano dos mortos*, o *Bardo Thodol* descreve a passagem da morte para o renascimento. Em um sentido amplo, **Bardo** significa um estado intermediário que alguém experimenta, por exemplo, ao passar do estado desperto para o sono, ou quando se está nas mais altas distâncias de meditação, mas seu significado maior está em sua referência a domínios experimentados pela consciência quando os cinco skandhas se deparam após a morte. Primeiramente se encontra a "Clara luz do vazio", que pode ser adentrada apenas por aqueles que se prepararam através de uma vida de meditação diligente e, portanto, reconhecem essa breve oportunidade de atingir o Nirvana e evitar nascer novamente. A maior parte, entretanto, não o reconhecerá, e passará adiante em experiências posteriores, incluindo encarar os cinco Budas Dhyani tanto em seu aspecto pacífico quanto temível. Esta é a oportunidade de entrar em uma das Terras do Buda, mas, novamente, a maior parte, temendo, não o fará. Ao invés disso, eles procederão rumo ao renascimento no útero que o karma lhes destinou.

Os clérigos (Lamas) na história

O clero do Tibete tem uma história interessante. Seus membros, juntamente com leigos que adquiriram poderes yógicos, receberam há muito tempo o nome de lamas, um termo de respeito que significa "alguém que é superior". Por mil anos eles viveram em monastérios cercados de espessos muros. Essas construções originalmente seguiam o modelo indiano não militar, mas acabaram por se desenvolver em fortalezas de estilo tibetano distinto, com muros maciços se erguendo firmemente das rochas de fundação até telhados com beiradas salientes muito acima. O clima, com seus invernos extremamente frios e longos, tornaram necessária a construção de estruturas muradas com abundância de espaço interno para armazenamento. Nos dias antigos, a vida que se passava ali era mais semelhante à de mágicos principescos do que propriamente de monges. O Budismo Tântrico que era praticado encorajava os lamas a tomarem esposas. O celibato, ao menos entre o alto clero, se tornou algo raro. Os monastérios, portanto, tinham com frequência chefes hereditários, com os abades passando seus ofícios para seus filhos.

Com a queda do Império Mongol na China na segunda metade do século XIV, foram criadas condições para a tentativa de uma "reforma" do então severamente fracionado e confuso budismo tibetano pelo grande monge tibetano Tsong-kha-pa. Ele lançou o fundamento da Ordem Dge-lugs-pa (pronunciado Gelukpa), a chamada Igreja Amarela, cujo chefe executivo tem sido o **Dalai Lama**. Seus monges são conhecidos popularmente como Chapéus Amarelos, pois seus chapéus e cinturões são amarelos – evidência da tentativa de Tsong-kha-pa de purificar o budismo tibetano e conduzi-lo de volta, na teoria e na prática, para o budismo antigo.

(Os monastérios que resistiram à reforma continuaram a usar o vermelho.) Tsong-kha-pa não eliminou todas as doutrinas tântricas. Ele deu nova ênfase ao conceito do Adi-Buda e viu em Chenregi (Avalokita) a sua manifestação suprema. A reforma foi em parte a imposição de uma disciplina monástica mais estrita: sem carne, com menos álcool e mais oração. Mas o que teve mais impacto e as maiores consequências futuras foi a reintrodução do celibato.

A reencarnação dos chefes Lamas

A prática do celibato teve o efeito óbvio e imediato de acabar com a regra hereditária nos monastérios dos Chapéus Amarelos; os abades não tinham filhos. Mas seguiu-se outro resultado (cerca de um século depois) que deu à Igreja Amarela sua teoria, famosa mundialmente, sobre a reencarnação dos lamas-chefes em seus sucessores. O princípio da sucessão contínua tem sido muito forte no Oriente (fato atestado pela organização familiar na China e a adoração ao imperador no Japão). Mas o elemento ímpar do budismo do chapéu amarelo é ele ter aplicado esse princípio não apenas à família (como na China) ou ao estado (como no Japão), mas à organização eclesiástica (fazendo um paralelo aqui com o catolicismo romano). Quando o celibato quebrou essa corrente antiga de sucessão, os Chapéus Amarelos criaram a partir de seu forte senso tibetano de continuidade a teoria de que os grandes lamas eram as encarnações das almas de seus predecessores – por sua vez, Budas encarnados. Assim o grande lama em Lhasa era considerado a encarnação de Avalokita, e o abade de Tashilunpo – o Panchen Lama – foi considerado uma encarnação de Amitabha.

Essa ideia se expandiu para outros monastérios do Chapéu Amarelo, difundindo-se posteriormente para os estabelecimentos de seu ramo na Mongólia e em Pequim.

A busca pelo novo Buda vivo quando um chefe lama morria era com frequência prolongada, chegando a levar anos. O objeto da busca era alguma criança nascida quarenta e nove dias após a morte do chefe lama que mostrasse familiaridade com os pertences do predecessor, que cumprisse os requisitos de terem ocorrido prodígios por ocasião do seu nascimento e de ter marcas esotéricas em seu corpo, e que fosse cercada por outras formas de sinais, como aparições fantasmagóricas dos símbolos do falecido lama nas paredes de sua casa. Executava-se uma elaborada série de adivinhações. Um lago sagrado, dentre outras fontes, fornecia presságios.

O grande lama em Lhasa adquiriu o nome de Dalai Lama no século XVI quando, em resposta ao convite de um poderoso chefe mongol, o lama viajou para a Mongólia como se fosse Avalokita encarnado. Ali ele reavivou ao budismo, definindo um panteão revisado, um sistema corrigido de festivais e uma nova hierarquia. O agradecido chefe mongol lhe concedeu o título de "Dalai", que significava "o mar" (i. e., que não pode ser medido e é profundo). Essa visita ampliou o alcance operacional e o poder da Igreja Amarela, pois resultou na expansão do budismo tibetano por toda a Mongólia, bem como no estabelecimento de uma linhagem de prelados em Urga, os quais

> *Mantra: Om mani padme hum (Om! A joia está no lótus, hum!").*

se criam serem as encarnações da alma do famoso historiador indiano Taranatha. Ele viajara para a Mongólia, e era realmente considerado um grande homem pelos mongóis. O sucesso da Igreja Amarela na Mongólia proveu as bases para a sua expansão posterior para a China, Sibéria, Rússia e ao longo das fronteiras da Índia.

Que o budismo era vital para o povo dessa "Terra das Neves" até à chegada do comunismo fica evidente pelo fato de que um quinto da população total residia nos monastérios dos lamas. Era uma ambição popular que ao menos um filho em cada família entrasse para o sacerdócio. Os monastérios lamaístas não eram apenas estabelecimentos religiosos de idade venerável, mas centros de influência política, assim como instituições educacionais. Na Igreja Amarela o Dalai Lama, atualmente exilado na Índia, tinha significado político supremo, enquanto o Panchen Lama, do monastério de Tashilunpo, detinha o prestígio espiritual dominante.

VIII - O BUDISMO HOJE

Durante o século XX um forte reavivamento budista se desenvolveu no sul asiático e no Japão devido a causas variadas. Uma delas foi a chegada de uma religião vinda do Ocidente – o cristianismo – cujo propósito era suplantar as religiões nativas, mas cujos missionários, no próprio processo de buscar mais conversões, proveram ao invés disso o estímulo para o reavivamento budista. Na tentativa de encontrar pontos de contato com os não cristãos por meio de uma compreensão mais detalhada das religiões locais, os eruditos missionários – e também ocidentais que se interessam de forma independente – traduziram e providenciaram comentários de centenas de clássicos asiáticos hindus, budistas, daoistas e confucionistas. Assim, na própria tentativa de se informar de forma mais completa, eles abriram os olhos de asiáticos instruídos para as riquezas de suas próprias culturas.

Outra causa mais disseminada deste reavivamento tem sido o aumento de nacionalismos asiáticos, cujas fases iniciais combinam anticolonialismo com desilusão referente à cultura e religiões do Ocidente – que tem se mostrado tão propenso a guerras. Além disso, a revolução social que tem acompanhado a industrialização crescente da Ásia, com a adoção inevitável de muitas técnicas e atitudes do Ocidente, tem criado novos objetivos em vista – igualdade social, justiça econômica e autodeterminação política. Medidas concretas em direção ao progresso social por meio da ação humana têm substituído a resignação ao destino (karma). Humanismo e secularismo têm surgido como rivais às antigas religiões. Mas as antigas religiões têm se levantado frente a esses desafios e mostrado novas forças.

Os editores de um volume recente, budismo engajado: movimentos de libertação budista na Ásia (*Engaged Buddhism: Buddhist Liberation Movements in Asia*) se depararam com fortes lideranças masculinas e femininas, e abundância de recursos materiais na Índia, Sri Lanka, Sudeste Asiático e Japão.

A despeito de amplas diferenças históricas entre o Budismo Mahayana e o Teravada, esforços teóricos e práticos têm sido feitos a fim de trazer unidade.

Nos dias atuais os eruditos do mundo budista enfatizam a natureza complementar das duas divisões do budismo e dizem que as divergências doutrinárias são naturais e lógicas e pressupõem um depósito comum da fé. Quando essa compreensão estava em seus estágios iniciais, medidas práticas foram tomadas no sentido de aproximar os budistas entre si, como a criação da Sociedade Maha Bodhi para o Budismo Teravada (1891), da Associação Jovem Oriental de Budismo Mahayana e da YMBA (Young Men's Buddhist Association –

Associação de moços budistas, 1906). Esses grupos possuem um caráter pronunciadamente leigo e missionário. A primeira tem por um longo tempo lançado publicações para distribuição mundial. Mas a Associação Mundial de Budistas para o budismo mundial (World Fellowship of Buddhists for World Budhism, mais usualmente referida apenas como World Fellowship of Buddhists, ou WFB), fundada em 1950, intencionava um alcance ainda mais amplo. Ela patrocinou diversos encontros mundiais durante o meio século que transcorreu desde então. Em novembro de 2005, uma Quarta Cúpula Mundial reuniu mais de 3 mil monges e leigos, Teravada e Mahayana, de vinte e três países. No início do mesmo ano a organização havia patrocinado um grande fundo de assistência a fim de auxiliar as vítimas de um grande *tsunami* que fizera milhares de vítimas nas áreas costeiras ao longo do Oceano Índico.

Mianmar (Burma)

A antiga colônia britânica de Burma se tornou independente em 1948 e passou por cerca de quatro décadas atribuladas de experimentação religioso-política, vindo a tomar um novo nome – a União de Mianmar – em 1989. Sua população budista é a quarta maior do mundo, mas o papel do budismo em sua identidade emergente ainda está a se desenvolver.

Diferentemente dos frios e distantes Teravada de outras partes da Ásia, os monges de Burma possuem um longo histórico de ativismo político, lutando contra o colonialismo nas décadas anteriores à independência e frequentemente fazendo causa comum com os marxistas nos quarenta anos que se seguiram à sua independência.

A reação contra a experiência colonial tomou a forma de rejeição às influências externas. Por exemplo, quando um terremoto em 1975 destruiu 90% dos 2.217 templos e ruínas de templos em Pagan, a maior parte das ofertas internacionais de ajuda não recebeu resposta. A população birmanesa (contando então 34 milhões) contribuiu por conta própria com cerca de 6 milhões de dólares para a restauração – em uma população cuja renda anual média era de US$ 164 *per capita*! O feito foi em parte uma manifestação abundante de piedade, mas também uma mistura característica birmanesa de orgulho nacional e desenvolvimento mundano perspicaz. Um viajante relatou ter visto a ponta do finial caído do pagode de Shwezigon sendo usada como um instrumento para coleta de doações. Ele foi montado em uma plataforma rotatória, e os doadores jogavam moedas em contêineres com inscrições em inglês: "Que você encontre seu/sua amante", "Que você passe no exame", ou "Que você ganhe na loteria".

O ativismo dos monges foi demonstrado vividamente de duas formas durante um par de eventos distantes nove meses entre si, em 2007 e 2008. O primeiro foi uma atividade política – uma série de protestos cada vez mais ativos de monges reivindicando a melhora das condições de vida do povo. O governo reprimiu brutalmente aos monges. O segundo evento foi uma demonstração de compaixão, dando-se imediatamente após a pior ocorrência de ciclones da década atingir ao país. Enquanto o governo demorava para oferecer ajuda, os monges abriram seus monastérios e saíram entre o povo a fim de oferecer assistência.

Burma declarou-se uma república socialista em 1974, mas em 1988 práticas opressoras e programas econômicos fracassados levaram a insurreições populares colossais nas quais muitos dos 10 mil monges de Burma tiveram papel ativo. O resultado disso foi certa abertura em direção a uma economia de livre-mercado em conjunto com a tomada do poder por um regime militar sob o nome de Conselho de Estado para Restauração da Lei e da Ordem (Cerlo). Alguns grupos budistas de influência foram recrutados para o Cerlo, mas muitos foram atraídos para a emergente Liga Nacional para a Democracia (LND), uma coalisão que em 1991 ganhara apoio de 80% da população, de acordo com uma pesquisa nacional. O Cerlo se agarrava ao poder, prolongando a discussão a respeito de uma nova constituição e buscando o apoio do budismo nacionalista por meio de medidas como rachar o movimento insurgente dos Karens* cristãos/budistas (trazendo os budistas para o governo) e patrocinando uma exibição dos dentes do Buda (emprestados da China).

Aung San Suu Kyi e outros líderes do partido de oposição LND foram colocados sob prisão domiciliar, soltos por algum tempo, e então confinados novamente em Yangon (Rangoon). Muitos dos escritórios do partido foram fechados. Em 1988 os membros do LND formaram um comitê que, conforme afirmação dos mesmos, representava o próprio parlamento – eleito, mas nunca convocado. A resposta do Cerlo foi o "arredondamento" do número para cima, para 900 membros, incluindo 203 dos seus representantes eleitos, alocados em "casas de convidados".

Em 2010, aos 65 anos de idade, Aung San Suu Kyi foi finalmente solto, tendo passado 15 dos últimos 21 anos em prisão domiciliar.

No verão de 2004 várias organizações nacionais e internacionais acusaram o governo de Mianmar de violações da liberdade religiosa – em um momento em que fora lançada uma campanha a fim de promover localidades budistas como atrações turísticas. A Cúpula Mundial Budista que estava marcada para dezembro ocorreu conforme agendado e foi declarada um sucesso, mesmo que seus patrocinadores japoneses e outras delegações retirassem seu apoio.

A população de Mianmar, estimada em 53 milhões em 2010, é cerca de 80% budista, 4% muçulmana e 8% cristã, com hindus e animistas compondo a parcela restante. Minorias religiosas são ostensivamente aceitas, mas marginalizadas por restrições como permissões de erigir locais de culto ou importar livros sagrados e outras literaturas. A minoria étnica dos Rohingya do Estado ocidental de Rakhine, muçulmanos em sua maioria, tem sido particularmente atacada pelo Movimento 969, liderado por monges.

É uma crença profundamente enraizada em Mianmar que *todos* os birmaneses são budistas – ainda que alguns poucos possam estar de licença temporária. Aqueles em seu meio que não são budistas teriam ou se desviado do budismo devido a predisposições vinculadas a seu karma, ou seriam estrangeiros que haviam aparecido em Burma por terem sido birmaneses em uma existência anterior, fazendo então um retorno incompleto.

Sri Lanka

Outrora um reino budista em sua inteireza, o Sri Lanka desde o século XIII experimentou um influxo de estrangeiros. Os primeiros a se assentarem entre os nativos singaleses foram tâmeis de orientação hinduísta vindos do sul da Índia, que residem no norte e atualmente perfazem 16% da população. A despeito de sua consciência de que Gautama considerava as divindades como algo desprovido de valor na busca pelo iluminamento, até os dias de hoje os budistas de Sri Lanka mostram prontidão em adorar divindades hindus em troca de vantagens pragmáticas neste mundo. De início pode ter havido alguma tolerância aos imigrantes, mas com o passar do tempo as diferenças étnicas e linguísticas levaram a uma quase que completa divisão da ilha entre a árida parte setentrional, predominantemente hindu, e as bem-irrigadas e mais amplas áreas de sul e sudeste, que têm sido predominantemente budistas por 2 mil anos. Nos séculos XVI e XVII, os portugueses tentaram tomar o

---

* Um dos grupos étnicos de Mianmar, perfazendo cerca de 7% da população em 2016 [N.T.].

controle da ilha (e convertê-la para o catolicismo), mas foram expulsos pelos holandeses que foram, por sua vez, expulsos pelos britânicos. Quando os últimos se retiraram em 1947, o governo recém-independente declarou o Budismo Teravada a religião de Estado e estabeleceu uma linha de ação esquerdista que perdurou por cerca de trinta anos.

Desde 1978, o Sri Lanka se voltou para uma economia de mercado, prosperando em termos econômicos mas sofrendo desde então com uma agonizante guerra civil por diferenças étnicas e religiosas entre a maioria de 70% de singaleses (em grande parte budistas) e a minoria de 16% dos tâmeis (pl. de Tâmil – hindus do sul da Índia). As repercussões têm sido internacionais e desastrosas. Em primeiro lugar, o Estado de Tamil Nadu na Índia tem ajudado abertamente os dois partidos secessionistas (agora essencialmente coalescentes sob o nome de Tigres Tâmeis). Em 1987, o governo indiano, sob Rajiv Gandhi, enviou forças militares a fim de manter os rebeldes tâmeis sob controle até que um tratado de paz pudesse ser alcançado. O esforço falhou e levou a dois assassinatos como represália: o do próprio Rajiv Gandhi em 1991 e do Presidente Premadasa do Sri Lanka em 1993.

O conflito prosseguiu por uma década. Um intermediário norueguês engendrou um cessar-fogo em 2002, que teve sucesso apenas parcial. Seja pelo desespero em levantar fundos para a guerra, ou por oportunismo criminoso, os Tigres Tâmeis se tornaram uma força internacional no tráfico de drogas e na extorsão, atormentando especialmente refugiados tâmeis no estrangeiro, na França, Alemanha e Canadá, requerendo dinheiro de "proteção". Em 2009, finalmente, após críticas internacionais que a ação teria colocado milhares de civis em perigo, os militares anunciaram vitória sobre os rebeldes.

A constituição de Sri Lanka garante liberdade religiosa, mas outorga uma "posição destacada" para o budismo. Em 2004 organizações budistas intensificaram os pedidos pela criminalização do "proselitismo antiético", destacando particularmente missões proselitistas fundamentalistas. Cerca de cem ataques violentos à propriedade de igrejas foram relatados no biênio seguinte.

Tailândia

O Budismo Teravada é a religião de Estado da Tailândia, reivindicando 93% de uma população de 70 milhões. Cerca de 200 mil monges e 100 mil noviços servem em 30 mil monastérios. Reis recentes (e governos agindo em seus nomes) têm promovido o controle centralizado por meio de um patriarca e de um concílio Sangha representando as duas seitas maiores: os Thammayut, de patrocínio real, e os Mahanikay – menos disciplinados, porém populares.

Tendências divergentes têm surgido nas décadas recentes, especialmente nas áreas urbanas. As autoridades centrais representadas no Conselho se inclinam em direção à conexão entre o *status* socioeconômico com karma, com a intenção de afirmar que a elite ali está por seu mérito prévio, e dádivas geradoras de mérito os manteriam em seu curso. Esta elite é desafiada por três movimentos discrepantes: (1) Sante Asoke, uma pequena, porém respeitada, seita de purificação, crítica em relação à frouxidão moral na sociedade geral, e estabelecida como uma ordem livre de monges e monjas (seu líder, Phra Bhodirak, e setenta e nove de seus monges e monjas foram presos e multados por violarem regras do Conselho e do governo regulando ordenação e monacato); (2) um budismo materialista de classe média, principalmente Mahanikay, desfrutando de serviços mágicos e pastorais providos por um clero composto de monges, que lhes apresenta poucas demandas morais e que às vezes recebe em troca apoio aos monges que desafiam as regras de celibato; (3) um pequeno porém crescente número de monges "modernizadores" ou "desenvolvimentistas" que promovem o melhoramento social e reformas políticas democráticas.

Falando de forma ampla, as relações entre os grupos budistas na Tailândia têm sido de tolerância mútua, mas a população predominantemente muçulmana nas cinco províncias meridionais tem causado perturbações em busca de autonomia nas últimas duas décadas. Nos anos após 2004, ataques a instituições não islâmicas aumentaram exponencialmente em número, causando uma contagem de mais de 2 mil mortos e a imposição da lei marcial.

Camboja e Vietnã

A grande maioria dos cambojanos (Kampucheanos) é etnicamente khmers. Um Império Khmer floresceu na Indochina do século IX ao século XV, inicialmente tomando empréstimos da Índia e a partir do século XII construindo um estupendo complexo de quarenta metros quadrados com setenta templos principais, incluindo Angkhor Vat, o maior monumento religioso do mundo. Tudo isto evidenciou a adoção do Budismo Teravada como religião nacional – apesar de fortes influências do hinduísmo e do animismo permanecerem.

Quando o regime comunista do Khmer Vermelho de Pol Pot tomou o poder em 1976 e baniu o budismo, havia um número estimado de 20 mil monges e 2.500 monastérios remanescentes. A maioria dos cidadãos, que afluíram em peso para Phnom Pen durante a Guerra do Vietnã, foi forçada de volta para o interior. Isto levou à morte (geralmente por execução) de centenas de milhares. Em 1978 o Vietnã iniciou uma guerra e uma invasão, e suas forças substituíram o regime de Pol Pot. Em 1989 o budismo foi reinstaurado como religião oficial, mas relata-se que não sobreviveram mais que 6 mil monges. No início de 1992 as Nações Unidas autorizaram uma força mantenedora de paz com autoridade para desarmar os aderentes das quatro facções guerreiras e supervisionar uma eleição em abril de 1993.

As eleições resultaram em uma divisão de poder entre a maioria monarquista e uma minoria liderada por Hun Sen, representando os antigos esquerdistas do Khmer Vermelho. Em um golpe em 1997, Hun Sen expulsou seu coprimeiro-ministro e alcançou um controle decisivo sobre o país. Na época das eleições de 2003 o PPC (Partido Popular do Camboja) atingiu uma pluralidade de 43% em oposição a dois partidos minoritários. A instabilidade persistiu de início porque a constituição requeria uma maioria de dois terços para a formação de um governo. Dentro de um ano, um dos partidos da minoria concordou com uma mudança constitucional permitindo a formação de um governo por maioria simples, e uma nova estabilidade parecia próxima.

A conquista do Vietnã do Sul pelo Vietnã do Norte, que obteve a reunificação do país dividido após 21 anos e colocou os comunistas (o Vietcong) no controle, foi seguida por medidas severas, mas basicamente conciliatórias, criadas a fim de consolidar todos os elementos da população e colocar a nação, então chamada de República Socialista do Vietnã (a RSV), de pé. Desde 1975, mais de 1 milhão de refugiados emigraram para os Estados Unidos, para a China e para outros países. Apesar de o novo regime ser em teoria oposto à religião, foi declarada a liberdade religiosa, desde que conexões exteriores fossem cortadas. Um Comitê Patriótico Budista de ligação foi criado a fim de promulgar a ideia de que todos os budistas apoiavam o regime. Sob as novas leis cada comunidade religiosa teria "liberdade" sob um corpo nacional único registrado apropriadamente. Um Concílio Budista Vietnamita (CBV) foi criado e registrado, em parte com o propósito de reduzir a influência da existente Igreja Budista Unificada do Vietnã

(Ibuv), que tinha um histórico de longa data de oposição ao governo em Saigon.

As ferramentas do regime para retardar o crescimento dos corpos religiosos incluíam restrições de permissões para a criação de instituições de treinamento de clérigos (o CBV autorizara apenas duas academias budistas em todo o país – ambas controladas pelo governo) e a ameaça de uma lei, redigida vagamente, que autorizava até três anos de prisão por "abuso da liberdade de expressão, imprensa ou religião". O Supremo Patriarca da Ibuv, Thich Huyen Quang, foi retido em Quang Ngai em condições que se assemelhavam a detenção administrativa por duas décadas, até sua morte em 2008.

Durante e após a guerra no Vietnã as atividades para alívio de sofrimento conduzidas pelo monge Zen Thich Nhat Hahn vieram a epitomar o "Budismo engajado". Ele próprio surgiu como uma figura simbólica, atrás apenas do Dalai Lama, no cenário internacional. Martin Luther King o nomeou para um Prêmio Nobel da Paz. Após trinta e oito anos de exílio ele recebeu as boas-vindas de volta ao Vietnã em 2005.

Tibete e China

A incorporação em 1951 do Tibete à República Popular da China e a supressão da insurreição tibetana de 1959 causou a fuga do Dalai Lama e de muitos outros tibetanos para a Índia e para outras partes do mundo. A República Popular da China adotou a posição de que o Tibete tinha sido *sempre* parte da China.

No curso de "libertar" servos e boiadeiros do serviço dos estados eclesiásticos, a intervenção chinesa destruiu a estrutura tradicional da sociedade tibetana: confiscando propriedade privada; fechando monastérios e templos budistas ou os transformando em museus; aprisionando, "reeducando" ou fazendo incontáveis monges e monjas retornarem à vida secular; destruindo artefatos religiosos como rodas de oração, bandeiras de oração, imagens e coleções de escrituras; e forçando a população a entrar em associações e comunas camponesas.

Desde 1979, as pressões antirreligiosas têm sido relaxadas e os excessos têm sido desconsiderados como "obra da Gangue dos Quatro", mas não se tolera falar em independência. Em nível nacional, diz-se terem restado poucos monges dos cerca de 110 mil que havia antes de 1959. Uma grande quantidade de antigos monges tem retornado, para servirem como zeladores (tendo se casado no ínterim, eles não podem mais serem classificados como monges).

A fumaça das lâmpadas votivas de manteiga de iaque, banida anteriormente para "conservar energia", se ergue novamente. Alguns afrescos têm sido restaurados com ajuda do governo chinês. Imagens tântricas retratando posições de união sexual estão novamente em evidência, mas são atualmente cobertas de forma parcial com seda. Muitos monges e ex-monges foram presos nas manifestações contra a ocupação chinesa na primavera de 1989 sob a acusação de instigarem atividade antichinesa. O presente Dalai Lama, Tenzin Gyatso (que se crê ser a décima terceira reencarnação de Tsong-kha-pa), estabeleceu uma residência no exílio em Dharmasala, na Índia, em 1959. Sua resistência paciente, mas firme, ao domínio chinês lhe valeu o Prêmio Nobel da Paz em 1989. Ele deu a entender que "pode não ser necessário" para ele reencarnar como Dalai Lama, mas em resistência à diretiva chinesa de que o governo precisa aprovar a nominação do próximo Dalai Lama, ele também disse que ele poderia selecionar seu próprio sucessor antes de morrer.

Enquanto isso, uma geração de futuros líderes expatriados está crescendo isolada da cultura de sua terra natal; mais e mais termos chineses estão entrando na fala tibetana, e no nordeste tibetano o número de residentes chineses ultrapassa o de tibetanos na razão de três para um.

O décimo Panchen Lama, que foi considerado como um fantoche dos chineses por muitos tibetanos, fez uma declaração em 24 de janeiro de 1988, dizendo que o desenvolvimento sob os chineses tinha sido mais custoso do que os feitos que alcançara. Quatro dias depois, de acordo com os relatos, ele morreu de ataque cardíaco. As suspeitas intensificaram a politização do processo de identificação do sucessor. Insatisfeito com Gudhun Chockyi Nyima, o décimo primeiro Panchen Lama sucessor escolhido pelo monastério de origem e pelo Dalai Lama, o governo chinês apresentou seu próprio candidato, Gyantsen Norbu. Em maio de 1995 o candidato do Dalai Lama foi sequestrado e colocado em prisão domiciliar na China. Desde então nenhum visitante estrangeiro recebeu a permissão de confirmar os relatórios do governo de que ele tem sido bem-cuidado. No final de 1995 o governo chinês entronizou oficialmente Gyantsen Norbu como o décimo primeiro Panchen Lama, mas exceto por aparições ocasionais em Pequim, ele tem sido mantido incomunicável. O mês de junho de 1999 foi uma exceção: foi permitida uma visita oficial a Tashilunpo, a residência tradicional do Panchen Lama no Tibete. Ele foi blindado por pesada segurança e citado oficialmente como exortando os fiéis a "amar o Partido Comunista da China, amar nossa pátria socialista, e amar a religião na qual nós cremos".

Fontes budistas tibetanas acusam que desde 1998 têm sido introduzidos programas de "educação patriótica" na maioria dos monastérios, proibindo a exibição de retratos do Dalai Lama e a posse de seus escritos.

Exige-se dos monges que reconheçam que, apesar de suas negativas públicas, ele representa um movimento separatista. Exigiu-se deles também que condenassem a Gudhun Chockyi Nyima, o candidato do Dalai Lama para a posição de Panchen Lama.

Em 2005, trezentos monges no monastério de Drepung organizaram uma manifestação pacífica, ao invés de condenar ao Dalai Lama – mesmo que ele publicamente tivesse lhes dado permissão para condená-lo ao invés de colocar sua segurança em risco. No mesmo ano o Panchen Lama emitiu uma declaração de Pequim afirmando que o Tibete estava aberto e feliz. Um cenário similar se desdobrou em 2009, no quinquagésimo aniversário das manifestações de 1959: monges em protesto foram presos, e o Panchen Lama declarou que um futuro melhor para o Tibete requeria a liderança do Partido Comunista.

Anos de inquietação esporádica parecem ainda vir, enquanto a luta por autonomia é confrontada com o desejo de promover o turismo e investimentos externos.

Na República Popular da China o budismo tradicional é considerado nativo e não sofre medidas repressivas comparáveis àquelas dirigidas contra os "separatistas" tibetanos e grupos religiosos estrangeiros. Templos famosos podem ser promovidos como locais turísticos, mas oficiais das províncias tendem a refrear o estabelecimento "indiscriminado" de templos, bem como a instalação de estátuas do Buda ao ar livre. O governo relata o número de 13 mil templos e monastérios e mais de 200 mil monges e monjas, mas uma grande quantidade de budistas pratica sua fé sem participar de cerimônias públicas.

As mulheres no budismo

Falando de forma geral, os papéis abertos atualmente para as mulheres no budismo ainda são auxiliares. Nós já comentamos sobre a antiga tradição da relutância do Buda em aceitar ordens de monjas (p. 231). Incontáveis passagens do Sutra refletem a ideia de que a sedução feminina seria um dos principais perigos para o monasticismo masculino.

As monjas perfaziam uma proporção bastante alta do número total de indivíduos dedicados ao monasticismo no mundo Mahayana da China da Dinastia Tang. Um censo de 739 EC relatou que os conventos contavam por 40% de todas as instituições monásticas budistas (mas essas unidades podem ter sido bem menores que os monastérios). Em 1077, um censo de indivíduos mostrou que as monjas perfaziam 30% de todos os monásticos, e, por volta de 1677, cerca de 8%[G2]. Uma grande pesquisa (ca. 1935) mostrou que as freiras compunham 0,12% da população feminina, enquanto que os monges, 0,23% da população masculina.

Deve-se lembrar de que o nível de letramento e educação disponíveis para as mulheres era baixo, e que muitas das que foram contadas deveriam ser classificadas como monjas leigas, seguindo critérios estritos[U].

Versos do Therigatha mostram a grande variedade de motivos que traziam as mulheres para os conventos no mundo Teravada antigo de Sri Lanka (p. 257). Quanto à variedade de motivos no mais amplo mundo moderno, podemos apenas especular. Em adição aos atrativos que também se aplicam aos homens, as mulheres precisam pesar também as desvantagens de suas posições na sociedade em geral. Na China pré-comunista, por exemplo, havia um confinamento "quase Purdah" em casa e, além disso, a perspectiva de uma viuvez destituída nos anos posteriores. Mulheres muito pobres descobriram que um hábito de monja permitia mendigar com dignidade. Mulheres ricas frequentemente proviam seus próprios pequenos conventos como locais para aposentadoria. Entre as seitas Mahayana, os monastérios Zen no Japão têm provido o que mais se tem próximo de uma aceitação sem restrições de gênero para as mulheres, e diversas seitas em Taiwan possuem prósperas ordens de monjas, algumas providas de linhagens de ordenação transmitidas de Sri Lanka para a China no século V EC.

Nos países Teravada, as mulheres ganham mérito para si mesmas e para suas famílias ao alimentar monges mendicantes e ao fazer visitas devocionais frequentes aos templos. Na Birmânia, uma monja é conhecida como uma *thila-shin* (alguém que observa os preceitos), e ela é classificada em posição mais elevada do que as leigas, mas abaixo dos *bhikkus* (monges). O governo a categoriza como uma "pessoa religiosa" (e, portanto, sem direito ao voto), mas os monges contam-na abaixo dos *bhikkhunis* dos tempos antigos, declarando que aquela linha de ordenação foi extinta. Na Tailândia, monjas leigas de vestes brancas podem ser encontradas em muitos wats. Uma pesquisa recente de quinze instituições em Ayutthaya demonstrou que cinco delas tinham monjas leigas em suas dependências. A proporção de monjas leigas para residentes do sexo masculino era cerca de uma para oito[V]. Dificilmente existiam oportunidades para ordenação completa sobre o Teravada Sangha. Mulheres determinadas na Tailândia e em Sri Lanka têm obtido ordenações Mahayana em Taiwan. O reconhecimento pode chegar lentamente, mas as sementes de um reavivamento estão presentes.

No Tibete, havia um número estimado de 25 mil monjas no início do último século, cerca de 2,5% da população total e cerca de 1/5 do número de monges. Debaixo do massacre comunista chinês, algumas monjas fugiram para o Nepal, Índia, Sikkim e Ladakh, e cerca de mil permaneceram nos países originais. Desde 1988, conventos no Tibete estão gradualmente voltando ao funcionamento. Tipicamente, as monjas têm oportunidades severamente limitadas para a educação.

Suas vidas, em anexos sob a autoridade de monges, são usualmente suportadas por suas famílias, ao invés do orçamento geral do monastério.

Finalmente, os esforços missionários do budismo atualmente circundam o globo. Sites na internet existem em abundância para a comunicação com e entre as organizações budistas. Apenas as seitas Jo-do do Japão listam mais de 100 missionários trabalhando nos Estados Unidos e no Canadá.

É significativo que os missionários budistas tenham retornado para a Índia. Em 1953, o governo indiano formalmente passou para os budistas o cuidado de Bodh-gaya, o local da árvore Bo sob a qual Gautama experimentou o iluminamento. Há uma aspiração no coração de muitos budistas de que o mundo inteiro algum dia venha a compreender a compaixão do Iluminado.

GLOSSÁRIO

Adi-Buda: no Budismo Tântrico, o primordial "Buda sem um início" (Svayambhu), "autoexistente", a fonte unitária dos cinco Budas celestiais do norte, sul, leste, oeste e centro.

Amitabha: "vida imensurável", o Buda celestial (Dhyani) presidindo sobre o Paraíso Ocidental (Sukhavati); um campo Buda de bem-aventurança, é a Terra Pura (Amida no Japão, O-mi-tuo na China).

Asoka: primeiro dos imperadores Máuria da Índia, um patrocinador dos ensinamentos budistas, como evidenciado em inscrições em rochas, pilares e cavernas.

Avalokita: "Senhor desta era", divindade indiana da compaixão, reverenciada no budismo como um bodhisattva (título completo sânscrito: Avalokitesvara).

Bardo: no budismo tibetano, a experiência intermediária entre a morte e o renascimento.

Bashō: monge Zen japonês do século XVII, mais conhecido pela sua poesia haiku.

Bodhidharma: fundador e primeiro patriarca no século V EC da tradição meditativa Chan (Zen).

Bodhisattva: "essência iluminada", um futuro Buda, que merece o Nirvana mas se demora na terra a fim de ajudar a outros.

Budas Dhyani: Budas celestiais "contemplativos", presidindo sobre um campo Buda de bem-aventurança celeste e ministrando às necessidades humanas: Amitabha, Vairocana etc.

Budas Manushi: Budas que, assim como Gautama, tomaram forma de seres humanos, ensinaram o Dharma libertador e partiram para Nirvana.

Céu Tushita: um local de morada celeste para os "satisfeitos" (bodhisattvas) durante sua existência próxima à última – uma parte deste mundo enquanto distinta dos remotos e atemporais campos de Buda.

Dalai Lama: "o superior imensurável como o oceano", chefe da seita Gelupka (amarela) do budismo tibetano; o décimo quarto incumbente vive atualmente em exílio na Índia.

Guan-yin ou **Kwan-yin**: deusa-bodhisattva chinesa da misericórdia, derivada da indiana Avalokita (Kannon no Japão).

Hui-neng: sexto (e último) patriarca da tradição meditativa Chan (Zen) na China; do século VII para o VIII.

Jōdo ou Jing-tu: no Japão e na China, respectivamente, a escola budista da Terra Pura oferecendo renascimento no "Paraíso Ocidental" de Amitabha (Amida ou O-mi-tuo Fo).

Karuna: piedade, amor compassivo.

koan: "caso", um enigma verbal usado especialmente no Rinzai Zen para tentar e frustrar o pensamento racional e forçar os novatos à apreensão não dual da realidade.

Lama: "superior", um monge, um preceptor espiritual no budismo tibetano.

Madhyamika: a doutrina do "Caminho do meio" (entre existência e não existência) de Nagarjuna, permitindo uma distinção condicional entre samsara e Nirvana, mas asseverando que na sabedoria perfeita todos dharmas estão vazios.

Mandala: um gráfico desenhado com um "círculo sagrado" usado para meditação no Budismo Tântrico.

Mantras: encantamentos, verdades místicas reificadas verbalmente – comuns principalmente no Budismo Tântrico.

Milarepa: poeta e santo popular tibetano "vestido de algodão"; segundo patriarca da seita Kargyupa, do século XI para o século XII.

Mondo: "questão-resposta", material educacional em formato de diálogo.

Mudra: uma posição de mão, sinal, amuleto ou postura simbólica.

Nagarjuna: ca. 150-250 EC, autor do Madhyamika-karikas, texto mais conhecido da Escola Madhyamika, ou da "doutrina do caminho do meio".

Nembutsu: contração de "Namu Amida Butsu" (Salve, Amida Buda), mantra da seita japonesa Jōdo.

Nichiren: "Lótus do Sol", o nome tomado pelo fundador do século XIV de uma seita japonesa agressiva e nacionalista centrada no *Sutra do Lótus*.

Prajna: sabedoria, um complemento quiescente de *Upaya* (habilidade na ação benevolente; meios hábeis).

Prajna-paramita: "Sabedoria que se foi para a Outra Praia" ou "Perfeição de Sabedoria", uma personificação feminina nos budismos Mahayana e Tântrico.

Pudgala: uma espécie de "personalidade" semipermanente, mas perecível ao fim, que não é nem idêntica a, nem separada dos cinco *skandhas* (cf. glossário na p. 246).

Satori: termo Zen para despertar ou iluminação; consciência da mente Buda, de *sunyata* (chinês: *wu*).

Shingon: (chinês: Zhen-yan), "palavra verdadeira", uma seita esotérica ou mística introduzida no Japão por Kukai (Kōbō Daishi) no século IX.

Shōtōku Taishi: príncipe imperial que promoveu a introdução do budismo no Japão durante o início do século VII.

Sōka Gakkai: um movimento leigo budista modernizador no Japão; ramificação da seita Nichiren, ativista politicamente por meio do Partido *Kōmeitō*.

Stupa: uma torre circular ou um montículo relicário hemisférico ou em formato de sino, usualmente encimado por uma espiral em formato de guarda-chuva; um ponto focal para devoção e circum-ambulação.

Sunyata: o "Vazio", ou o vácuo supremo, um equivalente a Nirvana; realidade desprovida de todos atributos, experimentada em *samsara* (cf. glossário na p. 147).

Tantra: "extensão", comentários e manuais rituais que levaram o budismo (especialmente no Tibete) e o hinduísmo (especialmente no Nepal) na direção de conceitos personificados (Prajna-paramita etc.) e de rituais mágicos: mandalas e mantras.

Tara: divindade feminina protetora, consorte de Budas Dhyani e governantes no Budismo Tântrico.

Tendai: (chinês: Tian-tai ou T'ien-T'ai) escolas racionalistas e ecléticas favorecendo o *Sutra do Lótus*, mas aceitando e harmonizando muitos níveis de budismo enquanto manifestações do Trikaya.

Trikaya: o "corpo triplo" da realidade Buda; o Corpo Absoluto (Dharma), o Corpo da Bem-aventurança ou da Alegria, e o Corpo do Transformado-em-humano ou da Condescendência.

Tripitaka: "três cestos", antiga escritura budista na língua páli; *Vinaya* (regras monásticas), *Sutta* (discursos) e *Abhidhamma* (doutrinas suplementares).

Upaya: "meios hábeis", compaixão em ação, o complemento de *prajna*; no Budismo Tântrico, o consorte masculino na união simbólica.

Vairocana: "brilhando", Buda Dhyani celeste de Luz Fulgurante (o sol); o centro no conjunto tântrico de cinco; enquanto *Dainichi* "Grande Sol" no Japão, seu corpo, fala e mente penetram e atravessam o universo.

Vajrayana: "Veículo do raio (ou do diamante)", um nome para o Budismo Tântrico (especialmente tibetano) aludindo à compreensão súbita iluminadora e ao pareamento da joia com o lótus – ambos representados em *upaya* e *prajna*.

Vijnana: "consciência"; na doutrina Yogacara se baseia na cósmica *alaya-vijnana*, "consciência de armazenamento ou de fundamento", equalizada com o lugar no qual o Ser Iluminado é nutrido; o "útero de Tathagata".

Yogacara: a escola de "Apenas a Mente" ou "Consciência-apenas" no Budismo Mahayana; também chamada de *Vijnanavada*; ensinada pelos irmãos Asanga e Vasubandhu.

Zen: (chinês: Chan) as escolas meditativas da China e do Japão, traçando sua fundação até Bodhidharma.

LEITURAS SUGERIDAS

Sobre o budismo mundial como um todo

CONZE, E. *Buddhism, Its Essence and Development*. Nova York: Philosophical Library, 1951.

CONZE, E. *A Short History of Buddhism*. Bombay: Chetana, 1960.

REYNOLDS, F.E.; HALLISEY, C. Buddha and Buddhism, an Overview. In: ELIADE, M. (ed.). *The Encyclopedia of Religion*. Nova York: Macmillan, 1987.

Sobre o budismo indiano

AMBEDKAR, B.R. *The Buddha and His Dhamma*. Bombay: People's Education Society, 1957.

CONZE, E. *Buddhist Thought in India*. Nova York: George Allen & Unwin, 1962.

GOMEZ, L.O. Buddhism in India. In: ELIADE, M. (ed.). *The Encyclopedia of Religion*. Nova York: Macmillan, 1987.

ROBINSON, R.H. *Early Madyamika in India and China*. Madison: University of Wisconsin Press, 1967.

ROBINSON, R.H. *Classical Indian Philosophy*. Madison: University of Wisconsin Press, 1968.

Sobre o budismo em Burma (Mianmar), Tailândia e Sudeste Asiático

AUNG, M.H. *Folk Elements in Burmese Buddhism*. Nova York: Oxford University Press, 1962.

BUNNAG, J. *Buddhist Monk, Buddhist Layman*. Oxford: Cambridge University Press, 1973.

DHANNINIVAT, P.K.B. *A History of Buddhism in Siam*. Bangkok: The Siam Society, 1960.

HOLT, J. *Spirits of the Place: Buddhism and Law Religious Culture*. Honolulu: University of Hawai Press, 2009.

KING, W.L. *A Thousand Lives Away*. Cambridge: Harvard University Press, 1964.

KING, W.L. *In the Hope of Nibbana: Theravada Buddhist Ethics*. LaSalle: Open Court, 1964.

LESTER, R.C. *Theravada Buddhism in Southeast Asia*. Ann Arbor: University of Michigan Press, 1973.

SPIRO, M.E. *Buddhism and Society: A Great Tradition and Its Burmese Vicissitude*. Nova York: Harper & Row Paperbacks, 1970.

SWEARER, D.K. *Buddhism and Society in Southeast Asia*. Chambersburg: Anima Books, 1981.

SWEARER, D.K. Buddhism in Southeast Asia. In: ELIADE, M. (ed.). *The Encyclopedia of Religion*. Nova York: Macmillan Publishing, 1987.

Sobre o budismo em Sri Lanka

BUDDHIST COUNCIL OF CEYLON (ed.). *The Path of Buddhism*. Colombo: Lanka Bauddha Mandalaya, 1956.

LOUNSBURY, G.C. *Buddhist Meditation in the Southern School*. Londres: Luzac, 1950.

MALALASEKERA, G.P. *The Buddha and His Teachings*. Colombo: Lanka Bauddha Mandalaya, 1957.

RAHULA, W. *History of Buddhism in Ceylon*. Colombo: Gunasena, 1956.

Sobre o budismo chinês

CHANG, W.T. *Religious Trends in Modern China*. Nova York: Columbia University Press, 1953.

CHANG, W.T. (ed.). *Source Book in Chinese Philosophy*. Princeton: Princeton University Press, 1963.

MACINNES, D.E. *Religion in China Today: Policy and Practice*. Maryknoll: Orbis Books, 1989.

OVERMYER, D.L. *Folk Buddhist Religion: Dissenting Sects in Late Traditional China*. Cambridge: Harvard University Press, 1976.

PRIP-MOLLER, J. *Chinese Buddhist Monasteries: Their Plan and Its Function as a Setting for Buddhist Monastic Life*. Nova York: Oxford University Press, 1937.

PRIP-MOLLER, J. (ed.). *Religious Policy and Practices in Communist China*. Nova York: Macmillan, 1972.

TSUKAMOTO, Z. *A History of Early Chinese Buddhism: From Its Introduction to the Death of Hui-yüan*. Tóquio: Kodansha International, 1985.

WELCH, H. *The Practice of Chinese Buddhism (1900-1950)*. Cambridge: Harvard University Press, 1967.

WELCH, H. *The Buddhist Revival in China*. Cambridge: Harvard University Press, 1968.

WELCH, H. *Buddhism Under Mao*. Cambridge: Harvard University Press, 1972.

WELCH, H. *The Chinese Transformation of Buddhism*. Princeton: Princeton University Press, 1973.

WRIGHT, A.F. *Buddhism in Chinese History*. Nova York: Atheneum, 1959.

Sobre o budismo japonês

BLOOM, A. *Shinran's Gospel of Pure Grace*. Tucson: University of Arizona Press, 1965.

DUMOULIN, H. *A History of Zen Buddhism*. Nova York: Pantheon Books, 1963.

EARHART, H.B. *Japanese Religion: Unity and Diversity*. Belmont: Dickenson, 1969.

HARDACRE, H. *Lay Buddhism in Contemporary Japan: Reiyukai Kyodan*. Princeton: Princeton University Press, 1984.

KITAGAWA, J.M. *Religion in Japanese History*. Nova York: Columbia University Press, 1966.

KITAGAWA, J.M. *On Understanding Japanese Religion*. Princeton: Princeton University Press, 1987.

NARIYOSHI, T. Buddhism in Japan. In: ELIADE, M. (ed.). *The Encyclopedia of Religion*. Nova York: Macmillan, 1987.

SUZUKI, D.T. *The Training of the Zen Buddhist Monk*. Quioto: Eastern Buddhist Society, 1934.

SUZUKI, D.T. *Essays in Zen Buddhism*. Nova York: Harper, 1949.

SUZUKI, D.T. *Zen Buddhism: Selected Writings*. Ed. de W. Barrett. Nova York: Doubleday, 1966.

TSUNODA, R.; DE BARY, W.T.; KEENE, D. *Sources of the Japanese Tradition*. Nova York: Columbia University Press, 1958.

Sobre o budismo tibetano

EVANS-WENTZ, W.Y. (ed.). *The Tibetan Book of the Great Liberation or The Method of Realizing Nirvana through Knowing the Mind*. Nova York: Oxford University Press, 1954.

EVANS-WENTZ, W.Y. *Tibetan Yoga and Secret Doctrines*. Ed. de H. Milford. 2. ed. Nova York: Oxford University Press, 1958.

EVANS-WENTZ, W.Y. (ed.). *The Tibetan Book of the Dead*. Nova York: Oxford University Press, 1960.

GUENTHER, H. Buddhism in Tibet. In: ELIADE, M. (ed.). *The Encyclopedia of Religion*. Nova York: Macmillan, 1987.

HOFFMAN, H. *The Religions of Tibet*. Nova York: George Allen & Unwin, 1961.

NELLGROVE, D.L.S. *Indo-Tibetan Buddhism, Indian Buddhists and Their Tibetan Successors*. Boston: Shambala, 1987.

NELLGROVE, D.; RICHARDSON, H. *A Cultural History of Tibet*. Nova York: Praeger, 1968.

NORBU, T.J.; TURNBULL, C.M. *Tibet*. Nova York: Simon & Schuster, 1968.

TUCCI, G. *The Religions of Tibet*. Londres: Routledge & Kegan Paul, 1980.

Leitura fácil

NIWA, F. *The Buddha Tree*. Londres: Owen, 1966.

Outros

CONZE, E. The Heart Sutra. *Buddhist Wisdom Books: The Diamond Sutra and the Heart Sutra*. Londres: G. Allen & Unwin, 1958.

JUNG, C.G. Mandalas. In: READ, H.; FORDHAM, M.; ADLER, G. (ed.). *The Archetypes and the Collective Unconscious*. Reimp. HULL, R.F.C. (trad.). *The Collected Works of C.G. Jung*. Vol. IX. Princeton: Princeton University Press, 1968, p. 387-390.

The Wishing Tree and The Noble Heir. *Dharma Rain: Sources of Buddhist Environmentalism*. Boston/Londres: Shambhala, 2000, p. 24-28.

Thoughts on the Jatakas. *Dharma Rain: Sources of Buddhist Environmentalism*. Boston/Londres: Shambhala, 2000, p. 104-108.

REFERÊNCIAS

[A] CLEMEN, C. (ed.). *Religions of the World: Their Nature and History*. Londres/Nova York: George G. Harrap/Harcourt, Brace & Company, 1931, p. 308-309. Citado com a permissão dos editores.

[B] SPIRO, M.E. *Buddhism and Society*. Nova York: Harper & Row, 1970, p. 74.

[C] SMITH, V.A. *Asoka, the Buddhist Emperor of India*. Oxford: Clarendon, 1920, [1]p. 186; [2]p. 150, 178. Reimp. com a permissão dos editores.

[D] DAVIDS, T.W.R. *Buddhism*. Londres: Society for Promoting Christian Knowledge, 1890, p. 170-171.

[E] SHARMA, A. How and Why did Women in Ancient India Become Buddhist Nuns? *Sociological Analysis*, vol. 38, 1977, p. 248.

[F] DAVIDS, C.A. *Psalms of the Sisters*. Londres: Pali Text Society, 1909, passim.

[G] LAGERWEG, J. The Taoist Religious Community. In: ELIADE, M. (ed.). *The Encyclopedia of Religion*. Nova York: Macmillan, 1987, [1]vol. XIV, p. 311-312; [2]vol. XIV, p. 312.

[H] BUCK, P.S. (trad.). *All Men are Brothers [Shui Hu Zhuan]*. Nova York: Grosset & Dunlap, 1933, 1937, p. 119.

[I] CONZE, E. *Buddhism: its Essence and Development*. Nova York: Philosophical Library, 1954, p. 38.

[J] ELLIOT, C. *Hinduism and Buddhism*. Londres: Edward Arnold, 1921, [1]vol. II, p. 30 (citando o Sukhavati-vyuha menor); [2]vol. II, p. 43 (citando Nagarjuna); [3]vol. III, p. 404; [4]vol. II, p. 284, n. 2. Reimp. com a permissão dos editores.

[K] KERN, H. (trad.). Saddharma-Pundarika or the Lotus of the True Law. *Sacred Books of the East*. Vol. XXI. Nova York: Dover, 1884, 1963, p. 253.

[L] SANGHARAKSHITA, B. *A Survey of Buddhism*. Bangalore: Indian Institute of World Culture, 1957, p. 64, 66.

[M] COWELL, E.B.; MÜLLER, M.; TAKAKUSU, I. (trad.). *Buddhist Mahayana Texts – Sacred Books of the East*. Vol. XXII. Oxford: Clarendon, 1893, p. 153-154. Reimp. com a permissão dos editores.

[N] ROBINSON, R.H. *The Buddhist Religion*. Belmont: Dickensen, 1970, p. 74.

[O] ZIMMER, H. *Philosophies of India*. Ed. de J. Campbell. Nova York: Meridian Books, 1956, [1]p. 447-448, citando *Majjhima Nikaya* 3.2.22.135; [2]p. 485, citando *Astasahasrika Prajnaparamita*, I.

[P] PRATT, J.B. *The Pilgrimage of Buddhism*. Nova York: The Macmillan, 1928, p. 480 (citando Coates e Ishizuka: *Honen, the Buddhist Saint*, p. 185-187). Citado com a permissão dos editores.

[Q] GODDARD, D. (ed.). *A Buddhist Bible*. Thetford: Dwight Goddard, 1938, p. 497-498 (Sutra Spoken by the Sixth Patriarch).

[R] SHIBAYAMA, Z. *Zen Comments on the Mumonkan*. Nova York: Harper & Row, 1984, p. 293.

[S] ANESAKI, M. *Nichiren the Buddhist Prophet*. Cambridge: Harvard University Press, 1916, p. 29.

[T] HAARH, E. Contributions to the Study of Mandala and Mudra. *Acta Orientalia*, vol. 23, n. 1-2, 1958, p. 57-91.

[U] WELCH, H. *Taoism: The Parting of the Way*. Boston: Beacon Press, 1966, 1967, p. 414. Usado com a permissão dos editores.

[V] BUNNAG, J. *Buddhist Monk, Buddhist Layman: A Study of Urban Monastic Organization in Central Thailand*. Cambridge: Cambridge University Press, p. 200-201.

8
Sikhismo: um estudo sobre o sincretismo*

Fatos resumidos:

- Fundador: Nanak, 1469-1538, o primeiro guru.
- Aderentes em 2016: 25 milhões.
- Movimento Predecessor: Kabir-panthis (Kabir, 1440-1518).
- Divindade: O Nome, identificado com Allah, Vishnu (teísta), Deus.
- Gurus sucessores notáveis: O Quinto, Arjan, compilador do *Adi Granth*; O Décimo, Govind Singh, fundador do Khalsa (Singhs, Kaurs).
- Aderentes (por grau de zelo separatista): Akali Dal, separatista revolucionário; Khaisa Dal, separatista; Nanak-panthis (Sahajdhari), turbantes Khaisa, barbas e assim por diante, não requeridos.
- Literatura Sagrada: *Adi Granth* (*Guru Granth Sahib*); *Dasam Granth* (*Granth do décimo guru*)

O sikhismo é uma religião comparativamente nova; sua fundação data de apenas do século XV. Ele surgiu no noroeste da Índia, onde, por quatro séculos, hindus e muçulmanos haviam vivido lado a lado, algumas vezes em conflito aberto, e sempre em uma tensão inquieta. As duas tradições se influenciaram fortemente; ocorreram empréstimos inconscientes a despeito das ferventes afirmações de distintividade. O sikhismo se inspirou abertamente nos recursos de ambas as comunidades e foi capaz de desenvolver seu caráter próprio.

O sikhismo não é novo em qualquer sentido, absolutamente. Seu dogma básico – o monoteísmo – coincide com a convicção muçulmana, enquanto que o pronunciado caráter bháktico de sua literatura devocional e muitas das doutrinas que professa estão em concordância com o hinduísmo. De fato, o sikhismo é um exemplo destacado de um amálgama de sucesso de tradições religiosas (sincretismo), e um exemplo que tem se provado estável.

Por outro lado, o sikhismo não é simplesmente a composição de duas antigas religiões feitas em uma. Ele é, ao invés disso, um novo início genuíno. Seus seguidores creem que ele foi autenticado por uma nova revelação divina, recebida por seu fundador, **Nanak**. Ele é, portanto, percebido por seus aderentes como oposto a uma reconstrução intelectual da fé, chegada após um exame acadêmico de artigos de antigas religiões. Deus – "o Verdadeiro

---

* Este capítulo sobre o sikhismo está colocado nesta parte do livro por se tratar de uma religião do sul da Ásia. Os leitores, seguindo uma abordagem cronológica, podem desejar lê-lo após o capítulo referente ao Islã, na parte 4.

Nome" – mostrou-se para Nanak e o encarregou de uma missão redentora para um mundo dividido. Fica assim evidente que a religião dos Sikhs é um reavivamento da religião em sua completude emocional e ética, e não deve ser considerada como um sincretismo racionalista cujos aderentes estariam engajados apenas em uma reformulação filosófica.

I - A VIDA E A OBRA DE NANAK
Os antecedentes históricos de Nanak

Antes de Nanak surgir no cenário histórico, o terreno foi preparado para ele por homens que não tinham a intenção de fundar uma nova religião, mas que viam uma necessidade de limpeza e purificação no que lhes parecia um hinduísmo decadente. Seus esforços recorrentes de reforma foram os efeitos indiretos de dois desenvolvimentos: (1) o ressurgimento do movimento milenar bhakti no hinduísmo, em parte como resposta ao sufismo muçulmano, e (2) o monoteísmo severo e militante dos muçulmanos.

Os muçulmanos (conhecidos na Índia como *Musalmans*) chegaram à Índia no século VIII EC e com o tempo adquiriram um enorme poder. No século XI eles dominavam firmemente todo o noroeste da Índia, e então estenderam sua suserania sobre a maior parte da Índia. Tão cedo quanto o

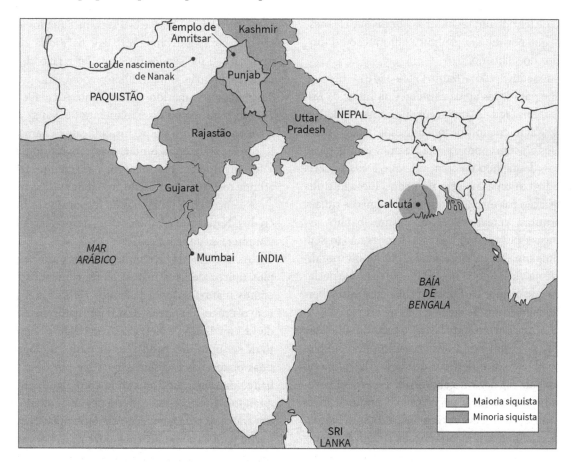

População sikhista

século XII, um poeta reformador hindu chamado Jaidev usou a frase que se tornaria a palavra-chave no sikhismo de data posterior. Ele ensinou que a prática das cerimônias e austeridades religiosas tinha pouco valor em comparação com a "piedosa repetição do nome de Deus". Este é um ensino islâmico adaptado para uso hindu.

Dois séculos depois, outro reformador chamado Ramananda estabeleceu uma seita Vaishnavita bhakti que buscava purgar a si mesma de certas crenças e práticas hindus. Ele despertou grande discussão ao "libertar" a si mesmo e aos seus discípulos tanto de restrições bem-aceitas pelos hindus em relação a contatos sociais entre as castas quanto de proibições de ingestão de carne.

Mas sua maior reivindicação de fama está no fato de ter tido um seguidor maior do que ele mesmo, que por sua vez ganhou a admiração do fundador do sikhismo.

Esse discípulo – **Kabir** (1440-1518) – deu seu nome para seitas ainda existentes na Índia, os *Kabirpanthis* (aqueles que seguem o caminho de Kabir). Kabir, criado por muçulmanos, tinha ódio a ídolos e, assim como o poeta Namdev uma geração antes, desdenhou da crença de que Deus poderia residir em uma imagem de pedra. Ele não tinha satisfação nas formas externas da religião – rituais, escrituras, peregrinações, ascetismo, banhos no Ganges e por aí afora – se essas formas não fossem acompanhadas de sinceridade interna ou moralidade na vida. Enquanto um monoteísta, ele declarava que o amor de Deus era suficiente para libertar qualquer um de qualquer classe ou raça da Lei do Karma. Em outras palavras, o método suficiente para trazer um fim à reencarnação era o simples e completo amor de Deus que absorve a alma no Absoluto. Ele negava a autoridade especial dos Vedas hindus, escrevia no vernáculo hindi ao invés do sânscrito, atacava cerimonialistas tanto brâmanes quanto muçulmanos por seu ritualismo árido, e colocava no lugar de seus padrões de crença a pessoa de um líder e professor espiritual inspirado (o *guru*), à parte de quem, ele defendia, as atitudes de vida corretas não podiam ser obtidas. Claramente, uma combinação de elementos hindus e muçulmanos aparece nos ensinos de Kabir. Nanak criaria sua própria posição doutrinária sobre uma fundação similar de monoteísmo ético.

A juventude de Nanak

De acordo com o máximo que os fatos podem ser confirmados, Nanak nasceu em 1469 EC na vila de Talwandi, cerca de 48km de Lahore, no atual Paquistão. Seus pais eram hindus pertencentes a uma casta mercantil chamada localmente de Khatri (provavelmente uma derivação da antiga casta Kshatriya), mas eles estavam situados em posição comparativamente baixa na escala econômica, seu pai sendo um contador e fazendeiro na vila. Sua mãe, uma mulher piedosa, era muito devotada a seu marido e a seu filho. A cidade de Talwandi no tempo do nascimento de Nanak era governada por um nobre insignificante chamado Rai Bular – de etnia hindu, mas convertido para a fé muçulmana. Ele mantinha, entretanto, uma atitude tolerante em relação aos aderentes da antiga fé e encorajava tentativas de reconciliar os dois credos. Nanak, no tempo devido, despertaria nele um interesse amigável.

As histórias da juventude de Nanak são exemplos típicos de fatos históricos transmutados em contos maravilhosos. Diz-se que ele fora um jovem precoce, um poeta (bakta) por natureza, e tão dado à meditação e à especulação religiosa a ponto de ser inútil nas profissões de pastor ou lojista, duas ocupações escolhidas para ele por seus solícitos pais. Seu pai concordou com algum alívio quando Nanak aceitou a oferta de um cunhado de um trabalho para o governo em Sultanpur. Nanak partiu para a capital distrital; durante as horas comerciais ele trabalhava duro e de forma capaz, segundo os relatos. Nesse tempo ele se casou e teve dois filhos, mas passava suas tardes cantando hinos para o seu Criador. Seu amigo, o menestrel Mardana – um muçulmano que teria uma parte importante em sua carreira – viera de Talwandi para se juntar a ele. Gradualmente eles se tornaram o centro de um pequeno grupo de seguidores.

Despertamento religioso

Eventualmente a excitação religiosa interna de Nanak o levou a uma crise. Sobreveio, então, uma experiência decisiva, que foi descrita mais de cem anos depois como uma visão de Deus.

> Um dia, após se banhar no rio, Nanak desapareceu na floresta, e foi tomado por uma visão da presença de Deus. Foi-lhe oferecido um copo de néctar, que ele aceitou de forma agradecida. Deus disse-lhe: "Eu estou contigo. Eu te fiz feliz, e também aqueles que tomaram teu nome. Vá e repita o Meu, e faça com que os outros façam da mesma forma. Permanece incontaminado pela palavra. Pratica a repetição do Meu nome, caridade, abluções, adoração e meditação. Eu tenho te dado este copo de néctar, uma prova de Minha consideração".[A1]

Estudiosos modernos Sikh estão convencidos de que esta história é uma reconstrução da experiência original por meio do uso de símbolos de eventos espirituais, que o copo de néctar foi de fato a arrebatadora revelação de Deus como Verdadeiro Nome, e que as palavras atribuídas a Deus interpretam de forma perceptiva uma profunda experiência do chamado para a profecia.

Eles encontram nos próprios hinos de Nanak um melhor registro da revelação:

> Eu fui um menestrel sem trabalho;
> O Senhor me deu um emprego.
> O Poderoso me instruiu:

> "De noite e de dia, cantai o meu louvor!"
> O Senhor convocou seu menestrel
> Para sua elevada corte;
> Sobre mim Ele outorgou o manto de honra
> daqueles que O exaltam.
> Sobre mim Ele outorgou o Néctar em um copo,
> O Néctar de seu verdadeiro e santo Nome.[B1]

Debaixo da pressão de seus sentimentos (uma verdadeira expressão de bhakti), diz-se que Nanak proferiu então o preâmbulo do *Japji*, uma composição que é repetida silenciosamente como rito devocional por cada devoto Sikh até os dias de hoje:

> Há apenas um Deus cujo nome é Verdadeiro, o Criador, desprovido de medo e inimizade, imortal, não nascido, existente por sua conta própria, grande e recompensador.
> O Verdadeiro estava no princípio, o Verdadeiro estava na era primeva.
> O Verdadeiro é, era, ó, Nanak, e o Verdadeiro há de ser.[A2]

Após três dias, Nanak emergiu da floresta.

Ele permaneceu em silêncio por um dia, e no seguinte ele proferiu o rico anúncio: "Não há hindu e não há musalman".[A3]

Esta foi a declaração de abertura do que viria a se tornar uma vasta campanha de ensino que tinha como objetivo a purificação e reconciliação das fés religiosas.

Campanha itinerante

Partindo em uma viagem ampliada pelo norte e oeste da Índia, que se estendeu por anos de peregrinação, ele tomou como seu único companheiro seu amigo, o menestrel Mardana que, enquanto Nanak cantava seus hinos evangelísticos, tocava o acompanhamento em um pequeno instrumento de cordas chamado de *rebeck*. O par, que percorria longas distâncias, visitou os lugares principais de peregrinação hindu, incluindo Hardwar, Délhi, Benares, o Tempo de Jaganatha, além de lugares sagrados nas Montanhas dos Himalaias. Intrépido frente à rejeição e hostilidade das autoridades religiosas, Nanak cantava e pregava nos mercados, praças, e nas esquinas das ruas, detendo-se apenas para fazer alguns poucos convertidos antes de seguir em seu caminho. Aparentemente ele seguia com a fé de que Deus, o Verdadeiro Nome, faria com que a semente que ele lançava brotasse e desse fruto por si mesma. Ele planejou como sua própria vestimenta uma roupa heterogênea que à vista proclamava sua tentativa em combinar as duas crenças. Em adição ao vestuário inferior hindu (dhoti) e às sandálias,

> [...] ele colocou um casaco cor de manga, sobre o qual lançou um safa, ou lençol branco. Em sua cabeça, carregava o chapéu de um Musalman **Qalander** (mendicante), enquanto vestia um colar (rosário) de ossos, e imprimia uma marca cor de açafrão em sua fronte, no estilo dos hindus[A4].

Mas não foi até que eles chegassem ao Punjab que tiveram qualquer sucesso marcante. Ali, começaram a se formar grupos de sikhs (literalmente, discípulos).

De acordo com uma lenda interessante, mas desacreditada atualmente, Nanak levou Mardana consigo mais tarde em suas vidas para o coração do mundo árabe. Com as vestes azuis de peregrinos muçulmanos, cajado em mãos, e carregando copos para suas abluções e tapetes para as orações, conta-se que eles eventualmente atingiram Meca, após muitos meses. Somos convidados a acreditar que,

> [...] quando o Guru chegou, cansado e com os pés doendo, ele foi e se assentou na grande mesquita, na qual os peregrinos se engajavam em suas devoções. Sua desconsideração pelos costumes dos islâmicos logo o envolveu em dificuldades. Quando se deitou para dormir de noite ele voltou seus pés na direção da Caaba. Um sacerdote árabe o chutou e disse: "Quem é este infiel dormindo? Por que tu, ó pecador, viras teus pés na direção de Deus?" O Guru respondeu: "Virai meu pé na direção em que Deus não está". Após isso o sacerdote pegou os pés do Guru e os arrastou na direção oposta[A5].

De acordo com dados mais confiáveis, Mardana adoeceu e morreu em Kartarpur. Ele estava velho e cansado das peregrinações. Nanak, agora com 69 anos de idade, não sobreviveu muito após ele. Sabendo que seu fim estava próximo, e com os olhos voltados para o crescimento futuro de seu séquito de sikhs, ele tomou uma decisão que teria consequências de longo alcance: ele apontou um discípulo, Angad, como seu sucessor.

Em outubro de 1538, ele se deitou e morreu. A tradição diz que sikhs, hindus e muçulmanos se reuniram ao seu redor e lamentaram juntos. Os muçulmanos, como conta a história (que também é contada a respeito de Kabir), diziam que eles deviam enterrá-lo após sua morte; os sikhs de origem hindu diziam que eles deveriam cremá-lo. Quando eles levaram a questão para o Guru, ele disse: "Que os hindus coloquem flores à minha direita, e os musalmans à minha esquerda. Aqueles cujas flores eu encontrar frescas amanhã de manhã poderão dispor de meu corpo". Assim dizendo, ele puxou o lençol sobre sua cabeça e ficou imóvel. Quando o lençol foi removido na manhã seguinte, "não foi encontrado nada embaixo dele. As flores em ambos os lados tinham florescido"[A6].

Assim, mesmo em sua morte, Nanak reconciliou o hindu com o muçulmano, diz o piedoso conto.

II – OS ENSINOS DE NANAK
Conceitos básicos

A posição doutrinária de Nanak tinha uma forma surpreendentemente simples, a despeito de sua mistura de visões de duas religiões amplamente distintas. A consistência se dá à aderência a um único conceito central – a soberania de um Deus, o Criador.

Nanak chamou seu Deus de o *Verdadeiro Nome* por querer evitar qualquer termo que o delimitasse, como Alá, Rama, Shiva ou Ganesha. Ele ensinou que o Verdadeiro Nome é manifesto em múltiplas formas e é conhecido por múltiplos nomes, mas que ele é o eternamente um, o soberano e onipotente Deus, ao mesmo tempo transcendente e imanente, criador e destruidor. Se qualquer nome precisasse ser usado, que fosse algum como *Hari* (o Amável), que é uma boa descrição do seu caráter; pois sua misericórdia é inexaurível, e seu amor maior do que sua justiça que não se desvia. Ao mesmo tempo, Deus inescrutavelmente predestina todas as criaturas e estabelece que a mais elevada das criaturas, o ser humano, seja servido pelas criações inferiores (isto removia o tabu hindu contra o consumo de carne). Nestes artigos do credo de Nanak, é evidente um elemento muçulmano.

Por outro lado, Nanak se subscrevia à doutrina hindu de ***maya***, mas ele não dava à maya a conotação de pura ilusão. Objetos materiais, ele defendia, tinham realidade enquanto expressões da eterna Verdade do Criador. Eles podiam, no entanto, construir um "muro de falsidade" que obscurecia o verdadeiro Real daqueles que viviam por completo, e com desejo, no mundo mundano. Deus criara a matéria como um véu sobre Ele mesmo que apenas mentes espirituais, libertas do desejo, poderiam penetrar. Por seu místico poder, maya "obscurecia a Verdade e aumentava o apego ao mundo"[B2].

Maya, a deusa mítica,
Surgiu do Um, e seu útero deu origem
a três discípulos aceitáveis do Um:
Brâma, Vishnu e Shiva.
Brâma, conta-se, trouxe o mundo à existência,
Vishnu é quem o sustenta;
Shiva, o destruidor, é quem absorve –
ele controla a morte e o julgamento.
Deus os fez trabalhar de acordo com Sua vontade.
Ele sempre os vê, eles não o veem:
Esta, de todas, é a maior maravilha[B3].

Deus, em última instância, e não maya, é o verdadeiro criador, por uma única Palavra.

O próprio Deus criou o mundo e
Ele mesmo deu nome às coisas;
Ele fez Maya, por Seu poder[A7].

O mundo é, então, imediatamente real, no sentido de ter sido feito manifesto por maya para os sentidos, mas ultimamente irreal, pois apenas Deus é real em última instância (aqui temos uma convicção similar lembrando o advaita de Shankara, mas sem seu monismo impessoal, pois para Nanak Deus era tão pessoal quanto ele fora para Ramanuja; cf. novamente a p. 168). "O mundo é muito passageiro, como o brilhar de um relâmpago"[A8], Nanak cantava, e ele não se esquivava do pensamento paralelo de que a humanidade também era passageira. Mantendo a doutrina hindu da transmigração das almas juntamente com seu corolário usual, a Lei do Karma, Nanak advertia seus ouvintes a não prolongar as rodadas de seus nascimentos vivendo separadamente de Deus; isto é, a não optar pelo egoísmo (***haumai***) e pela vida de desejos sensoriais no mundo (maya) em detrimento da absorção em Deus, abandonadora do ego.

Uma vida egocêntrica acumulava karma. Os homens deveriam pensar apenas em Deus, repetindo infindamente seu nome, e serem n'Ele absorvidos; apenas em tal absorção estava a felicidade conhecida pelos hindus como Nirvana. Pois a salvação não consistia na ida para o Paraíso após um julgamento final, mas na absorção – uma absorção extinguidora da individualidade – em Deus, o Verdadeiro Nome.

Como os islâmicos sufi, Nanak enfatizava que Deus residia dentro do mundo e está no coração humano. Como os hindus *bhakti* ele enfatizava a primazia da devoção. Os sikhs chamam seu caminho de **Nam**(nome)-**Marg** para distingui-lo do Karma Marga dos hindus. Agir sempre em nome e por causa de Deus é melhor, dizem eles, do que o Karma Marga, que alguns hindus tendem a seguir por motivos egoístas ao invés do espírito do *Bhagavad Gita*; isto é, sem esperar por recompensas.

Desconfiança de rituais

Com profunda desconfiança de rituais e cerimônias, Nanak denunciou a hindus e muçulmanos por participarem das formas de adoração sem realmente pensarem a respeito de Deus. De fato, ele sentia que o ritual era uma distração positiva, pois levava a cadeia de pensamento das pessoas para longe de Deus, na direção de meras formas e movimentos de adoração. Em toda parte ele encontrava ilustrações para sua tese. No primeiro culto muçulmano do qual ele participou após seu chamado para ser o Guru de Deus, Nanak conta ter rido em voz alta de algo que notou no comportamento do juiz (Qai) que conduzia uma oração. Os muçulmanos mal podiam esperar até o final do culto para atacá-lo em busca de uma explicação.

> O Guru respondeu que imediatamente antes de orar o Qazi tinha soltado uma potra recém-nascida. Enquanto ele ostensivamente executava o culto divino, ele se lembrava de que havia um poço no cercamento, e sua mente estava cheia pela apreensão de que a potra pudesse cair nele[A10].

Como a mente do Qazi tinha divagado, sua oração ritual não fora aceita por Deus, disse Nanak.

Ele sentia uma desconfiança similar dos ritos hindus como sair em peregrinações, praticar o ascetismo de maneira extrema, e de idolatria de qualquer tipo. No último caso, ele pensava que não apenas os ídolos distraíam o pensamento de alguém da realidade de Deus, mas também, afirmava ele com fervor muçulmano, Deus não podia ser contido em uma imagem de madeira ou pedra. Em relação às peregrinações, a mera repetição do Verdadeiro Nome era igual a se banhar nos sessenta e oito locais de peregrinação. Em relação à retirada ascética do mundo, "Por que buscar a Deus em uma floresta? Eu o encontrei em casa", clamava Nanak[C1].

Missão social

Nanak acreditava que a religião tinha uma missão social a executar, a missão de melhorar o destino de pessoas de todas as classes e sociedades. Ele criticou yogins, sadhus, sannyasins e outros hindus como eles por se distanciarem dos problemas da vida em um escape centrado em si mesmos da responsabilidade social. Ele acusava os mullahs (clérigos) muçulmanos de também ignorar os princípios sociais do Corão, confinando-se aos deveres e ritos das mesquitas, e tratando os não muçulmanos com intolerância indelicada.

Os sikhs não desprezavam este mundo, nem se desesperavam em melhorá-lo. Eles não desprezavam o corpo; o mistério da criação e a vida estavam dentro dele – o corpo possuía nobreza, e dele eles não se envergonhavam. Nanak, entretanto, advertiu:

> Esta casa construída por Deus que é o corpo,
> da qual a alma é o locatário,

tem muitas portas:
as cinco tentações, das quais a carne é o herdeiro,
que diariamente o atacam[B5].

As boas pessoas e os bons sikhs têm motivação e ação puras; eles dão preferência ao virtuoso, aceitam os outros sem considerar a casta, almejam pela palavra do Guru e por todo o conhecimento divino como uma criatura almeja pela comida, amam uma esposa e renunciam a todas as outras, evitam tópicos contenciosos, não são arrogantes, não humilham aos outros e abandonam as más companhias, associando-se, ao invés disso, com os santos.

O credo e a prática de Nanak eram distintivamente conciliadores e pacíficos, mas ainda assim o destino singular da religião que ele estabeleceu foi ser forçada, pela perseguição, a se transformar com o decorrer dos anos em uma fé vigorosamente defensiva, com seus aderentes recorrendo à espada.

Esta é uma história fascinante, para a qual nos voltaremos a partir desse momento.

III - A HISTÓRIA POLÍTICA DO SIKHISMO

Nove gurus sucederam a Nanak como chefes oficiais da religião Sikh, e o corpo de fiéis cresceu.

Dos quatro primeiros, o Guru Amar Das (1552-1574) é um caso típico. Ele foi notado por sua humildade e liberdade de orgulho de casta, dizendo: "Que ninguém se orgulhe de sua casta [...]. O mundo foi feito todo da mesma argila"[A12]. O pacifismo da religião sikh antiga foi evidente em tudo o que ele fez. Os sikhs de seu tempo viveram pela regra: "Se alguém lhe maltratar, suporte três vezes, e Deus lutará por você na quarta vez"[D].

Não busque pelo Verdadeiro Único longe; ele está em cada coração, e é conhecido através das instruções do Guru[A9].
Nanak

Diversas características novas da vida comunal sikh foram criadas por Nanak e receberam continuidade através dos anos por terem sido cimentadas em todas as partes. Congregações (**sangats**) foram estabelecidas, primariamente para a adoração, mas também com a função de providenciar encontros nas cidades. Com o tempo, construções para a adoração (**gurdwaras**) foram construídas. Elas serviam frequentemente como hospedagens para transeuntes e incluíam cozinhas comunais (*langars*) que serviam refeições comuns gratuitas. Serviço social, democracia e harmonia eram assim promovidos.

Guru Arjan

Mas como os sikh aumentavam rapidamente em número e eram vistos pelos de fora com suspeita – se não hostilidade, o quinto Guru, o Guru Arjan (1581-1606), deu início à transição da religião para uma fé com caráter de autodefesa militante. Isto se deu em virtude de uma mudança de atitude da parte das autoridades muçulmanas, e dentro do próprio sikhismo devido ao vigor e liderança do belo Arjan. Em adição a completar o projeto ambicioso de seus predecessores – o lago artificial de Amritsar e o Har Mandir (Templo de Deus) em sua ilha – Arjan fez duas coisas de significado duradouro.

O ADI GRANTH COMPILADO

Primeiramente, Arjan compilou o ***Adi Granth***, a "Bíblia" sikh. Percebendo que os hinos devocionais usados pelos sikhs em sua adoração corriam o risco de serem perdidos, ele os reuniu em uma coleção. Ele próprio fora um talentoso poeta, e metade da coleção consiste em hinos de sua própria autoria. O restante era em sua maioria da pena de Nanak, com alguns tendo sido escritos pelo segundo, terceiro e quarto gurus, e alguns por Jaidev, Namdev, Kanir e outros. Esta compilação foi reconhecida de imediato como notável por pessoas tanto dentro quanto fora das fileiras dos seguidores sikh. O imperador muçulmano Akbar, da Dinastia Mughal, ouviu falar sobre ela através de seus conselheiros, que a consideravam um trabalho infiel perigoso, mas Akbar era um monarca tolerante, e após ouvir algumas leituras do Granth ele declarou não ter encontrado nele nenhuma ideia perigosa. Ele mesmo fez uma visita respeitosa a Arjan, indicando assim sua aprovação geral. Mas Akbar, de mentalidade liberal, foi sucedido por seu filho Jahangir, de mentalidade islâmica mais estrita que, sob a acusação de conspiração política, capturou o Guru Arjan e fê-lo ser torturado até à morte.

UMA SUCESSÃO MILITANTE

Antes de morrer, no entanto, Arjan cumpriu seu segundo feito de importância duradoura: ele deixou a injunção para seu filho, Har Govind ou Hargobind, de "se assentar completamente armado em seu trono, e manter um exército com o máximo de sua habilidade"[C2].

O Guru Har Govind (1606-1645) obedeceu à última injunção de seu pai. Ao ser empossado ele se recusou a vestir – por serem muito sugestivos de pacifismo – o turbante ordinário e o colar que haviam passado por seus predecessores. Sua intenção foi expressa claramente: "Meu *seli* [colar] será um cinturão de espada, e meu turbante será adornado com um penacho real"[A13]. Ele não perdeu tempo em transformar suas palavras em ação. Cercou-se de um corpo de guarda-costas armados, construiu a primeira fortaleza sikh, e em devido tempo atraiu milhares de sikhs ansiosos na prestação de serviços militares.

Ele foi capaz de prover rações e vestimentas, assim como armas, com os fundos na tesouraria do seu templo.

O mundo muçulmano ao seu redor se tornava cada vez mais hostil enquanto os sikhs, dotados agora de uma cidade capital e de um rico e belo templo, começavam a desenvolver um sentimento nacional. Os sikhs não eram mais, do ponto de vista muçulmano, uma seita inconvenientemente coesa internamente, mas não obstante inofensiva; eles eram uma realidade política e social que ameaçava o balanço de poder no noroeste da Índia. Assim, os muçulmanos entraram em ação. E os sikhs, por sua vez, encontraram em si mesmos as qualidades de homens de luta. As coisas não foram bem de início, entretanto. O Guru Har Govind lutou e foi aprisionado pelo mesmo Jahangir que havia colocado seu pai à morte. Logo em seguida, no entanto, Jahangir morreu, Har Govind foi liberto através do pagamento de uma taxa, apenas para voltar a lutar. A consolidação pacífica, mas cautelosa, da força Sikh marcou o governo dos próximos três gurus, o último dos quais foi aprisionado e executado pelo Imperador Aurangzeb.

> *Nanak para os hindus: a religião não consiste em um casaco remendado, em um cajado de um Yogin, ou em cinzas espalhadas pelo corpo; religião não consiste em vestir brincos, em uma cabeça raspada, ou no assoprar de chifres [...]. Religião não consiste em perambulações para tumbas ou lugares de cremação, ou em se assentar em atitudes de contemplação. Religião não consiste em peregrinar em países estrangeiros, ou em se banhar em lugares de peregrinação*[A11].

Guru Govind Singh, "O Leão"

A luta desigual explodiu em um renovado conflito militar no tempo do Décimo Guru, **Govind Singh** (1675-1708). Em sua acessão, este guru era chamado de Govind Rai, mas foi mais conhecido como Govind Singh, ou Govind o Leão. Ele encontrou os sikhs dispostos e excitados para combater uma luta maior. Eles não estavam, declarou ele, animados pela inimizade em relação a qualquer pessoa, mas apenas resolutos de forma destemida a declarar e defender a Verdade. Apenas se fosse necessário eles buscariam um estado Sikh separado. Ele esperava que os muçulmanos não forçassem a situação; enquanto isso exortou aos sikhs a se manterem firmes em sua fé. Enquanto ele esperava uma possível luta armada, ele fortificava o espírito de seus seguidores com a escrita de hinos, da mesma maneira que os primeiros gurus fizeram, porém por vezes com composições em estilo marcial. Deus fora reinterpretado a fim de destacar suas características enquanto um militante Senhor dos Exércitos em tempo de perigo. Por exemplo,

> Eu me curvo Àquele que segura a flecha em sua mão;
> Eu me curvo ao destemido;
> Eu me curvo ao Deus dos deuses que está no presente e no futuro.
> Eu me curvo à Cimitarra, à espada de dois gumes, ao bracamarte, e à adaga [...]
> Eu me curvo Àquele que segura a maça [...]
> Eu me curvo à flecha e ao canhão [...]C3.

Estas palavras são prefaciadas com a assustadora invocação:

> Salve, salve ao Criador do mundo, o salvador da criação, meu querido, salve a Ti, ó Espada!C3

As imputações divinas em uma linguagem armamentista são explicadas como se segue por um sikh contemporâneo:

> O Guru considerava armas como objetos de grande santidade e inculcava a ideia de sua adoração. Ele mesmo as deificava, identificando-as com o próprio Deus. Daí o uso de nomes de Deus como *Sarbloh* (Todo de Aço), *Kharagket* (Emblema da Espada), e *Bhagauti* (Espada)C3.

Este e outros hinos menos militantes foram depois compilados no **Dasam Granth**, também conhecido como *O Granth do Décimo Guru*, e foi feito um suplemento autoritativo ao primeiro (ou Adi) Granth. Entre eles está a seguinte proclamação comovente da irmandade humana:

> *Nanak para os muçulmanos: Que a compaixão seja tua mesquita, que a fé seja tua oração mat; que a vida honesta seja o teu Corão, que a modéstia seja tuas regras a serem observadas, e que a piedade seja os jejuns que manténs; com tal sabedoria, empenha-te em ser um muçulmano; [que seja] a conduta correta a Caaba; a verdade do profeta, os bons feitos a tua oração; submissão à vontade do Senhor, teu rosário; se tu fizeres isso, Nanak, o Senhor será teu protetor*B4.

> Um homem espera se tornar um monge ao raspar sua cabeça.
> Outro se torna um Yogi(n)
> ou algum outro tipo de asceta.
> Alguns se chamam de hindus;
> Outros chamam a si mesmos de musalmans [...]
> E ainda assim o homem é de uma só raça por todo o mundo [...]
> Adorai ao único Deus, de todos os homens, o único divino professor.

Todos os homens têm a mesma forma,
Todos os homens têm a mesma alma[86].

Sobre si mesmo e sua missão ele canta:

Para esta missão Deus me enviou ao mundo,
e na terra eu nasci como um mortal.
Assim como Ele fala para mim,
eu preciso falar aos homens.
Destemidamente eu declararei sua verdade,
mas sem inimizade para com nenhum homem.
Aqueles que me chamam Deus
deverão cair nas profundezas do inferno:
Saúdem a mim apenas como o servo de Deus[87].

KHALSA, A ORDEM DE SINGH

Não há dúvida do fato de que Govind Singh estava completamente convencido de sua autoridade divina. Quando lhe desceu a inspiração para instituir sua maior inovação, o **Khalsa**, ("o Puro"), através do Khanda di-Pahul, ou Batismo da Espada, ele sentiu que ela fora enviada por Deus.

Um dia, após testar a sinceridade de cinco seguidores – três dos quais eram das chamadas castas baixas – ao lhes dar a oportunidade de provar que estavam dispostos a morrer pela fé, ele derramou água em uma bacia e a mexeu com uma espada de dois gumes, enquanto misturava a ela doces indianos para produzir néctar (*amrit*). Ele então convidou cada um deles a beber cinco palmos da água adocicada (um ato importante como sinal da extinção de casta) e então borrifou a água cinco vezes no cabelo e nos olhos de cada um dos homens. Sendo assim batizados para uma nova ordem de vida, eles tiveram que repetir o que se tornou o grito de guerra dos sikhs, *Waheguru ji ka Khalsa, Waheguru ji ki Fateh* – "O Puro é de Deus, e a vitória é para Deus".

Eles foram encarregados de se vestir de acordo com os cinco K's: (1) *Kesh*, ou cabelo comprido não cortado na cabeça e no queixo, (2) *Kangha*, ou pente, (3) *Kachn*, ou roupas de baixo curtas, (4) *Kara*, ou bracelete de aço, e (5) *Kirpan*, ou espada. Além disso, eles faziam o juramento de adorar ao único Deus invisível, de reverenciar o único objeto santo visível – Granth, a honrar os gurus, a se levantar antes do amanhecer para se banhar em água fria, e então meditar e orar. Eles abriam mão de todos os estimulantes, especialmente licores alcoólicos, e evitavam tabaco. Eles eram encorajados a passar a comer carne, desde que sua proveniência fosse um animal morto da maneira prescrita; isto é, com um único golpe de espada. Todos que foram assim iniciados e estavam comprometidos com Khalsa poderiam carregar o nome Singh, ou leão.

(Hoje, tanto garotas quanto meninos são iniciados nas cerimônias dos cinco K's na puberdade; o nome correspondente para as meninas é *Kaur*, ou "princesas". Os jovens adultos, seguindo uma tendência preocupante para os seus anciãos, têm cada vez mais desistido do ritual de usar o cabelo comprido e um turbante por ser inconveniente e por impedir sua assimilação.)

O próprio Guru Govind se tornou um Singh; após ter iniciado os primeiros cinco neófitos ele os compeliu a batizarem-no. Então ele lançou o novo culto, aberto a homens de todas as classes, independentemente de casta. Para a aflição aberta das classes altas, muitos indivíduos das classes baixas, e mesmo párias, se ajuntaram em peso à organização do guru; eletrizados pelo batismo da espada, eles eram transformados de intocáveis diminutos e de tímidos homens de castas baixas em soldados livres e destemidos, iguais aos melhores. Uma vida purificada e uma dieta completa lhes proveram físicos fortes; o entusiasmo de uma fé confiante lhes deu coragem em batalha; líderes dedicados e independentes lhes deram direção.

Transição: *Granth* enquanto Guru

Nem todos sikhs se tornam singhs. Alguns permanecem **Nanak-panthis** ("Seguidores de Nanak"), exibindo pacifismo em diversos graus e permanecendo dúbios em relação a travar guerras.

Apesar de Govind Singh ter tido sucesso em vencer e expulsar os chefes hostis das montanhas, suas lutas com o engenhoso governante muçulmano Aurangzeb não trouxeram vantagens para os Sikhs. O guru perdeu quatro de seus filhos dos quais dependiam suas esperanças de sucessão, dois em batalha e dois por execução, e o exército sikh foi destruído. Após o formidável Imperador Mughal ter morrido, Govind Singh entrou em termos amigáveis com seu sucessor, Bahadur Shah, apenas para ser ele mesmo o próximo a cair pela faca de um assassino muçulmano em 1708. Ele tinha se precavido, no entanto, para tal circunstância, e – estando desapontado em suas esperanças de sucessão – deixou instruções para os seus sikhs para que após a sua morte eles considerassem Granth como seu guru; não haveria a necessidade de outra liderança além do ensino do livro sagrado.

Os sikhs foram obedientes. Exceto por poucos dissidentes, eles não tiveram nenhum guru humano desde então; ao invés disso, eles têm reverenciado Granth como sua autoridade divina. No Templo Dourado em Amritsar, Granth recebe diariamente as honras da realeza:

"A cada manhã ele [Granth] é vestido em um brocado, e colocado reverentemente em um trono baixo sob uma marquise coberta de joias. Toda tarde ele é colocado para repousar durante a noite em uma cana dourada dentro de uma câmara sagrada, protegida e livre de toda intrusão profana por parafusos e barras"F. Mas ainda que suas palavras lidas de uma cópia ressoem diariamente no templo, elas estão escritas em tantas línguas e dialetos arcaicos que, com a exceção de seus eruditos, o povo tem de aprender o significado a partir de exposições públicas e traduções para o vernáculo.

A história política do sikhismo desde os dias de Govind Singh tem sido repleta de renome militar: os sikhs ganharam muitas batalhas, e no devido tempo dominaram todo o Punjab. Quando os britânicos vieram a subjugá-los em 1845 e 1848, eles lutaram ferozmente. Em 1849 o último governante Sikh, o marajá Dhulip Singh, rendeu-se ao vitorioso exército britânico, e como um juramento de fidelidade deu à Rainha Vitória o renomado mundialmente diamante Koh-i-Noor. Após isso, os sikhs responderam ao respeito tido por eles da parte de seus conquistadores, e nunca voltaram atrás em sua palavra. Quando o chamado motim hindu irrompeu, os Singh do Khalsa, lembrando-se da opressão dos muçulmanos, correram para as cores britânicas e ajudaram a salvar a Índia para a coroa britânica. A coroa os recompensou com confiança. Por todo o leste eles eram seus soldados favoritos e a polícia do poder colonial britânico. Eles podiam ser vistos em Hong Kong e em Xangai da mesma forma que nas áreas próximas de Cingapura e Burma.

Agitação política contínua

A agitação política perdurou dentro da comunidade Sikh e também entre sua comunidade e os governos centrais sucessores. Acima de tudo, lamentou-se o fato de que sua "escravidão" sob o Raj britânico tinha colocado um fim em toda esperança de desenvolver independentemente a forma de democracia instituída por seus gurus, na qual o povo inteiro, enquanto representado em um *Panth* ou Assembleia Geral, era o real soberano nas questões seculares, cada Sikh sendo igual a qualquer outro. (As mulheres também tinham garantida considerável liberdade. As convocações religiosas Sikhs eram completamente abertas para elas, e elas podiam se engajar livremente nas observâncias sociais e religiosas.) O Granth (e não qualquer oficial, o quão elevado ele seja) é o último e absoluto governante espiritual.

Quando os britânicos, porém, deixaram o subcontinente indiano, a divisão da região entre Índia e Paquistão em 1947 trouxe tragédia sobre os sikhs. Metade deles se encontrava no Paquistão, e manifestações violentas irromperam entre eles e a maioria muçulmana. Alguns sikhs reverteram de fato para a regra dos Leões do Punjab. Estimou-se que cerca de 2.500.000 sikhs tiveram de deixar o Paquistão para a Índia, em troca dos muçulmanos que deixaram a Índia. Em lugar das fazendas que eles abandonaram no Paquistão, os sikhs rurais tiveram de aceitar propriedades muito menores na Índia. As consequências econômicas foram severas com frequência, assim como as consequências emocionais. Os sikhs desalojados tiveram que se reconciliar com a perda dos lugares sagrados deixados para trás no Paquistão, incluindo o local de nascimento de Nanak.

A vasta maioria dos sikhs se encontra agora dentro das fronteiras da Índia. Uma ampla parte destes sikhs é moderada politicamente: um dos seus, Zail Singh, foi eleito presidente da Índia em 1982 e serviu até 1987; mais recentemente, Manmohan Singh foi nomeado primeiro-ministro em 2004. Mas o *status* político dos sikhs não é o que eles desejariam que fosse. Alguns deles exigem completa independência política; uma organização chamada de Khalsa Dal ("Sociedade dos puros") divulgou uma campanha pesada em prol de um Estado sikh separado. Outros se opõem a isso, acreditando que o sikhismo tem um papel a desempenhar no desenvolvimento da democracia indiana. Mas mesmo sikhs moderados, que controlam o governo no Estado do Punjab, agitam-se em vigorosos protestos sobre questões sensíveis como o desvio da água do Ganges do Punjab para os estados vizinhos, predominantemente hindus.

Os sikhs têm se incomodado pela pressuposição da parte de muitos hindus de que o sikhismo seria subordinado ao hinduísmo como um "ramo militar". Ocorreram protestos quando cópias do Guru Granth Sahib receberam lugar em um templo hindu. (A constituição indiana da forma que fora escrita originalmente não listava o sikhismo como uma religião reconhecida, e os esforços de retificação da situação não têm tido sucesso.)

Na década de 1980 foi frequente a atividade terrorista por separatistas militantes do Khalsa Dal. O governo indiano respondeu em 1982, prendendo 300 líderes separatistas e atacando em 1984 a base Khalsa Dalna localizada na porção praiana das premissas do Templo Dourado em Amritsar. Militantes sikhs retaliaram, assassinando a Primeira-ministra Indira Gandhi em 1984 e o líder do Partido do I Congresso Nacional, Rajiv Gandhi, em 1987 (é digno de nota que, ao sentenciar os três assassinos de Indira Gandhi, a alta corte de Delhi tomou o passo pouco usual de reconhecer que o crime fora motivado pelos "mais altos e nobres impulsos – lealdade à sua religião").

A violência do Khalsa Dal aumentou em 1991, resultando em quase 5 mil mortes e forçando o cancelamento das eleições no Punjab. Mais recentemente o movimento separatista foi enfraquecido e o Punjab tem estado mais pacífico. Ainda assim, as relações entre hindus e sikhs podem ser instáveis e dependem das atitudes dos líderes eleitos.

GLOSSÁRIO*

Adi Granth: coleção primária de escritura Sikh (principalmente hinos) reunida pelo Quinto Guru: Guru Arjan (1581-1606).

Dasam Granth: ou *Granth do Décimo Guru*, compilação de Govind Singh de seus próprios escritos (1698 EC), perdida e depois reunida novamente em diversas versões.

Govind Singh (1675-1708): décimo (e ultimo) Guru na sucessão Sikh, compilador do *Dasam Granth* e fundador da ordem Khalsa.

Gurdwara: uma construção para adoração e hospitalidade, usualmente incluindo um cômodo para o Granth, acomodações de hospedaria, e uma cozinha comunitária (*langar*).

Guru: "pesado", no uso geral um professor venerado; no sikhismo, um de uma linha de dez líderes espirituais designados, terminando com Govind Singh.

Haumai: egoísmo, o estado de se ser autocentrado, que (em conjunto com *maya*) ameaça enlaçar os seres humanos, separando-os do Verdadeiro Nome.

Japji: uma oração atribuída a Nanak, usada nos ritos devocionais diários.

Kabir: (1440-1518) poeta seguidor do reformador hindu Ramananda, um precursor monoteísta de Nanak ao colocar a sinceridade interna acima dos rituais, práticas ascéticas, peregrinações, e assim por diante.

Khalsa: "o Puro", conceito central por trás dos juramentos e compromissos de estilo de vida da ordem militante Singh, a "Ordem do Leão", estabelecida inicialmente por Govind Singh.

Maya: no sikhismo, não uma pura ilusão (como no hinduísmo), mas a realidade limitada deste mundo, apta a se tornar por meio de *haumai* (o estado daquele que é autocentrado; egoísmo) um laço para aqueles que não a percebem como uma revelação do Verdadeiro Nome, a realidade última.

Nam-Marg: "o Caminho do Nome", referência dos sikhs a sua própria fé para se distinguir dos caminhos hindus: "Bhakti Marga", e assim por diante.

Nanak: (1469-1538), fundador da comunidade religiosa conhecida como os sikhs ("discípulos").

Nanak-panthis: seguidores de Nanak que preferem não se comprometer às regras militantes do Khalsa.

Sangata: congregação para adoração e para definição da política comunitária Sikh.

LEITURAS SUGERIDAS

COLE, W.O.; SAMBHI, P.S. *The Sikhs, Their Religious Beliefs and Practices*. Londres: Routledge & Kegan Paul, 1978.

GURU NANAK. Japji. In: SINGH, N.-G.K. (trad.). *The Name of My Beloved: Verses of the Sikh Gurus*. Nova Delhi: Penguin, 1995, p. 51-67.

MACAULIFFE, M.A. *The Sikh Religion: Its Gurus, Sacred Writings, and Anthems*. Nova York: Oxford University Press, 1909.

McLEOD, W.H. *Guru Nanak and the Sikh Religion*. Nova York: Oxford University Press, 1969.

SINGH, B.S.R.; SINGH, T. (trad.). *Sacred Writings of the Sikhs*. Nova Delhi: Orient Longman, 2000.

---

* Para um guia de pronúncia, cf. p. 145.

Publicado originalmente pela Unesco em *The Sacred Writings of the Sikhs*, 1960.

SINGH, D. The Sikh Gurus' Vision of an Ideal Society. *Sikhism: Norm and Form*. Patiala/Punjab/Delhi: Vision and Venture, 1997, p. 120-129.

SINGH, H. *The Heritage of the Sikhs*. 2. ed. Colúmbia: South Asia Books, 1983.

SINGH, K. *A History of the Sikhs*. Princeton: Princeton University Press, 1963-1966.

SINGH, K. Sikhism. *The New Encyclopaedia Britannica*. Vol. 16. 15. ed. Macropaedia.

SINGH, K. *Hymns of Guru Nanak*. Nova Delhi: Orient Longman, 1969.

SINGH, T.; SINGH, J.; SINGH, K.; SINGH, B.H.; SINGH, K. (trads.). *The Sacred Writings of the Sikhs*. Nova York: George Allen & Unwin, 1960.

REFERÊNCIAS

[A] MacAULIFFE, M.A. *The Sikh Religion: Its Gurus, Sacred Writings and Anthems*. Oxford: Clarendon, 1909, [1]vol. I, p. 33-34; [2]vol. I, p. 35; [3]vol. I, p. 37; [4]vol. I, p. 58; [5]vol. I, p. 175; [6]vol. I, p. 190-191; [7]vol. I, p. 219; [8]vol. I, p. 377; [9]vol. I, p. 328; [10]vol. I, p. 40; [11]vol. II, p. 60; [12]vol. IV, p. 238; [13]vol. IV, p. 2. Reimp. com a permissão dos editores.

[B] SINGH, T.; SINGH, B.J.; SINGH, K.; SINGH, B.H.; SINGH, K. *The Sacred Writing of the Sikhs*. George Allen & Unwin, 1960, [1]p. 82; [2]p. 105; [3]p. 46; [4]p. 77; [5]p. 84; [6]p. 268; [7]p. 270. Reimp. com a permissão dos editores.

[C] FIELD, D. The Religion of the Sikhs. *Wisdom of the East*. Londres: John Murray, 1914, [1]p. 54; [2]p. 19; [3]p. 106. Citado com a permissão dos editores.

[D] GREENLEES, D. *The Gospel of the Guru Granth Sahib*. Adyar: The Theosophical Publishing House, 1960, p. lxiv.

[E] SINGH, F. *Sikhism*. Patiala: Punjabi University, 1969, p. 30.

[F] WILLIAMS, M. *Brahmanism and Hinduism*. Londres: The Macmillan, 1891, p. 177. Reimp. com a permissão dos editores.

PARTE 3

AS RELIGIÕES DO LESTE DA ÁSIA

9
Religião nativa chinesa e daoismo

Fatos resumidos:

- Nomes ocidentais: daoismo, taoismo, religião popular.
- Nomes usados pelos aderentes: Dao-jia, Dao-jiao.
- Clássicos filosóficos: *Dao De Jing* (*Tao Te Ching*), *Zhuang-Zi* (*Chuang Tzu*), *Lie-Zi* (*Lieh Tzu*).
- Textos para magia, adivinhação e higiene: *Livro do Tribunal Amarelo* ou *Livro das Mutações* (*I Ching*, *Yi Jing*).
- Sábios, heróis e divindades: Os oito imortais, Imperador de Jade, Donzela Imortal, deuses das cidades, deuses da cozinha, deuses dos portais e inumeráveis espíritos, dragões e fênix(es).

Os antigos eruditos chineses vivendo nos tempos de **Laozi** (Lao Tzu) e **Kong Fu-zi** (Confúcio)* criam desfrutar do resultado de uma cultura de aproximadamente 2 mil anos. Sua construção do passado, se fosse exata, recuaria para um período de tempo tão longo que, à guisa de comparação, é como se os norte-americanos acreditassem que o desembarque dos peregrinos não tivesse ocorrido em 1620, mas nos tempos de César Augusto. Os chineses reconstruíam seu passado com a ajuda da lenda e do mito, e, sem dúvida, não possuíam os fatos históricos acurados. Pesquisas históricas e arqueológicas recentes questionam seriamente as datações tradicionais – mas os estudiosos chineses não estavam errados, no geral, ao assumir que sua cultura era tanto antiga quanto extensivamente chinesa.

I – OS ELEMENTOS BÁSICOS DA RELIGIÃO CHINESA

As religiões da China são uma mistura de muitos elementos, tanto nativos quanto estrangeiros, sofisticados e ingênuos, racionais e supersticiosos. Como já tivemos um vislumbre do budismo na China e consideraremos separadamente o daoismo e o confucionismo, o presente tópico está limitado aos elementos da religião popular que serviram como pano de fundo e contraste para sistemas mais elaborados de pensamento e fé. Mas mesmo um tema delimitado como esse apresenta dificuldades para ser discutido em um breve relato: existe um número muito grande de antigas crenças e práticas colocadas

---

* Neste capítulo e no seguinte, o sistema *pinyin* de romanização é usado ao se transcrever as palavras chinesas (com exceção dos nomes latinizados de Confúcio e Mêncio). As transcrições de algumas poucas palavras parecem estar entrincheiradas no antigo sistema de romanização de Wade-Giles, de forma que estas transcrições aparecerão em parênteses após a primeira aparição da palavra em *pinyin*. Termos considerados importantes o suficiente para inclusão no glossário ao final do capítulo aparecerão ali com guia de pronúncia quando necessário e ambos os estilos de romanização.

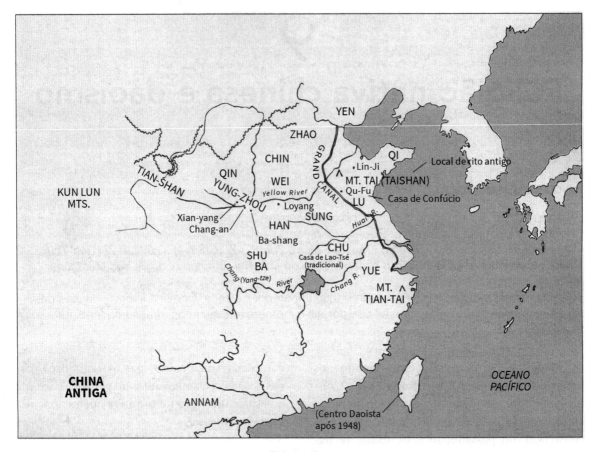

China antiga

de lado na China que precisam ser consideradas em conjunto com as crenças e práticas que as suplantaram.

De início, examinaremos alguns dos antigos mitos chineses referentes às suas origens.

Ancestrais míticos

Em muitos mitos referentes ao início de sua história, os chineses falam do imperador em corpo de serpente **Fu-xi** (Fu Hsi), um criador extraordinário que ensinara os antigos habitantes da China a domesticar os animais, usar ferro na confecção de implementos de caça e pesca, pescar com redes, escrever com pictogramas, prever o futuro com os Oito Trigramas e tocar os instrumentos musicais que ele inventara.

Falam também de Shen Nung, o fazendeiro divino com cabeça de boi que, quando imperador, inventou carros puxados por bois e instruiu o povo nas artes da agricultura e da medicina; e sobre o Imperador Amarelo **Huang Di** (Huang Ti), o mais famoso em todos os tempos que se seguiriam, que inventou os tijolos, jarros de madeira e argila, calendário e dinheiro, e cuja esposa principal apresentou ao povo a cultura dos bichos da seda. Essas grandes personagens, conforme relatado nos mitos, não foram de maneira alguma os primeiros seres a surgirem na China. No passado distante – embaralhado pela confusão dos registros – teriam reinado ali grupos de humanos e semi-humanos, com soberanos com aparência de animais que frequentemente ocupavam o trono por períodos chegando até 18 mil anos, ao longo de dez grandes épocas – totalizando cerca de 2 milhões de anos.

Cosmogonias

Ainda assim esses soberanos não datavam dos inícios absolutos. De acordo com um antigo mito (cujos detalhes mudam de acordo com o tempo e com a localidade), a terra quadrada suportava os céus em formato de cuia, por meio de quatro pilares localizados em seus cantos. Um desses pilares fora derrubado de sua posição pelo vilanesco deus Gong (Kung Kung), de forma que a cuia celeste se inclinou para um lado. Uma deusa chamada Nü Gua (Nü Kua) veio a fim de resolver o problema, formando quatro pilares das pernas de uma tartaruga (ou de uma rocha multicolorida) e erguendo os céus de volta para o lugar que pertenciam.

Em outra história, ela pegou lama e criou seres humanos, moldando alguns com cuidado, mas outros de forma arbitrária, arrastando uma linha através de lama leve. De acordo com um mito posterior (talvez baseado em alguma fonte indiana), um homem cósmico chamado Pan Gu (P'an Ku), que cresceu três metros em um dia, surgiu quando o mundo ainda estava no caos. Durante um período de 18 mil anos, quando *yang*, ou os elementos mais leves no caos se separaram e se ergueram acima dos elementos mais densos, ou *yin*, ele entalhou nos céus espaços para colocar o sol, a lua e as estrelas, cavou os vales na superfície da terra, empilhou as montanhas, e finalmente enriqueceu o produto de seu trabalho, com a redistribuição de suas próprias partes. "Quando ele morreu, seus restos se separaram e formaram as cinco montanhas sagradas da China. Sua cabeça se tornou o Monte Tai [T'ai] ao leste; seu corpo se tornou o Monte Song [Sung], ao centro; seu braço direito, a face norte do Monte Heng, e o braço esquerdo a face sul da mesma montanha; seus dois pés formaram o Monte Hua ao oeste"[A]. Sua respiração se tornou "ventos e nuvens; sua voz, o trovão; sua carne, os campos; sua barba foi transformada em estrelas, e seus ossos nos metais; seu suor respingando tornou-se a chuva; e, por fim, os insetos [moscas] que se aglomeravam no seu corpo foram transformados em pessoas"[B].

Essas histórias enfatizam a crença chinesa na antiguidade de sua cultura nativa. É óbvio, no entanto, que nenhuma grande cultura, em qualquer região que seja do mundo, é inteiramente indígena. Os chineses indubitavelmente aprenderam muito de outros. O conhecimento de certas técnicas de produção, como a cozedura de cerâmica e a confecção e fundição de bronze, parecem ter vindo da Ásia Central para a China. É incerto se esses empréstimos foram resultado de contatos feitos através de comércio, ou se eles se seguiram à imigração ou invasão de povos em movimento. A última alternativa parece mais provável tendo-se em vista o aparecimento na China, cerca de 1.300 AEC, de armas e armaduras em bronze, juntamente com cavalos, carruagens e o arco composto (o arco fortalecido com ossos e tendões, provavelmente uma invenção da Ásia Central).

O Ocidente, entretanto, também tem tido seus mitos em relação à China. Seus historiadores penderam no passado a considerar as tradições chinesas como evidências de uma civilização incomparável, promovida por um império unificado com uma história que se estenderia muito além do tempo registrado pela escrita. Isso, no entanto, é claramente incorreto, pois os impérios antigos abrangeram, como no caso da Dinastia Zhou (Chou; 1000 AEC), uma área limitada e, como testemunham Confúcio e o **Dao De Jing** (Tao Te Ching), desfrutaram apenas de unidade temporária. Foi somente no século III AEC que **Shi Huang**

Di (Shih Huang Ti), o "Primeiro Imperador", trouxe unidade à área de grande parte da China atual, preparando o terreno para esforços posteriores mais duradouros, como os do Período Han, no qual sua ordem social se estabilizaria.

O formato da terra e do céu

Por volta da época em que se formulava o idealismo monista na Índia, surgiu na China uma tentativa de ordenar os espíritos; isto é, de enxergar em todos os processos do céu e da terra uma demonstração de regularidade fundamental e de harmonia operacional.

Assim como muitos outros povos, os antigos chineses criam que a terra era plana e sem movimento, e que o céu se encurvava acima dela. De acordo com suas concepções, a China ocupava o lugar central na superfície terrestre: era o "Reino médio". Quanto mais se distanciasse do coração da China, que era o local onde se localizava o palácio do imperador e os altares imperiais para os céus e a terra, mais desprovidas de cultura e respeito seriam as pessoas.

Quando os chineses antigos olhavam para os céus, com a "piedade natural" com a qual os povos agrícolas enxergavam diariamente seu domo, eles se impressionavam com a harmonia dos movimentos celestiais. Cada corpo celeste seguia a mesma ordem e cursos designados ano após ano. Se o céu em fúria convocasse meteoros e relâmpagos para caírem na terra, isso poderia ter sido causado por alguma ocorrência na terra, talvez algum crime, que causara desequilíbrio na ordem.

A terra também exibia obediência à lei, ainda que de forma menos aparente. Havia ordem na sucessão invariável das estações do ano, no crescimento das plantas, no movimento ascendente da chama e descendente das águas em queda, bem como em milhares de processos naturais. Aqui também poderes demoníacos ou a vontade punitiva celeste geravam distúrbios, atrasos ou malogros. Enchentes, tornados, terremotos, secas e frio fora de época não eram eventos incomuns. Ainda assim, quando se permitia que a terra conduzisse seus processos sem interferência, havia ordem e funcionamento harmonioso por toda a parte.

O Yang e o Yin

Ao ponderar sobre essas questões, alguns chineses antigos e desconhecidos de todo (muitos séculos antes de Confúcio, talvez tão recuadamente quanto 1.000 AEC) distinguiam dentro de cada objeto natural duas formas de energia interagindo, o yang e o yin. Seus sucessores desenvolveram ainda mais esse conceito, afirmando que tudo que está em existência é constituído pela interação dessas duas formas de energia tendo, portanto, características de ambas.

Uma escola inteira de filósofos chineses se dedicou ao estudo da interação yin-yang (400-200 AEC). Seu maior representante foi Zou Yan (Tsou Yen), no século IV AEC, que se concentrou na interação de Yin e Yang nos cinco elementos: terra, madeira, metal, fogo e água.

Yang é descrito como ativo, quente, seco, brilhante, procriador, expansivo – características provavelmente dominantes, diziam eles, nos machos. Ele é visto no sol, em tudo que é provido de calor, no lado sul de uma colina, na margem norte de um rio, em propriedades masculinas de todos os tipos, no fogo. Yin é uma forma de energia de tipo menos intensa e mais lenta; é fértil e reprodutiva, escura, fria, úmida, misteriosa, secreta, o princípio recessivo – mais provável de ser dominante nas fêmeas. É vista nas sombras, nas coisas quiescentes, no lado norte de uma colina, na margem sul sombreada de um rio. O mesmo objeto pode em um momento mostrar características yin e em outro se tornar um objeto yang, incandescente com energia. Assim, uma tora seca é em toda sua aparência yin em caráter, mas se colocada no fogo provará possuir características yang em abundância. Isto não ocorre por sua substância ter sido alterada, mas porque sua atividade interna foi modificada de um modo para o outro. O mesmo é válido para tudo, ainda que possam existir coisas nas quais yin ou yang permaneçam como modos de existência profundamente dormentes. São exemplos de objetos nos quais um ou outro modo é dominante o sempre ardente sol, a terra como um todo (predominantemente yin em seu caráter) e o céu (que está repleto de energias em modo yang). Da seguinte descrição pode se retirar a inferência de que essa forma de considerar os objetos compostos da natureza não diverge de teorias da ciência física moderna:

> O mundo físico chinês é um mundo de ação [...]. As coisas se diferenciam entre si não devido ao material que as compõe, mas pela forma que ele age. As coisas passam de um estado de possuir um tipo de propriedade para outro; no último estado elas possuem um nome diferente, mas a única diferença está na atividade [...]. Afirmando a mesma coisa de maneira diversa, os chineses parecem não ter tido uma concepção de substância ou matéria como tal, pois ela só pode existir em contrapartida ao que não é material. Para os antigos pensadores chineses, as diferenças entre as coisas consistem em grau de densidade (por si só, um tipo de atividade) e na natureza da atividade.[c]

Homens e mulheres não são nada mais que coisas inanimadas, o produto da interação de yang e yin em vários graus. Eles mostram proporções diferentes das qualidades de cada modo de atividade, os homens sendo celestiais (i. e, predominantemente yang), enquanto que as mulheres seriam terrenas (predominantemente yin) e de menor consideração.

Olhando de outra forma, nota-se que os **shen**, ou espíritos celestiais, são yang em caráter enquanto que os **gui** (kuei), ou espíritos terrenos, são yin. Quando uma pessoa morre, a alma espiritual **hun**, ou alma-shen, que é depositária da mente e da consciência, e é yang em sua natureza, se reúne aos espíritos ancestrais como um deles; mas a alma animadora **po** (p'o), que aqueceu e estimulou ao corpo (coração, estômago, fígado etc.), está destinada a mergulhar no solo quando o corpo se desintegra após a morte, consistindo em uma alma gui – yin em natureza.

Sob outra perspectiva, os "cinco elementos" – metal, madeira, água, fogo e terra – são resultado da interação de yang e yin na esfera cósmica, a terra consistindo em uma espécie de depósito sedimentário, enquanto os outros elementos são mais voláteis.

Finalmente, as influências yin e yang são reveladas nos eventos na alternância entre sucesso e fracasso, ascendência e queda, florescimento e decadência, existentes em todas as coisas.

O Dao (Tao)

Mas os antigos chineses não ficaram satisfeitos em formular uma teoria que explicasse o surgimento, existência e o desaparecimento de objetos unitários. Eles desejavam também explicar a harmonia e ordem evidentes na natureza como um todo. A que *isso* se devia?

Ao responder essa questão, eles chegaram ao conceito de **Dao**. A harmonia e a ordem expressas nos céus e na terra eram – diziam eles – o resultado da presença cósmica do Dao. Literalmente, o termo *Dao* significa "um caminho" ou "uma estrada". Às vezes ele denota o "canal" de um rio. No geral, ele significa "o caminho a percorrer", e se refere ao procedimento padrão das coisas, ao método correto de sua operação ou comportamento.

Este Dao do universo é concebido como eterno. Aparentemente os antigos chineses diferenciavam o mecanismo do universo e a forma poderosa em que ele funcionava, como que movido por uma necessidade interna. Em suas mentes parecia que a *forma* do universo precisava ter existido antes que o próprio universo o fizesse.

Primeiro, existia o plano preordenado, a forma de procedimento adequada; apenas então viria o universo, seguindo esse caminho.

O passo seguinte foi enxergar esta forma de funcionamento da natureza enquanto um caminho de perfeição, um padrão preestabelecido dentro do qual todas as coisas deveriam se inserir, se se intendia que estivessem em seus lugares apropriados realizando seus trabalhos apropriados. O Dao é enfaticamente um caminho de harmonia, integração e cooperação. Sua tendência natural se dá em direção à paz, prosperidade e saúde; isto ficaria evidente rapidamente se não fosse pela ação de indivíduos perversos e seres demoníacos que se recusavam a ajustar-se a ele. De fato, se o Dao fosse em algum momento seguido por toda a parte, o céu, a humanidade e a terra formariam uma unidade singular harmoniosa, cooperando em cada uma de suas partes rumo ao bem-estar universal.

Esse estado de completa harmonia, sonharam os chineses, fora obtido na Era de Ouro, quando os lendários imperadores perfeitos Yao e Shun governaram seus súditos por meio do conhecimento do Dao, ao qual seguiam. Fora um tempo de felicidade universal, e as pessoas de então viviam em um paraíso terreno. Tal estado de perfeição poderia retornar à terra se as condições para sua restauração fossem cumpridas. A possibilidade parecia repousar em grande parte com o imperador. Se ele vivesse de acordo com o Dao, ele se tornaria o instrumento terreno de um poder cósmico trabalhando pela paz e pela harmonia entre as pessoas, animais e forças naturais, de maneira que haveria prosperidade através dos seus domínios.

A antiga teoria da história chinesa

Os imperadores chineses instruídos nas antigas tradições imperiais carregavam um fardo pesado de responsabilidades, semelhante ao qual poucos monarcas em outras partes do mundo tiveram de levar. Nos tempos antigos se acreditava que tanto as colheitas nos campos quanto a lei e ordem entre as pessoas dependiam dos sacrifícios prestados pelo imperador. Em sua posição exaltada, ele excedia a todos os outros em **De** (Te) – o poder ou virtude inerente – e, portanto, era o único capaz de dar a maior eficácia possível para o sacrifício.

Quando um imperador adorava aos espíritos regularmente e vivia com consideração diligente pelo bem-estar de seu povo, ele era altamente reverenciado por cumprir com o dever de um Filho do Céu, que fora colocado sobre o trono por meio de um decreto sagrado. Mas ele nunca se encontrava totalmente confortável, vivendo sempre de forma apreensiva com o conhecimento de que seu povo o considerava totalmente responsável por qualquer falha em viver o mandato celestial, pois se ele não o fizesse, a prosperidade do reino estava ameaçada. Se ele fracassasse em cumprir o mandato divino e se tornasse licencioso, preguiçoso e descuidado, a calamidade se abateria sobre a nação como um sinal do desagrado dos céus, e o povo teria o direito de se revoltar e depor seu governante. Em tal caso, o Céu conduziria algum rebelde que fosse mais submisso à sua vontade ao trono.

Entre as cenas mais tocantes da história estão aquelas nas quais vimos imperadores chineses se dirigindo aos céus para suplicar por misericórdia por seu povo – e implorando por alguma luz relativa ao que eles tinham feito de errado! O que eles tinham feito? Eles queriam saber! Eles apenas desejavam saber! Que o Céu os informasse então, suplicavam eles. Um dos imperadores da Dinastia Zhou é retratado no *Livro de Poesia* como tendo passado por esse dilema.

> Brilhava imponente a Via Láctea ao alto,
> com um sol brilhante frustrava o céu,
> e não trazia nenhuma promessa de chuva.
> O Rei Seuen observava por longo tempo;
> dele então saíram, em tons angustiados, as palavras que falou [...]
> "A seca nos consome
> e não sou capaz de remendar a culpa vinda de julgamentos alheios [...].
> Por que se abateu sobre nós essa seca?
> Busco descobrir em vão, em vão,
> em busca rigorosa.
> Deus no grande céu, sê justo, sê amável!
> Ouvi, ó mais sábios dos espíritos, o meu clamor!
> Por que tenho que suportar isso?"[D]

Na Dinastia Han no século II AEC, o confucionista Dung Jung Shu expandiu ainda mais a ideia:

> Se o rei e seus ministros não praticam as cortesias rituais; se não há majestade (por um lado) nem reverência (por outro), então as árvores não crescerão (como deveriam), e no verão haverá um excesso de ventos fortes [...].
> Se a mente do rei não é capaz de ser penetrante, então a semeadura e a ceifa não serão completadas, de forma que no outono haverá excesso de trovões estrondosos[E1].

Adoração da terra

A religião da antiga China espelhava fielmente o caráter agrícola de sua antiga civilização. Ela dava grande importância aos montículos de terra simbolizando a fertilidade do solo chamados de *she*, que eram erguidos em cada vila, às vezes substituídos por uma árvore ou colocados em um bosque sagrado. Este montículo era o centro de um culto agrícola, cujos ritos em honra dos deuses locais do solo buscavam garantir o aumento da fertilidade do solo e do crescimento das colheitas. Na primavera, um festival celebrado diante do *she* incluía a dança e canções cerimoniais, assemelhando-se de forma geral ao festival europeu do *May Day*. O *she* também provia, no início do outono, o local para a reunião de final de colheita chinesa. Quando a China se tornou um império feudal a terra foi pontilhada de montículos mais largos – um em cada capital de província ou de estado – simbolizando o território do senhor feudal, enquanto que na capital imperial havia um monte formado de terra de cinco cores diferentes, representando o princípio da terra (ou espírito do solo) de todo o reino. No último montículo o próprio imperador, na ocasião do solstício de verão, arava um sulco e conduzia uma cerimônia de adoração à terra em nome de todo o Império, uma prática que perdurou até os tempos modernos.

Adoração do céu

Com a passagem do tempo, o culto da terra perdeu relevância, enquanto o culto ao céu aumentou significativamente. No tempo da Dinastia Shang (1.500-1.100 AEC), uma divindade de nome *Di* (Ti), **Shang Di** (Shang Ti), era adorada. Shang significa "elevado", e Di significa basicamente "governante". Este Governante nas Alturas, entretanto, era um tipo de figura ancestral, um ser vagamente concebido como estando localizado nas regiões elevadas do céu; ele aparentemente estava longe de ser o Deus todo-poderoso das religiões ocidentais, pois não tinha um caráter claramente definido e não enviou à terra mensagens preservadas em escrituras. Ao invés disso, era necessário recorrer à adivinhação para saber o que ele requeria ou poderia tolerar. Em tempos de seca os Shang requeriam que os adivinhadores descobrissem se a chuva estava a caminho e, antes de batalhas, buscavam saber se Shang Di aprovava o conflito em questão.

Quando se iniciou o governo dos Zhou, surgiu outro nome que era usado alternadamente ao de Shang Di. Era o termo **Tian** (T'ien) – Céu. Essa era, no uso geral, uma designação impessoal. Significava originalmente "a morada dos grandes espíritos", ou seja, os céus ou o firmamento, onde residiam os espíritos elevados.

Tanto o Imperador Zhou quanto os subsequentes usavam o título "Tian Zi" (T'ien Tzu) ou "Filho do Céu", devido à sua reputada relação com o Céu. Eles adoravam ao Céu em nome do povo em cerimônias anuais regulares. Em séculos posteriores em Beijing (Pequim), os imperadores chineses tinham o costume de executar um sacrifício solene durante o solstício de inverno para o Céu Imperial nos belos terraços de mármore do Altar do Céu, localizado ao sul da cidade (cruzando a cidade a partir do Altar da Terra). Após o Espírito do Céu ter sido convidado a descer e fazer morada em uma larga tábua com a inscrição "Céu Imperial, governante supremo", o imperador oferecia incenso, jade, seda, caldo e vinho de arroz durante os vários estágios da cerimônia, e pressionava sua fronte nove vezes no pavimento enquanto orações estatutórias eram recitadas por um oficial em alta voz. Pensava-se que a harmonia entre Terra e Céu poderia ser desfeita sem esta cerimônia e sem o apelo aos ancestrais imperiais que a acompanhavam.

O Céu, enquanto o poder reinante entre as forças sobrenaturais do mundo, e enquanto o determinante final dos assuntos humanos, dominou todo o curso da religião chinesa até o século XX. O chefe de governo (em termos clássicos, o imperador) teve papel central, especialmente ritualmente, em manter as relações favoráveis entre o Céu e a Terra.

Adivinhação

Entre os elementos persistentes na religião nativa chinesa têm ocorrido vários tipos de adivinhação. No tempo dos Shang, um método favorito de adivinhação era raspar uma área em um casco de tartaruga ou uma peça de osso até o pedaço ficar fino e posicioná-lo acima de uma chama. Os adivinhadores, então, liam as rachaduras que tivessem surgido. No tempo da Dinastia Zhou (após 1.100 AEC) buscava-se conformar essas rachaduras às linhas yin e yang encontradas no **Bagua** (Pa Kua), ou Oito Trigramas. Este último consistia em todas as combinações possíveis de linhas interrompidas e contínuas arrumadas em conjuntos de três. A linha contínua (_____) era chamada de *yang-yao*, pois representaria o princípio masculino, ou positivo, enquanto que a linha quebrada, ou interrompida (____ ____), era chamada de *yin-yao* e representava o princípio feminino, ou negativo. Os Oito Trigramas eram ordenados dentro de um octógono, de acordo com uma tradição antiga, com o símbolo yin-yang no centro a fim de representar a criação.

Combinados em todos os pares possíveis, esses trigramas compõem sessenta e quatro hexagramas, cada um representando aspectos adicionais do universo (todos os seus aspectos, defendia-se).

Descobriu-se que cabos quebrados e intactos de milefólio quando derrubados no chão formavam desenhos que podiam ser vistos em conformidade com um ou outro dos Oito Trigramas (ou sessenta e quatro hexagramas). Os adivinhadores podiam então lê-los, adivinhar o estado presente das coisas e predizer o futuro. Essas interpretações se tornaram padronizadas e encontraram seu espaço no famoso clássico, o **Yi Jing** (*I Ching*) ou Livro das Mutações, cujo texto principal e cujos três apêndices têm sido considerados como provendo pistas sobre os movimentos de vai e vem de yin e yang, não apenas nos processos do universo, mas também na história da humanidade, coletiva e individualmente (o *Yi Jing* pode ser lido de duas formas: como uma tentativa naturalística de discernir as forças operando no universo ou como um livro de adivinhação supranaturalístico; nós veremos aqui esta última acepção).

Nos séculos III e II AEC, um método menos complicado de se ler os sinais dos tempos (destino) evoluiu das interações de yin e yang nos cinco elementos: água, fogo, madeira, metal e terra. A água, por exemplo, era vista como tendo conexões especiais com coisas como a chuva, o norte, os rins, sal e tudo o que é preto, enquanto que o fogo estava conectado com ar quente, o sul, os pulmões, a visão e a cor vermelha. Madeira, metal e terra também tinham suas conexões especiais. Quando presságios surgiam, essas conexões especiais eram revistas em busca de pistas sobre o bem ou o mal vindouro.

Dos séculos subsequentes até os tempos modernos tem se recorrido a outros métodos de adivinhação; por exemplo, fazer com que um geomante (adivinhador de sinais na terra) leia as indicações na circulação do ar e da água (*feng-shui*) em certo local para verificar se é propício colocar uma casa ou um túmulo ali; ter um médium sentado com uma bandeja de areia e um cajado suspenso de forma que, em estado de transe, ele ou ela possam escrever caracteres na areia; chacoalhar um tubo de bambu com um feixe de palitos da sorte dentro dele até que um deles caia, a fim de que o sacerdote no templo compare-o com uma lista impressa de profecias, e assim por diante (cf. p. 369). Quiromancia, astrologia e almanaques de fazendeiros também eram populares. Não era apenas o povo comum que se engajava nessas formas de adivinhação, mas também daoistas, sacerdotes budistas e eruditos confucionistas.

A adoração de espíritos locais

Os chineses acreditavam que toda a natureza está viva, povoada por espíritos de muitos tipos diferentes. O céu está lotado de espíritos, assim como a terra. No segundo terraço do Altar do Céu ficam tabuinhas para os espíritos do sol, da lua, dos cinco planetas, das sete estrelas da Ursa Maior, das vinte e oito principais constelações, das estrelas consideradas coletivamente, do vento, das nuvens, da chuva e do trovão. Os espíritos, é claro, não estão todos no céu. Eles estão nas colinas e cursos d'água e até mesmo nas estradas e nos campos cultivados. O Rio Amarelo e as principais montanhas da China eram, desde tempos imemoriais, objetos de adoração oficial especial.

Nem todos os espíritos eram considerados benignos. Desde os tempos mais antigos, existia a crença predominante de que demônios e espíritos maus de muitos tipos assombravam locais solitários, infestavam as moradas humanas e as estradas, especialmente quando, ao cair da noite, diminuía o número de viajantes ao longo do caminho, podendo ser encontrados apenas em um ponto ou outro.

Eles se escondiam, também, nas sombras de florestas e montanhas. As diferentes espécies de demônios preenchem uma longa lista, pois havia demônios na água, no solo e no ar, e toda uma variedade de demônios em formas animalescas (lobisomens e seres similares que eram mistos de humanos com tigres, raposas ou cães, bem como animais domésticos que eram demônios disfarçados), pássaros, peixes e serpentes demoníacos. A lista é tão extensa que inclui demônios em forma de plantas e objetos inanimados. Também eram terríveis os espectros devoradores de homens, os vampiros, ghouls e demônios gigantescos com chifres na cabeça, longas presas e o corpo completamente coberto por pelos vermelhos felpudos.

Alguns espíritos naturais tinham um alto potencial destrutivo, mas eram inclinados à benevolência se fossem encorajados por respeito e veneração da parte dos humanos. Entre esses se encontravam dragões de aspecto temível.

Talvez tenha sido apenas a partir do início da Dinastia Hang (206 AEC-8 EC) que esses espíritos vieram a ser categorizados em duas classes: os shen, que eram yang em caráter, e os gui, que eram yin. Ambos os tipos de espíritos eram considerados de número quase infinito, habitando e preenchendo o universo em todas as suas partes. Acreditava-se que os shen animavam o céu, a terra arável, o sol, a lua, as estrelas, o vento, as nuvens, a chuva, o trovão, o fogo, as montanhas, rios, mares, árvores, fontes, rochas e plantas. Os ancestrais também eram shen.

Os gui, ou poderes imprevisíveis yin do universo, eram ubíquos, afetando o destino humano de formas multifacetadas e tornando a noite e a escuridão algo terrível por todas as partes – a não ser que quem nelas adentrasse tivesse uma lanterna.

Talvez nenhum outro povo tenha ido tão longe a fim de manter os bons espíritos ao seu lado quanto os chineses, pois ninguém mais possuía tamanho temor dos demônios. O sol supostamente seria o principal dissipador dos gui de má disposição; e, como o galo anunciava com seu canto o nascer do sol, ele também era considerado como tendo poder sobre os gui. Pensava-se que galos feitos de argila tinham poderes especiais de espantar demônios, sendo colocado nos telhados das casas e em cima de portões. A marcha triunfante da estação da primavera (tão repleta de potenciais shen) era vista nas flores dos pêssegos. Portanto, desde os tempos antigos, ramos de pessegueiros, pranchas feitas com sua madeira, com *mottos* entalhados retirados de ditos dos sábios, folhas de papel vermelho imitando flores de pêssego e objetos similares eram pregados nas portas e nos portais no dia de Ano-novo. Fogueiras, tochas, velas, lanternas e fogos de artifício assustavam aos gui de forma efetiva, e eram usados durante festivais populares, especialmente no Dia de Ano-novo, quando com eles se efetuava uma limpeza geral das casas de espíritos perigosos.

Veneração aos ancestrais

Nós já vimos em nosso estudo sobre as atitudes em relação aos mortos nas religiões primais contemporâneas como é natural para os vivos estarem vividamente conscientes da existência contínua das pessoas que morreram recentemente, especialmente se tais pessoas tiveram um papel importante nas vidas dos que permanecem. Apenas o pensamento neles seria o suficiente para invocar sua presença.

Os chineses sempre ligaram sua crença na sobrevivência após a morte ao seu grande senso de solidariedade familiar. No passado, quando falavam da "família", eles não queriam dizer apenas pai, mãe e filhos. Eles implicavam todos os que podem ser compreendidos em uma reunião familiar contemporânea, e *ainda mais*. Pois estavam incluídos no grupo familiar os ancestrais, concebidos como espíritos vivos e poderosos, todos preocupados de forma vital com o bem-estar de seus descendentes vivos, mas ainda assim capazes de fúria punitiva se fossem desagradados. O relacionamento dos vivos e dos mortos era marcado pela interdependência.

Por um lado, os mortos confiavam nos vivos para a manutenção do forte vínculo que os ligava a eles; este vínculo era renovado cada vez que orações ou sacrifícios lhes eram oferecidos. Orações mantinham suas memórias vivas, e sacrifícios lhes proviam com o alimento que necessitavam. Não que eles ingerissem de fato a carne e as bebidas que lhes foram ofertadas, pois quando o sacrifício era colocado diante deles ele não desaparecia. O que eles aproveitavam para si era obviamente sua essência, que eles inalavam, e não sua substância, que permanecia para ser ingerida pelos sacerdotes e sacrificantes após um intervalo de tempo apropriado.

No presente, muitos fiéis têm insistido que após os espíritos terem consumido a essência do alimento ofertado ele fica notavelmente menos palatável. Em adição à comida, todos os tipos de itens eram providenciados para os mortos na forma de réplicas de papel que seriam queimadas. Dinheiro, casas, móveis e mesmo automóveis eram transmitidos para o mundo dos espíritos na forma de fumaça.

Por outro lado, os vivos eram igualmente dependentes dos mortos. Os ancestrais, quando sustentados adequadamente, promoviam ativamente a prosperidade da família. Qualquer favor feito à família era um favor feito a eles; qualquer injúria, também lhes era dirigida – um fato ao qual amigos e inimigos de famílias poderosas estavam sempre atentos.

Costumes funerários

No passado, enterros eram ocasiões importantes e caras. Na antiga China, ancestrais de famílias ricas eram enterrados com desde vasos de bronze até armas de caça, e às vezes até mesmo com cães, cavalos e ajudantes humanos. Alguns reis Shang, de acordo com inscrições em ossos que sobreviveram, foram enterrados com cerca de cem a trezentas vítimas humanas, que seriam seus atendentes no outro mundo (no antigo Egito, na África, Japão e em outros lugares do mundo se executavam práticas semelhantes).

Em 621 AEC, o Duque Mu do Estado de Qin (Ch'in) morreu com o requerimento de que três de seus súditos mais hábeis fossem enviados após ele. Uma ode no *Livro de Poesia* (Livro XI, Ode 6) recontava os eventos do sacrifício que tomou lugar na sepultura do nobre senhor, incluindo a reação tocante e natural de um dos homens condenados.

Apesar de sacrifícios humanos continuarem por um longo tempo até o Período Zhou, ele foi gradualmente descontinuado por ser considerado barbárico. O costume evoluiu para a propiciação de substitutos não apenas das vítimas humanas, mas também de animais, feitos inicialmente em cerâmica, e depois em palha e papel.

Uma parte importante da veneração aos ancestrais era a peregrinação familiar na primavera e no outono para as sepulturas dos ancestrais a fim de fazer sacrifícios e ali depositar oferendas. A visita de primavera usualmente incluía varrer e reconstruir os montículos nas sepulturas. No outono, folhas de papel com pinturas de cobertores e roupas quentes eram queimadas na sepultura a fim de prover os mortos com proteção contra o frio que se aproximava.

Observâncias em casa

Se há algum lugar no lar que deva ser selecionado como o centro da vida familiar, este é o santuário ancestral. Mesmo nos lares dos pobres este santuário ocupa uma alcova construída especialmente para ele, contendo tabuinhas de madeira com os nomes dos ancestrais inscritos. Organizações clânicas locais mantinham os templos familiares frequentemente mobiliados de forma elaborada. Na frente do santuário doméstico ou dentro do templo ancestral, sacrifícios de alimentos eram ofertados, e outras cerimônias ocorriam. Ali, na presença dos ancestrais, propostas de casamento eram recebidas pelo pai da moça. Ali o pai do noivo pedia aprovação dos planos de casamento. Ali a noiva, ao se ajuntar às cerimônias familiares, se tornava integralmente um membro da nova família. Ali eram feitos anúncios para os ancestrais quando uma jornada ou um empreendimento importante de negócios fosse levado a cabo. Ali todo tipo de decisões eram remetidas aos ancestrais para aprovação.

Em *La Cité Chinoise* (A cidade chinesa), de G.E. Simon, há uma interessante e vívida descrição da veneração ancestral de poucas gerações atrás, da forma que ele observou sendo executada por famílias chinesas de riqueza e posição. Uma parte dessa descrição é citada a seguir:

> Na parte de trás do cômodo, colocado de pé contra a parede e ocupando praticamente toda a sua extensão, uma longa mesa de madeira envernizada forma o altar. No altar existem suportes segurando pequenas tabuinhas lacadas e arrumadas cronologicamente, nas quais os nomes dos ancestrais estão inscritos. Pendurado no alto da parede está o sinal da divindade [Tian]; e em frente às tabuinhas estão luzes e queimadores de incenso. Por fim, a alguma distância do altar fica uma mesa quadrada comum com cadeiras ao seu redor, e no meio da mesa há um registro com livros em cada um de seus lados.
>
> Todos vestiram suas melhores roupas e estão aguardando. O pai e a mãe, que estão abstinentes desde a tarde do antepenúltimo dia em preparação para a cerimônia, entram seguidos por dois acólitos e tomam seus lugares diante do altar. Eles dirigem uma curta invocação para o Céu, e os que estão presentes cantam o hino ancestral [...]. Oferta-se uma variedade de coisas: [...] uma pomba ou uma galinha, frutas, vinho e grãos, seja arroz ou trigo, qualquer um que cresça no distrito. Ou pode-se oferecer apenas vinho com arroz ou trigo. Os dois acólitos vão buscar essas oferendas; a esposa as pega de suas mãos e lhes dá para seu marido, que as ergue acima de sua cabeça – com sua esposa de pé ao seu lado – e as deposita no altar em sinal de ação de graças. O pai lê então os nomes dos ancestrais inscritos nas tabuinhas e, lembrando-os de forma mais particularizada para a memória da família, fala seus nomes como se se erguessem da sepultura. O grão e o vinho que ele acabou de lhes consagrar, que é um símbolo dos esforços feitos e do progresso obtido, ele devolve, em nome dos ancestrais, para aqueles presentes, como penhor de sua união indissolúvel. Por fim, o oficiante exorta a família a meditar no significado dessa verdadeira comunhão e sobre os compromissos por ela implicada, que todos os presentes juram honrar; então, após uma oração final, a refeição é servida, na qual estão inclusas as ofertas consagradas[G].

Nesse relato temos o que há de melhor na veneração aos ancestrais. Mas esta é apenas a primeira parte da cerimônia vista por Simon. Na próxima, ou segunda parte (a terceira é um concílio solene da família), o pai lê da crônica familiar o registro dos eventos recentes, de forma que toda a família – incluindo os ancestrais – possam ficar informados de tudo, e então ele lê a biografia de um dos ancestrais.

> Ele faz comentários sobre isso, enfatizando as reivindicações do ancestral mencionado de ser lembrado por seus descendentes, e exortando todos a seguirem o exemplo dado por ele. Uma nova biografia é lida desta forma em cada encontro (duas vezes ao mês) até que a série completa é terminada, após o que eles retornam à primeira, à segunda e assim por diante, até que todos as conheçam de cor, e que pelo menos nenhum dos ancestrais mais dignos permaneça desconhecido[G].

Não é de se surpreender que no passado qualquer um que se cresse ter abandonado ou traído sua família fosse considerado um fora da lei, desprezado pela população e perseguido pela vingança dos espíritos ancestrais. Na morte, tais pessoas obtinham mais azar do que nunca, tornando-se fantasmas famintos e desonrados, sem terem seus feitos cantados, sem qualquer família para sustentar seus espíritos solitários com sacrifícios e afeição.

Família e Estado

Apesar de Confúcio ter feito sua missão de vida restaurar a autoridade por direito do Estado sobre seus cidadãos, pensa-se que ele não tenha aprovado as implicações da seguinte declaração do Duque de She: "Existem entre nós aqueles que podem ser considerados da mais elevada conduta; se seu pai roubou uma ovelha, eles testemunharão do fato", pois ele respondeu da seguinte forma: "Entre nós, em nossa parte do país, os que são retos são diferentes disso. O pai oculta a má conduta do filho, e o filho oculta a má conduta do pai. A retidão está nisso"[H]. É significativo que a China tenha aceitado o princípio formulado por Confúcio, ainda que desde 1912 o senso de dever para com a nação tenha se fortalecido. Os líderes comunistas naturalmente consideraram a ideia de "família acima de tudo" repugnante – a pior de todas as formas de se interpretar o confucionismo. A educação nas escolas retratava a veneração aos ancestrais como supersticiosa, e a observância dos ritos tradicionais foi desencorajada.

Por outro lado, no período desde a Revolução Cultural tem havido certo aumento na apreciação da família enquanto transmissora de valores morais fundamentais. Mas, como decretado pelos sábios nos tempos antigos, a responsabilidade pela harmonia doméstica recai sobre a esposa.

A classificação das funções social e religiosa durante a antiga era feudal

O sistema feudal da antiga China que Confúcio estava tão ansioso em conservar era um sistema hierárquico consumado, graduado excessivamente. No ápice da Dinastia Zhou, a China estava dividida em várias centenas de feudos, ou estados vassalos. Cada um desses tinha pequena extensão, e sua área total não excedia muito a região localizada a norte e sul do Rio Amarelo. Os príncipes governantes eram parentes ou vassalos do imperador, respondendo diretamente a ele. Esses estados eram subdivididos novamente em prefeituras ou distritos, governados por governadores e outros oficiais. Na época de Mêncio (**Meng-zi**), no século IV AEC, era-lhe possível sonhar com um sistema feudal ideal, governado por um rei sábio que presidia um reino dividido em um número imenso de áreas aproximadamente quadradas, cada uma por sua vez subdividida em nove campos (um campo central cercado por oito – o sistema de campos de poço). Os campos externos eram cultivados cada um por uma família única, sendo que o central era cultivado em comum por todas as famílias, para o suserano (a tradição diz que Confúcio, no final de sua adolescência, era empregado do Duque de Lu, supervisionando esses campos centrais). É possível que Mêncio estivesse se lembrando de um tempo mais antigo da China, no qual suas vilas eram cercadas por áreas divididas por igual, distribuídas de tal forma que grupos de famílias cultivavam um campo público, cuja produção e gado eram destinados para o suserano.

Temos maior certeza no fato de que a população era estratificada. O imperador, como senhor suserano, tinha sob si senhores vassalos, que mantinham seus ofícios em perpetuidade hereditária em cinco categorias descendentes (duques, marqueses, condes, viscondes e barões). Os senhores vassalos tinham sob si os governadores das prefeituras. Os governadores das prefeituras tinham sob si oficiais, os oficiais subalternos, os oficiais subalternos insignificantes, os assistentes dos oficiais insignificantes, os empregados dos assistentes, os lacaios dos empregados, e os ajudantes dos lacaios! (em outro sistema de nomenclatura, os oficiais eram ministros-chefes, grandes oficiais, eruditos superiores, eruditos intermediários e eruditos inferiores). Imperadores, nobres, oficiais e o povo comum estavam sujeitos a regras de conduta detalhadas governando todas as suas relações internas e deveres.

Mas esta não é, de forma alguma, a história completa. Muito antes de Confúcio havia um reconhecimento geral da impropriedade que era o povo ordinário, ou mesmo oficiais menores, a sacrificar aos maiores espíritos, cósmicos ou terrenos. Não era permitido aos príncipes executarem qualquer um dos sacrifícios que eram função do imperador, e nenhuma pessoa ordinária poderia assumir os deveres religiosos de um príncipe. Indivíduos não autorizados não deveriam se endereçar às montanhas e rios, a fim de que as forças espirituais não se ofendessem ou, de outra maneira, não fossem induzidas a agir de forma não consoante com o bem-estar geral. Portanto, na China de tempos posteriores – a partir do século II AEC – tornou-se prática estabelecida do povo ordinário venerar apenas seus ancestrais, suas casas, e espíritos pessoais, tais quais os guardiães da porta e da lareira, e os deuses da saúde e da sorte. Eles deixavam para os senhores feudais ou para seus oficiais venerarem em seu lugar as colinas e fontes da província, bem como certas estradas e campos cultivados, pois um senhor poderia fazê-lo de forma aceitável, diferentemente do povo. O imperador, de sua parte, fazia uma viagem pelo império a cada sete anos, a fim de executar sacrifícios perto dos principais rios e montanhas da terra. E, é claro, apenas o imperador podia se dirigir a Shang Di – ou o sublime Tian – nas cerimônias no Altar do Céu, fora da capital do grande império.

OS POVOS DO SUL

Apesar dos historiadores da Dinastia Zhou assumirem que um imperador que governava sob o Mandato do Céu era um rei universal, e que todos os povos deviam se submeter a ele enquanto o "Filho do Céu", na realidade o Império Zhou, durante seus dois primeiros séculos, não chegava até o Rio Chang (Yangtzé).

Quando, durante o período final Zhou, alguns chefes militares forçaram a autoridade chinesa para o sul um pouco além do Chang (Yangtzé), os dois estados envolvidos no processo, Qu (Ch'u) e Wu, encontraram-se lidando com o povo Lao (*lao* significando "antigo"), vindo a se adequar a ele de alguma maneira. Os meridionais eram conhecidos pelos chineses como "aborígenes", mesmo durante o Período Han e nos tempos posteriores. Entre esses povos, menos organizados do que os chineses, a estratificação social estava em um estágio primitivo, e sua religião se preocupava com os antigos deuses, com os espíritos dos rios, montanhas e estrelas, assim como com os espíritos dos mortos. Era ainda uma religião de um povo rural, e seus líderes humanos eram os *wu* (xamãs) que, assim como suas contrapartes na Ásia Central, atraíam ou exorcizavam os espíritos, ou os visitavam em estado de transe induzido por dança, uso de drogas e encantamentos. O daoismo,

> *Um candidato para sacrifício: Quem seguiu ao Duque Mu à sepultura? Tzu-ch'e Chen-hu. E este Chen-hu poderia resistir a uma centena de homens. Mas quando ele chegou à sepultura, parecia aterrorizado e trêmulo.*
> O livro da poesia[F]

então perto de ser contado entre as religiões organizadas existentes, pode ter retirado algumas de suas perspectivas e motivações dessa fé nativa e rural. Diz-se que Laozi, seu suposto fundador, seria originário de Qu. De qualquer forma, algumas autoridades dizem que "existe um paralelo próximo entre as imagens do voo da alma em transe usada pelos xamãs do sul e as descrições do estado de transe no clássico filosófico daoista Zhuang-zi [*Chuang-Tzu*]"[1].

A DECADÊNCIA DO SISTEMA FEUDAL

O período de 722 a 221 AEC – um período de 500 anos – assistiu ao declínio gradual do sistema feudal que acabamos de delinear, e sua substituição por uma organização menos rígida da sociedade, que permitia a homens de categoria mais baixa – fazendeiros e mercadores – ascender a posições de importância política, quebrando assim a aristocracia de senhores feudais hereditários. Por um lado, muitas das antigas famílias nobres estavam empobrecidas por conflitos com usurpadores oportunistas dentro de seus domínios. Por outro lado, a inabilidade dos imperadores Zhou em proteger seus reinos de invasões de hordas da Ásia Central que os pressionavam vindo do noroeste, levou ao surgimento de poderosos nobres, habitando em locais fortificados para sua própria proteção, providos de exércitos privados e virtualmente supremos em seus próprios territórios. No devido tempo esses grandes senhores deixaram o imperador de lado e passaram a atacar-se mutuamente. Ao mesmo tempo, os servos agrícolas começaram a se libertar do sistema de terras que lhes negava possessão das propriedades e os confinava em áreas pequenas. Eles se tornaram senhores de seus próprios campos, e alguns dentre eles, ajuntando campo a campo, cresceram em poder a ponto de se tornarem proprietários de muitas possessões. Com o desenvolvimento de uma economia monetária surgiram mercadores nas vilas que ajuntavam riqueza. Algumas famílias aristocráticas encontravam-se então tão desprovidas de poder e rebaixadas ao nível do povo comum a ponto de serem obrigadas a tomar uma posição e obter sua subsistência a partir de seu próprio labor. (Confúcio vinha, como parece, de uma família nobre, e encontrou-se ele próprio obrigado a assim fazê-lo.)

O declínio do sistema feudal culminou finalmente em um período de dois séculos de desordem civil, chamado de Período dos Estados Combatentes. Os estados menores desapareceram enquanto os sete estados maiores que restaram lutavam selvagemente pela supremacia. O imperador nesse período era uma figura representativa e impotente, um fantoche do príncipe feudal mais forte. Finalmente, em 221 AEC, o Duque Zheng (Cheng) do Estado de Qin conquistou a todos os seus rivais e, sob a alcunha de grande Imperador Shi Huang Di, unificou por completo a China sob seu governo arbitrário. As famílias reais de todos os estados foram reduzidas à categoria do povo comum, e o antigo sistema feudal recebeu um golpe do qual nunca se recuperou.

> De uma mulher divorciada:
> "Amarela é a vestimenta da honra, e verde a da desgraça. Eu visto o verde e não o ouro, e escondo minha face. Eu uso o verde do escárnio, tendo vestido ouro por tanto tempo. Eu penso sobre os sábios, para não lhes fazer mal. Ele me envergonha por causa dela. Eu sento, reflito e imagino se os sábios conhecem o coração de uma mulher".
> *O livro das odes*, ou *Livro dos cânticos*, 769 AEC.

O surgimento das escolas

No período de dissolução da antiga ordem, e enquanto a nova lutava para se estabelecer, surgiram diversas e diferentes escolas. Estudaremos primeiramente aquela que não tinha nada a ver com qualquer sistema político requerendo um grau elevado de centralização – os daoistas.

Algumas escolas atacavam o sistema feudal e desejavam o sem fim; tratava-se da Escola dos Legalistas. Outros queriam que o sistema fosse restaurado em uma forma racionalizada e idealizada; entre esses se encontravam os confucionistas. Poucos, como os moístas, advogavam um retorno à religião dos tempos antigos e ao cultivo de uma benevolência universal que buscasse o bem-estar de todas as pessoas em conjunto, sob o ponto de vista da utilidade e do senso comum.

Duas grandes tradições

De todas as formas de se enxergar e executar as coisas, apenas duas grandes tradições sobreviveram. Ambas tentaram incluir as tradições menores (ou "pequenas") sob um conjunto de princípios abrangente e que explicasse a tudo. Apesar de compartilharem um termo (Dao) como ponto de partida fundamental, seus princípios tinham orientações diferentes. Um deles foi o confucionismo; o outro, o daoismo. O primeiro encontrou a chave para o significado das coisas nas relações humanas, enquanto que o último, nas obras da natureza, como veremos a seguir.

O termo *daoismo* foi cunhado por acadêmicos, mas ainda assim ele se revela ambíguo. Ele tem sido usado para implicar (1) o tipo de pensamento encontrado no *Dao De Jing*, conhecido desde os tempos dos Han por eruditos chineses como *Daojia* (*Tao-chia*), ou filosofia daoista, ou (2) uma mistura de mágica e religião com raízes profundas no passado, conhecida como *Dao-jiao* (*Tao-chiao*), ou religião daoista. Em qualquer de seus aspectos que ele seja considerado, o daoismo tem exercido uma poderosa influência, tanto na China quanto nas nações adjacentes.

II – DAOISMO ENQUANTO FILOSOFIA (DAO-JIA)

Apesar de não existir nada similar a uma formulação sistemática da filosofia daoista que possa ser datada antes do século IV AEC, sua formulação se iniciou muito tempo antes.

O legendário Laozi

Tradicionalmente, os daoistas têm crido que seu tipo distintivo de pensamento começou com Laozi (*Lao-zi*, "O Velho Mestre"?), um erudito ou vidente legendário. Tão pouco se sabe sobre ele com certeza, mesmo partindo-se da hipótese de que tenha existido de fato, que é comum que muitas autoridades no assunto sejam céticas acerca de sua existência. Ele nasceu, de acordo com a antiga tradição, no Estado de Qu, em 604 AEC, tendo obtido o importante posto de curador dos arquivos imperiais em Lo-yang, a capital. Ele, no entanto, passou a questionar a sabedoria de se possuir qualquer forma de governo; ele pensava que a própria busca por conhecimento era vã, pois levava apenas à perversão da simplicidade na qual as pessoas foram criadas para viver. Assim, tendo chegado à conclusão de que sua posição enquanto oficial era falsa, ele resignou a ela e retornou para "sua própria casa". O resto da história é ainda mais questionável. Movido, como se diz, por um incessante desejo de escapar rumo ao desconhecido e alimentado por sua aversão a viajantes curiosos – Confúcio, entre eles – o filósofo idoso decidiu fugir para o oeste. Ele partiu em uma carroça de duas rodas puxada por bois negros, preparado para deixar para trás o mundo de pessoas iludidas e corrompidas pela sociedade. Porém, o zelador do portão na passagem ocidental o persuadiu a deixar sua filosofia por escrito. Em consequência disso Laozi se demorou na portaria o tempo necessário para compor o tratado que veio a ser chamado de *Dao De Jing*, ou *Tratado sobre o Dao e seu poder**. Em sentenças breves e vívidas – algumas delas obscuras e crípticas – ele expôs seus pontos de vista, partindo então para a passagem. Nunca mais se ouviu falar dele.

É bastante evidente que essa história romantizada não estava firmemente estabelecida na tradição, mesmo durante o Período dos Estados Combatentes, pelo fato de o erudito **Zhuang-zi**, do século IV, relatar que o antigo mestre morrera em sua própria cama!

O legendário Laozi pode ter existido – e há uma forte tradição confucionista afirmando que ele o fez –, mas a erudição autoritativa está convencida de que mesmo que tal indivíduo detenha de fato a paternidade sobre a filosofia daoista no período anterior a Confúcio, ele não escreveu o *Dao De Jing*. Esse grande clássico teve uma origem posterior. Em relação à sua datação, deve-se afirmar o seguinte: o *Dao De Jing* apresenta uma atitude em relação à vida e à natureza que pressupõe uma desintegração avançada da ordem feudal; além disso, suas concepções possuem o frescor de uma ideia nova composta por mentes brilhantes do Período dos Estados Combatentes. Nós podemos supor que foram eles quem deram a forma significativa permanente do *Dao De Jing*, o que foi um feito admirável. Seu pensamento foi em parte resultado de um esforço ardente e determinado – em tempos difíceis – de lidar com uma realidade imutável, e, em parte, uma expressão de repulsa temperamental à escola confucionista de mentalidade ritualística, que surgiu aproximadamente na mesma época.

Os pré-daoistas

Certos processos colaborativos se deram anteriormente (digamos que a vida de Laozi que, como já vimos, foi uma figura criativa obscura, possa ter estado entre eles), preparando o caminho para o daoismo. Já no século VI AEC Confúcio parece ter encontrado alguns representantes – não nomeados como tal – de uma escola pré-daoista; eram anarquistas que rejeitavam a "civilização". Após sua época surgiram outros precursores, que veremos com maior detalhe a seguir. Alguns desses eram críticos dos caminhos e das instituições humanas, assemelhando-se aos sofistas e cínicos que inflamaram aos gregos. Algumas poucas personalidades mais interessantes e atrativas foram capazes inclusive de forçar suas opiniões aos seus companheiros; tais indivíduos falavam de forma pungente e espirituosa, e certa falta de convencionalidade em seus pontos de vista tornavam seus dizeres ainda mais intrigantes.

YANG ZHU

Essa falta de convencionalidade é bem-ilustrada por **Yang Zhu** (Yang Chu), que viveu durante o final do século V e no início do século IV. Seu problema parece ter sido o de como manter sua própria vida intacta – o problema pessoal geral dos daoistas antigos. Observando que a China se encontrava em um estado caótico, além de qualquer solução que ele pudesse conceber, ele concluiu que seguir a natureza, dando as costas para a sociedade e cultivando sua própria vida pessoal, era o único bem verdadeiro. Imperturbável pelas consequências do seu raciocínio, ele disse, com esperteza: "Cada um por si mesmo!" Yang Zhu chocou aos confucionistas afirmando que mesmo

---
* Comumente traduzido para o português como "O livro do caminho e da virtude" [N.T.].

que a única coisa que ele tivesse de fazer para salvar o mundo inteiro fosse arrancar um único fio de sua cabeça, ele não o faria, pois ele valorizava sua própria vida mais do que a soma de todas as coisas externas. "Não permita que as coisas externas estorvem sua própria pessoa"[J1] – esse fora seu princípio cardinal.

SHEN DAO

Menos convencional ainda foram Peng Meng e seus seguidores – Tian Pian e o inimitável **Shen Dao** (Shen Tao). Eles resolveram desconsiderar o conhecimento, ser imparciais e sem partido, adotar uma conduta maleável e comedida, não ter ansiedade em relação ao amanhã e permitir que os eventos seguissem seu próprio curso sem interferência. Talvez o daoista posterior Zhuang-zi (Chuang-Tzu) estivesse se referindo a eles ao atribuir a Ziyu (Tzuyü), um confucionista (!), a seguinte expressão última da atitude de "ir com a maré":

> Se meu braço esquerdo precisar ser transformado em um galo, eu posso marcar com ele o tempo da noite. Se meu braço direito precisar ser transformado em um arco, eu devo procurar por um pássaro, para abatê-lo e assá-lo. Se minha espinha dorsal precisar ser transformada em uma roda, e meu espírito em um cavalo, eu poderia montá-lo, e não precisaria de nenhum outro corcel.[J2]

Era sua opinião que o homem sábio que adquiriu o segredo da boa vida "segue o inevitável" e "simplesmente se move com as coisas". Lê-se o seguinte acerca de um deles:

> Shen Tao desconsiderou o conhecimento, abandonou a si mesmo, seguiu o inevitável e foi indiferente às coisas [...]. Ele disse: "Conhecimento é não saber". Ele era alguém que desprezava o conhecimento e poderia destruí-lo. Estúpido e irresponsável, ele ridicularizava o hábito do mundo de dar preferência ao virtuoso; descuidado e pouco prático, ele condenava os grandes sábios do mundo: inconstante e escorregadio, ele mudava de acordo com as circunstâncias; desconsiderando o certo e o errado, ele estava preocupado apenas em evitar problemas; não tendo aprendido nada com o conhecimento e o pensamento, ele não prestava atenção nem ao passado nem ao futuro, estando indiferente em relação a todas as coisas.
> Ele ia para onde lhe empurravam, e seguia quem o conduzisse, como um vendaval girando, como uma pena jogada ao vento, como uma roda de moinho girando. Ele era completo e sem defeitos; em ação ou em repouso ele era livre de enganos, e nunca ofendeu aos outros. Como poderia isso se dar? Criaturas sem conhecimento estão libertas dos problemas da afirmação própria e dos estorvos do conhecimento; em movimento ou em repouso, elas não se afastam dos princípios da natureza [...]. Assim, ele disse: "Sejamos criaturas sem conhecimento. Isto será o suficiente [...]. Pois um torrão de terra não erra o Caminho (Dao)".[J3]

Quando Yang Zhu e Shen Dao se aventuravam, por assim dizer, em tentativas de achar o curso (*Dao*) que a natureza prescrevia para aqueles que desejavam ser retos, superiores e felizes, outras mentes, mais profundas e discriminadoras, reuniam o *Dao De Jing* e os ensaios de Zhuang-zi.

A filosofia do *Dao De Jing*

Da forma que ele se encontra escrito, o *Dao De Jing* dificilmente é o produto de apenas uma mente, ainda que seu núcleo central possa tê-lo sido. Interpolações e edições repetidas alteraram sua forma original, mas não há dúvidas de que a sua presente versão tenha se originado no século IV AEC.

O *Dao De Jing* aceita de forma inquestionável a teoria de que, quando se permite que as coisas tomem seu rumo natural, elas se movem em perfeição e harmonia maravilhosas. Isto se dá por, em tal caso, o Dao (o caminho eterno do universo) não ser embaraçado em sua operação regular.

O que é o Dao? O conceito é reconhecidamente difícil de ser definido. As sentenças de abertura do *Dao De Jing* dizem que é impossível fazê-lo. O Dao que pode ser expresso em palavras não é o Dao eterno; o nome que pode ser definido não é o nome absoluto, real. O Dao está embrulhado em mistério cósmico, e buscar por ele é tatear de um mistério para um mistério ainda mais profundo. Ainda assim o mundo inteiro e tudo que possui existência emergiram da essência não materializada e de seu potencial não cumprido (não existência), que é a força única de poder ativo (De) em todas as coisas existentes.

> A manifestação mais poderosa de força ativa flui apenas do Dao[25]*.
> O próprio Dao é vago, impalpável – quão impalpável, quão vago! Ainda assim, dentro dele há Substância. Quão profundo, quão obscuro! Ainda assim, dentro há um Princípio Vital[K1].

Assim como Dao abrange valores tanto yang quanto yin, mantendo-os em balanço, assim o ser humano de qualquer sexo internalizará a ambos. O *Dao De Jing*, entretanto, vê a sociedade humana como dominada majoritariamente por características yang (confucionistas), e dessa maneira enfatiza contrabalanceá-la com valores yin, falando deles no gênero convencional feminino.

Assim, características como não existência, quietude, posição baixa, reversão, unidade com a natureza e espontaneidade são enaltecidas, e as atribuições convencionais de gênero não são efetuadas com a intenção de implicar que elas sejam apropriadas apenas para pessoas de um sexo ou de outro.

A NÃO EXISTÊNCIA

Os questionamentos referentes ao Dao nos conduzem ao domínio da preexistência e da não existência (potencialidade), mas, ainda assim, não se pode prevenir o surgimento da seguinte questão: Como o Dao opera no domínio da realidade, ou da existência? Talvez a consciência da potencialidade pura do Dao não manifesto habilite a vinda espontânea à existência, da mesma forma que uma folha boiando se move sem esforço com a corrente de um rio. Essa é, de fato, a questão central do *Dao De Jing*, pois considera que o objetivo principal da existência humana deve ser a obtenção da completude de vida por meio da harmonia presente com o Dao.

Assim como céu e terra atingem harmonia e ordem completas meramente permitindo o Dao tomar seu curso, assim uma pessoa pode alcançar o mais elevado bem-estar chegando apenas à conformidade com ele. Os indivíduos têm o poder de escolherem seus próprios caminhos e de construírem hábitos sociais de acordo com seus próprios planos, ao invés do plano eterno do grande Dao. Desses planos, porém, têm brotado todas as doenças e dores de nossa humanidade, no meio da estranha e "peculiar" civilização que formamos. Nós temos escolhido nos movermos no sentido contrário ao eterno Dao – o que implica agir como que nadando contra a corrente. Talvez pensemos sermos grandes o suficiente a ponto de vencer a natureza. Mas não o somos. As pessoas têm o poder de pensar, sentir e agir como querem, e o Dao

---

* *Tao*, na citação da obra original, citando a tradução do *Dao De Jing* para o inglês de Ch'u Ta-kao. Mantivemos Dao por questão de uniformidade e fluidez, inclusive nas próximas citações da mesma obra [N.T.].

o permite – ou melhor, não o proíbe. Mas não ao ponto de deixar de ser o que é!

> A natureza não é benevolente; com implacável indiferença ela faz todas as coisas servirem a seus propósitos, como os cães de palha que usamos em sacrifícios[K2].
> O que é contrário ao Dao logo perece[K3]. Aquele que aprova a si mesmo não brilha. Aquele que exalta a si mesmo não se eleva. Julgado de acordo com o Dao, ele é como restolhos de comida (lixo), ou um tumor no corpo – um objeto de desgosto universal[K4].

QUIETUDE

O Dao é silencioso, tão quieto que sua presença é facilmente indetectável, a não ser pela intuição.

> O Caminho do Céu é não contender e, ainda assim, estar apto a conquistar; não declarar sua vontade e, ainda assim, receber uma resposta; não convocar, mas ter as coisas vindo a si espontaneamente[E2].
> Dao produz todas as coisas [...]
> Ele as produz sem manter posse sobre elas.
> Ele age sem depender delas; delas coleta sem delas se assenhorar[L1].

Portanto, céu e terra – e pessoas, também, caso o consigam – podem seguramente resignar-se ao Dao e experimentar uma existência completa.

BAIXA POSIÇÃO

Tal quietude é tal qual a de uma fêmea, cuja ascendência nos negócios humanos pode ser explicada pelo fato de que ela nunca é agressiva e, ainda assim, consegue todas as coisas; ela assume o lugar mais baixo e pode ser comparada com um vale profundo em direção ao qual fluem todas as correntes d'água. Os vales são férteis e cheios dos espíritos atribuídos nos tempos antigos às deusas-mães (de fato, alguns eruditos chineses consideram que o Dao é um conceito que não está desvinculado à crença arcaica nas deusas-mães). O *Dao De Jing* diz:

> O Espírito do Vale nunca morre.
> Ele[ela] é chamado[a] de Fêmea Mística.
> A Porta para a Fêmea Mística está na raiz do Céu e da Terra.
> Continuamente, continuamente, ela parece perdurar.
> Recorre a ela, que ela te servirá facilmente[M1].

O povo do mundo confia na agressão para atingir seus objetivos, mas que se acautelem!

> Mostra-me um homem violento que teve um bom fim, e eu o tomarei como meu professor[N1].

REVERSÃO

Isto nos leva a um ponto importante do *Dao De Jing*. As pessoas que não seguem o caminho do Dao podem ter sucesso temporário, mas existe a lei invariável nas coisas de que se qualquer movimento chega ao extremo do seu desenvolvimento, ele necessariamente terá de executar um "retorno", ou uma "reversão".

> Estique um arco ao máximo.
> E então desejarás ter parado no tempo;
> Afie ao máximo sua espada,
> E você descobrirá que logo ela estará cega.
> Quando bronze e jade preenchem seu salão,
> Eles não mais podem ser guardados.
>
> Riqueza e propriedades trazem insolência,
> que traz ruína em sua trilha. Quando seu trabalho estiver feito, então afastai-vos![N2]

> Todas as coisas vêm à existência,
> e então nós as vemos retornar [para onde vieram].
> Olhai para as coisas que têm florescido;
> cada uma delas retorna para sua origem[L3].
> Retorno é o movimento do Dao[L4].

O processo de reversão e retorno é tão universal e constante em todas as coisas, que todos os processos naturais são marcados pela uniformidade de se vir à existência, atingir a maturidade e reverter para a não existência (a morte). Todas as coisas retornam à sua origem em comum; em última instância, elas se misturam em um. O Dao trabalhando nas "dez milhares de coisas debaixo do céu" é o mesmo Dao – obscuro mais originador, oculto, mas abrangendo o todo.

> Como os olhos o enxergam, mas não detectam nenhum vestígio dele,
> ele é chamado de elusivo.
> Como os ouvidos o escutam, mas não podem ouvi-lo,
> ele é chamado de rarefeito.
> Como a mão o sente, mas não pode encontrá-lo,
> ele é chamado de infinitesimal.
> Esses três, por não poderem ser submetidos a escrutínio,
> misturam-se em um[N3].
> Dao gera o Um; o um gera o segundo; o segundo gera o terceiro; o terceiro gera todas as coisas[L5].
> O Sábio, portanto, adota o Um[M2].

UNICIDADE COM A NATUREZA

Ao se tornar sábio, o indivíduo chega à percepção de sua identidade com o Dao Uno [ou absoluto]. O sábio e todos os fenômenos indistinguíveis da natureza, os eventos no espaço e no tempo que fazem sua aparição para os sentidos – todos, no fundo, são indistinguíveis. Eles são o mesmo um em sua ascendência e queda, seu crescimento e decadência, mas acima de tudo, na derivação de sua existência da não existência original e em seu retorno à mesma não existência. Isso tudo é o caminho da natureza, e o destino de todas as coisas.

Como um sábio, o indivíduo precisa se submeter à Natureza (o Dao) e não lutar tentando se afirmar de forma agressiva, tampouco se esforçar em busca de uma identidade marcadamente distinguível. Ele busca humildemente a união com Aquilo que abrange a tudo, como primeira condição para o bem-estar.

> O antigo ditado: "Sê humilde e permanecerás íntegro" –
> Poderá ele ser considerado meramente como palavras vazias?[L6]

Esse procedimento está longe da atitude predominante no Ocidente (e em boa parte da China moderna!) em relação à natureza, que é buscar dominá-la, submetê-la à vontade e ao serviço dos seres humanos; uma atitude que, combinada com as capacidades científicas, tem levado à desfiguração e poluição do ambiente natural.

ESPONTANEIDADE

Acima de tudo, um sábio se comporta naturalmente, respondendo de forma espontânea ao momento presente. Não há cálculo; não há insistência em seus próprios planos.

> A natureza não precisa insistir,
> Pode ventar por apenas metade da manhã,
> chover por apenas metade do dia.
> E o que são esses ventos e essas chuvas, senão naturais?
> Se a natureza não precisa insistir,
> Por que o precisaria o homem?[O]

Pode-se argumentar que há pouco de religião nessa discussão. Por um lado, pode-se defender que o Dao é impessoal, e apesar das pessoas contarem entre suas formas de expressão, ele é por si apenas sem forma e vazio. Portanto, o indivíduo medita sobre o Dao, mas não se dedica à sua adoração formal.

O Dao não está consciente nem dá uma resposta compassiva às pessoas; ele nada mais é do que o modo de ação através do qual a não existência se torna existência. Ainda assim a religião pode respirar dentro dessa atmosfera rarefeita – uma modalidade de religião parcial, filosófica e intuitiva sem dúvida, mas algo mais do que apenas filosofia. Pois o Dao determina destinos; pode ser chamado até mesmo de força governadora (*De*), e a conformidade a ele é uma espécie de misticismo religioso. O estudo do Dao começa na filosofia; o que é a realidade última? E é concluído na religião: Como alguém pode ser completo de acordo com essa realidade?

A ética do *Dao De Jing*

Voltemo-nos agora à ética do *Dao De Jing*. O que dissemos até então já a sugere. Sua consideração central pode ser expressa em duas sentenças – uma positiva e outra negativa. Definido positivamente, seu princípio afirma que o indivíduo deve exibir dentro de si mesmo o procedimento do Dao, e ser caracterizado por sua quietude de poder, sua produção sem posse, ação sem afirmação própria, e pelo desenvolvimento sem dominação.

WU-WEI EM TERMOS NEGATIVOS

Negativamente, o princípio afirma o seguinte: não interfira com o curso harmônico da natureza seguindo seu caminho abençoado. Como exposto no *Dao De Jing*, é sábio praticar *wu-wei* (não agressão, ação sem interferência). É possível alcançar sem fazer.

> O Dao está sempre inativo: e ainda assim não há nada que ele não possa fazer.
> O Dao De Jing[L2]

O sábio, portanto, conduz seus assuntos sem ação, e concede seus ensinamentos sem palavras[L7].

O sábio exibe uma disposição reservada, até mesmo caseira.

Sem se passar pela porta é possível conhecer o mundo inteiro;
Sem espiar pela janela é possível ver ao Dao, do céu.
Quanto mais se viaja, menos de sabe.
O sábio, portanto, sabe tudo sem viajar.
Ele nomeia a tudo sem nada ver;
ele realiza tudo sem o fazer[L8].

O sábio não tem ambições nem desejo de fama. Enquanto sábio, ele é desprovido de ego e sabe que a admiração que as pessoas buscam tende a cegar o indivíduo, levando-o a uma falsa imagem de si mesmo que impede que ele aja livre e espontaneamente. Ele deve ser ele mesmo na quietude. Ele prefere em si mesmo – e nos outros – "o que pertence à natureza original", antes que ocorresse qualquer mudança. Ele busca em si mesmo o que é puro e sem distorções; um sábio, portanto, deseja viver como uma criança recém-nascida, como pano de seda (que ainda não foi transformado em roupa), ou como um bloco não esculpido *pu* (p'u), não tendo sido formado por pessoa alguma, nem possuindo algum nome que marque sua diferença em relação ao seu estado original.

Alguém assim parecerá "estúpido" ou "fora deste mundo". Outras pessoas estão muito despertas e são conhecedoras das coisas; o sábio sozinho parece entorpecido, confuso, até mesmo incapaz de compreender, como um bebê que ainda não é capaz de sorrir. Mas este é o único meio de se proteger o precioso *De* – ou habilidade natural, que é o poder do Dao trabalhando em si mesmo – de olhos bisbilhoteiros e de vontades interventoras.

OS PODERES AFIRMATIVOS DE *WU-WEI*

Isto parece negativo de início, mas não o é, afirma o *Dao De Jing*. Existe poder afirmativo na contenção de *wu-wei*; as virtudes que o acompanham na vida humana são a amabilidade, sinceridade e humildade. Se alguém não interfere com os outros, as relações humanas irão ocorrer da forma que o Dao as conduz, de forma simples e natural. Haverá o nascimento espontâneo do verdadeiro amor, de real amabilidade, simplicidade e contentamento nas vidas e relacionamentos das pessoas. A simples contenção da ira, ambição e ação interventora não é nunca meramente negativa em suas consequências; há nela poder (De), poder para o bem.

> Com aqueles que são bons comigo, eu sou bom; e com aqueles que não são bons comigo, eu também sou bom – e assim tudo leva ao bem. Com aqueles que são sinceros comigo, eu sou sincero; e com aqueles que não são sinceros comigo, em também sou sincero – e assim, tudo leva à sinceridade[P].

O anverso disso é dado em outra seção do *Dao De Jing*:

> É por não acreditar nas pessoas que você as torna mentirosas[N4].

É repetida com frequência a convicção de que na presença da amabilidade natural o forte se torna inofensivo, e o fraco, por meio da persistência gentil, se torna irresistível.

> Não há nada no mundo mais suave e fraco do que a água, e ainda assim não há nada que a ultrapasse em atacar as coisas que são duras e fortes [...]. O suave sobrepuja ao duro; o fraco domina ao forte[K6].
>
> O mais elevado bem é como a água [...]. Ele está nos lugares que os outros desprezam. Assim, está próximo ao Dao[L9].

Invulnerabilidade mística

No desenvolvimento das implicações dessa doutrina, o *Dao De Jing* chega ao ponto de sugerir que o sábio daoista possui, ao estar em acordo com o Dao, um poder mágico, mais passivo que ativo, que provê invulnerabilidade ao ataque de bestas ferozes ou pessoas violentas, e imunidade aos assaltos da própria morte. Parece estar implicado que, quando alguém está possuído pelo Dao, essa pessoa vive por muito tempo, e durante sua vida permanece livre do declínio. Essa ideia é apresentada em uma passagem com um modesto "eu tenho ouvido", indicando que ela está de acordo com uma antiga tradição.

> Eu tenho ouvido que quem possui o segredo da vida, ao viajar ao estrangeiro não fugirá de rinocerontes e tigres; ao entrar em um campo hostil não se equipará com espada ou broquel. O rinoceronte não encontra nele lugar para enfiar seu chifre; o tigre não tem lugar para prender suas garras; o soldado não tem lugar algum para golpear com sua espada. E por quê? Porque ele não possui lugar pelo qual a morte possa entrar[K7].

Em outra parte é dito:

> Aquele que é dotado de ampla virtude pode ser comparado a um infante. Nenhum inseto venenoso o aferroa; tampouco a besta feroz o toma; nem aves de rapina o golpeiam[L10].

Veremos agora onde a busca dessas convicções levou aos daoistas posteriores.

Teoria de governo

Uma distinta teoria de governo perpassa o *Dao De Jing*. De fato, estudiosos se inclinam para a posição de que o tratado teria sido escrito inicialmente como um manual para governantes; isto é, para os príncipes e a elite governante.

Vê-se prontamente que o único princípio consistente com a filosofia de vida do *Dao De Jing* é o de *laissez-faire*. A não interferência do governo nas vidas dos cidadãos é o único caminho para a paz e liberdade.

> O Dao é eternamente inativo, e ainda assim ele não deixa nada desfeito. Se os reis e príncipes pudessem se apegar a esse princípio, todas as coisas poderiam reformar a si mesmas"[K8].

É por esta razão que eu sei o que afirmei:

> as restrições e proibições se multiplicam no Império; as pessoas ficam mais e mais pobres.
> Quando o povo está sujeito a governo em demasia, a terra é lançada em confusão [...]. Quanto maior for o número de leis e decretos, mais ladrões e assaltantes existirão. Portanto, o Sábio diz: "Enquanto eu fizer nada, o povo trabalhará em prol de sua própria reforma. Enquanto eu amar a calmaria, o povo corrigirá a si mesmo. Se eu apenas evitar interferir, o povo enriquecerá. Se apenas eu me libertar do desejo, o povo retornará naturalmente à simplicidade"[K9].

Uma passagem interessante nos prové a imagem da comunidade ideal de acordo com o *Dao De Jing* – um pequeno vilarejo-Estado, quieto, contido em si mesmo, e sempre mantido dentro de suas próprias fronteiras.

> Pegue um pequeno país com uma pequena população. Pode ser que existam ali máquinas que poupam o trabalho uma dezena ou centena de vezes, mas ainda assim o povo não as use [...]. Eles não podem imigrar para países distantes. Apesar de existirem carruagens e barcos, ninguém os usa. Apesar de haver armas de guerra, ninguém as distribui. Pode muito bem ser que o povo retorne ao uso de cordas com nós (para manter os registros)[E3].

O ponto defendido aqui é que o povo deve viver em seu estado natural, evitando sofisticação e desfrutando da existência, comendo e bebendo, fazendo amor e cultivando o solo, tudo isso sem agressão. A próxima parte da citação é obviamente endereçada a um governante que é tão não agressivo quanto o seu povo.

> Torne a comida do povo doce, suas roupas belas, suas casas confortáveis, e sua vida diária uma fonte de prazer. Então o povo olhará para o país além das fronteiras, ouvirá os galos ali cantando e os cães latindo, mas daqui até sua velhice e o dia de sua morte, eles não se darão ao trabalho de ir até lá (e ver como é)[E3].

É claro que não há espaço neste esquema para a guerra, e encontramos o *Dao De Jing* defendendo firmemente que "as armas, por mais belas que sejam, são instrumentos de maus presságios, odiosas para todas as cria-

---

Deixe todas as coisas tomarem seus cursos naturais, e não interfira.
O Dao De Jing[K5]

turas. Portanto, aquele que tem o Dao nunca terá nada a ver com elas"[K10], a não ser que seja dirigido a usar a força em autodefesa. Mas dificilmente nós estamos preparados para a seguinte percepção espetacular:

> Portanto, se um grande reino se humilha diante de um pequeno reino, ele fará do pequeno reino o seu prêmio. E se um pequeno reino se humilha diante de um grande reino, ele vencerá o grande reino. Assim, um se humilha para obter, e o outro obtém por ser humilde. Se o grande reino não tem desejo adicional do que reunir os homens e os suprir, então o pequeno reino não terá nenhum desejo adicional que não seja entrar ao serviço do outro. Mas a fim de que ambos obtenham seus desejos, o grande precisa aprender a humildade[K11].

Nós podemos, talvez, não simpatizar com o primitivismo político e social do *Dao De Jing*, mas essa é uma visão maravilhosa de altruísmo internacional.

Os ensaios de Zhuang-zi (Chuang-Tzu)

Zhuang-zi (cujo nome pessoal era Zhuang Zhou) é, com exceção do próprio Laozi, o mais famoso dos daoistas filosóficos. Ele viveu durante o século IV AEC e habilmente popularizou os ensinamentos de seu presumido mestre, realizando por ele a esse respeito o mesmo serviço que Mêncio, contemporâneo de Zhuan-zi, realizou por Confúcio. Trinta e três ensaios, que podem contar considerável quantidade de material de suas próprias mãos, chegaram até nós. Em sua presente forma, eles foram provavelmente compilados alguns séculos depois, a partir de fragmentos dos escritos de sua própria autoria e de seus seguidores. Eles foram escritos de forma brilhante, com muitas anedotas espirituosas, alegorias divertidas e conversas imaginárias a fim de realçar seu charme literário. Ele se divertia especialmente em alfinetar as ideias expressas pelo contemporâneo confucionismo. Ele parece ter usado um artifício irônico e propagandista, retratando a Confúcio repudiando seu amor ao conhecimento e seu dever para com a sociedade, e fazendo-o falar como se ele fosse um daoista, mas não o sendo. Citaremos algumas dessas passagens mais adiante.

Zhuang-zi foi fiel ao ensino daoista ao dar centralidade ao Dao. Mas ele foi além do *Dao De Jing* ao elaborar a doutrina das "transformações do Dao". Os objetos se originam em um turbilhão entre a existência e o vir a existir, a partir de estados precedentes de existência. Os tempos se sucedem de forma circular; as estações se criam e destroem mutuamente sem parar. O yin e yang brotando do Dao produzem um ao outro, influenciam-se mutuamente e se destroem em um processo sem fim muito além do controle humano.

Na esfera moral, ele disse, nós possuímos atrações e repulsões, amores e ódios, distinção entre os sexos e sua união para reprodução, mas não um estado duradouro de paz, ou de seu oposto. Adversidade e prosperidade, segurança e perigo, todos se sucedem um ao outro de acordo com uma lei de causalidade recíproca.

> *Aquele que atinge Dao é eterno. Ainda que seu corpo possa decair, ele nunca perece.*
> O Dao De Jing[L11]

> Pois há [o processo de] evolução reversa [unindo os opostos] [...]. A sucessão de crescimento e decadência, de aumento e a diminuição, se move em ciclos, cada um dos quais se torna um novo início. Nesse sentido nós podemos discutir ape-

nas os caminhos da verdade e os princípios do universo. A vida das coisas passa como um cavalo correndo e galopando, mudando a cada volta, a cada hora. O que alguém deve fazer, ou o que alguém não deve fazer? Que (o ciclo) [d]as mudanças movam-se [mova-se] por conta própria!M3

O RELATIVISMO DE ZHUANG-ZI

O que parecia justificar para Zhuang-zi a coibição daoista da ação era o fato de que, em um mundo de mudança perfeitamente natural, não se conhecia verdade ou bem absolutos. Todas as coisas eram iguais, em relação aos seus direitos de ser e agir. Qualquer coisa que a natureza (Dao) faça acontecer é no mínimo tão boa e necessária quanto qualquer outro evento que ela faça ocorrer. Essa é outra maneira de dizer que cada criatura tem seus próprios *Dao* e *De*, e esses são os que lhe são corretos. Não há uma forma padrão ou uniforme de se fazer as coisas, nem uma verdade ou algo que seja correto segundo o qual todas as criaturas tenham de se conformar. Cada criatura deve ser fiel aos seus próprios *Dao* e *De*, e não aos de outrem. Quanto aos seres humanos, pode-se questionar: Quando é que algo está na medida certa, ou não está na medida certa? Não há forma de sabê-lo.

> Se um homem dorme em um lugar úmido, ele pega lumbago e morre. Mas e quanto a uma enguia? E viver em cima de uma árvore é algo precário e uma provação para os nervos – mas e quanto aos macacos? Para o homem, a enguia e o macaco, qual é o habitat correto, em termos absolutos? Os seres humanos se alimentam de carne, os cervos de grama; as centopeias, de pequenas cobrinhas, as corujas e os corvos, de ratos. Desses quatro, qual é, de forma absoluta, o gosto correto?Q1

> Em relação aos desejos ou interesses do homem, se nós afirmamos que qualquer coisa é ou boa ou má, de acordo com nossos padrões individuais (subjetivos), então não há nada que não seja bom, e nada que não seja ruim.M4

Este ponto de vista levou Zhuang-zi a fazer a seguinte declaração pouco convencional em relação às Três Dinastias:

> Aqueles que vieram no tempo errado e se opuseram contra a maré são chamados de usurpadores. Aqueles que vieram no tempo certo e se encaixaram em seu tempo são chamados de defensores da retidão [...]. Como você pode saber quais as distinções entre alto e baixo e entre as casas dos grandes e dos pequenos?M5

Zhuang-zi comparou as confusões dos seres humanos à perplexidade que certamente reinaria no mundo não humano se as criaturas pudessem fazer comparações de virtudes e defeitos:

> A morsa inveja a centopeia; a centopeia inveja a serpente; a serpente inveja o vento; o vento inveja o olho; o olho inveja a mente.
> A morsa disse para a centopeia, "eu salto em uma perna apenas, mas sem obter muito sucesso. Como você administra todas as pernas que você tem?"
> "Eu não as administro", respondeu a centopeia. "Você já viu a saliva? Quando ela é ejetada, suas grandes gotas são do tamanho de pérolas, e as pequenas, como neblina. Elas caem promiscuamente no sol e não podem ser contadas. E é dessa forma que meu mecanismo funciona naturalmente, sem que meu ser esteja consciente do fato."
> A centopeia disse para a serpente: "Com todas as minhas pernas eu não posso me mover tão rápido quanto vo-

cê, que não tem nenhuma. Como é que isso acontece?"

"O mecanismo natural de alguém", respondeu a serpente, "não é algo que possa ser alterado. Que necessidade tenho eu de pernas?"

A serpente disse para o vento: "eu posso me contorcer, mas tenho uma forma. Você, porém, vem vociferando do mar do norte, para soprar sobre o mar do sul, e parece não ter forma. Como é que isso acontece?"

"É verdade", respondeu o vento, "que eu assopro da forma que você diz; mas qualquer um que me chute, me ultrapassa. Por outro lado, eu posso quebrar árvores imensas e destruir grandes construções. Este é o meu ponto forte"[Q2].

O vento foi sábio. Ele não se enfraqueceu por meio de falsos julgamentos de valor que desembocassem em inveja. Ele percebeu que, apesar de em uma análise intelectual de suas diferenças em relação às outras coisas ele fosse relativamente fraco ("qualquer um que me chute, me ultrapassa"), quando ele se permitia atuar da forma intencionada pela natureza ele era poderoso e forte. Usando lógica similar, Zhuang-zi alega que uma pessoa não deve argumentar sobre o que é grande e pequeno, alto e baixo, certo e errado, mas deve permitir que os eventos ocorram de acordo com as transformações do Dao. Ao fazê-lo, ela se junta ao vento, à serpente e à centopeia na economia da natureza.

> Não dê atenção ao tempo, nem ao certo e errado. "Mas ao adentrar o domínio do infinito, tome ali seu descanso final"[Q3].

A IMAGEM DE UM SÁBIO DE ZHUANG-ZI

Um sábio, uma pessoa verdadeiramente natural, pode tomar assento ao lado do sol e da lua e agarrar ao universo, pois:

> [...] ele mistura tudo em um todo harmonioso, rejeitando a confusão disso e daquilo. Categoria e precedência, que são valorizados pelos vulgares, são ignoradas firmemente pelo sábio. As revoluções de dez milhares de anos deixam sua unidade incólume[Q4].

Pessoas sábias não gastam seus sentidos tentando conhecer individualmente e em detalhes os objetos e seres mutáveis do mundo material. Elas se mantêm na generalidade de uma visão compreensiva de todas as coisas, e fazem sua residência espiritual no Dao, no qual todas as coisas perdem suas distinções e se mesclam em uma.

A experiência referida aqui não é alcançável pelas sondagens racionais, pois a razão preocupa-se de forma demasiadamente ativa com a discriminação de particularidades. O conhecimento real é passivo e receptivo:

> Não ouça com teus ouvidos, mas com tua mente; nem mesmo com tua mente, mas com teu espírito. Que sua audição cesse em teus ouvidos, e que em tua mente cessem suas imagens. Que teu espírito, no entanto, seja um vazio, passivamente responsivo ao que é externo. Apenas em tal receptividade aberta o Dao pode residir[M6].

O objetivo final é o êxtase da absorção no sustentador e onipresente Dao; trata-se de um tipo chinês de yoga. Não se pode forçar a entrada em êxtase; ela deve ser gerada por si própria, em absoluta espontaneidade. Quando, porém, ela ocorre, ela muda quem a experimentou. O "ser artificial e ilusório" foi então eliminado, enquanto que o "celestial" tomou "possessão completa"[R].

Por conseguinte, alguém que é sábio cultiva um ar de estupidez a fim de evitar que as pessoas interrompam seu afastamento das "dez milhares de coisas" das quais o mundo é composto. Sua mente permanece fria e tranquila sob a compreensão de que os pensamentos e sonhos têm pouca importância por constituírem fenômenos subjetivos. Em um mundo de rápidas alterações e aparências em mudança, ele sabe que é melhor estar calmo, e não ativo, aceitar a vida e não levá-la seriamente. Esta pessoa é como o Sr. Mengsun.

> O Sr. Mengsun não sabe de onde nós viemos para a vida, nem se nos dirigiremos para a morte. Ele não sabe o que colocar na frente e o que colocar por último. Ele está pronto para ser transformado em outras coisas sem se importar com a forma na qual ele possa ser transformado[M7].

O FILÓSOFO SERENO

A confiar nas anedotas providas por seus seguidores, Zhuang-zi viveu sem se preocupar ou se inquietar, fiel à sua convicção. Ele não permitia que suas emoções prejudicassem sua tranquilidade. Diz-se que, quando sua esposa morreu, seu amigo Hui-zi – o lógico – foi prestar suas condolências, de acordo com o costume. Ele o encontrou sentado no chão, cantando e batendo o ritmo em uma cuia de metal, que ele mantinha segura entre suas pernas. Chocado com esta visão, Hui-zi disse-lhe:

> "Ter vivido com sua esposa, assistir seu filho mais velho crescer e se tornar um homem, e então não derramar uma lágrima sobre o cadáver dela já seria ruim o suficiente. Mas batucar em uma cuia e cantar: certamente isso foi longe demais."
>
> "De forma alguma", retrucou Chuang Tzu. "Quando, de início, ela morreu, de que forma ajudaria se eu ficasse afetado? Mas então, ao examinar a questão, eu vi que no início ela tinha sido desprovida de vida. E não apenas desprovida de vida, mas também de forma. E não apenas disforme, mas nela, originalmente, faltava toda substância." Durante este primeiro estado de caos confuso surgiu uma mudança que resultou em substância. Essa substância foi modificada a fim de assumir forma. A forma mudou e se tornou viva. E então ela mudou novamente para atingir a morte. Nisso, tudo tem sido como a passagem das quatro estações – primavera, outono, inverno e verão. E enquanto ela está, assim, deitada adormecida na Grande Casa (i. e., o universo), se eu chorasse ou lamentasse eu me mostraria ignorante sobre o Destino. Portanto, contenho-me"[MJ4].

Outro conto ilustra o orgulho filosófico de Zhiang-zi. Enquanto ele caminhava sozinho na estrada em uma veste rude e remendada, com os sapatos amarrados aos seus pés com cordas, ele encontrou o Marquês de Wei. "Mestre", disse o marquês, "que angústia é esta na qual lhe contemplo?" "Perdão", respondeu Zhuang-zi, [é] "pobreza, e não angústia. O erudito que possui conhecimento do Princípio [Dao] e de sua ação nunca está em angústia!"[S1]

Mas a história mais famosa sobre Zhuang-zi é a que se refere à oferta que lhe fora feita enquanto ele pescava com uma linha, flutuando em um bote à margem do Rio Pu. O Marquês de Chu mandara dois de seus oficiais para oferecer a Zhuang-zi o posto de ministro. Zhuang-zi continuou pescando sem virar sua cabeça e disse: "Eu tenho ouvido que em Chu existe uma tartaruga sagrada que está morta há cerca de três milhares de anos. E que o príncipe mantém essa tartaruga guardada cuidadosamente em uma arca no altar de seu templo ancestral. Esta tartaruga preferiria estar morta e ter seus restos venerados, ou estar viva e sacudindo sua cauda na lama?" "Ela preferiria estar viva", responderam os dois oficiais em conjunto. "Então", clamou Zhuang-zi, "vão embora! Eu também ficarei sacudindo minha cauda na lama"[Q5].

PRIMITIVISMO

Zhuang-zi fez uma poderosa acusação contra seu tempo. Ele idealizou o passado, da mesma forma que seus predecessores daoistas e confucionistas tinham feito. Os confucionistas, porém, viam ao passado de uma forma diferente. Eles o idealizavam como um tempo no qual as distinções morais eram discernidas claramente, e quando ensinar o comportamento correto era fácil. Já os primitivos de Zhuang-zi não precisavam de ensino.

> Nos dias nos quais os instintos naturais prevaleciam, os homens se moviam em silêncio e olhavam com firmeza. Naquele tempo não havia estradas sobre as montanhas, nem botes, nem pontes sobre as águas. Todas as coisas eram criadas para suas próprias esferas. Aves e bestas se multiplicavam; árvores e arbustos cresciam. Os primeiros podiam ser conduzidos pela mão; era possível escalar e espreitar o ninho de um corvo. Pois quando os homens moravam com pássaros e feras, toda a criação era uma. Não havia distinção entre homens bons e maus. Sendo todos igualmente destituídos de conhecimento, sua virtude não podia ser desviada. Sendo todos igualmente desprovidos de maus desejos, eles estavam em um estado de integridade natural, a perfeição da existência humana.
> Mas quando surgiram os sábios, fazendo as pessoas balançarem rumo à caridade e agrilhoando seus próximos com obrigações, a dúvida encontrou seu caminho neste mundo. E então, com seu entusiasmo excessivo pela música e sua excessiva preocupação com cerimônias, o império dividiu-se contra si próprio.[Q6]

Em seu primitivismo, Zhuang-zi foi muito além do *Dao De Jing*. Sua tese afirmava claramente que as formas e instituições da vida social sob a cultura Zhou não faziam nada além de confundir as pessoas acerca de sua igualdade natural, corrompendo assim sua integridade nativa. Com as instituições sociais, disse ele veementemente, "surgiram bandidos. Derrube os sábios e liberte os bandidos, e então o império estará em ordem".[M8]

Sua animosidade contra todas as instituições sociais esvaía-se quando ele voltava seu olhar de admiração em direção à natureza. Ele ensinou aos artistas chineses em que direção buscar a verdade em sua arte. Desde o tempo de Zhuang-zi a natureza tinha sido o primeiro amor dos artistas chineses e, como conforme se afirma, "ele é ainda hoje a principal fonte de [sua] inspiração e imaginação".[T]

Ainda assim, não se deve considerar que Zhuang-zi levou os artistas a olhar meramente para as formas externas da natureza, pois quanto de realidade existe nas formas, quando consideradas por si só? Sua inspiração para eles havia sido torná-los aptos a olhar para o Caminho eterno *dentro* da natureza; isto é, para a realidade da qual cada forma que o poeta ou pintor contemplava era uma expressão, assim como o próprio poeta ou pintor o era. Em uma ilustração picante, ele apresentou para artistas – e para filósofos – um dos mais nodosos problemas para o conhecimento humano: como asseverar a realidade das formas dentro da mente.

> Certa vez eu, Chuang Tzu [Zhuang-zi], sonhei ser uma borboleta, flutuando aqui e acolá – para todos os intentos, uma borboleta [...] subitamente, eu acordei [...]. Agora eu não sei se eu era então um homem sonhando ser uma borboleta, ou se eu sou uma borboleta que sonha ser um homem.[Q7]

Mas o daoismo – usando seu nome para o ponto de vista filosófico – não continuaria muito tempo nesse caminho tão intrigante de definir filosoficamente a natureza das coisas e o significado da vida. Ele também consistiria uma espécie de teoria e prática mágica e Zhuang-zi, como veremos, teve parte da responsabilidade por lhe dar ímpeto nessa direção.

III – DAOISMO ENQUANTO MÁGICA E RELIGIÃO (DAO-JIAO)

Apesar de este tipo de daoismo assumir definição histórica clara pela primeira vez no tempo dos Han (o século III AEC até o século III EC), suas raízes se estendem profundamente no passado chinês. O interesse popular nos efeitos de yin e yang na saúde, felicidade e vida longa não pode receber uma data de início. O problema de como prolongar a vida ao se dominar o próprio corpo e evitar que os processos de decadência natural se instalassem sempre interessou aos chineses. Nenhum outro povo antecipava mais do que eles a velhice – o período de tranquilidade patriarcal e de descanso.

Mas tem havido também um forte interesse na "vida eterna" enquanto um prolongamento infindo da existência terrenal. Um apoio de certa forma ambíguo a esse interesse pode ser encontrado tanto no *Dao De Jing* quanto em *Zhuang-zi*. Alguns eruditos de distinção desconsideram esse apoio por verem no daoismo filosófico uma indiferença à imortalidade, considerada algo sem consequências em comparação com a harmonia presente com o Dao.

Eles encontram, portanto, um contraste agudo entre essa indiferença e os interesses do tipo de daoismo que intendia produzir **xian** (hsien) – ou as pessoas que haviam buscado e obtido a imortalidade. Outros estudiosos discordam por não enxergarem um contraste agudo, mas, ao invés disso, a emergência natural de dois tipos de daoismo, oriundos de uma mesma raiz na antiga religião chinesa.

Havendo a necessidade ainda de pesquisas adicionais, essa divergência de pontos de vista está destinada a perdurar. Enquanto isso, a diferença básica entre os dois tipos de daoismo pode ser resumida como se segue. Os daoistas filosóficos buscam *nesta vida* chegar a um acordo com os processos do universo; eles aceitam e se identificam com as alternâncias de yin e yang, vida e morte, existência e não existência, diferenciação e unidade, atingindo assim harmonia no presente com o subjacente Caminho das coisas. Os daoistas buscando imortalidade, por outro lado, buscam – em adição à saúde e à vida longa – imortalidade pessoal e individual, buscando vantagens nos processos da natureza (o Dao) para produzir dentro de si mesmos um ser imortal ("um embrião espiritual") que sobreviverá à morte do corpo – tudo isto por meio de um ou mais dos métodos que estamos prestes a resumir: alquimia, exercícios de respiração, higiene, dieta, ritos religiosos em comum, e a ajuda dos deuses.

Longevidade e imortalidade nos textos clássicos

O *Dao De Jing* e *Zhuang-zi*, quaisquer que sejam suas preferências básicas, dão auxílio e conforto através do que eles, ou seus editores, afirmam aos que buscam vida longa e imortalidade.

O *Dao De Jing*, como temos visto, sugere que qualquer um que possua o segredo do Dao se torna imune a ataques de homens armados e animais selvagens. Alguém que é dotado da ampla virtude engendrada pelo Dao pode ser comparado a um infante a quem répteis venenosos não mordem, e aves de rapina não golpeiam. Além disso: "Aquele que atinge Dao é sempiterno". É bem possível que o sábio consumado daoista desfrute de um comparativamente elevado grau de segurança pessoal na cidade e no campo. Mas tal imunidade em relação à morte e males pode facilmente ser desconstruída como evidência de potências sobre-humanas ou mágicas.

Zhuang-zi (juntamente com outros, provavelmente) desenvolveu ainda mais a ideia ao introduzir algumas referências mitológicas. O imperador mítico Fu-xi, disse ele, obtivera o Dao, "e fora apto a roubar os segredos dos princípios eternos". "O imperador amarelo obteve-o, e pairava sobre as nuvens do céu [...]. A Rainha Mãe Ocidental (Fada) obteve-o, e se assentou em Shao Guang, desde quando e até quando ninguém sabe"M9.

É claro que é possível que Zhuang-zi não estivesse escrevendo de forma completamente séria sobre isso, falando por meio de hipérboles; consideremos ainda a seguinte passagem, considerada autêntica, na qual ele ilustra sua tese de que o Dao produz vida e morte enquanto estados naturais, e dá a governantes e outros homens os poderes espirituais que os admitem na experiência de unicidade última:

Nanpo Tzek'uei disse para Nü Yü (ou Yü fêmea): "você é de idade avançada, mas ainda assim possui uma compleição infantil. Como isto se dá?"
Nü Yü respondeu: "Eu aprendi o Dao".
"Eu posso adquirir o Dao estudando-o?", perguntou o outro.
"Não! Como você poderia fazê-lo?", disse Nü Yü. "Você não é esse tipo de pessoa. Havia um homem chamado Puliang I. Ele tinha todos os talentos mentais de um sábio, mas não o Dao de um sábio. Eu, no entanto, tenho o Dao, apesar de não possuir esses talentos [...]. Eu tive de aguardar pacientemente para revelá-lo a ele. Em três dias, ele transcendeu esse mundo mundano. Esperei novamente, por sete dias, e então ele podia transcender toda a existência material. Eu esperei por outros nove dias, após os quais ele podia transcender toda a vida. Depois que ele podia transcender toda a vida, ele tinha uma visão clara da manhã e, após isso, ele estava apto a ver o Solitário (o Um). Após ver o Solitário, ele podia abolir as distinções de passado e presente. Após abolir o passado e o presente, ele estava apto a entrar onde não havia mais vida e morte"M10.

A última sentença é uma das razões pela qual Zhuang-zi foi citado posteriormente por daoistas *xian*, de forma equivocada ou não, como favorecendo a mudança do daoismo em direção à mágica e exercícios exotéricos físicos com o intuito de se chegar à vida eterna.

Os métodos

AS ILHAS ABENÇOADAS E A ALQUIMIA DE ELIXIR

O prolongamento da vida se tornou um interesse aberto da corte imperial em data tão recuada quanto o século III AEC. Diz-se que Shi Huang Di, o "Primeiro Imperador", teria sido persuadido por "mágicos" ("especialistas" em imortalidade) a equipar várias expedições para **Peng-lai**, a Ilha Abençoada. Nessa ilha poderia ser encontrado um cogumelo que conferia imortalidade; ali também os mortais que ingeriam sua droga se tornavam imunes à morte. Mas essas expedições e todas as subsequentes ou se perderam em tormentas ou retornaram sem sucesso.

Enquanto isso, iniciou-se uma busca pelo elixir da imortalidade, destilado dos cinco elementos. A alquimia era usada como uma maneira para se encontrar uma poção que prolongasse a vida. No século II AEC, o Imperador **Wu Di** (Wu Ti) da Dinastia Han foi atraído para o daoismo pela imperatriz viúva e por seus associados, a despeito de seu patrocínio ao confucionismo. Si-ma Qian (Ssuma-Ch'ien), o famoso historiador chinês do século I AEC, registra a tradição – seja ela verdadeira ou não – de que o geomante Li Shao-jun instou o imperador a que ele próprio se aplicasse às provas de fogo da alquimia, pois assim ele poderia obter as boas graças dos espíritos e deles aprender a fórmula para converter cinábrio – um sulfeto de mercúrio cristalizado – em ouro. Após isso ele poderia obter vasos para comer e beber feitos do ouro produzido a partir do cinábrio e adquirir *longevidade* pela ingestão da comida e bebida que fossem neles servidos. (Posteriormente, os chineses vieram a ligar "ouro comestível" com *imortalidade* – no caso de tal ouro poder ser obtido.) O geomante aconselhou posteriormente o imperador que se ele pudesse executar a cerimônia conhecida como *feng-shan* (em honra ao Céu ou o Soberano nas alturas) na montanha sagrada Tai Shan (T'ai Shan), ele não mais morreria. Fora assim, disse o geomante, que o Imperador Amarelo Huang Di obtivera a imortalidade. Diz-se que a partir daquele tempo Wu Di cercou-se de daoistas e, seguindo suas sugestões, introduziu muitas inovações na prática da religião chinesa, contra a vontade dos confucionistas, que também o aconselhavam.

HIGIENE E A COORDENAÇÃO DOS CINCO ELEMENTOS

A busca pela imortalidade, no entanto, não estava confinada à aristocracia; a ela também se lançavam muitos do povo comum, que eram capazes de buscá-la seguindo formas de dieta e higiene como meios de espiritualização, sendo seu objetivo prevenir a decadência do corpo e obter longevidade, senão a imortalidade. Alinhado a interesses e práticas chinesas muito antigas (e com energia e entusiasmos crescentes), o povo comum se voltou – assim como os membros das classes governantes – a práticas mágicas conhecidas e seguidas nas regiões costeiras orientais. Ali, no século I AEC, surgiu um culto que ligava Huang Di a Laozi sob o termo *Huang-Lao*, e que esperava, por meio dessa mistura de poderes, ter sucesso em descobrir os efeitos prolongadores da vida do wu-wei de Laozi e das artes medicinais de Huang Di.

Uma consideração central aqui, comum em todas as eras e escolas filosóficas chinesas (não apenas para os círculos daoistas), era a crença em que a harmonia simpática entre humanos e natureza estava baseada em uma similaridade de elementos, cada parte possuindo a mesma estrutura ou natureza básica que o todo. Resumidamente, uma pessoa é um microcosmo (um universo em miniatura) que duplica o universo como um todo (o macrocosmo). No dao de cada parte de um ser humano é reproduzido o grande Dao do Céu. As correspondências eram buscadas detalhadamente: os cinco órgãos físicos dos seres humanos e os "cinco componentes" em sua configuração psicológica correspondiam aos cinco elementos do universo, a cinco direções, cinco relacionamentos humanos, cinco cores e assim por diante. Não é de se admirar que os chineses de forma geral (e os daoistas em particular) tenham considerado o universo e a humanidade como mutuamente sensíveis, ou que cressem que, quando as pessoas compreendiam o universo, elas compreendiam a si mesmas em sua existência essencial; consequentemente, quando algo se alinhasse aos processos universais, esse algo experimentaria saúde, agudeza de mente e longevidade – ou até mesmo a imortalidade.

CONTROLE DA RESPIRAÇÃO

O propósito da higiene daoísta era o alinhamento aos ritmos do universo. Dos tempos Han em diante ela assumiu formas variadas, principalmente a ginástica e o controle de respiração. O objetivo da ginástica era manter o corpo – de acordo com seu dao – em seu estado natural de saúde e vigor. O controle de respiração tinha um papel mais complexo; por meio dele era possível aquietar a turbulência no corpo e atingir um estado tão puro e livre de tensão como um embrião no útero: o estado de "respiração embriônica". Por meio dele podia-se realizar feitos ainda mais notáveis. Cria-se que a respiração controlada de um adepto descendia até as solas dos pés e seguia canais intrincados através do corpo até a cabeça; além disso, afirmava-se que um adepto experiente podia respirar não apenas através do nariz, mas através dos poros do corpo, inalando assim raios de lua, presenças espirituais sutis e exalações de corpos celestes, como a lua e as estrelas.

Holmes Welch descreve a "respiração embriônica" da seguinte forma:

> Respiração embriônica significa respirar como uma criança no útero. Pouco antes do alvorecer o adepto se retira para uma câmara quadrada e se alonga em uma cama macia com um travesseiro de cerca de seis centímetros de espessura.
> Ele dobra suas mãos e fecha seus olhos. Então ele começa a segurar seu fôlego. Segurá-lo por doze batidas do coração é um "pequeno passeio". Segurá-lo por 120 batidas é um "grande passeio". Se ele consegue chegar até 1.000, ele está chegando próximo da imortalidade [...]. O adepto sabe como conduzir sua respiração além do fígado e dos rins, subindo pela espinha de volta para o cérebro, descendo até o peito, e subindo novamente até a garganta. Ele a guia através da mesma "visão interior" que o habilita a enxergar os deuses dentro de seu corpo.[U]

Em uma nota de rodapé, Welch adiciona:

> Essa "visão interior" foi provavelmente facilitada pela intoxicação por CO_2 que deve ter resultado de segurar a respiração por tanto tempo. A intoxicação por CO_2, que lembra o efeito de algumas drogas alucinógenas, pode responder pela vivacidade do que o adepto vê dentro de seu corpo, tal qual o Deus da coluna espinhal com cerca de um metro de altura, vestido de branco.[U]

CONTENÇÃO DIETÁRIA E SEXUAL

Em adição ao controle da respiração, há também uma grande confiança na dieta. De alguma forma, veio a se acreditar que comer carne e os cinco cereais (arroz, milho, trigo, cevada e soja) entupia e envenenava o corpo; devia-se, portanto, desistir deles, juntamente com todo tipo de vinhos, e viver dali em diante à base de frutas, bagas, raízes e tubérculos.

De forma paralela a estes controles dietários existiam técnicas desenvolvidas com a intenção de melhorar a vitalidade natural do corpo, prolongar a vida e ajudar a desenvolver dentro do indivíduo um ser espiritual imortal, ou "embrião". Essas técnicas lembravam os ritos sexuais do tantrismo indiano em tal grau a ponto de sugerir algum empréstimo (cf. p. 277). Chamado de "o Caminho (dao) de Yin (feminilidade)", ele intencionava o retorno do sêmen no momento da ejaculação de volta para o corpo onde, misturado com a respiração, poderia ascender até o cérebro e "repará-lo".

Por algum tempo, especialmente durante a Época Han e nos períodos posteriores, acreditava-se que centenas, senão milhares de divindades, auxiliavam nesse processo, operando tanto na parte externa quanto interna do corpo, bem como dentro de seus órgãos, sendo ativas em governar sua condição interna.

Sociedade daoista

WU DOU MI DAO

Desde que se provou a dificuldade em se seguir individualmente e de forma solitária as técnicas que temos descrito, tornou-se comum no século II EC a reunião, em base voluntária, de grupos de pessoas engajadas nas mesmas buscas. Surgiram assim sociedades daoistas organizadas para guiar e juntar os esforços dos indivíduos. Cada grupo logo transcendeu os padrões de comunidades tradicionais, em pouco tempo se espalhando por várias e amplas áreas, da mesma forma que faziam as Igrejas no mundo ocidental – um fenômeno novo na China.

Um desses grupos foi organizado por certo **Zhang Daoling** (Chang Tao-ling) (34?-156 EC), que migrou do leste para o oeste da China e fundou uma sociedade secreta intencionando atingir saúde e longevidade por meio da cura pela fé; ela também se devotava à alquimia e ao cultivo do transe meditativo daoista. Como todos os que se juntavam aos grupos de adeptos que ele organizara tinham de pagar anualmente uma taxa de cinco medidas de arroz, sua seita foi chamada de forma provocativa de Wu dou Mi Dao (Wou Tou Mi Tao), o "Caminho das cinco medidas de arroz". Sob essa fundação seu filho e seu neto construíram uma organização que atraiu a aderência de muitos seguidores. Uma característica única do movimento era a aceitação de mulheres nas fileiras da liderança provincial. "Libadores" de ambos os sexos eram treinados a exorcizar doenças prescrevendo a confissão de pecado (concebido como a causa da doença) juntamente com oração e rituais estendidos usando água consagrada e talismãs escritos queimados até às cinzas e ingeridos. Dúzias de paroquianos, presididos pelos "libadores" – que se assemelhavam a sacerdotes – cresceram em agrupamentos e proveram os fundamentos de um grande poder político e, eventualmente, militar. Com o passar do tempo, Zhang Daoling foi elevado à categoria de "Mestre Celestial", pois se diz que ele fora ordenado pessoalmente por Laozi – que lhe aparecera em uma visão vinda do mundo espiritual. Em adição se diz também que ele descobrira a fórmula para a poção da imortalidade, um poderoso elixir da vida, e que do topo da Montanha do Dragão-Tigre – o Monte Long-hu em Jiangsi (Kiangso) – ele teria ascendido vivo para o céu, montado nas costas de um tigre. Isso se deu após ele ter prolongado sua vida, com o uso de seu exiliar, para a idade avançada de 122 anos.

Sua influência provou-se duradoura, pois no decorrer dos séculos seus sucessores formaram uma linhagem de altos eclesiásticos ("Mestres celestiais"). Cada sucessor de Zhang Daoling foi considerado sua reencarnação, recebendo o apoio de adeptos desejosos de se revoltar contra o governo e buscar um poder independente em tempos de turbulência política. Este fato levou ao reconhecimento do daoismo como uma grande fé religiosa. Ocasionalmente o Caminho dos Mestres Celestiais recebia atenção imperial, como quando o Imperador **Tai Wu Di** (T'ai Wu Ti) da dinastia setentrional Wei proclamou o daoismo a religião oficial de seu (limitado) império, aparentemente em troca da submissão política das sociedades daoistas. A linha de Mestres Celestiais continuou ininterrupta por dezessete séculos até os tempos atuais. Nós os veremos ao tratar da Ilha de Taiwan.

OS TURBANTES AMARELOS

Outra das seitas daoistas, os Turbantes Amarelos, liderados por **Zhang Jue** (Chang Chüeh) e seus dois irmãos, chegou a centenas de milhares de adeptos; em uma tentativa de insurreição no século II EC a seita controlou por algum tempo a totalidade do Rio Amarelo. A despeito de seu declínio subsequente e do fracasso desse e de movimentos similares, os daoistas sempre esperaram algum dia se tornar uma força a ser considerada seriamente na disputa pelo poder.

Textos sagrados

Acompanhando o desenvolvimento da mágica, controle da respiração, sociedades religiosas e forças políticas organizadas deu-se uma proliferação de trabalhos literários (manuais, "revelações", instruções médicas, compilações de contos sobre "santos" e "imortais" etc.) que cresceu, formando uma espécie de cânon de novos textos sagrados para todos os daoistas. O número total desses textos amplamente aceitos (e.g., o *Livro da Grande Paz*, o *Livro da Corte Amarela*, as *Escrituras das joias transcendentais* etc.) foi estimado por daoistas posteriores em mais de 1.000, muitos dos quais sobreviveram e são usados em Taiwan e outros lugares onde os daoistas praticam seus ritos distintivos.

Magia daoista: Ge Hong

Enquanto isso, a mágica daoista continua a se desenvolver. O estudioso **Ge Hong** (Ko Hung) exerceu uma influência duradoura através de seu livro, o *Bao Pu-zi* (*Pao P'u-tzu*), nas questões sobre magia. Muito de sua fama popular adveio da história de que, quando ele tinha 21 anos de idade, um amigo que ele convidara para lhe visitar encontrara apenas suas roupas vazias – prova suficiente de que ele desaparecera e estava entre os Imortais! Ele, no entanto, não fora o único a atingir a imortalidade. O próprio Ge Hong contou a história de que o autor de outro livro sobre assuntos ocultos teve sucesso em preparar pílulas de imortalidade. Ele deu uma pílula para um cachorro, vendo-o cair morto após toma-la; mas ele tinha tanta fé em sua pílula que tomou ele próprio uma delas e caiu morto ele mesmo. Seu irmão mais velho, com a fé inabalada, tomou a pílula, obtendo o mesmo resultado. Um irmão mais novo estava prestes a enterrá-los, quando eles voltaram à vida. Eles eram Zian! Eles eram Imortais!

O livro de Ge Hong descreve os exercícios de respiração, técnicas sexuais, dietéticas, alquimia e a mágica do tempo, de forma que um mergulho nessa mistura de fatos e suposições nos fornece exemplos concretos e um resumo do que temos discutido até então. Ele explica que o objetivo dos exercícios de respiração era aumentar os poderes espirituais do corpo e da mente; já os objetivos da dietética eram prolongar a vida da pessoa e, particularmente, torná-la apta a viver exclusivamente de ar e orvalho, em um estado imune a doença – ainda que a morte por idade avançada não pudesse ser evitada apenas por este método.

A alquimia tinha como seu objetivo a descoberta de ouro líquido ou comestível, uma mercadoria que conferiria imortalidade para aquele que a ingerisse. O sal, dizia Ge Hong, preservava a carne morta; deveria ser possível encontrar algum preservativo para carne viva! Este amálgama tinha de ser outro do que o baseado em mercúrio puro, que era uma substância yin e produzia morte. Cinábrio, um minério de mercúrio, era considerado a substância apropriada, mas os alquimistas nunca tiveram sucesso em obter os resultados desejados, a despeito dos casos citados por Ge Hong de indivíduos que passaram para o estado imortal, mas que então levaram o segredo de suas fórmulas consigo.

Quanto à mágica, ela poderia fazer todo o tipo de coisa ao estabelecer o controle sobre os processos naturais. Ge Hong descreve certos encantamentos que, se engolidos ou usados pela pessoa, a tornavam invulnerável a armas de guerra, apesar de que essa imunidade só poderia ser ganha em relação às armas especificamente nomeadas nos encantamentos. Deveria se tomar o cuidado, portanto, em se nomear cada arma que se pudesse conceber, com a qual uma pessoa pudesse ser ferida; de outra forma, ela poderia ser abatida como o mágico que, "sendo à prova de qualquer arma com ponta ou lâmina, foi morto por um golpe de uma clava, uma arma comum que ele não previra".

Outros encantamentos são mencionados para tornar uma pessoa invisível, para se mudar de forma à vontade, para se livrar de qualquer amarra, e para se erguer e transportar através do espaço. E havia ainda a pequena pílula que permitia a uma pessoa caminhar pela água. Era necessário apenas ingerir "sete [pílulas], três vezes ao dia, por três anos, sem se esquecer uma única vez". Em outra parte Ge Hong descreve um selo mágico que, "impresso na terra ou lama, impede que bestas ferozes ou duendes malignos atravessem. O mesmo, colocado nas portas de armazéns e estábulos, protege as provisões e os animais"[52].

Nessas últimas sentenças, para as quais podem ser citados muitos paralelos, pode se ver a razão do poder dos sacerdotes daoístas entre o povo comum da China até este século: eles eram geomantes notáveis, e curadores de efeitos miraculosos (taumaturgos). Mas para obter esse poder sobre o povo comum, esses fazedores de milagres tinham de ter por trás de si todas as sanções da religião; e eles as obtiveram, pois o daoísmo deve ser considerado não apenas como mágica e filosofia, mas também como religião – um fato que ainda não estudamos com clareza.

Um reavivamento filosófico: neodaoismo

Durante os anos de rompimento da Dinastia Han tardia e dos Três reis e Seis dinastias (200-300 EC) que os seguiram, ocorreu um renascimento do daoísmo filosófico, usualmente chamado de neodaoismo. Um resultado desse reavivamento foi o relançamento de escritos daoístas do legendário **Lie-zi** (Lieh Tzu), um antigo contemporâneo de Zhuang-zi, sobre o qual se sabe muito pouco. O relançamento tomou tamanhas liberdades em relação ao texto original que o presente *Livro de Lie-zi* é apenas parcialmente autêntico. Sua amplificação dos pontos de vista de Yang Zhu (Yang Chu), a quem vimos na p. 349, é um exemplo. O individualismo de Yang Zhu é interpretado como tendo sido baseado em uma combinação de fatalismo e hedonismo. Ele é apresentado afirmando que, já que se é necessário deixar as coisas seguirem seu curso natural sem introduzir nenhum meio de controle artificial, então seria bom obedecer aos seus próprios impulsos e desfrutá-los alegremente. Qualquer restrição colocada aos sentidos inibiria a natureza, consistindo em uma espécie de tirania. O indivíduo, portanto, deveria buscar ricas refeições, boas vestimentas, música e beleza; deveria aproveitar a vida, e não dar atenção à morte: "Permita o ouvido escutar o que lhe apraz, o olho enxergar o que lhe apraz, o nariz cheirar o que lhe apraz, a boca falar do que lhe apraz, o corpo desfrutar do que lhe apraz, e a mente fazer o que lhe apraz"[V].

Em contraste com esse hedonismo livre de cuidados havia a seriedade de alguns dos filósofos do século III, que analisavam com cuidado o *Dao De Jing*, o *Zhuang-zi* e o *Livro das Mutações*: He Yan, Wang Bi, Guo Xiang e outros. Eles formaram (em oposição ao contexto de especulação inquieta generalizada, chamada de "Escuta sombria") uma "Escola da conversação pura"; de efeito calmante, a escola era dedicada ao estudo de uma filosofia não contaminada pela corrupção do mundo. Eles tinham uma forte noção de sua responsabilidade pública; alguns até mesmo defendiam que Confúcio, com seu humanismo e preocupação com as relações sociais, estava mais próximo do Dao do que Laozi e Zhuang-zi – que desejavam que as pessoas fossem reclusas. Diferindo deles havia outra "escola", mais inclinada a concordar com a aplicação de Yang Zhu – talvez por desencorajamento frente à quebra da unidade e da ordem no império, pois eles professavam uma indiferença hedonista ao curso dos eventos públicos. Eles eram chamados de "Os sete sábios do bosque de bambus", e dedicavam-se ao amor à natureza, aos impulsos naturais, ao vinho, à sagacidade e à poesia. Eles ridicularizavam impiedosamente a confucionistas e oficiais, enquanto eles próprios encontravam consolo em uma taça de vinho e em seus próprios versos. Desdenhavam de Confúcio e de sábios de espírito público, chamando-os de indivíduos que "não tinham tido um único dia de contentamento em suas vidas. Após sua morte, sua reputação aumentou era após era; mas seria tal renome póstumo vazio uma compensação para os prazeres que eles negaram para si mesmos durante suas vidas? Agora eles são louvados, e oferendas são feitas para suas pessoas, sem que eles tomem conhecimento algum disso, não mais do que o faria uma viga de madeira ou um torrão de terra"[53].

Enquanto deixamos de lado esses neodaoistas, deve-se acrescentar que os de certa forma frívolos Sábios do bosque de bambus tiveram um efeito mínimo fora da companhia dos poetas; os comentaristas mais sérios dos clássicos, porém – tanto daoistas quando confucionistas –, tiveram uma influência duradoura em auxiliar que a filosofia daoista permeasse muito do pensamento chinês posterior. Veremos em breve que o próprio daoismo foi muito afetado em seu desenvolvimento religioso pelo budismo em suas formas chinesas; mas já vimos, e compreendemos mais claramente agora o reverso; isto é, que o daoismo filosófico afetou grandemente o Budismo Chan (Ch'an), ou Zen. Tampouco o confucionismo e os oficiais de educação confucionista ficaram imunes a influências daoistas. Nos séculos finais da Era Comum o sofisma: "No ofício, um confucionista; na aposentadoria (ou em licença), um daoista".

O daoismo religioso em suas formas tardias

No período prolongado durante o qual a vida eterna foi buscada através de meios mágico-religiosos, quais divindades eram endereçadas? Havia muitos deuses, tanto dentro quanto fora dos corpos humanos, e a ênfase que se dava a cada um deles estava em constante mudança. O daoismo religioso, entretanto, parece ter sempre prestado honras elevadas a várias trindades de seres, tais quais Tai Yi – a Unicidade Final, e Di Yi – a Terra. Havia também deuses externos que eram abordados individualmente, como o deus da lareira ou da cozinha (sobre o qual fala Confúcio), que era endereçado pelos alquimistas quando iam à fornalha da alquimia. Havia também o deus da esquina de sudoeste da casa, também conhecido por Confúcio. Muitos outros devem ter sido honrados localmente; a lista varia com o tempo e o local.

O reconhecimento oficial dos aspectos religiosos do daoismo não tardou em chegar. Ele ocorreu implicitamente em 165 EC através do ato do Imperador Huan da segunda Dinastia Han, ao encomendar pela primeira vez oferendas oficiais a Laozi e a construção de um templo em sua honra. O que se antecipou ali, no entanto, não foi cumprido por completo até o século V, quando o Imperador Tai Wu Di deu reconhecimento oficial ao daoismo no Império Setentrional de Wei.

Porém, a grande época do daoismo se iniciou apenas quando a Dinastia Tang (T'ang) reunificou a China e o Imperador **Li Shi-min** (Li Shih-min), que reinou de 627 a 649, elevou o daoismo para uma posição tão favorável a ponto de os candidatos para os ofícios públicos terem de se submeter a testes sobre seus conhecimentos dos textos religiosos.

O daoismo monástico floresceu no Período Tang. Uma pesquisa de 739 EC revelou a existência de mais de mil monastérios e cerca de metade desse número de conventos. Um censo em 1077 EC contou cerca de 18 mil monges e cerca de 700 monjas – ambas categorias descritas como pessoas que tinham "deixado suas famílias"[W]. (Mas isso não implicava celibato no sentido estrito; monges e monjas podiam viver nas mesmas comunidades. Contatos movidos pela luxúria eram proibidos, e relações sexuais não ritualizadas eram controladas a fim de "alimentar as essências".)

Resposta ao budismo: imperadores sábios deificados

Quando o budismo varreu toda a China e chegou até à Coreia, os daoistas, cheios de admiração – mas ainda assim certos de que a China tinha seus próprios "recursos" para o acesso aos deuses e espíritos –, iniciaram uma busca em sua própria herança; encontraram muito de valor, mas ainda assim imitaram a poderosa fé vinda da Índia. Não se pode ter certeza de que tenha sido um esforço sustentado e consciente, mas o que de fato ocorreu foi que a história chinesa foi vasculhada por personagens comparáveis em seu apelo popular aos Budas. Laozi foi oficialmente deificado com o título "Imperador de origem misteriosa", e foi suprido de associados celestiais em imitação ao Buda e os Lohans (nome chinês para Arahat). Foram erigidos templos daoistas, e grupos de ascetas se reuniram em cópia próxima dos modelos budistas. A motivação para isso tudo pode ter sido tão sincera quanto nacionalista: Por que deveriam os chineses recorrer a deuses estrangeiros, se tinham tido por tanto tempo seus próprios seres, próximos, aptos a ajudá-los, e dotados de comprovada resposta simpática a suas necessidades imediatas?

O processo sofreu o risco de se tornar uma clara invenção. Se a história for de fato verídica, temos aqui um relato de um dos mais espantosos incidentes na história de todas as religiões, ocorrido quando o Imperador **Zhen Zong** (Chen Tsung), da Dinastia Song, deu o último passo – por meio de fraude – rumo à transformação completa do daoismo em um teísmo consumado. Seu propósito oculto era recuperar o seu próprio prestígio, que necessitava urgente de estímulo. Na virada do ano 1005 EC o imperador foi humilhado porque, tendo sido incapaz de reconquistar os territórios no norte ocupados anteriormente pelos temidos Tártaros Kitai*, mais invasores nômades do noroeste jorraram na China ao longo da Grande Muralha, e ele foi forçado a assinar um tratado de paz vergonhoso, por meio do qual ele cedeu largas porções do norte da China. Ele consultou os adivinhos e geomantes daoistas em busca de conselho. Como ele poderia recuperar o favor de seu povo?

A tradição diz que seu ministro, o astuto Wang Qin-ruo, surpreendeu o imperador ao aconselhar uma revelação fabricada vinda do Céu. O imperador, muito impressionado, visitou a biblioteca imperial e consultou os eruditos ali. Em 1008 EC ele convocou seus ministros e lhes disse ter sido informado em um sonho que o Céu estava prestes a lhe enviar uma carta, e que o governador da capital

---

* Ou Tártaros Chineses, termo mais usado pela historiografia recente [N.T.].

tinha acabado de relatar ter visto uma estola amarela pendurada em uma das cornijas do Portal do Céu. O imperador desceu então a pé para assistir à estola ser trazida para baixo. Ela continha uma carta, ostensivamente escrita por um ser celestial com o estilo de Laozi. Oficiais foram enviados por todas as partes do império a fim de tornar a notícia conhecida. Outra revelação se seguiu em seis meses. E então, em 1012 EC, foi revelado que o ser celestial que se comunicava dessa maneira com o imperador era **Yu Huang** (Yü Huang). Não se ouvira falar sobre algo semelhante na China antes do século IX; mas este ser ascendeu nesse momento à supremacia, vindo a ser declarado por imperadores sucessivos como o "Imperador de Jade", o "Puro e Grande", o "Autor do Céu Visível e das leis físicas", o "Controlador do tempo e dos processos que fazem a adivinhação válida", e a "Personificação do Bem e do Caminho (Dao)". Finalmente afirmou-se que o soberano celestial a quem os antigos chamaram de Shang Di (Governante imperial nas alturas) foi – e sempre havia sido – ninguém mais além de Yu Huang, o Imperador de Jade!

Houve uma ampla resposta popular, pois o povo estava prestes a efetuar essas identificações por conta própria. Eles ficaram satisfeitos em ter tantos de seus deuses folclóricos favoritos sendo reconhecidos pelo imperador, e logo se acostumaram a pensar a respeito de Shang Di e do Imperador de Jade como constituindo o mesmo ser. As histórias que começaram a circular, dada a história do último, entraram no corpo da tradição popular sem dificuldade.

A satisfação popular aumentou ainda mais quando os conceitos de céu e inferno foram adicionados ao cenário daoista.

O paraíso era encontrado em vários lugares, mas sua forma mais cheia de delícias era a das "Três ilhas dos abençoados" – San Xian Shan – que por muito tempo no folclore chinês se acreditou estarem localizadas em alguma parte do Mar Oriental (entre as terras da China e do Japão); nós já nos referimos a elas na busca de Huang Di por Peng-Lai (na p. 363). O inferno estava suprido de todo apetrecho de tortura e punição, consistindo em um lugar repleto de ogros e duendes, de toda variedade de espécies horripilantes e malévolas. A libertação de seus parentes desse lugar aterrador tornou-se assim uma das maiores preocupações dos vivos.

Mitologia institucionalizada

É questionável se o produto final do processo de criação da religião daoista possa ser chamado de "daoismo" em qualquer sentido apropriado do termo; os sacerdotes daoistas, no entanto, não hesitavam em fazê-lo, certos de que não havia a necessidade de continência, pois o povo comum compartilhava da decisão acerca de quais divindades e espíritos – antigos e novos – tinham maior importância para si mesmos. Naturalmente, o Imperador de Jade recebeu a mais elevada posição; tendo sido associado a Laozi e a um terceiro ser chamado Ling Bao (Ling Pao), os três juntos formaram a trindade oficial daoista – as Três purezas. No entanto, maior interesse e afeição foram demonstrados em relação às adoções da religião popular, originalmente não daoistas: os Oito imortais, o Deus da lareira, os Guardiães da porta e o Deus da cidade. Voltemo-nos, portanto, a descrevê-los brevemente.

Os Oito imortais eram já por muito tempo figuras amadas do folclore, pitoresca e genuinamente chineses. Eles eram xian. Considerava-se de forma geral que sua residência estava em alguma parte das montanhas, ou nas Três ilhas dos abençoados. Supõe-se que eles teriam sido originalmente seres humanos – e provavelmente eles o eram em suas elaborações originais; ascetas motivados por propósitos tão bons a ponto de atingirem a imortalidade, eles viveram em corpos que não envelheciam, mantendo suas mentes e espíritos sempre jovens. Quatro deles têm sido frequentemente representados juntos, sentados debaixo de um pinheiro, dois deles bebendo do vinho aquecido para eles por um terceiro, enquanto que um quarto entretinha-se tocando uma flauta.

Os outros eram geralmente retratados individualmente. A "Donzela imortal", He Xian Gu (Ho Hsien Ku), foi há muito tempo atrás uma mortal, evidentemente; entretanto, enquanto vivia ainda em casa com seus pais – proprietários de um estabelecimento comercial –, ela se alimentava de uma dieta que consistia de pó de madrepérola e raios de lua, por meio da qual ela se tornou uma imortal. Ela geralmente aparece para as pessoas flutuando nas nuvens, carregando em sua mão uma flor de lótus ou, algumas vezes, o pêssego da imortalidade. Os Oito imortais pertencem a um grupo maior cujos espíritos líderes têm sido para as mulheres a popular Fada Rainha Mãe, tema de inúmeros contos, e para os homens Dong Wang Gong, um ser não tão bem conhecido.

O Deus da lareira, Zao Shan (Tsao Shen) – não exclusivamente daoista – tem sido honrado através da China por um longo tempo como o espírito da cozinha que se assenta no canto da chaminé; invisível, ele vê a tudo que a família faz. Sua presença era constantemente relembrada para crianças mal-comportadas. No vigésimo quarto dia da décima segunda lua, oferendas de comida e vinho eram presenteadas para sua imagem em papel, e quando essa imagem – acompanhada de dinheiro, cavalos e carroças feitos em papel – era queimada juntamente das oferendas, embaixo da chaminé, ele ascendia pelo cano até o céu, a fim de transmitir seu relatório anual sobre o comportamento da família.

No Ano-novo era usual oferecer invocações para os dois Guardiães da porta, os Men Shen – ambos espíritos de grande antiguidade. Suas imagens em papel, em vestimentas militares e carregando espadas ou lanças, eram presas às duas metades da porta da frente, a fim de espantar os espíritos maus durante o ano vindouro.

O Deus da cidade – Zheng Huang (Cheng Huang) – era adorado em praticamente todas as cidades chinesas, oficialmente por cinco séculos. Ele foi adotado primeiramente pelos criadores de religião da Dinastia Tang, mas apenas no século XIV seu culto se tornou um requerimento oficial. Hoje ele pertence ao passado.

Não há espaço aqui para se falar sobre todos os outros espíritos honrados pelos daoistas; eles são muitos.

Pode-se se delongar não apenas no estudo dos espíritos dos rios, do solo, das montanhas, das estrelas e das divindades padroeiras de todos os negócios e ocupações, mas também dos heróis nacionais deificados, dos deuses da saúde e da sorte, dos muitos espíritos animais e vegetais, e dos dragões, fênixes e unicórnios. Mas esses devem ser descritos em outro lugar.

O daoismo hoje

Por três décadas após sua subida ao poder em 1949, o governo comunista da República Popular da China ridicularizou o daoismo como superstição e conscreveu muitos de seus praticantes – sacerdotes, exorcistas, adivinhadores – no serviço militar e em batalhões de trabalho. Mas o daoismo, em seu sentido mais amplo, estava tão ligado à vida cotidiana que não pôde ser erradicado. Nas áreas ru-

> *Sobre as revelações inventadas: "Bah! Os antigos não tinham tais escrúpulos. A cada vez que se sentisse ser necessário os Sábios faziam com que o Céu e os espíritos interferissem, de forma a ganhar o favor popular para sua política".*
> Wang Qin-ruo[S4]

rais especialmente, os ritos de passagem tradicionais – celebrações de nascimentos, casamentos e observâncias funerárias – continuaram da mesma maneira que se davam anteriormente. Em algumas comunidades permitia-se que os sacerdotes residissem em seus templos, e observâncias sazonais tradicionais como as celebrações de Ano-novo e o cuidado das sepulturas da primavera continuaram sem muita mudança. A medicina através de ervas e mesmo os exorcismos continuaram a coexistir com os novos serviços de saúde.

Na década de 1980 as restrições sobre a vida institucional daoísta foram relaxadas e, em alguns casos, recursos do governo foram disponibilizados para a restauração de mostruários de templos. A Abadia da Nuvem Branca em Pequim tornou-se o assento de uma Associação Nacional Daoísta, reconhecida oficialmente, e noviços de outras partes do país eram levados a Pequim para educação.

O daoísmo institucional permanece vivo entre as comunidades de chineses expatriados na Malásia, Tailândia e Cingapura, mas apenas em Taiwan pode-se dizer que ele floresce. O sexagésimo terceiro Mestre Celestial da "Igreja" Daoísta fugiu da China para Taiwan quando os comunistas dominaram a parte continental do país. Sua presença em Taiwan levou à revitalização do daoísmo religioso tanto entre os chineses que habitavam ali recentemente quanto entre os longamente estabelecidos. Templos foram restaurados entusiasticamente, ou edificações novas foram construídas – um número estimado de 7 mil em 1997. Na presença das divindades daoístas e com o uso de liturgias milenares, "cabeças-negras" (sacerdotes com chapelaria negra) e "cabeças-vermelhas" (exorcistas treinados em ruidosos ritos extáticos) conduziam o culto nos templos e os festivais tradicionais. Os objetos mais importantes nos templos, no entanto, não eram as imagens dos deuses, mas sim os incensários, os blocos de adivinhação (*jiaobei*) e os tambores, nos quais nos tempos de festivais os sacerdotes batiam ritmicamente enquanto cantavam os textos sagrados enquanto dançarinos executavam seus movimentos acrobáticos giratórios. Religião e magia estão combinados, sobrevivendo conjuntamente.

GLOSSÁRIO*

Bagua *Pa Kua*: o esquema Octotrigramático de combinações proporcionais de *yang* e *yin*.

Dao (*Tao*): o Caminho, o princípio eterno e imanente em todas as coisas.

Dao De Jing (*Tao Te Ching*): o texto clássico do daoísmo filosófico antigo.

De (*Te*): poder inerente, a autoridade de autêntico caráter e virtude.

Feng-shui (*feng-shui*): geomancia, adivinhação de tipo "vento e água".

Fu-xi (*Fu Hsi*): imperador mítico, professor e inventor, descrito como possuindo um corpo de serpente.

Ge Hong (*Ko Hung*): autor de um livro influente sobre a magia daoísta, o *Bao Pu-zi* (*Pao P'u-tzu*).

Gui (*kuei*): espíritos terrenos *yin*, imprevisíveis e de má disposição.

Huang Di (*Huang Ti*): sábio ancestral mítico, o "Imperador amarelo"; inovador (cultura do bicho da seda etc.).

Hun (*hun*): a alma shen, morada da mente; na vida após a morte se reúne com os espíritos ancestrais.

---

* Os termos negritados são formas pinyin; as formas de Wade-Giles estão em parênteses.

Kong Fu-zi (*K'ung Fu-tzu*): fundador do confucionismo (literalmente, "Mestre Kong" – latinizado como Confucius/Confúcio).

Laozi (*Lao Tzu*): autor legendário do mais antigo clássico daoista, o *Dao De Jing*.

Lie-zi (*Lieh Tzu*): daoista legendário da época de Zhuang-zi, conhecido pelo livro de *Lie-zi*, do século III EC.

Li Shi-min (*Li Shih-min*): imperador Tang do VII século EC, que instituiu o exame de conhecimento dos textos daoistas para os candidatos ao serviço público.

Meng-zi (*Meng-tzu*): Mêncio, campeão da escola "ortodoxa" dos seguidores de Confúcio, do século IV AEC.

Peng-lai (*P'eng-lai*): ilha(s) abençoada(s) mística(s) onde cogumelos mágicos concedem imortalidade sobre os xian.

Po (*p'o*): a alma gui, animando aos órgãos do corpo; na vida após a morte, reside na terra.

Pu (*p'u*): o bloco não entalhado, símbolo daoista da perfeição do estado natural das coisas.

Shang Di (*Shang Ti*): literalmente o "governante elevado", o Céu enquanto uma divindade.

Shen (*shen*): espíritos celestiais yang, geralmente amáveis.

Shen Dao (*Shen Tao*): legalista e daoista, enfatizou as tendências e categorias naturais acima de talento e sabedoria: "Sejamos como as criaturas".

Shi Huang Di (*Shih Huang-ti*): da Dinastia Qin, "Primeiro Imperador"; unificou a China sob um severo governo autoritário em 221 AEC.

Tai Wu Di (*T'ai Wu Ti*): imperador de Wei Setentrional do século V, tornou o daoismo a religião oficial de seu reino.

Tian (*T'ien*): céu.

Wu Di (*Wu Ti*): imperador Han do século II AEC; patrono do confucionismo, assim como da alquimia e da geomancia daoistas.

Xian (*hsien*): sábios imortais daoistas.

Yang (*yang*): princípio ativo, quente, seco, brilhante e masculino na natureza; complementa yin.

Yang Zhu (*Yang Chu*): individualista da passagem do século V para o IV AEC, precursor do daoismo: "Cada um por si".

Yi Jing (*I Ching*): o *Livro das Mutações* [na natureza]; sessenta e quatro hexagramas e o texto, usados na adivinhação por azar.

Yin (*yin*): princípio passivo, frio, úmido, escuro e feminino na natureza; complementa yang.

Yu Huang (*Yü Huang*): o Imperador de Jade, celestial daoista "descoberto" no século X como sendo idêntico a Shang Di.

Zhang Daoling (*Chang Tao-ling*): fundador do século II EC do daoista Wu Dou Mi Dao, "o Caminho das cinco medidas de arroz".

Zhang Jue (*Chang Chüeh*): fundador, no século II EC, da seita daoista dos Turbantes amarelos.

Zhen Zong (*Chan Tsung*): Imperador Song; suas "mensagens do Céu" inventadas igualaram o Imperador de Jade com Shang Di.

Zhuang-zi (*Chuang Tzu*): daoista do século IV AEC; seu nome é o título do clássico *Zhuang-zi*.

LEITURAS SUGERIDAS

Obras gerais

CHANG, W.T. *A Sourcebook in Chinese Philosophy*. Princeton: Princeton University Press, 1963.

CREEL, H.G. *The Birth of China*. Nova York: F. Ungar, 1937.

CREEL, H.G. *Chinese Thought from Confucius to Mao Tse-tung*. Chicago: University of Chicago Press, 1953.

HENDERSON, J.B. *Development and Decline of Chinese Cosmology*. Nova York: Columbia University Press, 1984.

GIRARDOT, N.J. *Myth and Meaning in Early Taoism*. Berkeley: University of California Press, 1983.

SIVIN, N. *Chinese Alchemy: Preliminary Studies*. Cambridge: Harvard University Press, 1968.

THOMPSON, L.G. *Chinese Religion: An Introduction*. Beaumont: Dickinson, 1969.

WELCH, H. *The Parting of the Way: Lao Tzu and the Taoist Movement*. Boston: Beacon, 1957.

WELCH, H.; SEIDEL, A. (eds.). *Facets of Taoism: Essays in Chinese Religion*. New Haven: Yale University Press, 1979.

YANG, C.K. *Religion in Chinese Society*. Berkeley: University of California Press, 1961.

Textos daoistas

BLAKNEY, R.B. *The Way of Life Lao Tzu*. Mentor, 1955.

CARUS, P. *The Canon of Reason and Virtue*. Open Court, 1913.

CHAN, W.T. *The Way of Lao Tzu*. Indianápolis: Bobbs-Merrill, 1978.

WALEY, A. *The Way and Its Power, a Study of the Tao Te Ching*. Nova York: George Allen & Unwin, 1934.

WATSON, B. (trad.). *Chaung-tzu: Basic Writings*. Nova York: Columbia University Press, 1964.

Daoismo posterior e religião popular

EBERHARD, W. *Chinese Festivals*. Nova York: Henry Schuman, 1952.

ELLIOTT, A. *Chinese Spirit Median Cults in Singapore*. Pasadena: Oriental Bookstore, 1981.

JORDAN, D.K. *Gods, Ghosts, and Ancestors: The Folk Religion of a Taiwanese Village*. Berkeley: University of California Press, 1972.

JORDAN, D.K.; OVERMYER, D.L. *The Flying Phoenix: Aspects of Sectarianism in Taiwan*. Princeton: Princeton University Press, 1986.

HSÜ, F.L.K. *Under the Ancestors' Shadow: Chinese Culture and Personality*. Stanford: Stanford University Press, 1967.

LOEWE, M. *Ways to Paradise: The Chinese Quest for Immortality*. Londres: Allen Unwin, 1979.

MASPERO, H. *Taoism and Chinese Religion*. Trad. de Frank A. Kierman Jr. Amherst: University of Massachusetts Press, 1981.

WOLF, A.P. (ed.). *Religion and Ritual in Chinese Society*. Stanford: Stanford University Press, 1974.

Outros

CHE, W. The Way of the Taoist Tradition of Perfect Truth. In: SOMMER, D. (ed.). *Chinese Religion: An Anthology of Sources*. Nova York/Oxford: Oxford University Press, 1995, p. 200-203.

FISHER, M.P.; BAILEY, L.W. Story of He-Xiangu, Female Immortal. *An Anthology of Living Religions*. 2. ed. Upper Saddle River: Prentice Hall, 2008, p. 179-181.

LUI, P. The Staying Power of Religion. In: KINDOPP, J.; HAMRIN, C.L. (eds.). *God and Caesar in China.* Washington: Brookings, 2004, p. 152-163. Reimp. em Fisher, M.P.; BAILEY, L.W. *An Anthology of Living Religions.* 2. ed. Upper Saddle River: Prentice Hall, 2008, p. 161-162.

The Story of Ho Hsien Cu. In: HE, K.M.; O'BRIEN, J. *The Eight Immortals of Taoism.* Reimp. em YOUNG, S. (ed.). *An Anthology of Sacred Texts by and about Women.* Nova York: Crossroad, 1995, p. 394-395.

ZHE, W. The Way of Perfect Truth. In: FISHER, M.P.; BAILEY, L.W. *An Anthology of Living Religions.* 2. ed. Upper Saddle River: Prentice Hall, 2008, p. 176-179.

REFERÊNCIAS

[A] CHI, T. *A Short History of Chinese Civilization.* Nova York: G.P. Putnam's Sons, 1943, p. 3. Reimp. com a permissão dos editores.

[B] WILLIAMS, S.W. *The Middle Kingdom.* Vol. II. Nova York: Charles Scribner's Sons, 1899, p. 139. Reimp. com a permissão dos editores.

[C] CREEL, H.G. *Sinism: A Study of the Evolution of the Chinese World-View.* Chicago: Open Court, 1928. Reimp. com a permissão dos editores.

[D] LEGGE, J. (trad.). *The Shi-King – The World's Great Classics.* Nova York: Colonial, 1900, p. 195-199.

[E] HUGHES, E.R. (ed.). Chinese Philosophy in Classical Times, *Everyman's Library n. 973.* Londres/Nova York: J.M. Dent & Sons/E.P. Dutton, 1941, [1]p. 308; [2]p. 163; [3]p. 154. Reimp. com a permissão dos editores.

[F] LEGGE, J. (trad.). The Texts of Confucianism. *Sacred Books of the East.* Vol. III. Oxford: Clarendon Press, 1879, p. 443s. Reimp. com a permissão dos editores.

[G] LYALL, L.A. *China.* Londres/Nova York: Ernest Benn/Charles Scribner's Sons, 1934, p. 28-33. Reimp. com a permissão dos editores.

[H] WONG, C.A. (trad.). *The Analects of Confucius, The Great Learning, The Doctrine of the Mean, and the Works of Mencius.* Livro XIII. China: [s.e.], [s.d.], p. 18. Reimp. BALLOU, R.O. *The Bible of The World.* Nova York: Viking, 1939, p. 398s.

[I] ADAMS, C.J. (ed.). *A Reader's Guide to the Great Religions.* Londres: The Free Press/Collier-Macmillan, 1965, p. 39.

[J] FUNG, Y.L. *A History of Chinese Philosophy (From the Beginnings to Circa 100 BC).* Trad. de D. Bodde. Peiping: Henri Vetc, 1937, [1]p. 133ss. (citando Mêncio e Huainan-tzu); [2]p. 156 (citando Chaung-tzu); [3]p. 153 (citando Chaung-tzu); [4]p. 237. Reimp. com a permissão dos editores.

[K] GILES, L. (trad.). The Sayings of Lao Tzu. *Wisdom of the East.* Londres: John Murray, 1905, [1]p. 20 (XXI); [2]p. 43 (V); [3]p. 23 (XXX); [4]p. 25 (XXIV); [5]p. 32 (LXIII); [6]p. 46 (LXXVIII); [7]p. 50 (L); [8]p. 30 (XXXVII); [9]p. 38 (LVII); [10]p. 41 (XXXI); [11]p. 34 (LXI). Reimp. com a permissão dos editores.

[L] TA-KAO, C. (trad.). *The Tao Te Ching.* Londres: The Buddhist Society, 1937, [1]LI; [2]XXXVII; [3]XVI; [4]XL; [5]XXII; [6]XXII; [7]II; [8]XLVII; [9]VIII; [10]LV; [11]XVI. Reimpresso com a permissão dos editores.

[M] YUTANG, L. (ed.). *The Wisdom of China and India.* Nova York: Random House, 1942, do *Tao Te Ching:* [1]p. 586 (VI); [2]p. 594 (XXII); do *Chuang-tzu:* [3]p. 686; [4]p. 685; [5]p. 686; [6]p. 647; [7]p. 664; [8]p. 672; [9]p. 660; [10]p. 660-661. Reimp. com a permissão dos editores.

N WALEY, A. *The Way and Its Power*. Londres: George Allen & Unwin, 1934, [1]p. 195; [2]p. 152; [3]p. 159; [4]p. 164. Reimp. com a permissão de The Arthur Waley State.

O BYNNER, W. (ed.). *The Way of Life According to Lao Tzu*. Nova York: John Day, 1944, n. 23. Reimp. com a permissão da HarperCollins Publishers.

P LEGGE, J. (trad.). The Texts of Taoism. *Sacred Books of the East*. Vol. XXXIX. Oxford: Clarendon Press, 1891, p. 91. Reimp. com a permissão dos editores.

Q GILES, H.A. *Chuang Tzu: Mystic, Moralist and Social Reformer*. Shanghai: Kelly & Walsh, 1889, [1]II.4; [2]XII.2; [3]II.5; [4]XII.3; [5]XII.3; [6]VIII.2; [7]II.6. Reimp. com a permissão dos editores.

R JURJI, E.J. (ed.). *The Great Religions of the Modern World*. Princeton: Princeton University Press, 1946, p. 27. Citado com a permissão dos editores.

S WIEGER, L. *A History of the Religious Beliefs and Philosophical Opinions in China*. Trad. de E.C. Werner. China: Hsien-hsien, 1927, [1]p. 187; [2]p. 395-401 passim; [3]p. 203-205; [4]p. 603.

T WING-TSIT, C. The Story of Chinese Philosophy. In: MOORE, C.A. (ed.). *Philosophy: East and West*. Princeton: Princeton University Press, 1944, p. 45. Citado com a permissão dos editores.

U WELCH, H. *Taoism: The Parting of the Way*. Boston: Beacon Press, 1966, p. 108. Reimp. com a permissão dos editores.

V CHAI, C. *The Story of Chinese Philosophy*. Nova York: Washington Square Press, 1961, p. 117s.

W LAGERWEG, J. The Taoist Religious Community. In: ELIADE, M. (ed.). *The Encyclopedia of Religion*. Vol. XIV. Nova York: Macmillan, 1987, p. 312.

10
Confúcio e o confucionismo: um estudo sobre o humanismo otimista

Fatos resumidos:

- Nome ocidental: Confucionismo.
- Nomes usados pelos aderentes: Ru-jia, Ru-jiao, Kong-zi-jia.
- Literatura: Os Analectos (ou "diálogos"; *Lun Yu em chinês*), o *Grande Saber* (*Da Xue*), a *Doutrina do Meio* (*Zhong Yong*), o *Livro de Mêncio*, o *Xun-zi*, e os trabalhos de Han Fei, Ju Xi, e Wang Yang-ming.
- Referências ao Supremo Princípio (deificado?): O Mandado do Céu (Tian Ming); O Grande Polo (Tai Ji).

É um privilégio possuirmos informações razoavelmente confiáveis acerca de Confúcio, suas atitudes e ideias. Seus discípulos fizeram tentativas de preservar seus ensinamentos desde o princípio, e as descrições que eles deixaram sobre seus hábitos pessoais são detalhadas e provavelmente acuradas. Não podemos confirmar com tanta certeza a veracidade das biografias tradicionais posteriores, pois elas nos apresentam histórias questionáveis contendo muitos incidentes obviamente lendários. Mas há valor mesmo nesses relatos duvidosos: eles incorporam material autêntico deixado pelos discípulos de Confúcio, sendo capazes assim de nos apresentar o que aparenta constituir, no todo, um retrato confiável de um indivíduo.

Historicamente, esse é um fator de importância devido à relevância que a pessoa de Confúcio teve na China; os chineses estudaram e seguiram seus ensinamentos com avidez no passado, tendo baseado não apenas seus procedimentos educacionais, mas muito de suas práticas de governo naquilo que se entende ser a obra do sábio. Isso se deve em grande parte à tamanha confiança que os chineses têm no caráter de Confúcio, característica que brilha nobremente através das tradições a respeito de sua vida e que permeia seus ensinamentos. Ele não foi apenas um homem sábio ou inteligente, afirmam os chineses; ele foi uma pessoa incorruptível, um homem de coração humano e um modelo de nobreza.

Mas há algo mais; o caráter de Confúcio exemplificava os princípios de ordem e harmonia que ele defendia em seus ensinamentos. Durante a maior parte de sua história os chineses perceberam que sua terra prosperaria se a aplicação dos princípios de Confúcio produzisse mais indivíduos com seu caráter. Não haveria apenas um melhor ordenamento nas vidas particulares de seu povo, mas também uma ordem superior na família e no Estado, além de harmonia entre o céu e a terra. A

Capítulo 10 - Confúcio e o confucionismo: um estudo sobre o humanismo otimista

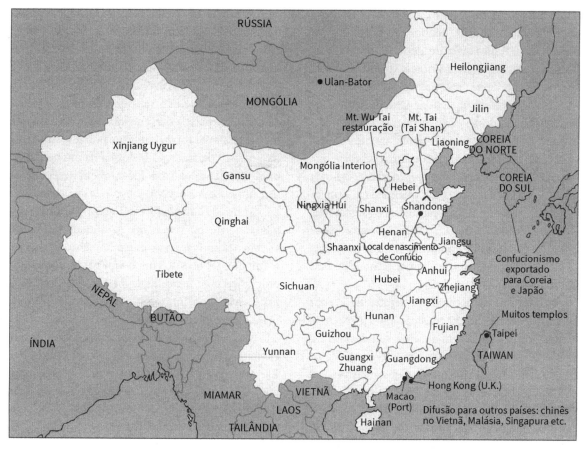

República da China: locais importantes para o confucionismo

influência moral de indivíduos verdadeiramente confucionistas faria disso uma certeza.

Não é estranho, portanto, que Confúcio ao invés dos daoistas tenha lançado as bases da educação chinesa tradicional. Os daoistas buscaram o segredo da vida na natureza e em suas leis, mas Confúcio era um humanista; ele encontrou o segredo da vida nas pessoas e em seus melhores relacionamentos. Ele ligava seus ensinamentos ao Dao da mesma forma que os daoistas, referindo-se a ele como o caminho de se fazer as coisas, mas sua ênfase diferia da dos daoistas.

Os daoistas buscavam a harmonia dos indivíduos com o Dao, enquanto Confúcio desejava a harmonia entre as ordens cósmica e social, de forma que justiça e felicidade prevalecessem entre todas as pessoas em seus grandes agrupamentos.

Comecemos nossa história enumerando as características de um homem da Família Kong (K'ung) cujo nome era Zhong-ni. Ele foi lembrado como o "Professor Kong", Kong Fu-zi (K'ung Fu-tzu), ou simplesmente como Kong-zi; quando seu nome foi latinizado, se tornou *Confucius* – Confúcio, em língua portuguesa.

I – O HOMEM CONFÚCIO

A melhor fonte de informação sobre Confúcio são os *Analectos* (*diálogos*), a famosa coleção de seus ditos coletados por seus discípulos; seu conteúdo biográfico, no entanto, é escasso. A tradição confucionista posterior ocupou-se, portanto, em prover uma abundância de detalhes biográficos, do seu nascimento até a velhice. Como já observamos, muito desse material tardio possui valor histórico questionável. Seu valor deve, então, ser negado, baseando-se exclusivamente nos *Analectos*? Ou é melhor concordar parcialmente com Si-ma Qian (famoso historiador antigo chinês, que morreu cerca de 80 AEC), e considerar o corpo de tradição sólido nas partes nas quais ele não é inverossímil? Nenhum desses caminhos é satisfatório: o primeiro não prove um relato satisfatório dos objetivos políticos de contornos nítidos da Escola Confucionista; o último acaba por ir longe demais em sua aceitação da tradição.

Ao seguirmos o curso moderado de aceitar apenas o necessário da tradição para explicar a avidez dos discípulos em assumir seu dever e estabelecer uma escola de pensamento devotada ao treinamento de oficiais e professores, o resultado é similar a esta breve biografia que se segue.

Confúcio veio de uma família pobre, mas respeitada, do antigo Ducado de Lu, na base da Península de Shandong (Shantung). Contava-se que seus ancestrais foram refugiados aristocratas que fugiram do Estado de Song para Lu quando uma revolução derrubou a casa ducal. Pouco tempo após o seu nascimento (provavelmente em 551 AEC) seu pai morreu, e ele e sua mãe passaram por dificuldades. De acordo com os *Analectos* (IX. 6), Confúcio afirmou posteriormente ser o filho de um homem pobre e que poderia, portanto, executar muitas atividades subalternas feitas usualmente pelas pessoas ordinárias – coisas que um nobre (ou uma pessoa superior) não tinha de fazer. Talvez a reflexão sobre essas lutas antigas o tenha levado a observar em dias posteriores: "É difícil não ficar puído na pobreza"[A1].

A despeito de suas condições difíceis, ele foi sustentado por sua mãe, que se sacrificava a fim de lhe prover uma educação apropriada intelectualmente e que lhe tornasse um homem honrado. Sugeriu-se que ele teria estudado com um instrutor da vila, mas não há registro de que ele o tenha feito. É possível que ele não tenha tido um professor regular, mas que tenha aprendido de qualquer pessoa que encontrava, e de tudo que lia. De qualquer forma, ele se tornou um estudante da poesia e da tradição histórica da antiga China durante toda a sua vida. Ele também desenvolveu um interesse absorvente nas diversas variedades da música erudita chinesa (agora perdida para nós), que ele tocava ao *qin**, geralmente cantando as canções antigas ao acompanhamento desse instrumento. De acordo com o famoso resumo autobiográfico nos *Analectos*, aos 15 anos de idade ele ficou seriamente interessado nesses estudos; isto é, ficou determinado a se tornar um erudito.

Mas a mesma fonte de informação indica que ele não passava todo o seu tempo com seus livros. Ele praticava bastante caça e pesca, mas sempre com um senso esportivo aristocrático, pois seus discípulos notavam: "O Mestre pescava com anzol, mas não com rede; ele atirava, mas não em pássaros sentados"[A2]. Ele apreciava carruagens e sua condução, e estava bem atento à alta esportividade exigida no tiro com arco: "O homem virtuoso não possui rivalidades – exceto, talvez, no tiro com arco; mas mesmo ali ele se curva com cortesia diante de seus competidores; sobe ao salão, desce, e cobra a penalidade da bebida. Em toda a disputa ele permanece honrado"[A3].

O burocrata/acadêmico

No final de sua adolescência ele aceitou uma posição subalterna no governo como coletor dos

---

* *Qin* ou *guqin*: espécie de cítara – ou saltério – antiga chinesa tocada por Confúcio; traduzida frequentemente de forma errônea por "alaúde" (*Lute*, no inglês) [N.T.].

grãos e do gado que eram devidos como impostos para o duque de Lu. Ele também contraiu um casamento que não foi tão bem-sucedido, mas que, no entanto, realizou um de seus objetivos principais – trazer um filho para o mundo a fim de dar continuidade à sua linhagem familiar. Na metade de seus 20 anos de idade sua mãe faleceu; para Confúcio, esta foi uma grande tragédia pessoal. Ele de imediato se retirou da vida pública por vinte e sete meses – um período reconhecido na tradição funerária chinesa como equivalente a três anos. A tradição insiste que ele mais que cumpriu as convenções; no final do período de luto ele pegou seu qin, mas tocava hesitantemente e não conseguia cantar as notas por mais de cinco dias, provendo dessa forma a China de um caso clássico de piedade filial.

Ele assumiu então o papel de professor, oferecendo instrução em história, poesia, governo, conduta moral e música, encorajando seus estudantes a encontrar significados morais e metafísicos no *Yi Jing* (o Livro das Mutações), algo que ele próprio pretendia continuar a fazer. Em seus *Analectos* ele é posteriormente representado dizendo: "Dê-me alguns anos a mais para me dedicar ao estudo do *Livro das Mutações* até aos meus 50 anos. Então espero vir a estar livre de cometer enganos sérios"[B1].

Discípulos se juntaram a ele, alguns permanecendo assim por anos. Mas apesar de sua reputação ser grande e os rebentos das melhores famílias de Lu serem enviados para si, Confúcio continuava dizendo que seus princípios seriam efetivos em melhorar o então decadente sistema social apenas se ele e seus discípulos assumissem os altos escalões do governo.

A tradição – não verificável pela evidência dos *Analectos* – insiste que ele assumiu o gabinete do duque de Lu aos seus 50 anos de idade, e que ele ascendeu através dos ofícios de ministro das obras públicas e ministro de justiça até à posição de primeiro-ministro; mas, por meio de intrigas geradas devido à sua administração altamente bem-sucedida e justa, ele foi colocado em uma posição na qual "foi humilhado", e abdicou.

Tenha isso sido verdade ou não, aos 55 anos ele deixou Lu, acompanhado por alguns de seus discípulos, e peregrinou em vão de Estado em Estado por treze anos, buscando uma posição em algum governo. Os grandes senhores feudais o recebiam com cortesia, mas com ironia e falta de sinceridade. Alguns o consideravam um grande homem, muito sábio, mas mesmo nesses casos sua ideia de governar pela pura força do exemplo moral não gerava resposta. E se os senhores feudais o ouviam com respeito, os oficiais tramavam intrigas a fim de se livrar dele. Em alguns distritos ele foi recebido com suspeita; foi atacado e aprisionado na cidade de Kuang, cercado e forçado a aceitar proteção armada em Pu, e foi forçado a escapar a pé para Zheng em Song, o Estado do qual (talvez) seus ancestrais tinham vindo.

Neste último caso seus discípulos, sabendo que certo oficial militar chamado Huan Tuei estava em seus calcanhares, apressavam-no constantemente, mas ele respondia: "O Céu gerou o poder [De] que está em mim. O que tenho a temer de alguém como Huan T'uei?"[C] Apesar de ele ser fundamentalmente um homem sério, não deixava de considerar seus apuros com senso de humor. Enquanto ele passava por Daxiang, um homem o provocava: "Grande, de fato, é Confúcio! Ele sabe sobre tudo, e não tem fama em nada!" Confúcio se voltou para seus discípulos zombando com desânimo fingido: "E agora, a que devo me dedicar? Devo aprender a dirigir carruagens? Devo me dedicar ao arco e flecha?"[A4]

De acordo com Si-ma Qian, sua leveza ofendeu os membros de seu grupo em certa ocasião, quando foram cercados entre Chen e Cai por uma guarda de soldados hostis instruídos a não permitir que escapassem para o Estado de Chu.

O suprimento de alimentos estava acabando, alguns se sentiam doentes e estavam confinados à cama, mas Confúcio continuava lendo e cantando, acompanhando a si mesmo com seu *qin*. Apenas Yan Huei, seu discípulo favorito, compreendeu seu humor. Ele disse para Confúcio: "O que te importa se [tuas ideias] não são aceitas? O próprio fato de não serem aceitas mostra que és um verdadeiro homem honrado [com ideias grandes demais para serem aceitas pelo povo]". E Confúcio se agradou dessa bajulação: "É assim? Ó, filho de Yen, se você fosse um homem rico, eu poderia ser seu mordomo!"[D1]

Graças à boa posição de um de seus discípulos que detinha uma alta designação oficial em Lu, em 484 AEC um convite cordial foi feito pelo Duque Ai para que Confúcio, agora com 67 anos de idade, voltasse para casa. Às vezes chamado para aconselhar ao duque, ele passou de forma geral seus últimos anos afastado. A tradição tardia confucionista deu origem à crença de que ele passou esse tempo compilando o material que usou em seus ensinamentos nos famosos clássicos confucionistas – o **Shu Jing** (*Shu Ching*), ou *Livro de História*; o **Shi Jing** (*Shih Ching*), ou *Livro de Poesia*; o **Li Ji** (*Li Chi*), ou *Livro dos Ritos*; o Yi Jing (*I Ching*), ou *Livro das Mutações*; e o Chun Qiu (*Ch'un Ch'iu*), ou *Anais de Primavera e Outono* – os quatro primeiros consistindo em antologias de material mais antigo, e o último de sua própria autoria. Também se afirma que ele compilou um sexto livro, o *Yue* (*Yüeh*), ou *Livro da Música*, do qual apenas uma porção sobreviveu (no capítulo X do *Li Ji*). Mas isso tudo é, como veremos brevemente, altamente questionável. Um pouco antes de sua morte em 479 AEC ele expressou desânimo em relação à sua própria carreira. Ainda assim seus discípulos ficaram mais determinados do que nunca em levar adiante seus objetivos políticos e sociais.

II – OS ENSINAMENTOS DE CONFÚCIO

Estimativa presente das fontes

Uma discussão sobre as fontes para os ensinamentos de Confúcio é importante, antes de tudo, porque atualmente há um consenso geral em que os Cinco Clássicos não foram escritos diretamente por Confúcio – se é são de sua autoria em qualquer grau.

Pois uma coisa é certa: seus discípulos editaram, alteraram e aumentaram os materiais que herdaram. Assim, Si-ma Qian diz que Mêncio, mais de 100 anos após Confúcio, "colocou *Shih* e *Shu* em ordem"[E1]. É especialmente verdade acerca do *Li Ji* que ele possivelmente não deva ser considerado, como de praxe, o produto de um trabalho editorial da parte de Confúcio; ao invés disso, ele parece datar dos primeiros anos da Dinastia Han (século II AEC). Aparentemente, o material de Confúcio foi relançado em edições revisadas.

Mas existe uma questão mais fundamental a ser afirmada: uma erudição cuidadosa precisa reconhecer a possibilidade de que Confúcio tenha usado, ao invés de reunido pela primeira vez, o material de versões mais antigas dos clássicos, e que essas coleções já existiam, podendo ter estado em uso por professores antes de seu tempo.

Se assumirmos que Confúcio adotou os clássicos como antologias já conhecidas e valorizadas, então seu propósito principal era enfatizar as lições neles contidas. De fato, os *Analectos* estão repletos de evidências acerca disso, e nisso podemos ver sua originalidade. É possível que Confúcio tenha feito algumas edições enquanto se debruçava sobre eles, edição que teve efeitos decisivos. Mas mesmo quando assumimos esse ato de edição como verdade, não podemos saber onde ou baseado em que materiais ele a fez. A probabilidade é que ele próprio não tenha efetuado qualquer tipo de edição, e esta tenha sido feita por mãos posteriores.

Outro fato deve ser deixado claro; não se pode afastar a possibilidade de que Confúcio tenha feito modificações nos Cinco Clássicos, mas se ele o fez, ele se portou da forma que um editor deve se portar. Confúcio não introduziu suas convicções pessoais nessas coleções e concebia sua função como a de um mero "transmissor", o que foi exatamente o que ele afirmava ser. Os *Analectos* registram dois de seus ditos que testificam seu grande respeito pelo conhecimento dos "antigos": "Eu sou um transmissor, e não um criador. Eu creio nos antigos e por eles tenho paixão"[F1], e "Eu não nasci um homem sábio; eu sou meramente alguém apaixonado com os estudos antigos, e trabalho duro para entendê-los"[B2]. Os *Clássicos*, então, não são uma fonte das ideias originais de Confúcio. Suas visões e interpretações particulares podem ser julgadas apenas com incerteza e em grau limitado a partir de seus textos didáticos.

Isso pode parecer à primeira vista uma dificuldade séria, mas temos outras fontes de seus ensinamentos que são mais reveladoras. Quando ele usava ou estudava os Clássicos, ele oferecia seus comentários e interpretações aos espectadores gratuita e detalhadamente. Ele foi mais além, desenvolvendo sua própria concepção acerca do que os homens devem fazer a fim de preservar as melhores percepções contidas na literatura que ele tanto valorizava, e viver de acordo com elas. Esses comentários e discussões pareceram tão relevantes para aqueles que os ouviam a ponto de os escreverem em tiras de bambu – de início de forma fragmentária, e posteriormente de maneira mais completa, por meio de interpretação e paráfrase. Os detalhes dos ensinamentos do próprio Confúcio chegaram até nós através de seus discípulos, e a eles devem muito de sua redação. Suas lembranças e interpretações são encontradas nos *Quatro Livros*, que são:

1) Os *Analectos*, **Lun Yu** (*Lun Yü*), uma coleção dos ditos de Confúcio e de alguns de seus discípulos; pode ser considerado como um agrupamento dos pontos mais salientes de suas conversações, retiradas de seus contextos e condensadas. Sua origem é composta por muitos elementos; já se estimou que "não muito mais que [sua] metade é realmente confiável, mesmo como evidência de segunda mão"[G1]. Apesar disso e a despeito de sua falta de acurácia, através dos *Analectos* Confúcio fala de forma vívida, por meio de sua própria personagem. Consiste em nossa fonte mais importante acerca de sua pessoa.

2) O *Grande Saber*, **Da Xue** (*Ta Hsüe*), originalmente era o capítulo 39 do *Li Ji*, mas desde os tempos de Zhu-xi (Chu Hsi) foi removido para formar uma obra separada. Não podemos considerá-la como obra da autoria de Confúcio. Ao invés disso, ela parece depender de seus pontos de vista sobre o erudito **Xun-zi** (Hsün-tzu). Obviamente, enquanto um tratado por conta própria, foi escrito inicialmente a fim de servir de base para a educação de homens honrados, de forma geral; e de príncipes, em particular. Na educação chinesa clássica, seu texto foi o primeiro a vir a ser estudado pelos alunos.

3) A *Doutrina do Meio*, **Zhong Yong** (*Chung Yung*), também originalmente era parte do *Li Ji* (seu capítulo 28). É uma excelente exposição das pressuposições filosóficas do pensamento de Confúcio, lidando particularmente com a relação da natureza humana com a ordem moral subjacente do universo. Seu conteúdo foi atribuído em grande parte a Zi Si (Tzu Su), o neto de Confúcio, mas esta atribuição atualmente é sujeita a grande escrutínio. Por um lado, ela é aparentemente composta de duas partes, uma

posterior à outra. A parte central, mais antiga, *pode* ter sido composta por Zi Si, mas a última porção parece ter sido escrita após o tempo de Mêncio, talvez no século II AEC. 4) O *Livro de Mêncio*, datado do século III AEC. Uma coleção de escritos e ditos do mais original dos antigos pensadores confucionistas, constituindo a primeira tentativa de compor uma completa e sistemática exposição da filosofia confucionista.

É tolice afirmar que os Quatro Livros acabaram com todas as nossas dificuldades. Apesar de talvez nenhum outro indivíduo ter obtido tanto sucesso quanto Confúcio em remodelar as mentes de seus discípulos de acordo com suas próprias reflexões, deve-se reconhecer que os Quatro Livros mudaram com a passagem do tempo, através de edições efetuadas por mãos posteriores. Isso deve estar evidente a partir de suas descrições dadas há pouco. Portanto, qualquer exposição competente dos ensinamentos de Confúcio precisa levar tais mudanças em consideração onde quer que sejam detectadas.

QUEIMA DE LIVROS E PROBLEMAS TEXTUAIS

Resta uma última dificuldade; pode-se dizer que ela surgiu historicamente e se consolidou também historicamente. A longa história dos Cinco Clássicos e dos Quatro Livros é atingida em certo ponto por uma séria ameaça à sua sobrevivência. O primeiro grande imperador de fato por toda a China, e talvez o maior de todos, foi o Duque Zheng (Cheng) de Qin, o fundador da breve Dinastia Qin. Em 221 AEC Zheng conquistou e unificou à força as províncias da China de forma que nunca havia sido feito antes e, de acordo com isso, assumiu o orgulhoso título "Shi Huang Di", ou Primeiro Imperador; nós já nos referimos a ele anteriormente (p. 335s.). Um gênio administrativo e militar, ele estabeleceu uma nova capital imperial e aboliu o antigo sistema feudal de posse de terras. Ele o substituiu por um sistema no qual qualquer pessoa podia comprar terras e cultivá-las; mas isso levou, durante os tempos dos Han, ao surgimento de um sistema de senhores de terra e locatários que duraria 2 mil anos e resultaria em desigualdade tão grande quanto aquela do sistema feudal.

Shi Huang Di concentrou a autoridade em si mesmo, refez a divisão do Império (repartindo-o em trinta e seis novos distritos administrativos), completou a construção dos cerca de 21.200km da Grande Muralha (da qual várias seções, especialmente em passagens das montanhas, parecem ter sido construídas antes de sua época), concebeu e introduziu uma nova moeda, instituiu reformas entre os oficiais (muitos dos quais perderam seus trabalhos), substituiu os antigos registros entalhados em bambu com estiletes de metal por seda pintada com pincéis suaves, e encorajou a resultante simplificação da escrita dos caracteres chineses, da qual emergiu uma nova escrita. Em meio a todas essas mudanças ele descobriu que suas tentativas de estabelecer uma nova ordem eram obstruídas por tradicionalistas e conservadores, dentre os quais os principais eram professores de formação confucionista e oficiais, que se agarravam às antigas tradições feudais e resistiam abertamente às suas inovações, considerando-as destrutivas à ordem pública e à moralidade.

A conselho de seu Primeiro-ministro Li Si (Li Ssu), que era um defensor das doutrinas da Escola Legalista (p. 403) e um anticonfucionista, o imperador ordenou em 213 AEC a famosa "Queima de Livros", em razão da qual a erudição chinesa tem desde então o execrado. Seu propósito era padronizar o padrão de pensamento do povo comum; assim, ele buscou destruir toda cópia privada de escritos que preservassem o conhecimento de formas passadas de se conduzir os assuntos públicos, exceto livros como o *Yi Jing* (útil para a adivinhação) e manuais de agricultura e medicina.

Ira especial foi dirigida contra o *Livro de Poesia* e o *Livro de História*. Ele decretou que quaisquer pessoas que não entregassem aos prefeitos suas cópias dos livros prescritos seriam marcadas a ferro em brasa e compelidas a quatro anos de trabalhos forçados na Grande Muralha. Diz-se que cerca de 460 estudiosos – muitos dos quais confucionistas – foram enterrados vivos por traição nos anos que se seguiram.

Três anos após promulgar seu decreto, no entanto, Shi Huang morreu, e toda sua animosidade contra o passado ao final não serviu para nada. A fim de fazer-lhe justiça, devemos afirmar que ele "queimou meramente os livros que existiam entre o povo, mas não aqueles nos arquivos oficiais"[E2]. Durante a Dinastia Han que sucedeu à sua após cinco anos de sua morte, os clássicos confucionistas foram restaurados ao uso público, até mesmo com certo renome ampliado.

Teriam sido esses os piores dos contratempos? Curiosamente não o foram enquanto resultado da supressão; antes disso, enquanto resultado das cópias, que foram feitas em uma nova escrita!

Os eruditos escreviam então rapidamente em longas peças de seda ao invés de fazê-lo lentamente em peças curtas de bambu, e passaram a preencher os espaços vazios dos antigos textos com as glosas interpretativas que haviam aprendido nas escolas. Sem qualquer desejo consciente de fazer alterações sérias, eles praticamente reescreveram o *Li Ji* e aumentaram o *Shu Jing*, o *Yi Jing* e o *Zhong Yong*. Inclusas nessas adições estavam certas atribuições de divindade a Confúcio, a tradição de que ele fora o primeiro a compilar os Cinco Clássicos e histórias sobre seu nascimento miraculoso. Gradualmente ocorreu o resgate de alguns escritos compostos na antiga escrita que contradiziam factualmente as redações na nova escrita; surgiria então, de imediato, a Escola do Texto Antigo. A batalha entre as escolas do Texto Antigo e do Texto Novo continuaria de forma intermitente por 2 mil anos, mas teve este bom resultado: como consequência da enorme quantidade de criticismo textual que foi efetuado no decorrer dos séculos, especialmente entre os estudiosos Qing dos séculos XVII ao XIX, as falsificações (em sua maioria do Texto antigo) foram localizadas, o número de variantes dos textos foi reduzido e as passagens em conflito definidas com clareza.

Agora, após esse longo excurso, procedamos à definição mais cuidadosa que podemos obter à luz dos conhecimentos presentes sobre os ensinamentos do próprio Confúcio.

Os princípios éticos de Confúcio

O pensamento ético de Confúcio surgiu de uma compreensão dupla: em primeiro lugar, de que a China de seu tempo era perturbadoramente corrupta; mas, em segundo lugar, que a condição moral do país não estava além de redenção. A situação era ruim, mas não desprovida de esperança. As práticas sociais se corrompiam cada vez mais, mas os indivíduos não estavam ainda corrompidos por completo. Eles ainda eram aptos para efetuar tanto o bem quanto o mal. Mas por que teriam as práticas sociais se corrompido? Confúcio respondia a essa questão de forma muito simples: as pessoas se afastaram das causas morais e de viver por **ren** (jen), ou pela vontade de buscar o bem alheio, que era a forma pela qual haviam vivido os seus ancestrais devotados ao bem comum.

O bem comum seria assegurado atingindo-se cinco

> Confúcio enquanto editor:
> "Eu sou um transmissor, e não um criador. Eu creio nos antigos e por eles tenho paixão".
> Os Analectos[F1]

virtudes cardinais: ren (a raiz); *yi*, ou retidão, de acordo com a justiça (o tronco); **li**, ou as formas religiosas e morais de agir (os ramos); **zhi** (jir), ou sabedoria (a flor); e **xin** (hsin), ou fidelidade (o fruto). "Estas cinco são grandes", Confúcio teria dito, "mas a maior destas é *jen* [ren]"H. Analisaremos mais cuidadosamente duas dessas: (a) *li* e seus princípios subjacentes e (b) *ren* (*jen*), ou a força motivadora da vida moral.

LI: PROPRIEDADE

O termo *li* é um dos mais importantes usados por Confúcio na formulação de seu programa para a recuperação da China. É uma palavra difícil de traduzir, pois possui significados distintos em contextos diferentes. Pode significar "propriedade" (a tradução usual, mas nem sempre adequada), "cortesia", "reverência", "ritos e cerimônias", "as formas corretas de cerimonial social", "ritual", "ritual e música", "a ordem devida do cerimonial público", "o padrão ideal de conduta social e religiosa" e "a forma de vida religiosa e moral". Colocado em perspectiva histórica significa, nas palavras de Lin Yutang, "uma ordem social ideal com tudo em seus lugares [devidos], e, particularmente, uma ordem feudal racionalizada, [como a] que estava a desmoronar nos dias de Confúcio"D2. (Leitores dos textos confucionistas em português devem ficar atentos à existência de um ideograma chinês inteiramente diferente que também é transliterado "*li*". Ele é comum em textos neoconfucionistas. Cf. o glossário.)

No *Li Ji* (o clássico confucionista sobre o assunto), são efetuadas discussões compreensíveis e esclarecedoras sobre o significado de *li*. Apesar das seguintes passagens mostrarem alguma influência do pensamento posterior confucionista – particularmente do de Xun-zi (Hsün Tzu), elas podem nos prover um vislumbre na mente do próprio Confúcio.

O Duque Ai perguntou a Confúcio: "O que é o grande *li*? Por que você fala sobre *li* como se fosse algo tão importante?"

Confúcio respondeu: "Seu humilde servo não é realmente digno de compreender *li*".

"Mas você fala constantemente sobre ele", respondeu o Duque Ai.

Confúcio: "O que tenho aprendido sobre o tema é que, dentre todas as coisas pelas quais as pessoas vivem, *li* é a maior. Sem *li* nós não sabemos como conduzir um culto apropriado aos espíritos do universo; ou como estabelecer o *status* apropriado do rei e dos ministros, do governante e do governado, e dos anciãos e dos mais novos; ou como estabelecer os relacionamentos morais entre os sexos, entre pais e filhos, e entre irmãos; ou como distinguir os diferentes graus de relacionamento na família. É por isso que um homem honrado considera *li* em grau tão elevado"D3.

Confúcio disse [em uma conversa com Zuyou (Tsuyu)], "Os princípios de *li* e da retidão servem como princípios de disciplina social. Por meio desses princípios as pessoas tentam manter o *status* oficial de governantes e súditos, ensinar os pais e filhos, irmãos mais novos e mais velhos e maridos e esposas a viver em harmonia, a estabelecer as instituições sociais e a viver em grupos de aldeias [...]"

"*Li* é tão importante assim?", perguntou Tsuyu novamente.

"*Li*", respondeu Confúcio, "é o princípio através do qual os antigos reis personificavam as leis do céu e regulavam as expressões da natureza humana. Aquele que conseguiu *li*, portanto, vive, e aquele que o perdeu, morre [...]. *Li* está baseado no céu e cria os padrões na terra; lida com o culto aos espíritos e se estende aos ritos e cerimônias de funerais, sacrifícios aos ancestrais, tiro com arco, condução de carruagens, 'enchapelamento' [a cerimônia de se colocar um chapéu em um garoto quando considera-se que ele atingiu a idade adulta], casamento, e audiências na corte ou troca de visitas diplomáticas. O sábio, então, mostra ao povo este princípio de ordem social racionalizada (*Li*) e através dele tudo ocorre adequadamente na família, no Estado e no mundo"[D4].

PRESSUPOSIÇÕES SUBJACENTES A *LI*

1) *Li* é de importância vital na ordenação e regulação dos relacionamentos humanos. Esses relacionamentos são no número de cinco: (1) relações entre governante e súdito, (2) pai e filho (marido e mulher), (4) o filho mais velho e seus irmãos mais novos, (5) anciãos e menos experientes (ou amigos). Além desses cinco relacionamentos, outros são mencionados incidentalmente, como as relações entre as pessoas e os espíritos do universo, entre os governantes e seus ministros, e entre os diplomatas, mas as cinco mencionadas anteriormente são as "grandes", pois são consideradas fundamentais para a ordem social.

2) Pela prática de *li* os principais relacionamentos na sociedade podem ser regulados e retificados, de forma que a harmonia completa reine em cada lar, em cada vila, e através do império.

Finalmente – e aqui Confúcio e sua escola se provaram fiéis aos mais profundos sentimentos do povo chinês em relação à natureza final do universo – o objetivo de *li* é obter a harmonia cósmica entre a humanidade e a terra, e assim colocar de fato em operação o Dao, ou a vontade do céu, entre a humanidade.

3) As formas de cerimonial social que melhor exemplificam a prática de *li* são observáveis nos costumes dos antigos que buscavam o bem-estar comum, e exibiam um espírito humano de respeito mútuo e cortesia.

O último desses princípios merece mais do que uma atenção passageira. Confúcio acreditava que os antigos viviam juntos cortês e harmonicamente em uma ordem social que era profundamente justa. Superiores e inferiores sabiam quais eram seus lugares e se portavam polidamente de acordo com seus diversos estratos. Assim, ele estudou reverentemente, tentando incorporar em sua própria conduta os procedimentos cerimoniais dos tempos de antanho. Ele desejava ser instrumental em levar toda a China a fazer o mesmo. Isto obteve para si a crítica zombeteira dos daoistas, que atacavam o seu formalismo como algo antinatural e fútil. Mas Confúcio acreditava estar posicionado em defesa da "cristalização do que é correto"[D5] (uma das definições de *li* no *Li Ji*) em termos de comportamento formal. A fim de dar à sua conduta a força de um exemplo moral, ele demonstrava seus princípios com simbolismo óbvio. Isto explica seu supostamente meticuloso comportamento na corte ducal de Lu, descrito no Livro X dos *Analectos*. Consideremos a seguinte descrição (que pode não ser uma descrição autêntica do próprio Confúcio, mas que certamente representa um comportamento que ele teria aprovado):

> Quando o duque o convidou a receber os convidados, sua face pareceu se alterar, e seus joelhos se curvaram. Ele se curvou para a esquerda e para a direita daqueles atrás de si, arrumou suas vestes na frente e atrás, e se apressou adiante, seus cotovelos afastados do corpo como asas. Quando o convidado partia, ele sempre relatava: "O convidado deixou de olhar para trás".

Entrando no portal do palácio ele parava, como se fosse muito baixo para si. Ele não ficava de pé no meio do portão, nem pisava na soleira.
Passando o trono, sua face parecia mudar, seus joelhos se curvavam e ele falava com a respiração suspensa.
Subindo o estrado, ele erguia seu roupão e disfarçava sua respiração até que ela parecesse ter parado.
Descendo, sua face relaxava após o primeiro degrau, e mostrava um olhar satisfeito. Ao pé dos degraus ele se apressava para frente, seus cotovelos afastados do corpo como asas; e quando estava novamente em seu assento ele se mostrava atento e solene como antes.
Ao portar o cetro, suas costas se curvavam, como que carregando um fardo pesado em demasia. Ele mantinha suas mãos em posição não mais elevada do que ao segurar um arco, e não mais abaixada do que ao entregar um presente. Ele demonstrava um olhar maravilhado e arrastava seus pés, como se estivessem acorrentados.
Quando o duque vinha vê-lo na doença, ele voltava sua face para o leste e tinha sua vestimenta de corte sobre si, encimada pelo cinturão.
Quando convocado pelo duque ele caminhava, sem aguardar pela carruagem. Ao subir em sua carruagem ele se mantinha ereto e não olhava ao redor, nem falava rapidamente ou apontava[A5].

Esta descrição – tenha ela descrito ao próprio Confúcio, ou tenha se referido meramente a um oficial confucionista ideal imaginado – levanta a questão: Seria Confúcio um mero formalista, ou um filósofo social a ser levado a sério? A resposta parece depender de compreender se ele vivera por meio de regras puramente formais ou por um princípio mais profundo.

Confúcio encontrava nas práticas dos antigos um princípio profundo que lhes provia uma solução para promover relacionamentos ideais entre as pessoas, como mais de uma vez indicado nos *Analectos* e em outras partes.

LI ENQUANTO *SHU*: RECIPROCIDADE

Zi-gong (Tzu-kung) perguntou: "Existe alguma palavra que possa servir como uma regra para a prática para a vida inteira de alguém?"
O Mestre respondeu: "Não seria reciprocidade [*shu*] a palavra que você busca? Não faça aos outros o que você não quer que seja feito consigo"[11].

Com essas palavras, Confúcio formulou uma lei para os relacionamentos humanos similar à "Regra de Ouro" do Novo Testamento. Ele veio a definir reciprocidade (*shu*) negativamente (ganhando assim de alguns eruditos ocidentais o julgamento rancoroso de ter dado à China uma "Regra de Prata"), mas o termo significava "sentimento semelhante" ou "consideração mútua" e sua definição pode não ter sido apresentada negativamente. (Leitores dos textos confucionistas em português devem ficar atentos à existência de um ideograma chinês inteiramente diferente significando "estadismo", mas transliterado "shu". Ele é comum em textos da Escola Legalista; cf. p. 403.) Na *Doutrina do Meio*, Confúcio é citado, de fato, como tendo explicado esse princípio ético central em termos positivos, fazendo-o bastante comparável à Regra de Ouro de Jesus. No texto, encontramos Confúcio dizendo o seguinte:

Existem quatro coisas na vida moral de um homem, nenhuma das quais eu tenho sido capaz de cumprir em minha vida. Servir ao meu pai como eu espero que meu filho me sirva: isto eu não tenho sido capaz de fazer. Servir meu soberano como eu espero que um ministro sob mim me sirva: isto eu não tenho sido capaz de fazer. Agir em relação ao meu irmão mais velho como eu esperaria que meu irmão mais novo agisse em relação a mim: isto eu não tenho sido capaz de fazer. Ser o primeiro a me comportar em relação aos meus amigos como espero que eles se comportem em relação a mim: isto eu não tenho sido capaz de fazer."[J1]

No entanto, é verdade que Confúcio não foi tão longe quanto os daoistas ao definir o escopo da aplicação de seu ideal de conduta ética. Ele fez uma reserva significativa quando confrontado com a regra daoista de pagar ao mal com o bem. Alguém lhe perguntou: "O que você pensa sobre pagar o mal com amabilidade?" Ele respondeu: "Então, com o que você vai pagar a amabilidade? Pague amabilidade com amabilidade, mas pague ao mal com justiça"[B3]. Parece que Confúcio restringiu a operação da lei da reciprocidade em seu sentido completo ao círculo do bem, pois as pessoas más eram julgadas como indignas da consideração mútua levantada pelo sentimento semelhante.

CARÁTER HUMANO: REN (*JEN*)

No entanto, não é possível exagerar ao se enfatizar que o propósito primário de Confúcio era persuadir todas as pessoas a cooperar e assegurar o bem comum. A virtude verdadeira, ele ensinou, está na expressão de *ren*, ou da vontade de buscar o bem dos outros (o caractere para *ren* é composto de dois caracteres, um para *homem* [extensível para *pessoa*] e o outro para *dois*. Ele significa, portanto, a inclusão de uma segunda pessoa nos planos da primeira). Ele consiste no reconhecimento do valor de qualquer ser humano, oriundo de qualquer categoria ou estrato, e ao comportamento amigável em direção ao companheiro como consequência desse reconhecimento. Podem ser citados muitos exemplos da insistência de Confúcio que o governo deve ser dirigido ao bem-estar de todo o povo, que as famílias devem lutar pelo bem de cada um de seus membros e trazer harmonia às relações entre os velhos e os jovens, e que na sociedade de forma geral os homens – sabendo que todos que vivem no espaço compreendido pelos quatro mares são irmãos – devem demonstrar entre si por meio de ações seu caráter humano e amigável (seu ren).

Confúcio defendia que o governo se desse com *ren*. Ele não estava ciente (por não ter nascido em uma cultura que o permitisse saber) que governos podem se basear em processos democráticos de seleção para o ofício por voto, mas ele exigia que o governo se desse, se não pelo povo, para ele, e que os senhores feudais fossem sensíveis às necessidades do povo, de forma geral.

Os cinco grandes relacionamentos

O *Li Ji* apresenta o seguinte esquema como se o mesmo tivesse sido baseado no estudo de Confúcio de *shu* aplicado aos cinco relacionamentos (é bastante questionável se Confúcio desenvolveu um tratamento tão esquemático desta questão, mas ela se delineia logicamente a partir de seu ensino).

> Amabilidade no pai; piedade filial, no filho.
> Gentileza no irmão mais velho e humildade no mais novo.
> Comportamento reto no marido, obediência na esposa.
> Consideração humana nos anciãos, deferência nos jovens.
> Benevolência nos governantes, lealdade nos ministros e súditos.

Se essas dez atitudes (conhecidas como os dez *yi* ou atitudes apropriadas) estão presentes de forma geral na sociedade, então a prioridade mais alta (*li*) será obtida, e a perfeita harmonia reinará entre todos os indivíduos.

As pessoas, então, mostrarão seu verdadeiro caráter humano (*ren*). Não haverá mais disputas, distúrbios ou injustiças. Haverá alegria entre os amigos, harmonia nos lares, paz no estado. A *Doutrina do Meio* cita com aprovação o *Livro de Poesia*:

> Quando esposas, filhos e seus senhores são um,
> é como o qin e a pipa* soando em uníssono.
> Quando os irmãos vivem em concórdia e em paz a melodia da harmonia nunca cessa.
> A lâmpada da união feliz ilumina a casa, e dias brilhantes se seguem ao nascimento das crianças[J2].

E o *Grande Saber* (no capítulo VII) cita, da mesma fonte, linhas que podem ser traduzidas da seguinte maneira:

> Ao se conduzir de forma cortês, o príncipe cria concórdia na corte e ordem no Estado.

Praticando *Li*

Voltemo-nos agora às temáticas às quais Confúcio falava com maior frequência ao desenvolver o que estaria implicado na prática de li: o relacionamento entre pais e filhos, entre governantes e súditos, e a natureza do homem superior.

PIEDADE FILIAL: XIAO (HSIAO)

Confúcio, é claro, não destacou o fato de que toda a cultura chinesa tem se baseado sobre a família. Ainda assim seu louvor à piedade filial (***xiao***) fez dos interesses familiares a primeira preocupação dos chineses. No passado, nada havia assumido posição mais elevada; na China, a lealdade à família tem sido prioridade do indivíduo; nenhum rapaz na China chega verdadeiramente em algum momento à maturidade ou independência no sentido ocidental. É verdade ainda hoje a expectativa de que todo o seu serviço seja devotado à sua família até à morte, e espera-se que ele obedeça ao seu pai e, quando este morrer, ao seu irmão mais velho, com perfeita concordância. Isto significou desde os tempos passados que cada pai tem uma grande e séria responsabilidade para cumprir em relação à sua família. Ele deve buscar produzir virtude em seus filhos sendo ele mesmo o mais elevado exemplo; o fato de que o contemporâneo governo comunista fale de fazer de si mesmo o "pai e irmão mais velho", reivindicando para si a lealdade primária de cada cidadão, não tem invalidado por completo a virtude pessoal da piedade filial no contexto da vida familiar.

Confúcio considerou essa proposição tão evidente por si só que ele depositou uma ênfase muito maior na piedade filial, sem a qual a bondade do pai permaneceria ineficaz. Ele tocou aqui no assunto que tem despertado a resposta mais sonora na consciência chinesa desde seu tempo – o tema da família. Consideremos algumas das declarações mais importantes de Confúcio sobre o assunto (e, portanto, um vislumbre em um aspecto essencial para a mentalidade popular chinesa).

> O Mestre disse: "Enquanto teu pai vive, oriente-se por seu propósito; quando ele estiver morto, oriente-se por seu exemplo. Não mudar nada dos caminhos de seu pai por três anos pode ser considerado piedade"[K1].
> Meng Wu perguntou sobre o dever de um filho.

---

* *Pipa*: alaúde chinês, provavelmente de origem indiana. Confúcio dava preferência para o *qin*, considerado mais "genuíno" e nativo da China [N.T.].

O Mestre respondeu: "A única coisa que ele deve lamentar acerca de seu pai e de sua mãe é se adoecerem"K2.
O Mestre disse: "Enquanto seu pai e sua mãe estiverem vivos, não viaje para lugares distantes. Se você precisa viajar, siga o curso traçado"K4.

A *Doutrina do Meio* apresenta os seguintes influentes preceitos:

Confúcio enfatizou: "O Imperador Wu e seu irmão, o Duque Chou, foram de fato homens piedosos eminentes [...]".
"Na primavera e no outono eles faziam reparos no templo ancestral e o colocavam em ordem, arrumando os vasos sacrificiais, exibindo as regalias e heranças da família e apresentando as oferendas apropriadas da estação [...].""
Reunir-se nos mesmos locais nos quais nossos pais se reuniram antes de nós; executar as mesmas cerimônias que eles executaram antes de nós; tocar as mesmas canções que eles tocaram antes de nós; respeitar àqueles aos quais eles honraram; amar os que lhes eram queridos – de fato, servir àqueles que estão mortos como se estivessem vivos, e àqueles que partiram como se ainda estivessem em nosso meio: estes são os maiores feitos alcançados pela verdadeira piedade filial[13].

Confúcio pode não ter sido muito firme sobre isto, mas a maioria de seus seguidores concluiu que era dever de um filho obedecer a seu pai em todas as coisas enquanto ele vivesse, e honrá-lo e ainda obedecê-lo em todas as coisas após ele ter morrido. De fato, desde os tempos de Confúcio o relacionamento filial tem se tornado a tipologia e símbolo de toda subordina-

ção à liderança dos anciãos e sábios, subordinação que enriquece a vida e preserva a sabedoria. "Através do princípio da piedade filial pode-se fazer o mundo inteiro feliz, e todas as calamidades e perigos podem ser evitados"L – esta é uma das reivindicações feitas na defesa de se tratar não apenas o próprio pai como um pai deve ser tratado, mas também dar o tratamento devido a espíritos superiores como os ancestrais, anciãos, eruditos notáveis e chefes de Estado. A atitude de piedade filial pode, dessa maneira, ser estendida de maneira quase que infinita.

GOVERNANTES E SÚDITOS

Confúcio foi igualmente enfático acerca da importância do relacionamento entre governantes e seus súditos; nesse caso, ele misturou a ética com a política. Ele afirmou para todos que lhe dessem ouvidos que se os governantes adotassem os princípios morais mais elevados e agissem com base neles, então o ambiente espiritual de todo o Estado poderia ser alterado; todas as pessoas, dos oficiais mais elevados aos cidadãos mais pobres e insignificantes, seriam levados a viver de forma mais virtuosa em suas diversas posições. A reforma na sociedade começava no topo, entre os seus governantes, e a partir dali se expandia em direção aos escalões mais baixos da sociedade.

Em certa ocasião uma pessoa de importância, o Barão Ji Kang Zu, líder do clã Ji em Lu, perguntou a Confúcio como governar. O sábio respondeu: "Governar é manter a retidão. Se o Senhor conduz o povo de forma reta, qual de seus súditos se arriscará a sair da linha?"M1 O mesmo barão, em outra conversa, perguntou: "Devo eu remover ou não os fora da lei a fim de estabelecer a lei e a ordem? O que pensas acer-

> *Uma palavra para governar a vida? Não seria reciprocidade [shu] a palavra que você busca? Não faça aos outros o que você não quer que seja feito consigo.*
> Os analectos[11]

ca disso?" A essa questão crucial, Confúcio deu o tipo de resposta que lhe ganhou respeito profundo como enunciador de princípios éticos finais, mas que fez com que os legalistas sorrissem em escárnio: "Senhor, que necessidade há da pena de morte em vosso sistema de governo? Se demonstras o desejo sincero de ser bom, vosso povo será, da mesma forma, bom. Pois a virtude de um príncipe é como o vento; e a do povo, como da grama. Pois é próprio da natureza da grama se curvar quando o vento sopra sobre ela"M2.

A fim de se compreender este ponto de vista, não é possível se enfatizar com insistência suficiente a convicção fundamental de Confúcio: ele defendia que as pessoas, possuindo um coração benigno, seriam responsivas ao bem naqueles que seguem como seus líderes. "Se um país", ele insistia, "possuísse apenas bons governantes em cem anos, o crime seria erradicado e a pena de morte abolida". Em adição, ele acrescentou: "Quão verdadeira é essa afirmação!"M3

BOM CARÁTER TRAZ BOA GOVERNANÇA

Uma das principais conclusões que os seguidores de Confúcio aprenderam do estudo da história, no espírito de seu pensamento, está contida na seguinte peça curiosa de lógica bem concatenada, encontrada no *Grande Saber*:

> Os antigos (i. e., os antigos reis) que desejavam que sua virtude se destacasse ordenavam primeiramente seus próprios estados. A fim de fazê-lo, eles antes disso regulavam suas famílias. Desejando regular suas famílias, eles antes melhoravam suas próprias pessoas. A fim de culti-var suas próprias pessoas, eles antes retificavam seus corações. Desejosos em retificar seus corações, eles buscavam antes ser fiéis em seus pensamentos. A fim de ser sinceros em seus pensamentos eles primeiro buscavam expandir ao máximo seu conhecimento. Tal expansão de conhecimento reside em investigar as coisas. Com a investigação das coisas, seu conhecimento se torna completo. Seu conhecimento estando completo, seus pensamentos são sinceros. Seus pensamentos sendo sinceros, seus corações são então retificados. Seus corações estando retificados, suas próprias pessoas são melhoradas. Suas pessoas tendo sido melhoradas, suas famílias são reguladas. Com suas famílias reguladas, seus estados são governados com retidão. Seus estados sendo governados com retidão, todo o reino se torna tranquilo e feliz[12].

Neste parágrafo – talvez uma das mais famosas citações confucionistas – e nas próximas citações, é aparente que, de acordo com o ensino de Confúcio, a boa vida é uma realização de caráter espiritual ao invés de legal. Um bom exemplo pode prevenir o crime, mas a lei estatutária o gera. Um Estado bem-ordenado não pode ser trazido à existência pela legislação; ele surge de um espírito de boa vontade contagioso, e da sinceridade em fazer o bem. O amor, ou o bem cooperativo, torna desnecessária a lei (os daoistas concordariam!).

A *Doutrina do Meio* cita Confúcio dizendo para o conde de Lu: "Quando existem homens, o bom governo florescerá, mas quando os homens se vão, o bom governo se deteriora e se extingue [...]. A conduta do governo, portanto, depende de homens.

> Tsu-yu perguntou qual o dever de um filho. O Mestre respondeu: "Aquele que pode alimentar a seus pais é chamado de bom filho. Mas tanto cachorros quanto cavalos podem ser alimentados e, a menos que honremos nossos pais, qual é a diferença?"
> ConfúcioK3

Os homens adequados são obtidos por meio do caráter do governante. A fim de cultivar esse caráter pessoal, o governante deve usar a lei moral [*Dao*]. A fim de cultivar a lei moral, o governante deve usar o sentido moral [*ren*, ou os princípios da verdadeira masculinidade]"J3. Nas palavras do *Livro de Poesia* referentes ao bom Imperador Shun:

> Aquele grande e nobre príncipe demonstrava o sentido de retidão em tudo por ele forjado;
> O espírito de sua sabedoria influenciava a camponeses e nobres; à multidão e à corte.J4

Considerando que Confúcio cria no governo através do exemplo moral, ele não tinha interesse em leis escritas. De fato, ele é citado como dizendo o seguinte: "Guie as pessoas através da lei, mantenha-as em linha por meio de punições, e elas talvez se afastem do crime – mas continuarão desavergonhadas. Guie-as com sua mente, mantenha-as em linha com a cortesia, e elas aprenderão a se envergonhar, tornando-se boas"K5. Uma esperança elevada!

Ele tinha o costume de admitir a verdade do antigo ditado: "É difícil ser um bom rei". Porém, ele ia além, dizendo: "Aquele que percebe a dificuldade em se ser um bom rei não teria já quase tido sucesso em tornar seu país próspero?"M4 O que ele diz, evidentemente, é que, quando um rei se detém para refletir o suficiente em relação ao que torna um rei bom, ele sentirá dentro de si as fortes tendências nativas em direção à virtude, e o resultado disso será um povo próspero e virtuoso. Ninguém definiu de forma mais clara as melhores esperanças acerca de um Estado paternalista.

A RETIFICAÇÃO DOS NOMES: *ZHENG-MING* (CHENG-MING)

No estado confucianista ideal havia lugar para a lógica – ou para certo tipo de semântica. A reorganização moral e política tinha um lado que viria a ser chamado de "a retificação dos nomes". Esse princípio de *zheng-ming* defendia a definição cuidadosa de papéis sociais ideais seguido pelo modelamento das pessoas de acordo com esses papéis. Precisamos levar esse conceito em consideração, se é que Confúcio discutiu-o (e ele pode não tê-lo feito) enquanto sua principal colaboração para retificar o pensamento sobre política e moral. A passagem crucial sobre o tema está nos *Analectos*:

> Tsu-lu disse: "O príncipe de Wei espera, senhor, que tomes o controle de sua administração. O que farás inicialmente, senhor?" O Mestre respondeu: "A única coisa necessária é a retificação dos nomes"E3.

O discípulo responde, então, em perplexidade: "Isto é algo forçoso, senhor! Por que retificá-los?" Confúcio o repreende por demonstrar falta de sutileza lógica, e procede em explicar que, se os nomes são incorretos, então as palavras serão usadas de formas equivocadas e nada possuirá um fundamento sólido. Li e a música definharão, a lei e as punições serão injustas e as pessoas não saberão como se portar adequadamente. Esta é a razão pela qual nunca é pouco o cuidado com palavras e nomes.

Em outra conversa, Confúcio declarou que apenas quando um governante é um governante, um ministro é um ministro, o pai é pai e o filho é filho, pode haver um bom governo. Ele quis dizer que apenas quando as pessoas compreendem os significados das designações e então agem da forma por elas indicada pode haver uma ordem social verdadeira.

A moralidade não pode existir separadamente da precisão de pensamento e escrita. Citando um eminente estudioso confucionista moderno, Hu Shi (Hu Shih)]: "Confúcio considerava [que havia] uma conexão inseparável entre desordem intelectual e perversidade moral". Hu Shi explica o ponto de vista de Confúcio mais detalhadamente da seguinte forma:

> A retificação dos nomes consiste em fazer com que relacionamentos, deveres e instituições se conformem o mais próximo possível aos seus significados *ideais* [...]. Quando essa reorganização intelectual é finalmente efetuada, a ordem social ideal virá, da mesma forma que a noite segue ao dia – uma ordem social na qual, assim como um círculo é um círculo e um quadrado é um quadrado, da mesma forma um príncipe é principesco, cada oficial é leal, cada pai é paternal, e cada filho é piedoso filialmente[N].

O princípio, então, significa que cada um deve agir em sua própria vida de acordo com o mais elevado – isto é, acordado socialmente – ideal de seu próprio lugar e função na sociedade.

O HOMEM SUPERIOR: *JUN-ZI* (*CHÜN-TZU*)

Quando Confúcio descreve seu mais elevado princípio como corporificado em uma pessoa, ele usa o termo *jun-zi*, que nos seus dias significava simplesmente um homem de alto nascimento, um nobre. Mas Confúcio o empregava para descrever um conjunto de comportamentos. Assim como outros grandes pensadores éticos (Gautama Buda, p. ex., transmutava o termo *Ariano*, "nobre", para se referir a *qualquer um* que seguisse seu Caminho Óctuplo), Confúcio fundamentava a nobreza de um indivíduo mais sobre seu mérito do que nascimento. Usamos o termo masculino "Homem" Superior por se tratar da forma que Confúcio pensava e falava, mas na maior parte de suas significações seu conceito pode ser reinterpretado em formas de linguagem que não sejam de gênero específico.

O tipo de pessoa que Confúcio acreditava mais firmemente era aquele cuja mente era perfeitamente clara acerca de nomes e deveres e que, ademais, agisse em retidão altruísta (ren) e com bom gosto (li).

O Homem Superior, ele dizia, demonstrava as Cinco virtudes constantes. "A virtude moral consiste simplesmente", afirmava ele, "em estar apto, onde quer que seja, a exercer cinco qualidades em particular: respeito próprio, magnanimidade, sinceridade, diligência e benevolência"[M5]. Essa lista de virtudes sugere que, apesar de Confúcio amar a ordem trazida pela observância meticulosa de regras e cerimônias, ele enxergava a falácia em um formalismo meramente legalista. A harmonia por ele buscada podia brotar apenas de retidão interna, de um sentimento sincero e básico de mutualidade com os outros. Ele não tinha espaço para a polidez insincera que advém da mera etiqueta, e rejeitava enfaticamente o "tagarela" e o "santarrão". Mêncio o cita como que dizendo: "Eu detesto coisas que se assemelham às coisas reais, mas não o são [...]. Eu detesto os homens que se insinuam, pois eles se misturam aos homens bons. Eu detesto os tagarelas, pois eles nos deixam confusos em relação às pessoas honestas [...]. Eu detesto santarrões, pois eles nos deixam confusos em relação às pessoas virtuosas"[B4]. Em outra conexão, ele destacava: "Se um homem não é um homem íntegro, qual é a utilidade dos rituais? Se um homem não é um homem íntegro, qual é a utilidade da música?"[B5] Esse pensamento está no cerne da filosofia de vida de Confúcio, que exige integridade na boa vontade.

O Homem Superior se *sente* como que praticando li, pois percebe sua própria magnanimidade (ren) através dele. Este é um ponto moral importante, como Y.L. Fung sugere:

> O li está imposto externamente sobre um homem. Mas à parte desse molde externo, cada um de nós possui ainda dentro de nós algo que podemos tomar como modelo para nossa conduta. Se nós podemos "encontrar em nós mes-

mos um padrão para tratar os outros similarmente", se nós fazemos aos outros o que gostaríamos que fizessem para nós mesmos e "não fazemos aos outros o que não gostaríamos que fosse feito para nós mesmos", então as manifestações de nossas naturezas estarão de acordo por conta própria com aquilo que é apropriado. Consequentemente, enquanto ainda existam ocasiões nas quais a retidão natural (*chih*) do próprio indivíduo não possa ser seguida, não existem instâncias nas quais não se possa agir de acordo com *jen* [ren] (que é a retidão do próprio indivíduo se conformando ao que é apropriado). Esta a razão pela qual *jen* é o princípio "penetrando a tudo" do ensino de Confúcio, e o centro de sua filosofia[E4].

Devido ao ajuste perfeito alcançado entre seus hábitos e motivações, o Homem Superior incorpora em sua conduta o Meio Dourado. Para ele, o decoro é tão natural quanto respirar.

Ele possui um convincente senso de dever, mas não possui dificuldade em colocá-lo em prática. "Em sua jornada pelo mundo ele não possui nem predileções estreitas tampouco antipatias obstinadas"[M7]. Sua retidão nunca toma a forma de rudez, pois ele controla sua expressão de acordo com as regras de bom gosto. Ele é modesto. Ele possui uma perspectiva universal. Ele é simples, honesto e ama a justiça. "Ele considera as palavras dos homens e observa a expressão de suas faces"[M8]. Sua resposta, então, é dada com tato, mas de forma consciente e verdadeira. Ao tentar estabelecer seu caráter ele tenta também estabelecer o caráter dos outros. "O mais elevado tipo de homem faz do senso de dever a fundação de seu caráter; quando em ação, mistura-o com um sentido de proporção harmônica; também ele manifesta esse senso de dever com um espírito altruísta, e o aperfeiçoa com a adição de sinceridade e verdade"[M9]. Certamente é um nobre ideal de masculinidade – seja ele alcançável ou não com base na ética de Confúcio. E este nobre homem nunca perde o controle: ele obedece à lei interna do autocontrole. Ele mantém sua cabeça no lugar, com isso preservando seu equilíbrio e sua virtude. "Nem mesmo enquanto come sua refeição o homem superior se esquece o que deve ao seu próximo. Mesmo em despedidas apressadas ou em momentos de confusão frenética ele se mantém fiel à sua virtude"[F2]. Ele é um verdadeiro cavalheiro por viver de acordo com uma lei superior – uma lei de proporção e equilíbrio ao agir de acordo com suas motivações íntimas, e de mutualidade e compassividade em relação aos outros.

O Meio Dourado: Zhong Yong (Chung Yung)

A Escola Confucionista dos tempos subsequentes desenvolveu a doutrina do Meio Dourado. Aparentemente Confúcio falou dela apenas tangencialmente e de passagem.

> Já que não posso encontrar pessoas que seguem o Meio Dourado para o ensinar, eu suponho que terei de trabalhar com aqueles que são brilhantes ou erráticos – *kuang* (k'uang) e com aqueles que são um pouco lentos, mas cuidadosos – *zhuan* (chuan). As pessoas brilhantes, mas erráticas, estão sempre prontas a seguir adiante (ou são ativas em demasia), e as pessoas lentas, mas cuidadosas, sempre se contêm (ou não são ativas o suficiente)[B6].

Um de seus dizeres tinha o tipo de caráter ambíguo, mas profundamente sugestivo que sempre levanta algum tipo de especulação e conduz a um desenvolvimento posterior do pensamento. Ele tem sido traduzido de forma estrita ou de forma mais livre, como demonstrado nas duas versões a seguir. A redação mais sucinta e menos explicativa é a seguinte:

> A virtude perfeita é aquela que adere a um significado constante[M10].

Em uma versão redigida de forma mais filosófica pode-se ler o seguinte:

> O verdadeiro estado da perfeição humana é o uso do sentimento moral, bem balanceado e em equilíbrio perfeito[o].

Talvez Confúcio (se é que ele de fato usou os termos) pretendesse, ao falar sobre *Zhong Yong* (os termos em disputa), se referir a algo semelhante ao Caminho do meio do budismo antigo, que se desenvolvia então na Índia. E, se compreendemos corretamente seu significado, ele se referia a um tema que os gregos, na pessoa de Aristóteles, muito longe "do outro lado do mundo" logo colocariam no centro de sua ética.

Não há dúvida, quaisquer que tenham sido os significados intendidos por ele, que o próprio Confúcio era um bom exemplo de alguém que se move pelo caminho do meio e não faz nada em excesso. Ele era dotado de verdadeiro decoro e era modesto acerca de seus feitos: "De três maneiras eu não sou um verdadeiro homem honrado. O amor nunca se irrita; a sabedoria não tem dúvidas; e a coragem não dá lugar a medo"[A6]. Mas ele reconhecia possuir uma qualificação de tipo superior: ele era provido de um senso de dever que o impulsionava. "Não reivindico possuir", dizia ele, "sabedoria divina e virtude perfeita". "Tudo que pode ser dito de mim é que eu nunca esmoreci no caminho que sigo, e que sou infatigável na instrução dos outros – isto e nada mais"[M11]. "Existem homens, ouso dizer, que agem diretamente sem saber os porquês disso, mas eu não estou entre eles. Tendo ouvido muito, peneiro o bem e o pratico; tendo visto muito, eu mantenho tudo em minha memória. Esta é a segunda ordem da sabedoria". "Eu sou um transmissor, e não um criador. E, enquanto alguém que acredita e ama aos antigos, me aventuro a me comparar ao velho Peng"[F3] – o Matusalém chinês, um antigo sábio do século XI AEC, que teria desaparecido no Ocidente (como se disse que Laozi faria anos depois). Há pouca bravata aqui, e mesmo em sua velhice, ele é citado afirmando calmamente:

> Aos 15 anos eu tinha minha mente inclinada para o estudo. Aos 30, permanecia firme. Aos 40, não tinha dúvidas. Aos 50, eu conhecia os decretos do Céu. Aos 60, meus ouvidos eram órgãos obedientes para a recepção da verdade. Aos 70 eu podia fazer o que meu coração desejava sem transgredir o que era correto [o ju (chü) ou lei do Dao][3].

Ensino religioso

É garantido que Confúcio foi primariamente um professor de ética. Alguns afirmam que pouco precisaria ser acrescentado, pois ele não era nada mais além disso. Esse argumento, no entanto, não se sustenta. Tanto em sua crença privada quanto em sua prática pública, Confúcio exibia fé na realidade religiosa. Ele aderiu de forma tão cuidadosa às cerimônias religiosas estabelecidas em seu tempo a ponto de definir um exemplo que foi até este século considerado o ideal chinês.

Sua atitude em relação à religião, no entanto, era crítica e judiciosa, e até mesmo marcada por uma evidente contenção, pois ele possuía uma perspectiva racionalista e decididamente humanista. Apenas no sentido mais moderado possível do termo ele poderia ser chamado de místico ou de inclinação sobrenatural. Sua posição em questões de fé era esta: qualquer coisa que parece ser contrária ao senso comum na tradição popular, e qualquer coisa que não servisse a qualquer propósito social, ele considerava friamente. Ele evitava em seus ensinamentos a discussão de assuntos como milagres, demonstrações de força, crime e o sobrenatural, aparentemente por não desejar gastar tempo discutindo exceções perturbadoras às leis humana e natural. "A absorção no estudo do sobrenatural é em sua maior parte danosa", disse ele[M13], não por desacreditar no sobrenatural, mas a fim de não permitir que as urgentes preocupações com o bem-estar humano pudessem ser negligenciadas. É a partir desses pontos de vista que devemos mensurar dois de seus ditos que receberam quiçá atenção em demasia. Seu discípulo Zu-yu lhe perguntou a respeito do dever para com os espíritos dos mortos. Ele respondeu: "Antes de estarmos aptos a cumprir com nossos deveres para com os vivos, como seremos capazes de fazê-lo para com os espíritos dos mortos?"[M14] Ele definiu o que ele acreditava consistir na atitude apropriada com grande exatidão da seguinte forma: "Devotar-se sinceramente ao seu dever para com a humanidade e, ao mesmo tempo em que se respeita os espíritos, manter-se distante deles pode ser chamado de sabedoria"[E5].

Ainda assim o efeito de seu desejo de apoiar o quer que fosse feito em prol da unidade no Estado e da harmonia nos lares implicou ele ter ido tão longe quanto possível em observar os ritos e cerimônias de seu tempo. Pode-se arriscar a opinião de Lin Yutang que "Confúcio teria sido indubitavelmente alguém do alto clero" se tivesse sido um cristão[D6]. Talvez seu interesse nos efeitos estabilizadores morais dos antigos rituais tenha sido fortalecido por sua própria satisfação estética com eles. De qualquer forma, durante os exorcismos nas vilas ele se vestia de acordo com o cerimonial da corte e preservava os costumes do Oriente. Ele considerava seriamente os banhos cerimoniais antes dos cultos religiosos. Quando um de seus discípulos sugeriu abandonar a oferenda de ovelhas na lua nova, ele discordou, dizendo: "Tzu, tu amas a ovelha; eu amo a cerimônia!"[I4] Ao se dirigir para o Grande Templo ele indagava acerca de tudo. Isso fez com que certa vez algum espectador o criticasse, afirmando que ele sabia espantosamente pouco acerca dos ritos. Quando ouviu isso, no entanto, ele respondeu que perguntar sobre tudo fazia parte do rito. Ao oferecer os sacrifícios para os ancestrais, ele se comportava como se eles estivessem presentes fisicamente, e essa também era sua atitude em relação a outros espíritos aos quais eram feitos sacrifícios.

Ele sentia que era seu dever participar ativamente nos sacrifícios, dizendo: "Para mim, não tomar parte nos sacrifícios é o mesmo que não sacrificar"[K6]. Ao ser questionado sobre o significado do Grande Sacrifício para os ancestrais imperiais, ele respondeu: "Eu não sei. Quem conhecer seu significado deve achar tão fácil governar o império quanto olhar para isto" – apontando para a palma de sua mão[M15].

Sua aprovação dos cultos aos ancestrais parece ter sido sem reservas. Em uma citação da *Doutrina do Meio* feita em uma de suas páginas iniciais, somos assegurados de que ele julgou o Imperador Wu e seu irmão, o duque de Zhou, como homens eminentemente pios por repararem e colocarem em ordem o tempo ancestral a

> *Os santarrões são os ladrões da virtude.*
> *Confúcio*[M6]

cada primavera e outono, arrumando os vasos sacrificiais, as regalias e heranças da família e apresentando os sacrifícios apropriados ao mesmo tempo. Ele é citado como tendo afirmado que os grandes imperadores do passado eram de fato bem-afortunados: após suas mortes, seus descendentes continuavam a sacrificar para eles por muitas gerações.

Tendo tudo isso em vista, qual seria a própria filosofia da religião de Confúcio? Não sabemos se ele provocava seus discípulos em situações como a seguinte: estando seriamente adoecido, Zu-yu pediu sua permissão para fazer orações por ele; Confúcio se esquivou, respondendo: "Estão tais orações disponíveis?" "Sim", respondeu Zu-yu, "e o *Manual de Orações* diz: 'Ore para os espíritos acima e para aqueles que estão aqui, nas partes baixas!'" Em consequência disso, Confúcio afirmou: "Tenho orado por um longo tempo"[F4]. É difícil determinar o sentido exato dessa afirmação, é claro, e precisamos nos voltar para outras fontes em busca de evidências adicionais.

FAZENDO A VONTADE DO CÉU

O vislumbre sobre suas próprias crenças está contido na convicção de que ao se praticar a lei moral se faz a vontade do Céu. O autor da Doutrina do Meio (a autoria foi reputada provavelmente de forma apócrifa ao neto de Confúcio) diz que Confúcio deixou evidente que as verdades transmitidas pelos antigos imperadores Yao e Shun "se harmonizam com a ordem divina que governa as revoluções das estações acima, no Céu, e [...] se ajustam ao projeto moral que pode ser observado na natureza física embaixo, na terra"[J5]. Esta parece ser uma declaração bastante acurada do intento real, ainda que talvez nunca expressado, de Confúcio. Dificilmente pode-se enxergar em tal atitude que seja uma tendência para o sobrenatural ou para o monoteísmo. Ela é vagamente mística, mas ao mesmo tempo afastada das preocupações da religião popular. Alguém lhe perguntou, em certa feita: "Por que as pessoas afirmam que é melhor estar em bons termos com o deus da cozinha do que com o deus do canto sudoeste da casa?" Acerca do que Confúcio respondeu argutamente: "Isso é besteira. Se cometestes pecados contra o Céu, não há deus para qual possas orar"[B7].

O fato básico é que ele sentia ter o suporte do Céu. Confúcio deve de fato ser enfileirado ao lado dos outros líderes religiosos aos quais nós temos estudado, possuindo uma consciência profética específica e única. Certa vez, na cidade de Kuang, ele foi cercado por uma multidão ameaçadora, e seus discípulos temeram por sua vida; mas ele disse: "Desde que o rei Wen [o fundador da ordem feudal Zhou] morreu, não tenho eu preservado e mantido sua tradição? Se fosse da vontade do Céu que essa tradição moral se perca, então a posteridade nunca tomará conhecimento dela novamente. Mas se é vontade do Céu que essa tradição não se perca, o que é que o povo de Kuang pode me fazer?"[B8] (Aqui há um jogo de palavras que pode ser sugerido por uma brincadeira semelhante em português: "O Grande Um [*Wen*] está morto, mas não mantenho eu o Um/único [*Wen*] caminho?") Encontramo-lo afirmando em outra ocasião: "O Céu gerou o poder [De] que está em mim. O que tenho a temer de alguém como Huan T'uei?" Houve, portanto, momentos nos quais ele sentiu claramente que sua mensagem para os seus tempos possuía importância eterna, pois tinha sua origem na ordem moral do mundo. Seus ensinamentos pareciam, sob seu ponto de vista, firmemente fundamentados na natureza última das coisas. Era uma convicção para a qual não podemos simplesmente negar o adjetivo "religioso".

III – AS ESCOLAS CONFUCIONISTAS: SEUS RIVAIS E CAMPEÕES

A formação da Escola Confucionista

Na seguinte famosa passagem, Mêncio apresenta a tradição referente ao luto dos discípulos de Confúcio:

> Quando Confúcio morreu, após a passagem de três dias seus discípulos coletaram sua bagagem e se prepararam para retornar para suas casas.
> Mas após entrarem a fim de deixar Tzu Kung, eles olhavam-se mutuamente e choravam, a ponto de perderem suas vozes. Após isso eles retornaram para suas casas, mas Tzu Kung voltou e construiu uma casa para si mesmo no território do altar. Ali ele viveu sozinho por três anos, antes de retornar para seu lar.[M]

Este foi, presumivelmente, o início da Escola Confucionista. A maior parte de seus membros – que se afirma terem sido setenta ao todo – se espalharam, oferecendo seus serviços aos senhores feudais. "Os importantes", diz Si-ma Qian, "tornaram-se professores e ministros [dos senhores feudais]. Os menores tornaram-se amigos e professores dos oficiais ou se retiraram, não sendo vistos nunca mais"[E6]. Alguns fundaram escolas devotadas a difundir os ensinamentos do mestre. Muitos na geração seguinte ajudaram a coletar o material que seria finalmente reunido e moldado nos *Analectos*. Gradualmente, durante um período de três ou quatro séculos, a Escola Confucionista produziu o *Grande Saber*, a *Doutrina do Meio*, o *Livro de piedade filial* (o *Xiao Jing*, destinado a se tornar um grande favorito, mas que não veio a ser listado no cânon dos Quatro Livros), o presente *Livro dos Ritos* e os *Anais de Primavera e Outono*. De seu meio saíram ainda alguns outros escritos, que não sobreviveram. Entre os líderes da escola na segunda geração estava Zi-si, o erudito neto de Confúcio que, como seu avô, devotou-se ao ensino.

A difusão do pensamento de Confúcio foi impedida, no entanto, por dois fatores: a decadência final do sistema feudal Zhou durante o Período dos Estados Combatentes (403-221 AEC) e o surgimento nesse período de muitas escolas de pensamentos diferentes que propuseram soluções morais e políticas para as perplexidades de seus tempos. Apenas os príncipes que descendiam das antigas famílias feudais e os usurpadores que desejavam manter suas posições por meio de um prolongamento da ordem feudal deram ouvidos prontamente aos eruditos confucionistas. Mas, apesar de que muitos dos príncipes feudais poderiam ter gostado de ver o confucionismo progredir, eles pensavam que seu sistema de pensamento não tinha chance. O mundo estava em mudança. Além disso, na comunidade, de forma geral, havia um difundido escárnio pelo intelectual *ru jiao* (ju chiao), pela "escola erudita – ou letrada", e por seus defensores.

Pontos de vista rivais

Poderemos compreender melhor essa situação se analisarmos brevemente algumas das escolas de pensamento rivais.

(1) OS DAOISTAS

Os compiladores do *Dao De Jing* não foram gentis em relação aos confucionistas. O escárnio que eles sentiam em relação a todos os advogados de alguma disciplina social ou economia dirigida foram dirigidos especialmente aos confucionistas (apesar de que os moístas e os legalistas eram igualmente abomináveis para eles). Consideremos as implicações dos versos seguintes:

> O homem de virtude superior nunca age,
> nunca (o faz), sem possuir um motivo oculto.
> O homem de virtude inferior age,
> e (o faz) sem um motivo oculto [...]
> (Quando) o homem de li superior age e não encontra resposta,
> Ele arregaça suas mangas a fim de forçar sua vontade nos outros.
> Portanto:
> Após o Dao ser perdido, então (surge a doutrina da) amabilidade.
> Após a amabilidade ser perdida, então (surge a doutrina da) justiça.
> Após a justiça ser perdida, então (surge a doutrina de) li. Li é a diluição da lealdade e da honestidade no coração.
> E (é) o início do caos"[B9].

Ou então, consideremos esses versos, que parecem ser diretamente dirigidos contra os confucionistas:

> No declínio do grande Dao surgem as doutrinas de "amor" e "justiça".
> Quando surgem o conhecimento e a argúcia, então uma grande hipocrisia segue seus rastros.
> Quando os seis relacionamentos não mais vivem em paz há (louvor a) "amáveis pais" e "filhos piedosos".
> Quando o país cai no caos e na desordem há (louvor aos) "leais ministros"[B10].

Apesar de Zhuang-zi escrever mais longamente e com igual escárnio, ele não ataca de forma mais incisiva que os anteriores, mesmo ao dizer:

> Nos tempos antigos o Imperador Amarelo interferiu primeiramente com a bondade natural do coração do homem por meio da caridade e do dever. Como consequência, Yao e Shun [...] torturaram a economia interna das pessoas de forma a conformá-las à caridade e ao dever. Eles exauriram as energias das pessoas a fim de viver de acordo com as leis e estatutos [...]. Eventualmente surgiram os confucionistas e os motseanistas (moístas); e então surgiu a confusão entre alegria e ira, a fraude entre o simples e o astuto, recriminação entre o virtuoso e o de mentalidade má, calúnia entre o honesto e o mentiroso, e a ordem mundial entrou em colapso [...]
> Então, quando homens mortos jaziam empilhados, um cadáver em cima do outro [...] criminosos eram vistos por toda parte. Então os confucionistas e os motseanistas se alvoroçaram e arregaçaram suas mangas em meio a grilhões (algemas) e correntes! Aliás, eles não se envergonham, tampouco se ruborizam![B11]

Algumas vezes, porém, Zhuang-zi preferia rir-se de Confúcio pondo em sua boca afirmações daoistas, como nessa deliciosa peça zombeteira:

> Yen Huei falou para Chungni (Confúcio), "Estou indo bem".
> "Como?", perguntou o último.
> "Eu abandonei a caridade e o dever", respondeu o primeiro.
> "Muito bom", respondeu Chungni, "mas ainda não é de todo perfeito".
> Outro dia, Yen Huei encontrou Chungni e disse:
> "Estou indo bem".
> "Como?"
> "Eu posso esquecer-me de mim mesmo enquanto me assento", respondeu Yen Huei.
> "O que você quer dizer com isso?", disse Chungni, mudando sua compostura.
> "Eu me libertei de meu corpo", respondeu Yen Huei. "Eu joguei fora meus poderes de raciocínio. E, dessa forma, livrando-me de meu corpo e de minha mente, tornei-me Um com o infinito. É is-

so que eu quis dizer que me esqueci de mim mesmo enquanto estava sentado." "Se você se tornou o Um", disse Chugni, "não há espaço para inclinações. Se você perdeu-se a si mesmo, também há mais impedimentos. Talvez sejas de fato um sábio. Espero que me seja permitido seguir seus passos"[B12].

(2) OS MOÍSTAS

Outro tipo de rivalidade foi expressa pelo filósofo **Mo-zi** (Mo Tzu) ou Mo Di (Mo Ti), ca. 468-390 AEC. Ele foi um tipo de homem sincero e humano, que pensava que o governo deveria operar estritamente debaixo de sanções religiosas, sempre insistindo na simplicidade e parcimônia em tudo; ele desejava acabar com todas as instituições dos Zhou, a fim de construir uma comunidade de trabalhadores de *status* social similar, preenchidos de boa vontade fraternal e amabilidade tanto entre si quanto voltadas para toda a humanidade.

Apesar de sua escola de pensamento ter desaparecido e seu nome ter sido conhecido por 2 mil anos apenas por eruditos chineses, Mo-zi foi uma figura importante em seu tempo e continua a sê-lo em qualquer história da filosofia e religião chinesas. Ele viveu no ápice das desarticulações ocorridas no Período dos Estados Combatentes, pois ele nascera não muito tempo após a morte de Confúcio, provavelmente em Lu. Ele parece ter passado sua vida debaixo da influência confucionista; por um breve período foi oficial em Song e, após isso, um enviado de Song para Wei. Ele rompeu com o confucionismo e adotou uma atitude menos formal e mais amplamente democrática, talvez como resultado de ter vivido em Song, onde a cultura Zhong era aparentemente considerada pelos habitantes como um sistema opressivo.

Mo-zi foi motivado por dois principais objetivos. O primeiro era unir a todos os seus próximos, os seres humanos, em uma comunidade de trabalho devotada altruisticamente ao bem comum. O segundo era levar todas as pessoas a fazerem a vontade do Céu e dos espíritos, o Céu sendo concebido como o Soberano nas alturas (Shang Di), do qual fluía um amor universal (ou benevolência) para com todas as criaturas.

Em busca de alcançar o primeiro objetivo, Mo-zi defendeu o amor universal, baseado na crítica ao egoísmo obstinado.

> Ataques mútuos entre estados, usurpação mútua entre indivíduos; a falta de graça e lealdade entre o governante e o governado, a falta de afeição e piedade filial entre pai e filho; a falta de harmonia entre o irmão mais velho e os mais novos – essas são as maiores calamidades no mundo.
> Mas onde essas calamidades surgiram? [...]
> Elas surgiram da necessidade de amor mútuo. Atualmente, os senhores feudais aprenderam a amar apenas os seus próprios estados, e não o dos outros. Eles não possuem, portanto, escrúpulos em atacar estados alheios. Os chefes aprenderam apenas a amar suas próprias casas, e não as dos outros. Eles não possuem, portanto, escrúpulos em usurpar casas alheias. E os indivíduos aprenderam a amar apenas a si mesmos, e não aos outros. Eles não possuem, portanto, escrúpulos em relação a ferir os outros [...]. Todas as calamidades, contendas, reclamações e ódios, portanto, têm surgido da falta de amor mútuo [...]
> Como podemos alterar essa condição?
> Ela pode ser alterada por meio do caminho do amor universal e da ajuda mútua. Mas qual é o caminho do amor universal e da ajuda mútua?
> É considerar os estados dos outros como o seu próprio, as casas dos outros como a sua própria, e as outras pessoas como se fosse a si mesmo. Quando os senho-

res feudais amarem-se mutuamente não haverá mais guerras; quando os chefes das casas amarem-se mutuamente não haverá mais usurpação mútua; quando os indivíduos amarem-se uns aos outros não haverá mais injúrias mútuas. Quando o governante e o governado amarem-se uns aos outros, eles serão graciosos e leais; quando pai e filho amarem-se uns aos outros, eles serão afetuosos e filiais; quando os irmãos mais velhos e mais novos amarem-se uns aos outros eles estarão em harmonia. Quando todas as pessoas no mundo amarem-se mutuamente, então o forte não subjugará ao fraco, e os muitos não oprimirão os poucos; os ricos não zombarão dos pobres, os honrados não desdenharão dos humildes, e os astutos não enganarão aos simples. É inteiramente por meio do amor mútuo que se previne o surgimento de calamidades, contendas, reclamações e ódio. Os benevolentes, portanto, o exaltam[Q1].

A fim de que ninguém pudesse pensar que isto tudo consistisse de idealismo impraticável, Mo-zi asseverou: "Se isso não fosse útil, eu o desaprovaria. Mas como qualquer coisa poderia ser boa sem ser útil?"[Q2]

A essência de sua tese é que o princípio do amor universal e da ajuda mútua "compensa", como dizemos hoje em dia. "Aquele que ama aos outros é amado pelos outros." O amor compensa sempre, mas o ódio nunca funciona. Desafortunadamente, "o homem honrado do mundo" não conseguia perceber isso.

Dentro do Estado não deveria haver desperdício de recursos nem de tempo dos trabalhadores – que era equivalente à riqueza. Rituais demorados e caros, cerimônias com longas passagens musicais e situações similares deveriam ser levadas a cabo apenas o mínimo possível. Isso não significava que fossem más por si mesmas; no entanto, tomavam muito tempo e eram inúteis em promover o aumento de riqueza da população. Ele condenava, por razões semelhantes, o custo econômico dos funerais tão amados pelos confucionistas. Ele insistia em que funerais e tempos de luto deviam ser simplificados e encurtados. Todos os embelezamentos e exageros piedosos e culturais da vida deviam ser minimizados a fim de que o bem comum fosse atingido de forma mais apropriada. Mesmo a recreação estava fora de questão.

Este tipo de raciocínio atraiu sobre Mo-zi a ira tanto de confucionistas quanto de daoistas. Os últimos consideraram-no interferindo em demasia; os primeiros diziam que ele sacrificava a cultura e as amenidades que tornam a vida agradável em prol de um benefício econômico vazio.

Nas palavras de condenação que teriam grande peso no futuro e que ajudariam a manter a maré contrária a Mo-zi, o erudito confucionista Mêncio afirmou:

> As palavras de Yang Chu e de Mo Ti (Mo-zi) se espalham pelo império. Ao se ouvir o discurso das pessoas através dele [do império], percebe-se que adotaram o ponto de vista ou de um ou do outro. E o princípio de Yang é "cada um por si", um princípio que não reconhece as reivindicações de soberania. O princípio de Mo é "amar a todos igualmente", [um princípio] que não reconhece a afeição peculiar que é devida a um pai. Não reconhecer nem ao rei nem ao pai é estar na mesma condição que uma besta[Q4].

Aquele que ama aos outros é amado pelos outros; aquele que beneficia aos outros é beneficiado pelos outros; aquele que odeia os outros é odiado pelos outros; aquele que fere aos outros é ferido pelos outros.
Mo-zi[Q3]

Mo-zi, porém, que não estava vivo para ouvir essas críticas mas as antecipara, encontrou a justificativa para sua forma de vida nas sanções do Céu. Ele estava certo de duas coisas: primeiro, que o Céu *queria* que todas as pessoas se amassem igualmente, e segundo, que esta crença tinha utilidade elevada. É um grande incentivo em prol do amor universal as pessoas simplesmente crerem que o Céu é sua fonte e sanção. Mo-zi condenou severamente seus contemporâneos pelo ceticismo em relação ao culto aos espíritos praticado pelos antigos reis sábios da Dinastia Xia, e ensinou com fervor religioso que o céu acima e a terra abaixo seriam esferas nas quais o amor universal operava:

> Eu sei que o Céu ama ternamente aos homens [...]. O Céu ordenou ao sol, à lua e às estrelas [...] as quatro estações [...] enviou a neve, a geada, a chuva e o orvalho [...] estabeleceu as colinas e os rios, as ravinas e os vales [...] apontou duques e senhores a fim de recompensar os virtuosos e punir aos perversos [...]. Isto tem ocorrido desde a Antiguidade até o presente [...]. O Céu ama o mundo inteiro, de maneira universal. Tudo está preparado para o bem do homem[Q5].
> O que o Céu deseja e o que ele abomina? O Céu deseja a retidão e abomina a injustiça [...]. Pois com retidão o mundo vive, e sem ela ele morre; com ela o mundo se torna rico, e sem ela o mundo empobrece; com ela o mundo é ordenado, mas sem ela, torna-se caótico. E o Céu se agrada que o mundo viva, mas se desagrada se ele morre; ele se agrada se o mundo enriquece, mas se desagrada se ele empobrece; ele se agrada em vê-lo ordenado, mas se desagrada em vê-lo em estado de caos. Sabemos, portanto, que o Céu deseja a retidão e abomina a injustiça[Q6].

Parece que Mo-zi estava bastante consciente que o "homem honrado do mundo" rejeitaria suas propostas enquanto impraticáveis e revolucionárias. É tocante, pois, vê-lo dizer:

> O homem honrado do mundo diria: "Até aqui está tudo bem. Certamente é excelente se o amor se tornar universal. Porém isso é apenas um ideal difícil e distante". [...] Isto se dá simplesmente porque o homem honrado do mundo não reconhece o que é benéfico para o mundo, tampouco compreende o que é sua calamidade[Q7].

(3) OS LEGALISTAS (*FA-JIA*)

A chamada Escola da Lei (*fa-jia*) teve força maior do que os ataques de Mo-zi aos confucionistas, surgindo no mesmo período. Esse grupo pouco coeso era composto por pensadores de um amplo espectro de pontos de vista, concordando em um aspecto – que a ordem feudal desarticulada e maleável deveria dar lugar a uma ordem social mantida segura por uma lei inflexível e abrangente em todos os estados. O ideal confucionista de um governo através do exemplo moral e do comportamento polido ideal parecia impraticável para esses realistas empedernidos. Muitos deles formularam regras que antecipam assustadoramente os totalitarismos fascistas da atualidade. Outros tomaram posições mais próximas às de Maquiavel: o governante deveria, segundo esses, fazer e desfazer leis e alianças de acordo com a conveniência e a vantagem imediata, ou de acordo com a mutável corrente do Dao! Acima de tudo: levando em consideração que os seres humanos eram criaturas que deveriam ser governadas – para seu próprio bem – aproveitando-se de seu desejo por recompensas materiais e de seu temor de sofrimento e punição, as leis deviam ser formuladas claramente e com força, de forma que as pessoas soubessem o que traria recompensa e o que traria punição. Do ponto de vista do governante os humanos considerados em meio à massa eram como um bando de gansos ou um rebanho de corças – eles necessitavam de leis fortes que os fizessem um todo homogêneo, obediente ao governante na paz e na guerra.

Os legalistas foram poderosos nos concílios dos vários estados durante o Período dos Estados Combatentes (de 403 a 221 AEC), tendo deixado uma impressão permanente na política e na teoria ética chinesas. Um de seus representantes mais antigos foi o ultrarrealista **Shang Yang** (Senhor Shang), que serviu por algum tempo como ministro no Estado ocidental de Qin, mas finalmente se envolveu em uma intriga sangrenta que levou à sua queda em batalha, seu corpo sendo destruído pelas carruagens (338 AEC). Ele aconselhou os governantes a confinarem seu povo em duas atividades – agricultura e batalha.

> Aquilo por meio do que o país é importante e aquilo através do qual o governante é honrado por meio da força [...]. Crie uma condição onde as pessoas considerem mais amargo não lavrar, e onde considerem mais perigoso não lutar.[G2]

Entre os legalistas ele foi considerado o líder daqueles que enfatizavam a administração estrita da lei (*fa*). Outro grupo encabeçado por Shen Dao, um contemporâneo de Mêncio, enfatizou a autoridade principesca, ou ***shi*** (*shih*), alegando: "A razão por que [...] os súditos não ousam enganar a seu governante não é por amarem-no, mas por temerem seu poder, que inspira o temor (shi)"[E7]. Um terceiro grupo enfatizava shu, ou estatismo, ao manusear as pessoas e os negócios. Seu líder fora **Han Fei**.

Han Fei (morto em 233 AEC), assim como Shang Yang, deixou seu Estado nativo e partiu para o Estado de Qin. A tradição diz que ele fez isso a fim de persuadir o duque de Qin a não invadir Han, seu estado nativo. Ele já havia escrito seu livro. O *Han Fei-zi* (*Han Fei-tzu*), e o duque considerou a obra de seu agrado. O mesmo duque, quando posteriormente se tornou o Imperador Shi Huang Di, conquistou os vários estados – incluindo Han – e unificou a China. Percebemos nos ensaios de Han Fei que ao longo de sua história ele adquiriu uma profunda admiração pelo *Dao De Jing*. Ele estudara também com o erudito confucionista Xun-zi. Essas influências aparecem em seus escritos e lhes suprem de uma riqueza e profundidade não encontrada em outros tratados legalistas. Desafortunadamente, Han Fei caiu vítima de uma intriga; enquanto aprisionado foi ou envenenado ou, como consta em certo relato, cometeu suicídio sob o conselho secreto de seu invejoso ex-amigo Li Si.

Han Fei acreditava que todos fossem naturalmente egoístas e materialistas. Religião, obediência ao governante, relação com os pais, cônjuge e filhos, bem como o lidar com os outros eram todos permeados por um desejo de tomar vantagem. Han Fei não negava que as pessoas amavam umas às outras, mas ele defendia que tal amor era secundário ao desejo por vantagem.

> Não há nada como o sentimento caloroso entre filhos e pais e qualquer um que desejar agir com base na moralidade pública e emitir proibições àqueles sob sua jurisdição precisa levar em consideração a intimidade da relação de carne e sangue. Mas há algo mais [além do amor] na relação entre pais e mães com seus filhos. Se um filho nasce, então eles se congratulam entre si. Se uma filha nasce, eles [talvez] a mata[e]m. Ambos saíram do útero da mãe; quando é um garoto – congratulações! Mas quando é uma garota, morte! Os pais estão pensando a respeito da conveniência posterior; eles calculam os lucros em longo prazo. Dessa forma, mesmo na relação dos pais e mães com seus filhos há mentes calculistas que os tratam de acordo com isso.[G3]

Ele faz uma defesa melhor de sua tese ao se voltar para a fazenda.

> Quando um homem vende seus serviços como trabalhador rural, o mestre lhe dará boa comida à custa de sua própria família, e lhe pagará dinheiro e vestes. Isto se dá não por ele amar ao trabalhador, mas ele diz: "Dessa maneira, ao arar o chão ele irá mais fundo e sua semeadura será mais ativa". O trabalhador, por sua vez, exerce sua força e se ocupa trabalhando, lavrando e capinando. Ele exerce toda sua destreza cultivando os campos. Mas isso não ocorre por ele amar ao seu mestre; antes disso, ele diz: "Desta forma eu terei uma boa sopa, e dinheiro e roupa virão facilmente". Assim ele gasta sua força como se houvesse entre eles um vínculo de amor como aquele que existe entre um pai e um filho.
> Ainda assim seus corações estão centrados na utilidade, e ambos nutrem a ideia de servirem a si mesmos[E8].

Han Fei ficou impressionado com certas lições que ele aprendera com o estudo do *Dao De Jing*. As pessoas eram da forma que eram devido ao Dao. O governante deveria emular o Dao e não ser ativo em demasia, tampouco se envolver profundamente na resolução de todo e qualquer assunto por si mesmo.

> Sê grande demais para ser avaliado, e profundo demais para ser sondado [...]. Daí vem o dito: "O governante não deve revelar seus desejos, pois se ele revela o que quer, os ministros educarão suas maneiras de acordo com isso [...]. Se o que agrada e desagrada ao governante for oculto, então os verdadeiros corações de seus ministros serão revelados" [...]. De acordo, o governante, por mais sábio que seja, não deve se incomodar, mas permitir que tudo encontre seu lugar apropriado[G4].

Han Fei advertiu seu príncipe de que estatismo tinha uma relação próxima com o princípio de wu-wei. Ele traçou um retrato claro e mortal dos perigos que cercam um príncipe, caso ele não consiga se manter distanciado o suficiente, em acordo com o Dao:

> Os ministros, em relação ao governante, não possuem laço de parentesco, mas servem-no exclusivamente por serem constrangidos pela força e pelas circunstâncias. Aqueles que ministram a um governante, portanto, estão sempre a observar a condição mental daquele que os lidera, sem parar sequer por um momento; enquanto isso, o Senhor permanece ocioso e arrogante acima deles [...]. Se o senhor tem muita confiança em seu filho, então ministros perversos usarão esse filho a fim de alcançar propósitos egoístas [...]. Se o senhor tem muita confiança em sua esposa, então ministros perversos a usarão [...].
> O médico suga os cortes dos pacientes e mantém seu sangue em sua boca não por ser íntimo dos pacientes, como em uma relação de sangue, mas por esperar lucro disso. Similarmente, quando o carpinteiro de carroças termina de construir uma carruagem, ele deseja que existam pessoas ricas e nobres; mas quando outro carpinteiro termina de construir um caixão, ele deseja que existam pessoas que logo morram. Não que o carpinteiro que constrói carroças seja benevolente e o que constrói caixões seja cruel, mas que a menos que existam pessoas nobres, carruagens não serão vendidas, e a menos que pessoas morram, os caixões não serão comprados. Assim, a motivação do carpinteiro que faz caixões não é ódio pelos outros, mas o lucro que se dá com a morte das pessoas. Pela mesma razão, quando se forma um grupo exclusivo e fechado da rainha, da princesa, da concubina ou do príncipe coroado, os que

fazem parte desses grupos desejam que o governante morra logo; pois, a menos que o governante morra, não atingirão posições de poder. Sua motivação não é ódio pelo governante, mas seus lucros dependem da morte do governante.

A dura e realista conclusão é então apresentada:

> O senhor, portanto, precisa estar especialmente atento àqueles que lucrarão com sua morte.[G5]

Foram esses pensadores da Escola da Lei que, como notamos anteriormente, prepararam terreno para o implacável e autocrata Shi Huang Di, o "Primeiro Imperador". Mas estamos a nos adiantar um pouco no relato. Han Fei e seus associados (mas não o Senhor Shang) vieram após Mêncio e Xun-zi, os grandes defensores do confucionismo, tendo atuado no final de um movimento de dois séculos, que culminou no triunfo político de suas ideias. Enquanto isso, os confucionistas vinham lutando, sem obter muito sucesso em sua busca por influência e poder. Felizmente surgiu uma série de variações brilhantes de temática confucionista com perspectiva a longo prazo, vinda das penas de Mêncio e Xun-zi; a importância do confucionismo foi, dessa maneira, ampliada.

Mêncio: porta-voz da "ortodoxia" confucionista

Voltaremo-nos primeiramente para o celebrado erudito a quem os confucionistas consideraram muitos séculos depois (no tempo de **Zhu Xi**) ter chegado mais próximo das verdadeiras intenções de Confúcio (cf. p. 417). Nascido cerca de 100 anos após a morte de Confúcio, Mêncio (cujo nome latinizado derivou de *Meng-Zi*, "Erudito Meng") foi o maior autor da Escola Confucionista. Ele ampliou e deu ênfase ao estudo da crença do mestre na bondade inata dos indivíduos, e na adequação do sistema feudal ao desenvolvimento e manutenção dessa bondade. Mêncio, cujo nome pessoal era Meng Ke (Meng K'o), era um nativo de Zou (Ts'ou), um pequeno Estado próximo de Lu. Ainda jovem ele recebeu influências confucionistas. Uma cativante tradição conta como o seu amor pelo saber foi despertado, tradição essa que fez com que os chineses de tempos posteriores considerassem sua mãe como uma progenitora ideal. De acordo com esse conto apócrifo, seu pai morreu jovem e sua mãe vivia sozinha com seu filho, perto de um cemitério. Após algum tempo ela começou a se preocupar por perceber que ele estava constantemente brincando e simulando a etiqueta de cerimônias funerárias. Dessa forma, ela se mudou com ele para uma casa próxima a um mercado, onde o garoto, influenciado pelo ambiente, passou a brincar de comprar e vender. Ela gostou tão pouco disso que se apressou em se mudar para uma casa próxima a uma escola, na expectativa – que seria atendida – de que ele pudesse moldar seu comportamento de acordo com os alunos e professores que ali observasse. (Essa história ilustra clara, ainda que incidentalmente, o ensino de Mêncio de que o contexto influencia tão fortemente os seres humanos a ponto de que tudo que lhes seria necessário, então, seria o tipo correto de ambiente.)

> *Apelar apenas para a humanidade (ren) não torna um pai apto a controlar filhos desordenados; isso tem efeito ainda menor em tornar um governante apto a governar uma massa de pessoas com as quais ele não está ligado por laços de parentesco. A força pode sempre assegurar a obediência; um apelo à moralidade o faz apenas muito raramente.*
> Han Fei Tu, cap. 49.

Com o tempo Mêncio se tornou um erudito por seu mérito próprio, em uma escola que era conduzida provavelmente por discípulos de Zu Si (Tsu Ssu), o neto de Confúcio. Posteriormente ele buscou trabalho com o duque de Qi, mas conforme o duque se mostrou estar além de qualquer "conserto" (no sentido confucionista, é claro), Mêncio partiu e, assim como seu mestre, peregrinou de Estado em Estado, exortando seus governantes a seguirem os caminhos de Confúcio – sempre em vão. Ele achou então conveniente se retirar para Zou, seu lugar de origem, para passar ali o restante de seus dias – até sua morte em 289 AEC, aos 81 anos – ensinando e escrevendo no estilo gracioso, ainda que de alguma forma acadêmico que, com o passar do tempo, ganhou o favor da *intelligentsia* para as doutrinas de Confúcio.

O sabor brando e a atmosfera genial dos escritos de Mêncio são evidentes em praticamente qualquer citação dele. Ele cria de todo o coração na bondade inata da natureza humana.

> Se o homem se torna mau, isso não é culpa de suas características originais. O sentimento de misericórdia é encontrado em todos os homens; o sentido de vergonha é encontrado em todos os homens; o sentido de respeito é encontrado em todos os homens; o sentido de certo e errado é encontrado em todos os homens. O sentido de misericórdia é o que chamamos de benevolência ou caridade. O sentido de vergonha é o que chamamos de retidão. O sentido de respeito é o que chamamos de propriedade. O sentido de certo e errado é o que nós chamamos de sabedoria, ou consciência moral. Caridade, retidão, propriedade [li] e consciência moral não são características que são inculcadas em nós; nós as temos originalmente[D7].

Todos os seres humanos possuem essas qualidades fundamentais dentro de si como se fossem "brotos tenros" ou "sementes" prontas para crescer. Algumas vezes elas amadurecem na completude da virtude que é vista na natureza moral de um sábio. Nenhuma pessoa nasce sem as possuir. A seguinte argumentação é citada com frequência pelos próprios chineses:

> Todos os homens possuem o senso de compaixão pelos outros [...]. O que eu quero dizer por todos os homens possuírem um senso de compaixão é que se, por exemplo, uma criança é vista subitamente a ponto de cair em um poço, qualquer um, sem exceção, ficará angustiado. Isso não ocorre devido a qualquer intimidade com os pais da criança, nem por desejo de receber o louvor dos vizinhos e amigos, nem por desgostar de ser conhecido como o tipo de homem (que não é movido pela compaixão). Deste ponto de vista nós observamos que é desumano não possuir senso de modéstia e a necessidade de dar lugar a um homem melhor, e é desumano não distinguir o certo do errado[G7].

Ainda assim todos os indivíduos, apesar de moralmente iguais no sentido de serem todos essencialmente bons, ou bons no coração, não são iguais no campo das conquistas morais.

Alguns usam suas mentes; outros não o fazem. Isso cria distinções entre eles que alteram seus *status* em uma sociedade propriamente constituída.

> Existe um dito: "Alguns trabalham com suas mentes, e outros trabalham com suas forças. Aqueles que trabalham com suas mentes governam aos outros; aqueles que trabalham com suas forças são governados por outros. Aqueles que são governados pelos outros os apoiam; aqueles que governam os outros são por eles apoiados". Esse é um princípio reconhecido universalmente[16].

Esse fato é tão enigmático para um dos discípulos de Mêncio que ele pergunta: "Todos são homens, igualmente, mas alguns homens são maiores e outros, menores – como isso se dá?" Mêncio responde: "Aqueles que seguem as partes grandes em si mesmos são grandes homens; aqueles que seguem as partes pequenas de si mesmos são homens pequenos"[17].

Mas por que não haveria um número maior de grandes indivíduos em evidência? Mêncio parece sugerir que o ambiente e as circunstâncias tinham uma grande parcela de influência no quanto diferentes indivíduos realizavam seus poderes naturais.

> Em anos bons os filhos dos homens são em sua maior parte bons, enquanto que nos anos maus a maior parte deles se entrega ao mal. Eles não divergem dessa forma devido aos poderes naturais que lhes foram conferidos pelo céu. O abandono se dá às circunstâncias através das quais eles permitem que suas mentes sejam enredadas e afogadas no mal[18].

O melhor ambiente e as circunstâncias mais encorajadoras para o florescimento da bondade essencial humana seriam encontrados sob um sistema feudal paternalista, desde que o mesmo fosse administrado em benefício não dos aristocratas, mas do povo. Registra-se que, quando Mêncio foi ver o Rei Xuan (Hsüan) de Chi (Ch'i), este, que tinha ambições de se tornar imperador da China, indagou sobre quais virtudes um homem deveria demonstrar a fim de obter controle imperial. Mêncio respondeu: "O amor e a proteção do povo".

> O rei perguntou novamente: "Será alguém como eu competente para amar e proteger o povo?" Mêncio respondeu: "Sim" [...].
> "Trate com a reverência devida à idade os anciãos em sua própria família, a fim de que os anciãos nas famílias de outros sejam tratados similarmente; trate com a amabilidade devida à juventude os jovens em sua família, a fim de que os jovens nas famílias de outros sejam tratados similarmente – faça isso e o império estará nas palmas de suas mãos [...]".
> "Pois se vossa majestade instituir um governo cuja ação possa ser chamada de benevolente, isso fará com que todos os oficiais no império desejem estar na corte de vossa majestade, e todos os fazendeiros desejarão arar nos campos de vossa majestade; os mercadores, tanto os viajantes quanto os estacionários, todos desejarão armazenar seus bens nos mercados de vossa majestade"[19].

Assim, pode-se ver que, apesar de Mêncio ser conservador, ao menos no que toca a forma de sua sociedade ideal – o antigo sistema feudal –, ainda assim ele apresenta um argumento forte no sentido que

> [...] o povo é o elemento mais importante no estado [...] Portanto, o caminho para ganhar o campesinato é o caminho para se tornar imperador[E9].

Ele atingiu duramente os conselheiros gananciosos e sedentos de poder que fizeram causa comum com Shang Yang e os legalistas posteriores:

> Aqueles que hoje em dia servem seu soberano dizem: "Em prol de nosso soberano nós podemos ampliar os limites das terras cultivadas e encher suas tesourarias e arsenais". Tais pessoas são chamadas hoje em dia de "bons ministros", mas antigamente eram chamadas de "ladrões do povo"[110].

Mêncio percebeu muito bem do estudo de sua época que a guerra destruía a possibilidade de atingir seus ideais de governo, e assim investia constantemente contra ela. Os fazedores de guerra eram também "ladrões do povo". Além disso, a guerra não apenas feria ao Estado, mas significava punição do Céu por ofensas contrárias às suas dispensações. Quando um reino era governado de forma má, o Céu permitia que o forte triunfasse sobre o fraco, até que a corrupção fosse irrestrita.

Então os retos se levantavam despertos e, com a sanção do Céu, expulsavam o governante corrupto de seu trono.

Isso nos conduz aos pontos de vista religiosos de Mêncio, que consistiam em um tipo de misticismo. Ele acreditava, assim como Confúcio, em uma vontade condutora, ou em um direcionamento do Céu. O Céu vê e ouve, e "há uma direção para tudo"[I11]. Aqueles que exercitam suas mentes ao máximo e estudam suas próprias naturezas conhecem ao Céu e à sua vontade. É o Céu quem cria a disposição interna do indivíduo.

> O que pertence por sua natureza ao homem superior não pode ser aumentado pela grandeza de sua esfera de atuação, nem diminuído por sua situação de pobreza e afastamento. Isso ocorre por lhe ter sido destinado de forma determinada pelo Céu[I12].

Olhar com sinceridade para essa disposição interna é conhecer o Céu através dela. Em contraste com os daoistas, Mêncio acreditava que as predisposições em direção à ordem moral estão completas dentro de nós. Assim, como colocado por Wing-tsit: "ao invés de olhar para a natureza a fim de conhecermo-nos a nós mesmos, nós olhamos dentro de nós mesmos a fim de conhecer a natureza"[R1]. É assim que podemos cumprir nossos destinos, da forma que o Céu os preparou para nós.

Neste ponto Mêncio fez uma sugestão que viria a influenciar mil anos depois aos neoconfucionistas.

> A tendência da natureza do homem para o bem é como a tendência da água correr para baixo. Não há ninguém que não possua essa tendência para o bem, assim como toda a água corre para baixo.
> Mêncio[I5]

Ele acreditava que dentro de cada pessoa havia "uma energia vital fluindo abundantemente"[G8]; ele chamou-a de *qi* (ch'i) – um tipo de *elã vital* (élan vital). Qualquer um que vive corretamente remove as obstruções internas ao fluir livre dessa força. Não é possível tentar auxiliar em seu crescimento, ele dizia; Qi já está presente e carregada como uma grande força em potência, e tudo que ela necessita é ter os canais abertos para si por meio da retidão – então, ela fluirá. A pessoa espiritual ganha, assim, um poder que projeta sua influência por toda a parte.

> Tal é a natureza dessa energia, que é imensamente grande e forte, e se ela puder ser nutrida pela retidão – não sustentando, assim, injúria – penetrará então todo o espaço entre os céus e a terra[G9].

As gerações posteriores minimizariam a confiança de Mêncio na bondade da natureza humana, mas o seu otimismo, gentileza, amor à sabedoria e pacifismo eventualmente ampliariam sua influência dentre os letrados, a ponto que ele finalmente assumiu uma posição próxima à de Confúcio aos olhos dos confucionistas.

Xun-zi (Hsün Tzu): o campeão "heterodoxo"

Nascido um pouco antes da morte de Mêncio, Xun-zi (ca. 298-238 AEC) teve imediatamente grande influência. Isso se deu em parte à sua multiplicidade. Ele recebeu influência dos daoistas por um lado, e dos legalistas, por outro. Assim como os últimos, ele exaltou as funções e prerrogativas do Estado e foi brutalmente realista acerca da fraqueza da natureza humana.

Xun-zi, cujo nome pessoal era Xun Qing, foi um nativo de Zhao, mas muito de sua vida foi passada em Qi, onde ele foi um dos "grandes oficiais" da corte e um membro ativo de um grupo de eruditos e professores na capital. Ele ensinou a Han Fei e a Li Si, que se tornaram líderes nos círculos legalistas. Ao ser vítima de calúnia, ele foi para Chu, onde passou seus anos de declínio como um magistrado em Lan-ling.

Ao desenvolver sua filosofia, Xun-zi rejeitou os dois princípios cardinais de Mêncio: que a natureza humana é inatamente boa, e que o Céu observa a Terra com uma espécie de preocupação pessoal. Ele defendeu que o "homem é mau por natureza; sua bondade é apenas adquirida pela educação"[51]. Apesar de as pessoas serem capazes de melhora indefinida sob as condições apropriadas, se deixadas por sua própria conta cresceriam tortas como mudas que precisam ser amarradas na posição apropriada a fim de que possam crescer retas. As restrições que forçam o melhoramento de sua natureza desgovernada são as regras de propriedade (li) e as leis impondo o respeito pela propriedade e direitos pessoais dos outros. A educação de tipo adequado ajuda a subjugar a maldade na natureza humana e a desenvolver o seu bem.

Esses pontos de vista levaram Xun-zi a enfatizar ainda mais do que Confúcio a importância de li, as cerimônias e regras de conduta apropriada que eram o legado deixado pelos grandes reis sábios. O Estado deveria se encarregar de aplicar a educação baseada em li sobre a humanidade desordenada.

> A natureza do homem é má [...]. Portanto, se a natureza original do homem recebe o controle, permitindo que o homem siga seus sentimentos, o resultado inevitável é contenda e ganância [...]. A madeira retorcida precisa passar por vapor quente e ser curvada a fim de ser conformada à régua do carpinteiro; apenas então ela é endireitada. Metal cego precisa ser esmerilhado e amolado; apenas após isso fica afiado. A natureza original do homem é má; assim, ele precisa passar pela instrução de professores e leis; apenas então ele será reto[52].

Contrariamente à posição de Mêncio de que as regras da conduta apropriada surgem da natureza humana, Xun-zi argumentou:

> A relação do Sábio com as regras de conduta apropriada (Li) e justiça (Yi) e com a educação adquirida e acumulada é a mesma da de um oleiro com seu vaso: ele traz a cerâmica à existência (ao bater e moldar a argila)[53].

Os reis sábios sabem que a natureza humana é má, corrupta, rebelde e desordenada. A partir disso, eles definem claramente as regras para a educação corretiva. Eles estão conscientes de que:

> Se um homem não possuir um professor ou preceitos, caso ele for inteligente certamente se tornará um ladrão; se ele for valente, certamente se tornará um assassino; se ele tiver habilidades, certamente causará desordem; se for um filósofo, certamente se distanciará da verdade. (Mas) se ele tiver um professor e preceitos, caso ele for inteligente rapidamente se tornará um erudito; se ele for valente, rapidamente inspirará admiração; se ele tiver habilidades, rapidamente nelas se aperfeiçoará; se for um filósofo, rapidamente estará apto a determinar a verdade ou falsidade das coisas[54].

Em sua atitude em relação ao Céu (Tian), Xun-zi se inclinava consideravelmente em direção ao Caminho (Dao) impessoal e naturalista dos daoístas. O Céu não devia ser enxergado de forma antropomórfica, pois era apenas o nome dado para a lei de compensação operando dentro dos eventos cósmicos, e ninguém deveria esperar que ele respondesse orações.

Capítulo 10 - Confúcio e o confucionismo: um estudo sobre o humanismo otimista

> Não se deve resmungar contra o Céu pelas coisas acontecerem de acordo com o seu Caminho (Dao) [...]. Quando as estrelas caem ou a árvore sagrada geme, o povo se aflige por todo o Estado. Eles perguntam: "Por que isso está acontecendo?" Eu respondo: Não há razão. Isso se dá devido a mudanças entre o Céu e a Terra, à mutação de *Yin* e *Yang* [...]. Como podemos explicar quando um povo ora por chuva e recebe chuva? Eu respondo: Não há razão para isso. Se o povo não orar pedindo chuva, não obstante ainda choverá[55].
> O Céu não abolirá o inverno apenas porque a humanidade não gosta de clima frio. Tampouco a terra encolherá por não gostarmos de longas distâncias [...]. Enquanto exercemos a economia e aumentamos nossas fontes de riqueza, o Céu é impotente para nos tornar pobres. De forma similar, dificilmente o Céu pode nos deixar doentes se nos nutrimos bem, tomamos os cuidados adequados e nos exercitamos regularmente [...].
> A forma de se fazer as coisas não é nem o caminho do Céu nem o da Terra, mas o do homem[T1].

Todos os eventos naturais, então, ocorrem de acordo com a lei natural. Não existem agências sobrenaturais em parte alguma. Xun-zi estava tão certo disso a ponto de tomar o passo radical de negar a existência dos espíritos: nem as divindades populares, nem os demônios, e nem mesmo os espíritos ancestrais existiam. A adivinhação poderia ter alguma pertinência incerta em relação ao futuro; Xun-zi afirmava, no entanto, que, quando alguém decide um negócio importante empregando a adivinhação, na realidade a pessoa em questão não pensa que obterá dessa forma o que busca, mas está apenas "encobrindo a verdade".

À luz desses pontos de vista naturalistas Xun-zi viu-se obrigado a reavaliar as cerimônias funerais e sacrificiais herdadas dos grandes reis sábios. Ele assumiu uma posição pé no chão sobre a questão. Ritos e cerimônias eram bons para o povo. Nada sobrenatural ocorria durante os mesmos, mas eles possuíam um efeito subjetivo valioso ao permitir a expressão e catarse do sentimento humano, ao mesmo tempo introduzindo beleza na vida do homem e cultivando o senso de propriedade (*Li*).

> Portanto eu digo: o sacrifício ocorre devido às emoções produzidas pelas memórias, ideias, pensamentos e saudades; ele é o extremo da lealdade, fidelidade, amor e reverência. Entre os homens superiores ele é considerado uma prática humana; entre o povo comum ele é considerado um serviço aos espíritos[57].

As cerimônias apelavam especialmente a Xun-zi como meios de melhorar esteticamente os sentimentos humanos.

> Todos os ritos, caso sejam executados em serviço aos vivos, servem para embelezar a alegria; ou se são executados para despedir aos mortos, eles embelezam o lamento; se são sacrifícios, embelezam a reverência; ou se são militares, embelezam a majestade[58].

No todo, Xun-zi relutava em ir além do que era requerido para conduzir aos vivos. Nos funerais, por exemplo, os vivos desejavam se "despedir" apropriadamente dos mortos como se estes ainda vivessem, e embelezar sua partida. Os vivos, portanto, executavam o ritual com meticulosidade e cuidado. As carruagens e todos os outros artefatos enviados juntamente com o morto eram devidamente queimados ou enterrados, mas:

> [...] os cavalos são mandados embora, e informa-se que eles serão enterrados [...] as pontas em metal das rédeas, as rédeas e as coleiras não vão para a sepultura [...] as coisas para os mortos são extravagantes, mas não são úteis[59].

Isso pode ser chamado de uma propriedade (li) estritamente racional, expressando, mas ainda assim governando as emoções, a fim de que estas não conduzam à extravagância e a um gasto irracional. As emoções possuem seu espaço, mas não devem receber grande alcance. Deve haver nisso balanço, assim como em tudo o mais. Cada época deve julgar por si mesma o que há de útil nas tradições.

> As regras de conduta apropriada (Li) cortam o que é muito longo e alongam o que é muito curto; elas diminuem o que é demasiado e aumentam o que é pouco; elas atingem a beleza do amor e da reverência, e fortalecem a excelência de caráter e o sentimento moral adequado [...]. Elas preparam para o choro e o lamento, mas não chegam tão longe, a ponto de atingir um grau indevido de angústia e ferimento autoinfligido. Este é o caminho do meio dos ritos (Li) [...]. Qualquer coisa além disso é má[S10].

Xun-zi não era um confucionista estrito. Ele encontrava tamanho valor nas posições daoistas a ponto de estas o levarem a igualar Li com o Dao, o último consistindo, em sua concepção, no princípio cosmológico "por meio do qual Céu e Terra se unem, por meio do qual sol e lua brilham, por meio do qual as quatro estações são ordenadas, por meio do qual as estrelas se movem em seus cursos", e "por meio do qual alegria e fúria mantêm-se em seus lugares apropriados"[S11].

Ele também demonstrou a extensão da influência daoista sobre si ao defender que a reflexão meditativa confirmava a crença de que o universo tende firmemente em direção à perfeição, e de sua forma impessoal está no lado dos retos.

> Sobre a adivinhação: O povo pensa que é sobrenatural. Aquele que pensa que ela encobre a verdade sobre o tema é afortunado; aquele que pensa que ela é sobrenatural é desafortunado.
> Xun-zi[S6]

O triunfo do confucionismo como ortodoxia de Estado

Os legalistas marcaram sua maior vitória no reinado de Shi Huang Di, mas com a queda de sua dinastia sua escola se desintegrou gradualmente. Apenas as doutrinas legalistas que foram assumidas pelos confucionistas entraram finalmente no corpo aceito de pensamento político chinês, pois a China não acatou amigavelmente a arbitrariedade do regime de Shi Huang Di, tampouco sua tentativa de reordenação completa de suas vidas e pensamento. Durante os primeiros anos da antiga Dinastia Han, a nação suspirou aliviada e relaxada em uma quietude de orientação daoista, como que desgastada pelos últimos distúrbios. Os antigos imperadores Han encorajaram essa reação, e o daoismo encontrou sua aprovação. O povo deixou de lutar e passou a sonhar. Os geomantes daoistas foram capazes de atrair ampla atenção à sua alquimia e experimentação com a pílula da imortalidade. Mas os confucionistas também estavam ocupados; gradualmente eles recuperavam a posse de cópias – na escrita nova – dos livros que Shi Huang Di havia lhes tomado e queimado. Eles não haviam apreciado a arregimentação da vida sob o governo de Shi Huang Di, mas apreciavam ainda menos um desvio anárquico e desorganização, de forma que apelaram para os imperadores Han a fim de restituir a ordem e procedimentos apropriados na vida oficial.

Seus pleitos não foram atendidos, entretanto, antes do reinado do grande imperador Han a quem já nos referimos antes, Wu Di. Foi provavelmente em 136 AEC, no quarto ano desse reinado, que **Dong Zhongshu** (Tung Chung-shu), um erudito confucionista (179?-104 AEC), apresentou seu famoso memorando ao imperador. Sabendo que o imperador desejava alcançar maior unidade nacional, ele lembrou ao monarca que a unificação geral não seria alcançada enquanto os professores e as escolas filosóficas de seus tempos seguissem padrões tão diversos entre si. O povo não sabia ao que se apegar, e os estatutos do governo estavam em estado de confusão. A única saída, dizia Don Zhong-shu, era um retorno às Seis Disciplinas de Confúcio; todos os outros padrões deveriam ser eliminados e impedidos de progredirem ainda mais. Apenas então os estatutos do governo se tornariam consistentes e o povo saberia ao que seguir. Ele acompanhou essa proposta firme e inequívoca com a sugestão de que o imperador fundasse uma academia imperial ou um colégio com o intuito de preparar os oficiais nos procedimentos uniformes que os confucionistas haviam organizado com base nas melhores experiências do passado. O imperador ficou impressionado e adotou as sugestões de Dong Zhong-shu; os confucionistas foram colocados no comando de um sistema educacional patrocinado pelo governo, projetado para o treinamento de oficiais.

O confucionismo iniciou então um reinado de 2 mil anos como a disciplina intelectual predominante usada na educação da classe governante. Não foi o confucionismo dos tempos antigos que triunfara, entretanto, mas um sincretismo, que consistia em: (1) um confucionismo modificado pela tendência de magnificar Confúcio enquanto um ser mais do que humano, infundido com (2) ideias legalistas referentes à criação de uma burocracia ampliada, necessária a fim de se lidar com os problemas de um império crescendo por dimensões tão vastas que iam das fronteiras com a Índia, expandiam-se pela Ásia Central e penetravam a Coreia. Esse amálgama de ideias foi temperado com (3) as convicções de Mo-zi de que um governo capaz de ganhar e manter o povo comum para si precisava ter por trás de si sanções religiosas – a aprovação do Céu, acima, e dos espíritos, abaixo – e estendido a fim de incluir o reconhecimento dos (4) movimentos ascendentes e descendentes do yin-yang na história, bem como nos ritmos na natureza, conforme vistos pelo daoismo.

Escolástica confucionista contida pelo racionalismo

De um ponto de vista intelectual, o confucionismo atingiu o final de seu período formativo no início da Dinastia Han posterior (23-220 AEC). De fato, é correto afirmar, como o faz Y.L. Fung, que isso pode ser afirmado até mesmo um pouco antes, pois "com a colocação em prática das sugestões de Tung Chung-shu [Dong Zhong-shu], o Período dos Filósofos chegou ao fim, e o Período do Estudo dos Clássicos se iniciou"[E10]. Deu-se a transição de um pensamento formativo para o criticismo textual, a sistematização e o sincretismo.

Isso se reflete nos escritos do próprio Dong Zhong-shu. Conscientemente mais um acadêmico do que um conselheiro imperial, ele seguia antes a Xun-zi do que a Mêncio, e buscava absorver no confucionismo os elementos de verdade – conforme vistos por ele – no interacionismo yin-yang daoista e na teoria das Cinco Forças.

Seu intelectualismo puro pode ser visto em uma sentença ou duas de seus tratados:

> O Céu tem Cinco Forças: a primeira é a Madeira, a segunda o Fogo, a terceira o Solo, a quarta o Metal, a quinta a Água [...].
> Essas Cinco Forças correspondem às ações de filhos piedosos e de ministros leais [...]. Assim, da mesma forma que um filho dá as boas-vindas ao final de seus anos [sendo criado], o Fogo se deleita na Madeira; e, assim como [quando chega o tempo] o filho enterra ao seu pai, assim [quando chega o tempo] a Água conquista ao

Metal. Também o serviço de alguém para seu soberano é como o serviço reverente que o Solo presta ao Céu. Podemos então dizer que existe homens que agem como essas forças, e que existem tanto Cinco Forças atuando nos momentos apropriados a elas quanto cinco oficiais das Cinco Forças, cada um agindo da melhor forma que pode[G10].

E assim por diante. Este tipo de intelectualismo veio a ser absorvido pelos confucionistas por séculos.

Os sistematizadores, no entanto, não obteriam tudo conforme suas formas e métodos. Percebendo talvez que o intelectualismo já havia se tornado ou ainda se tornaria "uma questão de esporte intelectual, um jogo de enigmas e, finalmente, uma superstição"[R2], **Wang Chong** (Wang Ch'ung), um racionalista da Escola Confucionista (ca. 27-100 EC) de posições semelhantes à esquerda política de hoje lutou por uma posição menos teórica e mais empírica. Ele atacou a superstição e o sobrenaturalismo vistos por ele na religião. Ele foi um racionalista e humanista consumado, armado com todo o vigor e clareza de estilo característicos de tantos dos autores chineses que temos citado; seria inadequado deixar de citá-lo. As seguintes passagens falam por si mesmas:

> Os eruditos dos tempos atuais têm paixão em crer que o que seus professores dizem é (genuinamente) antigo, e consideram as palavras dos homens sábios e dignos como a totalidade da própria essência da verdade. Ao expor e aprender essas palavras de cor, eles não percebem que existem dificuldades necessitando de explicação[G11].
>
> A ideia comum afirma que os mortos se tornam fantasmas, têm conhecimento e podem ferir as pessoas [...]. [Eu defendo que] os mortos não se tornam fantasmas, não têm consciência e não podem ferir as pessoas. Como provo minha posição? Por meio de outros seres. O homem é um ser, e as outras criaturas também o são. Quando morrem, elas não se transformam em fantasmas: Por que então apenas o homem, ao morrer, estaria apto a se transformar em um fantasma?[G12]
>
> No auge do verão, trovões e relâmpagos vêm com força tremenda, rachando árvores ao meio, demolindo casas e de tempos em tempos matando pessoas. A ideia comum é que tanto o rachar árvores ao meio quanto a demolição de casas são consequência do Céu ter colocado um dragão em ação. E quando os trovões e relâmpagos atingem pessoas e as matam, atribui-se o ocorrido a faltas ocultas: por exemplo, as pessoas teriam comido coisas impuras, e assim o Céu as golpeia e mata em sua fúria. O rugido do trovão é a voz da fúria do Céu, como um homem ofegante com raiva [...]. Isto tudo são disparates[G13].

Wang Chong também tentou reverter a tendência de converter Confúcio, o homem falível, em algum tipo de autoridade infalível tocada pelas qualidades da divindade. Em seu tratamento dos dizeres dos *Analectos* ele examinou os ensinamentos de Confúcio de forma tão casual e crítica como se estivesse buscando pelas opiniões de uma pessoa que tinha a necessidade de estabelecer sua própria autoridade, assim como qualquer outra – ou seja, ganhando a concordância da razão.

Confucionismo e budismo

A chegada do budismo à China colocou o confucionismo sob uma dura prova. O daoismo sentiu, de longe, muito menos antipatia à nova religião quando ela surgiu inicialmente, e se levantou em resistência principalmente por ciúmes. Mas os confucionistas ortodoxos permaneceram rígidos em sua oposição; o budismo lhes parecia demasiadamente niilista e distanciado do mundo. Eles não apreciavam a ênfase budista na (re)morte e renascimento, nem sua desvalorização do mundo presente implícita na doutrina samsara da impermanência. Acima de tudo, eles condenavam os budistas, como já haviam feito com os daoistas, por desviarem as pessoas de seu serviço à sociedade rumo à sua própria salvação.

Ainda assim dois fatores agiram de forma a tornar seus protestos sem efeito: (1) a novidade e frescor do budismo; e (2) o caráter formal e sem vida de seu próprio intelectualismo, bem como o ritualismo oficial e os cerimoniais praticados na corte e nos templos confucionistas, que já haviam surgido nessa época. Além disso, quando a Dinastia Han tardia entrou em colapso, na turbulência durante a qual os Três Reinos (220-280 EC) surgiram e dividiram a China, por 350 anos o país sofreu invasões de "bárbaros" do norte, passando por desunião e miséria. Muitas mentes brilhantes, distraídas pelo caos, foram incapazes de adotar o budismo, mas também foram afastadas do confucionismo por seu tradicionalismo, formalismo e "inépcia".

Mitologia confucionista

Pegos entre os daoistas zombeteiros e os budistas, que cavalgavam no sucesso do espetacular e glamoroso budismo Mahayana, os confucionistas foram enfraquecidos. Com a exceção de alguns severos e reacionários apegados aos antigos textos que não se curvaram, eles passaram a adicionar alguns toques semibudistas em seus templos, e aqueceram suas crenças sobre Confúcio com histórias de milagres e sinais nos céus e na terra. O confucionismo original estivera singularmente livre de lendas e milagres, mas num momento em que mesmo os daoistas atribuíam milagres a Confúcio, os confucionistas se desviaram insensatamente de seu caminho ortodoxo a fim de enfrentar os desafios budista e daoista. Eles adotaram histórias do aparecimento de um unicórnio antes do nascimento de Confúcio, dizendo que sua mãe até mesmo amarrara uma fita em seu chifre. Na noite de seu nascimento apareceram dois dragões e os cinco planetas se alinharam, desenhando próximos a ele as formas de velhos homens interessados. Soaram harmonias celestes, e uma voz disse: "A harmonia divina golpeia aos ouvidos, pois o Céu fez um santo nascer. Sua doutrina será a lei do mundo"[U]. Outras histórias entraram em circulação, talvez criadas pelos daoistas, antes que os próprios confucionistas nelas acreditassem. Elas contavam que, quando Confúcio estava morrendo, um meteoro desceu e se transformou em uma tabuinha de jade com inscrições; contavam também que, quando Shi Huang Di ordenou a seus soldados que abrissem a tumba de Confúcio, eles encontraram dentro dela uma profecia escrita desse próprio evento, e uma predição da morte do Primeiro Imperador, que depois foi cumprida de forma exata.

Não se deve, provavelmente, se atribuir tudo isso inteiramente à influência do daoismo e do budismo; é possível que isso tenha se dado por outras razões.

Sincretismo de "três religiões"

O que não poderia ter ocorrido, no entanto, sem a presença de crenças rivais, foi o surgimento de eruditos que tentaram um sincretismo do **San Jiao** (San Chiao), as "Três religiões". No lado daoista havia Tan Qiao (T'an C'hiao), que defendia que o Dao é o princípio central ou subjacente das três religiões. De sua parte, os budistas se provaram abertos a esse tipo de pensamento, citando de forma favorável a Li Shi-qian (Li Shih-chien).

O sábio afirmara (ca. 540 EC) que o budismo era o sol, o daoismo a lua, e o confucionismo, os cinco planetas. Posteriormente, um monge budista fundou um culto que gozou de sanção oficial por um longo tempo, e que colocou as imagens de Confúcio, Laozi e Buda lado a lado no altar. Entre os confucionistas se encontrava Wang Tong (Wang T'ung), que defendia que a Doutrina – ou caminho – do Meio era o ponto em comum entre as três religiões. Nós já vimos no capítulo 7 como o budismo se combinou com o pensamento chinês e com o daoismo em particular, criando variantes do budismo tais quais as seitas Chan (ou Zen).

Não obstante, o confucionismo foi capaz de manter seu caráter distinto. Ele possuía um fator estabilizador para mantê-lo em um curso reto – o currículo de sua escola. Enquanto a academia imperial e as escolas menores ensinassem aos estudantes os *Analectos* e os *Cinco Clássicos* – particularmente o *Li Ji* e o *Chun Qiu* –, o confucionismo estaria livre da tentação de se desviar em demasia de sua base histórica. De fato, seu núcleo duro e resistente finalmente deu origem a um renascimento confucionista.

IV – NEOCONFUCIONISMO

Um sinal precoce de que tal reavivamento surgiria eventualmente foi o famoso protesto feito pelo erudito **Han Yu** (Han Yü), endereçado ao décimo terceiro imperador da Dinastia Tang (T'ang), Xian Zong (Hsien Tsung), referente ao osso do Buda. Han Yu (767-824 EC) foi um valoroso campeão da posição de Mêncio referente ao confucionismo. Seu protesto foi escrito em 820 EC, quando o imperador fez um grande cortejo para receber monges budistas que traziam até ele em procissão um osso, que se supunha ser uma relíquia do Buda.

Han Yu endereçou um memorial vigoroso ao imperador, lembrando-o que o fundador da Dinastia Tang havia considerado exterminar o budismo, pois seu fundador fora um estrangeiro que não conseguia falar o chinês, vestia roupas estranhas como as de um bárbaro, e não possuía o conceito dos laços sagrados que ligavam o governante e o súdito ou o pai e o filho. Naquele tempo, ele continuou, Gao Zu (Kao Tsu) desafortunadamente fora impedido de levar a cabo seu intento por seus tolos ministros. Mas agora, suplicava Han Yu, que o imperador atual desse o pernicioso e pútrido osso ao executor público, a fim de que ele o lançasse nas águas ou o queimasse – e, caso o Buda se enfurecesse por tal ato, que a culpa caísse sobre ele, Han Yu, como sendo o único responsável! Por tais palavras espirituosas o audacioso erudito foi banido para um posto oficial no extremo sul, onde ele definhou em virtual exílio.

O reavivamento confucionista prenunciado por Han Yu veio a ocorrer dois séculos depois, durante um período de aflitiva mudança social. A Dinastia Song (Sung) (960-1279) que, após um intervalo de guerras civis sucedeu à brilhante Dinastia Tang, foi talvez igualmente grande em questões culturais, mas foi afligida por fracassos militares e políticos. Enquanto os Tang lidaram com as tribos "bárbaras" que cercavam a China e as dominaram, estendendo assim os domínios de seu império da Coreia a nordeste até o Afeganistão ao oeste, os Song – tornados ineptos e fracos por corrupção interna – não foram capazes de evitar o ressurgimento das tribos fronteiriças. Primeiro os Kitai, seguidos pelos Jins (Chins) e, finalmente, os mongóis – ainda mais ferozes do que os anteriores – jorraram ao longo do Rio Amarelo, até o tempo dos Chang. Os mongóis eventualmente conseguiram, sob Kublai Khan, aniquilar por completo a dinastia ao conquistar as regiões ao sul dos Chang, chegando até mesmo à Indochina e à Birmânia.

Foi natural a reação dos chineses à conquista desde o início desses eventos, retirando-se e fechando-se em si mesmos até que seus conquistadores fossem uma vez mais absorvidos e conquistados pela cultura chinesa. Houve, em particular, um retorno ao antigo confucionismo. Han Yu fora uma voz precoce pressagiando esse processo, mas o verdadeiro reavivamento neoconfucionista não se iniciou até que fosse evidente que a Dinastia Song cairia em dias maus. Os dois personagens a quem consideraremos dentro desse movimento, Zhu Xi (Chu Hsi) e **Wang Yang-ming**, foram apenas os mais celebrados em um grupo largo de eruditos expressando pontos de vista similares. O que os neoconfucionistas professaram fazer foi retornar ao confucionismo puro, a um estado anterior a qualquer empréstimo manifesto de fontes daoistas e budistas.

Zhu Xi (Chu Hsi), a nova ortodoxia

Zhu Xi (1130-1200) foi um erudito da mais alta categoria, cujos comentários sobre os clássicos confucionistas foram imediatamente reconhecidos como a última palavra nos assuntos referidos. Em sua aflição com as invasões das tribos dos Jin ele fez afirmações tão amargas acerca da política oficial de apaziguamento que acabou por atrair sobre si o descontentamento imperial. Suas exposições na Academia da Cova do Cervo Branco, porém, atraíram audiências distintas de estudiosos. Em relação aos seus austeros hábitos pessoais, lemos as palavras de um biógrafo chinês:

> Levantando-se ao amanhecer, ele se vestia decentemente e prestava homenagem aos seus ancestrais e a Confúcio. Então ele iniciava seu estudo e observava seus trabalhos diários. Sentado ou dormindo, ele se mantinha sempre ereto; trabalhando ou descansando, ele se comportava de acordo com o modelo de comportamento prescrito por Confúcio em seus *Clássicos*. Tudo em sua casa estava permanentemente em boa ordem, e desta maneira ele viveu, da juventude até à velhice[v].

Coube a Zhu Xi a determinação final da ortodoxia de Xun-zi (nós havíamos nos referido a ele anteriormente como o "Campeão heterodoxo"). Zhu Xi declarou herético o pensador anterior, por se distanciar da crença de Confúcio na bondade original da natureza humana. Isto se provou o suficiente para estabelecer Mêncio, o rival de Xun-zi, como o intérprete ortodoxo do pensamento de Confúcio. Mas as distinções de Zhu Xi entre interpretações "sólidas" e "fracas" foram apenas uma de suas marcas. Sua principal contribuição para a Escola Confucionista reside em sua clarificação da atitude ortodoxa em relação aos temas aparecendo no daoismo e no budismo. Em outros termos, ele conduziu os neoconfucionistas em sua tentativa de discutir os conceitos filosóficos das religiões rivais e de adaptar o que nelas houvesse de sólido.

A forma através da qual Zhu Xi levou essa tarefa adiante foi com o uso de passagens centrais dos textos confucionistas como critérios de verdade e erro. Como exemplo disso (o principal exemplo, na verdade), podemos citar a seleção feita por ele de uma passagem do *Grande Aprendizado* na qual aparece a seguinte sentença: "[Os antigos] investigavam as coisas, com o intuito de expandir ao máximo seu conhecimento". Zhu Xi interpretou isso como significando que os antigos examinavam o mundo ao seu redor de maneira objetiva, a fim de aumentar sua compreensão da verdade geral. Resumindo, ele concluiu que os antigos consideravam que a natureza, de forma diferente da natureza humana, incorporava leis ou princípios independentes da mente humana.

O ESTADO FINAL SUPREMO (*TAI JI*)

Em seu exame objetivo do cosmos, Zhu Xi – falando tanto por si quanto por seus companheiros confucionistas – foi, de acordo com suas próprias palavras, levado à conclusão de que todas as coisas são trazidas para a existência pelos dois elementos seguintes, mencionados por Confúcio e por Mêncio: a força vital (ou física) – *qi*, e a lei ou princípio racional (**li**). Este *li*, em suas operações cósmicas, pode ser chamado de Tai Ji (T'ai Chi), o Estado Final Supremo ou, literalmente, "Grande polo". Ele impele a força vital a gerar movimento e se modifica dentro da matéria; assim, as duas formas de energia (yang e yin) e os cinco elementos (fogo, água, madeira, metal e terra) são produzidos. Cada objeto na natureza exibe algum aspecto do princípio racional (*li*), ou Estado Final Supremo, que opera dentro de si (os caracteres chineses distinguem esse "princípio" do termo confucionista para "propriedade", que também é pronunciado como "*li*").

Isso também é verdadeiro em relação aos seres humanos. O que chamamos de "alma" ou "natureza" é o princípio supremo regulador do universo operando em uma pessoa enquanto uma mente ou espírito. Essa lei da existência trabalha em direção ao bem, de forma que a natureza do indivíduo é fundamentalmente boa, quaisquer que sejam os maus hábitos por ele apresentados.

O princípio racional e a força vital interagem em dependência mútua.

> Não existe Razão independente da força vital, e não há força vital independente da Razão [...].
> O Estado Final Supremo é Razão, enquanto que a atividade e a tranquilidade são a força vital. Ambos são mutuamente dependentes e nunca se separam. O Supremo pode ser comparado a um homem, a atividade e a tranquilidade podem ser comparadas a um cavalo. O cavalo carrega o homem, e o homem cavalga o cavalo. Quando o cavalo vai e vem, assim faz o homem[R4].

Apesar de que a descrição possa assim sugerir, esse processo não foi concebido como puramente a-físico, pois ele resulta na criação da matéria. O Estado Final Supremo, ou princípio racional, "cavalga" o princípio físico ou ativador, qi, e quando o passo é acelerado, gera-se o modo de energia yang; quando o passo desacelera, o modo yin é produzido. Assim que são trazidos à existência, o yang e o yin, através de sua interação e alteração na dominância um sobre o outro, dão origem às estruturas de energia que são os cinco elementos ou os constituintes físicos da "miríade de coisas" do mundo material.

Zhu Xi considerou o conceito do Estado Final Supremo o elemento verdadeiro no daoismo, pois a lei ou razão de qualquer entidade tinha seu "caminho adequado" a seguir, ou Dao. Mas ele não considerou esse Tai Ji – como fizeram os daoistas em relação ao seu Dao – como algo "inerte e silencioso"; tampouco considerou que ele operasse de forma a reduzir todas as coisas à igualdade e indistinguibilidade. Através de sua cooperação com a energia na matéria, ele próprio exibia a si mesmo enquanto um princípio diferenciado que podia a qualquer instante produzir algo novo; nesse ponto, Zhun Xi discordava também do budismo. Ele não podia conceber a realidade como um vazio (algo desprovido de quaisquer atributos assinaláveis), tampouco esperava que o universo retornasse para o vazio. Haveria uma harmonia central, mas ela era dinâmica, e não estática. O Estado Final Supremo nunca deixaria de atuar e, portanto, não podia ser identificado com o Estado Final ou Último do budismo, dentro do qual o universo se forma, se desenvolve, se deteriora e é finalmente engolido novamente em um vazio eterno. Usando uma expressão coloquial, "tudo que vai, volta".

CÉU (TIAN)

Apesar de ter ido longe em tornar a terminologia antiga não mais aplicável, Zhu Xi tentou fazer algumas concessões em relação à antiga concepção de Céu. Ele recusou a antropomorfização e, de fato, falava de Céu com linguagem tão abstrata que veio a encorajar a tendência agnóstica no confucionismo; mas como o Estado Final Supremo era um princípio racional, ele sentia que por trás do cosmos havia algo como uma vontade ordenadora.

Em uma passagem na qual ele resume as opiniões dos *Clássicos*, ele escreveu:

> Essas passagens indicam que há um homem, por assim dizer, nos céus, governando a tudo[W].

Acerca de outras coisas, ele deu pouco espaço à religião em suas formas tradicionais. O culto a espíritos e as oferendas às imagens chegavam até mesmo a levantar seu desprezo e, apesar de ele garantir um tênue embasamento para o culto aos ancestrais com o argumento de que o mesmo se fundamentava na imortalidade biológica e social, ele negava a existência das almas dos ancestrais; o culto aos ancestrais tinha a propriedade e o valor que derivam da gratidão aos antepassados, sentida e expressa de forma pia.

MEDITAÇÃO

Zhu Xi descobriu em sua prática pessoal que seu desenvolvimento espiritual e moral era atingido de forma mais eficaz ao se devotar certa parte de cada dia à meditação solitária, que ele chamou de "assentar-se em silêncio". Ele lembrava o dhyana, ou meditação, dos budistas. Ele escreveu:

> A introspecção é mais efetiva quando empregada em silêncio. O indivíduo deve examinar a si mesmo com constante vigilância. Se ele descobre ser muito tagarela, ele deve se aquietar. Se ele é descuidado, ele deve aprender a ser prudente. Se ele é muito raso e leviano, ele precisa balancear isso com dignidade e tornar-se confiável[T2].

Mas ele negou que esta "autocorreção por meio da introspecção"[T3] fosse de fato o dhyana budista, ou *chan ding (ch'an-ting)*.

> Assentar-se em silêncio não é o tipo budista de *ch'anting* que requer a cessação de todos os processos do pensamento. O meu [método] tem a intenção de ajudar a direcionar sua mente de forma que ela não se distraia por correntes divergentes de pensamento. Quando sua mente está calma e imperturbável, a concentração é algo natural[T4].

Para Zhu Xi, de fato, a meditação tinha um significado mais moral do que metafísico ou místico. Sentindo que "centralidade é a ordem do universo, e harmonia é sua lei inalterável"[X1], ele desejava entrar ele mesmo nesse estado uniforme que o capacitara a apreender essa ordem e harmonia, e sentir-se um com a razão presente nesse estado. Quando conseguiu atingir esse objetivo, ele descobriu que "todas as pessoas são irmãos e irmãs, e todas as coisas são minhas companheiras"[X2].

Devido à combinação de multiplicidade com praticidade, Zhu Xi se tornou, de uma forma que temos pouca dificuldade em compreender, o intérprete praticamente infalível do confucionismo de seu tempo em diante.

Wang Yang-ming: o poder da mente

Zhu Xi não dominou tão completamente o cenário do confucionismo de forma que nenhuma outra interpretação pudesse ser admitida como possível. Ele talvez tenha atraído a maioria para si, mas havia muitos neoconfucionistas em um número maior, sob o feitiço do budismo e do daoismo; esses indivíduos pensavam que a pista para a razão ou princípio governante nas coisas poderia ser encontrada não tanto na investigação da natureza quanto dentro da mente ou consciência dos seres humanos. Eles deram, portanto, grande ênfase a um exame do conteúdo mental revelado na introspecção. O maior nome neste grupo foi o de Wang Yang-ming (1473-1529), um erudito que viveu dois séculos e meio depois de Zhu Xi, quando tanto a Dinastia Song quanto a Yuan (Yüan), ou mongol, haviam passado, e a Dinastia Ming (1368-1644) tinha demonstrado por mais de 100 anos, a despeito de sua licenciosidade e corrupção, seu poder duradouro. Wang Yang-ming foi exilado por certo tempo em uma vila distante, por ter ofendido um eunuco corrupto que adquirira grande poder na corte imperial. Ele foi capaz, porém, de reunir recursos internos suficientes para passar o tempo desenvolvendo sua filosofa. Suas reflexões o levaram a afirmar que os objetos não são independentes da mente, pois a mente os molda. Essa ênfase no papel possuído pela mente na constituição dos objetos da forma como são conhecidos pela experiência pode ter ocorrido devido a um experimento que Wang Yang-ming conduzira quando possuía 21 anos. Ele parece ter levado muito a sério a sugestão de Ju Xi de que, a fim de conhecer a razão nas coisas, era necessário primeiro investigar ao máximo possível todo o tipo de objetos externos. Ele escolheu o bosque de bambu de seu pai para efetuar um teste de seu método. Diz-se que por três dias e noites ele se sentou entre os bambus a fim de ver o que eles poderiam lhe ensinar, mas pegou um forte resfriado sem chegar a resultados satisfatórios. Ele concluiu que os objetos não colocam a razão na mente, mas sim o reverso. Nas palavras de um intérprete modelo:

> No caso do bambu, por exemplo, [...] se alguém o vê como uma planta que é humilde o suficiente para ser vazia por dentro, dura o suficiente para permanecer verde por todo o ano, simples o suficiente para adornar a si mesma com finas folhas ao invés de flores luxuriantes, e dignificada o suficiente para permanecer de pé e ereta, então esse alguém percebe várias razões que a tornam um digno complemento no jardim[T5].

Nossas próprias mentes, portanto, são a fonte da razoabilidade nas coisas.

Todos esses elementos possuíam significados morais para Wang Yang-ming. A razão existente em nós é uma razão moral, não apenas inteligente, mas também boa. Ela consiste em uma luz interna, uma bondade inata. O conhecimento do bem não nos fora transmitido de fora, mas surge internamente, e se esse conhecimento interno estiver nublado, então tudo o que é necessário para clarificá-lo é polir a superfície reflexiva da mente pelo ensino e pela experiência.

> A mente pode ser comparada a um espelho [...]. Quando, após ter se feito esforço para polir o espelho, ele brilha, o poder da reflexão não foi perdido[R5]. A mente possui a habilidade inata de saber. Se alguém seguir sua mente (pura), esse alguém está naturalmente apto a saber ([conhecer] o que é moralmente bom). Quando ele vê seus pais, ele sabe naturalmente o que é piedade filial; [...] quando ele vê uma criança cair em um poço, ele sabe naturalmente o que é comiseração. Este é o conhecimento interno do bem, sem qualquer necessidade de se ir além da própria mente[R6].

Em um posicionamento adicional feito por Wang Yang-ming, percebemos semelhanças a uma crença central de Sócrates. O conhecimento do bem leva imediatamente à prática do bem ("Conhecimento", disse Sócrates, "é virtude").

É importante, então, manter-se o espelho da mente claro, eliminando-se os desejos egoístas que a obscurecem. Isso pode ser feito apenas através da prática de um "repouso tranquilo" semelhante à autodisciplina meditativa do budismo Chan (Zen), através do qual seria possível purgar tais desejos.

Após Wang Yang-ming, durante o lento colapso da Dinastia Ming e a ascendência (1644-1911) dos Manchus, o neoconfucionismo entrou em um longo período de autocrítica e reavaliação. Durante esse tempo, distintos eruditos debateram as forças e fraquezas de Zhu Xi e de Wang Yang-ming, defendendo um ou outro ou, em rejeição a ambos, levando ao retorno a um confucionismo mais puro e menos eclético como o praticado nos tempos dos Han, baseado no estudo aprofundado dos Cinco Clássicos. Juntos eles exibiram o confucionismo sob seu próprio mérito como uma filosofia da religião altamente desenvolvida, dotada de complexidade e competência comparáveis àquelas religiões que já examinamos em outras partes do mundo.

V – O CULTO ESTATAL DE CONFÚCIO

Por todo esse tempo existiu um culto estatal honrando o espírito de Confúcio. Ele se desenvolveu lentamente. A razão para seu crescimento apenas tardio não é difícil de se descobrir: Confúcio não teve sucesso em sua própria época enquanto figura pública. Mêncio, assim como seu mestre, também foi incapaz de deixar alguma marca significativa nos assuntos públicos. Por diversas centenas de anos após a morte do mestre nenhum confucionista, em qualquer lugar que fosse, ficou no poder por tempo o suficiente a ponto de fazer alterações permanentes na perspectiva oficial relativa aos problemas de governo. Mas então, subitamente, quando os caminhos e os trabalhos de Shi Huang Di, o Primeiro Imperador, haviam sido coloca-

dos de lado e os *Clássicos* confucionistas, recuperados, o Imperador Wu Di da Dinastia Han (que reinou de 141 a 87 AEC) tomou o confucionismo e fez de seu ensino uma política de Estado. Para a burocracia estatal, foi um momento decisivo; a partir desse período, mesmo quando imperadores daoistas ou budistas se assentavam ao trono, Confúcio era honrado pelo Estado como um grande sábio, sendo honrado periodicamente em *status* oficial.

A elevação progressiva de Confúcio para as categorias oficiais cada vez mais elevadas compõe uma narrativa interessante. De início apenas a Família Kong e talvez os discípulos imediatos de Confúcio prestavam culto regular ao seu espírito.

Posteriormente, sacrifícios eram feitos no túmulo de Confúcio por soberanos de mentalidade política desejosos em conciliar os sentimentos locais. O primeiro a fazê-lo foi um imperador do início da Dinastia Han, Gao Zu. Apesar de ele mesmo ser inclinado para o daoismo, o imperador sacrificou três vítimas – um boi, uma ovelha e um porco – ao passar em 195 AEC em meio a uma viagem pelo império, por Lu, local no qual se deteve na sepultura de Confúcio. Dali em diante, outros imperadores, atentos aos efeitos políticos do ato, dirigiam-se ao túmulo do grande sábio a fim de prestar tributo. No ano 1 EC o Imperador Han Ping (P'ing) ordenou o reparo do templo próximo de Confúcio e elevou o sábio à categoria de duque. Por essa época leituras, orações e dádivas de dinheiro e seda eram adicionadas aos sacrifícios feitos na sepultura. O hábito de se outorgar títulos póstumos cresceu. Em intervalos durante os séculos seguintes vários imperadores outorgaram a Confúcio títulos honoríficos como "o Sábio venerável e perfeito", "o Sábio dos tempos antigos", e assim por diante. Ele adquiriu uma longa lista desses títulos. Seus descen-

> *Referente ao universo inteiro, há nele um Estado Final Supremo. Referente à miríade de coisas, existe um Estado Final Supremo em cada uma delas.*
> *Zhu Xi[R3]*

dentes também foram elevados à nobreza e foram feitos recipientes de honrarias da parte do Estado.

Veneração patrocinada pelo Estado

Outro passo no desenvolvimento do culto de Estado foi dado em 630 EC, quando o Imperador Tai Zong (T'ai Tsung), da Dinastia Tang, lançou um decreto obrigando cada prefeitura da China a erigir um templo estatal a Confúcio, nos quais era ordenada a prestação de sacrifícios regulares a ele. O mesmo imperador converteu esses templos em "Salões da Fama", colocando neles placas dedicadas a eruditos distintos e homens letrados ao lado das de Confúcio, honrando dessa maneira tanto a eles quanto ao sábio. No século VIII, sob a influência do budismo, um imperador Tang acatou e executou a sugestão de que fossem colocadas imagens de Confúcio no grande salão dos templos do Estado, e que fossem pintadas em suas paredes pinturas de seus principais seguidores.

Os sacrifícios oferecidos ao espírito de Confúcio se tornaram progressivamente mais elaborados. Os imperadores Tang vinham em grande pompa na primavera e no outono ao templo estatal na capital, adicionando a dignidade de suas presenças às celebrações. Era usual que um boi, um porco e um carneiro fossem oferecidos à imagem de Confúcio, enquanto danças e pantomimas eram apresentadas de forma solene. Durante a época dos governantes mongóis o ritual dos sacrifícios se tornou ainda mais impressionante. Incenso era usado livremente, e reverências muito mais formais se davam diante da imagem de Confúcio e dos vários altares. Centenas de vasos de bronze, madeira e porcelana eram requeridos para as cerimônias, dois tipos de vinho eram oferecidos, e um boi, cinco carneiros e cinco porcos, assim como muita comida, eram ofertados. Era opinião na época de que a música e os ritos usados nesse culto a Confúcio eram os mesmos prestados a um imperador, apesar de o uso do próprio título "imperador" (*Di*) ser evitado por não parecer ser consistente com as práticas da Antiguidade e particularmente por não estar de acordo com os ensinamentos de Confúcio, que condenavam a concessão desse título para homens de categoria menor do que a imperial. Havia, no entanto, aqueles que diziam que não seria exagero se Confúcio fosse considerado como um igual ao Céu.

Simplicidade restaurada

Em 1530 foi efetuada uma reforma notável no culto de Confúcio, que se provou permanente. Segundo conselho de um erudito confucionista, o Imperador Jia Jing (Chia Ching) dos Ming revogou os longos e pesados títulos carregados por Confúcio, chamando-o simplesmente de "Mestre Kong, o santo e perfeito professor da Antiguidade". Ele ordenou que os templos para Confúcio fossem restaurados de acordo com sua simplicidade histórica, que as cerimônias fossem revisadas de acordo com as práticas da Antiguidade, e que as imagens de Confúcio fossem substituídas por tabuinhas no estilo antigo, ou então por simples painéis de madeira com caracteres inscritos.

No início do século XX, quando os Manchus buscavam recuperar uma boa reputação entre os chineses, foi lançado um edito abolindo o antigo sistema clássico de exames, em favor de um sistema educacional mais moderno. A fim de reparar qualquer desrespeito à memória de Confúcio que estivesse envolvido nessas mudanças significativas, foi lançado outro edito em 1906 igualando os sacrifícios a Confúcio com os oferecidos ao Céu e à Terra, mas esse sinal de honra ao grande sábio chegou tarde demais para salvar os Manchus da revolução conduzida por **Sun Zhongshan** (Sun Yat-sen), que levou à fundação da república.

Após 1911, o culto de reverência a Confúcio definhou. Sem imperador a participar no culto ao Céu no altar em Pequim, os famosos terraços de mármore caíram sob tal negligência que às vezes crescia grama em suas rachaduras.

Apenas o templo próximo dedicado ao Céu foi mantido em ordem. Por todas as partes, com exceção do templo no local de nascimento de Confúcio, os templos estatais ou caíam em desuso, muitos deles até mesmo sendo dilapidados em seu completo abandono, ou eram colocados em uso de natureza secular.

VI – A RELIGIÃO NA CHINA NO PERÍODO MODERNO

O confucionismo passou por alguns maus momentos em tentativas intermitentes de se recuperar após a revolução de 1911. As tentativas de acadêmicos que formavam a Sociedade Confucionista de tornar o confucionismo a religião estatal falharam após a República ter garantido em sua constituição a liberdade religiosa para todos. A situação, porém, não era totalmente sem esperança, sob o ponto de vista confucionista. Sun Zhongshan (Sun Yat-sen), o líder da revolução, preservou ecos dos valores confucionistas em seus planos para a república. Ele falava do "mundo como uma comunidade de todas as pessoas", uma frase confucionista, e seus "cinco poderes" no plano de governo criavam um espaço para a execução de exames civis e para censores confucionistas que admoestassem as lideranças governamentais. Apesar das cerimônias semestrais e do estudo compulsório dos *Clássicos* terem sido encerrados em 1928, o aniversário de Confúcio – 28 de novembro – foi escolhido como o anual Dia dos Professores.

Apesar do Guomindang (*Kuomintang*), ou Partido Nacionalista, não ter se comprometido com nenhum ponto de vista religioso em particular em sua formação para a ação política, seu tema era, não obstante, uma reafirmação das oito virtudes confucionistas: lealdade, piedade filial, benevolência, humanidade no coração, fidelidade, atitudes justas, harmonia e paz. Quando **Jiang Jie-shi** (Chiang Kai-shek), chefe do Guomindang, inaugurou em 1934 o Movimento de Vida Nova, provou-se que o movimento tinha um aspecto distintamente confucionista (mesmo após ele ter se batizado como cristão, ele ainda via os problemas da China por meio de olhos confucionistas). Anunciou-se que o movimento tinha "quatro princípios agregadores": *Li*, ou cortesia e boas maneiras, *Yi*, ou justiça e retidão, *Lian* (*Lien*), ou integridade, e *Chi* (*Ch'ih*), ou modéstia e respeito próprio.

O Movimento de Vida Nova, no entanto, nunca foi afiliado ao confucionismo. Ele pretendia principalmente consistir em um movimento de regeneração moral, considerando os conceitos éticos tradicionais apropriados. O templo que o governo erigiu em 1937 em Nanquim (Nanjing) foi mais exemplar dos objetivos nacionais. A imponente estrutura foi projetada como um santuário nacional. No lugar mais elevado estava a tabuinha de Confúcio, e logo abaixo dela um busto em mármore de Sun Zhongshan, o "pai da China moderna". Em pilares circundantes estavam retratos de grandes "sábios" ocidentais: Newton, Pasteur, Lavoisier, Galileu, James Watt, o Lorde Kelvin, John Dalton e Benjamin Franklin. Seu significado aparentava ser que a China do futuro faria uma síntese do antigo com o novo, combinando o melhor de sua filosofia e da ética com o melhor da ciência e da cultura do Ocidente.

Mas o regime de Jiang Jie-shi fracassou em cumprir seus objetivos culturais e políticos. Ele não alcançou a democracia política requerida por sua Constituição; ao invés disso, persistiram o sistema de senhores de terra e locatários estabelecido dois milênios antes durante o início da Dinastia Han, e o predomínio de chefes locais que tinha suas raízes no período dos chefes guerreiros. Apesar da invasão japonesa durante a Segunda Guerra Mundial ter trazido um grau de cooperação (na resistência) entre todos os grupos (incluindo os comunistas, então bem-estabelecidos no noroeste), não se atingiu uma unidade real. Muito da extensa ajuda militar provida pelos Estados Unidos foi desviada para o enriquecimento de oficiais corruptos, chegando de fato ao seu destino sob as mãos dos comunistas. Em 1949 a Revolução Comunista varreu rapidamente toda a China, e com o colapso de seu regime Jiang Jie-shi e sua comitiva fugiram para Taiwan.

Mao Zedong (Mao Tsé-tung)

Os propósitos básicos de **Mao Zedong** excluíram a religião e quaisquer noções transcendentais ("filosoficamente idealistas"). Seus propósitos enquanto comunista eram, de acordo com suas palavras, "materialistas" e "democraticamente socialistas". Seu objetivo era a difusão de bens e serviços através da China, tanto no interior quanto nas cidades, de forma que qualquer chinês pudesse desfrutar de todo tipo de benefício: comida, vestimenta, abrigo, educação, atividades culturais e serviços médicos.

Ele atacou toda concentração de bens, serviços ou poder – com exceção do seu próprio, que ele considerava essencial para o sucesso geral socialista. Quando qualquer indústria, instituição educacional, hospital ou escola de medicina desenvolvia uma elite ou ganhava importância por si só, ele a descentralizava realocando suas partes, seu pessoal, ou mesmo toda a instituição para partes remotas da China.

O efeito de tudo isso na tradição local não foi sempre imediatamente perceptível, mas por vezes implicou na total derrubada do comportamento religioso. Pois enquanto os camponeses podiam ensinar à elite a antiga sabedoria popular, os últimos tinham algo a oferecer também, ao acabar com a superstição.

REVISÃO MAOISTA DA HISTÓRIA CONFUCIONISTA

A história inteira da filosofia e da religião chinesas passou por revisão. A periodização comunista da história e sua ênfase sobre a posição de classe dos eruditos teve o efeito imediato de degradar figuras como a de Confúcio. Na sequência da passagem do comunismo primitivo para a escravidão, para o feudalismo e o capitalismo, Confúcio foi visto como membro da classe proprietária de escravos. Suas inovações na educação privada foram aprovadas como "progressistas", mas seu ensino de *ren* (humanidade) foi interpretado usualmente como se referenciando apenas à classe proprietária de escravos. Mesmo se se fizesse a concessão de incluir os escravos no conceito, isso neutralizava o antagonismo de classes necessário para a emergência do proletariado, "o povo" (*min*). Outros fatores políticos entraram em cena no auge da Revolução Cultural: os ataques verbais às políticas rotuladas de "confucionistas" eram pouco mais do que críticas veladas do Primeiro-ministro Chou En-lai a fim de moderar o extremismo maoista.

Não obstante, Confúcio não foi eclipsado, e avaliações positivas surgiram em alguns contextos. Falando de forma ampla, Confúcio era atacado quando se defendia a execução de mudanças sociais radicais, e invocado quando se tinha em mente a estabilização e o orgulho nacional.

O pêndulo se movia aproximadamente da seguinte forma, de acordo com a descrição de Kam Louie:

> *Não há ninguém que possua realmente conhecimento e ainda assim deixe de praticá-lo [...]. No momento que alguém percebe um odor desagradável, já o odeia.*
> Wang Yang-ming[R7]

O início da década de 1950, enquanto um período de transição, deu pouca atenção a Confúcio. Então surgiu uma iniciativa extraordinária, "Que uma centena de flores floresçam" (encorajando as pessoas a compartilhar suas aspirações abertamente). Isso revelou Confúcio como uma força a ser reconhecida, especialmente entre os intelectuais mais antigos. A seguir veio o Grande Salto para frente (interrompendo radicalmente a vida econômica). Seu *slogan*: "Mais moderno, menos antigo" colocou novamente Confúcio debaixo de uma nuvem. Quando os dez anos de turbulência conhecidos como a Revolução Cultural chegaram ao fim, a liderança moderada de Dung Xiao-ping permitiu que posições mais variadas e simpáticas à tradição chinesa pudessem novamente florescer[v].

A avaliação de outros filósofos passou por flutuações similares. Um texto patrocinado pelo governo lançado em 1959 sob o título *Uma curta história da filosofia chinesa* nos traz o sabor de algumas avaliações típicas. O problema central no desenvolvimento do pensamento chinês, diz o texto, é aquele entre "a cultura feudal, burguesa e reacionária e a cultura democrática, revolucionária socialista"; ideologicamente, este é o problema entre "a teoria idealista, metafórica, e a teoria materialista dialética". Mo-zi, por exemplo, representou os interesses da classe ascendente dos homens livres, opondo sua teoria materialista ao idealismo dos confucionistas. Laozi foi um completo idealista e místico que considerava o Dao um absoluto transcendente, mas ele foi progressivo em dois aspectos: ao discutir as leis naturais (*de*) ele aceitou alguns elementos do materialismo, e ao enxergar uma oposição entre yin e yang ele desenvolveu os rudimentos da dialética. Ao rejeitar o ativismo político, ele refletia o sentimento dos camponeses e sua atitude ingênua de não resistência. Zhuang-zi foi tão idealista e místico a ponto de se decidir pelo relativismo, pelo pessimismo e pelo "filistinismo" (i. e., oposição à verdadeira tendência das forças históricas). Quanto a Mêncio, ao distanciar o conhecimento de certo e errado da realidade objetiva em direção a um poder inato que os distinguia, teria usado uma lógica idealista que cheirava a sofismo. Xun-zi, por outro lado, foi materialista e ateísta, e disse que o homem deveria conquistar e explorar a natureza usando sua mente, a fim de obter poder sobre o mundo objetivo. Ele foi um verdadeiro progressivo, como o fora Han Fei, da Escola Legalista. Han Fei representava os interesses do povo livre ao enfatizar que a natureza humana era egoísta e a sociedade um campo de batalha de mentes calculistas.

Em termos de longa duração, a partir do século XVI surgira o Iluminismo, seguido por um brilhante desenvolvimento do materialismo e do ateísmo que prepararam o caminho para a culminação da sabedoria do povo chinês na filosofia de Mao Zedong – essa era a doutrina oficial do governo.

A influência de Mao Zedong na ideologia da China é comparável à de Lenin na Rússia. Ela perdurará. Sua morte, no entanto, foi seguida por uma mudança na política interna da ênfase na constante revolução para a estabilização e o desenvolvimento industrial e econômico.

Em 1983 ocorreram movimentos conspícuos em direção à preservação da herança filosófica e religiosa da China. O lar ancestral de Confúcio em Qufu, destruído durante a Revolução Cultural, foi reconstruído, e as estátuas danificadas substituídas. Mesmo que tais projetos tenham sido executados tendo em vista o turismo e a melhora da imagem internacional da China, existem outros indícios de reavaliação. A ênfase de Confúcio na cortesia e na ética foi percebida como estando de acordo com as "Quatro belezas" (linguagem, coração, comportamento e ambiente). Pode-se ler por trás das linhas que a ansiedade em relação à educação moral dos jovens está envolvida. Confúcio ensinou o respeito pela autoridade, que era útil em combater a "poluição espiritual".

"Confucionismo" hoje

Quem representa Confúcio hoje? No presente cenário asiático, o descritivo "confucionista" tem sido anexado a uma variedade de sistemas de valores antagônicos.

Uma escola de pensamento propõe a seguinte teoria econômica: a ética confucionista seria para a Ásia o que a "Ética protestante" de Weber fora para o Ocidente. Em 1979 Hermann Kahn sugeriu que o confucionismo proveu uma força motriz para a economia das nações da orla do Pacífico: Japão, Coreia, Taiwan, Hong Kong e Cingapura. Ele resumiu ética enquanto a promoção da sobriedade individual e familiar, alta valorização da educação, desejo de realização em várias habilidades e seriedade acerca de tarefas, trabalho, família e obrigações. Kahn reconheceu que as habilidades eram particularmente acadêmicas e culturais e que havia uma desvalorização de interesses individuais (egoísticos) em deferência à hierarquia e complementaridade[Z]. Em 1984 um economista japonês, Michio Morishima, seguiu um caminho semelhante em seu livro *Porque o Japão teve sucesso* (*Why Japan Succeeded*), e em 1987 um encontro internacional de eruditos confucionistas contrapôs a tese de Kahn contra o ponto de vista de que o confucionismo teria impedido os esforços chineses de modernização. Mais recentemente, o ministro japonês da Educação lançou o projeto de um grande estudo comparativo a fim de compreender os empreendedores japoneses e chineses do século XIX no Japão no contexto de suas próprias tradições confucionistas.

Os críticos que são contrários em se atribuir o sucesso asiático nos negócios ao confucionismo destacam que Confúcio foi claramente um elitista que desdenhava o trabalho manual e que categorizava os mercadores no ponto mais baixo da ordem social. Eles consideram difícil imaginar talento empreendedor, tomada de riscos e experimentação florescendo em pessoas educadas a seguir as regras de propriedade (li).

Não obstante, "confucionista" se tornou um termo popular (ainda que impreciso) para descrever qualquer elemento característico ou similar chinês em locais como Hong Kong e Cingapura. Virtudes promovendo harmonia social ao invés de energia empreendedora são o foco de um conjunto de cinco "Valores compartilhados" ratificados oficialmente em Cingapura e rotulados de "confucionistas":

1) nação antes da comunidade e sociedade antes do indivíduo;
2) família enquanto unidade básica da sociedade;
3) respeito e suporte comunitário pelo indivíduo;
4) consenso ao invés de conflito;
5) harmonia racial e religiosa[AA].

Membros de minorias étnicas e religiosas em Cingapura reclamam que os "Valores compartilhados" são uma expressão de chauvinismo cultural da parte da maioria chinesa no Partido da Ação Popular, que governa o país.

O Professor Edward Chen, da Universidade de Hong Kong, nota a necessidade de se efetuar uma distinção clara entre o confucionismo filosófico ortodoxo e o uso cotidiano do termo na caracterização da cultura baseada na ética familiar e ética de trabalho de Cingapura e Hong Kong. A última serve muito bem aos estágios iniciais de uma economia voltada às exportações, estágio durante o qual são apropriados empreendedores autocráticos e uma força de trabalho dócil. Ele vê a atribuição de sucesso de um estágio inicial comercial aos valores "confucionistas" como uma aprovação generalizada às características chinesas – uma forma de se dizer:

"Nós podemos nos modernizar sem nos ocidentalizar." Chen, porém, imagina se os ortodoxos confucionistas ou suas versões populares do cotidiano irão, de fato, responder aos desafios de uma economia mundial em maturação que dará maior ênfase à criatividade e à inovação[BB].

Eventos recentes indicam o desenvolvimento de um "confucionismo moderno", mais complexo e flexível. Insistindo que o confucionismo merece ser considerado como mais do que uma "disciplina social e uma ética de trabalho", W.T. De Bary assevera que ele "é uma forma de aprendizado liberal (no sentido clássico de liberal enquanto algo libertador e que estende os horizontes, e não simplesmente no sentido político moderno)"[CC].

O Falun Gong

No início da década de 1980, certo Li Hongzhi, que fora anteriormente um funcionário de um escritório de grãos, declarou a si mesmo um "mestre" de disciplina espiritual e, em 1992, lançou um movimento para aperfeiçoamento pessoal baseado em controle de respiração e exercícios de movimentos lentos rituais (*qigong*). Li combinou esse cultivo da energia interna (*qi*) com ideias do budismo e do daoismo, em conjunto com uma cosmologia complexa incorporando extraterrestres, assim como deuses. Ele chamou o movimento de Falun (dharma) Gong (cultivo) ou Falun Da Fa (grande lei). O movimento eventualmente atraiu a milhões, aparentemente preenchendo um vazio e satisfazendo uma fome por uma afiliação não governamental orientada por valores.

O Falun Gong deve ser considerado uma religião? Ele requer fé? Li Hongzhi respondeu a essas questões em uma entrevista para o *New York Times*:

> É uma prática que pode remover doenças, manter as pessoas em forma e fazer alguém viver por mais tempo. Como o tai chi, é um exercício matinal. Espera-se que as pessoas que praticam Falun Gong sigam os princípios de honestidade, compaixão e paciência. Elas devem falar a verdade, ter compaixão, ser benevolentes e ser tolerantes. Se as pessoas possuem outra fé ou não, ainda assim podem praticar Falun Gong. Nós não nos envolvemos com crenças, e respeitamos a todas[DD].

Em 1997 o governo negou o reconhecimento do movimento e Li se mudou para Nova York por questões de segurança. Em 1999 Falun Gong foi banido como um "culto mau". Uma imensa quantidade de membros foi presa. Em 2001 a estrutura nacional de organização estava fragmentada, e as atividades ao ar livre virtualmente erradicadas, mas muitos centros locais e no exterior continuavam a prosperar, enquanto websites se proliferavam. Em 2008 a organização relatava a morte de 3 mil membros por punição, mas ainda reivindicava centenas de milhares de aderentes, ativos e visíveis, residindo no estrangeiro.

GLOSSÁRIO*

Da Xue – *Ta Hsüeh*, O *Grande Apprendizado*: tratado do século III AEC para a educação de homens honrados, um capítulo do *Li Ji*.

Dong Zhong-shu – *Tung Chung-shu*: erudito da Dinastia Han; por meio do imperador Wu Di, iniciou 200 anos de confucionismo estatal.

Fa-jia – *fa-chia*: a Escola das Leis ou Modelos (*fa*), legalismo.

Han Fei – *Han Fei*: legalista do século III AEC, autor de *Han Fei-zi*, o manual de estatismo (*shu*), usado pelos imperadores Qin.

Han Yu – *Han Yu*: precursor do neoconfucionismo; protestou em 820 EC contra a veneração oficial de relíquias budistas.

Jiang Jie-shi – *Chiang Kai-shek*: encabeçou o governo de Guomindang (*Kuomintang*) entre 1928 a 1949, e fundou o Movimento de Vida Nova.

Jun-zi – *chün-tzu*: o homem superior (moralmente); antes de Confúcio, um nobre por nascimento.

Li – (*li*): 1) Propriedade, ordem correta moral e cerimonial na sociedade; 2) Princípios que, em conjunto com *qi* – a força material, dão expressão ao Estado Final Supremo.

Li Ji – *Li Chi*: clássico confucionista: o *Livro dos Ritos*.

Lun Yu – *Lun Yu*, os *Analectos*: uma coleção dos ditos de Confúcio.

Mao Zedong – *Mao Tsé-Tung*: fundador da República Popular da China; seu materialismo marxista excluiu a religião tradicional.

Mo-zi – *Mo Tzu* (ca. 468-390 AEC): advogado proletário do amor universal e de uma sociedade utilitarista sancionada pelo céu.

Qi – *ch'i*: força material, respiração, energia vital que flui.

Ren – *jen*: humanidade, a virtude da benevolência.

Ru jiao – *ju chiao*: o caminho dos letrados ou dos eruditos honrados.

San Jiao – *San Chiao*: Escola das "Três religiões" do Período Tang; buscava combinar daoismo, confucionismo e budismo.

Shang Yang – *Shang Yang*: ministro de Qin, enfatizou a administração totalitária da lei (*fa*).

Shi – *shih*: poder enquanto categoria social, posição, ou circunstância natural (enquanto distinta de lei ou talento).

Shi Jing – *Shih Ching*: clássico confucionista: o *Livro de Poesia*.

Shu – *shu*: 1) Mutualidade, reciprocidade, altruísmo; 2) Estadismo, a arte de conduzir os negócios e administrar subordinados.

Shu Jing – *Shu Ching*: clássico confucionista: o *Livro de História*.

Sun Zhongshan – *Sun Yat-sen*: fundador da República da China (1912); buscou um misto de democracia socialista com moralidade confucionista.

Tai Ji – *(T'ai Chi)*: o Estado Final Supremo, o princípio regulador supremo do cosmos; *li* agindo por meio de *qi*.

Wang Chong – *Wang Chung*: racionalista do século I EC, opôs-se ao sobrenaturalismo e à reverência excessiva ao homem Confúcio.

Wang Yang-ming – *Wang Yang-ming*: neoconfucionista do século XVI, reuniu conhecimento, moralidade e ação: conhecer ao bem por fazê-lo.

Xiao – *hsiao*: piedade filial; no confucionismo posterior, a "fonte de todas as virtudes".

---

* Os termos negritados são formas pinyin; as formas de Wade-Giles estão em itálico à direita das pronúncias parentéticas.

Xin – *hsin*: boa-fé; uma das Cinco Virtudes.

Xun-zi – *Hsün Tzu*: erudito confucionista do século III AEC, defensor do ponto de vista realista ou naturalista sobre a natureza humana.

Yi – *i*: retidão, justiça; uma das Cinco Virtudes.

Zheng-ming – *cheng-ming*: retificação dos nomes; fazer com que a realidade das coisas se conforme com ideais definidos.

Zhi – *chih*: sabedoria; uma das Cinco Virtudes.

Zhong Yong – *Chung Yung*, a *Doutrina do Meio*: ensaio sobre as ideias confucionistas sobre humanidade e ética; um capítulo do *Li Ji*.

Zhu Xi – *Chu Hsi*: árbitro do século XII da ortodoxia confucionista; definiu os pontos de vista neoconfucionistas de *qi*, *li* e *Tai Ji*.

LEITURAS SUGERIDAS

Obras gerais

CHANG, W.-T. *A Sourcebook in Chinese Philosophy*. Princeton: Princeton University Press, 1970.

CHIANG, Y. *A Chinese Childhood*. W.W. Norton & Company, 1963.

CHING, J. *Confucianism and Christianity: A Comparative Study*. Kodansha International, 1977.

DE BARY, W.T. (ed.). *Sources of the Chinese Tradition*. Nova York: Columbia University Press, 1960.

DE BARY, W.T.; WEIMING, T. (eds.). *Confucianism and Human Rights*. Nova York: Columbia University Press, 1998.

FUNG, Y.L. *A Short History of Chinese Philosophy*. Ed. de D. Bodde. Nova York: The Macmillan, 1948.

FUNG, Y.L. *A History of Chinese Philosophy*. Trad. de D. Bodde. Princeton: Princeton University Press, 1952.

NIVISON, D.S.; WRIGHT, A. (eds.). *Confucianism in Action*. Stanford: Stanford University Press, 1959.

WRIGHT, A.F. (ed.). *The Confucian Persuasion*. Stanford: Stanford University Press, 1960.

Confúcio

CREEL, H.G. *Confucius and the Chinese Way*. Nova York: Harper, 1960,

FINGARETTE, H. *Confucius – The Secular as Sacred*. Nova York: Ungar, 1937.

LIU, W.-C. *Confucius: His Life and Time*. Nova York: Philosophical Library, 1956.

LOUIE, K. *Critiques of Confucius in Contemporary China*. Nova York: St. Martin's, 1980.

WALEY, A. *The Analects of Confucius*. Nova York: George Allen & Unwin, 1938.

Mo Zi (Motzu)

PAO, M.Y. *The Ethical and Political Works of Motse*. Londres: A. Probsthain, 1929.

PAO, M.Y. *Motse, the Neglected Rival of Confucius*. Londres: Probsthain, 1934.

Han Fei

TZU, H.F. *The Complete Works of Han Fei Tzu*. Trad. de W.K. Liao. Londres: Probsthain 1939.

WATSON, B. *Han Fei Tsu: Basic Writings*. Nova York: Columbia University Press, 1964.

Mêncio

DOBSON, W.A.C.H. *Mencius*. Toronto: University of Toronto Press, 1963.

LYALL, LA. (trad.). *Mencius*. Longmans, Green & Company, 1932.

Xun-zi (Hsün Tzu)

DUBS, H.H. *Hsüntze, the Moulder of Ancient Confucianism*. Londres: Probsthain, 1927.

DUBS, H.H. *The Works of Hsüntze*. Londres: Probsthain, 1928.

WATSON, B. *Hsin Tsu: Basic Writings*. Nova York: Columbia University Press, 1963.

Neoconfucionismo (Geral)

CHANG, C. *The Development of Neo-Confucian Thought*. Nova York: Twayne Publishers, 1957.

DE BARY, W.T. *The Unfolding of Neo-Confucianism*. Nova York: Columbia University Press, 1975.

DE BARY, W.T. (ed.). *The Liberal Tradition in China*. Nova York: Columbia University Press, 1983.

DE BARY, W.T.; BLOOM, I. (eds.). *Principle and Practicality: Essays in Neo-Confucianism and Practical Learning*. Nova York: Columbia University Press, 1979.

Zhu-xi (Chu Hsi)

BRUCE, J.P. *Chu Hsi and His Masters*. Londres: Probsthain, 1923.

HSI, C. *Reflections on Things at Hand*. Trad. de Wing-tsit Chan. Nova York: Columbia University Press, 1967.

Wang Yang-ming

CHING, J. *To Acquire Wisdom: The Way of Wang Yang-ming (1492-1529)*. Nova York: Columbia University Press, 1976.

WANG, S.-J. *The Philosophical Letters of Wang Yang-ming*. Trad. de Julia Ching, trad. Colúmbia: University of South Carolina Press, 1973.

Outros

CHAN, W. (trad.). The Analects of Confucius. *A Source Book in Chinese Philosophy*. Princeton: Princeton University Press, 1963, p. 18-47. Renovado em 1991 pela Princeton University Press.

NADUEA, R. (trad.). The Book of Mencius. *An Anthology of Living Religions*. Upper Saddle River: Pearson, 2008, p. 143-146.

XINGZHONG, Y. Confucianism and the Twenty-first Century. Paper apresentado na First International Conference on Traditional Culture and Moral Education. Pequim, 1998. Reimp. em XINGZHONG, Y. Confucianism and Its Modern Values: Confucian Moral, Educational and Spiritual Heritages Revisited. *Journal of Beliefs and Values: Studies in Religion and Education*, vol. 20, n. 1, 1999, p. 30-41.

REFERÊNCIAS

[A] LEGGE, J. The Analects of Confucius. *The Chinese Classics*. 2. ed. Oxford: Clarendon Press, 1893-1895, [1]vol. I, XIV.11; [2]vol. I, VII.26; [3]vol. I, III.7; [4]vol. I, IX.2; [5]vol. I, X.1-17 (trocando "rei" por "duque" na tradução); [6]vol. I, XIV. 13. Reimp. com a permissão dos editores.

[B] YUTANG, L. (ed.). *The Wisdom of China and India*. Nova York: Random House, 1942, [1]p. 817 (An. VII.17); [2]p. 816 (An. VII.19); [3]p. 828 (An. XIV.36); [4]p. 838 (Mêncio); [5]p. 833 (An. III.3); [6]p. 835 (An. XIII.21); [7]p. 819 (An. III.13); [8]p. 817 (An. IX. 5); [9]p. 604 (Tao-Te-Ching, XXXVIII); [10]p. 592 (Tao-Te-Ching, XVIII); [11]p. 677 (Chuang-tzu); [12]p. 665 (Chuang-tzu). Reimp. com a permissão dos editores.

[C] WALEY, A. (trad.). *The Analects of Confucius*. Londres: George Allen & Unwin, 1938, p. 127 (VII. 22). Reimp. com a permissão da propriedade de The Arthur Waley.

[D] YUTANG, L. The Wisdom of Confucius. *The Modern Library*. Nova York: Random House, 1938, [1]p. 83; [2] p. 13; [3]p. 216 (LiKi XXVII); [4]p. 228-229 (LiKi IX); [5]p. 238; [6]p. 14; [7]p. 280 (Mêncio VI.I). Reimp. com a permissão dos editores.

[E] FUNG, Y.L. *A History of Chinese Philosophy (From the Beginnings to Circa 100 BC)*. Trad. de Derk Bodde. Peiping: Henri Vetch, 1937, [1]p. 108 (citando Sse-ma Ch'ien); [2]p. 15; [3]p. 59 (An. XIII.30); [4]p. 72; [5]p. 58 (An. VI.20); [6]p. 106; [7]p. 318; [8]p. 327; [9]p. 113; [10]p. 17. Reimp. com a permissão dos editores.

[F] BROWN, B. *The Story of Confucius*. Filadélfia: David Mackay, 1927, [1]p. 94 (An. VII. 1); [2]p. 137 (An. IV. 5); [3]p. 94 (An. VII. 1); [4]p. 100 (An. VII. 34). Reimp. com a permissão dos editores.

[G] HUGHES, E.R. (ed.). Chinese Philosophy in Classical Times. *Everyman's Library n. 973*. Londres/Nova York: J.M. Dent & Sons/E.P. Dutton, 1941, [1]p. 12; [2]p. 87; [3]p. 265-266; [4]p. 261; [5]p. 259-260; [6]p. 101; [7]p. 101; [8]p. 102; [9]p. 102; [10]p. 294-295; [11]p. 317; [12]p. 335-336; [13]p. 324-325. Reimp. com a permissão dos editores.

[H] Os caracteres chineses podem ser vertidos em uma variedade de formas, sugerindo as muitas faces de cada palavra. Essa é a tradução (e atribuição de analogias de uma árvore) de YANG, Y.C. *China's Religious Heritage*. Nova York/Nashville: Abingdon-Cokesbury, 1943, p. 81.

[I] WONG, C.A. (trad.). *The Analects of Confucius, The Great Learning, The Doctrine of the Mean, and the Works of Mencius*. China: [s.e.], [s.d.]. Reimp. em BALLOU, R.O. *The Bible of The World*. Nova York: Viking, 1939. Devido à grande raridade do trabalho original, as referências seguintes foram feitas, para a conveniência do leitor, de acordo com sua reimpressão norte-americana, [1]p. 413 (An. XV. 23); [2]p. 420 (Gr. Learn.); [3]p. 399 (An. II.4); [4]p. 400 (An. III.17); [5]p. 451 (Men.); [6]p. 444 (Men.); [7]p. 455 (Men.); [8]p. 452 (Men.); [9]p. 431, 433, 434 (Men.); [10]p. 458 (Men.); [11]p. 459 (Men.); [12]p. 460 (Men.).

[J] MING, K.H. The Conduct of Life: A Translation of the Doctrine of the Mean. *Wisdom of the East*. Londres: John Murray, 1906, [1]p. 26 (XIII); [2]p. 28 (XV); [3]p. 29 (XVI); [4] 39 (XVII): [5]p. 53 (XXIX). Reimp. com a permissão dos editores.

[K] LYALL, L.A. *The Sayings of Confucius*. 3. ed. Londres/Nova York: Longmans/Green & Company, 1935, [1]p. 2 (I.11); [2]p. 4 (II.6); [3]p. 5 (II.7); [4]p. 15 (IV.19); [5]p. 4 (II.3, levemente modificado); [6]p. 10 (III.12) Reimp. com a permissão dos editores.

[L] CHEN, I. The Book of Filial Duty. *Wisdom of the East*. Londres: John Murray, 1920, p. 22. Citado com a permissão dos editores.

[M] GILES, L. The Sayings of Confucius. *Wisdom of the East*. Londres: John Murray, 1917, [1]p. 41 (XII.17); [2]p. 42 (XII.19); [3]p. 45 (XII.11); [4]p. 46

(XIII.15); [5]p. 69 (XVII.6); [6]p. 108 (XVII.13); [7]p. 57 (IV.10); [8]p. 64 (XII.20); [9]p. 68 (XV.17); [10]p. 60 (VI.27); [11]p. 87 (VII.33); [12]p. 86 (VII.27); [13]p. 94 (II.16); [14]p. 102 (XI.11); [15]p. 95 (II.11). Reimp. com a permissão dos editores.

[N] SHIH, H. *The Development of the Logical Method in Ancient China*. Shanghai: The New China Book Company, 1917, p. 26.

[O] MING, K.H. *The Discourses and Sayings of Confucius*. Shanghai: Kelly & Walsh, 1898, p. 46 (An. IV.27).

[P] LEGGE, J. Mencius. *The Chinese Classics*. Vol. II. 2. ed. Oxford: Clarendon, 1893-1895, p. 94 (III.1.iv.13). Reimp. com a permissão dos editores.

[Q] MEI, Y. *Motse: The Neglected Rival of Confucius*. Londres: Probsthain, 1929, [1]p. 80s.; [2]p. 89; [3]p. 83; [4]p. 87; [5]p. 145; [6]p. 142; [7]p. 83. Reimp. com a permissão dos editores.

[R] CHAN, W. The Story of Chinese Philosophy. In: MOORE, C.A. (ed.). *Philosophy: East and West*. Princeton: Princeton University Press, 1944, p. 45. Citado com a permissão dos editores.

[S] DUBS, H.H. (trad.). *The Works of Hsüntse Translated from the Chinese*. Londres: Probsthain, 1928, [1]p. 301; [2]p. 301, 302; [3]p. 310; [4]p. 113-114; [5]p. 179, 181; [6]p. 182; [7]p. 244-245; [8]p. 327; [9]p. 236-237; [10]p. 232-233; [11]p. 225. Reimp. com a permissão dos editores.

[T] WANG, G. *The Chinese Mind*. Nova York: John Day Company, 1946, [1]p. 46; [2]p. 138; [3]p. 139; [4]p. 139; [5]p. 145. Reimp. com a permissão dos editores.

[U] SHRYOCK, J.K. *The Origin and Development of the State Cult of Confucius*. Nova York: The Century Company, 1932, p. 123. Reimp. com a permissão da Appleton Century Company.

[V] CHI, T. *A Short History of Chinese Civilization*. Nova York: G.P. Putnam's Sons, 1943, p. 168-169. Reimp. com a permissão dos editores.

[W] MacCLAGAN, P.J. *Chinese Religious Ideas*. Londres: Student Christian, 1926, p. 112.

[X] RUNES, D.D. (ed.). *The Dictionary of Philosophy*. Nova York: Philosophical Library, 1942, [1]p. 52 (artigo, "Chinese Philosophy", por Wing-tsit Chan); [2]p. 53 (ibid.).

[Y] LOUIE, K. *Critiques of Confucius in Contemporary China*. Nova York: St. Martin's, 1980, p. 148.

[Z] KAHN, H. *World Economic Development: 1979 and Beyond*. Boulder: Westview, 1979, p. 121.

[AA] BALAKRISHNAN, N. Singapore: Ideological Thrust. *Far Eastern Economic Review*, vol. 151, 1991, p. 27-28.

[BB] PAN, L. Playing Fast and Loose with Confucian Values. *Far Eastern Economic Review*, vol. 139, 1988, p. 47.

[CC] DE BARY, W.T.; WEIMING, T. *Confucianism and Human Rights*. Nova York: Columbia University Press, 1998, p. xvi.

[DD] LANDRETH, J.; GREENBERG, J.S. The Way We Live Now: Questions for Li Hongzhi. *The New York Times Magazine*, 08/08/1999, p. 19.

11
Shintō: a contribuição nativa à religião japonesa

Fatos resumidos:

• Nome ocidental: xintoísmo, shintoísmo.
• Aderentes em 2011: 106 milhões.
• Nomes usados pelos aderentes: Shintō, Kami-no-michi.
• Literatura sagrada: *Kojiki*, 712 EC; *Nihon Shoki*, 720 EC; *Kogoshui*, 720 EC; *Engi-shiki*, início do século X EC.
• Divindades (kami): "Seres superiores", espíritos – 800 miríades, de acordo com os antigos mitos –, dentre eles, Izanagi e Izanami, o casal primal; Amaterasu, a deusa do sol; Susa-no-wo, o destrutivo deus da tormenta; Inari, a deusa da chuva; e muitos espíritos ligados a objetos na natureza e na vida doméstica.
• Expressão institucional:
1) Shintō de Estado, oficialmente separado em 1882, e cerceado após 1945.
2) Shintō de santuários, apoiado de forma privada, em sua maior parte independente, mas incluindo:
a) Seitas sincretistas (mistas) combinadas com elementos budistas ou confucionistas: Ryobu, Shinbutsu Konko e outras.
b) Algumas seitas se denominando "novas religiões" com características xintoístas: Tenrikyo, Odoru Shukyo, e outras.

A religião nativa do Japão, conhecida por *Shintō*, não consiste fundamentalmente em um sistema de doutrinas, ainda que antes da Segunda Guerra Mundial ela tenha assumido alguns elementos doutrinários. Trata-se basicamente de uma aliança reverente com realidades supramundanas encontradas na vida japonesa, na natureza, na sociedade e em casa, pois os japoneses amam sua terra com grande constância. É um amor pelo país como um todo, e por cada parte constituinte do mesmo, existindo menos como ideia abstrata do que como um amor estético pelas coisas e lugares. Cada colina e lago, cada montanha e rio são caros para os japoneses, tão caros que dificilmente os habitantes do Japão podem pensar em deles se separar. Suas cerejeiras, seus santuários, seus *resorts* cênicos parecem indispensáveis para um completo gozo da vida. Entre esses cenários viveram e morreram seus ancestrais. Suas famílias permanecem debaixo do olhar dos espíritos ancestrais, sustentando antigas tradições em uma cultura complexa em evolução. Além disso, seu país tem sempre sido seu próprio;

até 1945, os japoneses acreditavam que suas praias fossem invioláveis. Não apenas é impensável que o país pudesse ser povoado por outros além dos próprios japoneses (isto evidentemente também é verdade acerca das formas de pensar de povos em outras terras), mas para a maior parte deles está fora de cogitação a possibilidade de viver em qualquer outro lugar no mundo. Chie Nakane observa que "não há alienação, solidão ou irritabilidade comparável àquela dos japoneses cujo trabalho os leva para um país estrangeiro"[A]. Esta é uma disposição emocional profundamente arraigada; é o tipo de sentimento que se expressa prontamente no mito. E, dessa maneira, expressa a si mesmo no Japão – primeiramente no mito, e depois na ideologia nacionalista. Os japoneses desenvolveram cedo a crença de que sua terra era divina, mas chegaram mais tardiamente à criação do dogma nacionalista de que nenhuma outra terra seria divina, e que a divindade do Japão era tão especial e única, tão ausente em qualquer outra parte, a ponto de tornar o Japão "o centro deste mundo de fenômenos".

I - O PANO DE FUNDO DE SHINTŌ

O termo Shintō é derivado do chinês *shen-dao*, significando "o caminho dos espíritos elevados, ou deuses". Seu equivalente em japonês é *kami-no-michi*, ou "o caminho de kami", **kami** significando, no geral, deuses ou divindades; em

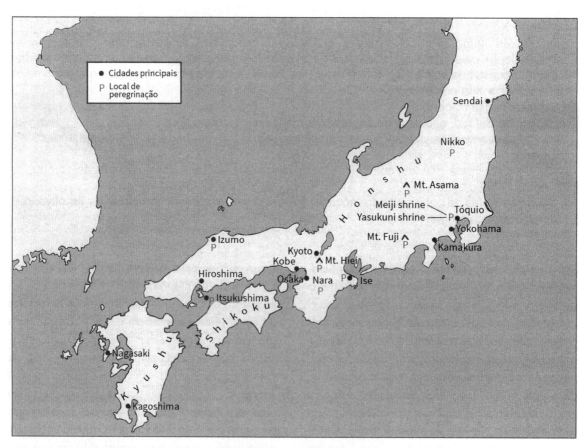

Local de peregrinação no Japão

um sentido mais inclusivo, seres possuindo poder sagrado ou potência superior, preenchidos de uma força numinosa ou carismática. Tem sido parte do mito do Shintō que o Japão já foi uma vez povoado exclusivamente por kami. Os antigos japoneses consideravam toda a natureza como imbuída com poderes kami, dos deuses nas regiões elevadas aos espíritos nas montanhas, os lagos e árvores na terra, para não falar dos poderes no mar e debaixo do solo. O Shintō expressa, assim, uma fé religiosa sobre o Japão e seu passado. Os costumes do Japão pré-histórico eram o caminho seguido pelos kami, os seres inspiradores de admiração dos quais os japoneses teriam descendido. Mas esta fé, como geralmente as religiões o fazem, ignorava ou estava alheia a certos fatos históricos sobre as verdadeiras origens do povo japonês.

Origens étnicas

Os japoneses são provavelmente um povo misturado, parcialmente coreano, parcialmente mongólico, e parcialmente malásio. Seus ancestrais chegaram em diferentes momentos, vindos da terra firme da Ásia e das ilhas do pacífico sul, e procederam em se unir com as tribos aborígenes ou em desalojá-las para o norte. Aparentemente, a condição civil do antigo Japão era a de uma conjunção frouxa de tribos e clãs, com graus diversos de independência e possuindo suas próprias tradições de culto à natureza e aos chefes.

Magia, tabu e religião estavam misturados entre si da forma característica nas sociedades primitivas. A raposa era adorada como uma mensageira dos deuses. Arcos e flechas eram fetiches de tão elevada ordem que recebiam a mesma reverência que era apropriada aos deuses. O constante estado de guerra com as ferozes tribos aborígenes, que se submetiam lentamente, dava uma coloração militar para todos os aspectos da vida. Grandes guerreiros eram tratados com respeito especial, estivessem vivos ou mortos.

Apesar de se cobrirem com vestes rudes e se abrigarem primitivamente, os japoneses já mostravam a paixão por limpeza pessoal que lhes é tão característica ainda hoje. Sua atitude em relação aos mortos era marcada pelo horror à impureza, de forma que, quando ocorria uma morte, o funeral era executado imediatamente; após o período de dez dias de luto terminar, toda a família entrava na água para se lavar. Em muitos casos os sobreviventes abandonavam a estrutura primitiva que havia sido a casa da pessoa morta e construíam uma nova.

Culturas pré-históricas

A arqueologia provê apenas uma cronologia muito rascunhada do Japão pré-histórico. As peças de cerâmica sobreviventes com datações possivelmente tão antigas quanto 6000 AEC e ainda em uso em 300 AEC têm um "padrão cordado" que nomeia o período no qual ela esteve em uso, o Período *Jomon*. Essa época parece ter constituído um longo período de caça e pesca neolíticos, quando o Japão era habitado pelas tribos aborígenes. Suas relíquias implicam a existência de ritos funerários, com os mortos sendo enterrados em uma posição flexionada em conjunto com implementos de pedra e ocre vermelho; parecia também haver ritos de fertilidade nos quais emblemas fálicos (clavas de pedras) e estatuetas de argila de sexo indeterminado eram usados. Um distrito próximo a Tóquio onde outro tipo de cerâmica, mais avançado, foi encontrado é responsável pelo nome *Yayoi*, dado ao período entre 250 AEC a 250 EC. Aparentemente, foi durante este período que o cultivo de arroz em campos irrigados foi desenvolvido, um avanço importante em relação às práticas de coleta de tempos mais antigos. Os historiadores cunharam ainda um terceiro termo, *Kofun*, ou período dos montículos funerários, para nomear o tempo de 250 EC até o despontar histórico da influência chinesa no século V. Durante esse período, tumbas e mausoléus térreos foram erigidos para as classes governantes, um fato que sugere para alguns estudiosos uma invasão em larga escala por guerreiros asiáticos, que trouxeram consigo o cavalo e a arte de derreter bronze e ferro, e que teriam expulsado os aborígenes para o norte. Os registros chineses mais antigos datam desse período, e eles contam de mulheres aptas governando no sul do Japão e atuando ali como xamãs influentes.

Ascendência Yamato

Parece provável terem existido três principais centros de cultura por volta da época do século I AEC; um no sudoeste da Ilha de Kyushu, outro em **Izumo**, na margem oeste da ilha principal, e um terceiro em Yamato, no extremo norte do Mar interno. Longe, ao norte, havia os **Ainu** de pele clara, originários das áreas subárticas da Sibéria, que preservaram obstinadamente sua própria vida cultural através dos anos. (Eles se localizam atualmente na ilha japonesa mais setentrional, Hokkaido.) Pode ser uma extrema simplificação, mas existem indicações de que na Ilha de Kyushu os cultos tribais ocupavam-se principalmente com os deuses do mar, enquanto que através da ilha central os clãs de Izumo adoravam o deus da tormenta **Susa-no-wo**, e os clãs Yamato adoravam a deusa do sol, considerada como chefe dos céus e ancestral de seus chefes. Os clãs Yamato, provavelmente no século IV EC, selaram sua ascendência sobre os outros grupos ao estabelecer sua chefia de um trono imperial instável como descendentes do sol. É possível que eles tenham tido que vencer a oposição de outros grupos, que prefeririam ter como governantes mulheres reinando de acordo com a tradição matriarcal, creditadas com poderes especiais enquanto adivinhadoras e médiuns xamanísticas[B1].

O efeito da cultura chinesa

Seja qual tenha sido a forma que se chegou até ele, o Shintō primitivo era sem forma e sem um direcionamento específico. Ele se tornou um padrão de cultura nacional claramente elaborado apenas quando influências civilizadoras chinesas passaram a operar no Japão no século V EC. Estas influências eram inicialmente sino-coreanas, pois os coreanos foram os professores imediatos dos japoneses. Entretanto, desde que os próprios coreanos haviam aprendido muito dos chineses, os japoneses não tardaram em ir diretamente aos chineses em busca de maiores avanços do conhecimento e das habilidades técnicas. As transformações efetuadas então em sua vida e panorama nacionais consistiram em um dos exemplos mais marcantes do tipo na história.

Os japoneses melhoraram suas vidas com avidez, adaptando ideias e procedimentos chineses às suas necessidades, passando por esse processo de forma bastante meticulosa.

Sempre adeptos de melhorar seus métodos e habilidades nas artes práticas, uma vez que o caminho foi mostrado, os japoneses rapidamente aprenderam tudo que os coreanos, e além deles, os chineses, poderiam ensiná-los sobre metalurgia, entalhe em madeira, agricultura, horticultura, jardinagem, cultura do bicho da seda, construção de estradas e pontes, e drenagem de canais. Quase que abruptamente seu povo passou de uma forma primitiva de cultura material para uma relativamente avançada. No campo da escrita e comunicação, os japoneses adotaram integralmente, sem efetuar alterações (com exceção de simplificações cursivas), o corpo de ideogramas ou caracteres chineses, pronunciando-os com as palavras japonesas que traduziam os termos chineses representados pelos símbolos. Onde não existiam equivalentes japoneses, eles adotaram os sons chineses com modificações características. No campo das relações sociais, ideias confucionistas trouxeram mudanças permanentes, com ênfase na moral. Seguiu-se, em particular, um forte reforço ao ideal de piedade filial.

O Shintō pré-histórico tinha sido principalmente uma forma casual de adoração à natureza, fracamente ligado com o culto aos ancestrais. Ele tomava agora a forma de um dos cultos de ancestrais mais compreensivos da história. Não apenas a descendência imperial da parte da deusa do sol recebeu ênfase, mas os altos oficiais começaram a traçar sua própria descendência das divindades com relação mais próxima à deusa solar, enquanto que o povo comum supostamente descenderia de divindades relacionadas mais distantemente. Dessa forma, estabeleceu-se a base mitológica para a reivindicação (enfatizada tão grandemente durante as últimas décadas do século XIX e no início do século XX) de que todo o povo japonês estava organicamente relacionado ao imperador por meio de um relacionamento familiar divino.

Literatura sagrada antiga

Mas os japoneses sofreram um impacto ainda maior do budismo, oriundo primeiramente da Coreia e depois da China. Quando esta religião chegou ao Japão, no século VI, ela levou consigo uma literatura excitante, novas e ricas formas artísticas, rituais emocionalmente satisfatórios e percepções novas em cada campo do pensamento e ação humanos, incluindo lógica, medicina e serviço social. O budismo quebrou o provincialismo japonês ao trazer os conceitos de além-mar para dentro de seu panorama religioso, pois, aos olhos dos sacerdotes budistas, as posições de percepção e autoridade religiosas não estavam no Japão, mas na Índia e na China. O budismo tinha tanto a contribuir para o Japão que as melhores e mais progressivas mentes do país foram atraídas de forma irresistível para ele.

Um resultado importante do novo fermento de ideias foi a tentativa, sancionada imperialmente, de usar os caracteres chineses a fim de colocar por escrito os mitos e tradições nativos ainda correntes entre os clãs locais. Em 712 EC a ***Kojiki***, ou Crônica dos eventos antigos, escrita com o objetivo de prover uma história do Japão desde a criação do mundo até a metade do século VII, foi terminada. Paralelas a ela, com variações e adições que lhes deram maior acurácia histórica, foram escritas as ***Nihongi*** ou ***Nihon Shoki***, Crônicas do Japão, lançadas em 720 EC. Quase um século depois (cerca de 806 EC), durante a primeira década da Era Hein, apareceram as *Kogoshui*, "coleções de histórias antigas", uma defesa das práticas das antigas famílias sacerdotais conectadas com o Shintō. Posteriormente, ainda no primeiro quarto do século X, veio o *Engi-shiki*, um importante compêndio de tradições Shintō em cinquenta partes, das quais as dez primeiras continham listas de orações rituais ou litanias para várias ocasiões cerimoniais, chamadas de ***norito***. As norito serviram então e durante os séculos posteriores como modelos – quando não fossem as palavras originais – das orações em todos os santuários Shintō, seja no país de forma geral ou na corte. Todos esses tratados seguiam a influência de ideias chinesas e budistas. Formas de pensamento estrangeiras eram evidentes, por exemplo, nos parágrafos de abertura das *Kojiki* e *Nihongi*. Ambas deviam profundamente sua orientação política ao pensamento de ultramar, que os levou a endossar a linhagem imperial com uma soberania recuando para tempos remotos, baseada em uma ordem divina das coisas.

Dois trabalhos do Período Heian refletindo a vida, o amor e a religião japoneses tiveram caráter mais genuinamente nacional. Eles surgiram quando as mentes japonesas foram estimuladas criativamente pelas oportunidades excitantes que lhes eram abertas com o uso dos caracteres chineses na escrita de pensamentos antigos e novos. Um deles foi o **Manyoshu**, uma coleção de poemas antigos e novos, 4 mil no total, compilados perto do final do século VIII. O outro foi um trabalho de gênio, a longa novela da Senhora Murasaki chamada de "O conto de Genji", lidando com a corte sensual e orientada à beleza de Kyoto em seus primeiros anos (por volta do século X EC).

II - O MITO SHINTŌ

Não há dúvida quanto ao interesse despertado na corte imperial em relação à formulação de uma versão oficial das tradições folclóricas Shintō.

Por um lado, a corte demonstrara o desejo de seguir modelos chineses em seus procedimentos oficiais e estrutura hierárquica, pois desejava ser considerada civilizada ou culta. Por outro lado, entretanto, ela não tinha vontade de se tornar não japonesa, pois inevitável e naturalmente essas tradições refletiam de muitas formas os costumes tradicionais e bem-estabelecidos dos japoneses. A corte, portanto, se tornou o cenário de ritos e cerimônias elaboradas, algumas em imitação aos procedimentos das cortes chinesa e coreana, mas outras baseadas em crenças e práticas Shintō bastante antigas. Entre estas estavam rituais de purificação da poluição, cerimônias para cada estágio do crescimento do arroz, do plantio à colheita (importante para todos), danças sagradas executadas tanto por sua beleza quanto por seus efeitos mágico-religiosos, tabus contra se movimentar em certas direções quando a posição da lua e de outros objetos não fosse favorável, e reverência devota (ajoelhar com a cabeça apoiada nas mãos ao longo do chão) aos espíritos (kami) presentes no mundo circundante.

O orgulho nacional e os padrões chineses de racionalidade requeriam que os mitos nativos relacionados à antiga história do Japão e de seu povo fossem tecidos em uma sequência mais ou menos unificada. O resultado foi o que nós chamamos de Mito Shintō. Das formas com variantes leves das versões oficialmente aprovadas deste mito, nós escolhemos a do *Kojiki*, mencionada previamente. A história se dá da forma que discutiremos a seguir[C1].

Os progenitores primais

As ilhas japonesas foram uma criação especial dos deuses. Depois que o caos primal fora separado no curso dos eventos em céu e oceano, vários deuses surgiram na névoa celestial à deriva, apenas para desaparecer do nada, até que finalmente entraram em cena as duas divindades que produziram as ilhas japonesas e seus habitantes. Estes foram o homem e a mulher primais, Izanagi, o Homem-que-convida, e Izanami, a Mulher-que-convida. Seus associados celestiais os ordenaram a "fazer, consolidar e dar nascimento" às ilhas japonesas. Esses dois seres desceram a Ponte flutuante do céu (um arco-íris?) e, quando atingiram o seu final inferior, eles abaixaram a lança coberta de joias de Izanagi na água salgada turva, agitando-a até que o fluido abaixo se tornou "denso e glutinoso". Dessa forma "a salmoura que pingava da ponta da lança foi se empilhando, e se tornou uma ilha". Descendo até à ilha, eles se ajuntaram, e Izanami gerou de seu útero as oito grandes ilhas do Japão. Após isso, eles trouxeram à existência uma população de trinta e cinco divindades, a última das quais, o impetuoso deus do calor Kagu-Tsuchi, queimou fatalmente sua mãe ao nascer. Izanagi ficou tão enfurecido com Kagu-Tsuchi por ter causado a morte de Izanami que ele o retalhou com rápidos golpes de sua espada, apenas para produzir outras divindades a partir dos fragmentos que voavam.

Poluição e as divindades da purificação

A parte historicamente importante dessa história é sua sequência. Quando Izanami morreu e foi para o mundo inferior (a Terra de Yomi), em seu devido tempo o inconsolável Izanagi a seguiu, esperando trazê-la de volta consigo para o mundo superior. Mas ele não chegou a tempo. Ela já começara a se decompor e estava disforme. Quando ele se aproximou dela na escuridão, ela pediu-lhe que não olhasse para ela. Mas ele acendeu o último dente do pente com o qual ela mantinha seu cabelo no lugar e a viu deitada diante dele horrivelmente coberta por vermes. "Você me submeteu à vergonha", ela gritou, e enquanto ele fugia de volta, ela enviou as horrendas mulheres de Yomi em sua perseguição. Quando ele conseguiu atrasá-las com o uso de vários estratagemas, ela enviou atrás dele oito divindades do trovão, geradas da decadência de seu próprio corpo, e 1.500 guerreiros de Yomi. Quando ele os combateu, ela mesma partiu em sua perseguição. Em sua fuga rumo ao mundo superior, ele tomou uma rocha que precisaria de mil homens para ser levantada e com ela bloqueou a passagem do mundo inferior. As duas divindades, outrora amantes, estando nos lados opostos da rocha, trocaram despedidas furiosas. Finalmente Izanagi, que estava coberto de impurezas, desceu ao oceano para banhar sua augusta pessoa. Enquanto ele lançava fora seu cetro, sua guirlanda e o resto de seu vestuário, cada item se transformava em uma divindade. Mas o maior evento ainda estava por vir. De acordo com o *Kojiki*, quando ele andou pela água e, em um ato de purificação tipicamente japonês, lavou a sujeira de seu olho esquerdo, ele produziu a mais altamente reverenciada das divindades japonesas, **Amaterasu**, a deusa do sol. Esta foi uma criação importante. Após isso, ele produziu o deus lua, Tsukiyomi, ao lavar seu olho direito, e o deus da tormenta, Susa-no-wo, de suas narinas.

A preocupação do Shintō com poluição e abluções é claramente prenunciada nestes mitos.

Amaterasu e uma miríade de outros Kami

Anos depois, encontramos a deusa Amaterasu olhando para baixo, de seu trono no céu, preocupada com a desordem nas ilhas abaixo. O filho do deus da tormenta governava ali, mas ela não estava satisfeita, finalmente comissionando seu neto Ni-ni-gi para descer até as ilhas e governá-las para ela. A ordem para o seu neto foi dada em palavras que muitas crianças japonesas sabem de cor: "Esta luxuriante-planície-de-juncos-de-espigas-de-arroz-fresco será a terra que tu governarás". Ni-ni-gi obedeceu. Ele governou primeiro da ilha no extremo sul de Kyushu. Em tempos posteriores, seu bisneto Jimmu Tenno, o primeiro imperador humano, embarcou de Kyushu em uma conquista da Província de Yamato, na ilha central japonesa de Honshu, e estabeleceu sua capital ali, no ano definido pela tradição como 660 AEC. Enquanto isso, as famílias principais do Japão e de todo o povo japonês descenderam das divindades menores, ou de kami menores, residindo nas ilhas. Assim, somos levados a compreender que o imperador do Japão é um descendente da deusa Amaterasu através de uma linhagem contínua, e que as ilhas do Japão têm uma origem divina, assim como o povo japonês.

Deve-se se observar que este registro dos eventos está preocupado exclusivamente com o Japão; nenhum outro país é considerado. Além disso, o Japão é considerado como repleto de deuses e deusas. O politeísmo é quase ilimitado. Era característica dos antigos japoneses divinizar a tudo, e ver um deus ou ser divino em todo tipo de força ou objeto natural. É daí que eles chamavam seu país de "a Terra dos deuses", e em tempos posteriores se estimava que suas divindades eram no número de "oitenta miríades", ou algumas "oito centenas de miríades".

Podemos observar ainda que o lugar principal no panteão foi dado para a deusa do sol Amaterasu, cujo templo em **Isé** é o santuário mais sagrado no Japão, mas ela nunca foi considerada mais do que a primeira entre seus iguais. Associados com ela estavam não apenas aqueles que nasceram junto com ela – Tsukiyomi, o deus lua, e Susa-no-wo, o amoral e caprichoso deus da tormenta –, mas também uma vasta companhia de divindades: as divindades do vento, "Príncipe do Longo Vento" e "Senhora do Longo Vento"; o deus do relâmpago, "Terrível Divindade do Fogo rápido"; o deus do trovão, "Feroz Divindade masculina do trovão"; o deus da chuva, "Feroz chefe da chuva"; o deus da montanha geral, "Divindade possuidora da Escura Montanha", sob cuja égide muitas divindades da montanha locais, como a deusa do Monte Fuji, executam suas funções; as divindades da fertilidade, como "Alto e Augusto Deus produtor" e a "Deusa divina produtora"; as divindades dos alimentos – Inari, que é a deusa dos grãos, e a ainda popular Toyo-Uke-Hime, a deusa da comida, hoje amplamente adorada por camponeses e honrada de forma especial no santuário externo de Isé; divindades fálicas; os deuses da cura e purificação; deuses e deusas estelares; as divindades do mar (aquelas do fundo, do meio, e da superfície do mar); para não falar de deuses dos rios, dos portos, da névoa, e divindades das árvores, folhas, pedras, terremotos, vulcões e assim por diante.

A natureza compósita do mito

Que este mito é um compósito de vários elementos é óbvio. De início, as sentenças de abertura do *Kojiki* refletem concepções chinesas sobre a origem do universo: ele evoluiu a partir de uma massa caótica semelhante a um ovo. Provavelmente os eruditos da corte imperial buscavam uma introdução apropriada para os mitos nativos que eles estavam prestes a reunir.

É claro que o mito também reflete uma antiga resposta à natureza, não muito avançada em relação ao animismo. Foi proposto por D.C. Holtom, uma autoridade proeminente no tema, que **Izanagi** e **Izanami** são formas japonesas das figuras familiares nos mitos cosmogônicos mundiais, "o Pai Celeste e a Mãe Terra", e que os detalhes do mito se encaixam nos padrões gerais das descrições mundiais da mudança de estações da vegetação, tipificada por mitos sobre Perséfone, Cibele e outros no mundo ocidental.

Holtom sugeriu que a morte de Izanami é causada pela queima da terra pelo calor do verão (que é a interpretação do significado de Kagu-Tsuchi), de forma que, quando Izanagi fatia o deus ardente com sua espada, produzindo assim relâmpago, trovão e as divindades da chuva, o que está significado é a vingadora matança que a chuva que sacia traz sobre a criança da seca que queimou sua terra mãe. De acordo com Holtom, a busca de Izanagi por Izanami no mundo inferior está claramente alinhada com os mitos ctônicos do Ocidente: o desaparecimento da terra mãe trouxe a morte

> *Atribuído ao Imperador Yuryaku: "Sua cesta, com sua bela cesta; sua espátula, com sua pequena espátula; donzela, enquanto coletas ervas nesta encosta, eu devo perguntar-lhe: Onde é sua casa? Tu me dirás seu nome? Por toda a espaçosa Terra de Yamato, eu sou aquele que reina por toda a parte – sou eu quem reina por toda a parte. Eu mesmo, teu senhor, falarei de minha casa e de meu nome".*
> *O Manyoshu JCTC Tr.*

da vegetação, e o pai céu se esforça em encontrá-la e trazê-la de volta para o mundo. A sua busca "reecoa a busca da antiga Ísis egípcia pelo corpo de Osíris"[D1].

O que foi acima exposto explica o mito apenas em parte, pois entremeado com esta porção da história, e a encurtando, existem outras partes lidando com a deusa do sol e suas lutas com seu irmão rebelde, o deus da tormenta.

A história destas disputas é susceptível de pelo menos duas interpretações. A primeira interpretação as considera no contexto de competição infindável entre o sol e a tormenta nebulosa, contrastando o sol purificador e ordeiro com as poluições da desordem da tormenta; a outra interpretação encontra em suas referências geográficas uma indicação de que Amaterasu representa o povo do distrito meridional de Yamato, e Susa-no-wo os colonizadores em Izumo, dois grupos que nos anos antigos de migração do continente asiático lutaram entre si pela predominância. O mito total representa, portanto, a combinação de diversos agrupamentos de tradições originárias de diferentes clãs dentre a população do Japão.

III – SHINTŌ NOS PERÍODOS MEDIEVAIS E MAIS RECENTES

Na metade do século VII, o budismo obtivera uma influência dominante nos círculos da corte. Anos depois, em milhares de vilas, o povo comum expandia suas crenças e práticas (sua "religião popular") ao adotar elementos congênitos não apenas do budismo, mas também de outras formas de religião chinesa, particularmente do daoismo primitivo e da magia yin-yang. O resultado foi o então chamado Shintō misto.

Duas orientações

Um Shintō amplificado foi feito algo possível e natural por duas orientações centrais que tinham tido um papel pronunciado na história religiosa japonesa: (1) a extensão do conceito de "família" e (2) a hospitalidade aos convidados.

O MODELO DA FAMÍLIA

A sociedade japonesa sempre reteve um sistema básico familiar ou clânico, dentro e através do qual os indivíduos adquiriram seu senso de identidade, tanto religiosa como social. Apesar de muitos jovens no Japão estarem rompendo com ele na atualidade, este padrão de comportamento foi impresso sobre a educação, política e indústria, particularmente a última. É comum para empregados de fábricas e indústrias considerarem tais fábricas como extensões de suas famílias e se sentirem apegados a elas.

Cada família e clã tinha seu próprio santuário, onde o *uji-gami*, "divindade (tutelar) familiar" é honrado, e a ele se pede ajuda e proteção. Usualmente este é um ancestral honrado por muito tempo, associado com espíritos ancestrais posteriores e frequentemente com deuses importantes localmente.

Pilares e imagens de pedra na beira das estradas chamados de **dosojin** (literalmente "seres ancestrais das estradas" ou "pessoas ancestrais do caminho") misturam temas protetivos e de fertilidade. Às vezes eles tomam as formas explícitas de falo e vulva em evocação da fertilidade; às vezes eles retratam casais afeiçoados; às vezes eles mostram os três ideogramas *do so jin* em uma pedra simples. A parte central do último personagem, "estrada", pode ser entalhada em forma de vulva, e uma parte do segundo personagem "ancestral" pode tomar uma forma fálica.

Mesmo após dar as boas-vindas a elementos do budismo, do daoismo e do confucionismo em suas estruturas, o Shintō rural reteve seu padrão primário clânico e familiar, permanecendo assim uma força vital e independente. Membros de famílias e clãs continuaram a reconhecer laços profundos com o kami que fizera tanto por eles no passado. Famílias aristocráticas residindo na capital continuaram a enviar subsídios para seus santuários familiares.

O MODELO DO CONVIDADO

As vilas e seus clãs eram receptivos a divindades que podem ser chamadas de convidados divinos do exterior, os quais as visitavam ocasionalmente ou vinham para ficar, tais quais os ancestrais do imperador, Amaterasu, Inari, a deusa dos grãos, e poderes de ultramar como as divindades budistas e daoistas.

Um acadêmico proeminente japonês, Ichiro Hori, chama este tipo de religião de *hitogami*, que une um homem individual (*hito*) com um kami doador de poder, geralmente um grande deus de além-mar. O Professor Hori nota que os deuses de fora eram usualmente introduzidos por especialistas religiosos com reputação xamanística. Pessoas de caráter xamanístico iam de vila em vila, comunicando ensinamentos budistas referentes à salvação individual pelos Budas e introduzindo ritos mágicos e encantamentos para curar doença e expulsar os maus espíritos. Entre eles estavam mulheres xamãs (*miko*), sacerdotes Shintō (*onshi* ou *oshi*), ascetas da montanha (*yamabushi* ou *gyōja*), mágicos yin-yang (*ommyō-ji* e *shōmon-ji*), sacerdotes Nembutu de classe baixa (*Nembutsu-hijiri*), peregrinos semiprofissionais (*kaikoku-hijiri*), mágicos peregrinos e curandeiros (*jussha* ou *kitō-ja*), e artesãos mágico-religiosos e técnicos como ferreiros (*imo-ji*), carpinteiros (*kiji-ya*), ou recitadores chamados de *sekkyo* (literalmente, "pregador"), *sai-mon* (literalmente, "se dirige às divindades"), ou *utabikuni* (literalmente, "freiras cantoras"), e assim por diante[E1].

Já que no nível das vilas muito do ritual religioso estava preocupado em se agraciar com os espíritos de fertilidade, deuses da montanha, e poderes dispostos malevolamente (*goryō*) que tinham de ser conciliados ou controlados, era natural que a mágica yin-yang, o Budismo Vajrayana, fórmulas Nembutsu e daoismo religioso e mágico fossem adaptados avidamente às necessidades locais japonesas. Um fazendeiro, por exemplo, podia se satisfazer em pregar amuletos em estilo chinês ou encantamentos impressos obtidos em um santuário (ou em um templo budista) em sua porta ou em seu estábulo, a fim de afastar o mal. No mesmo nível da religião folclórica, então, Shintō tem consistido em um amálgama de muitos elementos, nativos e emprestados.

Influências do confucionismo e do budismo na elite

Enquanto isso, no nível favorecido da corte imperial e dos privilegiados intelectualmente, o budismo e o confucionismo proviam as normas de crença e comportamento. O confucionismo chegou ao Japão com os primeiros imigrantes chineses, e poucos japoneses questionaram sua ética e filosofia; além disso, ele dava escopo e forma para o culto aos ancestrais. Quanto ao budismo, nós vimos anteriormente (na p. 267) que no século VI a Imperatriz Suiko e seu sobrinho Shōtōku, que se tornou príncipe regente, recomendaram fortemente o budismo para a corte, e lhe deram reconhecimento oficial. Imigrantes da Coreia e da China e estudiosos japoneses que foram para o exterior investigar e estudar as seitas budistas trouxeram para o Japão as habilidades e conhecimentos que transformaram sua vida política, econômica, educacional e religiosa. De início as crenças e práticas da China e Coreia foram adotadas com poucas mudanças. Durante o Período Nara (710-794 EC), as variedades de budismo foram seguidas ao pé da letra, atitude que parecia estrangeira em demasia para muitos japoneses. Mas como nós vimos no capítulo referente ao desenvolvimento religioso do budismo (p. 290-291), dois eruditos japoneses viajaram para a China e retornaram ao Japão para fundar as seitas Shingon e Tendai, que eles adaptaram com astúcia às necessidades japonesas. Mais tarde, durante o Período Kamakura (1192-1336), as seitas Zen, Shin e Nichiren deram ao budismo expressões ainda mais explicitamente japonesas (cf. p. 280-295).

SHINTŌ MISTO (*RYOBU*)

Acadêmicos têm chamado a este resultante Shintō "misto", com modificações estruturais e alterações rituais, de **Ryobu Shintō** (Shintō de dois aspectos ou dois lados) ou *Shinbutsu Konko* (Shintō e budismo mistos). De acordo com Ichiro Hori, quando o budismo apareceu nas vilas,

> [...] os sacerdotes tiveram de fazer acordos com o povo local e com sua comunidade de deuses. Como resultado desses acordos, um templo budista especial, chamado de *Jingu-ji*, foi construído dentro dos recintos de praticamente cada santuário Shintō, dedicado para o Kami Shintō daquele santuário. O *Jingu-Ji* era construído de forma que os sacerdotes budistas pudessem servir o kami com os rituais budistas por meio de permissão especial do kami. De forma reversa, o kami local ou tutelar recebia um santuário em cada templo budista e era servido por sacerdotes budistas e por fórmulas budistas[E2].

Quando santuários Shintō começaram a dar espaço para rituais budistas (e daoistas), houve certas consequências doutrinárias. "De início os kami", diz Joseph Kitagawa, "foram considerados como os 'protetores da Lei de Buda' [...]".

"Logo, entretanto, esta crença foi invertida de forma que os kami foram considerados necessitando de salvação por meio da ajuda do Buda [...]. Alguns dos kami honrados também recebiam o título de *bosatsu* (bodhisattva)"[B2]. No século IX, Kōbō Daishi, fundador da Escola Shingon, ensinou que os Budas e bodhisattvas surgiram como deuses diferentes em países diferentes e que, assim, tinham aparecido também no Japão (cf. p. 223). Dengyo Daishi, fundador da Escola Tendai, fez sugestão similar. Sacerdotes de várias seitas budistas relataram ter visões e intuições que eram aceitas enquanto provas de que os deuses do Japão eram na realidade Budas e bodhisattvas que "surgiram" como deuses das ilhas japonesas. Amaterasu, a deusa do sol, foi identificada como uma manifestação de Buda Maravairocana; descobriu-se que Hachiman, o deus da guerra, era o disfarce assumido em solo japonês pelo bodhisattva Kshitigarbha; e assim por diante.

Nesta síntese, as divindades do panteão budista recebiam as posições honradas de "os Originais", enquanto que as divindades do panteão Shintō foram consideradas suas aparições ou manifestações (*gongen*).

Não é de se espantar que o Shintō tenha quase que sucumbido por completo. O Ryobu, ou o Shintō de dois lados, certamente teve uma influência imensa no povo do Japão, ganhando a maioria do povo para suas interpretações. Nos anos subsequentes, não apenas a maior parte dos santuários Shintō abriram espaço para os cultos budistas e seus sacerdotes, mas também introduziram imagens, incenso, sermões e cerimônias elaboradas nos ritos Shintō. A primitiva aparência simples dos santuários Shintō foi grandemente alterada pela aplicação exterior de dois ornamentos intrincados dos templos budistas e pela adição à propriedade do santuário de pagodes, torres de tambores, sinos largos, salões de assembleia para cultos com pregações, e elementos similares. Mesmo a passagem Shintō não adornada, ou **torii**, foi provida de curvas e decoração ornada. A influência se tornou tão penetrante que é bastante verdadeiro afirmar com H.N. Wieman e W.M. Horton que "recuando até a Era Meiji o Japão pode ser muito bem descrito como uma nação budista", apesar de que pode se adicionar, como Wieman e Horton fizeram de forma apta, a qualificação de que isto apenas é válido "no mesmo sentido de que certas nações ocidentais têm sido descritas como 'cristãs'"[F].

A apropriação e adaptação japonesa do budismo continuou até o século XIV, quando a ordem pública se dissolveu em três séculos de combate feudal durante os quais o imperador – cuja liderança da nação foi completamente obscurecida – foi condenado à impotência, enquanto ditadores (*Shoguns*) empenhavam-se de forma vã em controlar os poderosos nobres e os *samurai*, ou a classe militar. No final do século XVI surgiu um Shogun que trouxe o fim a séculos de guerra feudal. Isto marcou o início do período do regime de Tokugawa (1603-1867). Foi uma época de alguma importância para o Shintō, quando ocorreu seu renascimento ou reavivamento.

O reavivamento do Shintō enquanto religião separada

O reavivamento do Shintō foi um processo lento e gradual. Durante as desordens que acompanharam o final do Período Kamakura na primeira metade do século XIV, aqueles que apoiaram o Imperador Go-Daigo em seu esforço malsucedido de ganhar controle da nação não puderam deixar de questionar se a descendência da deusa do sol deveria ter sido rejeitada. O fato de o Shintō e de seus temas terem ficado quase que submersos no budismo preocupava a muitos. Enquanto o século XIV se findava, diversos dos sacerdotes hereditários da Família Watarai (que cuidava do santuário exterior de Isé) buscaram sem grande sucesso libertar o Shintō (seu "Shintō de Isé") das infusões budistas e chinesas, e um século depois um dos sacerdotes Urabé do santuário Kasuga em Nara escreveu um tratado que tentava distinguir os elementos antigos do Shintō dentro do corrente Shintō "budificado" (Ryobu). Sugeriu-se então, pelos sacerdotes Watari e por outros, a tese de que o Shintō Ryobu deveria ser revertido; isto é, os kami japoneses deveriam ser declarados os "originais", e as divindades budistas suas "aparições". Mas suas vozes foram de início pouco mais que gritos fracos contra o vento que prevalecia. Outros shintoístas não estavam prontos para lhes dar ouvidos. Além disso, eles não podiam nem libertar a si mesmos do pensamento budista e confucionista quando expunham seus próprios argumentos.

Mas um Shintō mais puro tinha aliados em outras partes. O suporte por sua independência em relação ao budismo foi invocado inconscientemente pelo Shogunato Tokugawa. Durante o século XVII o cristianismo vinha sendo suprimido e os portos do Japão tinham sido fechados para todos os países estrangeiros, com exceção de alguns poucos comerciantes holandeses e chineses (como já se disse, o Japão se tornou uma "nação eremita").

Após uma insurreição desesperada de cristãos durante os anos de 1637-1638, o governo tentou desmascarar todos os cristãos remanescentes ao ordenar que cada japonês obtivesse um certificado de um templo budista (*tera-uke*) a fim de provar que ele ou ela não era aderente de uma religião proscrita. Isto perturbou grandemente alguns sacerdotes Shintō que, obrigados a ter que recorrer aos templos budistas, pediam reconhecimento como representantes de uma religião independente. Eles receberam apoio imediato de vários eruditos confucionistas japoneses, que também desejavam libertar o Shintō de suas amarras budistas. O confucionismo tivera influência entre as classes letradas desde a primeira introdução dos saberes chineses no Japão do século V. No Japão medieval ele tomou um novo rumo com a introdução do neoconfucionismo e com as visões filosóficas de Zhu Xi e Wang Yang-ming. Os últimos foram desaprovados de forma geral como muito teóricos e subjetivos, mas Zhu Xi foi amplamente aceita como um guia maior para a natureza do mundo e para a sua história. Durante o Período Tokugawa, estudiosos japoneses do século XVII em diante se tornaram seus intérpretes, assumindo também uma posição "racionalista" antibudista; isto, em última instância, significou que eles buscaram um Shintō purgado de seus acréscimos budistas e restaurado para o seu "Caminho antigo". Houve até mesmo uma proposta de uma amalgamação Shintō-confucionista a ser chamada de Suika Shintō que substituísse o Ryobu Shintō[B3].

Ficou claro que as massas japonesas ainda amavam os ritos Shintō mais "puros", especialmente aqueles executados no grande santuário da deusa do sol Amaterasu em Isé, para o qual o povo afluía em grande número nos tempos de colheitas abundantes (e de preços ao consumidor em queda) com a intenção de expressar sua gratidão à luz do sol que favorecera aos campos. Encorajados, os sacerdotes de Isé percorriam o interior do país, promovendo a prática de visitar Isé ao menos uma vez durante a vida.

Acadêmicos clássicos do Shintō: Motoori

Esses acontecimentos inspiraram acadêmicos do Shintō clássico a efetuar uma concentração nacionalista do "aprendizado nativo antigo". Durante o século XVIII e no início do XIX, três destacados homens das letras, Kamo Mabuchi, **Motoori Norinaga** e Hirata Atsutane, tomaram vantagem da atmosfera antiestrangeira em sua tentativa de reavivar o que veio a ser chamado de "Shintō puro", ou o "Verdadeiro caminho antigo". O segundo deste grupo foi talvez o maior acadêmico na história japonesa. Seu comentário do *Kojiki* é ainda autoritativo. Mas suas conclusões eram tão subjetivas quanto seu saber em relação a outros assuntos era factual. Desdenhando tomar a posição de seus contemporâneos, que viam e sem hesitar reconheciam a dependência do saber japonês das antigas fontes chinesas, Motoori defendia firmemente a superioridade do antigo caminho do Japão, citando a origem divina do imperador (Mikado).

> Da verdade central de que o Mikado é o descendente direto dos deuses, o ensino de que o Japão se coloca muito acima de quaisquer outros países é uma consequência natural. Nenhuma outra nação está destinada à igualdade com ele, e todas estão destinadas a prestar homenagem ao soberano japonês e pagar tributo a ele[D2].

Ele repudiava a sugestão de que os japoneses deveriam emprestar um sistema de ética do confucionismo por não possuírem um sistema nativo. Apenas um povo depravado precisava de um sistema definido de ética, dizia ele; os japoneses, em razão de sua motivação divina, eram tão naturalmente elevados em suas vidas cotidianas que não tinham necessidade de um código moral; consequentemente, não possuíam um. Eles deviam, portanto, abdicar para sempre de todas as formas estrangeiras de pensamento e ação e andar na simplicidade do antigo caminho do Shintō.

Mas essas eram opiniões de eruditos. Apenas no século XIX deu-se o triunfo político do Shintō.

A restauração de 1868

A vindicação do Mito Shintō ocorreu na segunda metade do século XIX, durante a "segunda grande transformação do Japão" (a primeira foi o influxo do budismo). A necessidade desta transformação nasceu nos japoneses de forma bastante súbita; ainda que eles lutassem em se manter uma "nação eremita", não conseguiam impedir os baleeiros norte-americanos de aparecer em suas costas e de tempos em tempos naufragarem. Os marinheiros que chegavam às praias eram às vezes mortos como "demônios estrangeiros", e levavam muitos meses para aqueles que não encontravam esse destino serem repatriados por meio dos mercadores holandeses – os únicos estrangeiros permitidos nas águas do Japão. Mas este não era o único problema dos baleeiros. Seus navios frequentemente ficavam sem água e provisões no tempo em que atingiam o Japão, e eles naturalmente desejavam poder aportar e se reestocar.

O Presidente Millard Fillmore, atento a esta necessidade, e também ansioso em abrir o Japão para o comércio internacional, apelou por meio de uma carta para que o governante do Japão abrisse alguns poucos portos para os navios americanos. Carregando esta carta, o Comodoro Matthew Perry entrou na Baía de Tóquio em 1853 com quatro canhoneiras, conseguindo entregar a mensagem do presidente para o Shogun. Ele viajou para a China, prometendo retornar na primavera para receber a resposta.

O Shogun (o ditador militar, e não o poder real atrás do trono em um feudalismo centralizado) circulou a carta do presidente entre os senhores feudais japoneses, que formaram então três partidos: os liberais, os pró-acordo e o partido antiestrangeiro, o último sendo muito maior e gozando da aderência do Imperador Komei, ele próprio de propensão antiestrangeira. O Comodoro Perry retornou em 1854 com dez navios e uma força de 2 mil homens. O Shogun se curvou a essa persuasão e concluiu um tratado provendo tratamento amigável a marinheiros náufragos, permissão para que navios estrangeiros obtivessem provisões e água em terra firme, e a abertura ao comércio de três portos de pouca importância. Ao concluir este tratado, o Shogun não obteve a sanção do trono – um antigo hábito dos Shoguns. Apesar de o imperador conter as forças anti-Shogunato enquanto ele vivia, após sua morte elas entraram em combate determinado, direcionado na destituição do Shogun. No curso desta luta, o último teve de, no final, abolir seu próprio escritório, se retirar para o pano de fundo e deixar o caminho aberto para a restauração do imperador à soberania sobre a nação, um evento que ocorreu em 1868.

Mas o Shogun permitira o início de um processo de ocidentalização que não podia mais ser impedido. Os líderes de clãs reacionários tentaram pará-lo, mas após a perturbadora experiência de ver algumas de suas defesas costeiras despedaçadas pelos canhões de navios americanos, britânicos, franceses e holandeses, os líderes antiestrangeiros perceberam a impotência militar do Japão, e abruptamente mudaram de posição. Eles decidiram então elevar o poder militar e industrial do Japão, deixando-o a par com àquele das potências ocidentais.

A Constituição de 1889 e o culto estatal

Os conservadores logo descobriram que a adoção de métodos econômicos e industriais ocidentais, mesmo quando estes eram adaptados para as necessidades japonesas, envolvia modificações importantes na cultura e na visão de mundo nativas. Mas isto os deixou ainda mais resolutos em preservar de alguma forma os antigos ideais e valores militares no contexto moderno. Em prol disso, eles fizeram com que na Constituição de 1889 – um passo importante na reorganização nacional – o exército e a marinha não fossem colocados debaixo do controle civil, mas fossem responsáveis apenas diante do imperador. E, o que é de interesse principal para nós aqui, eles ergueram o antigo Mito Shintō da descendência do imperador da deusa solar para um alto patamar na vida nacional ao incorporá-lo por vias indiretas à própria Constituição.

Art. I: O Império do Japão será reinado e governado por uma linha de imperadores contínua por eternas eras.
Art. III: O imperador é sagrado e inviolável.

O budismo destituído

Os conservadores se esforçaram também em desenvolver um culto de Estado. Esperava-se que essa medida provesse uma força contínua à vida nacional. Com esse intuito, tentou-se isolar o mito nacional em relação aos seus envolvimentos budistas, fazendo-o se sobressair com clareza.

De acordo com esse pensamento, um dos primeiros atos do Imperador Meiji após a restauração imperial foi destituir o budismo, fazer do Shintō a religião de Estado, e ordenar a eliminação de todos os elementos budistas, incluindo os sacerdotes, dos santuários Shintō. Ocorreu então um grande expurgo, em parte violento; mesmo o budismo, por si só, foi colocado sob ataque. Mas o Shintō e o budismo estavam tão entrelaçados que um retorno nacional a um Shintō "puro" se provou impraticável, e o povo comum continuou a favorecer ambas as religiões. Em 1877, o budismo recebeu licença para existir com autonomia. Na Constituição de 1889, a liberdade religiosa completa de todos os cidadãos era garantida, ainda que o governo mostrasse onde estava seu coração ao preservar um departamento, chamado de Escritório dos Santuários Shintō, para expressar sua atitude de cuidado especial e consideração pela fé nacional reformada e redefinida. Este departamento foi subsequentemente dividido em um Escritório de Santuários Shintō, sob o Departamento de Assuntos Internos, e um Escritório de Religiões, sob o Departamento de Educação. A divisão se tornou aconselhável pela distinção oficial traçada pelo governo entre Shintō de "Estado" e Shintō "sectário", uma questão que requer nossa atenção subsequente.

IV – SHINTŌ DE ESTADO ATÉ 1945

O Shintō de Estado pode ser definido como um programa de ritos patrióticos patrocinado pelo governo que foi conduzido até 1945 em santuários removidos do controle sectário e transformados em propriedade nacional (a autoridade de ocupação norte-americana fez estas características compulsórias serem abolidas naquele ano. O culto nos antigos santuários de Estado é atualmente, em teoria, voluntário – apesar de ser virtualmente obrigatório para oficiais públicos). O propósito do culto de Estado foi o cultivo sistemático do sentimento patriótico pela nação. Tradições milenares foram por ele enfatizadas; esse culto surgiu inicialmente da necessidade sentida pelo governo de manter o povo japonês fiel ao "espírito do antigo Japão" através de todas as mudanças revolucionárias ocorridas na vida econômica, educacional e política da nação com a adoção de tecnologia do Ocidente.

Ideias ocidentais e agnosticismo no Japão

A sublevação da vida e cultura japonesas que acompanhou a importação por atacado de ideias ocidentais na era pós-restauração afetou adversamente, de início, o destino do Shintō. Milhares, em alienação, deram as costas por algum tempo aos santuários oficialmente sancionados pelo Estado. O ressurgimento simultâneo do budismo, lutando por sua existência, e a reentrada do cristianismo, ressurreto como se fosse dos mortos, ajudaram a produzir uma atitude religiosa entre o povo que pressagiava o fim da antiga fé nativa. Mas todas as religiões sofreram nessa conjuntura, e a descrença e o agnosticismo se tornaram amplamente difundidos. O impacto da ciência ocidental nos estudantes das universidades recentemente fundadas acelerou essa tendência. Os estudantes riam-se igualmente de todas as religiões, e esse ceticismo chegou tão longe que um censo sobre a opinião dos estudantes da Universidade de Tóquio em 1920 mostrou que "de um total de 4.608 [estudantes], 2.989 listavam a si mesmos como agnósticos, 1.511 como ateus, e apenas 118 como aderentes do cristianismo, budismo ou Shintō"[G] – uma expressão verdadeiramente extraordinária de descrença e indiferença religiosa. Uma tendência similar foi notada pelos sociólogos na população geral, meio século depois. Após a Segunda Guerra Mundial e suas subsequentes desilusões, a proporção de japoneses interessados em indicar uma preferência por alguma forma de religião declinou de 35% em 1958 para 31% em 1963, 30% em 1968 e 25% em 1973. Uma pesquisa de 2004 descobriu que 64% dos japoneses adultos se inserem na categoria "sem religião".

Esforços em revisar o mito

Pouco depois dos primeiros contatos com a ciência ocidental no século XVIII, o governo japonês passou a tomar medidas para fortalecer o Shintō enquanto fé nacional. De forma defensiva, ele encorajou uma reinterpretação do Mito Shintō que pudesse torná-lo aceitável à inteligência crítica da nação. Foi dada uma sanção semioficial à visão de que as divindades do mito nacional foram originalmente seres humanos com dotes superiores. A deusa do sol fora uma nobre governante de um clã que florescera no período do amanhecer da história japonesa, e ela lançara as bases da cultura e da organização nacional japonesa. Este ponto de vista se aproveitou da ambiguidade do termo japonês *kami* que, como afirmamos anteriormente, significa qualquer ser que possui poder pouco usual, que inspira o temor e admiração, ou que é dotado de potência superior. Nas palavras do famoso acadêmico Motoori, proferidas mais de 200 anos atrás:

Falando de forma geral, deve-se dizer que *kami* significa, em primeiro lugar, as divindades do céu e da terra que aparecem nos antigos registros e também os espíritos dos santuários onde eles são adorados. É dificilmente necessário se dizer que também inclui seres humanos e objetos tais quais pássaros, bestas, árvores, plantas, mares, montanhas e assim por diante. No uso antigo, qualquer coisa de qualquer tipo que seja fora do ordinário, que possua virtudes superiores, ou que seja inspiradora de admiração, era chamada *kami*[D3].

Provendo a si mesmos dessa interpretação do significado da palavra para divindade, os acadêmicos japoneses humanizaram e racionalizaram toda a mitologia japonesa, tentando fazer as pazes com a ciência histórica como compreendida então no mundo ocidental. Para citar um exemplo do século XX, um professor japonês declarou por escrito em 1938:

Shintō, como lido nos caracteres chineses, é o caminho dos deuses. O que são os deuses? Existem muitas coisas que recebem o nome "deuses". Na Grécia, há um deus das estrelas; na Índia, Buda é um deus; nos países ocidentais, eles têm um Deus, o governante do céu. Assim, nós descobrimos que existem vários deuses no mundo. Deuses, no nosso país, são nossos ancestrais. É dificilmente necessário mencionar que a deusa Amaterasu é cultuada em um santuário em Isé; assim o é o Imperador Ojun no santuário de Hachiman, o Imperador Kammu no santuário de Helan e o Imperador Godaigo no santuário de Yoshino. Entesourar ancestrais como deuses é peculiar ao nosso povo. Isso não é visto em nenhum outro país civilizado do mundo. É verdade que no nosso país existia também, e existe mesmo agora em certa extensão, o culto de animais, pedras, árvores e montanhas, mas deuses, como ensinado no Shintō, são nossos ancestrais adorados como tais [...]. Em bosques místicos, com *torii* sagrados, os espíritos dos nossos ancestrais são cultuados em santuários.ʰ

Este argumento, além de ser inacurado em suas referências a outras religiões, não tem base histórica sólida no que tange aos principais deuses Shintō, pois se afasta do fato de que Amaterasu, Susa-no-wo, Izanagi e Izanami representam no Mito Shintō aspectos da natureza – o sol radiante, a tempestade, antigos descendentes do país do céu – e de forma alguma seres humanos glorificados do passado. O argumento, não obstante, atraiu a japoneses inteligentes, ansiosos em estar em harmonia tanto com a ciência quanto com a tradição nacional.

Shintō enquanto ética nacional

Por outro lado, o governo japonês se esforçou em salvar o Shintō ao fazê-lo uma força positiva, uma instituição nacional de caráter ético e histórico. O ponto de vista oficial do governo era que o Shintō não consistia uma religião propriamente dita, mas uma formulação de ética nacional e um culto de lealdade às instituições nacionais. Para deixar isto claro, o governo da restauração (ou Meiji) em 1882 oficialmente separou o que é conhecido como *Jinja Shintō* ou Shintō de Estado, de **Kyoha Shintō** ou Shintō sectário. O último foi declarado inelegível para suporte do governo e recebeu o *status* de uma religião independente, em pé de igualdade com o budismo e o cristianismo. Já o Shintō (de Estado) foi declarado enquanto nada mais que um sistema de cerimonial estatal cujo objetivo patriótico era unificar a mente popular de acordo com a "moralidade nacional". A posição oficial foi baseada em declarações feitas pelo Imperador Meiji de 1870 a 1890, quando o Japão reorganizava-se a fim de assumir seu lugar no mundo moderno. Ênfase especial foi dada na famosa Reescrita imperial sobre a educação, lançada em 1890 e considerada a base do sistema escolar do Japão. A reescrita diz:

> Saibam vós, nossos súditos:
> Nossos ancestrais imperiais fundaram um Império sobre uma base ampla e perene, e tiveram uma virtude implantada profunda e firmemente; nossos súditos, sempre unidos em lealdade e piedade filial, têm demostrado a beleza disso de geração a geração. Esta é a glória do caráter fundamental de Nosso Império, e aqui reside, portanto, a fonte de nossa educação. Vós, nossos súditos, sede filiais para seus pais, afeiçoados para com vossos irmãos e irmãs; enquanto esposos e esposas sede harmoniosos, enquanto amigos sede verdadeiros; conduzi a si mesmos em modéstia e moderação; estendei vossa benevolência para com todos; buscai o aprendizado e cultivai as artes, e assim desenvolvei faculdades intelectuais e poderes morais perfeitos; ademais, promovei o bem público e promovei interesses comuns; respeitai sempre a Constituição e obedecei às leis; caso surja a necessidade, agi corajosamente pelo Estado; e assim guardai e mantenhais a prosperidade de nosso Trono Imperial coevo com terra e céu. Assim sede vós não apenas nossos bons e fiéis súditos, mas transmiti ilustremente as melhores tradições de vossos antepassados.
> O Caminho aqui definido é, de fato, o ensino legado por nossos ancestrais imperiais, a ser observado da mesma forma por seus descendentes e súditos, infalível por todas as eras e verdadeiro em todos os lugares.

É nosso desejo colocá-lo no coração com toda reverência, de forma em comum convosco, nossos súditos, de modo que possamos todos atingir a mesma virtude¹.

Foi aceito geralmente no Japão que esta declaração não apenas apresenta os melhores princípios éticos possíveis – podemos notar que eles são confucionistas em substância – mas também conclama pelo tipo de completa lealdade ao imperador e ao país mantida pelo Shintō de Estado. Por esta razão, ministros de educação sucessivos lançaram ordens como as seguintes para os oficiais das escolas:

> Especialmente nos dias de cerimônias escolares ou em alguma data determinada de acordo com a conveniência, os alunos devem ser reunidos e a Reescrita Imperial sobre a Educação deve ser lida diante deles. Além disso, seu significado deve ser explicado cuidadosamente para os alunos e eles devem ser instruídos a obedecê-la em todos os tempos[J1].

Outra ordem, datada de 1911, vai mais além:

> O sentimento de reverência é correlato com o sentimento de respeito pelos ancestrais e é o mais importante estabelecer os fundamentos da moralidade nacional. De acordo, nas ocasiões dos festivais dos santuários locais dos distritos onde as escolas estão localizadas, os professores precisam conduzir as crianças no verdadeiro espírito de reverência[D4].

Estas e outras ordens subsequentes, envolvendo o curvar diário nas assembleias das escolas diante da foto do imperador, deu vazão a problemas sem fim com pensadores livres e alguns grupos cristãos. Mas destacados nacionalistas japoneses, recusando-se em ver a ambiguidade na posição do governo, contenderam que os santuários Shintō não tinham mais que o significado de estátuas memoriais em Londres, Paris ou Berlim. "Estrangeiros", um porta-voz falou, "erigem estátuas; nós celebramos em santuários"[J2]. Outros comparam santuários a parques nacionais ou a lugares venerados como o Túmulo do soldado desconhecido. Então, eles não veem razão por que todos os cidadãos não poderiam, sem inconsistência, apresentar a si mesmos em ocasiões patrióticas nos santuários e participar das cerimônias conduzidas ali. De forma geral, este ponto de vista foi endossado de coração por todos os budistas, e com reservas por muitos cristãos.

Santuários de Estado antes de 1945

Antes da Segunda Guerra Mundial, os santuários colocados pelo governo sob o Ministério de Assuntos Internos contavam cerca de 110 mil. Destes, cerca de 100 eram mantidos pelo governo, e outros recebiam suporte governamental parcial. O resto era sustentado localmente. Não estavam inclusos na conta do governo muitos milhares de santuários de beira de estrada, muito pequenos para serem mencionados nos registros do Ministério de Assuntos Internos, ou muito remotos para serem prontamente acessíveis. Muitos desses eram memoriais em caráter, sendo dedicados a heróis legendários ou antigas figuras clânicas. Outros ainda eram pequenos templos erigidos em honra da raposa, a mensageira e símbolo da deusa dos grãos, Inari. Outros ainda eram colocados em complexos industriais, nos telhados de lojas de departamentos, ou no pequeno espaço entre as lojas de um distrito de negócios. Os principais santuários de Estado eram servidos por cerca de 16 mil sacerdotes que eram indicados pelo governo, oficialmente instruídos a não conduzir cerimônias inequivocamente religiosas como funerais, mas apenas os rituais oficialmente prescritos que tinham a intenção de estabelecer a "moralidade nacional" (dizia-se que estas cerimônias eram religiosas em forma, mas não em intento). Em distritos rurais e remotos, um sacerdote geralmente servia um grande número de santuários espalhados, mas nos grandes santuários um quadro de dez ou mais estava em serviço.

Os santuários de Estado eram, como exigia a tradição, em aparência apenas o que seu nome, *jinja*, implicava – "casas de deus". Na maior parte dos casos, eles eram casas japonesas não pintadas de projeto e aparência antigos e, a fim de se manter de acordo com a abominação do Shintō por decadência e com sua paixão pela limpeza, era comum derrubar e reconstruir alguns dos principais santuários em intervalos regulares. (Em Isé, isto era feito a cada vinte anos, e em outros lugares em intervalos mais longos de tempo.)

O GRANDE SANTUÁRIO IMPERIAL EM ISÉ

O mais honrado de todos os santuários de Estado foi o Grande Santuário Imperial em Isé, sagrado para a deusa do sol, Amaterasu. Este santuário foi de tal importância para os objetivos nacionalistas do governo que os cidadãos foram criados por anos sob a noção de que desde os tempos antigos as pessoas do Japão faziam peregrinações para este santuário uma vez na vida "sem falhar". Isé está situado a cerca de 322km a sudoeste de Tóquio, perto da foz da bela baía que carrega o seu nome. Ali o santuário da deusa do sol ainda permanece de pé, ligado com o da deusa dos alimentos Toyo-Uke-Hime, e entre eles há uma avenida de seis quilômetros e meio ladeada por santuários, que corre através de uma floresta de magníficas árvores de tipo *Cryptomeria*. Ambos santuários são construídos de cedro não pintado, e estão no estilo do antigo Shintō. Em cada caso, a superestrutura descansa em pilares inseridos no solo. Os telhados são colmados e seguros no topo por meio de três longas pranchas, duas montadas formando uma cunha e a terceira colocada deitada ao longo da cunha para evitar a entrada de chuva. Esta terceira prancha é curvada para baixo pelo antigo artifício de nela colocar seções curtas de toras redondas nos ângulos certos ao longo de todo o intervalo entre os pilares dos cantos. Uma varanda cercada estreita, também sobre pilares, corre em volta da construção.

Desde tempos imemoriais, Amaterasu tem tido seu "santuário interno" (sendo menos sagrado, o santuário da deusa dos alimentos fica em uma área menor do que o da deusa do sol, e é chamado de "santuário externo de Isé"). O próprio santuário se localiza dentro de três cercas sagradas, através das quais apenas sacerdotes e oficiais autorizados pelo governo eram em tempos passados autorizados a atravessar, para entrar. As possessões mais entesouradas do santuário têm sido a "regalia divina imperial", os três símbolos preciosos da deusa do sol – um espelho, uma espada, e um cordão de antigas joias de pedra "curvadas". O mais valoroso destes, tanto pelo valor intrínseco quanto pelo significado simbólico, tem sido o espelho, declarado há muito tempo como sendo aquele com o qual a deusa do sol foi atraída da caverna para a qual ela certa vez se retraiu num alto calabouço, por conta dos malfeitos de seu irmão Susa-no-wo.

Como a "regalia divina imperial" chegou à terra é explicado pela história de que a deusa do sol deu-lhes para Ni-ni-gi, seu neto, quando ela o enviou para descer dos céus e governar as ilhas japonesas.

> *Os kami da Era Divina eram em sua maior parte os seres humanos daquele tempo, e por todas as pessoas daquela época serem kami, ela é chamada de "a Era dos Deuses".*
> **Motoori**[D3]

Apesar de haver boas bases para se acreditar que os três tesouros foram, de fato, presentes dados pela corte chinesa, a narrativa do *Kojiki* (parafraseada) conta a história da seguinte maneira:

> A deusa do sol trancou-se a si mesma na caverna de pedra do céu e deixou o mundo em escuridão, com exceção da luz da lua e das estrelas. Então as divindades do mundo (oitenta miríades delas!) se reuniram ao redor da porta de pedra e encenaram uma peça teatral cômica para atrair a divindade ofendida de volta para fora, para o espaço aberto. Eles colocaram em frente da porta uma árvore sakaki recentemente cavada, a mais sagrada das árvores, e penduraram em seus ramos um espelho de metal recentemente forjado e muito brilhante, um cordão de joias de pedra curvadas, e oferendas de pano branco e azul feitas da casca interna da árvore sagrada. Então Ame-no-uzume, a deusa fálica, dançou de forma tão ultrajante ao ritmo do canto das outras divindades, que o som da risada chacoalhou os céus e a terra. Vencida pela curiosidade, a deusa do sol espiou para fora, viu sua própria face refletida no espelho pendurado nos ramos da árvore sempre verde, a sakaki, e deu metade de um passo para encontrar a bela rival que ela contemplava. Imediatamente, Techikara-wo (Divindade da Força da mão) pegou-a pelo braço e puxou-a para fora, enquanto todas as outras divindades gritavam de alegria. Deste antigo mito do reaparecimento da luz no mundo (após um eclipse?) os shintoístas derivaram os símbolos do espelho e do cordão de joias, e também sua prática de usar varas de purificação chamadas *nusa* e **gohei** feitas para simular os ramos da árvore sakaki em suas cerimônias e em purificações nas mesas do altar. O mito também prové a explicação para os dois postes altos colocados para as cerimônias formais em frente ao "santuário de adoração", de cada lado das cercanias do *torii*, o poste à direita sustentando suspenso, em meio a feixes esvoaçantes de seda em cinco cores, um espelho de metal e um cordão de joias de pedra, e o poste à esquerda uma pequena espada. No último caso, o símbolo da espada se refere de volta aos feitos do deus da tormenta Susa-no-wo, ao matar o dragão, cuja cauda terminava em uma lâmina de espada imbuída de milagrosa potência, a qual o deus da tormenta extraiu e presentou à deusa do sol[C2].

Os livros didáticos do Japão costumavam ensinar que daquele tempo em diante, através dos sucessivos imperadores em uma única dinastia ininterrupta através dos tempos, os três tesouros sagrados foram transmitidos como "símbolos do trono imperial"[D5].

Tamanha era a santidade desses tesouros que uma pessoa tão elevada quanto o imperador se preocupava diretamente com a conduta das cerimônias de Estado conduzidas no Grande Santuário Imperial de Isé, apesar de ele raramente estar presente em pessoa. Um antigo texto escolar explica a questão da seguinte maneira:

> A reverência devida ao Grande Santuário Imperial pela Família Imperial é de natureza extraordinária [...]. No tempo da Festa da Oração pelas colheitas do ano (Kinen Sai) e na Festa da Apresentação dos primeiros frutos (Niiname Sai), ele envia mensageiros e dá oferendas. No tempo do envio dos mensageiros o imperador pessoalmente observa as oferendas e entrega relatório ritualizado para o mensageiro. O imperador também não se retira antes que o mensageiro parta. Novamente, no dia da Festa da Apresentação dos primeiros frutos, uma cerimônia solene de adoração distante

(em direção ao Grande Santuário Imperial) é levada a cabo. A cada ano na Cerimônia do Início dos Negócios de Estado a primeira coisa a ser feita é receber um relatório referente ao Grande Santuário Imperial, e sempre que há um negócio de grande importância, seja para a Família Imperial ou seja para a nação, ele é relatado para o Grande Santuário Imperial. Além disso, no tempo em que o imperador executa a Cerimônia da acessão ao trono, ele culta pessoalmente no Grande Santuário Imperial[D5].

Em ao menos outra ocasião de importância nacional o imperador costumeiramente vai ao Grande Santuário Imperial em Isé – quando é declarada guerra contra algum poder estrangeiro. Ele relata este fato solene pessoalmente, como uma questão de vida e morte para a nação.

O RITO DE PURIFICAÇÃO *O-HARAI*

No passado, o imperador também tinha uma parte na maior de todas as cerimônias Shintō, o **O-Harai** ou Grande Purificação. Esta é executada não apenas em Isé, mas em muitos outros santuários através do país, duas vezes por ano, em junho e dezembro. Era em essência uma purga nacional por meio de um ritual de purificação. Antes da cerimônia os sacerdotes buscavam por um mês atingir a limpeza tanto interna quanto externa, pela abstenção (*imi*) de bebida forte, sexo e alimento não purificado por meio de fogos rituais. Durante a própria cerimônia eles abanam lentamente sobre o povo uma *nusa* ou vara de purificação, leem o ritual e aceitam ofertas de purificação (*harai*). Em tempos antigos, o povo esfregava seus corpos com um pequeno canudo ou uma efígie de papel representando a si mesmos, transferindo assim suas culpas para os substitutos de suas pessoas. Os sacerdotes coletam e lançam as efígies em algum corpo de água – lago, rio, ou oceano, de acordo com o caso – e a culpa das pessoas é levada embora. No momento apropriado durante o festival, o imperador, enquanto descendente da perdoadora deusa do sol, pronuncia, da capital, a absolvição de todas as impurezas profanadoras da nação.

V – SHINTŌ E O GUERREIRO

O caminho dos deuses tem sido desde o princípio facilmente reconciliável com o caminho do guerreiro. De fato, a afinidade do Shintō com o caminho do guerreiro foi deixada clara há muito tempo atrás no código praticado pelos *samurai*, a classe militar do período feudal do Japão. Este código foi chamado de **Bushido**, literalmente "o caminho do guerreiro-cavaleiro".

Esse código era o equivalente japonês ao código de cavalaria na Europa medieval, e teve uma influência comparável no Japão. De fato, quando suas provisões gerais se tornaram conhecidas, a nação inteira caiu sob seu feitiço, a ponto de ao menos aplaudir aqueles que aderiam a ele.

O Código do Bushido

O Bushido não consistia em regras fixas de forma final. Era uma convenção; mais acuradamente, era um sistema de definição do que é apropriado*, preservado em lei não escrita e expressando um espírito, um ideal de comportamento. Como tal, ele devia algo a todas as forças culturais e espirituais da era feudal: o Shintō o supria do espírito de devoção ao país e ao senhor, o confucionismo provia sua substância ética, o budismo Zen, seu método de disciplina privada, e os hábitos de vida feudais contribuíam com o espírito de obediência inquestionável aos superiores e com um sentido de honra que nunca devia ser negociado.

---

* "Propriedade", *li* no confucionismo chinês. Cf. p. 386s. [N.T.]

Um missionário que conhecia bem o Japão descreveu o código ético do Bushido nas seguintes oito atitudes:

1) Lealdade – Esta era devida antes de tudo ao imperador e abaixo dele ao senhor a quem o indivíduo servia de forma mais imediata. Um dos provérbios mais familiares diz: "Um seguidor leal não serve a dois senhores".
2) Gratidão – Pode surpreender a alguns ouvir que esta é uma característica japonesa, mas a doutrina cristã que a fonte de uma vida reta não é o dever, mas a gratidão, é prontamente apreciada pelos japoneses.
3) Coragem – A vida por si só deve ser rendida alegremente ao serviço do senhor. Um norte-americano não consegue ficar tocado pelas palavras nobres de um jovem guerreiro a ponto de querer morrer em batalha por seu senhor, e não temer tanto a nada quanto morrer em sua cama antes de ter a chance de sacrificar sua vida pelo seu objeto de devoção.
4) Justiça – Isto significa não permitir que nenhum egoísmo fique no caminho do dever de alguém.
5) Veracidade – Um cavaleiro despreza contar uma mentira para evitar dano ou prejuízo a si mesmo.
6) Polidez – A marca de um homem forte é ser polido em todas as circunstâncias, mesmo com um inimigo.
7) Reserva – Não importa o quanto alguém esteja comovido, o sentimento não deve ser demonstrado.
8) Honra – A morte é preferível à desgraça. O cavaleiro sempre carrega duas espadas, uma longa para lutar contra seus inimigos, e uma curta para atingir seu próprio corpo no caso de tolice ou derrota[K].

A prontidão em se cometer suicídio, mencionada por último, é talvez a característica mais marcante do Código Bushido. Ainda assim suicídio era a forma aceita de expiação por falha ou erro de julgamento. O guerreiro cavaleiro estava sempre a preparar a si mesmo em pensamento e humor para ele. O tipo de suicídio que ele ensaiava mentalmente era *harakiri* (ou *seppuku*, o termo chinês mais clássico), um método cerimonial de estripamento, executado fria e deliberadamente de acordo com a regra, sem qualquer expressão de emoção (as mulheres, em uma ação similar, cortavam suas veias jugulares por um método chamado *jigai*).

O exemplo dos "Quarenta e Sete Ronin"

Nenhuma história ilustra melhor o espírito Bushido do que o famoso conto do antigo Japão conhecido como "Os Quarenta e Sete Ronin". Um certo senhor, lemos na história, foi insultado repetidamente por seu superior, até que, incitado além da resistência, apontou uma adaga para seu torturador, e errou. Um concílio convocado apressadamente pelos oficiais da corte condenou-o a cometer harakiri e ordenou que seu gado e todos seus bens fossem confiscados pelo Estado. Após seu nobre senhor ter matado a si mesmo, seus seguidores *samurai* se tornaram *ronin*; isto é, homens lançados à deriva pela morte de seu senhor, mas presos ao dever de vingá-lo. O oficial da corte que havia precipitado a tragédia e era o objeto de sua vingança manteve-se dali em diante em seu castelo, cercado de uma guarda pesada. Seus espiões relataram que o líder dos ronin tinha embarcado em uma carreira de bebedeira e devassidão, evidentemente muito covarde para cumprir seu dever para com seu senhor morto. Eles não suspeitaram que era uma artimanha adotada pelo líder ronin para colocar o inimigo fora de guarda. A artimanha deu certo. Uma vigia

Bushido e o guerreiro moderno

Não há dúvida de que o Bushido tem influenciado grandemente os ideais acalentados pelos japoneses modernos.

Quando o General Nogi, que se tornou o herói militar da Guerra Russo-japonesa, ouviu em 1894 que fora declarada a guerra com a China, ele partiu de sua casa para o fronte de batalha instantaneamente, sem parar para se despedir de sua esposa; quando o Imperador Meiji morreu em 1912, o velho general e sua esposa cometeram suicídio (harakiri e jigai, respectivamente), acreditando que por meio deste ato devoto eles tornavam possível o seu cuidado pessoal ao seu senhor no próximo mundo. Podem ser citados muitos outros exemplos do Bushido ou espírito samurai. Um desses exemplos foi dado por certo Tenente Sakurai, que foi aleijado no sítio de Port Arthur durante a Guerra Russo-japonesa e posteriormente escreveu um livro intitulado *Balas humanas*, uma apta descrição dos soldados que se lançavam com desconsideração por sua autopreservação sem paralelos – um enxame de homens que as metralhadoras não podiam parar. O próprio Tenente Sakurai, queimando com devoção ao imperador e ao país, reuniu seus homens ao redor de si antes de um assalto e passou entre eles um copo, dizendo: "Esta água que vocês bebem, por favor, bebam-na como se fosse o momento de sua morte"[M]. Eles resolveram ser um bando certo de sua própria morte, e partiram para a batalha com a firme determinação de darem suas vidas no ataque, ou de qualquer forma a lutar com completa desconsideração por sua segurança pessoal, até que ou conquistassem o inimigo ou que morressem.

O espírito de Sakurai foi equiparado pelas missões suicidas dos pilotos japoneses na Segunda Guerra Mundial: voluntários kamikaze lançaram aviões carregados de explosivos em navios nor-

---

menos estrita passou a ser mantida no castelo inimigo, e finalmente metade da guarda foi mandada embora. Então os Quarenta e Sete Ronin se reuniram em segredo, e em uma noite com neve atacaram o castelo e capturaram o inimigo de seu senhor morto. O líder dos ronin se dirigiu respeitosamente ao nobre cativo, dizendo:

> Meu senhor, nós somos os seguidores de Asano Takumi no Kami. Ano passado vossa senhoria e nosso mestre disputaram no palácio, nosso mestre foi sentenciado à morte por harakiri, e sua família foi arruinada. Nós viemos hoje de noite vingá-lo, cumprindo o dever de homens fiéis e leais. Eu rogo a vossa senhoria que reconheça a justiça de nosso propósito. E agora, meu senhor, nós suplicamos que pratiques o harakiri. Eu mesmo terei a honra de agir como vosso segundo e quando, com toda a humildade, eu tiver recebido a cabeça de vossa senhoria, é minha intenção colocá-la como oferenda sobre o túmulo de Asano Takumi no Kami[L].

Mas o senhor inimigo se assentou sem fala e trêmulo, incapaz de executar o ato requerido dele, então o líder dos ronin pulou sobre ele e cortou sua cabeça com a mesma adaga que seu próprio senhor havia matado a si mesmo. Todos os ronin foram então ao túmulo de seu senhor e ofereceram ao seu espírito a cabeça lavada de seu inimigo. Após isso eles esperaram quietamente por alguns dias até que o governo enviasse nota de que eles deveriam expiar seu crime cometendo harakiri eles mesmos, e isto todos eles fizeram, sem exceção. O Japão inteiro ressoou com suas orações, e desde então eles têm vivido na imaginação japonesa como exemplares sem par do espírito do Bushido.

te-americanos. E em 1970, o celebrado novelista Mishima levou a bravata Bushido a um ponto extremo: após exortar seu exército direitista privado a restaurar a pureza nacional e o espírito militar, ele sacrificou a si mesmo em um "suicídio de protesto" harakiri.

A maior parte dos japoneses pode dizer que tais feitos são uma distorção do espírito original do caminho do guerreiro. Os guerreiros deviam ser leais ao país e filiais para seus pais; eles deviam ser bravos e destemidos em batalha, incapazes de vacilar diante do perigo e da morte, mas eles não deviam jogar suas vidas fora em bravata irrefletida. Pelo contrário, eles deviam fazê-las valer ao máximo na preservação da segurança do lar e do país; isto é, deviam fazer sua vida durar tanto tempo quanto possível. Esta regra, no entanto, estava sujeita a uma exceção: humilhação insuportável ou desgraça justificava que pessoas honradas cometessem harakiri. Assim, esperava-se que um guerreiro, especialmente alguém encarregado de responsabilidades, cometesse harakiri quando capturado em batalha ou fosse malsucedido em levar a cabo uma missão importante.

A alta consideração que tem sido dada aos guerreiros no Japão é preservada diante do público por meio de serviços comemorativos dedicados aos soldados que perderam suas vidas por seu país. Através de todo o Japão, no dia memorial designado, sacerdotes Shintō dizem liturgias diante de santuários especiais chamados "altares de convite às almas", nos quais os espíritos dos mortos heroicos são convidados a residir durante a cerimônia, para receberem homenagem. O governo japonês mantém em Tóquio um santuário Shintō no qual um rito anual de importância nacional é executado em honra aos mortos do exército e da marinha. Este santuário, o Yasukuni-Jinja, é usado regularmente por líderes militares e navais para cerimônias planejadas para instilar o mais alto patriotismo nas forças armadas.

Até 2001 era prática dos primeiros-ministros comparecer a observâncias nacionais no aniversário em 15 de agosto da rendição japonesa na Segunda Guerra Mundial. Eles o faziam a despeito das objeções incansáveis de budistas, cristãos e de outras organizações opostas à participação do Estado na glorificação da guerra. Em 2001 o jovem primeiro-ministro reformista Junichiro Koizumi, que dissera anteriormente que compareceria, mudou de ideia e fez uma visita privada em data anterior. Dois de seus sucessores, Shinzo Abe e Taro Aso, em 2009, fizeram oferendas ao santuário, mas não compareceram eles próprios.

Raciocínio etnocêntrico pré-Segunda Guerra

Nos anos anteriores à Segunda Guerra Mundial, o ardor militar do guerreiro era alimentado por ainda outras fontes – as publicações de professores em vários departamentos das universidades imperiais. O extremo ao qual o nacionalismo religioso chega às vezes é bem-ilustrado no interessante argumento de um professor bem conhecido. Ele declara que:

> O centro deste mundo de fenômenos é a terra de Mikado. Deste centro nós devemos expandir seu Grande Espírito através do mundo [...] a expansão do Grande Japão através do mundo e a elevação do mundo inteiro à terra dos deuses é o negócio urgente do presente e, novamente, é nosso objetivo eterno e imutável[J3].

Shintō, disse o professor, é a fé na base de todas as religiões; é a religião de todas as religiões. A prova que ele ofereceu para sua afirmação ampla era que nas sentenças de abertura do *Kojiki*, a primeira divindade mencionada, Ame-no-mi-naka-nushi-no-kami ("a Divindade-que-

-é-o-Senhor-Augusto-do-Centro-do-Céu"), não era ninguém além do deus que havia sido reconhecido em todas as outras religiões e filosofias como o fundamento imutável de todas as coisas, "a grande Vida do Universo". Ele declarou então que o Shintō teria tido assim, desde seu início, a concepção de um grande espírito completamente inclusivo, manifesto na vida de cada ser vivo individualmente, o que fazia essa fé tão compreensiva a ponto de poder se considerar a inclusão nela de todas as outras religiões. Buda, Confúcio, Lao-Tzé e Jesus Cristo tinham sido todos eles missionários do Shintō, inconscientes de o terem sido. (Na tentativa de mostrar como Jesus era Shintō em seu coração, diversos livros têm de fato tentado dar plausibilidade à história de que Ele não morrera na cruz; um irmão mais novo fora crucificado em seu lugar, e Jesus atravessara a Ásia, morrendo no norte do Japão, sua terra natal espiritual, onde um lugar com um túmulo está marcado.)

Sob o ponto de vista militar, o Shintō parece uma fé útil. Mas o ponto de vista militar trouxe desastre. O Shintō continua a nutrir a identidade no folclore e em muitos rituais da vida cotidiana, mas poucos japoneses modernos fazem-no o centro de um sistema de ideias ou de sua visão de mundo.

VI – SHINTŌ DE SANTUÁRIOS HOJE

Quando em 1945 foram cortados os subsídios estatais e a supervisão dos 110 mil santuários até então sob o controle do Ministério de Assuntos Internos, o primeiro efeito deste desestabelecimento e do retorno dos santuários para o controle local foi uma mistura de confusão com paralisia. O comparecimento aos santuários decresceu de forma aguda, e os sacerdotes, acostumados aos então obsoletos rituais e orações que tinham sido supridos pelo Ministério de Assuntos Internos, foram largados por sua conta própria, apesar de estarem por vezes despreparados e desprovidos de educação religiosa. Mas após um período de reajustamento, uma atmosfera religiosa mais genuína do que a anterior foi estabelecida, e os santuários começaram a recuperar sua popularidade. Apesar de vários santuários terem caído em desuso, outros foram mantidos com reparos por associações locais de santuários, e cerca de 86 mil são mantidos por uma associação de amplitude nacional dos santuários, suportada por fundos privados e colaborações voluntárias. A maior parte dos santuários está, portanto, de volta às atividades, e desfruta de genuíno suporte popular.

O típico santuário de vila ocupa uma colina baixa, onde ele repousa entre *cryptomerias* e pinhos criando uma paisagem arborizada encantadora. Seu espaço retangular é limitado por uma cerca sagrada, atravessada de um lado por uma abertura centralizada de forma exata. Neste ponto fica o *torii*, o portal Shintō. Em sua mais simples e antiga forma, um *torii* é construído de três troncos lisos, dois formando as laterais e um deitado horizontalmente no topo dos outros, de forma a projetar de cada lado um braço transversal de cerca de meio metro a um metro da parte superior que segura todas as partes em seu lugar. O *torii*, a cerca, e talvez uma grande árvore ou rochedo próximo podem ser cobertos com uma faixa feita de um tipo de corda especial, usada para marcar locais e objetos sagrados: *shimenawa*, uma guirlanda de caniços entrelaçados nos quais as borlas e as formas *gohei* ficam dependuradas. Ao lado do torii um caminho sombreado leva através de outro torii para o santuário externo, ou *haiden*, que é o santuário para a adoração. Trata-se de uma pequena construção, com um sino pendurado sob seus beirais.

Quando o adorador passa próximo ao *haiden*, ele ou ela se coloca de lado para lavar ambas as mãos e limpar a boca no "local de purificação pela água". Removendo primeiro as roupas externas como chapéu, casaco e cachecol, ele ou ela se aproxima do santuário externo, se curva diante dele, bate as mãos com decoro (a forma distintiva dos japoneses de conseguirem a atenção dos deuses), se curva, toca o sino, se curva novamente – ou, tendo ascendido os degraus do santuário externo, se ajoelha no degrau do topo e se curva, com a cabeça abaixada até o solo –, deixa uma oferenda em um pano ou a deposita em uma caixa de tesouro providenciada com este propósito, ora, se curva novamente em meditação e reverência, e então se retira quietamente, parando para olhar ao redor e se curvar.

Um pouco além do santuário externo, e frequentemente conectado com ele por uma passagem coberta, fica o santuário interno, ou *honden*. Nele o adorador não entra, mas sabe que o tesouro principal do santuário está nele abrigado, um objeto chamado de *shintai*, ou "bom garoto". Esse objeto precioso não pode ser visto nunca, exceto nos raros casos em que é uma grande rocha, uma colina ou uma árvore. Usualmente ele é pequeno o suficiente a ponto de caber em uma arca do tesouro, sendo frequentemente um objeto de pouco valor intrínseco: talvez uma antiga espada, um espelho, uma bola de cristal ou um pedaço de pergaminho antigo com escritas.

Com toda a probabilidade, é um objeto que o clã governante local valorava como uma possessão ou criação íntima dos poderosos ancestrais do clã. De qualquer forma, ele se tornou símbolo do sobre-humano e, portanto, é chamado de "espírito substituto"; isto é, a representação externa de uma presença espiritual invisível. Sendo precioso, é usualmente embalado em panos finamente tecidos, e fechado em diversas caixas sagradas, uma dentro da outra, sendo que o conjunto é coberto com outro pano fino. Raramente movido, ele é carregado uma vez por ano durante o festival anual da vila em um santuário sobre rodas (o **mikoshi**) ou em um palanquim através das ruas, enquanto à sua frente e atrás de si, em meio a bandeiras e bandeirolas, musicistas com máscaras coloridas tocam música tradicional, atores em carros alegóricos retratam cenas históricas retiradas de histórias locais, e cantoras competem com os sons de tambores e flautas.

O significado do shintai tem variado, é claro, de acordo com a fé e com a sofisticação do adorador. Os mais devotos dentre o povo comum têm associado o objeto sagrado claramente com um dos deuses antigos da terra ou com um ancestral deificado, e têm até mesmo oferecido orações para ele, quando se acha que ele tenha ouvidos para atendê-las. Talvez, entretanto, a maioria não mais encontre neles um valor religioso distintivo; ele significa, ao invés disso, o *locus* de um poder mágico de algum tipo, ou o assento de uma força de boa sorte a ser cooptada em amizade. Os sofisticados consideram-no como apenas um objeto simbólico da contínua virtude e dos espíritos de ancestrais deificados e de grandes pessoas do passado.

Os festivais

O Shintō de santuários tem sempre se beneficiado do suporte indireto que acompanha o amor dos japoneses por seus festivais – **matsuri**, para os quais tanto velhos quanto jovens se dirigem em cada estação do ano, com muita celebração. Quando a procissão do festival começa a descer a rua, grandes multidões se reúnem para olhar. Cinco festas são agrupadas tradicionalmente sendo chamadas de *go-sekku*. No início do ano ocorre o maior evento anual, a Festa de Ano-novo (ou Festa da Lua Nova), começando à meia-noite de 31 de dezembro e durando três dias. O governo lista essas datas como feriados nacionais. Elas são ocasião para milhões de pessoas cultuar, tanto em templos budistas como em santuários Shintō (que às vezes podem ser encontrados no mesmo complexo). Alguns santuários e templos registram um comparecimento de mais de 1 milhão de pessoas cada durante esses dias. Em 7 de janeiro ocorre a Festa das Sete Ervas (as *Nana-Kusa*) em honra do costume antigo de se comer um mingau de arroz aromatizado com ervas. Após isso as pessoas sentem que o ano-novo começou finalmente, e então podem voltar para seu trabalho ordinário. Os dias e meses ímpares são considerados propícios. No terceiro dia do terceiro mês (março), a Festa das garotas (ou das bonecas; a *Hina Matsuri*) é celebrada, e no quinto dia do quinto mês (maio) a Festa dos garotos (o *Tango-no-sekku*). (Estas duas festas serão descritas posteriormente na seção VII). O sétimo dia do sétimo mês (julho) é devotado à festa da estrela Veja, uma festa de verão, e no nono dia do nono mês (setembro) chega a festa do crisântemo.

Os ritos do ano agrícola são difundidos amplamente, ainda que em algumas áreas sejam mais dormentes. Cada fase do cultivo do arroz é solenizada, começando com a oração do imperador em fevereiro, para que os fazendeiros tenham sucesso com a semeadura do arroz e com seu posterior transplante para os arrozais bem-irrigados. Em outubro ocorre o *Kanname-sai*, quando a primeira oferenda do novo arroz é feita aos deuses, e em novembro o *Niiname-sai*, quando o imperador e o povo provam o novo arroz pela primeira vez.

É usual a celebração das festas budistas como se elas fossem do mesmo interesse geral e caráter das comemorações distintivamente Shintō; são bastante populares e estimulam uma participação comunitária ampla. Entre elas estão a celebração a 8 de abril do aniversário do Buda (o *Kambutsu*) e, de 13 a 15 de julho, a do maior festival budista, *Obon*. Este último é observado em reconhecimento ao retorno dos espíritos dos mortos, em honra dos quais danças comunitárias são alegremente executadas, ou que são respeitosamente mandados embora com lanternas. Nos locais onde há água suficiente, como em Matsushima na costa leste, eles são mandados embora com lanternas colocadas à deriva em jangadas ou em botes em miniatura, que são então levadas flutuando para longe da praia.

Esta não é nem de longe uma lista completa dos festejos do ano; existem muitas festas locais e regionais, cerca de 450, segundo uma contagem, todas elas despertando grande interesse e entusiasmo popular. Nas grandes cidades, estes eventos do ano ritual têm sido infiltrados por festas novas tais quais o Natal, que é muito popular nas cidades (especialmente entre vendedores e anunciantes); mas existe um forte sentimento de dar continuidade às antigas cerimônias, enquanto conexões com um passado significativo e honroso.

VII - SHINTŌ DOMÉSTICO E SECTÁRIO

A ambiguidade que antes envolvia a posição governamental está ausente em relação ao Shintō doméstico e sectário. Apesar de ter havido entre as seitas alguns grupos mais focados com seus aspectos éticos, chegando até mesmo a repudiar seus interesses religiosos, as razões da maioria dos que suportam as seitas têm sido francamente religiosas, sem reservas de qualquer tipo.

Shintō do lar

O coração e centro do Shintō doméstico (o Shintō do lar) sempre foi o *kami-dana*, ou a prateleira do deus. A maior parte das residências privadas possui uma. Nela são colocadas tabuinhas memoriais feitas de madeira ou papel, cada uma escrita com o nome de um ancestral ou de uma divindade protetora da propriedade ou da localidade. São honradas por vezes Amaterasu, por vezes Inari, a deusa do arroz, até mesmo ambas, pela presença de seus símbolos. Na maior parte dos casos um santuário em miniatura contendo um espelho sagrado, tiras de papel com textos sagrados, ou talismãs obtidos em Isé ou em outros lugares ocupam o centro da prateleira do deus. A própria prateleira do deus neste caso se torna uma área do templo em miniatura; ela pode ser o repositório de qualquer objeto preenchido com a história e significado da família. (Um fazendeiro japonês, grato pela amabilidade prestada por um missionário cristão durante uma doença em sua família, resgatou um par de seus sapatos jogados fora em uma pilha de cinzas e os colocou na prateleira do deus para veneração.)

Em muitas casas, os ritos domésticos ainda são executados diariamente. Eles podem envolver não mais que trazer uma pequena oferenda de comida e o murmurar de uma oração. Entretanto, ocasiões especiais ou crises na vida familiar exigem ritos mais elaborados, tais quais acender velas e a oferta de conhaque de arroz, raminhos da árvore sakaki, e panos, como suplementos às usuais oferendas de comida. Então a família inteira, após a prostração – com as cabeças no chão –, se assenta diante da prateleira do deus com as cabeças curvadas, enquanto uma oração é dita.

Usualmente, a vida doméstica religiosa não é exclusivamente de caráter Shintō. Sacerdotes budistas geralmente são chamados a fim de conduzir ritos conectados com aspectos importantes da vida familiar. Isto é especialmente verdadeiro após uma morte, sendo que o sacerdote budista é um "especialista funerário" cujos serviços são praticamente tão indispensáveis no Japão quanto os de um diretor funerário no Ocidente. A família também pode manter, em adição ao kami-dana, mas usualmente em outro cômodo, um altar budista (ou *butsu-dan*, o santuário budista), no qual são colocadas tabuinhas de madeira trazendo os "nomes celestiais" dos falecidos, que o sacerdote budista torna então conhecidos. O sacerdote pode cantar sutras em intervalos determinados – outro exemplo de como o budismo interage com Shintō ao satisfazer as necessidades de uma família. Uma pesquisa de jornal de 1981 mostrou que 63% das residências possuíam um *butsu-dan*. Por volta daquele tempo as esposas começaram também a honrar seus próprios ancestrais assim como aqueles de seus maridos no *kami-dana* e no *butsu-dan*.

FESTIVAIS PARA MENINAS E MENINOS

A vida familiar é grandemente alegrada pelas duas festas anuais, mencionadas anteriormente, para os garotos e para as garotas da família. A festa das bonecas (também chamada de dia das garotas) acontece no terceiro dia do terceiro mês (nos tempos antigos, este dia era ocasião para um rito de purificação no qual a poluição era transferida para efígies de papel, lançadas a seguir em correntes d'água). Nessa festa se montava dentro de casa uma exibição de belas bonecas em prateleiras cerimoniais ascendentes. A prateleira mais alta era ocupada por um imperador e uma imperatriz vestidos por roupas brilhantes.

No nível mais baixo estavam os móveis e utensílios das bonecas. A festa dos garotos, renomeada como Dia das crianças em 1948, é ainda observada na maior parte das famílias como a ocasião tradicional na família para reportar à comunidade o número de garotos que a ela pertencem. Em um poste especial erigido do lado de fora da casa são suspensas carpas de papel em cores brilhantes, uma para cada garoto, arrumadas uma acima da outra por ordem de idade. As brisas de maio entram através de suas bocas bocejantes, inflando-as e as fazendo flutuar como bandeiras. Dentro de casa, tem sido tradicional montar um conjunto de bonecos samurai com suas armas, não simplesmente simulando guerra e exercícios marciais, mas também com o objetivo de simbolizar coragem e patriotismo. Algumas famílias atualmente omitem esta exibição por não mais considerá-la apropriada em uma era de paz e indústria.

Shintō sectário

Durante os anos nos quais o governo patrocinou as cerimônias de Shintō de Estado, supostamente não religiosas, abriu-se um espaço para o Shintō sectário; isto é, religioso. Sob as provisões da Constituição de 1889, que garantiam liberdade religiosa para todos os cidadãos, as seitas Shintō ficaram livres para formular suas próprias crenças e cerimônias, mas eram obrigadas a encontrar suas próprias formas de sustento, da mesma forma que os vários ramos do budismo e do cristianismo. Das treze seitas reconhecidas pelo Escritório das Religiões antes da Segunda Guerra Mundial, cerca de metade veio à existência após a restauração de 1868. Qualquer tentativa de classificar estas ordens religiosas independentes revela seu caráter geralmente eclético. Na classificação de D.C. Holtom, apenas três podem ser chamadas de seitas puramente Shintō. Das outras, duas têm buscado amalgamação com o confucionismo. Três foram chamadas de seitas das montanhas, por terem se especializado na ascensão de encostas íngremes das montanhas com o objetivo de experimentar em seus cumes a comunhão extática com os grandes espíritos do Japão. Entre as seitas citadas por último, duas centralizaram sua fé no Monte Fuji, considerando-o o melhor símbolo da vida nacional e o objeto mais sagrado no mundo. As chamadas seitas de purificação, das quais existem duas, enfatizam a consideração pela pureza cerimonial característica do Shintō primitivo, mas adotam também métodos hindus de purificação da alma e do espírito – especialmente a respiração profunda, mas até mesmo a caminhada no fogo. As ordens sectárias mais interessantes e exercendo maior influência têm sido as seitas de cura pela fé. A mais antiga delas, **Tenrikyo**, será descrita mais adiante.

Desde a Segunda Guerra Mundial, com a retirada do governo da esfera da religião, centenas de seitas Shintō têm se formado, e cerca de sessenta ou mais foram registradas junto ao governo especificamente enquanto denominações sectárias Shintō. Muitos outros grupos recentemente formados não fazem reivindicação de serem Shintō, exceto da forma mais tênue possível, pois incluem todo tipo e variedade de crenças religiosas.

AS NOVAS RELIGIÕES

As seitas mais ativas adaptam para suas necessidades não apenas as doutrinas de muitas religiões estrangeiras, mas também certas teorias derivadas da psicologia e de outras ciências, na esperança de atingir a verdade final e a segurança espiritual pessoal. Elas vasculham o mundo em busca de ideias úteis, mas não é inteiramente correto afirmar que sejam novas no sentido de constituírem alguma ruptura completa com o passado. Essas seitas são extensamente japonesas, e todas demonstram a habilidade inigualável que vimos em voga desde o Japão antigo de adaptar ideias e práticas estrangeiras para as necessidades próprias japonesas. Por outro lado, elas são ou religiões "antigas" reformuladas ou grupos fragmentários se separando de "novas" religiões, na tentativa de expressar pontos divergentes, sejam eles liberais ou conservadores.

SEITAS FUNDADAS POR MULHERES

Há evidência considerável de que as mulheres tiveram papel importante como xamãs (*miko*) antes da infusão no século VII de conceitos confucionistas e budistas dominados por pontos de vista masculinos. Os antigos padrões sobreviveram em Okinawa, onde as miko eram equivalentes a sacerdotisas, e nas Ilhas Ryuku, onde havia uma hierarquia feminina completa paralela e suplementar às categorias masculinas de sacerdotes. Sua área especial de atuação estava nos campos da cura e da necromancia (convocar os espíritos dos mortos e interpretar suas mensagens). Após as infusões de modelos chineses nas ilhas principais, o papel das miko foi reduzido para o de médiuns passivas que transmitiam as palavras dos mortos, sendo que a interpretação dessas mensagens ficou reservada para os monges budistas ou para os sacerdotes Shintō.

Ainda assim, a partir da metade do século XIX em diante, um número de novas religiões recebeu seu ímpeto da liderança carismática de mulheres. As fundadoras compartilhavam certas características típicas xamânicas: origem humilde, dificuldades físicas, possessão por um espírito divino, e carisma pessoal. Em muitas das novas seitas a divindade era imaginada em termos femininos ou andróginos.

Nakayama Miki recebeu uma revelação em 1838 e foi saudada como uma "kami viva". Sua mensagem estava centrada no poder curador do Progenitor Celestial, Tenri O no Mikoto (e em uma rejeição corolária de intervenções médicas). Hoje o Tenrikyo, "Ensino de Sabedoria Celestial", reivindica mais de 2 milhões e meio de membros.

Em 1892, Deguchi Nao recebeu uma visão do divino, com revelações de uma nova era vindoura de paz. Sua seita, Omoto, "Grande fonte", cresceu até chegar a mais de 2 milhões de membros na década de 1920, mas devido à sua oposição à guerra, ao capitalismo e aos grandes senhores, ela ficou sujeita à severa repressão da parte das autoridades governamentais. Hoje ela possui apenas cerca de 150 mil aderentes, mas os Omoto influenciaram uma geração de grandes grupos religiosos, notavelmente os Seicho-no-Iê, "Casa do crescimento", os Sekai Kyusei Kyo, "Ensinamento da salvação mundial", e a PL Kyodan, "Sociedade do ensino da perfeita liberdade".

Kotani Kimi foi uma cofundadora em 1925 dos Reiyukai, "Amigos da sociedade espírita", essencialmente uma ramificação do Budismo Nichiren (p. 293) que centrava seu culto no *Lotus Sutra* e no mantra "Namu myoho renge kyo". Uma ramificação do Reiyukai, por sua vez, foi a ainda maior Rissho Koseikai, "Sociedade do estabelecimento da justiça e da comunidade", fundada em 1938 parcialmente pela inspiração de uma camponesa e dona de casa, Naganuma Myoko. A seita Rissho, contendo seções de aconselhamento em grupo (*hoza*) em seu programa, floresce no presente, reivindicando cerca de 7 milhões de membros.

Após a Segunda Guerra Mundial Kitamura Sayo, uma fazendeira, declarou que a divindade Shintō masculina e feminina Tensho Kotai Jingu "tomou possessão" de si. Considerada como uma "kami viva", ela criou uma sociedade com o nome da divindade. É popularmente conhecida como Odoru Shukyo, "A religião dançante", por conta de seus rituais extáticos. Os fiéis são chamados a confessar seus pecados (definidos como as seis raízes do mal budistas: arrependimento, desejo, ódio, apego, amar, e ser amado), a gritar o mantra *Lotus Sutra* até que "a garganta sangre" e a transcender seus egos no êxtase da dança aniquiladora do ego. Odoru Shukyo é diferente de muitas outras novas religiões japonesas por declarar que todas as outras crenças são falsas.

CRESCIMENTO CONTÍNUO DE NOVAS RELIGIÕES

As seitas que acabamos de mencionar, juntamente com outras sociedade recém-formadas, formam um tema de extensão muito maior do que o escopo deste capítulo. Quando se inclui a Sōka Gakkai (p. 295), falamos do envolvimento de um número estimado de 40 a 50 milhões de pessoas. Se é possível fazer alguma generalização a respeito desse tema, é a de que as novas religiões atraem aderentes que se ajuntam facilmente a grupos mas não consideram importante uma doutrina sólida; antes, estão preocupadas com a busca de crescimento pessoal e a possibilidade de participar de grupos ou afiliações de suporte. A PL (Liberdade Perfeita – *Perfect Liberty*) Kyodan é um exemplo claro do que acabamos de afirmar. Seu programa inclui grupos de realização e desenvolvimento pessoais, atividades artísticas criativas, partidas de golfe, exibições de fogos de artifício com o intuito de alegrar à comunidade, e muitas celebrações e festas elaboradas de acordo com seus princípios amenos: "o indivíduo é uma manifestação de Deus", "viver radiantemente como o sol" e "viver em perfeita liberdade".

Muitos japoneses que continuam na antiga tradição admitem, entretanto, alguma perplexidade em relação a todo este interesse pela religião. Eles dedicam em suas próprias vidas respeito ao budismo e ao Shintō, mas não seu envolvimento pessoal; esses indivíduos satisfazem-se em terem os sacerdotes Shintō executando papéis importantes nas festas Shintō e, como os sacerdotes da Roma antiga, conduzindo suas cerimônias em santuários importantes, às vezes em grupos enumerando dez ou mais oficiantes vestidos de branco, mas sem a presença necessária de uma congregação. Em seus próprios lares, um sacerdote budista comparece em um dia marcado do mês, encontra o butsu-dan decorado recentemente com flores, lê sutras e oferece orações. Ele apanha então a oferenda que lhe foi deixada e parte em silêncio, fazendo apenas visitas pastorais ocasionais a membros da família que por acaso estiverem em casa.

E ainda assim, tendo-se em vista todos esses fatos, a cultura materialista prevalecente agora no Japão parece não ser suficiente para responder às necessidades de seres humanos dotados de aspirações tão elevadas quanto os japoneses.

GLOSSÁRIO

Ainu: habitantes caucasoides, de pele clara e providos de muitos pelos no corpo, habitantes do norte do Japão; expulsos para o norte por imigrantes mongólicos, apenas poucos sobrevivem em reservas em Hokkaido.

Amaterasu: a deusa do sol, ancestral mística da linha imperial do Japão.

Bushido: "o caminho do guerreiro", um código de ética para os samurai, uma mistura de orgulho nacional Shintō, ideias budistas sobre autocontrole e ensino moral confucionista.

Dosojin: "guardião de beira de estrada/progenitor", imagens de pedra, madeira ou palha, geralmente explicitamente sexuais, com a intenção de garantir proteção e/ou fertilidade.

Gohei: uma varinha de oferta com penduricalhos de papel, madeira, pano ou metal, dobrados em um padrão em ziguezague (talvez para representar faíscas de seda ou outro pano).

Isé: uma península sagrada na praia oriental do Japão, local do principal santuário para Amaterasu.

Izanagi e **Izanami**: "Aquele que convida" e "Aquela que convida", fundadores místicos primais das ilhas do Japão e progenitores dos objetos nacionais e da humanidade.

Izumo: local na costa norte de um antigo santuário dedicado a kami, descendente de Susa-no-wo.

Jinja: "residência de kami", uma área sagrada, usualmente com construções; um local para cultuar kami; termo geral para santuários Shintō enquanto distintos dos budistas *tera* ou *dera*.

Kami: "ser(es) elevado(s)", espíritos, divindades ou o caráter sagrado de um lugar ou pessoa – qualquer coisa inspirando a admiração (o caractere chinês também é vocalizado como *shen*, *shin* ou *jin*).

Kojiki: "Registro das questões antigas", mais antigo (712 EC) texto japonês de mito sagrado e história, relatando até o ano 628.

Kyoha Shintō: "grupo de fé", Shintō sectário ou de santuário, enquanto distinto do Shintō de Estado (*Jinja Shintō*).

Manyoshu: "Coleção de miríades de folhas", uma antologia de mais de 4 mil poemas curtos (ca. 650 a 750 EC) escritos por indivíduos de virtualmente toda classe da sociedade.

Matsuri: festividade.

Mikoshi: santuários portáteis carregados ou puxados pelas ruas em ocasiões de *matsuri*.

Motoori Norinaga: erudito do século XVIII e líder intelectual do reavivamento e racionalização do Shintō.

Nihongi ou **Nihon Shoki**: "Crônicas do Japão", uma extensão (até 697 EC) e expansão dos materiais do *Kojiki*; escrito em chinês.

Norito: oração(ões) e fórmula(s) litúrgica(s) usada(s) nas cerimônias Shintō.

O-Harai: "Grande purificação", cerimônias nacionais de purificação bianuais utilizando varas *haraigushi* e ramos da árvore sagrada sakaki.

Ryobu Shintō: Shintō de "dois aspectos", um Shintō sincrético no qual bodhisattvas budistas e divindades são atendidos por kami ou equalizados com divindades Shintō específicas.

Shimenawa: corda de palha da qual borlas e formas *gohei* ficam penduradas, sendo usadas para tornar sagrados a locais e objetos.

Susa-no-wo: "Homem valoroso", irmão de Amaterasu, no *Kojiki* (convocado pelos sacerdotes em seu culto), ele aparece como um adversário causador de engano, poluição e tormenta; seu culto estava associado ao santuário de Izumo.

Tenrikyo: "seita da sabedoria celeste", a mais antiga das "novas" religiões Shintō; uma revelação carismática em 1838 transformou Nakayama Miki em uma "kami viva" que disseminou o poder curador do Progenitor Celestial, Tenri O no Mikoto.

Torii: um portal sagrado marcando a entrada para um *jinja*, ou um caminho em direção a ele.

LEITURAS SUGERIDAS

ASTON, W.G. *Shinto: The Way of the Gods*. Londres: Longmans, Green & Co., 1905.

ASTON, W.G. (trad.). *Nihongi: Chronicles of Japan from the Earliest Times to A.D. 697*. Londres: Allen & Unwin, 1956.

BELLAH, R.N. *Tokugawa Religion: The Values of Pre industrial Japan*. Glencoe: The Free Press, 1957.

BLACKER, C. *The Catalpa Bow: A Study of Shamanism Practices in Japan*. Nova York: George Allen & Unwin, 1975.

BROWN, D.M. *Nationalism in Japan: An Introductory Historical Analysis*. Berkeley: University of California Press, 1955.

CASAL, U.A. *The Five Sacred Festivals of Ancient Japan*. Rutland: Chas. E. Tuttle, 1967.

CHAMBERLAIN, B.H. (trad.). *Kojiki: Records of Ancient Matters*. Tóquio: Asiatic Society of Japan, 1973.

CREEMERS, W.H. *Shrine Shinto after World War II*. Londres: E.J. Brill, 1968.

CZAJA, M. *Gods of Myth and Stone*. Nova York: John Weatherhill, 1974.

EARHART, H.B. *Religion in the Japanese Experience*. Belmont: Wadsworth, 1974.

EARHART, H.B. *Japanese Religion: Unity and Diversity*. 3. ed. Belmont: Wadsworth, 1982.

HORI, I. *Folk Religion in Japan: Continuity and Change*. Chicago: University of Chicago Press, 1968.

KITAGAWA, J.M. *Religion in Japanese History*. Nova York: Columbia University Press, 1966.

McFARLAND, H.N. *The Rush Hour of the Gods: A Study of the New Religious Movements in Japan*. Nova York: Macmillan Publishing, 1967.

MURANO, S. Shinto. In: ELIADE, M. (ed.). *The Encyclopedia of Religion*. Nova York: Macmillan, 1987.

MURAOKA, T. *Studies in Shinto Thought*. Trad. de D. Brown e J. Araki. Tóquio: Ministry of Education, 1964.

PHILIPPI, D.L. *Norito: A New Translation of the Ancient Japanese Ritual Prayers*. Tóquio: Institute for Japanese Culture and Classics/Kokugakuin University, 1959.

PHILIPPI, D.L. (trad.). *Kojiki*. Tóquio: Tokyo University Press, 1968.

PICKEN, S.D.B. *Shinto: Japan's Spiritual Roots*. Tóquio: Kodansha, 1980.

VAN STRAELEN, H. *The Religion of Divine Wisdom: Japan's Most Powerful Movement*. Taipei: Orient Cultural Service, 1983.

The Yengishiki or Shinto Rituals. Londres: Forgotten Books, 2008.

TSUNODA, R.; DE BARY, W.T.; KEENE, D. *Sources of the Japanese Tradition*. Nova York: Columbia University Press, 1958.

REFERÊNCIAS

[A] NAKANE, C. *Japanese Society*. Berkeley: University of California Press, 1970, p. 390.

[B] KITAGAWA, J.M. *Religion in Japanese History*. Nova York: Columbia University Press, 1966, [1]p. 3s.; [2]p. 68; [3]p. 167s.

[C] CHAMBERLAIN, B.H. (trad.). *The Ko-ji-ki*. 2. ed. Kobe: J.L. Thompson & Company, 1932, [1]p. 17-51, 127-129; [2]p. 62-70.

[D] HOLTOM, D.C. *The National Faith of Japan*. Londres: Kegan Paul/Trench, Trubner & Company, 1938, [1]p. 113; [2]p. 49; [3]p. 23; [4]p. 73; [5]p. 133-134. Reimp. com a permissão dos editores.

[E] HORI, I. *Folk Religion in Japan: Continuity and Change*. Chicago: University of Chicago Press, 1968, [1]p. 40; [2]p. 37s. Reimp. com a permissão dos editores.

[F] WIEMAN, H.N.; HORTON, W.M. *The Growth of Religion*. Chicago: Willett, Clark & Company, 1938, p. 88. Citado com a permissão dos editores.

[G] BRADEN, C.S. *Modern Tendencies in World Religions*. Nova York: The Macmillan Company, 1933, p. 169. Citado com a permissão dos editores.

[H] TANAKA, Y. The True Import of Shinto. *The University Review*, vol. 1, n. 2, p. 4, 1938.

[I] HOZUMI, N. *Ancestor-Worship and Japanese Law*. 6. ed. Tóquio: Hokuseido, 1940, p. 107-108.

[J] HOLTOM, D.C. The Political Philosophy of Modern Shinto. *Transactions of the Asiatic Society of Japan*, vol. 49, parte 2, 1922, [1]p. 73; [2]p. 88; [3]p. 107-108.

[K] NOSS, C. *Tohoku: The Scotland of Japan*. Filadélfia: Board of Foreign Missions of the Reformed Church in the United States, 1918, p. 87-88.

[L] MITFORD, A.B. (Lord Redesdale). *Tales of Old Japan*. Londres: The Macmillan Company, 1928, p. 13.

[M] SAKURAI, T. *Human Bullets: A Soldier's Story of Port Arthur*. 9. ed. Trad. de M. Honda e A.M. Bacon. Tóquio: Teibo Publishing Company, 1911, p. 221.

PARTE 4

AS RELIGIÕES DO ORIENTE MÉDIO

12
Zoroastrismo: uma religião baseada em dualismo ético

Fatos resumidos:

- Nomes ocidentais: zoroastrismo, zoroastrianismo, zaratustrianismo, zarathustrianismo.
- Aderentes em 2016: 124.000-190.000.
- Nomes usados pelos aderentes: Pársis (Índia); Zardushtis, Bahdins (Irã).
- Literatura sagrada: *Avesta*.
- *Subdivisões*: Videvdat (encantamentos e prescrições); Yasna (material litúrgico, incluindo Gatas – hinos).
- Princípios supremos (divindades): Ahura Mazda (Ohrmazd) e Angra-Mainyu (Ahriman).
- Outros espíritos sobre-humanos: Anahita, Druj, Mitra, Spenta-Mainyu, Vohu Manah, Zurvan, fravashis, daevas e yazatas.

Chegamos a um ponto interessante de nosso estudo da estrutura da experiência religiosa ao redor do mundo. A evolução do pensamento dos zoroastrianos, em comparação com aquela de seus primos arianos que entraram na Índia, mostra mais claramente do que o usual o efeito do ambiente nas crenças e atitudes de povos aparentados. A religião de Zoroastro teve a mesma fonte que a religião dos arianos védicos. Quando os migrantes indo-europeus, em algum momento do segundo milênio AEC ou antes se separaram em alguma região próxima do Mar Cáspio, um grupo, talvez o maior, subiu o vale do Rio Oxus para a Índia; o outro penetrou na área das atuais Armênia e Azerbaijão, e dos vales montanhosos que formavam as fronteiras norte-ocidentais do Platô Iraniano. Esta separação física teve um paralelo cultural.

Na terra do Irã, como os historiadores preferem chamar a antiga Pérsia, o solo era em sua maior parte árido, o clima seco e tonificante. Os habitantes dali tenderam, portanto, a ser agressivos e realistas, pois lhes era necessário que fossem fazendeiros e pastores atenciosos. No clima de certa forma enervante da Índia, por outro lado, a vida humana tendeu a se tornar fisicamente retrógrada, mas, ainda assim, provida de interesses românticos e filosóficos. Havia mais tempo para o pensamento na Índia, talvez porque mais tempo fosse separado para isso. No Platô Iraniano a situação era bastante diversa. O pensamento e a vida estavam amplamente preocupados com este mundo e com a excitante, ainda que difícil, luta pela sobrevivência. A moralidade, ao se seguir com os negócios cotidianos, se tornou uma das principais preocupações

PARTE 4 - As religiões do Oriente Médio

da religião, e estava bem distante da maioria das mentes qualquer tendência para o ascetismo. O rigor moral proibia casamentos mistos, e crianças de tais uniões não tinham direito de nascença nessa fé. Essa regra, em conjunto com a gradual urbanização, responde pela diminuição do número de aderentes nos anos recentes (cf. p. 488).

Suponhamos que os arianos na Índia e os arianos do Irã tivessem permanecido juntos, vivendo lado a lado nas planícies de alguma parte do sudeste da Europa, como haviam feito outrora. Teriam desenvolvido uma diferença tão grande como a que existe entre o zoroastrismo e o hinduísmo? É infrutífero questionar isso. Eles separaram-se, e o tempo e a circunstância lançaram-nos em polos distantes entre si.

A história do zoroastrismo não é fácil de ser contada. Nossas fontes não são claras e autênticas, como no estudo da religião dos Vedas. O livro sagrado da fé zoroastriana, o **Avesta**, foi preservado oralmente por séculos; seus textos não foram reunidos antes do século III ou do século IV EC durante os tempos sassânidas. Eles compõem certa miscelânea, sem coesão; de fato, não são mais que o remanescente de um *corpus* literário bem maior, do qual grande parte pereceu. A porção do *Avesta* mais importante para nós é o **Yasna**, pois ele contém os **Gatas**, ou hinos de Zoroastro, escritos em um antigo dialeto, o gático – um dialeto precedendo a língua avesta, muito próximo do védico. Esses hinos nos fornecem nossas únicas fontes

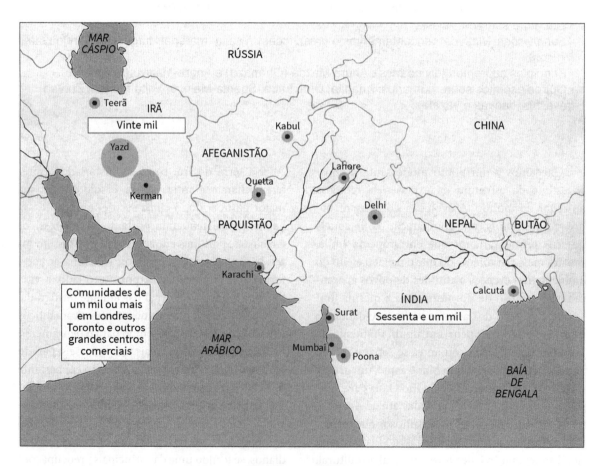

Centros zoroastrianos

de informação realmente confiáveis sobre a vida e pensamento de Zoroastro.

Nossa melhor estratégia, tendo em vista as dificuldades que não nos permitem fazer uma completa reconstrução histórica, é começar com o que pode ser recuperado da religião iraniana antes de Zoroastro, passando então para a vida e para os ensinos do próprio Zoroastro e, finalmente, demonstrando as diferenças que podem ser vistas no zoroastrismo de tempos posteriores.

I – A RELIGIÃO IRANIANA ANTES DE ZOROASTRO

Virtualmente tudo que sabemos da religião iraniana antes de Zoroastro é derivado das referências abertamente hostis a ela encontradas nos *Gatas*, das referências de difícil interpretação nas inscrições dos reis aquemênidas, e dos textos do *Avesta* pós-gáticos.

Nós sabemos, entretanto, que a religião popular dos iranianos era praticamente a mesma refletida nos Vedas.

O povo comum adorava poderes conhecidos como **daevas**, um nome idêntico com os *devas*, ou "os brilhantes", do *Rig-Veda*.

Eles eram associados com os poderes da natureza – sol, lua, estrelas, terra, fogo, água e ventos. Os sacerdotes também reconheciam **asuras** ("senhores") entre os deuses, que eram considerados como residentes do alto dos céus, ocupados em manter a ordem cósmica. Havia, portanto, algum tipo de organização hierárquica entre os deuses.

Entre eles estava Intar, ou Indara, um deus da guerra, mais conhecido pelo seu epíteto Verethragna, "aquele que atingiu Verethra", uma obstrução que retinha as águas da chuva (como no análogo védico, Indra matou a Vritra). Intar, entretanto, não era uma divindade suprema; ele era sobrepujado por **Mitra** (o védico Mitra), um deus muito popular, que parece ter sido largamente conhecido entre os povos arianos por toda a parte. Em um documento hitita de 1400-1300 AEC encontrado na Ásia Menor, Mitra é mencionado sob o nome de Midra e ele era, aparentemente, o deus-chefe dos Mitanni, um grupo ariano que controlava então as áreas montanhosas que faziam fronteira ao norte das planícies mesopotâmicas. Os iranianos, por sua parte, davam-lhe grandes honras. Ele era para eles o doador do gado e de filhos; ele era o deus da luz (de onde os maniqueus, os gregos e os romanos baseavam a inferência de que ele era um deus solar – o que pode ter sido verdade). Particularmente, ele defendia as qualidades da lealdade e da manutenção da fé. Em uma **Yasht** (canção) do *Khordah Avesta*, ele é retratado como o deus "a quem os príncipes oram quando se dirigem para a batalha", e em sua função de mantenedor da santidade dos tratados (Mitra parece ter significado "tratado" ou "pacto"), ele cuida para que, caso exista má-fé,

> [...] os corcéis dos enganadores se recusem a carregar seus cavaleiros; ainda que corram, não avançam, e ainda que cavalguem, não fazem progressos; ainda que cavalguem em suas carruagens, não ganham vantagem; o dardo lançado pelo inimigo de Mitra voa ao contrário. Mesmo que o inimigo a lance com habilidade, mesmo que a lança atinja o corpo do inimigo, o golpe não fere. A lança vinda da mão do inimigo de Mitra é carregada pelo vento[A].

Juntamente com Mitra, existiu um deus chamado nos documentos hititas de Uruwana, que era conhecido pelos gregos como Ouranos e pode ser identificado com o védico Varuna, o deus da cúpula celeste e senhor (ahura) da ordem moral. Ele possuía um caráter altamente ético. Nós precisamos voltar a ele mais adiante.

Também apreendemos a concepção de uma ordem subjacente no mundo, fosse natural ou moral, chamada de **Asha** ou Arta, cujos atributos são a verdade, a retidão, a justiça, e a ordem divina (este é certamente o védico Rita); nós tomamos conhecimento, também, dos gêmeos celestes, os Nasatya ou Asvins (nos documentos hititas chamados de *Nashaadtianna*), que foram reduzidos pelos persas posteriores a um ser; apreendemos também sobre Vayo, o vento, um companheiro de Indara, que aparece sob o aspecto duplo de bons e maus ventos, soprando desde o início dos tempos; sobre o governante dos mortos, o primeiro homem a morrer, Yima (o védico Yama); e sobre os *fravashis* ou Pais, os amados e protetivos espíritos ancestrais.

A adoração do fogo ao céu aberto

Esses poderes divinos (e outros cujos nomes foram perdidos, mas que eram em toda instância provavelmente semelhantes aos nomes dos deuses no *Rig-Veda*) eram adorados e se sacrificava a eles sob o céu aberto, ao lado de altares, com a ajuda de sacerdotes em um culto ao fogo e com o uso sacramental de poções psicodélicas preparadas da sagrada planta **haoma** (o védico soma).

O culto ao fogo dos antigos iranianos é de interesse particular, não apenas devido à sua similaridade com as cerimônias do fogo da antiga Índia, mas também pela sua importância histórica no zoroastrismo até os dias de hoje. O nome védico "Agni" não é mencionado na literatura, mas indubitavelmente, sob o nome iraniano de Atar, era ele quem era invocado e adorado. Durante a cerimônia na qual o fogo sacrificial era aceso e reverenciado, a grama ao redor do altar era consagrada, borrifada com suco haoma, e uma mesa era preparada, sobre a qual eram colocadas porções do sacrifício para os convidados divinos invisíveis, os deuses. O sacrifício podia ser de um cereal, mas era usualmente de algum tipo de animal. No último caso, a vítima prestes a ser sacrificada era tocada com o *barsom*, um feixe de ramos que era adorado como sobrenatural e mantido diante da face durante o culto ao fogo sagrado (nos tempos modernos, uma réplica de metal é usada ao se agradecer antes das refeições). O uso cerimonial do esmagamento do suco haoma e o uso sacramental do líquido santo eram, como se é levado a concluir, tão similar às cerimônias deste tipo na Índia védica que o leitor é remetido ao capítulo 3 sobre o hinduísmo antigo, para saber mais detalhes.

No geral os antigos iranianos, em sua maior parte colonos que cultivavam jardins e colocavam seus rebanhos para fora para pastar, seguiam uma religião pouco apropriada para o seu modo de vida e sua economia em desenvolvimento. Seus sacrifícios animais tornavam-se cada vez mais um fardo. O que para nômades parecia natural e razoável o suficiente sem envolver grandes sacrifícios econômicos, para colonizadores era por demais custoso. Uma reforma era necessária, e Zoroastro estava à mão para efetuá-la.

II – A VIDA E OS ENSINAMENTOS DE ZOROASTRO

Plano de fundo

É impossível se ter certeza sobre alguns detalhes da vida de Zoroastro. A data de seu nascimento é incerta. A tradição persa a localiza em 660 AEC, que pode estar recuada demais em trinta ou mais anos. Esta data é aceita pela maioria dos acadêmicos modernos sem desconfiança, mas outros, com maior plausibilidade, argumentam que Zoroastro deve ter vivido em um período mais antigo, talvez tão recuadamente quanto 1000 AEC ou, no mais tardar, na primeira metade do século VI AEC ("Zoroastro" é o nome pelo qual o Profeta Zaratustra é mais geralmente conhecido no Ocidente).

Outra questão elusiva é a determinação de seu local de nascimento. Parece provável que ele tenha nascido em alguma parte do Irã Central, mas que tenha executado sua obra mais a leste. Uma autoridade moderna se aventura a ser bastante específica: "A região na qual ele proclamou sua mensagem foi provavelmente a antiga Corásmia – uma área [ao sul do Mar Aral] encompassando o que é hoje o Khorasan[32]* persa, o Afeganistão Ocidental e a República do Turcomenistão da [antiga] URSS"[B].

De acordo com a tradição, registrada em um tempo muito distante do seu próprio para ser confiável, Zoroastro recebeu instrução em sua juventude de um tutor, assumiu o *kusti*, ou cordão sagrado (note mais uma vez o paralelismo com o costume indiano) aos 15 anos de idade, e era conhecido por sua natureza compassiva, expressada especialmente na solicitude em relação aos idosos e ao gado em tempos de fome. Aos 20 anos ele deixou seu pai, sua mãe e a esposa que eles tinham escolhido para ele para vagar, buscando resposta para seus questionamentos religiosos mais profundos.

Experiência de revelação

Na crítica idade dos 30 anos (tão frequentemente um tempo de crise na vida de gênios religiosos), ele recebeu uma revelação. A lenda amplificou o evento original em uma série de visões miraculosas. A cena tradicional de sua primeira e mais surpreendente visão é localizada nas margens do Rio Daitya, próximo de sua casa. Uma figura "nove vezes maior que um homem" apareceu diante de Zoroastro. Foi o arcanjo **Vohu Manah** (Bom pensamento). Vohu Manah questionou Zoroastro e então o direcionou a deixar de lado a "veste" de seu corpo material; então, enquanto uma alma desencarnada, ele subiu à presença de **Ahura Mazda**, o "Sábio Senhor" e Ser Supremo, que estava cercado por seus atendentes angélicos[C1]. Um detalhe curioso e vívido do relato registra o fato de que assim que Zoroastro apareceu na assembleia celestial, ele não mais projetava sua própria sombra sobre o chão "por conta do grande brilho dos arcanjos" que o cercavam[C2]. Ahura Mazda então instruiu Zoroastro, chamado agora de profeta, nas doutrinas e deveres da verdadeira religião. A história segue dizendo que durante os oito anos seguintes ele encontrou por meio de visões cada um dos seis principais arcanjos, e cada conferência tornou a revelação original mais completa. Assim conta a tradição.

Mas nos *Gatas*, onde presumivelmente nós temos as próprias palavras de Zoroastro, as referências a estas revelações nos suprem com detalhes mais autênticos, ainda que fragmentários. Assim:

> Eu te reconheci como o santo, Mazda Ahura, quando Bom Pensamento (Vohu Manan) veio até mim e me perguntou: "Quem és tu? A quem pertences? Quais inclinações mostrarás nos dias de interrogatório, a respeito de tuas possessões e de ti mesmo?"
> Então eu disse para ele: "Para a primeira [questão], eu sou Zaratustra, um verdadeiro inimigo do Mentiroso, até os limites de minhas forças; mas posso ser um poderoso suportador do Reto. Que eu possa alcançar as coisas futuras do infinito Domínio, assim como eu louvo e canto a ti, Mazda!"
> Eu te reconheci como o santo, Mazda Ahura, quando Bom Pensamento veio até mim. À questão "Por qual inclinação tu decides?" [Eu respondi], "Em cada oferenda de reverência ao teu fogo eu pensarei sobre mim mesmo como [pertencente] ao Reto enquanto eu for capaz de fazê-lo. Mostra-me, então, o Reto, a quem clamarei" [...].
> E quando tu me dissestes "Ao Reto tu deves ir em busca de ensinamentos" não me ordenavas algo que eu não obedecesse: "Apressa-te, eis minha Obe-

---

* Nome também encontrado em língua portuguesa como "Coração" [N.T.].

diência [Sraosha, o anjo que julga aos mortos] que vem, seguida pelo Destino cheio de tesouros, que pagará aos homens com severidade os destinos de uma recompensa bipartida"[D1].

A tradição diz que ele começou a pregar imediatamente, mas sem sucesso. Desencorajado, ele foi visitado por uma severa tentação na qual o Mau Espírito, **Angra Mainyu**, convidou-o a renunciar à adoração a Mazda. "Mas Zaratustra lhe respondeu: 'Não! Eu não renunciarei à boa religião dos adoradores de Mazda, nem mesmo que a minha vida, meus membros e alma sejam separados em pedaços'"[C3].

Diz-se então que ele se encontrava em alguma parte do leste do Irã, na corte de um governante ariano chamado de **Vishtaspa** ou Hystaspes (alguns o identificam com o pai de Dário I da Pérsia, mas a idade linguística dos *Gatas* sugere que este Hystaspes viveu em um tempo anterior). Com esperança renovada, ele deu início a um esforço de dois anos na tentativa de ganhar seu governante à sua fé. Vishtaspa, de forma muito visível no corpo de tradição laudatória que o cerca, passa a impressão de ter sido um homem de coração honesto, simples e sincero em seus hábitos de vida. Mas ele era dominado pelos *Karpans*, um aglomerado ganancioso de sacerdotes tão detestado no *Avesta*. Com seus numerosos sacrifícios animais e seus procedimentos mágicos projetados para fazer as colheitas crescerem, proteger o gado, manter as tribos saqueadoras do norte (Turanianos?) a distância e frustrar influências demoníacas de todos os tipos, eles levantaram a mais intensa oposição da parte de Zoroastro. Durante a disputa entre si eles conseguiram fazer com que Zoroastro fosse enviado para a prisão, mas após dois anos ele ganhou seu monarca para sua religião, ajudado, como diz a tradição, pela cura milagrosa do cavalo negro favorito de Vishtaspa, e ajudado pelo simpático apoio de Hutaosa, a consorte do rei.

A conversão de Vishtaspa foi completa e sem reservas e o rei colocou todo o seu poder em prol da propagação da fé. A corte inteira seguiu o monarca na nova religião. O irmão do rei, Zain, e seu galante filho Isfendir tinham importância especial enquanto convertidos. Dois irmãos, ambos nobres de alta posição nos concílios de Vishtaspa chamados Frashaoshtra e Jamnaspa, se tornaram parentes de Zaratustra por meio de casamento; o primeiro deu sua filha Huovi em casamento para Zoroastro, e o segundo casou-se com Pourucista, filha de Zoroastro com sua primeira esposa.

Os anos seguintes, como registra a tradição mais tardia e não tão confiável, foram usados promulgando vigorosamente a fé entre os iranianos e lutando duas guerras santas em sua defesa. O primeiro desses viu a ascensão de Isfendir a grandes alturas de heroísmo ao impedir a invasão dos nômades do norte. Mas, se a tradição for confiável, a segunda invasão dos nômades, que aconteceu quando Zoroastro tinha 77 anos de idade, teve sucesso em seu início e levou à morte de Zoroastro. Os últimos autores do *Avesta* afirmam, mais de mil anos após o evento, que, quando os nômades assaltaram Balkh, um dos seus surpreendeu-o e matou-o diante do altar de fogo ao qual ele presidia.

Tenha essa sido ou não a forma em que aconteceu, a morte de Zoroastro não implicou na extinção da fé. Ele plantou profundamente as raízes de uma nova fé no solo rico da consciência popular iraniana, onde estava destinada a florescer.

Ensinamentos: o único Sábio Senhor

A religião que Zoroastro ensinou era um monoteísmo ético especial; ou seja, ele defendia que a lei moral requerendo dos humanos retidão procedia de um único bom Deus.

Ao chamar o supremo deus de Ahura Mazda ("Sábio Senhor"), ele não recorreu à invenção.

O nome já era conhecido. Tampouco o deus por ele referenciado era desconhecido anteriormente. Há pouca dúvida de que Ahura Mazda era ninguém mais que o deus das ordens moral e natural a quem os arianos da Índia adoravam sob o nome de Varuna. Aparentemente o clã de Zoroastro tinha por muito tempo dado sua aliança especial para esta divindade altamente ética. Apesar de o deus não mais ser chamado de Varuna, muitos acadêmicos, baseando-se na forma em que ele era enxergado (ele é descrito nos *Gatas* como "vestido dos massivos céus como se fossem um adorno"[D2]), têm concluído que o título honorífico veio tomar o lugar de seu antigo nome, da mesma forma que na Índia o título "auspicioso" (Shiva) substituiu o antigo nome Rudra. É bastante aparente que Ahura Mazda fora uma designação honorífica. Mazda significa "o sábio", ou "cheio de luz". Ahura é o mesmo termo que o védico Asura, significando "senhor", e era um nome indo-europeu usado para figuras destacadas entre os devas, ou deuses.

Há uma inversão terminológica e semântica interessante na curiosa reviravolta efetuada por um lado por Zoroastro e por outro pelos arianos védicos para os termos senhor e deus. Os indo-arianos, da mesma maneira que os romanos e os celtas no outro lado do mundo, chamavam aos seus bons espíritos de *devas* (romano *deus*, céltico *divin*, inglês *deity*, ou *divinity*, português *deus*, ou *divindade*), mas sua experiência com as forças naturais caprichosas da Índia fizeram de alguma forma que o nome *asura* (senhor) viesse a ser aplicado apenas para espíritos maus, os sublimes e temíveis senhores dos malfeitos (esta inversão do significado pode ser vista tomando lugar entre os primeiros e últimos hinos do *Rig-Veda*). No Irã, por outro lado, Zoroastro atribuiu os significados opostos a estas palavras. Em Mazda, ele viu o verdadeiro Ahura a quem sua inteira devoção deveria ser paga, o sublime e temível "Senhor" que tinha perfeita sabedoria e bondade. Mas ele temia que Mazda pudesse não ser reconhecido da mesma forma pela massa do povo. Sob a liderança dos sacerdotes da antiga religião, eles tinham sido cultuados em conjunto com os ahuras Mazda, Mitra e Apam Napat (uma designação para Agni, o Fogo), e com uma hoste de daevas, deuses chamados por muitos nomes indo-europeus – Indra e Vayu, por exemplo. Os nômades selvagens do norte, que eram o flagelo de qualquer bom colono, sacrificavam para essas divindades antes de fazer suas incursões no Irã, carregar grãos e gado, e destruir celeiros e casas com fogo. Para Zoroastro, somente podia haver uma conclusão: os daevas eram deuses maliciosos disfarçados de bons espíritos, pais de mentiras enganando os próprios eleitos. Assim, para Zoroastro, ahura estava imbuído de bem, e os daevas com o mal, enquanto que os indo-arianos viam mal nos asuras e bem nos devas.

Opondo-se direta e intransigentemente, dessa forma, à religião popular, Zoroastro definiu seu sistema religioso em poucas e claras concepções.

1 REVELAÇÃO FINAL: UMA DIVINDADE SUPREMA

De início, ele assumiu uma posição firme sobre a revelação que recebera. Os *Gatas* constantemente reafirmavam sua reivindicação de terem sido chamados para sua missão profética pelo próprio Ahura Mazda, e que a religião que ele ensinava era a verdadeira e final.

Ele deu toda a sua devoção para o único deus. Ahuda Mazda era, para ele, a divindade suprema; isto é, supremo na criação, supremo por valor, e supremo na antecipação do evento apocalítico final através do qual ele acabaria com o mal definitivamente e estabeleceria o bem e a verdade. Em contraste com alguns de seus seguidores posteriores, Zoroastro acreditava que pela vontade do supremo Senhor Mazda todas as coisas tinham vindo à existência. Como declaram as seguintes sentenças dos *Gatas*, Mazda causara tanto a escuridão quanto a luz:

> Quem é, por geração, o Pai do bem (Asha), no início? Quem determinou o caminho do sol e das estrelas? Quem é aquele através do qual a lua desaparece e ressurge novamente? [...] Quem mantém a terra embaixo e evita que o firmamento caia? Quem fez a água e as plantas? Quem concedeu velocidade aos ventos e nuvens? [...] Que artista fez a luz e as trevas? O dormir e o acordar? Quem fez a manhã, o entardecer, a noite, e chama o homem com compreensão das coisas para o seu dever? [...] Eu me esforço em reconhecer a ti por meio destas coisas, ó Mazda, criador de todas as coisas por meio do santo espírito[D3].

2 SPENTA MAINYU E OS MODOS DE BOA AÇÃO

Zoroastro tinha uma rica concepção da forma pela qual Ahura Mazda atingia resultados. Mazda expressa sua vontade através de um Espírito Santo (**Spenta Mainyu**) e por vários modos de ação divina chamados "Os Imortais", ou Amesha Spentas (os Ameshaspands da Pérsia posterior).

Estes modos de atividade ética carregam nomes tais quais Vohu Manah (Bom pensamento ou Bom-senso), Asha (Bem), Kshathra (Poder ou Domínio), Haurvatat (Prosperidade), Armaiti (Piedade), e Ameretat (Imortalidade). Asha (ou Arta) é o Rita védico. Vohu Manah é o modo divino que conduziu Zoroastro a Ahura Mazda em sua primeira revelação (aqui o significado alegórico de que Zoroastro foi levado a Deus pela inspiração sugere-se a si mesmo). Armaiti, Kshathra, Haurvalat e Ameretat são dádivas de Ahura Mazda para a humanidade e também forças e fatos por seu próprio direito. Ao menos em nome, eles são todos qualidades ou estados abstratos, e é um pouco desconcertante saber exatamente qual era a concepção que Zoroastro fazia deles, se ele os compreendia como bons gênios de Ahura Mazda, com sua própria existência e individualidade, ou se ele tinha a intenção de dar a eles nada mais do que a força de abstrações personalizadas. Jacques Duchesne-Guillemin defende que, na crença de Zoroastro, Ahura Mazda não apenas criara todas as coisas, mas era "o pai" dos Amesha Spentas, "que o ajudam a animar e governar o mundo", suplantando os outros ahuras e daevas; a maior parte deles pode ser identificada de volta ao Período Indo-iraniano. Mas o que mais o engajou foi uma reorientação religiosa. Os *Gatas* eram uma "meditação sobre os Amesha Spentas", pois "o assunto dessa vida mental diária consistia em pensar sobre eles" e aplicar a eles "novos epítetos" que reforçassem sua "solução monoteística"[E].

Outros modos de expressão divina são nomeados ao lado dos Amesha Spentas – por exemplo, Obediência (Sraosha), o Criador-Boi do Espírito que protege vacas (Geus Urva), e ainda outros. Mas nenhum desses era visualizado claramente enquanto um ser divino dotado de personalidade independente. Em todos os casos, eles eram mantidos subordinados a Ahura Mazda como agentes de sua própria expressão divina. Resumindo, Zoroastro nos dá uma concepção rica de divindade sem abandonar o monoteísmo.

3 ANGRA MAINYU E OS MODOS DO MAL

Apesar de Ahura Mazda ser supremo, ele não é inconteste. Esta é uma crença importante de Zoroastro. Contra Asha (Bem ou Verdade) existe ***Druj*** (a Mentira); a Verdade é confrontada com Falsidade, a Vida com a Morte. O Bom Espírito (Spenta Mainyu) é oposto por Angra Mainyu, literalmente o "Mau Espírito". É característico dos

Gatas dar contínua ênfase à clivagem fundamental no mundo da natureza e na vida humana entre o certo e o errado, a verdadeira e a falsa religião. Esta clivagem começara no tempo em que Ahura Mazda criara o mundo e estabelecera liberdade de escolha para suas criaturas.

> Agora, pois, os dois Espíritos primais, que revelaram a si mesmos na visão como Gêmeos, são o Melhor e o Mau em pensamento, palavra e ação. E entre estes dois, o Sábio escolheu corretamente de início, mas o Mau não. E quando estes Espíritos gêmeos se reuniram no início, eles estabeleceram Vida e Não Vida, e que no fim a Pior Existência (o Inferno) estaria destinada aos seguidores da Mentira, mas o Melhor Pensamento (Paraíso) para aquele que segue o Bem. Destes dois Espíritos gêmeos aquele que segue a Mentira *escolheu* fazer as piores coisas; o Espírito mais santo *escolheu* o Bem.[D4]

R.C. Zaehner reformula os dados neste quadro: no começo, Ahura Mazda tinha dois "filhos" gêmeos, idênticos em potencialidades; eles e o próprio Ahura Mazda foram confrontados pela liberdade de escolha – a condição constante na existência de uma pessoa; um, pela escolha da Verdade e do Bem, se tornou Spenta Mainyu, o Bom ou Santo Espírito; o outro, por escolha equivocada da Mentira, se tornou Angra Mainyu, o Mau Espírito.

Assim, no início do mundo, o espírito bom que se originara em Ahura Mazda veio a enfrentar oposição da parte de um espírito mau – o espírito chamado em tempos posteriores de shaitin ou satanás.

4 A ALMA COMO CENÁRIO DE LUTA

Apesar de apenas poucas palavras serem necessárias para declará-lo, talvez o princípio moral cardinal de Zoroastro tenha sido a crença de que cada alma humana é o cenário de uma guerra entre o mal e o bem, uma guerra interior de importância crítica.

Ao criar os seres humanos, Ahura Mazda deu-lhes liberdade de determinar suas próprias ações e assim o poder de escolher entre o certo e o errado. Apesar de Ahura Mazda buscar sempre recompensar aos retos pelo poder de seu Bom espírito (Spenta Mainyu) e por meio de Vohu Manah, ele não fez a humanidade imune às sugestões más de Angra Mainyu. Assim, era necessário que cada alma decidisse acerca do problema da guerra por conta própria, escolhendo entre o bem e o mal; as almas boas escolhiam o bem.

5 HONRA E CULTIVO *VERSUS* ENGANO E PILHAGEM

O bem e o mal não são claramente definidos, mas nós não podemos esperar adequadamente que os *Gatas*, que são hinos devocionais e não tratados teológicos, sejam precisos nesse sentido. Os *Gatas*, entretanto, fornecem-nos uma indicação da *diferença* prática entre o certo e o errado. As boas pessoas, por exemplo, eram para Zoroastro aquelas que aceitavam a verdadeira religião, e as más eram aquelas que a rejeitavam, especialmente os indivíduos que continuavam a praticar a antiga religião popular com sua adoração aos daevas. Os daevas, parecia claro, tinham se aliado com Angra Mainyu, o Es-

> *Eu falarei sobre os espíritos gêmeos no próprio início do mundo, dos quais o mais santo assim falou para o inimigo: "Nem pensamento nem ensinamentos, vontades ou crenças, palavras ou feitos, nem nós mesmos, ou as almas de nós, gêmeos, concordam entre si".*
> Yasna 45:2[D5]

pírito Mau, e assim aqueles que os seguiam viviam em uma condição carregada de malignidade. Tais pessoas não deveriam meramente ser evitadas: "Resisti a elas com armas!"[D6] Se era bom sempre falar a verdade e ajudar àqueles que seguem Asha e Vohu Manah, então era mau ajudar aos maus, prestar-lhes favores, ou lhes dar presentes. Os bons – e aqui há um vislumbre do senso comum no pensamento de Zoroastro – lavram o solo, cultivam grãos, colhem frutas, retiram ervas daninhas, recuperam desertos, irrigam solos áridos e tratam amavelmente aos animais, especialmente a vaca, que está a serviço dos fazendeiros. Em suas relações pessoais, eles falam a verdade, e nunca mentem. O mau não possui a agricultura; esta é sua condenação.

> Aquele que não cria e cultiva. Ó, Mazda, não importa quão ansioso esteja, ele não tem parte na boa mensagem[D7].

Angra Mainyu está sempre ocupado contra o cultivo:

> O mentiroso impede os seguidores do Bem de prosperar na criação de gado no distrito e na província, sendo infame como ele é[D8].

Os nômades errantes representavam o mal em sua pior forma. Eles se preparavam para suas incursões adorando aos daevas, após malignamente matar gado como sacrifício no altar. Então eles caíam sobre os campos e destruíam seu produto. Tal era o mal que alguém podia esperar de tais adoradores dos daeva!

A boa alma deveria dizer, segundo palavras de um antigo juramento zoroastriano:

> Eu repudio aos daevas, e confesso a mim mesmo um adorador de Mazda, um zaratustriano, um inimigo dos daevas, um profeta do Senhor, louvando e adorando os Santos Imortais (os Amesha Spenta). Ao Sábio Senhor eu prometo todo o bem; a ele, o bom, benéfico, reto, glorioso, venerável, eu voto tudo o que há de melhor; a ele, de onde vêm a vaca, a lei, os luminares (celestes), com os quais as bem-aventuranças luminares (celestiais) se ajuntam. Eu escolho a santa, boa Armaiti, ela será minha. Eu abjuro o furto e o roubo de gado, a pilhagem e devastação das vilas dos adoradores de Mazda[G].

6 CERIMÔNIAS PURIFICADAS

Das antigas cerimônias religiosas, restaram apenas as partes relacionadas à veneração. O antigo rito ariano foi purgado (quase a ponto do desaparecimento) da mágica e da idolatria. A participação em orgias sobre sacrifícios de animais foi eliminada, e a participação em embriagamentos rituais após a bebida de suco de haoma foi condenada.

Não apenas Zoroastro desaprovava os efeitos alucinógenos do suco de haoma; ele também condenava a prática (que é encontrada também em ritos indo-arianos e da Ásia Central) de leigos coletarem a urina de sacerdotes que haviam bebido soma, e beberem-na. Evidentemente o "soma" que passa através do corpo daqueles que o beberam estava relativamente pouco modificado, exceto pela diluição, e aqueles bebendo da urina eram afetados psicodelicamente por ela. No *Avesta* (*Yasna* 48:10) aparece a questão indignada de Zoroastro: "Quando vós abandonareis a urina de embriagamentos com a qual os sacerdotes enganam as pessoas?" – uma questão direcionada para ele mesmo.

Mas havia uma característica do antigo ritual que Zoroastro manteve por completo. De acordo com a tradição, como nós temos visto, ele faleceu enquanto servia diante do fogo sagrado. Em uma citação prévia dos *Gatas*, nós o ouvimos falando: "Em cada oferenda para teu fogo, eu me lembrarei do Reto enquanto estiver ao meu alcance".

Em outro lugar ele declara o fogo sagrado enquanto um dom de Ahura Mazda para a humanidade. Mas Zoroastro não adorava *ao* fogo, como seus ancestrais haviam feito, ou como alguns de seus seguidores fizeram posteriormente; o fogo era para ele um símbolo precioso de Ahura Mazda através do qual ele podia imaginar a natureza e essência do Sábio Senhor, mas nada mais além disso. Então ao menos sua linguagem e a lógica de toda a sua posição pareciam tê-lo levado a crer.

7 A VITÓRIA FINAL DE AHURA MAZDA

Qual, finalmente, será a resolução da longa luta entre o bem e o mal? Receberá Ahura Mazda oposição para sempre? Irá Angra Mainyu, o Mentiroso, sempre afligir as almas humanas e fazê-las se desviar?

A despeito de quaisquer dúvidas que seus seguidores possam ter tido em relação ao assunto, Zoroastro não tinha nenhuma de que Ahura Mazda iria, no final dos tempos, triunfantemente sobrepujar todo mal. Ele não acreditava que a influência do mal fosse eterna da mesma forma que o bem era eterno. Ele era otimista por completo; o bem perduraria sempre e venceria ao mal. Como?

De acordo com os ensinamentos de Zoroastro, uma ressurreição geral aconteceria no final da presente ordem mundial. O bem e o mal seriam então sujeitos a um julgamento pelo fogo e metal derretido. Por meio deste ardente teste, como uma amplificação tardia do ensino original declara, os maus seriam reconhecidos por sua terrível queima, mas os retos encontrariam um fogo amigável e o metal derretido inofensivo, tão macio e curativo como o leite. Nos *Gatas*, o quadro está muito menos definido, então permanece em dúvida se as forças do mal, incluindo Angra Mainyu, seriam inteiramente consumidas pelo ardente julgamento ou sobreviveriam para serem lançadas no abismo que era a "Morada das mentiras" (o inferno).

8 O JULGAMENTO DAS ALMAS INDIVIDUAIS

Enquanto os poderes do mal persistirem, alguma consistência pode ser lida no imaginário um tanto quanto confuso do julgamento individual. Julgamentos individuais se davam pouco tempo após a morte, e o estado das almas permanecia fixo subsequentemente até a ressurreição geral no fim do mundo. As referências a isto – marcadas por excessiva brevidade – podem, com um pouco de interpretação, serem feitas de forma a prover um quadro repleto de detalhes pitorescos. Cada alma, boa ou má, deve enfrentar julgamento na Ponte do Separador (a **Ponte Chinvat**), que atravessa o abismo do inferno e em seu lado mais distante chega até ao paraíso. Na ponte lê-se o registro da alma, e o balanço dos méritos e deméritos é lançado. Se os bons feitos predominam sobre os maus, o "apontar da mão" (de Ahura Mazda?) se daria em direção ao paraíso, mas se o mal ultrapassava o bem, a mão apontaria para o abismo embaixo da ponte. O cruzar da ponte é concebido da forma mais dramática: os retos, guiados por Zoroastro, não teriam dificuldades, mas os maus, já condenados pelos juízes, se veriam totalmente incapazes de atravessá-la além de seu centro. Por quê? Zoroastro defendia a doutrina profunda de que os indivíduos fixam seus próprios destinos. Ele afirmou sobre os maus:

> Suas próprias almas e seu próprio Ser (daena) irão atormentá-los quando eles vierem até à Ponte do Separador. Por todo o tempo eles serão convidados da Casa da Mentira[D7].

O termo **daena** se refere ao centro moral da personalidade, à natureza elevada – especificamente, ao campo da religião, da consciência. Pessoas más, confrontadas e cambaleantes devido a suas próprias consciências, cambalearão por conta própria para sua condenação.

Eles residirão na "Casa da Mentira", o inferno dos *Gatas*, um lugar chamado de "a pior existência", a morada do "pior pensamento", uma região de odor desagradável, o local mais terrível possível para a imaginação iraniana por ser tão imundo. Nos abismos sem luz, vozes tristes clamam, mas cada sofredor está "sozinho" eternamente. Por outro lado, o reto residirá além daquela grande ponte na "Casa da Canção", o paraíso dos *Gatas*, descrito como a "melhor existência", a morada do "melhor pensamento", onde o sol brilha eternamente, e os retos desfrutam de bênção eterna, felizes em sua companhia sempre alegre.

Zoroastro acreditava tão sinceramente que a boa religião de Ahura Mazda poderia ganhar um número de aderentes o suficiente para precipitar a eventual derrota do mal, que ele tinha a robusta esperança que alguns de seus aderentes poderiam ser, como ele, "entregadores" (*saoshyantes*). Ele, portanto, não tinha dúvidas sobre o triunfo final de Ahura Mazda – mas, não obstante, incitava as pessoas a reconhecer a natureza da luta entre verdade e falsidade e, entrementes, se aliar com a verdade!

Tal foi a nota militante pela qual Zoroastro trouxe seu desafio moral às pessoas de seu tempo. Os que derem continuidade ao nosso estudo serão capazes de julgar o quão avançado ele foi em relação à sua própria época.

III – A RELIGIÃO DO *AVESTA* POSTERIOR

Até então nosso relato sobre as reformas de Zoroastro, ainda que envolto por dificuldades, tem tido uma âncora sólida nos *Gatas*; mas estamos agora prestes a entrar em uma área de grande incerteza, havendo a necessidade de pesquisa e dados adicionais. Testemunhos valiosos desapareceram nos tumultos de mil anos de história (300 AEC a 700 EC), e a informação em falta provavelmente não poderá nunca ser recuperada.

Não está claro se a reforma de Zoroastro trilhou seu próprio caminho do leste do Irã rumo à bacia da Mesopotâmia, ou se outra reforma paralela ocorreu na área e a influência de Zoroastro foi posteriormente assimilada. Em todo caso, nós sabemos que durante a Dinastia Aquemênida (559-330 AEC), sob governantes tais quais Ciro o Grande, Dário I e Xerxes, sacerdotes conhecidos como **Magi** dominaram o cenário religioso, e o Ahura Mazda em seus ritos não era a figura proeminente dos *Gatas*. Ele era venerado juntamente com outras divindades: **Zurvan** dos Medos, e os persas Mitra e **Anahita**, aos quais Zoroastro havia rejeitado. Com as conquistas de Alexandre o Grande em 331 AEC, forças culturais gregas foram adicionadas a essa síntese. Um pouco depois, os Arsácidas, que eram partos do leste do Irã, falantes do idioma Pahlavi, subiram ao poder na Pérsia, governando de 250 AEC a 226 EC (os romanos tiveram dificuldades ao tentar subjugá-los). Eles foram finalmente conquistados pelos Sassânidas de Fars (antiga Pérsia), cuja dinastia durou de 226 a 651 EC, quando então os muçulmanos os conquistaram.

Mudanças trazidas pelo reavivamento sassânida

Durante este longo período, o nome de Zoroastro (mas não o de Ahura Mazda) foi por vezes esquecido em meio às mudanças promovidas por forças políticas, sociais e religiosas; mas quando se iniciou o Período Sassânida, ele voltou à proeminência. O *Avesta* – isto é, as escrituras tardias zoroastrianas – foi coletado diligentemente e recebeu ampla disseminação. O zoroastrismo, com todas as suas modificações em relação ao monoteísmo original de Zoroastro, tornou-se uma religião de Estado – para o desânimo de cristãos e judeus, que até este tempo tinham sido tolerados e que então passaram a sofrer perseguições.

As modificações que surgiram no zoroastrismo revivido do Período Sassânida podem ser consideradas típicas de qualquer religião fundada sobre as visões de uma personalidade profética, mas propagada em um tempo posterior em terra estrangeira por sacerdotes e reis.

1 MITOS ELEVANDO ZOROASTRO

De início, uma atitude fortemente adorativa surgiu em relação ao próprio Zoroastro. Aos olhos de seus seguidores posteriores, aquele homem muito humano, o "pastor dos pobres" dos *Gatas*, se tornou um personagem quase divino cuja existência inteira foi acompanhada de manifestações sobrenaturais. Sua vinda fora conhecida e prevista 3 mil anos antes pelo touro mítico primordial, o Rei Yima, na Era de ouro, que deu aos demônios o aviso de que sua derrota era eminente. Os demônios, assim advertidos, lutaram para evitar a ocorrência do que eles temiam. Eles notaram consternados a maneira pela qual se dera a concepção de Zoroastro. A glória de Ahura Mazda se uniu a si mesma com a futura mãe de Zoroastro em seu nascimento, tornando-a, desta forma, apropriada para carregar o profeta. Ao mesmo tempo, uma semente divinamente protegida de haoma foi infundida com o *fravashi* (gênio ou o próprio ser ideal) do profeta que viria, e no tempo apropriado os pais de Zoroastro beberam seus sucos misturados com um potente leite, que os demônios em vão tentaram destruir, e que continua a essência material (substância elementar) da criança prestes a ser concebida. Após o seu nascimento, durante o qual toda a natureza se regozijou, e no momento em que o próprio mesmo riu em alta voz, demônios e mágicos hostis o cercaram com toda a sorte de perigos; seu próprio pai foi feito indiferente ao seu destino por meio de artes mágicas. O bebê quase foi morto em seu berço, queimado em um imenso incêndio, e pisado à morte por um rebanho de gado (cujo boi líder, entretanto, permaneceu sobre ele e o salvou, exatamente como fez um cavalo líder em um evento similar no qual os demônios lançaram pânico em um rebanho de cavalos). Ele foi colocado em uma caverna com lobos cujo filhote havia sido morto, mas estas criaturas selvagens permitiram uma ovelha entrar, e o amamentaram!

De acordo com a tradição altamente elaborada, o mesmo tipo de milagre acompanhou sua vida adulta. O *Zartusht Namah* conta a famosa história sobre a cura do cavalo do Rei Vishtaspa. Zoroastro fora aprisionado como resultado de uma conspiração dos nobres hostis (Kavis) e dos sacerdotes dos daevas (Karpans). Em consequência disso o cavalo do Rei Vishtaspa caiu ao chão, incapaz de se mover, suas quatro patas retraídas em direção de sua barriga. Zoroastro mandou uma mensagem de sua cela, dizendo que ele poderia curar o animal. Mas ele prometeu agir apenas sob uma condição – que o rei garantisse-lhe um benefício por cada perna que ele restaurasse.

Zoroastro foi convocado à presença do rei. O primeiro benefício pedido foi que Vishtaspa aceitasse a fé. Quando o rei concordou, a perna direita dianteira foi retificada. Prontamente o rei garantiu os outros três benefícios – que o filho do rei, Isfendir, lutasse pela fé, que a rainha se convertesse, e que os nomes daqueles na conspiração contra Zoroastro pudessem ser revelados e os conspiradores punidos – tendo sido cumpridos, uma a uma das outras pernas do garanhão trêmulo foram restauradas e ele, de um pulo, se pôs de pé, cheio de força e vigor. Com um golpe, Zoroastro acabara com seus inimigos e multiplicara o número de seus conversos.

Seus poderes miraculosos não devem ter causado surpresa para ninguém se sua primeira aparição na corte de Vishtaspa foi, como alguns autores registram, uma entrada através do teto do palácio, que se abriu para admitir o profeta, segurando em sua mão "um cubo de fogo com o qual ele brincava sem que ficasse ferido"[C4].

Zoroastro foi altamente venerado na Antiguidade; os gregos e romanos muito se impressionaram pelo que ouviram dele e de sua religião. Isso é atestado e evidente pelo número espantoso de referências a ele existentes na bibliografia e pelo fato de que, segundo relatos, o único fato que impediu que Platão, pouco tempo após a morte de Sócrates, fosse até a Pérsia para estudar o zoroastrismo em primeira mão, foi a erupção da guerra entre Esparta e a Pérsia em 396 AEC.

2 PODERES COMPARTILHADOS COM OUTRAS DIVINDADES

Uma mudança se passou no monoteísmo de Zoroastro. Em teoria – isto é, de acordo com o credo oficial do *Avesta* tardio – Ahura Mazda (ou Ohrmazd, como ele veio a ser chamado) foi sempre adorado como uma divindade suprema, transcendente e sem igual. Ele era considerado grande e espiritual demais para ter imagens de si feitas, como se ele pudesse ser contido em madeira ou pedra. Mas ele não era mais o chefe dos deuses indiviso. Os antigos deuses arianos aos quais Zoroastro condenara e com os quais lutara arrastaram-se novamente de volta para a fé e proveram figuras poderosas ao redor dele, compartilhando de seus poderes.

Os *Gatas* dos tempos antigos tinham reconhecido a existência dos Santos Imortais, certamente. Porém, enquanto apenas "modos de ação divina", estes seres – talvez por terem certa qualidade artificial – haviam exercido apenas pouca atração na mitologia popular. Sua caracterização semimitológica era perfunctória, como quando Vohu Manah (Bom pensamento), ao ouvir no mugido do gado uma oração para que ele ajudasse em sua causa, assumiu certas funções agrícolas e se tornou o deus guardião do gado; Asha (Direito) se tornou o deus guardião do fogo; e Kshathra (Domínio), o senhor dos metais. Como os outros Amesha Spentas tinham nomes no feminino, tornaram-se arcanjas. Armaiti (Piedade) se tornou a deusa do solo, Haurvatat (Prosperidade) a deusa das águas, e Ameretat (Imortalidade) a deusa da vegetação.

Yazatas

O *Avesta* tardio, por outro lado, retrata *yazatas* (anjos ou subdivindades) que tinham atingido completo desenvolvimento mitológico e amplo apelo popular. Cerca de quarenta são nomeados, a maioria deles indo-arianos em caráter, com muitas reminiscências do *Rig-Veda*. Mencionaremos aqui apenas os mais proeminentes dentre eles.

a) O maior de todos era Mitra. Apesar de Zoroastro aparentemente não ter tido nada a ver com a radiante divindade, o povo a ela se apegou. No *Avesta* tardio, ele retorna para sua proeminência anterior. Seu nome está geralmente associado com o de Ahura Mazda nas inscrições dos últimos reis aquemênidas, como nas de Artaxerxes, por exemplo. Teologicamente ele estava, é claro, subordinado a Ahura Mazda, mas na religião das massas ele atingira uma estatura suprema como deus da luz, que recompensava aqueles que falavam a verdade e mantinham a fé, e o principal ajudador daqueles que confiavam nele para auxiliá-los na luta contra os poderes da escuridão nesta vida e na próxima. Seus associados eram Rashnu (talvez uma forma iraniana de Vishnu) e Sraosha (Obediência), que presidia com ele na Ponte do Separador.

Mitra se tornou figura central também em um culto separado chamado de mitraísmo, que no século II EC se expandiu tão longinquamente para o Ocidente a ponto de chegar na Bretanha, especialmente entre os soldados romanos. Ele simbolizava o "Sol invicto", e nas legendas contadas sobre ele, ele nascera em uma caverna, onde pastores o adoraram; finalmente, ele ascendeu ao céu. Como ele nascera em uma caverna, seus seguidores o adoravam em cavernas naturais ou construídas, chamadas de Mitreus (*Mithraeum*).

Como sua principal proeza foi matar um touro sagrado a fim de fazer a terra frutificar com seu sangue, ele é retratado em relevos esculpidos (muitos dos quais sobreviveram) como um belo jovem, vestindo um barrete frígio e um barrete voador, ajoelhado sobre um touro, do qual está cortando a garganta. Parte dos longos ritos de iniciação requeria que o iniciado permanecesse de pé debaixo de uma grade enquanto o sangue de um touro morto era derrubado sobre seu corpo nu.

O mitraísmo foi um rival do cristianismo até ser suprimido no século IV, quando o último se tornou a religião oficial do Império Romano.

b) Também foi trazido de volta (apesar de ter tido seu caráter de excessos refinado) haoma, o embriagante sagrado, "o vitalizante, curativo, o belo, o senhorial, com olhos dourados". Sacrifícios de animais – isto teria horrorizado Zoroastro – eram oferecidos a ele. Ele se tornou novamente "aquele que evita a morte", associado, como no *Rig-Veda*, com vida longa e a imortalidade da alma.

c) O mais forte e mais agressivo dos deuses, Verethragna, conhecido para os arianos védicos como Indra, tinha várias vezes encarnado a si mesmo em dez fortes criaturas – um touro com chifres de ouro, um cavalo branco, um javali selvagem, um bode selvagem, um falcão, um antílope macho, um vento veloz, um belo jovem, e um guerreiro. Dizia-se que seus presentes para Zoroastro foram o vigor e o olhar acurado.

d) Era também proeminente o deus do vento, Vayu (que aparece sob o mesmo nome nos Vedas). Os zoroastrianos afirmavam que ele possuía dupla natureza, um lado bom e um lado mau, datando desde o início dos tempos. Em sua manifestação boa, ele protegia os retos e os acompanhava como um vento agradável sobre a Ponte do Separador, até o paraíso; em sua forma má, ele feria a alma e a escoltava em uma terrível queda até o inferno.

Uma das características singulares deste zoroastrismo posterior é a reivindicação extraordinária de que o próprio Ahura Mazda oferecia sacrifícios para Mitra e Anahita (cf. abaixo), e que tanto Ahura Mazda quanto Mitra adoram a Vayu, o vento! (*Yasht* 10:123, 15:2-4). Não espanta que um respeitado estudioso tenha afirmado: "Deve-se reconhecer que o monoteísmo passa por uma dura prova quando o próprio Ahura Mazda oferece adoração a anjos como esses"[H2].

e) O processo de encaixar divindades assistentes nos domínios de Ahura Mazda foi tão longe que os persas passaram a procurar noções externas à visão ariana de mundo. Em uma de suas inscrições, Artaxerxes II (404-359 AEC) menciona pela primeira vez uma divindade chamada de Anahita, a "Imaculada". Sua alta consideração por ela é evidenciada pelo fato de ter-lhe erigido imagens em Babilônia, Susa, Ecbátana, Damasco e Sardis. Ela teve origens indo-arianas, caso possa ser identificada com a Sarasvati védica, a deusa das águas; mas para os zoroastrianos posteriores ela era, aparentemente, uma das muitas formas tomadas pela deusa babilônica Ishtar (cf. p. 64); neste caso, ela assumiu uma forma purificada. Nos *Yasht*, nos quais são cantados louvores a Anahita, ela é considerada a deusa das águas que desceu dos céus a fim de fazer a terra frutificar em todas as suas sete regiões. Dotada de cintura elegante e de amplos quadris e seios, com sapatos dourados em seus pés, ela traz fertilidade para vegetação, para bandos e rebanhos, e ela desperta nos seres humanos, da mesma forma que Ishtar, os poderes da reprodução, suas bênçãos caindo principalmente sobre as mulheres, para que possam dar à luz com facilidade e ter leite em abundância.

Fravashis

Existiam também os fravashis. É difícil se descrever estes seres devido ao seu caráter bastante misto. Originalmente eles parecem ter sido espíritos ancestrais guardando aos vivos, e esperando sua adoração em retorno. Mas depois seus significados se ampliaram, até que eles se tornaram seres ideais que eram também gênios guardiães tanto dos deuses quanto dos seres humanos. Pensou-se por fim que cada pessoa viva teria um fravashi, ou elemento eterno, assim como certos seres que não haviam ainda nascido, a saber, "os Saoshyants que restaurarão o mundo". Além disso, os Amesha Spentas, os yazatas e o próprio Ahura Mazda teriam seus próprios fravashis! Reduzindo cuidadosamente a amplitude desse significado, chegamos à conclusão de que esses fravashis eram as partes espirituais ou imortais de personalidades vivas que, como as almas humanas na filosofia de Platão, existiam antes do nascimento e sobreviviam após a morte. Aqui eles tinham a função adicional de subsistirem como seres ideais ou melhores, de forma separada das pessoas, bem como de conduzi-los longe dos perigos rumo ao céu. Deviam-se orações e sacrifícios aos fravashis ancestrais em troca de seus serviços indispensáveis em prol da salvação.

Vemos em tudo isso o monoteísmo reincidindo rumo ao politeísmo, um acontecimento comum na história das religiões.

3 A DOUTRINA DO MAL INTENSIFICADA

A doutrina do mal foi desenvolvida mais além, chegando a um quase que completo dualismo ético. Assim como os bons anjos, os espíritos do mal foram individualizados de forma mais marcada do que o tinham sido com Zoroastro. Angra Mainyu, sobre o qual Zoroastro falara amargamente – ainda que não em termos concretos – como tendo se oposto desde o início da criação ao Espírito do Bem de Ahura Mazda, agora se tornara o próprio satanás, sendo posicionado contrariamente a Ahura Mazda de forma dualista.

Porções do *Avesta* tardio tornaram Angra Mainyu coigual a Ahura Mazda, e ao mesmo sua contradição. Por exemplo, o mundo veio a ser considerado como sua criação conjunta. No primeiro capítulo do **Videvdat**, Ahura Mazda é retratado contando a Zoroastro a história de sua luta com Angra Mainyu na criação do mundo. Ele retrata a si mesmo criando os vários distritos iranianos e os dotando com cada tipo de excelência; desafortunadamente, como ele admite, Angra Mainyu estava por perto também, ocupado, criando um mal para cada bem – geada mortal no inverno, calor excessivo no verão, cobras, gafanhotos, formigas, os ricos perversos, os maus feiticeiros, senhores não arianos da terra, vícios humanos, luxúrias, feitiçaria, dúvida, descrença e por aí afora – além de ofensas imperdoáveis como enterrar os mortos ou cozinhar carniça –, práticas particularmente repugnantes para os zoroastrianos dos tempos tardios. A capacidade de Angra Mainyu para a trapaça era infinita. O vigésimo segundo capítulo define o número de doenças causadas por ele como 99.999, um número estupendo para as pessoas daquele tempo. Mas havia ainda um toque final – ele era o autor da morte.

O poder do mal que Angra Mainyu possuía era multiplicado muitas vezes pelos demônios que ele criara para assisti-lo, tais quais Aka Manah (Mau pensamento), Andar (o Indra védico), Naonhaithya (os Nasatyas védicos, os "gêmeos celestes", aqui reduzidos a um ser), Sauru, Fauru, Zairi e outros. Ao lado desses haviam também "incontáveis miríades" de maus espíritos, todos eles daevas (demônios). De acordo com essas conexões, não devemos subestimar a Druj (a Mentira), que era retratada com a aparência de um demônio mulher, tão destrutivo para os homens que até mesmo Ahura Mazda, em um *Yasht*, exclamou: "Se os risíveis fravashis dos fiéis não tivessem me ajudado [...] o domínio poderia pertencer a Druj; o mundo material poderia pertencer a Druj!"[1]

Esta é uma maneira de se solucionar o Problema do Mal – afirmar que todo o bem vem de Deus, e todo o mal do diabo. Mas a consistência exige que o diabo, caso ele seja verdadeiramente o autor do Mal, seja coeterno com Deus, desde o início dos tempos, portanto. De outra maneira, teria sido Deus quem criara o Mal no início. Apenas zoroastrianos posteriores adotaram este corolário lógico em sua posição.

4 ZURVAN (ESPAÇO-TEMPO) ENQUANTO PRIMORDIAL

Outra solução para esse problema foi oferecida no que é chamado de zurvanismo. Um poderoso grupo dentre os Magi, tentando evitar a conclusão insatisfatória delineada anteriormente, propôs em uma época tão recuada quanto o século IV AEC uma doutrina que foi rejeitada pelo grupo principal de zoroastrianos, mas que se assemelha a uma interessante antecessora de alguma teoria física moderna. Eles sugeriram que tanto Ahura Mazda quanto Angra Mainyu surgiram como gêmeos de um princípio mundial unitário chamado Zurvan. (Tempo ou Espaço ilimitado, ou seria Espaço-Tempo?) Deus e o diabo seriam, assim, coiguais em número de anos. Mas mesmo em uma derivação de sua doutrina, que em uma de suas formas personalizava a Zurvan como o "pai" de Ohrmazd e Ahriman, a vitória final de Ohrmazd foi declarada como certa, e a oposição ao mal continuava a ser o primeiro dever de cada pessoa dotado do pensamento correto.

5 ÊNFASE EM EVITAR A PROFANAÇÃO

Apesar de o conflito humano com os demônios no grande campo de batalha da vida ser descrito como fundamentalmente moral, no *Avesta* tardio, especialmente no *Videvdat*, ele se torna de forma crescente um combate contra as tentativas demoníacas de macular aos fiéis com impureza cerimonial. Em consequência desta mudança de enfoque, antigos procedimentos projetados para preservar a vida por meio de mágica aversiva penetraram na religião de Zoroastro. Para se contrapor ao poder dos demônios sobre as pessoas envolvidas com impureza cerimonial, o *Videvdat* provê não instruções éticas e morais, mas sim direções para o uso de poderosos *Manthras* (compare com os védicos e hindus *mantras*) – passagens tomadas dos *Gatas* de Zoroastro para uso como feitiços e encantamentos. De fato, todos os *Gatas* se tornaram úteis primariamente como "feitiços de inefável poder, a serem repetidos sem erros, por homens que podem ou não compreendê-los[H3].

Além dos manthras, um meio efetivo de desencorajar o mal e evitar seu toque – que profanava como o piche – era a oferenda de libações de suco de haoma. Até o dia de hoje os Pársis da Índia tomam os ramos de uma planta sagrada e misturam seu suco espremido com leite na água sagrada, sendo que o fluido resultante é em parte oferecido como libação e em parte bebido pelos sacerdotes oficiantes. Este procedimento é praticamente idêntico com aquele executado milhares de anos antes pelos indo-arianos nas margens do Rio Indo.

Mas os métodos de se purificar alguém da profanação e assim se livrar de uma influência contaminante eram efetivos de forma mais direta. De acordo com o Videvdat, o contato com os mortos humanos é a fonte da maior profanação. Qualquer um que tocar um cadáver deve imediatamente ser purificado por abluções com água ou, em certas contingências, com urina do gado.

Para os Pársis modernos, assim como para os antigos, os cadáveres tiveram sempre um efeito tão profanador que não devia se permitir que fossem enterrados (para que não profanassem o solo) nem que caíssem na água (para que não a tornassem imprópria para qualquer uso), e nem ainda que fossem queimados em uma pira funerária (para que não profanassem a chama). Nos antigos dias do zoroastrismo, os mortos eram deitados em uma cama de pedras ou sobre uma camada de limo, ou ainda encapsulados em pedras para se mantê-los isolados da terra e da água. Hoje eles são colocados em "**Torres do silêncio**" (dakhmas) abertas para o céu, de forma que aves de rapina possam comê-los (p. 493). Qualquer porção de um corpo morto ou, para o que importa, qualquer parte separada de um corpo – como, por exemplo, aparas de unhas, cabelos ou pelos cortados da cabeça ou da barba – é impura. Cuspir, especialmente na presença de outra pessoa, é proibido. Mesmo o hálito exalado é profanador, de forma que os sacerdotes atualmente vestem panos em volta de suas bocas ao cuidar do fogo sagrado. Criaturas que são conhecidas por se alimentarem de carne morta – vermes, moscas e formigas – são abomináveis. Elas são criações de Angra Mainyu, assim como as cobras e sapos. Nos tempos passados, os Magi mataram centenas de milhares deles sem qualquer piedade. Contato direto com qualquer um deles requeria que a pessoa envolvida fosse limpa e purificada sem demora.

Esta mudança da regeneração moral para considerações de pureza cerimonial marcam muito da história do zoroastrismo.

6 O JULGAMENTO FINAL DETALHADO

O zoroastrismo passou por elaboração adicional ainda em outro sentido: a doutrina da vida futura foi elaborada com detalhes gráficos, altamente estimulantes para a imaginação.

Deu-se muita atenção para o drama do julgamento individual; ele não deveria acontecer antes do quarto dia após a morte. Cria-se que por três noites a alma da pessoa morta permanecia assentada à cabeça do seu corpo anterior, meditando sobre seus bons ou maus pensamentos, sobre suas palavras e feitos passados. Durante este tempo ela é confortada por bons anjos se foi uma alma reta, e se foi perversa é atormentada por demônios pairando ao redor, prontos a arrastá-la para a punição. No quarto dia, a alma toma sua direção para a Ponte Chinvat, a fim de se apresentar diante dos juízes, Mitra e seus associados Sraosha e Rashnu – o último dos quais segura a terrível balança para a pesagem dos méritos e deméritos. Assim que o julgamento é efetuado e a sentença passada, a alma caminha então na Ponte Chinvat. Ali, de acordo com o texto Pahlavi chamado de "Bundahish", no meio da ponte,

> [...] há uma borda afiada que se projeta como uma espada; [...] e o inferno está abaixo da Ponte. Então a alma é carregada para onde se projeta a borda afiada. Então, se ela foi reta, a borda afiada apresenta seu lado largo [...] se a alma foi perversa, aquele final agudo continua com o lado afiado para cima, e não dá passagem [...]. Com três passos com os quais (a alma) vai para a frente – que são os maus pensamentos, as más palavras e os maus feitos que foram executados – ela é cortada da superfície da Ponte, e cai de cabeça rumo ao inferno[J1].

Um texto tardio nos dá um registro adicional da passagem: uma pintura atrativa de como uma alma reta é guiada sobre a ponte por seu próprio daena, ou consciência, na forma de uma bela donzela, e como a pessoa perversa é confrontada por uma feia bruxa (uma personificação da sua própria má consciência).

Quando (a alma reta) dá um passo na Ponte Chinvat, chega ali um vento agradável do Paraíso, que cheira a almíscar e Âmbar gris, e cuja fragrância é mais agradável para ela do que qualquer outro prazer.
Quando ela chega na metade da Ponte, ela contempla uma aparição de tal beleza, que ela nunca viu antes figura de maior formosura [...]. E quando a aparição se mostra para a alma, (a alma) fala assim: "Quem tu és, dotada de tamanha beleza que eu nunca vi uma figura de maior formosura?"
A aparição responde (assim): "Eu sou tuas boas ações. Eu era boa por conta própria, mas tuas ações me fizeram melhor".
E ela a abraça, e ambas partem com completa alegria e facilidade para o Paraíso.

Mas se a alma pertenceu a um homem perverso,

[...] quando ela dá um passo na Ponte Chinvat, assopra sobre ela um vento excessivamente imundo vindo do inferno, tão imundo, que nunca se ouviu falar de um fedor como este no mundo. Não há fedor mais imundo que aquele; é a pior de todas as punições que a visitam.
Quando ela atinge a metade da Ponte Chinvat, ela vê uma aparição de feiura tão extrema e assustadora de forma que ela nunca viu alguma (aparição) mais feia e mais indecorosa [...]. E ela fica tão aterrorizada por causa dela quanto uma ovelha fica por causa de um lobo; e quer fugir de diante dela.
E a aparição assim fala: "Para onde tu queres fugir?"
E (a alma) assim fala: "Quem és tu, de tamanha feiura e terror que eu nunca vi no mundo uma figura pior, mais feia e assustadora?"
Ela fala (assim): "Eu sou tuas próprias más ações. Eu era feia por conta própria; tu me fizeste pior dia após dia, e agora tu tens lançado a mim e a ti mesma em miséria e danação, e sofreremos punição até o dia da Ressurreição".
E ela o abraça, e ambos caem de cabeça da metade da Ponte Chinvat, descendo para o inferno.[32]

Assim, os zoroastrianos posteriores reelaboraram a doutrina de seu fundador de que o próprio indivíduo – a própria consciência moral de alguém – determina o seu destino futuro.

7 RECOMPENSAS FINAIS E PUNIÇÕES

Nesses relatos tardios defendia-se que aqueles cujos méritos e deméritos estavam exatamente balanceados eram mandados para *Hamestakan*, um tipo de limbo, localizado entre a terra e as estrelas. O inferno, eles acreditavam, tinha vários níveis, o mais baixo estando nas entranhas da terra, onde a escuridão podia ser apanhada com a própria mão e onde o fedor era insuportável. O céu, por outro lado, apresentava níveis ascendentes, correspondendo a bons pensamentos, boas palavras e bons feitos, localizados respectivamente nas regiões das estrelas, da lua e do sol. A alma boa passava através destes estados ascendentes até atingir o mais alto dos céus, Garotman ou Garodemana, a "Casa da Canção" – o reino onde morava Melhor Pensamento, e onde a alma poderia desfrutar felicidade, além da mais elevada alegria na terra até o dia da ressurreição e o julgamento final de todas as almas.

Ao estimar quando viria o julgamento final, os zoroastrianos tardios desenvolveram uma teoria das idades do mundo, cada uma duran-

> *Um pecado para o qual não há expiação – enterrar os mortos*
> Videvdat 1:13

do 3 mil anos. Eles diziam que Zoroastro havia aparecido no início da última dessas eras. Ele seria sucedido por três seres salvadores, cada um aparecendo em intervalos de mil anos: um, Aushetar, nascera mil anos após Zoroastro; o segundo, Aushetarmah, 2 mil anos depois; e o último, Soshyans (Saoshyant), ao final do mundo; e desses Zoroastro seria o pai! Pois foi dito que a semente de Zoroastro era miraculosamente preservada em um lago na Pérsia; em intervalos de mil anos, três puras virgens se banham ali, concebendo os grandes libertadores.

Com a aparição de Soshyans, o último Messias, os "últimos dias" começariam. Todos os mortos se levantariam; céu e inferno seriam esvaziados de seus residentes, de forma a aprontar a grande assembleia onde o julgamento final seria dado para todas as almas. Os retos e os perversos seriam separados, um dilúvio de metal derretido seria derramado sobre a terra e ribombaria pelo inferno, purificando todas as regiões com seu fogo abrasador. Cada alma vivente teria de caminhar sobre o rio flamejante, mas para os retos pareceria como leite quente, pois neles não haveria mal a ser queimado. Para os perversos isso traria terrível agonia, um queimar purificador proporcional a sua perversidade, que expurgaria todo o mal deles e permitiria a sobrevivência apenas da bondade.

Quanto ao destino de Ahriman (Angra Mainyu), existem várias versões. De acordo com uma delas, aqueles que ressuscitaram o expulsarão rumo à escuridão exterior, onde ele se esconderá para sempre. De acordo com outra versão, haverá um conflito final no qual Ahura Mazda e seus anjos lançarão Ahriman e seus demônios em chamas que os consumirão por completo.

Os sobreviventes dos julgamentos ardentes, tenham eles sido previamente bons ou maus, viverão juntos nos novos céus e na nova terra, na mais elevada alegria e felicidade. Os adultos permanecerão para sempre com 40 anos de idade e as crianças com 15; amigos e parentes se reunirão para sempre. Mesmo o inferno, finalmente tornado puro, será trazido de volta "para a ampliação do mundo", e o mundo em sua totalidade será então "imortal para sempre e eternamente"[K].

IV – OS ZOROASTRIANOS DOS DIAS ATUAIS

As mudanças na doutrina zoroastriana que acabamos de revisar foram iniciadas durante os reinados dos reis aquemênidas e, após um período prolongado de distúrbios gerado pela invasão de Alexandre o Grande, continuaram a acontecer durante o tempo da Dinastia Sassânida (226-651 EC). A influência que o zoroastrismo exerceu sobre outras religiões do Oriente Médio, incluindo judaísmo, cristianismo e entre os árabes pré-islâmicos, foi considerável. Durante esse período um jovem condutor de camelos, Maomé, ficou tão obcecado por visões da aproximação do último julgamento previstas por zoroastrianos, judeus e cristãos, que se tornou um profeta atalaia entre seus incrédulos aldeões. Fugindo então de seu lugar nativo, começou uma carreira como soldado profeta que, em seus efeitos, não apenas transformou a Arábia, mas abalou os mundos judeu e cristão até suas fundações, além de praticamente extinguir o zoroastrismo.

Os efeitos da conquista islâmica

Os sucessores de Maomé conduziram suas conquistas com espantosa velocidade e completude. Em 636 EC eles tomaram a Síria dos cristãos, e em 639 EC, o Egito. Durante a década seguinte a 637 EC, o império dos sassânidas foi sobrepujado; em 651 EC (ou 652 EC) o último dos governantes sassânidas foi surpreendido e morto, e o zoroastrismo sofreu um golpe quase que fatal. Por um século ou mais, os conquistadores se abstiveram de pressionar os povos conquistados a se converterem ao Islã, pois o Corão provia que povos "para os quais um livro (i. e., uma escritura) foi dado" deviam ser tratados generosamente, e os zoroastrianos, da mesma forma que os judeus e cristãos, tinham um "Livro" – de fato, uma biblioteca inteira de textos sagrados. Foi algum tempo após a conquista muçulmana que se passou a exercer pressão, e então os árabes não foram diretamente responsáveis.

Não obstante, dentro de cem anos da conquista árabe um grande número de zoroastrianos decidiu deixar a Pérsia. Do século VIII em diante, houve uma considerável migração para a Índia. Alguns chegaram para o leste via terra; alguns se moveram para uma cidade longínqua na costa, próxima da foz do Golfo Pérsico; dali se retiraram para uma ilha na costa da Índia, finalmente chegando à própria Índia. Outros grupos imigrantes de zoroastrianos se juntaram a eles, e entre os tolerantes hindus, pelos quais eles eram chamados de Pársis (i. e., Persas), todos eram permitidos a conduzirem seus ritos e obrigações religiosas em liberdade. Seus correligionários que ficaram para trás na Pérsia não tiveram tanta sorte.

Os Gabars, ou Iranis

Os zoroastrianos da Pérsia não chamavam a si mesmos de **Gabars** (um nome que foi associado a eles pelos muçulmanos e significa aproximadamente "infiéis"). Eles são nomeados mais adequadamente como Iranis, e chamavam a si mesmos de zardushtianos ("zoroastrianos") ou bahdinan ("os [que seguem] a boa religião"), mas a longa perseguição fê-los manter seus nomes para si mesmos e escondê-lo de exposição. Até o dia de hoje suas roupas são rudes e de um amarelo apagado, e seus costumes são oprimidos. Mas eles têm se agarrado tenazmente à sua fé. Seus sacerdotes são iniciados de acordo com os antigos rituais, mantêm os fogos sagrados acesos em seus despretensiosos templos do fogo, e seguem regras estritas ao executar seus ofícios. Os leigos são fiéis aos antigos ritos. Eles não desejam o encurtamento das cerimônias de investidura de seus meninos com a camisa sagrada (o *sudra*) e o cordão sagrado (*kusti*, um cordão de três dobras simbolizando bom pensamento, boas palavras e bons feitos, e vestido como um cinto), e querem a execução completa dos ritos de casamentos e funerais, que terminam com a colocação do cadáver para os abutres devorar nas "Torres do silêncio" (dakhmas, descritas em maior detalhe em uma seção posterior). Eles também são cuidadosos em observar os antigos ritos de purificação nas muitas ocasiões nas quais se tornam imundos por meio do contato com coisas e pessoas impuras. Assim como os judeus, eles sofreram por séculos do velho círculo vicioso no qual as religiões os perseguem: seus sofrimentos os fizeram reservados, e sua reserva os tornou suspeitos. Consequentemente, é difícil determinar seu número.

Alguns analistas contam cerca de 20 mil atualmente, enquanto outros sugerem a existência de um número muito maior de zoroastrianos em segredo no Irã, Iraque, Paquistão e Afeganistão.

Os Pársis na Índia

Os Pársis da Índia, que perfazem um número de cerca de 60 mil, a maior parte em Mumbai e áreas vizinhas, foram um pouco mais afortunados. Um estrangeiro visitando Mumbai logo os reconhece, não apenas por sua compleição relativamente clara e suas feições arianas, mas também por sua digna mistura de vestimentas antigas e modernas. Os homens comumente usam roupas europeias, apesar de também usarem calças brancas apertadas. Até recentemente todos, com exceção dos mais ocidentalizados, não se mostravam com as cabeças descobertas dentro ou fora de construções, sendo a chapelaria comum um chapéu brilhante ou um pano apertado de cor escura, sem rebordo, e inclinado para trás da testa. As mulheres panejavam seus saris indianos brilhantemente coloridos sobre roupas de estilo europeu e saíam livremente com os rostos descobertos. Os sacerdotes, com seus turbantes brancos, barbas cheias e vestimentas brancas imaculadas aparecem durante suas cerimônias em vestes puramente antigas.

Enquanto classe, os Pársis são ricos e têm a reputação de ser a comunidade de maior educação e direcionamento para os negócios da Índia. Eles são frequentemente descritos como os melhores e mais competentes industriais da Índia; diz-se que controlam os melhores hotéis, as maiores lojas, a maior parte das tecelagens de algodão e juta e das indústrias de aço, e o serviço aéreo indiano. Muitos Pársis hoje têm sobrenomes ocupacionais distintos. Quando os administrados britânicos requereram que todos os indianos tomassem sobrenomes, os Pársis orgulhosamente escolheram suas vocações. Pode-se ler nos jornais de Mumbai sobre Narl Contractor ("empreiteiro") e Faroukh Engineer ("engenheiro") (trata-se de duas estrelas do críquete), e sobre Geeta Doctor ("Médico") e Feroza Paymaster ("tesoureiro"). Os Pársis são notados não apenas por sua habilidade em ganhar dinheiro, mas também por sua generosidade na posição de benfeitores públicos. A Sinfônica de Bombaim (Mumbai), por exemplo, foi fundada por um Pársi, Nelhi Mehta (seu filho tornou-se um regente da Orquestra sinfônica de Nova York). Ainda assim, em seus negócios com "não Pársis" eles ainda preservam uma dignidade autoprotetora, um tipo de frieza cerimonial e, como os Gabars do Irã, não permitem que estrangeiros – não importa o quão confiáveis sejam – compartilhem de seus ritos mais sagrados ou olhem para os fogos sagrados queimando em seus templos do fogo.

Divindades e sacerdotes

Para os zoroastrianos de todos os lugares, Ohrmazd ainda é o supremo Senhor e Criador de tudo o que é bom nos céus e na terra. De fato, ele é quase que elevado demais para ser adorado através de coisas pequenas ou humanamente criadas.

Ele é adorado de forma mais apropriada por meio dos grandes fenômenos do mundo, como as montanhas, o sol, e os grandes corpos de água. Abaixo dele estão divindades menores, os *yazads*, ou "os adorados", que servem como guardiães e protetores das divisões ou aspectos principais do mundo, tais quais Mihr (Mitra), que defende as pessoas contra os demônios e protege os fogos sagrados; Sarosh (Sraosha), seu principal assistente em guardar a humanidade do mal; Spendarmad (Armaiti), que previne a contaminação do solo; e Anahid (Anahita), que guarda as águas (mares e rios) e promove a fertilidade nas mulheres. Ainda assim outras divindades sobreviveram dos tempos sassânidas. Essas divindades menores são buscadas por meio de orações e súplicas pelos pequenos serviços que estão destinadas a prestar; elas estão todas sob a direção geral de Ohrmazd.

A vida cerimonial dos zoroastrianos é regulada pelo sacerdócio, que é hereditário e traça sua descendência à antiga tribo dos Magi. Seus altos sacerdotes são chamados de **dasturs**, e muitos deles hoje em dia são altamente formados. Ainda assim as cerimônias nos templos do fogo são executadas não por eles, mas por uma classe especialmente treinada de sacerdotes chamados de **ervads** (no

> *Torna-te a ti mesmo puro, ó homem reto! Qualquer um no mundo abaixo pode purificar ao seu próprio ser, a saber, quando limpa seu próprio ser com bons pensamentos, palavras e feitos.*
> Videvdat 10:19

Irã, *mobeds*), cujo ritual de iniciação é bastante exigente, e que se mantém constantemente limpo por meio de ritos de purificação. Os sacerdotes memorizam por completo metade do *Avesta* e, por via de regra, não compreendem uma palavra dele, pois é composto no que é atualmente uma língua morta. Nisso eles não diferem grandemente dos adoradores ordinários que também memorizam as passagens mais sagradas do *Avesta* e as repetem durante ocasiões cerimoniais.

Templos do fogo

Tanto no Irã quanto na Índia, o templo do fogo nem sempre é distinguível de outras construções quando vistas da rua. Mas os adoradores sabem que o fogo é mantido ali, e é melhor não levantar em demasia a curiosidade de estrangeiros devido a um exterior distinto. No Irã, o templo do fogo pode ser meramente um aposento em uma parte silenciosa de uma construção; na Índia, a construção inteira usualmente é devotada para a manutenção do fogo e para as cerimônias. No entanto, nem todos os templos indianos são igualmente sagrados. Alguns, nos quais o fogo é mais antigo ou foi purificado em maior grau, são considerados mais sagrados. A purificação do fogo é distintiva dos zoroastrianos e maior do que o ordinário. O fogo mais santo tem de ser composto por dezesseis diferentes fogos, todos purificados após um ritual longo e complicado. Um fogo como este é obtido na Índia da cremação de um cadáver.

> Toras de sândalo são acesas a partir da cremação. Acima da chama, uma colher de metal com pequenos furos é segurada, contendo pequenas lascas de sândalo. Quando estes se acendem, a chama é usada para acender um fogo novo. Este processo é repetido noventa e uma vezes, com o acompanhamento de orações recitadas[H4].

Outros fogos, purificados em maior ou menor grau por um uso semelhante de colheres, são obtidos de chamas acesas pela faísca de um relâmpago, de fogo produzido por pedras, e de fogos nos templos de ídolos, destilarias e casas. Finalmente, os dezesseis fogos purificados são colocados juntos por sacerdotes (que dificilmente ousam respirar através da coberta sobre suas bocas) em uma urna que é depositada na câmara do fogo do templo.

Tipicamente, o fogo ocupa o centro de um aposento interno, repousando sobre uma urna cheia de cinzas em um pedestal de pedra de quatro pernas. Ele é alimentado dia após dia por sacerdotes atendentes com peças de sândalo.

Durante o cumprimento de seus deveres na câmara do fogo, os sacerdotes sempre vestem um pano sobre suas bocas para evitar que uma única respiração venha diretamente sobre a chama pura e a contamine, e eles não podem de forma alguma nem tossir nem espirrar próximos ao fogo.

CULTO E OBSERVÂNCIAS DIÁRIAS

Os adoradores frequentam os templos individualmente, a qualquer momento que desejarem. Na entrada lavam as partes descobertas do corpo, recitam a oração Kusti em avéstico e, então, tirando os sapatos, seguem descalços através do saguão interno até o limiar – e não mais além – da câmara do fogo, onde um sacerdote aceita uma oferenda de sândalo e dinheiro e dá em retorno uma concha de cinzas da urna sagrada, que o adorador esfrega na testa e nas pálpebras. Curvando-se em direção ao fogo, o adorador oferece orações (mas não para o fogo, pois ele é apenas um símbolo), e então volta lentamente de costas e com os sapatos recolocados vai para casa.

Como os muçulmanos, os zoroastrianos (tanto Iranis quanto Pársis) dividem cada dia em cinco períodos para suas devoções religiosas. Durante cada um desses períodos, a adoração nos templos do fogo é requerida dos sacerdotes e deveria ser observada (idealmente) pelos leigos de todos os lugares de manhã e de tarde no mínimo. A recitação de textos sagrados e a oferenda de orações tradicionais prové a substância falada de tal culto. Os sacerdotes, em horários definidos, recitam de memória (em avéstico) livros inteiros como o *Videvdat* (*Vendidad*) ou todo o *Yasna* (setenta e dois capítulos); eles executam outras cerimônias durante cinco horas ou mais. Seus ofícios para os mortos se estendem ao longo dos três dias nos quais se pensa que o espírito do falecido permanece na terra.

RITOS ESPECIAIS

Desde os dias mais antigos do zoroastrismo, talvez sua cerimônia singular mais importante tenha sido o ritual de extração do suco de haoma (soma). Particularmente na Índia essa cerimônia complicada está centrada no esmagamento da polpa de plantas do gênero *Ephedra*, que se considera serem as plantas haoma. Esse processo produz um suco que no primeiro esmagamento é misturado com água purificada e com o suco de ramos de romã, e no segundo esmagamento com leite e água. Nesses ritos, o consumo do suco pelos sacerdotes oficiantes e subsequentemente pelos adoradores, após o que é oferecido ao fogo, o símbolo de Ahura Mazda, tem sido através dos anos o ato central do ritual zoroastriano, executado com a fé de que os sacerdotes e os adoradores podem ter assim parte da vida eterna de Deus.

Desde os tempos antigos as observâncias de Ano-novo têm sido um período de grande celebração tanto na Pérsia (Irã) quanto na Índia. Talvez a visita mais importante ao templo do fogo seja a do Dia de Ano-novo. Naquele dia os adoradores levantam cedo, se banham, colocam novas roupas, vão para o templo do fogo e, após ofertar esmolas para os pobres, passam o resto do dia trocando saudações e jejuando.

Na Índia, os ritos e práticas dos Pársis são baseados no *Avesta* tardio e não simplesmente na religião do próprio Zoroastro. Isto é evidente desde o estudo mais resumido das cerimônias anuais. Há um festival em honra a Mitra, cujo assento é o sol e que se alegra com a verdade e amizade – a manutenção da fé – de seus devotos.

Há um festival muito solene em honra a Farvadin, a divindade que preside sobre os fravashis, ou espíritos dos ancestrais falecidos. Durante este festival, que se estende por dez dias, os fravashis revisitam as casas de seus descendentes. Para lhes dar boas-vindas os adoradores comparecem a cerimônias especiais para os mortos nas colinas diante das Torres do Silêncio. Há ainda outro festival em honra a Vohu Manah, considerado o guardião do gado; durante esse período, os Pársis agem com bondade especial para com os animais. Outras festas comemoram as seis fases da criação – céu, água, terra, árvores, animais e seres humanos.

As Torres do Silêncio Pársis

As Torres do Silêncio (dakhmas) provêm os Pársis da Índia com uma forma aprovada de dispor de seus mortos sem contaminar o solo e a água com carne estragada. Um Dakhma é tradicionalmente um chão de pedra com um muro circular de tijolos ou pedra ao seu redor. O chão é construído com uma cova no centro e possui três seções – a mais alta para os homens, a próxima a ela para as mulheres e a mais baixa para as crianças. O cadáver é trazido para o dakhma por seis carregadores, seguidos pelos lamentadores, todos vestidos de branco. Após uma visualização final dos restos na procissão funeral, o corpo é levado para dentro da torre, colocado em uma cova rasa em seu nível apropriado, e parcialmente descoberto por um completo corte em suas roupas com tesouras. Quanto ao que se segue,

> [...] assim que os carregadores do cadáver deixaram a torre, os abutres descem rapidamente de seu posto de observação em volta do muro, e em meia hora não há nada além do esqueleto. Rapidamente os ossos secam, os carregadores de cadáver entram novamente após alguns dias e lançam os ossos no poço central, onde eles se esmigalham[H5].

Por razões óbvias, as Torres do Silêncio se situam em colinas em território vazio. Existem sete nas vizinhanças de Mumbai, onde mortes acontecem com frequência suficiente para atrair uma constante presença de abutres. Recentemente foi fechada uma construção recente de altura elevada, pois se descobriu que ela permitia a visão de dentro de um dakhma. Em outras partes da Índia onde os Pársis não são numerosos, como no caso de Kolkata, há dificuldade ocasional em se atrair os abutres no momento certo. Em comunidades muito pequenas para possuir um dakhma próprio (e em todo o Irã desde a década de 1970), é comum o enterramento em caixões de chumbo ou em câmaras subterrâneas de pedra ou cimento.

Modernização e seus problemas

Os ortodoxos Pársis de Mumbai têm mostrado recentemente preocupação em relação ao declínio de sua população, estimado em cerca de mil indivíduos por ano. Eles reduziram o tempo de gravidez de suas mulheres ao serem os primeiros a abolir o casamento infantil quando os padrões europeus se tornaram conhecidos; também o casamento tem sido deixado de lado tanto por homens quanto por mulheres, a fim de se completar a educação superior. Uma aguda falta de moradia também tem postergado casamentos e contribuído para uma baixa taxa de natalidade. Esses fatores, juntamente com regras proibindo o casamento fora das fileiras dos Pársis e não permitindo a conversão para o zoroastrismo por razão de casamento, têm levado a uma redução numérica constante.

Por outro lado, existem agora sacerdotes liberais que aceitam casamentos com indivíduos de outras crenças, que oficiam tais casamentos de convertidos a fim de que zoroastrianos sejam gerados, e que presidem quando crianças de tais casamentos são investidas com o *kusti*, ou o cordão sagrado. Esses e outros liberais colocam sua principal ênfase nos ensinamentos éticos ao invés de doutrinários do zoroastrismo e advogam o encurtamento dos longos rituais nos templos e sua tradução para a língua do cotidiano. Alguns apoiadores da modernização também advogam um "retorno aos *Gatas*" e uma simplificação teológica que possa passar por cima da cosmologia e dos rituais do *Avesta*.

Se forem inclusos todos aqueles que desejam ser contados como Pársis (mesmo os não aceitos pelos ortodoxos), seu número global se torna difícil de determinar. Tanto no Irã quanto na Índia a ampla educação agora disponível, tanto em casa quanto no exterior, tem levado à tendência crescente de filhos de sacerdotes adotarem outras ocupações que não o sacerdócio, com o resultado de que os números de sacerdotes em ambos os países está encolhendo. As questões de modernização e mudança são especialmente agudas entre Pársis residindo em países ocidentais. Existem comunidades significativas em Londres e Toronto, e um número estimado de 10 mil nos Estados Unidos. No começo deste século, cerca de 2 mil Pársis se estabeleceram na Austrália e Nova Zelândia.

Concluímos neste ponto nosso estudo da fé zoroastriana. Muito poderia ter sido discutido – por exemplo, que os Pársis dividem-se em relação do calendário anual, ou que há um sentimento crescente contrário ao uso de dakhmas. Mas foi dito o suficiente para apresentar um panorama de uma religião baseada em altos padrões morais, que persistiu através de longos períodos de mudança cultural e que deixou uma marca indelével nos outros três monoteísmos – judaísmo, cristianismo e Islã.

GLOSSÁRIO

Ahura Mazda (Ohrmazd), "sábio senhor": suprema divindade do Bem.

Anahita, "a imaculada": deusa das águas e da fertilidade.

Angra Mainyu (Ahriman), "o espírito mau": princípio supremo do mal, da escuridão e da destruição.

Asha (Arta): a divindade da verdade, direito, justiça e ordem divina.

Asuras ou ashuras, "senhores", divindades: no uso zoroastriano, vestidos de boas qualidades.

Avesta: coleção de literatura sagrada do zoroastrismo reunida primeiramente de forma escrita ca. séculos III ou IV AEC.

Daena: uma das partes imortais dos seres humanos, o centro moral da personalidade, a mais elevada parte religiosa do próprio, a consciência.

Daevas, deuses, seres celestiais: no uso zoroastriano, demônios dados à malícia e à corrupção.

Dakhmas, "torres do silêncio": cerramentos abertos para o céu dentro dos quais cadáveres são deixados a fim de serem limpos de sua carne por abutres.

Dasturs: ordem hereditária dos altos sacerdotes zoroastrianos.

Druj: divindade da falsidade, a Mentira.

Ervads (mobeds): classe especialmente treinada de sacerdotes cuidadores do fogo.

Fravashi: originalmente uma das partes imortais dos seres humanos, a preexistente alma ancestral; posteriormente, um gênio guardião associado com deuses assim como com os humanos.

Gabars (Iranis): a contínua comunidade ritual de zoroastrianos no atual Irã.

Gatas: hinos de Zoroastro escritos no antigo dialeto gático (antigo persa); a porção mais antiga do *Avesta*.

Haoma ou *soma*: uma bebida sacramental representando sustento imortal; preparado no Irã de hoje de uma planta do gênero *Ephedra*.

Magi: uma ordem dos antigos sacerdotes iranianos versada em astrologia e mágica.

Mitra (Mithra): essencialmente uma divindade da luz, ele aparece como um *yazata* no zoroastrismo enquanto um juiz dos mortos e protetor do gado e da pastagem; posteriormente, a divindade da regeneração no culto de mistério romano chamado de mitraísmo.

Ponte Chinvat a "Ponte do Separador": abrangendo o abismo do inferno e chegando ao paraíso.

Spenta Mainyu: o santo espírito do Bem, princípio supremo da verdade e do que é bom.

Videvdat (*Vendidad*): uma porção do *Avesta* devotada especialmente a feitiços contra demônios e prescrições para purificação.

Vishtaspa (Hystaspes, Xerxes): um governante corásmio (iraniano) a quem Zoroastro ganhou para sua fé.

Vohu Manah: o modo do Bom pensamento ou Bom-senso; apareceu a Zoroastro como um arcanjo e o levou à presença de Ahura Mazda.

Yasht: canção de louvor, uma porção do *Avesta*.

Yasna: escritura litúrgica, escrita em *gático* (cf. *Gatas*); inclui os *Gatas*.

Yazatas "os dignos de adoração": uma ampla categoria de anjos e subdivindades na mitologia avéstica tardia.

Zurvan, tempo ilimitado, ou Espaço-tempo: um princípio unitário mundial; o culto do zurvanismo (condenado pelos Magi) o concebia como o "pai" tanto de Ohrmazd quanto de Ahriman.

LEITURAS SUGERIDAS

BOYCE, M. *A History of Zoroastrianism*. Leiden: E.J. Brill, 1975.

BOYCE, M. *Zoroastrians*. Ed. de John Hinnells. Londres: Methuen, 1986.

DARMESTETER, J. Zoroastrianism and Parsiism. *The New Encyclopaedia Britannica*. Vol. 19. 15. ed. Macropaedia, p. 1.171-1.176.

DARMESTETER, J. (trad.). *The Zend Avesta. Sacred Books of the East*. Vol. IV, XXXI e XXIII. Oxford: Clarendon Press, 1883.

DARMESTETER, J. (trad.). *The Zend Avesta*. Delhi: Motilal Banarsidass, 1965.

DUCHESNE-GUILLEMIN, J. *The Hymns of Zarathustra*. Trad. de M. Henning. Londres: John Murray, 1952.

GNOLI, G. Zoroastrianism. In: ELIADE, M. (ed.). *The Encyclopedia of Religion*. Nova York: Macmillan, 1987.

HERZFELD, E. *Zoroaster and His World*. Princeton: Princeton University Press, 1947.

MODI, J.J. *Religious Ceremonies and Customs of the Parsis*. 2. ed. Londres: Luzac, 1954.

OXTOBY, W.G. Parsis. In: ELIADE, M. (ed.). *The Encyclopedia of Religion*. Nova York: Macmillan, 1987.

WEST, E.W. (trad.). *Pahlavi Texts*. Delhi: Motilal Banarsidass, 1965.

ZAEHNER, R.C. *Zurvan: A Zoroastrian Dilemma*. Oxford: Clarendon, 1955.

ZAEHNER, R.C. *The Teachings of the Magi*. Londres: George Allen & Unwin, 1956.

ZAEHNER, R.C. *The Dawn and Twilight of Zoroastrianism*. Nova York: G.P. Putnam's Sons, 1961.

Leitura fácil

MISTRY, R. *Such a Long Journey*. Nova York: Alfred A. Knopf, 1991.

REFERÊNCIAS

[A] CLEMEN, C. (ed.). *The Religions of the World: Their Nature and History*. Londres/Nova York: George G. Harrap/Harcourt, Brace & Company, 1931, p. 142. Citado com a permissão dos editores.

[B] ZAEHNER, R.C. Zoroastrianism. In: ZAEHNER, R.C. (ed.). *Concise Encyclopedia of Living Faiths*. Nova York: Hawthorn Books, 1959, p. 209.

[C] JACKSON, A.V.W. *Zoroaster: The Prophet of Ancient Iran*. Nova York: Columbia University Press, 1898, ^{1}p. 41; ^{2}p. 41; ^{3}p. 52; ^{4}p. 60. Reimp. com a permissão dos editores.

[D] MOULTON, J.H. *Early Zoroastrianism*. Londres: Constable, 1913, ^{1}p. 365-366 (Yasna 43.7s); ^{2}p. 350 (Ys. 30.5); ^{3}p. 367 (Ys. 44.3-7); ^{4}p. 349 (Ys. 30.3-5); ^{5}p. 370 (Ys. 45.2); ^{6}p. 354 (Ys. 31.18); ^{7}p. 53 (Ys. 31.10); ^{8}p. 373 (Ys. 45.4). Reimp. com a permissão dos editores.

[E] DUCHESNE-GUILLEMIN, J. The Religion of Ancient Iran. In: BLEEKER, C.J.; WIDENGREN, G. (eds.). *Historia Religionum*. Vol. I. Leiden: E.J. Brill, 1969, passim.

[F] ZAEHNER, R.C. *The Dawn and Twilight of Zoroastrianism*. Nova York: P. Putnam's Sons, 1961, p. 146.

[G] MOORE, G.F. *History of Religions*. Vol. I. Nova York/Edimburgo: Charles Scribner's Sons/T. & T. Clark, 1913, p. 366 (Ys. 12). Citado com a permissão dos editores.

[H] MOULTON, J.H. *The Treasure of the Magi*. Londres: Oxford University Press, 1917, ^{1}p. 37 (Yasna 46.11); ^{2}p. 87; ^{3}p. 89; ^{4}p. 142; ^{5}p. 149. Citado com a permissão dos editores.

[I] DARMESTETER, J. (trad.). *The Zend Avesta*. *Sacred Books of the East*. Vol. XXIII. Oxford: Clarendon Press, 1883, p. 183 (Ys. 13.12). Reimp. com a permissão dos editores.

[J] PAVRY, J.D.C. *The Zoroastrian Doctrine of a Future Life*. Nova York: Columbia University Press, 1926, ^{1}p. 92-93; ^{2}p. 44-45 (de Sar Dar Bundahish 99.5-20). Reimp. com a permissão dos editores.

[K] WEST, E.Y. (trad.). *The Pahlavi Texts*. *Sacred Books of the East*. Vol. V. Parte I. Oxford: Clarendon, 1880, p. 248 (Bundahish 30). Reimp. com a permissão dos editores.

13
O judaísmo em suas fases iniciais: das origens dos hebreus ao exílio

Fatos resumidos:

- Nomes ocidentais: judaísmo antigo, hebraísmo.
- Fundadores ancestrais: Abraão, ca. 2000 AEC; Moisés, ca. 1300 AEC.
- Nomes usados pelas comunidades fundadoras antigas: O Qahal, "povo de Deus", ou nomes tribais: Israel, Judá.
- Nomes de Deus: Yahweh (Yavé), Elohim, El-Shaddai.
- Literatura sagrada antiga: Partes consideráveis da Torah (Torá – Lei) e os Nebi'im (Nevi'im – Profetas); os materiais do cânon massorético dos tempos posteriores foram compostos antes do exílio.

É possível se afirmar que um grande tema dominou a história da religião judaica; o tema de que um único Deus, justo, está a trabalhar nas ordens social e natural.

Sendo dotados de sensibilidade social, os hebreus tinham mentalidade histórica, característica que se afirmou não de forma casual ou intermitente, mas constantemente através de sua história – um fato que necessita ser enfatizado. As Escrituras hebraicas são um registro completo da história da nação da forma como os historiadores hebreus foram capazes de fazê-lo; é provável que seu trabalho, do século VIII AEC em diante, fosse fundamentalmente sólido. Ao mesmo tempo, não se deve ignorar que os hebreus escreviam história religiosa, e não secular; os fatos que eles citavam e as tradições que eles invocavam não possuem mais o mesmo valor para nós que possuíram para eles. De fato, suas narrativas contêm significados e expressões ocultas para os quais eles não mais atentavam por considerarem-nos fatos garantidos.

Conhecido para os cristãos como Antigo Testamento, as Escrituras hebraicas tinham sido consideradas como a "Palavra de Deus"; para o fiel, estes escritos eram a revelação da vontade de Deus, não apenas para os judeus, mas para toda a humanidade. Tomados em conjunto, de Gênesis a Malaquias, eles formavam um cânon sagrado; isto significa que eles tinham sido aceitos como textos-padrão da fé, tendo passado por testes em relação à sua autenticidade e tendo sido declarados como inspirados.

Nós veremos posteriormente como e quando estes textos sagrados foram escritos. Alguns séculos depois que o último deles foi colocado por escrito eles foram reunidos no presente cânon em um sínodo de rabis ocorrido em Jabneh (Jâmnia),

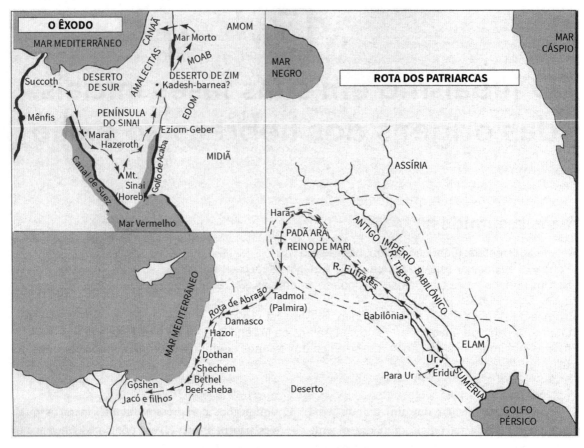

O êxodo e a rota dos patriarcas

na Palestina, cerca de 90 EC. Após isso o cânon se tornou "fixo"; isto é, passou a não mais estar sujeito à mudança. Alguns livros que foram rejeitados como não atingindo por completo os padrões da verdadeira revelação tinham, não obstante, valor o suficiente para adquirir o *status* de escritos semissagrados ou semicanônicos. Os cristãos lhes deram posteriormente o nome de *Apócrifos*, e a Igreja Católica Romana admitiu todos eles, com exceção de dois, em seu cânon como uma *deutero* (segunda, ou secundária) coleção canônica, considerada oficialmente como tão autoritativa quanto os outros trinta e nove livros.

O cânon judeu, assim como o Novo Testamento, tem sido submetido a exaustivo exame crítico textual, histórico e literário. No processo, cada livro tem sido esmiuçado e examinado, testado em comparação com a pesquisa arqueológica, designado para uma ou outra tradição ou autoria, e relegado, parte por parte, para esta ou aquela data ou era.

Estes testes têm fragmentado algumas das reivindicações feitas originalmente em relação aos livros canônicos, mas os historiadores estão agora confiantes de que as Escrituras hebraicas e cristãs são mais conhecidas e melhor compreendidas do que nunca antes.

I – A RELIGIÃO DOS HEBREUS PRÉ-MOSAICOS

A origem dos hebreus bíblicos, povos falantes de línguas semíticas, pode ser traçada ao deserto siro-árabe, no qual eles peregrinaram por séculos. Como outros grupos semíticos fizeram antes e desde então, eles acampavam nas estepes do norte da Arábia ao lado de oásis ou em áreas com vegetação esparsa, cruzando e cortando novamente os vazios ondulantes do deserto de pedras planas coberto por uma fina camada de pedregulhos e areias em movimento. Em cada acampamento eles erigiam tendas de pele de camelo ou cabra dispersas, fixadas perto do solo. Sob tais abrigos sua vida comunal corria em seu curso autocontido. Cada tribo vivia por si mesma, e a rotina diária era ordenada por uma única e autoritativa voz, a do governante ancião ou patriarca, ao qual o termo árabe *shayk* (sheik) é atualmente aplicado. Naqueles tempos distantes, os implementos e armas possuídos por esses povos eram feitos de pedra, e suas crenças ainda se encontravam em um estágio formativo. Eles suspeitavam de todos os estrangeiros, mas ainda assim eram generosos ao extremo com qualquer um que recebessem em suas tendas.

Animismo primitivo semítico e politeísmo

Os hebreus da Bíblia (ou israelitas) devem muito aos seus ancestrais nascidos no deserto, mesmo que sua fé monoteísta demonstre contraste agudo com sua herança politeísta do deserto.

Elementos dessa herança, reduzidos de fato para um papel menor, permaneceram na religião israelita por um longo tempo. Ao se ler a Bíblia é possível se encontrar vestígios das crenças e práticas daquela era antiga, mas também repúdio a elas.

Os semitas do deserto do período de cerca de 2000 AEC veneravam pedras e pilares. Certas pilhas de pedra eram vistas com respeito especial: um povo do deserto honra seus pontos de referência. Pedras e pilares proviam objetos convenientes ao redor dos quais cerimônias religiosas e sacrifícios podiam ser conduzidos, mas originalmente eles tinham seu próprio significado maravilhoso. Talvez isso ocorresse devido ao seu formato estranho e à sua aparência sugestivamente humana, ou por seus posicionamentos marcantes no topo de alguma montanha ou ao longo de caminhos muito percorridos. Frequentemente se pensava que deuses e deusas faziam morada nesses locais.

A natureza, também, era sagrada. Poços, fontes e correntes de água tinham um caráter especialmente sagrado para um povo do deserto. Eles eram atribuídos usualmente ao poder criativo de espíritos ou deuses que os trouxeram à existência, e que podiam prontamente, caso ficassem irados, secá-los novamente. Árvores em geral, mas árvores sempre verdes em particular, eram consideradas como cheias de energia espiritual. Bosques se tornavam lugares sagrados.

Das "bestas do campo", as serpentes eram universalmente temidas (e também universalmente reverenciadas) por serem demoniacamente astutas. Bodes eram considerados como encarnações dos seres "peludos"; isto é, demoníacos. Quanto às coisas indomáveis do deserto – as panteras, leopardos, hienas, lobos e raposas –, elas consistiam no rebanho selvagem dos deuses/demônios das áreas inóspitas.

Os semitas do deserto acreditavam que havia muitos espíritos ao seu lado. Alguns espíritos mais ou menos temíveis tinham uma forma humana, mas um caráter inumano, como os *jinn* da Arábia posterior. Muitos espíritos que possuíam um alto grau de poder ou dinamismo recebiam um nome corrente universalmente entre os povos semíticos – era **el** ou *eloah* (sing.) e *elim* ou **elohim** (pl.), um termo com o significado geral de "ser sobre-humano" ou "divindade". Este termo era amplo e inclusivo; era aplicado para divindades maiores e menores da mesma forma, e apesar de designar usualmente os poderes mais benéficos, também se aplicavam a demônios. Como regra, se referiam a indivíduos sobrenaturais específicos, a menos que hifenizados com um adjetivo descritivo ou com o nome de uma localidade. Isto se manteve até que veio a significar entre os arameus e os hebreus, em sua forma singular ou plural, apenas um Deus.

Divindade e a forma de nome plural

Como o plural de eloah (elohim) pôde vir a ser usado para se referir a apenas um ser possa talvez ser explicado da seguinte maneira: os muito deuses foram eventualmente considerados como sendo apenas nomes, com exceção do único verdadeiro Deus (como aconteceu em praticamente toda parte do mundo); logo, o termo plural significava "o Um que é Todos", o "Deus-todos", ou "a Totalidade do Divino". Este termo tem a conotação distante de "o deus *real*". Em contraste, o termo mais usado nas Escrituras hebraicas para ídolos é *elilim*, que significa "deuses nulos" ou "não deuses".

Outras palavras usadas como apelações dos deuses no mundo semítico eram Adonis ou Adoni (hebraico, Adonai), significando "Senhor"; Malak ou Moloch (hebraico, Molech) significando "Rei"; Bel ou Baal significando "Deus da Terra" ou "Possuidor da Terra"; e 'Ab', significando "Pai", ou "Chefe da Família". Estes nomes para os deuses indicam um fato significativo: o relacionamento entre deuses e a humanidade era comparável ao de reis, senhores de terra, e cabeças de família com seus súditos e dependentes. Os semitas do deserto adotaram em relação aos seus deuses uma atitude como aquela do povo de uma tribo na presença de um chefe ou, de forma mais íntima, a de filhos diante de um pai.

Podemos ainda notar que na época em que se chegou a esse ponto uma escolha distinta havia sido feita, fosse pelos deuses ou pelas pessoas. Nem todos os deuses poderiam ser "pai" ou "senhor pessoal" para o mesmo povo. Ao invés disso, um ou ao menos diversos deuses escolhiam ou eram escolhidos por um grupo maior ou menor (um clã) com o intuito de formar uma conexão mais próxima, mais íntima do que aquela suprida por todos os deuses de todos os povos. O elo era "peculiar" e familiar e tendia a ser irrevogável para ambas as partes.

Desde o início, os hebreus parecem ter tido esta noção de terem sido "escolhidos" e de fazerem uma escolha. A saga de Abraão ilustra isso.

Abraão e a migração para a Palestina

Os ancestrais das tribos hebreias migraram das regiões fronteiriças dos desertos para a Mesopotâmia da mesma forma que outros povos semíticos haviam feito – os grupos que anteriormente se tornaram babilônios, arameus, fenícios, amoritas, e **cananeus**. Abraão (cujo nome representa um grupo de ancestrais) é descrito como tendo residido em Ur por algum tempo. Migrações posteriores para o norte e para o oeste foram pausadas em Haran. A despeito da avaliabilidade de uma considerável massa de material arqueológico lidando com a região, é difícil dispor em ordem de evidência apoiando consistentemente uma ou outra data para a migração ancestral. Conjecturas colocando-a nos tempos do Bronze Médio ou nos períodos mais recuados do período do Bronze Tardio apresentam possibilidades amplas de localização de 2100 AEC a 1400 AEC.

Como a situação em Haran era turbulenta, o povo representado pelo nome de Abraão se moveu mais adiante para o sudoeste em busca de melhores condições.

Brevemente, no século XIX AEC, todo o Oriente Médio estava em estado de fluxo e tensão. O Reino de Mari, em cuja região noroeste estava localizada Haran, sofria perigo constante de invasão da parte de Acádios do leste. Ambos, por sua vez, eram ameaçados por hordas de Hurritas, prontos para atacar a partir das montanhas da Armênia ao norte. Essas hordas "barbáricas" estavam, por sua vez, sendo empurradas em direção a um movimento mais amplo para o sul. Atrás delas havia a enorme pressão gerada pela irrupção dos indo-europeus (indo-arianos), que se movimentavam com suas carruagens rumo à terra do sul (mais uma vez somos confrontados por estes extraordinários povos aos quais nós já seguimos na Índia e no Irã, e cujos companheiros indo-europeus encontramos na Grécia, Itália e Europa do Norte). A Síria e a Palestina eram igualmente, se não mais, perturbadas. Eventualmente, os hititas e hurritas do leste da Ásia Menor emigraram, os primeiros para o Ocidente, e os últimos para o sul. A população da Palestina ficou inchada de refugiados de muitos tipos: hurritas (ou hurrianos), amoritas (os amorreus da Bíblia), arameus e povos não semíticos de mais além no norte. Aparentemente, a antiga tribo nômade com a qual a tradição associou Abraão já havia chegado e estava prestes a ser varrida juntamente com uma movimentação mais geral rumo ao sul. Um grupo em movimento de povos associados, alguns deles indo-arianos, mas a maior parte semítica, aos quais os egípcios chamavam de Shashu e os gregos Hyksos, migrava em direção ao Nilo.

Como a história de Abraão, como contada no Gênesis, é o entrelaçamento de diversas vertentes de tradição, há espaço para uma variedade de interpretações conjecturais. É claro, no entanto, que a saga de Abraão é central e é através da conexão com o seu nome ("Abrão o Hebreu", Gn 14,13) que a identificação *Hebreu* é introduzida pela primeira vez (as relações possíveis com os *habiru* das tabuinhas de Amarna são discutidas na p. 510). Nós devemos observar, no entanto, que a expressão preferida pelos descendentes posteriores para referirem-se a si mesmos era *filhos de Israel* ou *israelitas* (derivado do neto de Abraão, Jacó/Israel).

A história de Abraão no Gênesis

A essência da narrativa no Gênesis é esta: a experiência religiosa pessoal levou Abraão a colocar toda a sua fé em uma única divindade protetora, a quem ele escolheu – ou melhor, que o escolheu. Um el a quem ele chamou de **El-Shaddai** (de significado incerto, talvez "o El da Rocha ou Montanha"). Esta divindade ofuscou, e muito, os espíritos ancestrais ou deuses domésticos representados pelos *teraphim* – as imagens de madeira ou pedra mantidas por uma família para uso na mágica e adoração domésticos. Quando Abraão desejou migrar para as terras de pastagem mais seguras e favorecidas no sudoeste, El-Shaddai encorajou-o a chegar ali. É claro no registro bíblico que Abraão travou aliança apenas com este ser; também fica claro que através de um comprometimento pessoal ele se forçou a seguir o caminho de El-Shaddai, que era fazer o bem e praticar a justiça e generosidade; e que o próprio Abraão era generoso, hospitaleiro e perdoador (cf. a história de sua intercessão pelos sodomitas em Gn 18,23s.). A tradição diz que, quando El-Shaddai exigiu o sacrifício humano de seu filho Isaac, ele partiu para obedecer, mas sua experiência terminou com a substituição de seu filho por um carneiro (Gn 22).

(A história pode refletir a antiga substituição de um animal no sacrifício humano). Além disso, El-Shaddai prometeu para ele e seus descendentes a residência permanente na Terra de Canaã. Assim Abraão, confiado em seu patrocinador divino (ele é chamado "o amigo de Deus"), tomou a longa jornada com os membros de sua pequena tribo. Assim que estava seguro na terra onde habitavam os canaanitas, ele fez de sua morada a cordilheira calcária que forma o contorno geral da terra, e após sua morte esse lugar foi tomado sucessivamente por seu filho Isaac e por seu neto Jacó.

Os descendentes de Abraão migram para o Egito

Quando sobreveio uma terrível fome, os descendentes de Abraão migraram mais uma vez, desta vez para as fronteiras do Egito (aqui a história de José, em Gn 37–50, explica a sequência de eventos) onde ficava a fértil terra de Gosén.

Por gerações, ocorreu tudo bem, e os israelitas em particular prosperaram e se multiplicaram. Então os egípcios se levantaram e expulsaram os Hyksos (1580-1560 AEC) e recuperaram o controle de toda a costa leste do Mediterrâneo. Os israelitas não estavam inclusos nesta expulsão da odiada casta governante. Por um século e meio nenhuma tentativa foi feita para reduzi-los a um *status* inferior ao de seus vizinhos egípcios. Mas então subiu ao trono do Egito um faraó, Ramsés II (1304-1237 AEC), cuja paixão era a construção de grandes obras públicas, incluindo grandes cidades e tempos monumentais. Necessitando de grandes forças de trabalho forçado ou sem pagamento, ele voltou seus olhos sobre os israelitas, caiu sobre eles e os fez escravos. Eles foram compelidos, debaixo de chicotes, a dar seu trabalho forçado para as obras públicas do faraó. Nada parecia capaz de salvá-los, com exceção de uma catástrofe oprimindo o Egito ou um líder se levantando em seu próprio meio para resgatá-los de sua condição difícil. Ao menos uma, se não ambas destas condições para seu escape foi obtida.

II – MOISÉS E O PACTO COM YAHWEH (CERCA DE 1250 AEC)

O alto lugar que Moisés recebeu pela devoção hebraico-judaica é merecido. Estudos recentes, ainda que negando sua autoria do Pentateuco (os cinco primeiros livros da Bíblia), têm vindicado seu lugar da mais elevada honra na história de Israel. Ele foi uma personalidade criativa de primeira ordem, revolucionando a orientação religiosa de seu povo ao persuadi-los a adotar o conceito central da religião israelita, a saber: que para eles não havia ninguém além de um Deus, supremo em relação a suas histórias e vidas. Esse Deus escolhera Israel para ser seu povo e desejava tratar e manter um pacto com eles, um pacto que mantinha a ambos obrigados. Por conseguinte, Deus seria ativo em sua história, para abençoá-los ou puni-los de acordo com sua fidelidade para com ele. Elementos da antiga herança do deserto – demonologia, mágica e adivinhação – permaneceram na nova orientação, mas eles sobreviveram agora como reconhecimento de realidades presentes no mundo físico *sob* Deus. O contraste com o politeísmo semítico era agudo: os deuses e mitos das crenças politeístas dali em diante não deveriam ser ouvidos; eles deviam ser ignorados. Israel não tinha ninguém além de um Deus.

A história de Moisés chegou a nós nas narrativas entrelaçadas em Êxodo e Números. As formas escritas dessas tradições datam de quatro a seis séculos após seu tempo (cf. a seção, "Compilação da Escritura", p. 546, sobre a combinação de tradições para compor o Pentateuco).

Capítulo 13 - O judaísmo em suas fases iniciais: das origens dos hebreus ao exílio

A história da infância de Moisés

O Livro do Êxodo conta a história de Moisés como se segue:

> E levantou-se um novo rei sobre o Egito, que... disse ao seu povo: "Eis que o povo dos filhos de Israel é muito, e mais poderoso do que nós. Eia, usemos de sabedoria para com eles, para que não se multipliquem, e aconteça que, vindo guerra, eles também se ajuntem com os nossos inimigos, e pelejem contra nós... Então ordenou Faraó a todo o seu povo, dizendo: "A todos os filhos que nascerem lançareis no rio, mas a todas as filhas guardareis com vida". E foi um homem da casa de Levi e casou com uma filha de Levi. E a mulher concebeu e deu à luz um filho; e, vendo que ele era formoso, escondeu-o três meses. Não podendo, porém, mais escondê-lo, tomou uma arca de juncos, e a revestiu com barro e betume; e, pondo nela o menino, a pôs nos juncos à margem do rio. E sua irmã postou-se de longe, para saber o que lhe havia de acontecer. E a filha de Faraó desceu a lavar-se no rio, e as suas donzelas passeavam pela margem do rio; e ela viu a arca no meio dos juncos, e enviou a sua criada, que a tomou. E abrindo-a, viu o menino, e eis que o menino chorava; e moveu-se de compaixão dele, e disse: "Dos meninos dos hebreus é este". Então disse sua irmã à filha de Faraó: "Irei chamar uma ama das hebreias, que crie este menino para ti?" E a filha de Faraó disse-lhe: "Vai". Foi, pois, a moça, e chamou a mãe do menino. Então lhe disse a filha de Faraó: "Leva este menino, e cria-o para mim; eu te darei o salário". E a mulher tomou o menino, e criou-o. E, quando o menino já era grande, ela o trouxe à filha de Faraó, a qual o adotou; e chamou-lhe Moisés, e disse: "Porque das águas o tenho tirado"[A1].

Moisés chamado do refúgio em Midiã

A tradição continua contando que Moisés, após ter atingido a maturidade, certo dia viu um egípcio batendo em um israelita, "um de seu povo". Movido por raiva incontrolável, à qual ele deu livre-guarida por se achar em um lugar solitário, ele matou o egípcio. No dia seguinte, descobrindo que o feito havia sido descoberto, ele fugiu para o leste, além do Mar Vermelho rumo à terra de Midiã. Enquanto escondido ali, ele se juntou à casa de um sacerdote midianita chamado de Jetro (ou Reuel). Ele se casou com Zipora, a filha de Jetro, e teve dois filhos com ela.

"Um longo tempo após aquilo", continua a história, "o rei do Egito morreu", e longe, em Midiã, um dos maiores eventos na história hebraica tomou lugar.

> E apascentava Moisés o rebanho de Jetro, seu sogro, sacerdote em Midiã; e levou o rebanho atrás do deserto, e chegou ao monte de Deus, o Horeb. E apareceu-lhe o anjo do *Senhor* em uma chama de fogo do meio de uma sarça; e olhou, e eis que a sarça ardia no fogo, e a sarça não se consumia... E vendo o *Senhor* que se virava para ver, bradou Deus a ele do meio da sarça, e disse: "Moisés, Moisés!" Respondeu ele: "Eis-me aqui". E disse: "Não te chegues para cá; tira os sapatos de teus pés porque o lugar em que tu estás é terra santa." [...] E Moisés encobriu o seu rosto, porque temeu olhar para Deus. E disse o *Senhor*: "Tenho visto atentamente a aflição do meu povo, que está no Egito, e tenho ouvido o seu clamor por causa dos seus exatores, porque conheci as

suas dores. Portanto, desci para livrá-lo da mão dos egípcios, e para fazê-lo subir daquela terra, a uma terra boa e larga, a uma terra que mana leite e mel; ao lugar do cananeu, e do heteu [hitita], e do amorreu, e do perizeu, e do heveu, e do jebuseu [...]. Vem agora, pois, e eu te enviarei a Faraó para que tires o meu povo (os filhos de Israel) do Egito" [...]. Então disse Moisés a Deus: "Eis que, quando eu for aos filhos de Israel, e lhes disser: 'O Deus de vossos pais me enviou a vós'; e eles me disserem: 'Qual é o seu nome?' Que lhes direi?"[A2]

A resposta de Deus para a questão de Moisés é uma resposta de grande relevância, não menos para o historiador moderno do que para o Moisés desta tradição.

> Disse Deus a Moisés: "Eu Sou o que Sou. É isto que você dirá aos israelitas: Yahweh [Eu Sou] me enviou a vocês"[M].

O caráter completo de Yahweh não era, é claro, completamente conhecido para Moisés de imediato. A experiência de Moisés simplesmente o fez consciente de uma tarefa, que consistia em liderar os israelitas para fora do Egito até o Sinai, onde o Deus que queria um povo poderia fazer um pacto com o povo que precisava de um Deus.

O novo nome: Jeová

Parece evidente que Jeová (**Yahweh**) foi um novo nome dado pelos israelitas para o Deus de Abrão, Isaac e Jacó. Moisés os introduziu assim pela primeira vez à adoração de Yahweh (ou Jeová, como se lê com outra grafia e vocalização). É significativo que em Ex 6,3 Yahweh é visto admitindo que, apesar de ele ter aparecido para Abraão, Isaac e Jacó como El-Shaddai, ele não fora conhecido por eles como Yahweh. O termo *Yahweh* pode ser traduzido de forma variada como "eu sou o que eu quero ser", ou "eu sou (o que) eu sou", ou ainda mais, "eu sou aquele que faz [algo] vir a ser"; isto é, o Criador. Os judeus têm considerado por muito tempo o termo demasiadamente santo para se pronunciar, e quando chegam em sua leitura, eles falam, ao invés do nome, "Adonai", Senhor.

Tornou-se evidente que este ser vital, Yahweh, não era apenas um deus da natureza, apesar de Ele residir nas encostas selvagens de uma montanha no deserto e descer sobre ela em fogo e fumaça. Estes elementos da natureza eram suas instrumentalidades; Ele mesmo era muito distinto deles, um deus por trás das cenas, que poderia manter sua promessa de dirigir o destino de uma nação inteira e fazer um pacto solene com eles, prometendo dar-lhes paz, prosperidade e abundância, chuva e sol em suas estações, gado em um milhar de colinas, vitória na guerra, filhos e uma vida longa, em troca de sua lealdade e obediência. Ele era um deus justo, mas um deus dotado de sentimentos fortes, feliz na lealdade daqueles que o obedeciam, mas perturbado quando lhe eram infiéis.

O êxodo para o Sinai

Não é necessário aqui entrar na história bem conhecida de como Moisés correu para o Egito a fim de convencer os israelitas de seu plano, ou como durante sua Páscoa de despedida Yahweh – de acordo com Ex 12 – "passou por eles", mas matou aos primogênitos do Egito, e de como Moisés finalmente liderou o êxodo ao cruzar o Mar Vermelho (ou Mar dos Juncos) com todo o seu povo, apenas um pouco antes dos egípcios que os perseguiam em suas carruagens na tentativa de fazê-los voltar. Aparentemente, os egípcios não puderam poupar homens armados em suficiente número para evitar o escape dos israelitas. Parece haver nesse relato alguma indicação histórica de que o êxodo aconteceu em algum momento no qual o Egito era ameaçado por inimigos barbáricos da Líbia e por piratas viajando pela foz do Nilo. A distração do Egito por meio destes perigos parece ter providenciado aos israelitas sua oportunidade de escape.

Entretanto, a liderança de Moisés fez sua maior contribuição não no Egito, mas aos pés da montanha sagrada, chamada por uma vertente da tradição de Sinai, e por outra, de Horebe. A exata localização desta montanha é ainda discutida. Ela tem sido tradicionalmente localizada no que é conhecida como Península do Sinai, mas muitos acadêmicos recentes a tem localizado próxima à cabeça do Golfo de Aqaba ou na região da Kadesh-Barnea, um pouco a sudoeste do Mar Morto. A localização pouco importa. O que aconteceu, de qualquer forma, é que Moisés serviu como intermediário entre seus seguidores e Yahweh, o Deus que enviara Moisés para livrá-los do Egito, que tinha até então os livrado de todos os perigos e que agora desejava fazer um pacto com eles. De acordo com a tradição, os termos do pacto se tornaram conhecidos da seguinte maneira: deixando o povo no sopé da montanha, Moisés subiu a encosta para comungar com Yahweh, e após alguns dias retornou com o conhecimento da vontade de Yahweh para o povo. Esta vontade, resumida em "mandamentos" inscritos em duas tábuas de pedra, foi subsequentemente ampliada nas muitas provisões da **Torah** (Torá), ou Lei (deve-se notar que o termo Torah tem uma variedade de usos: frequentemente, como neste capítulo, a referência se dá à lei escrita no Pentateuco; no judaísmo dos tempos posteriores, Torah é usado mais amplamente para significar os ensinamentos ou orientações de Deus e assim se refe-

rir a todas as Escrituras e tradições hebraicas, ou mesmo à teologia judaica em sua inteireza).

O texto dos mandamentos

Duas listas de mandamentos são dadas nos registros. Uma, a formulação de um código altamente ético, é familiar para nós como os Dez Mandamentos (Ex 20). É duvidoso, no entanto, que nós os tenhamos em sua forma original. Evidentemente o que nós temos é uma forma completa e elaborada dos dias posteriores, quando era finalmente a convicção geral entre os israelitas de que Yahweh não era apenas o Deus de Israel, mas o criador de todo o mundo físico, o criador dos céus, da terra e de tudo que eles contêm.

Além disso, é evidente que esses mandamentos, assim como os paralelos de Dt 6,4-22, assumem que os israelitas vivem em casas, possuem gado, e precisam lidar com estrangeiros em suas comunidades.

A outra lista de mandamentos, como encontrada em Ex 34, é largamente ritualística em caráter. Alguns eruditos, vendo neste fato uma evidência de prioridade de tempo, preferem-na como a lista mais antiga. Ela é introduzida de forma interessante nos registros, da seguinte forma:

> Então disse o senhor a Moisés: "Lavra duas tábuas de pedra [...]. E prepara-te para amanhã, para que subas pela manhã ao Monte Sinai, e ali põe-te diante de mim no cume do monte".
> Então Moisés lavrou duas tábuas de pedra [...] e, levantando-se pela manhã de madrugada, subiu ao Monte Sinai, como o Senhor lhe tinha ordenado; e levou as duas tábuas de pedra nas suas mãos. E o senhor desceu numa nuvem e se pôs ali junto a ele; e ele proclamou o nome do senhor. Passando, pois, o senhor perante ele, clamou: "O senhor, o senhor Deus, misericordioso e piedoso, tardio em irar-

-se e grande em beneficência e verdade; que guarda a beneficência em milhares; que perdoa a iniquidade, e a transgressão e o pecado; que ao culpado não tem por inocente; que visita a iniquidade dos pais sobre os filhos e sobre os filhos dos filhos até a terceira e quarta geração".
E Moisés apressou-se, e inclinou a cabeça à terra, adorou[A3].

Esta passagem é seguida pelo anúncio de Yahweh de que Ele desejava fazer um pacto ou aliança com os israelitas nos seguintes termos específicos:

> Não te farás deuses de fundição.
> A festa dos pães ázimos guardarás; sete dias comerás pães ázimos, como te tenho ordenado...
> Tudo o que abre a madre meu é, até todo o teu gado, que seja macho, e que abre a madre de vacas e de ovelhas. O burro, porém, que abrir a madre, resgatarás com um cordeiro; mas, se o não resgatares, cortar-lhe-ás a cabeça [quebrará seu pescoço]; todo o primogênito de teus filhos resgatarás.
> E ninguém aparecerá vazio [de mãos vazias] diante de mim.
> Seis dias trabalharás, mas ao sétimo dia descansarás: na aradura e na sega descansarás.
> Também guardarás a festa das semanas, que é a festa das primícias da sega do trigo, e a festa da colheita no fim do ano. Três vezes ao ano todos os homens aparecerão perante o Senhor Deus, o Deus de Israel [...]
> Não sacrificarás o sangue do meu sacrifício com pão levedado, nem o sacrifício da festa da páscoa ficará da noite para a manhã.
> As primícias dos primeiros frutos da tua terra trarás à casa do Senhor teu Deus.
> Não cozerás o cabrito no leite de sua mãe[A4].

Muito claramente, entretanto, este não deve ter sido o pacto original com Yahweh, pois, assim como os Dez Mandamentos, ele pressupõe uma comunidade agrícola – e não nômade – e, além disso, uma comunidade estabelecida por um longo tempo em sua própria terra.

O mais comovente resumo da lei do pacto vem da reforma de Josias (cf. p. 525) em Dt 6,4, "Escuta, ó Israel! O SENHOR é nosso Deus, apenas o SENHOR". (Isto é chamado de **Shema**, "Escuta!" e é a fórmula central da devoção judaica.) O próximo verso resume o restante da lei: "Amarás o SENHOR teu Deus com todo o teu coração e com toda a tua alma, e com toda a tua força".

Rituais selando o pacto

Os termos precisos do pacto não podem ser recuperados. A tradição posterior obscureceu amplamente sua situação original. Não obstante, a natureza da cerimônia através da qual o pacto foi selado entre Yahweh e aqueles que seriam seu povo daquele tempo em diante pode estar preservada na seguinte importante passagem:

> Veio, pois, Moisés, e contou ao povo todas as palavras do SENHOR, e todos os estatutos; então o povo respondeu a uma voz, e disse: "Todas as palavras, que o SENHOR tem falado, faremos".
> Moisés [...] edificou um altar ao pé do monte, e doze monumentos, segundo as doze tribos de Israel. E enviou alguns jovens dos filhos de Israel, os quais ofereceram holocaustos e sacrificaram ao SENHOR sacrifícios pacíficos de bezerros. E Moisés tomou a metade do sangue, e a pôs em bacias; e a outra metade do sangue espargiu sobre o altar. E tomou o livro da aliança e o leu aos ouvidos do povo, e eles disseram: "Tudo o que o SENHOR tem falado faremos, e obedeceremos". Então tomou Moisés aquele

sangue, e espargiu-o sobre o povo, e disse: "Eis aqui o sangue da aliança que o senhor tem feito convosco sobre todas estas palavras".A5.

As gerações dos tempos posteriores mantiveram-se bem atentas ao significado de tal ritual. O mesmo sangue era borrifado no altar de Yahweh e no povo, e isto os fazia "um só sangue"; isto é, unidos de forma absoluta. O povo se ligava a Yahweh por meio de um acordo legal solene, da mesma forma que as pessoas poderiam fazer contratos entre si e ratificá-los com sangue.

O Tabernáculo: um santuário portátil

Quando os israelitas se prepararam para viajar, eles se depararam com o problema não tanto de deixar Yahweh para trás em sua montanha (pois eles criam que Ele poderia ir com eles em espírito e poder), mas de providenciar um meio de comunicação com Ele. No Sinai, Moisés subia a montanha, e Deus falava com ele. O que aconteceria se eles deixassem a montanha para trás? A solução do problema foi uma forma antiga de providenciar um lugar de encontro entre Deus e seu povo; isto é, um santuário ou relicário.

Dessa forma, eles inventaram uma "tenda de encontros" portátil (o "Tabernáculo do Senhor") e reservaram-na para o uso puramente sagrado. Em cada acampamento ela era montada pelas pessoas apropriadas, ritualisticamente falando (a tradição diz que eram membros da tribo de Levi, da qual viriam os sacerdotes dos dias posteriores), e no silêncio de seu interior Moisés podia ouvir Yahweh falar consigo.

É bastante improvável que o Tabernáculo tivesse um interior mobiliado. A tradição antiga e persistente é que dentro dele ficava uma caixa ou baú na qual estavam contidas duas tábuas de pedra marcadas com os termos do pacto. Esta era a famosa Arca da Aliança, que assumiu uma parte tão vital na história posterior dos hebreus. Nos dias de Moisés, insiste a tradição, para onde quer que os israelitas marchassem, eles carregavam reverentemente a arca à sua frente. Ela se tornou algo tão sagrado que apenas os sacerdotes ousavam tocá-la, por receio de serem fulminados pelo poder que ela possuía.

Rituais antigos: Páscoa, Sábado

De uma forma muito natural se desenvolveu um ritual de adoração que se tornou cada vez mais elaborado com o passar dos anos. Os elementos mais antigos deste ritual eram a celebração anual da Páscoa e a observância semanal do Sábado. A Páscoa era um antigo festival semítico apropriado para os costumes israelitas; por meio dele eles celebravam a memória de seu escape do cativeiro egípcio. Era uma festa da primavera, tomando lugar durante a noite da lua cheia do primeiro mês após o equinócio de primavera. Entre o crepúsculo e o alvorecer, cada família fazia uma refeição de uma ovelha (uma de uma cabra) sacrificial cujo sangue besuntava as umbreiras da tenda ou o lintel e as umbreiras à entrada da casa. A ovelha inteira devia ser consumida, comida ou queimada; nada devia sobrar. O dia do Sábado também parece ter uma datação antiga, tendo se originado antes do tempo do Êxodo, do costume de se tomar um dia de cada "lua" para adoração e recreação. Gradualmente, tornou-se costume se separar o sétimo dia da semana como um período piedoso de descanso, sagrado para o Senhor.

> O donatário dos mandamentos: "Eu sou o Senhor teu Deus, que te tirei da terra do Egito, da casa da servidão". Ex 20,2

Também tinham origens antigas as festas da lua nova (mais ou menos desaprovadas e modificadas pela austeridade dos dias posteriores), a festa da tosquia das ovelhas, circuncisão (comum na maior parte dos povos semíticos e adjacentes), tabus alimentares antes da batalha, e a lei da vingança de sangue.

Este tipo de apostasia não seria infrequente nos dias que viriam pela frente.

Monoteísmo implícito

Ao considerar essas adaptações de antigos ritos para novos propósitos, deve-se enfatizar que Moisés conduzia a religião israelita durante uma transição do politeísmo para o monoteísmo. Ainda assim, a despeito de sua liderança, seu povo não estava imune, tanto em seu tempo quanto posteriormente, a recaídas temporárias em práticas politeístas. Isto se dava parcialmente à permanência de antigos hábitos em seu comportamento e parcialmente devido ao fato de que o monoteísmo de Moisés era inicialmente de *lealdade* e *prática* ao invés de uma afirmação teológica e explícita da existência de apenas um deus (os estudiosos se dividem quanto a Moisés crer se os deuses de outros povos eram *fictícios* e não existentes). O povo não estava bem-preparado no próprio tempo de Moisés para exibir consistência na prática de um monoteísmo ético estrito, como está implicado na história da apostasia de Arão ao pé do Monte Sinai. A história foi muito editada por redações posteriores a ponto de conter elementos internos contraditórios (o Senhor fala para Moisés que o povo havia feito um bezerro de ouro; ele então se surpreende e fica enfurecido ao descobri-los fazendo exatamente aquilo; então ele retorna e fala ao Senhor que o povo fizera deuses de ouro). Ela começa quando Moisés subiu à montanha por quarenta dias e quarenta noites e o povo ficou inquieto:

> Mas vendo o povo que Moisés tardava em descer do monte, acercou-se de Arão, e disse-lhe:
> "Levanta-te, faze-nos deuses, que vão adiante de nós; porque, quanto a este Moisés, o homem que nos tirou da terra do Egito, não sabemos o que lhe sucedeu".
> E Arão lhes disse: "Arrancai os pendentes de ouro, que estão nas orelhas de vossas mulheres, e de vossos filhos, e de vossas filhas, e trazei-mos".
> Então todo o povo arrancou os pendentes de ouro, que estavam nas suas orelhas, e os trouxeram a Arão. E ele os tomou das suas mãos, e trabalhou o ouro com um buril, e fez dele um bezerro de fundição. Então disseram: "Este é teu deus, ó Israel, que te tirou da terra do Egito!"
> E Arão, vendo isto, edificou um altar diante dele; e apregoou Arão, e disse: "Amanhã será festa ao Senhor".
> E no dia seguinte madrugaram, e ofereceram holocaustos, e trouxeram ofertas pacíficas; e o povo assentou-se a comer e a beber; depois levantou-se a folgar.
> Então disse o SENHOR a Moisés: "Vai, desce; porque o teu povo, que fizeste subir do Egito, se tem corrompido" [...]
> E virou-se Moisés e desceu do monte [...]
> E aconteceu que, chegando Moisés ao arraial e vendo o bezerro e as danças, acendeu-lhe o furor; e arremessando as tábuas das suas mãos, quebrou-as ao pé do monte; tomou o bezerro que tinham feito e quei-

> mou-o no fogo, moendo-o até que se tornou pó; o espargiu sobre as águas e deu-o a beber aos filhos de Israel.
> E Moisés perguntou a Arão: "Que te tem feito este povo, que sobre ele trouxeste tamanho pecado?" Então respondeu Arão: "Não se acenda a ira do meu Senhor; tu sabes que este povo é inclinado ao mal. E eles me disseram: 'Faze-nos um deus que vá adiante de nós'; [...] Então eu lhes disse: 'Quem tem ouro, arranque-o!' Deram a mim e lancei-o no fogo, e saiu este bezerro!"[A6]

III – ENTRANDO EM CANAÃ E CONFRONTANDO OS BAALINS

Após peregrinar no deserto por vários anos (quarenta, de acordo com a tradição), os hebreus ou israelitas do êxodo se sentiram fortes o suficiente para invadir Canaã.

Não é fácil reconstruir a história da "conquista" a partir dos livros de Josué e Juízes. De acordo com esses relatos, a entrada da maior parte dos invasores foi liderada por Efraim e Manassés – tribos que descendiam de José – que se infiltraram cruzando o Jordão sobre o generalato de Josué, o sucessor de Moisés (as narrativas contam que o próprio Moisés não viveu para cruzar o Jordão e entrar em Canaã. A época foi próxima a 1200 AEC). Josué tomou Jericó e a partir desta base expandiu sua conquista através da Palestina Central, capturando com o tempo a Siquém, Siloé e Samaria, e dessa maneira controlando o território central. As tribos de Judá e Simeão, invadindo pelo sul, tomaram as terras altas dos arredores da cidade murada dos jebuseus (Jerusalém). Nisto eles foram assistidos pelos não hebreus queneus do sul.

Duas tribos, Rúben e Gade, ficaram para trás ou se voltaram para sua "porção" ao leste do Jordão. Outros tomaram seus caminhos entre os canaanitas do norte (com menos luta do que imigração), vagarosamente penetrando e permeando o Vale do Esdrelom e o país ao norte. Dã, após um assentamento abortado no sul, eventualmente ocupou o extremo norte, e Zebulom foi para noroeste em direção à costa fenícia, entrando em bons termos com os hititas. Outras tribos ainda, como Issacar, Aser e Naftali ocuparam as terras férteis ao redor do Lago da Galileia. No processo de ocupação da terra, algumas das tribos foram ou desalojadas ou absorvidas, como as tribos de Simeão e Benjamim.

Infiltração no decorrer de um período longo

A tradição não esconde o fato de que esse foi um longo processo. Os canaanitas tinham fortes muros ao redor de suas cidades e vilas principais e possuíam carruagens e armas muito superiores aos armamentos rudes dos homens de guerra israelitas. Nas alturas onde ficava Jerusalém, a poderosa tribo dos jebuseus vivia segura dentro das espessas muralhas de pedra e repeliram cada ataque feito a eles por 200 anos. Em outros lugares, de forma semelhante, os israelitas tinham de se contentar com a possessão do país aberto, pois os canaanitas continham seus ataques nas cidades do alto de suas ameias. Mas ao final, por quaisquer meios que fossem, por desalojamento, aniquilação, expulsão ou acomodação, eles tornaram aquela a sua terra.

Seu domínio na terra não estava seguro, entretanto, até que seus inimigos externos fossem expulsos. Seus inimigos semíticos do leste, os Idumeus (Edom), Moabitas e Amonitas perturbavam-nos constantemente tentando entrar na terra. Na luta contra eles é provável que muitos canaanitas fizessem causa comum com os israelitas. Mas os inimigos mais formidáveis foram os filisteus, um povo não semítico que havia descido à costa sudoeste, vindo das ilhas do Mediterrâneo. Nós aprendemos de outras fontes que seu lar originário era Creta, e quando eles foram expulsos de lá, se tornaram piratas. Eles podem, na verdade, ter até ajudado os israelitas em sua fuga do Egito, por terem atacado as cidades do baixo Nilo. Não conseguindo desembarcar no Egito, porém, eles buscaram um território para colonizar mais ao norte, e o acharam na costa sul da Palestina. Gradualmente eles se espalharam terra adentro e, com cinco cidades fortificadas atrás de si, começaram a subir as colinas. Os israelitas lutaram contra eles por gerações e mal conseguiram contê-los.

Os hebreus do êxodo e os *Habiru*

A história tem sido hoje em dia emendada e suplementada por historiadores, que não questionam tanto sua substância quanto a compressão que foi feita de seu foco, direcionando-o a apenas um grupo – os israelitas, ou hebreus do êxodo. Nova evidência tem trazido luz à turbulência dentro de Canaã causada pelos "estrangeiros" ou "peregrinos" conhecidos como *Habiru*, alguns dos quais podem ser identificados como hebreus externos ao êxodo que não haviam descido ao Egito, mas que juntaram suas forças com os hebreus do êxodo (os israelitas) quando esses entraram em Canaã. Outros do mesmo grupo, ou de grupos similares, tinham vagado por anos na Mesopotâmia, Síria e norte do Egito. Eles provavelmente eram semitas do deserto que originalmente se ocupavam em conduzir caravanas ao longo das rotas comerciais através do deserto, mas que após o fechamento dessas rotas ficaram sem localidade ou ocupação fixas. Ao invés disso, eles vagavam, às vezes como pastores, às vezes como musicistas, ferreiros e artesãos, e às vezes como mercenários de aluguel ou guerrilheiros livres (os acádios os chamavam Hapiru, e os egípcios, Apiru). Eles geralmente causavam muitos problemas para as autoridades locais e precisavam apenas de uma organização em um grupo com crenças e propósitos comuns para se tornarem uma ameaça. As famosas cartas de Tel-el-Amarna (encontradas no Egito por uma camponesa em 1887 e identificadas como despachos mandados pelos governadores egípcios e oficiais menores em Canaã para os faraós por cerca de 1400 a 1350 AEC) contêm apelos aflitos por ajuda contra grupos de Habiru que vinham de leste e nordeste e que ameaçavam devastar o país.

> Não há terras deixadas para o rei, meu senhor. Os Habiru saqueiam todos os países do rei!
> O país do rei caiu para os Habiru. E agora uma cidade do país de Jerusalém (seu nome é Beth-Shemesh), uma cidade do rei, foi perdida para os homens de Keilah. Que o rei envie mercenários, a fim de que a terra possa permanecer sob o rei. Se não houver mercenários, a terra do rei estará perdida para os Habiru![B]

O alarme dos oficiais gradualmente perdeu força. Os Habiru não efetuaram nenhuma conquista. Sua afluência se deu principalmente por meio de um processo de infiltração; os canaanitas conseguiram reter uma faixa de fortalezas e de cidades muradas ao longo da terra, enquanto os "imigrantes" seminômades se assentavam nas terras de colinas desocupadas e ficavam à vontade.

Algum tempo depois, se nossa reconstrução (uma questão no mínimo precária) está correta, os hebreus do êxodo, inspirados pela fé mosaica em Yahweh, entraram na terra, fizeram causa comum com os Habiru (daí seu próprio nome posterior de hebreus?), e por meio de assaltos vigorosos feitos às cidades canaanitas importantes eventualmente se colocaram na posição de senhores de toda a terra.

Ainda mais importante para a nossa história é que os hebreus do êxodo impressionaram tanto seus aliados Habiru com suas motivações superiores que Yahweh foi adotado posteriormente pelos últimos como seu próprio Senhor dos Exércitos. (A reconstrução acima exposta é conjectural. Existem outras teorias muito complexas para serem resumidas aqui.)

Nômades se movem rumo à formação de Estado

No decorrer dos anos, os hebreus do êxodo tiveram sucesso em imbuir seus vizinhos canaanitas, assim como a si mesmos e a seus aliados, com um sentimento de nação. A ameaça crescente dos filisteus (começando por volta de 1150 AEC) fez com que o sentimento de diferença fosse esquecido, especialmente quando, sob o vidente Samuel e o primeiro Rei Saul, fortes esforços foram feitos para expulsar os filisteus de volta para sua planície costeira. Ainda que os filisteus na geração anterior a Saul tivessem capturado a Arca da Aliança em batalha (e então, em medo induzido por má sorte, tivessem-na devolvido em uma carroça dirigida por vacas soltas ao longo da fronteira), eles passaram a sofrer repetidas derrotas. Saul tirou sua própria vida quando derrotado no Monte Gilboa, mas seu sucessor Davi finalmente expulsou os filisteus e quebrou seu espírito guerreiro.

Davi também finalmente capturou, por volta de 1020 AEC, a cidade dos jebuseus (Jerusalém), fê-la sua capital e planejou nela a construção de um templo para abrigar a Arca da Aliança de forma apropriada, um projeto que foi deixado para seu filho Salomão executar – como de fato ele o fez.

Mudanças estiveram necessariamente envolvidas na passagem da vida nômade para a urbana e agrícola. Quando os israelitas vieram do deserto, eles se movimentaram entre um povo com cultura e religião bem desenvolvidas, com os quais eles tinham muito a aprender.

A religião canaanita

RELIGIÃO DA NATUREZA IMPLÍCITA NA AGRICULTURA CANAANITA

Os canaanitas desenvolveram uma religião da natureza consumada, oriunda de seu próprio modo de vida ligado à agricultura. Seus deuses eram, de forma geral, deuses agrícolas. O nome de classe por meio do qual eles eram conhecidos era **baal** que, como nós vimos, significava "aquele que possui" ou "dono" (do solo). Cada pedaço de solo fértil devia sua fertilidade à presença de algum baal que mantinha controle, como um senhor feudal, dentro de suas próprias fronteiras, apesar de – como um senhor feudal – ele por sua vez estar sujeito aos dois senhores supremos de todos os baalins menores: (1) o elevado – mas inativo – deus El que, se podemos julgar a partir de documentos recentemente descobertos, residia na "Fonte dos dois abismos", o mais elevado dos céus, e (2) o subordinado – mas ativo – deus da tormenta e chefe dos deuses menores, o grande Baal do céu. A consorte de El era Ashirat, conhecida para os hebreus como **Asherah**, e o grande Baal estava associado com sua irmã Anath e com Astarote – apesar de virgem, doadora de fertilidade; ambas eram aspectos ou mesmo formas terrenas de Ashirat. Quanto aos machos, pode-se concluir que os poderes celestiais eram representados na terra por baalins locais, e que cada baal terreno concedia ou retinha poder de fertilidade do solo em sua esfera de operação. O ciclo da planta estava associado tão proximamente a ele que seus vários estágios eram considerados seu nascimento, vida e morte, e eram celebrados ritualmente. Em sua morte (o secar da vegetação no início do verão) aqueles que mais lhe deviam choravam cerimonialmente com a lembrança de sua bondade passada. Em vários distritos havia o costume de se arrancar os cabelos em lamento de sua morte. Em seu renascimento (reavivamento) era comum se executar festivais de júbilo durante os quais, com suas vestes mais festivas, os celebrantes afluíam em conjunto próximos ao santuário mais próximo para dançar, cantar e se entregar a cerimônias de orgias, projetadas em parte para assisti-lo, e em parte para reconhecer o poder de fertilidade nele renovado.

Os numerosos baalins, cuja presença era reconhecida nos topos das colinas, nos vales, nos poços e nas fontes por toda a terra, tinham cada um seus próprios lugares de adoração. Em terreno elevado, fosse dentro dos muros ou sobre algum lugar alto dominante nas redondezas, cada cidade construía um santuário em honra ao seu baal patrono, cujo nome era hifenado com o daquela cidade (p. ex., *Baal-Peor*). Os sacerdotes encarregados desses lugares altos conduziam a adoração em um pátio ao ar livre voltado para o santuário do deus. Uma imagem do deus poderia ocupar o santuário e ser vagamente vislumbrada pelos adoradores, e próximo ao altar externo ficava um pilar de pedra – *mazzebah*, um símbolo fálico do deus. Talvez houvesse também uma coluna ou estaca de madeira, chamado de *asherah*, representando a deusa que era a consorte do deus. Muitos santuários exibiam também imagens de bois e serpentes de bronze, que eram representações populares do poder de fertilidade do deus.

Havia dois tipos de sacrifícios: (1) Oferendas, fossem dos primeiros frutos dos campos ou da carne de animais queimados sobre o altar, e (2) sacrifícios de comunhão, através dos quais o deus e seu povo partilhavam conjuntamente o sacrifício e assim fortaleciam o laço entre si. Havia três festas principais: na primavera, no início do verão, e no outono.

ADORAÇÃO À DEUSA: ANATH/ASTARTE

De longe a divindade mais importante nas festas era Anath/Astarte. Parece provável que Anath e Astarte fossem a mesma deusa, Anath sendo o nome próprio e Astarte o epíteto. Anath foi retratada em uma variedade de papéis enquanto o epíteto Astarte, "a do útero", chama a atenção para suas funções ligadas à fertilidade. Enquanto os baalins tinham papel de senhores estáticos, doadores da semente, Anath exercia poderes ativos tanto criativos quanto destrutivos. Da mesma forma que Kali/Durga da Índia, o poder subjacente da deusa tinha um lado feroz: algumas vezes Anath tomava a espada em mãos, saltava nua de um monte e cavalgava para um assassínio sangrento em defesa de seus devotos. Da mesma forma que acontecia com suas contrapartes suméria (Ishtar) e assíria (Inanna), ele possuía fortes associações com a guerra (1Sm 31,10 diz que os filisteus penduraram o corpo de Saul no muro, mas alojaram sua armadura no "templo de Astarote").

Enquanto deusa da fertilidade – tanto entre os seres humanos quanto no cuidado com os animais e na agricultura, Astarte assumiu todas as qualidades da egípcia Ísis, da grega Deméter e da romana Vênus. O cipreste, a murta e a palmeira eram sagradas para ela por serem sempre verdes, e seu símbolo especial era uma vaca de dois chifres. Em sua própria pessoa, ela era geralmente representada nua. Atendentes femininas que ministravam em seus santuários eram chamadas de Kedeshoth, significando "mulheres consagradas", algumas das quais estavam "disponíveis sexualmente"[L], levando alguns historiadores a concluir que os adoradores poderiam honrar a Astarte por meio de "prostituição cultual" – sexo ritual que poderia estimular a fertilidade dos rebanhos e campos. Esta associação pode ter originado o jogo de palavras hebraico com seu nome **Astarote** [*Ashtoreth*] (combinando as consoantes de Astarte com as vogais de *bosheth*, "vergonha"). No casamento divino entre Astarte e Baal, que os canaanitas celebravam no outono, ela era literalmente o solo que se tornava a esposa, e ele era o marido da terra que provia a semente.

Folclore espiritual misturado aos métodos de agricultura

Alguns israelitas vacilantes acharam natural adotar algumas dessas crenças e práticas, mas os monoteístas estritos consideravam-nos apóstatas. Os pastores das colinas, ainda em uma condição seminômade, tendiam a permanecer fiéis à fé mosaica, não sentindo necessidade de nenhuma outra ajuda que não fosse aquela dada por Yahweh, o deus da montanha e tormenta, que havia sido seu guia no deserto e ainda era poderoso na guerra e na paz. Mas aqueles que adotaram a agricultura se achavam em uma situação difícil. Apesar de algum conhecimento de agricultura poder ter existido, especialmente entre os mais velhos que se lembravam do Egito, a geração mais jovem teve de aprender a prática da agricultura com seus vizinhos canaanitas.

Isto envolvia mais do que arar, semear e colher. Requeria uma compreensão minuciosa do folclore espiritual de cada comunidade, o que envolvia tamanha quantidade de magia e religião que lhes era difícil resistir a adotar por completo a religião local. É por tal razão que no mais fértil norte, Israel (as dez tribos do norte) era menos fiel à religião de Yahweh do que o povo da rochosa Judá, onde os pastores não tinham sido dominados por influências canaanitas. Sem abandonar sua fé em Yahweh como o Deus que presidia sobre o destino de todo o povo e os guiava na guerra, muitos fazendeiros israelitas acompanhavam aos canaanitas nos lugares altos nas vilas, dedicavam seus primeiros frutos para os baalins e astarotes, traziam oferendas e ofertas pacíficas, e aprendiam como efetuar oferendas queimadas. Eles também observavam as festas dos vizinhos canaanitas no começo e no final da colheita de trigo e no outono.

A luta para os israelitas, portanto, era entre permanecerem fiéis à tradição mosaica monoteísta ou participar livremente na adoração a Baal. Apesar de no período do Livro dos Juízes o santuário de Yahweh em Siloé conter apenas a Arca da Aliança, em tempos posteriores os santuários em Betel e Dã continham as imagens de bois ("bezerros de ouro") associadas aos baalins.

Pareceu que por algum tempo Yahweh estava sendo absorvido pelo baalismo, chegando mesmo a ficar submerso sob ele. Consequentemente, o Profeta Oseias foi compelido a exclamar veementemente:

> O meu povo [...]
> [eles] Sacrificam sobre os cumes dos montes, e queimam incenso sobre os outeiros,
> debaixo do carvalho, e do álamo, e do olmeiro, porque é boa a sua sombra.
> Por isso vossas filhas se prostituem, e as vossas noras adulteram!
> Eu não castigarei vossas filhas, quando se prostituírem,
> nem vossas noras, quando adulterarem;
> porque eles mesmos com as prostitutas se desviam
> E com as meretrizes sacrificam;
> pois o povo que não tem entendimento será transtornado[C1].

Finalmente, inspirados por uma concepção de Yahweh que o fez maior do que ele jamais havia sido antes, os profetas se levantaram em protesto.

IV – PROTESTO E REFORMAS PROFÉTICOS

O perigo que havia da baalização de Yahweh tem sido bem expresso por diversos estudiosos modernos. Ele pode ser chamado de o perigo da "naturização"; isto é, a absorção do deus em um contexto agrícola. Max Loehr coloca-o da seguinte maneira:

> O baalismo via a atividade do deus nos fenômenos naturais. No ciclo anual de brotamento e decadência da vegetação, na chuva fertilizante e no calor destrutivo do sol, no inchamento e na maturação das frutas do jardim e do campo, o deus benigno ou irado fazia-se conhecido, o deus a quem o Antigo Testamento usualmente chama de Baal. Era uma religião da natureza cuja adoração resultava na materialização da divindade. O genuíno javismo, por outro lado, considerava a história como a esfera da ação divina. Ela separava a natureza e Deus[D].

Rudolph Kittel coloca ainda mais enfaticamente:

> Aqueles que assumem uma visão estreita do período sucedendo a morte de Moisés sempre o compreendem erroneamente ao descrevê-lo como um período retrógrado. Este é o fato [...]. Os elementos da natureza em Yahweh, ao invés de serem sobrepujados pelo aspecto elevado de sua existência, eram associados em Canaã com os elementos da natureza em Baal e ameaçavam fazer submergir seus componentes morais e espirituais [...]. Esta era a situação em Israel contra a qual os profetas posteriores lançaram uma guerra tão feroz; pois eles viram que o exaltado Deus de Moisés corria o risco de ser degradado em um mero poder local. Essa então foi a causa principal do surgimento dos grandes profetas e de sua frequente oposição a sua nação[E1].

A origem da profecia hebraica

Os grandes profetas não surgiram subitamente, sem uma preparação. Predecessores "prepararam o caminho" para eles. Estes antigos líderes carismáticos vieram durante o tempo do Livro dos Juízes, antes de 1000 AEC.

Uma pessoa investida de carisma era geralmente chamada de **nabi** (*pron. naví*). Em hebraico e árabe este termo significa basicamente "alguém chamado (divinamente) para falar (por Deus)". Em tempos posteriores, ele foi traduzido pelo termo grego *profeta*, significando "alguém que fala por (Deus)". Era característico de um nabi começar sua mensagem declarando "assim diz o Senhor".

Às vezes o título "profeta" ou "profetisa" é atribuído a pessoas que aparentam ter atuado como líderes individuais. Uma das mais antigas peças de literatura hebraica na Bíblia é o magnífico poema chamado usualmente de "A canção de Débora" (Jz 5,2-31). Conjuntamente com a narrativa em prosa posterior em Jz 4, ele celebra o papel da Profetisa Débora em convocar as tribos isoladas a criarem coragem, se ajuntarem e lutarem contra as forças do governante canaanita Jabin, rei de Azor (Hazor). Ele ilustra a função central da profecia: exortar fidelidade ao pacto de Yahweh com seu povo. Débora proclamava o poder de Yahweh em manter sua palavra, e ela convocava as tribos em nome da aliança em comum a ele.

Mas a maior parte dos profetas parece ter vindo à inspiração profética por meio da participação de grupos extáticos. Em 1Sm 10,5s. Saul, que tinha acabado de ser ungido como o futuro líder militar dos israelitas, é enviado pelo idoso Samuel com a seguinte predição: "Então chegarás ao outeiro de

Deus, onde está a guarnição dos filisteus; e há de ser que, entrando ali na cidade, encontrarás um grupo de profetas que descem do alto, e trazem diante de si saltérios, e tambores, e flautas, e harpas; e eles estarão falando em êxtase [*profetizando*]. E o Espírito do SENHOR se apoderará de ti, e falarás em êxtase [*profetizarás*] com eles, e te tornarás um outro homem". Mas quando isto aconteceu a Saul, ele descobriu que não tinha ganhado a simpatia do povo. Eles diziam de forma zombeteira: "Está também Saul entre os profetas?"

Profetas da corte e funções cultuais

Os *nebi'im* antigos, anteriores ao período literário, saltando em exaltação, eram dados a elocuções extáticas, ininteligíveis mesmo para eles próprios. Conjuntamente, e talvez associados a eles, surgiram homens de espírito mais frio, que foram os reais predecessores dos profetas posteriores: tais eram Natã no tempo de Davi e Aías no tempo de Salomão, profetas que se colocavam diante de reis e do povo clamando por fidelidade e pela justiça exigida pelo pacto com Yahweh. Seu comportamento inteligente e inspirado pode ter resultado em parte de um tipo de associação que apenas recentemente veio à luz. Análise dos achados documentais de arqueólogos durante o último século apontam para a forte probabilidade de a maior parte, senão todos os nebi'im hebreus pertencerem a associações de culto ou guildas que contribuíam com pessoal para as equipes de trabalho dos templos maiores nos "lugares altos", ou "elevados" (Samuel, como vimos há pouco, disse para Saul que os nebi'im "desceriam"). Presume-se atualmente que os nebi'im mais talentosos recebiam lugares nos ritos cultuais e outras atividades dos templos enquanto os homens "religiosos" que estavam em contato direto com Deus. Em um sentido ou outro, eles eram "possuídos" por Yahweh, geralmente ao ponto da exaltação. Alguns descobriram que a música e danças em grupo levavam à possessão, com resultados extáticos – geralmente ininteligíveis. Outros, aparentemente, escolhiam a meditação solitária como a forma de serem possuídos por Yahweh; após esta experiência, eles estavam aptos a dizer o que Deus queria comunicar por meio de si.

Mas os "profetas" não eram, de forma alguma, unânimes sobre a mensagem e vontade de Yahweh. Eles se contradiziam livremente em muitas questões. É usual dividi-los em profetas falsos e verdadeiros; nesse caso, um ou dois critérios eram aplicados: (1) a mensagem do verdadeiro profeta se provava verdade, menos em suas particularidades do que no seu sentido geral, enquanto a do falso profeta se provava errada; e (2) o verdadeiro profeta falava ousadamente sem considerar sua própria popularidade entre seus colegas profetas ou entre os "príncipes" e o povo, pois a fonte de sua mensagem era exclusivamente Yahweh. Em contraste, os falsos profetas davam voz a falsas esperanças e davam suporte a políticas oficiais. A possibilidade de corruptibilidade da parte dos falsos profetas deve ser reconhecida, mas provavelmente ambos os tipos de profetas acreditavam na verdade de seus próprios pronunciamentos.

As mensagens dos profetas se tornavam ainda mais incisivas durante desenvolvimentos políticos dolorosos. Governando do sul (Judá), Salomão, por seus altos impostos e opulência descontentou a tantos que as dez tribos da região setentrional, sob o nome de Israel, separaram-se em 922 AEC. De início, o sucesso econômico e uma expansão militar em direção a Síria levou ao surgimento de esperanças elevadas, mas em 722 AEC o poder dos assírios sobrepujou e dispersou os habitantes do Reino do Norte (dando origem a lendas das "Dez Tribos").

A queda de Judá para os babilônios e seu exílio se seguiria em 587 AEC.

As palavras dos verdadeiros profetas foram registradas para a posteridade, de forma completa ou fragmentária. Depois do período mais antigo quando não se fazia registro em separado (como nos casos de Elias e Eliseu), surgiram os *profetas literários*, cujas profecias eram escritas ou por eles próprios ou por seus seguidores.

Eliseu e Elias

Com Elias, o protesto profético contra a degradação da religião ética de Yahweh em uma mera religião da natureza foi iniciado da forma mais veemente. Surgido no Reino do Norte durante o tempo do Rei Acab (869-850 AEC), quando o monarca cedia à forte pressão de sua esposa Jezabel de tornar a Baal-Melqart, de Tiro, dominante em Israel, Elias tomou uma posição digna de nota em defesa da tradição mosaica. O Livro dos Reis diz que, quando ele iniciou seu trabalho de reforma, havia apenas 7 mil homens que não haviam dobrado o joelho para o Baal de Tiro, nem o beijado; mas antes que Elias tivesse terminado seu trabalho, ele reduzira os adoradores deste Baal para tão poucos que podiam ser aglomerados dentro de uma construção. Ele não era um homem misericordioso. Yahweh era para ele um deus de justiça severa e inflexível e de retidão. Quando Jezabel maquinou o apedrejamento de Nabote de forma que Acabe pudesse tomar sua vinha, Elias ousou confrontar o rei, se pondo de pé na vinha e proferindo imprecações tão terríveis em nome de Yahweh que o rei rasgou suas vestes, correu para se vestir com pano de sacos, e jejuou em terror. Na história do julgamento dos respectivos poderes de Yahweh e do Baal de Tiro no Monte Carmelo que, da forma que se apresenta, constituiu um dos mais dramáticos relatos da literatura religiosa, Elias se mantém firme na dura questão – quem é real, Yahweh ou Baal-Melqart? – e faz valer sua reivindicação de que Yahweh é real e Baal-Melqart não.

Mas durante o tempo da vida de Elias não houve progresso significativo em se desacreditar o baalismo. A oposição da casa real era muito forte e o povo como um todo, difícil de ser mudado. Quando Elias subitamente e, como foi percebido, de forma sobrenatural, desapareceu (diz-se que ele foi levado para os céus em um redemoinho), seu trabalho reformador foi continuado por seu discípulo Eliseu, que encorajou certo Jeú a levar a cabo uma extensa revolução política e religiosa; foi um dos processos mais sangrentos na história hebreia. Jeú, um homem violento (e cuja condução impetuosa de sua carruagem deu origem ao dito "ele dirige como Jeú"), aniquilou a casa real e então destruiu cada vestígio do culto ao Baal de Tiro. Foi tão grande a matança que um século depois Oseias a denunciou.

O resumo da questão é o seguinte: o baalismo, no geral, recebeu um golpe considerável com as atividades de Elias e Eliseu, mas esse golpe não foi mortal, e o baalismo se recuperou. Um resultado permanente e importante, entretanto, foi atingido – o direito de Yahweh à supremacia na Palestina não foi nunca mais negado posteriormente. O baalismo poderia ser praticado apenas como um culto local, fosse devido à função de Yahweh não ser concebida como localmente agrícola, ou por se compreender que Yahweh tivesse feito dos baalins locais os seus ministrantes. Isto era um grande ganho para os seguidores estritos de Yahweh, pois os colocava em uma posição boa taticamente. Por outro lado, era um ganho não aparente de imediato. Uma brecha muito grande havia sido deixada para a prática contínua de ritos de influência canaanita, e durante o século seguinte alguns dentre o povo comum, relutantes em romper com os baalins, tiraram vantagem ao máximo de suas oportunidades nessa direção.

Após Eliseu, amanheceu uma nova era de profecia. No século VIII AEC encontramos indivíduos que chegaram até nós através de trabalhos compostos por eles mesmos, ou por registros compilados por seus contemporâneos próximos. A despeito de transformações editoriais, seu testemunho chega até nós em uma linguagem poética e articulada, acentuada por impressões claras de suas personalidades.

Um ponto de vista alternativo

A Bíblia é historicamente acurada? No século XIX arqueólogos assumiram que seu trabalho deveria ser descobrir a verossimilhança histórica dos registros bíblicos do antigo Israel. Em boa parte do século XX, "arqueólogos bíblicos" escavaram o solo da Palestina com o propósito específico de encontrar evidências físicas dos povos que habitaram a Terra Santa durante o primeiro milênio AEC. O resultado foi uma grande confiança, tanto em nível profissional quanto pessoal, de que a ciência podia provar que o relato da Bíblia era factual.

> Esta confiança se esvaneceu na última metade do século, quando "revisionistas", ou, de fato, "minimalistas", argumentaram que a evidência arqueológica era insuficiente para suportar a narrativa tradicional. Foram os hebreus cativos em algum momento no Egito? Os reis Davi e Salomão foram figuras históricas ou lendárias? Existiu, de fato, um templo salomônico em uma cidade capital Jerusalém? Os minimalistas debatiam que apenas o "mínimo" da história bíblica – somente o que pudesse ser suportado por meio da evidência obtida por meio de descobertas arqueológicas e o estudo de fontes exteriores à Bíblia – deveria ser considerado historicamente acurado. (Os minimalistas foram contestados, é claro, por outros que discordavam com sua identificação e método de construção de sua evidência.)

Profetas literários: Amós

Com uma voz robustamente independente de rei ou guilda, Amós, o primeiro dos profetas literários e talvez o maior dentre eles, era originário da região fronteiriça do sul. Ali o rebaixamento da religião mosaica ao culto da natureza não havia progredido tanto quanto em outras partes. Ele assim se assemelhava em termos de origens ao seu predecessor Elias, que também viera das fronteiras de Canaã, da cidade de Tisbe, além do Jordão. Este fato sugere que a reforma espiritual foi motivada pelos vislumbres mais espirituais dos distritos externos que haviam permanecido fiéis à tradição mosaica. Amós veio de Tecoa, uma pequena cidade a cerca de 20km a sul de Jerusalém e era, por ocupação, um pastor de ovelhas e um podador de sicômoros. Para marcar suas ovelhas, ele as conduzia aos centros comerciais populosos do Reino do Norte, Israel. Isto se deu por volta do ano 760 AEC, durante o reinado de Ozias em Judá e Jeroboão II em Israel. O que Amós viu o deixou cismado. Enquanto um pastor que desfrutava de igualdade social entre seus colegas em Tecoa, ele não podia deixar de notar que sob as condições econômicas mais complexas do norte a independência dos fazendeiros havia sido destruída com o surgimento de grandes senhores de terra, que tinham comprado fazenda após fazenda e que manipulavam os mercados de grãos para seu próprio enriquecimento. Toda a estrutura social se tornara anômala. As guerras do passado haviam eliminado quase que completamente a classe média. Ricos e pobres estavam desorientados moralmente de forma similar. Havia um crescente relaxamento na religião e na moral por toda a parte. A integridade se fora, e com ela a justiça, a misericórdia e a religião espiritual. Enquanto ele refletia sobre tudo isso, subitamente teve visões prevendo a catástrofe eminente sobre o norte. Apesar de ter vindo de Judá, ele não hesitou, e se apressou rumo ao Reino do Norte. Yahweh o chamara para profetizar.

O que o profeta viu em Betel e por toda parte ele (ou algum associado) escreveu, formatando sua mensagem em dicção e ritmo poéticos e dando-lhes alta qualidade literária, além de uma medida de permanência. Suas palavras trovejantes eram uma profecia da catástrofe, enraizada em convicções profundamente significativas.

INJUSTIÇA SOCIAL ENQUANTO VIOLAÇÃO DO PACTO

Amós enxergava a injustiça e o relaxamento moral como violações do "pacto da irmandade", que Yahweh certamente puniria.

> Assim diz o SENHOR:
> "Por três transgressões de Israel,
> e por quatro, não retirarei o castigo;
> porque vendem o justo por dinheiro
> e o necessitado por um par de sapatos.
> [Ah,] suspirando pelo pó da terra, sobre a cabeça dos pobres,
> pervertem o caminho dos mansos!
> E um homem e seu pai entram à mesma moça,
> para profanarem o meu santo nome.
> E se deitam junto a qualquer altar sobre roupas empenhadas,
> e na casa dos seus deuses bebem o vinho dos que tinham multado."
> [...]

> "Ai dos que vivem sossegados em Sião,
> e dos que estão confiados no monte de Samaria.
> Que têm nome entre as primeiras das nações, e aos quais vem a casa de Israel [...].
> Ai dos que dormem em camas de marfim,
> e se estendem sobre os seus leitos,
> E comem os cordeiros do rebanho,
> e os bezerros do meio do curral.
> Que cantam ao som do alaúde –
> e inventam para si instrumentos musicais, assim como Davi.
> Que bebem vinho em taças,
> e se ungem com o mais excelente óleo –
> Mas não se afligem pela ruína de José (Israel)"[C2].

Para punir estes pecados e injustiças sociais, Amós previa, o temível inimigo do norte devastaria a terra, derrubando seus fortes, saqueando seus palácios, e carregando seus cidadãos em exílio.

APOSTASIA RELIGIOSA

Mas sua acusação não parou apenas na denúncia da iniquidade social. Amós declarou que Yahweh estava farto da apostasia nacional na religião, e desprezava os ritos no templo com influências pagãs, ainda que fossem oferecidos em seu nome.

Não é de se admirar que Amazias, o alto sacerdote em Betel, temia o inflamado profeta de Judá e acusou-o no nome de rei: "Vai-te, ó vidente, e foge para a terra de Judá! E ali come o pão, e ali profetiza. Mas em Betel daqui por diante não profetizes mais; porque é o santuário do rei e casa real". E

> Da "Canção de Débora":
> Cessaram os nascimentos, cessaram em Israel, até que tu te levantaste, ó, Débora. Levanta, ó mãe, em Israel [...]. Então o povo do SENHOR marchou para os portais! Acorda, acorda, ó Débora! Acorda, acorda, entoa um cântico!
> Jz 5,7.12-13

respondeu Amós, dizendo a Amazias: "Eu não sou profeta, nem filho de profeta, mas pastor*, e cultivador de sicômoros. Mas o SENHOR me tirou de seguir o rebanho, e o SENHOR me disse: 'Vai, e profetiza ao meu povo Israel'. Agora, pois, ouve a palavra do Senhor..."C4

Estes pronunciamentos da parte do pastor Amós estabelecem uma nova compreensão do pacto de Yahweh com Israel: os termos do pacto tinham de ser interpretados não apenas por sacerdotes, reis e profetas reconhecidos, mas também por qualquer leigo fiel. Amós também demonstrava uma visão do amplo escopo do poder de Yahweh. Ela estava implícita na tradição mosaica, mas não havia sido declarada de forma tão contundente anteriormente: Yahweh *iria* enviar o inimigo do norte para punir Israel e também a seus vizinhos. Através de seu ilimitado poder sobre a natureza Ele havia trazido uma seca, três meses antes da colheita, afligido os campos com praga e peste; Ele também soltara uma nuvem de gafanhotos na terra, matara os soldados do exército de Israel com uma praga egípcia, e enviara um terremoto que estremecera a terra, semelhante ao chacoalhar de Sodoma e Gomorra. Seu poder fora exibido em arena mundial. As asserções feitas em Am 5,8 de que foi o Senhor (Yahweh) quem fizera as Plêiades e Orion, e quem transformava a escuridão na manhã e o dia em noite, são ainda mais arrebatadoras.

O monoteísmo não era mais uma questão primariamente de lealdade e prática; também se tornara uma convicção de longo alcance, uma fé de que Yahweh era o criador e senhor soberano do universo. Amós dizia, entretanto, que apenas Israel tinha conhecimento disso, e não as outras nações; pois Yahweh dissera: "Eu escolhi apenas a ti dentre todas as famílias da terra" (Am 3,2).

Oseias

Diferentemente de Amós, Oseias era nativo do norte e estava acostumado às condições dali. Como ele considerava que deslealdade a Deus era o problema central, sua mais profunda preocupação era religiosa. O estado do texto de suas profecias nos deixa algumas dúvidas em relação às exatas circunstâncias de sua vida pessoal. Nossa incerteza é aumentada pela possibilidade distinta de que tenha havido um Oseias antigo e um Oseias posterior. Os capítulos 1 ao 3 e 4 ao 14 podem ter diferentes autorias. Se for assim, a primeira parte de nosso relato está ocupada dos eventos de uma data mais antiga do que a segunda parte.

Parece provável, baseado nos três primeiros capítulos, que Oseias tenha se casado com uma mulher que foi infiel e o abandonou. Ele não podia reconhecer os filhos dela como seus próprios; ainda assim, após anos de aparente infidelidade da parte dela, ele foi capaz de recebê-la de volta em sua casa, recuperada e regenerada. Enquanto Oseias contemplava suas provações domésticas, ele parece ter notado uma similaridade entre sua própria história e a experiência de Yahweh com Israel. Yahweh também sofrera devido às infidelidades de seu povo. Eles eram infiéis em mais de uma maneira; cegos demais para perceber que a catástrofe política e social que pairava sobre si era o resultado inevitável de abandonar o verdadeiro Deus, eles tentavam atrasar o desastre pelo artifício político de correr atrás de "amantes estrangeiros", uma parte cortejando Damasco, outra o Egito, e uma terceira ascendendo ao trono por meio de aliança com a Assíria. Religiosamente, eles cortejavam deuses estrangeiros e baalins nativos fúteis, seus amantes religiosos profanos. Oseias colocava na boca de Yahweh as seguintes palavras de angústia, terminando com uma nota de amor inalienável, ainda ansioso em perdoar:

---

* Algumas traduções da Bíblia para o português trazem "boiadeiro" ao invés de "pastor de ovelhas" [N.T.].

E desvie ela (Israel) as suas prostituições da sua vista
e os seus adultérios de entre os seus seios.
Para que eu não a despoje, ficando ela nua,
e a ponha como no dia em que nasceu;
E a faça como um deserto,
e a torne como uma terra seca [...].
E não me compadeça de seus filhos,
porque são filhos de prostituições.
Porque sua mãe se prostituiu,
aquela que os concebeu houve-se torpemente –
Porque diz:
"Irei atrás de meus amantes (baalins),
Que me dão o meu pão e a minha água,
A minha lã e o meu linho,
O meu óleo e as minhas bebidas".[...]
Ela, pois, não reconhece que eu lhe dei o grão,
e o mosto, e o azeite. [...]
"E farei cessar todo o seu gozo:
as suas festas, as suas luas novas e os seus sábados –
todas as suas festividades.
Eu a castigarei pelos dias dos baalins,
nos quais lhes queimou incenso
e se adornou dos seus pendentes e das suas joias,
e andou atrás de seus amantes,
mas de mim se esqueceu", diz o SENHOR.
"Portanto,
eis que cercarei o teu caminho com espinhos
e levantarei um muro de sebe,
para que ela não ache as suas veredas.
Ela irá atrás de seus amantes,
mas não os alcançará.
Ela os buscará, mas não os achará.
Então dirá:
'Irei e retornarei
ao meu primeiro marido,
porque era melhor do que agora'.
(Eu) lhe falarei ao coração [...]
(e responderá) como nos dias de sua mocidade,
e como no dia em que subiu da terra do Egito". [...]
"E naquele dia", diz o SENHOR, "tu me chamarás: Ishi (Meu marido)
e não mais me chamarás: Baali (Meu Baal).
Eu te desposarei comigo para sempre;
Eu te desposarei comigo em justiça e em juízo,
em benignidade e em misericórdias.
E te desposarei comigo em fidelidade,
e conhecerás o Senhor"[C5].

Nas seções posteriores da profecia (cap. 4–14), existe a mesma convicção: que Yahweh fora ferido pela deslealdade de seu povo, mas poderia perdoá-los se se arrependessem. No entanto, se a nação permanecesse corrupta e sem se arrepender, as estruturas nacionais estavam condenadas e seriam varridas: reis, sacerdotes e o povo residiriam novamente em tendas (12,9) e se tornariam peregrinos entre as ações (9,17). Ainda que isso se passasse, havia esperança; pois se o povo retornasse para Deus em pureza de coração e com a antiga lealdade, ele restabeleceria os laços que haviam mantido mutuamente.

É questionável se Oseias recebeu em seu tempo a au-

> *Odeio, desprezo as vossas festas, e as vossas assembleias solenes não me exalarão bom cheiro. E ainda que me ofereçais holocaustos – ofertas de alimentos – não me agradarei delas; nem atentarei para as ofertas pacíficas de vossos animais gordos. Afasta de mim o estrépito dos teus cânticos; porque não ouvirei as melodias dos teus alaúdes. Corra, porém, o juízo como as águas, e a justiça como o ribeiro impetuoso.*
> Am 5,21-24[C3]

diência que Amós teve. Ele reclama, "O profeta estava perturbado, o homem inspirado ficou enlouquecido pela constante perturbação"[C6*]. Ele descobrira que dentro do próprio templo de Deus o povo era hostil ao profeta, o atalaia de Deus. Certamente, se ele chegou a viver o suficiente para ver o holocausto da conquista assíria do Reino do Norte, ele deve ter sentido que o Deus de amor havia cortejado Israel em vão, e que tudo que ele havia predito fora cumprido naquele evento.

Isaías

Enquanto isso o Reino do Sul teve sua parcela de admoestação profética. Cerca de 742 AEC, no final do reinado do Rei Ozias, um jovem de boa família apareceu nas ruas de Jerusalém em um papel profético; seu nome era Isaías. Ele tivera na juventude uma experiência da realidade de Yahweh que o comovera profundamente, e contou-a com as seguintes marcantes palavras:

> No ano em que morreu o Rei Ozias, eu vi também o Senhor assentado sobre um alto e sublime trono; e a orla do seu manto enchia o templo. Serafins estavam por cima dele; cada um tinha seis asas; com duas cobriam os seus rostos, e com duas cobriam os seus pés, e com duas voavam.
> E clamavam uns aos outros, dizendo: "Santo, Santo, Santo é o SENHOR dos Exércitos; toda a terra está cheia da sua glória".
> E os umbrais das portas se moveram à voz do que clamava, e a casa se encheu de fumaça. Então disse eu:
> "Ai de mim! Pois estou perdido!
> Porque sou um homem de lábios impuros,
> e habito no meio de um povo de impuros lábios;
> e os meus olhos viram o Rei, O SENHOR dos Exércitos".
> Porém um dos serafins voou para mim, trazendo na sua mão uma brasa viva, que tirara do altar com uma tenaz. E com a brasa tocou a minha boca, e disse:
> "Eis que isto tocou os teus lábios;
> e a tua iniquidade foi tirada,
> e expiado o teu pecado".
> Depois disto ouvi a voz do Senhor, que dizia: "A quem enviarei, e quem há de ir por nós?" Então disse eu: "Eis-me aqui, envia-me a mim"[C7].

SEGURANÇA LIGADA À FIDELIDADE AO PACTO

Consciente de sua comissão divina, Isaías permaneceu ativo por praticamente quarenta anos como um profeta para o povo de forma geral e como conselheiro especial dos reis de Judá. Em um tempo de incerteza, ele defendeu de forma inabalável a confiança na providência de Deus. Ele foi o profeta da fé, da confiança em Yahweh, advertindo os governantes de Jerusalém de que a segurança da cidade estava em deixar de fazer liga com as nações ao seu redor e confiar apenas em seu aliado digno de confiança, Yahweh. "Sua vitória", ele advertia, estava "no sossego e na confiança"[C8]. Ao aconselhar os reis de Judá, esta era sua constante declaração. Assim, quando o Reino do Norte foi destruído pelos assírios (722 AEC), e os assírios se acampavam diante de Jerusalém sob Senaqueribe, seu general, o Rei Ezequias, acometido pelo pânico, implorou-lhe para clamar a Yahweh, e Isaías deu garantias de que a cidade não seria tomada[C9]. Sua profecia se cumpriu de forma maravilhosa. Os assírios subitamente abandonaram o

---

* Segundo a Bíblia Sagrada, tradução Almeida corrigida e fiel: "Chegarão os dias da punição, chegarão os dias da retribuição; Israel o saberá; o profeta é um insensato, o homem de espírito é um louco; por causa da abundância da tua iniquidade também haverá grande ódio" (Os 9,7) [N.T.]

cerco (de acordo com a tradição, foram atacados por uma praga. Mas há evidência de que Senaqueribe aceitou o pagamento de um resgate elevado para retirar suas forças).

Mas Isaías estava certo de que o infiel e o perverso não poderiam sobreviver para desfrutar da segurança futura. Eles pereceriam à espada ou definhariam em exílio miserável, longe das confortáveis colinas de casa. Enquanto ele olhava para eles, ele via que muitos deles estavam condenados à morte e ao exílio. Da mesma forma que Amós, ele não via nada além de angústia reservada àqueles que violavam a justiça da aliança: "o poderoso, e o homem de guerra, o juiz, e o profeta, e o adivinho, e o ancião", pois "ai dos que ajuntam casa a casa, reúnem campo a campo, até que não haja mais lugar, e fiquem como únicos moradores no meio da terra!", ou "ai dos que perseguem o licor cedo de manhã, e até tarde da noite estão inflamados pelo vinho"[35]*, ou para aqueles que "são sábios a seus próprios olhos, e prudentes diante de si mesmos [...] que justificam ao ímpio por suborno, e aos justos negam a justiça!" [...] "Os teus príncipes são rebeldes, e companheiros de ladrões; cada um deles ama as peitas, e anda atrás das recompensas; não fazem justiça ao órfão, e não chega perante eles a causa da viúva"[C10].

IMPACIÊNCIA COM O RITUAL

Da mesma forma que Amós, Isaías registra a impaciência de Yahweh com o ritual elaborado do templo. Carneiros mortos, a gordura de animais engordados, o sangue de bois e bodes, ofertas, a fumaça dos sacrifícios, reuniões na lua nova e no Sábado, jejuns e festas são "enfado" para Yahweh. Ainda que os adoradores estendam suas mãos, ele nunca olhará em sua direção, e ainda que ofereçam muitas orações, ele não as ouvirá. Suas mãos estão manchadas de sangue! Eles não confiam realmente em Yahweh!

Não é apenas o destino cego que determina os eventos. Yahweh é a força motriz e o inventor por trás da história humana. Ele até mesmo considera o Egito "meu povo" e a Assíria "obra de minhas mãos" (Is 19,25). Mas Ele punirá e destruirá os perversos por toda a parte: em Moabe, em Edom, em Damasco, no Egito, mas não menos em Judá. Os perversos destruirão um ao outro por artifício de Yahweh. A Assíria estava condenada como todo o restante, mas enquanto isso Yahweh teria uso para este exterminador de nações, um uso como o de uma clava balançada em fúria ou um cajado brandido em ira. Ela faria bem o seu trabalho, e a justiça seria feita, mesmo através do saque e da destruição das nações.

Se Isaías era tão inflexível quanto Amós ao pronunciar a condenação ele via, entretanto, como Oseias, que a compaixão e o amor estão no centro do plano divino de Yahweh. O expurgo das nações se dá no interesse do melhoramento espiritual, e de um mundo mais amável.

Após o dia da condenação, haveria o retorno das bênçãos para os "remanescentes" que viveram através de todas as dores e confiaram em Yahweh esperando nele todo o bem.

Paz, prosperidade e saúde seriam deles. Sobre eles, Yahweh derramaria misericórdia; e ele lhes perdoaria abundantemente.

VISÕES DE UMA NOVA ERA

E aqui nós chegamos às passagens em Isaías que têm tido grande importância histórica – os sonhos dourados de uma nova era que amanhecerá após o terrível dia da ira e da condenação ter passado. Gerações posteriores se demoraram sobre eles e confiaram na autoridade de

---

* Na Bíblia Sagrada, Almeida corrigida e fiel, "Ai dos que são poderosos para beber vinho, e homens de poder para misturar bebida forte" (Is 5,22).

Isaías ao se permitirem a esperança sincera de seu cumprimento. Alguns acadêmicos, é verdade, com bons fundamentos disputam a autenticidade dessas passagens. Neles Isaías é visto, talvez antes de que o tempo estivesse maduro para tais previsões, como alguém pintando um quadro cor-de-rosa de um mundo sem guerras e do governo benigno de um príncipe da paz, o Messias, que surgiria da semente e linhagem de Davi, e que traria o novo dia. Mas estes poemas de esperança e esta visão surgiram das aflições de seu período na história e, assim, para os objetivos de nosso estudo, pouco importa se são da própria lavra de Isaías ou não. Isaías foi uma testemunha em luto da destruição e do desmembramento do Reino do Norte, e ele naturalmente poderia ter sonhado aqueles sonhos e visto aquelas visões que previam a reunião, a partir dos quatro cantos do mundo, dos dispersos, de Judá mas também de Israel.

Das profecias atribuídas a Isaías, consideremos as duas passagens notáveis que se seguem, ambas talvez retrabalhadas ou mesmo reescritas por mãos posteriores – ainda que isso seja incerto; a primeira delas lida com a Nova Jerusalém, e a segunda com o príncipe pacífico que se assentaria no trono de Davi na nova era:

> E acontecerá nos últimos dias que se firmará o monte da casa do SENHOR no cume dos montes, e se elevará por cima dos outeiros; e concorrerão a Ele todas as nações.
> E irão muitos povos, e dirão: "Vinde, subamos ao monte do SENHOR, à casa do Deus de Jacó, para que nos ensine os seus caminhos, e andemos nas suas veredas"; porque de Sião sairá a lei, e de Jerusalém a palavra do SENHOR.
> E Ele julgará entre as nações, e repreenderá a muitos povos; e estes converterão as suas espadas em enxadões e as suas lanças em foices; uma nação não levantará espada contra outra nação, nem aprenderão mais a guerrear. Vinde, ó casa de Jacó! E andemos na luz do SENHOR[C12].
> Porque brotará um rebento do tronco de Jessé (o pai de Davi), e das suas raízes um renovo frutificará.
> E repousará sobre ele o espírito do SENHOR, o espírito de sabedoria e de entendimento, o espírito de conselho e de fortaleza, o espírito de conhecimento e de temor do Senhor [...].
> E a justiça será o cinto dos seus lombos, e a fidelidade o cinto dos seus rins.
> E morará o lobo com o cordeiro, e o leopardo com o cabrito se deitará, e o bezerro, e o filho de leão e o animal cevado andarão juntos, e um menino pequeno os guiará.
> A vaca e a ursa pastarão juntas, seus filhos se deitarão juntos, e o leão comerá palha como o boi.
> E brincará a criança de peito sobre a toca da áspide, e a desmamada colocará a sua mão na cova do basilisco.
> Não se fará mal nem dano algum em todo o meu santo monte, porque a terra se encherá do conhecimento do SENHOR, como as águas cobrem o mar.
> A raiz de Jessé, a qual estará posta por estandarte dos povos, será buscada pelos gentios – e o lugar do seu repouso será glorioso[C13].

> "Vinde então, e argui-me", diz o Senhor. "Ainda que os vossos pecados sejam como a escarlata, eles se tornarão brancos como a neve; ainda que sejam vermelhos como o carmesim, se tornarão como a branca lã. Se quiserdes, e obedecerdes [...]".
> Is 1,18-19[C11]

Miqueias

Inspirado por Isaías, um jovem chamado Miqueias veio do interior para Jerusalém e começou a profetizar próximo à queda do Reino do Norte em 722 AEC. As profecias atribuídas a ele são marcantes por duas declarações que ele proferiu, aqui citadas; uma contra os profetas que suportavam uma popular complacência em relação à suposta inviolabilidade de Jerusalém, e a outra uma definição notável da essência da religião espiritual:

> Assim diz o Senhor acerca dos profetas
> que fazem errar o meu povo,
> que mordem com os seus dentes,
> e clamam "paz"!
> Mas contra aquele que nada lhes dá na boca preparam guerra.
> Portanto,
> se vos fará noite sem visão,
> e tereis trevas sem adivinhação,
> e haverá o sol sobre os profetas,
> e o dia sobre eles se enegrecerá.
> E os videntes se envergonharão
> e os adivinhadores se confundirão;
> Sim, todos eles cobrirão os seus lábios,
> porque não haverá resposta de Deus.
> [...] Ouvi agora isto, vós [...]
> que edificam (edificando) a Sião com sangue,
> e a Jerusalém com iniquidade! [...]
> Os seus sacerdotes ensinam por interesse,
> e os seus profetas adivinham por dinheiro [...] dizendo:
> "Não está o Senhor no meio de nós?
> Nenhum mal nos sobrevirá".
> Portanto, por causa de vós,
> Sião será lavrada como um campo,
> e Jerusalém se tornará em montões de pedras,
> e o monte desta casa
> como os altos de um bosque".[C14]
> Com que me apresentarei ao Senhor e me inclinarei diante do Deus altíssimo?
> Eu ma apresentarei diante dele com holocaustos, com bezerros de um ano?
> O Senhor se agradará com milhares de carneiros ou de dez mil ribeiros de azeite? Darei o meu primogênito pela minha transgressão, o fruto do meu ventre pelo pecado da minha alma?
> Ele te declarou, ó homem, o que é bom; e que é o que o Senhor pede de ti, senão que pratiques a justiça, e ames a benignidade, e andes humildemente com o teu Deus?[C15]

A reforma deuteronômica

Após Miqueias, os profetas silenciaram por setenta anos. Foram eles suprimidos? Parece provável. Pois quando o perigo de um sítio assírio a Jerusalém passara e o Rei Manassés subiu ao trono, uma séria recaída do monoteísmo ético se deu novamente. Dois fatores parecem ter estado em operação. Um foi um popular movimento disseminado de vai e vem, retornando à forma de adoração a Yahweh com influência canaanita; o povo relutava em abandonar as festividades nos lugares altos e nos altares. Eles temiam os possíveis maus efeitos de renunciar às artes mágicas, aos amuletos, aos espíritos domésticos e às imagens nos quais eles haviam confiado por tanto tempo. Além disso, a severa religião ética dos profetas parecia para eles vazia e fria quando comparada às práticas festivas que agradavam aos seus sentidos e imaginações. A apostasia se tornou difundida.

CULTOS ASSÍRIOS PATROCINADOS OFICIALMENTE

O outro fator de influência nessa recaída foi um patrocínio oficial dos cultos assírios por razões de Estado. Judá era, devemos nos lembrar, um Estado vassalo que pagava tributos para a Assíria. No próprio templo, portanto, santuários foram erigidos e oferendas eram feitas para os deuses e as deusas da Assíria. Algo similar ocorrera antes, mas não na mesma extensão. Em uma época anterior, Salomão tentara agradar suas muitas esposas enchendo Jerusalém com santuários dedicados a divindades estrangeiras, mas ele não os havia erigido na área do Templo, e eles tinham tido no máximo um *status* clandestino.

Quando o Rei Acaz, contrariamente aos protestos do Profeta Isaías, tentou salvar Judá aceitando entrar em vassalagem sob a Assíria, pagando tributo para a "proteção" do grande rei, o monarca adulador armou um altar diante do templo – que era uma cópia fiel ao usado na adoração assíria imperial. O antigo altar de Yahweh foi realocado em um lado; imagens dos corcéis solares assírios receberam um lugar na área do Templo, e uma pérgula para a adoração de **Tammuz** (Adônis) foi erigida no telhado da construção do Templo. Essas profanações do santuário sagrado de Yahweh foram suprimidas nas reformas puritanas instituídas pelo novo monarca Ezequias sob a condução de Isaías, mas a pressão assíria e o relaxamento religioso popular foram suficientes para restaurá-los durante o reinado do Rei Manassés, que se seguiu. Mas Manassés foi muito além do ponto atingido por seu avô, Acaz. Ele construiu altares para os deuses do sol e das estrelas de Babilônia e Nínive tanto no pátio interno quanto externo do Templo. Ele armou um asherah dentro do Templo em honra a Ishtar, rainha do céu, para quem o povo que afluía ali queimava incenso, derramava libações, e oferecia bolos assados com sua imagem neles. Não negligenciando divindades semíticas próximas, Manassés erigiu altares para vários baalins e sacrificou um filho, dando-o aos fogos do devorador de crianças Molech (ou Moloque).

Entre a política estatal de adotar formas assírias de culto e o desvio popular de uma conduta ética estrita, a religião de Yahweh parecia prestes a sofrer um eclipse completo.

Mas não se deu assim. Duas coisas aconteceram. Subitamente os profetas passaram a ter voz novamente – Sofonias, Habacuc, Naum, e o maior de todos, Jeremias. E enquanto o império mundial assírio começava a desmoronar e cair, o neto de Manassés, Rei Josias, dirigiu uma grande reforma religiosa, comumente chamada de **Reforma deuteronômica**.

UM DOCUMENTO REFORMADOR DESCOBERTO

A reforma do Rei Josias aconteceu da seguinte forma. Em 621 AEC, o rei autorizou o alto sacerdote a fazer alguns reparos atrasados no Templo, e o alto sacerdote relatou subsequentemente um importante "achado". Um anteriormente desconhecido "Livro da Lei" tinha, ele disse, sido descoberto, depositado em um lugar escondido. Este livro, declarou ele, datava da era mosaica. (Agora incorporado ao Livro de Deuteronômio [capítulos 12-26], este documento é conhecido para os acadêmicos como "D", ou o código deuteronômico. A identificação do manuscrito "descoberto" com porção do código "D" do Livro do Deuteronômio é baseada na grande correspondência entre a reforma de Josias, como descrita no Segundo Livro dos Reis, e a fidelidade pactual requerida pelo código. Foi indubitavelmente uma tentativa contemporânea de codificar a lei ética hebraica; sua "descoberta" pode ter sido um estratagema intencionado em promover o bem público.) Quando o rei o viu e ouviu suas provisões, ele rasgou suas vestes e encarregou seus conselheiros de descobrir da parte de Yahweh se o livro era genuíno, se consistia em uma verdadeira declaração da lei divina. Os conselheiros consultaram um profeta chamado Hulda, que atestou sua autenticidade. O rei então convocou o povo para uma grande assembleia e os liderou em jurar um pacto solene para manter os estatutos escritos no código recém-descoberto.

A reforma começou com uma limpeza completa de todas as práticas religiosas condenadas pelo código. O Segundo Livro dos Reis provê, sem ser estritamente cronológico a seu respeito, um vívido relato desta fase da reforma.

> E o rei mandou ao sumo sacerdote Hilquias, aos sacerdotes da segunda ordem, e aos guardas do umbral da porta, que tirassem do templo do SENHOR todos os vasos que se tinham feito para Baal, para o bosque e para todo o exército dos céus e os queimou fora de Jerusalém, nos campos de Cedrom e levou as cinzas deles a Betel. Também destituiu os sacerdotes (idólatras) [...] como também os que queimavam incenso a Baal, ao sol, à lua, e aos planetas, e a todo o exército dos céus. Também derrubou as casas dos sodomitas que estavam na casa do Senhor, em que as mulheres teciam casinhas para o ídolo do bosque (Asherah) [...] e derrubou os altos que estavam às portas, junto à entrada da porta de Josué [...]. Também profanou a Tofete, que está no vale dos filhos de Hinom, para que ninguém fizesse passar a seu filho, ou sua filha, pelo fogo a Moloque. Também tirou os cavalos que os reis de Judá tinham dedicado ao sol [...] e os carros do sol queimou a fogo. Também o rei derrubou os altares que estavam sobre o terraço do cenáculo de Acaz, os quais os reis de Judá tinham feito, como também o rei derrubou os altares que fizera Manassés nos dois átrios da casa do SENHOR.
>
> E esmiuçados os tirou dali e lançou o pó deles no ribeiro de Cedrom. O rei profanou também os altos que estavam defronte de Jerusalém, à mão direita (ao sul) do Monte de Masite (o monte do destruidor), os quais edificara Salomão, rei de Israel, a Astarote, a abominação dos sidônios, e a Quemós, a abominação dos moabitas, e a Milcom, a abominação dos filhos de Amom. Semelhantemente quebrou as estátuas, cortou os bosques e encheu o seu lugar com ossos de homens[A7].

O rei não parou em Jerusalém e seus arredores imediatos. Ele percorreu toda Judá, chegando a locais tão distantes quanto Betel, demolindo e transformando os altares, pilares e asherahs dos lugares altos e santuários em pó.

FUNÇÕES SACERDOTAIS CENTRALIZADAS EM JERUSALÉM

Uma característica muito importante da reforma se seguiu. O rei buscou a todos os sacerdotes dos santuários de Yahweh fora de Jerusalém e centralizou os sacrifícios, a função especial dos sacerdotes, na capital. Foi defendido que sacrifícios apropriados poderiam ser oferecidos apenas ali.

As fases posteriores da reforma estavam preocupadas com as injunções éticas do código deuteronômico. Um novo idealismo social se espalhou pela terra. O código clamava por maior humanitarismo em relação aos escravos, e por maior consideração com as necessidades dos pobres. A antiga lei de vingança de sangue foi condenada à luz da nova lei em funcionamento: "A pessoa será condenada à morte apenas por seu próprio crime"[A8]. Apesar de elementos selvagens e cruéis ainda permaneceram, marcando o novo código com reflexos de uma era mais primitiva, havia um genuíno avanço ético em direção à justiça e à retidão.

Mas a reforma que havia começado com tamanha meticulosidade ficou longe de se tornar um sucesso completo, em grande parte devido à sua excessiva severidade em um aspecto – a centralização da religião em Jerusalém. Isto teve o efeito de subtração da comunidade local em prol de sua vinculação com Jerusalém. O sacerdócio de Jerusalém tinha então um controle absoluto sobre a tradição mosaica e, mais ainda, um interesse investido nela. O sacerdócio rural e das vilas foi abolido, e o povo comum das comunidades rurais, que se esperava que se dirigisse para Jerusalém "para encontrar sua maior alegria", sofreu uma grande diminuição no senso de imediatismo da presença divina em suas localidades. É verdade o suficiente que Yahweh tinha se tornado inefavelmente santo e transcendente, e sua vontade severa era conhecida claramente a partir das páginas de um livro sagrado, mas ele era uma presença menos íntima, não tão próxima como antes. Alguns dentre o povo comum, achando difícil atingir uma fé tão elevada e dedicada, recaiu muito facilmente – mas sem abandonar por completo a Yahweh – em ritos mais satisfatórios emocionalmente, criminalizados então pela lei do rei e pelo código deuteronômico, assim como pelos profetas.

Jeremias (ca. 600 AEC)

Jeremias veio de uma família sacerdotal que ministrava antes das reformas de Josias no santuário de Anatote, uma pequena vila a cerca de seis quilômetros e meio a nordeste de Jerusalém. Movido pelo desastre ameaçando sua nação rebelde, ele se sentiu chamado por Yahweh para profetizar:

> Assim veio a mim a palavra do SENHOR, dizendo: "Antes que te formasse no ventre te conheci, e antes que saísses da madre, te santifiquei; às nações te dei por profeta".
> Então disse eu: "Ah, SENHOR DEUS! Eis que não sei falar; porque ainda sou um menino".
> Mas o SENHOR me disse: "Não digas: Eu sou um menino [...]; porque a todos a quem eu te enviar, irás [...]".
> E estendeu o SENHOR a sua mão, e tocou-me na boca; e disse-me o SENHOR: "Eis que ponho as minhas palavras na tua boca".[A9]

JUDÁ PRESA EM MEIO A IMPÉRIOS EM CONFLITO

Jeremias viveu em um dos períodos mais difíceis e desconcertantes de toda a história de Judá. Ele começou sua carreira quando o Império Assírio estava em declínio e uma aterrorizante invasão de salteadores citas varria a região que ia da Síria, cruzando a costa Palestina, até o Egito. Judá estava em pânico.

Não muito tempo depois das hordas citas se retirarem para o norte, uma mudança marcante ocorreu no leste: Nínive caiu, e o Império Assírio deu lugar ao Babilônico. Imediatamente se iniciou uma competição titânica entre Egito e Babilônia por supremacia no Oriente. Judá se tornou o lugar de uma intriga internacional; o Egito esperava ganhar para o seu lado o pequeno país montanhoso, com sua capital fortificada praticamente impregnável, e teve sucesso em boa medida. Ainda assim, durante a tortuosa competição, o bom Rei Josias, aparentemente se alinhando com a Babilônia, caiu em batalha contra os próprios egípcios que propunham se tornar seus aliados. Pouco tempo depois, o Egito sofreu uma atordoante derrota nas mãos dos babilônicos em Carquemish. Judá, desprovida de seu bom rei e de seu arrogante aliado do Nilo, caiu novamente sob o controle de um poder do Oriente Próximo. Um pesado tributo anual era extorquido dela pelos babilônicos. Então o Egito voltou a armar suas intrigas, fazendo promessas novas. Em Jerusalém o rei e o povo, esperando por um alívio no pagamento de tributos, davam ouvidos atentos.

Mas Jeremias tinha visão clara e bom-senso para ver a tolice em se rebelar contra o poderoso poder da Babilônia. Ele levantou o desagrado ardente de seus compatriotas ao negar que Yahweh manteria a cidade inviolável, caso Judá se rebelasse e os babilônios atacassem. Muito pelo contrário; ele declarou nesta e em muitas outras ocasiões que o seu ministério seria principalmente o de advertir a nação – sempre em vão – de desastres que poderiam ser previstos ou evitados com a ajuda de Yahweh. Esta tarefa foi tão difícil que em alguns momentos, nos últimos tempos, seu espírito o abandonava, e ele dava vazão a explosões muito humanas em relação à ingratidão de toda a situação.

> Sirvo de escárnio todo o dia; cada um deles zomba de mim.
> Porque desde que falo, grito, clamo: "Violência e destruição".
> [...] Então disse eu: "Não me lembrarei dele, e não falarei mais no seu nome". Mas (sua palavra) foi no meu coração como fogo ardente, encerrado nos meus ossos; e estou fatigado de sofrer, e não posso mais. [...]
> Maldito o dia em que nasci! Não seja bendito o dia em que minha mãe me deu à luz!
> Maldito o homem que deu as novas a meu pai, dizendo: "Nasceu-te um filho", alegrando-o com isso grandemente!
> [...] Por que saí da madre, para ver trabalho e tristeza, e para que os meus dias se consumam na vergonha[A10].

Mas apesar de ele ter se tornado extremamente impopular, Jeremias nunca fugiu de dizer exatamente o que ele entendia que o Senhor queria que ele dissesse. Quando os reis o consultavam, ele nunca trazia as más notícias gentilmente. Nenhuma multidão ameaçadora podia fazê-lo falar de forma mansa; ele não era uma pessoa que inspirava simpatia. Apenas um leal amigo permaneceu junto a ele por todos os dias amargos, durante os quais ele era ultrajado por reis, príncipes, pelo povo comum e pelos profetas colegas. Este fora Baruc, seu secretário pessoal, o homem que pôs por escrito as profecias de Jeremias sob o ditado do profeta, e que posteriormente adicionou valiosas notas bibliográficas a fim de explicar como as profecias vieram a ser proferidas e que consequências se sucederam a elas.

ORÁCULOS ADVERTINDO A NAÇÃO

Jeremias apareceu certo dia no Templo para entregar uma contundente acusação ao povo apóstata, e clamou: "Assim diz o SENHOR: 'Eu farei desta casa como Siloé, e eu tornarei esta cidade em uma maldição para todas as nações da terra'". Sua vida ficou imediatamente em perigo, pois nós lemos:

> E sucedeu que, acabando Jeremias de dizer tudo quanto o SENHOR lhe havia ordenado que dissesse a todo o povo, pegaram nele os sacerdotes, e os profetas, e todo o povo, dizendo: "Certamente morrerás! Por que profetizaste no nome do SENHOR, dizendo: Como Siló será esta casa, e esta cidade será assolada, de sorte que não fique nenhum morador nela?" E ajuntou-se todo o povo contra Jeremias, na casa do SENHOR.
> E, ouvindo os príncipes de Judá estas palavras, subiram da casa do rei à casa do SENHOR, e se assentaram à entrada da porta nova do SENHOR. Então falaram os sacerdotes e os profetas aos príncipes e a todo o povo, dizendo: "Este homem é réu de morte, porque profetizou contra esta cidade, como ouvistes com os vossos ouvidos".
> E falou Jeremias a todos os príncipes e a todo o povo, dizendo: "O Senhor me enviou a profetizar contra esta casa, e contra esta cidade, todas as palavras que ouvistes. Agora, pois, melhorai os vossos caminhos e as vossas ações, e ouvi a voz do Senhor vosso Deus, e arrepender-se-á o Senhor do mal que falou contra vós. Quanto a mim, eis que estou nas vossas mãos; fazei de mim conforme o que for bom e reto aos vossos olhos. Sabei, porém, com certeza que, se me

Capítulo 13 - O judaísmo em suas fases iniciais: das origens dos hebreus ao exílio

matardes, trareis sangue inocente sobre vós, e sobre esta cidade, e sobre os seus habitantes; porque, na verdade, o Senhor me enviou a vós, para dizer aos vossos ouvidos todas estas palavras".

Esta fala firme modificou a situação por completo e Jeremias foi salvo.

Então disseram os príncipes, e todo o povo aos sacerdotes e aos profetas: "Este homem não é réu de morte, porque em nome do Senhor, nosso Deus, nos falou"[A11].

Então os anciãos da terra lembraram à assembleia de como Miqueias (Mq 3,9-12) profetizara em um dia anterior que Jerusalém poderia se tornar em ruínas, e Jeremias foi liberto.

OPOSIÇÃO DOS OUTROS PROFETAS

Os colegas profetas de Jeremias tinham se unido com os sacerdotes contra ele; sua constante oposição era um ferimento doloroso. Em uma ocasião, ele apareceu nas ruas com um jugo de madeira sob seu pescoço. Isto, dizia ele, simbolizava o jugo do rei da Babilônia que seria colocado sobre o pescoço do povo. Enquanto ele caminhava pelo Templo, um profeta rival chamado Ananias adiantou-se, trazendo uma palavra oposta da parte do Senhor. Ele tomou o jugo do pescoço de Jeremias e o quebrou, dizendo: "Assim diz o SENHOR: Assim, passados dois anos completos, quebrarei o jugo de Nabucodonosor, rei da Babilônia, de sobre o pescoço de todas as nações". Jeremias se retirou para ponderar sobre isto, e então voltou para clamar que Ananias, o falso profeta, fizera o povo acreditar em uma mentira, e que o Senhor o prenderia com ferro. Ele colocaria um "jugo inquebrável no pescoço de todas as nações", que então serviriam ao Rei Nabucodonosor da Babilônia[A12].

Os outros profetas em Jerusalém não pareciam para Jeremias melhores do que Ananias. Ele pronunciou um severo julgamento sobre eles:

Assim diz o SENHOR dos Exércitos:
"Não deis ouvidos às palavras dos profetas,
que entre vós profetizam;
fazem-vos desvanecer;
falam da visão do seu coração,
não da boca do SENHOR.
"Eis que eu sou contra os que profetizam sonhos mentirosos – diz o SENHOR – e os contam, e fazem errar o meu povo com as suas mentiras e com as suas leviandades; pois eu não os enviei, nem lhes dei ordem"[A13].

ESCAPE POR POUCO

Judá imprudentemente se revoltou contra a Babilônia, e a cidade foi cercada pelo exército de Nabucodonosor. Jeremias exauriu a paciência dos príncipes ao abertamente falar para o povo que a cidade estava condenada e que aqueles que ficassem nela morreriam pela espada, fome e pestilência, mas que aqueles que se rendessem para os babilônios escapariam e ganhariam suas vidas como prêmio de guerra. Os príncipes de Jerusalém naturalmente reclamaram para o rei de que Jeremias desencorajava os soldados que defendiam a cidade, e eles instigaram que ele fosse retirado do caminho. Jeremias, então, foi lançado em uma cisterna seca no pátio da guarda real, onde ele afundou em lama e foi deixado para morrer. Se um guarda etíope não tivesse perturbado a consciência do rei com uma descrição do apuro em que Jeremias estava, o profeta certamente teria perecido; o que aconteceu então foi que o rei fez com que Jeremias fosse secretamente içado para terra firme. Ele não seria colocado em liberdade até que a cidade caísse para os babilônios.

Esta não foi nem a primeira nem a última vez que Jeremias esteve em perigo. Certa vez ele fora preso e colocado no calabouço por vinte e quatro horas; em outra, seus companheiros camponeses em Anatote haviam tramado matá-lo. Ele e Baruc tiveram que se esconder durante o reinado de Joaquim após o rei ser tomado de ira durante uma leitura privada, no palácio, de um rolo das profecias de Jeremias; o rei cortou o rolo em peças com sua faca à medida que ia sendo lido para ele, e jogou os pedaços no braseiro diante dele, ordenou após isso a prisão de Jeremias.

O profeta se escondeu; o perigo passou, mas ele nunca chegou a conhecer paz após aquilo. Quando Jerusalém foi destruída em 586 AEC, Nabucodonosor o libertou como um amigo e permitiu que ele ficasse em Judá junto com um punhado de cidadãos – as classes baixas, na verdade – que não haviam sido levados em exílio. Jeremias tentou reconciliar aqueles deixados para trás com seus destinos, mas Gedalias, o governador apontado por Nabucodonosor, foi assassinado, e os conspiradores sequestraram Jeremias e o levaram para o Egito, onde ele profetizou brevemente antes de chegar ao seu desconhecido e talvez violento, fim.

CONDENAÇÃO TRANSCEDIDA PELA ESPERANÇA

Ao ler os oráculos de Jeremias, podemos sentir a natureza decidida e sombria de sua personalidade. As passagens prevendo condenação ardiam conjuntamente com a própria angústia do profeta. Ainda assim, Jeremias não era um pessimista consumado; ele dava espaço para a esperança. Ele previu que após que Yahweh tivesse usado a Babilônia como meio de executar sua justa punição para as nações, a própria Babilônia seria punida. Então o povo de Judá, e também o de Israel, "não mais serviriam a estrangeiros", mas retornariam para Judá a fim de "servir ao Senhor seu Deus, e Davi, seu rei", a quem Yahweh levantaria para eles.

> Porque eu sou contigo, diz o SENHOR, para te salvar; porquanto darei fim a todas as nações entre as quais te espalhei; a ti, porém, não darei fim[A14].

Tendo os corrigido "na medida certa", Yahweh faria uma "nova aliança" com seu povo, dizia Jeremias.

UM PACTO COM INDIVÍDUOS

Neste ponto Jeremias fazia uma contribuição distintiva, se não original, para a tradição profética. A nova aliança que seria feita teria de ser entre Yahweh e *indivíduos* redimidos. Profetas anteriores tinham se concentrado no relacionamento público e já experimentado socialmente entre Yahweh e os hebreus – a base do antigo pacto. Jeremias aprofundava a ideia de uma experiência válida, subjetiva, de relacionamento entre Yahweh e o indivíduo.

> Eis que dias vêm – diz o SENHOR – em que farei uma aliança nova com a casa de Israel e com a casa de Judá. Não conforme a aliança que fiz com seus pais, no dia em que os tomei pela mão, para os tirar da terra do Egito; porque eles invalidaram a minha aliança apesar de eu os haver desposado [...]. Mas esta é a aliança que farei com a casa de Israel depois daqueles dias [...]. Porei a minha lei no seu interior, e a escreverei no seu coração [...]. E não ensinará mais cada um a seu próximo, nem cada um a seu irmão, dizendo: "Conhecei ao Senhor"; porque todos me conhecerão, desde o menor até ao maior deles, diz o Senhor.

Jeremias acompanhou sua predição com uma declaração sucinta de responsabilidade individual:

Naqueles dias nunca mais dirão: "Os pais comeram uvas verdes, e os dentes dos filhos se embotaram". Mas cada um morrerá pela sua iniquidade; de todo o homem que comer as uvas verdes os dentes se embotarão[A15].

Em outras palavras, Jeremias colocou as pessoas face a face com Deus, como indivíduos diretamente responsáveis diante dele por suas próprias condutas. Eles não mais podiam dizer que ele lidava com eles apenas através de seus relacionamentos de grupo; eles eram responsáveis individualmente.

Esta foi uma proposição de grande importância, pois seu corolário lógico era que, se o relacionamento humano com Deus era uma relação direta e pessoal, então a abordagem a Deus através dos sacrifícios no Templo não devia ser da maior importância, e talvez nem fosse mais necessária para a vivência mais altamente espiritual do indivíduo.

V - O EXÍLIO BABILÔNICO

Como tão frequentemente acontece com grupos fanáticos nacionalistas, o partido pró-Egito em Jerusalém desencadeou o próprio desastre que ele tentava evitar – o colapso da soberania nacional hebreia.

Eles persuadiram o idoso Rei Jeoaquim a recusar o pagamento do tributo para Nabucodonosor, rei da Babilônia, e de tomar atitudes em prol da independência nacional, confiando no auxílio militar egípcio. Quando Nabucodonosor descobriu isto, ele agiu rapidamente, determinado a esmagar os rebeldes de Judá de uma vez por todas. Em 597 AEC, ele cercou Jerusalém com suas forças completas. Após um sítio de três meses durante o qual morreu Jeoaquim, um novo Rei, Joaquim*, subiu ao trono, e então entregou a cidade a fim de evitar sua total destruição. Nabucodonosor saqueou o Templo e levou cativos para Babilônia o rei e 10 mil ou, como descrito no Segundo Livro dos Reis, "todos os homens valentes, até sete mil – todos eles guerreiros, treinados para a batalha – e artífices e ferreiros até mil"[A16*]. Na Babilônia o rei foi lançado na prisão e o povo foi assentado como colonos no Rio Chebar (*Habor* na Bíblia), um largo canal que corria para o sudeste, saindo da Babilônia. Aqueles que foram deixados para trás em Judá foram colocados sob o governo do tio do rei deportado, Sedecias, o terceiro filho de Josias. Em 588, após nove anos de lealdade vacilante a Nabucodonosor, Sedecias também se rebelou.

A destruição de Jerusalém

Desta vez Jerusalém não foi poupada. Após um cerco que durou um ano e meio, durante o qual os egípcios que vieram livrar a cidade sitiada foram expulsos decisivamente pelos sitiantes, Jerusalém foi tomada em 586 AEC. Os babilônios e seus aliados (os edomitas, samaritanos, amonitas e outros) sistematicamente saquearam, queimaram e destruíram todas as construções da cidade, incluindo o Templo, sobre cuja arca sagrada nunca mais se ouviu falar, derribando laboriosamente as muralhas da cidade. A capital foi tão meticulosamente arruinada que não veio a ser reconstruída por mais de um século e meio. Antes de ser levado em cadeias para a Babilônia, o Rei Sedecias foi forçado a testemunhar a execução de seus filhos, tendo então em seguida os seus próprios olhos arrancados. Todos os habitantes de Jerusalém, exceto Jeremias e os cidadãos mais pobres e das classes mais baixas, foram levados. As cidades em

---

* Jeoaquim na Bíblia Almeida; Joaquim segundo a tradução da Bíblia de Jerusalém, foi sucedido por Joaquin, também conhecido como Jeconias [N.T.].

* Na Bíblia Sagrada, versão Almeida corrigida fiel, lê-se ligeira diferença de significado: "todos os homens valentes, até sete mil, e artífices e ferreiros até mil, *e todos os homens destros na guerra*" [N.T. – destaque nosso].

volta de Jerusalém foram drenadas de suas classes altas. Enquanto isso, muitos daqueles que puderam fugiram para o sul, em direção ao Egito. A nação foi despedaçada. Uma parte estava na Babilônia; outra porção chegara ao Egito e se assentara em comunidades esparsas ao longo do Nilo e do seu delta; uma terceira parte permaneceu na terra natal arruinada. Foi tão profunda a mudança no *status* nacional que os historiadores se referindo ao povo que sobreviveu à queda de Jerusalém em 586 AEC abandonam o nome "hebreu" e se referem a eles após isso como "judeus".

Respostas iniciais ao exílio

Ainda assim o exílio babilônico não foi tão desastroso para os cativos judeus quanto a deportação assíria fora para as dez tribos perdidas. A hostilidade de Nabucodonosor era de um caráter político; ela fora direcionada apenas contra a continuidade da soberania nacional hebreia, e não contra as pessoas e seu povo, enquanto indivíduos. Assim que os judeus foram transportados para as cercanias da Babilônia, ele lhes concedeu relativa liberdade. Eles poderiam viver juntos e seguir suas antigas formas de vida e cultura sem perturbação. A região na qual eles foram assentados era parte de uma rica planície aluvial, entrecortada por canais de irrigação e, dessa forma, muito superior à Palestina do ponto de vista agrícola. E ainda por cima, ela ficava entre duas das maiores cidades do mundo – Babilônia e Nippur, o que lhes proporcionava vantagens econômicas de um tipo pouco usual, de forma que aqueles que se estabeleceram e aproveitaram as oportunidades prosperaram.

De início, é claro, a sensação de alienação era esmagadora. Não existe outra passagem nas Escrituras hebraicas comparável ao Sl 37 por seus contrastes, começando da forma que o faz com um eloquente lamento coberto de tristeza e terminando com feroz raiva dirigida contra seus captores.

> Junto aos rios da Babilônia, ali nos assentamos e choramos, quando nos lembramos de Sião.
> Sobre os salgueiros que há no meio dela, penduramos as nossas liras.
> Pois lá aqueles que nos levaram cativos nos pediam uma canção; e os que nos destruíram, que os alegrássemos, dizendo:
> "Cantai-nos uma das canções de Sião".
> Como cantaremos a canção do Senhor em terra estranha?
> Se eu me esquecer de ti, oh Jerusalém, esqueça-se a minha direita da sua destreza.
> Se me não lembrar de ti, apegue-se a língua ao meu paladar; se não preferir Jerusalém à minha maior alegria.
> Lembra-te, SENHOR, dos filhos de Edom no dia de Jerusalém, que diziam: Descobri-a, descobri-a até aos seus alicerces.
> Ah! filha de babilônia, que vais ser assolada; feliz aquele que te retribuir o pago que tu nos pagaste a nós.
> Feliz aquele que pegar em teus filhos e der com eles nas pedras[A17].

Mas o humor de irreconciliabilidade com seu destino passou. Economicamente, a situação se tornou melhor do que meramente tolerável. Aqueles que cultivaram o solo rico se acharam colhendo grandes colheitas; a pedregosa Judá nunca lhes provera tanto. Muitos judeus, livres da agricultura, entraram a serviço do governo como soldados e oficiais. Outros, transformando suas oportunidades econômicas em vantagens, se tornaram mercadores e comerciantes, seguindo um caminho que muitos de seus irmãos tomavam ao mesmo tempo no Egito e na Síria, e que seguiriam cada vez mais no decorrer dos séculos. Não levaria muito tempo até que seu grande sucesso levasse um escritor judeu (o autor de Ester) a reconhecer a existência de antissemitismo na Babilônia.

Ele faria Haman dizer para o Rei Xerxes em Susã: "Existe espalhado e dividido entre os povos em todas as províncias do teu reino um povo, cujas leis são diferentes das leis de todos os povos [...]. Se bem parecer ao rei, decrete-se que os matem"[A18]. O Livro de Ester retrata Ester como uma rainha de Ahasueri (Assuero, Xerxes), colocando-se em risco para evitar o decreto. Os judeus haviam iniciado o longo e pesaroso percurso de perseguição antissemítica na face da terra.

A religião da Torá e os profetas tinham agora de passar por um teste crucial. Pensaria o povo exilado que o seu Deus tinha falhado para com eles e que as divindades das nações estrangeiras eram maiores? Ou o ponto de vista dos grandes profetas prevaleceria, de que Yahweh estava com seu povo em toda a parte, e dirigia os destinos de outros povos ao lado do povo escolhido? Aparentemente, alguns desistiram de Yahweh para seguir os deuses que fizeram a Babilônia prosperar. Uma antiga apostasia foi recorrente no Egito; entre os refugiados que sequestraram Jeremias e o carregaram para o Egito havia homens e mulheres que desafiaram o velho profeta da seguinte forma:

> Não obedeceremos a ti [...] (pelo contrário, iremos [...] fazer oferendas) à rainha dos céus (Asherah/Ishtar), e oferecendo-lhe libações, como nós e nossos pais, nossos reis e nossos príncipes, temos feito, nas cidades de Judá, e nas ruas de Jerusalém. E então tínhamos fartura de pão, e andávamos alegres, e não víamos mal algum. Mas desde que cessamos de queimar incenso à rainha dos céus [...] tivemos falta de tudo, e fomos consumidos pela espada e pela fome[A19].

Este povo estava perdido para a religião judaica. Mas aqueles com os quais residia o futuro do judaísmo não foram abalados em sua fé: ela se expandiu e se aprofundou. Yahweh estava no Egito e na Babilônia, com eles; disso eles estavam certos.

Durante este tempo se deu um marcante aumento da atividade literária. Cópias de escritos antigos foram preparadas para uso no dia do Sábado e durante as festas do ano judaico, e aqueles que temiam que a nova geração crescendo na Babilônia pudesse se esquecer das tradições que ainda não haviam sido registradas se apressaram em escrevê-las, e em revisar e ampliar as antigas histórias e códigos por adição e expansão. Surgiram também escritos refletindo percepções contemporâneas. Muitos salmos foram compostos. E dois grandes profetas surgiram para derramar seus pensamentos inspirados em fala e escrita.

A origem da sinagoga

Para os fiéis na Babilônia havia apenas um lugar no mundo onde os sacrifícios podiam ser oferecidos a Yahweh, e este era o altar do templo em Jerusalém. Isto significava que agora lhes era negado abordar ao Alto Deus. Mas eles se aproximavam dele de outras formas. Eles poderiam, por exemplo, se reunir no Sábado em suas casas e ler um para o outro os rolos da Torá e dos escritos dos profetas. Além disso, eles poderiam ler as antigas histórias de seu povo, em várias

---

Mas esta é a aliança que farei com a casa de Israel [...]. Porei a minha lei no seu interior, e a escreverei no seu coração. E eu serei o seu Deus e eles serão o meu povo.
Jr 31,33

> edições, ainda não combinadas finalmente em um texto canônico. Após a leitura desses textos, alguém deveria conduzir a oração. Reunir-se aos sábados (que pode ter se iniciado já em Judá após a reforma deuteronômica como uma forma de promover a adoração sem o sacrifício de animais) se tornou uma prática regular entre os exilados, e de tais encontros surgiu a **sinagoga**, tornada padrão pelos fariseus nos dias posteriores. (O sermão, tão familiar para os frequentadores de igrejas cristãs, teve sua origem na exposição e na interpretação de porções selecionadas dos textos sagrados durante os encontros no Sábado dos judeus na Babilônia.)

Ezequiel

Pouco se sabe positivamente sobre a vida de Ezequiel. É possível que algo do livro creditado a ele tenha sido escrito em seu nome em uma época posterior. Ele aparentemente foi um líder do que foi chamado de Círculo Deuteronômico dentre os exilados – aqueles que se inclinavam fortemente para o código deuteronômico e interpretavam toda a história hebreia à sua luz, chegando ao ponto de reescrever muito dos Juízes, e os livros de Samuel e Reis de acordo com os julgamentos de valor deuteronômicos.

Ezequiel veio de uma família sacerdotal de Jerusalém, foi levado cativo para a Babilônia em 587 AEC, e viveu na comunidade judaica no Rio Chebar (*Habor*). Por vinte e dois anos ou mais ele esteve ativo como profeta e se autointitulou "atalaia para a casa de Israel"[A20], exercendo supervisão pastoral, cuidando de seus colegas exilados e sempre sonhando com a restauração e regeneração de seu povo.

Em suas visões e alegorias mais antigas, escritas em frases ardentes e floridas, Ezequiel profetizou firmemente a destruição de Jerusalém – uma profecia que se cumpriu em 586 AEC. Depois disso emergiu uma preocupação principal: quando terminasse o exílio, como logo aconteceria, e o povo voltasse para a terra natal, qual seria a constituição sobre a qual eles viveriam e, especialmente, como seriam conduzidos os cultos no Templo restaurado? Aqui Ezequiel mostrava a si mesmo como "um sacerdote com manto de profeta"[E2]. Enquanto Jeremias percebia que o Templo e seu culto divino logo chegariam ao fim, mas que a nação poderia passar sem eles, Ezequiel sabia que "era apenas uma questão de tempo antes que o Templo e seus cultos divinos fossem restaurados, e que a nação não poderia passar sem eles"[E3]. Assim, ele se concentrou em visualizar sua restauração e o fez em grande detalhe e com grande entusiasmo. Suas descrições do que viriam a ser o Templo e suas cerimônias, e sua declaração da filosofia de adoração que o inspirava, ainda que nunca tenham sido aceitas enquanto uns programas a ser executados de forma exata exerceram grande influência nas atitudes e no espírito do judaísmo posterior.

A SANTIDADE E DISTANCIAMENTO DE YAHWEH

A filosofia de adoração de Ezequiel combinava a nova ênfase na responsabilidade individual – nova desde Jeremias e o lançamento do código deuteronômico – com uma concepção exaltada de Yahweh como um ser sublimemente transcendente e santo. O pecador necessitando de perdão não encontraria Yahweh derretido de amor e perdão ao primeiro sinal de remorso; a santidade de Yahweh requeria a abordagem sacrificial de indivíduos castos, reunidos no Templo em um estado de pureza física e espiritual, sob a direção de sacerdotes especializados. Em sua infinita santidade, Yahweh não se distanciara para tão longe do mundo das pessoas ordinárias que ele pudesse ser encontrado apenas através de intermediários, humanos e divinos (sacerdotes e anjos).

Talvez essa ênfase no distanciamento e no estado absoluto do SENHOR Deus tenha exercido efeito na visão expandida que os exilados passaram a ter dos movimentos de Deus através de toda a história. Não governava o SENHOR Deus as nações com cajado de ferro? Não estava Ele a usar pessoas, individualmente, e nações únicas, como meios para fins inescrutáveis, mas santos? Não estava Ele inclinado em tornar seu nome conhecido para toda a humanidade? Questões como essas pesavam nas mentes de Ezequiel e de seus contemporâneos e os deixava atentos à realidade de que Deus tinha outros objetivos em mente além de apenas mostrar amabilidade e tenra misericórdia para alguns poucos escolhidos. Ezequiel expressava sua consciência em seu escrito:

> Assim diz o SENHOR Deus: Não é por respeito a vós que eu faço isto, ó casa de Israel, mas pelo meu santo nome, que profanastes entre as nações para onde fostes [...] e os gentios saberão que eu sou o SENHOR [...] quando eu for santificado aos seus olhos[A21].

Ezequiel alertou Israel, assim, para o fato de que Yahweh poderia restaurá-los em sua terra natal, tendo eles se arrependido ou não, mas não por causa deles; ao invés disso, por sua própria causa, para santificar o seu nome aos olhos das nações que os observavam. Os fatos centrais da história eram que os propósitos de Deus são justos e santos, e que Ele age com força – "com uma forte mão e um braço estendido" – em prol de estabelecer sua glória através do mundo.

Não obstante, apenas o Templo poderia oferecer as condições adequadas a uma abordagem apropriada de tal Deus – uma abordagem feita por pessoas purificadas, na beleza da santidade, buscando colaborar para a glória de Deus e cumprindo sua vontade.

O Dêutero-Isaías

Um grande profeta desconhecido do exílio recebeu o nome embaraçoso de **Dêutero-Isaías**, significado o segundo Isaías. Suas profecias estão preservadas na última parte do Livro de Isaías, aproximadamente do quadragésimo capítulo em diante. Nada sobre sua vida ou identidade são conhecidos, mas afortunadamente sua mente e espírito não ficaram alheios a nós. Em concepções éticas e religiosas, suas profecias nos levam ao ponto culminante das Escrituras hebraicas.

O problema central com o qual o Dêutero-Isaías estava preocupado pairava de forma gigantesca nas mentes dos judeus exilados: o problema do mal que lhes sobreviera. Por que Yahweh trouxera tamanho sofrimento sobre eles? A antiga resposta de que esse mal se devera devido aos seus pecados não era completamente satisfatória, pois o povo da Babilônia, que então prosperava, era tão ruim como os judeus haviam sido; quiçá até mesmo piores que eles. O Dêutero-Isaías não rejeita essa explicação convencional; ele via verdade nela. Mas ele não considerava que os sofrimentos dos judeus pudessem ser explicados completamente com essa base. Ele contextualizava as provações de seu povo em um pano de fundo mundial. Eles faziam, declarou o Dêutero-Isaías, parte do plano de Yahweh para a redenção eventual de todo o mundo.

A concepção aqui é magnífica em seu escopo. O Senhor se tornara, sem qualquer outra qualificação, o único Deus: "Não há nenhum outro". Sua esfera de ação é o mundo inteiro. Qualquer coisa que Ele faça precisa ser vista diante de um plano de fundo cósmico.

> Não sabeis?
> Não ouvistes?
> O eterno Deus, o SENHOR, o Criador dos fins da terra[A22].

Ele é o primeiro e o último: "Antes de mim nenhum deus se formou, e depois de mim nenhum haverá"[A23]. Ele, sozinho, criara os céus e a terra, e dava o sopro de vida aos povos. Ele controla toda a história, forma a luz e cria a escuridão, faz paz e cria o mal. Este santo Senhor dos Exércitos, que afirma do seu alto assento no poder mundial, "assim como os céus são mais altos do que a terra, assim são os meus caminhos mais altos do que os vossos caminhos, e os meus pensamentos mais altos do que os vossos pensamentos"[A24], não obstante reside como um salvador imanente e é um redentor nos corações daqueles que são contritos e humildes em espírito:

> Porque assim diz o Alto e o Sublime, que habita na eternidade, e cujo nome é Santo: Num alto e santo lugar habito, como também com o contrito e abatido de espírito[A25].

Além disso, o propósito redentor de Deus não estaria limitado a uma área ou a um povo; ele era universal. Deus intendia salvar toda a humanidade e, da mesma forma que os judeus, também os gentios.

ISRAEL ENQUANTO UM SERVO MENSAGEIRO

Neste ponto, o Dêutero-Isaías expõe sua concepção mais original, o mais elevado fruto de sua experiência de vida entre os gentios. Para trazer o conhecimento salvífico de si mesmo e de sua vontade santa para todos os povos, Deus precisa de um mensageiro, um servo. Israel é este servo, e pode dizer:

> Ouvi-me, ilhas, e escutai vós, povos de longe:
> O SENHOR me chamou desde o ventre [...].
> E me disse: "Tu és meu servo; és Israel, aquele por quem hei de ser glorificado"[A26].

> "Eu, O SENHOR (pela minha graça), te chamei em justiça, e te tomarei pela mão, e te guardarei, e te darei por aliança do povo, e para luz dos gentios"[C16].

Os judeus eram, dessa forma, um povo escolhido; escolhidos não para serem os recipientes de favores imerecidos, mas para servirem como portadores da luz. Isso aparentemente não significa que eles deveriam se tornar missionários, mas que na sua história as nações deveriam ver a presença do Senhor.

Ainda assim, eles ficaram cegos e surdos para sua missão, e tinham de ser refinados e purificados na "fornalha do sofrimento". O Senhor tinha de deixar o povo escolhido sofrer sob espoliadores e saqueadores, pois eles haviam pecado e não podiam andar em seus caminhos, nem ouvir às suas instruções. "Assim, Ele derramou sobre eles a indignação de sua ira, e a fúria [força] da guerra"[A27]. Esta punição tinha de acontecer. Ela foi forçada sobre Deus pelos pecados do povo escolhido. Mas o profeta trazia a palavra confortante de que o SENHOR Deus declarava, então, que a culpa de Jerusalém fora paga por completo, e que seu povo, portanto, não teria mais de sofrer quaisquer outras aflições; seu sofrimento estava encerrado.

REDENÇÃO POR MEIO DO SOFRIMENTO

O sofrimento não se dera em vão. Ele purificara a nação, e havia maravilhado e afetado profundamente os gentios que os observavam. Esta concepção foi desenvolvida em uma das maiores odes religiosas já escritas. As nações da terra são ouvidas falando acerca do Servo Sofredor:

> Foi desprezado e rejeitado pelos homens, um homem de tristeza e familia-

rizado com o sofrimento. Como alguém de quem os homens escondem o rosto, foi desprezado, e nós não o tínhamos em estima.
Certamente Ele tomou sobre si as nossas enfermidades e sobre si levou as nossas doenças, contudo nós o consideramos castigado por Deus, por Ele atingido e afligido.
Mas Ele foi transpassado por causa das nossas transgressões, foi esmagado por causa de nossas iniquidades; o castigo que nos trouxe paz estava sobre Ele, e pelas suas feridas fomos curados.
Todos nós, tal qual ovelhas, nos desviamos, cada um de nós se voltou para o seu próprio caminho; e o Senhor fez cair sobre Ele a iniquidade de todos nós[F].

Profundamente comovidos, os reis gentios e seus povos compreenderam ao menos que os sofrimentos do servo de Deus, Israel, eram o padecer de um inocente sem culpa. Antes que fosse muito tarde, seus filhos retornariam com incontáveis riquezas de todas as direções a fim de reconstruir os muros de Jerusalém e permanecer na resplandecente luz da glória de Deus no Monte Sião.

RESTAURAÇÃO

Dessa forma o Dêutero-Isaías justifica os caminhos de Deus para os judeus. Mas ele não apenas olhava para o passado; ele se voltava para o futuro. A próxima fase do plano redentor de Deus, ele declarava, era uma gloriosa restauração dos judeus em Jerusalém, onde o trabalho de redenção procederia em direção ao mundo inteiro a partir desse centro, em meio à alegria dos fiéis. Isto seria efetuado por meio de Ciro, o chefe de guerra persa, que por meio da direção de Deus esmagaria governantes como um oleiro esmagava a argila, conquistaria a Babilônia, e libertaria os judeus (nós veremos mais adiante que Ciro preencheria estas expectativas). Então, após seu retorno para a terra natal, os judeus ministrariam a todas as nações no nome do Senhor. Todo o mundo se agregaria em Jerusalém para adorar a Deus, dizendo:

Deveras Deus está em ti, e não há nenhum outro deus.
Verdadeiramente tu és o Deus que te ocultas, o Deus de Israel, o Salvador[A28].

Mas não apenas o mundo viria até Jerusalém; Israel seria aclamada pelo mundo.

Assim diz o SENHOR Deus: "Eis que levantarei a minha mão para os gentios, e ante os povos arvorarei a minha bandeira; então trarão os teus filhos nos braços, e as tuas filhas serão levadas sobre os ombros. E os reis serão os teus aios, e as suas rainhas as tuas amas"[A29].

O Deus que salvara a Israel atingiria toda a humanidade por meio deles.

Através do apelo deste alto idealismo moral, o Dêutero-Isaías veio a ter grande influência nas melhores mentes do judaísmo posterior, e também viria a influenciar o cristianismo primitivo. Alguns o compreenderam; outros não. Suas profecias foram buscadas repetidamente por aqueles que aguardavam ansiosamente pela vinda de um messias. Suas descrições do Servo Sofredor foram tão concretas e individualizadas que gerações posteriores prontamente concluíram que ele nelas falava não acerca dos exilados, mas de um messias, e assim buscaram por uma pessoa que pudesse algum dia redimir o mundo através de seu sofrimento. Os cristãos primitivos encontraram em Jesus de Nazaré aquele que, aos seus olhos, se encaixava perfeitamente nestas descrições.

GLOSSÁRIO

Asherah: uma deusa canaanita da fertilidade, ou um pilar sagrado dedicado a ela.

Ashtoreth (Gc. Astarte, Pt. Astarote, Akkad. Ishtar): proeminente deusa da fertilidade, associada especialmente com a cidade de Sidom na Bíblia; no plural, geralmente um termo genérico para deusas da fertilidade, contraparte a *baalins*, deuses da fertilidade.

Baal: "senhor" ou "mestre", uma divindade da natureza comum no mundo semítico ocidental; às vezes, o título de uma divindade local: *Baal-hazor* ou (fem.) *Baalat-beer*.

Canaanitas (Cananeus): habitantes da terra prometida para os patriarcas (fronteiras incertas – na Bíblia, usualmente a oeste do Jordão); não era uma população homogênea, mas em sua maior parte semítica.

Dêutero-Isaías, "Segundo Isaías": um nome aplicado aos capítulos 40-55 do Livro de Isaías sob o pressuposto de que eles representam uma unidade literária separada, dirigida aos exilados na Babilônia.

El: termo comum para um ser sobre-humano ou para uma divindade nas línguas semíticas.

Elohim: um nome para Deus na Escritura hebraica; apesar de ser uma forma plural, considera-se que refira ao "Um que é Tudo" enquanto uma forma distinta de *elelim*, "não deuses" ou ídolos.

El-Shaddai: "divindade das montanhas", um nome para Deus, especialmente o Deus da aliança com Abraão.

Nabi (*pron.* navi): alguém chamado para falar por Deus, um profeta.

Reforma deuteronômica: uma purificação da vida ritual e moral sob o Rei Josias em 621 AEC, baseada em um livro da "segunda lei" trazido à luz durante reparos no Templo.

Shema, literalmente "Ouvi!": o nome dado para o mandamento-chave em toda a lei e vida devocional judaica – "Ouvi, ó Israel! O SENHOR é nosso Deus, o SENHOR apenas" (Dt 6,4).

Sinagoga: uma assembleia de judeus organizada para adoração e estudo (ou a construção na qual eles se reúnem).

Tammuz (Adônis): um deus mesopotâmico da vegetação e da fertilidade; a veneração cultual a ele por mulheres hebreias é mencionada no Livro de Ezequiel.

Torah (Torá): na referência restrita, a lei escrita no Pentateuco; amplamente, os ensinamentos de Deus, toda a escritura e tradição, ou mesmo a teologia judaica como um todo.

Yahweh (Jeová): o nome de Deus, uma vocalização do tetragrama sagrado YHWH (JHVH); no uso ritual, o termo *Adonai* é falado onde aparece o tetragrama. Em muitas traduções é substituído pelo termo Senhor.

LEITURAS SUGERIDAS

BARON, S.W. *A Social and Religious History of the Jews*. Nova York: Columbia University Press, 1952.

BARON, S.W.; BLAU, J.L. (eds.). *Judaism: Postbiblical and Talmudic Period*. Indianápolis: Bobbs-Merrill, 1954.

BAUER, Y. *A History of the Holocaust*. Nova York: Franklin Watts, 1982.

BOROWITZ, E.B. Judaism. In: ELIADE, M. (ed.). *The Encyclopedia of Religion*. Nova York: Macmillan, 1987.

BRIGHT, J. *History of Israel*. 3. ed. Filadélfia: Westminster, 1981.

BUBER, M. *Tales of the Hasidim*. Nova York: Schocken Books, 1947-1948.

BUBER, M. *Prophetic Faith*. Nova York: The Macmillan, 1949.

CHRIST, C.P.; PLASKOW, J. (eds.). *Womanspirit Rising*. Nova York: Harper & Row, 1979.

COHON, S.S. *Jewish Theology*. Assen: Royal Van Gurcum, 1971.

FINKELSTEIN, L. (ed.). *The Jews: Their History, Culture and Religion*. Nova York: Harper & Brothers, 1960.

FINKELSTEIN, L. (ed.). *The Pharisees: The Sociological Background of Their Faith*. 3. ed. Filadélfia: Jewish, 1962.

GROBMAN, A; LANDES, D. (eds.). *Genocide: Critical Issues of the Holocaust*. Los Angeles: Simon Wiesenthal Center, 1983.

HESCHEL, A. Oneness of the Divine. In: FISHER, M.P.; BAILEY, L.W. *An Anthology of Living Religions*, 2000.

HILLERS, D.R. *Covenant: The History of a Biblical Idea*. Baltimore: Johns Hopkins University Press, 1969.

KATZ, J. *Exclusiveness and Tolerance: Studies in Jewish Gentile Relations in Medieval and Modern Times*. Nova York: Behrman House, 1961.

KAUFMANN, Y. *The Religion of Israel: From Its Beginnings to the Babylonian Exile*. Trad. de Moshe Greenberg. Chicago: University of Chicago Press, 1966.

KNIGHT, D.A.; TUCKER, G.N. (eds.). *The Hebrew Bible and Its Modern Interpreters*. Chico: Scholars Press, 1985.

MARCUS, J.R. (ed.). *The Jews and the Medieval World: A Source Book: The Years 351-1791*. Nova York: Harper and Row, 1965.

MONTEFIORE, C.G.; LOEWE, H. (eds.). *A Rabbinic Anthology*. Filadélfia: Jewish Publication Society, 1960.

NEUSNER, J. *The Way of Torah: An Introduction to Judaism*. Belmont: Dickenson, 1970.

NOLL, K.L. *Canaan and Israel in Antiquity: An Introduction*. Londres: Sheffield, 2001.

OTWELL, J.H. *And Sarah Laughed: The Status of Women in the Old Testament*. Filadélfia: Westminster Press, 1977.

PLASKOW, J.; CHRIST, C.P. (eds.). *Weaving the Visions: New Patterns in Feminist Spirituality*. São Francisco: Harper & Row, 1989.

SCHOLEN, G.G. *Major Trends in Jewish Mysticism*. 3. ed. Nova York: Schocken Books, 1946.

SCHÜRER, E. *A History of the Jewish People in the Time of Jesus*. Trad. de N.N. Glatzer. Nova York: Schocken Books, 1961.

TCHERIKOVER, V. *Hellenistic Civilization and the Jews*. Trad. de S. Appelbaum. Filadélfia: Jewish Publication Society, 1959.

VON RAD, G. *Old Testament Theology*. Nova York: Harper & Row, 1962.

WIESEL, E. *Souls on Fire: Portraits and Legends of Hasidic Masters*. Trad. de Marion Wiesel. Nova York: Random House, 1972.

REFERÊNCIAS

A Citações do original: *Tanakh: The Holy Scriptures*. The Jewish Publication Society, 1985. Reimp. com a permissão dos editores. Na tradução, *Bíblia Sagrada*. Almeida corrigida fiel. [1]Ex 1,8-10.22; 2,1-10; [2]Ex 3,1-2.4-9.10.13; [3]Ex 34,1-8; [4]Ex 34,17-26; [5]Ex 24,3-8; [6]Ex 32,1-7.15.19-24; [7]2Rs 23,4-14; [8]Dt 24,16; [9]Jr 1,4-9; [10]Jr 20,7-18; [11]Jr 26,8-16; [12]Jr 28,10-14; [13]Jr 23,16.31-32; [14]Jr 30,11; [15]Jr 31,31-34; [16]2Rs 23,14-16; [17]Sl 137; [18]Est 3,8-9; [19]Jr 44,16-18; [20]Ez 3,17;[21]Ez 36,22-23; [22]Is 40,28; [23]Is 43,10; [24]Is 55,9; [25]Is 57,15; [26]Is 49,1-3; [27]Is 42,25; [28]Is 45,14-15; [29]Is 49,22-23; [30]Esd 1,5; [31]Ne 9,38; 10,29-38; [32]Ne 13,25.

B BARTON, G.A. *Archaeology and the Bible*. 6. ed. American Sunday School Union, 1933, p. 442, 444 (substituindo *Habiru* por *Habiri*).

C Citações do original: *Tanakh: The Holy Scriptures*. The Jewish Publication Society, 1985. Reimp. com a permissão dos editores. Na tradução, *Bíblia Sagrada*. Almeida corrigida fiel. [1]Os 4,12-14; [2]Am 2,6-8; 6,1-6; [3]Am 5,21-24; [4]Am 7,12-17; [5]Os 2,2-9.11; 13,6-7; 14–18; 19–20; [6]Os 9,7; [7]Is 6,1-8; [8]Is 30,15; [9]Is 7,1-9; [10]Is 1,23; 3,2; 5,8; 5,21-23; [11]Is 1,18-19; [12]Is 2,15; [13]Is 11,1-10; [14]Mq 3,5-12; [15]Mq 6,6-8; [16]Is 42,6.

D LOEHR, M. *A History of Religion in the Old Testament*. Londres/Nova York: Ivor Nicholson & Watson/Charles Scribner's Sons, 1936, p. 51-52. Citado com a permissão dos editores.

E KITTEL, R. *The Religion of the People of Israel*. Nova York: The MacMillan Company, 1925, [1]p. 71; [2] p. 162; [3]p. 162. Reimp. com a permissão dos editores.

F Citação no original: MOULTON, R.G. *The Modern Reader's Bible*. Nova York: The Macmillan Company, 1907. Is 53,3-6. Reimp. com a permissão dos editores. Na tradução, *A Bíblia Sagrada*. Nova versão internacional. Is 53,3-6.

G SACHAR, A.L. *A History of the Jews*. Nova York: Alfred Knopf, 1930, [1]p. 88; [2]p. 89; [3]p. 229; [4]p. 265.

H CORNFIELD, G. (ed.). *Adam to Daniel*. Nova York: The Macmillan Company, 1961, p. 381.

I BROWNE, L. *Stranger than Fiction: A Short History of the Jews*. Nova York: The Macmillan Company, 1931, [1]p. 171; [2]p. 249. Reimp. com a permissão dos editores.

J PHILIPSON, D. *The Reform Movement in Judaism*. Ed. rev. Nova York: The Macmillan Company, 1931, [1]p. 54; [2]p. 122; [3]p. 363. Reimp. com a permissão dos editores.

K JANOWSKY, O.I. (ed.). *The American Jew: A Composite Portrait*, 2. ed. Nova York: Harper & Brothers, 1932, p. 214-215. Citado com a permissão dos editores.

L NOLL, K.L. *Canaan and Israel in Antiquity: An Introduction*. Londres: Sheffield Academic Press, 2001, p. 260.

M Citações no original: SMITH, J.M.P.; GOODSPEED, E.J. *The Bible: An American Translation*. University of Chicago Press, 1935. Reimp. com a permissão dos editores. Na tradução, *A Bíblia Sagrada*. Nova versão internacional. Ex 3,14-15.

N GILBERT, M. *The Holocaust: A Record of the Destruction of Jewish Life in Europe During the Dark Years of Nazi Rule*. Nova York: Hill & Wang, 1978, p. 59. Reimp. com a permissão dos editores.

14
O desenvolvimento religioso do judaísmo

Fatos resumidos:

- Aderentes em 2011: 15,5 milhões.
- Literatura sagrada: Torá (Torah), Mishná (Mishnah), Gemara, Talmude.
- Subdivisões etnolinguísticas:
    - *Judeus ocidentais*: Ashkenazi, Ashkenazim (Europeus do Norte, Yiddish – Ídiche).
    - *Sephardi, Sephardim, Sefarditas* (antigos imigrantes para a Espanha, imigrantes posteriores para o Levante, Inglaterra e Américas).
    - *Judeus orientais*.
    - *Judeus negros*: Falashas (Etiópia) e Bene-Israel (Índia).
- Denominações religiosas no Ocidente: ortodoxos, conservadores, reformados.

Em 538 AEC Ciro, "o Grande", tomou Babilônia e fê-la capital de um novo império que chegou a se estender do Golfo Pérsico até o Mar Negro, e do Rio Indo até as cidades gregas da costa da Jônia. Ao estudarmos a seu respeito descobrimos que ele encontrou reunido no coração da Babilônia um povo cativo não assimilado, com costumes diferentes dos costumes de outros povos; após inquirir a seu respeito, ele deu ouvido aos seus lamentos. A fim de ganhar sua amizade e ao mesmo tempo tê-los nas fronteiras com o Egito como um Estado tampão, ele concedeu-lhes permissão de retornar para Jerusalém. O retorno tão almejado pela primeira geração de exilados tornou-se então possível.

I - O SURGIMENTO DO JUDAÍSMO NO PERÍODO DA RESTAURAÇÃO

O retorno de Judá e Jerusalém

Uma expedição de judeus em retorno foi organizada de imediato. De acordo com historiadores judeus posteriores, Ciro emitiu um decreto que lhes concedia *status* privilegiado; ele não apenas lhes devolveu os vasos do Templo levados por Nabucodonosor em 586 AEC, mas disponibilizou fundos para a expedição e para a reconstrução do Templo. Aparentemente os líderes do retorno foram dois: Zorobabel, um neto do Rei Jeoaquim e, desta forma, enquanto descendente direto do Rei Davi, uma liderança com possíveis perspecti-

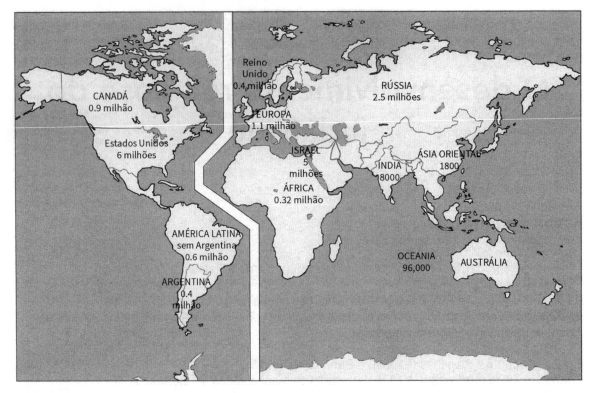

População judaica

vas messiânicas, e Jesuá (Josué), um sacerdote do ramo altamente reverenciado dos zadoquitas, da tribo de Levi. Ainda que fosse evidente que muitos judeus não voltariam, pois a Babilônia era agora o seu lar, milhares o fizeram. Os últimos foram descritos por Esdras um século depois como "aqueles cujo espírito Deus despertou [...] para edificar a casa do SENHOR, que está em Jerusalém"[A30].

Após chegarem a Jerusalém, o primeiro ato dos exilados foi erigir um altar no local do Templo arruinado e iniciar sacrifícios regulares, matinais e vespertinos. O altar reconstruído se tornou o centro da vida comunal organizada em linhas semelhantes às sugeridas pelo Profeta Ezequiel. A área do Templo foi gradualmente limpa dos detritos, e entre gritos de alegria e o choro das pessoas mais velhas, a pedra fundamental foi deitada para a construção do Templo.

Obstáculos à restauração

Mas a comunidade logo se provou incapaz de cumprir a tarefa. A maior parte do povo escolheu viver nos campos e vilas ao redor e não na própria Jerusalém, onde as pilhas de ruínas queimadas desencorajava a construção de casas. Mas as condições fora de Jerusalém estavam um pouco melhores. Virtualmente nenhuma oportunidade econômica aguardava os recém-chegados. E ainda por cima, o "povo da terra" – isto é, os não exilados – havia tomado posse das propriedades das classes altas e sem dúvida ficava aborrecido ao ver tantos retornando e reivindicando as antigas propriedades; eles mesmos poderiam reivindicar de sessenta a setenta anos de direitos enquanto possuidores. Mas havia ainda fatores adicionais para contenda. Os exilados em retorno haviam idealizado por décadas Jerusalém e a Lei, e eles olhavam com desdenho para os não exilados; os últimos teriam se desviado do padrão deuteronômico e, além disso, tinham se casado com edomitas, amonitas e samaritanos. Os não exilados estavam eles próprios descontentes em serem tratados como religiosa e socialmente inferiores, e dessa maneira recusaram-se a cooperar com a reconstrução do Templo e com outros projetos de reconstrução. Não é surpresa, portanto, que uma obstinada depressão, tanto espiritual quanto econômica, oprimiu a comunidade, e por quinze anos o Templo permaneceu intocado.

Ímpeto posterior

AGEU E ZACARIAS

Então, sob a incitação dos profetas Ageu e Zacarias, a construção foi retomada. Ageu repreendera o povo de forma indignada – como eles poderiam esperar prosperidade enquanto deixavam a casa do Senhor em ruínas? Ambos profetas encorajaram a comunidade a retomar o trabalho rapidamente devido à grande esperança por eles mantida no cativeiro: haveria um chacoalhar dos poderes do mundo e Judá novamente seria um reino independente, com Zorobabel, o descendente de Davi, se tornando seu cabeça coroado como o messiânico "Escolhido".

Com essa esperança animando-os, os judeus se apressaram em completar o Templo. Não era como o de Salomão, mas fora construído robustamente e nas dimensões corretas. Então eles se assentaram em volta, a fim de aguardar pelos sinais do favor do Senhor. E nenhuma mudança na situação ocorreu.

Um século se passou. As esperanças proféticas referentes à restauração claramente não se realizaram. Seriam elas não realizáveis? Alguns aparentemente assim achavam, pois por toda a parte se multiplicavam sinais de que a fé se esvaziava. O autor do Livro de Malaquias, que profetizava nessa época, acusou o povo de zelo afrouxado, cinismo e falta de respeito por Yahweh. Ele disse que eles não pagavam o dízimo de forma apropriada, traziam animais com defeito para os sacrifícios, e não eram reverentes durante as cerimônias do Templo. Como poderiam eles esperar pelas bênçãos do Senhor?

NEEMIAS

Duas figuras, Neemias e Esdras, foram proeminentes em reavivar e completar a restauração de Jerusalém e sua vida espiritual. A cronologia de suas atividades é incerta. Se assumirmos que eles estavam ativos simultaneamente e que o trabalho de Neemias começou primeiro, a história poderia se dar dessa forma: quando jovem, Neemias fora copeiro para o Rei Artaxerxes (I ou II?). Em um dia no qual ele recebera relatório da lamentável condição de Jerusalém e de seus habitantes, ele se apresentou diante do rei com uma face triste. O rei perguntou sobre a razão de sua melancolia e, descobrindo a causa, garantiu generosamente a Neemias os poderes de um governador, enviando-o após isso em uma missão especial para Jerusalém a fim de supervisionar a reconstrução dos muros da cidade e reorganizar a comunidade. Neemias partiu para Jerusalém, acompanhado por oficiais do exército e cavaleiros e provido de cartas de permissão das autoridades. A história da liderança de sucesso de Neemias é contada dramaticamente na autobiografia que traz o seu nome. Foi devido inteiramente ao seu gênio executivo e à sua energia que as brechas nos muros e os portões queimados da cidade foram reparados finalmente, após mais de 150 anos em estado de ruína.

ESDRAS E O REESTABELECIMENTO DE UM ESTADO SACERDOTAL

Antes, ou por volta da mesma época, Esdras o Escriba, e cerca de 1.700 judeus babilônicos, muitos deles escolhidos a dedo para o trabalho de reforma, partiram para Jerusalém para liderar a renovação espiritual que seria paralela à reconstrução dos muros de Neemias. Em Jerusalém, Esdras o Escriba convocou os judeus diante do Portão da Água. Ali a assembleia ouviu a leitura do livro da Lei (presumivelmente o código de santidade de Lv 17–26) e comprometeu-se a observar suas provisões por meio de um pacto solene com juramento. Um novo Estado teocrático foi inaugurado, com poder investido nos sacerdotes. Esdras reestabeleceu o pacto mosaico, mas essa aliança pode ser chamada de nova, ao mesmo tempo. O que ocupou o centro da atenção – no momento em que isso corria e durante os 400 anos seguintes – se torna claro na seguinte citação do compromisso que a assembleia adotou sob juramento:

> E, todavia fizemos uma firme aliança, e o escrevemos [...] e convieram num anátema e num juramento de que andariam na Lei de Deus, que foi dada pelo ministério de Moisés, servo de Deus; e de que guardariam e cumpririam todos os mandamentos do SENHOR nosso Deus, e os seus juízos e os seus estatutos. E que não daríamos as nossas filhas aos povos da terra, nem tomaríamos as filhas deles para os nossos filhos. E que, trazendo os povos da terra no dia de sábado qualquer mercadoria, e qualquer grão para venderem, nada compraríamos deles no sábado, nem no dia santificado; e no sétimo ano deixaríamos descansar a terra, e perdoaríamos toda e qualquer cobrança. Também sobre nós pusemos preceitos, impondo-nos cada ano a terça parte de um *shekel* [siclo], para o ministério da casa do nosso Deus; para os pães da proposição, para a contínua oferta de alimentos, e para o contínuo holocausto dos sábados, das luas novas, para as festas solenes, para as coisas sagradas, e para os sacrifícios pelo pecado, para expiação de Israel, e para toda a obra da casa do nosso Deus. Também lançamos sorte entre os sacerdotes, levitas, e o povo, acerca da oferta da lenha que se havia de trazer à casa do nosso Deus [...] para que houvesse combustível no [para se queimar sobre o] altar do Senhor nosso Deus [...]. Que também traríamos as primícias da nossa terra, e as primícias de todos os frutos de todas as árvores [...]. E os primogênitos dos nossos filhos, e os do nosso gado, como está escrito na lei; e que os primogênitos do nosso gado e das nossas ovelhas [...]. E que as primícias da nossa massa, as nossas ofertas alçadas, o fruto de toda a árvore, o mosto e o azeite, traríamos aos sacerdotes, às câmaras da casa do nosso Deus; e os dízimos da nossa terra aos levitas.
>
> E que os levitas receberiam os dízimos em todas as cidades, da nossa lavoura. E que o sacerdote, filho de Arão, estaria com os levitas quando estes recebessem os dízimos, e que os levitas trariam os dízimos dos dízimos à casa do nosso Deus, às câmaras da casa do tesouro[A31].

Enfatizando dessa forma os primeiros frutos, dízimos, sacrifícios e festividades fixas, os judeus dos tempos de Esdras construíram sobre os fundamentos da antiga fé pré-exílica – chamada convenientemente de religião de Israel – uma forma de vida religiosa e moralmente exigente. Sua preocupação central era a aderência fiel aos padrões da Torá mosaica. Pareceu-lhes naquele momento que isso poderia ser feito da melhor forma por meio da obediência ao escritural *mitsvoth* (preceitos da Torá escrita), do cumprimento estrito dos requerimentos do novo pacto jurado diante do Portão da

Água, e evitando-se toda impureza perante Deus. E quando, após uma disputa na qual Esdras e Neemias tiveram de exercer o máximo de pressão, esposas estrangeiras foram divorciadas e enviadas de volta para as casas de seus pais com seus filhos, os judeus adotaram então o objetivo de se tornar um grupo restrito tanto étnica quanto religiosamente.

Resistência ao código sacerdotal

Muita história futura, no entanto, é antecipada em uma passagem reveladora de Neemias escrita no seu segundo governo, quando provavelmente Esdras já estava morto e ele próprio tinha estado distante, em Susa. Havia uma grande distância entre as regras para a vida dos judeus, conforme imaginadas em um código sacerdotal, e as realidades do comportamento cotidiano.

> Naqueles dias vi em Judá os que pisavam lagares ao sábado e traziam feixes que carregavam sobre os jumentos; como também vinho, uvas e figos, e toda a espécie de cargas, que traziam a Jerusalém no dia de sábado; e protestei contra eles no dia em que vendiam mantimentos. Também habitavam em Jerusalém tírios que traziam peixe e toda a mercadoria, que vendiam no sábado aos filhos de Judá, e em Jerusalém. E contendi com os nobres de Judá, e lhes disse: "Que mal é este que fazeis, profanando o dia de sábado? Porventura não fizeram vossos pais assim, e não trouxe o nosso Deus todo este mal sobre nós e sobre esta cidade? E vós ainda mais acrescentais o ardor de sua ira sobre Israel, profanando o sábado!"
> Sucedeu, pois, que, dando já sombra nas portas de Jerusalém antes do sábado, ordenei que as portas fossem fechadas; e mandei que não as abrissem até passado o sábado; e pus às portas alguns de meus servos, para que nenhuma carga entrasse no dia de sábado. Então os negociantes e os vendedores de toda a mercadoria passaram a noite fora de Jerusalém, uma ou duas vezes. Protestei, pois, contra eles, e lhes disse: "Por que passais a noite defronte do muro? Se outra vez o fizerdes, hei de lançar mão de vós". Daquele tempo em diante não vieram no sábado[A32].

Neemias descobriu, para seu horror, que a porção dos levitas não lhes vinha sendo dada, de forma que os levitas e os cantores a serviço do Templo eram obrigados a cultivar seus próprios campos por sustento. Assim, ele teve de fazer pressão sobre os judeus a fim de que eles pagassem seus dízimos. Também, ele descobriu que alguns judeus se casaram com mulheres estrangeiras, e que seus filhos falavam línguas estrangeiras e "não sabiam como falar o judaico". Aqui ele sentiu que deveria tomar ação direta, relatando: "E contendi com eles, e os amaldiçoei e espanquei alguns deles, e lhes arranquei os cabelos, e os fiz jurar por Deus"[A33], após o que eles mandaram embora as esposas estrangeiras. Ele mesmo exilou um proeminente sacerdote casado com uma mulher estrangeira.

Estabilização por meio do ritual

Esses detalhes foram dados a fim de mostrar a situação geral. O povo comum continuava a errar, mas ainda assim a forma de vida estabelecida para eles na lei e na autoridade estava assentada inescapavelmente sobre suas consciências, e dominava todo seu pensamento. Enquanto o tempo se passava, ela reivindicaria mais e mais deles. Ao considerar o período pós-exílico até o final do século IV AEC, nós não podemos deixar de ver que não importa quão grande fosse seu relaxamento em alguns momentos, pois o povo dava sua lealdade crescente para a rodada regular de deveres religiosos que lhes eram prescritos.

As observâncias semanais de sábado os levavam até o Templo em Jerusalém ou para as localidades de reunião nas cidades e vilas distantes, que depois adquiriram o nome grego para tais lugares, "sinagogas". As festividades anuais e jejuns se tornaram costumes arraigados. Tratavam-se da **Páscoa (*Pessach*)**, que durava a semana inteira e que incluía a Festa dos Pães Ázimos no primeiro mês do ano (março ou abril); da Festa das Semanas (ou dos primeiros frutos) ocorrendo no final da primavera; e da Festa das Trombetas (depois chamada de **Rosh Hashaná**, ou Ano-novo), seguida dez dias depois pelo jejum do Dia da expiação, ou *Yom Kippur*, e cinco dias depois pela Festa das Tendas, ou Tabernáculos, todas no sétimo mês (setembro ou outubro).

É digno de nota que até o dia de hoje virtualmente todas as festividades do judaísmo envolvem o contar de histórias, repetições da história do pacto: "Como Yahweh trouxe-nos até este momento". A religião puramente ética dos profetas não pode por si só se firmar entre o povo comum, mas essas ordenanças o fizeram.

Liderança teocrática

Posteriormente, conforme se passavam os anos, a exclusividade de autopreservação dos judeus os lançava mais e mais sob o domínio de suas próprias autoridades religiosas, tanto humanas quanto literárias. Seu alto sacerdote, que vivia no Templo em Jerusalém, era descendente de Zadoque, um sacerdote apontado regiamente nos tempos do Rei Davi, que se dizia ser descendente de Arão, irmão de Moisés. Ele era tanto o governante religioso quanto civil de Jerusalém. Abaixo dele estavam os sacerdotes ordenados, que ministravam no Templo durante cerimônias religiosas, e os levitas, que tinham o *status* de atendentes do Templo e eram encarregados dos serviços musicais e da propriedade do Templo.

Autoridade também fora investida sobre a profissão estudada dos escribas, dos quais os rabis se originaram. Os escribas tinham sido outrora uma ordem mais ou menos secular, mas no momento compunham uma classe religiosa devotada a copiar e interpretar a Torá e outros escritos sagrados. Os dentre eles que desenvolviam um talento especial para pregar vieram a ser conhecidos como rabis ou "professores". Os rabis executavam um serviço duplo para o povo comum, que lhes dava importância crescente conforme passava o tempo.

Em primeiro lugar, os rabis atendiam às necessidades crescentes de uma exposição profissional dos livros sagrados, cada vez mais necessária pelo hebraico estar sendo substituído enquanto língua falada pelo aramaico, o vernáculo que prevalecia através da Síria e Palestina; dessa forma, o povo comum não mais podia entender por completo seus próprios escritos hebraicos sem a ajuda de um intérprete. Eventualmente uma tradução de textos importantes em aramaico foi finalmente feita, sendo chamada de "Targum". Uma tradução mais antiga para o grego, iniciada no século III AEC em Alexandria, é conhecida como "**Septuaginta**".

Em segundo lugar, os rabis ajudavam a descentralizar os cultos religiosos e a tornar possível novamente a execução de experiências religiosas em grupos nas vilas – algo que a reforma religiosa do Rei Josias em 621 AEC tornara difícil.

Compilação da Escritura

Os sacerdotes e os escribas proviam literatura religiosa autoritativa para o povo. Como os dias de profecia oral tinham praticamente se encerrado, a palavra escrita se tornava mais e mais comum. Na Babilônia e em Jerusalém os sacerdotes e escribas engajavam-se diligentemente nos labores literários. Eles faziam circular cópias dos escritos dos profetas mais recentes – isto é, Malaquias, Obadias, Ezequiel, Ageu, Zacarias e Segundo Isaías – e reeditavam os escritos dos profetas mais antigos. Os cinco livros da Torá mosaica foram finalmente completados: "J", "E" e "D" foram encaixados em um trabalho completo, então recombinados com "P", ou o código sacerdotal. Esse último documento, escrito recentemente, provia o estritamente monoteísta primeiro capítulo do Gênesis e muitas provisões legais intercaladas através dos cinco livros, incluindo "H", o código de santidade usado por Esdras e Neemias em suas reformas. Josué, Juízes, 1Samuel e 2Samuel, 1Reis e 2Reis foram revisados e expandidos pela adição de novo material. Um grupo de sacerdotes de inclinação deuteronômica trabalhou em 1Crônicas, 2Crônicas, Esdras e Neemias. Os cantores no Templo usavam e compunham os cantos que proveriam depois muito do conteúdo do Livro dos Salmos. Um tipo bastante diverso de poesia, originalmente erótica, mas então interpretada como simbolizando o relacionamento amoroso entre Deus e Israel é encontrado em *Cântico dos Cânticos*. Dois terços completos do cânon hebraico como o conhecemos hoje estava em existência.

Culminação: a idade da Torá

O significado da nova mudança de interesse tem sido bem definido por Abram Sachar.

> Através de todo o século V houve uma constante reação contra a lassidão religiosa, uma reação patrocinada pelos escribas, que vinham se tornando cada vez mais influentes. Os escribas, precursores dos fariseus, eram os intérpretes da lei, os líderes nas sinagogas [...]. "Gire e gire novamente"*, os escribas admoestavam o povo, "pois tudo está ali". E os judeus respondiam com devoção sem paralelos. Toda a existência estava centrada na lei. Os judeus se tornaram um povo do livro. Os antigos hebreus a haviam criado a Bíblia a partir de suas vidas; seus descendentes criaram suas vidas a partir da Bíblia[G1].

Ou, como indicava um grupo de eruditos judeus ao comentar os efeitos da reforma de Esdras:

> Daqui para frente, a marca de distinção de um judeu não seria a identidade política, mas a aderência à Torá, mesmo se ele vivesse fora da Palestina e não participasse do culto no Templo. Após o exílio, a nacionalidade judaica se tornou identificada com solidariedade étnica – descendência comum, destino, religião e cultura – ao invés de *status* territorial[H].

Surgiram "Escolas de expositores" para deduzir novas leis a partir das antigas, de forma que a antiga Torá pudesse se tornar aplicável e ser praticada no cotidiano das últimas gerações.

Essas escolas de escribas se tornariam finalmente as solidamente eruditas escolas farisaicas dos séculos II e III AEC. Desde o início elas proveram valorosas percepções sobre o problema de conceber leis funcionais para as condições atuais, que não eram sequer sonhadas nos dias de Moisés. Foram feitas melhoras nas leis civis e nas práticas do sábado.

II – NOVAS TENDÊNCIAS DE PENSAMENTO NOS PERÍODOS GREGO E MACABEU

Em 322 AEC, a teocracia Palestina caiu sob um novo domínio – o da distante Grécia. Alexandre o Grande expulsou os exércitos da Pérsia, da Ásia Menor e da Síria, e então tomou a Palestina em seu caminho para a conquista do Egito. Ele fundou na costa egípcia a nova cidade de Alexandria, que nomeou em sua própria homenagem, e

---

* Referência ao ato de virar os rolos da lei para que eles pudessem ser lidos [N.T.].

esperava que a cidade se tornasse o centro de uma cultura revolucionando a civilização das regiões fronteiriças no sudeste do Mediterrâneo. Ele voltou então sua atenção para o que sobrara do Império Persa, abatendo-o debaixo de seus pés.

Características gerais da influência helenística

Entre as motivações de Alexandre, sua ambição pessoal assumiu a parte mais considerável sem dúvida, mas ele também partiu de uma paixão acrítica e altruísta pela disseminação da civilização grega através do Oriente Médio. Ainda assim, ele não tinha a noção de transmitir a civilização grega pela força; Alexandre acreditava no poder evidente por conta própria da verdade, e planejava converter o mundo para o ponto de vista grego de vida por meio de educação e exemplo. Assim, em Alexandria e em outros pontos estratégicos, ele ordenou o embelezamento das novas cidades, que seriam construídas por arquitetos gregos e providas com construções municipais colunadas, ginásios, teatros ao ar livre e bibliotecas como as existentes em Atenas.

Alexandre encorajou colonos gregos, egípcios, persas e judeus a viverem nessas cidades-modelo, debaixo de governos municipais que permitiam a cada grupo nacional viver em seu próprio quarteirão da cidade, mas ainda assim ter uma parte democrática em certos processos do governo da cidade – como na composição do governo, formada por um concílio eleito anualmente pelo povo. O resultado foi a cultura do helenismo, produzida por uma mistura de povos adicionando suas próprias alterações nas formas de vida clássicas gregas.

É claro, não foi pouca a pressão feita sobre os cidadãos a fim de induzi-los a, por sua própria livre-escolha, vestir roupas gregas, falar em grego, construir e mobiliar suas casas das maneiras helenísticas, e ler e discutir trabalhos filosóficos e políticos gregos, ao ponto em que fosse possível de acordo com sua educação.

Em seu curto reino – sua morte na Babilônia foi súbita – Alexandre parecia respeitar e favorecer os judeus. Ele os queria em Alexandria, e em dias posteriores eles preencheram duas das cinco sessões da cidade (eles chegaram ao número de 1 milhão de almas). Ele esperava criar lugares para eles por todo seu império. Os judeus, de sua parte, foram mais influenciados por suas propostas culturais do que pelas de qualquer outro estrangeiro em toda a sua história. Por um lado, o helenismo defendido por ele combinava um novo espaço cultural com tolerância religiosa e racial sem precedentes. Por outro, ele parecia fomentar grandes promessas de relacionamentos mundiais vitais dentro do quintal econômico e político que era Judá. Os judeus queriam estar em bons termos com o restante do mundo; eles podiam ter ficado desconfiados de início com os colonos helênicos instalados em comunidades-modelo através da Palestina, mas esses colonos provaram, no final das contas, serem persuasivos expoentes do helenismo, pois eram divertidos, fraternais e pacíficos. Em três gerações, os judeus de alta classe admitiam livremente palavras gregas em sua linguagem cotidiana, e davam

> *Oferendas como repetição da aliança:* "E o sacerdote tomará o cesto da tua mão [...]. Então testificarás [...]. "Arameu, prestes a perecer, foi meu pai, e desceu ao Egito [...]. Mas os egípcios nos maltrataram [...]. Então clamamos ao SENHOR Deus de nossos pais [...]. E o SENHOR nos tirou do Egito [...]. E nos trouxe a este lugar [...] terra que mana leite e mel".
> Dt 26,4-9

nomes gregos para seus filhos. As classes educadas, especialmente dos sacerdotes de Jerusalém, foram, como pode se esperar, mais profundamente influenciadas do que o povo comum.

Sem desistir de sua própria religião, eles deram as boas-vindas para as características externas da civilização helenística a ponto de, no ápice da influência grega, os sacrifícios serem deixados às vezes queimados pela metade no altar em Jerusalém enquanto os sacerdotes corriam para algum estádio a fim de assistir os atletas participando nos jogos. O Livro de Daniel, escrito nesse período, retrata orgulhosamente a resistência de seu jovem herói à babilonização, e claramente intencionava que ele se tornasse um modelo de resistência contra a pressão helenizante sob os selêucidas.

O processo de helenização foi desacelerado, mas não interrompido pela luta pela posse da Palestina que se seguiu à morte prematura de Alexandre na Babilônia. Por cem anos a infeliz Palestina foi invadida sucessivamente pelos exércitos dos selêucidas (da Síria) e dos ptolomeus (do Egito). Os ptolomeus, a quem os judeus preferiam, estiveram em ascendência na maior parte do tempo, mas os selêucidas por fim triunfaram. Houve paz após isso por algum tempo, e o judaísmo palestino poderia ter se voltado ainda mais completamente para o helenismo do que se voltara até então, se um rei selêucida obstinado não tivesse feito com que seus súditos judeus se revoltassem contra ele e retornassem para os caminhos de seus pais.

Opressão sob Antíoco Epifânio

Já se tornara então um fato estabelecido que, enquanto sua vida religiosa não sofresse interferência, os fiéis judeus suportariam uma grande quantidade de opressão, mas quando sua religião estivesse em perigo, eles não hesitariam em se rebelar. Isto foi algo que Antíoco Epifânio, rei da Síria, não compreendeu. Ansioso em acelerar o processo moroso de ajuntar todos os povos de seu reino em um todo de mentalidade helenística, ele determinou o uso da força a fim de fazer os judeus adorarem a Zeus, de quem ele clamava ser a manifestação terrena (daí seu título de Epifânio, "Deus-feito-manifesto"). Assim sendo, ele proibiu os judeus, sob pena de morte, de manter o Sábado, de possuir qualquer cópia de seus escritos sagrados, ou de praticar a circuncisão. Ele colocou os seus próprios candidatos no ofício mais sagrado – altos sacerdotes helenísticos com nomes gregos como Jasão e Menelau. Ele erigiu um altar para Zeus do Olímpio sobre o altar das ofertas queimadas no Templo de Jerusalém, e ali sacrificava porcos (sempre uma abominação para os judeus). Além disso, ele ordenou que todos os judeus se juntassem em sacrifícios similares, não apenas em Jerusalém, mas também nas vilas. O horror e a indignação dos fiéis levaram à sua rebelião.

Rebelião e independência sob os macabeus

Quando, então, um sacerdote idoso chamado Matatias recebeu a ordem de um oficial sírio de participar do sacrifício a Zeus na vila de Modin, ele matou o oficial e levantou o estandarte de revolta. Com seus cinco filhos, apelidados de **macabeus**, ou "rapazes do martelo", ao seu lado, e apoiado por muitos seguidores dentre os judeus que corriam para ele de todas as partes, ele assumiu sua posição no deserto. Seu capacitado filho, Judas Macabeu, deixou os comandantes da Síria maravilhados ao derrotar quatro de seus exércitos e ao forçar um quinto a se retirar. Em 165 AEC, Judas conseguiu o surpreendente feito de recapturar toda Jerusalém, com exceção de seu castelo bem defendido. O Templo foi então purgado de suas "abominações" e o culto judaico restaurado. O judaísmo palestino fora salvo. Nas fases subsequentes da campanha, os sírios foram obrigados a sair da Judeia. Judas foi morto em 161 AEC, e a liderança passou para seu irmão Jônatas, e após ele para o último dos irmãos, Simão, que foi feito alto sacerdote. O filho de Simão, João Hircano, adicionou de forma imperialista a Iduméia (Edom), Samaria e Peréia (a região além do Jordão) à Judeia, de forma que seu reino se aproximou ao de Davi em tamanho. A sede por poder levou a mais abusos, e encontramos João Hircano forçando os idumeus a aceitarem o judaísmo sob a ameaça da espada – um precedente ruim. Apesar de os judeus excederem-se, o período da independência judaica durou até 63 AEC, e poderia ter durado mais se não fosse pela contenda que irrompeu entre as partes conflitantes dentre os próprios judeus.

Os efeitos das influências estrangeiras

Durante os períodos grego e dos macabeus, o judaísmo recebeu um influxo de ideias e de formas de pensamento estrangeiros que lançaram as bases para o surgimento dos partidos judaicos pós-exílio.

INFLUÊNCIA HELENÍSTICA NA LITERATURA SAPIENCIAL

Na teologia e na literatura desses períodos pode-se ver a influência de ideias gregas e persas sobre a natureza e a história.

Nesse momento já haviam sido escritos ou estavam no meio do processo os livros de Provérbios, Jó e Eclesiastes – atualmente na Bíblia –, e Eclesiástico e Sabedoria de Salomão – contidos nos apócrifos. Considerados em conjunto, eles são usualmente referidos como os livros de sabedoria. Rute, Ester, Jonas e os Salmos também fizeram suas aparições nesse tempo. A última das escrituras canônicas a serem terminadas foi o Livro de Daniel, e juntamente com ele uma hoste de livros extracanônicos de matiz semelhante, dando expressão a esperanças messiânicas ferventes.

A literatura de Sabedoria mostra a influência de ideias gregas, apesar de não se poder dizer que essas ideias fossem dominantes. Pode-se dizer apenas que o helenismo confirmou a desilusão de muitos judeus pensativos em relação às tendências de sua história. Ele desenvolveu o ceticismo e uma atitude racionalista de submeter cada crença ao teste da razão, encorajando assim um gosto por especulações de tipo mais intelectual. Para se dar um exemplo, as últimas porções de Provérbios assimilam certos conceitos especulativos da filosofia grega. A maioria dos Provérbios é muito antiga; alguns deles podem ter tido suas origens nos dias de Salomão como tradução ou paráfrase de coleções egípcias de ditos sábios sobre a natureza e a condução da vida. Diz-se que Salomão teria sido atraído por esses ditos e que ele teria adicionado algumas generalizações de sua parte. A coleção cresceu lentamente com os anos, enquanto coleções independentes eram ajuntadas a ela, até que por volta de 250 AEC, ela assumiu sua forma presente. No todo, eles são escritos num tom de sabedoria leiga pouco eclesiástica. A moralidade é considerada em sua maior parte não como a Lei de Deus (ainda que isso não seja negado com certeza), mas como a exigência da razão e do bom-senso. Em suas últimas edições, entretanto, a Sabedoria é personificada como consultora de Deus na criação – uma noção grega, sendo a palavra grega para sabedoria *Sofia*, ou *Logos*, e significando em qualquer um dos casos uma combinação de razão e de julgamento sólido.

Outro livro que reflete o helenismo é Eclesiastes. O autor parece ter tido conhecimento tanto do judaísmo quanto do helenismo, mas ter sido lançado em tal confusão mental pela tentativa de reconciliá-los a ponto de não conseguir enxergar valor no pensamento ou esforço humanos. Tudo que lhe parecia bom ele resumiu em palavras tais como as seguintes: "Eu sei que nada é bom para o homem com exceção de se alegrar e aproveitar enquanto ele vive". Tudo mais envolve futilidade, um esforço vão de agarrar o vento. Talvez o autor tenha lido o livro mais antigo, Jó, e tenha sido incapaz de resolver seu problema fundamental: Por que Deus não cumpre a regra de que o reto prospere e o perverso sofra? Mas não, o reto sofre e o perverso prospera. Eclesiastes assume apenas vagamente a sugestão de Jó de que o sábio e puro de coração pode transcender seu sofrimento ao se alegrar na sabedoria e majestade de Deus revelada no maravilhoso projeto do mundo.

A influência helenística no judaísmo atingiu seu ápice em Alexandria no Egito, ao invés da Palestina. Ali, próximo ao tempo de Cristo, ela se fez sentir no livro chamado Sabedoria de Salomão, e nos escritos do filósofo Filo, que conscientemente tentou sintetizar os pensamentos grego e judeu com o *Logos* da filosofia grega. Seu ensino – que o contato com o Ser Supremo, no mais completo sentido espiritual, era obra do *Logos* divino enquanto mediador do poder ou atividade de Deus – teria grande influência nas formas de pensamento dos primeiros pais cristãos.

INFLUÊNCIA ZOROASTRIANA

Mas a influência do helenismo sobre as concepções religiosas do corpo principal dos judeus foi menos duradoura do que a exercida pelo zoroastrismo, principalmente porque o anterior era filosófico e secular em espírito, enquanto que o último era religioso e podia oferecer suplementação para crenças já existentes.

É perigoso tirar conclusões referentes a coisas tão elusivas quanto "influência", mas os judeus vieram a conhecer o zoroastrismo de observações bem à mão na Babilônia; e certas crenças persas sobre satã, os anjos, a vida após a morte e o libertador messiânico supriram o que devia lhes parecer como elementos faltando nas antigas crenças judaicas. Antes de encontrar o satã dos zoroastrianos, os judeus haviam ponderado sobre as antigas histórias da serpente no Jardim do Éden e dos anjos caídos que haviam tomado esposas dentre as filhas dos homens antes dos dias de Noé. Ali, também, havia o adversário entre os seres celestes que cercavam a Yahweh, que obtivera permissão para afligir a Jó e fazê-lo amaldiçoar a Deus. Estas histórias antecedem ao exílio, e em nenhuma delas existe a sugestão de que o espírito do mal seja um espírito cósmico, manifesto desde o início dos tempos, dotado de uma força e poder criativos quase iguais aos do Espírito de Deus. Mas após o exílio, o adversário entre os seres celestiais se tornou, ao menos entre alguns judeus, um poder mau e infinitamente malicioso, colocando-se em oposição completa a Deus, com demônios atendentes que equivaliam aos anjos que serviam diante de Deus.

Por outro lado, She'ol, a sombria terra dos mortos, foi substituída por um céu e um inferno, e alguns judeus começaram a falar em ressurreição dos mortos no último dia, em um julgamento final, em uma recompensa final para os bons e na condenação dos maus. Muito antes do exílio os profetas já haviam previsto, é claro, o dia de condenação e de expiação das nações, mas agora muitos judeus criam nisso com adições persas. Examinemos algumas dessas mudanças específicas.

ÁREAS ESPECÍFICAS DE MUDANÇA

1) A antiga crença hebraica em demônios, que mal se colocava acima do nível do animismo e nunca implicou forte resistência a Yahweh, e muito menos em uma oposição sistemática ou sustentada, agora se transformava na crença de que os demônios estavam *organizados*; eles tinham um líder, um cabeça. Este cabeça foi chamado de formas diversas, mas o nome mais comumente usado para ele foi satã. Uma de suas primeiras aparições sob este nome está em uma passagem nas profecias de Zacarias, onde ele é descrito contendendo

com um anjo mensageiro do Senhor. Enquanto o tentador, ele também veio a ser lido retroativamente por editores e revisores dos livros históricos, alguns intérpretes até mesmo o encontrando na serpente do Jardim do Éden. Mas ele manteve o caráter de uma figura folclórica.

2) Os anjos que, de acordo com a antiga crença, eram os mensageiros divinos de Yahweh, agora eram concebidos como arranjados hierarquicamente. Nos períodos helenístico e dos macabeus esta hierarquia consistia de sete arcanjos: Rafael, Uriel, Miguel, Raguel, Saraquiel, Gabriel e Remiel. O mais proeminente destes era Miguel, Gabriel vindo a seguir em importância.

3) A antiga crença judaica de que os motos desciam para uma existência monocromática na cova do She'ol, ou terra do esquecimento, não diferentemente do Hades grego ou do Aralu babilônico, foi em grande parte suplantada por uma crença na ressurreição do corpo para uma vida após a morte – um corpo provido de vigor e consciência completos.

4) A predição dos antigos profetas que haveria um Dia do Julgamento no qual os inimigos de Israel seriam levados à destruição, após o que um novo reino seria estabelecido com um rei messiânico da linhagem de Davi no trono, passou por uma mudança radical. Isto pode ter sido um desenvolvimento natural e não uma sugestão do zoroastrismo; provavelmente foi ambos. De qualquer forma, fossem as antigas esperanças cumpridas ou aparentemente impossíveis de serem cumpridas, as expectativas agora eram da vinda do agente libertador da parte de Deus, que surgiria nas nuvens do céu no final do mundo.

5) Parece que a ideia de um julgamento final, um conceito comparativamente novo, adentrou o apocaliticismo judaico com pouca mudança básica das fontes persas, ainda que sua localidade fosse alterada.

Isto deve ser o suficiente como um registro breve e de certa forma especulativo do influxo de pensamento externo ao judaísmo. Isso levanta uma questão para nós: teria ocorrido, então, pouca oposição dentre os judeus às pressões do pensamento gentio? Certamente não. Oposição considerável surgiu, como poderemos ver na próxima seção. Ainda assim, como se pode suspeitar, as atitudes estavam divididas de forma aguçada. Alguns não aceitavam em absolutamente nada que fosse estrangeiro; alguns o faziam. Os livros de Ester, Daniel, Rute e Jonas refletem essas diferenças. Ester e Daniel foram escritos por patriotas judeus, inflamados pela ira contra os povos que tinham antissemitas em seu meio. Mas a visão mais tolerante e perdoadora em relação aos estrangeiros recebeu expressão imortal em duas histórias, uma referente a Rute, a bela moabita, que encontrou aceitação entre os judeus, casou-se com um deles e se tornou ancestral do Rei Davi, e a outra referente a Jonas, o profeta rebelde e antigentílico, a quem o Senhor redirecionou para seus propósitos mais inclusivos.

O SURGIMENTO DOS PARTIDOS JUDAICOS PÓS-EXÍLICOS

Se a Judeia tivesse permanecido isolada do restante do mundo talvez não tivesse ocorrido entre seu povo uma divisão em partidos; poderia ter se dado apenas o velho conflito entre a maioria do povo e a minoria profética que existia na era pré-exílica.

OS SADUCEUS

Na Judeia, os sacerdotes, ou ao menos as mais elevadas ordens do sacerdócio, eram os internacionalistas. Isto certamente parece um paradoxo, pois os sacerdotes são notoriamente conservadores e seletivos em suas tolerâncias. Mas nesse caso os sacerdotes eram o partido no poder; o alto sacerdote se tornara o chefe cívico além de religioso do país, e levantava impostos, coletava dinheiro dos tributos e se enriquecia em conjunto com os outros membros das famílias de altos sacerdotes.

Suas ações estavam sujeitas a leve conferência pela Gerúsia, o conselho de anciãos judeus, conhecidos posteriormente como Sinédrio (*Sanhedrin* – é significativo que ambos os nomes derivem do grego), mas em relação à maioria dos aspectos, ele era simultaneamente uma espécie de arcebispo, primeiro-ministro e oficial fiscal. Isso significa que as altas ordens de sacerdotes estavam constantemente preocupadas em relação à estabilidade nas questões econômicas e de relações exteriores. O efeito psicológico disso era a tentação de reduzir o escopo de requerimentos religiosos, de forma a reduzir atritos com as autoridades romanas. O fermento das novas ideias e reformas tendia a complicar os relacionamentos e ameaçava a tranquilidade pública. A regra prática desenvolvida por eles, que poderia ser apelidada de uma precaução do tipo "porque-afundar-o-barco?", fora esta: ideias sobre religião, locais ou estrangeiras, que não fossem encontradas na Torá escrita, tinham de ser desaprovadas; inovações culturais promissoras, que pudessem melhorar as relações externas e os padrões de vida dos judeus, no entanto, eram bem-vindas.

A partir disso surgiu o importante partido dos saduceus (um termo derivado de "zadoquitas", designando o grupo de grandes famílias que formava a classe governante de sacerdotes). Os membros desse grupo rico, aristocrático e de certa forma mundano se dissociavam das esperanças das massas e acreditavam nos "razoáveis" pontos de vista dos pais antigos, como os que foram incorporados na Torá escrita – especialmente os contidos nos "Livros de Moisés". Eles defendiam que esses preceitos deveriam ser tomados literalmente. No campo da religião, portanto, eles rejeitavam a crença popular em anjos, as novas ideias apocalípticas e particularmente as concepções da ressurreição do corpo em completa consciência na vida após a morte. Em questões de cultura, entretanto, eles eram tão liberais a pontos de vista estrangeiros a ponto de serem chamados de "helenizantes" – a implicação disso era a consideração dos saduceus como propagandistas ativos do modo grego de vida. Mas era enquanto patriotas que eles faziam acordos com os romanos, buscando estabilidade legal e econômica como formas de salvar suas instituições judaicas da destruição.

OS FARISEUS

A transigência era repugnante para os **Hasidim**, os "piedosos" ou "puritanos" já mencionados, que eram descritos como os "quietos na terra". Eles se agruparam rapidamente para lutar ao lado de Judas Macabeu na guerra por independência. Eles não tinham interesse na política como tal, muito menos em internacionalismo ou cultura grega; sua única grande paixão intelectual era a religião judaica. De suas fileiras brotaram os *fariseus*, aos quais a maioria dos escribas, rabis e muitos das ordens baixas de sacerdotes pertenciam.

Os fariseus eram tão devotos à Torá escrita quanto os saduceus, mas eles a consideravam como uma tradição viva cuja aplicação à vida corrente tinha de ser continuamente trabalhada; ela tinha de ser interpretada e feita aplicável antes de poder ser escrupulosamente observada, como eles tentavam de fato fazer. Eles, portanto, davam muita atenção à tradição oral que acompanhava a Torá escrita; isto é, as exposições, interpretações e comentários dos escribas e professores (rabis). Sua atitude não era nem de perto tão literal quanto a dos saduceus; ela era, de fato, bastante liberal ao aceitar ideias que complementassem e expandissem a Torá escrita. Para eles, a Torá total era um corpo bipartido de preceitos cuja forma oral era às vezes mais importante do que a escrita.

Eles acreditavam que o mundo com o qual os saduceus estavam tão frequentemente comprometidos estava sob uma sentença de condenação; Deus intentava destruí-lo e trazer uma nova era. Os fariseus adotavam conceitos messiânicos envolvendo a ressurreição dos mortos e o último julgamento. Ainda assim, seus sonhos estavam atrelados a algumas considerações práticas. No ínterim, antes do fim do mundo, que viria apenas quando Deus julgasse que os tempos estivessem maduros, eles criam que seu dever primário era o serem leais à Lei, "escrita" e "não escrita". Isto significava não apenas o estudo das escrituras e "tradições", mas também obediência moral, pureza cerimonial (eles tinham de manter a si mesmos imaculados de pessoas e coisas impuras) e, acima de tudo, crescimento e desenvolvimento espirituais, o resultado de "viver sob o Senhor". Isso implicava uma vida de oração contínua, de lembrança dos mortos que, esperançosamente, tivessem sido retos o suficiente para merecer a ressurreição e recompensa no julgamento final; implicava também a luta aqui na terra pela libertação em relação aos poderes mundanos que restringiam a liberdade de alguém de viver uma vida de alegre obediência à vontade de Deus, e significava o desejo de morrer ao invés de comprometer a santa fé.

Quando João Hircano e seus sucessores macabeus se enamoraram demasiadamente com seu poder despótico e passaram a simpatizar com as ideias dos saduceus, os fariseus passaram do apoio à família governante para a oposição acirrada. Esporádicas revoltas abertas foram contidas com supressão violenta e massacres sangrentos. Quando, por sua vez, os fariseus ganharam vantagem, eles se vingaram, com banhos de sangue retaliatórios. O resultado final foi a guerra civil.

Mas o resultado foi um beco sem saída, e o general romano Pompeu, então residente na Síria, foi chamado para arbitrar a questão.

III - O PERÍODO ROMANO ATÉ 70 EC

Os romanos foram chamados para arbitrar uma disputa. Em 63 AEC, Pompeu desceu da Síria e prontamente tomou o país, que se tornou uma província romana. Dificilmente os judeus se agradaram dos romanos terem aproveitado a oportunidade para se tornarem os senhores da Palestina. A rápida e desconcertante sucessão de mudanças políticas que se seguiu aumentou a sensação de frustração e ultraje. Uma fonte de profundo ressentimento foi o fato de que certo Antípatro, um idumeu que era inaceitável para os judeus (ainda que professasse o judaísmo), estivera ativo por atrás dos panos, ganhando favor dos romanos e poder pessoal. Ele ganhou a aprovação relutante dos judeus quando levou os romanos a fazerem Hircano II, da família dos Macabeus, o alto sacerdote. Mas quando Júlio César, o sucessor de Pompeu, fez Antípatro procurador da Judeia, o antagonismo aumentou: eis que um idumeu era o governante civil da Judeia e o superior político do alto sacerdote! Em 40 AEC Herodes, filho de Antípatro, cuja esposa favorita era uma princesa macabeia, foi escolhido por Augusto César para se tornar rei da Judeia. O processo durou três anos de lutas, mas enfim Herodes estabeleceu-se a si mesmo como o governante absoluto da Palestina. A despeito da paz e prosperidade que ele trouxe, dos privilégios especiais que ele assegurou para os judeus no Império (incluindo isenção do serviço militar) e de seu remodelamento do Templo em uma construção embelezada por mármore, os judeus o odiavam devido à sua restauração de templos gregos e romanos, bem como por sua crueldade e desumanidade. Quando ele morreu horrivelmente de um câncer em 4 AEC, eles se alegraram.

Enquanto isso, fatores significativos na situação religiosa estavam em operação.

Desenvolvimentos religiosos

PROLIFERAÇÃO DE EXPECTATIVAS MESSIÂNICAS

Desde a chegada dos romanos até a época da destruição de Jerusalém em 70 EC, a expectativa messiânica aumentou sua influência sobre milhares de judeus em sofrimento. Havia o sentimento profundo em seus corações de que se Deus cuidava de todo o seu povo escolhido, Ele agiria logo. A esperança ardente da libertação divina de seu sofrimento imerecido crescia através daquilo que a alimentava – uma crescente enchente de literatura apocalíptica. A maior dessa literatura seguia o padrão de Daniel (escrito durante os anos iniciais da revolta dos macabeus), que definira o exemplo de ensaio histórico para os judeus desde o exílio até o tempo de sua escrita. Ela usava termos criptografados de bestas dotadas de asas e de imagens se quebrando sob golpes, a fim de significar por meio desses símbolos o final da ordem perversa do mundo e a ressurreição dos retos mortos, que se juntariam aos retos viventes na apreciação de um mundo melhor. Não há nem espaço nem necessidade aqui de mencionar pelos nomes e atribuir a décadas os livros que seguiram o padrão de Daniel. De qualquer forma, muitos desses livros foram perdidos, e as datas dos existentes são difíceis de determinar. Será o suficiente dar um quadro geral da expectativa messiânica quando ela chegou ao seu auge.

SINAIS DO FIM E TÍTULOS MESSIÂNICOS

A crença central em voga então entre os judeus com esperanças messiânicas era que a intervenção divina traria uma mudança radical na ordem mundial. Por meio de seu Messias, Deus estaria a ajuntar "os seus", tanto vivos quanto mortos, a fim de viver com eles para sempre em meio a bem-aventuranças. Para isto era antes necessário o "fim de uma era", como alguns defendiam, ou o fim do mundo, como criam outros. O "fim" podia ser antevisto através de certos males dos últimos dias – guerras e rumores de guerras, angústias, fome, pragas, a subida ao poder de governantes ainda mais perversos na terra, e assim por diante. Aqueles dotados de discernimento poderiam reconhecer nisso os "sinais do fim". No último momento, com o soar da "última trombeta", o Messias apareceria nas nuvens, com todos os anjos celestiais ao seu redor. Ele seria um personagem sobrenatural, "alguém como um ser humano", e seria chamado de Filho do Homem, mas também traria outros títulos, como o Eleito, o Filho de Davi, o Ungido do Senhor, o Justo Juiz, o Príncipe da Paz, e assim por diante. Em sua aparição, os retos na terra seriam levados até Ele nos ares (assim diziam muitos), e os mortos se levantariam de seus túmulos.

VISÕES SOBRE O JULGAMENTO FINAL

Os antigos pontos de vista defendiam que apenas os judeus justificados se ajuntariam ao Messias, mas expectativas posteriores ofereciam esperanças para os retos dentre os gentios, de que eles poderiam também estar entre os redimidos.

Finalmente, um ponto de vista similar ao dos zoroastrianos foi aceito: todas as almas humanas, boas e más, seriam convocadas em um julgamento final. Diante do trono do Messias eles seriam separados entre redimidos e perdidos. Os maus seriam enviados para o fogo sempiterno do inferno, e os bons entrariam em um estado de bem-aventurança com seu Senhor e Rei. Esse estado de bem-aventurança era concebido de formas variadas. Alguns autores pensavam que ele seria desfrutado na terra em um Jardim do Éden restaurado, um paraíso terreno; outros o localizavam em um dos céus inferiores (pensava-se existirem sete céus ao todo, sendo que Deus ocuparia o nível mais elevado, juntamente com seus anjos atendentes). Alguns combinavam as concepções divergentes, retratando um paraíso terreno centrado em uma Nova Jerusalém a ser habitado pelo Messias e por seus escolhidos no período de um milênio antes do julgamento final, e um paraíso celeste a ser ocupado pelos redimidos após o julgamento final. O paraíso celeste era descrito da forma mais entusiástica possível como um lugar de campinas verdejantes, fontes que jorravam e árvores frutíferas, onde os retos banqueteariam com grande alegria e cantariam ao Senhor para sempre.

Era tão grande a aflição de muitos judeus devotos do período que estamos a descrever, e tão elevada sua fé, que o cumprimento eminente desses sonhos lhes parecia algo muito razoável. De fato, o mundo não pareceria racional de outra maneira.

Mas nem todos os judeus acreditavam da mesma forma sobre essas questões. Muitos compartilhavam dessas visões apenas com esperança parcial e melancólica, enquanto outros ainda consideravam-nas imaginações fúteis.

Novos partidos judaicos no período romano

Os antigos partidos continuaram a funcionar através desse período. Os saduceus estavam mais preocupados do que nunca com a política, e os fariseus, que tinham a maioria representativa no Sinédrio, o corpo deliberativo do judaísmo organizado na Judeia, consideravam a si mesmos os verdadeiros portadores da religião judaica. As escolas mantidas pelos últimos eram as melhores no mundo judeu, e elas gabavam-se de terem grandes professores como Hillel e Shammai. Mas surgiram dois novos partidos com uma orientação política distinta.

HERODIANOS

Um deles, um grupo pequeno, era chamado de *herodianos* por apoiarem a casa de Herodes. Eles surgiram enquanto partido em 6 EC, quando Augusto César, a pedido de uma delegação judaica, depôs Arquelau, filho de Herodes, enquanto etnarca da Judeia, e designou um procurador romano em seu lugar. Os herodianos não eram hostis à cultura greco-romana, mas desejavam um governo nativo a todo custo.

ZELOTES

Um grupo bastante diferente e muito maior era o dos **zelotes**, defensores apaixonados de uma política de rebelião contra Roma. Seu quartel-general e fortaleza era o distrito setentrional da Galileia. Eles fizeram sua primeira aparição enquanto grupo organizado em 6 EC sob a liderança de um certo Judas, "o Galileu", que liderou uma revolta contra a execução do censo pelos romanos. A revolta foi suprimida de forma sangrenta pelo general romano Varo, mas isso não trouxe ao fim a agitação zelote. Os zelotes todos acreditavam que submissão dócil à "servidão romana" implicava esquecer a Deus, seu único Mestre e Senhor, e estavam convencidos de que ao tomar da espada eles aceleravam a vinda do Messias, ou que até mesmo poderiam encontrar o Messias em seu meio. (Certa feita, eles pensavam que um dentre eles era o Messias.) Os romanos chamam a estes "superpatriotas", que se escondiam nas colinas e lutavam com táticas de guerrilha, de "bandidos" e "salteadores" – um procedimento nem um pouco estranho entre conquistadores.

ESSÊNIOS

Um terceiro novo grupo, que se dissociou completamente da política, recebeu o nome de **essênios**. Eles viviam em diversos lugares através da Palestina, alguns em vilas, outros no interior. Eles se afastaram da "corrupção" da sociedade civilizada em preparação para a vinda do Messias, entrando em reclusão monástica, na qual eles jejuavam, oravam e faziam as refeições conjuntamente, lavavam-se com frequência de acordo com as abluções cerimoniais prescritas, e se dedicavam às tarefas diárias de agricultura e aos trabalhos manuais. Eles praticavam a não violência, mansamente aguardando pelo fim do mundo. Como fica evidente a partir dos famosos Rolos do Mar Morto, o principal grupo se retirou para o topo de uma montanha próxima a Qumran, sob os penhascos rodeando a margem ocidental do Mar Morto. Eles buscaram esse lugar especialmente deserto e isolado em data tão recuada quanto o século II AEC, a fim de não serem perturbados em sua total absorção no estudo e devoção religiosos. O fundador da comunidade, sendo um expositor da Lei da Torá, usava a alcunha de "o Professor da Retidão". A partir desse tempo os essênios mantinham a propriedade em comum, se alimentavam em refeições comunais, e cultuavam e estudavam conjuntamente, devotando-se especialmente a copiar rolos para sua biblioteca em uma mesa longa de reboco sólido.

Sob o regime descrito no rolo conhecido como o "Manual de disciplina", eles formaram uma comunidade pactual decisivamente transcendental. Eles praticavam o batismo como rito de purificação seguido da confissão e arrependimento dos pecados, o que se repetia em casos individuais cada vez que fosse considerado espiritualmente necessário. Eles chamavam a si mesmos, antecipando de certa forma aos cristãos primitivos, de seguidores do "caminho" e "filhos da luz", pois concebiam a si mesmos como estando sob o governo do "Príncipe da Luz" e opondo-se, dessa maneira, aos "filhos das trevas" que estavam sob o "Anjo das trevas" – um conjunto de conceitos de coloração mais zoroastriana do que hebreia. A liderança da comunidade – até sua destruição completa em 68 EC por uma legião romana durante a Guerra Judaico-romana – era exercida por um grupo de sacerdotes e leigos escolhidos. Se nos basearmos em uma referência um bocado obscura encontrada no Manual de Disciplina, eles deveriam ser no número de doze, mas isto se trata apenas de uma conjectura.

IV – A GRANDE DISPERSÃO

O descontentamento dos judeus os conduziu de forma inexorável para um terrível clímax. Banhos de sangue e turbulência, com apenas breves intervalos de quietude, mantiveram toda a Palestina em ebulição por sessenta anos após a revolta desesperada de Judas o Galileu em 6 EC. Os romanos estavam conscientes de que uma condição indispensável para evitar conflito era deixar a religião judaica em paz, e eles fizeram disso sua política principal na região. Em outros casos, eles usavam de força impiedosa. No início do século I, a Palestina estava dividida em três distritos – dois governados pelos filhos de Herodes, e o terceiro (que compreendia Judeia, Iduméia e Samaria) governado por um procurador romano que residia em Cesareia, na costa abaixo de Jerusalém. Em deferência aos sentimentos judaicos, os procuradores não traziam os estandartes imperiais romanos com suas imagens de César para dentro de Jerusalém, nem requeriam que uma estátua do imperador fosse erigida no Templo e transformada em objeto de adoração. Eles se satisfaziam com a concordância judaica em oferecer um sacrifício diário em prol do imperador no altar do Templo. Mas os judeus eram extremamente sensíveis em relação a interferências no Templo. Pilatos pensou que não encontraria objeções se trouxesse os estandartes imperiais para dentro de Jerusalém na calada da noite, falhando em não reconhecer o estado de alerta dos judeus. Quando novamente ele assumiu que os judeus não se ofenderiam por ele ter tomado fundos do Templo e os aplicado na extensão de um aqueduto até Jerusalém, ele acabou por encontrá-los afrontados a ponto de revolta. Houve uma pequena melhora nessa condição de má vontade generalizada durante os reinados de Calígula e Cláudio, quando Herodes Agripa I, um neto de Herodes o Grande, governava toda a Palestina, e os procuradores foram revogados. Mas quando Herodes Agripa, bem-aceito, morreu, o envio de procuradores voltou a ocorrer. À medida que um sucedia ao outro, aumentava a desordem; havia "bandidos" por toda a parte, e revoltas irromperam em Jerusalém; um alto sacerdote relapso foi assassinado; houve conflito entre judeus e gentios, judeus e samaritanos, e entre judeus e romanos.

Rebelião: a queda de Jerusalém

O cenário estava preparado para a rebelião aberta de um povo submetido a tantas ameaças. Ela finalmente se deu em 66 EC, próximo do final do reinado de Nero. A guerra começou, e ambas as partes engajaram-se com determinação terrível. Os judeus tinham estado divididos entre si quanto a entrar ou não em guerra de forma definitiva, mas no momento em que ela estourou eles entraram na luta juntos, ainda que brigando entre si. Os romanos, de sua parte, haviam perdido a paciência, e não estavam mais dispostos a aguentar mais "tolices". Suas forças foram lideradas por Vespasiano, até que a morte de Nero o levou para Roma a fim de ser coroado imperador; ele indicou então seu filho Tito para subjugar os judeus, e Tito assim o fez. As lutas foram inacreditavelmente selvagens e amargas. Após Tito finalmente sitiar Jerusalém, ele mais de uma vez suplicou aos judeus que se rendessem, mas eles não o fizeram. A resistência sobre-humana dos defensores da cidade deixava seus atacantes desconcertados, ainda que as catapultas romanas lançassem rochas enormes por meio quilômetro dentro das defesas, e os aríetes, devastadores com seu peso e força, derrubassem pedra após pedra. Ainda assim, no momento em que um muro era quebrado, outro era encontrado atrás dele. Os defensores, famintos e semienlouquecidos com o horror, foram forçados a recuar até ficarem sitiados na área do Templo. A resistência heroica continuou, mesmo depois que um tição lançado através do ar colocou o Templo em chamas e as forças de assalto irromperam pelo cercamento. Os defensores bateram então em retirada para tomar uma última posição de defesa na cidade alta. Ao final de outro mês, eles não podiam resistir mais.

Em meio a indescritível morticínio, a cidade foi arrasada. Tito, tendo executado um grande número de cativos judeus por crucifixão, partiu para Roma, carregado dos espólios a serem levados em triunfo sob o belo arco que traz seu nome e ainda se ergue orgulhosamente nas ruínas do fórum, um testemunho mudo do poder romano e do valor judaico.

A ruptura da vida cultual

Não foi apenas a cidade que foi destruída. Os sacerdotes e seus sacrifícios, e com eles o partido saduceu, saíram de cena na história. Os zelotes, essênios e herodianos foram os seguintes a segui-los para fora de cena. Apenas o partido dos rabis – isto é, dos fariseus – e uma seita herética em ascensão, chamada de cristãos, estavam destinados a exercer influência nos anos que se seguiriam. Os romanos tinham tido sucesso, momentaneamente, em descentralizar a religião judaica. Os vínculos que ligavam cada sinagoga ao Templo foram quebrados; lançados à deriva, os judeus não tinham razão para virar suas faces em adoração para Jerusalém, exceto em sofrimento e lamento.

Após 70 EC a dispersão judaica, ou **Diáspora**, atingiu as proporções de uma migração nacional. Alguns dos habitantes de Jerusalém fugiram a leste para a Babilônia, e a sudeste para o Deserto da Arábia, onde estavam além do poder de Roma. Outros se juntaram a amigos e parentes por todo o mundo mediterrânico. Muitos que não tinham tais laços emigraram para comunidades judaicas na Síria, Ásia Menor, Roma, Egito, norte da África e para a remota Espanha.

Mas nem todos foram embora. Alguns se retiraram para as áreas rurais da Palestina, esperando poder retornar para Jerusalém algum dia e a restaurar. Os zelotes, relutantes em acreditar que sua causa fosse sem esperanças, continuaram ativos nas colinas. Três anos após a queda de Jerusalém, um bando obstinado de insurgentes na meseta de Masada, que se estendia para baixo em direção ao Mar Morto, lutaram heroicamente, e então cometeram suicídio.

A rebelião final: Bar Kochba

Então, sessenta anos após a queda de Jerusalém, uma última e sangrenta revolta irrompeu na Palestina. Em uma visita à Judeia, o Imperador Adriano viu por si mesmo que Jerusalém ainda estava em ruínas após mais de meio século, e reemitiu sua ordem anterior, lançada em Roma, de que a cidade fosse reconstruída e que um templo dedicado a Júpiter Capitolino fosse erigido no lugar do santuário judaico destruído. Assim que Adriano deixou a Síria, a Judeia se levantou armada. O judeu de maior erudição da época, Rabi Akiva, incitara um aspirante messiânico chamado **Bar Kochba*** a se tornar o líder militar de uma nova guerra de libertação. Adriano baniu a observância do Sábado, a circuncisão e o estudo da Torá, intensificando a oposição judaica. Uma campanha brutal de três anos e meio contra a rebelião virtualmente erradicou a presença judaica na Judeia. Dio Cássio escreveu que 580 mil pereceram. Descobertas recentes mostram que um remanescente minúsculo dos seguidores de Bar Kochba sobreviveu nas cavernas ao redor do Mar Morto.

Os romanos prosseguiram então com a reconstrução de Jerusalém como haviam planejado, mas a transformaram em uma colônia romana na qual apenas não judeus tinham a permissão de viver, além de mudar seu nome para Aelia Capitolina. Sem esperança, os patriotas que se aproximavam da cidade viam o novo templo para Júpiter no lugar onde o antigo santuário havia estado, mas eram proibidos por edito imperial de colocar seus pés na cidade ou de se demorar próximos a ela, sob pena de morte. Apenas no aniversário da destruição do Templo – o nono dia do mês Ab – eles tinham a permissão de pagar às sentinelas pelo privilégio de se reclinar contra o que restava do muro de fundação do antigo templo, chorando pela perda de sua pátria e pela completa dispersão de sua nação. Este lamento, iniciado então no Muro das Lamentações, continua até os tempos recentes, exceto por alguns momentos de interrupção. Atualmente, como resultado da vitória israelita na guerra de junho de 1967, os muros ocidentais estão sob controle judeu pela primeira vez desde 70 EC.

---

* Também conhecido em língua portuguesa como *Simão Barcoquebas* [N.T.].

As Escrituras nos períodos helenístico e romano

Talvez a lição mais significativa da descoberta dos Rolos do Mar Morto é a luz que eles lançam sobre a variedade – e concordância – presente no judaísmo e em suas escrituras durante o período do Segundo Templo. Por volta do século I EC, a maior parte dos judeus vivia de fato fora da Palestina, especialmente em cidades helenísticas/romanas – como Alexandria, Antioquia e Roma – e na Babilônia. Mesmo dentro da Palestina, como temos visto, vários partidos se opunham entre si e, como os rolos nos ensinam, usavam versões diferentes das Escrituras.

Escrituras hebraicas farisaicas

Como os fariseus sobreviveram à matança romana, suas escrituras hebraicas formaram a base do judaísmo que viria. Na próxima seção discutiremos o processo de estabelecimento do cânon hebraico, mas nós já podemos afirmar de forma simples aqui que ele foi levado a cabo por sucessores rabínicos dos fariseus. Eles escolheram os livros e as versões que deveriam ser lidos e estudados e, dessa forma, conduziram o judaísmo em direção ao seu futuro. A Torá era a parte mais importante, mas os profetas e outros escritos também mantinham autoridade (nós usamos o termo *escrituras hebraicas farisaicas* para destacar a linhagem do texto hebraico que dominou estágios sucessivos do judaísmo. Esta vertente dominante é chamada de Texto Massorético).

A *Septuaginta* grega

O resultado inevitável do encontro dos mundos judeu e helenístico foi que os judeus fora de sua terra natal falavam muito mais grego do que hebraico. Como tantos não mais conseguiam ler suas escrituras no original hebraico, os eruditos passaram a traduzir os livros para o grego. Uma tradição diz que, em algum momento durante o século III AEC, setenta acadêmicos fizeram seu trabalho em setenta dias. Consequentemente, a coleção foi chamada de *Septuaginta*.

A tradição é provavelmente fictícia, pois estudiosos modernos identificam muitas diferentes vertentes antigas da escrita grega que não permitem aceitar que os escritos tenham sido produzidos em apenas um lugar e momento. Ainda assim, *Septuaginta* é um termo útil que indica um desenvolvimento significativo: as Escrituras hebraicas foram traduzidas e interpretadas dentro da linguagem da cultura dominante. Os judeus poderiam ser falantes de grego, e outros poderiam aprender dos escritos judaicos. Em adição aos livros contidos na coleção hebraica farisaica, a *Septuaginta* incluía outros escritos judaicos (em grego) que receberam consideração elevada, chamados posteriormente de apócrifos.

Os Rolos do Mar Morto

Os Rolos do Mar Morto foram descobertos a partir de 1947 nas cavernas em Qumran, próximas do Mar Morto. Há uma concordância ampla de que tenham sido ali colocados por essênios que viviam comunalmente no local (cf. p. 557). Os rolos estavam predominantemente em hebraico e em sua linguagem irmã, o aramaico, ainda que alguns estivessem em grego. Eles datam de cerca de 200 AEC a 68 EC.

A literatura nos rolos inclui cada livro da Bíblia hebraica, com exceção de Ester e

Neemias. Em adição, havia livros apócrifos, comentários sobre os escritos sagrados e documentos sectários (da comunidade). O efeito que esses escritos têm tido nos estudos bíblicos e históricos dificilmente pode ser exagerado. A concordância dos textos hebraicos dos Rolos do Mar Morto com a Bíblia hebraica moderna é marcante quando se considera as dificuldades de se copiar à mão as réplicas com exatidão ao longo dos séculos. Ao mesmo tempo, as variações textuais mostram que, mesmo nos tempos antigos, os diversos partidos não concordavam sobre o texto bíblico. Os escritos e comentários sectários também fornecem evidência sobre a variedade de interpretações da religião judaica durante o período do Segundo Templo.

Após a descoberta dos Rolos, nós não mais podemos considerar que a história do judaísmo tenha tido uma trajetória simples e direta através do período bíblico.

O Pentateuco samaritano

Já conhecido através dos séculos, o Pentateuco samaritano foi por muito tempo desconsiderado pela maior parte dos estudiosos como meramente uma versão sectária da Torá. Os samaritanos descendiam da mistura de povos deixados no Reino do Norte após sua ruína pelos assírios em 722 AEC. Sua única escritura era a Torá, não incluindo os profetas e outros escritos que posteriormente se tornariam a Bíblia hebraica. Em adição, o Pentateuco samaritano possui algumas de suas partes um pouco diferentes do que a Torá de hoje, destacando especialmente povos, locações e eventos no Reino do Norte (conhecido também como Samaria).

V – A FORMAÇÃO DO TALMUDE

Os judeus não desistiram. Apesar de terem perdido sua independência nacional, eles permaneceram fiéis à memória da vida na Terra Santa. Eles mantiveram-se juntos por meio de uma coesão religiosa e cultural, uma forma de resistência não violenta sob a direção de seus líderes intelectuais e morais, os rabis; estavam destinados a sobreviver a cada perseguição futura. Os estágios em um esforço sustentado de definir ainda mais e de preservar um corpo portátil de tradição envolviam a fundação de escolas rabínicas, a definição de um cânon oficial escriturístico – a lei, os profetas e os escritos; e a reunião de comentários eruditos, o **Talmud**.

No ano de 69 EC, enquanto Tito estava diante de Jerusalém, um proeminente rabi com o nome de Jochanan bem Zakkai escapou em meio ao exército romano para a cidade de Yavne (latim *Jamnia*, pron. Iamnia) na planície costeira, onde ele começou a ensinar em uma "casa do saber", ou "escola", similar às existentes em conexão com a maior parte das sinagogas através do mundo judaico, sendo *academia* o outro nome dado para elas. Tais escolas consistiam em um empreendimento de longo prazo para salvar o judaísmo da extinção ao sistematizar suas leis e doutrinas e adaptá-las às mudanças que lhes sobrevinham. Zakai fora um seguidor do grande sábio e professor Hillel (morto ca. 10 EC) e era ele mesmo um líder. Ele não apenas reuniu ao seu redor estudantes e acadêmicos que viriam a se devotar sinceramente ao estudo e interpretação das escrituras e tradições; mas estando o Sinédrio extinto, organizou os líderes entre eles em um novo concílio a fim de fixar as datas do calendário judaico – uma tarefa que tinha de ser feita todo ano – e para definir todas as regulações que fossem necessárias para o judaísmo como um todo.

Gradualmente, este corpo se tornou a única autoridade reconhecida através do mundo judaico que podia se pronunciar a respeito dos verdadeiros significados e práticas corretas do judaísmo. Seu presidente, com o título de *Nasi* (príncipe ou patriarca), foi reconhecido oficialmente pelos romanos (até 425 EC) como o chefe supremo de todos os judeus no Império Romano.

A seleção final e delimitação do cânon hebraico

Uma das tarefas urgentes dos eruditos de Yavne foi submeter a um exame crítico os escritos honrados e lidos nas sinagogas como fontes de ensinamentos e inspiração. Era importante e necessário determinar quais escritos deveriam ser considerados como as verdadeiras escrituras e quais não preenchiam os requisitos para isso. A questão central era: quais desses escritos deveriam ser julgados revelados – isto é, divinamente inspirados –, e não escritos a partir de motivações meramente humanas.

Já vimos (p. 547) que dois terços completos do cânon já existiam no período que se seguiu ao tempo de Esdras. Muitos livros foram escritos desde então, alguns dando continuidade à tradição profética hebraica, alguns consistindo em exemplos de literatura de sabedoria, e alguns sendo previsões estranhamente extravagantes do fim do mundo. De forma ampla, os eruditos de Yavne lidavam com três tipos de escritos: (1) a *Torá*, ou a literatura básica centrada no pacto mosaico; (2) os *Nevi'im*, ou a literatura derivada dos profetas; e (3) os *Ketuvim*, ou (miscelânea de) escritos, que haviam ganhado um *status* sagrado ou semissagrado.

Cinco livros, o **Pentateuco**, formaram a Torá escrita (eles viriam a ser chamados de "os Livros de Moisés") – Gênesis, Êxodo, Levítico, Números, Deuteronômio –, cujo *status* escritural recuava até o século V AEC; os eruditos de Yavne os incluíram no cânon como algo natural. Os livros dos profetas tinham tido *status* canônico desde o século III AEC. Eles caíam em dois grupos: (1) Os "Profetas anteriores", livros históricos que falavam em parte sobre os profetas pré-literários – Josué, Juízes, 1Samuel, 2Samuel, 1Reis e 2Reis; e (2) os "Profetas posteriores", escritos dos profetas deixando um legado literário maior – Isaías, Jeremias e Ezequiel – e os escritos proféticos mais breves ("menores") chamados de "os doze" (Oseias, Joel, Amós, Obadias, Jonas, Miqueias, Naum, Habacuc, Sofonias, Ageu, Zacarias e Malaquias). Não houve dificuldade em aceitar ambos os grupos enquanto divinamente inspirados.

Os eruditos de Yavne tiveram maior dificuldade em determinar de forma final o *status* dos livros dos Ketuvim, que Jesus, filho de Siraque, no prefácio do Eclesiástico (agora dentre os Apócrifos, escrito cerca de 180 AEC) chamou de "os outros escritos de nossos ancestrais". Após escrutínio os eruditos aceitaram no cânon Crônicas, 2Crônicas, Esdras, Neemias, Salmos, Provérbios, Jó, Rute, Lamentações de Jeremias, Daniel, Eclesiastes, Cântico dos Cânticos e Ester. Os últimos três foram incluídos de certa forma hesitantemente, mas aceitos finalmente sob a convicção de que Eclesiastes fora escrito pelo Rei Salomão, de que o Cântico dos Cânticos tinha um significado mais profundo do que seu conteúdo erótico mostrava à primeira vista, e que Ester, com a exclusão de alguns capítulos, relatava uma série de eventos que eram historicamente importantes. Os eruditos de Yavne separaram enquanto úteis e instrutivos, mas não de calibre escriturístico: 1Esdras, 2Esdras; Tobias; Judite; os capítulos excluídos de Ester; Sabedoria de Salomão; Eclesiástico; Baruc, conjugado com uma Carta de Jeremias; O Cântico dos Três Jovens; Daniel e Susanna; Daniel, Bel e a serpente; A Oração de Manassés; e 1Macabeus e 2Macabeus, que foram os últimos a tratar da libertação da Judeia no século II AEC.

Este último grupo de livros recebeu o nome grego de "Apócrifos" (*Apocrypha* – "mantidos escondidos", i. e., sem receber proeminência). Posteriormente, a Igreja Católica Romana os adotou, com a exceção de 1Esdras e 2Esdras, em seu próprio cânon. (Havia também apócrifos no Novo Testamento, mas a Igreja nunca lhes deu *status* canônico.)

Tomados em conjunto, os livros admitidos no cânon judaico (em cerca de 90 EC) foram considerados a "Palavra de Deus" e formaram dali em diante um "cânon fixo"; isto é, que não deveria ser alterado ou receber adições. Os judeus têm considerado desde então os livros do cânon como suas Escrituras distintivas. Entre os cristãos ele adquiriu o nome *Antigo Testamento*, ou em uma tradução mais acurada o *Antigo Pacto*, em distinção ao *Novo Testamento* ou Novo Pacto, ambos sendo aceitos pelos cristãos como a Palavra de Deus.

Akiva em Yavne: classificando *Halaká* e *Midrash*

Durante os sessenta anos da existência da escola de Jâmnia realizou-se muito mais do que a fixação do cânon judaico. Além de se efetuar um estudo detalhado da lei escrita (a Torá), a escola registrou com exatidão e definiu a lei não escrita (a **Halaká**), transmitida por meio das tradições do passado e pelas interpretações e posições (o **Midrash**) de rabis eruditos. Isto produziu um vasto acúmulo de regras e julgamentos que precisava ao menos ser ordenado. Foi o Rabi **Akiva ben Yosef** (o mesmo que deu suporte a Bar Kochba na rebelião desastrosa durante o reino de Adriano) quem determinou como agrupar o material da lei não escrita sob seis principais ordens, simplificando assim a tarefa de classificar e codificar o corpo inteiro da tradição.

As medidas repressivas que seguiram o rastro da guerra sob Adriano trouxeram um final súbito à Escola de Yavne. Akiva pereceu durante o conflito, e outros rabis e eruditos perderam suas vidas. Mas aqueles que sobreviveram carregaram os registros de Yavne para a Galileia, onde o trabalho sobre eles foi continuado em Usha, no interior, e posteriormente em vários lugares ainda mais distantes terra adentro, como Séforis e Tiberíades. Tais remoções repetidas apenas renovavam o senso de urgência do rabi.

As escolas da Galileia: *Mishná*

As escolas na Galileia desenvolveram excepcionais "mestres", tendo destaque dentre eles os rabis Meir e Judá. Seus nomes estão associados com a compilação da **Mishná** ("Repetição" ou "Estudo"), uma coleção, sob as seis ordens de Akiva, de cerca de 4 mil preceitos da lei rabínica com a intenção de "interpretar" e adaptar a Torá original às condições do século II. A *Mishná* foi um trabalho longo e detalhado contendo referências a decisões legais dos rabis de destaque do passado sobre pontos em disputa. Após ela ter saído das mãos do Rabi Judá, ela adquiriu uma autoridade quase tão grande quanto a da própria Torá. Certamente, a *Mishná* supriu uma necessidade real. Com o Templo destruído, não era mais possível levar adiante os sacrifícios rituais tradicionais; mesmo as provisões civis legais da Torá, concebidas para uma sociedade anterior agrícola, tinham de ser adaptadas para as realidades complexas da economia monetária do mundo romano. Concluída por volta de 220 EC, a *Mishná* continha as decisões de julgamentos de quase 150 dos mais reverenciados professores (Tannaim) de Israel, coletando seu material de um período de diversos séculos. Tinha um amplo alcance de assuntos, como pode se notar através de uma olhada superficial em seus conteúdos, agrupados em categorias por Akiva.

Uma seção se preocupava com os festivais sazonais e jejuns; outra com as orações, leis agrícolas e os direitos dos pobres; uma terceira com as mulheres e as leis relativas ao casamento e divórcio; uma quarta, com a lei civil e a lei criminal; a quinta, com as "coisas consagradas", particularmente os rituais de oferendas e sacrifícios; a sexta, com as leis a respeito do que era puro e impuro nas pessoas e nas coisas, e com as prescrições em relação a como os judeus deveriam se purificar após terem ficado impuros.

As páginas da *Mishná* são lidas com um senso de assombro em relação ao seu exame microscópico de cada fase da vida judaica, e é difícil evitar simpatizar com ela, a despeito das interpretações forçosas e dos raciocínios envolvidos. Pode até *parecer*, como um judeu moderno sugere, que algumas leis da *Mishná* fossem exageros da parte dos rabis. "Mas eles eram sãos, aqueles rabis. Eles viam o quão próximo seu povo estava da morte. Tomados de pânico, eles se agarravam a qualquer regulação imaginável que pudesse manter Israel viva"[11].

As escolas na Galileia floresceram por um século, e então declinaram em sua importância; continuaram a existir por mais dois séculos, e produziram o *Talmude palestino*, um trabalho incompleto. A este ponto a liderança intelectual havia passado já há muito tempo para os eruditos da Babilônia.

As escolas da Babilônia: a *Gemara*

As escolas na Babilônia tinham uma longa existência. Elas eram a expressão, de fato, de uma vida em comunidade ininterrupta que recuava para tão longe quanto 586 AEC, quando Nabucodonosor levou em exílio a maior parte das classes altas de Jerusalém. Estima-se que após a destruição de Jerusalém em 70 EC, os refugiados que fugiram para a Babilônia incharam sua população para praticamente 1 milhão de pessoas. A importância desse grupo aumentou durante o domínio parto da Babilônia pelo fato de que o governador reconheceu a um judeu reputadamente de linhagem davídica, chamado de o Resh Galuta, ou "Chefe/cabeça dos exilados", como seu chefe civil.

Mas pode se reivindicar que foi de importância muito maior para o judaísmo como um todo o profundo saber e a grande habilidade dos rabis nas escolas babilônicas. De seu trabalho surgiu o volumoso trabalho conhecido como **Gemará** (ou Ensinamentos complementares).

A realização da *Mishná* não encerrou o processo de explorar e definir os detalhes da religião e vidas ortodoxas judaicas. De fato, a própria *Mishná* se tornou a base para comentários subsequentes, pois em muitas partes ela era concisa a ponto de se tornar enigmática, precisando, portanto, de elucidação posterior. Além disso, ela estava completamente dedicada ao estudo da lei oral (a *Halaká*) e continha uma porção relativamente pequena das tradições informais orais que os judeus chamavam de **Hagadá**, um nome através do qual eles se referiam às tradições não jurísticas. A *Hagadá* era de longe mais interessante que a *Halaká*, pois seu propósito era a instrução e entretenimento dos leigos através de discursos ilustrando o significado da moral e de algumas verdades religiosas. Ela abundava em histórias, anedotas e comentários piedosos sobre verdades bíblicas dos grandes rabis e professores de Israel. Dessa maneira, quando a escrita da *Mishná* foi concluída, os eruditos palestinos e babilônicos se ocuparam em registrar a *Hagadá* e cada parte minúscula de saber judaico que não estivesse na *Mishná*, de forma que nada fosse perdido.

Então, no segundo quarto do século III, logo após a liderança intelectual judaica ter passado para os eruditos da Babilônia, o tolerante governo parto foi substituído pelo severo reino da Dinastia Sassânida, dominada pelos Magi; isto é, o sacerdócio zoroastriano. Após séculos de segurança e prosperidade, os judeus da Babilônia passaram a sofrer perseguição. Eles eram proibidos de enterrar seus mortos no chão, pois sob o ponto de vista zoroastriano isso tornaria o solo impuro, e eles receberam a ordem de enviar uma porção de toda a carne de sua mesa para ser sacrificada nos altares zoroastrianos. Devido aos Magi desse período terem uma consideração fanaticamente elevada pelo fogo enquanto símbolo de divindade, eles proibiram seu uso religioso por todos os não zoroastrianos. Como resultado disso, surgiram dificuldades imediatas com os judeus, pois a *Mishná* os instruía a acender o candelabro do Sábado antes do escurecer na Sexta-feira e a acender círios quando o dia sagrado se encerrasse, observâncias praticadas até os dias de hoje. Tentativas de impor essa proibição levaram a revoltas e massacre. Nos problemas subsequentes, algumas das escolas e academias foram pilhadas e fechadas.

A conclusão do *Talmude babilônico*

O resultado das novas dificuldades – que, entretanto, nunca chegaram às proporções de uma perseguição aniquiladora – foi um zelo ainda maior da parte dos judeus em preservar seu saber. As vastas acumulações de comentários rabínicos foram finalmente colocadas em ordem. Todas as *Halaká* e *Hagadá* foram agrupadas na *Gemará*, a *magnum opus* das escolas babilônicas. Quando isso foi combinado à *Mishná*, o resultado foi o *Talmude*.

O *Talmude* foi concluído ao final do século V; ele marcou uma época da história judaica. Em todos os anos desde sua conclusão, ele nunca foi suplantado enquanto compêndio autoritativo ou mesmo enquanto enciclopédia de descrições e definições detalhadas de cada aspecto da crença e prática ortodoxa judaica. Suas seis partes maiores e sessenta e três tratados têm sido como que alimento para os judeus perseguidos, que fugiram do leste para o oeste, e fizeram então o caminho inverso durante as grandes provações da Idade Média. Seu grande volume físico tem tido – e isso constitui uma circunstância bastante excepcional – não pouca relação com sua inesgotabilidade espiritual.

VI – OS JUDEUS NA IDADE MÉDIA

No início da Idade Média, a situação do povo judeu foi impactada profundamente por duas religiões, o cristianismo e o islamismo. O primeiro estava inclinado a ser hostil; o segundo, tolerante, se não amigável.

Antagonismo mútuo entre judeus e cristãos

O relacionamento entre judeus e cristãos nunca fora bom. Relatos cristãos de suas origens persistiam em pintar o judaísmo enciumado ao invés da repressão romana como a causa da morte de seu salvador. Nos primeiros dois séculos, as animosidades foram exacerbadas por medo da perseguição romana. Cada grupo pensava que o outro ameaçava o seu próprio *status* precário no Império.

Os judeus se ressentiam naturalmente do fato que os cristãos (sem se conformar às leis judaicas) reivindicavam a consideração especial dos romanos, obtida com dificuldades pelos judeus. Os cristãos culpavam ao repúdio dos judeus suas dificuldades com as autoridades romanas.

A partir do século I a atitude do judaísmo foi claramente definida por rabis que rejeitaram a reivindicação de que Jesus era o Cristo, isto é, o Messias. Os cristãos, entretanto, tentaram com sincera persistência ganhar os judeus para sua fé, mas seu sucesso foi pequeno em comparação com os esforços empreendidos. Os judeus, em sua maior parte, não foram convencidos pelo ensino cristão, especialmente depois que São Paulo levou o Evangelho cristão para a Europa. Os convertidos gregos colocavam a vida de Jesus no contexto cosmológico da filosofia grega e desenvolviam uma teologia ao redor da figura de Jesus que era ousada em seu alcance especulativo. Ao mesmo tempo, São Paulo criou alienação posterior ao reivindicar que os cristãos não precisavam observar todas as regulações da Torá, como faziam os judeus. Deve-se lembrar que os rabis, preocupados primariamente como estavam em salvar o judaísmo da dissolução, raramente se afastavam do estudo da conduta de vida. O *Talmude* é prova de que eles não alçaram grandes voos em especulações teológicas. Consequentemente, eles viam a "Helenização da religião cristã" com desgosto. O antagonismo implícito nessa situação de tornou uma realidade política após a conversão do Imperador Constantino em 312 EC e a subsequente elevação do cristianismo ao *status* de religião de Estado. Os bispos cristãos, que no momento se tornaram grandes poderes no mundo, não permaneciam com os humores mais amigáveis ao descobrir que os judeus apenas acirravam sua resistência à pressão cristã com o Estado por trás dela. À medida que a Idade Média avança, a hostilidade dos cristãos aos judeus se intensificou, explodindo ocasionalmente em violência.

Respeito mútuo entre judeus e muçulmanos

Os muçulmanos trataram os judeus de forma melhor. Na Palestina, Síria e Babilônia, eles demonstraram em relação aos judeus não apenas tolerância, mas amabilidade, em parte porque os judeus olhavam para eles enquanto libertadores dos cristãos e zoroastrianos e, dessa forma, prestavam-lhes serviços como espiões e observadores; e em parte pela razão de que culturalmente, racialmente e religiosamente havia uma similaridade marcante entre eles.

Os judeus na Babilônia não tiveram um concílio liderado por um patriarca da mesma forma que a comunidade em Yavne. Eles estavam sujeitos a um exilarca, um "Príncipe do exílio" que reivindicava descendência de Davi por meio do Rei Joaquim, levado para o exílio por Nabucodonosor em 586 AEC. Enquanto vassalo do governante muçulmano, o exilarca fora uma figura poderosa na corte de Bagdá. As escolas rabínicas na Babilônia, portanto, floresceram mais uma vez.

Viajantes judeus, seguindo a trilha dos conquistadores muçulmanos, se tornaram quase que da noite para o dia ricos mercadores que traficavam de uma ponta do Mediterrâneo à outra. Mas essa prosperidade fácil não durou; as condições econômicas sofreram modificações grandes, para o pior. Com a chegada dos turcos os judeus passaram a ser oprimidos novamente. Assim, nos séculos X e XI, muitos eruditos babilônicos partiram com seu povo para a Espanha, na outra extremidade do mundo, onde, desde o século VIII, a erudição judaica passava por seu auge sob o governo tolerante dos mouros. Ali eles uniram as forças com seus irmãos da Espanha, criando a "era de ouro" da ciência, religião, filosofia e misticismo judaicos no Ocidente.

Novos pensamentos na Babilônia e na Espanha

Foram necessários os recursos combinados do judaísmo oriental e do ocidental para produzir este notável interlúdio espanhol. A erudição judaica no Ocidente tivera ao menos as seguintes vantagens: ela se beneficiou primeiramente da ciência árabe, que detinha excelência na matemática e na astronomia e tinha redescoberto Aristóteles, e após isso, de um renascimento da poesia e das *belles-lettres* judaicas, então em progresso (século XI). Mas os eruditos da Babilônia também estavam maduros para o avanço criativo. Eles não eram talmudistas estritos; algo lhes acontecera antes de saírem da Babilônia que os deixara não mais tão confinados em sua aderência ao texto do *Talmude*: a heresia caraíta e a reação corretiva, liderada pelo grande acadêmico Saadiah, que se seguira em seu rastro.

O DESAFIO CARAÍTA NA BABILÔNIA

A aceitação do *Talmude* como guia infalível de vida nunca foi universal através do mundo judaico.

Ocasionalmente aspirantes messiânicos livraram seus seguidores de obediência a suas regulações, conduzindo-os "de volta para a Torá". Mas essa foi talvez a reação de menor importância contrária ao *Talmude*. Houve um distúrbio maior quando se argumentou que o *Talmude* era um desvio das verdades reveladas divinamente para o antigo Israel. Um protesto significativo desse tipo foi conduzido pelo erudito Anan bem Davi de Bagdá, um candidato para o título de exilarca, rejeitado (767 EC) devido aos seus pontos de vista heréticos, que declaravam que a autoridade suprema na vida judaica era a Torá, e não o *Talmude*. A nova seita por ele fundada foi apelidada de "Filhos do texto", e mais comumente levou o nome de **caraítas** (leitores). De forma geral, entre os caraítas era proibido comer quase que todo o tipo de carne, as luzes do sábado prescritas na Mishná não eram acesas, recorrer a médicos era considerado como falta de fé na promessa da Escritura "Eu sou o Senhor que te cura", e muitas práticas antigas que haviam caído em desuso foram reavivadas a despeito dos anacronismos envolvidos. Devido à sua ênfase na validade das interpretações individuais das escrituras antigas, o movimento caraíta se despedaçou em muitas subseitas, espalhando-se de forma dispersa através do mundo judeu e chegando até a Rússia. Sua principal relevância histórica está no fato de ter acordado os judeus ortodoxos de sua complacência com deduções jurídicas estritamente lógicas da lei divina e estimulou um reexame da aplicabilidade geral do *Talmude* através dos tempos. Exatamente isso é o que tentou cumprir Saadiah ben José (889-942 EC), chefe da academia Sura na Babilônia.

O DESPERTAMENTO ÁRABE-JUDEU: SAADIAH

Saadiah percebeu que os caraítas, mesmo que tivessem chegado a conclusões erradas, obedeciam a um impulso sólido de retornar às Escrituras hebraicas originais. Ele iniciou a tradução dessas escrituras para o árabe, de forma a torná-las disponíveis tanto para muçulmanos interessados quanto para os judeus falantes de árabe que tinham dificuldades em lê-las no hebraico original. Ele também desejava demonstrar em seus escritos a razoabilidade do *Talmude* por meio de referências tanto às escrituras hebraicas quanto ao número crescente de traduções árabes de trabalhos filosóficos e científicos gregos. Revelação e razão (escritura e filosofia) eram, dizia ele, complementares; ambas eram necessárias. Assim, ele tentou efetuar uma nova sistematização do pensamento judaico harmonizando-o com o melhor no mundo da filosofia, tornando-se dessa forma o pai da filosofia judaica medieval.

Quando os acadêmicos babilônios migraram para a Espanha, eles levaram consigo as concepções mediadoras de Saadiah, e essas ideias ajudaram a dar forma ao curso tomado pelas posições eruditas judaicas ali.

Na Espanha, o encontro frutífero de influências orientais e ocidentais produziu um estímulo mental tão marcante que a Espanha se tornou rapidamente o centro principal da erudição e cultura judaicas. Na Academia Judaica de Córdoba, fundada no século X, uma sucessão de eruditos de distinção encorajou a expressão fresca de erudição e percepções judaicas na literatura. Nos séculos XI e XII, Ibn Gabirol, Yehudah Halevi e os dois Ibn Ezra escreveram livros em verso e tratados eruditos com grande clareza e poder. Muitos de seus hinos e ensaios religiosos eram tão profundamente devocionais que porções deles encontraram espaço desde então na liturgia das sinagogas.

MOISÉS MAIMÔNIDES

Ainda mais famoso foi o grande acadêmico do século XII, Moses ben Maimon (1135-1204), que é usualmente chamado de Moisés **Maimônides**. Nascido em Córdoba, ele e sua família fugiram durante sua juventude de uma perseguição (desta feita nas mãos de um grupo de muçulmanos conservadores) que os expulsaram da Espanha ao longo do Mediterrâneo até o Cairo, onde ele se tornou o médico da corte de confiança de Saladino, o famoso líder muçulmano contra os cruzados. Ali ele se tornou conhecido através do mundo judaico por meio de três grandes tratados.

O primeiro tratado foi um comentário sobre a *Mishná*, no qual ele buscou resumir e clarificar suas complexas provisões, enfatizando suas ética e razoabilidade básicas. Ele considerava que a *Mishná*, ao tentar definir em termos práticos e razoáveis a forma de vida judaica, aderia ao princípio grego apoiado por Aristóteles, "nada em excesso". Desejando tornar seu trabalho tão amplamente acessível quanto possível para os judeus vivendo em terras muçulmanas, ele escreveu o comentário em árabe. Ele introduziu em seu fechamento sua declaração famosa sobre os treze princípios cardinais da fé judaica, aos quais ele também aderia.

> Eu creio em perfeita fé que Deus, e Ele apenas, é o criador de todas as coisas; que Ele é um, dotado de unidade ímpar; que Ele é desprovido de corpo ou de qualquer tipo de forma; que apenas a Ele é apropriado se orar; que todas as palavras dos profetas são verdadeiras; que Moisés é o líder dos profetas; que a lei dada por Moisés tem sido transmitida sem alterações; que esta lei nunca será alterada nem outra lei será dada; que Deus conhece todos os pensamentos e ações dos homens; que Ele recompensa o obediente e pune os transgressores; que o Messias há de vir; que haverá uma ressurreição dos mortos[G3].

É interessante que esses artigos aparecem no livro judeu de oração diária (de forma ampliada e rimada) a fim de servirem como uma introdução para o culto matutino, apesar de nunca terem sido aceitos completamente e não serem, de forma alguma, vinculantes.

O segundo trabalho de Maimônides foi imediatamente aceito enquanto autoritativo, ainda que não tenha escapado de críticas severas. Foi escrito para seus leitores judeus em hebraico da *Mishná* e carregava o nome *Mishné Torá* ("Reiteração da lei"). Racional e liberal em seu tratamento, foi uma redação da Torá escrita e do *Talmude*, com grande peso dado às autoridades (os Tannaim, Amoraim, e Geonim da Palestina e da Babilônia) cujos nomes, no entanto, são omitidos por questão de simplicidade. Ele não hesitou em tomar decisões sob sua própria autoridade, adicionando novas leis que complementavam ou mesmo contradiziam o *Talmude*; mas ele teve sucesso em tornar a Torá, tomada em seu sentido mais amplo, compreensível e mais fácil de seguir sem perplexidade. A maior parte da perplexidade estava, na verdade, dentro de sua própria mente.

O terceiro e maior trabalho de Maimônides, escrito em árabe para atingir um público mais amplo, foi chamado de *Guia para os perplexos*, um exame racional da fé judaica, concebido em um espírito mais que cordial a Aristóteles, ainda que permanecesse firme na doutrina da revelação divina da Torá hebraica. Seu propósito era reconciliar religião e ciência, fé e razão, e judaísmo e filosofia.

A revelação certamente era feita para a fé, ele dizia; mas a razão também alcança a verdade. Pois a razão podia levar alguém longe, a um ponto no qual a revelação vinha de fato em seu auxílio a fim de complementá-la. Tal revelação, ao chegar, não podia ser contrária à razão, mas era racional em todas as suas partes. Os milagres, sendo contrários à razão, deveriam ser explicados racionalmente, e os antropomorfismos das escrituras interpretados de tal forma que se tornassem figuras de linguagem carregadas de significados éticos. O registro da criação no Gênesis devia ser interpretado alegoricamente. Por meio de tal uso de nossa compreensão, chegamos a conhecer a mais elevada verdade sobre Deus e sua vontade para a humanidade.

A CABALA: MISTICISMO ESPECULATIVO

Mas a convicção de que a religião tinha significados ocultos receberia outro tipo de definição – o da **Cabala** (*Kabbala*). Um sistema de teologia especulativa e simbolismo numérico místico, a Cabala deu nova circulação à sabedoria secreta e à tradição esotérica acumuladas, fascinando a muitos pelos arranjos misteriosos de palavras e números que objetivavam revelar os "significados mais profundos" nas Escrituras hebraicas. O fato de que as letras do alfabeto hebraico também significavam números tornou possível para os intérpretes transformar qualquer palavra ou sentença em uma série numérica; isto parecia, para os olhos dos cabalistas, lançar resultados significativos no caso dos vários nomes e atributos de Deus. Mesmo rabis e eruditos de renome se entregavam a acrósticos, anagramas e outras formas de jogos de palavras esotéricos.

A Cabala foi fundamentalmente uma expressão de uma necessidade profunda não satisfeita, fosse pela aderência estrita ao *Talmude*, fosse pelo frio racionalismo de Maimônides. Ela buscava a experiência religiosa das forças espirituais ocultas do mundo – como ocorre com a maior parte dos misticismos religiosos. Seu livro mais importante é o Zohar, que se diz ter sido escrito na década de 1280 por Moisés de Leon, na Espanha.

Mas a Cabala também abordava sérios problemas metafísicos como, por exemplo, de como um Deus perfeito poderia produzir um mundo imperfeito ou incompleto ou, colocando em termos mais simples, como o Infinito poderia trazer à existência o finito sem ser diminuído. De acordo com uma posição, Deus teria comprimido a si mesmo, deixando espaço vago suficiente para a existência de um mundo criado, nutrido por condutes de seu divino esplendor. Quando os condutes vazaram, surgiu uma desarmonia do mal.

AS EMANAÇÕES LIGADAS AO GÊNERO

Outra linha típica de especulação retornava para Filo e para as concepções gnósticas.

De Deus, enquanto um ser sem fronteiras (*Ein Sof*), teriam surgido várias entidades espirituais chamadas de os dez *Sefirot* (literalmente dez "números", mas compreendidos como "emanações" ou "esferas" simbólicas), da mesma forma que a luz emana do sol. Tais foram a Vontade Divina, que gerou Sabedoria (masculino) e Inteligência (feminina); estes, por sua vez, geraram Graça ou Amor (masculino) e Poder (feminino), que posteriormente, através de sua união, produziram beleza; e dos últimos três surgiu o mundo natural.

Juntamente com a tendência da Cabala de acentuar as interações de princípios masculinos e femininos operando no ordenamento do mundo, houve um passo adicional ao introduzir o princípio feminino no conceito de divindade (de fato, uma reintrodução, considerando que nos tempos bíblicos e talmúdicos existem traços periféricos dele). Soberania (*malkut*) incluía uma dimensão feminina, fosse ela manifesta como a Glória ou

Presença (*Shekiná*) ou como a Comunidade (*knesset*) de Israel, ou ainda personificada como a *Matrona*, a esposa divina.

O resultado dessas especulações foi a convicção de que cada ser humano está imbuído de todas essas qualidades e, portanto, é uma espécie de universo em miniatura, um microcosmo de forças mágicas, cuja direção pode ser controlada por meio de fórmulas eficazes, nomes e símbolos. O próprio Messias seria identificado em sua vinda por seu misterioso nome e símbolo.

As excitantes implicações que fluíam dessas considerações produziram na Europa Central uma colheita abundante de falsos messias que apenas desapontavam aos fiéis. Desde a metade do século XVI, o cabalismo teve seu principal centro em Safed (Zefat), no norte de Israel.

As cruzadas e expulsões

Nessa época os judeus já tinham há muito tempo se espalhado pela França, Inglaterra e Renânia, onde se assentaram em pequenos agrupamentos, seguiram ocupações similares e permaneceram fiéis à sua fé. Eles geravam curiosidade e suspeita, pois suas cerimônias religiosas eram levadas a cabo em virtual reclusão, e nunca se davam sob a observação direta do público geral. Muitos dos de fora assumiram que os judeus seriam uma ordem secreta de conspiradores contra o bem-estar público. Eles eram acusados de todo o tipo de mau propósito. O lançamento das cruzadas no final do século XI produziu tal excitamento contra os "infiéis" que se iniciou uma carnificina aberta dos judeus, a começar na Alemanha, onde massacres amplos ocorreram, e se espalhando a seguir para o restante da Europa. Após a carnificina ter tomado seu curso, seguiram-se ordens de expulsão. Na Alemanha, uma vila após a outra expulsou os judeus, ao menos na lei. Eles foram expulsos da Inglaterra em 1290, e após dois séculos de periódica expulsão e restauração tiveram residência negada em 1394 na França. Na Espanha, a perseguição aos judeus acompanhou a expulsão dos mouros, e em 1492 todos os judeus não conversos foram expulsos.

OS *SEPHARDIM* (SEFARDITAS) E OS *ASHKENAZIM* (ASQUENAZI)

Fugindo na única direção que lhes era disponível (o leste), os judeus da Espanha e do sul da Europa se refugiaram na Turquia, Palestina e Síria (onde eles falavam ladino, basicamente um dialeto espanhol entremeado de hebraico). Esses judeus do Oriente Médio adquiriram o nome de **Sephardim** (Sefarditas). Sua tendência foi desenvolver intensos misticismo e especulação, cabalísticos em sua forma, com base na Torá e no *Talmude*. Os judeus das áreas do norte fugiram em grande número para a Polônia e áreas adjacentes, onde levaram as bem-vindas artes do negócio e do empréstimo de dinheiro para vilas culturalmente atrasadas. Eles falavam um dialeto composto de alemão e hebraico, chamado Ídiche, e vieram a ser conhecidos pelo nome de **Ashkenazim** (Asquenazi), totalizando mais de 70% dos judeus de hoje. Sua orientação, no todo, tinha sido providenciada pelo *Talmude* e por sua forma de vida altamente regulada, apesar de que também tenha havido místicos dentre eles (cf. p. 569).

OS GUETOS

Quanto àqueles que permaneceram na Itália e nas cidades da Áustria e da Alemanha nas quais sua exclusão não fora total, os judeus foram forçados a viver em quarteirões segregados chamados de guetos. As leis restringiam sua posse de terra e lhes impediam muitas ocupações. Para aumentar ainda mais suas aflições, na maior parte dos lugares onde a Igreja Católica era suprema, havia o cumprimento da lei do século XII proibindo os judeus, sob pena de morte, de aparecer nas ruas sem o distintivo dos judeus – um pedaço colorido de pano cozido em sua roupa. Este emblema se tornou uma marca de vergonha. Em muitas cidades, muros altos foram construídos ao redor dos guetos, e os judeus ficavam trancados durante a noite. Ser visto fora deles após a escuridão significava frequentemente morte, e sempre uma multa.

Principais festas e jejuns

O calendário das festas e jejuns judaicos tem passado por desenvolvimento e reinterpretação. As antigas liturgias palestina e babilônica, de já divergentes entre si desde seu princípio, foram ainda mais modificadas, ainda que não radicalmente, a fim de satisfazer às necessidades ou preferências particulares dos judeus na Espanha, Itália, norte da África, Turquia, Pérsia e Europas Central e Ocidental, ou para admitir materiais devocionais espanhóis, cabalísticos ou de outras origens. O fato de que os interesses agrícolas expressos nos antigos ritos e cerimônias hebraicos não tinham mais destaque foi de grande importância; as formas herdadas, portanto, precisavam ser carregadas de significados históricos e éticos que pudessem cobrar lealdade e devoção contínuas dos judeus em todo tipo de ocupação e ambiente.

As principais festividades e jejuns do ano recebiam os procedimentos, significados e datas (determinadas de acordo com o calendário lunar) que tinham sido padrão desde os dias talmúdicos até o presente. Considerando que os judeus através do mundo tinham usado praticamente o mesmo livro de orações (originalmente definido por Saadiah ben José, 882-942 EC), a uniformidade nos rituais marcou a adoração judaica através dos séculos.

Por vezes surgiram diferenças, como aquelas entre rituais dos Sephardim e Ashkenazim, mas elas têm sido pequenas. As festas tomaram aproximadamente as seguintes formas, ainda em uso hoje em dia:

Páscoa (*Pessach*)

No final de março ou durante abril ocorre a Páscoa (*Pessach*), "a comemoração da libertação de Israel do Egito". Inicialmente uma festa de primavera em agradecimento pelo nascimento dos cordeiros e pelo rebento dos grãos, ela foi associada ritualmente com a ideia de libertação e renovação individual e grupal em todas as épocas, começando pelo êxodo e continuando através da história. Como no período antigo, nada que possuísse fermento era comido por uma semana inteira (de onde vem seu outro nome, "A festa dos pães sem fermento"). A ingestão prescrita biblicamente do cordeiro pascal tinha sido colocada de lado desde o tempo da grande dispersão, e a Festa **Seder**, observada na véspera do primeiro (ou no primeiro e segundo) dia, quando toda a família se reunia, se tornou o evento principal da Páscoa. Um breve livreto ou liturgia contendo a Hagadá ou Narrativa era lido através da cerimônia. Após a bebida do primeiro cálice de vinho, o chefe da família lavava suas mãos e assumia a função de sacerdote familiar. Salsinha banhada em água salgada era comida por cada participante em lembrança das provações do cativeiro. Em outros intervalos, cada um participava de adicionais taças de vinho, ervas amargas, raízes, e pães sem fermento. Acompanhando esses atos simbólicos era feita a leitura da

Hagadá para recontar a história do êxodo e explicar o propósito do próprio rito da Páscoa; isto é, o desafio constante de buscar a liberdade de quaisquer cadeias. Salmos eram cantados, e finalmente a refeição da tarde era servida. Após isso uma porta era aberta, em meio à recitação de salmos e lamentações, e Elias, o esperado precursor do Messias, era convidado a entrar e tomar do cálice de Elias, que permanecera intocado na mesa durante o rito precedente. O culto termina com um salmo de louvor, uma oração, ou a recitação de uma graça. A solenidade então se derrete em alegria geral, na qual as crianças presentes são encorajadas a tomarem liderança.

Por quarenta dias após a Festa Seder, exceto na lua nova ou no trigésimo terceiro dia, nenhuma ocasião festiva, incluindo casamentos, era permitida. Então no décimo quinto dia vinha Shavuot – a Festa das Semanas (chamada de Pentecostes no Novo Testamento), um dia de alegria outrora separado para a comemoração dos primeiros frutos da colheita de trigo da primavera, modificada a fim de incluir ações de graças pela dádiva da Lei no Sinai, que se argumenta ter ocorrido na mesma época do ano.

Rosh Hashaná e Yom Kippur

O próximo grande dia festivo se dá em setembro (ou no início de outubro). É *Rosh Hashaná*, ou o Dia de ano-novo. Esse nome tomou o lugar dos antigos nomes bíblicos – Dia do memorial e Dia do soprar [o trompete] (sinalizado pelo soar do *shofar*, ou chifre de carneiro, um costume ainda observado como um meio de se convocar os judeus a "ponderar sobre seus feitos, lembrarem-se de seu Criador, e se voltarem a Ele em penitência"). Em reconhecimento ao significado do dia, o *Talmude* o chamava de Dia do Julgamento. Após ele se seguiam os Dias de Arrependimento, e no décimo dia o solene Dia da Expiação (*Yom Kippur*), durante o qual "arrependimento, oração e retidão" eram ordenados para todos os participantes em jejum que, enquanto indivíduos livres, eram exortados a exercer suas vontades para se afastar dos malfeitos e, em verdadeira expiação pelo pecado, fazer dali em diante a vontade de Deus.

Sucote

Cinco dias depois vinha **Sucote**, a Festa das Tendas ou Tabernáculos, que durava oito dias e consistia basicamente em um festival de ações de graças devotado à expressão de gratidão pelos frutos outonais das videiras e das árvores, atualmente associado com o pensamento da providência benévola de Deus nos dias das peregrinações de Israel no deserto e durante os últimos tempos.

Em adição à decoração da sinagoga com todos os tipos de frutos e flores, uma característica dos cultos era o carregar ritual em procissão de quatro produtos da Palestina amarrados conjuntamente, a saber, um ramo de limoeiro e um de palmeira, atados com ramos de murta e de salgueiro. Aqueles que podiam fazê-lo erigiam uma tenda ou tabernáculo em seus quintais ou próximo de suas casas e comiam suas refeições ali (alguns até mesmo dormiam ali).

O último dia do festival era o Simchat Torá (Alegrando-se sobre a Torá), que incluía carregar os rolos da Arca em procissão ao redor da sinagoga.

Hanuká e Purim

Dois festivais não baseados diretamente na tradição mosaica eram Hanuká em de-

> zembro e Purim em fevereiro ou março. O último – a Festa das Luzes – era celebrado por oito dias, sendo uma luz acesa nas sinagogas e em cada casa na primeira noite, duas na segunda, três na terceira, e assim por diante, o que era interpretado como comemoração da rededicação do Templo por Judas Macabeu em 165 AEC. Purim, ou a Festa das Sortes, era associada ao livro bíblico de Ester e, assim, foi criada a fim de celebrar o livramento dos judeus da perseguição por meio da intervenção patriótica de Ester. Presentes eram trocados dentro das famílias e mandados para amigos e para os pobres, em espírito de carnaval. Havia dança e canto nas casas.

VII – O JUDAÍSMO NO MUNDO MODERNO

A Reforma Protestante foi o produto de muitas causas. Dentre os fatores que contribuíram para ela, o retorno dos reformadores ao estudo da Bíblia nos originais em hebraico e grego definitivamente não foi de pequena importância. Martinho Lutero ficou tão impressionado em seus primeiros anos pela sua descoberta da relação próxima, genética, da fé cristã com a judaica, que ele publicou em 1523 um panfleto intitulado *Jesus nasceu um judeu*, no qual ele pleiteava: "Eles (os judeus) são parentes de sangue do nosso Senhor; e se fosse apropriado se gabar de carne e sangue, os judeus pertenceriam mais a Cristo do que nós [...]. Portanto, é meu conselho tratá-los amavelmente [...]. Devemos exercer não a lei do papa, mas a do amor cristão, e lhes mostrar um espírito amigável"[12]. Mas Lutero retraçou em sua vida os primeiros três séculos da Era Comum. Ao encontrar os judeus resistindo solidamente à conversão, sua ira se acumulou lentamente, até que em seus últimos anos ele passou a abusar selvagemente deles. Em um panfleto intitulado *Sobre os judeus e suas mentiras* (1542), ele repetia todos os antigos rumores referentes aos judeus – que eles envenenavam os poços de cristãos ou que matavam crianças cristãs (presumivelmente, como falava o rumor corrente, para adquirir sangue para a Páscoa). Em seus últimos sermões, ele sugeria que médicos judeus conheciam e, portanto, praticavam a arte de envenenar seus pacientes cristãos. "Se os judeus", ele rosnava, "se recusam a se converter, nós não devemos mais suportá-los ou conviver com eles!"[G2]

O comportamento de Lutero a respeito dos judeus era típico de sua era. A Reforma não trouxe melhora permanente na condição dos judeus na Europa; de fato, nos séculos XVI e XVII seus destinos chegaram a um ponto muito baixo, tão baixo quanto qualquer outro na história.

Não apenas eles viviam em guetos elaborados por seus opressores, mas eles próprios se retiravam em guetos mentais de sua própria criação, que os isolavam em relação ao mundo – não apenas de sua hostilidade e mal, mas também de sua ciência, arte e cultura. A melhora em seu destino chegaria, mas viria lentamente.

Europa Oriental

Na Europa Oriental, os judeus mantiveram-se fiéis integralmente à sua herança e antigos padrões de pensamento e de vida, até que a opressão soviética dificultou suas práticas religiosas e o racismo fanático de Hitler levou à matança de 6 milhões de judeus, homens, mulheres e crianças.

Não que os judeus da Europa Oriental tivessem tido ali em algum momento vidas fáceis. No século XVII os cossacos infligiram um terrível *pogrom* sobre os judeus, especialmente na Polônia; os russos se ergueram em fúria em rebelião contra seus senhores feudais, chegando a assassinar também 500 mil judeus. Este e outros *pogroms* apenas mantiveram os judeus agarrados de forma obstinada a cada artigo da fé que herdaram. Mas eles apresentavam características diferentes nas diferentes áreas em que residiam. Na Lituânia e na Rússia Branca (Bielorrússia), dava-se ênfase no estudo intelectual do *Talmude* e nos textos hebraicos originais. Nessas regiões, os judeus foram contrários ao misticismo de forma consistente; conhecimento meticuloso recebia primazia em relação ao fervor emocional. Sua personalidade característica foi o acadêmico do século XVIII Elias de Vilnius, que se tornou seu rabi e líder. Ele foi um gigante intelectual: simultaneamente um estudioso da gramática hebraica, um astrônomo, autor e crítico do hassidismo místico (a ser descrito em breve). Em sua honra surgiu uma academia para a qual afluíam estudantes de toda a Europa durante o século XIX a fim de estudar o *Talmude* da forma tradicional das escolas babilônicas de mais de mil anos antes.

Os Hasidim (hassídicos): herdeiros do misticismo da Cabala

Ao sul dos pântanos do Pripyat, no sul da Polônia e na Ucrânia, o talmudismo oriental sofreu uma transformação emocional, calorosa e mística, que aparentava abandonar o ponto de vista talmúdico, mas não o fazia de fato, com sua adoção alegre da inclinação panteísta da Cabala. Messianismos correram soltos por algum tempo, e mais de uma alma instável encorajada pelos esperançosos iniciou uma carreira entre eles como Messias, criando apenas frustração após algum passo em falso que trazia ruína ou desgraça. Uma personalidade notável, no entanto, emergiu dentre eles: Israel da Moldávia, chamado de forma afetuosa de Baal Shem Tov, "o Mestre do Bom Nome (de Deus)". Ele foi um amável curador pela fé itinerante do século XVIII, que desdenhava os talmudistas por estudarem a Lei de forma tão estreita que não tinham tempo para pensar sobre Deus. Pensar sobre Deus significava para ele perceber que Deus está em toda a parte – na natureza, na vida humana e em cada pensamento humano. Religião significava sentir Deus em tudo, e orar alegremente na totalidade da consciência de Deus que residia internamente na pessoa. "Tudo o que eu alcancei", ele dizia habitualmente, "eu alcancei não por meio de estudo, mas através da oração"[G4]. Revivendo um nome usado nos tempos pós-exílicos 2 mil anos antes, ele chamou seus seguidores, que vinham em sua maior parte do povo comum, de Hasidim (*Hassídicos*), ou "os piedosos"; dessa forma, o movimento iniciado por ele foi chamado de hassidismo.

Europa Central e Ocidental

Na Europa Central e Ocidental, a questão de maior importância durante os dois últimos séculos têm sido a experiência de lenta, mas animadora libertação da discriminação civil, seguida pelo que pode ser chamado de "um retorno para o mundo". A justiça de tal libertação foi admitida pelos líderes do Iluminismo europeu durante o século XVIII e tornou-se real durante os movimentos revolucionários na França e na Alemanha nos séculos XVIII e XIX.

O racionalismo e ceticismo dos intelectuais do século XVIII na Europa, que tendia a considerar todas as religiões com escárnio, levou a uma diminuição das barreiras de religião e classe nos centros culturais. Foi assim que Moses Mendelssohn, um dos grandes judeus modernos, atravessou as restrições que barravam judeus em Berlim e atingiu o centro de sua vida intelectual. Enquanto seguia seus estudos ali, ele se tornou amigo de Lessing, o leão literário de Berlim, e recebeu a honra suprema de ter o drama liberal, *Natan, o sábio* – a obra-prima de Lessing –, criado em torno de sua personalidade. É espantoso e estimulante ao pensamento que Lessing tenha escolhido um judeu corcunda como seu amigo íntimo, e que o tenha preservado para a posteridade em um trabalho sério de arte. Mendelssohn escrevia em alemão, não como os judeus o falavam, mas como os próprios alemães desejavam escrevê-lo. Seu diálogo sobre a imortalidade, que ele compôs em modelo platônico, foi lido através da Europa. Na esperança de fazer um serviço a seus companheiros judeus, ele traduziu o *Pentateuco* e outras partes do cânon hebraico em uma excelente prosa alemã (escrita em caracteres hebraicos) e adicionou um comentário de caráter avançadamente liberal.

Mas a principal obra de Mendelssohn foi sua sincera defesa em prol de seu povo; a defesa de que eles deviam ser libertos dos guetos a fim de entrar na corrente da vida moderna, sob a base de se atingir a igualdade com os outros povos. Ele não viveu para ver isso se tornar realidade, mas mostrou em sua própria pessoa para a Europa o quão dignos eram os judeus de serem libertos.

Clima de liberalismo e reação

As mudanças revolucionárias trazidas pelo surgimento da democracia na América e na Europa eventualmente trouxeram completa liberdade civil para os judeus. A Revolução Americana estabeleceu o princípio político de que todas as pessoas foram criadas livres e iguais. Durante a Revolução Francesa, os judeus da França receberam os direitos de cidadania completa. Onde quer que Napoleão fosse, ele abolia os guetos e libertava os judeus para o mundo, por completo. Após ele, veio a reação. Por toda a Europa os judeus eram desafiados com a escolha: voltar para os guetos ou serem assimilados à cultura europeia (nominalmente cristã). Muitos, sob pressão, escolheram a última alternativa; outros se submeteram à reimposição de restrições, mas entraram avidamente em toda sorte de movimentos revolucionários clandestinos, buscando sobrepujar governos reacionários, mas fornecendo para conservadores e futuros reacionários base para o argumento de que os judeus seriam subversivos por natureza (os judeus que nunca haviam tentado se adaptar à vida europeia, mas que se agarravam aos seus antigos costumes não tinham, é claro, parte nenhuma nisso). Finalmente, as convulsões de 1848 e posteriores a esta data deram aos judeus da Europa Central e Ocidental alguma igualdade genuína com os outros povos perante a lei. As universidades abriram suas portas. Delas jorraram médicos, políticos, dramaturgos, professores e cientistas judeus para a vida comunal na Europa. No vasto processo de mudança acompanhando a vitória da democracia política, os judeus foram os mais beneficiados.

Judaísmo reformado

Não foram menores, dentre as consequências de longo alcance da libertação dos judeus, os efeitos sobre o próprio judaísmo. Os judeus se viram em um mundo que rapidamente lançava fora os vestígios do passado que ficassem no caminho dos movimentos liberais, e era natural que eles considerassem fazer o mesmo entre si. O judeu educado, engajado nas atividades do mundo moderno, começou a sentir que o judaísmo não mais devia permanecer isolado atrás de barreiras protetoras, mas devia reassumir seu antigo caráter progressista. Um resultado dessa percepção foi o movimento chamado de judaísmo reformado. Ele teve início nas sinagogas cujos rabis, imbuídos do espírito da Modernidade, podiam persuadir suas congregações em caminhar ao lado de tais inovações como a simplificação e modernização do culto nas sinagogas. O culto do Sábado foi condensado, e sua maior parte era traduzida para o vernáculo. Referências à vinda do Messias, à ressurreição dos mortos no último dia, ou ao reestabelecimento da nacionalidade judaica e dos ritos sacrificiais da antiga Palestina foram removidos. Foram instalados órgãos e corais, e hinos no vernáculo eram cantados. A convicção fundamental do movimento foi declarada por Abraham Geiger, seu principal expoente, nas palavras: "o judaísmo não é um conto acabado; há muito em sua forma presente que precisa ser alterado ou abolido; ele pode assumir uma posição melhor e mais elevada no mundo apenas se rejuvenescer a si mesmo"[J1]. Havia tanto moderados quanto radicais no movimento de reforma. Os últimos chocaram o mundo judaico ao declarar em 1843 que seus princípios eram:

> *Primeiro*: Nós reconhecemos a possibilidade de desenvolvimento ilimitado na religião mosaica. *Segundo*: A coleção de controvérsias, dissertações e prescrições designadas comumente pelo nome *Talmude* não possui para nós autoridade nem do ponto de vista doutrinário nem prático. *Terceiro*: Um Messias que liderará os judeus de volta para a Palestina não é nem esperado nem desejado por nós; nós não conhecemos outra terra pátria do que aquela a qual pertencemos por nascimento e nacionalidade[J2].

Mas após 1848 os conservadores lutaram com o movimento reformado a ponto de fazê-lo parar, e até mesmo se retrair. O movimento transferiu-se em grande parte para a América do Norte. Ali ele se afastou de pronunciamentos tão extremados como a declaração de 1843, aproximando-se de posições relacionadas a ritual, crenças e atitudes de suporte em relação a Israel similares às dos conservadores modernos, cujos princípios serão resumidos a seguir.

A resposta ortodoxa

Os judeus ortodoxos combateram a Reforma com sinceridade desde seu início, pois ela negava o ponto de vista ortodoxo de que a revelação divina da Torá era final e completa, e que aguardava apenas por seu cumprimento. Mas suas proposições de mudanças na crença pareciam menos perigosas do que as ameaçadoras mudanças nas formas de vida. É talvez justo dizer que o judeu ortodoxo de hoje deposita maior ênfase na prática do que na crença. Não é necessário crer em exatamente tudo o que os rabis falam, mas é necessário se aderir com absoluta fidelidade às admonições práticas da Torá, da forma que elas são interpretadas e aplicadas à vida diária pelo *Talmude*: as luzes do Sábado devem ser acesas e o Sábado mantido como outrora; nenhuma das antigas festas judaicas deve ser pulada ou abreviada; as leis dietárias devem ser observadas, com suas proibições a certos alimentos e suas regulações quanto à carne *kosher* e em evitar misturar carne e leite, requerendo conjuntos de pratos diferentes para servir a carne e produtos de laticínios.

Deve-se dizer, no entanto, que a maior parte dos judeus ortodoxos na América do Norte se afastou de posições extremas nessas questões, rumo à permissão de maior liberdade em circunstâncias excepcionais ou difíceis.

O sionismo e o estabelecimento da nação de Israel

Nem os judeus reformados nem os ortodoxos tiveram um percurso tranquilo, no entanto. As teorias raciais dos extremistas do século XIX, baseando-se em interpretações equivocadas da evolução darwinista, assim como os espantosos sucessos econômico e profissional dos judeus na segunda metade do século XIX incitaram uma nova onda de antissemitismo na Europa. *Pogroms* na Rússia, armadilhas vingativas para judeus na Alemanha e o famoso Caso Dreyfus na França convenceram muitos judeus que sua única esperança de segurança permanente estava no reestabelecimento de uma nação própria na Palestina. Um marco na cristalização desse ponto de vista foi a publicação do livro de Theodor Herzl, O Estado judaico, lançado em 1896. Baseado em suas premissas, um movimento judaico chamado de **sionismo** chegou rapidamente à atenção internacional. Desde o início, ele ganhou amplo suporte entre judeus ortodoxos e tinha até o momento ganhado apoio da maior parte dos judeus reformados, que de início se opuseram a ele como algo impraticável. A declaração de Balfour durante a Primeira Guerra Mundial mudou o *status* político do movimento do dia para a noite. Ela declarou que o governo britânico via com favor "o estabelecimento na Palestina de uma nação para o povo judeu" e que buscaria "facilitar o alcance desse objetivo". Milhares de judeus emigraram para a Palestina durante as duas décadas seguintes, e sob a proteção do Mandato Britânico (a autorização da Liga das Nações para a Grã Bretanha administrar o território da Palestina após a Primeira Guerra mundial) lançaram o fundamento de uma pátria nacional judaica.

O Holocausto

Uma selvageria de dimensões sem paralelo na história humana marcou o extermínio sistemático durante a Segunda Guerra Mundial de 6 milhões de judeus (um terço de todos os judeus do mundo). Os nazistas falavam de seus campos de extermínio como a solução final para o "Problema judaico". Lembrado hoje como o Holocausto, ou em hebraico *Shoah* (catástrofe), a campanha levou à cunhagem de um novo termo, *genocídio*, para se referir a esforços sistemáticos em aniquilar uma raça.

À parte do indescritível trauma nas vidas pessoais e comunais dos judeus, o Holocausto, juntamente com os outros desalojamentos da Segunda Guerra Mundial, finalmente levou a assembleia das Nações Unidas a votar em 1947 por uma partição da Palestina a fim de fazer do Estado judaico uma realidade reconhecida internacionalmente.

O novo Estado chamou a si mesmo de Israel. Ele se manteve com vigor e sucesso. Mas o estabelecimento de sua soberania sobre o território designado para si na partição original afligiu a muitos árabes dentro de suas fronteiras, fazendo-os fugir para o sul na Faixa de Gaza, para o leste na Jordânia, a nordeste para a Síria, e a norte para o Líbano; nessas localidades eles formaram grupos militantes jurados em prol da recuperação de sua "terra natal" e, consequentemente, comprometidos com a destruição do Estado de Israel. Nem todos fugiram e se tornaram refugiados; alguns permaneceram em Israel e se conformaram com alguma ansiedade à prática e lei israelita, vivendo em conforto moderado. Mas a intensidade geral da oposição árabe não se arrefeceu.

Formas maiores do judaísmo como um todo

Enquanto isso, a necessidade de se encontrar uma posição intermediária entre ortodoxia e reforma resultou no estabelecimento da neo-ortodoxia e do conservadorismo na Europa.

Esses movimentos foram fundados no século XIX e tiveram algum progresso. Na América do Norte, o movimento conservador experimentou um rápido crescimento. Com seu próprio seminário na cidade de Nova York e suas congregações organizadas na Sinagoga unida da América, ele tem se empenhado em encontrar uma posição comum entre o sionismo extremo e a posição tomada na Conferência dos Judeus Reformados que se reuniu em Chicago em 1918, cerca de seis meses após a Declaração de Balfour, em um momento no qual (ela tomou posição inversa mais tarde) o corpo ali reunido anunciou:

> Nós dizemos que o povo judeu está e por direito deve estar em casa em todas as terras. Israel, como qualquer outra

comunhão religiosa, tem o direito de viver e de afirmar sua mensagem em qualquer parte do mundo. Nós nos opomos à ideia de que a Palestina deva ser considerada a *pátria* dos judeus. Os judeus na América do Norte são parte da nação norte-americana. O ideal do judeu não é o estabelecimento de um Estado judaico – nem a reafirmação da nacionalidade judaica, ideia que tem por muito tempo crescido de forma excessiva [...]. A missão do judeu é testemunhar de Deus para todo o mundo[J3].

Os conservadores não veem contradição inerente em testemunhar de Deus para todo o mundo e ter um Estado na Palestina como o centro do qual a cultura judaica deve ser disseminada para todas as nações. De fato, os conservadores endossam os aspectos *religiosos* tanto da esquerda quanto da direita. Em um ensaio resumindo as "Filosofias atuais da vida judaica" (*Current Philosophies of Jewish Life*), Milton Steinberg disse:

> O judaísmo conservador tem sua origem simultaneamente na América do Norte e na Europa Ocidental entre aqueles judeus que, seja na teoria ou na prática, não podem mais ser ortodoxos, e que ainda assim se recusam a aceitar o que eles consideram como o extremo não tradicionalismo da Reforma [...]. Dois motivos dominam o judaísmo conservador. O primeiro é a afirmação da centralidade da religião na vida judaica [...]. O segundo tema, fortemente subestimado, é o sentimento de tradição, de história, da continuidade da vida judaica através do tempo e do espaço. É esse sentimento de unidade orgânica de uma judiaria com outra judiaria que o Professor Salomon Schechter, a figura dominante no conservadorismo americano, apreendeu no termo "Israel católica". Este termo é mais do que uma descrição. Ele tem a intenção de servir como uma norma para a conduta e comportamento. Deve ser feito pelos judeus, ele implica, o que é normal para o Israel católico: [...] se agarrar ao tradicional, sancionar modificações lenta, relutantemente e, se de todo possível, dentro da lei judaica[K].

Enquanto isso, um grupo um pouco à esquerda do centro tem surgido entre os conservadores, chamando a si mesmos de os reconstrucionistas. Eles advogam ampla liberdade em doutrina e "ajustamento criativo" às condições da vida moderna.

Desenvolvimentos recentes

Existe certa apreensão entre os judeus de todas as correntes de que a crescente secularização da sociedade moderna esteja enfraquecendo o poder que a religião tivera no passado sobre as pessoas nascidas na religião judaica (católicos e protestantes têm a mesma inquietação). Judeus preocupados destacam que o comparecimento às sinagogas tem declinado marcadamente nos anos recentes, e que casamentos mistos de judeus e cristãos, outrora proibidos a menos que o parceiro cristão se convertesse para o judaísmo, têm agora ocorrido com tal frequência que a observância tanto da fé judaica quanto da cristã em tais casos tem frequentemente sido abandonada. Existem estimativas de que praticamente metade dos casamentos de judeus na América do Norte se dão com parceiros não judeus.

A Conferência de Wannsee

Em janeiro de 1942, líderes nazistas de toda a Europa se reuniram em Wannsee, próximo a Berlim, a fim de reunir sua informação sobre o número de judeus em seus territórios e estabelecer cotas para os extermínios, que seriam por eles chamados de a "Solução final" para o "Problema judeu"[N].

Capítulo 14 - O desenvolvimento religioso do judaísmo 579

Planos oficiais alemães para a "Solução final", 20/01/1942

GILBERT, M. *The Holocaust: Maps and Photographs*. 2. ed. Nova York: Anti-Defamation League, 1978.

Uma tendência compensatória pequena, mas significativa, tem sido o aumento de conversões para o judaísmo entre os três ramos do judaísmo norte-americano. De aproximadamente 6,7 milhões de norte-americanos que identificam a si mesmos como judeus, um relatório de 2013 do *Pew Research Center* (Centro de Pesquisas Pew) identificava 53% descritos por conta própria como reformados ou conservadores, 30% "sem denominação", e 10% "ortodoxos". Em um relatório de 2015, os 6,4 milhões de judeus de Israel descreviam a si mesmos como metade secular, cerca de 40% forte ou moderadamente observantes, e aproximadamente 10% pertencentes a comunidades ultraortodoxas (os últimos compõem cerca de um terço da população de Jerusalém).

Definindo a identidade judaica

Não é de se surpreender que nos anos recentes o problema de se definir a identidade judaica tem sido o assunto de controvérsia interna cada vez mais intensa. Os debates têm se dado em nível mundial, mas eles têm se iniciado principalmente pela diversidade de prática no cenário norte-americano. As questões relacionadas a ele têm a ver com a ordenação de mulheres enquanto rabis, com a validez dos procedimentos em relação a divórcio e conversão, e com a redefinição das linhas de descendência.

Congregações conservadoras e reformadas diferem das ortodoxas ao dar completa participação para as mulheres, incluindo aceitando sua ordenação. A maior parte dos rabis conservadores concorda com os ortodoxos que casamentos possam ser encerrados apenas por meio de uma *get* (uma carta de divórcio) de uma corte rabínica. Quando uma *get* não é obtida, a legitimidade da linhagem das crianças de um casamento subsequente é colocada em questão (a fim de proteger a legitimidade de crianças nascidas de mulheres divorciadas impropriamente, os rabis às vezes encontram bases para anular o casamento anterior).

Rabis conservadores e reformados estão preocupados com que conversões e alguns casamentos sob seus auspícios não sejam reconhecidos pelos ortodoxos, mas uma decisão de 1991 da Corte Suprema de Israel manteve que o governo deveria registrar essas pessoas como judias.

Uma divisão aguda se refere à descendência patrilinear. Preocupada em relação ao crescente número de casamentos mistos, a União das Congregações Norte-Americanas Hebraicas – *Union of American Hebrew Congregations* (judaísmo reformado) decidiu reconhecer as crianças de pais judeus como judeus por descendência linear. Devido ao longo histórico de reconhecimento apenas dos filhos de mães judias, a decisão ampliou a distância entre os judeus reformados e ortodoxos, e amplificou algumas tensões internas dos conservadores. Algumas congregações conservadoras gostariam de rescindir a ordenação de mulheres rabis; outras gostariam de seguir a posição reformada a respeito da patrilinearidade.

Uma pesquisa de 1993 do Instituto Guttman em Israel descobriu que de 64 a 79% (dependendo da redação) dos pesquisados concordam que todas as denominações deveriam ter *status* igual. Mas os conflitos sobre problemas religiosos aumentaram, e em 1996 o assassinato do Primeiro-ministro Rabin por um extremista de extrema-direita exacerbou ainda mais os sentimentos. A eleição subsequente por uma margem estreita do Primeiro-ministro Netanyahu foi possível apenas com o apoio de pequenos partidos minoritários ultraconservadores. Netanyahu, eleito novamente em 2009, causou uma desaceleração drástica do processo de paz, mas isto por si só foi menos divisivo para a religião do que o fato marcante de que as facções ultraconservadoras tinham então enorme influência no governo. Rabis ortodoxos (que haviam se mantido à parte do Estado judaico em 1948) têm gradualmente modificado sem comportamento do isolamento para a participação ardente, com o objetivo de usar o processo político secular como meio para a formação de um Estado religioso. Grandes famílias entre os ortodoxos aumentaram seu poder nas pesquisas. Seu poder aumentou ainda mais com a legislação requerendo que todas as conversões e divórcios sejam aprovados por autoridades ortodoxas. Apesar de se aplicar apenas a conversões dentro de Israel, a lei implica no mínimo uma perda de dignidade para os judeus reformados e conservadores no restante do mundo. E em Jerusalém ela abre espaço para clamores públicos de que eles "não são judeus de forma alguma".

A eleição de Ehud Barak em 1999 como sucessor de Netanyahu trouxera expectativas de menos lutas internas e até mesmo esperanças de um acordo de paz com as autoridades palestinas. O fracasso do acordo deu a vitória nas eleições subsequentes a Ariel Sharon, um ardente apoiador de assentamentos judeus nos territórios palestinos, e levou a uma maior polarização de forças ortodoxas e secularistas dentro de Israel, bem como o aumento da violência.

Em 2003 a administração do presidente dos Estados Unidos George W. Bush patrocinou um "roteiro para a paz" que objetivava a criação de uma nação palestina ao lado de Israel por volta de 2005. Israelitas e palestinos concordaram em buscar seguir o "roteiro", mas o objetivo de 2005 não foi atingido. Israel evacuou os assentamentos judaicos em Gaza em 2006. Sob Ariel Sharon, Israel também começou a construção de um muro de segurança que seguia aproximadamente as fronteiras antes de 1967. A morte do líder palestino Yasser Arafat em 2005, a vitória do partido anti-Israel Hamas nas eleições palestinas de 2005, além da política interna e das eleições israelitas continuam a dificultar a busca pela paz.

Em 2016, em uma resolução não vinculativa, as Nações Unidas exigiram a imediata cessação da construção de assentamentos na Margem Ocidental e em Jerusalém Oriental, e declarou o estabelecimento de assentamentos uma "flagrante violação sob a lei internacional".

Forças coesivas

Os eventos principais do passado recente forneceram um foco para renovados orgulho, lealdade e percepção da necessidade de unidade dentre os judeus. Existe uma causa comum em manter o Holocausto diante da consciência do mundo. O direito de emigração de judeus oriundos de partes da antiga União Soviética é uma realidade para um número cada vez maior de indivíduos, e há um significado simbólico na ação de alguns estados da Europa Oriental ao rescindirem seus votos de 1975 em prol de uma resolução das Nações Unidas equalizando sionismo e racismo. Quando uma conferência das Nações Unidas sobre racismo em 2001 parecia rumar à maior associação do sionismo ao racismo, os protestos e a retirada das delegações norte-americana e israelita resultaram no lançamento de um documento mais moderado.

A Liga Americana Antidifamação de B'nai'B'rith relatou que incidentes antissemíticos, que atingiram um pico em 2006, declinaram nos anos seguintes, mas sofreram um pequeno aumento na América do Norte e na Europa em 2014 e em 2015. Não obstante, a recorrência persistente de antissemitismo por todo o globo tem requerido constantes vigilância e solidariedade.

GLOSSÁRIO

Akiva ben Yosef (ca. 40-135 EC): fundador de uma escola rabínica e um especialista em lei oral (*Halaká*), ele aperfeiçoou o estilo Midrash de exposição dos significados implicados nas Escrituras.

Ashkenazim: judeus das Europas Ocidental, Central e Oriental, em contraste com os sephardim.

Bar Kochba, "Filho da estrela" – uma designação messiânica: líder da "Segunda rebelião", 132-135 EC contra Adriano.

Cabala: um sistema de teologia especulativa, simbolismo oculto e prática mística prevalecente na Europa e no Oriente Médio a partir do século XIII; de forma menos técnica, toda a doutrina esotérica judaica e cristã.

Caraítas, "leitores": um movimento reacionário "de volta à lei escrita" no judaísmo do século VIII para século IX, rejeitando o rabinismo talmúdico e a tradição oral.

Diáspora: a dispersão dos judeus da Palestina após a destruição do Templo; também, judeus dos dias atuais vivendo fora do Estado de Israel.

Essênios: uma seita judaica ascética do século II AEC ao século I EC.

Fariseus: um partido rabínico nos tempos helenístico e romano, aderentes da aplicação compreensiva da lei judaica. Em contraste com os saduceus, eles aceitavam a tradição oral e novas ideias como a ressurreição.

Gemará, "finalização": a porção secundária do *Talmude*, consistindo da *Hagadá* e de algumas *Halaká* não inclusas na *Mishná*.

Hagadá, "narrativa": tradição oral informal, não jurística, associada com o saber talmúdico; às vezes uma referência específica à narrativa do Êxodo usado nos Seder.

Halaká: a porção formal, jurídica, da tradição talmúdica, ou a lei escrita juntamente com comentário oral.

Hasidim (Hassídicos), "os piedosos": uma seita fundada no século III AEC para promover pureza ritual e resistir a influências helenísticas; também uma seita de místicos fundada no século XVIII para resistir ao racionalismo.

Macabeus: heróis de uma rebelião de sucesso contra o governo helenístico selêucida em 165 AEC. Sua dinastia, dos asmoneus, liderou um Estado independente judaico até a vinda dos romanos em 63 AEC.

Maimônides (Moses bem Maimon, 1135-1204): filósofo nascido na Espanha e médico no Cairo, um altamente respeitado intérprete do judaísmo em termos racionais no seu tempo.

Midrash, "comentário": uma exposição de uma passagem da escritura, fosse halákica ou hagádica.

Mishná: a primeira seção do *Talmude*, interpretações orais coletadas até cerca de 200 EC.

Páscoa (*Pessach*): um festival de oito dias comemorando a libertação dos judeus do cativeiro no Egito.

Pentateuco: os primeiros cinco livros da Bíblia.

Rosh Hashaná: "começo do ano", dia santo no mês de Tishri, usualmente em setembro ou outubro.

Saduceus: um partido no judaísmo ativo do século II AEC até o século I EC. Eles rejeitavam a tradição oral recente e reduziram o judaísmo a questões especificamente tratadas na lei escrita.

Seder: uma refeição ritual comemorando o escape do cativeiro no Egito, celebrado usualmente em casa no primeiro ou segundo dia da Páscoa.

Septuaginta: uma versão grega das Escrituras hebraicas, datada do século III AEC.

Sionismo: um movimento dedicado ao estabelecimento de uma pátria nacional judaica – e subsequentemente a promover o bem-estar do Estado de Israel.

Sucote, "tendas": um festival da colheita começando na véspera do décimo-quinto dia de Tishri.

Talmude: a vasta coleção de antiga tradição oral rabínica reunida como *Mishná* e *Gemará*.

Yom Kippur, o Dia da Expiação: observado da véspera do nono dia de Tishri à véspera do décimo, um tempo para a confissão de pecados, arrependimento e reconciliação com Deus e os próximos seres humanos.

Zelotes: uma seita dedicada à rebelião e à derrubada do governo romano na Palestina do século I.

LEITURAS SUGERIDAS

ROBINSON, G. Maimonides (c. 1135-1204 C.E.). *Essential Judaism: A Complete Guide to Beliefs, Customs and Rituals.* Nova York: Simon & Schuster, 2000, p. 415-421.

RUBENSTEIN, R.L. Religion and the Origins of the Death Camps: A Psychoanalytic Interpretation. *After Auschwitz: History, Theology, and Contemporary Judaism.* Baltimore: The Johns Hopkins University Press, 1992, p. 29-61.

WIESEL, E. Israel Baal Shem Tov. *Souls on Fire: Portraits and Legends of Hasidic Masters.* Nova York: Random House, 1972, p. 3-39.

REFERÊNCIAS

[A] Citações do original: *Tanakh: The Holy Scriptures.* The Jewish Publication Society, 1985. Reimp. com a permissão dos editores. Na tradução, *Bíblia Sagrada.* Almeida corrigida fiel. [1]Ex 1,8-10.22; 2,1-10; [2]Ex 3,1-2.4-9.10.13; [3]Ex 34,1-8; [4]Ex 34,17-26; [5]Ex 24,3-8; [6]Ex 32,1-7.15.19-24; [7]2Rs 23,4-14; [8]Dt 24,16; [9]Jr 1,4-9; [10]Jr 20,7-18; [11]Jr 26,8-16; [12]Jr 28,10-14; [13]Jr 23,16.31-32; [14]Jr 30,11; [15]Jr 31,29-30.31-34; [16]2Rs 23,14-16; [17]Sl 137; [18]Est 3,8-9; [19]Jr 44,16-18; [20]Ez 3,17; [21]Ez 36,22-23; [22]Is 40,28; [23]Is 43,10; [24]Is 55,9; [25]Is 57,15; [26]Is 49,1-3; [27]Is 42,25; [28]Is 45,14-15; [29]Is 49,22-23; [30]Esd 1,5; [31]Ne 9,38; 10,29-38; [32]Ne 13,15-21; [33]Ne 13,25.

[B] BARTON, G.A. *Archaeology and the Bible.* 6. ed. American Sunday School Union, 1933, p. 442, 444 (substituindo *Habiru* por *Habiri*).

[C] Citações do original: *Tanakh: The Holy Scriptures.* The Jewish Publication Society, 1985. Reimp. com a permissão dos editores. Na tradução, *Bíblia Sagrada.* Almeida corrigida fiel. [1]Os 4,12-14; [2]Am 2,6-8; 6:1-6; [3]Am 5,21-24; [4]Am 7,12-17; [5]Os 2,2-9.11.13-20; [6]Os 9,7; [7]Is 6,1-8; [8]Is 30,15; [9]Is 7,1-9; [10]Is 1,23; 3,2; 5,8.21-23; [11]Is 1,18-19; [12]Is 2,15; [13]Is 11,1-10; [14]Mq 3,5-12; [15]Mq 6,6-8; [16]Is 42,6.

[D] LOEHR, M. *A History of Religion in the Old Testament.* Londres/Nova York: Ivor Nicholson & Watson/Charles Scribner's Sons, 1936, p. 51-52. Citado com a permissão dos editores.

[E] KITTEL, R. *The Religion of the People of Israel.* Nova York: The MacMillan Company, 1925, [1]p. 71; [2]p. 162; [3]p. 162. Reimp. com a permissão dos editores.

[F] Citação no original: MOULTON, R.G. *The Modern Reader's Bible*. Nova York: The Macmillan Company, 1907, Is 53,3-6. Reimp. com a permissão dos editores. Na tradução, *A Bíblia Sagrada*. Nova versão internacional. Is 53,3-6.

[G] SACHAR, A.L. *A History of the Jews*. Nova York: Alfred Knopf, 1930, ¹p. 88; ²p. 89; ³p. 229; ⁴p. 265.

[H] CORNFIELD, G. (ed.). *Adam to Daniel*. Nova York: The Macmillan Company, 1961, p. 381.

[I] BROWNE, L. *Stranger than Fiction: A Short History of the Jews*. Nova York: The Macmillan Company, 1931, ¹p. 171; ²p. 249. Reimp. com a permissão dos editores.

[J] PHILIPSON, D. *The Reform Movement in Judaism*. Ed. rev. Nova York: The Macmillan Company, 1931, ¹p. 54; ²p. 122; ²p. 363. Reimp. com a permissão dos editores.

[K] JANOWSKY, O.I. (ed.). *The American Jew: A Composite Portrait*. 2. ed. Nova York: Harper & Brothers, 1932, p. 214-215. Citado com a permissão dos editores.

[L] NOLL, K.L. *Canaan and Israel in Antiquity: An Introduction*. Londres: Sheffield Academic Press, 2001, p. 260.

[M] Citações no original: SMITH, J.M.P.; GOODSPEED, E.J. *The Bible: An American Translation*. University of Chicago Press, 1935. Reimp. com a permissão dos editores. Na tradução, *A Bíblia Sagrada*. Nova versão internacional. Ex 3,14-15.

[N] GILBERT, M. *The Holocaust: A Record of the Destruction of Jewish Life in Europe During the Dark Years of Nazi Rule*. Nova York: Hill & Wang, 1978, p. 59. Reimp. com a permissão dos editores.

15
O cristianismo em sua fase de abertura: as palavras e trabalhos de Jesus sob a perspectiva apostólica

Fatos resumidos:

- Nomes ocidentais: cristianismo primitivo, cristianismo neotestamentário.
- Tempo: das origens até 150 EC.
- Nomes usados pelos aderentes: O Caminho, o Povo de Deus (*ekklēsia tou theou*).
- Tradições sagradas: escrituras do judaísmo, cartas, material dos evangelhos e a tradição oral dos apóstolos.
- Referências à divindade: Deus, o Pai, o Pai do Senhor Jesus.
- Grupos componentes:
  - *Palestinos*, composto principalmente por herança judaica, mas de graus variados de rigidez em relação à Lei.
  - *Gentios* e *judeus* da diáspora fortemente influenciados pela cultura greco-romana (helenística).

O cristianismo brotou da fé de que, em seu fundador, Deus fora manifesto em carne e vivera entre a humanidade. Outras religiões têm desenvolvido um conceito de encarnação, mas nenhuma deu a ele tal centralidade. Na crença de que Jesus – em seu ministério, morte e ressurreição – é o mais claro retrato do caráter de Deus, está implicada todo o restante da doutrina cristã.

Fontes

Não é fácil contar essa história breve e claramente. O primeiro século cristão tem tido mais livros sobre ele escritos do que qualquer outro período de extensão equivalente na história. As fontes principais trazendo sua história são os evangelhos e as epístolas do Novo Testamento, e estes – novamente precisamos fazer uma declaração comparativa – têm sido mais meticulosamente vasculhados por mentes inquisidoras do que quaisquer outros livros jamais escritos. A crítica histórica tem estado particularmente ocupada com essas fontes durante os dois últimos séculos e tem chegado ao veredicto de que no Novo Testamento a antiga religião cristã *sobre* Jesus revestiu e modificou o registro da religião *do próprio* Jesus – isto é, sua própria fé –, mas não há unanimidade em relação ao grau dessa modificação. É sabido que o próprio Jesus não escreveu seus ensinos, mas confiou para seus discípulos a tarefa de pregar o que Ele ensinava. É assumido geralmente pelos historiadores que após sua morte alguns deles escreveram seus dizeres, com notas ocasionais sobre o contexto histórico, antes que eles fossem esquecidos; e que, além disso, um documento ou grupo de documentos surgiu, sendo chamado pelos acadêmicos de "Q" (do termo alemão *Quelle*, ou "fonte"). É considerado de forma geral que "Q" foi colorida pelas preconcepções dos cristãos antigos e que estes adicionaram amplificações que foram além das próprias palavras de Cristo. É provável que tal coleção de escritos tenha se tornado a fonte primária para os autores de Mateus e Lucas.

Esses autores usaram uma grande quantidade de outros materiais também, tanto orais quanto escritos; por exemplo, eles elaboraram muito de seu material a partir de Marcos, já existente (65-70 EC), e fizeram uso de fontes únicas para cada um deles: "M" no caso de Mateus, e "L" no caso de Lucas. O Evangelho de João não foi escrito até o final do século, surgindo em grande parte de preocupações com as implicações teológicas da vida e morte de Jesus.

Todos esses registros são atravessados por uma divisão geralmente invisível entre o que vem do próprio Jesus e o que é fruto da Era Apostólica. Mas quando os eruditos são questionados com referência à separação do material que revela autenticamente o Jesus histórico do material que reflete a crescente cristologia dos cristãos antigos, suas interpretações variam amplamente. Em certos pontos, cada estudante acaba voltando, após cuidadoso estudo, ao julgamento pessoal ou mesmo ao sentimento intuitivo ao decidir o que vem do

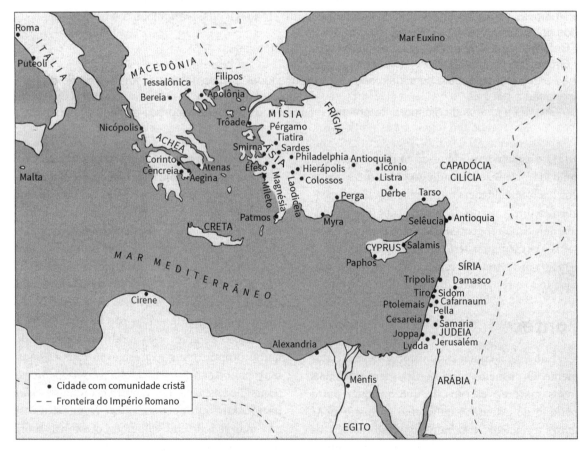

Centros cristãos

Jesus histórico e o que vem da Igreja primitiva – se é que de fato é relevante, ou mesmo possível, traçar tal distinção. Como não existem fontes escritas por "observadores objetivos", cada vida de Jesus precisa ser reconstruída a partir de eventos vistos por meio das lentes da fé; e é evidente que as interpretações modernas também olham através de lentes, baseadas em suas próprias prescrições de valores.

Agir dessa forma, no entanto, exime acadêmicos conscienciosos da obrigação de manter todos os pontos de vista em estado provisório, estando abertos à mudança se um consenso acadêmico referente a um particular dito ou evento requerer a revisão de opiniões anteriores. Um consenso deste tipo emergiu no último século seguindo o surgimento em 1910 de *The Quest for the Historical Jesus* (A busca pelo Jesus histórico), de Albert Schweitzer. Tem havido uma concordância cada vez mais ampla de que a convicção escatológica de Jesus do eminente "fim dos tempos" teve importância central ao impeli-lo rumo a uma missão profética.

Tem-se ainda argumentado mais além de que quando, após o seu tempo, essas expectativas não se cumpriram e seus seguidores tentaram se lembrar de sua vida e de seus ensinos, eles o fizeram de forma confusa; a estrutura cronológica dos evangelhos e sua atribuição de eventos a localidades geográficas particulares foram em grande parte editoriais e, desta maneira, incertas. Mas acadêmicos continuam a buscar por um consenso mais amplo referente à mais autêntica interpretação da fé, às intenções e aos ensinos de Jesus.

I – O MUNDO AO QUAL VEIO JESUS

É de algum significado Jesus ter nascido em uma parte do mundo que havia apenas recentemente sido trazida para debaixo do domínio romano. A Palestina foi uma das últimas aquisições do Império. Os judeus, como vimos nos capítulos 13 e 14, tinham estado sujeitos constantemente a jugos estrangeiros, e ainda assim o governo romano veio a parecer mais intolerável do que qualquer outro. Isto se deu em grande parte ao fato de que os romanos eram um grupo desinteressado, administrativo. Eles estavam preocupados primariamente em regular as populações locais; não havia um senso de humanidade comum. Fora diferente com os gregos, que eram um povo imaginativo e responsivo, aptos a entrar no espírito de uma localidade e considerar suas ideias como merecedoras de respeito. Mas os judeus e os romanos eram dois extremos entre si. Eles eram enigmas um para o outro e tinham desistido de chegar à compreensão mútua.

As divisões políticas da Palestina no tempo de Jesus

Por volta do tempo do nascimento de Jesus, Herodes o Grande morrera. Três dos filhos de Herodes tinham escapado das consequências fatais de despertar as suspeitas do pai, assim sobrevivendo; em seu testamento, ele dividiu a Palestina entre esses três. Enquanto o atribulado país tremia à beira de uma insurreição, os três filhos corriam para Roma a fim de terem suas heranças confirmadas. Augusto César atribuiu a Judeia, Samaria e Idumeia para Arquelau; a Galileia e Pereia para Herodes Antipas, e a região nordeste do Lago da Galileia para Filipe. Arquelau, no entanto, não recebeu total controle sobre seus distritos, como os outros dois filhos. A cautela de Augusto se mostrou bem fundamentada, pois após nove anos de incompetência e brutalidade, Arquelau foi responder diante do imperador a várias acusações sérias, sendo banido para a Gália. Seu lugar foi tomado por um oficial romano denominado procurador, que foi feito responsável perante o governador da Síria.

Um procurador sucedia a outro regularmente. Eles governavam a Judeia a partir de Cesareia, na costa noroeste de Jerusalém, e poucos dentre eles tinham qualquer noção das forças históricas trabalhando por debaixo da superfície no cenário judeu. Alguns deles eram homens gananciosos e inescrupulosos, ansiosos apenas em ajuntar dinheiro o suficiente para se aposentarem no conforto de Roma. Apesar de permitirem aos judeus tanta liberdade civil e religiosa quanto as considerações políticas (i. e., o imperialismo romano) os permitiam, eles insistiam em um tipo de controle remoto sobre a religião judaica. Os procuradores, por exemplo, mantiveram as vestes do alto sacerdote armazenadas na Torre de Antônia, e as liberavam apenas para as cerimônias nas quais elas eram usadas. Isto significava que eles podiam controlar a indicação do alto sacerdote, ao tornar conhecido a quem eles se agradariam em liberar as vestes. Eles também tentavam, de tempos em tempos, introduzir em Jerusalém estandartes de batalha e escudos exibindo a imagem de César como imperador-deus, mas os judeus protestavam furiosamente cada vez que o faziam, e os procuradores, a fim de preservar a paz, não insistiam na questão.

Sob estas condições, dificilmente a Judeia ficaria satisfeita. De fato, desorientados quase que ao ponto do desespero pelas dificuldades que os assediavam, partidos políticos e religiosos contendiam entre si – **fariseus** com **saduceus**, e zelotes e erodianos com o restante (cf. novamente p. 552-554).

A situação na Galileia

Na Galileia, por outro lado, a irritação estava difundida menos universalmente. Ali Herodes Antipas governava sobre uma população muito misturada. Os judeus eram maioria por uma margem pequena. Havia muitos cidadãos de fala grega, assim como fenícios da costa e sírios das regiões interiores do norte. Em alguns distritos, os judeus eram sobrepujados numericamente pelos gentios. Ademais, além do Jordão e não diretamente sob a autoridade de Herodes, ainda que dentro das fronteiras da Pereia, haviam dez cidades governadas autonomamente (Decapólis, ou "cidade décupla"), coligadas entre si no padrão das cidades-estados helênicas.

Elas eram a expressão palestina do sonho de Alexandre o Grande, de uma nova ordem internacional. Sua presença ajuda a explicar por que Herodes Antipas seguia uma política de internacionalismo. Ele esperava que uma infusão paciente de cultura universal nesta área pudesse unificar seu povo sob seu governo. Mas os judeus da Galileia ficaram mais do que simplesmente perturbados quando ele passou a transformar suas cidades em cidades greco-romanas. Um destes empreendimentos culturais foi a reconstrução da maior cidade da Galileia, Séforis. Esta cidade era, no entanto, ofuscada em magnificência, se não em tamanho, pela nova cidade de Tiberíades na praia ocidental do Lago da Galileia, uma cidade provida com um fórum com colunatas e nomeada por Herodes em homenagem ao imperador romano de então. É uma marca da ânsia de Antipas em agradar aos romanos o fato de ele ter nomeado a cidade de acordo com o imperador romano que governava no período, e é evidência de sua insensibilidade que ele a tenha construído sobre um antigo terreno de enterramentos judaicos. Judeus escrupulosos não entrariam nela.

Muitos dos judeus na Galileia poderiam ter se reconciliado com tudo isto, e até mesmo recebido bem a situação, se eles não tivessem sido obrigados a pagar a conta. Anteriormente já lhes parecera oneroso pagar a taxa direta e pessoal para as despesas administrativas, pois apenas parte dela ia para Herodes Antipas, e o resto para a longínqua Roma. Agora eles eram obrigados a pagar impostos adicionais na forma de onerosos deveres alfandegários, não apenas sobre bens importados para a região ou exportados dela, mas também sobre aqueles enviados de cidade para cidade e de fazendas para os mercados. Impostos eram coletados, também, em pontes e portos. E havia um imposto do sal – que sempre irritava qualquer um em qualquer lugar. Os judeus, dessa forma, se achavam contribuindo para as despesas de sua própria sujeição. Então, quando em 6 EC, Quirino, o governador da Síria, ordenou um censo sobre os habitantes da Palestina, de forma que pudesse ser implantada uma forma de tributação ainda mais minuciosa, houveram repercussões hostis imediatas entre o povo. Jesus poderia ter tido doze ou mais anos naquele tempo e devia estar profundamente consciente da excitação geral entre os judeus da Galileia, que explodia rapidamente em ressurreição.

UMA REBELIÃO ZELOTE: JUDAS O GALILEU

Certo Judas o Galileu, assistido por um fariseu de nome Zadok (Zadoque), organizou o Partido Zelote, cercando-se de cabeças-quentes galileus e formando um exército rebelde que estava pronto a lutar sob este princípio: "Nenhum Deus senão Yahweh, nenhum imposto a não ser o do templo, nenhum amigo a não ser o zelote". Josefo, um historiador de seu tempo, escreve sobre os zelotes como se segue:

> Esses homens concordavam em todas as outras coisas com as noções farisaicas; mas tinham um apego inviolável à liberdade, e diziam que apenas Deus era seu Senhor e Mestre. Eles também não se importavam de morrer qualquer morte, nem, de fato, se curvavam diante da morte de seus conhecidos e amigos, e não permitiam que o temor da morte os fizesse chamar a qualquer homem de seu mestre. E [...] eu temo que o que eu disse não expressa adequadamente a determinação que eles mostravam quando passavam por dor.[A]

O fanatismo dos zelotes se dava em alguma medida ao fato de que muitos deles tinham uma história familiar de morte por violência em rebeliões. O pai de Judas o Galileu foi morto cinquenta e dois anos antes, durante seu engajamento em uma insurreição.

Judas e seus seguidores surpreenderam a cidade de Séforis, tomaram a armoria, supriram a si mesmos com seu estoque de armas e transformaram a cidade em seu quartel-general. A revolta se tornou tão séria que o general romano Varro teve de trazer duas legiões romanas para suprimi-la. Ele queimou e destruiu Séforis e crucificou diversos milhares de zelotes em uma tentativa sangrenta de acabar com o movimento, mas ele continuou a se espalhar secretamente. Jesus foi confrontado com as realidades criadas por tudo isso em sua vida, pois ao menos um, senão dois dos doze apóstolos (Simão o Zelote e possivelmente Judas Iscariotes), tinha sido afiliado ao Partido Zelote, e ele próprio foi finalmente crucificado, quando a multidão no pátio de Pilatos gritava, de acordo com os relatos, para ter Barrabás, conhecido para eles como um zelote, liberto ao invés de Jesus.

COMUNIDADES CELIBATÁRIAS: OS ESSÊNIOS

Nem todos os judeus da Galileia apoiavam a causa zelote. Os **essênios** se opunham à violência por princípio. Eles também se opunham ao sacrifício de animais – um desvio radical para aquele tempo. Bastante numerosos na Galileia, eles davam pouca atenção às lutas dos tempos, mas aguardavam pacientemente pelo Ungido do Senhor, o Messias.

Enquanto isso, eles viviam sob regras estritas em comunidades celibatárias, mantendo suas possessões em comum, guardando o dia do Sábado, trabalhando em seus campos durante os outros dias da semana, e devotando-se a jejum, oração e a frequentes abluções cerimoniais, de forma muito parecida ao que fazia a comunidade do Mar Morto (cf. novamente p. 557).

ORGANIZAÇÃO PRUDENTE: OS FARISEUS

Os fariseus, por sua vez, distanciavam-se de violência em grande parte por considerações de prudência. Eles eram de longe o maior partido na Galileia, sendo liderados por escribas e rabis cuja consciência de missão era acentuada pelo treinamento sistemático. Todos os partidos judeus tinham aprendido o conceito de organização dos gregos e dos romanos e sabiam que sua chance de sobrevivência dependia de uma liderança unificada. Muitos frequentaram escolas mantidas pelos fariseus – academias, podemos chamá-las, pois em atitude e método elas lembravam as academias da Grécia. A maior destas escolas estava em Jerusalém e se vangloriava de grandes professores como Shammai e Hillel. Pegos, todos eles, em um mundo de mudança rápida e imprevisível, os fariseus tornaram como seu princípio o viver tão próximo quanto as condições permitiam de acordo com suas tradições. Eles sentiam que a única forma de acelerar a vinda do Messias e salvar o judaísmo da extinção era serem escrupulosos nas práticas religiosas que ligavam a tradição com cada detalhe da vida diária. Isto significava que eles se empenhavam em manter cada uma das leis do Sábado, em cumprir ao pé da letra as regulações para manutenção dos festivais judaicos, em dar o dízimo, em repetir constantemente o Shemá, em serem muito particulares em relação à pureza cerimonial e ao tratamento correto das "coisas santas" e regras dietárias, em não ter questões legais com ninguém nas cortes civis (porque os judeus deveriam recorrer apenas para os procedimentos legais de seu próprio tribunal, o **Sanhedrin** – Sinédrio), e assim por diante. Apesar de não estar longe o tempo quando eles seriam obrigados a alterar muitos de seus antigos ritos e introduzir outros novos, nesse momento eles eram muito críticos a todos aqueles que não cumpriam a Lei da forma por eles interpretada.

CONSERVADORISMO: OS SADUCEUS

Os saduceus, em comparação, tinham menor influência na Galileia, mas eram ainda mais conservadores. Eles estavam certos de que o antigo culto e a Torá eram inalteráveis, enquanto que os fariseus, após muita autoanálise, estavam dispostos a alterar antigos costumes quando debaixo de contextos em mudança, se isso resultasse na preservação das comunidades judaicas de qualquer dissolução religiosa. Mas saduceus e fariseus se opunham de igual forma à frouxidão, ao oportunismo e ao radicalismo.

O POVO COMUM

Talvez a maior parte do povo comum, o *'Am ha'aretz*, fosse tolerante e indolente em relação a estas coisas, prontamente influenciado pelo "mundo", e apenas vaga e inconsistentemente religioso. Muitos, por outro lado, consideravam a si mesmos judeus estritos, comparecendo aos cultos nas sinagogas, reverenciando a lei e os profetas, mantendo os festivais e jejuns judaicos, e dirigindo-se anualmente ao Templo de Jerusalém na Páscoa judaica. Isto não era o suficiente, defendiam os fariseus mais severos. Se eles não se mantivessem livres de impureza cerimonial, se não observassem as regras estritas dietárias e o dízimo, se não lavassem suas mãos antes das refeições, não purificassem cerimonialmente suas próprias pessoas, roupas, copos, jarros, bacias e toda a comida comprada nos mercados, e não deixassem de fazer qualquer trabalho no dia do sábado, eles estariam impuros e não poderiam ser considerados piedosos. Muitos dos devotos entre o povo comum, entretanto, tinham a convicção de que era possível ser profundamente devocional e verdadeiramente religioso sem se ser estreitamente legalista ao obedecer à "tradição dos anciãos". Era a este grupo que os pais de Jesus parecem ter pertencido.

II – A VIDA DE JESUS: A PRIMEIRA FASE

Nascimento

A data do nascimento de Jesus não pode ser determinada precisamente. Não foi antes da metade do século VI EC que os cristãos começaram a contar o tempo como antes e depois de Cristo. As informações disponíveis hoje mostram que os monges que fizeram os cálculos não definiram o ano com suficiente precisão. Deve-se adicionar que nós não possuímos dados escritos para fixar o mês e o dia do nascimento. Tanto a data romana de 25 de dezembro quanto a data armênia de 6 de janeiro são de origem posterior e refletem as necessidades e decisões dos tempos posteriores ao Novo Testamento. Seguem as referências neotestamentárias relevantes para a data de nascimento.

Mateus (2,1) diz que Jesus nasceu "nos dias de Herodes". Desde que Herodes morreu no ano 4 AEC, isto pode sugerir que o nascimento de Jesus ocorreu antes que o ano um do calendário.

Lucas (3,1-2.23) diz que João, o Batista, começara a pregar no décimo quinto ano do Imperador Tibério (26 ou 27 EC), e que Jesus foi batizado por ele pouco tempo depois, tendo "cerca de 30 anos de idade" quando iniciou seu ministério. Quando calculamos o tempo retrospectivamente, somos obrigados a datar o nascimento de Jesus entre os anos de 4 a 6 AEC. Em outro lugar, Lucas (2,1-4) diz que Jesus nascera durante um censo ordenado por Augusto César quando Quirino era governador da Síria (6 a 9 EC). Isto introduz uma grande discrepância. Entretanto, se nós aceitarmos a evidência de que Quirino estava a serviço do legado para a Síria algum tempo antes de seu governo, nós podemos supor, como é feito por alguns acadêmicos (mas sem clara evidência), que Lucas estava a se lembrar de algum momento no qual Quirino teria sido despachado para a Judeia a fim de conduzir um censo, cerca de dez a doze anos antes de seu próprio governo.

A confiança no cumprimento das profecias do Antigo Testamento permitia aos antigos escritores cristãos preencher lacunas em sua informação. Eles não tinham dúvida de que os eventos aconteciam de acordo com as profecias, da maneira como eles as compreendiam. Mateus, por exemplo, afirma com frequência que as coisas aconteceram "de forma que a profecia pudesse ser cumprida". Outros detalhes das narrativas de nascimento foram sem dúvida inspiradas por uma literalização da convicção pós-ressurreição de que o título messiânico "Filho de Deus" se aplicava a Jesus.

Quanto ao lugar de nascimento de Jesus, nós novamente enfrentamos incerteza. Mateus e Lucas asseveram que Jesus nasceu em Belém, a "Cidade de Davi" (apesar de suas explicações para as circunstâncias serem muito diferentes). É provável que eles estivessem confiantes da localização com base na profecia messiânica. Há mais certeza ligada à asserção com a qual todos os evangelistas concordam, de que a casa da família estava em Nazaré da Galileia. Foi lá que José seguia o ofício de carpinteiro, e, até o ponto que sabemos, até o trigésimo ano, a vida inteira de Jesus – com exceção de poucas semanas – fora passada ali.

Infância e juventude

Da infância e juventude de Jesus nós sabemos pouco de forma direta. A evidência interna dos evangelhos nos leva a assumir – mas é uma suposição não documentada – de que seus pais pertenciam ao povo comum, o 'Am ha'aretz. É provável que eles fossem bastante religiosos, pois Lucas diz que eles separavam tempo "todo ano" para ir a Jerusalém e comemorar a Páscoa. Jesus veio a conhecer a Torá e os Profetas com familiaridade suficiente para ser apto a citá-los livremente. É possível que Ele tenha frequentado a escola da sinagoga local. De alguma forma, Ele veio a conhecer o suficiente da tradição profética a ponto de desenvolver uma desconfiança de qualquer literalismo e falta de elasticidade com a qual os escribas e fariseus ensinassem. Em relação à sua profissão, Ele aparentemente era treinado para ser um carpinteiro. Nós sabemos dos evangelhos que Ele cresceu em uma família grande. De acordo com Mc 6,3, havia pelo menos outros seis filhos: Tiago, José, Judas e Simão, assim como "irmãs" (em suporte à doutrina da virgindade perpétua de Maria, a tradição Católica Romana afirma que a declaração em Mc 6,3 deve ser compreendida como uma referência a primos, possivelmente filhos da presumida irmã de Maria, Maria Cleofas, ou talvez filhos de José de um casamento anterior). Lucas nos fornece mais um vislumbre revelador da experiência de Jesus enquanto criança. A história do Menino Jesus sentado com os professores no templo (Lc 2,41-52) é testemunha do fato de que Ele era capaz de manter interesse nas questões religiosas. Ele ficara tão profundamente absorto que não pensou sobre o efeito que sua ausência poderia ter em seus parentes e amigos.

Os próximos dezoito anos da vida de Jesus geralmente são chamados de anos de silêncio, pois não temos evidência direta sobre o que aconteceu durante eles. Tem sido tradicionalmente assumido que José, que desaparece completamente da história, morreu neste intervalo, e que Jesus, o filho mais velho, assumiu a administração do negócio de carpintaria, com a ajuda de seus irmãos.

Batismo e tentação

Quando tinha por volta de 30 anos, Jesus foi atraído a João Batista, um profeta do deserto, e experimentou o chamado para sua própria missão profética.

João Batista tinha surgido nas margens do Jordão com uma mensagem urgente: "Arrependam-se! Pois o Reino dos Céus está vindo!" Ele emergira do deserto, talvez dentre os essênios em Qumran, onde ele meditara sobre o que lhe parecia ser a crise dos tempos. Os evangelhos nos contam que ele "vestia roupas feitas de pele, tinha um cinto de couro ao redor de seu quadril e sobrevivia comendo gafanhotos e mel silvestre"[B1]; isto é, ele havia assumido a vida de um asceta solitário. Seus períodos de solitária meditação amplificaram seu sentimento de que o fim do tempo presente estava próximo; o Messias que viria para julgar o mundo estava prestes a aparecer e trazer o dia da ira que apenas o arrependimento estaria apto a enfrentar.

Este dia parecia tão próximo para ele que é relatado que ele usava imagens vívidas como esta: "O machado já está nas raízes das árvores". Outra imagem assustadora sua era baseada na debulha do solo; ele disse que o Messias já havia tomado o garfo de feno em suas mãos e poderia "limpar este chão debulhado, e armazenar o trigo em seu celeiro", mas poderia "queimar o joio com uma chama que não se extinguiria"[B2]. João deixou o deserto e começou uma carreira de pregação impetuosa, de forma a prevenir os desprevenidos. Ele teve sucesso em atrair pessoas de toda a Palestina para ouvi-lo. Quando aqueles ouvintes confessavam seus pecados e expressavam arrependimento, a imersão nas águas do Jordão significava o lavar de seus pecados. Ele ficou conhecido como o Batista. Ele era mais, entretanto, do que um cerimonialista. Suas instruções para os convertidos estavam num plano ético da mais alta urgência. No ínterim antes da vinda do Messias, eles deviam praticar as mais estritas justiças individual e social. As multidões lhe perguntavam: "O que nós devemos fazer?" E ele respondia: "O homem que tem duas camisas deve dividir com o homem que não tem nenhuma, e o homem que tiver comida deve fazer o mesmo"[B3]. Ele disse para os coletores de impostos não coletar mais do que eles estavam autorizados a fazer, e para os soldados não extorquirem dinheiro ou fazerem acusações falsas contra as pessoas, mas para estarem satisfeitos com seus salários. Ele acendeu a ira de Herodes Antipas ao condenar seu casamento ilegal com Heródíades, a esposa de seu irmão; foi preso e finalmente executado enquanto estava na prisão. Não obstante, ele levantou um grupo leal de seguidores que se propagaram independentemente. São Paulo encontrou um círculo de seus seguidores em Efésios trinta anos depois.

Era natural que Jesus fosse atraído. No primeiro capítulo de Marcos, a história é contada breve e vagamente:

> E aconteceu naqueles dias que Jesus, tendo ido de Nazaré da Galileia, foi batizado por João, no Jordão. E, logo que saiu da água, viu os céus abertos, e o Espírito, que, como pomba, descia sobre Ele. E ouviu-se uma voz dos céus, que dizia:
> "Tu és o meu Filho amado em quem me comprazo"[B4].

Esta experiência deve ter sido profundamente comovente. Para Marcos (que não faz referência ao nascimento de Jesus ou a sua vida até este ponto), a experiência batismal é o evento inicial da revelação de Deus em Jesus.

É significativo que Jesus de imediato se retirou para o deserto além do Jordão para pensar cuidadosamente sobre o rumo que ele deveria dali em diante. Na tradição cristã, este tempo de meditação e decisão é descrito como um período de quarenta dias durante os quais satã buscou tentá-lo. Como contado por Mateus e Lucas, a tentação teve três fases. Por trás do imaginário usado nós podemos ver os elementos de questões muito reais. Deveria ele se concentrar em enfrentar necessidades econômicas ("pão")? Não, a humanidade precisava mais do que isso. Deveria ele usar métodos espetaculares que pudessem atrair a atenção, mas colocá-lo em perigo? Não, ele não deveria forçar a mão de Deus, não deveria colocar a escolha dele por Deus em julgamento. Deveria ele procurar poder político como condição prévia para redimir Israel? Não, aquilo seria, de fato, se comprometer com satanás.

> E, chegando o sábado, começou a ensinar na sinagoga; e muitos, ouvindo-o, se admiravam, dizendo: De onde lhe vêm estas coisas? E que sabedoria é esta que lhe foi dada? E como se fazem tais maravilhas por suas mãos? [...] Não é este o carpinteiro, filho de Maria, e irmão de Tiago, e de José, e de Judas e de Simão? E não estão aqui conosco suas irmãs? E escandalizavam-se nele.
> Mc 6,2-3*

O início do ministério na Galileia

Na época da prisão de João, Jesus cruzou o Jordão e tomou seu caminho para a Galileia, "proclamando", diz Marcos, "as boas-novas de Deus, [e] dizendo: 'é chegado o tempo e o Reino de Deus está próximo; arrependam-se, e creiam nestas boas-novas!'" Seu tom era urgente, e ele gerou tamanha convicção em si mesmo e sobre sua mensagem que foi imediatamente seguido por quatro discípulos – Simão Pedro e seu irmão André, Tiago e seu irmão João, ambos filhos de Zebedeu – todos eles pescadores, que lançaram fora suas redes e o seguiram.

---

* Bíblia Sagrada, edição Almeida corrigida fiel [N.T.].

O Lago da Galileia estava então cercado de florescentes cidades – Tiberíades, Cafarnaum, Corazim e Betsaida. Jesus começou seu ministério entre elas, escolhendo Cafarnaum como seu quartel-general, talvez porque ali se localizasse a casa de Pedro. De início, ele falou nas sinagogas, e quando as multidões ficaram muito grandes para elas, ele passou a pregar nos mercados e nos campos abertos.

Os eventos de um dia

O primeiro capítulo de Marcos contém uma descrição completa do que aconteceu no primeiro dia de sábado de Jesus em Cafarnaum. Servirá para o nosso propósito considerá-lo como um dia típico do ministério inicial de Jesus. Antes de tudo, "ele foi para a sinagoga e ensinou". Provavelmente havia mais de uma sinagoga em Cafarnaum, e Ele foi para aquela à qual fora convidado. As sinagogas eram controladas, em termos de doutrina e regime, pelos escribas e fariseus, mas a administração local estava nas mãos de um conselho de anciãos, um dos quais era eleito o "chefe da sinagoga" e tinha o controle sobre os cultos religiosos. Ele poderia estar em uma posição de convidar Jesus para falar na sinagoga. Outro oficial, o *chazzan*, ou atendente, era o bibliotecário da sinagoga, tendo sob seu cuidado os rolos das escrituras que estavam na "Arca"; ele era também o zelador do edifício, e se fosse uma pessoa com educação de escriba, o professor da escola da sinagoga.

Nas sinagogas as escrituras eram recitadas, primeiro em hebraico, depois em aramaico. Em seguida, o próprio chefe, ou uma pessoa escolhida por ele, se dirigia à congregação por meio de "ensinos".

Tal era o cenário dos primeiros comentários importantes de Jesus em Cafarnaum. Quando Ele começou a falar – o texto conta – sua audiência ficou maravilhada com o seu ensino, pois falava "como alguém que tinha autoridade"; isto é, com a força e a confiança de alguém chamado por Deus para uma missão urgente. Sendo assim, era dotado de grande liberdade de interpretação, falando do fundo de seu coração, e não de forma seca "como os escribas".

E então aconteceu algo perturbador. Um homem na audiência, que acreditava ter um demônio dentro si causando suas condições anormais físicas e mentais – a explicação aceita universalmente para certas doenças naqueles dias –, súbita (e esperançosamente) interrompeu o professor:

> "O que tu queres de nós, Jesus Nazareno?
> Vieste para nos destruir? Eu sei quem tu és, tu és o Santo de Deus!"
> Jesus repreendeu-o, e disse: "Silêncio! Sai dele!"
> O espírito imundo convulsionou o homem, soltou um alto clamor e saiu dele.

Deve-se manter em mente ao julgar a situação que Jesus não tinha razão para questionar o diagnóstico de doenças intrincadas que eram universais nessa época; isto é, que elas eram causadas por um poder demoníaco residente na pessoa, originário de outro lugar. Sua audiência certamente não tinha dúvidas. Nós lemos mais além:

> E eles estavam tão maravilhados que discutiam entre si, e diziam: "O que isto significa? É um novo ensino! Ele dá ordens com autoridade até mesmo para espíritos imundos, e eles o obedecem!"
> E sua fama imediatamente se espalhava em todas as direções [...].

Após o culto na sinagoga, a história continua, e Jesus foi com seus discípulos para a casa de Simão Pedro, onde a sogra de Simão estava acamada, doente com uma febre. Jesus foi até ela, e tomando sua mão, fê-la se levantar. "E a febre deixou-a, e ela os servia". Então se seguiu um dos episódios cruciais no ministério inicial de Jesus:

> Na tarde, após o pôr do sol, eles trouxeram até Ele todos que estavam doentes ou possuídos por demônios, e a cidade inteira se reunia à porta. E Ele curou muitos [...].

A primeira metade do Evangelho de Marcos retrata Jesus como resistente à proclamação aberta de um papel messiânico. Quando os possuídos por demônios, sentindo o extraordinário, saudavam-no com títulos altivos, Ele os reprimia. A cura é de fato parte desta mensagem, mas como os registros de primária rejeição à tentação deixam claro, a cura não é o elemento central. A mensagem trata da fé e do caráter do vindouro Reino de Deus. As curas não eram efetuadas para produzir adulação em relação ao curandeiro.

Existem em Mateus e Marcos apenas duas instâncias nas quais Jesus se retira para orar. Ambas seguem-se a cenas com multidões excitadas e levam à sua retirada. Assim sendo, nós conjecturamos que a reunião de "toda a cidade" foi inquietante, e que ela ocasionou uma retirada para oração.

> Cedo de manhã, bem antes do nascer do sol, Ele se levantou, deixou a casa, partiu para um lugar isolado e orou ali. E Simão e seus companheiros buscaram-no, encontraram-no e disseram para Ele: "Eles estão todos procurando por ti!"
> Ele lhes falou: "Vamos para outro lugar, para as cidades vizinhas, de forma que eu possa pregar nelas também, pois é por isto que eu vim aqui".[B5]

Mas sua experiência em outras cidades foi parecida com a de Cafarnaum. Por alguns dias Ele não podia mais entrar abertamente em uma cidade, mas ficava em lugares não frequentados, e as pessoas vinham até Ele de todas as direções – as pessoas "corriam" para Ele. Elas tinham esperança de grandes coisas. Quando eles vieram novamente para Cafarnaum, "tamanha multidão se ajuntou ali que não havia espaço mesmo em volta da porta". Em outra ocasião, havia tantas pessoas na casa que era impossível preparar uma refeição; ainda em outra, tantas pessoas se reuniram ao longo da praia do lago que, por medo de serem esmagados, Jesus e seus discípulos mantiveram um bote pronto para removê-lo. Subsequentemente, encontrou uma multidão tão grande que "Ele entrou no bote e sentou nele, um pouco afastado da praia, enquanto todo o povo estava na terra próxima à água"[B6], e deste lugar vantajoso Ele lhes ensinou.

III - OS TEMAS NOS ENSINAMENTOS DE JESUS

O que havia na pregação de Jesus que tanto atraía as multidões durante a parte inicial de seu ministério?

Diversas respostas devem ser dadas para esta questão. Em primeiro lugar, Ele trouxe uma mensagem urgente que era por si só excitante: ela tinha a ver com a eminência do total controle de Deus. Além disso, Ele tinha muito a dizer sobre se preparar para a nova era ao fazer a vontade de Deus *agora*, enquanto ainda havia tempo. Finalmente, Ele falava em linguagem simples e não técnica sobre os problemas centrais na religião, sempre com o uso de ilustrações cotidianas retiradas da natureza e da vida humana. Muitas de suas lições mais profundas foram dadas através de parábolas – breves histórias inspiradas da experiência diária, histórias que colocavam a experiência humana em perspectiva ou ilustravam um aspecto do ministério de Jesus. Mas não teria sido o suficiente se a única atração fosse a sua forma de ensino. O que Ele realmente tinha alcançado era uma nova síntese das percepções religiosas de seu povo.

"O Reino de Deus está próximo"

É aparente que Jesus compartilhava com seu povo a expectativa de que o Reino messiânico predito a muito estava prestes a se iniciar. O sentimento religioso do povo judeu naquele tempo estava centrado nesta expectativa. Desde sua juventude, Jesus estava sob a influência das esperanças levantadas por Ele; desta forma, ele respondia normalmente ao seu ambiente ao compartilhar com seu povo de sua esperança geral e apaixonada por uma nova ordem das coisas.

Era uma expectativa eletrizante. Estava próxima a época de quando o "Filho do Homem" viria como o juiz e o agente de julgamento e de redenção. Não poderia ser um evento humano, uma ocorrência política previsível; seria um acontecimento inequivocamente sobrenatural, causado, em um tempo desconhecido para a humanidade, apenas por Deus.

No Evangelho de Marcos existem passagens (modificadas pela linguagem da Era Apostólica) que têm um significado similar.

> E Ele lhes disse: "Eu vos digo, alguns que aqui estão certamente viverão para ver o Reino de Deus vir em seu poder"[B7].
> "Eu vos digo, todas estas coisas acontecerão antes que passe o tempo presente [...]. Mas quanto àquele dia ou hora ninguém sabe, nem mesmo os anjos no céu, nem o Filho; apenas o Pai. Vocês precisam olhar e estarem alertas, pois não sabem quando será o tempo"[B8].

Considere as seguintes passagens de Lucas:

> E Ele disse para seus discípulos: "Virá o tempo quando vocês desejarão ver um dos dias do Filho do Homem [...]. Os homens lhes dirão: 'Olhem! Ele está ali!', ou 'Olhem! Ele está aqui!' Não partam em sua busca, pois assim como o clarão do relâmpago, que brilha de uma ponta a outra do céu, será desta forma com o Filho do Homem [...]. No tempo do Filho do Homem será como no tempo de Noé. As pessoas comiam, bebiam, casavam-se e davam-se em casamento até o próprio dia em que Noé entrou na arca e o dilúvio veio e destruiu-lhes todos [...]. Será semelhante a isto no dia em que o Filho do Homem aparecer"[B9].

A convicção claramente é de que um "final dos tempos" apocalíptico era eminente. É difícil para nós recriar, mesmo na imaginação, o estremecimento de expectativa produzido por esta convicção. Era quase uma obsessão entre o grande número de judeus infelizes na Palestina, e era um fator importante na vida dos judeus que viviam no estrangeiro. Não se deve acreditar que isto era desarrazoado. Em um mundo onde os conceitos de evolução social e progresso não existiam, e onde a fé na intervenção direta de Deus nos negócios humanos era inquestionável, nenhuma mente piedosa dentre os judeus duvidava que Deus logo traria a libertação, assim como Ele havia feito no passado quando seu povo estava sofrendo além do que podia suportar.

Quanto ao significado deste **apocaliticismo** para o cristianismo contemporâneo, intérpretes do século XX têm assumido posições distintas. Albert Schweitzer, escrevendo para um mundo ainda cheio da confiança do século XIX na evolução social e no progresso, declarou que o Jesus que aceitou o apocaliticismo arrebatador seria nada além de um "estrangeiro" ao espírito moderno. Rudolf Bultmann, escrevendo na metade do século, disse: "É possível que a escatologia bíblica possa surgir novamente. Ela não surgirá em sua antiga forma mitológica, mas a partir de uma visão terrificante de que a tecnologia moderna, especialmente a ciência atômica, pode trazer a destruição de nossa terra..."[C]

Jesus também transformou alguns aspectos do apocaliticismo de seu próprio dia.

APOCALITICISMO TRANSFORMADO

Um exame cuidadoso do uso de Jesus da **escatologia** (crenças referentes ao fim do mundo) de seu tempo mostra que apesar de Ele compartilhar a esperança geral apocalíptica, Ele a transformou. Ele pegou o messianismo concebido de forma estreita do menos universalista judaísmo de seus dias, que aguardava principalmente pela restauração do reino de Davi, e substituiu-o com uma nova forma da antiga visão profética de um mundo onde o Reino de Deus poderia se estender para todas as terras (cf. p. 563). Da forma que Jesus concebia a antiga visão, os membros do Reino poderiam *vir* de todas as partes. Uma passagem presumivelmente de "Q" coloca esta ideia com a maior clareza.

> Vós deveis se esforçar com todo músculo para entrar pela porta estreita; porque eu vos digo que muitos procurarão entrar, e não terão sucesso, quando o mestre da casa se levantar e fechar a porta, e vós começardes, estando do lado de fora, a bater à porta, e dizer: 'Abre para nós, Senhor!' Então Ele lhes responderás, dizendo: 'Eu não sei de onde vós sois... Afastai-vos de mim, todos vós praticantes de malfeitos'. Ali vós chorareis e rangereis vossos dentes, quando virdes Abraão, Isaac, Jacó e todos os profetas no Reino de Deus, e vós colocados para fora. Pessoas virão do leste, do oeste, do norte e do sul, e tomarão seus lugares no Reino de Deus. Aqueles que agora são os últimos serão então os primeiros, aos que agora são os primeiros serão os últimos.[B10]

Mateus apresenta parte desta passagem ainda mais claramente, da seguinte maneira:

> Eu vos digo que muitos virão do leste e do oeste, e tomarão seus lugares no banquete com Abraão, Isaac e Jacó, no Reino dos Céus, enquanto os herdeiros do reino serão lançados nas trevas exteriores, onde chorarão e rangerão seus dentes![B11]

Como se isso não fosse uma revisão drástica o suficiente das esperanças correntes dos judeus, Jesus previu que o centro terreno do reino davídico – Jerusalém e seu templo – seria destruído porque os habitantes da cidade não haviam se arrependido. Apenas o arrependimento poderia salvá-los – ou a qualquer outro. Como proscritos, publicanos, meretrizes e outros pecadores mostravam mais sinais de arrependimento do que os escribas e fariseus, eles entrariam no Reino dos Céus antes dos chamados servos de Deus que orgulhosamente justificavam a si mesmos. Deus tinha mais prazer em um pecador que se arrependia do que em noventa e nove pessoas justas que não viam necessidade de arrependimento. A paráfrase de Mateus das beatitudes é, dessa forma, fiel à convicção de Jesus: são os puros de coração que verão a Deus; e são os fracos que herdarão a terra[B12].

"O Reino de Deus está no meio de vós"

Jesus também se desviou do pensamento geral ao ensinar que ainda que o Reino não estivesse presente em sua completude, ele já estava parcialmente "realizado" por eventos dos quais seus próprios atos eram o centro [D]. Ele falava para os incrédulos que se "pelo dedo de Deus" Ele expelia então demônios, então o Reino de Deus já estava sobre eles. Ele respondia a alguns fariseus que perguntavam quando viria o Reino de Deus: "O Reino de Deus está no meio de vós!"[B13]

E isto nos traz ao muito intrincado problema da concepção de Jesus de seu próprio relacionamento com Deus. Consideraria Ele si mesmo o Filho do Homem e Filho de Deus em um sentido especial? Pensaria Ele sobre si mesmo como o Messias desde o tempo de seu batismo, ou foi desenvolvendo gradualmente a concepção de que Ele era o Ungido do Senhor? Ou foram seus seguidores que o dotaram do *status* de Messias no final de sua carreira e após sua morte, sem qualquer intimação de sua parte de que isto lhe era apropriado?

Estas questões são cruciais e podem talvez nunca virem a ser respondidas de forma final. Não obstante, algumas afirmações bastante definidas podem ser ditas sobre o senso de relacionamento de Jesus com Deus.

Relacionamento com Deus

Deus era muito mais para Jesus do que um ser transcendente ao qual se devia uma oração matinal e uma vespertina.

A intimidade e harmonia de sua comunhão com Deus parecia ultrapassar qualquer coisa que Ele tivesse experimentado em relacionamentos humanos. Ao ensinar seus discípulos a orar, Ele comunicava algo de sua experiência para eles, mas havia também algo incomunicável sobre ela, de forma que eles se limitavam a imaginar. Qualquer que fosse o seu uso dos termos *Filho do Homem* e *O Cristo*, Ele sabia que ele fora "enviado". Deus o havia comissionado para estabelecer seu Reino. Assim como Amós, assim se deu com Jesus: Deus o "tomou" e o enviou para a humanidade.

Por conseguinte, Ele podia pregar, ensinar e curar com autoridade. Ele podia propor uma lei que suplantava a de Moisés. E Ele podia recitar para a congregação a grande passagem de Isaías e dizer: "Hoje se cumpriu esta Escritura em vossos ouvidos!"[B14]

O Espírito do Senhor está sobre mim,
Pois que me ungiu para evangelizar [pregar as boas-novas] aos pobres,
a pregar liberdade aos cativos,
e restauração da vista aos cegos.
A pôr em liberdade os oprimidos,
A anunciar o ano aceitável [do favor] do Senhor!

Ensino sobre Deus

Desde o tempo de seu batismo por João Batista, a realidade de Deus e seu próprio relacionamento íntimo com Deus ocuparam o lugar central no pensamento de Jesus. Nunca lhe foi pedido que explicasse suas razões para a existência de Deus; naquela era de fé universal na existência do divino, ninguém nunca lhe solicitou que o fizesse. O que as pessoas desejam saber era que tipo de deus era Deus, e o que, tendo em vista seu caráter, deveria se esperar que Ele fizesse. De sua parte, Jesus falava com profunda segurança. Deus era a personalidade soberana e moral governando o universo, o espírito que se movia no curso e no fim da história, um ser transcendente, severamente reto, que nunca se distanciava de sua perfeita justiça ao determinar o curso dos eventos ou o destino de um indivíduo. Este Deus se aproximava de qualquer um que se curvasse em oração. Ele era perdoador e misericordioso, ocupado primariamente com a redenção humana, paternal em caráter e ação. O nome favorito de Jesus para Deus era Pai (ou Pai que está nos Céus). Em seus ensinos está implicado que ainda que Deus permitisse às pessoas tomarem suas próprias decisões e, da mesma forma que o pródigo na famosa parábola, tomarem os recursos à sua disposição e gastá-los em vida dissoluta, Ele continuaria a amá-los por meio do processo redentor de retribuição que inevitavelmente se segue, e irá perdoá-los quando retornarem para Ele. Deus, portanto, é ultimamente bom, assim como santo. As pessoas deviam nele confiar e buscar regularmente iluminação espiritual por meio da oração em seus quartos ou na solidão dos campos e dos topos de colinas.

Confiança na natureza

A atitude de Jesus em relação à natureza era condicionada à sua concepção de Deus. Ele era verdadeiramente judeu ao pensar na natureza como o palco do drama da redenção humana. Deus trabalha na *história* por meio de um relacionamento vivo com seu povo. "O Reino de Deus está agora no meio de vós." Ao mesmo tempo, Ele olhava diretamente para a natureza com alegria e confiança. As flores nos campos, adornadas mais belamente do que Salomão em toda a sua glória, eram confecção de Deus e eram, assim como os pássaros nos céus – os corvos e pardais – totalmente sustentadas pelo cuidado de Deus. Certamente, se os seres humanos não sabiam como conviver entre si na retidão do Reino de Deus, eles poderiam encontrar na natureza tudo que necessitavam: em sua ansiedade, as pessoas buscavam *primeiramente* alimento e vestimentas, mas se eles buscassem antes o Reino, comida e alimento viriam no decorrer; este era o plano de Deus.

A bondade do corpo

A atitude de Jesus em relação ao seu corpo era, de forma similar, de segurança e confiança, e, novamente, tipicamente judaica. Ele aparentemente aceitava o corpo como sendo funcionalmente integrado com a mente e o espírito em uma unidade funcional. Não há traços em seu ensino da ideia helenística de dualidade entre corpo e alma (alma boa; corpo mau) que posteriormente apareceria na literatura cristã gnóstica (cf. p. 625). Ele não era asceta. Ele apreciava festas de casamento e banquetes. Ele nunca sugeriu que o corpo fosse inerentemente corruptor e profanador, ou que a alma estivesse maldosamente aprisionada na carne. O corpo podia, de fato, se tornar o perigoso instrumento de uma vontade má, ou podia ser dividido entre bom e mau porque a vontade estava assim dividida.

No último caso, Jesus usou hipérboles para indicar que questões de integridade pessoal pediam por ação decidida. "Se o seu pé te faz cair, corte-o fora"[B15]. Jesus, em suma, não distraía seus seguidores de buscar a bondade pessoal e social ao sugerir que o corpo era o inimigo principal do bem e que deveria, antes de tudo, ser subjugado.

Sua atenção estava dirigida para outra parte. A vontade de Deus era que as pessoas se tornassem aptas para o vindouro Reino dos Céus vivendo conjuntamente como pessoas religiosamente orientadas em direção a Ele, como crianças em relação aos pais, e eticamente orientadas entre si como em relação a membros da família. Nenhuma pessoa era nativamente indigna se fosse da graça de Deus ou de dignidade aos olhos das outras pessoas. Ele invocava este princípio particularmente no caso de crianças pequenas, mas também no caso de deserdados, pecadores e estrangeiros, com os quais Ele estava constantemente em associação. Não havia exceções para a lei do amor, que tinha de ser inter-racial e internacional.

Moralidade acima da prática legal e cerimonial

Os ensinamentos de Jesus continham o desafio constante de fazer o que quer que fosse necessário que pudesse preparar a vinda do Reino de Deus. Suas falas em Lucas sublinham a urgência deste desafio. Um homem convidado a segui-lo diz: "Deixe-me primeiro enterrar meu pai". Jesus diz para ele: "Deixe os mortos enterrarem seus próprios mortos; você precisa ir e espalhar as novidades do Reino de Deus!" Ainda outro homem disse a Ele: "Mestre, eu vou te seguir, mas me deixe primeiro dizer adeus para as pessoas em casa", ao que Jesus respondeu: "Ninguém que coloca suas mãos no arado, e então olha para trás, é apto para o Reino de Deus"[B16].

Além de chamar ao comprometimento, Jesus pedia para seus seguidores colocar suas obrigações morais acima de todas as demandas sociais, legais ou cerimoniais. A cerimônia está subordinada ao amor em ação, mas não descartada ou desvalorizada: se alguém está prestes a fazer uma oferenda e se lembra que tem algum impedimento, deve *primeiro* ir e se reconciliar, e *então* fazer a oferenda. Jesus foi especialmente crítico de atitudes legalistas geralmente atribuídas aos fariseus, que deixavam de dar ouvidos ao espírito reformista de seu próprio partido. Eles tinham que substituir práticas legais e cerimoniais por uma moralidade criativa e verdadeiramente regenerativa. Eles coavam o mosquito, mas engoliam o camelo; limpavam as partes externas do copo e do prato, mas estavam eles mesmos cheios de ganância e autoindulgência; eles eram como sepulcros pintados de branco, parecendo belos do lado de fora, mas do lado de dentro estando cheios de ossos dos mortos e de tudo que é impuro. Apesar de pagarem o dízimo da hortelã, do endro e do cominho, negligenciavam os aspectos mais importantes da Lei – justiça, misericórdia e integridade. Foi de fato característico de Jesus, em todos os seus preceitos éticos, transferir a atenção dos aspectos externos do comportamento moral para suas motivações internas, o espírito da atitude por trás dele. O bem e o mal tinham suas origens no coração.

Preocupação com a integridade interior

Antes de olharmos na aplicação deste princípio à moralidade, devemos ver claramente que Jesus ligava o princípio com uma exigência de duas partes: preocupação com a própria integridade interior e preocupação com a saúde interna dos outros. Ai! – disse Jesus, para qualquer um que ferir a outro no centro de sua existência moral! Seria melhor, para qualquer indivíduo que fizesse com que um humilde fiel caísse, ter uma pedra de moinho amarrada ao redor de seu pescoço e ser jogado no mar. Ferir a natureza moral de outro era o mais grave dos crimes.

Com a mesma ênfase na condição interior da personalidade, Jesus reafirmou e refraseou as antigas leis hebreias. Mateus reúne uma série de ensinamentos nos quais Jesus olha por trás de um ato proibido para o motivo que pode causá-lo. Dois exemplos podem ser citados. Havia uma lei contra assassinato que havia sido dada nos dias de outrora: "Mas eu vos digo que qualquer um que odiar o seu irmão [...] e qualquer um que falar com desprezo com seu irmão [...] e qualquer um que falar para seu irmão 'seu tolo amaldiçoado!' irá responder por isso"[B17].

Havia uma lei contra o adultério: "Mas eu vos digo que qualquer um que olhar para uma mulher com luxúria já cometeu adultério com ela em seu coração"[B18].

Mas a ênfase no espiritual e no aspecto interno da moralidade atingiu sua forma mais significativa nos ensinos de Jesus sobre o amor. Este é um ensino que ainda requer o maior dos esforços de compreensão, pois apesar de a ordem de usar o méto-

> *Ao ser questionado pelos fariseus sobre quando o Reino de Deus viria, Ele lhes respondeu: "O Reino de Deus não está vindo enquanto vocês esperam avistá-lo; ninguém dirá: 'Aqui está', ou 'Está ali', pois o Reino de Deus está em vosso meio. Lc 17,20 (Moffat)[E1]*

do do amor da mesma maneira para amigos e inimigos ser um princípio absoluto, cristãos sinceros frequentemente diferem em sua aplicação prática, em seus julgamentos a respeito do que esta conduta possa implicar.

O princípio absoluto está contido nas seguintes palavras:

> Ouvistes o que foi dito: Amarás o teu próximo, e odiarás o teu inimigo.
> Eu, porém, vos digo: Amai a vossos inimigos, bendizei os que vos maldizem, fazei bem aos que vos odeiam, e orai pelos que vos maltratam e vos perseguem; para que sejais filhos do vosso Pai que está nos céus; porque [Ele] faz que o seu sol se levante sobre maus e bons, e a chuva desça sobre justos e injustos [...]. Sede vós pois perfeitos, como é perfeito o vosso Pai que está nos céus. Portanto, tudo o que vós quereis que os homens vos façam, fazei-lho também vós, porque esta é a lei e os profetas.
> "Amarás o Senhor teu Deus de todo o teu coração, e de toda a tua alma, e de todo o teu pensamento." Este é o primeiro e grande mandamento. E o segundo, semelhante a este, é: "Amarás o teu próximo como a ti mesmo". Destes dois mandamentos dependem toda a lei e os profetas[B19].

A aplicação deste princípio aos detalhes da conduta deve ser deixado ao julgamento do momento. Mas o princípio central é declarado, e sua aplicação é deixada à consciência do indivíduo que a esposa.

Alternativas à retaliação

Em uma direção, entretanto, é dada uma orientação clara. A regra principal define que não se deve resistir com violência ao mal feito contra si.

> Ouvistes o que foi dito: "Olho por olho e dente por dente". Eu, porém, vos digo que não resistais ao mau; mas, se alguém vos bater na face direita, oferecei-lhe também a outra; e ao que quiser pleitear convosco, e tirar-vos a túnica, largai-lhe também a capa[B20].

A retaliação gera amargura e é fútil; se uma pessoa responder a alguma injúria pessoal com alguma ofensa similar ela apenas aumentará a confusão moral. Deve-se responder à ofensa sem vingança ou ódio, mas também sem se render moralmente ou fazendo concessões. Uma resposta que surpreende com o bem – o dar a outra face, o dar um casaco, a segunda milha – simboliza com surpreendente clareza a prontidão do indivíduo ofendido a viver em comunhão com o ofensor.

Esta passagem, que é específica à retaliação por ofensa cometida contra si, tem sido vista às vezes como aplicável também à atitude de Jesus em relação aos problemas complexos envolvidos ao se lidar com o mal na sociedade. Seu limpar do Pátio dos Gentios (p. 604) sugere, ao menos simbolicamente, que não o é.

Um ensino complementar previne contra a crítica precipitada e pouco ponderada à conduta alheia. Pois, por um lado, o crítico precipitado está ele mesmo necessitando de correção moral. Por outro, é sempre melhor ser generoso e assim despertar o amor nos outros.

> Não julgueis, para que não sejais julgados. Porque com o juízo com que julgardes sereis julgados [...]. Por que reparas tu no argueiro que está no olho do teu irmão, e não vês a trave que está no teu olho? Ou como dirás a teu irmão: "Deixa-me tirar o argueiro do teu olho", estando uma trave no teu? Hipócrita, tira primeiro a trave do teu olho, e então cuidarás em tirar o argueiro do olho do teu irmão[B21].

Sede, pois, misericordiosos, como também vosso Pai é misericordioso. Não julgueis [...] não condeneis [...]. Dai, e será dado a vós; boa medida, recalcada, sacudida e transbordando, vos deitarão no vosso regaço; porque com a mesma medida com que medirdes também vos medirão de novo[B22].

IV – OS EVENTOS CLÍMAX
O crescimento da oposição

Os evangelhos situam muitos dizeres de Jesus em contextos de conflitos verbais. Fariseus e saduceus são retratados como guardiões invejosos da ortodoxia. Um típico encontro ocorreu quando, ao passar através de campos de trigo no Sábado (Shabbat), os discípulos de Jesus começaram a pegar cabeças de trigo enquanto passavam. Os fariseus protestaram contra isto como uma quebra da lei do sábado, que proibia a colheita do produto dos campos. Jesus replicou: "O sábado foi feito por causa do homem, e não o homem por causa do sábado"[B23]. Os fariseus podem não ter negado a verdade nessa asserção, mas não gostaram de seu tom radical. Eles eram críticos também de outros elementos nos ensinos de Jesus. Como médicos eram proibidos de trabalhar no sábado, eles atacavam as curas de Jesus nesse dia. Em mais de uma ocasião, eles obrigaram a Jesus a se defender desta acusação. Eles notaram, também, que alguns de seus discípulos comiam sua comida sem antes fazer a lavagem cerimonial de suas mãos a fim de purificá-las, e acusaram a Jesus de permitir o relaxamento. Jesus respondeu: "Ouvi-me vós, todos, e compreendei. Nada há, fora do homem, que, entrando nele, o possa contaminar; mas o que sai dele é que contamina o homem"[B24]. Quando os discípulos lhe pediram para explicar, Ele disse: "Porque do interior do coração dos homens saem os maus pensamentos, os adultérios, as fornicações, os homicídios, os furtos, a avareza, as maldades, o engano, a dissolução, a inveja, a blasfêmia, a soberba, a loucura – todos estes males procedem de dentro e contaminam o homem".

O que mais ofendeu aos fariseus, no entanto, foi a liberdade com a qual Jesus interpretava a Lei e os Profetas sem respeitar a tradição. Aparece muito frequentemente no discurso de Jesus a fórmula que Mateus usa ao registrar o Sermão do Monte: "Vocês ouviram o que os homens da Antiguidade vos disseram [...] Eu, porém, vos digo [...]". Em resumo, a autoridade de Jesus vinda de seu interior.

O rumor de que Jesus era "possesso" circulava entre seus oponentes e entre alguns de sua própria cidade, incluindo seus parentes. Quando Ele retornou para sua cidade de residência, Nazaré, e enquanto ensinava na sinagoga no dia do sábado, Ele se espantava com a falta de fé. "Não há profeta sem honra senão na sua pátria, entre os seus parentes, e na sua casa", é relatado que Ele teria dito[B25]. Marcos registra que em uma ocasião anterior seus parentes haviam ido até Cafarnaum para tomá-lo em sua custódia, acreditando que Ele estava "fora de si". Nos ocorridos em seguida, Jesus deixou claro que sua missão tomava precedência sobre os desejos e reivindicações de sua família consanguínea:

> Chegaram, então, seus irmãos e sua mãe; e, estando fora, mandaram-no chamar. E a multidão estava assentada ao redor dele, e disseram-lhe: Eis que tua mãe e teus irmãos te procuram, e estão lá fora. E ele lhes respondeu, dizendo: Quem é minha mãe e meus irmãos? E, olhando em redor para os que estavam assentados junto dele, disse: Eis aqui minha mãe e meus irmãos. Porquanto, qualquer que fizer a vontade de Deus, esse é meu irmão, e minha irmã, e minha mãe[B26].

A resposta que Jesus deu às acusações abertas que eram feitas contra Ele foi: "Como pode satanós expulsar satanás? [...] E, se satanás se levantar contra si mesmo, e for dividido, não pode subsistir"[B27]. Mas os fariseus o desprezavam.

Um banquete messiânico

Enquanto figura controversa, Jesus é retratado como atraindo grandes multidões. Alguns podem ter sido meros curiosos; alguns podem ter esperado ver a execução de alguns milagres; mas o mais significativo é que alguns devem ter sido atraídos pelo fato de que Ele era desaprovado pelas autoridades estabelecidas. Este é o contexto no qual as narrativas do Evangelho colocam a miraculosa divisão dos pães e peixes com a multidão (um símbolo do banquete messiânico claramente antecedendo a refeição da Eucaristia cristã) – sugerindo que as multidões eram aceitas em um tipo de comunidade, mas não em um exército para rebelião. O Evangelho de João diz que nesta ocasião Jesus ficou consciente de que a multidão queria fazer dele seu rei, e assim Ele se retirou. Logo depois, ele diz que muitos que haviam seguido a Jesus o abandonaram. Ainda mais adiante, o Evangelho de João adiciona: "Mesmo seus irmãos não criam nele".

Foi nestas circunstâncias que Jesus tomou seu caminho rumo a noroeste, para as regiões por volta de Tiro e Sidom que ficavam fora da Palestina, e então para o norte da Síria. Esta retirada para o norte pode ter sido uma resposta a ameaças ou ao fato de que Jesus era agora tão conspicuamente controverso ao ponto de tornar o seu modo habitual de ensinar impossível. Pode ter sido uma retirada para considerar quais os próximos passos e para treinar os discípulos.

Uma declaração em Cesareia de Filipe

Em um lugar próximo a Cesareia de Filipe, a capital do Tetrarca Filipe, Jesus apresentou uma questão crucial para seus discípulos: "Quem dizem os homens que eu sou?" Eles responderam para ele: "João o Batista; e outros: Elias; mas outros: Um dos profetas" (estava claro, assim, que as pessoas não pensavam que Ele era o Messias). "Mas", Ele disse, "vós, quem dizeis que eu sou?" Pedro respondeu: "Tu és o Cristo"[B28]. A implicação clara aqui é que esta é a primeira vez que qualquer um dos discípulos chama a Jesus especificamente de Messias. O relato então continua, dizendo que Jesus disse aos Doze para não falar isso para ninguém, e foi além, dizendo que precisava ir até Jerusalém e enfrentar sofrimento e morte para a consumação de sua missão.

Como Jesus sabia de sua iminente prisão e morte? Teria tido Ele presciência miraculosa? Foi imputado após o fato na escrita da narrativa? Ou o crédito deve ser dado a um aviso prévio de quarenta dias descrito na literatura talmúdica? Em qualquer caso, um protesto assustado dos Doze, verbalizado por Pedro, recebeu uma forte repreensão. A perspectiva devia ser difícil o suficiente de enfrentar sem tal otimismo tolo.

É importante notar que esta história – e, de fato, o relato inteiro da chamada de retirada para o norte – tem sido questionada por muitos acadêmicos enquanto uma leitura retroativa baseada em conclusões pós-ressurreição sobre o tempo de vida de Jesus (como, p. ex., que a mensagem de Jesus estava destinada a toda a humanidade, ou que Jesus era de fato o Messias e havia cumprido a todas as profecias do Antigo Testamento).

Muitos eruditos afirmam que essa leitura retroativa parece ocorrer especificamente no caso de Mt 16,15s. Ali nós lemos: "Disse-lhes Ele: 'E vós, quem dizeis que eu sou?' E Simão Pedro, respondendo, disse: 'Tu és o Cristo, o Filho do Deus vivo'. E Jesus, respondendo, disse-lhe: 'Bem-aventurado és tu, Simão Barjonas, porque não foram a carne e o sangue que te revelaram, mas meu Pai, que está nos céus. Pois também eu te digo que tu és Pedro [uma rocha, *petros*], e sobre esta pedra [*petra*] edificarei a minha Igreja [*ekklēsia*], e as portas [poderes] do inferno não prevalecerão contra ela. E eu te darei as chaves do Reino dos Céus; e tudo o que ligares [*permitir*] na terra será ligado nos céus, e tudo o que desligares [*proibir*] na terra será desligado nos céus". No próximo capítulo veremos quão importante esta passagem tem sido, historicamente. Muitos estudiosos do Novo Testamento, no entanto, aceitam-na apenas com a maior reserva, se é que a aceitam, como uma adição pós-ressurreição, pois não há evidência sólida em qualquer parte nos evangelhos de que Jesus tenha antecipado o surgimento da Igreja após sua morte ou usado um termo comparável a **ekklēsia**.

Confrontos com as autoridades

Judeus de todo o mundo haviam vindo para Jerusalém a fim de participar da grande festa anual da Páscoa. O procurador romano Pilatos mudara-se para a cidade, vindo da vila de Cesareia, a fim de estar acessível para manter a ordem e abafar qualquer tentativa de insurreição. Herodes Antipas tinha descido até a Galileia para desfrutar das festividades e, "indo com a maré", ser um judeu fiel. Não havia vagas nas hospedarias. Os galileus vieram preparados para viver em tendas nos vales entre a cidade e o Monte das Oliveiras. Muitos deles conheciam Jesus e poderiam saudá-lo se Ele fizesse uma aparição. Em um jumento emprestado, Ele desceu o Monte das Oliveiras, acompanhado de seus discípulos, e entrou na cidade.

Os galileus o saudaram com gritos de alegria e espalharam ramos de palmeiras pelo caminho, mas as pessoas da cidade diziam: "Quem é este?" E as pessoas da procissão respondiam: "Este é Jesus, o profeta de Nazaré na Galileia!"

Em Jerusalém, Jesus foi para uma área no templo chamada de Pátio dos Gentios. Ali Ele virou as mesas de câmbio de moedas e os assentos daqueles que tinham pombas sacrificiais, e proibiu carregar qualquer coisa através do pátio. Ele gritou: "Não dizem as escrituras, 'Minha casa será chamada uma casa de oração para todas as nações'? Mas vocês a transformaram em um covil de ladrões". O fato de Marcos incluir a proibição de carregar coisas se refere ao fato de que, como o Pátio dos Gentios se abria para mais de uma rua, mercadores às vezes o desrespeitavam como nada mais que um atalho. Isto também sugere que sua objeção não se dava necessariamente ao sistema sacrificial como tal ou à regra de que apenas a moeda do templo poderia ser oferecida no templo. A objeção era ao *local* da atividade. Aqueles cuja principal ocupação era o cuidado do templo haviam falhado em manter sagrada a área aberta para "todas as nações" para oração e estudo.

Este era, é claro, um desafio sério, e deve ter recebido apoio popular, pois não ouvimos nada acerca de represálias imediatas. Por diversos dias Jesus ensinou no pátio e lidou com questões colocadas para desacreditá-lo. Ele foi desafiado em cinco problemas: sua autoridade, o pagamento de impostos, a ressurreição, o maior dos mandamentos, e a ascendência do Messias de Davi.

Seus oponentes enviaram espiões com uma questão sobre pagar o tributo imperial –

> *Na véspera da Páscoa eles enforcaram Yeshu. E um anunciador saiu, em frente a ele, por quarenta dias, (dizendo): "Ele foi engodado e desviou a Israel. Qualquer um que souber qualquer coisa em seu favor, que venha e pleiteie em sua defesa". Mas não tendo encontrado nada a seu favor, eles o enforcaram na véspera da Páscoa.*
> O Talmud: Baraitha-B Sanhedrin, 43a.

na esperança de que pudessem pegá-lo em uma armadilha, com um sedicioso "não" ou um servil e impopular "sim". Dirigindo a atenção para a imagem de César em uma moeda, Ele respondeu: "Dai pois a César o que é de César, e a Deus o que é de Deus!"[E2] "A implicação deste comentário é que a habilidade dos espiões em apresentar uma moeda indica que eles já haviam pago a César o que eles lhe deviam; mas o desafio à autoridade de Jesus significava que eles não rendiam o que era apropriado a Deus"[F].

Ainda assim, o peso total da oposição a Ele deve ter impressionado o povo de forma desfavorável; mesmo os herodianos se juntavam à oposição. Vendo que isto acontecia, Jesus começou a contar às pessoas em pungentes parábolas que, ainda que os judeus houvessem recebido o primeiro convite para se sentar à mesa do banquete de Deus, eles tinham recusado o convite; Deus, portanto, traria párias e estrangeiros para a festa do Reino. Mateus representa Jesus dizendo incisivamente para os saduceus e fariseus: "[eu] vos digo que os publicanos e as meretrizes entram adiante de vós no Reino de Deus [...] o Reino de Deus vos será tirado e será dado a uma nação que dê os seus frutos"[B29].

A Última Ceia e as horas finais

Todos os evangelistas concordam que Jesus sabia que a oposição planejaria sua morte, e que Ele se preparava para isso. Seu tratamento dos eventos claramente reflete o interesse consumidor dos cristãos primitivos nestas horas finais e especialmente na Última Ceia, celebrada em um quarto de pavimento superior em Jerusalém. Da forma que os cristãos primitivos contaram e recontaram a história, Jesus não apenas anteviu sua morte, mas sabia quem poderia traí-lo, e Ele conduziu uma simples cerimônia, durante a última refeição, para deixar claro para os Doze o significado de sua morte.

E, comendo eles, tomou Jesus pão e, abençoando-o, o partiu e deu-lho, e disse: "Tomai, comei, isto é o meu corpo". E, tomando o cálice, e dando graças, deu-lho; e todos beberam dele. E disse-lhes: "Isto é o meu sangue [...]"[B30].

Depois, no Jardim do Getsêmani, Ele foi traído por Judas para uma multidão de homens com espadas e paus. Marcos diz que eles vinham da parte do alto sacerdote e dos anciãos. Teria Pilatos pedido às autoridades judaicas para prender e interrogar Jesus porque Ele claramente parecia ser um perturbador da paz, em um tempo no qual revoltas e insurreições eram temidas? Teria ele os impelido a trazer uma acusação sobre Ele em cima da qual ele pudesse agir legalmente? Quaisquer que fossem as razões, Jesus foi levado diante do Sinédrio e examinado.

Interrogatórios diante do Sinédrio e Pilatos

No interrogatório diante do Sinédrio, "testemunhas" testificaram (Judas não é mencionado).

Deve ter havido um advogado que interrogou as testemunhas, pois se relata que elas não concordavam entre si (ou concordavam apenas em uma declaração). De qualquer forma, o processo parecia ser concluído, não com base nos testemunhos, mas na própria resposta afirmativa de Jesus à questão: "És tu o Cristo?" Ele foi declarado culpado de blasfêmia, um delito religioso, e enviado para o procurador romano. A primeira questão de Pilatos: "És tu o Rei dos Judeus?" sugere que Jesus tinha sido devolvido para ele, não como um blasfemo, mas como um insurreicionista desafiando a autoridade romana. Pilatos é retratado como se esforçando inicialmente em obter a soltura de Jesus, ao oferecê-lo à multidão no pátio como o prisioneiro a ser libertado para eles naquele ano. Mas a multidão clamava pela soltura de Barrabás, conhecido por eles como um violento insurreicionista.

Os relatos dos interrogatórios diante das autoridades apresentam algumas dificuldades. Um encontro do Sinédrio, presumidamente ocorrido de noite ou ao amanhecer, e durante um período sagrado, era contrário a qualquer costume, e sua pressa indevida era contrária a qualquer procedimento regular. Além disso, uma acusação de blasfêmia sob a lei religiosa judaica não poderia ser executada sob a lei romana, que não condenava pessoas por diferenças religiosas. A execução por crucificação estabelece um papel romano. Ela poderia ser atribuída a uma decisão rotineira de um oficial menor para se livrar de um criador de problemas em potencial em um tempo explosivo. Os fatos são obscurecidos em nevoeiros rodopiantes de defensividade e recriminação mútua.

Atribuições de responsabilidade

Os registros das audições ou "julgamentos" de Jesus diante das autoridades foram escritos em uma era de perseguição, quando tanto cristãos quanto judeus se encontravam em perigo. Cada parte considerava a outra responsável pelas suspeitas dos romanos em relação à sua lealdade. As autoridades romanas tinham tido um longo contato com o monoteísmo judeu, aceitando-o tacitamente, e mesmo garantindo algumas isenções de serviço militar para os judeus. Os cristãos buscavam abrigo debaixo da mesma asa. Se um oficial viesse a perguntar: "O seu Deus é o mesmo adorado pelos judeus?", um cristão provavelmente responderia: "Sim". Os judeus, de sua parte, observando os cristãos cooptando conversos gentios, viam-nos como tendo rejeitado o pacto. Assim, a tendência defensiva dos relatos judeus era retratar Jesus não como um reformador dentro de sua tradição, mas como um rebelde político executado pelos romanos. Em sua própria defesa, os evangelhos retratam um Pilatos que não encontrou culpa em Jesus, mas se deixou ser manipulado. Aos seus olhos, o real ímpeto para a crucificação não era secular; era estreiteza de visão e ciúmes da parte dos líderes religiosos judeus. Entre os resultados trágicos desses esforços estavam imagens que depois viriam a se tornar textos de fundação para o antissemitismo. Pode-se lembrar especificamente do retrato de Mateus de uma multidão em Jerusalém gritando: "Que seu sangue caia sobre nós e sobre nossos filhos" (Mt 27,25).

Atentos à história trágica do antissemitismo, e especialmente à sombra do Holocausto, muitos cristãos hoje respondem a atribuições de responsabilidade pela crucifixão de Jesus com uma resposta teológica, ao invés de histórica. Isto é, dando a asserção do Novo Testamento de que "todos pecaram e destituídos estão da glória de Deus" (Rm 3,23), a responsabilidade pela morte expiatória de Jesus recai sobre cada pecador, judeu e gentio.

A crucificação

Pilatos entregou Jesus para uma guarda de soldados romanos para ser crucificado. À terceira hora da tarde, esquecido por todos, com exceção das mulheres que não o deixaram, em meio a uma multidão barulhenta em prol de quem Ele orava: "Pai, perdoa-os, pois não sabem o que fazem", Ele gritou em alta voz: "Deus meu, Deus meu, por que me abandonastes?" e, entregando-se a si mesmo aos cuidados de Deus, expirou.

Nenhuma outra morte em toda a história mundial afetou de tal forma a imaginação ocidental. Para os cristãos que usam a cruz como símbolo de sua fé, tem parecido que Jesus lhes proveu a mais clara demonstração da qualidade do amor redentor do próprio Deus, em sua vontade de padecer a morte para a redenção de seus próximos, fossem homens ou mulheres.

Para evitar que o corpo ficasse pendurado na cruz durante o dia do sábado, José de Arimateia, um membro do Sanhedrin (Sinédrio), ofereceu o uso de sua tumba vazia, e o corpo de Jesus foi depositado ali.

V - A ERA APOSTÓLICA

Para os cristãos do século I, os eventos que se seguiram à morte de Jesus tiveram maior importância do que aqueles que os precederam. Não há dúvida que a vida e os ensinamentos de Jesus tiveram valor incalculável no seu cotidiano e pensamento; ainda assim, sua ressurreição dos mortos possuía valor ainda maior, pois era a prova de sua realidade *vivente* enquanto pessoa; isto é, a qualidade de inconquistável Senhor da Vida e garantia de suas próprias ressurreições.

De acordo com o testemunho dos evangelhos, no tempo da prisão de Jesus no Jardim do Getsêmani, os discípulos se dispersaram e fugiram. Nenhum deles, exceto João, ousou chegar perto do lugar de crucificação. Pedro esperara por perto enquanto Jesus estava sendo julgado, mas ao ser identificado por uma criada no pátio do alto sacerdote como um seguidor de Jesus, ele o negou. Tomados de desespero e medo, os discípulos permaneceram escondidos durante o sábado. Na manhã do terceiro dia, algumas das mulheres, antes de retornarem para a Galileia, buscaram a tumba para a qual o corpo de Jesus havia sido levado. Elas encontraram-na vazia.

A ressurreição

Elas relataram aparências extraordinárias de Jesus para os outros, com o resultado de que o desespero dos seguidores de Jesus deu lugar a uma confiança e fé jubilosas que viriam a difundir uma grande nova religião através de todo o mundo mediterrâneo.

O registro existente mais antigo das aparições de Jesus após a ressurreição é dado por São Paulo. Por volta do ano 52 EC, ele escreveu para a Igreja que ele fundara em Corinto:

> Também vos notifico, irmãos [...] vos entreguei o que também recebi: que Cristo morreu por nossos pecados, segundo as Escrituras, e que foi sepultado, e que ressuscitou ao terceiro dia, segundo as Escrituras, e que foi visto por Cefas (Pedro), e depois pelos Doze. Depois foi visto, uma vez, por mais de quinhentos irmãos, dos quais vive ainda a maior parte, mas alguns já dormem também. Depois foi visto por Tiago, depois por todos os apóstolos. E por derradeiro de todos me apareceu também a mim, como a um abortivo[G1].

No caso de Paulo, "visto" dificilmente pode significar apenas um reconhecimento visual, pois ele diz em outra parte que nunca conheceu a Jesus em carne. Na tradição hebraica, a identidade pessoal era sempre associada com algum tipo de corpo. A ressurreição não era a liberação de uma alma da encarnação, mas o tomar de um novo corpo. Qualquer que fosse a natureza dessa experiência, ela convenceu a Paulo de forma absoluta de que Deus ressuscitara a Jesus dos mortos. Tanto que ele escreveu desta maneira: "(É) assim também (com) a ressurreição dentre os mortos. Semeia-se o corpo em corrupção [...]. Semeia-se o corpo natural (físico), ressuscitará o corpo espiritual"[G1].

A natureza do corpo do então ressurrecto Cristo é ambígua e/ou irrelevante em todos os registros dos evangelhos. O *locus* da ressurreição está no coração da testemunha, não na química de um cadáver reanimado. Se as vidas das testemunhas não forem transformadas, então para elas não há ressurreição. Mesmo o registro do "descrente" Tomé é ambíguo. Um corpo que aparece quando todas as portas estão fechadas é palpável para ele. Suas exigências são a epítome do que um crente *não* deve exigir, pois "Bem-aventurados aqueles que não viram, mas ainda assim creem" (Jo 20,22).

Pentecostes

As aparições da ressurreição convenceram os discípulos de que Jesus havia sido ressurreto dos mortos, de forma que Ele logo retornaria nas nuvens do céu como o prometido Filho do Homem que julgaria as nações no último dia. Sua missão na terra, eles agora acreditavam, tinha sido preparar o caminho para sua segunda vinda. Então, todos os discípulos que pudessem fazê-lo, cerca de 120 em número, deixaram a Galileia e foram viver em Jerusalém, onde eles se encontraram em um amplo cômodo no andar de cima para oração e aconselhamento. O Livro dos Atos (Atos dos Apóstolos) diz que entre eles estavam a mãe de Jesus, Maria, e seus irmãos. Os apóstolos eram os líderes oficiais do grupo, mas Tiago, irmão de Jesus, logo se tornou uma figura proeminente.

O próximo grande momento em sua experiência comum é registrado desta forma:

> No dia do festival da colheita (o festival judaico que os cristãos de fala grega chamavam de Pentecostes), estavam todos concordemente no mesmo lugar; e de repente veio do céu um som, como de um vento veemente e impetuoso, e encheu toda a casa em que estavam assentados.

E foram vistas por eles línguas repartidas, como que de fogo, as quais pousaram sobre cada um deles. E todos foram cheios do Espírito Santo, e começaram a falar noutras línguas, conforme o Espírito Santo lhes concedia que falassem[G2].

Para os cristãos primitivos, a ressurreição era sua prova da verdade do Evangelho, e a descida do Espírito Santo no **Pentecostes** era sua garantia de que o poder que estava em Jesus Cristo seu Senhor estava neles também. Os apóstolos então tomaram coragem e começaram a pregar ousadamente nas ruas onde apenas poucas semanas antes Jesus havia encontrado uma oposição que havia terminado com sua crucificação. Eles obtiveram um sucesso surpreendente.

Confrontações

O CONSELHO DE GAMALIEL

Os fariseus e os saduceus, alarmados, prenderam Pedro e João, trouxeram-nos diante do Sinédrio e ordenaram-lhes que eles parassem de falar, como eles faziam, "no nome de Jesus". Mas após sua soltura, eles continuaram sua pregação sem desanimar. Foram presos mais uma vez, juntamente com outros, e levados diante do Sinédrio.

Lembrados que eles haviam sido ordenados a pararem de falar no nome de Jesus, Pedro e os apóstolos responderam: "Mais importa obedecer a Deus do que aos homens"[G3]. Durante o distúrbio que se seguiu, um dos líderes dos fariseus conteve a ira dos outros membros do Sinédrio ao astutamente sugerir que movimentos messiânicos fanáticos sempre destroem a si mesmos com o tempo; podia-se, portanto, deixá-los em paz com segurança. Este homem era Gamaliel, um neto de Hillel, e assim seu avô, um dos grandes professores das escolas rabínicas. Ele procedeu, baseando-se na história para desenvolver seu argumento.

Homens israelitas, acautelai-vos a respeito do que haveis de fazer a estes homens. Porque antes destes dias levantou-se Teudas, dizendo ser alguém; a este se ajuntou o número de uns quatrocentos homens; o qual foi morto, e todos os que lhe deram ouvidos foram dispersos e reduzidos a nada. Depois deste levantou-se Judas, o galileu, nos dias do alistamento, e levou muito povo após si; mas também este pereceu, e todos os que lhe deram ouvidos foram dispersos. E agora digo-vos: Dai de mão a estes homens, e deixai-os, porque, se este conselho ou esta obra é de homens, se desfará. Mas, se é de Deus, não podereis desfazê-la[G4].

Este conselho prevaleceu; as autoridades discutiram entre si sobre castigar os apóstolos, de forma a desgraçá-los perante os olhos do povo, e deixaram-nos ir.

A IGREJA DE JERUSALÉM

Dois fatores parecem ter salvado a Igreja de Jerusalém de perseguição aniquiladora. Primeiramente, os apóstolos eram seguidores de um líder morto e se esperava que perdessem seu fervor com a passagem do tempo. Em segundo lugar, obviamente os apóstolos mantinham todas as provisões da Lei judaica. De fato, os seguidores palestinos de Jesus iam diariamente ao templo e honravam a Lei de Moisés assim como qualquer judeu, requerendo a circuncisão de cada convertido que não tivesse sido ainda circuncidado, como se fossem uma seita judaica. Mas eles tinham feito algumas adições heterodoxas à fé e prática aceitas. Eles acreditavam que Jesus era o Messias predito nas escrituras judaicas, e que Ele logo ressurgiria nas nuvens dos céus como o Filho do Homem. Eles se encontravam em casas privadas, tais como a casa da mãe de João Marcos em Jerusalém, para reuniões de grupos que eram dedicadas ao "partir do pão e orações". Os crentes compartilhavam tudo o que tinham entre si, vendiam suas propriedades e pertences e dividiam os rendimentos de acordo com suas necessidades especiais. Todos eles tinham um vigoroso espírito proselitista e batizavam seus conversos.

SEGUIDORES DE FALA GREGA (HELENISTAS)

Mas se parece ser verdadeiro que os seguidores palestinos de Jesus agiam como se fossem uma seita judaica, isto não se aplicava para todos os convertidos; alguns deles começaram a tomar as liberdades que Jesus tinha tomado com a Lei de Moisés. Havia sinagogas em Jerusalém para os judeus que tinham retornado de terras estrangeiras e que falavam grego, e esses judeus de fala grega, vindos de várias partes do mundo helenístico, ficavam notavelmente menos impressionados pelos sacrifícios no templo do que os judeus palestinos, e mais dados do que os últimos a enfatizar as passagens nos escritos proféticos condenando o externalismo na prática da Lei. Então, quando alguns dos judeus de fala grega, ou helenistas, se tornavam cristãos, eles ansiosamente aplicavam as passagens mais radicais dos profetas à vida e aos ditos de Jesus e enfatizavam as críticas de Jesus às práticas dos fariseus e saduceus.

Surgiram tensões não apenas entre estes cristãos **helenistas** e as autoridades judaicas, mas dentro do próprio grupo cristão. Por um lado, os apóstolos começaram a perder contato com os radicais de fala grega. Por outro lado, os últimos faziam reclamações contra os cristãos palestinos, "que suas [i. e., dos helenistas] viúvas estavam sendo negligenciadas na distribuição diária de alimento"[G5]. Para aliviar estas tensões, o grupo inteiro dos cristãos se reuniu e resolveu o problema ao apontar de seu número sete homens que não fossem apóstolos (todos eles usavam nomes gregos) para assumir a liderança da distribuição de comida e manter os registros. Um destes sete era um homem de fala grega chamado de Estêvão, que era líder de uma das alas mais libertárias dentro do movimento cristão. Tudo ia bem até que as autoridades judaicas o trouxeram diante do Sinédrio, condenaram-no e o apedrejaram até à morte.

Esta ação violenta marcou o início de uma perseguição à Igreja em Jerusalém. As autoridades judaicas aparentemente dirigiram-na principalmente contra aqueles que não mantinham a Lei judaica, pois o Livro dos Atos diz: "todos foram dispersos pelas terras da Judeia e de Samaria, exceto os apóstolos"[G6]. Entretanto, o Rei Herodes Agripa I, pensando em agradar aos líderes judaicos, decapitou um líder dentre os apóstolos, Tiago, filho de Zebedeu e irmão de João, e aprisionou Pedro. Pedro escapou e evitou ser preso novamente, talvez por ter deixado a área (At 12,2s.).

JUDAIZANTES E HELENISTAS

Dali em diante o movimento cristão na Palestina teria dois partidos dentro de si, que nunca perderam o sentido de estarem ligados entre si sob o nome de Cristo, mas que disputavam entre si sobre o direito de serem os intérpretes com a palavra final a respeito do que significava o cristianismo. De um lado estavam os conservadores, geralmente chamados de **judaizantes**: Tiago, irmão de Jesus, agora o "pilar"-chefe da Igreja em Jerusalém, e com ele a maior parte dos apóstolos. Eles defendiam que, por constituírem o verdadeiro Israel, os cristãos não deviam apenas seguir a Cristo, mas também obedecer à Lei de Moisés. Um dos requerimentos que eles sustentavam era a circuncisão, e eles enviavam seus emissários para as Igrejas afastadas para insistir em que este requerimento fosse cumprido antes do batismo. Era também considerado necessário observar as distinções entre puro e impuro e se recusar a sentar para comer juntamente com o incircunciso. Apesar de alguns dos membros da Igreja em Jerusalém demonstrar boa vontade em fazer acordos, os extremistas mantinham suas posições de forma acirrada. Com o tempo, o remanescente dos judaizantes estritos se tornou um grupo exclusivo de judeus cristãos chamado de "ebionitas" ou "nazarenos".

Entre os cristãos de Jerusalém que estavam dispostos a fazer acordos estava Pedro. Ele vira o Espírito Santo que descia livremente sobre os cristãos mais liberais. Ainda por cima, em visitas às cidades costeiras ele encontrou a nova fé se espalhando entre estrangeiros incircuncisos, e o Espírito Santo vinha sobre eles também. Ele aprovou que eles fossem batizados e sentou-se para comer com eles sem se preocupar em demasia com as restrições alimentares judaicas. Mas quando visitou Antioquia, ele foi severamente criticado pelos judaizantes que foram enviados para vigiá-lo. Após aquela experiência, ele vacilava quando perto de seus colegas de visão mais estreita, sem conseguir manter uma posição firme. Subsequentemente, de acordo com tradição não confirmada, ele foi para Roma, onde presumivelmente pôde seguir um curso mais livre, mas sofreu martírio.

Ainda assim, elementos mais liberais no movimento cristão seriam vitoriosos e transformariam a seita herética judaica em uma poderosa religião independente que viria a se espalhar rapidamente através do mundo gentio. O líder dos liberais foi em um momento o seu maior perseguidor, um homem de Tarso chamado Saulo (ou Paulo).

O Apóstolo Paulo

Paulo tem sido chamado com frequência de "o segundo fundador do cristianismo". Certamente, ele resistiu aos judaizantes e os silenciou, sendo que dali em diante eles rapidamente perderam importância no movimento cristão. Mais importante foi ele ter desenvolvido certos conceitos teológicos básicos para definir os efeitos espirituais de Jesus na vida de seus seguidores, conceitos que habilitaram o cristianismo a ganhar o mundo gentio. Para aquele mundo, ele trouxe intacta a religião *do* próprio Jesus e uma fé *sobre* Jesus enquanto Senhor.

A CONVERSÃO DE PAULO

Paulo alcançou tudo isso apenas após uma carreira inicial de oposição acirrada ao cristianismo. Ele era um judeu não palestino, nascido por volta do mesmo tempo que Jesus em Tarso, na Cilícia, então uma importante cidade e sede de uma academia, onde as filosofias estoica e cínica eram ensinadas. Provavelmente Paulo aprendera ali algo sobre os cultos gregos de mistério e o desejo de seus aderentes de atingir a imortalidade pela identificação com deuses salvadores que morriam e ressurgiam. Sua família aparentemente era bem provida, e presumivelmente tinha adquirido por compra a cidadania romana; ele, desta forma, tinha o *status* legal de um nascido livre romano. Mas ele reagiu de forma adversa às ideias religiosas de seu ambiente helenístico e permaneceu um fariseu estrito. Cheio de sincero desejo pela "forma mais reta da Lei", ele foi até Jerusalém e "sentou-se aos pés de Gamaliel", o principal professor fariseu. Sobre este período de sua vida ele escreveu posteriormente: "E na minha nação excedia em judaísmo a muitos da minha idade, sendo extremamente zeloso das tradições de meus pais"[G7]. Ele se juntou furiosamente à perseguição à Igreja primitiva, e estava presente como um espectador aprovando o apedrejamento de Estêvão.

Quando os fiéis cristãos fugiram rumo ao norte para Damasco e além, ele ia ao alto sacerdote e pedia por cartas para as sinagogas em Damasco, onde ele provavelmente viveu, "a fim de que, se encontrasse alguns deste Caminho, quer homens quer mulheres, os conduzisse presos até Jerusalém". "Mas", diz o Livro de Atos, "indo no caminho, aconteceu que, chegando perto de Damasco, subitamente o cercou um resplendor de luz do céu. E, caindo em terra, ouviu uma voz que lhe dizia: 'Saulo, Saulo, por que me persegues?'"[G8] Cegado pela visão brilhante, Paulo foi conduzido pelas mãos até Damasco, onde por três dias ele não podia ver, nem comer ou beber. Ele acredita que o ressurreto Jesus, em quem os cristãos haviam centralizado sua fé, tinha aparecido também para ele.

A ATIVIDADE MISSIONÁRIA DE PAULO

Era necessária uma mudança tão vasta na vida de Paulo que ele partiu para a alta Arábia, a fim de refletir sobre a situação. Então ele retornou para Damasco e se tornou um líder cristão não apenas ali, mas também no norte distante, em Antioquia, a terceira maior cidade do Império Romano, onde a nova religião fazia muitos conversos entre os gentios. Exceto por uma visita de duas semanas para Jerusalém após três anos para se apresentar pessoalmente a Pedro e Tiago, ele confinou-se aos distritos da Síria e da Cilícia. Ele então partiu em três famosas viagens missionárias.

Apesar de ele ter sofrido de algum padecimento físico, ao qual ele se refere como "um espinho na carne", nestas jornadas ele demonstrou tremenda energia, zelo e coragem. Sua força abundava, ele dizia, porque, quando se sentia fraco fisicamente, ele recorria à força de Cristo, que vivia dentro dele. Ele escreveu:

> Recebi dos judeus cinco quarentenas de açoites menos um. Três vezes fui açoitado com varas (pelos romanos), uma vez fui apedrejado, três vezes sofri naufrágio, uma noite e um dia passei no abismo; em viagens muitas vezes, em perigos de rios, em perigos de salteadores, em perigos dos da minha nação, em perigos dos gentios, em perigos na cidade, em perigos no deserto, em peri-

gos no mar, em perigos entre os falsos irmãos; em trabalhos e fadiga, em vigílias muitas vezes, em fome e sede, em jejum muitas vezes, em frio e nudez[G9].

A MENSAGEM DE PAULO

Dois grandes fatos espirituais animavam Paulo, provendo-lhe de uma fé dinâmica: a "liberdade do Espírito" e o "Senhorio de Cristo".

"LIBERDADE DO ESPÍRITO"

Ele veio conhecer a liberdade do Espírito durante os primeiros dias de sua conversão. Os cristãos da Síria e da Cilícia eram em sua maior parte incircuncisos e desprovidos do conhecimento da Lei judaica. Em sua grande fome de conhecer o segredo da verdadeira retidão, Paulo tinha considerado por muito tempo a Lei (a Torá) como sendo a única condição para uma boa vida aproveitando o favor do Senhor. Mas nesse momento ele se surpreendia e deleitava ao descobrir que aqueles que seguiam a Cristo eram, ainda que muito distantes da Lei, mais profundamente "bons" do que aqueles que obedeciam à Lei. A retidão que havia em Cristo era maior que a retidão que vinha da Lei. A razão para isto era que Cristo mudava a disposição interna de alguém e lhe dava o correto relacionamento com os outros e com Deus, de forma que se podia fazer o que era certo a partir do coração, sem ter de se referir constantemente a requerimentos legais. Amor era o cumprimento da Lei.

Por conseguinte, a sujeição à Lei poderia ser colocada de lado em prol da liberdade do Espírito. Não havia necessidades adicionais, Paulo declarava, de circuncisão, restrições dietárias e distinções entre puro e impuro.

Foi neste ponto que os "judaizantes" entraram em conflito com Paulo. Ele foi ter com Pedro, Tiago e João em Jerusalém. No capítulo segundo da Epístola aos Gálatas está implicado que a obediência à Lei judaica tinha se tornado um problema tão crítico que, após quatorze anos, ele sentiu-se impelido a explicar aos líderes de Jerusalém a mensagem que ele pregava para os gentios. Pelo poder de Deus, ele reivindicava, ele fora feito um apóstolo para os gentios, da mesma forma que Pedro era um apóstolo para os judeus. Pedro, Tiago e João aceitaram sua mensagem e missão e apertaram as mãos, pedindo apenas que os cristãos do mundo gentio se lembrassem dos necessitados em Jerusalém. Paulo concordou avidamente.

"O SENHORIO DE CRISTO"

Para Paulo o Senhorio de Cristo significava mais do que a messianidade de Jesus. Cristo enquanto Senhor havia humilhado a si mesmo em forma humana, padecido a morte e a conquistado. Nele, Paulo encontrava a revelação de Deus na história. Os contextos do uso de "Cristo" deixam claro que o

> Porque primeiramente vos entreguei o que também recebi: que Cristo morreu por nossos pecados, segundo as Escrituras. E que foi sepultado, e que ressuscitou ao terceiro dia, segundo as Escrituras. E que foi visto por Cefas, e depois pelos Doze. Depois foi visto, uma vez, por mais de quinhentos irmãos, dos quais vive ainda a maior parte, mas alguns já dormem também. Depois foi visto por Tiago, depois por todos os apóstolos. E por derradeiro de todos me apareceu também a mim, como a um abortivo.
> 1Cor 15,3-8*

* Bíblia Sagrada, edição Almeida corrigida fiel [N.T.].

referente nem sempre foi uma pessoa. Como colocado pelo Prof. John Knox, "Cristo" no uso apostólico aparece em não menos de três aspectos:

> (1) enquanto o evento ou a série estreitamente interligada de eventos nos quais e através dos quais Deus fez-se conhecido; (2) como a pessoa que foi o centro daquele evento ou complexo de eventos; e (3) como a comunidade que tanto veio à existência com o evento quanto proveu o seu *locus*.[H]

Assim, quando lemos "[Moisés] considerou o abuso sofrido pelo Cristo a maior riqueza do que os tesouros do Egito" (Hb 11,26), a referência claramente não é a uma pessoa, mas a uma série de *eventos* salvíficos que tanto precederam quanto se seguiram à vinda de Jesus. Quando Paulo escreve "[Em Cristo] não há nem judeu nem grego", isto significa a continuidade *Cristo enquanto comunidade*.

Dirigindo-se a gentios para os quais o conceito judaico de messianidade era estranho, Paulo forneceu o contexto pactual de alcance mais amplo. Os eventos manifestando o Senhorio de Cristo no presente obtinham seu poder do propósito redentor preexistente de Deus na criação: "O qual é imagem do Deus invisível, o primogênito de toda a criação; porque nele foram criadas todas as coisas que há nos céus e na terra"[G10].

Para aqueles gentios, criados com uma consciência vinda das religiões de mistério gregas que, como estudamos (p. 79), viam a união com um deus ressurreto salvador como um escape do corpo corrupto e perecível para a imortalidade, Paulo tinha uma mensagem de renovada mas, ainda assim, encarnada personificação: "[...] (a)través do batismo nós fomos enterrados com Ele na morte, de forma que, assim como Ele foi ressurreto dos mortos por meio da glória do Pai, nós também possamos viver uma nova vida" (Rm 6,4). Isso não apenas oferecia um novo corpo em Cristo, mas também o perdão da culpa e do pecado nesta vida.

Cristo fora feito homem em Nazaré. Assim, misticismo e esperança moral nesta vida eram um e inseparáveis no ensino de Paulo.

AMAR COM ENTENDIMENTO

A vida em Cristo significava não apenas a identificação de si mesmo com Ele através do Batismo, a Ceia do Senhor e o êxtase de falar em línguas, mas ainda mais, ao fazer o que Jesus fizera e viver como Ele vivera.

> Ainda que eu falasse as línguas dos homens e dos anjos, e não tivesse amor, seria como o metal que soa ou como o sino que tine [...]. E eu quero que todos vós faleis em línguas [extaticamente] [...]. Todavia eu antes quero falar na Igreja cinco palavras na minha própria inteligência, para que possa também instruir os outros, do que dez mil palavras em língua desconhecida [em êxtase] (1Cor 13,1; 14,5.19).

Isto foi importante no desenvolvimento do cristianismo, pois Paulo salvou-o de um extremo – de se tornar um misticismo não ético – tão perigoso para seu balanço e verdade quanto o extremo do legalismo, do qual o próprio Paulo fora anteriormente resgatado.

Nas cartas que Paulo enviou às Igrejas ele forneceu abundante prova da importância que ele atribuía à ética. Com um olhar apurado, ele vigiava suas congregações e as repreendia como um pai para cada infração do elevado código cristão de moralidade. Ele estava longe de acreditar que a capacidade de entrar em êxtase religioso cobrisse uma multidão de pecados.

O FIM DA MISSÃO DE PAULO

A generosidade de Paulo em relação aos cristãos em Jerusalém levou sua carreira missionária a um súbito fim. Ele tinha tomado para si mesmo a obrigação de levantar uma coleta para os pobres na Igreja de Jerusalém, e assim tendo feito, carregou os fundos para Jerusalém ele mesmo. Ali ele entrou em conflito com os judeus, que levantaram a multidão contra ele e causaram sua prisão. Enquanto cidadão romano, ele apelou a César, ansioso que estava em chegar de qualquer forma a Roma. Ele foi aprisionado na cidade imperial, mas se Ele esperava ser solto após seu julgamento, ele ficou desapontado. As autoridades continuaram a mantê-lo sob custódia. Ele teve tempo para escrever cartas para Igrejas e indivíduos, mas presumivelmente após um período de confinamento cuja extensão não é conhecida, ele foi executado enquanto um indivíduo perturbador, alguém que trazia distúrbio para a paz romana.

Mas ele conseguira em seu tempo demonstrar por completo o poder da religião cristã em reunir o judeu, o grego e o romano, o legalista, o místico e o racionalista – todos debaixo de um senso comum de sua vital comunidade espiritual em Cristo. Para aquelas pessoas culturalmente divididas e vagando espiritualmente do Império Romano que as ouviram, palavras como as da poderosa Carta aos Efésios – uma carta que alguns acadêmicos atribuem a um seguidor de Paulo ao invés dele, mas que em qualquer caso é aquecida e vitalizada por seu espírito – contém "boas-novas":

> E vos vivificou, estando vós mortos em ofensas e pecados, em que noutro tempo andastes segundo o curso deste mundo [...] entre os quais todos nós também antes andávamos nos desejos da nossa carne, fazendo a vontade da carne e dos pensamentos; e éramos por natureza filhos da ira, como os outros também. Mas Deus, que é riquíssimo em misericórdia, pelo seu muito amor com que nos amou, estando nós ainda mortos em nossas ofensas, nos vivificou juntamente com Cristo (pela graça sois salvos).

Porque pela graça sois salvos, por meio da fé; e isto não vem de vós, é dom de Deus. Não vem das obras, para que ninguém se glorie [...]. Portanto, lembrai-vos de que vós noutro tempo éreis gentios na carne [...]. Que naquele tempo estáveis sem Cristo, separados da comunidade de Israel [...] não tendo esperança, e sem Deus no mundo. Mas agora em Cristo Jesus, vós, que antes estáveis longe, já pelo sangue de Cristo chegastes perto. Porque Ele é a nossa paz, o qual de ambos os povos fez um; e, derrubando a parede de separação que estava no meio [...] porque por Ele ambos temos acesso ao Pai em um mesmo Espírito. Assim que já não sois estrangeiros, nem forasteiros, mas concidadãos dos santos, e da família de Deus[G11].

VI – A IGREJA PRIMITIVA (50-150 EC)

A disseminação das comunidades cristãs primitivas

Mas ao chamarmos a Paulo de "segundo fundador do cristianismo", nós não devemos exagerar sua influência imediata. Antes de seu tempo outros líderes haviam levado com sucesso o cristianismo para Antioquia, Alexandria e Roma. Ao lado dos apóstolos, nós ouvimos falar de Barnabás, Simeão Níger, Lúcio de Cirene, Manaém, "que havia sido criado com [colaço] Herodes, o governador"*, Apolo e outros, todos engajados ativamente na organização de novas Igrejas cristãs. De fato, os cristãos convertidos surgiam tão rapidamente ao longo das costas orientais do Mar Mediterrâneo, que era ambição de Paulo

---

* At 13,1 [N.T.].

proceder de Roma para a Hispânia a fim de levar o cristianismo às mais longínquas fronteiras do mundo conhecido.

Os maiores sucessos do cristianismo primitivo aconteceram nos centros comerciais do Império Romano, em grande parte porque havia neles sinagogas, ou ao menos quarteirões judeus, e a mensagem cristã tinha seu maior impacto em lugares nos quais a religião judaica já era conhecida. Mas quando as comunidades judaicas ortodoxas rejeitavam a nova fé e se recusavam a abrigá-la, comunidades cristãs independentes surgiam entre os negociantes e trabalhadores das grandes cidades e vilas, primeiro dentre os cidadãos de fala grega, e então entre aqueles que falavam outras línguas.

E a nova religião não apenas se disseminou rumo ao oeste, mas também foi levada para o vale do Tigre-Eufrates e para a Etiópia.

Suspeita, perplexidade e perseguição entre os romanos

Na metade do século II, a religião cristã havia se tornado um grande problema para os governadores das províncias romanas, especialmente na Síria e na Ásia Menor. Por um lado, os romanos não gostavam de mistérios e segredos. Por outro, os cristãos consideravam a si mesmos *no* mundo, mas não parte *dele*. Apesar de alguns deles terem se juntado às forças armadas do Império Romano e tomado posições nos ramos administrativos do governo, a maior parte se dissociava de todo poder mundano. Eles eram obedientes em questões puramente seculares, mas de forma completamente indiferente à autoridade civil. E eles se recusavam a tomar parte no culto patriótico oficial que requeria que os cidadãos fizessem um juramento "pelo gênio" (o espírito divino) do imperador, e então oferecessem incenso e vinho em honra da divindade do imperador no altar, diante de sua imagem. Esta recusa era um ponto particularmente sensível para os oficiais administrativos romanos, menos por razões religiosas do que pelas implicações de deslealdade e rebelião. Além disso, os cristãos se encontravam secretamente, quase sempre ao nascer do dia ou durante a noite, provavelmente porque muitos deles estavam empregados durante o dia. Conceitos distorcidos de suas "orgias" cultuais eram frequentes. Os cristãos eram acusados de perversões sexuais ("festas do amor") e canibalismo ("tomai, comei; este é o meu corpo [...] este é o meu sangue"). Em adição, seu afastamento de teatros, combates de gladiadores e festivais populares gerava ódio.

Uma expressão clássica da perplexidade oficial está contida nas cartas de Plínio o Jovem, governador da Bitínia (na Ásia Menor), ao imperador romano Trajano. Ele escreveu (112 EC):

> É meu costume, meu senhor, consultar-te em todas as questões nas quais tenho dúvidas [...]. Eu tenho não pequena incerteza se o perdão é garantido pelo arrependimento, ou se quando alguém tiver sido cristão não há ganho para ele que ele deixe de sê-lo; se o mero nome, sem crimes, ou crimes conectados com o nome sejam punidos [...]. Aqueles que foram acusados perante mim enquanto cristãos [...] asseveraram que o tamanho de sua culpa ou erro foi o seguinte: que eles tinham estado acostumados a se reunir em um dia fixo antes do nascer do sol e cantar diversas vezes um hino para Cristo enquanto um deus; e que eles se uniam em um juramento, não referente a qualquer crime, mas a não cometer nem roubo, nem assalto, nem adultério, nem quebrar suas palavras e nem negar um penhor quando pedidos a fazê-lo; depois que estas coisas tivessem sido feitas, era seu costume se retirar e se encontrar novamente para comer, mas comida ordinária e inofensiva; e eles disseram que mesmo isto havia ces-

sado depois que meus editos foram publicados, de acordo com os quais, segundo suas ordens, eu proibi a existência de clubes. Por causa disso eu julguei ser o mais necessário descobrir de duas servas, que eles chamam de diaconisas, e isto por tortura, qual era a verdade. Eu não encontrei nada além de uma superstição perversa e excessiva. Desta forma eu adiei o interrogatório e me apressei em vos consultar. A questão pareceu para mim digna de deliberação[1].

Plínio relatou, entretanto, que, quando ele encontrou cristãos que persistiram três vezes em dizer que eles eram cristãos, ele ordenou que fossem executados, "pois", disse ele, "eu não duvidei que, seja o que for que eles admitissem, obstinação e perversidade inquebrável certamente mereciam ser punidas". Os romanos, por princípio, esperavam por obediência.

Cristãos foram publicamente condenados à morte em Roma em datas tão recuadas como 64 EC nos tempos de Nero. Durante o século que se seguiu, oficiais romanos por vezes puniram exemplarmente cristãos que se recusavam a cultuar a imagem de César, lançando-os aos leões ou queimando-os em estacas. O número de mártires não era muito grande, talvez, mas a comoção pública às vezes era grande e tinha efeitos de longo alcance tanto entre os próprios cristãos quanto no público geral, especialmente ao tornar mais agudo o sentimento de que a religião cristã era para seus aderentes digna não apenas de ser vivida, mas também de se morrer por ela.

Desenvolvimentos na adoração

No tempo do Apóstolo Paulo, quando os cristãos começavam a olhar para si mesmos enquanto uma Igreja chamada à parte do mundo em uma comunidade separada, seus cultos eram de dois tipos: (1) encontros no modelo dos cultos nas sinagogas, abertos para inquiridores da mesma forma que para os fiéis, e consistindo de leituras das escrituras judaicas (as escrituras dos judeus não foram suplementadas com leituras dos evangelhos e epístolas antes do século II), oração, pregação e o cântico de salmos; e (2) o *agapé* ou "festa do amor", apenas para os fiéis, uma refeição na tarde compartilhada por todos os presentes e durante a qual uma breve cerimônia, relembrando a Última Ceia, comemorava o sacrifício do corpo e do sangue de Jesus. Como esta cerimônia foi concebida em termos de ações de graças, seu nome grego foi Eucaristia ("o dar graças").

À medida que as comunidades cristãs cresciam em número, a refeição em comum foi gradualmente descontinuada como impraticável, e a Ceia do Senhor foi observada dali em diante na conclusão da porção pública dos cultos de domingo, quando os não batizados se retiravam de forma que os batizados pudessem celebrar juntos este mistério íntimo da fé cristã.

Por volta do ano 150, Justino Mártir (que será estudado em maiores detalhes posteriormente) descreveu uma típica cerimônia de domingo da seguinte forma:

No dia chamado de domingo existe um encontro em um lugar no qual aqueles que vivem nas cidades do país leem as memórias dos apóstolos (evangelhos) ou os escritos dos profetas o quanto o tempo permitir. Quando o leitor acabou, o presidente instiga e convida (a nós) à imitação destas nobres coisas. Então todos ficamos de pé juntos e fazemos orações. [Após isto] é trazido o pão, vinho e água, e o presidente [...] faz orações e ações de graças da melhor forma que consegue, e a congregação se assenta, dizendo o Amém; a distribuição e recepção dos elementos consagrados por cada um toma lugar e eles são enviados para os ausentes pelos diáconos. Aqueles que prosperam, e que assim o desejam, contribuem (dinheiro), cada um com o quanto decide fazer. O que é coletado é depositado com o presidente, e ele toma conta dos órfãos e viúvas, e daqueles que estão em necessidade por conta de doença ou por qualquer outra causa, e aqueles que estão acorrentados, e os estrangeiros, que são peregrinos entre (nós)¹.

Novos membros e organização da Igreja

A entrada na comunidade cristã era formalizada através de passos definidos. Candidatos para a membresia da Igreja, de todas as idades, recebiam primeiramente um curso sistemático de instrução e teste (catequização), que durava vários meses e terminava com o rito do batismo, por imersão ou aspersão (comumente, o catecismo se dava durante a Quaresma e o batismo na Páscoa). Os fiéis se apresentavam em vestes brancas para seu batismo, e o rito era seguido pela confirmação, ou a imposição de mãos, de que o Espírito Santo desceria sobre cada novo membro. Após a imposição de mãos vinha a unção (o untar com óleo), concluindo-se com o sinal da cruz, enquanto cada novo membro jurava abandonar os antigos deuses e a velha moralidade e seguir a Lei de Cristo.

De início as Igrejas eram pouco organizadas, geralmente dirigidas por um corpo de anciãos, incluindo um ou mais superintendentes, ou "bispos". Estes oficiais eram assistidos por diáconos. A pregação e instrução, no entanto, ainda estava nas mãos dos profetas e professores, que pertenciam ou à congregação ou vinham de outra parte, talvez enquanto evangelistas itinerantes. A partir deste tipo de governo naturalmente se desenvolveu uma forma de organização mais rígida e centralizada. Por volta do primeiro quarto do século II, lemos sobre congregações sendo governadas por um único bispo, que era assistido por anciãos e diáconos. Quando isto se tornou geral, este chefe permanente da congregação incluía entre suas funções a pregação e o ensino, com o resultado de que os profetas e evangelistas itinerantes da Igreja primitiva gradualmente desapareceram da vida da Igreja.

Literatura cristã até o ano 150 EC

Por volta do ano 100 EC, veio à existência uma literatura cristã distinta das escrituras hebraicas (depois chamadas de Antigo Testamento), sendo em alguns aspectos conscientemente planejada para servir como uma nova escritura (ela se tornou eventualmente o Novo Testamento). Sua aparição tinha se tornado necessária com o gradual esmaecimento da expectativa da primeira geração pelo eminente retorno de Jesus nas nuvens do céu – uma fé que havia antes tornado a escrita de uma escritura parecer se tratar de algo supérfluo.

As testemunhas oculares do ministério de Jesus morriam rapidamente na época em que cinquenta anos se haviam passado desde o tempo da morte de Cristo, e os cristãos da segunda geração, a maior parte dos quais vivia então longe de Jerusalém, demandava um registro da vida e dos ensinamentos do mestre. A destruição de Jerusalém em 70 EC aumentou a urgência desta demanda entre aqueles que viviam fora da Palestina.

As porções mais antigas do Novo Testamento são cartas atribuídas a Paulo. Elas são preservadas em algo próximo de suas formas originais (i. e., não como uma conflação de duas ou mais fontes). Cada um dos quatro evangelhos fez uso de materiais de diversas fontes (p. 585-587). Na Igreja primitiva foi feita uma distinção entre dois tipos de materiais: notícias de eventos (*kerygma*) e ensinamentos (*didaquê*).

Algumas breves passagens nas cartas de Paulo e nos Atos dos Apóstolos nos dão um vislumbre do antigo *kerygma*. Por exemplo, Paulo, quando escreve aos romanos, apresenta-se com um resumo em miniatura de seu evangelho, suas "Boas-novas [notícias]" (Rm 1,2-4), e Pedro no Pentecostes, quando confrontado por uma multidão curiosa de espectadores perguntando "O que isto significa?", respondeu resumindo as "notícias" salvíficas sendo celebradas:

> Homens israelitas, escutai estas palavras: A Jesus Nazareno, homem aprovado por Deus entre vós com maravilhas, prodígios e sinais, que Deus por Ele fez no meio de vós, como vós mesmos bem sabeis; a este que vos foi entregue pelo determinado conselho e presciência de Deus, prendestes, crucificastes e matastes pelas mãos de injustos; ao qual Deus ressuscitou, soltas as ânsias da morte, pois não era possível que fosse retido por ela (At 2,22-25).

A didaquê ou ensinos consistia em orientação para a vida cristã; isto é, a resposta apropriada ao *kerygma*. Coleções de ditos de Jesus, como a fonte Q é um exemplo.

A teologia de Paulo já foi discutida. Falta-nos caracterizar brevemente o panorama de cada evangelho, pois cada um tinha um ponto de vista cristológico distinto.

EVANGELHOS

O Evangelho de Marcos, o mais antigo e breve dos evangelhos, foi provavelmente escrito em Antioquia (ou Roma?) durante os anos de 65-70 EC. De acordo com uma tradição citada por Papias, um escritor cristão do início do segundo século – mas colocada em dúvida pelos acadêmicos modernos – ele foi baseado em lembranças de São Pedro da forma que foram escritas por João Marcos, que tinha vivido em Jerusalém antes de ir para Antioquia. Este evangelho não mostra interesse na infância e juventude de Jesus, mas se inicia com seu batismo e dá um registro vívido de seu ministério, com aguçadas descrições de seus sentimentos humanos. Mas Jesus é muito mais do que um ser humano mediano em Marcos; Ele é o Filho de Deus através da experiência da eleição divina em seu batismo, e o verdadeiro Messias, o "Filho unigênito de Deus". Nele não se encontra nenhuma doutrina da encarnação divina nem qualquer conceito de preexistência como exibidos em Paulo, entretanto.

Mateus e Lucas, indo mais além, provêm uma base para a doutrina da encarnação. Ambos relatam as histórias do nascimento virginal e dos incidentes sobrenaturais ocorridos durante a infância de Jesus. Eles se concentram inteiramente no caráter divino da messianidade de Jesus e na maneira pela qual, como alguém vindo do céu, ele cumprirá a profecia hebraica da vinda do Filho do Homem com o intuito de redimir a humanidade.

Mas é no Quarto Evangelho que nós encontramos o caráter divino de Jesus apresentado mais claramente. A tese fundamental desse evangelho é: "E o Verbo [*Logos*] se fez carne, e habitou entre nós, e vimos a sua glória, como a glória do unigênito do Pai"[E3]. Jesus Cristo é, acima de tudo, "o Filho de Deus". Ele é mais do que o Filho de Deus no sentido hebreu de ser o Messias, pois ainda que o significado messiânico mais simples esteja implícito, ele está misturado e até mesmo submerso nos significados mais compreensíveis encontrados no prólogo do evangelho. Ali Cristo é representado como a corporificação visível da força criativa (o **Logos**) do Pai invisível e eterno e a manifestação em uma pessoa humana do amor do Pai pela humanidade. Esta preexistência, e não sua experiência humana, explica o seu conhecimento de Deus, de quem, desta forma, Ele dá "verdadeiro" testemunho. Pois, tendo vindo do céu, "é sobre o que Ele tem visto e ouvido que Ele dá testemunho".

E mais ainda, suas palavras não são apenas "as palavras de Deus", mas Ele próprio é a Palavra (o *Logos*)*; Ele próprio é aquilo do que Ele traz testemunho. Conhecê-lo é conhecer o Pai.

EPÍSTOLAS TARDIAS

A Epístola aos Hebreus não usa o termo *Logos* (Palavra), mas é aparente que o autor tinha algo do tipo em mente. Na primeira sentença ele diz que Deus, que falara fragmentariamente por meio dos profetas, falava agora a nós de forma completa "em um Filho, a quem Ele destinara possuir tudo, e através de quem Ele fizera o mundo". O Filho, enquanto na terra, se assemelhava aos seus companheiros humanos em todos os aspectos; Ele compartilhava sua carne e sangue e participava de sua natureza a ponto de sofrer tentação e agonizar "com lágrimas". Mas, como sua natureza essencial era divina, suas provisões espirituais e psicológicas eram únicas. O Jesus humano e Pai divino estavam mutuamente acessíveis entre si em todos os tempos. Nisso Jesus diferia de seus companheiros humanos, que não tinham acesso livre ao Pai como esse sem a mediação redentora de Cristo como sumo sacerdote.

Uma concepção simples e menos doutrinária da pessoa e do trabalho de Cristo aparece nas epístolas de Tiago e de Pedro e nos escritos não canônicos dos chamados Pais Apostólicos: Clemente de Roma (escrevendo ca. 93-97 EC), Hermas de Roma (ca. 115-140 EC), e os autores de trabalhos tais quais a Epístola de Barnabás (ca. 130 EC), Segunda Epístola de Clemente (ca. 160 EC), e os Ensinamentos dos Doze Apóstolos (ca. 130-160 EC ou antes). Em sua maior parte, esses vários escritos dão expressão a uma adoração sincera de Cristo como o descido dos céus, o revelador da verdadeira natureza de Deus, e o provedor de uma nova lei de vida no mais elevado plano ético.

APOLOGISTAS

Trabalhos individuais no formato de uma *apologia* (defesa) da nova fé eram endereçados diretamente para o mundo, de forma geral, mais do que às necessidades religiosas das crescentes comunidades cristãs. Os apologistas eram educados nas melhores escolas gregas e romanas, sendo bem-versados na filosofia antiga; eles enviavam suas defesas do cristianismo para os imperadores romanos ou para outros não cristãos de nível e reputação elevados. Entre eles estavam Aristides de Atenas, Melito, bispo de Sardes, Minúcio Félix, um cavalheiro erudito de Roma, e o mais famoso de todos, Justino, chamado de Mártir devido à natureza de sua morte que, como seu discípulo Taciano, havia sido sucessivamente um estoico, um aristotelista, um pitagórico, e um platônico. Quando Ele se tornou cristão, ele encontrou na nova fé a perfeita filosofia. Ele estava longe de acreditar que todos os outros sistemas

> *O kerygma em Paulo: O Evangelho de Deus que ele prometera anteriormente por meio de seus profetas nas escrituras sagradas, o evangelho concernente ao seu Filho, que foi descendente de Davi pela carne e designado Filho de Deus em poder de acordo com o Espírito de santidade pela sua ressurreição dos mortos, nosso Senhor Jesus Cristo.*
> Rm 1,2-4

---
* Traduzido em grande parte das versões da Bíblia para a língua portuguesa como "Verbo" [N.T.].

estivessem completamente errados. O *Logos* divino trabalhava no mundo desde antes do tempo de Cristo, iluminando Sócrates e Heráclito e transmitindo verdade para tais "bárbaros" (uma expressão verdadeiramente grega) como os patriarcas do Antigo Testamento. Assim, os filósofos gregos e os profetas hebreus, à medida que o *Logos* os iluminava, foram, de sua própria maneira, cristãos antes de Cristo. Mas o cristianismo era superior a todos os outros sistemas de pensamento, pois o *Logos* não apenas falava por meio de Cristo, o *Logos era* Cristo. Cristo revelara perfeitamente a verdade da razão divina e fora o professor incomparável, a quem toda a humanidade devia aceitar.

O significado de Justino Mártir e seus colegas apologistas foi que eles demonstraram com sucesso como o cristianismo – quando seus expoentes decidiram apresentá-lo com vestes gregas e fazendo qualquer sacrifício que fosse necessário da sua forma hebraica original – poderia não apenas continuar a fazer um poderoso apelo religioso, mas mantinha sua própria posição frente a qualquer uma das filosofias clássicas do mundo antigo, especialmente ao platonismo e ao estoicismo. Era mais fácil então para os autores cristãos invadir o campo da filosofia geral, falando da religião cristã como algo verdadeiramente universal em seu escopo e aplicação. *Católica* foi a palavra por eles usada.

GLOSSÁRIO

Agapé, a festa do amor: um encontro dos cristãos primitivos para uma refeição comum, comunhão e adoração, derivando de um termo grego para amor enquanto uma oferenda espontânea de cuidado e estima.

'Am ha'aretz, "povo da terra": povo comum, em distinção aos devotos observadores das práticas religiosas.

Apocaliticismo: um tipo de escatologia; crença em um final da história eminente e súbito e da revelação do propósito de Deus por meio da punição dos maus e da vindicação dos retos.

Ekklēsia (em latim, *ecclesia*): assembleia de pessoas ligadas por um propósito comum; no uso cristão, "o povo de Deus" reunido por meio de Cristo; isto é, a Igreja, seja na sua expressão universal ou local.

Escatologia, "últimas coisas": termo genérico para ideias referentes ao fim do mundo.

Essênios: seita ascética judaica, século II AEC ao século I EC.

Eucaristia: a Ceia do Senhor; literalmente, "dar graças".

Fariseus: influente seita judaica do período do Segundo Templo que advogava sincera e compreensiva aplicação da Lei judaica; aceitavam a tradição oral e novas ideias, como a ressurreição.

Helenista(s) no uso neotestamentário (Atos): fiel cristão de orientação gentia ou de origem judaica, mas impregnado de cultura e prática gregas.

Judaizante(s): cristãos com base judaica que defendiam que a observância da Lei (circuncisão, leis dietárias etc.) tinha de ser mantida.

Logos, "palavra" ou "razão": no Evangelho de João, o propósito ou intenção criativo/redentor de Deus que se tornou manifesto (encarnado) em Cristo.

Pentecostes: no judaísmo, uma festa da colheita (Shevuot) comemorada cinco dias após a Páscoa; nos calendários cristãos, o sétimo domingo após a Páscoa, celebrando a vinda do Espírito Santo sobre os crentes reunidos (At 2,1ss.).

"Q" (*Quelle* – "fonte", em alemão): designação dada a uma coleção escrita hipotética dos dizeres de Jesus, pressuposta de ter sido compartilhada pelos autores dos evangelhos de Mateus e Lucas.

Saduceus: partido no judaísmo ativo desde o século II AEC através de todo o século I EC; os saduceus rejeitavam a tradição oral recente e reduziam o judaísmo a questões que eram especificamente tratadas na Lei.

Sanhedrin (sinédrio): o corpo supremo político, religioso e judicial do judaísmo durante o período romano.

Zelotes: seita que advogava a resistência armada às autoridades romanas; também chamados de *sicarii* ("homens adaga") ou *lestai* ("bandidos") por seus críticos.

LEITURAS SUGERIDAS

AUGUSTINE OF HIPPO. *Confessions*. Trad. de R.S. Pine-Coffin. Nova York: Penguin Classics, 1961, p. 21-22, 47-52, 220-224, 230.

BARRETT, C.K. *The New Testament Background: Selected Documents*. Nova York: Harper and Row, 1961.

BULTMANN, R. *Jesus Christ and Mythology*. Nova York: Charles Scribner's Sons, 1958.

CULLMANN, O. *The Early Church*. Filadélfia: Westminster, 1956

DIBELIUS, M. *Jesus*. Filadélfia: Westminster, 1949.

DODD, C.H. *According to the Scriptures: The Substructure of New Testament Theology*. Nova York: Charles Scribner's Sons, 1953.

GOGUEL, M. *The Life of Jesus*. Trad. de Olive Wyon. Nova York: The Macmillan Company, 1945.

GRANGAARD, B. *Conflict and Authority in Luke 19:47 to 21:4*. Nova York: Peter Lang, 1999.

HARNER, P.B. *Everlasting Life in Biblical Thought*. Carlton Press, 1981.

HIERS, R.H. *Jesus and the Future*. Louisville: John Knox Press, 1981.

IRVIN, D. *History of the World Christian Movement*. Maryknoll: Orbis Books, 2001.

JEREMIAS, J. *The Eucharistic Words of Jesus*. Londres: Blackwell, 1955.

JEREMIAS, J. *The Parables of Jesus*. Trad. de S.H. Hooke. Nova York: Charles Scribner's Sons, 1955.

KLAUSNER, J. *Jesus of Nazareth*. Nova York: The Macmillan Company, 1925.

KNOX, J. *Chapters in a Life of Paul*. Nashville: Abingdon, 1950.

KOESTER, H. *Introduction to the New Testament – Vol. 11: History and Literature of Early Christianity*. Filadélfia: Fortress Press, 1982.

KUMMEL, W.G. *The Theology of the New Testament*. Nashville: Abingdon, 1973.

LEON-DUFOUR, X. *On the Meaning of Christ*. Nova York: Charles Scribner's Sons, 1953.

LEON-DUFOUR, X. *The Gospels and the Jews of History*. Nova York: Doubleday & Company, 1970.

McARTHUR, H.K. (ed.). *In Search of the Historical Jesus*. Nova York: Charles Scribner's Sons, 1969.

RUETHER, R.R.; McLAUGHLIN, E. *Women of the Spirit: Female Leadership in the Jewish and Christian Traditions*. Nova York: Simon & Schuster, 1979.

SCHAFF, P. The Nicene Creed. *The Creeds of Christendom with a History and Critical Notes*. Vol. II.

Nova York: Harper & Brothers, 1877, p. 58-59.

SCHWEITZER, A. *The Quest of the Historical Jesus*. Londres: A. & C. Black, 1910.

STREETER, B.H. *The Four Gospels – A Study of Origins*. Nova York: Macmillan, 1924.

WEISS, J. *Earliest Christianity*. Nova York: Harper & Row, 1959.

REFERÊNCIAS

[A] JOSEPHUS. *Antiquities, Loeb Classical Library*. Vol. XVIII. Trad. de Louis H. Feldman. Cambridge: Harvard University Press, 1965, p. 1, 6.

[B] *Bíblia Sagrada*. Almeida corrigida fiel. [1]Mt 3,4; [2]Mt 3,12; [3]Lc 3,11; [4]Mc 1,9-11; [5]Mc 1,24-38 passim; [6]Mc 4,1; [7]Mc 9,1; [8]Mc 13,30-33; [9]Lc 17,22-24.26-27.30; [10]Lc 13,24-30; [11]Mt 8,11-12; [12]Mt 5,3-12; Lc 6,20-26; [13]Mt 12,28; Lc 17,20s.; [14]Lc 4,18-21; [15]Mc 9,45; [16]Lc 9,59-62; [17]Mt 5,22; [18]Mt 5,28; [19]Mt 5,43-48; 7,12; 22,37-40; [20]Mt 5,38-40; [21]Mt 7,1-5; [22]Lc 6,36-38; [23]Mc 2,27-28; [24]Mc 7,14-15; [25]Mc 6,4; [26]Mc 3,31-35; [27]Mc 3,26; [28]Mc 8,27-29; [29]Mt 21,31.43; [30]Mc 14,22-24.

[C] BULTMANN, R. *Jesus Christ and Mythology*. Nova York: Scribner's Sons, 1951, p. 25.

[D] DODD, C.H. *The Parables of the Kingdom*. Londres: Nisbet, 1946, p. 54.

[E] *Bíblia Sagrada*. Almeida corrigida fiel. [1]Lc 17,20; [2]Mc 12,14-17; [3]Jo 1,14.

[F] GRANGAARD, B.R. *Conflict and Authority in Luke 19:47 to 21:4*. Nova York: Peter Lang, 1999, p. 107.

[G] *Bíblia Sagrada*. Almeida corrigida fiel. [1]1Cor 15,1-8.42-44.50; [2]At 2,1-4; [3]At 5,29; [4]At 5,35-39; [5]At 6,5; [6]At 8,1; [7]Gl 1,14; [8]At 9,2-19; [9]2Cor 11,24-27; [10]1Cor 1.15-16; [11]Ef 2,1-19.

[H] KNOX, J. *On the Meaning of Christ*. Nova York: Charles Scribner's Sons, 1953, p. 19.

[I] AYER JR., J.C. *A Source Book for Ancient Church History*. Nova York: Charles Scribner's Sons, 1913, p. 20-21. Reimp. com a permissão dos editores.

[J] RICHARDSON, C.C. (trad. e ed.). *Early Christian Fathers. Library of Christian Classics*. Filadélfia: Westminster, 1953, p. 287s.

16
O desenvolvimento religioso do cristianismo

Fatos resumidos:

- Nome ocidental: cristianismo.
- Aderentes em 2015: 2,3 bilhões.
- Escrituras: Bíblia, Antigo e Novo testamentos para todos os ramos. Há literatura adicional, conhecida como deuterocanônica, nas Igrejas Católica, Ortodoxa e Romana.
- Deidade: Deus trino: Pai, Filho e Espírito Santo (na maior parte dos credos).
- Principais ramos:
  - *Ortodoxo* (notavelmente grego e russo).
  - *Católico-romano*.
  - *Protestante*.
- Tipos de governo:
  - *Episcopal* (hierárquico).
  - *Presbiterial* (autoridade em judicações supralocais de clérigos e leigos em conjunto).
  - *Congregacional* (autoridade local).

O termo *católico* foi primeiramente aplicado à Igreja cristã no sentido de "universal". Descritivamente, essa foi uma designação apta para uma fé religiosa que então alcançara todas as províncias do Império Romano e todas as classes da sociedade. Era um adjetivo bom o suficiente a ponto de ser capaz de escapar do seu uso apenas técnico. De fato, ele tornou-se parte da *única* instituição organizada que expressava a religião cristã após a metade do século II. Com este nome, a Igreja Católica permaneceria unida na determinação de se manter contra seus inimigos externos e também de combater heresias e cismas internos.

I – A ANTIGA IGREJA CATÓLICA (150-1054 EC)

Na luta em manter tanto sua integridade interna quanto externa, a antiga Igreja Católica desenvolveu duas coisas: (1) um sistema doutrinário claro, declaradamente purgado de erro, e (2) uma organização eclesiástica caracterizada aos seus próprios olhos pela apostolicidade, catolicidade, unidade e santidade. Nós descreveremos a seguir os diversos passos através dos quais se deram esses desenvolvimentos.

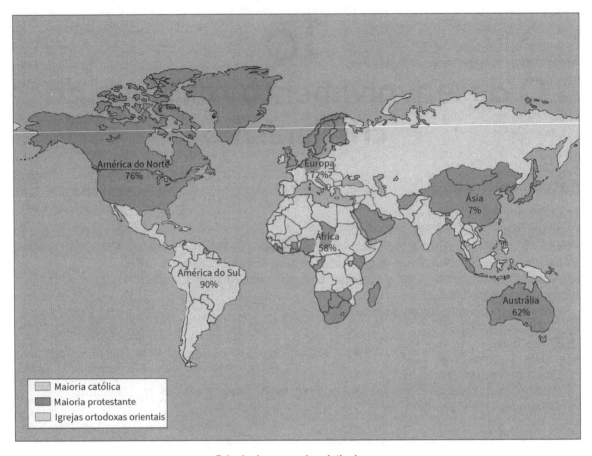

Principais ramos do cristianismo

Heresias baseadas no pensamento grego

O tempo do ministério de Jesus e da primeira circulação de sua mensagem constituiu uma era afortunada. Judeus no leste buscavam, e de fato aguardavam, por um messias. Havia diferentes grupos mantendo expectativas muito variadas, algumas espirituais e algumas políticas, mas praticamente todos estavam receptivos a alguma mensagem nova. Ademais, o restante do mundo mediterrâneo estava em busca da encarnação da divindade e tinha, ao mesmo tempo, desenvolvido o conceito de *Logos*, sem perceber com que riqueza de significado ele poderia ser dotado se viesse a ser aplicado a um salvador-deus surgindo em carne, em uma personalidade humana.

Quando pensadores cristãos fizeram o conceito de *Logos* ser assimilado na pessoa de Jesus, toda uma nova teologia veio a existir praticamente sem esforço; uma teologia que combinava da forma mais satisfatória tanto religião quanto filosofia. Ainda assim existiam perigos no processo; um balanço exato de elementos tinha de ser preservado, ou o valor religioso da nova síntese seria destruído. Tornou-se a tarefa dos bispos e dos professores cristãos dos séculos II e III encontrarem esse balanço e banirem todos os desvios do ponto de vista ortodoxo.

Entre as interpretações acerca do trabalho e da pessoa de Cristo durante o século II, que seriam posteriormente declaradas heréticas, estavam as doutrinas gnósticas e marcionitas.

GNOSTICISMO E DOCETISMO

O ponto de vista chamado de **gnosticismo** (de *gnosis*, ou conhecimento esotérico) possuía uma suposição característica em todas suas variantes: os gnósticos (que se encontravam principalmente no leste) se iniciaram com um dualismo que dividia radicalmente o espírito e a matéria; eles consideravam o mundo material como tão vil e degradante que o Deus impessoal e incognoscível – o fundamento de todo ser, residindo inefavelmente em pura luz – não podia ter nada a ver com sua feitura. Em sua forma parcialmente cristianizada, o gnosticismo, ao invés de assimilar filosofia à religião cristã, adotava a figura de Cristo como o ingrediente final em uma síntese greco-oriental. Cercado por uma sociedade de seres espirituais masculinos e femininos chamados éons, estando o preexistente Jesus entre eles, Deus existia muito acima do mundo maligno. Nos níveis mais baixos vivia e labutava o artesão – criador da terra, o filho de uma éon caída, Sophia – que não obstante sua queda, traria luz à escuridão. Esse artesão seria o criador no Livro do Gênesis, um ser espiritual estúpido, que mecanicamente produziu a massa má que é o mundo da matéria.

O Antigo Testamento e suas formas de vida estavam irremediavelmente infectados com a concepção inferior ligada a essa deidade. Para esses gnósticos a serpente no Jardim do Éden, ao levar Adão e Eva até à árvore do conhecimento (i. e., *gnosis*!), foi uma benfeitora, e não uma vil tentadora, fazendo o seu melhor a fim de salvar os ancestrais da raça humana da orientação enganadora de Yahweh! Quando Jesus, o Éon compassivo divino, viu como as coisas iam mal na Terra, Ele desceu na simulação de um corpo. A carne desta aparição divina apenas *aparentava* (grego *dokein*) ser real, pois um Espírito encarnado *de fato* seria profanado. Esta rejeição total da humanidade de Jesus foi chamada de **docetismo**, uma heresia que não estava restrita aos gnósticos. Estes acreditavam que se Deus podia ser revelado apenas através da *gnose (gnosis)*, e não em qualquer forma carnal ou encarnação, então as almas humanas lutando em seus invólucros profanados de carne deveriam desenvolver uma disciplina ascética do corpo e conquistar a sabedoria exotérica salvadora de sua mente. Eles poderiam então se libertar do profanado mundo material e escapar da prisão da carne rumo à pura espiritualidade do ser.

Aqui se encontravam doutrinas que a Igreja como um todo sentia não poder aprovar sem violar suas próprias convicções históricas: que Deus não controlava todo o universo, que Yahweh do Antigo Testamento era um ser inferior, que o Antigo Testamento devia ser rejeitado como sem valor, que Jesus não fora realmente nascido e não sofrera e morrera, e que não poderia haver ressurreição da carne.

O CÂNON PROPOSTO DE MARCIÃO

A sugestão de que o Antigo Testamento era sem valor encontrou, entretanto, um apaixonado defensor em Marcião, inicialmente um professor cristão de Sinope, na Ásia Menor, que depois residiria em Roma. Sem se juntar a nenhuma das escolas gnósticas (que floresceram principalmente no Egito e na Ásia Menor), ele, não obstante, seguiu sua trilha em criticar o Deus do Antigo Testamento como uma divindade justa, porém cruelmente legalista e impiedosa que, apesar de ter criado o mundo material, fora um demiurgo de qualidade moral inferior. Sob o ponto de vista de Marcião, o verdadeiro e transcendente Deus bom, um deus de amor e perdão, que criara o mundo invisível, espiritual, não era conhecido pelos profetas do Antigo Testamento; Cristo fora o primeiro a revelá-lo. Os seres humanos estavam cativos nos corpos que haviam recebido do Deus do Antigo Testamento, mas suas almas poderiam encontrar redenção no Deus de Jesus. Eles deveriam seguir Cristo e São Paulo em ascetismo, celibato, e desprezo ao mundo físico, e lutar para adentrar no Reino do bom Deus, aqui e no além. Marcião aumentou o alarde que seus pontos de vista haviam criado com a proposição de um cânon de escrituras. A escritura que ele apresentava – para *substituir*, não suplementar o Antigo Testamento – consistia em três partes: Evangelho, Apóstolo, e um trabalho de sua própria pena, as *antíteses*. Ele aceitava apenas o Evangelho de Lucas, e ainda assim apenas editado por ele mesmo a fim de eliminar a narrativa do nascimento de Cristo (pois ela sugeria sua encarnação em um corpo real). O único apóstolo aceito era Paulo, e as dez cartas foram editadas a fim de enfatizar a antítese entre Lei e Espírito, e arrumadas no sentido de conteúdo contrário à Lei. Para complicar ainda mais a situação, Marcião rompeu com a Igreja de Roma e começou a organizar congregações marcionitas.

O desafio do **marcionismo** não foi algo trivial. Ele foi o primeiro a editar e publicar uma nova escritura, e por esta ação chocou os líderes do complacente corpo principal de cristãos, levando-os a tomar a consciência de que, a menos que um amplo consenso sobre o cânon pudesse ser encontrado, a integridade de toda sua literatura poderia ser comprometida por professores locais que seguissem o exemplo de Marcião, editando os manuscritos transmitidos a fim de se encaixar em seus próprios pontos de vista.

Congregações marcionitas sobreviveram pelo menos até o século IV. De fato, a mais antiga inscrição de qualquer Igreja cristã é encontrada numa construção em uma vila ao sul de Damasco (ca. 319 EC): "local de reunião [sinagoga] dos marcionitas do *Lebabon** [sic] do Senhor e Salvador Jesus Cristo sob a liderança de Paulo, o presbítero".

---

* Líbano [N.T.].

Respostas à heresia: O Credo dos apóstolos e o cânon do Novo Testamento

A primeira voz clara dentro da Igreja a propor uma linha de ação para lidar com opiniões heréticas foi a de Irineu, um nativo da Ásia Menor e bispo de Lyon, na província da Gália. Por volta de 185 EC, ele lançou o famoso livro *Contra as heresias*, de importância definidora. Nele, Irineu argumentou que o indício de uma sólida doutrina cristã estaria em sua apostolicidade.

Os apóstolos tiveram perfeito conhecimento do Evangelho, e o que não estivesse em concordância com seus ensinamentos conforme transmitidos nos evangelhos e nas epístolas não poderia ser aceito. Segundo este critério o gnosticismo e o marcionismo foram completamente rejeitados. À réplica de que Jesus deveria ter comunicado um ensino privado e esotérico para uns poucos eleitos – uma reivindicação feita pelos gnósticos –, Irineu respondeu que tal conhecimento privado, se tivesse alguma vez existido, poderia ter sido transmitido adiante através das Igrejas fundadas pelos apóstolos. Até então, ele apontou, as Igrejas de fundação apostólica não possuíam tais tradições. De forma geral, então, Irineu instou, que se deveria recorrer à doutrina sólida dos escritos apostólicos, das Igrejas apostólicas, e de seus bispos.

Esta foi a resposta que mais atraiu às Igrejas no Ocidente. Ela agradou especialmente à Igreja em Roma, onde, entre 150 e 175 EC, um credo para uso no batismo tinha sido estruturado tanto para expressar a fé quanto para evitar as doutrinas gnósticas e marcionitas. Ele veio a ser chamado, de acordo com o critério de ortodoxia de Irineu, de *Credo dos Apóstolos*, e em sua forma primitiva ele decorria (os termos cruciais estão em itálico) como segue:

> Eu creio em Deus Pai todo-poderoso. E em Jesus Cristo, seu *único filho gerado*, que *nasceu* do Espírito Santo e da Vir-

gem Maria, foi *crucificado* sob Pôncio Pilatos e *sepultado*. No terceiro dia Ele ressuscitou dos mortos; ascendeu ao céu, estando sentado à destra do Pai, de onde Ele virá para julgar os vivos e os mortos. E no Santo Espírito, na santa Igreja, na remissão dos pecados e na *ressurreição da carne*[A].

Emendas posteriores e refinamentos desse credo acentuaram sua importância como um resumo da doutrina ortodoxa e apostólica. A fim de deixar claros os pontos contra os gnósticos, a frase *Criador do céu e da terra* foi adicionada à imputação de abertura.

Outro resultado da tentativa da Igreja em definir a tradição apostólica foi um esforço em fixar um cânon de escritura autêntica. Por volta do final do século II, já o cânon do atual Novo Testamento estava praticamente confirmado, ainda que a lista não tenha sido finalmente fixada até 400 EC no Ocidente e ainda mais tarde no Oriente. Diversos livros foram removidos da lista original e outros adicionados. Os livros encontrados agora entre os apócrifos do Novo Testamento foram excluídos do cânon quando a ponderação cuidadosa de seu valor levantou dúvidas em relação à sua apostolicidade.

A Igreja foi colocada, dessa maneira, na posição de preservar a si mesma da dissolução em incontáveis seitas, "levada por qualquer vento de doutrina", e da condenação ao rápido desaparecimento.

Perseguição sistemática

Enquanto isso, o governo central de Roma permanecia oficialmente em oposição ao cristianismo. Ele veio a perceber durante o século II que a crescente Igreja cristã era a expressão institucional de uma poderosa nova religião no Império e que ela apresentava um desafio cada vez mais sério às instituições religiosas existentes no Império. As hordas de bárbaros posicionadas ao longo do Danúbio e do Reno, prontas a se precipitarem no Império assim que as restrições fossem relaxadas, não poderiam ser resistidas por pacíficos cristãos – tampouco pelos próprios romanos, caso eles fossem ainda que parcialmente infectados pelo pietismo e distanciamento deste mundo dos cristãos. Algo tinha de ser feito. Assim sendo, Marco Aurélio (161-180 EC), ele mesmo imbuído dos mais altos ideais do estoicismo, iniciou durante os últimos anos de seu reino severas perseguições aos cristãos nas províncias. Sob seus sucessores, esporádicas perseguições continuaram.

Mas não foi até a metade do século III que o governo central alarmou-se por completo. O Imperador Décio retornara da fronteira ameaçada e sentira a apatia das pessoas com relação a esse perigo – uma fraqueza que ele atribuiu à ação da Cristandade. Ele lançou uma ordem em 250 EC de que era requerido de cada cidadão do Império receber um certificado de um oficial do governo afirmando que ele havia sacrificado à imagem do imperador.

Os que não possuíssem tal certificado seriam recompensados com a morte. Multidões foram torturadas dolorosamente, ainda assim se recusando a se submeter. Muitos outros se renderam à pressão do governo, fosse por medo ou fraqueza, e se somaram ao número dos "prescritos", que era a forma como os cristãos mais fiéis os chamavam. Outros ainda subor-

> *O profeta do Deus Criador, quando as pessoas estavam engajadas em batalha, subiu ao topo da montanha e estendeu suas mãos para a direção de Deus, a fim de que ele pudesse matar a tantos quanto possível em batalha; nosso Senhor, o Bom, estendeu suas mãos não para matar aos homens, mas para salvá-los.*
> Marcião. As antíteses.

navam oficiais para lhes emitirem certificados sem que os mesmos tivessem sacrificado da forma prescrita; aos olhos dos leais "confessores", estes também eram apóstatas. A perseguição logo terminou, e a maioria dos apóstatas tentou retornar à Igreja, com o resultado de que alguns dos cristãos mais estritos criaram cismas, protestando contrariamente à readmissão dos penitentes que retornavam.

As catacumbas – vastos complexos subterrâneos de túneis e salas onde judeus e cristãos (que criam na ressurreição do corpo) sepultavam seus mortos – fornecem algumas evidências da vida cristã durante as perseguições. Em adição às cerimônias de sepultamento, os cristãos podem ter usado as localidades subterrâneas em outras formas de adoração comunal. As paredes eram decoradas com representações artísticas retratando refeições eucarísticas e figuras bíblicas. Nos primeiros três séculos havia pouco consenso referente à forma em que Jesus deveria ser representado: barbeado ou barbado, com ou sem uma auréola, vestido com uma curta túnica ou um longo manto, e assim por diante. Sem dúvida, pedia-se aos artistas para retratarem, por exemplo, um simples pastor com ovelhas, e os detalhes vinham da própria experiência do artista.

Uma perseguição final começou sob Diocleciano em 303 EC. Decretos sucessivos ordenaram a destruição de todas as Igrejas, a queima de escrituras cristãs e a tortura de bispos e clérigos menores até que sacrificassem à imagem de César. Cristãos ordinários eram forçados a sacrificar da mesma forma. Mas antes que as perseguições tivessem se estendido por muito tempo Diocleciano se aposentou dos fardos do ofício e deixou quatro "Césares" coordenados no controle do Império. Por conseguinte, as perseguições tornaram-se mais esporádicas. Conflitos entre os Césares logo perturbaram o balanço que houvera entre eles, e um de seus filhos, um homem chamado Constantino, favorável a tolerar a Cristandade, finalmente sobrepujou toda a oposição e se tornou em 323 EC o único governante do Império.

O cristianismo como a Igreja do Estado imperial

Constantino modificou toda a situação. Já em 313 EC ele lançara conjuntamente com outro contendente pelo poder um edito garantindo liberdade de consciência para os cristãos e igualdade com outras religiões para o cristianismo. Diz-se que Constantino, enquanto isso, afirmava – verdadeiramente ou não – ter visto nos céus a cruz de Cristo com a inscrição *In hoc signo vinces* ("Neste sinal tu vencerás"), no início de suas lutas pela ascensão. Apesar de ele não ter sido batizado, ele supostamente teria prometido depositar suas esperanças de conquista no Deus cristão. Quando Constantino se tornou o imperador indisputável, ele passou a cumprir a tarefa de fortalecer a Igreja Católica, não apenas lhe restaurando suas propriedades perdidas, mas lhe permitindo aumentar suas possessões.

Ele desaprovou seitas heréticas e tentou curar a todos os cismas tendo em vista a unidade no Império, que esperava obter através de uma Cristandade unida. Ele fez do domingo cristão um dia santo legalmente; construiu novas Igrejas e ordenou a outros construí-las à custa dos pagãos. De fato, seu interesse foi quase que exagerado, chegando a uma forma de controle ativo. Seus sucessores seguiram seus passos; em 383 EC, o cristianismo foi declarado religião imperial do Estado.

A controvérsia ariana

CRISTO FOI "CRIADO"?

Enquanto todos esses eventos estavam em progresso, a formulação teológica da fé católica avançou firmemente. Clemente e Orígenes em Alexandria e Tertuliano e Cipriano, também no norte da África, começaram a clarificar e definir as doutrinas ainda rudimentares concernentes à relação entre o Pai, o Filho, e o Espírito Santo, bem como a estabelecer as reivindicações de poder e autoridade da Igreja. Entretanto, a falta de completa concordância entre eles alargou gradualmente o escopo de disputas acrimoniosas até então isoladas, e Constantino concluiu que um concílio de toda a Igreja deveria ser convocado. As circunstâncias foram as seguintes: Ário, um presbítero estudioso de Alexandria, discordava de seu bispo na questão relativa a Cristo ser finito ou eterno. Ário sustentava que Cristo, mesmo enquanto o *Logos*, fora um ser criado. Ele fora feito como outras criaturas a partir do nada, logo não poderia ser eterno; tampouco Ele poderia ser da mesma substância que Deus. O Filho, ele arrazoava, tivera um início, enquanto Deus, que é eternamente Um, não tinha começo. Esta posição veio a ser conhecida como **arianismo**. O bispo de Ário questionou-o, afirmando que o Filho era eterno, não criado e da mesma essência que Deus. Constantino, após falhar em seus esforços conciliatórios, convocou um concílio de toda a Igreja com a intenção de resolver a questão de uma vez por todas.

O CREDO NICENO

No verão de 325 EC, cerca de 300 bispos delegados oriundos principalmente do leste se encontraram em Niceia, do outro lado do Bósforo (em relação a Constantinopla), e produziram a famosa fórmula do Credo de Niceia. Com suas frases cruciais em itálico, seu texto foi o seguinte:

> Cremos em um só Deus, Pai todo-poderoso, criador de todas as coisas visíveis e invisíveis. E em um só Senhor Jesus Cristo, o Filho de Deus, gerado (literalmente, "fora de") do Pai como seu filho único; isto é, da substância do Pai. Deus de Deus, luz de luz, Deus verdadeiro de Deus verdadeiro, *gerado, não feito, de mesma substância (homo-ousios) com o Pai*, por quem todas as coisas no céu e na terra foram feitas; o qual por nós homens e para nossa salvação desceu e se fez carne, tornou-se homem, sofreu, e ressuscitou ao terceiro dia, ascendeu aos céus, e virá para julgar os vivos e os mortos. E (nós cremos) no Espírito Santo.

Anexado a este credo havia um ginete declarando anátemas àqueles que diziam: "Houve um tempo quando ele não era" ou afirmavam: "O Filho de Deus é de diferente essência* ou substância, ou é criado".

Este credo, adotado sob pressão do imperador – que intendia encerrar os debates teológicos –, não resolveu imediatamente as disputas, nem resguardou a paz. O Concílio voltara-se para uma terminologia grega filosófica não bíblica, por meio da qual uma unidade *ativa* (a expressão bíblica): "Deus estava em Cristo reconciliando" foi destilada em uma unidade estática: "uma substância". As frases que deixamos em itálico foram condenadas amargamente por muitos e efetivamente revogadas por concílios posteriores. De fato, foi talvez apenas a ardente, infatigável e paciente defesa das mesmas por Atanásio, bispo de Alexandria, em sessão após sessão, que finalmente sobrepujou a oposição e levou à sua aceitação final. E mesmo então, isto ocorreu gerações antes que se tornassem infalíveis aos olhos da Igreja.

Deve-se notar que o Credo niceno, da forma que é recitado em muitas Igrejas cristãs hoje, não

---

* O autor usa o inglês *subsistance or substance* para traduzir os termos gregos *hypostasis* e *ousias*. Para o português eles são traduzidos como *essência* (ou *natureza substancial*) e *substância*, mas anteriormente, ao traduzir o Credo, e posteriormente, ao comentá-lo, usa *essence* ou *substance*. Procuramos manter as traduções próximas aos originais gregos usados também pelo autor, ainda que o mesmo não cite os termos gregos no texto original [N.T.].

foi o credo original adotado em Niceia em 325 EC, mas uma forma expandida do mesmo (geralmente chamada de "Credo niceno-constantinopolitano"), que entrou em uso após o tempo do Concílio Geral de 381 EC. Por razões de completude, devemos adicionar que a última formulação afirmava firmemente que a divindade do Pai, do Filho e do Espírito Santo era *uma em essência* (ou substância), ainda que em três hipóstases (subsistências ou manifestações individualizadas). Quando esta formulação foi traduzida para o latim, o conceito grego, um tanto abstrato para *manifestação individualizada*, transformou-se no termo bastante concreto de *persona*, e as conotações de personalidade distinta e contida em si mesma foram sugeridas de uma forma não intencional na formulação original grega.

O que Atanásio incitou com sucesso sobre seus inicialmente descrentes contemporâneos no leste foi que o problema em jogo não se tratava de uma mera questão verbal, um problema de termos; era o questionamento se Cristo seria verdadeiramente um salvador. Pois o leste, de forma geral, mantinha a concepção grega de salvação: que ela consistiria em tornar divina e imortal a pecaminosa moralidade do ser humano. Atanásio eventualmente foi capaz de convencer o leste de que apenas Deus poderia rebaixar a vida imortal para o reino da mortalidade, e dessa forma Jesus precisava ter sido o verdadeiro deus, verdadeiro em substância ou essência, e não apenas um ser criado de qualidade inferior, como Ário argumentara.

Questões cristológicas

DUAS "NATUREZAS" OU UMA?

O processo de converter conceitos hebraicos messiânicos como "filho de Deus" nas formas de pensamento especulativo grego, assim que iniciado levou a complicações. O Credo de Niceia não dizia nada sobre a maneira pela qual se deu a união do *Logos* divino com o Jesus humano. Assim, a própria encarnação se tornaria o centro de outro inflamado debate teológico.

Assim que foi traçada a distinção entre as naturezas divina e humana de Cristo, foi possível considerá-las como sendo tão distintas a ponto de dificultar a explicação da personalidade unificada de Jesus. Por outro lado, foi igualmente fácil enxergar tamanha dominância de uma natureza sobre a outra a ponto de sugerir a absorção de uma natureza pela outra.

O Ocidente não teve maiores dificuldades nesse ponto, pois entre as afirmações definitivas de Tertuliano, feitas mais de um século antes, estava a fórmula geralmente aceita: "Nós vemos (em Cristo) um estado duplo, não confundido mas combinado em uma pessoa em Jesus, de Deus e homem"[B1]. O Ocidente, de mentalidade prática, não se atrapalharia mais com a questão.

Mas não o Oriente. Ele logo se dividiu feroz e profundamente. As grandes sés de Alexandria e Antioquia se tornaram particularmente irreconciliáveis – até as conquistas muçulmanas do século VII as derrubarem em um desastre em comum. Jesus fora um homem, declararam os antioquianos; como o Jesus da história ele fora completamente humano, provido de razão e livre-arbítrio da mesma forma que todos os outros homens; o *Logos* residira nele como em um templo, em perfeita unidade moral, de tal forma que o *Logos* e Jesus desejavam as mesmas coisas. Nestório, seu principal porta-voz, levantou motins entre os monges de Constantinopla, onde ele se tornou bispo, quando ele pregou um sermão contrário ao chamar a Virgem Maria de "a mãe de Deus", declarando que ela não dera à luz uma deidade, ela dera à luz a "um homem, o órgão da deidade"[C1].

Cirilo, bispo de Alexandria, entrou na briga no lado oposto. A humanidade de Cristo, disse ele, de fato possuíra corpo, alma racional, e espírito, mas estava desprovida de personalidade; o *Logos* fora sua personalidade.

O que ele quis dizer é que a natureza humana de Jesus fora assimilada pela personalidade do *Logos*, de forma que "de duas naturezas [surgiu] uma", uma personalidade divina completa. Aqueles que seguiram a Nestório (os nestorianos), entretanto, entenderam que isto desnaturava a humanidade; a verdade era que a humanidade e a divindade estiveram "em conjunção" apenas; foram unidas em vontade sem que uma absorvesse a outra.

Acusações e contra-acusações foram lançadas rápida e duramente. Um concílio geral foi convocado em 431 EC, envolvendo-se de forma insensata com as maquinações políticas e as pressões imperiais. Nestório foi deposto e banido.

O CREDO DE CALCEDÔNIA

Finalmente, um concílio geral se reuniu em 451 EC em Calcedônia na Ásia Menor, formulando uma definição da relação das naturezas de Cristo que se tornaria a doutrina padrão católica. Ela dizia:

> Seguindo, portanto, os Santos Padres, nós confessamos e todos ensinamos em um acordo que um e o mesmo Filho, nosso Senhor Jesus Cristo, de uma vez só completo em divindade e completo em humanidade, verdadeiramente Deus e verdadeiramente homem e, ainda mais, dotado de alma e corpo racionais; de uma essência com o Pai em relação à sua divindade, e ao mesmo tempo de uma essência conosco em relação à sua humanidade, em todos os aspectos como nós, a não ser em relação ao pecado; em relação a sua divindade nascido do Pai antes dos tempos, ainda assim no que concerne sua humanidade – no que toca a nós e nossa salvação – nascido nesses últimos dias de Maria, a virgem, portadora de Deus; e um e o mesmo Cristo, Filho, Senhor, unigênito, proclamado em duas naturezas, sem confusão, sem mudança, sem divisão, sem separação; a diferença entre as duas naturezas sendo de forma alguma destruída por ocasião da reunião, mas ao invés disso a propriedade peculiar de cada natureza tendo sido preservada e colaborando em uma pessoa e uma hipóstasis – não como pensado, partido ou dividido em duas pessoas, mas um e o mesmo Filho e unigênito Deus, o *Logos*, Senhor, Jesus Cristo, de acordo como os profetas de outrora e o Senhor Jesus Cristo nos ensinaram em relação a Ele, o credo dos Padres tem nos transmitido[E].

Este credo, assim como o niceno, foi um triunfo para o Oeste, que, é claro, aceitou-o sem protesto. Mas o Leste não o considerou tão satisfatório. Aqueles que seguiam a liderança alexandrina divergiram como "partidários de *uma* natureza" e foram chamados, de acordo com isso, de monofisistas. Deles brotou a Igreja Copta do Egito e Abissínia e as Igrejas "Jacobitas" da Síria e Armênia, que divergem até o dia de hoje.

Os nestorianos, entretanto, persistiram como seita na Síria, tendo encontrado as populações a leste de si muito receptivas à sua mensagem. Eles difundiram assim suas doutrinas pela Pérsia, e dali rumo à Índia e à China, que foi por eles atingida no século VII. Na Síria, o **nestorianismo** sobreviveu à conquista muçulmana. Igrejas nestorianas ainda existem no sul da Índia e noroeste do Irã. (Uma história escrita sob o ponto de vista nestoriano certamente parte de uma abordagem diferente. Para essa história, cf. *The Lost History of Christianity*, de Philip Jenkins.)

Um ponto de vista alternativo

Como você sabe o que você sabe? Quais são suas fontes para aprender acerca dos primeiros cristãos? Nós confiamos principalmente nos textos: na Bíblia, é claro, assim como nos escritos deixados tanto pelos cristãos quanto pelos não cristãos do período.

Jesus disse, no entanto, que até as pedras falariam! (Lc 19,40). Alguns arqueólogos examinam as ruínas de antigas Igrejas e concluem que os textos não contam a história completa sobre o crescimento e expansão do cristianismo. As Igrejas do período eram muito pequenas e muito poucas, eles dizem, para acomodar o número de convertidos à fé sugerido pelos escritos dos líderes da Igreja antes de 400 A.D. Há também evidência significativa de que cerimônias de adoração com elementos cristãos ocorriam ao mesmo tempo fora das Igrejas, especialmente em cemitérios.

Estes arqueólogos dizem que as pedras "falam" e contam uma história sobre duas Igrejas. A Igreja mais familiar para nós foi conduzida pelos poucos componentes da elite da sociedade, e a eles se destinava; um público composto por talvez tão poucos quanto cerca de 5% da população do Império Romano, sugere Ramsay MacMullen*. Os escritos dos líderes da Igreja dos quais nós aprendemos a história que nos é familiar, portanto, foram dirigidos para aristocratas, respondiam às suas preocupações – sob um ponto de vista masculino das mesmas. Enquanto isso, a "segunda Igreja", a vasta maioria daqueles identificados como cristãos, provavelmente eram sincretistas que misturavam suas práticas cristãs com antigas tradições religiosas de suas localidades. Geralmente, eles poderiam sair

---

* MacMULLEN, R. *The Second Church: Popular Christianity AD 200-400*. Atlanta: Society of Biblical Literature, 2009.

da cidade para algum cemitério ou santuário de mártir, onde eles acreditavam que seus ancestrais e heróis poderiam ainda ser encontrados e com eles comungar. Com o tempo, entretanto, o poder das elites prevaleceu sobre as práticas destes muitos.

O crescimento do papado

Foi devido à boa sorte da Igreja de Roma que esta esteve no lado vitorioso nas grandes controvérsias doutrinárias do II e do IV séculos. Durante a crise gnóstica, foi a Igreja de Roma que estruturou o Credo dos apóstolos, e foi essa mesma Igreja que liderou a formação do cânon do Novo Testamento. A dignidade superior da Igreja de Roma foi reconhecida por eminentes autoridades do Ocidente. Irineu, de sua localidade na Gália (França), instou as Igrejas no Ocidente a concordarem com Roma em todas as questões envolvendo a tradição apostólica. Cipriano, em sua localidade no norte da África, pensava em Roma como "a Igreja líder da qual a unidade sacerdotal recebe sua fonte"[B2].

Consciente de tudo isso e de que, ainda que a autoridade civil repousasse em Constantinopla na pessoa do imperador, a autoridade espiritual repousava em Roma em sua própria pessoa, o Papa Leão I (440-461 EC) declarou que, já que São Pedro fora o primeiro dentre os apóstolos, a primazia dentre as Igrejas deveria ser concedida à Igreja de São Pedro. Ele baseou sua reivindicação nos poderes transmissíveis que se assegurava terem sido garantidos a Pedro em Mt 16,18-19: "Também eu te digo que tu és Pedro (*Petros*, no grego do Novo Testamento), e sobre esta pedra (*Petra*) edificarei a minha Igreja, e as portas do inferno não prevalecerão contra ela. Eu darei as chaves do Reino dos Céus; o que ligares na terra será ligado nos céus; e o que desligares na terra terá sido desligado nos céus". Críticos em oposição ao uso desta passagem para suportar a autoridade papal questionam sua autenticidade; eles também dizem que o gênero feminino de "esta pedra" no grego sugere que foi uma referência antes impessoal do que pessoal, talvez não feita para Pedro enquanto indivíduo, mas à declaração que ele acabara de fazer: "Tu és o Cristo".

Notamos então que Leão fez assim uma aplicação especial da doutrina da "sucessão apostólica", uma doutrina fora formulada muito antes por Clemente de Roma ao final do século I, e que fora compreendida de forma geral como aplicável a *todos* os bispos e seus sucessores, através do impor de mãos de *todos* os apóstolos como ordenação. Mas Leão sustentava que São Pedro era o primeiro em posição entre os apóstolos e consequentemente os sucessores de Pedro eram os primeiros dentre os bispos.

Ele e seus sucessores deram passos a fim de tornar essa reivindicação válida, mas seu sucesso ficou em suspenso enquanto o Império Romano caía. O papa teve sorte pelo fato de que a maior parte dos invasores do Império – visigodos, ostrogodos, vândalos, burgúndios e lombardos – já havia sido convertida para o cristianismo por missionários das heréticas seitas arianas. Eles eram heréticos, mas eram cristãos; quando Alarico o visigodo, então, capturou Roma, ele tratou o papa com favor e poupou as Igrejas, enquanto rapina e ruína sobrepujaram tudo ao redor.

Considerando que as incursões dos bárbaros se multiplicaram em uma desastrosa enchente e a civilização romana esmoreceu, os papas encontraram algum consolo no fato de que os invasores arianos em pouco tempo foram persuadidos a se tornarem católicos.

O monasticismo primitivo

O monasticismo cresceu rapidamente na Igreja Católica depois que o cristianismo tornou-se a religião estatal imperial. As primeiras tendências nessa direção surgiram entre indivíduos seguindo a sugestão de São Paulo de que homens e mulheres fiéis fariam bem em praticar a abstinência sexual e viverem como "virgens". Mas enquanto movimento envolvendo uma quebra definitiva com a sociedade, o monasticismo não começou antes do final do século III.

NO ORIENTE

Seu primeiro grande representante foi Santo Antão, de Comá, no Egito. Após tentar praticar o ascetismo em sua própria vila – uma tentativa que falhou – ele partiu rumo à solidão no deserto. Ali ele foi assediado por suas famosas tentações. Ele tinha paz apenas quando dormia. Quando estava acordado, jejuava e orava incessantemente, mas era assombrado por demônios em forma masculina e feminina, que o incitavam a cometer toda sorte de pecado. O Egito estava cheio de exilados solitários e pessoas sem amigos; seu clima era favorável para a austeridade, e seu povo era respeitoso em relação ao ascetismo. Prevalecia a crença (de acordo com as teologias gnóstica e alexandrina) que o mundo e o corpo eram corrompidos, e desta maneira Antão atraiu muitos seguidores. Tornou-se logo aparente, entretanto, que aqueles que tentavam viver em solidão completa logo enlouqueciam ou com a mesma frequência caíam devido à falta de orientação. Assim um tipo de vida eremítica comunal (cenobitismo) foi desenvolvido por Pacômio, um convertido ao cristianismo copta no sul do Egito que organizou mosteiros (e um convento) sob uma regra de trabalho e meditação balanceados, dirigidos por um abade.

Tanto os tipos solitário e comunal de monasticismo rapidamente se difundiram na Síria e na Ásia Menor. Muitos eremitas solitários atraíram grande atenção para si. Ainda que alguns se retirassem para cavernas e lugares desertos outros, como Simeão Estilita, viviam no topo de pilares em cidades em ruínas, e tinham sua comida levada até eles por uma viga; outros (os dendritas) moravam em árvores; outros ainda, da mesma forma que monges budistas na China e no Tibete, se cercavam de muros em cercamentos estreitos e tinham sua comida lançada para si, ou passada por meio de fendas no muro. Mas este tipo de monasticismo nunca foi além do calor do momento. De longe, a maior parte dos eremitas se reunia em mosteiros (i. e., tornavam-se monges) e se mantinha com a agricultura. Eles rapidamente ganharam o favor de Basílio, bispo de Cesareia, um dos três grandes capadócios ainda honrado pelas Igrejas ortodoxas do Oriente, que lhes escreveu uma regra que é universal no Oriente até os dias de hoje. Por ela os mosteiros se submeteram aos bispos de suas localidades e, em adição às práticas monásticas compartilhadas com o Ocidente, proibiram bebida forte e a leitura de escritos externos ou não canônicos. Era prescrito o serviço social entre os pobres e os órfãos.

NO OCIDENTE

No Ocidente o movimento monástico demorou a se iniciar, mas quando as invasões germânicas viraram as sociedades de cabeça para baixo, ele se tornou popular e levou ao desenvolvimento de muitas ordens. Durante algum tempo cada mosteiro tinha sua própria regra, e algumas eram frouxas, de formas chocantes.

SÃO BENTO

No século VI, portanto, surgiu a ordem de São Bento, cujo fundador prescrevia para aqueles que desejassem entrar em sua ordem uma vida cheia de atividades: trabalho manual nos campos ou oficinas do mosteiro, leitura dirigida seriamente e, sobretudo, adoração através do dia até parte da noite. A severidade da *Regra de São Bento* é sugerida pela seguinte passagem, dela extraída:

A ociosidade é o grande inimigo da alma; por isso, os monges devem estar sempre ocupados, seja com o trabalho manual ou com a leitura santa. As horas para estas ocupações devem ser ordenadas de acordo com as estações do ano, como segue: da Páscoa até o primeiro dia de outubro, os monges devem sair para o trabalho à primeira hora [6h], e o tempo da quarta até a sexta hora deve ser gasto com leitura. Após a refeição, que acontece na sexta hora [meio-dia], eles devem se deitar e descansar em silêncio; mas qualquer um que quiser pode ler, se o fizer de maneira a não perturbar a ninguém mais. As Noas [um culto executado às 15h] devem ser observadas um pouco mais cedo, cerca de metade da oitava hora, e os monges devem voltar ao trabalho, laborando até às Vésperas [...]. Do primeiro dia de outubro até o início da Quaresma, os monges devem ter até a segunda hora completa para leitura, hora na qual a oração da Terça [9h] deve ser realizada. Após a Terça, eles devem trabalhar em suas respectivas tarefas até a hora nona [15h]. Quando a hora nona soar, eles devem encerrar os trabalhos e estar prontos para a oração ao segundo badalar do sino. Depois da refeição eles devem gastar o tempo lendo as lições e os salmos. Durante a Quaresma, da hora do nascer do dia até a terceira hora devem se devotar à leitura, e então eles devem trabalhar em suas tarefas designadas até a hora décima. No início da Quaresma cada um dos monges deve receber um livro da biblioteca do mosteiro que deve ser lido por inteiro. Um ou dois dos monges mais velhos deve ser designado para vagar pelo mosteiro durante as horas separadas para leitura, para checar que nenhum dos monges esteja desocupado durante esse tempo ao invés de estar lendo, e assim não apenas gastando seu próprio tempo mas talvez também perturbando os outros [...]. E se qualquer irmão for negligente ou preguiçoso, recusando-se ou sendo incapaz de ler ou meditar na hora, que seja colocado para trabalhar, de forma que em momento algum fique à toa[D].

Que os mosteiros beneditinos – eventualmente difundidos por toda a Europa Ocidental – tivessem bibliotecas, foi um fato por si só com grandes consequências para o futuro. Os livros, que de outro modo poderiam ter sido perdidos, foram dessa maneira salvos.

SÃO JERÔNIMO, SÃO CRISÓSTOMO E GREGÓRIO I

As vidas de diversos indivíduos ilustram como o monasticismo pôde ser consistente em servir amplamente a sociedade. São Jerônimo, enquanto em reclusão monástica na Palestina completou a *Vulgata* – a tradução do Antigo e do Novo testamentos para o latim. São Crisóstomo, o "boca de ouro", emergiu da vida eremítica para atrair grandes congregações em Antioquia para seus sermões, sendo dessa forma convocado pelo bispado de Constantinopla (e pelas invejas que mergulharam-no na obscuridade de um exílio não merecido).

Outro representante influente da vida eremítica foi Gregório Magno, o primeiro monge a ser escolhido para o ofício papal (590-604 EC). Um administrador com grandes habilidades pessoais, ele administrou tão bem os recursos financeiros do papado (a Igreja em Roma no momento detinha grandes possessões de terra na Itália) que ele virtualmente governou a Itália como um monarca. Gregório lançou os fundamentos da autoridade papal posterior na Inglaterra, em cuja conversão ao cristianismo ele teve grande interesse.

Gregório ampliou seu poder eclesiástico no reino franco e na Espanha. Sua ênfase na penitência e sua insistência na purificação da alma após a morte (purgatório) trouxeram estes aspectos para a crença e prática pela primeira vez para a vanguarda do catolicismo. Ele antecipou práticas posteriores através do aconselhamento aos penitentes de buscarem a ajuda dos santos, tendo considerado como fato dado que, enquanto sucessor apostólico de São Pedro, que fora o "príncipe de todos os apóstolos" a quem "pela voz do Senhor foi garantido o cuidado de toda a Igreja", ele devia ser reconhecido como cabeça de toda a Igreja. Assim, ele foi o precursor e modelo dos poderosos papas medievais.

Agostinho de Hipona

Mas a maior personalidade da antiga Igreja Católica foi Agostinho (354-430 EC), bispo de Hipona, no norte da África. Ele foi uma pessoa em cujo temperamento praticamente toda qualidade humana estava presente em grande intensidade, e ainda assim tamanha foi a clareza e força de sua mente que ele pôde governar suas paixões desregradas e subordiná-las a um propósito cristão. Suas autobiográficas *Confissões* foram um marco literário, não apenas enquanto esforço continuado de autoanálise, mas também como uma das primeiras obras autobibliográficas no mundo a lidar seriamente com os pensamentos e sentimentos de infância.

SUA VIDA

Nascido de um pai pagão e de uma mãe cristã, ele frequentou as escolas de sua nativa África do Norte. Aos 17 anos, enquanto seguia o estudo da retórica, ele deu espaço às inclinações de sua natureza ardentemente sensual e tomou uma concubina. Ele rejeitava inicialmente o Novo Testamento como "indigno de ser comparado à dignidade de Cícero"[E1], cujos trabalhos ela estudava então. Mas Cícero não era o suficiente, e ele aderiu ao maniqueísmo. Ele encontrou apenas um pequeno conforto nessa doutrina, entretanto, pois nunca poderia se tornar um dos "perfeitos": ele poderia apenas ser um "ouvinte", pois era incapaz de desistir das luxúrias da carne, como exigia o maniqueísmo. Sua oração na época, ele diz em suas famosas *Confissões*, era: "Conceda-me castidade e continência, mas ainda não"[E2].

Aos 29 anos ele foi para a Itália. Ali, em Milão, ele ouviu aos poderosos sermões de Ambrósio, outra das grandes personalidades da antiga Igreja Católica. Sua consciência foi tocada. Quando sua mãe, depois de se juntar a ele, pediu-lhe que se casasse com alguém de sua própria classe, ele tristemente mandou embora sua fiel concubina, que tinha lhe dado um filho, e concordou em fazer como sua mãe pedira. Porém, em virtude da tenra idade da garota a quem ele se contraiu, ele adiou o casamento. Descobrindo-se, porém, ainda uma presa do desejo, ele tomou outra concubina. Agostinho praticamente desistia de si mesmo nesse momento, pois lhe parecia verdade para ele, como ensinavam os maniqueístas, que a carne era incuravelmente má.

Mudanças radicais em seus pontos de vista se sucederam após o despertar de seu interesse pelo neoplatonismo. Ele começou a considerar verdadeiro que as tentações da carne resultavam de um afastamento de Deus, ao invés da presença de qualquer elemento positivo e inerente de maldade na carne. De fato, ele veio a crer que Deus era a fonte de todas as coisas, e que matéria e espírito deviam ser definidos em termos de uma ausência de Deus; isto é, eles seriam artefatos de uma espiritualidade remota em relação ao único e eterno Ser Bom.

Sua conversão ao cristianismo ocorreu de forma aparentemente repentina. Ouvindo de um neoplatônico que havia virado cristão, e então de alguns monges egípcios que venceram suas tentações através da simples fidelidade a sua disciplina monástica, ele escapou distraidamente de seu amigo Alípio entrando nas profundezas de um jardim, onde ouviu a voz de uma criança além do muro dizendo: "Toma e lê". Retornando para seu amigo, ele tomou uma cópia das epístolas do Novo Testamento deixadas no banco e, abrindo-as, leu: "não em glutonarias e bebedeiras, não em impudicícias e dissoluções, não em contendas e inveja [...] mas revesti-vos do Senhor Jesus Cristo; e não tenhais cuidado da carne em suas concupiscências". Estas palavras conduziram-no a uma decisão[E2]. Dali em diante ele viveu em estrita continência. Batizado por Ambrósio, ele partiu para a África do Norte, decidido a fundar um mosteiro. Ali ele se tornou o bispo de Hipona, escreveu volumosamente pelos próximos trinta anos, e morreu enquanto os vândalos sitiavam a cidade.

Agostinho foi tão multifacetado que sua teologia é uma síntese de várias tendências. Alguns veem nela uma corrente neoplatônica que modifica sua confiança básica nos conceitos originalmente hebraicos. Mas ele não se submetia exclusivamente a nenhuma tendência. Seu pensamento foi tão influente que nós não devemos abandoná-lo sem brevemente resumir suas doutrinas sobre Deus, a natureza humana, a Igreja e sua filosofia da história.

AGOSTINHO SOBRE DEUS

A experiência mística pessoal de Agostinho de Deus evitou com que ele pensasse em Deus enquanto pura abstração. Deus está perto e é muito real, e, tanto na pessoa de Jesus quanto através da atividade do Espírito Santo ele atuava na história, estando continuamente a trabalhar nos corações dos homens.

Mas ainda assim, a concepção de Agostinho tem uma matiz neoplatônica. Deus é *o* Ser eterno, sozinho, absolutamente real, e absolutamente bom. Ele é a fonte de todas as outras coisas e elas a cada momento dependem dele em sua existência continuada. O universo físico, especialmente, constituiria apenas uma realidade derivada, sendo apenas esparsamente digno de estudo por seu próprio mérito.

A possibilidade de que se poderia invocar Deus, que estava continuamente disponível em literalmente todo momento, e ainda assim experimentá-lo como uma pessoa não identificada com a realidade física fica evidente na famosa visão que ele compartilhou com sua amada mãe em Óstia, poucos dias antes de sua morte:

> O dia que se aproximava, aquele no qual ela deixaria esta vida (dia o qual Tu conheceste-o bem, mas nós não), veio a passar [...] ela e eu ficamos sozinhos, inclinados em uma certa janela, que dava visão para o jardim da casa onde nós agora estávamos, em Óstia [...]. Nós juntos conversávamos então, sozinhos, muito docemente [...] indagando entre nós sobre a presença da Verdade, que és Tu, sobre como seria a vida eterna dos santos [...] e quando nosso diálogo foi levado a este ponto, se seria o próprio deleite das sensações terrenas [...] em relação à doçura da [eternidade], não apenas indigno de comparação, mas sequer de menção; nós, nos levantando com ardente afeição em relação ao "próprio Ser", gradualmente passamos por todas as coisas corpóreas, mesmo o próprio céu de onde o sol, a lua e as estrelas brilham sobre a Terra; sim, nós subimos ainda mais alto, por contemplação interna, meditando, e admirando tuas obras; e nós chegamos em nossas próprias mentes, e fomos além delas, de forma que pudéssemos chegar àquelas regiões de abundância inesgotável, onde *Tu alimentas* Israel eternamente com o alimento das verdades [...].

> E então nós dizíamos: se todo o tumulto da carne fosse silenciado, e silenciadas as imagens da terra, e das águas, e do ar, silenciados também os pilares dos céus, sim, se a própria alma pudesse calar-se consigo mesma, e pela ausência de pensamento em si mesmo pudesse se superar, se todos os sonhos e revelações imaginárias se silenciassem, cada língua e cada sinal [...] e apenas Ele falasse [...] de forma que pudéssemos ouvir sua Palavra, não por meio de qualquer língua de carne, nem por voz de anjo, nem pelo som de trovão, nem em um enigma obscuro de simulacro, mas pudéssemos ouvir seu Próprio Ser [...] não seria isto o *Entrar na alegria de teu Senhor*? [...]
> Senhor, Tu sabes que naquele dia, quando falávamos sobre estas coisas, e o mundo com todos os seus prazeres se tornou, como dissemos, desprezível para nós, minha mãe disse: "Filho, de minha parte não tenho qualquer prazer em qualquer coisa desta vida [...]. Existe uma coisa pela qual tenho desejado me demorar um pouco mais nesta vida, é que eu possa te ver um cristão católico antes que eu morra. Meu Deus tem feito isto por mim abundantemente, pois te vejo ao mesmo tempo desprezar a alegria terrenal, e se tornar seu servo; o que ainda faço por aqui?"[F]

Agostinho adaptou sua concepção de Deus à sua convicção cristã de que Deus é "um em três". Na Trindade, ele não viu subordinação de um membro a outro, como teólogos anteriores haviam feito. "Há uma equidade tão grande naquela Trindade", ele escreveu, "que não apenas o Pai não é maior que o Filho, no que toca à divindade, nem o Pai e o Filho juntos são maiores que o Espírito Santo"[E4]. Indo além, ele sugeriu que o Espírito Santo, ainda que igual ao Pai e o Filho em termos de divindade, "procede não apenas do Pai mas também do Filho [**filioque**]"[E5]. E ainda mais, a Trindade seria tão unida quanto amante, amado e amor, ou como memória, compreensão e vontade, dos quais ele diz: "Desta forma, então, esses três – memória, compreensão e vontade – não terão três vidas, mas uma vida; não terão três mentes, mas uma mente; segue-se com certeza que tampouco são eles três substâncias, mas uma substância"[E6].

AGOSTINHO SOBRE A NATUREZA HUMANA

Ao formar sua doutrina sobre a natureza humana – que teve enorme influência não apenas em teólogos católicos, mas também nos reformadores protestantes – Agostinho escreveu a partir de suas amargas experiências de sua própria fraqueza moral durante a juventude. O ser humano em sua inteireza era depravado, "a inteira massa de [sua] natureza arruinada"[E7], "preso pelo pecado original"[E8]. Esta é a herança que todos recebemos de Adão.

Adão fora criado bom e provido de excelente inteligência. Mas ele fora dotado de livre-arbítrio, e ainda que pudesse ter escolhido não pecar, ele juntamente com Eva comeu do fruto proibido obstinada e orgulhosamente. Depois disso ele e todos seus descendentes haviam estado em um estado de pecado original, do qual ninguém pode agora escapar por seus próprios esforços. É como se toda a raça humana fosse doente moralmente.

Mas Deus é misericordioso. Aqueles a quem Ele escolhe, ele salva por meio de sua divina graça. Não que eles mereçam tal misericórdia; ela é inteiramente um presente gratuito. Este é o amor de Deus, sobre o qual nenhuma reivindicação humana pode ser feita, e ninguém pode resistir à chegada da graça de Deus. Elevado ao esforço e à perseverança – "a perseverança dos santos"[E9] – o pecador é transformado, justificado e santificado. Para outros a graça nunca virá, pois estes estão condenados à condenação.

Esta dura doutrina envolveu Agostinho em uma feroz controvérsia com um monge bretão chamado Pelágio, e também com outros. Estes homens contendiam que não haveria um pecado original, já que toda pessoa possuiria aptidão para a bondade. Adão poderia ter deixado um mau exemplo para seus descendentes, mas não uma fraqueza moral herdada e inescapável; qualquer um que tivesse fé seria justificado. Mas Agostinho lutou com firmeza por seu ponto de vista; ele sabia por experiência própria o quão inescapável era o orgulho e a luxúria em uma vida gasta à parte de Deus, e o quão irresistível era a súbita graça divina.

AGOSTINHO SOBRE A IGREJA E A HISTÓRIA

A Igreja, de acordo com Agostinho, era a instituição designada divinamente para executar os sacramentos, que seriam os meios de graça. Há apenas uma Igreja, e ninguém que esteja fora dela pode ser salvo. Em oposição a um grupo purista do norte da África chamado de donatista, que sustentava que os sacramentos impetrados por sacerdotes indignos eram ineficazes, Agostinho mantinha que os sacramentos eram instituídos por Deus, não por seres humanos, e desta forma eles comunicavam graça independentemente do caráter indigno de qualquer pessoa que o impetre.

Agostinho expressou sua filosofia da história em seu tratado *A cidade de Deus*. Quando ele o escreveu, Roma, a "Senhora do mundo", havia sido saqueada por conquistadores bárbaros, e os escritores pagãos da época lamentavam ruidosamente o que eles compreendiam como fato dado: a cidade declinara e caíra porque as grandes deidades antigas que lhe trouxeram grandeza outrora tinham sido abandonadas em detrimento do enfraquecedor deus dos cristãos. Na defesa do cristianismo contra esse ataque Agostinho comparou firmemente a cidade terrena, que na história atingira suas mais claras formas na Babilônia e em Roma, com a Cidade de Deus, à qual os eleitos de Deus de cada geração tinham pertencido. Em seus próprios dias, ele dizia, nem todos aqueles que eram membros da Igreja visível eram membros da cidade invisível de Deus. Eles, os não eleitos, juntamente com todos aqueles de fora da Igreja, pertenciam à cidade terrena, que declinaria e pereceria. Mas a Cidade de Deus sobreviveria até mesmo à morte da "civilização", e finalmente herdaria a terra, afirmava Agostinho – a despeito dos bárbaros atacando os portões das cidades de sua África.

Não se pode afirmar que a Igreja Católica Apostólica Romana tenha adotado toda a teologia agostiniana; outras influências, como veremos em breve, interviram. Mas posteriormente, com sua ênfase na justificação pela fé, a Reforma Protestante poderia representar tanto um retorno a Agostinho quanto um retorno a Paulo e Jesus.

A divisão da Igreja entre Oriente e Ocidente

O Império Romano foi derrubado não apenas por invasões do norte. Posteriormente, durante o século VII, outros invasores surgiram e rapidamente inundaram a Palestina, Síria, Ásia Menor, norte da África e Espanha. A acérrima defesa de Constantinopla conteve-os por certo tempo a Oriente, e um chefe franco chamado Carlos Martel os fez desistir do Reino Franco em 732 EC. De outra maneira, talvez os muçulmanos pudessem ter tomado a Europa.

O efeito das conquistas muçulmanas no que restara do Império Romano foi dividi-lo ainda mais seriamente do que nunca. O Imperador Leão III em Constantinopla caiu no descontentamento do Papa Gregório II devido aos seus esforços em obter reformas face ao premente perigo muçulmano. Desviando-se visivelmente das críticas vindas dos quarteirões árabes (e cristãos) relativas à veneração "idólatra" de imagens e pinturas nas Igrejas cristãs, o imperador proibiu em 726 EC a continuidade de seu uso – tornando-se assim o pai do primeiro movimento iconoclasta (destruidor de imagens) na história cristã. Houve reclamações imediatas tanto no Oriente quanto no Ocidente. No Oriente, Leão usou seu exército para garantir a imposição de seu decreto. Mas Roma estava longe o suficiente para fazer valer sua desobediência. Além disso, o papa convocou um sínodo romano e obteve uma ação excomungando aqueles que se opunham ao uso de imagens, a saber: o imperador e aqueles que com ele se aliavam.

O imperador então retaliou, retirando a Sicília e o sul da Itália da jurisdição espiritual do papa. Isto deixou o papa em situação precária, pois o norte da Itália estava ocupado pelos lombardos, que mantinham seu propósito firme de conquistar Roma. Assim o papa pediu ajuda para Carlos Martel que, devido a suas proezas contra os muçulmanos, era um auxílio que valia a pena procurar. Tanto Gregório quanto Carlos morreram antes que essa ajuda chegasse, mas o filho de Carlos – Pepino o Breve – invadiu a Itália, forçou o rei lombardo a aceitar um acordo, e fez da Província de Ravena um presente para o papa. Dessa forma ele fez com que o papa orientasse o papado em direção ao norte para as terras europeias ou transalpinas, ao invés do Oriente, lançando sem o saber as bases de um vasto, mas instável, Império Ocidental.

O papa ganhou muito. Ele era agora não apenas o maior proprietário de terras na Itália, com uma imensa renda anual, mas também um soberano secular, o governante dos "Estados Papais", como viriam a ser chamadas suas possessões, que lhe seriam de grande importância. (De 740 a 1870 EC os papas mantiveram com firmeza os Estados Papais e, quando desprovidos deles pelo Rei Victor Emanuel, ficaram ultrajados. Em 1929 Mussolini restaurou a soberania secular do papa sobre o Vaticano e os territórios imediatamente ao seu redor.)

Carlos Magno, o filho de Pepino, também ganhou muito. Ele construiu um império que incluiu quase toda a Europa Ocidental – em nomenclatura contemporânea a França, o nordeste da Espanha, Bélgica, Holanda, a maior parte da Alemanha, Áustria, Hungria e o norte da Itália. Amigo da Igreja, Carlos Magno foi até Roma, e no dia de Natal em 800 EC foi formalmente coroado imperador por Leão III. Este ato sinalizou que Ocidente e Oriente estavam a se separar, uma realidade admitida alguns anos depois pelo Imperador Leão V em Constantinopla, quando ele finalmente reconheceu oficialmente o título de Carlos Magno, e assim admitiu também que o Império havia se separado em dois.

O CISMA DOUTRINÁRIO

Enquanto isso, um sério racha doutrinário entre o Oriente e o Ocidente vinha evoluindo com discordâncias cuja intensidade se intensificavam. Já vimos que Agostinho pensava que o Espírito Santo procedia do Pai *e* do Filho. Em 589 EC, um concílio ocidental, se reunindo na Espanha, adicionou ao Credo niceno (o credo de 381 EC) o termo filioque ("e do filho") imediatamente após as palavras afirmando que o Espírito Santo procedia do Pai. Os teólogos do Oriente protestaram fortemente contra essa mudança, entendendo que ela implicava a negação de que Deus fosse a fonte de todas as coisas. O Ocidente defendeu de forma generalizada o filioque. O conflito permaneceu aceso por séculos. Finalmente, em 876 EC um sínodo em Constantinopla condenou o papa tanto por suas atividades políticas quanto por ele não ter corrigido a heresia da cláusula filioque. Esta ação foi parte da rejeição completa do Oriente à reivindicação papal de jurisdição universal sobre a Igreja. Um rompimento amargo ocorreu em 1054, quando a divisão que se aprofundava lentamente levou um legado papal, sem autorização, a excomungar o patriarca de Constantinopla – que por sua vez respondeu com anátemas. Desde então, os dois ramos da Igreja Católica se separaram.

Ainda que as reações provavelmente exageradas de indivíduos específicos tenham trazido a separação final, o seu caráter definitivo ficou em dúvida por algum tempo. Após a Sexta-feira da Paixão de 1204, entretanto, quando cruzados da Europa do noroeste, em seu caminho para libertar Jerusalém dos muçulmanos, indesculpavelmente saquearam e pilharam Constantinopla, o cisma se tornou final e completo.

II – AS IGREJAS ORTODOXAS ORIENTAIS

Os vários corpos da Igreja Ortodoxa Oriental são virtualmente independentes entre si, divididos em unidades correspondentes aproximadamente aos estados nacionais nos quais estão localizados, ainda que até recentemente o patriarca de Constantinopla tenha reivindicado supremacia sobre todos eles. A despeito dessa independência relativa, nenhuma dessas Igrejas têm se afastado em qualquer grau da tradição ortodoxa aceita no Oriente. Na medida em que as antigas sés de Alexandria, Jerusalém e Antioquia caíram em tempos recuados nas mãos dos muçulmanos, o desenvolvimento teológico nessas áreas cessou após o século VII.

Ele cessou em outras partes também; as únicas mudanças reais têm se dado na liturgia e na prática religiosa. Nesses campos a lideran-

> *Concluímos que um homem não é justificado pelos preceitos de uma vida santa, mas pela fé em Jesus Cristo. Isto é, não pela força de obras, mas pela da fé; não pela letra, mas pelo Espírito; não pelos méritos de feitos, mas por graça gratuita.*
> Agostinho[E10]

ça religiosa foi mantida por um longo tempo pelo patriarca de Constantinopla; e quando a cidade caiu para os turcos em 1453, essa liderança passou para as Igrejas ortodoxas eslavas, particularmente para a maior de todas elas, a Igreja Ortodoxa Russa – cujo patriarca afirmara certa vez que, da mesma forma que Constantinopla fora a segunda Roma, Moscou deveria ser a terceira.

A unidade das Igrejas ortodoxas nunca foi realmente quebrada. Ainda assim, como consequência de conflitos e mudanças internacionais, as várias Igrejas nacionalizadas tiveram algumas vezes disputas tão violentas referentes à jurisdição que mais de uma vez um ramo da Igreja excomungou outro; todas aprenderam, no entanto, a finalmente voltar atrás rumo a uma doutrina de conveniência, chamada de "economia", através da qual os atos de líderes da Igreja excomungados foram primeiramente tolerados, e então validados, sob o argumento de se manter as Igrejas operando sem perda de poder e autoridade. Basicamente, esta reação a ocasional divergência repousa em um sentido de "completude", ou indivisibilidade essencial (a interpretação ortodoxa da catolicidade) da Igreja, que preserva sua unidade mesmo nas diversificações que surgem do exercício da liberdade.

A doutrina ortodoxa oriental

A despeito das diferenças em administração, os vários ramos da Igreja Ortodoxa Oriental têm permanecido mais ou menos unidos em questões de doutrina. Os antigos credos são aceitos como definições infalíveis do ensino ortodoxo apostólico. Têm havido divergências locais em fé e prática, mas no geral as Igrejas não têm se distanciado da posição doutrinária original atingida pelo último de seus reconhecidos pais antigos, João de Damasco que, um século após os muçulmanos tomarem a Síria – ou seja, no século VIII –, fez um último esforço com base nos credos completos e nos escritos dos pais que o precederam a fim de sistematizar a fé oriental.

A posição tomada por João de Damasco caracteriza muito bem a atitude geral das Igrejas ortodoxas – uma ênfase mística na encarnação doadora de vida de Deus em Cristo, transportada para os presentes tempos através dos sete sacramentos e por meio dos outros ritos e práticas devocionais das Igrejas. O interesse ocidental em aspectos práticos, jurídicos (analíticos e individualistas) da relação entre Deus e a humanidade não tiveram grande lugar nas preocupações de João de Damasco, ou no que importa, nas da Igreja Oriental antes e depois dele.

Existem alguns aspectos interessantes nesta posição. João de Damasco surgiu em um tempo no qual o tipo bizantino de arquitetura eclesiástica estava em estágio altamente desenvolvido. A principal marca externa das Igrejas orientais fora um domo repousado sobre uma subestrutura retangular ou octogonal, suportada por semidomos e contrafortes. No interior, a nave levava a uma capela-mor dentro da qual ficava o altar, e na ré da mesma havia um semicírculo de assentos para os bispos e presbíteros. O púlpito ficava fora da capela-mor, próximo da congregação. O piso, as paredes, os forros e os painéis eram ricamente decorados com pinturas e mosaicos, representando através da maneira formal da arte simbólica e devocional a Santa Trindade, a Virgem Maria, Cristo, os apóstolos, e muitos santos e mártires. Ícones, com imagens mostradas em baixo-relevo contra uma placa (tal qual Cristo na cruz e Maria como a Mãe de Deus), eram pintados em vermelho, ouro e azul; e esses, juntamente com mosaicos multicoloridos sobre os mesmos temas, eram venerados pelos adoradores, sendo que orações eram dirigidas em sua direção e beijos e afagos concedidos sobre eles. No devido tempo, algumas dessas imagens receberam o crédito de possuir poderes miraculosos, tornando-se objetos de peregrinação especial. Quando o

Imperador Leão III agiu no sentido de ordenar a supressão de tal veneração e como resultado sucedendo-se o tumulto no Oriente e no Ocidente que já descrevemos, João de Damasco se levantou em defesa das imagens. Ele declarou que a questão dos ícones era "uma questão para sínodos, e não para imperadores". Ele foi além ao argumentar que os sínodos poderiam ver nas imagens uma encarnação de Deus em Cristo. E mais, os ícones seriam análogos aos sacramentos, no sentido de que eles outorgavam graça divina ao fiel. E mais ainda: eles seriam análogos a livros, sendo que "o que um livro é para o letrado, a imagem é para o iletrado". De fato, o reverendo pai foi tão longe a ponto de colocar todos os ritos, credos e instituições da Igreja na mesma posição: todos, da mesma maneira, outorgavam vida divina e graça ao fiel.

Foi de acordo com esta linha de raciocínio que em 787 EC o Sétimo Concílio Geral – o último no qual as Igrejas grega e romana cooperaram – declarou que às pinturas e imagens, à cruz e aos evangelhos "deveriam ser dadas as devidas saudações e honorável reverência, (ainda que) não, de fato, verdadeira adoração, que pertence à natureza divina [...]. Pois a honra que é dada a uma imagem passa para aquele a quem a imagem representa, e aquele que mostra reverência para a imagem mostra reverência ao sujeito representado nela"[C2] (até este ponto, Oriente e Ocidente concordavam).

Diferenças entre o Oriente e o Ocidente

IMAGENS "CATÓLICAS" E "ORTODOXAS"

Mas mesmo na atitude relativa às imagens as Igrejas orientais e romanas têm divergido. No Oriente, os ícones não são humanizados, e as pinturas permanecem símbolos, representações simplificadas de significados "essenciais". Como tais eles são retratados em baixos-relevos formalizados, ao invés de esculpidos como na Igreja Romana. Em outras palavras, o Oriente considerava os ícones enquanto significando natureza e espírito divinos, enquanto que a Igreja Romana no geral usa imagens para trazer a Virgem e os santos dentro do alcance humano. Daí a atitude em relação à mãe de Cristo diferir fundamente nas duas Igrejas: os católicos romanos veneram a Virgem abençoada como alguém que ama sua criança e é compassiva e humana com seus suplicantes; as Igrejas orientais adoram-na como a santa Mãe de Deus, o fator exaltado estando no *como* o humano e o divino se encontram na encarnação.

Essas diferenças em atitude são consideradas por muitos representantes das Igrejas orientais como sendo não contraditórias, mas complementares. Como colocado:

> A mente ocidental, sendo mais analítica, aborda espírito e matéria como entidades distintas e mesmo opostas, enquanto a ortodoxia concebe matéria e espírito como duas manifestações interdependentes da mesma realidade última. Estas atitudes não são contraditórias, mas complementares entre si; ainda assim, de sua própria maneira elas colorem cada aspecto da vida da Igreja e, como resultado, os mesmos termos são diferentemente compreendidos pelo Oriente e pelo Ocidente cristãos [...]. Um exemplo disto é o termo "católico", que no Ocidente adquiriu o significado de universal no sentido da extensão geográfica da Igreja pelo mundo [...]. No Oriente, "católico" significa "integral" ou "inteiro"; o termo significa a qualidade interna da verdadeira Igreja, como oposta a heresias ou seitas. A mesma diferença em interpretação se aplica para o termo "ortodoxia". No Ocidente esta palavra significa a "correta doutrina"; no Oriente ela é também inter-

pretada como "correto louvor", pois a mente oriental liga o ensino à adoração, e considera que apenas aqueles cristãos que oram a Deus em espírito de amor e humildade têm acesso adequado à crença ortodoxa e a professam da forma correta[G].

SACRAMENTOS E CRISTOLOGIA

Outros pontos de divergência que persistiram até o Concílio Vaticano II (1962-1965) devem ser mencionados brevemente. O Oriente tinha diferenças em certos aspectos de seus sacramentos em comparação com a Igreja Católica Apostólica Romana: batismo na infância por imersão tripla, crisma (unção após o batismo com óleo consagrado por um bispo), a Eucaristia, ou Sacramento da Comunhão de ambas as formas (pão e vinho), confissão apenas após a reconciliação com o injustiçado ou afastado, a ordenação apenas após a congregação ter dado sua aprovação unânime, casamento com a noiva e o noivo vestindo coroas de glória, e a extrema-unção, que não é dada, como no Ocidente antes do Vaticano II, apenas antes da morte, mas durante doença séria, a fim de encorajar a recuperação. Ao descrever o milagre sacramental da "presença real" na missa, a ortodoxia oriental não chega à forma explícita romana da doutrina da **transubstanciação** (a doutrina segundo a qual pelas palavras de instituição do bispo na missa a substância do pão e do vinho é convertida no corpo e sangue reais de Cristo). Os ortodoxos preferem falar em termos mais gerais sobre a "presença real" ocorrendo como resposta à *epiklesis* (invocação) do Espírito Santo.

A liturgia da Eucaristia foi desenvolvida em um elaborado trabalho de arte devocional, enriquecido por cantos antifonários cantados em diferentes vozes sem acompanhamento instrumental, por sacerdotes em lindas vestimentas. Longos recitativos com um alto nível de poesia devocional e beleza precedem e sucedem o ato central de elevar o pão santificado e o vinho perante o altar. O sinal da cruz é feito pelo sacerdote com velas, das quais duas na mão esquerda, com as pontas acesas se encontrando, simbolizam a união das naturezas humana e divina em Cristo, e três na mão direita, ligadas de forma similar, simbolizam a Trindade do Pai, do Filho, e do Espírito Santo.

A lista de diferenças pode ser expandida; é suficiente mencionar uma ou duas mais. Em adição à recusa de adicionar a cláusula "filioque" no Credo niceno, o Oriente rejeita a crença no purgatório ensinada no Ocidente romano. As Igrejas ortodoxas não exigem o celibato de todos os clérigos, permitindo o casamento àqueles que se contentam em permanecer entre o "baixo" clero. E é claro, as Igrejas orientais "repudiam" firmemente como "errônea" a crença de que "um homem – a saber, o bispo de Roma – pode ser a cabeça do Corpo de Cristo; isto é, de toda a Igreja". Com igual firmeza eles rejeitam "a crença errônea de que os Santos Apóstolos não receberam do nosso Senhor igual poder, mas que o santo Apóstolo Pedro fora seu príncipe: e que apenas o Bispo de Roma é seu sucessor; e que os bispos de Jerusalém, Alexandria, Antioquia e outros não eram, em igualdade com os bispos de Roma, sucessores dos apóstolos"[H]. Eles contendem que o papa de Roma não pode ser infalível em questões de fé e moral, pois diversos dos papas foram condenados como heréticos pelos concílios da Igreja; e certamente, dizem eles, o papa não pode reivindicar ser superior aos concílios da Igreja.

III - A IGREJA CATÓLICA ROMANA NA IDADE MÉDIA

O grande período do papado

A Igreja Católica Romana entrou na Idade Média liderada por indivíduos que viriam a ser soberanos seculares muito similares nos campos político e financeiro a alguns dos soberanos seculares do Ocidente. As ambições territoriais dos papas foram reforçadas por uma falsificação extraordinária que circulava neste tempo e que ganhou aceitação, tendo sido difundida como genuína. Conhecida como a *Doação de Constantino*, esta falsificação representava Constantino como garantindo aos papas não apenas a supremacia espiritual sobre toda a Igreja, mas também domínio secular sobre Roma, a Itália e as "províncias, lugares e cidades das regiões ocidentais". Apenas na metade do século XV a falsificação foi desacreditada com sucesso.

Em qualquer caso, os reis e chefes do Ocidente, de sua parte, estavam dispostos a conceder a supremacia espiritual ao pontífice romano, mas eles tinham uma convicção de peso semelhante de que o papa não deveria se intrometer em seus negócios puramente seculares.

Surgiram conflitos entre os papas e os poderes seculares. Eclesiásticos que haviam sido elevados ao seu alto ofício pela requisição ou pela designação de reis e príncipes eram geralmente fáceis de lidar, e de mentalidade mundana. Alguns tinham até mesmo sido comprados ou pagos em troca de sua designação – uma prática chamada de "simonia". Eles eram propensos a considerar suas honras eclesiásticas como direitos pessoais, a proceder como bem entendiam, e o quanto mais estivessem longe de Roma, mais isso se dava. Nas regiões setentrionais, especialmente na Alemanha, bispos até mesmo se casavam e passavam seus bispados para seus filhos, em completa desconsideração à regra determinada muito antes pelo Papa Leão I que todo o clero, incluindo os subdiáconos, deveria ser composto de celibatários. Pior ainda, bispos nortenhos frequentemente eram tolerantes e sancionavam com facilidade o divórcio entre reis e príncipes quando casamentos políticos se demonstravam insatisfatórios. Por outro lado, surgiam conflitos entre a Lei canônica (a lei da Igreja escrita com base nos decretos de concílios, sínodos e papas) e a lei civil dos diversos estados, e onde o Estado era forte, a lei canônica era frequentemente violada na administração de paróquias e mosteiros.

GREGÓRIO VII (HILDEBRANDO) CONTRA HENRIQUE IV

Um confronto direto entre papa e imperador não podia mais ser evitado. Sua erupção aguardava simplesmente o surgimento de personalidades fortes o suficiente para se chocarem. Isto ocorreu quando Hildebrando se tornou papa em 1073, sob o nome de Gregório VII. Ele não perdeu tempo; um novo imperador, Henrique IV, ascendera ao trono do Sacro Império Romano-germânico. O papa ordenou a Henrique que ele obedecesse ao decreto de que os bispos receberiam o báculo do papa, e não do imperador, e ele exigia dos bispos casados da Alemanha que desistissem de suas esposas. Mas Henrique IV provaria ser um formidável oponente. De forma desafiadora ele designou um clérigo de sua própria escolha para o bispado de Milão, então sob seu controle. Hildebrando repreendeu-o. Henrique convocou um concílio com seus nobres e bispos e levou-os a rejeitar a autoridade de Hildebrando como papa. Hildebrando respondeu com um decreto que caiu como um raio sobre Henrique, excomungando-o e liberando seus súditos na Alemanha e Itália de seus juramentos de aliança a ele. Apesar de Henrique ter mandado para o papa uma carta chamando-o "agora não papa, mas um falso monge" e dizendo para ele "desça, para ser condenado por toda a eternidade", ele estava apenas a fazer bravata, tendo sido na realidade duramente atingido. Seus nobres avisaram-lhe que, se ele não fosse liberto da excomunhão dentro de um ano, eles o deporiam.

Com grandes dificuldades, Henrique cruzou os Alpes. Estava na metade do inverno. Ele seguiu o papa para um castelo em Canossa, e por três dias permaneceu na neve do pátio, um penitente vestido de branco e descalço, enquanto Gregório considerava o que fazer em relação a ele. Finalmente o papa, completamente vingado, admitiu Henrique para uma audiência e livrou-o de sua excomunhão.

O grande triunfo do papa – um dos mais dramáticos da história – teve vida curta. Três anos depois ele cometeu o erro de excomungar novamente Henrique. A resposta de Henrique foi uma marcha sobre Roma que o permitiu expulsar o papa e instalar um pontífice rival. Mas a competição chegara a um estágio inconclusivo. Logo Gregório e Henrique estavam ambos mortos, e seus sucessores Henrique V e Calixto II chegaram a um acordo. Bispos em todos os lugares e em todos os casos deveriam ser escolhidos pela Igreja de acordo com a lei canônica, mas antes de suas consagrações eles deveriam aparecer diante do imperador a fim de serem investidos pelo toque do cetro real com a possessão temporal de suas sés. Em outras palavras, todos os novos bispos no Império deveriam ser aceitáveis ao imperador. Mais adiante foi acordado que todos os bispos deveriam ser celibatários. As reformas de Hildebrando foram em grande parte executadas.

O ZÊNITE DO PODER PAPAL: INOCÊNCIO III

Mais poderoso ainda do que Hildebrando foi o Papa Inocêncio III (1193-1216), que viveu um século depois. Inocêncio iniciou seu ofício quando o prestígio papal atingira um novo patamar, em grande parte devido à efetiva disciplina de seu predecessor executada em Henrique II, da Inglaterra.

Da segurança de seu reino insular, Henrique II havia desafiado o pontífice romano aprovando leis que limitavam a aplicação da Lei canônica no caso de eclesiásticos e colocando a eleição de bispos nas mãos do rei, para quem estes prelados eram obrigados a prestar homenagem.

Thomas Becket, o arcebispo da Cantuária (*Canterbury*) e um antigo amigo de Henrique, se opôs a ele com severidade nessa conjuntura, e a expressão de ira de Henrique estimulou quatro cavaleiros a cavalgarem para Cantuária e assassinarem o arcebispo diante do altar. O papa, tirando proveito da popularidade de Becket, canonizou-o; levas de peregrinos (precisamente aqueles retratados nos *Contos da Cantuária*) jorravam pelas portas da catedral e gastavam o piso de pedra ao se ajoelharem diante do túmulo do novo santo. O rei, cheio de desalento e remorso, revogou as leis ofensoras e, como um penitente, submeteu-se a ao flagelo diante do túmulo de Becket!

Apesar de se garantir a Inocêncio III em sua posse que ele seria o superior espiritual de cada governante terreno em questões espirituais, sem restrições, ele agiu de acordo com o princípio de que ele seria o primeiro entre seus pares também na esfera temporal. Quando o Império foi despedaçado entre reivindicações rivais para o trono, ele coroou a um deles, Oto III, como sacro imperador romano-germânico – depois de arrancar grandes promessas do monarca. Quando o novo imperador se esqueceu de suas promessas, o papa colocou em campo um rival e, com a ajuda do rei da França, estabeleceu-o no trono imperial. Ele provou assim que era capaz de fazer e desfazer reis. O rei da França também sentiu o chicote do papa. Resolvido a se livrar por conta própria de sua rainha a quem ele não amava – a princesa sueca Ingeborg –, o monarca francês divorciou-se dela. O papa colocou então toda a França sob um interdito (i. e., um banimento de todos os cultos religiosos), e o rei, curvando-se diante do clamor popular, tomou sua rainha de volta. Na Espanha, o papa primeiro assumiu controle de Aragão e então a garantiu de volta como feudo para seu rei, Pedro. Ele impôs um *status* similar sobre os rebeldes ingleses. O Rei João "sem-terra", o impopular irmão de Ricardo Coração de Leão, tentou forçar seu candidato ao arcebispado sobre a sede de Cantuária, e o papa colocou a Inglaterra sob um interdito, ao menos até que Stephen Langton, sua escolha, fosse feito arcebispo. Quando o Rei João resistiu, o papa excomungou-o, declarou seu trono vago, e proclamou uma cruzada contra ele. João capitulou, mas não foi restaurado à graça até que reconhecesse seu reino como um feudo do papado, ao qual 1.000 marcos seriam devidos anualmente ao papa como imposto feudal!

Dentro da própria Igreja, Inocêncio III se tornou o cabeça indiscutível de todo o domínio eclesiástico. Ele ordenou que todas as discordâncias entre o alto clero deviam-lhe ser encaminhadas, e suas decisões eram finais. Ele se reservou o direito de movimentar os bispos entre suas sés. Ele forçou por meio do Concílio de Latrão (1215) a aceitação do dogma da transubstanciação e a regra de que a boa posição de um católico era condicionada à periódica confissão, absolvição e comunhão.

O papado atingira seu ponto mais alto de todos os tempos nos poderes espiritual e secular.

Criatividade medieval

Enquanto isso o mundo medieval, unificado como nunca estivera antes sob a Igreja, dirigia suas energias criativas no cumprimento de diversas realizações: a construção das catedrais medievais, o refinamento da missa, a fundação de ordens monásticas orientadas em direção à missão social (em uma versão medieval da forma hindu de trabalho), a **escolástica** (uma forma medieval de conhecimento), e profundos empreendimentos no misticismo (uma forma medieval de devoção).

AS CATEDRAIS

As catedrais eram as Igrejas principais, ou Igrejas-mãe, das dioceses, e receberam seu nome por serem os locais da *cathedra* (trono) de um bispo. Elas ficavam usualmente em grandes cidades. Como a dignidade de uma cátedra pedia por uma dignidade igual de seu santuário, a arquitetura de uma catedral era geralmente impressionante, especialmente a partir do século XII, através dos três séculos seguintes.

Havia catedrais de três tipos: bizantinas, românicas e góticas, e esta ordem de adjetivos corresponde grosseiramente ao seu desenvolvimento cronológico. O primeiro tipo era caracterizado por domos suportados por pendículos e colunas (ou pilares), o segundo por arcos semicirculares e abóbadas, como na arquitetura romana, e o terceiro por arcos pontudos e construção nervurada. As catedrais bizantinas e românicas requeriam paredes espessas para segurar os pesados tetos e domos, e desta forma suas janelas eram relativamente pequenas; mas como a estrutura básica das catedrais góticas consistia de arestas de pedra que brotavam de colunas revestindo a nave e os transceptos, se dirigindo para cima em altos arcos pontiagudos muito acima do piso – uma estrutura esquelética que era capaz de se manter erguida quando adequadamente suportada por contrafortes na parte externa – os telhados e muros laterais poderiam ser – e eram – reduzidos a uma mera película de pedra, suas paredes laterais sendo atravessadas por janelas largas de vidro colorido com belos desenhos. Praticamente por toda a parte, tanto dentro quanto fora, havia espaço para estátuas e baixos-relevos de Jesus, Maria, os apóstolos e os santos da Igreja, assim como para numerosas figuras e símbolos de fé, enquanto que nos cantos do telhado as bicas eram geralmente moldadas em figuras grotescas como gárgulas. As janelas com vitrais davam suporte para símbolos vividamente coloridos, retratos da vida de Cristo, da história e do significado da Igreja.

Em sua totalidade, uma grande catedral era um símbolo complexo, e um resumo da fé. De fato, antes da invenção da imprensa escrita, uma catedral era, assim como os ícones e mosaicos das Igrejas bizantinas, uma "Bíblia dos pobres", e, de fato, um elemento essencial na educação religiosa de toda pessoa.

Devido à sua importância, a construção de uma catedral na Europa Central e Ocidental se tornou nas cidades favorecidas um verdadeiro empreendimento comunitário no qual bispos, sacerdotes, artesãos, guildas e o povo comum se juntavam em um ato de fé; ele geralmente requeria, de fato, séculos de esforço para trazer à completude a vasta estrutura que viria a dominar tanto a paisagem quanto a vida espiritual de sua cidade e área rural.

AS MISSAS NAS CATEDRAIS

A razão básica para a ereção de catedrais, assim como outras Igrejas católicas, era evidentemente a celebração da missa; mas as catedrais também eram o cenário de coroações, investiduras, ordenações, funerais, casamentos e de outros eventos na vida da comunidade que necessitassem de sanções religiosas ou eclesiásticas. Havia com frequência grande pompa.

A missa evoluiu através dos séculos para um evento pitoresco, marcado por uma liturgia tão enriquecida por símbolos e gestos que a pessoa comum poderia entender seu significado e seus múltiplos sentidos sem compreender todo o latim que era o seu meio falado. As vestimentas daqueles que a oficiavam – sacerdotes, diáconos, subdiáconos, sacristãos, por vezes cardeais e arcebispos, assim como outros – fazia de todas as cerimônias e procissões ocasiões de cores e drama. O ritual da missa variava de região para região, mas seu ato central permanecia o mesmo. Para ilustrar, considere a seguinte transcrição parcial da missa, como celebrada na Catedral de York (*York Minster*), uma das grandes catedrais da Inglaterra, durante o período final da Idade Média:

Os elementos – vinho em um cálice e a hóstia (uma bolacha de trigo) em uma patena ou prato – estão no altar sobre panos de linho. O sacerdote e seus ajudantes estão ajoelhados em e abaixo do altar. Com suas mãos mantidas juntas, o sacerdote fala em latim:

A ti portanto, ó mais piedoso Pai, por meio de Jesus Cristo, teu Filho, nosso Senhor, nós humildemente oramos e suplicamos: (Agora o sacerdote se levanta, beija o altar, e faz o sinal da cruz sobre o cálice) *que Tu possas aceitar e abençoar estas dádivas, estas oferendas, estes sacrifícios que não foram profanados [...] cuja oblação Tu possas, suplicamos-te, ó Deus todo-poderoso, conceder que seja dispensada e simultaneamente abençoada, contada, reconhecida como razoável e aceitável, e que ela possa ser feita em nós o Corpo e o Sangue do teu mais amado, nosso Senhor Jesus Cristo.*

O sacerdote agora inclina sua cabeça sobre os panos de linho preparatórios para erguer a hóstia, e continua: *Aquele que no dia anterior ao que Ele sofreu tomou o pão em suas santas e mais honradas mãos* (aqui o sacerdote levanta seus olhos) *e com seus olhos erguidos para o céu para ti, Ó Deus, seu Pai todo-poderoso, dando graças a ti, abençoou* (aqui o sacerdote toca ou ergue a hóstia, permitindo que a transubstanciação ocorra) *e o partiu e deu para seus discípulos, dizendo: tomai e comei vós todos disto, pois este é o meu corpo. De maneira semelhante, após a ceia, tomando sua mais excelente taça em suas santas e mais honradas mãos* (aqui, se ele segue a prática continental, o sacerdote eleva o cálice, e o milagre da transubstanciação acontece) *e da mesma forma dando graças para ti, Ele o abençoou e o deu aos discípulos, dizendo: Tomai e bebei vós todos disto, pois este é o cálice de meu Sangue, do novo e perpétuo pacto, um mistério de fé, que será* derramado por vocês e por muitos para a remissão de pecados. (Aqui o sacerdote cobre o cálice com panos de linho, pois foi transubstanciado no real Sangue de Cristo e é o mais santo.) *Sempre que fizerdes estas coisas, fazei-as em memória de mim.*

Enquanto a missa continua, o sacerdote estende seus braços para fazer de si mesmo semelhança da cruz, e ora por si mesmo e pelos outros. Durante a oração ele dobra novamente seus braços e faz o sinal da cruz. A seguir ele parte o pão em três peças, coloca uma porção no Sangue e diz: *que esta sacrossanta mistura do Corpo e do Sangue de nosso Senhor Jesus Cristo seja, em nós e para todos que os recebem, saúde de mente e de corpo, e uma salutar preparação para o tomar possessão da vida eterna, através do mesmo Jesus Cristo, nosso Senhor. Amém.*

O sacerdote agora beija o cálice e seus panos, abençoa aqueles diante dele, ora por eles, e então ora por si mesmo, para que ele possa participar dignamente do sacramento. Ele comunga primeiro a si mesmo. Ao tomar o Corpo, ele diz:.

> Que o Corpo de nosso Senhor Jesus Cristo seja em mim perpétuo remédio até a vida eterna. Amém. Ao receber o Sangue, ele diz: Que o Sangue de nosso Senhor Jesus Cristo me preserve até a vida eterna. Amém.
>
> Ao receber o Corpo e o Sangue misturados, ele diz: Que o Corpo e o Sangue de nosso Senhor Jesus Cristo preserve meu corpo e minha alma até a vida eterna. Amém[l].

Nos eventos que se seguiram, o laicado recebeu a hóstia, mas não o vinho, pois enquanto a doutrina da missa se desenvolveu através dos anos rumo à completa teoria da transubstanciação, o laicado, especialmente da Inglaterra, se retraiu mais e mais de comungar no Sangue de Cristo; e antes que ocorresse o Concílio Vaticano II, a Igreja o proibiu.

Pela Europa há lugar na maior parte das missas para orações e intercessão; geralmente, aquelas para os vivos são oferecidas logo antes das palavras da instituição que converteu o pão e o vinho no corpo e no sangue de Cristo; aquelas para os mortos seguem após estas, e se tornaram a base para as "missas pelos mortos", que eram uma proeminente característica das atividades da Igreja.

ESCOLÁSTICA

Desde os tempos de Carlos Magno as catedrais e mosteiros devotavam mais e mais atenção às suas escolas, fundadas para garotos e jovens rapazes. Alguns dos professores, em busca da verdade por ela mesma, passaram a desenvolver interesse em todo tipo de assunto. Eles não apenas ensinavam os assuntos contidos nos antigos livros – a Vulgata, os credos, coleções de leis canônicas, fragmentos de Aristóteles, Platão, os estoicos, os escritos principais dos neoplatônicos, os trabalhos de Santo Agostinho, e assim por diante –, mas começaram a compor novos tratados, que circulavam pelos vários mosteiros e levantavam debates, controvérsias e discussão dialética. À medida que a fama de professores individuais crescia, vinham estudantes de todos os lugares, e condições eram criadas para a fundação de universidades, a primeira das quais foi estabelecida no final do século XII. Logo Bolonha se tornou famosa pela lei canônica e civil, Salerno por medicina, e Paris e Oxford pela teologia.

A Escolástica foi invenção dessas escolas medievais. Ela se preocupava muito naturalmente com a lógica da fé. Depois de sua primeira emergência hesitante no tempo de Carlos Magno, ela se tornou gradualmente mais responsável, e filosoficamente mais densa. Seu método dialético foi aplicado ao menos no grande problema da teologia:

como reconciliar razão e revelação – uma questão que se tornou, em um sentido, o problema da reconciliação da ciência e religião e, em outro, o da reconciliação da filosofia (razão) e teologia (fé).

Agostinho lançara a base para a Escolástica ao dizer: "A fé busca compreender" (*fides quaerit intellectum*), significando que o intelecto explora e corrobora os dogmas divinamente revelados da Igreja. Uma base para a Escolástica também surgiu através de Anselmo (1033-1109) em um de seus trabalhos, *credo ut intelligam*, "Eu creio (ou tenho fé) para que eu possa entender (ou ganhar razão)". Por um lado, então, a Escolástica procedia pela fé: a revelação deveria ser aceita como verdade, e então poderiam se seguir a compreensão de Deus, da humanidade e do mundo. Por outro lado, a revelação era suportada e defendida pela razão, como Agostinho sugerira.

REALISMO E NOMINALISMO

Os primeiros escolásticos iniciaram seus trabalhos com altas esperanças, confiando pesadamente nas opiniões dos pais da Igreja e de grandes filósofos. Mas eles logo chegaram a sérios senões, os quais nenhuma quantidade de discussão parecia capaz de solucionar. Entre eles, Anselmo destacara, estava o problema do *status* a ser designado para as ideias imutáveis ou universais. Seriam os universais reais (a posição do realismo medieval) ou meramente nomes (a posição do nominalismo)? Observe-se a Igreja, por exemplo. "Igreja" é um universal. Teria a Igreja existido como uma forma ideal na mente de Deus antes de todas as Igrejas individuais, que teriam de ter então vindo a existir para exemplificar sua natureza, ou "Igreja" seria um nome dado para instituições individuais com certas similaridades marcantes, e assim concedido após ela vir à existência?

Se a resposta fosse dada nos termos da primeira alternativa, então a Igreja seria de fato uma instituição divina; se a resposta fosse dada nos termos da segunda alternativa, então ela seria uma instituição muito mais humana do que reivindicava ser.

A Igreja atuava ativamente por atrás dos realistas, mas ainda assim o nominalismo semeara tamanhas dúvidas e levantara tais problemas, ganhando um número de seguidores tão elevado, que o esforço dos teólogos escolásticos de colocar por completo a filosofia a serviço da Teologia (que eles chamavam de "a rainha das ciências") provou-se, no final, um fracasso. No século XIV, a teologia católica precisava permitir que a filosofia percorresse seu próprio caminho de livre-questionamento intelectual, desimpedida pela tradição e autoridade.

No final do século XII a recuperação de escritos aristotélicos ajudou à filosofia a ganhar sua liberdade em relação à teologia. Até o século XII, apenas fragmentos dos escritos de Aristóteles haviam sobrevivido ao naufrágio da civilização romana, mas então da Espanha surgiram traduções de seus trabalhos, feitas a partir de textos árabes estudados na Universidade de Córdoba. Estas traduções foram depois comparadas com textos gregos recuperados. Pela primeira vez em 700 anos o Ocidente tinha diante de si um tratamento sistemático das ciências naturais. O resultado final de seu estudo foi uma "nova teologia", apresentada aptamente por Tomás de Aquino, o maior dos escolásticos. Sua síntese de fé e filosofia, que reconciliou uma com a outra sem descrédito mútuo, provou-se a realização mais influente da Escolástica.

TOMÁS DE AQUINO

Nascido em 1227, Tomás de Aquino era nativo da Itália, um membro de uma nobre família de sangue parcialmente romano e parcialmente alemão. Ele se tornou um frade dominicano, de tamanho potencial que foi enviado para Paris e Colônia para estudar com Alberto Magno, outro frade dominicano e uma das mentes enciclopédicas de seu tempo. Posteriormente ele ensinou primeiro em Colônia, em Paris, e finalmente na Itália, onde escreveu seus grandes livros – agora os tratados teológicos-padrão da Igreja Católica Apostólica Romana – a *Summa Contra Gentiles* e a *Summa Theologiae*.

RAZÃO E REVELAÇÃO

Em sua tentativa de reconciliar razão e revelação, filosofia e teologia, Aristóteles e Cristo, Aquino tentou demonstrar que a razão natural e a fé eram complementares entre si, sendo a razão a mais baixa e a fé a mais alta forma de entendimento. Por si mesma, a razão humana ou natural – isto é, uma razão tal qual a usada por Aristóteles –, pode chegar muito longe; não apenas na exploração do mundo natural, mas também na afirmação da existência de Deus. É possível para a razão humana estabelecer a existência de Deus por seus próprios esforços, usando pelo menos cinco argumentos: um argumento do movimento para um imóvel motor, um argumento baseado na necessidade de uma primeira causa eficiente, um argumento da possibilidade para a necessidade, um argumento recorrendo à gradação a ser encontrada nas coisas, e um argumento teleológico derivado da consideração do projeto na estrutura do mundo. Isto não é tudo que a razão pode fazer. Ela pode descobrir sem ajuda divina a natureza de Deus; isto é, ela pode por si só estabelecer que Ele é realidade pura, um e imutável, perfeito e por conseguinte bom, infinito e por conseguinte possuidor de infinita inteligência, conhecimento, bondade, liberdade e poder.

Mas a razão é inapta para estabelecer mais que proposições gerais. Ela não pode saber o que Deus tem feito historicamente a menos que receba uma suplementação divina do seu conhecimento. Desta maneira, ela precisa que se adicione às suas conclusões o que pode ser provido apenas pela revelação, a saber: o conhecimento da natureza trágica da queda de Adão, através da qual a humanidade fora infectada pelo pecado original; os fatos da encarnação e da expiação; a doutrina da Trindade; o fato da graça salvadora através dos sacramentos; a garantia da ressurreição do corpo; e finalmente, o conhecimento sobre o inferno, purgatório e paraíso. Assim, uma fé baseada na revelação conhece coisas *acima* da razão; isto é, que estão além do poder de uma razão estabelecer.

Ainda assim a fé precisa da razão. Nada pode ser aceito pela fé se for contrário à razão. Aquino demonstrou que para os cristãos não havia risco nesta abordagem; um exame honesto da revelação cristã mostraria que a mesma não era em nenhum momento contrária à razão, mas, pelo contrário, fora construída em todas as suas partes, sobre princípios racionais.

Um raciocínio semelhante permitiu a Tomás de Aquino reconciliar a filosofia à teologia. A filosofia parte do mundo experimentado pelos sentidos e, pelo exercício da reflexão científica (razão), ascende a Deus. A teologia parte das verdades reveladas que são de Deus, e desce até a humanidade e ao mundo. Ambas necessitam uma da outra e se completam mutuamente.

AQUINO SOBRE A HUMANIDADE E OS SACRAMENTOS

Em sua doutrina sobre a humanidade, Aquino reformulou a tradição judaico-cristã recebida para torná-la sistematicamente consistente com o dualismo de Aristóteles (os elementos hebreus viam a pessoa humana como uma unidade). Aquino seguia a Aristóteles ao ver corpo e alma como sempre separados, mas funcionalmente necessários mutuamente. O corpo sem a alma não podia viver; e a alma, apesar de imortal, não podia nem desenvolver nem manter as características de um próprio indivíduo sem o corpo.

Por um lado, isso era um grande conforto e uma garantia da ressurreição do corpo. Mas Aquino estava incerto acerca o início do *ser* em uma pessoa. Ele não tinha certeza sobre em qual ponto na gestação o feto recebia a alma, arriscando o palpite de que quarenta dias seriam suficientes no caso de um homem, mas que no caso da mulher o processo poderia requerer o dobro do desenvolvimento fetal.

Aquino clarificou a concepção católica dos sacramentos através de uma distinção similar aristotélica de elementos elevados e baixos. Cada sacramento tinha dois elementos em si, um elemento material (água, pão, vinho, óleo), e um elemento formal (as fórmulas litúrgicas). Juntos eles compunham uma união orgânica e providenciavam um meio de graça. Estavam presentes durante a execução de cada sacramento os elementos humanos, ou afetados, e os elementos divinos, ou causais. Quando as condições se apresentavam devidamente, a graça sobrenatural era transportada pelos sacramentos aos beneficiários humanos como poder regenerador. Em cada caso ocorreria um milagre; isso era particularmente verdadeiro durante a celebração da missa. Ali, nas palavras de consagração do sacerdote, o pão sem fermento e o vinho são transubstanciados, de forma que sem mudança de forma ou gosto eles são o próprio corpo e sangue de Cristo. O milagre da encarnação repete-se, assim, em cada celebração da missa.

A Penitência, ainda que um sacramento, não foi definida por ele tão meticulosamente. Ela é mais prolongada e requer maior participação humana, envolvendo contrição, confissão (para um sacerdote), satisfação, santificação e absolvição (por um sacerdote). Nela, como em toda a regeneração humana, havia segundo Aquino um aspecto elevado e um baixo. Em suas vidas na Terra as pessoas encontravam-se aptas a atingir certo grau de virtude natural. Sem a ajuda de Deus elas eram capazes de exemplificar sabedoria, justiça, coragem e temperança, mas isso podia redimi-las: essas são as virtudes do ser humano natural. A fim de se atingir a vida eterna, devia-se chegar às virtudes teológicas, cuja fonte e objeto era Deus. Essas virtudes seriam alimentadas apenas pela graça de Deus, e não podiam ser alcançadas pelas pessoas por si mesmas, necessitando recebê-las da parte de Deus. São elas a fé, a esperança e o amor.

Sem nos delongarmos mais resumindo a síntese de Aquino, nós podemos não obstante notar quão ortodoxa e ainda assim, flexível, ela foi. O sistema todo é dogmático do início ao fim, mas ainda assim reconhecia que a ciência seria capaz de encontrar alguma verdade. Nele a teologia recebeu o mais elevado lugar, mas também foram dados papéis para o humanismo e o naturalismo.

MONASTICISMO MEDIEVAL

A reforma monástica ocorreu anteriormente às Cruzadas (de fato, as Cruzadas foram planejadas em seu início pelos papas educados nas reformas iniciadas pelo movimento em Cluny, no século X). Significativamente, todo o cenário monástico na Europa durante as Cruzadas foi dominado pela ordem reformista cisterciense – franca e beneditina, como o grupo de Cluny. Seu maior expoente, como organizador e pregador, foi o posteriormente canonizado Bernardo de Claraval (*Clairvaux*). Mas as expressões mais notáveis da piedade monástica medieval foram atingidas um pouco depois pelas ordens Dominicana e Franciscana.

OS DOMINICANOS

A Ordem Dominicana foi em sua origem um movimento missionário, cujo primeiro objetivo era a conversão dos heréticos cátaros do sul da França. Mas Domingos (1170-1221), seu fundador espanhol, tinha a inspiração de enviar seus "pregadores", como imitadores do Apóstolo Paulo, para muitas outras partes da Europa, especialmente às cidades universitárias, e seu sucesso fez com que a ordem crescesse rapidamente. Os frades, como seus monges eram chamados, eram devotados ao estudo, sendo primariamente pregadores e professores enviados para os pouco instruídos e os não convencidos. Eles se vestiam despretensiosamente de preto (daí seu nome de "Frades negros") e faziam votos de pobreza mendicante, suplicando por sua comida diária no espírito de Mt 10,7-14. A ordem era comandada por um "mestre-geral" que supervisionava o trabalho dos "priores provinciais" nas "províncias" dominicanas. Como superiores de cada mosteiro ou convento havia um "prior" ou uma "prioresa", escolhidos para um mandato de quatro anos pelos próprios monges ou freiras – uma inovação democrática.

Foi um infortúnio para os dominicanos os papas os escolherem como inquisidores, pois eles não possuíam inclinação institucional nessa direção. Quando eles seguiam seu próprio caminho natural, obtinham amplo sucesso entre as classes altas, produzindo grandes escritores e professores como os teólogos Alberto Magno e Tomás de Aquino; o reformador de Florença, Savonarola; e os místicos Eckhart e Tauler.

OS FRANCISCANOS

Os franciscanos obtiveram a maior parte de seu sucesso entre o povo comum. O fundador de sua ordem, São Francisco de Assis (1182-1226), foi uma das maiores personalidades mundiais – enquanto indivíduo, o mais atrativo dos santos; enquanto pessoa mundana, sendo geralmente comparado a Cristo em uma encarnação medieval. Após uma juventude frívola, durante a qual seu pai, um homem de negócios, deserdou-o por ele não mostrar interesse no acúmulo de riquezas, ele passou após uma doença por uma experiência religiosa que levou-o de volta à "Regra de Cristo" como descrita no Novo Testamento. Dali em diante, ele disse que estava "casado com a Senhora Pobreza". Alimentava-se da comida mais simples, usava vestimentas cinzentas sem adornos, não possuía propriedade além de seus pertences pessoais imediatos, trabalhava quando podia, e não por dinheiro – que ele não recebia –, mas apenas pelas necessidades do momento, ou mendigava por seu alimento quando não encontrava trabalho. Ele pregava para os pobres ou, quando em meio a afazeres, para pássaros e bestas, com um amor pela natureza que foi uma revelação para sua época, pragmática e obstinada. Ele ministrava aos desafortunados, aos leprosos e aos proscritos com uma compaixão oriunda de sua própria natureza e de sua imitação de Cristo. Seu modo de vida logo atraiu a outros, aos quais ele prescreveu nada mais que a neotestamentária "Regra de Cristo". Quando doze homens se juntaram a ele, o grupo se dirigiu até o Papa Inocêncio III a fim de buscar reconhecimento para sua ordem, o que foi imediatamente garantido. Francisco tentou evitar qualquer forma de organização, além do envio de seus frades vestidos de cinza em pares, em missões de pregação. Mesmo assim, seu movimento se espalhou como fogo na floresta. Tornou-se necessário para outros intervirem e organizá-lo, colocando como seu líder um "ministro geral", que dirigia os "ministros provinciais" das "províncias" – por sua vez compostas de grupos locais sob um "custódio". Uma segunda ordem, para freiras, foi formada sob Clara, filha de Favorino Sciffi de Assis (as clarissas), e depois uma terceira ordem foi criada para leigos que quisessem, enquanto ganhavam seu próprio sustento trabalhando, jejuar, orar e praticar a benevolência em associação com a ordem. São Francisco não se opôs aos organizadores que vieram ajudá-lo, mas ele lastimou a necessidade da criação de mecanismos de controle no que ele imaginara antes como um movimento espiritual espontâneo. Hoje a ordem consiste de três ramos, com variados graus de rigor: os frades menores (vestidos em túnicas marrons), os mais rigorosos capuchinhos (vestidos em cinza), e os menos rigorosos, acumuladores de propriedades conventuais (em túnicas negras).

Tanto a Ordem Dominicana quanto a Franciscana tiveram enorme influência ao sugerir que a religião cristã transcendia toda organização e atuava em qualquer aspecto da vida, com um elemento apelativo dirigido diretamente para a razão e consciência de cada pessoa.

MISTICISMO MEDIEVAL

Enquanto sob a liderança de homens como Tomás de Aquino os escolásticos seguiam o que os hindus poderiam chamar de "Caminho do conhecimento" e, simultaneamente, o homem comum seguia uma espécie de "Caminho das obras", havia outros que cultivavam um místico "Caminho da devoção", profundamente enraizado no passado da Igreja. O monasticismo sempre possuiu este aspecto místico; quando o monge se retirava para meditação solitária, ele desejava purgar a si mesmo do mal e elevar sua alma para uma extática união com Deus e com os santos. Os místicos eram aqueles que se recusavam a crer que para a obtenção de uma visão direta do próprio Deus, Cristo, ou dos santos, era necessário aguardar a passagem deste mundo para o próximo; a visão mística era possível aqui na Terra.

O misticismo medieval foi provido tanto de formas individuais quanto de culto. No século XII o líder cisterciense Bernardo de Claraval tentou trazer novo vigor para a vida religiosa de seu tempo por meio da pregação e ao escrever sobre a bênção advinda do amor dos místicos pela Virgem e por Cristo. Em suas *Homílias sobre o Cântico dos Cânticos*, ele supriu os místicos posteriores de conceitos valiosos para a descrição de seus sentimentos. Ele viu em Cristo o noivo da alma, e tão vividamente definiu este relacionamento do Redentor com seus adoradores a ponto de tornar possível para os místicos interpretar seus arrebatamentos como amor ideal e celeste. Parecia para Bernardo que tal relacionamento poderia transcender o sentimento terreno: o amor por Jesus poderia ser tão caloroso e pessoal que a inteireza de ser do místico arrebatado era inundada por um senso de ternura, fervor e doçura.

Hugo de São Vitor e Boaventura nos séculos XII e XIII levaram o misticismo para as escolas. Os pregadores dominicanos Mestre Eckhart e Johann Tauler, no final do século XIII e início do século XIV na Alemanha, tiveram sucesso em desenvolver um culto místico na Europa Central; ambos tinham perdido a paciência com o externalismo do então corrente catolicismo. Para Eckhart, a própria "individualidade" devia ser abandonada, consistindo em "nada". Apenas a divina chama na alma era real, e apenas ela importava. Seguindo o mesmo caminho, o ascético dominicano Henrique Suso ilustrou em sua própria vida as depravações que alguns místicos mais extremos sofreram com determinação. Enquanto ele sentisse dentro de si qualquer elemento de amor-próprio e desejo carnal, ele submeteria seu corpo aos extremos da tortura, carregando em suas costas uma pesada cruz coberta de pregos e agulhas. Em algumas ocasiões ele chegou a se deitar sobre ela, em severo castigo autoinfligido, até que finalmente Deus "alegrou o coração do sofredor, em retorno por todo seu sofrimento, trazendo-lhe paz interior em seu coração, de forma que ele louvou a Deus com todo seu coração pelo sofrimento passado".[J]

Em volta desses místicos alemães surgiu um culto que se autointitulava de "Amigos de Deus", que se espalhou através do sudeste da Alemanha, Suíça e Holanda. Na Holanda, o movimento levou à fundação de um grupo chamado de "Irmandade da Vida Comum", cujos membros, renunciando ao sexo, viviam em casas separadas de irmãos e irmãs, praticando a disciplina mística em reclusão semimonástica. O mais excelente produto literário desse grupo foi um livro de piedade simples e sincera intitulado *A imitação de Cristo*, escrito por Tomás de Kempis. Nenhum livro produzido na Idade Média atingiu a tantos leitores quanto este, vindo a ser recomendado muito tempo depois tanto por protestantes quanto por católicos.

AS MÍSTICAS

O século XIV produziu diversas mulheres cuja liderança foi sustentada pela experiência mística. Juliana de Norwich (1342-1416), uma mulher sem educação formal, viu-se curada de uma séria doença após experimentar uma série de *Shewings* (visões ou revelações) do amor de Deus. Ela tomou a vida de reclusa na Igreja de São Juliano em Norwich, e produziu registros de suas visões e suas reflexões acerca de seu significado. Esses registros são modelos de clareza e precisão em prosa inglesa, assim como expressões poderosas de discernimento teológico e sinceridade devocional. Refletindo sobre sua separação de Deus pelo pecado, ela escreveu: "Eu fico a imaginar por que o pecado não foi impedido de existir pela sabedoria presciente de Deus". O Jesus de sua visão respondeu de início lhe mostrando a "completa perversidade" (sofrimento e obliteração) que ele carregou em sua paixão, e então ofereceu a serena garantia: "o pecado é necessário [...] mas tudo irá bem, e toda a sorte de coisas ocorrerão bem"K. (Estas frases se tornariam o refrão consolador em *Little Gidding* de T.S. Elliot, praticamente seis séculos mais tarde.)

Catarina de Siena (1347-1380), energizada por uma experiência mística de "casamento" com Cristo, o noivo celestial, trabalhou entre as vítimas da Peste Negra e, estando angustiada com o "cativeiro babilônico" dos papas de Avinhão, persuadiu pessoalmente Gregório XI a mover a sede do papado de volta para Roma.

Quase dois séculos depois, Teresa de Ávila (1515-1582), na Espanha, após experiências similares, reformou a Ordem Carmelita. Ela encontrou orientação e ajuda de um companheiro místico, o asceta João da Cruz.

O declínio do papado no século XIV

O papado não foi capaz de manter a autoridade e o poder por ele atingidos durante o século XII. São vários os fatores que levaram ao seu declínio; acima de tudo, a incessante pressão papal apenas acentuou o efeito divisivo de um novo senso de nacionalismo crescente entre os diferentes povos europeus, surgido das camadas mais baixas. A França e Inglaterra em particular estavam aptas a seguir seus caminhos rumo à independência. De fato, o Sacro Império Romano-germânico (agora "nem santo, nem romano, nem um império") foi fragmentado em uma coleção de reinos insignificantes unidos fracamente. Quando isto aconteceu, a França passou a exercer influência mais poderosa que a Itália, e de imediato deu-se um conflito de interesses. O clero francês, forçado a tomar algum lado, passou a distinguir entre a autoridade espiritual e secular do papa e de forma geral se alinhou com o rei da França em disputas que envolvessem questões seculares. Quando o Papa Bonifácio VIII (1294-1303) e o Rei Filipe o Belo entraram em conflito, o último tomou uma atitude memorável, uma demonstração tanto de força do nascente nacionalismo quanto do despertar da democracia na Europa Ocidental. Ele reuniu um parlamento, assim como os ingleses já haviam feito; foram os primeiros estados-gerais franceses, e tinham representação do clero, da nobreza e dos comuns.

Este corpo lhe deu completo apoio. O papa então emitiu a famosa bula *Unam Sanctam*, contendo as ineptas palavras: "Nós declaramos, nós dizemos e pronunciamos que a sujeição ao pontífice romano é absolutamente necessária para a salvação de toda criatura". Esta tentativa de fazê-lo se curvar apenas conseguiu levar Filipe a convocar outra sessão dos estados-gerais, durante a qual o Santo Pai foi chamado desafiadoramente de criminoso, herético e imoral, e foi lançado um apelo para que um concílio geral das Igrejas o colocasse em julgamento. Como nenhum dos lados cedia, o papa, uma autoridade espiritual sem poder militar, sofreu por completo a indignidade de ser aprisionado por alguns dos apoiadores armados de Filipe. Ele logo foi liberto, mas o dano fora feito: em nome do nacionalismo, homens rudes haviam capturado a pessoa do papa e o colocado sob coação.

Uma sucessão de papas "franceses" se seguiu (1305-1377). Temendo violência na Itália, eles se retraíram para o "cativeiro babilônico" em Avinhão, onde o poder que o rei da França exercia sobre eles foi tão ilimitado a ponto de papas rivais entrarem em campo em outros lugares (1378-1417). Essa circunstância gerou grande dano ao prestígio papal, produzindo o que veio a ser conhecido como o "grande cisma". Depois disso, França e Inglaterra se tornaram cada vez mais independentes do papado. O poder papal minguou; no grande coro de vozes libertas que se adensava, os papas não conseguiam mais gerar silêncio enquanto falavam.

O movimento em direção ao individualismo, liberdade e reforma

Durante as cruzadas e especialmente depois da queda de Constantinopla no século XV – um evento que conduziu muitos estudiosos em fuga para a Itália às obras-primas dos antigos gregos na língua original – iniciou-se o reavivamento do saber clássico conhecido como Renascimento. Poetas e contadores de histórias como Petrarca e Boccaccio foram os mestres literários que se juntaram aos grandes pintores e escultores renascentistas na popularização do panorama "humanista", com seu fresco deleite nos seres humanos e natureza. Até os papas se tornaram zelosos patronos das artes, saberes e atividades correlatas, mas se esqueceram dos deveres que possuíam com a fé cristã, na posição de Santos Padres.

Isso não passou despercebido ao povo comum. Rapidamente o mundo se expandia e seus pontos de vista se alargavam quando primeiramente histórias das Cruzadas, seguidas pelas descobertas de Marco Polo e finalmente de Fernão de Magalhães chegavam até o seu conhecimento. E suas próprias vidas eram vastamente alteradas pelo surgimento de cidades comerciais independentes de senhores e príncipes. O povo comum começava então, nas construções das guildas e nos mercados, a questionar os costumes e a moral dos clérigos, desde o papa até os estratos inferiores, e a criticar muitas das práticas recém-instituídas da Igreja, especialmente aquelas envolvendo levantamento de recursos. A venda de indulgências, por exemplo, foi baseada na reivindicação de que o papa tinha acesso a um tesouro de méritos acumulados pelos santos, e que ele podia prover ilimitada dispensação destes editos. As indulgências eram vendidas na forma de documentos transferindo editos para a conta espiritual do comprador. Outras práticas que geraram críticas foram a confissão obrigatória e a taxação papal na forma de honorários cobrados por batismo, casamentos, funerais e todos os compromissos dos ofícios da Igreja, bem como por centenas de outras transações. Além disso, o povo comum começou a querer aprender por conta própria. Eles sabiam que não podiam dominar os clássicos da Antiguidade conhecidos pelos eruditos, mas ficavam curiosos a respeito da Bíblia. O povo se divertia com as peças de mistério que dramatizavam episódios da história bíblica e os dilemas morais da vida cotidiana. Isso lhes aguçava o apetite de ter contato direto com as fontes literárias para essas produções.

Sob a liderança de John Wycliff, uma tradução inglesa da Bíblia latina (Vulgata) foi feita no final do século XIV. O estudo das escrituras levou esse movimento dos Lolardos ("pobres sacerdotes") a questionar a autoridade central do ofício papal. Pouco depois a Boêmia e a vizinha Morávia tiveram acesso a uma Bíblia em vernáculo preparada por Jan Huss, que se baseara em trabalhos de Wycliff. Uma Igreja morávia, a Unitas Fratrum, floresceu brevemente antes que a Guerra dos Trinta Anos a fizesse fugir para a Saxônia (p. 683). Uma reforma sem relação alguma ocorreu posteriormente, no século XV, levada a cabo pelo monge dominicano Savonarola na cidade de Florença. Seu resultado, após um breve triunfo sobre as vidas e espíritos de todos os cidadãos, foi apenas a condenação de Savonarola por enforcamento.

Em vão a Igreja tentava introduzir de forma geral as necessárias reformas na vida e administração eclesiásticas, através da cooperação com bispos, reis, imperadores, e por meio de concílios convocados em Constança e em Basileia na primeira metade do século XV.

A única reforma que a Igreja Romana foi capaz de levar a cabo foi a cura do escandaloso cisma papal, um feito conseguido através da expulsão dos papas rivais de seus ofícios e, após isso, pela restauração de um único pontífice na sede de Roma. De outra maneira, a situação permaneceu a mesma, semeando maiores convulsões no futuro.

IV – A REFORMA PROTESTANTE

O século XVI testemunhou reformas religiosas arrebatadoras. Durante seus inícios, ocorridos na Alemanha, a intenção inicial era a obtenção de reformas dentro da Igreja, assinalando suas falhas e fazendo vigorosos protestos; mas os "protestantes" logo se encontrariam fora da Igreja. Dali em diante se tornou mais e mais comum o padrão de primeiro romper com a Igreja para depois obter reformas; até que protestantes começaram a romper com protestantes. A única reforma geral da Igreja vinda de dentro ocorreu por meio de reavaliação, redefinição e renovação; foi a Reforma Católica levada a cabo pelo Concílio de Trento iniciado em 1545.

Alguns fatores precipitantes

A Reforma Protestante dividiu a Cristandade em dois grupos aparentemente irreconciliáveis. Ela esteve em preparação por muito tempo, como qualquer estudo a respeito do pensamento medieval, mesmo um tão breve quanto o nosso, demonstra. Faltavam apenas alguns desenvolvimentos para que ele se precipitasse – principalmente o crescimento da classe média rumo à autossuficiência. Quando o povo da Europa se reuniu em cidades ao longo dos rios e costas, como consequência do aumento do comércio e dos negócios, a riqueza não mais estava imobilizada na terra ou em produtos oferecidos para trocas nas proximidades. Ela se tornou fluida na forma de dinheiro, e o capitalismo moderno nasceu. Gradualmente os senhores e príncipes foram forçados a relaxar seu domínio sobre a crescente classe média, e milhares de citadinos tornaram-se indivíduos de fato. Sem senhores imediatos, com a exceção de burgomestres e conselheiros da cidade, eles rapidamente viram o aumento de sua autoconfiança e habilidade de resolver os problemas da vida por meio de sua própria iniciativa. Politicamente eles começaram a desenvolver um ponto de vista democrático coletivo que se tornaria uma força significativa nos desenvolvimentos políticos através do continente. John Ball, por exemplo, chamado de "sacerdote louco de Kent", bradava na Inglaterra tão cedo quanto o século XIV:

> Meus bons amigos, as coisas não podem ir bem na Inglaterra até que tudo seja em comum; quando não houverem nem vassalos nem senhores; quando os senhores não forem mais mestres que nós mesmos [...]. Não descendemos todos dos mesmos pais, Adão e Eva? Então que razão eles podem dar para que eles devam ser mais senhores do que nós mesmos? Eles estão vestidos em veludo e ricos apetrechos, ornamentados com arminho e outras peles, enquanto nós somos forçados a vestir linho grosseiro. Eles têm vinho, especiarias e pão bom, enquanto nós temos apenas pão de centeio e os restos da palha; e quando nós bebemos, tem de ser água. Eles têm belos assentos e mansões, enquanto nós temos problemas e o trabalho, e precisamos enfrentar a chuva e o vento nos campos. E é por meio do nosso labor que eles têm com o que suportar sua pompa[L].

Em tais palavras estão as sementes das revoltas campesinas dos séculos XIV e XV na Inglaterra e na Europa Central.

Não é de se surpreender que os cidadãos comuns da Europa tenham começado a querer que sua competência religiosa fosse reconhecida também, fosse através da razão ou pelo exercício de consciência. Martinho Lutero expressou bem o sentimento dos laicos quando ele afirmou apaixonadamente:

> Eu afirmo, então, que nem papa, nem bispo, nem qualquer homem, seja quem quer que seja, tem o direito de proferir uma sílaba obrigando um cristão, a menos que seja feito com seu próprio consentimento. Qualquer coisa feita de outra forma o é em espírito de tirania [...]. Eu clamo em defesa da liberdade e da consciência, e proclamo com confiança que nenhum tipo de lei pode com qualquer justiça ser imposta aos cristãos, exceto ao ponto de que os mesmos o queiram; pois nós somos livres em tudo[M1].

O fato espiritual é que no mesmo momento em que o laicado passou a perceber ao máximo a sua própria competência, a Igreja lhes pareceu ser o mais corrupta possível.

A Igreja veio a ser identificada em suas mentes com um vasto sistema de exigências financeiras, drenando ouro de cada canto da Europa para Roma, onde a luxúria, o materialismo, a irreverência e mesmo a prostituição pareciam reinar sem oposição entre os cleros. A Igreja não era apenas corrupta aos olhos dos leigos, ela também parecia ter ficado para trás na onda que rumava para o progresso. Em um mundo em mudança ela representava um institucionalismo restritivo, o conservadorismo, a conformação de todos os tempos a uma lei inflexível, uma forma de adoração, e uma ordem de vida para cada indivíduo. Ainda pior, um fosso enorme havia se aberto entre a religião e a vida. A disparidade entre a Igreja e as necessidades humanas aumentava cada vez mais, até que os leigos piedosos, de qualquer forma um pouco assustados pelos efeitos secularizantes do capitalismo e do nacionalismo, começaram a desejar mudanças na Igreja que fizessem com que ela servisse melhor às necessidades do povo.

Tudo que faltava era um líder que acendesse a primeira centelha para a execução das reformas necessárias.

Martinho Lutero

A BUSCA ESPIRITUAL

Tal homem surgiu na Alemanha: Martinho Lutero (1483-1546), um alemão honesto, impetuoso e corpulento, foi um homem que ligava habitualmente convicções com ação decidida. Nascido na Saxônia, de cepa camponesa, ele absorveu de seu ambiente a ausência de um particular respeito pelos sacerdotes, mas um grande temor da ira de Deus. Seu pai queria que ele se tornasse um advogado, mas no meio do caminho em seu estudo das leis ele respondeu à sua intensa necessidade religiosa, entrando em um convento da Ordem Agostiniana e se curvando a fim de ganhar o favor de Deus por meio de uma conformidade pura e árdua com a disciplina monástica. Ele obedecia meticulosamente todas as regras de sua ordem; esfregava o chão, jejuava, se debruçava sobre seus livros, quase congelava de frio. Mas entre o choro, a oração e o se tornar pele e osso, ele fracassava em encontrar ao Deus gracioso. De fato, ele não estava certo de sua salvação. Em 1507, ele foi ordenado ao sacerdócio e mais tarde indicado professor na nova universidade estabelecida em Wittenberg por Frederico o Sábio, eleitor da Saxônia. Ali ele veio a desprezar Aristóteles como um "pagão amaldiçoado, orgulhoso e tratante" que levara muitos cristãos a se desviar através de suas palavras vazias e "falsas"[M2]. A razão para este ânimo negativo parece ter sido a falta de qualquer convicção religiosa profunda em Aristóteles. Lutero obteve o que ele mais precisava diretamente da Bíblia, encontrando seu próprio refúgio espiritual enquanto lecionava com entusiasmo crescente, particularmente no Livro dos Salmos e nas epístolas de Paulo.

Uma viagem a Roma nesse meio-tempo, ainda que tenha aprofundado seu amor pela Cidade Santa, confirmou nele a convicção de que o papado caíra em mãos indignas. Ele viu nas vidas dos sacerdotes de Roma não a pobreza e humildade de Cristo, mas pompa, mundanismo e orgulho. Ele viria a dizer mais tarde:

> Está de acordo com este orgulho revoltante que o papa não se satisfaça em cavalgar ou em andar em uma carruagem, mas mesmo sendo robusto e forte, seja carregado por homens como um ídolo em pompa inimaginável. Meu amigo, como é que esse orgulho luciferiano combina com o exemplo de Cristo, que viajava a pé, da mesma forma que faziam os apóstolos?[M3]

Sua vida interior foi iluminada subitamente por uma sentença de São Paulo, cujas palavras acabaram com sua própria incerteza: "O justo viverá pela fé" (Rm 1,17). Fé! Ela apenas era suficiente! Deus não podia *se tornar* gracioso por meio de boas obras; Deus, como um pai, *é* gracioso por conta própria. Todos que vivem em seu amor e confiança sabem que eles são justificados ***sola fide*** (apenas pela fé) e viverão, agradecidos, uma vida de boas obras, sem necessidade de qualquer exortação, como uma criança que conhece o amor de um progenitor. Gratidão, e não medo, era a fonte da vida cristã.

AS NOVENTA E CINCO TESES

Enquanto Lutero formava estas convicções, ele foi perturbado pela chegada de Tetzel, um agente papal que vendia indulgências em uma cidade próxima. Quando membros de sua congregação em Wittenberg (Lutero pregava na Igreja do castelo, além de ensinar na universidade) foram comprar essas indulgências, ele falou de forma contrária para que não o fizessem. Exortado por amigos, diz a tradição, em 31 de outubro de 1517 ele pregou na porta da Igreja do castelo as famosas 95 teses, um ataque detalhado à venda de indulgências, escrito na forma de proposições para a discussão pública. De acordo com a etiqueta acadêmica predominante, ele polidamente fez o convite ao debate, em cada ponto defendido; porém ele dificilmente antecipava o efeito de sua ação. A demanda por cópias do original latino e pela tradução alemã de suas teses foi tão grande que a prensa da universidade não conseguia imprimir as cópias com rapidez o suficiente a fim de responder à demanda feita de todas as partes da Alemanha.

O problema estava pronto a explodir, e todo o norte da Alemanha estava a ferver. Não havia então da parte de ninguém a ideia de deixar a Igreja, mas sim a exigência por reforma. Ainda assim estava presente um desejo mais profundo – dificilmente consciente – por maior liberdade em relação a Roma. Era natural que Lutero viesse a ser imediatamente atacado por Tetzel e por outros; seu próprio bispo enviou uma cópia das Teses para o papa, que imediatamente ordenou que Lutero se apresentasse em Roma para julgamento e disciplina. Entretanto o eleitor da Saxônia, que estava orgulhoso de Lutero, interveio, e o papa modificou sua exigência de forma que Lutero se apresentasse diante do legado papal em Augsburgo, o que ele fez.

A AUTORIDADE DAS ESCRITURAS

A perspectiva de ter de defender suas posições diante do legado forçou Lutero a buscar nas Escrituras por verificação e justificação de suas ideias. Seu exame da Bíblia convenceu-o que a Igreja Católica havia se distanciado tanto de sua base nas escrituras que muito de suas práticas eram, de fato, anticristãs. Ele foi motivado pela questão não apenas da venda dos méritos infinitos de Cristo e dos méritos dos santos por meio das indulgências, mas também por toda a atitude medieval em relação às penitências e boas obras, concebidas como transações feitas com Deus em troca de seu favor, através da necessária mediação do sacerdote, do bispo e do papa. O arrependimento verdadeiro, ele percebia, era uma questão interna que punha uma pessoa em direto contato com o Pai perdoador. Desta forma, nas palavras das 95 teses: "Todo cristão que se sente verdadeiramente compungido tem o direito de plena remissão da dor e culpa, mesmo sem cartas de perdão"[M4]. O perdão dos pecados viria através da mudança trazida na alma de alguém pelo relacionamento pessoal direto com Cristo e por meio de Cristo com Deus. Gradualmente, Lutero chegou à posição de que a verdadeira Igreja não consiste em qualquer organização eclesiástica em particular, mas simplesmente a comunidade dos fiéis, cujo cabeça é Cristo. A única autoridade religiosa final é a Bíblia, tornada compreensível para os fiéis pelo Espírito Santo através de sua fé. Toda pessoa de fé competente o suficiente a ponto de ser um sacerdote em potencial. A Igreja deveria, portanto, proclamar o "sacerdócio universal de todos os fiéis". Ele disse:

> Para colocar a questão de forma clara, se um pequeno grupo de piedosos leigos cristãos fosse tomado como prisioneiros, levado para um deserto; se eles não tivessem consigo um sacerdote consagrado por um bispo e viessem a concordar em eleger um entre si, nascido ou não dos laços do casamento, e lhe ordenassem que os batizasse, que celebrasse a missa, que os absolvesse e que pregasse, este homem seria verdadeiramente um sacerdote, como se todos os bispos e todos os papas o tivessem consagrado. É por isso que em casos de necessidade todo homem pode batizar e absolver, o que não seria possível se nós todos não fôssemos sacerdotes.[M5]

Além disso, já que todos fiéis deveriam estar aptos a participarem por completo nos exercícios religiosos, os cultos deveriam ser conduzidos em alemão ao invés de latim, e os rituais deveriam ser simplificados a fim de deixar perfeitamente claros os seus propósitos.

A DIETA DE WORMS

A apresentação de Lutero diante do legado papal provou-se inconclusiva. Ordenado a se retratar, ele recusou a fazê-lo, e fez valer seu escape de volta para Wittenberg. Seguiu-se uma calmaria na campanha papal contra ele, causada pelos desenvolvimentos políticos no Império, mas ela se encerrou abruptamente quando Lutero foi levado para um debate com o teólogo católico Johann Eck, no qual ele foi forçado a admitir que ele pensava que o Concílio de Constança errara na condenação de Jan Huss. Estaria agora Lutero repudiando a autoridade da Igreja Católica nos pontos em contradição ao seu próprio julgamento do que a Bíblia queria dizer? Assim parecia, e o papa lançou uma bula de condenação contra ele. O Imperador Carlos V foi chamado a agir, e Lutero foi convocado em 1521 a se apresentar diante da dieta imperial que se reuniria em Worms. O eleitor da Saxônia consentiu com a participação de Lutero apenas com a promessa de salvo-conduto. Isto lhe foi garantido, e Lutero se apresentou diante da dieta para defender sua posição. Ele prontamente reconheceu que os escritos publicados sob seu nome eram seus; ele não podia, no entanto, se retratar – disse –, a menos que pudesse ser convencido *sola scriptura* (apenas pelas Escrituras) que estava em erro. Sob o olhar de algum de seus admiradores dentre os príncipes alemães, ele afirmou com firmeza para o imperador e para os delegados da Igreja ali reunidos:

> [...] a menos que eu seja convencido pelo testemunho das Escrituras ou por razão evidente – pois eu não confio nem no papa nem em um concílio apenas, pois é certo que eles erram e se contradizem com frequência – ,eu creio firmemente segundo as Escrituras referidas por mim, e minha consciência é mantida cativa pela Palavra de Deus, e não posso nem irei me retratar de nada, já que não é nem seguro nem certo agir contra a consciência. Que Deus me ajude. Amém.[N]

Já que ele estava sob a proteção do salvo-conduto, Lutero deixou Worms ileso, mas estava subentendido que, assim que ele retornasse para casa, ele poderia ser preso a fim de receber punição. A dieta, portanto, colocou-o sob interdito, ordenando-lhe que se rendesse, e proibia qualquer um de abrigá-lo ou de ler seus escritos. Mas Lutero não podia ser encontrado em parte alguma; seu príncipe, o eleitor Frederico, o capturara no caminho para casa e o escondera em seu castelo de Wartburg.

Lutero usou seu descanso forçado para bons propósitos. Ele pôs em andamento uma tradução do Novo Testamento para o alemão (alguns anos depois, em 1534, ele lançaria uma tradução completa da Bíblia, um feito épico em mais de um sentido. Não apenas ele levou adiante o princípio de Reforma de que a Bíblia devia ser entregue nas mãos do povo comum, mas também deu aos alemães, pela primeira vez, uma língua uniforme através da qual eles poderiam atingir a unidade cultural nacional).

OS PRÍNCIPES SE JUNTAM À CAUSA LUTERANA

O Edito de Worms nunca foi cumprido. Quando Lutero emergiu de seu esconderijo o imperador estava ocupado com guerras e disputas por toda a parte; além disso, era visível que o povo alemão estava em grande parte do lado de Lutero. Províncias inteiras se tornaram protestantes em um golpe só quando seus príncipes renunciaram à aliança com o papa e se tornaram luteranos. No momento da morte de Lutero em 1546, suas reformas tinham se espalhado da Alemanha Central para boa parte do sul da Alemanha, todo o norte da Alemanha e além, para a Dinamarca, Noruega, Suécia e os estados bálticos.

Lutero não deixou para seus seguidores um sistema fixo de teologia e de governo da Igreja. Ele mesmo mostrava muitas inconsistências, devido não em menor grau à sua cautela e seu crescente conservadorismo – ele não era um radical. Lutero repudiara a Tomás de Aquino e Aristóteles, e se distanciara ainda mais do catolicismo medieval rumo aos fundamentos da antiga Igreja Católica. Ele encontrou em Santo Agostinho um homem segundo o seu próprio coração, e além de Agostinho ele repousava, é óbvio, nos escritos de São Paulo. Lutero se apegou tão veementemente ao que ele concebia ser a doutrina de Agostinho da predestinação a ponto de alienar do humanismo erasmiano. Outros o consideravam conservador em demasia em questões de adoração na medida em que ele mantinha o uso de velas, do crucifixo, do órgão e de certos elementos da missa romana. Ele acabou, no entanto, com os aspectos sacerdotais sacrificiais do sacramento e pode-se dizer que ele atuou no sentido de retornar à prática da Ceia do Senhor conforme descrita no Novo Testamento.

Quando foi feita uma tentativa de reunir Lutero e o reformador suíço Zwínglio, a conferência entre eles sofreu um racha porque Lutero insistia que, ainda que não houvesse transubstanciação na Ceia do Senhor, a "Presença Real" podia ser encontrada nela, e nos elementos do pão e do vinho "como o brilho avermelhado em uma barra incandescente de ferro". Seu conservadorismo se mostrou também em seus pontos de vista sociais e políticos. Ele se voltou para um virulento antissemitismo no final de sua vida, e na revolta camponesa de 1524 desapontou muitos ao se aliar com os príncipes. De fato, ele lançou as bases para o estatismo alemão ao ordenar obediente submissão às autoridades do Estado, da parte de todos os luteranos.

A dissolução da tradição monástica

Por onde quer que a Reforma Luterana se espalhasse, os monges e freiras católicos ou deixavam o distrito ou abandonavam seus modos de vida e vestimentas antigos, juntando-se à comunidade luterana como sacerdotes paroquiais, professores e leigos livres para se casar e criar famílias. O próprio Lutero se casou com uma antiga freira e desfrutou de uma vida familiar feliz com os cinco filhos que com ela teve. Ao organizar as novas comunidades luteranas, ele se preocupava principalmente com três funções: o pastorado, a caridade e o preparo e a educação das crianças. Os mosteiros que haviam sido apropriados pelos conselheiros da cidade ou pelos príncipes eram convertidos com frequência, sob seu conselho, em escolas e universidades.

Lutero não viveu o suficiente para ver as guerras religiosas que levaram a Alemanha para a beira do caos durante os anos após a metade do século, e que resultaram no acordo da Paz de Augsburgo (setembro de 1555), através da qual foram garantidos direitos iguais para católicos e luteranos, mas que deixava a religião de cada província à determinação do seu príncipe sob o princípio *cuius regio, eius regio* ("de quem o reino, sua religião"). A Reforma Luterana colocara de fato o príncipe governante no lugar onde estivera antes o bispo; isto é, na posição de exercer jurisdição sobre as Igrejas.

A reforma suíça: Ulrich Zwínglio

Uma reforma mais radical ocorreu na Suíça sob Ulrich Zwínglio (1484-1531), um sacerdote paroquial altamente educado cujas simpatias desde a juventude se inclinavam para os humanistas, especialmente em sua guerra contra a superstição e a irracionalidade. Zwínglio advogava o retorno ao Novo Testamento como fonte básica da fé cristã. Em Zurique, portanto, ele iniciou uma exposição pública sistemática dos livros da Bíblia, começando com os evangelhos. Em 1522, ele chegara à convicção de que os cristãos eram obrigados pela Bíblia a praticar apenas o que nela estivesse ordenado – uma posição bem mais radical do que aquela de Lutero, que defendia que os cristãos não precisavam abrir mão dos elementos da prática católica que eram úteis e não fossem proibidos no texto bíblico. De acordo com suas convicções, Zwínglio persuadiu o povo de Zurique a remover todas as imagens e cruzes das Igrejas, e a cantar sem o acompanhamento do órgão.

Ao colocar um fim à celebração da missa católica, ele adotou o ponto de vista de que, quando Jesus dissera "Isto é o meu corpo", Ele queria dizer "Isto *significa* meu corpo". Era irracional supor, ele argumentava, que o corpo e o sangue de Cristo estivessem ao mesmo tempo no céu e em igual realidade através de 10 mil altares na terra – simultaneamente em todos –, como defendia Lutero. O pão e o vinho deviam ser considerados como simbólicos em caráter; eles eram memoriais abençoados do sacrifício próprio feito por Jesus sobre a cruz. A forma correta de celebrar a Ceia do Senhor era reproduzir tão perto quanto possível a atmosfera e situação da Eucaristia dos cristãos primitivos – devia haver o mínimo de ritual. E em relação aos cultos regulares nas Igrejas, o sermão deveria ser o elemento central na adoração, pois era o meio principal pelo qual poderia se tornar conhecida a vontade de Deus. O governo da Igreja local deveria repousar nas mãos dos anciãos de cada congregação, chamados coletivamente de conselho espiritual, pois isto parecia estar próximo da organização da Igreja primitiva.

A Reforma Zwingliana se espalhou durante sua vida para Basileia, Berna, Glarus, Mulhausen e Estrasburgo. Ao final ela causou guerra civil entre forças católicas e reformadas, e Zwínglio pereceu em uma de suas batalhas (1531).

João Calvino

Um jovem acadêmico francês chamado João Calvino (1509-1564) chegou buscando refúgio em 1536, na parte sudeste da Suíça, em Genebra. Ele tinha acabado de publicar, aos 26 anos, o clássico da Reforma *As instituições da religião cristã* (ou *As institutas*), uma claríssima definição da posição protestante, que estaria destinado a lançar os fundamentos do presbiterianismo.

Já que as políticas públicas posteriores defendidas por Calvino derivavam logicamente das convicções religiosas que ele definira nas *Institutas*, é útil resumir suas crenças básicas:

1) O fato central da religião é a soberania de Deus. A vontade de Deus acontece no mundo físico e na história humana, e desse modo garante sua própria glória. Sua vontade é inescrutável, e do ponto de vista humano ela pode aparentar seguir apenas seu próprio prazer, mas seu caráter é santo e reto, e todas as suas decisões são justas.

2) Os seres humanos possuem certo conhecimento natural de Deus como o espírito se movendo na natureza e história, mas sua compreensão é obscurecida pela depravação inata, herdada de Adão; e dessa forma este conhecimento precisa ser suplementado pela revelação das Escrituras Sagradas.

3) Essa depravação humana corrompe não apenas a compreensão do indivíduo, mas sua completa natureza. Com uma convicção retornando diretamente a Santo Agostinho, Calvino escreveu:

> O pecado original pode ser definido como uma corrupção hereditária e como a depravação de nossa natureza, estendida para todas as partes da alma, que nos torna ofensivos à ira de Deus, e então produz em nós aquelas obras que as Escrituras chamam de "obras da carne" [...]. Nós somos, por conta desta corrupção, condenados justamente sob o ponto de vista de Deus.
> Esta culpabilidade frente à punição surge não da delinquência de outro; pois quando se diz que o pecado de Adão nos fez ofensivos à justiça de Deus, o significado não é que nós, por nós mesmos inocentes e inculpáveis, estamos a

carregar sua culpa. O próprio Apóstolo declara expressamente que a "morte passou a todos os homens porque todos pecaram" (Rm 5,12); isto é, tendo sido envolvidos no pecado original e profanados[P1].

4) Mas nem todos os indivíduos estão perdidos. Existe a justificação pela fé que salva alguns, e esses então rumam para a santificação. A justificação vem através da obra de Cristo em prol do fiel e é "a aceitação com a qual Deus nos recebe em seu favor, como se nós fôssemos retos"[P2]. Mas Deus justifica apenas aqueles crentes em Cristo aos quais ele *elege* a fim de receber em favor.

5) Esta ideia de eleição leva à doutrina calvinista da predestinação. "Por predestinação nós queremos dizer", escreve Calvino, "o decreto eterno de Deus, pelo qual Ele determina consigo mesmo qualquer coisa que deseja que aconteça em relação a todo homem. Nem todos são criados em termos iguais, mas alguns estão preordenados para a vida eterna, e outros para a danação eterna"[P3]. Esta linha de raciocínio levou Calvino a considerar a vida com maior gravidade e seriedade do que o usual. Dever e autodisciplina eram para ele supremos – devia-se viver como que sob os olhos de Deus. As pessoas frívolas se rebaixavam à categoria de brutos quando sucumbiam bêbadas ou gastavam horas excessivas jogando cartas, dançando e em bailes. Ainda assim, Calvino não foi de forma alguma o abstêmio, asceta ou sabatário imaginado em caricaturas posteriores. Ele escreveu que apenas uma "filosofia desumana" não fazia uso das dádivas do Criador se não fosse por necessidade. Clientes nas tavernas das vilas deveriam ser multados por comprar bebidas apenas "durante o sermão" ou por encorajar outros a beber pagando para eles. Conta-se que John Knox ficou um pouco chocado ao encontrar Calvino jogando boliche em um domingo. Provavelmente foi uma partida quieta. Não havia em Genebra espaço para as brincadeiras e risadas de Lutero, para sua ribombante e vigorosa voz levantada em canção em volta do órgão, nem para seu contente senso da passagem da ira de Deus e do derramar de seu gracioso amor. Calvino encontrou prazer em diversões mais comedidas e temperadas, nas dádivas da providência divina.

Um novo tipo de comunidade surgiu em Genebra. Trabalhando com o Pequeno Conselho, e com o Conselho Geral da cidade, sobre os quais ele ganhou um crescente – ainda que por vezes tempestuoso – domínio, Calvino instituiu tanto uma vida eclesiástica quanto um sistema educacional que proveram a Genebra um ministério treinado e um povo suficientemente informado em relação à sua fé, a ponto de ser apto a fazer um relato claro dela. Acadêmicos refugiados e exilados de toda a Europa afluíam para Genebra como que para um refúgio, de forma que a cidade teve um aumento de 6 mil habitantes em sua população original de 13 mil. Entre os homens brilhantes que ali chegaram estava o refugiado escocês John Knox.

> *Eu creio que na santa Eucaristia – isto é, a ceia de ações de graças –, o verdadeiro corpo de Cristo está presente pela contemplação da fé [...]. Os antigos sempre falavam figurativamente quando atribuíam tanto peso ao comer do corpo de Cristo na ceia; eles queriam dizer não que a refeição sacramental pudesse limpar a alma, mas sim a fé em Deus através de Jesus Cristo, que é a refeição espiritual, do qual o comer externo não é mais que símbolo e sombra.*
> Zwínglio[º]

A Reforma Protestante em outras terras

FRANÇA

A Reforma se iniciou de forma bastante silenciosa na França, mas ainda assim com a perspectiva de logo varrer o país. Então, subitamente ela foi praticamente afogada em sangue. As forças de ambos os lados se engajaram em um conflito violento, de forma que uma guerra civil tomou o país. Os protestantes franceses, ou huguenotes, adotaram as concepções de João Calvino de organização da Igreja de forma muito mais completa do que se fez em Genebra. A congregação local "escolhia" seus próprios ministros por meio dos anciãos e diáconos. O clero católico e a nobreza, em particular a zelosa e católica Casa de Guise, alarmaram-se. Como consequência, seguiu-se na França uma série de guerras civis, mas estas se provaram inconclusivas, já que os huguenotes tinham adquirido controle local de algumas cidades fortificadas e eram servidos por líderes militares muito competentes, notavelmente o Almirante Gaspar de Coligny e o Príncipe de Condé.

Os huguenotes lutaram por cinco guerras e, finalmente, por meio do Edito de Nantes (1598), ganharam completa liberdade de consciência, a totalidade dos direitos civis e o controle de duzentas cidades. O protestantismo na França não havia se tornado forte, mas ganhara a proteção do Estado. Luís XIV, entretanto, revogou o Edito de Nantes em 1685, fazendo com que os huguenotes emigrassem em grande número (cerca de 200 mil deles) para a Suíça, Inglaterra, Holanda, África do Sul, Prússia e América do Norte. Os direitos dos protestantes não foram restaurados antes de Napoleão, em 1802.

OS PAÍSES BAIXOS

Os conflitos foram amargos também nos Países Baixos. Os espanhóis controlavam a região, e Filipe II da Espanha estava determinado a extinguir a fé reformada, onde quer que ela se mostrasse. O povo dos Países Baixos foi, de certa forma, preparado para a Reforma pela Irmandade da Vida Comum, já descrita anteriormente, que havia expressado no que realmente consistia um movimento popular direcionado à piedade pessoal e acompanhado de forte amor ao aprendizado bíblico. Os escritos de Lutero foram difundidos avidamente por ocasião de seu surgimento; posteriormente Zwínglio ganhou seguidores devotos e, posteriormente, a concepção de Igreja cunhada por Calvino. Alguns locais foram atraídos pelos **anabatistas**. A rebelião aberta contra a Espanha irrompeu quando Filipe II enviou o cruel Duque de Alva, a fim de suprimir toda forma de heresia – a qualquer custo de sangue que fosse necessário. O conflito foi longo e prolongado, mas finalmente William "o quieto" conseguiu formar um grupo de estados setentrionais que ganharam independência como a nação da Holanda. O país se tornou uma terra calvinista, robusta e autoconfiante, com suas Igrejas (reformadas holandesas) organizadas debaixo de princípios democráticos já estabelecidos entre os protestantes franceses.

INGLATERRA

A Reforma Inglesa pode ser comparada a um desfecho mais ou menos inevitável que ocorre após um acidente. Um capricho particular do rei abriu o caminho para a revolução religiosa desejada pela nação. Com a moderação que lhes era tão característica, os líderes ingleses alimentaram um desejo de ao menos desfrutar o grau de autodeterminação religiosa que a Reforma trouxera para os protestantes continentais; ainda assim, eles se submeteram às formas da legalidade em sua vida nacional e aguardaram pacientemente. Eventualmente, quando a oportunidade se apresentou, eles fizeram sua vontade ser sentida.

O desinibido Henrique VIII, desejoso por uma modificação no seu *status* marital, jurou romper com o papa caso a Cúria Romana não anulasse seu casamento com Catarina de Aragão, de forma que ele pudesse se casar com Ana Bolena. A Cúria Romana se recusou a fazê-lo, e Henrique não hesitou em agir. Ainda que muito do que ele fez e disse tenha chocado a todos os espectros de opinião na nação, ele possuía elementos poderosos no meio de seus súditos ao seu lado quando fez o Parlamento declarar que o Bispo de Roma não teria mais jurisdição na Inglaterra do que qualquer outro eclesiástico estrangeiro, e que o único e verdadeiro cabeça da Igreja da Inglaterra era o seu rei; o Parlamento também teve de declarar que os bispos da Inglaterra seriam, dali em diante, nomeados pelo rei, que deveriam jurar obediência a ele ao invés do papa, e que a negação da supremacia do rei sobre a Igreja consistia em ato de alta traição. Henrique rapidamente ganhou o suporte de muitos de seus nobres, primeiramente por suprimir os mosteiros em seu reino e, em seguida, por lhes distribuir generosos tratos de terra, propriedades essas advindas das possessões por ele confiscadas. Além de ganhar estes poderosos apoiadores, Henrique VIII cortou o fluxo de impostos papais para Roma e satisfez o crescente desejo do povo inglês por autodeterminação em todas as coisas.

Mas Henrique VIII era conservador teologicamente. Ele não desejava que houvesse um rompimento doutrinário com o passado, equivalente à sua quebra jurisdicional com o papa. Em 1539, ele fez com que o Parlamento aprovasse o que é conhecido como o "Estatuto sangrento", que declarou que a doutrina da transubstanciação seria a fé da Igreja da Inglaterra e que a negação dela seria punível por queima na estaca e confisco de bens. O estatuto proibia o casamento de sacerdotes e não permitia a comunhão tanto com o pão quanto com o vinho. A única concessão considerável que ele fez para os pontos de vista liberais, ao lado de sua quebra com Roma, foi a de ter uma cópia da Bíblia em inglês colocada em todas as Igrejas (a assim chamada "Grande Bíblia" foi baseada em grande parte na tradução de Tyndale, mas com algumas partes tomadas da versão de Coverdale). Muitos seguidores ingleses de Lutero e reformadores suíços foram condenados à morte sob o Estatuto Sangrento. Outros fugiram para o continente, onde encontraram seu principal local de asilo na Suíça.

Esses exilados retornaram quando Henrique foi sucedido por seu filho de 9 anos de idade, Eduardo VI. Tornara-se então aparente que, sob o protetorado estabelecido para o imaturo rei, a política nacional poderia se inclinar religiosamente para a oposição. Os conselheiros do jovem rei favoreceram fortemente mudanças doutrinárias, assim como políticas. O Estatuto Sangrento foi repelido, a comunhão de ambos os tipos foi permitida, missas privadas foram encerradas com o confisco das capelas nas quais elas eram celebradas, foi permitido que sacerdotes se casassem e foram removidas imagens das Igrejas como instâncias de idolatria papista. Mas Eduardo morreu quando tinha apenas 15 anos, e foi sucedido por sua irmã Maria Tudor, uma ardente católica, que amava o possível herdeiro espanhol (filho de Carlos V, logo se tornaria o intolerante Filipe II), com o qual se casaria. Ela conduziu o retorno a Roma ao restaurar a jurisdição do papa sobre as Igrejas inglesas, e ganhou o apelido de *Maria Sangrenta* (*Bloody Mary*) devido a intransigência com que líderes protestantes foram, sob sua ordem, presos e queimados na estaca. Quando ela morreu, após um reinado tão breve quanto o de seu irmão Eduardo, sua irmã Elizabete, a filha de Ana Bolena, finalmente trouxe a nação para o aprisco do protestantismo. A "Boa Rainha Bess", como seus súditos a chamavam afeiçoadamente, completou o trabalho inacabado do reinado de seu irmão mais novo. O *Livro de oração*, de Eduardo VI, foi revisado, de forma a se tornar tolerável tanto por católicos quanto por protestantes, e sob o nome de *O livro de oração comum* foi prescrito para uso em todas as Igrejas, sem alteração ou divergência, pelo Ato de uniformidade de 1559. As crenças da Igreja foram declaradas claramente no famoso estatuto do credo, "Os trinta e nove artigos da Igreja da Inglaterra", que é até os dias de hoje o resumo formalmente autoritativo de suas doutrinas. A Inglaterra permaneceu protestante dali em diante, mesmo nas ocasiões nas quais monarcas católicos subiram ao seu trono.

ESCÓCIA

O caso da Escócia foi de certa forma crítico para toda a Reforma Protestante. Para muitos, na época, parecia positivo que Maria, rainha dos escoceses, tanto por seu casamento com Francisco II da França (por meio do qual ela se tornou uma aderente do partido católico francês na política europeia) quanto por tentar fazer valer sua reivindicação ao trono inglês como uma Stuart (algo que ela nunca conseguiu fazer) pudesse trazer tanto a Escócia quanto a Inglaterra de volta ao aprisco católico.

Mas o casamento de Maria com o rei francês deu, de fato, uma chance para os protestantes da Escócia – oportunidade da qual não tardaram em se aproveitar. Ela passou um longo tempo ausente na França, e durante esse tempo John Knox conduziu seus colegas protestantes no rápido desenvolvimento de uma Igreja calvinista. Knox não introduziu a Reforma Protestante na Escócia; ele mesmo foi um produto dela. Capturado quando jovem por uma força francesa enviada para a Escócia a fim de prender um grupo de rebeldes protestantes que ali estava, ele foi levado para a França e forçado a remar nas galés por dezenove amargos meses. Após sua soltura ele foi para a Inglaterra, então sobre o governo protestante de Eduardo VI, servindo em várias cidades como capelão real. Com a subida de Maria Tudor, ele fugiu para o continente e tomou seu caminho para Genebra, onde se tornou um discípulo entusiasta de Calvino. Finalmente, ele retornou para a Escócia, e em 1560, pouco após seu retorno, teve grande triunfo ao fazer o Parlamento escocês ratificar a "Confissão de fé professada e crida pelos protestantes dentro do reino da Escócia", que ele e cinco outros prepararam e que permaneceu a fórmula credal da Igreja da Escócia até que ela fosse substituída pela Confissão de Westminster de 1647. Uma semana depois o Parlamento decretou que "os bispos de Roma não têm jurisdição nem autoridade neste reino", e proibiu o ministrar, ouvir ou comparecer à missa. Eventualmente, os bispos católicos romanos e sacerdotes foram expulsos das terras da Igreja, que se tornou então em grande parte possessão dos nobres escoceses.

Nos desenvolvimentos que se deram subsequentemente, o assim chamado sistema presbiteriano de governo da Igreja foi desenvolvido e aplicado em escala nacional. Em sua forma completa, ele estabelecia uma democracia representativa; a congregação elegia e ordenava o ministro, que dali em diante era o único responsável pela condução da adoração pública. Mas esta era sua única prerrogativa ilimitada. Todas as questões locais afetando a disciplina e a administração da paróquia eram confiadas à sessão da *kirk**, composta pelo ministro, que a presidia, e pelos anciãos, escolhidos através de eleição. Acima da sessão da *kirk* estava o presbitério, constituído pelos ministros das paróquias de uma área designada e por um número igual de

---

* *Kirk session*, em contraposição a *Church session*, era usada pela Igreja da Escócia em diferenciação da Igreja da Inglaterra [N.T.].

anciãos representando cada paróquia. Acima dos presbitérios estava o sínodo, dotado de jurisdição sobre certos grupos de presbitérios, e acima de toda essa estrutura estava a Assembleia geral, o judicatório supremo da Igreja nacional, consistindo de delegados e de um número igual de anciãos. O centro de gravidade deste sistema era o presbitério: pequeno o suficiente para ser vitalmente representativo de suas localidades, e amplo o suficiente a ponto de possuir força suficiente para se defender quando sua sobrevivência fosse ameaçada.

O retorno da França da fascinante e calculista Rainha Maria dos escoceses como viúva foi um momento ruim para os reformadores da Escócia. Eles sabiam que ela era uma católica devota e que pretendia derrubar o protestantismo na Escócia se assim pudesse fazer. Ao chegar ao país, ela de início tomou um curso de ação moderado, insistindo apenas em ter uma missa celebrada para sua própria casa, mas prometendo manter em todas as partes as leis que a faziam ilegal na Escócia. Ela convocou Knox para cinco entrevistas, nas quais usou de toda sua habilidade a fim de tentar vencê-lo, mas ele se manteve firme em sua oposição a quaisquer concessões para o papado. Em outras áreas, Maria teve mais sucesso, e poderia ter sido vitoriosa por completo. Ela caiu em desgraça; no entanto, devido à sua intriga com Bothwell, sendo deposta em favor de seu filho de um ano de idade, que depois se tornaria Jaime I da Inglaterra. Com sua queda, as forças protestantes recuperaram seu vigor, e a Reforma Escocesa permaneceu assegurada no país.

Outros protestantes antigos: os anabatistas

Enquanto os movimentos nacionais de reforma descritos acima entravam de acordo, de uma forma ou outra, com os poderes civis, outros silenciosos seguidores das Escrituras buscavam seus próprios caminhos para efetuar um rompimento muito mais radical com as autoridades constituídas.

Os anabatistas (literalmente "rebatizadores"), grupos que recrutavam seus seguidores largamente entre o povo comum – camponeses e artesãos –, tinham proeminência entre estes, tendo sido liderados em suas primeiras aparições por associados imediatos de Lutero e Zwínglio. A maior parte deles considerava o Novo Testamento literalmente e com grande seriedade; seus membros estavam determinados a não se distanciarem de forma alguma do modo de vida que viram ali retratado. Outros não se sentiam presos desta forma à "letra" das Escrituras, defendendo que a "Palavra" seria o "Espírito vivo" expresso, mas não confinado às Escrituras, nem presente de igual forma em todas as suas partes. A Palavra de Deus viva falaria por meio de personalidades proféticas e na consciência íntima de todos aqueles justificados pela fé.

Os anabatistas entendiam que o primeiro requerimento de sua fé era uma concepção clara de cada aspecto da vida e da prática cristãs. Ações baseadas nesta compreensão deveriam ser levadas adiante independentemente de seu custo. As cerimônias e rituais deveriam, eles pensavam, ter um significado claro para seus participantes, ou deixariam de ser reais e vitais. De acordo com isso, eles rejeitaram o batismo infantil: claramente, o bebê não poderia saber o que estava sendo feito, de forma que o rito não significava nada. Aqueles que tinham sido batizados na infância, portanto, batizavam uns aos outros novamente (daí o nome que lhes foi atribuído).

Mais além, no campo mais amplo da conduta e das atitudes, eles defendiam ser essencial que cada pessoa tivesse compreensão clara de seus princípios e, de acordo com isso, verdadeira sinceridade ao segui-los. Por exemplo, o Novo Testamento ensinava a responder ao mal com o bem ao invés de resistir a uma injúria com outra. A maior parte dos anabatistas concluía que eles não deviam se juntar às forças armadas ou ao Estado, ou mesmo tomar parte na administração civil durante tempos de paz, devido à política de força que todos os estados adotavam. Eles encontraram mandados no Novo Testamento para nunca tomarem juramentos; logo, ao serem levados em cortes, eles insistiam que sua palavra simples deveria ser aceita como verdade. Por acreditarem que os sacerdotes e ministros tendiam a agradar aos poderes mundanos e fazer acordos em áreas vitais, os anabatistas eram anticlericais e se reuniam fora dos círculos regulares da Igreja, em suas próprias casas; as Igrejas eram para eles idólatras "casas de campanários". Eles não concordavam em todas as questões, mas tomaram como princípio exercer tolerância quando aparecessem discordâncias em relação ao significado literal das Escrituras. Alguns, por exemplo, compreendiam com maior literalidade que outros as passagens milenaristas ou apocalípticas do Novo Testamento, expressando a expectativa de que Cristo poderia retornar nas nuvens do céu para ser o juiz do último dia. Outros praticavam o comunismo da comunidade primitiva cristã em Jerusalém. Ocasionalmente, algum anabatista poderia se declarar um profeta, como o fez o famoso Hans Hut, que ganhou muitos dos trabalhadores da Áustria e de partes da Alemanha para o ponto de vista de que uma invasão turca deveria ser seguida pelo aparecimento de Cristo a fim de inaugurar o milênio.

A finalidade com a qual os anabatistas se separavam das Igrejas estabelecidas e do Estado (daí o nome "separatistas", que também lhes foi atribuído) e as posições radicais que muitos deles esposavam levou a intensa perseguição. Lutero se separou dos mesmos ou, melhor dizendo, eles se separaram de Lutero. Zwínglio enfrentou-os em amargos debates públicos, que eram usualmente seguidos pela decisão das autoridades cantonais suíças de que apenas suas próprias posições deveriam ser consideradas como legais.

Mais tarde, a má fama ganhada pelos anabatistas foi parcialmente redimida pelo gentil e razoável líder anabatista Menno Simons (1492-1547), cujos seguidores nos Países Baixos e nos Estados Unidos foram chamados, segundo seu nome, de menonitas. Eles eram pacifistas, praticavam a tolerância individual que permitia a menonitas abrigar, com simples caridade cristã, exilados como o judeu Spinoza e certos refugiados separatistas ingleses.

V – A REFORMA CATÓLICA

A Reforma Protestante resultou na intensificação de uma latente autocrítica católica, e acendeu um clamor geral por uma reforma, já atrasada. Os papas, no entanto, não estavam entre suas forças motivadoras; eles se encontravam demasiadamente na defensiva. Foi o sacro imperador romano-germânico Carlos V, ansioso de forma semelhante a Constantino no século IV em reduzir a desunião, que buscava por reformas na Igreja com sinceridade, e por uma redefinição na doutrina católica de forma a reduzir a efetividade da propaganda crítica protestante. Ele chegou a essa posição apenas após seus esforços prolongados em trazer reconciliação entre católicos e protestantes, sob o argumento de que as reformas planejadas haviam falhado. Foi ele quem fez pressão sobre o Papa Paulo III a fim de que ele convocasse o Concílio de Trento.

Esta pressão foi decisiva, pois trazia por trás de si toda a força acumulada dos clamores por reforma, tanto clerical quanto laica, que eram ouvidos na Europa por séculos. John Wycliff, Jan Huss, Savonarola e Erasmo, para não mencionar Lutero e Zwínglio antes que deixassem a Igreja-mãe, eram apenas as figuras mais recentes dentre aqueles que advogavam reforma. Mas a Reforma Católica (rotulada pelos protestantes de "Contrarreforma") não tomou seu rumo até receber impulso da parte de forças determinadas e militantes buscando reforma e esclarecimento na

Espanha, onde a expulsão dos mouros no século XV foi seguida pela reforma do clero sob Ximenes, o grande arcebispo de Toledo e confessor da Rainha Isabela. A Igreja Espanhola fora purificada de monges e sacerdotes indignos; universidades foram fundadas a fim de educar os clérigos; a união da Igreja e do Estado sob Fernando e Isabela estava muito próxima, e os meios de manter ambos purificados haviam sido encontrados com a reorganização da Inquisição em base nacional, com inquisidores indicados pelos monarcas espanhóis. O resultado foi uma revitalização da Igreja Espanhola que equivaleu à rápida ascensão da própria Espanha à posição de principal poder da Europa. Quando, portanto, o rei espanhol se tornou o sacro imperador romano-germânico na pessoa de Carlos V, o desejo reformador havia garantido um suporte poderoso.

O Concílio de Trento

Quando Carlos V fez o Papa Paulo III convocar o Concílio de Trento de 1545, ele primeiramente esperava conseguir as reformas (eclesiásticas) necessárias, e posteriormente uma redefinição da posição (teológica) católica. Ele fez pressão em prol de uma presença protestante no Concílio, e planejava apaziguar as lideranças protestantes, dando continuidade a suas vitórias militares sobre os príncipes protestantes alemães com um golpe de mestre psicológico que pudesse trazer os recalcitrantes de volta ao aprisco católico. Mas os líderes católicos insistiram que a doutrina devia ser discutida alternadamente com a reforma, tornando assim a reconciliação com os protestantes impossível ao redefinir firmemente as doutrinas católicas medievais. O Concílio se reuniu ao longo do período de dezoito anos (1545-1563), e durante seu curso declarou o seguinte:

1) A tradição católica possuía igualdade com as Escrituras enquanto fonte de verdade e autoridade sobre a vida cristã [uma rejeição da *sola scriptura* protestante].

2) A Vulgata latina era o cânon sagrado.

3) A Igreja Católica detinha o direito exclusivo da interpretação das Escrituras.

4) Os sacramentos definidos eram sete: Batismo, Eucaristia, Confirmação, Matrimônio, Ordem, Penitência e Extrema Unção; todos considerados, ao menos implicitamente, instituídos por Cristo. (Os protestantes tinham introduzido uma distinção entre sacramentos e outros ritos, reservando o termo *sacramento* para aqueles ritos que foram explicitamente instituídos pelo próprio Cristo e necessário para *todos* os fiéis.)

5) A justificação repousava na fé, mas não *sola fide* (apenas pela fé) como os protestantes afirmavam. Boas obras também obtinham a graça de Deus.

Na esfera da disciplina e da administração eclesiásticas, o Concílio se voltou para a ampla tarefa de preservar a moral e aprimorar a educação. Ele ordenou uma regulação mais estrita da emissão de indulgências e da veneração dos santos, limitou o número de dias santos observados durante o ano (em parte em deferência às demandas de interesse econômico), e ordenou que bispos e sacerdotes nas cidades grandes oferecessem exposições e interpretação públicas das Escrituras, e em geral pregar e ensinar o que é necessário para a salvação. Um efeito de longa duração foi a instrução do Concílio para que o papa preparasse uma lista de livros proibidos, um passo que ajudou a limitar a leitura de literatura protestante pelos católicos.

Um passo administrativo tomado três anos antes do Concílio proveu os meios para cumprimento efetivo de suas ações: a expansão da inquisição como uma operação permeando toda a Igreja. Em 1542, o Papa Paulo III foi persuadido por seus conselheiros a reorganizar a inquisição em uma escala que fizesse seu uso possível em qualquer parte da Europa onde as autoridades civis solicitassem-na, ou estivessem dispostas a suportá-la. A Reforma Católica conseguiu dessa maneira os meios pelos quais as áreas católicas poderiam rapidamente ser purgadas de protestantes. O primeiro país a ser limpo desta forma foi a Itália.

Novas ordens religiosas

OS JESUÍTAS

O surgimento de novas ordens religiosas foi da maior importância para o reavivamento do espírito e zelo católicos, dentre as quais a mais famosa foi a Ordem Jesuíta, fundada por Inácio de Loyola.

Loyola (1491-1556) foi um nobre espanhol que, após ser pajem na corte de Fernando e Isabela, tornou-se um soldado, sendo seriamente ferido em uma batalha contra os franceses. Durante sua convalescença ele leu as vidas de Cristo, de São Domingos e de São Francisco, e resolveu se tornar um "Cavaleiro da Virgem". De acordo com isso, ele pendurou suas armas no altar da Virgem em Montserrat e começou, em um convento dominicano, a praticar as visualizações autodirigidas da vida, da obra de Cristo e da guerra cristã contra o mal – que ele posteriormente sistematizou como os "exercícios" espirituais jesuítas.

Enquanto peregrinava rumo a Jerusalém, Loyola sentiu a necessidade de obter maior instrução, de forma que ele se apressou a voltar para casa a fim de estudar na Espanha e na França, na Universidade de Paris. Ele reuniu em torno de si estudantes associados com os quais praticava seus exercícios espirituais. Foi assim que ele atraiu para si Francisco Xavier, que se tornou um famoso missionário na Índia e no Japão, e homens como Diego Lainez e Simão Rodriguez. Em Paris, em 1534, ele organizou estes amigos em uma militar "Companhia de Jesus". Eles fizeram votos de ir a Jerusalém, se possível, como missionários aos infiéis muçulmanos ou, se fracassassem nesse objetivo, em oferecer seus serviços ao papa. Quando a guerra com os turcos bloqueou o caminho para Jerusalém, eles foram até Roma e em 1540 obtiveram a autorização do Papa Paulo III para estabelecer a Companhia de Jesus, com Loyola como seu primeiro general.

Conhecidos como jesuítas, eles se dedicaram ao estudo e em traduzir para suas próprias atividades diárias a vida e espírito do próprio Cristo. Para este fim, como "bons soldados da cruz", eles se forçavam a uma vida de disciplina estrita análoga à militar, à execução de exercícios espirituais, e à absoluta obediência aos seus superiores sem pecar, nunca deixando de treinar suas vontades a fim de servir absolutamente a Cristo, sem reservas e de forma altruísta. Ainda assim, a ideia de "pecado" era estritamente definida pelos jesuítas de forma que raramente alguém era confrontado no decorrer da execução de instruções de seus superiores; pois os jesuítas defendiam que não poderia haver pecado em um curso duvidoso de ação se existissem bases "prováveis" para ele ou se o curso de ação tivesse sido aceito por pessoas de maior experiência ou que tivessem autoridade para tanto. Além disso, eles estavam tão certos de que um bom fim justificava o segredo em relação aos meios usados para obtê-lo que sancionavam a "reserva mental" ao serem requeridos de contar toda a verdade: um indivíduo não era obrigado a contar toda a verdade mesmo que estivesse sob juramento. O ponto principal era o absoluto comprometimento individual aos objetivos da Ordem Jesuíta e a entrega completa e sem reservas de si mesmo em fazer o que seu superior considerasse estar nos interesses de Cristo. Esta devoção sacrificial era cultivada intensamente em cada jesuíta durante seu noviciado, um regime que incluía quatro semanas únicas e muito efetivas de exercícios espirituais sob a direção passo a passo de um instrutor espiritual. Com base nas habilidades reveladas durante esse período, cada jesuíta era designado por seus superiores para as tarefas que ele o julgasse mais apto a cumprir e, quando enviado para algum posto, não importava quão distante ele fosse, esse jesuíta tinha a obrigação de enviar um contínuo fluxo de relatórios aos superiores que o tinham enviado.

A Ordem Jesuíta teve sucesso espetacular no campo das missões. Não apenas Francisco Xavier e seus associados levaram o catolicismo para a Índia, o Japão e a China, mas outros durante os séculos XVI e XVII venceram os obstáculos na América do Sul, nos vales de S. Lawrence e do Mississipi, no México e na Califórnia.

É importante se observar aqui que os nativos perceberam que o objetivo dos sacerdotes não era explorá-los ou roubá-los como faziam geralmente os conquistadores, mas salvá-los. Na própria Europa, os jesuítas buscaram e ocuparam com inteligência e diligência postos comerciais e governamentais de importância, que os levaram tanto a distantes locais no estrangeiro quanto às câmeras de conselho de reis e príncipes em casa. Sua influência política na França, Portugal, Espanha e Áustria durante os séculos XVI e XVII foi grande. Eles lideraram a resistência ao avanço do luteranismo no sul da Alemanha e foram um fator poderoso por trás das cenas quando os huguenotes na França foram combatidos e massacrados. Mas eles eventualmente levantaram oposição não apenas de todos os grupos protestantes, mas também da parte de alguns católicos. No século XVIII Portugal, França e Espanha sucessivamente fecharam as portas para a ordem. No final, eles perderam seu poder temporal, mas continuam até os dias de hoje a promover a supremacia do papa implícita nos decretos do Concílio de Trento.

OUTRAS ORDENS

A Ordem Jesuíta não foi a única nova organização a testemunhar as forças da renovação católica. Os séculos XVI e XVII viram o surgimento dos oratorianos, dos theatinos, das ursulinas, das visitandinas e das lazaristas. As duas primeiras ordens buscavam, respectivamente, a reforma do breviário e o aperfeiçoamento da pregação; as três últimas eram ordens para mulheres, que enfatizavam a educação para as mulheres e o trabalho social terapêutico.

Esses movimentos foram tanto efeitos como causas. Eles brotaram de um senso intensificado católico da seriedade da missão católica no mundo, e fizeram com que as antigas organizações da Igreja revessem seus caminhos e substituíssem seu relaxamento anterior por uma maior sinceridade. As Ordens Franciscana e Dominicana foram assim revitalizadas. Até mesmo o ofício papal foi afetado; os papas desse tempo em diante foram uniformemente homens de caráter mais austero, movidos por objetivos católicos sinceros.

VI – CONTRACORRENTES NOS SÉCULOS XVII E XVIII

Na primeira metade do século XVII estouraram guerras de religião no continente da Europa. O imperador e o papa, subscrevendo-se igualmente às decisões do Concílio de Trento, buscaram a recuperação católica do território perdido, enquanto os protestantes lutavam por liberdade contra a opressão e pelo domínio na Europa Central. A Guerra dos Trinta Anos, que devastou a Europa Central, mudou pouca coisa em quesitos territoriais. Os católicos, entretanto, recuperaram algum território, e os protestantes estabeleceram seu direito de existir independentemente de um papa ou de um imperador. Uma Europa exausta suspirou aliviada quando o Tratado da Westfália (1648) traçou limites que garantiam para calvinistas e luteranos o direito a certos territórios sem interferência adicional da parte de um imperador ou de um papa, e reconhecia a dominância católica em outras áreas, principalmente meridionais, da Europa Central.

Em comparação, a Inglaterra não esteve tão envolvida na Guerra dos Trinta Anos e, dessa forma, ainda que perseguição e supressão não fossem incomuns no próprio país, existiu ali tolerância suficiente para permitir o surgimento de não conformistas e dissidentes que se separaram da Igreja da Inglaterra, sobrevivendo como corpos religiosos separados destinados a divulgar suas posições no Novo Mundo. Os grupos protestantes independentes, ainda que diferissem em detalhes de suas crenças, compartilhavam do mesmo desejo por autodeterminação em questões de fé e regime (administração da Igreja), uma prerrogativa que eles então enxergavam como um direito.

Precisamos agora voltar um pouco no tempo para considerar o primeiro desses grupos.

Os puritanos

Os puritanos receberam sua alcunha nos tempos da Rainha Isabel I. A subida da rainha ao trono em 1558 trouxe de volta para a Inglaterra, como já vimos anteriormente, muitos exilados que haviam fugido de Maria I (*Bloody Mary*). Sua residência no exterior em regiões calvinistas tornara esses exilados inclinados na direção de formas presbiterianas de governo da Igreja, além da simplicidade de culto e vida; eles não tinham, no entanto, desejo de se tornarem separatistas. Ao invés disso, sua vontade era apenas purificar o culto da Igreja da Inglaterra do que eles chamavam de elementos "romanos", tais quais se ajoelhar para receber o pão e o vinho nos cultos de comunhão, fazer o sinal da cruz no batismo e confirmação, usar o anel nos casamentos, e a designação de vestimentas clericais especiais para os ministros.

O objetivo puritano era enfatizar a pregação da Palavra ao invés dos rituais e sacramentos. A maior parte deles havia resignado, ao menos no tempo em questão, ao episcopado – bispos, arcebispos, arquidiáconos, e similares – pelo menos enquanto eles pudessem ser servidos localmente por ministros paroquiais que lhes fossem simpáticos, porém poucos deles advogavam um sistema presbiterial como o que existia na Escócia. Quando estes puritanos presbiteriais cresceram em número, os puritanos se dividiram. Aqueles que desejavam reformar a Igreja da Inglaterra a partir de dentro mantiveram sua membresia nela, com paciência e esperança; aqueles que não podiam esperar saíam dela de tempos em tempos como separatistas, enfrentando um governo tão determinado a esmagá-los que eram forçados a emigrar para a Holanda. Esses foram os primeiros congregacionais e batistas, aos quais retornaremos brevemente.

Os puritanos que ainda permaneceram dentro da Igreja da Inglaterra sofreram o endurecimento do governo contra si quando Tiago I se tornou rei. Carlos I, após ele, estava ainda mais resoluto do que seu pai em não apenas fazer os puritanos ingleses se conformarem completamente às práticas da Igreja estabelecida, mas também em levar adiante as tentativas de seu pai de forçar o episcopado sobre os escoceses. Foi – literalmente – uma tentativa fatal de sua parte. Para seu assombro, ele incitou os escoceses a se erguerem em rebelião. Milhares, conhecidos como "covenanters" (*pactuais*), juraram travar uma luta mortal contra ele. O sucesso dos pactuais nas armas fez com que o rei fosse obrigado a convocar o Parlamento, apenas para descobrir que os puritanos então constituíam sua maioria! Antes dessa súbita escalada no poder, os puritanos não vinham se saindo muito bem. Enquanto o Arcebispo Laud estava no poder, a situação dos puritanos chegara a um ponto tão baixo que de 1628 a 1640, aproximadamente

20 mil decidiram deixar a Inglaterra, seguindo os peregrinos através do mar até o Novo Mundo. Em Massachusetts e Connecticut eles viriam a se tornar os congregacionais da Nova Inglaterra. Mas no momento, em 1640, eles compunham uma maioria tal no Parlamento que foram capazes de lançar Laud na prisão. Quando o irado rei opôs-se, eles, irados de forma equivalente ao rei, tomaram as armas como representantes do povo e, motivados pela obstinação real, fizeram-lhe uma guerra que durou seis anos. Ao final, ocorreu a decapitação de Carlos I e deu-se a chamada Revolução Puritana, liderada por Oliver Cromwell. Por doze anos a Inglaterra foi um país puritano, e todo o seu povo foi limitado pelas restrições purificadores de uma religião severa.

Não apenas o modo de vida puritano, mas também o presbiterianismo pareciam prestes a triunfar sobre a Inglaterra, pois em 1646 a Assembleia de Westminster, convocada a fim de aconselhar o Parlamento, composta de ministros e leigos ingleses com comissionados escoceses assentados na qualidade de conselheiros, apresentou ao Parlamento a *Confissão de Westminster* – o último dos grandes padrões escritos da Reforma, que ainda é entesourado (juntamente com declarações confessionais mais recentes) pelos presbiterianos ao redor do mundo. O Parlamento adotou-a de maneira bastante hesitante, assim como os *Catecismos longo e curto*, que foram preparados para acompanhá-la. Mas, da maneira como os acontecimentos se deram posteriormente, pouco sobrou da ação desse Parlamento. Em seu retorno à Inglaterra em 1660 Carlos II trouxe consigo a Restauração; sua ação e as reações dela advindas foram tão triunfantes que, com o Ato de Uniformidade de 1662, os puritanos foram expulsos da Igreja da Inglaterra, passando para a categoria dos dissidentes; finalmente, eles se transformariam nas denominações dos congregacionais, batistas, quakers, presbiterianos e unitarianos.

Os batistas

Enquanto isso, os separatistas que haviam deixado a Inglaterra antes da Revolução Puritana tiveram uma interessante e significativa história no estrangeiro. Um grupo que se assentara em Amsterdã por volta de 1607 foi conduzido por John Smyth – anteriormente um ministro da Igreja da Inglaterra que, após aprender as posições sobre o batismo de adultos com seus vizinhos menonitas, e sendo convencido pelo estudo do Novo Testamento que a prática cristã primitiva não era batizar crianças, rebatizou a si mesmo e seu rebanho inteiro. Membros dessa congregação retornaram para Londres e estabeleceram ali, por volta de 1612, a Primeira Igreja Batista de Londres que perdurou. Este foi o princípio da denominação Batista, que logo se espalharia pelas Ilhas Britânicas. Eles encontraram unidade em uma posição distintiva: o batismo dos fiéis, apenas, e por imersão total. Em 1639 um grupo de batistas, aos quais pertencia Roger Williams, fundou uma Igreja em Rhode Island. Surgiram batistas subsequentemente em todas as colônias norte-americanas, especialmente nas localizadas ao sul.

Os congregacionais

Outros emigrantes na Holanda passaram seus primeiros anos de exílio ali silenciosamente. Em 1582 em Middleburg, Robert Browne, um homem educado em Cambridge, publicou a mais clara definição de congregacionalismo já escrita.

Sua lógica era firme. Ele defendia que a Igreja de Cristo na visão de verdadeiros cristãos não era uma organização eclesiástica; ela seria composta por um grupo local de fiéis que têm experimentado a união com Cristo, o único cabeça real e permanente da Igreja, e por um pacto voluntário, através do qual cada membro consentia em ser governado por oficiais – pastores, anciãos, diáconos, professores – escolhidos por eles mesmos como movidos pelo espírito de Cristo. Cada Igreja devia ser absolutamente autogovernada, nenhuma possuindo autoridade sobre qualquer outra. Todas, no entanto, estavam sob a obrigação cristã de estender para as demais ajuda fraternal e boa vontade.

Mas ainda que tudo isso tenha sido feito e dito sem balbúrdia, um grupo dentre esses separatistas protagonizou um notável rumo da história. Em 1609, um grupo congregacional oriundo de Scrooby, na Inglaterra – sob a liderança de John Robinson e William Brewster, com William Bradford participando entre eles –, se assentou em Leyden. Não estando contentes ali, eles tomaram uma decisão significativa: retornar à Inglaterra a fim de enviar seus membros mais aventureiros e aptos fisicamente para a América. Em 1620, os peregrinos cruzaram o Atlântico no Mayflower e, no espírito do pacto solene que fizeram em alto-mar, fundaram a colônia de Plymouth. Outros imigrantes, principalmente puritanos da Inglaterra, seguiram-nos cruzando os mares, até que toda a Nova Inglaterra, com a exceção de Rhode Island, fora ganha para o congregacionalismo. Ali ela desfrutou virtualmente do *status* de religião de Estado por dois séculos.

Os unitarianos

Pode-se traçar a história dos unitarianos de volta aos primeiros dias da Reforma Protestante, quando Miguel Servetus, em uma leitura atenta do Novo Testamento, ficou chocado com o fato de que a doutrina nicena da Trindade, em nome da qual muitos dos cidadãos de seu próprio país foram queimados na estaca ou exilados, não podia ser achada nele e, além disso, sua razão encontrou falhas dentro da própria doutrina. Assim, ele escreveu secreta e audaciosamente suas ideias e em 1531 publicou seu tratado herético *Sobre os erros da Trindade*. Ele sentiu que a doutrina da Trindade era uma perversão católica, e ele mesmo seria um bom cristão neotestamentário ao combatê-la. Vinte e dois anos depois, ele foi para Genebra, entrou em conflito com Calvino e seus apoiadores, foi julgado, condenado e queimado na estaca. Mas seus escritos agitaram grupos já existentes de antitrinitarianos que, quando foram feitos objeto de perseguições – tanto pela Inquisição quanto pelos protestantes –, buscaram refúgio na Polônia e na Transilvânia (agora, parte da Romênia), as únicas áreas capazes de lhes oferecer refúgio naquele tempo. Mas após a Guerra dos Trinta Anos, quando os católicos voltaram ao poder na Polônia e no centro-sul da Europa, os unitarianos foram expulsos em exílio e fugiram para o leste da Alemanha, Holanda e Inglaterra. Quando os ingleses aprovaram uma lei em 1648 tornando a negação da divindade de Cristo crime punível com a morte, alguns dos unitarianos mais liberais foram obrigados a fugir novamente para a Holanda. Durante o século XVIII, muitos deles surgiram silenciosamente na Nova Inglaterra, e no início do século XIX, sob a pregação de William Ellery Channing e Theodore Parker, eles se fortaleceram, formando a Associação Americana Unitariana (1825) e recebendo muitos ministros e Igrejas congregacionais em sua irmandade organizada. Em 1961 eles se uniram com a Igreja Universalista, uma denominação formada no século XVIII a fim de proclamar que um Deus de amor, verdade e direito não podia ter um propósito menor do que o de salvar a todo membro da raça humana.

A sociedade dos amigos (quakers)

Talvez o mais radical dos grupos ingleses não conformistas desse período tenha sido uma sociedade chamada comumente de quakers. Fundada durante a guerra civil que resultou na Revolução Puritana, o Movimento Quaker foi em essência uma revolta contra o formalismo e a impostura. O termo *Quaker* é um apelido que é até o dia de hoje associado com o grupo mais apropriadamente referido como Sociedade dos Amigos. Seu fundador foi George Fox (1624-1691), um gênio religioso que pode ser reconhecido como um dos grandes místicos da humanidade. Em uma profunda experiência de conversão, que ocorreu em 1646, ele veio a crer de forma muito semelhante à de alguns dos antigos anabatistas. O cristianismo verdadeiro era para ele não uma questão de se conformar a um conjunto de doutrinas ou de acreditar na Escritura sem ter um "interesse" desperto como resultado de assim fazê-lo, nem era o frequentar uma "casa de campanário" a fim de ouvir um sermão ou orações lidas por um sacerdote profissional. Para Fox, o cristianismo era uma intensa iluminação individual por uma luz interior. A Palavra de Deus, ele acreditava, era uma coisa viva, não confinada às Escrituras, ainda que estivesse ali. Ela chegava diretamente à consciência do fiel a quem Deus escolhia para o propósito de falar através dele.

Fox não queria saber de treinar um clero profissional: Deus falava através de quem Ele queria, quando o queria. Cada homem ou mulher seria um porta-voz em potencial de Deus. Os próximos – os outros seres humanos – deviam ser tratados como amigos, com uma reverência infinita para as possibilidades divinas existentes em qualquer personalidade. Guerra e qualquer forma de violência eram, portanto, completamente perversas; a escravidão era repugnante. O requerimento de se tomar juramentos não deveria ser imposto sobre os cristãos, pois eles sempre falavam sóbria e verdadeiramente.

Em um encontro religioso dos amigos não havia sacramentos (os sacramentos, por seu simbolismo material, eram uma ocasião para tirar a mente de seu estado subjetivo de contemplação rumo à idolatria da fixação em um objeto), nem discursos preparados (a vontade de Deus agitava o pensamento de alguém presente, conforme a necessidade). Admitia-se apropriado iniciar a reunião com uma oração, mas depois se permitia que ela fosse seguida de meditação silenciosa, até que a luz interior iluminasse a compreensão de alguém.

Fox e seus discípulos obedeciam prontamente a cada impulso profético para a ação. Ele poderia, por exemplo, marchar firmemente em alguma "casa de campanário", se fosse inspirado a fazê-lo interromper o "sacerdote" no meio de seu sermão, e condenar seus procedimentos, com a algazarra e tumulto como resultado da experiência. Consequentemente, as autoridades se opuseram vigorosamente aos quakers enquanto perturbadores da paz. Milhares foram aprisionados ou multados pesadamente. O próprio Fox foi preso com frequência. Mas nenhuma perseguição poderia diminuir seu zelo.

Durante as perseguições intensamente repressivas do período da Restauração, Willian Penn (1644-1718) se tornou um quaker e, após obter em 1681 a garantia do território da Pensilvânia da parte de Carlos II, ele a abriu para colonização para todos que pudessem desejar liberdade religiosa, sendo os quakers convidados especialmente para a Filadélfia.

Na Inglaterra, foi apenas após a Revolução Gloriosa, que acompanhou a subida de William e Maria (1689), que a completa tolerância religiosa para os quakers e para outros grupos dissidentes foi transformada em lei.

VII - A ORTODOXIA ORIENTAL NO MUNDO MODERNO

Sob regimes marxistas antirreligiosos na antiga União Soviética e seus aliados no Leste Europeu, as Igrejas ortodoxas lutaram para manter tanta autonomia quanto pudessem. A Igreja Russa, impelida por seu compromisso profundamente enraizado com a *sobernost* (um espírito conciliador, ou unidade cristã em amor), aspirava por contatos ecumênicos através da membresia no Conselho Mundial de Igrejas. A permissão para se unir a ele foi obtida em 1961, mas o preço foi um relacionamento comprometedoramente cooperativo com o regime soviético. A dissolução da União Soviética removeu algumas restrições e revigorou as Igrejas russas, não apenas trazendo um novo crescimento numérico, mas também certa nova ousadia. Um manifesto de dezembro de 1996 apoiava reformas democráticas e direitos humanos e também clamava por assistência real àqueles "pegos entre a vida e a morte" devido à pobreza. Por outro lado, uma lei russa de 1996 restringindo o direito à conversão para cristãos ortodoxos não encontrou crítica entre a Igreja.

O relacionamento com a Igreja Católica Apostólica Romana também melhorou. O Patriarca Atenágoras I de Constantinopla se encontrou com o Papa Paulo, e em 1965 as excomunhões mútuas que foram pronunciadas em 1054 foram anuladas simultaneamente em Roma e Constantinopla. Sucedendo Atenágoras em 1972, o Patriarca Demétrio I se reuniu com o Papa João Paulo II em 1979 a fim de criar uma Comissão Internacional Conjunta para o Diálogo Teológico entre as Igrejas Católico-romana e Ortodoxa. A comissão lançou uma declaração após sessões realizadas em Bari, na Itália, em 1987, afirmando grandes frentes de concordância baseadas no Credo niceno-constantinopolitano (sem a anteriormente controversa Cláusula Filioque). Mas o relatório de Bari também tomou nota da inquietação ortodoxa com diversas práticas romanas: batismo por infusão (ao invés de imersão), a administração do batismo por diáconos, e a permissão que o sacramento da primeira comunhão fosse administrado para as crianças antes de sua recepção na Igreja pela Confirmação.

Elevado à posição de "primeiro entre iguais" em 1991, o Patriarca Bartolomeu de Constantinopla perseguiu diligentemente a tarefa de promover a unidade entre as Igrejas ortodoxas enquanto ao mesmo tempo melhorava sua relação com a Igreja Católica Apostólica Romana.

O novo patriarca viajou várias vezes para Roma, e em um evento simbólico em 1995, ele e o Papa João Paulo II conduziram o culto na Praça de São Pedro (omitindo apenas a missa). Mas captar a lealdade de quinze jurisdições nacionais diferentes – algo já difícil para um prelado turco lidando com uma circunscrição em grande parte grega) tornou-se algo ainda mais precário à luz das relações instáveis entre Sérvia, Macedônia do Norte e Grécia – para não mencionar a rivalidade entre Turquia e Grécia em muitas arenas. Havia também diferenças com o patriarca russo Aleksei, causada pela deserção das Igrejas Ucraniana e Estoniana, e por discordâncias em relação aos esforços para reacender o diálogo com a Igreja Católica Apostólica Romana.

Dois eventos significativos em 2016 assinalaram a movimentação em direção a uma crescente unidade. Em fevereiro daquele ano, o Papa Francisco se tornou o primeiro pontífice na história a se encontrar com um patriarca russo ortodoxo. Em um breve encontro em um aeroporto em – dentre todos os lugares possíveis – Havana, Francisco e o Patriarca Kiril expressaram a esperança de que seu encontro pudesse ajudar a curar o cisma histórico entre suas duas Igrejas. Mais tarde, no mesmo ano, um grande e santo concílio pan-ortodoxo reuniu mais de duzentos bispos de dez jurisdições ortodoxas diferentes. Juntos eles concordaram que as quatorze Igrejas ortodoxas autocéfalas no mundo constituíam não uma federação, mas, ao invés disso, uma Igreja. Quatro jurisdições ortodoxas, incluindo a ortodoxa russa, não compareceram.

O cenário norte-americano

Nas Américas, o processo de assimilação gradualmente suavizou os duros contornos étnicos das cerca de vinte jurisdições. Mais da metade dos seminaristas nos seminários é composta de convertidos. Como colocou um sacerdote, podia se encontrar "ortodoxos sérvios' com o nome Petrocelli e 'gregos' loiros com o nome Olson".

Não obstante, a busca de unidade e da cura posterior de diferenças étnicas permaneceu em primeiro plano quando o sínodo ortodoxo em Istambul em 1996 reconfigurou uma jurisdição que anteriormente incluía tanto a América do Norte quanto do Sul a fim de criar uma diocese composta apenas pelos Estados Unidos. Para liderar a nova diocese foi eleito o Arcebispo Spyrydon, um americano cuja carreira levou-o a estudar e servir na Turquia, Suíça, Alemanha e Itália, equipando-o com fluência em inglês, grego, francês, italiano e alemão. Houve pela primeira vez um primado norte-americano presidindo sobre uma circunscrição dentro das fronteiras dos Estados Unidos.

As tensões com o protestantismo, de acordo com o porta-voz ortodoxo norte-americano, vêm de duas fontes: (1) ressentimento com o influxo na Europa Oriental de evangélicos americanos ingênuos, mas bem-financiados, que "fazem chover doces sobre aqueles para os quais o pão fora roubado" (as restrições a conversões na Rússia de 1996 são um exemplo de caso); e (2) uma nova firmeza em relação a posições teológicas ortodoxas que excluem intercomunhão, reconhecimento de homossexualidade como estilo de vida aceitável, linguagem inclusiva em relação a Deus e à Trindade, e a ordenação de mulheres ao sacerdócio[Q]. (A teologia ortodoxa fala da natureza *icônica* do sacerdote como *alter Christus* na paternidade e do caráter marital de Deus e Cristo.) Sensibilidades em relação a estes pontos têm levado as Igrejas ortodoxas a uma suspensão parcial de sua participação no Conselho Nacional de Igrejas nos Estados Unidos.

VIII – O CATOLICISMO NO MUNDO MODERNO
A erosão do poder papal

O século XVIII viu muito da força da Reforma Católica esvanecer. Na França, Luís XIV já restringira o poder do papado. Ele se apropriara da renda de arcebispados vagos, e encorajara o clero francês a afirmar abertamente seu direito a certas "liberdades gaulesas", que incluíam o ponto de vista de que o papa não era infalível, pois os concílios gerais seriam superiores a ele. O surgimento do espírito nacionalista entre um grande número de cidadãos franceses durante o século XVIII chegou a um clímax na Revolução Francesa, quando o anticlericalismo chegou ao ponto da violência e o próprio cristianismo foi "abolido" por certo tempo. Apesar de a liberdade religiosa universal ter sido proclamada posteriormente, Napoleão, chegando a um acordo com a Igreja Católica, estava determinado a restringi-la debaixo de controle governamental. Na Alemanha, os católicos se recuperaram dolorosamente dos efeitos da Guerra dos Trinta Anos, que reduzira a população dos estados alemães em 65% sem trazer nenhuma mudança real nas linhas que separavam católicos e protestantes. Não foi antes das Guerras Napoleônicas, quando o Romantismo conduziu a reação contrária ao espírito racionalista do século XVIII, que a Igreja Católica faria reviver algo de seu antigo poder.

Na Europa, de um modo geral, durante o século XIX, a asserção da supremacia papal em nome da unidade católica mundial reapareceu no Ultramontanismo, um movimento entre os católicos ao norte dos Alpes a favor da posição de que a autoridade final repousava "além das montanhas"; isto é, no Vaticano e nos canais regularizados do governo papal (a Congregação Romana). Os papas, por razões óbvias, encorajaram este parecer.

Declarações doutrinárias: A Imaculada Conceição, infalibilidade

Alguns grandes desenvolvimentos doutrinários marcaram o século XIX. Os teólogos medievais, partindo da premissa mantida por muito tempo de que o pecado original era uma "substância" transmitida no ato da procriação, chegaram à conclusão de que apenas o nascimento virginal não poderia ter insulado Jesus da mancha do pecado original transmitido pela linha materna. Eles concluíram que deveria ter ocorrido um milagre através do qual a concepção de sua mãe fora imaculada (livre de substância contaminante). Em 1854, Pio IX proclamou que a Imaculada Conceição da Virgem era um dogma da Igreja Católica.

Isto significa que os fiéis não mais poderiam questionar ou debater o ensino de que Maria fora, em antecipação aos méritos de Cristo, mantida miraculosamente livre da mancha do pecado original transmitido ordinariamente pela concepção.

Pela metade do século XIX desenvolvimentos acelerados na ciência, teoria social, e a democratização da sociedade e dos governos ameaçaram de tal forma a autoridade do papado que o Papa Pio lançou em 1864 um contundente Sílabo dos erros, no qual ele condenava o socialismo, o comunismo, o racionalismo, o naturalismo, a separação entre Igreja e Estado, e a liberdade de imprensa e de religião. "O pontífice romano", ele disse, "não pode e não deve ser reconciliado e chegar a acordos com o progresso, liberalismo e a civilização moderna". Este pronunciamento atordoou e inibiu os católicos liberais sem totalmente silenciá-los. (Desde então eles têm acomodado a si mesmos à declaração do papa lendo-a em seu contexto; isto é, sustentando que ele investia contra erros particulares contemporâneos, e não contra todos os movimentos liberais.)

O mesmo belicoso papa, ainda na busca de reparar a erosão da autoridade papal, recebeu um apoio judiciosamente limitado do Primeiro Concílio Vaticano em 1870, que definiu as condições sob as quais a infalibilidade poderia ser aplicada:

> O Romano Pontífice, quando fala *ex cathedra* – isto é, quando no exercício de seu ofício de pastor e mestre de todos os cristãos –, em virtude de sua suprema autoridade apostólica define uma doutrina de fé ou costumes que devem ser sustentados por toda a Igreja, possui, pela assistência divina que lhe foi prometida no bem-aventurado Pedro, aquela infalibilidade da qual o divino redentor quis que gozasse a sua Igreja na definição da doutrina de fé e costumes.

Esta doutrina elevou o papa a uma altura suprema no campo da fé e da moral. Mas ela não o salvou das consequências da ascensão do nacionalismo italiano na esteira das agitações de Mazzini e Garibaldi. Pois pouco depois que o Concílio Vaticano fizera sua declaração, o Rei Victor Emanuel veio a fim de capturar Roma, e após um plebiscito no qual os habitantes esmagadoramente dirigiram-no a assim o fazer, ele tomou do papa os Estados Papais, deixando apenas o Vaticano, o Latrão e Castel Gandolfo como áreas nas quais a soberania papal poderia ser exercida.

Modernismo católico

Um movimento de pouca duração chamado de Modernismo Católico surgiu próximo do final do século XIX, buscando reconciliar o catolicismo com o conhecimento científico e o método crítico modernos. Um grupo de acadêmicos católicos tentou entrar em acordo com as teorias de evolução biológica e geofísica, enquanto outros adotaram os métodos de criticismo bíblico correntes entre os protestantes, e, dentre outras coisas, chegaram tão longe a ponto de questionar a historicidade do nascimento virginal, ainda que estivessem dispostos a aceitar sua verdade enquanto um mito esclarecedor. Vozes modernistas foram ouvidas subitamente por todas as partes da Europa. Foram notáveis as de George Tyrrell na Inglaterra, Alfred Loisy na França e Hermann Schell na Alemanha. Mas o Papa Pio X considerou o pensamento do movimento perigoso e condenou-o firmemente em uma encíclica em 1907 que, juntamente com algumas excomunhões em 1910, silenciou o movimento por um tempo ou, como alguns poderiam dizer, o empurrou para a clandestinidade.

Teve mais sucesso, enquanto uma tentativa de inserir a doutrina católica nas formas do pensamento corrente, o recente neotomismo – chamado desta forma porque seus representantes, Jacques Maritain e outros, desejavam definir a filosofia de Tomás de Aquino em termos modernos e aplicá-la em problemas modernos.

Em 1950, o Papa Pio XII agradou aos conservadores ao proclamar como dogma da Igreja a assunção do corpo incorrupto da Virgem aos céus após sua morte. Isto completou um ciclo de declarações na Mariologia, que colocaram o corpo da Virgem em *status* paralelo com o de Cristo: concepção imaculada, virgindade perpétua e ascensão corpórea.

O Papa João XXIII e o Vaticano II

Em 1959, o Papa João XXIII lançou uma convocação que abrangia a todo o mundo católico. Ele requereu que delegados fossem enviados para um concílio ecumênico, que viria a ser conhecido como Vaticano II. O concílio se reuniu em sua primeira sessão em 1962, em Roma, e a ele compareceram 2.500 bispos da Igreja Católica.

O concílio se reuniu em três reuniões subsequentes, em 1963, 1964 e 1965, sob a convocação do Papa Paulo VI, o sucessor do Papa João XXIII, que morrera em 1963. Observadores oficiais de Igrejas protestantes e ortodoxas (incluindo a russa, mas não a grega), leigos selecionados e mulheres "ouvintes" estavam presentes. O concílio, durante suas quatro sessões, buscou se ajustar ao mundo do século XX, além da promoção da unidade cristã. Suas decisões incluíram as seguintes: autorização de um uso mais extenso do vernáculo na celebração dos sacramentos e no culto público (com o efeito de mudanças mundiais litúrgicas e aumento da participação congregacional nas respostas e cantos rituais); endosso da "colegialidade", ou o princípio de que todos os bispos, enquanto sucessores dos apóstolos, dividiam com o papa o governo da Igreja; provisão para uma maior participação leiga na administração eclesiástica através da criação de uma ordem permanente, separada, de diáconos, que incluía homens casados maduros e não meramente jovens celibatários se preparando para o sacerdócio como anteriormente; aprovação da declaração de que nenhuma pessoa deveria ser forçada a agir contrariamente à sua consciência e que as nações, da mesma forma, não deviam nem impor religião nem proibir a liberdade de crença e associação religiosas; autorização de culto prestado por católicos com não católicos em circunstâncias especiais; e reconhecimento definitivo da possibilidade de salvação fora da Igreja.

VATICANO II EM RELAÇÃO ÀS RELIGIÕES NÃO CRISTÃS

A declaração do concílio referente à relação da Igreja com as religiões não cristãs contém as seguintes passagens significativas:

> Desde os tempos mais remotos até aos nossos dias, encontra-se nos diversos povos certa percepção daquela força oculta presente no curso das coisas e acontecimentos humanos; encontra-se

por vezes até o conhecimento da divindade suprema ou mesmo de Deus Pai. Percepção e conhecimento esses que penetram as suas vidas de profundo sentido religioso. Por sua vez, as religiões ligadas ao progresso da cultura, procuram responder às mesmas questões com noções mais apuradas e uma linguagem mais elaborada. (Aqui se segue um parágrafo enumerando as "coisas boas" encontradas em outras religiões: hinduísmo, budismo, Islã e judaísmo.)

Os escritos de teólogos amplamente respeitados, entretanto, eram provavelmente mais representativos da nova abertura no catolicismo romano. Karl Rahner (1904-1984), por exemplo, definiu o próprio dogma como algo vivo, que cresce, como "uma forma de vitalidade permanente" do depósito da fé. Em relação à revelação individual, ele classificou a comunicação divina "enquanto espírito pessoal" acima da autoridade "secundária" da Escritura e dos credos. Entre outras religiões, ele afirmou, muitos "cristãos anônimos" podiam ser encontrados. Ele defendia o direito de ensinar de outros teólogos mais radicais que ele, notavelmente Edward Schillebeeckx e Hans Küng. Ainda que o último, de acordo com uma declaração dada pelo Vaticano em 1979, não mais podia "ser considerado um teólogo católico", ambos tiveram um séquito forte entre os teólogos católicos.

VATICANO II SOBRE O JUDAÍSMO

O tratamento do judaísmo inclui alguns reconhecimentos especiais:

> Ainda que as autoridades dos judeus e os seus sequazes urgiram a condenação de Cristo à morte (13) não se pode, todavia, imputar indistintamente a todos os judeus que então viviam, nem aos judeus do nosso tempo, o que na sua paixão se perpetrou. [...] Além disso, a Igreja, que reprova quaisquer perseguições contra quaisquer homens, lembrada do seu comum patrimônio com os judeus e levada não por razões políticas mas pela religiosa. A caridade evangélica deplora todos os ódios, perseguições e manifestações de antissemitismo, seja qual for o tempo em que isso sucedeu e seja quem for a pessoa que isso promoveu contra os judeus[R].

A condenação do antissemitismo foi bem-vinda em todo o mundo, mas críticos notaram que a frase "seja qual for o tempo em que isso sucedeu e seja quem for a pessoa que isso promoveu" estava longe de arrependimento explícito pelas próprias ações passadas da Igreja contra os judeus ao longo de muitos séculos.

Um documento do Vaticano, "Nós lembramos: Uma reflexão sobre o Shoah [Holocausto]" publicado em 16 de março de 1998, foi muito além e foi caracterizado como sendo mais que uma apologia – "um ato de arrependimento". Ainda assim ele despontou muitos em dois pontos: sua defesa do silêncio do Papa Pio XII, e sua falha em aceitar para a Igreja mesmo a "corresponsabilidade" pela tragédia, como fora previamente feito por alguns bispos alemães e de forma geral pelos protestantes. Ele buscou separar um equivocado antijudaísmo "do qual cristãos [não a Igreja] tinham sido culpados", e antissemitismo nazista, que foi retratado como enraizado em outro lugar: "O Shoah foi obra de um regime neopagão completamente moderno. Seu antissemitismo tinha suas raízes fora do cristianismo".

O Papa Paulo VI: *Humanae Vitae*

De acordo com o princípio da colegialidade e a pedido do Concílio, o Papa Paulo VI organizou em 1967 um Sínodo de Bispos representando hierarquias nacionais de todo o mundo, para aconselhá-lo em questões doutrinárias e decisões administrativas. Ele se reuniu após a convocação em Roma.

O descontentamento se desenvolvera dentro da Igreja, entretanto, não apenas em relação às modificações litúrgicas, mas também em relação às questões de controle de natalidade e casamento opcional entre o clero. A encíclica do Papa Paulo VI sobre o controle da natalidade (*Humanae Vitae*, 1968) reiterou a posição prévia da Igreja contrária a todas as formas artificiais de controle da natalidade. Ela encontrou considerável resistência no mundo católico não apenas entre os leigos, mas também entre sacerdotes e freiras. Algumas hierarquias, ainda que apoiassem oficialmente a encíclica, deixaram sua aplicação para a consciência do indivíduo.

Em 1978 o Papa Paulo VI morreu e foi sucedido pelo Papa João Paulo I, que de imediato afirmou que seguiria seus dois predecessores, conformando-se às decisões do Vaticano II. Ele, no entanto, morreu e foi sucedido por uma escolha surpreendente, um cardeal não italiano (polonês), João Paulo II, comprometido similarmente com o Vaticano II.

João Paulo II: tensões mundiais e o ecumenismo

Desejoso de trazer percepções teológicas aos conflitos entre capitalismo e socialismo e entre os ricos e os pobres, João Paulo II lançou um programa enérgico de visitações mundiais e prolíficas publicações. Das sete encíclicas lançadas na década de 1980, a mais notável por endereçar tensões mundiais foi *Sollicitudo Rei Socialis* (1988), típica dos seus esforços em mediar imparcialmente os conflitos Leste-Oeste e Norte-Sul. Por um lado, a encíclica falou positivamente do "direito à iniciativa econômica", mas os comentários sobre planejamento social que a contrabalanceavam levaram o *Wall Street Journal* a chamá-la de "Marxismo requentado". De qualquer forma, o documento foi além da advocacia da melhora das atitudes morais direcionadas aos pobres, pedindo por mudanças nas instituições.

Entre as encíclicas lançadas na década de 1990, *Ut unum Sint* ("Para que sejam um") foi significativa ecumenicamente. Ela promoveu a conversão pessoal, a fidelidade às Escrituras e o serviço à humanidade como as bases para o ecumenismo. Seu tom geral foi cordial, mas, conforme colocado pelo arcebispo anglicano da Cantuária, havia uma "nódoa" remontando de volta à *Lumen Gentium* ("Luz dos povos") produzida em 1963 durante o Vaticano II. Ela havia apresentado a Igreja como sendo análoga à pessoa de Cristo, sendo "uma realidade complexa que vinha ao mesmo tempo de elementos divino e humano", uma realidade que "subsiste na Igreja Católica, governada pelo sucessor de Pedro [...]". Em outras palavras, seu governo não é determinado historicamente, mas é parte da própria fé. "Não importa o quão caridosamente ela seja reiterada", disse o arcebispo, esta definição "permanece um problema significativo", pois o diálogo não poderia ser iniciado a partir da premissa de que "a Igreja Católica é 'mais Igreja' que o resto de nós".

Atritos dentro das ordens religiosas, uma escassez de sacerdotes em nível mundial e uma insatisfação geral com a lentidão da implementação do Vaticano II incitaram a convocação de um Sínodo mundial de bispos em 1987 a fim de considerar "tarefas apropriadas e específicas" para os leigos. Os bispos discordaram sobre como responder aos movimentos leigos independentes que proliferavam. O Sínodo terminou sem aceitar uma proposta dos bispos norte-americanos de que todos os ministérios (com exceção do próprio sacerdócio) fossem abertos para as mulheres, mas o ímpeto de encontrar novos parceiros ministeriais se mostrava crescente.

Em janeiro de 1989, um encontro de 163 teólogos católicos de fala alemã resultou na elaboração da Declaração de Colônia, criticando o papa por (1) preencher unilateralmente sés vagas, (2) muito frequentemente negar permissão eclesiástica a teólogos para pregar e (3) afirmar autoridade doutrinal e jurisdicional de forma exagerada, especialmente por meio da "fixação intensa" no controle da natalidade, um "ensino altamente particular que não podia ser fundamentado nem nas Escrituras Sagradas nem na Tradição da Igreja". Os principais pontos da declaração foram subsequentemente apoiados por respostas de teólogos franceses, flamengos, espanhóis e brasileiros.

Por ocasião de sua morte, em 2005, João Paulo II havia mantido o mais longo governo na história papal. Em parte por ter sido o papa que mais viajou, ele teve um impacto único na política internacional; foi o primeiro papa não italiano em 450 anos e o primeiro papa eslavo da história. Ele tomou posições altamente visíveis no cenário mundial, apoiando mudanças na Europa Oriental comunista, disciplinando teólogos da Teologia da Libertação na América Latina, e se opondo à guerra no Iraque em 2003. Seu impacto foi sentido também nas relações inter-religiosas. Ele foi o primeiro papa a visitar uma sinagoga e uma mesquita; manteve encontros com líderes de outras crenças, incluindo o Dalai Lama; e promoveu o diálogo com as Igrejas protestantes e ortodoxas.

Sucedendo a João Paulo II vieram mais dois papas não italianos. Seu sucessor, o alemão Bento XVI, tinha sido um conselheiro próximo a João Paulo II e, enquanto ainda cardeal, Joseph Ratzinger fora o cabeça da Congregação para a Doutrina da Fé. Em uma ação surpreendente, Bento XVI resignou em 2013 devido, disse ele, à sua saúde em declínio. O último papa a ter resignado antes de sua morte em ofício fora Gregório XII, em 1415. Em outro marco histórico, seu sucessor foi o primeiro papa na história vindo da América Latina e do Hemisfério Sul: o Cardeal Jorge Mario Bergoglio, arcebispo de Buenos Aires, Argentina, foi eleito pelo conclave papal e tomou o nome de Francisco. Bento XVI então passou a ser referido como papa emérito.

IX – O PROTESTANTISMO NO MUNDO MODERNO

Com talvez apenas uma exceção, as diversificações básicas dentro do protestantismo mundial ocorreram todas antes do século XVIII. A exceção pode ser o metodismo. O metodismo, no entanto, não foi de fato um movimento de reforma, mas essencialmente um reavivamento em resposta às novas condições criadas pelo desenvolvimento da ciência e pelo rápido surgimento do capitalismo industrial. Dessa forma, ele deve ser considerado um fenômeno não imediatamente relacionado com a Reforma.

Deísmo no século XVIII

Foi apenas após o século XVIII que a ciência ocidental, no seu sentido moderno, se tornou difundida de forma geral entre os intelectuais. Quando isto aconteceu, surgiu o Iluminismo do século XVIII. Pela primeira vez no mundo ocidental a religião foi compelida a justificar suas posições de forma indutiva. As pessoas de mentalidade empírica do século XVIII estavam tão insatisfeitas com os dogmas da Igreja que se questionavam o que fizera surgir as religiões primitivas, ou o que era uma "religião natural". A estrutura inteira da religião revelada foi abandonada, e na estimativa de muitas pessoas de visão ampla, a própria religião fora então abatida. Em sua admiração diante das leis duras do universo funcionando de fora belamente mecânica – um universo enxergado através dos olhos de um Galileu ou de um Newton em termos matemáticos – os eruditos iluministas descartaram todos os milagres e providências divinas especiais. Deus não mais era invocado a fim de explicar causas imediatas; Ele não mais era necessário *dentro* da estrutura física da natureza, aparentando estar distante no espaço e no tempo. Os deístas, que adotaram estes pontos de vista, "levaram Deus para as fronteiras do universo". Para eles, Ele era o Ancião de dias, que devia ser reverenciado como o criador que tudo fizera, mas eles virtualmente o "expulsaram para os limiares do mundo", de forma cortês, mas com firmeza.

Os deístas foram representantes de seu tempo ao evitar um conflito entre religião e ciência, separando Deus de sua criação e discutindo que a última se governava por conta própria, podendo assim ser objeto de estudo separado.

Um grande número de clérigos das Igrejas inglesas, e também muitos no continente, altamente educados enquanto classe, mantinha pontos de vista semelhantes aos deístas. De fato, suas devoções eram tão mornas, suas afirmações eram tão completamente desprovidas de mística, que era inevitável que algo como o metodismo devesse surgir a fim de trazer o coração e a alma de volta para o cristianismo inglês. Quando essa renovação do calor religioso ocorreu entre o clero, o povo respondeu avidamente.

Pietismo

Com o início da Revolução Industrial muitas pessoas, saídas de suas fazendas para as cidades, perderam o calor solidário do tão familiar contexto de religião devocional que eles experimentavam na vida em vilas.

A antiga ênfase na experiência em movimentos como os anabatistas (p. 667) floresceu depois no continente. Na Saxônia, os Irmãos Morávios (*Unitas Fratrum*) experimentaram um renascimento no Estado do Conde Zinzendorf. Eles viriam a ter influência em lugares muito distantes, não apenas sobre o metodismo dos Irmãos Wesley, mas por meio de um indivíduo verdadeiramente notável, Johann Amos Comenius (Komensky), cuja liderança inovadora na educação infantil levou-o à Suécia como consultor, e fez com que ele fosse requisitado novamente na Morávia em 1642 por John Winthrop Jr., que buscava um teólogo/educador europeu para torná-lo presidente da Universidade de Harvard.

O termo *pietismo*, depois associado à "religião do coração" – isto é, a afirmação da primazia do sentimento na experiência cristã –, remete a 1870, quando Philipp Jakob Spener patrocinava reuniões (*collegium pietatis*) de amigos em sua casa para a leitura da Bíblia, orações e cantos.

Metodismo: os Wesleys

John Wesley nasceu em uma residência episcopal anglicana em 1703, o décimo quinto filho de Samuel e Susannah Wesley. Seu irmão Charles foi o décimo oitavo. Durante seu tempo de estudos em Oxford os irmãos organizaram um pequeno clube – apelidado jocosamente de *Holy Club* (Clube santo) por alguns colegas. Seu propósito era se encontrar regularmente para o estudo *metódico* e oração (daí o nome metodista que foi dado para o seu movimento). A adição mais importante para seu jovem clube metodista foi George Whitefield, o filho talentoso de um estalajadeiro. John e Charles Wesley partiram como missionários para a nova colônia da Geórgia. Nenhum dos dois obteve muito sucesso ali, ainda que John Wesley tenha feito amizades frutíferas com morávios. Em seu retorno para a Inglaterra, ambos os irmãos recorreram a um morávio, Peter Böhler, em Londres, que os convenceu de que eles não poderiam ser genuínos cristãos até que tivessem experimentado conversão genuína. A experiência veio posteriormente para ambos. Juntamente com Whitefield – também mudado – eles logos estavam pregando ao ar livre para dezenas de milhares de mineiros e trabalhadores profundamente agitados na Inglaterra, Escócia e Irlanda. Era comum entre seus ouvintes a manifestação de emoção com êxtases, excitamento físico, choros, grunhidos e lapsos de consciência. "Capelas" metodistas foram logo erigidas para um culto mais ordeiro, e conforme as circunstâncias apresentavam a necessidade, surgiram inovações caracteristicamente metodistas: "classes", "bandas", "circuitos", "mordomos", "superintendentes" e assim por diante. Sob o aspecto devocional, Charles Wesley contribuiu à causa com hinos altamente emocionais que viriam a ter a mesma utilidade para o cristianismo evangélico que os hinos de Isaac Watts e os de luteranos e morávios tiveram para as Igrejas mais antigas.

As visitas de Whitefield para a América do Norte começaram em 1739. Ele pregava com frequência para imensas multidões ao ar livre. Benjamin Franklin, em sua autobiografia, reconta com seu estilo secamente objetivo como, após ter experimentado a persuasão de Whitefield dentro de quatro paredes (e esvaziado seu bolso no prato da coleta), ele reagiu a ele ao ar livre no centro da Filadélfia.

> Ele tinha uma voz alta e clara, e articulava suas palavras em sentenças tão perfeitas, que podia ser ouvido e compreendido a grande distância [...]. Ele pregava uma tarde do topo dos degraus do Palácio de Justiça, que está no meio da Market-Street, e no lado oeste da Second-Street [...]. Estando entre os últimos na Market-Street, eu tinha a curiosidade de saber o quão longe ele poderia ser ouvido, retirando-me para trás e descendo as ruas em direção ao rio; eu ouvia sua voz ainda distinta até que cheguei perto da Front-Street, quando algum barulho naquela rua encobriu-o. Imaginando então um semicírculo, do qual minha distância deveria ser o raio, e que ele estaria cercado de ouvintes, para cada um dos quais eu atribuía cerca de 1,20m^2, computei que ele poderia ser ouvido por mais de 3 mil [pessoas]. Isto me reconciliou com os relatos dos jornais [que falavam] dele tendo pregado para 25 mil pessoas nos campos, e com as antigas histórias de generais discursando para exércitos inteiros, das quais eu havia duvidado algumas vezes[5].

Trabalhos sistemáticos de organização em prol do metodismo se iniciaram em Nova York por volta de 1766, e os trabalhos épicos de Francis Asbury (1745-1816), o grande pregador itinerante*, garantiram a difusão do metodismo através dos Montes Alleghenies, em direção aos vastos espaços do meio-oeste. Desde então, a Igreja Metodista se tornou uma das grandes denominações nos Estados Unidos.

Jonathan Edwards e o "grande avivamento" na América do Norte

Em Jonathan Edwards (1703-1758) o congregacionalismo na Nova Inglaterra teve um poderoso teólogo – nem sempre rigidamente ortodoxo, como sua proposta de uma "Quaternidade" enquanto alternativa à Trindade pode indicar. Mas ele veio a ser mais lembrado pela mensagem aterrorizante em sua pregação. Seu sermão, "Pecadores nas mãos de um Deus irado", pregado em Enfield, Connecticut, em 1741, tornou-se emblemático de um movimento chamado de Grande Avivamento.

---

* *Circuit rider* no original [N.T.].

A congregação sentada diante dele, de início com nada mais que um interesse morno, pouco esperava a fúria que seria liberada sobre si. Ele leu seu sermão de um manuscrito, mas deixou as pessoas apavoradas quase que a ponto da morte. Varridos por pânico, eles começaram a soluçar alto em sua angústia, chorando, gritando e desmaiando [...] ao final o pregador mal podia ser ouvido, e parou para ordenar que ficassem quietos. Falando sobre o tema "Pecadores nas mãos de um Deus irado", Edwards assinalou a posição precária dos perversos, dos quais seu texto declarava, "seus pés deslizarão no devido tempo". Somente a restritiva graça de Deus, ele disse, evitava os perversos deslizarem no solo escorregadio para a cova, onde as chamas se inflamavam e os demônios aguardavam como leões ávidos por sua presa [...].

Talvez não exista em toda a literatura homilética um clímax tão intenso e de tirar o fôlego como um de seus últimos parágrafos:

Se nós soubéssemos que há uma pessoa – apenas uma! – em toda a congregação, que estivesse sujeita a essa miséria, que coisa horrível seria pensar a respeito disso! Se nós soubéssemos quem ela era, que visão horrível poderia ser a desta pessoa! Como toda a quietude da congregação seria desfeita, em choros de lamento e amargura! Mas, ai de mim! Ao invés de um, quantos irão se lembrar deste discurso no inferno! E será espantoso se alguns que estão agora aqui presentes não estiverem no inferno em muito pouco tempo, antes que acabe este ano. E não seria de se espantar se algumas pessoas que estão sentadas aqui, em alguns lugares desta casa de encontro, saudáveis, quietas e seguras, talvez não possam estar aqui antes da manhã de amanhã[T].

O movimento missionário

O século XIX pode ser considerado como uma grande época pelos protestantes; ele foi aberto com um segundo "Grande avivamento" nos Estados Unidos, composto por uma série de movimentos que ampliaram em muito o número de batistas e metodistas nos estados do centro-oeste. Na Grã-Bretanha, a Igreja da Inglaterra foi poderosamente movida por um movimento evangélico pietista, que nas décadas posteriores resultou no movimento de Oxford, ou Tractariano, na formação da Associação Cristã de Moços (em Londres, em 1844) e na organização do Exército da Salvação (por William Booth em 1865). Na Alemanha, os teólogos Schleiermacher (1768-1834) e Ritschl (1822-1889) deram uma virada nova, liberal, no pensamento religioso protestante. Mas talvez os dois processos mais significativos do século tenham sido a organização de missões mundiais protestantes e a rápida expansão da presença cristã nos países em desenvolvimento ao redor do globo.

Na atividade missionária, os católicos haviam mostrado o caminho muito antes. Eles tornaram a América do Sul e o México católicos, e haviam obtido enorme sucesso no Japão e nas Filipinas. Os protestantes reuniram seu ímpeto mais devagar. Quando os holandeses estabeleceram estações comerciais nas Índias Orientais no século XVII, eles encorajaram missionários a segui-los. No mesmo século, a Igreja da Inglaterra sentiu-se responsável para com os índios norte-americanos, e organizou a Sociedade para a Propagação do Evangelho na Nova Inglaterra, um grupo que no início do século XVIII foi em grande parte suplantado pela Sociedade para a Propagação do Evangelho em Terras Estrangeiras. Os quakers desde o início mandaram missionários para as Índias Ocidentais, Palestina e várias partes da Europa. Os morávios vigorosamente fomentaram missões durante o século XVIII.

Uma nova fase do esforço missionário começou com a publicação dos diários do Capitão Cook, cujas vívidas descrições das condições dos nativos de muitas ilhas do sul do Pacífico, que ele visitara de 1768 a 1779, incitaram a William Carey a ir para a Índia como o primeiro missionário da Sociedade Batista para Propagação do Evangelho entre os pagãos – organização que ele ajudou a fundar em 1792. Em 1795, um grupo interdenominacional formou a Sociedade Missionária de Londres, que enviou seus primeiros nomeados para o Taiti (esta sociedade tem sido desde então parte da denominação congregacionalista). Seguiu-se a formação da Sociedade Missionária de Edimburgo, a Sociedade Missionária de Glasgow, a Sociedade da Igreja Missionária (da Igreja da Inglaterra), e a Sociedade Missionária Metodista Wesleyana.

Diversas reuniões de congregacionais em Massachusetts resultaram em 1810 no nascimento do famoso braço missionário do congregacionalismo norte-americano, a Junta Americana de Comissionados para Missões Estrangeiras, que equivaleria aos esforços britânicos, apresentando devoção similar à expansão do mundo cristão. Subsequentemente organizações similares foram formadas em outras Igrejas norte-americanas. Em 1888 o Movimento Estudante Voluntário para Missões Estrangeiras foi organizado para o estudo de missões e para o recrutamento de novos missionários nas faculdades. Cerca de 9 mil voluntários foram posicionados nas primeiras três décadas de seu trabalho.

Os mórmons

Movido pelo excitamento revivalista do Grande Avivamento no norte do Estado de Nova York, Joseph Smith (1805-1844) experimentou visitações de Deus, que o advertiu acerca das Igrejas existentes e prometeu uma restauração da verdadeira Igreja de Jesus Cristo. Em Fayette, Nova York, em 1830, ele fundou essa Igreja (o nome foi corrigido em 1838 para a Igreja de Jesus Cristo dos Santos dos Últimos Dias). O novo corpo foi guiado por revelações diretas recebidas por Smith. Um anjo que ele chamou de Moroni levou-o a desenterrar placas douradas, nas quais estavam gravadas revelações (ele depois devolveu as placas para o anjo). Smith afirmava que através do "dom e poder de Deus" ele fora capaz de traduzir a linguagem "egípcia reformada" de *O Livro de Mórmon*. O livro descrevia como Cristo visitara as Américas após sua crucificação, instituindo grupos que haviam migrado para ali antes do contato com os europeus. Apesar de *O Livro de Mórmon* ser por vezes chamado de a Bíblia Mórmon, Smith considerava-o como um suplemento para a escritura bíblica. Outras revelações recebidas por Smith se tornaram livros sagrados dos mórmons, notavelmente *Doutrina e pactos* e *Pérola de grande valor*. No tempo de sua morte, Smith tinha estado a trabalhar em uma revisão do Novo Testamento que pudesse incluir profecias de sua própria lavra.

Tendo estabelecido colônias no Missouri, Smith e seus seguidores foram expulsos em 1838, mudando-se então para Nauvoo, Illinois. Smith acendeu os temores de seus vizinhos ao criar uma milícia mórmon e ao anunciar a sua candidatura para a presidência dos Estados Unidos. Nesta época, ele e alguns associados próximos tinham tomado diversas esposas em segredo, e ensinavam controversas novas doutrinas como a preexistência da humanidade e uma pluralidade de deuses. Divisão interna combinada com hostilidade externa resultou na prisão de Smith sob a acusação de traição. Um ataque na cadeia por uma multidão furiosa resultou em sua morte.

Brigham Young sucedeu Smith, liderando aqueles que aceitaram as inovações de Nauvoo e eventualmente estabelecendo uma nova Sião no Utah. Alguns daqueles que ficaram para trás estabeleceram a Igreja Reorganizada de Jesus Cristo dos Santos dos Últimos Dias, com seu quartel-general em Independence, Missouri. O grupo de Utah queria estabelecer o Estado Mórmon de Deseret, mas fez um acordo com as autoridades federais na criação do Estado de Utah, com Brigham Young como seu governador. Em 1890, pressões do congresso fizeram com que o presidente mórmon Wilford Woodruff assinasse um manifesto renunciando aos casamentos múltiplos. Isto simbolizou o fim de uma era de divisões comunais e aspirações a um reino político, e o assentamento em um papel como parte da cena plural norte-americana. Para a regulação de sua vida interna, os Mórmons rejeitavam um clero profissional, criando ao invés disso um sistema no qual todos os homens maduros (incluindo negros, desde 1978) tivessem ofícios em uma elaborada hierarquia de sacerdotes. Todas as propriedades eram reguladas em uma estrutura de *estacas* ("stakes", dioceses) e *ramos* ou *alas* (*wards* – paróquias). A abstenção de álcool, tabaco, chá e café é esperada da parte de todos, e a contribuição do dízimo (décimo) da renda de alguém para a Igreja é obrigatória. Jovens são designados para dois anos de serviço missionário, e os resultados numéricos têm sido impressionantes. Em 2010, a Igreja de Jesus Cristo dos Santos dos Últimos Dias estimava que sua membresia ao redor do mundo fosse maior que 13 milhões, com uma taxa de crescimento de cerca de 1 milhão a cada três anos.

O conflito entre ciência e fé

O século XIX amanheceu com pouca suspeita dos perigos que a ciência colocaria no caminho da fé; bem antes que o século terminasse, porém, uma importante disputa se iniciara entre a religião ortodoxa e um naturalismo criado pela ciência.

Uma das primeiras controvérsias foi causada pelo desenvolvimento do criticismo histórico e a reescrita da história. David Strauss e Ernest Renan, em obras alemãs e francesas que marcaram época, reescreveram radicalmente a vida de Jesus. Os criticismos Baixo (ou textual) e Alto (ou histórico-literário) da Bíblia demonstraram que seus livros eram trabalho de muitos autores em muitas épocas diferentes. Demonstrou-se que o Pentateuco tinha uma autoria composta que se estendia por talvez cinco séculos. Os evangelhos foram dissecados em "Q", "M", "L" e em outros extratos de tradição. Uma feroz controvérsia sobre essas descobertas, enquanto elas eram feitas, dividiram o protestantismo em dois campos, que seriam posteriormente chamados de fundamentalistas (que rejeitavam o criticismo bíblico como grosseira descrença) e modernistas (que aceitavam-no como sólido).

Mas por mais amarga e longa que tenha sido, essa controvérsia acabou sendo ofuscada durante a segunda metade do século XIX pelo coro de protestos furiosos que se seguiram à publicação de *A origem das espécies*, de Darwin. Pois Darwin e seu predecessor na formulação da teoria evolucionária, Lamarck, eram interpretados não apenas como negando a história da criação nos primeiros capítulos do Gênesis, mas lançando fora qualquer teoria da criação que fosse. Filósofos como Thomas Huxley e Herbert Spencer ampliaram a sensação de ultraje entre os conservadores ao rejeitar a doutrina de um fosso intransponível entre seres humanos e o mundo animal, argumentando, ao invés disso, em prol da teoria de que a humanidade emergira através de uma lenta evolução dos macacos antropoides, não consistindo em uma criação separada e especial da parte de Deus.

Muitos fiéis devotos viram-se confrontados por uma escolha inflexível entre posições irreconciliáveis; uma que a ciência era verdade e a religião, falsa; e a outra, que a ciência era feita de palpites arrogantes e a revelação bíblica consistia na própria palavra infalível de Deus, verdadeira desde o princípio até o fim, exatamente como contida na Bíblia. Grupos de defesa exigiam que "ciência da criação" fosse adicionada no currículo das escolas públicas sob o argumento de que a evolução era apenas uma *teoria*. A maior parte dos conselhos escolares resistiu a tais esforços por verem argumentos de que o universo tinha menos de 10 mil anos de idade como baseado em crença religiosa ao invés de evidência científica.

ACEITAÇÃO DA CIÊNCIA: LIBERALISMO E NEO-ORTODOXIA

Cristãos liberais permaneceram certos de que não existia tal irreconciliabilidade entre ciência e religião. Homens como Henry Drummond na Escócia (em seu *Natural Law in the Spiritual World* – "Lei natural no mundo espiritual") e John Fiske na Nova Inglaterra (em *Outlines of Cosmic Philosophy* – "Rudimentos de filosofia cósmica" e *The Idea of God as Affected by Modern Knowledge* – "A ideia de Deus, enquanto influenciada pelo conhecimento moderno") tentaram mostrar que ciência e religião podem de fato ser reconciliadas através da teoria que a evolução é o método de criação de Deus. A história bíblica da criação, eles defenderam, deveria ser vista como uma teorização devota pré-científica, poética se não literariamente verdadeira, e que ainda que sua essência não fosse refutada pela ciência, sua forma requeria interpretação. Com este início, a **teologia liberal** seguiu confiantemente rumo à tarefa de reconstrução, certa de que a essência da fé cristã nunca fora abalada pelas descobertas de uma cuidadosa e não metafísica ("pura") ciência. De fato, liberais defendem frequentemente como os valores humanitários da fé cristã, somados com a criativa objetividade da ciência, colaboram para o contínuo progresso no estado da humanidade.

Este ponto de vista liberal, tão confiante e otimista em sua fé em Deus e na humanidade, foi severamente abalado pela catástrofe da Primeira Guerra Mundial. Depois disso emergiu a **neo-ortodoxia**, que aceitava as descobertas da ciência e a crítica histórica, mas insistia que Deus não estava na natureza e na história da forma que diziam os liberais. Deus seria transcendente, existindo bem à parte da natureza e da humanidade, consistindo de fato no Completamente Outro, o Absoluto, que precisa quebrar a barreira do erro humano e da autocontradição que o separa dos humanos de forma a aparecer na história humana. Sem tal quebra e travessia, a humanidade está perdida. Os campeões – Karl Barth e seus seguidores – deste dualismo entre Deus e o mundo dominaram a discussão por um tempo; mas os campeões da imanência divina em um sentido ou outro voltaram a negar que o Deus da neo-ortodoxia tinha qualquer relevância contemporânea, alguns chegando tão longe a ponto de localizar Deus no mundo, vindo a ser chamados de "secularistas religiosos".

FUNDAMENTALISMO

Fundamentalismo é o movimento conservador que primeiro apareceu como reação às aplicações da ciência; ele encontrou um nome e um contínuo senso de identidade (em oposição ao modernismo) através do surgimento de uma série de panfletos, *Os fundamentos: um testemunho da verdade* (1910). O fundamentalismo veio a ser associado com os seguintes cinco pontos, enfatizados nestes panfletos:

1) a inspiração verbal da Bíblia;
2) o nascimento virginal de Cristo;
3) a expiação substitutiva de Cristo;
4) a ressurreição corpórea de Cristo;
5) a segunda vinda de Cristo.

O movimento foi mais comumente conhecido como "fundamentalismo" até a formação da Associação Nacional de Evangélicos em 1942. Compartilhando muito da perspectiva fundamentalista, os evangélicos tinham tomado pontos de vista de alguma maneira menos rigidamente literais da interpretação bíblica e tinham sido mais articulados ao oferecer uma alternativa para o liberalismo na discussão teológica. Outros conservadores, preferindo colocar ênfase maior na experiência pessoal de conversão, preferiam ser conhecidos como cristãos "carismáticos" ou "nascidos de novo".

A "direita religiosa"

O acesso a amplas audiências (e financiamento) por meio de lista de e-mails, rádio e televisão tem associado o protestantismo conservador com movimentos mais amplos, quase religiosos, descritos em termos políticos como "**direita religiosa**". Na década de 1970, por exemplo, o movimento conhecido como "Moral Majority", do Reverendo Jerry Falwell, uniu muitos elementos díspares, incluindo protestantes brancos conservadores, mórmons, judeus sionistas e católicos politicamente conservadores em uma coalizão que se opunha ao aborto, ao *busing**, à homossexualidade, à pornografia, à educação sexual nas escolas públicas, à facilitação do divórcio e à proposta da Emenda dos Direitos Iguais (*Equal Rights Amendment*). A coalizão defendia a oração nas escolas públicas, o ensino do criacionismo, a censura comunitária de livros escolares, a punição capital, a família tradicional, o acúmulo de poderio militar e o crescente apoio dos Estados Unidos a Israel. Através do uso muito efetivo e constante da mídia moderna, o *Moral Majority* veio a exercer um grau de influência sobre a política doméstica dos Estados Unidos bastante fora de proporção em relação à sua quantidade real de membros, que nunca foi muito grande. No outono de 1989, a organização *Moral Majority* foi desbandada.

No cenário político, o ativismo do *Moral Majority* foi substituído pela *Christian Coalition*, uma organização lobista isenta de impostos cuja principal forma de alcance aos indivíduos era a distribuição através das Igrejas do "Guia dos eleitores", mostrando como os candidatos tinham votado em questões importantes para os cristãos conservadores – particularmente aborto, homossexualidade e pornografia.

A *Coalition* obteve alguns sinais de sucesso, particularmente com conselhos de Estado e de escolas locais, e em seus objetivos educacionais. Significativamente, o movimento quase que completamente cooptou o termo *Christian* no vernáculo inglês americano. É talvez um testemunho do poder da comunicação em massa em nossa cultura que todos os outros grupos são referidos por nomes denominacionais; no uso popular, "cristão" (*Christian*) agora denota a aceitação do pacote de "valores da família".

A Igreja e as (muitas) Igrejas

MOVIMENTOS EM DIREÇÃO À UNIÃO DA IGREJA

As fissões e separações dentro do protestantismo têm diminuído desde o trauma da Segunda Guerra Mundial. A união entre as Igrejas protes-

---

* Prática norte-americana de transporte escolar por meio de ônibus para diminuir a segregação racial nas escolas [N.T.].

tantes tem sido incitada por mais de um século, e as recentes viradas em direção a um ecumenismo ativo da parte da Igreja Católica Apostólica Romana têm ampliado as esperanças que incluem uma eventual reunião de todos os cristãos.

> ## Rumo à cura dos rachas
>
> As esperanças para uma crescente irmandade entre protestantes e católicos aumentaram em 2016 quando o Papa Francisco e o Bispo Munib A. Younan, presidente da Federação Luterana Mundial, copresidiram a comemoração conjunta católico-luterana da Reforma em Lund. Os dois líderes religiosos se juntaram em um culto de oração comum expressando agradecimentos por aspectos benéficos da Reforma, especialmente a centralidade das Escrituras na vida da Igreja. Pediram perdão pelas divisões e se comprometeram a trabalhar conjuntamente a fim de ajudar o pobre e promover justiça. As relações entre as duas Igrejas têm melhorado através de mais de cinquenta anos de diálogo.
>
>> O mais alto nível de autoridade repousa com a Declaração conjunta da Doutrina da Justificação, assinada por representantes da Federação Luterana Mundial e da Igreja Católica Apostólica Romana em Augsburgo, Alemanha, em 31 de outubro de 1999, e assinada pelo Concílio Mundial Metodista em 2006*.

* Declaração preparada pela Comissão Luterana Católico-romana sobre unidade. *Do conflito à comunhão: Comemoração comum Luterana Católico-romana da Reforma em 2017.* Leipzig/Paderborn: Evangelische Verlagsanstalt/Bonifatius, 2013.

Na Europa, as primeiras grandes realizações em prol da unidade ocorreram na área de missões estrangeiras. Os problemas de cooperação interdenominacional nos campos de missões levaram à convocação da Grande Conferência Missionária de Edimburgo de 1910, que resultou na formação do Concílio Missionário Internacional (1921), uma organização que atualmente está mesclada com o Conselho Mundial de Igrejas. O próprio Concílio mundial emergiu das esperanças da Igreja da Inglaterra (ou episcopal) de servir como uma mediadora entre os mundos protestante e católico; essas esperanças finalmente levaram à primeira assembleia do Conselho Mundial de Igrejas, reunida em Amsterdã em 1948. O Concílio tem desde então se reunido em países como os Estados Unidos, Índia, Quênia e Brasil. Foram admitidas em sua membresia todas as Igrejas ortodoxas orientais; ele também tem sempre convidado observadores da Igreja Católica Apostólica Romana, que têm comparecido a cada sessão em números crescentes.

UNIÕES ORGÂNICAS

O ecumenismo tem se expressado não apenas em federações como o Conselho Mundial de Igrejas, que mantém intactas as denominações de seus membros, mas também em uniões orgânicas através de fusões. Um exemplo do último tipo pode ser encontrado na Igreja Unida do Canadá (presbiterianos, metodistas e congregacionais, 1925). Ao longo de linhas que perpassam denominações, ramos das Igrejas luterana e presbiteriana nos Estados Unidos têm se juntado. Talvez mais significativo, por atravessar fronteiras mais "familiares", foi a formação em 1947 da Igreja do sul da Índia (dioceses anglicanas com Igrejas de herança não episcopal) e em 1957 da Igreja Unida de Cristo (Igrejas congregacionais cristãs com a Igreja Evangélica e Reformada).

CONTRACORRENTES

A corrente principal (*mainstream*) da expressão cristã na virada do milênio produziu três contracorrentes: uma proliferação de organizações quase cristãs e sincréticas, uma fuga da espiritualidade organizada para a privada e, além destas, uma fome pela mistura de todas as religiões.

1) O espaço não permite sequer uma enumeração das novas seitas organizadas, muitas delas produto da força empreendedora de personalidades carismáticas. Em 2001, as revistas de notícias norte-americanas apresentaram assuntos religiosos muito mais frequentemente do que nos anos anteriores – uma delas estimando "milhares" de seitas quase cristãs apenas na África.

2) O uso do termo *espiritualidade* em periódicos públicos aumentou grandemente. Um estudo de 1997 no *Journal for the Scientific Study of Religion* focou-se nos significados percebidos de "religiosidade" e "espiritualidade" entre onze grupos variados demograficamente e indicou que – com a exceção do segmento católico-romano – os entrevistados tendiam a perceber os dois termos como contrastantes ao invés de congruentes. A implicação é que a religião é vista como confinante a respeito de pensamento e ação (de fato, muitas definições de religião incluem dimensões comunais, éticas e cognitivas). Se há um elemento comum em tal uso de "espiritualidade", ele tem a ver com a liberdade em relação a prestação de contas: uma afirmação da autenticidade do *insight* emocional interno de alguém, uma posição além de qualquer desafio à convicção do seu pensamento ou comprometimento com consistência ética.

3) Um contraste menos rigoroso entre religião e espiritualidade torna possível perceber uma abertura para todas as religiões enquanto *uma* religião. Ignorar diferenças entre as religiões mundiais torna possível vê-las todas como expressões equivalentes de "espiritualidade". Isto torna a escolha entre elas desnecessária e encoraja misturas pessoais. Uma inclinação em direção à meditação e uma abertura em direção a múltiplos renascimentos é sugestivo de formas hindu-budistas, mas nas mentes ocidentais os renascimentos não são percebidos como retornos a um cenário de sofrimento, mas antes como recompensas. A metáfora "nós todos estamos escalando a mesma montanha por lados diferentes" sugere que o quanto mais hindu alguém for, ou mais cristão, ou mais muçulmano, haverá maiores convergências entre eles.

Mas se "para cima" significa intensificação, ela pode significar uma metáfora rumo a um desfiladeiro: o quanto mais nos movimentamos "para cima", o tanto mais nós podemos nos distanciar mutuamente.

X - TENDÊNCIAS TEOLÓGICAS RECENTES

Teologia Negra

"O Jesus branco está morto. Ele foi morto em algum lugar entre Hiroshima ou Nagasaki e a estrada para Selma, Alabama"[U]. (Selma foi cenário de violência policial contra defensores de direitos civis.) Declarações como essa ligam a Teologia Negra aos temas da morte e renascimento da década de 1960. Em maio de 1969, Igrejas brancas foram expostas ao *Black Manifesto*, escrito em uma conferência em Detroit sobre desenvolvimento econômico negro. Sua exigência de 500 milhões de dólares em "reparações" provocou tumulto generalizado, mas sua linha de raciocínio atingiu apenas uma audiência limitada de teólogos.

Livros e artigos de Albert Cleage, James Cone, Deotis Roberts e outros deram circulação para a Teologia Negra enquanto uma modalidade distinta. Neste cenário, as contínuas e dolorosas batalhas em relação a separação e integração foram renovadas em termos teológicos. Poderia alguém se *importar* pelos brancos e buscar reconciliação, ao mesmo tempo em que pedia a destruição de tudo que era branco? As acusações inflamadas eram comprometidas por ambiguidades. Cone escreveu: "Ser negro significa que seu coração, sua alma, sua mente e seu corpo estão onde estão os despossuídos"[V], mas outras passagens, mais estridentes, soavam como apelos por um separatismo negro racista. A situação perceptiva para os afro-americanos se torna ainda mais complicada pelas rápidas mudanças ocorrendo na demografia norte-americana. Não mais a maior minoria nos Estados Unidos, os afro-americanos têm passado por pressões conflitantes ainda maiores, geradas em grande parte internamente, de ou serem assimilados ou se separarem culturalmente. Parece provável que a Teologia Negra continuará a servir como um fórum para o debate teológico, refletindo as forças divergentes que são exercidas na comunidade, mas não é claro até em que extensão ela irá relacionar suas preocupações com outras teologias da libertação.

Teologia da Libertação

A mensagem social do Concílio Vaticano II foi traduzida em ações e propósitos definidos para a América Latina em uma conferência de bispos ocorrida em Medellín, na Colômbia, em 1968. Como seu resultado uma variedade de alianças entre Igrejas e movimentos revolucionários socialistas emergiu no final da década de 1960 e na década de 1970. A teologia defendendo a libertação advogada por esses movimentos recebeu atenção mundial, primeiramente em 1971 após a publicação no Peru de *Uma Teologia da Libertação*, por Gustavo Gutiérrez. As forças desumanizantes da pobreza e da exclusão desafiavam a Igreja, afirmava Gutiérrez, a definir um curso de ação prática libertadora, ou *práxis*: "Como você diz para o pobre: 'Deus te ama?'" Ele e seus associados – que contavam com alguns protestantes, além de católicos – concordavam que o que era mais necessário não era uma ortodoxia (correta doutrina) irrelevante (europeia), mas uma *ortopráxis* (o fazer correto), ou seja, a obediência a um Deus libertador.

Os bispos latino-americanos que se reuniram em Puebla, México, no ano de 1979, perturbados tanto pelas conexões históricas da Igreja com a riqueza e poder quanto por sua presente conscientização das desesperadas necessidades sociais de suas circunscrições, se depararam, nos debates efetuados na conferência, com as questões da Teologia da Libertação ocupando posição central. Forças da direita política controlaram os *papers* iniciais e os procedimentos da conferência (os teólogos da libertação proeminentes foram excluídos de participação direta). O Papa João Paulo II abriu o evento e tomou uma posição cautelosa, mediadora, mas os teólogos da libertação sentiram que sua colaboração indireta por meio de bispos amigáveis tinha tido sucesso em reintroduzir alguns temas ativistas dentro do próprio documento preliminar, de caráter ainda conservador.

A encíclica *Dominum et Vivificantem,* "O Senhor e doador da vida" (1986), focou-se em questões de grande preocupação para os defensores da Teologia da Libertação, mas provou-se, no todo, um desapontamento para os mesmos. Ao mesmo tempo em que convocava os cristãos para trabalhar em auxílio aos pobres, ela era crítica quanto ao envolvimento político e o materialismo marxista: a Igreja não deveria se distrair do esforço na "conversão dos corações". Muitos acharam irônico que, quando João Paulo II visitou países do Terceiro Mundo, nos quais o crescimento populacional ultrapassava a produção de alimentos, ele escolheu enfatizar a posição da Igreja referente ao controle da natalidade.

Teologia Feminista

Também um produto em grande parte dos movimentos sociais do final da década de 1960 e da década de 1970, a Teologia Feminista teve duas proeminentes porta-vozes, ambas de formação católica. Identificando a Igreja como o instrumento condutor da opressão das mulheres, Mary Daly gerou novas esperanças em 1968 ao clamar por uma transformação radical; em seus escritos subsequentes, no entanto, ela se moveu para uma posição feminista pós-cristã segundo a qual querer igualdade na Igreja seria "comparável a um negro exigir igualdade na Ku Klux Klan"[W1]. Em termos positivos, ela clamou pela celebração do "*ser/existência*" *(be-ing)* feminino.

> *Se-ndo/existi-ndo** é o termo [*verb*] que demonstra as dimensões de profundidade em todos os outros verbos, tais como intuindo, amando, imaginando, fazendo, agindo, assim como encorajando, esperando e brincando – ações que estão sempre presentes quando alguém está realmente vivendo[W2].

Enquanto os pontos de vista de Mary Daly não tenham tido um grande número de seguidores, mais e mais mulheres têm se indignado com os comportamentos e atitudes paternalistas existentes hoje. Algumas mulheres têm se tornado receptivas a termos cunhados como *womanspirit*, uma referência às sensibilidades e ensinos espirituais surgidos da rejeição feminista do imaginário religioso masculino e da autoridade masculina encontrada nas religiões mais tradicionais. Resumindo-os, as mentes formadas na cosmovisão paternalista "simplesmente não entendem".

Rosemary Radford Ruether tem permanecido nas correntes principais do discurso teológico, encontrando ligações entre a Teologia Feminista e outras teologias da libertação, e contribuindo com suas próprias avaliações críticas. Ela adverte, por exemplo, contra a simplificação demasiada de análises do tipo "opressor X oprimido".

> Na medida em que eles (grupos oprimidos) não estão de forma alguma preocupados em manter um discurso profético adequado aos opressores, na medida em que eles nos repudiam como pessoas [...] ambos abortam suas possibilidades enquanto uma força libertadora para os opressores e, em última instância, fazem descarrilhar o próprio poder de libertarem a si mesmos[X].

Sexualidade humana

As mudanças de comportamento na Europa e na América do Norte levaram a Igreja a reexaminar as questões da sexualidade humana. Os cristãos refletiram movimentos gerais na sociedade, na qual muitos homens e mulheres viviam juntos e tinham filhos antes ou fora do casamento. Ainda que a homossexualidade tenha mantido seu estigma negativo para muitas pessoas, diversos outros instigam a Igreja a ser mais acolhedora e inclusiva em relação aos *gays* e lésbicas, assim como a modificar tabus tradicionais contra uniões homossexuais e *gays* no clero.

Em 2003, a Igreja Episcopal nos Estados Unidos ordenou bispo a Gene Robinson, o primeiro

---

* *Be-ing*, no original inglês. Suas nuanças e modificações na língua original e na intenção da autora não se traduzem literalmente com exatidão para a língua portuguesa. O significado implicado no texto original é expresso melhor no uso do gerúndio na língua portuguesa do que propriamente o verbo ser/estar, mas o uso simples de *being* é mais usualmente empregado na literatura religiosa – e nesta obra em particular – como "existência" [N.T.].

694 PARTE 4 - As religiões do Oriente Médio

1758, Mecklenburg, Virgínia: uma congregação batista negra é formada na plantação de William Byrd.

1787, Filadélfia: Richard Allen funda a Igreja Madre Betel. Em 1816 preside como bispo a I Conferência Geral da Igreja Metodista Episcopal Africana (AME).

1805, Boston: fundação da Primeira Igreja Batista Africana, liderada pelo Rev. Thomas Paul.

1821, Nova York: fundada a Igreja Metodista Zion Africana.

1847, Rochester: Frederick Douglas, abolicionista e orador, inicia a publicação do jornal *North Star*.

1856, Ohio: fundação da Universidade de Wilberforce. Afiliada à Igreja Metodista Episcopal Africana (AME), é a primeira universidade de propriedade e gestão de negros.

1867, Augusta, Geórgia: o Instituto Augusta é fundado no porão da Igreja Batista de Springfield. Depois foi transferido para Atlanta, passando a se chamar Morehouse College.

1881, Atlanta: a escola que posteriormente se tornará o Spelman College é inaugurada no porão da Igreja Batista da Amizade.

1896, Washington: a Suprema Corte dos Estados Unidos, pela Decisão Plessy v. Ferguson, defende a segregação racial no país.

1909, Nova York: o historiador e sociólogo negro W.E.B. Dubois funda a Associação Nacional para o Progresso de Pessoas de Cor (Naacp).

1934, Chicago: Elijah Muhammad estabelece a Nação do Islã ("muçulmanos negros"), um movimento quase separatista. Em 1962, a *Autobiografia de Malcolm X* destaca a crescente militância e o separatismo.

1954, Washington: em resposta ao Caso Brown v. Board contra o Conselho de Educação, a Suprema Corte dos Estados Unidos declara, em decisão histórica, a inconstitucionalidade da segregação racial nas escolas públicas do país.

1955, Montgomery: Rosa Parks (negra) é presa por se recusar a ceder seu assento no ônibus a um homem branco (os primeiros assentos eram reservados às pessoas brancas). Isso gerou o nascimento do Movimento Pelos Direitos Civis dos Negros nos Estados Unidos.

1957, Atlanta: conferência de liderança cristã do sul organizada pelo Dr. Martin Luther King Jr. Igrejas negras lideram a luta legal pelos direitos civis.

1963, Washington: Dr. King apresenta seu discurso *Eu tenho um sonho* no memorial de Lincoln para 250 mil defensores dos direitos civis presentes na marcha em Washington.

1968, Mênfis, Tennessee: Dr. Marthin Luther King é assassinado.

1968 até o presente: embora a legislação na década de 1960 tenha resolvido muitas questões em relação aos direitos, os Estados Unidos continuam a lidar com problemas como a segregação racial regional e questões sociais ainda não resolvidas. Como têm feito cerca de 250 anos, as instituições religiosas negras continuam fornecendo liderança e um corpo diplomático confiável que pode trabalhar efetivamente com a maioria branca.

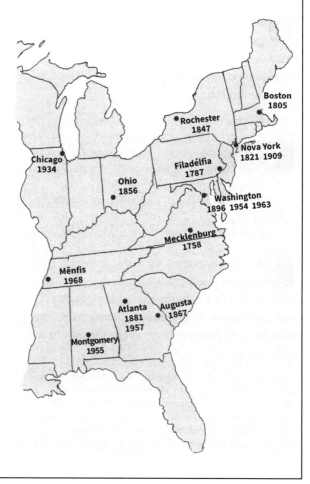

"Religião negra" e o movimento de justiça social

bispo abertamente *gay* na denominação. Seis anos depois dissidentes fundaram a Igreja Anglicana da América do Norte; sua esperança, insatisfeita ainda em 2017, era ser reconhecida por dois terços dos primados anglicanos no mundo como a verdadeira Igreja Episcopal dos Estados Unidos. Em 2005, a Igreja Unida de Cristo (United Church of Christ – UCC) se tornou a primeira denominação protestante tradicional a autorizar seu clero a executar uniões de casais do mesmo sexo, exortando também a sociedade a reconhecer tais uniões. Em 2010, a Igreja Evangélica Luterana na América (Evangelical Lutheran Church in America – Elca) aprovou a ordenação de clérigos *gays* e lésbicas que estivessem em um relacionamento comprometido e monogâmico. Novamente ocorreram protestos, e congregações se separaram tanto da UCC quanto da Elca.

Enquanto isso, algumas denominações se agarram a valores tradicionais. Em 2005, o Vaticano lançou uma instrução que impedia a entrada nos seminários e no sacerdócio "daqueles que praticam a homossexualidade, que apresentam tendências homossexuais profundamente enraizadas, ou que apoiam a chamada 'cultura *gay*'". No mesmo ano importantes denominações protestantes deram passos em oposição ao relaxamento de tabus: a Igreja Presbiteriana (Estados Unidos) votou a favor de manter seu banimento das ordenações de lésbicas e *gays* praticantes; e a Igreja Unida Metodista depôs uma antiga pastora associada que se revelou lésbica para sua Igreja.

Cristianismo global

Próximo ao início do século XXI, a Igreja na Europa e na América do Norte havia acordado para uma nova realidade: o cristianismo havia crescido no Hemisfério Sul em uma taxa espantosa. Phillip Jenkins escreveu: "Ao longo do século passado [...] o centro de gravidade no mundo cristão se moveu inexoravelmente para o sul, para a África, Ásia e América Latina. Hoje, as maiores comunidades cristãs do planeta podem ser encontradas na África e na América Latina"[Y1]. De fato, de 1900 a 2010, o número de cristãos na África cresceu de 10 milhões para 520 milhões, e aproximadamente 40% de todos os católicos agora vivem na América Latina. A importância do catolicismo meridional foi demonstrada pela proeminente menção de candidatos africanos e latino-americanos para o papado seguindo a morte de João Paulo II.

Esta "Terceira Igreja", como tem sido chamada, é uma forma tão distinta de cristianismo como o protestantismo ou o cristianismo ortodoxo. Ela é geralmente mais conservadora em teologia e moral do que sua contraparte setentrional, sendo dominada pelas correntes evangélicas* e pentecostais. A salvação pessoal é geralmente enfatizada mais do que a ação política. Há uma forte orientação sobrenatural, e as tradições e crenças locais encontram espaço dentro da prática cristã. De fato, "neste mundo duro, a profecia é uma realidade cotidiana, enquanto que a cura pela fé, exorcismo e sonhos-visões são todos componentes básicos da sensibilidade religiosa"[Y2].

Nosso espaço é limitado. Muito não foi dito, e haverá ainda muito a se falar diariamente sobre uma comunidade de fé que, juntamente com o judaísmo, faz da revelação de Deus na história seu foco constante.

---

* *Evangelical* – no original de *Evangelicalism* – significando grupos específicos fundamentalistas e conservadores dentro do protestantismo norte-americano, tem o significado mais restrito do que "evangélicos" no Brasil, usualmente aplicado ao protestantismo como um todo, incluindo o pentecostalismo e o neopentecostalismo [N.T.].

GLOSSÁRIO

Anabatistas "rebatizadores": seitas protestantes do século XVI que defendiam que o chamado para a fé cristã é experiencial e que o batismo é válido apenas como um comprometimento voluntário de uma pessoa madura o suficiente para se tornar um fiel.

Arianismo: pontos de vista promovidos por Ário de Alexandria no século IV, afirmando que Cristo era um ser criado, "feito" em algum ponto no tempo, não sendo coeterno com Deus – uma heresia descartada no Credo de Niceia pelas frases "nascido, não feito" e "de uma substância com o Pai".

Direita religiosa: principalmente, mas não necessariamente, evangélicos protestantes brancos que são tanto política quanto religiosamente ativos em causas conservadoras. A maioria crê que a Bíblia é verdade literal. Politicamente, alguns enfatizam questões sociais e culturais, enquanto outros também advogam posições conservadoras em políticas externas e econômicas.

Docetismo, "aparenteísmo": um ponto de vista herético da pessoa de Cristo derivado de se aplicar o dualismo gnóstico, com qualquer humanidade real sendo excluída, pois a divindade encarnada seria contaminada; assim, a verdade salvífica (*gnosis*) poderia ser entregue apenas por uma aparição divina, um ser humano em "aparência".

Escolástica: forma de pensamento medieval que construía um sistema sobre o dogma religioso a fim de manter separadas mas, ainda assim, conciliáveis, as esferas da religião e filosofia, da fé e da razão.

Filioque, "e do Filho": uma cláusula enfatizando a igualdade das Pessoas na Trindade (o Espírito "procede do Pai e do Filho"); Santo Agostinho insistiu nela, e a cláusula encontrou seu lugar nas versões latinas do Credo da Calcedônia, para a aflição da Igreja Ortodoxa Grega.

Fundamentalismo: doutrina conservadora, enquanto oposta à teologia modernista-liberal e ciência evolucionista. Geralmente definido em cinco pontos: inspiração verbal das Escrituras, nascimento virginal literal, expiação substitutiva, ressurreição corpórea, e a segunda vinda de Cristo.

Gnosticismo: visão dualística separando por completo Deus, divindade e Espírito do mundo material contaminado; a salvação viria do conhecimento esotérico (*gnosis*) apenas, e não por seres humanos ou eventos históricos corporificados (contaminados pela matéria).

Imaculada Conceição: a doutrina proclamada como dogma oficial da Igreja Católica Apostólica Romana em 1854, de que Maria em sua concepção fora isolada do pecado original herdado – um ponto de vista logicamente necessário se o pecado é definido em termos aristotélicos como uma *substância*.

Marcionismo: pontos de vista atribuídos a Marcião de Sinope (século XX EC), que aceitava ideias gnóstico-docéticas e incitava que os cristãos deveriam repudiar o Antigo Testamento e sua divindade contaminada pela matéria; ele propôs um cânon composto de um Evangelho editado e de dez cartas de Paulo.

Neo-ortodoxia: nascida durante as crises existenciais apresentadas pelo totalitarismo na Europa, este movimento compartilhou com o liberalismo a aceitação da ciência, a revelação historicamente condicionada e um evangelho social, mas enfatizou uma natureza humana pecadora (orgulhosamente arrogante), a transcendência de Deus e um relacionamento dialético entre teologia e cultura.

Nestorianismo: doutrina de Nestório de Constantinopla (século V), ainda mantida em algumas

Igrejas ortodoxas, de que Cristo tinha duas naturezas "distintas", humana e divina, e que a Virgem Maria não deveria ser chamada Mãe de Deus (*theotokos*).

Sola fide* e *sola scriptura: pontos de vista de Lutero de que a salvação é baseada "apenas pela fé" (*sola fide*) ao invés de obras, e que a autoridade na Igreja é baseada "apenas nas Escrituras" (*sola scriptura*), ao invés da "tradição" controlada eclesiasticamente; a avaliabilidade dessas duas fontes para os indivíduos levou ao ponto de vista da Reforma do sacerdócio de todos os fiéis.

Teologia liberal: um movimento do século XIX e do início do século XX aceitando as descobertas da ciência evolucionista e o estudo histórico-crítico da Bíblia, enfatizando a imanência de Deus, a expiação como exemplo moral, o potencial para o bem na natureza humana, e um evangelho social para uma reforma construtiva da sociedade.

Transubstanciação: doutrina católico-romana de que o vinho e o pão da Eucaristia são modificados em *substância* para o corpo de Cristo (ainda que não em suas propriedades *acidentais* como odor, textura etc.). Igrejas ortodoxas orientais e protestantes (não comprometidas com uma filosofia da *substância*) usam linguagem mais mística e metafórica para descrever a presença real de Cristo na Eucaristia.

LEITURAS SUGERIDAS

BAER, H.A.; SINGER, M. *Afro-American Religion in the Twentieth Century: Varieties of Protest and Accommodation*. Knoxville: University of Tennessee Press, 1992.

BAINTON, R. *Here I Stand: A Life of Martin Luther*. Nova York: Abingdon-Cokesbury, 1950.

BATTENHOUSE, R.W. (ed.). *A Companion to the Study of Saint Augustine*. Nova York: Oxford University Press, 1955.

FERM, D.W. *Contemporary American Theologies*. Nova York: Seabury, 1981.

FRAZIER, E.F. *The Negro Church in America*. Nova York: Schocken Books, 1981.

FRENCH, R.M. *The Eastern Orthodox Church*. Londres: Hutchinson, 1951.

GASPER, L. *The Fundamentalist Movement*. The Hague: Mouton, 1963.

GILBY, T. *St. Thomas Aquinas' Philosophical Texts*. Nova York: Oxford University Press, 1952.

GILSON, E. *History of Christian Philosophy in the Middle Ages*. Nova York: Random House, 1955.

GRANT, R.M. *Gnosticism and Early Christianity*. Nova York: Harper, 1966.

GUTIÉRREZ, G. *A Theology of Liberation*. Maryknoll: Orbis Books, 1971.

HOPKINS. C.H. *The Rise of the Social Gospel in American Protestantism 1865-1915*. New Haven: Yale University Press, 1940.

JENKINS, P. *The Next Christendom: The Rise of Global Christianity*. Oxford: Oxford University Press, 2002.

JENKINS, P. *The Lost History of Christianity: The Thousand-Year Golden Age of the Church in the Middle East, Africa, and Asia – and How It Died*. Nova York: HarperOne, 2008.

LATOURETTE, K.S. *History of the Expansion of Christianity*. Nova York: Harper & Brothers, 1937-1945.

LATOURETTE, K.S. *A History of Christianity*. Nova York: Harper, 1953.

LOSSKY, V. *The Mystical Theology of the Eastern Church, members of the Fellowship of St. Alban and St. Serguis*. Crestwood: St. Vladimir's Seminary Press, 1957.

MANSCHRECK, C.L. (ed.). *A History of Christianity – Vol. II: Readings in the History of the Church from the Reformation to the Present*. Englewood Cliffs: Prentice-Hall, 1964.

MARSDEN, G.M. Fundamentalism as an American Phenomenon. *Fundamentalism and American Culture*. Oxford: Oxford University Press, 2006, p. 221-228.

MARTY, M.; APPLEBY, R.S. (eds.). *Fundamentalisms Observed*. Chicago: University of Chicago Press, 1992.

NUTH, J.M. *Wisdom's Daughter: The Theology of Julian of Norwich*. Nova York: Crossroad, 1991.

PETRY, R.C. (ed.). *A History of Christianity – Vol. I: Readings in the History of the Early and Medieval Church*. Englewood Cliffs: Prentice-Hall, 1962.

RILLIET, J. *Zwingli, Third Man of the Reformation*. Filadélfia: Westminster, 1959.

RUETHER, R.R. *Religion and Sexism*. Nova York: Simon & Schuster, 1974.

RUETHER, R.R. *Womanguides: Readings Toward a Feminist Theology*. Boston: Beacon, 1985.

SMITH, J. Moroni's Visit Testimony of the Prophet Joseph Smith. In: FISHER, M.P.; BAILEY, L.W. *An Anthology of Living Religions*. 2. ed. Upper Saddle River: Prentice Hall, 2008, p. 336-337.

ST. AUGUSTINE. *Confessions*. [s.n.t.].

ST. AUGUSTINE. *City of God*. 8. ed. Edimburgo: T. & T. Clark, 1934.

WALKER, W. *A History of the Christian Church*. Rev. de W.P.C.C. Richardson e R.T. Handy. Nova York: Charles Scribner's, 1959.

REFERÊNCIAS

[A] WALKER, W. *A History of the Christian Church*. Nova York: Charles Scribner's, 1918, p. 61. Reimp. com permissão dos editores.

[B] ROBERTS, A.; DONALDSON, J. (eds.). *The Ante-Nicene Fathers*. Búfalo: The Christian Literature Publishing Company, 1885-1887, [1]Praxes, 27 (vol. III, p. 624); [2]Letter, 54.14 (vol. V, p. 344).

[C] AYER JR., J.C. *A Source Book for Ancient Church History*. Nova York: Charles Scribner's, 1913, [1]p. 501; [2]p. 696-697. Reimp. com a permissão dos editores.

[D] THATCHER, O.J.; McNEALS, E.H. *A Source Book for Medieval History*. Nova York: Scribner, 1905, p. 445.

[E] SCHAFF, P.; WACE, H. (eds.). *A Select Library of Nicene and Post-Nicene Fathers*. Nova York: The Christian Literature Company, 1886-1890, [1]Confession, 2.5 (vol. I, p. 62); [2]Ibid., 8.7 (vol. I, p. 124); [3]Ibid., 8.12 (vol. I, p. 127); [4]On Trinity, Bk., 8, pref. (vol. III, p. 115); [5]Ibid. Bk., 4.20 (vol. III, p. 84); [6]Ibid. Bk., 10.11 (vol. III, p. 142); [7]On Original Sin, 2.34 (vol. V, p. 249); [8]Marriage and Concp., 1.27 (vol. V, p. 275); [9]Gift of Perseverance, 1 (vol. V, p. 256s.); [10]*De Spiritu* (vol. V, xiii, 22).

[F] PUSEY, E.B. (trad.). *The Confessions of St. Augustine*. Nova York: P.F. Collier & Son, 1937.

[G] ZERNOV, N. Christianity: The Eastern Schism and the Eastern Orthodox Church. In: ZAEHNER, R.C. (ed.). *The Concise Encyclopedia of Living Faiths*. Nova York: Hawthorn Books, 1959, p. 98.

[H] HAPGOOD, I.F. (ed.). *Service Book of the Holy Orthodox Catholic Apostolic (Greco-Russian) Church*. 2. ed. Nova York: Association, 1922, p. 455-456. Com o endosso do Patriarca Tikhon.

[I] SIMMONS, T.F. (ed.). *The Lay Folks Mass Book*. Londres: N. Trübner, 1879, p. 104-115.

[J] SOMERVELL, D.C. *A Short History of Our Religion*. Londres: G. Bell, 1922, p. 190. Reimp. com a permissão dos editores.

[K] JULIAN OF NORWICH. *A Shewing of God's love*. Ed. de Anna Maria Reynolds. Londres: Longmans, Green & Co., 1958, p. 39-40.

[L] FROISSART, C. *The World's Great Classics*. Trad. de Thomas Johnes. Vol. I. Nova York: Colonial, 1901, p. 212-213 (cap. IX).

[M] WACE, H,; BUCHEIM, C.A. *Luther's Primary Works*. Filadélfia: Lutheran Publication Society, 1885, [1]p. 194-196; [2]p. 78; [3]p. 53; [4]p. 9; [5]p. 21.

[N] MacKINNON, J. *Luther and the Reformation*. Vol. II. Londres: Longmans, Green & Company, 1925-1930, p. 301-302. Reimp. com a permissão dos editores.

[O] JACKSON, S.M. (trad.). *The Latin Works of Huldreich Zwingli*. Vol. III. Heidelberg: The Heidelberg Press, 1929, p. 301-302. Reimp. com a permissão dos editores.

[P] CALVIN, J. *Institutes of the Christian Religion*. Trad. de Henry Beveridge. Edimburgo: Calvin Tract Society, 1845, [1]Livro II, cap. 1.8 (vol. I, p. 292-293); [2]Livro III, cap. 11.2 (vol. II, p. 303); [3]Livro II, cap. 21-25 (vol. II, p. 534).

[Q] UGOLNIK, A. An Ecumenical Estrangement: Orthodoxy in America. *The Christian Century*, vol. 109, 1992, p. 610-616.

[R] BEA, A.C. *The Church and the Jewish People*. Nova York: Harper & Row, 1966, p. 148-152.

[S] FRANKLIN, B. *His Autobiography*. 3. ed. Nova York: Henry Holt, 1916.

[T] De um escrito não publicado de John B. Noss.

[U] SALLEY, C.; BEHM, H. *Your God Is Too White*. Downer's Grove: Intervarsity Press, 1971, p. 7.

[V] CONE, J. *Black Theology and Black Power*. Nova York: The Seabury, 1969, p. 151.

[W] DALY, M. *The Church and the Second Sex*. 2. ed. Nova York: Harper & Row, 1975, [1]p. 6; [2]p. 49.

[X] RUETHER, R. (ed.). *Liberation Theology: Human Hope Confronts Christian History and American Power*. Nova York: Paulist Press, 1972.

[Y] JENKINS, P. *The Next Christendom: The Coming of Global Christianity*. Oxford: Oxford University Press, 2002, [1]p. 2; [2]p. 8.

17
Islã: a religião de submissão a Deus, inícios

Fatos resumidos:

- Nome ocidental: Islã, islamismo.
- Linguagem: árabe.
- Divindade: Allāh (Allah, Allá, Alá).
- Meios de revelação:
  - *Seus profetas* (Muḥammad – Maomé – o último).
  - *Seus livros* (Qu'rān – Corão/Alcorão – o último).
  - *Seus anjos*.
- Evento fundador: Hijra (Hégira), 622 EC.
- Literatura suplementar: Hadīth (Hádice, tradições).
- Ramos principais:
  - *Sunnī (Sunitas)*: 87-90%.
  - *Shī'ah (Xiitas)*: 10-13%.

É engano comum no Ocidente equacionar "*muçulmano*" a árabe. De fato, ainda que os locais mais sagrados do islamismo estejam nas terras árabes, a maior parte dos muçulmanos não são árabes. As terras predominantemente muçulmanas se estendem da costa ocidental da África até o Sudeste Asiático. Há muita unidade de fé e expressão, mas também muita diversidade de cultura e prática. Um "muçulmano" é "aquele que se submete", ou "aquele que se compromete com o Islã". O termo *Islã* é um substantivo formado a partir de um verbo, significando "aceitar", "submeter-se", "comprometer-se", e significa "submissão" ou "capitulação". Charles J. Adams comenta acerca desse termo: "Por meio de sua própria forma [como um substantivo verbal] ele transmite um sentimento de ação e movimento, e não de algo que é estático e está acabado de uma vez por todas; antes, transmite a ideia de um estado interior que se repete e renova continuamente [...]. Alguém que declara de forma refletida 'Eu sou um muçulmano' faz muito mais do que afirmar sua membresia em uma comunidade [...]. [Ele está a dizer] 'Eu sou alguém que se compromete com Deus [**Allāh**]'"[A].

Apesar de seus oponentes ficarem assombrados pelo desafio colocado pelo Islã, sua força e clareza falam profundamente àqueles que o aceitam. Mais de 1,6 bilhão de pessoas, em uma estimativa conservadora, estão listadas entre seus aderentes, e seu número cresce rapidamente. Eles o aceitam como a fé absoluta e final, e têm orgulho em estarem aptos a segui-la. No decorrer dos anos, o Islã tem se mantido com uma escritura básica, preservada desde o início em tal estado de pureza textual que comparativamente poucas leituras variantes têm surgido para confundir os seus comentadores. O Alcorão (Corão, Qu'rān), e não o Profeta, é a revelação. Os muçulmanos reverenciam a Maomé por ter transmitido a revelação e por traduzi-la em ação, mas não o consideram como um fundador inovador ou um autor.

Assim, um relato muçulmano de sua fé não se detém na biografia do Profeta nem pondera sobre a contribuição de sua personalidade para a fé. Ao iniciar nossa investigação dessa maneira, temos de estar conscientes de que podemos estar fazendo perguntas não islâmicas e encontrando "dificuldades" que os muçulmanos podem considerar irrelevantes.

Uma dificuldade inicial é a escassez de informações sobre o Profeta ou sobre o próprio Alcorão. As duas fontes de informação que temos sobre Maomé são: primeiramente a **Hádice (Hadith)**, um corpo de tradição originário da primeira geração de muçulmanos que foi transmitido tanto de forma oral quanto escrita; e em segundo lugar biografias muçulmanas do Profeta que surgiram durante os primeiros séculos da história islâmica. Tais fontes contêm material pouco confiável, mas são de extremo valor enquanto relatos antigos do que Maomé fez e disse.

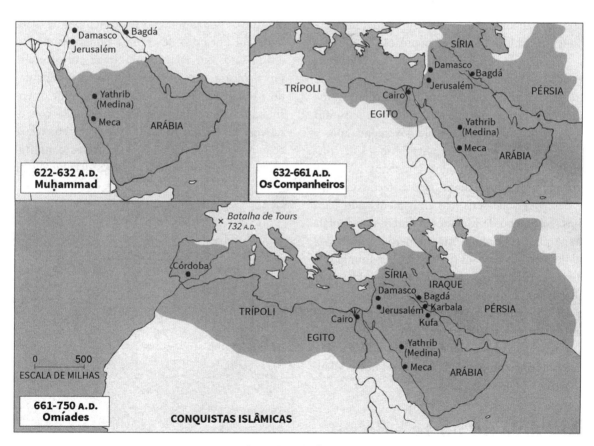

Conquistas islâmicas

I – CRENÇAS E PRÁTICAS ÁRABES ANTES DE MAOMÉ

Fatores étnicos e geoeconômicos

Os árabes não eram homogêneos culturalmente. Os que falavam línguas semíticas compunham o grupo mais numeroso; no sul, entretanto, etíopes, não semíticos, atravessaram o Mar Vermelho a fim de estabelecer assentamentos ao longo da planície costeira. E no nordeste, conquistas em datas tão antigas quanto o segundo milênio AEC alteraram a composição dos agrupamentos residentes na área com a infusão de elementos sumérios, babilônicos e persas. Do Egito, um componente camítico entrou na população.

Formas de pensamento divisivas produziram variações ainda maiores. Diferenças culturais, que frequentemente se provavam irreconciliáveis, foram introduzidas quando os semitas que deixaram o deserto retornaram para ele novamente após a passagem dos séculos. Durante períodos de convulsão internacional, muitos refugiados das terras a norte e oeste recuaram para as terras incultas e desérticas que seus pais tinham deixado para trás. No tempo de Maomé, as porções ocidentais da Arábia continham um número considerável de judeus que haviam fugido de seus inimigos – assírios, babilônios, gregos e romanos. Eles participavam com os árabes do cultivo intenso dos oásis da Arábia Ocidental. Eles eram numerosos em Medina (a antiga Yatreb) como "clientes" das tribos árabes; isto é, eles eram bem-vindos à área e adotados como estrangeiros aceitos que podiam desfrutar da proteção tribal.

A Arábia do norte e do sul

Havia ainda algumas diferenças marcantes entre os árabes do norte e os do sul. A imensa Península Arábica é chamada pelos nativos pelo nome apropriado de Jazīrat al-'Arab, "A ilha dos árabes", pois está virtualmente isolada pelas águas que a circundam e por suas próprias areias. Ela é marcada geograficamente por uma extensão de terra com formato de machadinha, preenchida por dunas de areia, com cerca de 500 mil quilômetros quadrados de extensão, que mesmo os beduínos evitam (conhecida geralmente como Al-Rub 'al-Khalī, "o(a) quartel/parte vazio(a)"). Ao norte desses ermos existem faixas de uma estepe desértica mais apropriada para a habitação, contendo oásis e vales com áreas inferiores aráveis. A separação geográfica entre Arábia do norte e do sul era equiparada por diferenças étnicas entre suas populações. Os árabes do norte dos tempos de Maomé eram um povo de crânios alongados, nômades hirsutos que falavam um árabe puro e eram, por natureza, imaginativos e amantes da liberdade. Milhares de anos de luta contra a fome os ensinaram hábitos tanto predatórios quanto cooperativos. Eles eram bastante diferentes em fala e costumes de seus irmãos, localizados confortavelmente além do "quartel vazio"; meridionais de

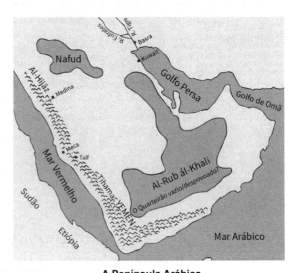

A Península Arábica
As tribos nômades do norte tinham pouco em comum com fazendeiros e comerciantes costeiros ao sul.

crânio arredondado e narizes aquilinos, seus habitantes eram agricultores e horticultores falando um dialeto semítico com a incorporação de palavras de origem etíope, que soavam estranhas para os ouvidos do norte. Antes do tempo de Maomé os árabes do norte, apesar de terem muitos contatos externos, nunca conheceram um conquistador. Os árabes do sul, no entanto, abençoados com chuva fertilizadora e sol, prosperaram através do comércio, construíram cidades e vilas cercadas por campos verdes e jardins e, como resultado de seus esforços, sofreram incursões vindas do deserto e guerras vindas do estrangeiro; tiveram gastos com fortificações, pagavam impostos pesados, enfrentavam rivalidades econômicas, ansiedades comerciais e depressões recorrentes seguindo-se aos períodos de prosperidade. Quando os ptolomeus (e os romanos após eles) aprenderam como passar por sua região através da via marítima, eles entraram em declínio permanente.

As montanhas costeiras ocidentais (Al-Hijāz)

Uma terceira seção da Arábia acaba tendo maior importância para nós. Ela consiste na cadeia montanhosa que corre paralela ao Mar Vermelho, do Golfo de Aqaba até o Iêmen. Chegando em alguns pontos à altura de 3 mil metros acima do nível do mar, esta cadeia desce abruptamente no Mar Vermelho a ocidente. Sua encosta oriental declina gradualmente atravessando tratos de terra descobertos e vulcânicos, marcados por wadis ou cursos de água profundos, rumando para as areias vermelhas do deserto central e para as planícies costeiras bordejando o distante Golfo Pérsico.

Ainda que em lugares como Taif (Tā'if) ou Medina águas subterrâneas chegando à superfície umedeçam o solo arável, essa cadeia de montanhas é em sua maior parte seca e estéril. Tempestades de chuva violentas às vezes as visitam, mas então as águas correm em enchentes que varrem ainda mais profundamente as ravinas ou wadis. Ainda assim, essa região consta historicamente como a parte mais vital da península, pois ela outrora propiciara um elo de ligação entre as terras meridionais das especiarias com os mercados do mundo mediterrâneo. Na superfície fria e dura das terras altas, muito tempo antes de Cristo as caravanas se arrastavam através dos entrepostos comerciais de Taif, Meca e Yatreb (Medina), e em Petra se bifurcavam para oeste ou norte, rumo ao Egito ou à Síria. A prosperidade pré-islâmica das comunidades localizadas nessa pátria montanhosa do Islã das Al-Hijāz (*Hejaz*) se deu primeiramente a essa passagem através das caravanas carregadas de especiarias que vinham do sul.

Apesar das interações entre as três seções da Arábia terem por vezes envolvido conflitos, a existência do comércio e de negócios indicava que essas inter-relações eram geralmente de cooperação, se não calorosas.

Concepções religiosas: divindades

A religião da Arábia pré-islâmica se desenvolveu a partir das crenças semíticas antigas do deserto, já delineadas no capítulo a respeito do judaísmo. Em algumas partes da Arábia esses processos haviam avançado bastante, em uma ou outra direção. No sul da Arábia, por exemplo, prevalecia um culto astral bastante avançado, centrado no deus lunar e refletindo influências babilônicas e zoroastrianas. Em outras regiões, nas quais judeus e cristãos haviam assegurado posições estáveis (o que ocorrera na maior parte dos centros comerciais da Arábia), os conversos nativos que adotavam essas crenças abandonaram suas crenças primitivas e esposaram o monoteísmo. Mas a grande maioria dos árabes, tanto nas cidades quanto nas estepes, cultuava a deuses e deusas locais. Algumas dessas divindades eram estritamente tribais; outras presidiam sobre certas áreas geográficas e forçavam a todos que adentrassem seus domínios a reverenciá-los. Havia também a veneração difundida de certas divindades astrais. Algumas tinham nomes babilônicos e eram prontamente identificadas por visitantes gregos e romanos como formas locais de Júpiter, Vênus, Mercúrio, Urano e outras divindades. Em Meca, três deusas quase indistinguíveis eram adoradas: al-Lāt, uma deusa-mãe (talvez o sol); al-Manāt, a deusa do destino; e al-'Uzzā, a estrela da manhã, um tipo vago de Vênus. Seus ídolos eram o centro de uma adoração similar à concedida ao longo das fronteiras nos tempos antigos para Ishtar e Ísis. Allāh era vagamente concebido como o criador, um deus elevado e distante, venerado pela tribo de Maomé, os Quraish (Allāh significa Deus ou "a divindade", da mesma forma que o hebraico *El* e o babilônico *Bel*; o acento arábico recai na segunda sílaba).

Espíritos menores

Em adição a esses seres classificados como altas divindades, havia espíritos menores, honrados em menor grau – a saber, anjos e vários tipos de **jinn** – alguns amigáveis, outros hostis e demoníacos. É interessante destacar as diferenças de caráter que parece ter existido entre esses espíritos menores. Os anjos eram, é óbvio, irrepreensíveis, dotados de naturezas uniformemente benévolas. Os jinn foram, de acordo com uma fábula, criados a partir do fogo, 2 mil anos antes de Adão, e podiam de acordo com sua vontade se mostrar aos olhos humanos ou permanecerem invisíveis. Eles podiam assumir formas animais ou humanas e ter relações sexuais e descendentes. Os jinn amigáveis eram belos em forma e tinham disposição amável. Em contraste, os jinn que erravam no deserto formavam um grupo predominantemente demoníaco que, enquanto agentes do mal, enchia de terror o coração árabe. Ainda assim, alguns deles podiam ser dirigidos a fazer coisas boas, pois qualquer um que pudesse controlar seus movimentos poderia contar com eles para finalidades beneficentes, como a ajuda para encontrar um tesouro, a construção de palácios, ou mesmo fazer rodopiar jovens com o vento, levando-os para lugares distantes e novos destinos. Entre os seres demoníacos que eram consistentemente maus estavam os *ghouls*, que ficavam à espera nos locais onde as pessoas estavam destinadas a perecer, de forma que pudessem satisfazer seu apetite por carne humana corrupta, ou que saqueavam corpos de seus túmulos a fim de prover o prato principal para suas orgias da meia-noite. A imaginação sempre ativa dos árabes e de seus correligionários persas, que tomou expressões coloridas nos contos das *Mil e uma noites*, passava horas tecendo inumeráveis histórias a partir desses conceitos.

O animismo existia em cada parte da Arábia, particularmente entre os beduínos. Pedras em formato de pilares e rochas dignas de serem notadas, cavernas, fontes e poços eram considerados com grande respeito. Em alguns distritos havia palmeiras sagradas nas quais podiam ser penduradas oferendas de armas e tecidos.

O totemismo pode ou não ter estado envolvido na reverência dada à gazela, à águia, ao abutre e ao camelo.

Meca: a Caaba (Ka'ba)

Meca oferecia o exemplo mais conspícuo de veneração dada a uma pedra – o culto prestado a um meteorito incorporado ao canto do mais sagrado santuário na Arábia, a *Caaba* ("cubo") – uma estrutura sem ornamentação externa. Ela foi coberta posteriormente com um tecido negro. A mais antiga referência feita a ela vem do historiador romano Diodoro Sículo (ca. 60 AEC). Em algum passado distante o povo de Meca tinha se assustado com a queda de um meteorito, que apagou seu fogo celeste no vale arenoso de Meca. Após isso, o povo maravilhado passou a adorá-lo, chamando-o de "a rocha negra que caiu dos céus nos dias de Adão". Vindas de todas as partes e de além dos desertos, as tribos da Arábia se deslocavam ano após ano em **hajj** (peregrinação), a fim de oferecer em suas proximidades sacrifícios de ovelhas e camelos, e de percorrer o circuito da pedra por sete vezes e beijá-la, na esperança de receber a bênção celestial. No decorrer dos anos, a Caaba, em forma de cubo, foi erigida, e a pedra sagrada foi colocada em seu canto sudeste em uma altura que permitisse ela ser beijada por aqueles que percorriam o circuito de sete partes. Imagens de divindades locais e distantes eram colocadas no interior escuro. Os habitantes de Meca declararam que o grande patriarca Abraão, durante uma visita feita ao seu filho exilado Ismael, construíra a Caaba e nela embutira a Pedra Negra (a tradição não se contentou com esta lenda, no entanto; ela asseverou que a primeira Caaba fora construída por Adão, a partir de um protótipo celestial, e fora reconstruída por Abraão e Ismael).

Mesmo nos dias atuais, a Caaba define o espaço sagrado fisicamente: a coluna de ar acima dela é mantida inviolável (nenhum pássaro ou aeronave passa por ela); toda a oração é orientada em sua direção; e nenhuma atividade impura deve ser executada voltada para ela (as plantas de mesquitas e de sanitários são orientadas cuidadosamente).

Zamzam, Hagar e a tradição de peregrinação

Distante apenas poucos passos da Caaba estava o poço santo de Zamzam, cuja água era sagrada para os peregrinos que percorriam o circuito do santuário. A tradição de Meca a provia com uma história curiosa. No século III EC, quando os homens da tribo de Bani-Jurhum foram expulsos de Meca pelos Bani-Khuza'a, diz-se que seu sheikh, antes de abandonar a cidade, lançou no poço algumas armaduras, diversas espadas e duas gazelas de ouro, cobrindo-o com terra e areia socados. Assim, quando os captores da cidade nela entraram, a localização do poço não lhes era conhecida. Após a tribo de Quraish ter chegado ao controle de Meca, o avô de Maomé, 'Abd-al-Muttalib, que era seu principal chefe, encontrou o poço e o restaurou. Os mecanos ficaram gratos, pois tinham a tradição antiga que contava que após Hagar ter sido expulsa da tenda de Abraão ela veio com Ismael, seu filho pequeno, ao lugar que futuramente seria a cidade – no momento um vale estéril – e, como seu filho estava morrendo de sede, ela o deixou na terra quente enquanto buscava desesperadamente por água. Atrás dela a criança, em um ataque de ira, bateu seus calcanhares no chão, e as águas de Zamzam jorravam da depressão feita pelos pés (os árabes aprenderam a história de Hagar dos judeus; cf. Gn 21,9-21). Em reconhecimento a este evento fabuloso, é considerado algo de mérito para os peregrinos adicionar ao circuito da Caaba um exercício chamado de Peregrinação menor, que envolvia caminhar rapidamente, indo e voltando sete vezes entre duas colinas e a Caaba, imitando a busca angustiada de Hagar. E, como Ismael foi declarado o fundador da cidade, pensou-se ser benéfico estender esse exercício em algo mais árduo, chamado de a Grande Peregrinação. Ela era executada durante o mês sagrado, Dhu-al-Hijja, e requeria, em adição aos exercícios da Peregrinação menor, uma travessia pelas colinas a leste de Meca, que levava vários dias e incluía visitas a lugares celebrados por grandes eventos na história árabe.

Dentro da própria Caaba havia murais nas paredes, e uma variedade de ídolos circulavam Hubal, a principal divindade masculina. Ele era seguido, em termos de importância, por três deusas: al-Lāt, al-Manāt, e al-'Uzzā. Juntamente com seus associados, dentre os quais estava incluso o distante e afastado Allāh – não representado por imagens – estas divindades constituíam um tipo de panteão para a Arábia, concebido a fim de trazer pessoas de todas as regiões para Meca. A cidade se tornou tão santa, de fato, que tanto ela quanto as áreas imediatamente ao seu redor foram declaradas território sagrado, e os peregrinos eram obrigados a deixar suas armas ao entrarem no perímetro.

Por meio de acordos através de toda a Arábia, quatro meses de cada ano eram reservados para peregrinação e comércio. Durante esses meses não se permitia violência ou guerra e Meca, em conjunto com muitos outros lugares, lucrava com as feiras e mercados que neles brotavam.

Meca enquanto centro comercial

Entretanto, a despeito de sua posição proeminente de principal centro de peregrinação e uma das principais cidades nas encruzilhadas da Arábia, Meca dependia do comércio para se manter. Havia três razões para isso, todas enraizadas em condições de longa duração: a primeira, geográfica; a segunda, econômica; e a terceira, cívica. No primeiro caso, o problema com Meca, geograficamente falando, era que ela se localizava em uma passagem estéril entre as montanhas. Nem a cidade nem os territórios sagrados ao seu redor podiam sustentar jardins e tamareiras; assim, a cidade tinha que confiar no comércio. Ele era extenso o suficiente para manter seus habitantes com bastante prosperidade, pois Meca não era apenas a cidade central na rota de caravanas entre Iêmen e Síria, mas o centro das rotas de caravanas por toda a Arábia. No segundo caso, economicamente sua sorte declinou consideravelmente após o monopólio árabe no negócio de especiarias ter sido quebrado pela reabertura da antiga rota marítima egípcia através do Mar Vermelho. Isto foi um severo golpe não apenas para as cidades do Hejaz pelas quais as mercadorias passavam, mas também para o sul da Arábia, pois forçava os preços a baixarem ao inserir a Índia e a Somália no cenário como rivais comerciais. No subsequente declínio do comércio árabe, algumas cidades nas colinas tiveram de retornar à agricultura para sobreviverem, mas essa opinião não era viável para Meca. Felizmente, a posição de Meca, esparramada entre as rotas comerciais da Arábia, permaneceu assegurada, e seu poder em atrair peregrinos para a Pedra Negra não foi reduzido. Ainda assim, a margem de segurança não era muito grande. Se a cidade fosse invadida, uma crise de magnitude real a ameaçaria. A tradição diz que uma crise como esta se desenvolveu de fato, no próprio ano em que Maomé nascera. Foi o ano conhecido na Arábia como o "ano do elefante", pois nele o governador abissínio (e cristão) do sul da Arábia marchou à força em Meca com um elefante de batalha, professando um desejo vingativo de destruir o santuário pagão. Mas ele teve de recuar justamente quando Meca estava indefesa perante ele devido à erupção de um surto de varíola entre suas tropas.

Rivalidades internas

O terceiro fator colocava Meca em perigo ainda maior: a tensão civil entre suas facções rivais. A paz civil dependia do balanço precário de forças mantido pela lei de vingança. Exatamente como as tribos beduínas que vagavam livremente, os clãs rivais que viviam juntos dentro dos limites da cidade se subscreviam ao princípio antigo de que o assassinato de qualquer membro do seu clã pedia pela morte de um membro do clã do assassino. Se o assassinato tivesse ocorrido dentro do clã, o assassino não teria defesa: se fosse pego, era colocado à morte, e se escapasse se tornava um fora da lei, um membro de clã nenhum, com a mão de todos os homens contra si. Mas quando o membro de um clã era morto por um estrangeiro, o seu clã inteiro se levantava para vingá-lo. Um principal impeditivo ao crime violento na Arábia, e também uma garantia de ordem civil era, como parece, o temor da vingança de sangue.

Antes do tempo de Maomé, as duas tribos principais que contendiam pelo controle de Meca eram os Quraish e os Khuza'a. Os primeiros haviam subido ao domínio por volta da metade do século V, e expulsado os últimos. Mas a própria tribo de Quraish sofria de tensão interna entre seus doze clãs. O clã Hashimita ao qual Maomé pertencia era um dos mais influentes, e um dos menos inclinados ao conflito civil.

II - O PROFETA MAOMÉ

Maomé (Muḥammad) está listado no grupo carismático de profetas que por meio da demonstração de complexas características e qualidades pessoais – particularmente vitalidade, inteligência, boa articulação e dedicação – efetuou mudanças significativas e históricas nas vidas de outras pessoas. Mesmo que essa circunstância se apresente como inspiração divina, é sempre de certa forma um mistério como tal ocorre na formação de um indivíduo significativo. No caso de Maomé, seu gênio não é suscetível de ser explicado mais facilmente do que quaisquer outros exemplos de poder profético.

Nascimento e primeiras influências

A data do nascimento de Maomé é incerta; talvez ele tenha nascido em 571 EC. De acordo com a tradição, seu pai, um Quraish do clã Hashimita, morreu antes do seu nascimento, e sua mãe morrera quando ele tinha apenas 6 anos. Ele se tornou então um dependente de seu avô paterno, 'Abdal Muttalib, e depois de seu tio, Abū Tālib. Parece que o clã Hashimita, apesar de dividir com o restante do clã Quraish o ofício de guardiães da Caaba, de seus ídolos, de sua Pedra Negra e do poço sagrado nas proximidades, passava naquele tempo por circunstâncias difíceis.

O Alcorão atesta que Maomé cresceu na pobreza (Surata 93, v. 6s.). Ele de início compartilhava das crenças religiosas de sua comunidade – seu culto a Hubal e a al-'Uzzā, sua crença nos jinn, em satã, em presságios bons e maus e coisas semelhantes, mas conforme amadurecia ele olhava cada vez mais para a religião de Meca com um parecer crítico oriundo de questionamento e desgosto. Perturbava-se com a disputa incessante por interesses manifestos em religião e honra entre os chefes Quraish. Sua insatisfação com as permanências primitivas na religião arábica era ainda mais forte – práticas tais quais o politeísmo e animismo idólatras, a imoralidade nas convocações e feiras religiosas, as bebedeiras, jogos de azar e danças que estavam na moda, bem como queimar vivas filhas recém-nascidas indesejadas, costume não apenas em Meca, mas em toda a Arábia. Ele deve ter ficado perplexo com o derramamento de sangue sem sentido e a anarquia tribal que acompanharam as chamadas "guerras sacrílegas" ocorridas durante sua infância. Havia pouco a elogiar nesses conflitos, chamados de sacrílegos por terem irrompido durante o mês sagrado de Dhu-al-Qidah (ou "dulcada"), no tempo da feira que acontecia anualmente em 'Ukāz, distante três dias a leste de Meca. Os Quraish estavam envolvidos, e diz-se que Maomé teria auxiliado aos seus tios durante os conflitos, mas sem entusiasmo.

Por que sua visão mudara? E, particularmente, como ele se tornou receptivo às ideias de Deus, o julgamento final e a vida religiosa espelhando aquela de judeus e cristãos? Nossa informação é tão escassa que somos dirigidos largamente pela conjectura. Não há evidência de que ele tivesse tido conhecimento direto do Antigo e do Novo testamentos, apesar de ele sempre expressar alta consideração por escrituras sagradas e pelos povos que as usavam ("os povos do Livro"). Há uma tradição de pouca credibilidade que afirma que ele teria aprendido acerca do judaísmo e do cristianismo durante viagens em caravanas para a Síria, a primeira quando ele tinha 12 anos, na companhia de seu tio, e a segunda quando tinha 25 anos, empregado de Khadija – com quem ele se casaria subsequentemente. É possível encontrar influência de maior relevância mais perto de casa: as possíveis influências de cristãos e judeus em caravanas passando por Meca, mercadores estrangeiros travando comércio na mesma cidade, e judeus e cristãos nas feiras comerciais, locais nos quais representantes dessas crenças costumavam se dirigir às multidões. De fato, o Alcorão contém referências que indicam que sua curiosidade foi atiçada pela explicação dessas religiões sobre as quais ele ouvira falar. Tradições que podem ter algum crédito afirmam que alguns de seus conhecidos em Meca eram versados nas tradições de judeus e cristãos, particularmente um primo de Khadija chamado Waraqa, e o poeta Umaiya (nascido Abi'l-Salt). O que aprendeu ele o fez gradualmente a partir de fontes variadas. No que toca ao cristianismo, ele foi influenciado principalmente por concepções nestorianas e por tradições populares, que refletiam tanto a literatura cristã docética apócrifa quanto a canônica (cf. p. 625).

PONTOS DE VISTA ISLÂMICOS SOBRE AS "INFLUÊNCIAS"

Duas coisas precisam ser ditas aqui em deferência à fé muçulmana. A primeira é que ao listar as "influências" que possivelmente ajudaram o futuro Profeta a delinear suas ideias, nós devemos ao mesmo tempo salientar sua força interior que o conduziu a, em última instância, transcender tanto seu ambiente quanto o que ele aprendera das pessoas nele inseridas. Os muçulmanos têm boa base para afirmar que ele não foi moldado e colocado em ação por seu próprio ambiente, mas que ele reagiu a ele, e trabalhou para modificá-lo. A segunda observação a ser feita é que os muçulmanos rejeitam qualquer implicação de que Maomé tenha tomado informação recebida da parte de outras pessoas e a incorporado posteriormente no Alcorão. O Alcorão, eles creem, não fora obra de Maomé; ele fora revelado a ele em sua totalidade seja diretamente, seja por intermédio de um mensageiro angelical enviado por Deus, não podendo, destarte, tratar-se de obra de sua autoria. O máximo que eles chegam a reconhecer é que nos dias anteriores às revelações ele pudesse ter recebido de outrem certa "presciência"; isto é, verdades e leis morais tornadas conhecidas por meio de profetas tais quais Abraão, Moisés e Jesus. Esta presciência o habilitou a compreender e interpretar o que lhe seria posteriormente revelado. Como colocado por um escritor muçulmano: "Se Maomé não tivesse sabido 'historicamente' (em distinção a 'por meio de revelação') os materiais das histórias dos profetas, ele próprio poderia ter ficado completamente incapaz de compreender a revelação que lhe fora feita"[B].

A necessidade de Maomé resolver suas inquietações religiosas se tornou mais urgente durante o tempo de descanso que seu casamento com Khadija, uma rica viúva Quraish, lhe trouxe. As tradições muçulmanas descrevem como Khadija, quinze anos mais velha do que ele, cuidou dele como mãe além de lhe amar, tendo lhe encorajado a perseguir seus interesses religiosos. Os dois filhos, possivelmente três, que ela lhe deu morreram na infância, para luto duradouro de Maomé. Suas quatro filhas viveram o suficiente para se casarem com associados de Maomé. Zainab se casou com Aub-al-'As; Ruqayya casou-se com Otomão

('Uthmān), que se tornou o terceiro califa. Fátima com Ali, o quarto califa; e Cultum (Umm-Qulthum), com Utayba. De suas quatro filhas, apenas Fátima sobreviveu após ele.

> ### Um ponto de vista alternativo
>
> Quem foram exatamente os primeiros muçulmanos? E como se formou o Alcorão? Enquanto esse livro dá preferência ao ponto de vista tradicional, ortodoxo de fato, alguns historiadores fazem outras sugestões. Eles consideram, por exemplo, similaridades entre versos do Alcorão e da Bíblia como evidência de que o primeiro foi composto durante um longo período no tempo, em diálogo com as escrituras judaicas e cristãs. Alguns sugerem que Maomé, ou que outros muçulmanos primitivos, tenham adaptado material dos árabes cristãos pré-islâmicos para inclusão no Alcorão.
>
> E quem foram esses outros muçulmanos primitivos? De acordo com algumas ideias, eles não eram, antes de tudo, árabes em sua totalidade, mas os fiéis mencionados no próprio Alcorão, pessoas que reconheciam a existência de apenas um Deus e a realidade de um Julgamento Final. Os estágios mais antigos do movimento dos fiéis poderiam, então, ter incluído membros judeus e cristãos que não tiveram dificuldades em se juntar ao movimento de Maomé.
>
> Fred M. Donner escreveu: "É possível que o Alcorão inclua passagens de textos mais antigos que tenham sido revisados e usados. O estilo e conteúdo marcadamente diferentes de diversas partes do Alcorão podem ser evidência de que o texto, da forma que o conhecemos hoje, tenha sido uma colagem de textos originalmente diferentes oriundos de comunidades diversas de fiéis na Arábia. Alguns estudos recentes sugerem que o texto do Alcorão não apenas está a par de, mas que até mesmo reage em algumas partes aos debates teológicos das comunidades cristãs falantes do siríaco no Oriente Médio". (Muitos dos versos corânicos que adornam o Domo da Rocha em Jerusalém são antitrinitarianos.)

Despertamento religioso

Maomé parecia então ter entrado em um momento de tensão religiosa. Ele parecia ter ficado abalado pela crença comum tanto para judeus quanto cristãos de que haveria um julgamento final e uma punição para os idólatras, por meio do fogo sempiterno. O único verdadeiro Deus, eles diziam, não podia ser representado por qualquer imagem, mas apenas por porta-vozes proféticos. Tais indivíduos tinham surgido no passado na Palestina e na Pérsia. Não viria nenhum deles alertar a Arábia? Certamente Deus enviaria um profeta ali.

Seu pensamento privado durante esse período fora estimulado por pessoas trazidas para perto dele por meio de seu casamento. O cego Waraqa, primo de Khadija, era um venerável ancião que tinha alguma influência em sua família, e pode ter sido um cristão; de qualquer forma, Maomé encontrou nele uma fonte útil de conhecimento referente a questões de fé e de conduta. Informação menor talvez tenha sido provida por um menino cristão, escravo, chamado Zaid, a quem Maomé libertara e adotara como filho (assim como ele já havia adotado seu primo Ali, o filho de seu tio Abū Tālib). O pensamento de que o último dia e o julgamento final estavam próximos começou a agitá-lo. Ele perambulava pelas colinas que circundavam Meca para meditar privadamente. Ele tinha, então, 40 anos de idade.

Chamado profético

De acordo com a tradição islâmica, ele visitou uma caverna próxima ao sopé do Monte Hirã, poucos quilômetros ao norte de Meca, passando diversos dias ali. Subitamente, certa noite ("a noite do destino", ou "noite da determinação", como os muçulmanos a chamam), o Anjo Gabriel, mensageiro de Allāh, com a altura de cerca de "dois arcos" surgiu diante dele em uma visão clamando "Recitai!" (Traduzido nas versões autorizadas do Alcorão em língua portuguesa como "Lê"!)

> Lê [recitai], em nome do teu Senhor que criou;
> Criou o homem de algo que se agarra.
> Lê [recitai], que o teu Senhor é generosíssimo,
> Que ensinou através do cálamo,
> Ensinou ao homem o que este não sabia[C1].

Quando a visão se encerrou, Maomé foi capaz de reproduzir toda a revelação (Surata 96 do Alcorão, da qual apenas as primeiras linhas foram transcritas aqui). Ele correu para casa em estado de grande excitação, duvidando e crendo ao mesmo tempo. O Alcorão defende a autenticidade de sua experiência com as seguintes palavras (Surata 53):

> Pela estrela, quando cai,
> Que vosso camarada jamais se extravia, nem erra,
> Nem fala por capricho.
> Isso não é senão a inspiração que lhe foi revelada,
> Que lhe transmitiu o fortíssimo,
> O sensato, o qual lhe apareceu (em sua majestosa forma).
> Quando estava na parte mais alta do horizonte.
> Então, aproximou-se dele estreitamente,
> Até a uma distância de dois arcos (de atirar setas),
>   ou menos ainda.
> E revelou ao seu servo o que Ele havia revelado.
> [...] disputareis, acaso, sobre o que ele viu?[C2]

Ainda assim, de início, o coração de Maomé quase que contestou o que ele viu. Ele temia por sua sanidade. De acordo com uma antiga tradição, após se encontrar com Gabriel ele correu para casa, para sua esposa Khadija (isto é relatado na Hádice registrada por al-Tabirias, que foi escrita primeiramente por Aisha, filha de Abu Bakr e uma das esposas favoritas de Maomé).

> Eu disse: "Estou preocupado comigo mesmo". Então contei-lhe a história toda. Ela disse: "Alegre-se, pois por Allāh ele nunca te farás passar vergonha. Por Allāh, tu és atencioso com teus parentes, falas em verdade e lhes rende o que merecem de boa-fé; suportas fardos, és hospitaleiro com hóspedes e sempre mantendes o que é certo contra qualquer malfeito". Então ela me levou para Waraqa, (para quem) falou: "Dá ouvidos (a ele)". Então ele me questionou, e eu lhe disse (toda a) história. Ele disse: "Isto é *namus* (o termo grego *nomos*, Lei), que foi mandada sobre Moisés"[D1].

Mas Maomé não estava confortável, de maneira alguma. Na crença popular poetas e adivinhadores eram inspirados por algum espírito familiar dentre os jinn. Maomé parece ter estado em dúvida se a voz que ele ouvira viera realmente de um mensageiro celestial ou de um mero jinn. No último caso, ele poderia estar "possuído", ou até mesmo "louco".

Outra tradição o apresenta dizendo:

> [...] acontecia então que nenhuma criatura era mais repugnante para mim do que a de um poeta ou homem possuído com um jinn, e eu não podia suportar sequer olhar para um desses. Então eu

disse: "Aquele homem (me referindo a mim mesmo) se tornou um poeta ou um homem possuído por jinn. Os Quraish nunca falarão isto sobre mim. Eu devo partir para o alto de algum penhasco nas montanhas e me lançar de lá, de maneira que eu possa me matar e entrar em repouso". Eu parti com isso em mente, mas quando eu estava no meio das montanhas ouvi uma voz vinda do céu dizendo: "Oh, Maomé! Tu é (de fato) o apóstolo de Allāh, e eu sou Gabriel". Com isso eu levantei minha cabeça rumo aos céus, e lá estava Gabriel em clara forma humana, com seus pés nas bordas dos céus [...]. Eu comecei a voltar minha face para todo o espaço dos céus, mas não importava para qual direção eu olhasse, pois ali eu o enxergava[D2].

Em conexão com a Noite do destino, algumas tradições da Hádice visualizam uma jornada magnífica sobre o garanhão alado Burāq, tornando possível para o Profeta visitar os céus e aparecer diante de Allāh.

Sem tentarmos desvencilhar fato de tradição, podemos concluir que Maomé, após um período de questionamento próprio que talvez tenha durado por vários meses, finalmente veio a olhar para si mesmo como sendo de forma suficientemente miraculosa um verdadeiro profeta (*nabī*) e apóstolo (*rasūl*) de Allāh, ou seja, um mensageiro do único Deus, já conhecido por judeus e cristãos. Quando lhe parecia que as experiências estranhas – durante as quais rapsódias em árabe fluíam de seus lábios – continuariam a ocorrer espontaneamente sem que ele as desejasse, ele veio a crer que Allāh o usava como seu porta-voz; os versos que ele proferia em estado semiextático eram revelações reais. Suas primeiras dúvidas relativas a elas desapareceram. Ele via então que o que sua esposa e seus amigos afirmavam era verdade e fazia sentido. Finalmente a Arábia estava a ser suprida com uma escritura – de data posterior e autoridade maior do que as escrituras dos judeus e dos cristãos.

O ministério em Meca: a mensagem

Após expor de forma privada essa mensagem para os familiares e amigos, ele surgiu nas ruas e no pátio da Caaba para recitar, "em nome do Senhor", os versos das revelações.

Os habitantes de Meca ficaram boquiabertos e, então, ouvindo uma doutrina estranha, passaram a ridicularizá-lo. O conteúdo incrível de sua pregação se assemelhava a uma advertência referente a um dia de julgamento divino, juntamente com previsões da ressurreição do corpo e de um fogo consumidor. Eles lhe receberam mal, mas a despeito disso ele continuava retornando, dia após dia, a fim de recitar os versos compostos em forma rítmica que ele recebera.

> Quando o sol for enfolado,
> Quando as estrelas forem extintas,
> Quando as montanhas estiverem dispersas,
> Quando as camelas, com crias de dez meses, forem
> abandonadas,
> Quando as feras forem congregadas,
> Quando os mares transbordarem,
> Quando as almas forem reunidas,
> Quando a filha, sepultada viva, for interrogada:
> Por que delito foste assassinada?
> Quando as páginas forem abertas,
> Quando o céu for desvendado,
> Quando o inferno for aceso,
> E quando o jardim for aproximado,
> Então, saberá, cada alma, o que está apresentando[C3].

Seus críticos clamavam – poderia se dar crédito para tais declarações, ou para as que se seguem?

Porém, quando retumbar o toque ensurdecedor,
Nesse dia, o homem fugirá do seu irmão,
Da sua mãe e do seu pai,
Da sua esposa e dos seus filhos.
Nesse dia, a cada qual bastará a preocupação consigo
mesmo.
Nesse dia, haverá rostos resplandecentes,
Risonhos, regozijadores.
E também haverá, nesse dia, rostos cobertos de pó,
Cobertos de lugubridade.
Estes serão os rostos dos incrédulos, dos depravados[C4].

O Alcorão identifica seus críticos como "os que clamam mentiras", "desmentidores":

Ai, nesse dia, dos desmentidores!
Que negam o Dia do Juízo,
Coisa que ninguém nega, senão o transgressor, pecador.
É aquele que, quando lhe são recitados os nossos
versículos, diz: São meras fábulas dos primitivos!
Qual! Em seus corações há a ignomínia, pelo que
cometeram.
Qual! Em verdade, nesse dia, lhes está vedado
contemplar o seu Senhor.
Então, entrarão na fogueira.
Em seguida, lhes será dito: Esta é a (realidade) que
negáveis![C5]

Pouco era dito nas antigas revelações a respeito da unidade de Deus (que era tida como certa), mas muito sobre o poder e o julgamento final de Deus. Os versos citam a Deus como falando na terceira pessoa do plural.

Em verdade, vamos revelar-te uma mensagem de peso...
Sabei que vos enviamos um Mensageiro, para ser
testemunha contra vós, tal como enviamos um
mensageiro ao Faraó[C6].

Oposição em Meca

Apesar de inicialmente terem ficado pouco impressionados, seus ouvintes, em especial os oriundos da tribo de Quraish (os "coraixitas"), ficaram por fim seriamente perturbados. Eles não objetavam grandemente à insistência de Maomé de que havia apenas um Deus, mas se endureciam frente à sua reivindicação de ser um profeta, pois isso parecia ser uma reivindicação por liderança. Iria ele afirmar seu domínio por toda a comunidade? Ele poderia falar o que quisesse sobre sua crença na ressurreição dos mortos e sobre um julgamento final, mas não estava intitulado a ter autoridade sobre a cidade. Além disso, suas profecias enfatizavam justiça social e os deveres em relação aos pobres; de acordo com seus julgamentos morais elas ameaçavam as famílias mais ricas que controlavam os interesses econômicos e sociais depositados em Meca.

Está além de nossos propósitos entrar na cronologia das provas e tribulações subsequentes de Maomé durante uma década inteira de oposição comunitária desanimadora. O número de seus seguidores parecia estar destinado a ser pequeno. Khadija foi aparentemente a primeira a aceitar sua missão, crendo nela antes que ele mesmo o fizesse. Sua fé foi rapidamente ecoada por seus filhos adotivos, Zaid, o escravo liberto, e Ali, o filho de seu tio Abū Tālib. Um convertido muito importante, um dos primeiros, destinado a se tornar o primeiro sucessor ("califa") de Maomé, foi Abu Bakr, um parente da tribo de Quraish; ele era um mercador e, portanto, uma pessoa de algum prestígio. O proselitismo de Abu Bakr para a nova fé assegurou cinco outros conversos iniciais, dentre os quais se destacou Otomão, um Umíada e depois o terceiro califa. Eles criaram o hábito de se encontrar na casa de um jovem converso chamado al-Arqan. Mas as conversões se davam vagarosamente. Nos primeiros quatro anos, eles contavam apenas cerca de quarenta, incluindo as esposas dos fiéis homens e escravos libertos.

Enquanto isso, Maomé continuava a receber revelações. Quando ele aparecia para recitá-las, os membros hostis dos Quraish faziam o que podiam para interromper seus encontros. A tradição diz que eles espalhavam espinhos pelo local, jogavam sujeira e terra nele e em seus ouvintes, e incitavam arruaceiros para que lançassem insultos e ameaças. Eles desejavam poder usar de violência, mas eram impedidos de fazê-lo pela robusta proteção de seu tio, Abū Tālib. Em uma tentativa de evitar suas aparições públicas, os Umíadas e outros elementos hostis da tribo de Quraish lançaram um banimento solene (boicote) contra os Hashimitas, o ramo da tribo ao qual Maomé pertencia. Eles tentaram restringi-los à parte da cidade onde Abū Tālib vivia – um desfiladeiro estreito entre as colinas – por mais de dois anos. Mas o restante da comunidade pressionou para que o banimento fosse revogado. Por algum tempo, muitos de seus seguidores se refugiaram na Abissínia. Então golpes ainda maiores atingiram Maomé de forma pessoal. Khadija, sua maior apoiadora, morreu, e a mesma coisa aconteceu cinco semanas depois com seu protetor, o fiel Abū Tālib, ainda não convertido, mas não obstante sempre leal. Este severo luto duplo enfraqueceu a posição de Maomé aos olhos de seus inimigos e, ainda que a lei de vingança o escudasse, era aparente que alguns dos Hashimitas estavam se tornando descontentes, podendo ser persuadidos a consentir com seu aprisionamento ou execução.

A Hijra (Hégira), 622 EC

Maomé começou a olhar mais além. Uma tentativa de se estabelecer em Taif, cerca de 96km a sudeste, teve de ser abortada. Sua causa parecia praticamente sem esperanças. Então, subitamente, a esperança foi reavivada. Durante o período de trégua de 620 EC, ele manteve uma longa reunião na feira de 'Ukāz com seis homens de Yatreb (Medina), que pensavam que ele pudesse ser o homem a quem procuravam. Sua cidade nativa, cerca de 480km para o norte, ainda não havia se recuperado dos efeitos da dissensão aberta causada pelas contendas sangrentas entre duas tribos árabes, os Aws e os Khazraj, e se beneficiaria se alguém pudesse ser trazido para impor restrições firmes sobre eles. Eles concordaram em preparar a cidade para a vinda do Profeta. Relataram progressos na altura da próxima estação de peregrinação, e no ano seguinte os preparativos para a imigração de Maomé estavam completos.

O sigilo foi bem mantido, mas no último momento os mecanos tomaram conhecimento da situação, e os Quraish hostis (principalmente Umíadas sob a liderança de Abū Sufyān) ficaram determinados não apenas a atacar, mas a atacar rapidamente. Maomé e Abu Bakr, porém, escaparam em camelos velozes e fizeram com sucesso a **_Hijra_** (a migração) para Yatreb, que levava onze dias habitualmente, no curto período de oito dias. Os muçulmanos consideram essa migração como o nascimento do Islã – o ano um de seu calendário.

Estabelecimento da teocracia em Medina

O quanto Maomé alcançou em tão pouco tempo tem maravilhado os historiadores. Ele foi capaz tanto de superar os conflitos de longa data entre os árabes de Medina quanto estabelecer uma unidade fraternal entre seus companheiros mecanos emigrantes e os árabes nativos de Medina. Muito do segredo de seu sucesso está nas provas visíveis que seus vizinhos tinham da genuinidade de sua experiência profética, especialmente quando ele recebia revelações. Muitos foram testemunhas da exaustão física que acompanhava a "descida" das revelações. Temos relatos de que ele se tornava subitamente silencioso no meio deles, arqueando-se e gemendo enquanto esperava ser "tomado" ou mesmo "espremido". De acordo com uma antiga tradição Aisha, sua esposa favorita após Khadija, lembrava: "Eu vi a revelação descendo sobre ele no mais severo frio, e quando o processo havia terminado, suor escorria de sua fronte"[E1]. Ele mesmo, de acordo com uma tradição de Hārith, filho de Hishām, disse que a revelação às vezes lhe chegava como "o soar de um sino", a forma que lhe era a mais difícil; outras vezes um anjo descia no formato de homem e falava com ele, apesar de que ninguém em volta ouvia ou via o visitante celestial. Dificilmente pode se pôr em dúvida que testemunhas desse processo de revelação, se é que os relatórios são genuínos, falavam sobre ele por toda a comunidade. Além disso, incrédulos e aqueles que resistiam à autoridade de Maomé eram atingidos por temor e se inclinavam a ouvir com aceitação as revelações, quando essas eram recitadas, especialmente por elas consistirem por si próprias em "palavras de poder", formando um todo consistente.

Após diversos anos estabelecendo a si mesmo como um profeta inquestionado, Maomé recebeu um poder espantosamente incontestável sobre a cidade, cujo nome foi alterado, em sua honra, para Medina (*Madīnat an nabī*, a Cidade do Profeta). Ele pôs em execução a construção de uma casa que era tanto a sua residência (com adições posteriores para suas outras esposas) quanto um lugar de culto – a primeira mesquita. Rápida e simplesmente, ele desenvolveu um novo sistema de adoração. Logo foram estabelecidas as seguintes práticas, bem como outras adicionais: cultos semanais nas sextas-feiras, prostração durante a oração (inicialmente na direção, ou *qibla*, de Jerusalém, mas após os judeus em Medina conspirarem contra ele, na direção de Meca), um chamado para a oração do telhado da mesquita (de início apenas para os cultos de sexta-feira; mais tarde, diariamente, nos horários das orações privadas), dádivas de esmolas para os pobres e para o suporte de boas causas.

Guerra com Meca: ascensão final

Talvez a fim de suprir seus seguidores com armas e tesouros, ou talvez a fim de golpear a fonte do poder de Meca, Maomé conduziu uma pequena força para emboscar uma caravana de Meca. O resultado foi guerra com a cidade. No primeiro combate, Maomé se deu melhor, enquanto que, no seguinte, foi a vez dos habitantes de Meca; mas nenhum dos lados obteve alguma vitória decisiva. Os mecanos então se prepararam para um grande assalto. Com 10 mil homens, eles assediaram Medina em 627 EC; mas Maomé, provavelmente seguindo o conselho de um seguidor persa, havia cavado uma trincheira ao redor da cidade a fim de segurar a cavalaria de Meca. A "Batalha da Trincheira" que se seguiu persuadiu os mecanos de que Maomé estava além de seu alcance. Três anos depois, em janeiro de 630 EC, Maomé, por sua vez, marchou para Meca com 10 mil homens. Meca, cujas rotas comerciais tinham sido interrompidas por Maomé, se rendeu. O Profeta de Allāh finalmente atingiu a posição de maior chefe da Arábia. Como tal, ele agiu com grande magnanimidade em relação aos seus antigos concidadãos, proclamando uma anistia geral para todos, com exceção de alguns poucos.

Um dos seus primeiros atos foi se dirigir de forma reverente para a Caaba, mas ainda assim ele não demonstrava sinais de se curvar para o antigo politeísmo mecano. Após honrar a Pedra Negra e cavalgar sete vezes ao redor do santuário, ele ordenou que os ídolos fossem destruídos e que as imagens de Abraão e dos anjos fossem retiradas das paredes. Ele sancionou o uso do poço Zamzam e restaurou os pilares fronteiriços, definindo o território sagrado ao redor de Meca. Daquele tempo em diante, nenhum muçulmano tinha mais motivo para hesitar em se dirigir em peregrinação para a antiga cidade sagrada.

Maomé então se certificou de sua ascendência política e profética na Arábia. Oponentes ativos próximos foram conquistados pela espada, enquanto tribos distantes receberam o convite de enviarem delegações oferecendo sua aliança. Antes de sua morte súbita em 632 EC, ele sabia estar bem encaminhado na unificação das tribos árabes em uma democracia governada pela vontade de Deus. Como ele não estava mais tão consciente do julgamento eminente do mundo, outra tarefa eminente o absorveu – a elevação moral e a unificação das tribos árabes. Em sua última visita a Meca, um pouco antes de sua morte, a tradição o retrata pregando um sermão memorável no qual ele proclamava um fato central do movimento muçulmano com essas palavras: "Oh, homens! Escutai minhas palavras e as tomai em vossos corações! Sabei que cada muçulmano é um irmão para outro muçulmano e que vós sois agora uma irmandade"[F1].

A morte de Maomé foi inesperada, e o problema da escolha de um novo líder praticamente dividiu seus seguidores. Em um movimento desesperado a fim de evitar tal desastre, Abu Bakr, a quem Maomé frequentemente designava para conduzir as orações quando ele estivesse ausente, foi escolhido como seu sucessor (ou califa). Assim, a morte de Maomé conteve apenas temporariamente a rápida expansão do Islã.

III – A FÉ E A PRÁTICA DO ISLÃ

As palavras faladas por Maomé e os exemplos dados por ele se tornaram após sua morte a base da fé (*īmān*) e prática, ou dever (***dīn***) do Islã. Muitos elementos foram, ao menos no que toca à sua formulação final, o produto de tempos posteriores, pois o processo por meio do qual os enunciados de Maomé foram colocados em forma permanente e destilados em um credo e em uma forma de vida não aconteceu da noite para o dia. Grupos divergentes apelavam para o que se lembrava da fala e conduta de Maomé; desde o início era requerida fidelidade à sua instrução e exemplo. As diferenças na interpretação não foram em caso algum marcadas por consciência de se desviar do exemplo dado por Maomé.

É importante considerar agora o ensino e exemplo pessoal de Maomé, antes mesmo de continuar com a história da disseminação do Islã, pois a fé e prática dos muçulmanos após o tempo de Maomé estiveram relacionados intimamente a esses aspectos. Em essência, o que estava escrito no Alcorão e o que Maomé disse, ainda que não estivessem finalmente condensados em artigos de fé fixos e práticas prescritas, inspiraram, motivaram e guiaram a história do Islã.

Por fim, as autoridades muçulmanas resumiram a maior parte do Islã sob três tópicos: *īmān*, ou artigos de fé, *ihsān*, ou conduta correta, e *'ibādāt*, ou dever religioso. Considerando que a fé (*īmān*) e a boa conduta (*ihsān*) foram definidas no Alcorão, e o dever religioso (*'ibādāt*) foi definido posteriormente, consideraremos inicialmente os dois primeiros.

Artigos de fé: Īmān

UM DEUS

Na famosa fórmula de credo muçulmana lê-se a primeira parte: *lā ilāha illa Allāh*, "(Não há) nenhum deus senão Deus". Esta é a declaração mais importante nos īmān (artigos de fé) muçulmanos. Nenhuma afirmação acerca de Deus pareceu tão fundamental para Maomé quanto a declaração de que Ele é um, e nenhum pecado lhe parecia tão imperdoável quanto associar outro ser a Deus em termos de igualdade (os idólatras árabes que cultuavam muitos deuses e deusas eram obviamente culpados deste pecado dos pecados, mas também o eram quaisquer cristãos que dissessem "Deus é o terceiro de três"). Deus era único e supremo. Ele existia antes de qualquer outro ser ou coisa, sendo autossubsistente, onisciente e onipotente ("[aquele que] vê tudo, escuta tudo, [e está] disposto a tudo"). Ele é o criador, e no terrível dia do julgamento Ele é o único juiz que salvará o crente da dissolução do mundo, colocando-o no paraíso.

Em um tópico, no entanto, em meio a suas numerosas referências à "condução" de Deus, o Alcorão tem variantes e abertura o suficiente para permitir interpretações diversas (quanto a isto, o Alcorão não é incomum entre as escrituras mundiais). "Guiaria" Deus a humanidade desafiando-a a escolher em liberdade ou, pelo contrário, determinando suas escolhas com antecedência (predestinação)? Algumas passagens implicam livre-arbítrio, mas outras sugerem a predestinação. (Esta variação não traz nenhuma surpresa. Maomé foi um profeta que falou por meio de estados estáticos por um período de mais de vinte anos. Ele foi inspirado, não a produzir uma teologia sistemática, mas ao invés disso a trazer uma mensagem para o povo que pudesse lhe dizer o que ele precisava ouvir.) Apesar de os muçulmanos Sunnī terem, como veremos posteriormente (p. 736), chegado geralmente à conclusão de que o Alcorão dá privilégio para o campo da predestinação, é possível reconciliar as passagens variantes ao se manter em mente as condições de vida no deserto, como Maomé deve ter feito.

1. SURATAS IMPLICANDO LIBERDADE

As passagens que se seguem são típicas dentre as outras variantes. A liberdade de escolha está implicada em dizer-lhes: "A verdade emana do vosso Senhor; assim, pois, que creia quem desejar, e descreia quem quiser"[C7]. Uma passagem de Meca diz: "Se praticardes o bem, este se reverterá em vosso próprio benefício"[C8]. Ela tem uma equivalente em uma passagem de Medina: "Quem cometer algum mal receberá o que tiver merecido"[C9]. A liberdade de ação também está em passagens que lidam com a misericórdia de Deus, como por exemplo em "e quem cometer uma má ação ou se condenar e, em seguida (arrependido), implorar o perdão de Deus, sem dúvida irá achá-lo Indulgente, Misericordiosíssimo"[C10], ou em "a absolvição de Deus recai tão somente sobre aqueles que cometem um mal, por ignorância, e logo se arrependem"[C11].

2. SURATAS SOBRE PRESCIÊNCIA E CONTROLE

Mas muitas outras passagens dizem que Deus não apenas tem conhecimento perfeito das ações de todos, mas que também controla suas escolhas. Em relação à presciência, por exemplo: "Ele vos conhece melhor do que ninguém, uma vez que foi Ele que vos criou na terra, em que éreis embriões nas entranhas de vossas mães"[C12]. Um pouco mais direto ao ponto, "Deus desvia quem quer, e encaminha pela senda reta quem lhe apraz"[C13]. Deus declara, de fato: "[...] elegemo-los e os encaminhamos pela senda reta"[C14]. Além disso, Deus governa a vida interior dos homens: "A quem Deus quer iluminar, dilata-lhe o peito para o Islã; a quem quer desviar (por tal merecer), oprime-lhe o peito, como aquele que se eleva na atmosfera"[C15]. Uma surata antiga é ainda mais explícita: "Porém, não vos encaminhareis, salvo se Deus, o Senhor do Universo, assim o permitir"[C16]. Existem ainda outras passagens que parecem cair entre os dois extremos. Na Surata 6:78, ouvimos Abraão dizendo "Se meu Senhor não me iluminar, serei contado entre os extraviados"[C17]. Liberdade e determinismo divino aparecem lado a lado em uma passagem de Medina: "Aqueles a quem Deus desviar (por tal merecerem) ninguém poderá encaminhar, porque Ele os abandonará, vacilantes, em sua transgressão"[C18]. Esta última sugere o ponto de vista que reconcilia as passagens com variações entre si, como veremos a seguir.

RECONCILIANDO LIBERDADE E PRESCIÊNCIA

Vejamos os comentários esclarecedores de I. Goldziher:

> Se em muitas passagens do Alcorão se diz: "Allāh conduz a quem ele deseja, e desvia a quem quer", tais passagens não implicam que Deus leva a última classe diretamente para o caminho do mal. O termo decisivo *adalla* não deve ser considerado como significando "levar a se desviar", mas permitir que se desvie, não se preocupar com uma pessoa, não mostrar o caminho de saída [...]. Imaginemos o quadro de um peregrino solitário no deserto – é dessa ideia que a linguagem do Alcorão relativa a condução e perambulação brotou. Os andarilhos erram em seus territórios sem fronteiras, observando ao redor em busca da direção correta para seu objetivo. Assim é o homem em suas perambulações pela vida. Aquele que, por meio da fé e das boas obras, tem merecido a boa vontade de Deus, é recompensado com sua orientação. Ele permite que o néscio se desvie. Ele o entrega ao seu destino, e retira dele sua proteção. Ele não oferece a mão condutora, mas ele não o leva diretamente para o caminho do mal. Condução é a recompensa do bom. "Allāh não conduz o néscio" (Surata 9, v. 110)[G1].

DIREÇÃO VINDA DE DEUS

Allāh revela sua vontade e guia aos homens de três formas distintas: através de Maomé, seu mensageiro; através do Alcorão, sua revelação; e através dos anjos. (Considerando de outra forma, os três são parte de um processo: a revelação foi dada a Maomé através da ação de um anjo. A Revelação foi o objeto.)

DIREÇÃO ATRAVÉS DO PROFETA: HÁDICES

A segunda metade da fórmula de credo muçulmana declara: "Muḥammad rasūl Allāh", "Maomé é o mensageiro (ou profeta) de Allāh". Parece autoexplicativo para os muçulmanos que Deus precisa revelar a si mesmo por meio de profetas; de outra maneira, as pessoas não poderiam conhecê-lo. Deus não podia deixar a si mesmo sem testemunhas, e por tal razão havia uma longa sequência de profetas, incluindo Abraão, Moisés e Jesus. Mas Maomé era o último e maior de todos eles, o "selo" daqueles que surgiram antes dele. Nenhum era seu igual, fosse em conhecimento ou autoridade; nenhum deles havia recebido ou transmitido uma revelação de forma tão perfeita. Mas apesar de sua autoridade ser suprema, ele não era um ser divino aparecendo em carne. Ele era humano, como o restante dos homens e mulheres. Tampouco ele pretendera ter tido poderes sobrenaturais; ele não fizera milagres, não instituíra sacramentos místicos e deificantes, não ordenara nenhum sacerdócio sagrado, não separara a ninguém em um ofício sagrado por ordenação ou imposição mística das mãos. Ele era simplesmente a humanidade em sua melhor forma; Deus ainda era o Outro por completo, com o qual ele estava unido, mas não compartilhava da substância.

A viagem noturna

A sugestão mais célebre na tradição muçulmana de que Maomé tinha uma relação especial com os céus é encontrada nas tradições (hádices) referentes a Miraj, ou Viagem Noturna do Profeta para o paraíso. Essas tradições estão baseadas em uma passagem da Surata 17:01, que diz: "Glorificado seja Aquele que, durante a noite, transportou o seu servo, tirando-o da Sagrada Mesquita [em Makka – Meca] e levando-o à Mesquita de Alacsa [em Jerusalém], cujo recinto bendizemos, para mostrar-lhe alguns dos nossos sinais"[C19]. As tradições variam com o que contam a respeito, mas elas acrescentam algo como isso à história: em uma certa noite, quando o Profeta ainda vivia em Meca (uma noite cujo aniversário é celebrado todo ano através do mundo muçulmano), veio Gabriel, purificou-o internamente, e levou-o pelo ar (ou nas costas do garanhão alado Burāq), primeiramente para Jerusalém, e após isso, através dos sete céus. Ali, conforme ele os atravessava, ele falou de forma sucessiva com Adão, João Batista e Jesus, José, Enoque, Aarão, Moisés e (no sétimo céu) Abraão. Finalmente, sem Gabriel, que talvez não pudesse seguir mais adiante, ele foi erguido em um tapete voador (um *rafraf*) até chegar à presença – mas sem uma visão clara – de Allāh, que falou sobre muitas coisas impronunciáveis e lhe disse: "Oh, Maomé, eu lhe tomo como amigo, da mesma maneira que tomei a Abraão por amigo. Eu falo contigo da mesma forma que falava face a face com Moisés"[D3]. Assim é demonstrado que Maomé tem um *status* perante Deus no mínimo igual ao de qualquer outro predecessor profético. Mas mesmo com uma história tal como esta dando encorajamento, os muçulmanos não fazem nenhuma reivindicação de que Maomé tenha sido algo além de humano, ainda que Allāh o visse com favor especial.

DIREÇÃO ATRAVÉS DO ALCORÃO

A segunda forma por meio da qual Allāh guiava a humanidade era através do Alcorão. O Alcorão, revelado para Maomé, é a palavra final e sem distorções de Allāh para a humanidade. A posição tradicional muçulmana é que o Alcorão é idêntico com as palavras transmitidas, sem modificação, da "tábua bem preservada", "a mãe do Livro", um arquétipo eterno, não criado; são as próprias palavras do próprio Deus. Revelações autoritativas anteriores, como as escrituras dos judeus e dos cristãos, também são transmissões genuínas de Umm-al-Kitāb, o arquétipo celestial não criado, mas elas foram alteradas e corrompidas pelos homens e não são, portanto, absolutamente verdadeiras como o Alcorão.

A convicção referente à infalibilidade do Alcorão como a Palavra de Deus é evidentemente da maior importância para os muçulmanos. Seu corolário é de importância quase equivalente: que o texto presente não foi corrompido por transmissão defeituosa. Muitas, se não todas, as revelações para Maomé foram ou escritas ou memorizadas durante a sua vida. Existe alguma indicação de que ele pode ter designado algumas delas para grupos ou coleções que se combinavam logicamente, e que se tornariam posteriormente as Suratas ou capítulos do Alcorão. Mas não se tem certeza disso. De acordo com a tradição, no ano que se seguiu à morte de Maomé, Abu Bakr ordenou Zaid ibn Thābit, o secretário de Maomé, a fazer uma coleção das revelações. Abu Bakr fez isto sob o conselho de

'Umar, que temia que os Companheiros, que eram os "recitadores" das revelações que haviam memorizado, pudessem morrer ou perecer em batalha. A coleção foi composta de "estrias de folhas de palmeiras, tabuinhas de pedra branca, e peitos de homens", como pode ser lida a referência. Existe forte evidência de que outras coleções teriam sido feitas, que variavam ao conter mais ou menos materiais e, em certa extensão, na redação. Uma segunda tradição, variante, diz que o texto canônico final resultou do trabalho de um comitê apontado pelo Califa Otomão, novamente liderado pelo secretário de Maomé. Quatro cópias idênticas foram feitas, e todos os textos anteriores foram declarados defeituosos. O texto otomânico encontrou alguma resistência, mas finalmente prevaleceu.

DIREÇÃO ATRAVÉS DOS ANJOS

A terceira forma através da qual Allāh tornava sua vontade conhecida era por meio dos anjos. Desses, o principal é Gabriel, o agente da revelação, que é descrito com termos reminiscentes da angelologia zoroastriana como "o espírito fiel" e o "espírito da santidade". Allāh se assenta no sétimo céu em um alto trono, cercado de anjos que o servem, da mesma forma que reis são servidos por seus ministros e atendentes.

O diabo (chamado ou de iblīs, uma contração de diabolos, ou shaytan, satã em hebraico) é um anjo que caiu devido ao orgulho (sua vaidade fê-lo desobedecer à ordem de Allāh de que todos os anjos deviam se prostrar diante do recém-criado Adão) e se tornou o tentador amaldiçoado.

Ele e seus assistentes se ocupam na terra em obstruir os planos de Allāh e em tentar fazer as pessoas se desviarem. Isto soa pior do que as coisas realmente são, pois – ao menos à luz das Surata posteriores de Medina – o escopo das operações do diabo é de fato restrito à permissividade calculada e à não interferência de Allāh.

O JULGAMENTO FINAL

Quanto ao julgamento final, as revelações de Maomé contêm frases que se assemelham àquelas dos apocaliticismos zoroastriano, judaico e cristão. Haverá "sinais" de sua iminência: portentos, estrondos ameaçadores, ocorrências estranhas na natureza e, finalmente, a última trombeta, sob cujo som os mortos se levantarão e todas as almas se reunirão diante do trono do julgamento de Allāh. Durante o próprio julgamento, os livros nos quais os feitos de cada pessoa foram registrados serão lidos, e a sentença eterna será dada de acordo.

O céu e o inferno são descritos de forma concreta:

> Em verdade, Deus amaldiçoou os incré-
> dulos e lhes
> preparou o tártaro.
> Onde permanecerão eternamente; não
> encontrarão
> protetor ou socorredor.
> No dia em que seus rostos forem vira-
> dos para o fogo,
> dirão: "Oxalá tivéssemos obedecido a
> Deus e ao
> Mensageiro!"[C20]

> E os que estiverem à esquerda [Compa-
> nheiros da esquerda]
> estarão no meio de ventos abrasadores
> e na água fervente.
> E nas trevas da negra fumaça, sem nada,
> para refrescar, nem para aprazar.
> Sem dúvida que comereis do fruto do
> zacum[C21].

> Em verdade, é uma árvore que cresce
> no fundo do
> inferno; seus ramos frutíferos parecem
> cabeças de demônios,
> que os réprobos comerão, e com eles
> fartarão os seus bandulhos.
> Então, será dada a eles (a beber) uma
> mistura de água fervente[C22].

Sabei que a árvore de zacum será o alimento do pecador.
Com metal fundido que lhe ferverá nas entranhas.
Como a borbulhante água fervente.
(E será dito aos guardiães): "Agarrai o pecador e
arrastai-o até ao centro da fogueira!
Então, atormentai-o, derramado sobre a sua cabeça
água fervente".
"Prova o sofrimento, já que tu és o poderoso, o honorável!
Certamente, há aqui aquilo de que vós duvidáveis"C23.

Por outro lado, os companheiros da direita, especialmente aqueles que "ultrapassaram" seus colegas em fidelidade, entrarão em um jardim de delícias.
Todavia, os tementes estarão em lugar seguro,
Entre jardins e mananciais.
Serão vestidos de tafetá e brocado, recostados frente a
frenteC24.
Estarão sobre leitos incrustados (com ouro e pedras
preciosas),
Reclinados neles, frente a frente,
Onde lhes servirão jovens (de frescores) imortais
Com taças, jarras, e ânforas, cheias de néctares
(provindos dos mananciais celestes),
Que não lhes provocará hemicrania, nem intoxicação.
E (também lhes servirão) as frutas de sua predileção,
E carne das aves que lhes apetecerem.
Em companhia de huris, de cândidos olhares,
Semelhantes a pérolas bem-guardadas.
Em recompensa por tudo quanto houverem feito.
E as fizemos virgens amantíssimas,
da mesma idade para
os que estiverem à direita [Companheiros da direita]C25.

Essas promessas de huris ou hūr'in no paraíso datam dos dias de Maomé em Meca. Mais tarde, a fim de retificar conclusões falsas, o Alcorão sugere mais de uma vez que os fiéis levem suas *esposas* consigo no paraíso. O Surata 13:23 diz: "São jardins do Éden, nos quais entrarão com seus pais, seus companheiros e sua prole – os que tiverem sido virtuosos [...]*C26. Suas predições podem ser reconciliadas da seguinte forma:

> Apesar de o Corão dificilmente prover uma base para tal ponto de vista, as mais antigas tradições do Islã dão apoio à concepção definida de que as virgens do paraíso foram outrora esposas terrenas.
>
> O próprio Profeta supostamente teria dito: "Elas são esposas devotas, aquelas que, com cabelos grisalhos e olhos marejados morreram avançadas em idade. Após a morte Allāh as transforma novamente em virgens" (*Tafsīr al-Ṭabarī*, xxvii)H.

A conduta correta

O Alcorão tem suprido de tal forma os muçulmanos ao longo dos séculos com orientações compreensivas para a vida cotidiana que suas escolas da lei têm estado aptas a prescrever uma ampla gama de atos para muçulmanos de ambos os sexos, do nascimento até a morte. As seleções seguintes do Alcorão mostram quão compreensivas são estas regulações e, de forma incidental, também corretivas. As leis proibindo bebidas alcoólicas e jogos de azar, bem como as regulações

---

* Ou "nos quais entrarão os que foram virtuosos com seus pais, seus companheiros e sua prole" [N.T.].

cobrindo as relações dos sexos e garantindo um *status* mais elevado para as mulheres, devem ter significado uma considerável mudança na vida moral para os primeiros seguidores de Maomé.

> A virtude não consiste só em que orientais vossos rostos até ao levante ou ao poente. A verdadeira virtude é a de quem crê em Deus, no Dia do Juízo Final, nos anjos, no Livro e nos profetas; de quem distribuiu seus bens em caridade por amor a Deus, entre parentes, órfãos, necessitados, viajantes, mendigos e em resgate de cativos (escravos). Aqueles que observam a oração, pagam o zakat, cumprem os compromissos contraídos, são pacientes na miséria e na adversidade, ou durante os combates, esses são os verazes, e esses são os tementes (a Deus)[C27].
>
> [...] que sejais indulgentes com vossos pais, mesmo que a velhice alcance um deles ou ambos, em vossa companhia; não os reproveis, nem os rejeiteis; outrossim, dirigi-lhes palavras honrosas. E estende sobre eles a asa da humildade, e dize: Ó Senhor meu, tem misericórdia de ambos, como eles tiveram misericórdia de mim, criando-me desde pequenino![C28]
>
> Não mateis vossos filhos por temor à necessidade, pois Nós os sustentaremos, bem como a vós. Sabei que o seu assassinato é um grave delito. Evitai a fornicação, porque é uma obscenidade e um péssimo exemplo![C29]
>
> Concedei aos órfãos os seus patrimônios; não lhes substituais o bom pelo mau, nem absorvais os seus bens com os vossos, porque isso é um grave delito. Se temerdes ser injustos no trato com os órfãos, podereis desposar duas, três ou quatro das que vos aprouver, entre as mulheres. Mas, se temerdes não poder ser equitativos para com elas, casai, então, com uma só, ou conformai-vos com o que tendes à mão.
> Isso é o mais adequado, para evitar que cometais injustiças. Concedei os dotes que pertencem às mulheres e, se for da vontade delas conceder-vos algo, desfrutai-o com bom proveito.
> Custodiai os órfãos, até que cheguem a idades núbeis. Se porventura observardes amadurecimento neles, entregai-lhes, então, os patrimônios; porém, abstende-vos de consumi-los desperdiçada e apressadamente, (temendo) que alcancem a maioridade. Porque aqueles que malversarem o patrimônio dos órfãos, introduzirão fogo em suas entranhas e entrarão no Tártaro[C30].
>
> Casai os celibatários, dentre vós, e também os virtuosos, dentre vossos servos e servas. Se forem pobres, Deus os enriquecerá com sua graça, porque é Munificente, Sapientíssimo. Aqueles que não possuem recursos para casar-se, que se mantenham castos, até que Deus os enriqueça com a sua graça[C31].
>
> Quando vos divorciardes das mulheres, ao terem elas cumprido o seu período prefixado, tomai-as de volta equitativamente, ou liberta-as equitativamente. Não as tomeis de volta com o intuito de injuriá-las injustamente, porque quem tal fizer se condenará[C32].
>
> Combatei pela causa de Deus, aqueles que vos combatem; porém, não pratiqueis agressão, porque Deus não estima os agressores [...].
> E combatei-os até terminar a perseguição e prevalecer a religião de Deus. Porém, se desistirem, não haverá mais hostilidades, senão contra os iníquos[C33].
>
> Foi-vos permitido alimentar-vos de reses, exceto o que vos é anunciado agora [...].

Estão-vos vedados: a carniça, o sangue, a carne de suíno e tudo o que tenha sido sacrificado com a invocação de outro nome que não seja o de Deus; os animais estrangulados, os vitimados a golpes, os mortos por causa de uma queda, ou chifrados, os abatidos por feras, salvo se conseguirdes sacrificá-los ritualmente; o (animal) que tenha sido sacrificado nos altares[C34].

Ó fiéis, as bebidas inebriantes, os jogos de azar, a dedicação às pedras e as adivinhações com setas são manobras abomináveis de satanás. Evitai-os, pois, para que prospereis. Satanás só ambiciona infundir-vos a inimizade e o rancor, mediante as bebidas inebriantes e os jogos de azar, bem como afastar-vos da recordação de Deus e da oração. Não desistireis diante disso? Obedecei a Deus, obedecei ao Mensageiro e precavei-vos[C35].

Deveres religiosos: Os "cinco pilares"

Chegamos agora à parte das práticas religiosas que, com exceção do jejum no mês do Ramadã, que está prescrito no Alcorão, levaram algum tempo para serem fixadas na tradição. Elas são resumidas como os "Cinco pilares" (*al-Arkan*). Já por muitos séculos, todos os muçulmanos têm sido obrigados a se aplicarem nas seguintes práticas.

1 O CREDO (SHAHADĀ)

A declaração central do Islã é *lā ilāha illa Allāh; Muḥammad rasūl Allāh*: "(Não há) nenhum deus senão Allāh, e Maomé é o profeta de Allāh". O primeiro passo para se tornar um muçulmano é aceitar essa confissão de fé, **Shahadā**, bem como sua fiel repetição. Estas simples palavras são ouvidas por toda a parte no mundo islâmico e surgem nos minaretes, como que descendo do céu, nas chamadas para a oração do muezin (almuadem).

2 ORAÇÃO (SALĀT)

Muçulmanos praticantes separaram tempo cada dia para cinco atos de devoção e oração. O primeiro é no amanhecer, o segundo na metade do dia, os outros no meio da tarde, pôr do sol e após o escurecer ou na hora de dormir. Onde quer que estejam, os devotos tipicamente iniciam um ritual de ablução, desenrolam um tapete de oração, se colocam de pé com reverência e oferecem certas orações; curvam-se em direção a Meca com as mãos nos joelhos, a fim de oferecer a Allāh antes atribuições de louvor e declarações de submissão à sua vontade do que pedidos; então, aprumam-se novamente, ainda louvando Allāh; caem então prostrados, ajoelhando-se com a cabeça no chão, glorificando a Deus enquanto o fazem; então se assentam de forma reverente e oferecem uma petição; finalmente, curvam-se mais uma vez. Através de todo o ritual se repete constantemente a sentença *Allāh akbar* ("Deus é o maior"). É comum, especialmente no início, simplesmente se repetir a *Fatiha*, as primeiras palavras do Alcorão (Surata I):

> Louvado seja Deus, Senhor do Universo,
> Clemente, o Misericordioso,
> Soberano do Dia do Juízo.
> Só a ti adoramos e só de ti imploramos ajuda!
> Guia-nos à senda reta,
> À senda dos que agraciaste, não à dos abominados, nem à dos extraviados[C36].

Nas vilas é possível observar os cinco tempos de oração na mesquita, sendo comum fazer duas prostrações na oração da manhã, quatro ao meio-dia e nas orações do final da tarde, ao pôr do sol, e quatro depois do anoitecer.

Sexta-feira é o dia especial de oração pública para todos os muçulmanos, quando os fiéis se reúnem na mesquita, sob a liderança do *imam*, geralmente ao meio-dia ou ao pôr do sol. O serviço é no pátio pavimentado da mesquita ou onde a área de culto foi coberta, sob a cúpula ou abóbada. As pessoas se reúnem ao chamado do minarete, deixam os sapatos na entrada, vão à piscina ou fonte para realizar suas abluções (lavagem das mãos, boca, narinas, rosto, antebraços, pescoço e pés) e sentam-se por alguns minutos para ouvir um leitor (*qari*) recitar o Alcorão. No momento em que os imãs aparecem, eles já tomaram seus lugares sem qualquer discriminação de raça, nacionalidade ou *status* social (exceto as mulheres, se frequentam, costumam ficar atrás de telas), voltados para Meca e espaçados de modo a permitir o ajoelhamento em "prostação" em seus tapetes de oração. Antes que o culto seja realizado, o *imam* prega um sermão tendo como objetivo principal a exposição da doutrina muçulmana. Durante o ritual de oração (ou *salat*) que se segue, o *imam* recita todas as palavras necessárias e os adoradores silenciosamente o seguem em seus movimentos.

3 ESMOLAS (ZAKĀT)

Zakāt são ofertas dadas de boa vontade para os pobres, os necessitados, devedores, escravos, andarilhos e pedintes, e caridades de vários tipos. Nos dias antigos do Islã, era um "empréstimo a Allāh", requerido dos muçulmanos em dinheiro ou espécie. Era coletado por oficiais religiosos e depositado em um tesouro comum, sendo distribuído parcialmente na forma de caridade para os pobres, e em parte para as mesquitas e imãs, destinado para despesas com reparos e administração. Ele era um fundo separado dos impostos (*jizyat*) requeridos de não muçulmanos para despesas políticas e militares. O Zakāt já fora obrigatório universalmente nas terras muçulmanas. Atualmente é comum em países sob governo muçulmano que o Zakāt seja calculado a uma taxa de 2,5% da riqueza acumulada de um homem ou de sua família ao final de cada ano, e que seja arrecadado pelo governo. Em tais situações, ele se trata mais de um imposto do que de uma oferta feita por livre-vontade. Em países não islâmicos, a coleta e distribuição de Zakāt deve ser executada pela própria comunidade muçulmana.

Neste último caso, o Zakāt não é nem uma esmola nem um imposto, mas um pouco de ambos, com a ênfase sendo dada em o indivíduo respeitar os valores sociais, morais e espirituais muçulmanos, ou receber a desaprovação da comunidade.

4 JEJUM DURANTE O MÊS DO RAMADÃ

Com exceção dos doentes e indispostos ou aqueles em meio a uma jornada, todos têm o jejum como uma obrigação. Idealmente, ele seria executado da seguinte maneira: no alvorecer, tão cedo quanto seja possível distinguir um fio branco de um preto, nenhuma comida ou bebida pode ser ingerida até que o sol se ponha; então deve se consumir comida ou bebida o suficiente a fim de tornar o indivíduo apto a passar o dia seguinte sem fraqueza física. Na prática, existem grandes diferenças no cumprimento do jejum, de acordo com os costumes locais e com o grau de piedade dos fiéis. Para alguns muçulmanos, as noites de Ramadã são ocasiões para festa e alegria. Considerando que o mês é determinado por um calendário lunar, ele é adiantado cerca de dez dias em cada ano solar.

5 PEREGRINAÇÃO (HAJJ)

Uma vez durante a vida espera-se que todo muçulmano, homem ou mulher, faça uma peregrinação (uma hajj) para Meca, a não ser que seja impossível. O peregrino deve estar ali durante o mês sagrado, Dhu-al-Hijja, de forma a participar, com milhares de outros, na execução da missa anual da circum-ambulação da Caaba, nas Peregrinações Menor e Grande, e na Grande Festa.

Hoje em dia, quando não há interferência de guerra ou de outras condições inconvenientes, um grande número de peregrinos chega pelas estradas, por navio ou por via área em localidades próximas a Meca. Nos tempos antigos, eles se juntavam a caravanas que efetuavam longas jornadas por via terrestre, das quais o último estágio cruzava o Deserto de Basra no Iraque, ou seguia as rotas comerciais vindas do Iêmen, do Cairo ou de Damasco. Cada caravana tinha como parte indispensável de sua insígnia (ao menos desde o século XIII) um camelo carregando uma *mahmal* – uma liteira ornamentada ricamente – desocupada, o resplandecente símbolo da piedade e do espírito sacrificial dos peregrinos.

Desde os dias de Maomé, era exigido de todos os peregrinos do sexo masculino, fossem ricos ou pobres, que entrassem nos recintos sagrados de Meca usando o mesmo tipo de vestimenta branca sem costuras, e praticando as abstinências apropriadas: de comida ou bebida durante o dia, de atividade sexual, e de ferir outros seres vivos, fossem animais ou vegetais. Esta é a primeira longa série de práticas de nivelamento que faziam com que pessoas de todas as nações e línguas se misturassem na observância de uma missa unificadora, sem distinções de raça ou classe.

As principais cerimônias em Meca envolvem devoções com o corpo inteiro. Elas começam com a circum-ambulação da Caaba: os peregrinos iniciam o percurso na Pedra Negra, correndo três vezes rapidamente e quatro devagar ao redor da construção. A cada rodada se detém no canto sudoeste a fim de beijar a Pedra Negra ou, caso a multidão estiver grande demais, tocá-la com a mão ou com o cajado; às vezes, apenas olham interessadamente para ela. A próxima observância é a Peregrinação Menor, que consiste em trotar, com os ombros chacoalhando, sete vezes entre Safa e Marwa, que são duas colinas baixas ao longo do vale – trata-se de uma imitação da frenética Hagar buscando desesperadamente por água para o pequeno Ismael em prantos.

No oitavo dia de Dhu-al-Hijja se inicia a Grande Peregrinação. Os peregrinos, em uma densa massa, movem-se em direção a Arafat, que se localiza a cerca de 15km para o leste. Eles passam a noite em Mina, na metade do caminho, local que atingem por volta do meio-dia. No dia seguinte todos chegam à planície de Arafat, e os peregrinos se engajam em um culto de oração conduzido por um imã, escutam ao seu sermão e, da máxima importância, permanecem de pé ou se movimentam lentamente por ali, absortos em meditação piedosa. Após o pôr do sol eles iniciam uma corrida em massa com a comoção mais alegre possível, rumo a Muzdalifa, um quarto do caminho de volta para Meca, local no qual eles passam a noite sob o relento. Ao nascer do sol continuam para Mina, onde cada peregrino apedreja simbolicamente o mal, lançando sete pedregulhos em três pilares de pedra e gritando ao lançar cada uma das pedras: "No nome de Deus! Allãh é todo-poderoso!" Aqueles que têm condições possibilitam a execução da Grande Festa, oferecendo como sacrifício um camelo, ovelha ou animal com chifres, mantendo em mente a injunção contida na Surata de peregrinação do Alcorão (Surata 22:36):

> Invocai, pois, o nome de Deus sobre eles, no momento (do sacrifício), quando ainda estiverem em pé, e quando tiverem tombado. Comei, pois, deles e dai de comer ao necessitado e ao pedinte[C37].

Isto quer dizer o seguinte – aquele que sacrifica come parte da carne e dá o resto dela para os peregrinos mais pobres que estão por perto, quaisquer que sejam eles.

Os três dias seguintes são passados com comida, conversa e alegria, na mais estrita continência. Então, como um ato final de peregrinação, todos retornam para Meca e fazem novamente o circuito da Caaba.

IV A EXPANSÃO DO ISLÃ

Pode-se colocar em dúvida se a expansão do Islã, ao menos em seus estágios iniciais, foi o resultado de cálculo ponderado. Nem o ponto de vista devoto muçulmano de que a expansão foi um movimento puramente religioso engajado em um esforço com visão de longo prazo para salvar o mundo do erro e da corrupção, nem o ponto de vista cristão medieval de que foi um produto primeiramente de puro engano, seguido então de excessiva ganância, resistem ao escrutínio. Tanto religião quanto ganância têm seu espaço garantido enquanto impulsos motivadores. Não obstante, está muito mais próximo da realidade afirmar que Maomé unificou os beduínos pela primeira vez em sua história, tornando assim possível para eles, enquanto um grupo poderoso militarmente coligar suas necessidades econômicas com sua fé religiosa em um impulso irresistível de saída do deserto rumo às terras assinaladas pelo destino, nas quais a vontade de Deus seria cumprida. Além disso, a fraqueza dos impérios bizantino e persa, exauridos por anos de luta entre si, tornou possível uma conquista permanente do Oriente Médio.

Os companheiros: Abu Bakr e a unificação da Arábia

Quando Maomé morreu tão subitamente, ele não designara um sucessor (califa). Seus seguidores tiveram de decidir quem poderia exercer essa função. Deveria o princípio de sucessão ser o da hereditariedade, ou os califas deveriam ser eleitos por algum grupo qualificado de forma apropriada (do qual eles mesmos eram oriundos)?

Essa questão foi respondida, de forma diferente em tempos diferentes, por três dos principais partidos políticos da história antiga muçulmana. Os Companheiros (assim chamados por serem compostos pelos associados mais próximos de Maomé, os Muhajirin, ou Emigrantes, e pelos Ansar, ou apoiadores) assumiram que o califa deveria ser eleito dentre eles. Um grupo posterior, chamado de legitimistas, seguia o princípio hereditário de sucessão, pensando que os califas deveriam ser descendentes de Maomé por meio de Fátima e seu marido Ali – cunhado e primo de Maomé. Havia ainda os Umíadas que, enquanto líderes da tribo de Maomé, desejavam ser os únicos a determinar a questão sobre quem deveria ocupar o califado.

Os Companheiros foram os primeiros a agir, e ganharam a decisão inicial. Abu Bakr foi a sua escolha como califa, o primeiro de quatro escolhidos desta forma. Seu califado durou apenas um ano, pois ele logo seguiu ao Profeta na morte, mas sua administração foi notável por duas coisas: ele subjugou firmemente tanto as tribos que aproveitaram a oportunidade providenciada pela morte de Maomé para se libertar do controle quanto àquelas que não haviam se "submetido" (o que foi alcançado pelas chamadas Guerras Riddah), e ele fundiu essas forças no primeiro assalto organizado ao mundo externo. Três exércitos totalizando 10 mil homens, cujas fileiras logo seriam inflacionadas para o dobro, tomaram rotas diferentes para a Síria, de acordo com o que se diz terem sido planos bem traçados de Maomé. Abu Bakr não viveu o suficiente para ver seus triunfos surpreendentes.

Omar (*Umar*) e as primeiras conquistas

O segundo califa, Omar (governando de 634 a 644 EC) despachava e conduzia a distância o grande General Khālid ibn al-Walīd durante o grande golpe que alterou o destino do Oriente Médio, além de todo cálculo prévio: a captura da antiga cidade de Damasco, após um cerco de seis meses (635 EC). As forças cristãs foram imediatamente convocadas a fim de restaurar a situação, mas Khālid se retirou sabiamente para uma locação mais favorável quando o exército de 50 mil homens enviados pelo imperador bizantino Heráclio chegou a fim de expulsá-lo. Então, em um dia com calor e areia tão sufocantes que talvez apenas beduínos pudessem suportá-lo, ele atacou de volta e obteve uma vitória decisiva na qual caiu Teodoro, irmão de Heráclio e general das forças cristãs. Caiu também toda a Síria, até os Montes Tauros, e o imperador, profundamente agitado, partindo em definitivo, teria exclamado: "Adeus, oh, Síria; e que excelente país é este para o inimigo!"

Mas os habitantes judeus e cristãos da Síria se sentiam de forma diferente. Eles não ficaram nem um pouco descontentes com o resultado, tendo se sentido oprimidos por Heráclio após os resultados de sua guerra de libertação dos persas. Além disso, os árabes eram comparativamente magnânimos e agiram no espírito da injunção corânica: "Se eles desistirem [de lutar], que não haja inimizade". Isto é sugerido nos termos de rendição de Damasco:

> Em nome de Allāh, o clemente, o misericordioso. Isto é o que o Khalid garante para os habitantes de Damasco se ele ali entrar: ele promete dar segurança para suas vidas, propriedades e igrejas. O muro de sua cidade não será demolido, e nenhum muçulmano se aquartelará em suas casas. Portanto, nós lhes concedemos o pacto de Allāh e a proteção de seu Profeta, dos califas e dos fiéis. Enquanto eles pagarem o imposto por cabeça, nada que não seja o bem se lhes abaterá[F2].

Há base histórica para se afirmar, como o fez Philip Hitti, que a "conquista fácil" da Síria teve suas próprias causas especiais. "A cultura helênica imposta nessa terra desde sua conquista por Alexandre o Grande (332 AEC) foi apenas superficial e limitada à população urbana. A população rural sempre permaneceu consciente das diferenças culturais e raciais entre eles e seus mestres"[F3]; isto é, entre eles próprios enquanto populações semíticas da Síria e seus governantes helenísticos. O historiador islâmico al-Baladuri atribuiu ao povo da cidade síria de Hims a seguinte confissão feita aos seus conquistadores árabes: "Nós gostamos bem mais de seu governo e justiça do que do estado de opressão e tirania sob o qual vínhamos vivendo"[F4].

Conquistas subsequentes e as razões para seus sucessos

As vitórias muçulmanas na Síria foram decisivas de outras maneiras. Jerusalém caiu em 639 EC, e Cesareia, protegida pelo mar e invencível até que um judeu dentro das muralhas passou uma informação secreta necessária para sua conquista, caiu em 640 EC.

A Palestina inteira então se rendeu para os árabes. Separado da ajuda necessária, o Egito foi o próximo a ser conquistado (639-641 EC), e os árabes forçaram seu caminho através do norte da África, chegando até a Espanha em um século. De volta para o Oriente Médio, o ataque se voltou para os Sassânidas (persas). Primeiro o Iraque, com suas cidades fabulosamente ricas (em 637 EC), depois a Pérsia (640-649 EC) foram subjugados. A Pérsia ofereceu a oposição mais firme que os árabes já tinham encontrado. Sua conquista levou mais tempo porque a população era não semítica, bem unificada, e firmemente zoroastriana. Para noroeste, uma campanha de doze anos (640-652 EC) reduziu a maior parte da Ásia Menor à submissão.

O sucesso dos guerreiros

Pode-se perguntar de forma espantada como os guerreiros muçulmanos, comparativamente mal-equipados e em menor número, armados inicialmente com arcos e flechas e lanças com cabos de bambu, cavalgando camelos e cavalos, puderam sobrepujar após leva de hostes disciplinadas, e mesmo a marinha, do mundo bizantino. A resposta pode ser encontrada parcialmente no cansaço com as guerras e na falta de afeição das populações residentes, e parcialmente no uso especializado da cavalaria, da alta mobilidade do cavalo árabe e do transporte a camelo; mas talvez até mais na intensa sinceridade e dedicação religiosa dos guerreiros muçulmanos. Sua dedicação era alimentada, por um lado, por sua aceitação das palavras do Profeta de que se eles entrassem em batalha na causa de Allāh e fossem vitoriosos, eles poderiam manter quatro quintos do butim e, caso morressem, iriam para o paraíso; era aumentada, de outro lado, por um sentimento de maravilha e descoberta: eles estavam a invadir países que pareciam literalmente, para suas mentes criadas na escassez, paraísos terrestres. Esses guerreiros do deserto ficaram maravilhados quando, pela primeira vez, contemplaram as ricas cidades apontadas para si, prontas para serem tomadas, nas antigas terras que eram o "berço da civilização".

Campanhas subsequentes levaram os exércitos muçulmanos, não mais predominantemente árabes, para o nordeste, até as fronteiras dos Himalaias no Turquestão chinês e na Mongólia, e para sudeste, até à Índia. No extremo Ocidente os muçulmanos da Espanha poderiam ter conquistado até o Reino franco se não fosse por Carlos Martel; apenas a tênue vitória dos francos na Batalha de Tours (732 EC) os dirigiu de volta para a Espanha. A resistência dos bizantinos na Ásia Menor os impediu de cruzarem o Bósforo por um longo tempo.

Mas precisamos retornar aos califas e à história interna do Império Muçulmano rapidamente em expansão.

Omar, que vivia ele próprio de forma muito simples, logo recebeu um fluxo crescente de dinheiro de impostos, jorrando para os cofres de Medina, vindo de todas as partes. Maomé nunca tinha sonhado com tamanha riqueza. Omar determinou distribuí-la na forma de estipêndios anuais, primeiramente para as viúvas e dependentes de Maomé (para Aisha, esposa favorita de Maomé, foram designados 12 mil dirhems), depois para os fiéis, tais quais os Companheiros (os Emigrantes e os Apoiadores) e, finalmente, em quantias menores, para todos os guerreiros árabes e membros das tribos islâmicas. Considerando essa renda, e com o intuito de manter os árabes muçulmanos juntos como uma unidade militar com, podemos dizer, "endereço residencial" sempre na Arábia, ele proibiu que qualquer árabe adquirisse terras fora da península. Simultaneamente, ele desalojou e expulsou da Arábia membros resistentes de outras religiões, especialmente judeus, cristãos e zoroastrianos.

As primeiras disputas por poder

Em adição ao dinheiro distribuído para si e para suas famílias como anuidade, os guerreiros árabes tinham o direito a quatro quintos de todo o butim que tomassem na forma de bens e cativos (todos os monumentos capturados durante as campanhas permaneciam no tesouro comum). As vantagens econômicas de ser um árabe muçulmano eram óbvias. Controlar o califado se tornou uma questão de importância máxima para os vários grupos árabes próximos ao seu centro de poder. O próprio Omar era incorruptível, mas um escravo persa o apunhalou certo dia com uma adaga envenenada, e o caminho para a manobra política foi aberto.

É significativo da situação política interna começando a se desenvolver que Otomão, outro dos associados próximos de Maomé e seu genro, tenha sido o próximo a ser escolhido (em ofício 644-656 EC). Um Umíada, ele se curvou fracamente às pressões de sua família; ele designou tantos Umíadas para ofícios elevados que os escândalos subsequentes levaram ao seu assassinato em Medina por muçulmanos insatisfeitos que se reuniram a fim de forçar sua abdicação. Ali, outro dos genros de Maomé, um dos primeiros fiéis e pai dos dois meninos que eram os únicos descendentes de Maomé do sexo masculino, se tornou califa em 656 EC, vencendo considerável oposição. Ele teve de triunfar sobre dois outros aspirantes, e após sua assunção ao ofício surgiu um terceiro na pessoa de Muawiya, o governador da Síria, que era um Umíada filho de Abū Sufyān. O movimento para depor Ali foi formidável. Ele movera a capital administrativa de Medina para Kufa, no Iraque, onde ele reuniu um exército composto em sua maior parte de beduínos do Iraque e da Arábia, mal-equipados e indisciplinados, mas intensamente sinceros. Ele marchou para oeste e estava prestes a confrontar Muawiya, mas decidiu então submeter a questão a julgamento, se imobilizando por completo. Enquanto Muawiya estava ocupado estabelecendo a si mesmo como o principal competidor no Egito, na Arábia e no Iêmen, Ali permaneceu passivo, de forma desapontadora. Seguidores desgostosos, concluindo que Allāh não havia escolhido Ali de todo e que tanto ele quanto Muawiya deveriam ser eliminados assassinaram-no – um fato que nunca seria esquecido, como veremos em breve.

Resumo dos eventos políticos, 661-1900 EC

Os Umíadas tomaram então o califado, e Muawiya se declarou sucessor de Ali (661 EC). Assim se iniciou o califado Umíada, governado a partir de Damasco e com uma extensão sobre um território imenso que se estendia da Índia até a Espanha. Praticamente um século depois, entretanto, em 750 EC, os abássidas os derrubaram por todas as partes, com exceção da Espanha e moveram sua capital para Bagdá (os abássidas derivaram seu nome do tio de Maomé, al-Abbas, sendo dessa maneira parentes consanguíneos de Ali). Eles construíram Bagdá como uma grande cidade, nas "encruzilhadas do mundo", famosa tanto no Ocidente quanto no Oriente por sua riqueza, cultura e alegria, qualidades todas exemplificadas na pessoa de seu mais celebrado representante, o califa Harun al-Rashid (736-809 EC). Deu-se então uma lenta decadência política; o império muçulmano desmoronou em estados autônomos separados. Em duas regiões anticalifados se autodeclararam. Na Espanha, sobreviventes do califado Umíada estabeleceram um governo independente; e no Egito e nas áreas adjacentes, incluindo a Palestina, um anticalifado xiita, o Fatímida, que reivindicava que seus imãs (ou califas) descendiam de Fátima, filha de Maomé, governou de 909 a 1171 EC. Os Fatímidas tiveram tamanho sucesso por certo tempo que a causa xiita ou "alída" (cf. capítulo 18) parecia prestes a obter a ascendência sobre o mundo islâmico. Mas os Turcos Seljúcidas (*Seljuk*), movendo-se a partir das estepes da Ásia Central, tomaram o poder na Pérsia, no Iraque e na Síria no século XI, chegando a atingir as fronteiras do Egito e Bizâncio.

Foi nesse momento que surgiram os Cruzados, com sua primeira expedição resultando na captura de Jerusalém em 1099. Seguiram-se então os contra-ataques muçulmanos e a emergência do grande líder Saladino, um sunita que colocou fim ao califado Fatímida no Egito. Saladino preparou cuidadosamente o caminho para seus sucessos contra os Cruzados, lentamente reduzindo a área mantida por eles. Ele finalmente recapturou Jerusalém (1187). Saladino e seus sucessores fizeram acordos com os Cruzados, que ficaram limitados à costa por um tempo antes de serem expulsos. Subitamente, setenta anos depois vieram os mongóis, queimando e saqueando onde quer que passassem com incríveis massacres, avançando e se retraindo em duas ondas separadas de conquista. Repelidos pelos mamelucos no Egito, que conseguiram se manter na Síria e na Arábia, os mongóis recuaram de volta para o Iraque e Pérsia, onde se mantiveram por mais um século e foram convertidos ao Islã, em grande parte através do sufismo (cf. p. 738-744).

Com o recuo da maré mongólica, surgiram quatro novos impérios: os Uzbeques na Bacia do Oxus (*Amu Dária*) e do Jaxartes (*Syr Dária*), na Ásia Central, os Safávidas na Pérsia (ou Irã Ocidental), o Mughal na Índia e o Otomano na Ásia Menor. Os Turcos Otomanos subiram ao poder na Ásia Menor no século XIII, cruzaram o Bósforo, tomaram Bizâncio (Constantinopla) em 1453 e abriram seu caminho à força através dos Bálcãs e ao longo do Danúbio até Viena, antes de serem forçados a recuar para as áreas que puderam controlar (século XVI). O Império Otomano também se expandiu para o sul através da Palestina e Egito. Ele resistiu até a Primeira Guerra Mundial.

Mas agora precisamos retornar para os séculos anteriores.

V – OS PRIMEIROS CINCO SÉCULOS DO PENSAMENTO MUÇULMANO

A relativa homogeneidade dos árabes no período dos quatro primeiros califados não durou muito. As leis do Califa Omar, projetadas para manter os árabes de forma permanente como uma unidade militar culturalmente distinta, arábica, inevitavelmente logo seriam modificadas. Multidões de árabes emigraram de pátria estéril para desfrutar de herdades mais ricas em outros lugares – e foram mudados com o processo. Por alguns séculos, os árabes usualmente operavam dentro dos territórios conquistados de acordo com as relações tribais com as quais estavam acostumados. Eles então garantiam o *status* de "clientes" para alguns dos povos conquistados; isto é, tratavam-nos como membros adotivos das tribos árabes. Nesses casos, a clientela era uma forma de assimilação de alguns dos povos conquistados; culturalmente, entretanto, o processo era uma via de mão dupla. Apesar, no entanto, de serem conquistados culturalmente pelos povos a eles sujeitos entre os quais eles se assentavam (os *Mawali*, ou "povos clientes"), eles conquistaram com sucesso a maior parte dos Mawali para sua religião, o que resultou em uma nova cultura de tipo distinto.

A formação dos cânones da Hádice

Cedo surgiram linhas divergentes nas "Tradições" muçulmanas. Já referimos, nos parágrafos de abertura deste capítulo, à Hádice, ou Tradição. Ela consiste em grande parte de lembranças dos ditos e feitos de Maomé rastreados por "testemunhas" ou "autoridades" até o próprio Maomé ou um de seus Companheiros em Medina. Elas existiam em grande número, mas não foram as únicas tradições a serem autenticadas. Muitas outras lidavam com a forma que as coisas eram feitas em Medina durante a vida de Maomé, contando com sua "aprovação silenciosa" (*taqrir*) – ou seja, elas descrevem os costumes, usos ou precedentes estabelecidos nos dias de Maomé. Elas logo se multiplicaram a ponto de formar uma coleção formidável, mas algumas se contradiziam. Algumas linhas de tradição favoreciam de forma suspeita ou aos partidários de Ali (os Xiitas), ou aos Umíadas ou, em tempos posteriores, aos Abássidas.

Como a própria erudição islâmica tradicional aponta, ocorreu alguma invenção ou fabricação. Ibn-Abi-al-'Awja confessou antes de sua execução, 150 anos após a Hijra, que ele havia obtido lucros financeiros criando 4 mil hádices. Mas essa foi, caso tenha sido verdade, indubitavelmente uma instância excepcional. Não pode haver dúvida de que o impulso em preservar a memória dos hábitos diários de Maomé, seus julgamentos orais e mesmo seus comentários espontâneos foi executado com grande diligência, ainda que houvesse por vezes algumas indicações de inclinações e tendências entre aqueles que traziam as marcas da confiabilidade. O preconceito de Aisha contra Ali, por exemplo, aparece em suas 2.210 tradições. Alguns dos Companheiros de Maomé pareciam "lembrar" de coisas em demasia. Mas apesar de parecer haver uma lembrança muito pronta da parte de Abu-Huraira, um dos Companheiros, com suas 5.300 tradições, sua integridade e confiabilidade geral estão fora de questão. Da forma como as coisas se deram, e de forma muito natural, havia aqueles que ouviram algo de alguém, que por sua vez havia ouvido de outra pessoa, e ainda havia aqueles que ouviram algum Companheiro falar "Maomé costumava fazer isso e aquilo". Peneirar e pesar as evidências se tornou uma das preocupações principais dos eruditos e teólogos muçulmanos.

Apenas após dois séculos da morte de Maomé ocorreram tentativas críticas de selecionar tradições mais confiáveis e coletá-las, sendo o critério-base "externo": a confiabilidade dos contribuintes com cada Hádice era a medida de sua autenticidade. Ou seja, as tradições tinham de possuir um bom *pedigree*. A autenticidade ou valor de uma tradição era julgada por sua *isnad*, ou cadeia de testemunhas, cada uma das quais devia subsistir após o exame de veracidade. A tradição era então declarada "genuína", "razoável" ou "fraca". Ao menos seis coleções separadas (e sobrepostas) surgiram e tiveram aceitação geral. Destas, a que obteve maior consideração foi o livro de al-Bukhari (morto em 870 EC), um muçulmano persa que percorreu diligentemente toda a Arábia, Síria, Egito e Iraque coletando um vasto número de hádices (alegadamente no número de 600 mil, mas sem dúvida contendo muitas duplicatas e sobreposições), e então as peneirou para 7.275 que ele considerou "genuínas". Em termos de influência, essa coleção tem o seu lugar próximo ao do próprio Alcorão. Outra coleção considerada com alto apreço, geralmente classificada após a anterior, é a de Muslim ibn al-Hajjaj (morto em 875 EC).

Mas os seis livros canônicos não eram as únicas coleções de Hádices de uso comum entre os muçulmanos. Coleções tais quais a *Muwatta* de Malik ibn Anas, ou a *Musnad* de Ahmad ibn Hanbal, fundadores de duas escolas da lei, receberam tanta autoridade quanto alguns dos seis livros canônicos.

Sua autoridade derivou da dos seus compiladores (sobre Malik e Ibn Hanbal, cf. p. 733-734).

As tradições "genuínas", então, são a base da *Suna*, ou Costume, do Islã tradicionalista. Sua interpretação e reconciliação se tornou uma preocupação para as mentes muçulmanas, permitindo algum espaço para divergência de pensamento.

As primeiras controvérsias

Um muçulmano continua a ser um muçulmano após cometer um pecado? Pode-se permitir o conflito entre a fé e os atos de uma pessoa? Existe fé verdadeira sem boas obras? Conveniência ou considerações políticas devem ter qualquer espaço nas escolhas feitas por um muçulmano? Um muçulmano, para o sê-lo, deve agir indo direto ao ponto em relação do que é conhecido como um verdadeiro princípio islâmico, sem acordos ou demoras, ou deve permitir que os eventos sigam seus cursos, deixando a decisão ou a ação final nas mãos de Allāh? Estas são algumas das questões por trás das primeiras controvérsias islâmicas. Pois não havia então – tampouco haverá algum dia – um padrão fixo de ortodoxia para todos os muçulmanos.

Ao ser escolhido califa, Ali recebeu o apoio de elementos ferozmente antiumíadas que o observavam atenciosamente a fim de conferir se ele seria tão firme e decidido quanto fora Maomé. Mas no meio da disputa com Muawiya, como vimos anteriormente, ele decidiu submeter o conflito a um mediador, o que fez com que 12 mil guerreiros desgostosos saíssem do seu campo em marcha, tão desiludidos com ele a ponto de alguns deles posteriormente o assassinarem. Continuaremos com a história dos "Shī 'ah (partido) de Ali" – os xiitas – no capítulo seguinte.

OS KHARIJITAS

Aqueles que se separaram se tornaram os Kharijitas (árabe *Khawrij*): "separatistas" ou "secessionistas". Vendo com hostilidade os desenvolvimentos políticos que ocorriam por baixo dos panos entre os líderes islâmicos, esse grupo de muçulmanos concluiu, de forma amarga, que a única forma de conseguir um califa adequado seria selecionando a pessoa mais qualificada – não necessariamente alguém da família do Profeta de sua tribo apenas. O califa não tinha de vir de qualquer um desses grupos – dentre eles não havia uma quantidade suficiente de muçulmanos, diziam eles. Os Umíadas, por exemplo, haviam se juntado ao movimento muçulmano no último instante, apenas um pouco antes de ser tarde demais, menos por convicção do que por conveniência. Não, o verdadeiro califa devia ser a escolha de apenas verdadeiros muçulmanos, homens de comprovadas boas obras, agindo exclusivamente com base no princípio religioso de cumprir a vontade de Allāh em completa entrega. Todos aqueles que haviam se tornado muçulmanos por razões políticas ou econômicas, ou que cumpriam as práticas do Islã de forma meramente exterior, definitivamente não eram verdadeiros muçulmanos e deviam ser destruídos em um grande expurgo. Isto era imperativo para salvar a causa de Allāh e Maomé. Era natural que esses ferozes puritanos viessem a encontrar a força completa dos Umíadas ordenada contra si. Os mais radicais e intransigentes foram aniquilados, em uma carnificina sangrenta, como heréticos. Ainda assim, suas crenças se espalharam com o tempo para os confins mais distantes do império muçulmano, e ainda hoje persistem de forma mais moderada em Zanzibar e na Algéria.

OS MURJITAS

Opostos a eles estavam os Murjitas (árabe *Murji'ah*), os advogados do "julgamento postergado". Sua posição era que apenas Deus poderia julgar quem era um verdadeiro muçulmano e quem não o era. Alguém que vê um crente pecando não pode chamá-lo instantaneamente de infiel, ou de alguém desprovido de fé. Os fiéis, portanto, deveriam tratar todos os muçulmanos praticantes – ou ao menos tentar fazê-lo – como reais muçulmanos, deixando para o julgamento final – isto é, para Allāh – a definição de seu *status* final. Assim, mesmo os Umíadas deviam ser tolerados – para não falar dos cristãos e judeus convertidos que aparentavam ser apenas parciais em sua "submissão".

O momento em que aparentemente a maior parte da opinião muçulmana pendia mais para o lado dos Murjitas do que para os Kharijitas foi o início do desenvolvimento das linhas gerais de uma posição tradicionalista.

Os Sunnīs e a Sharia (ou Lei)

A expansão rápida do Islã confrontou os muçulmanos com outras decisões cruciais e ainda mais complexas referentes ao comportamento muçulmano. Cedo surgiram situações fora da Arábia onde as injunções do Alcorão se mostravam insuficientes ou não aplicáveis. O primeiro passo natural nesses casos era recorrer à *suna* (o comportamento ou prática) de Maomé em Medina, ou à Hádice que relatasse decisões orais ou julgamentos. No caso disso se mostrar inconclusivo, o próximo passo era indagar qual era a suna e/ou a opinião consensual (*fatwa*) da comunidade de Medina, durante ou pouco tempo após Maomé.

Se ainda assim não houvesse uma luz para a questão, o único recurso era traçar uma analogia (*qiyās*) a partir dos princípios encorajados no Alcorão ou de precedentes de Medina e então aplicá-los, ou seguir a opinião consensual da comunidade local muçulmana, enquanto cristalizada e expressa pelas suas autoridades alcorânicas.

Tal processo envolvia o chamado **ijtihād**, ou o exercício da reflexão na formação de um julgamento, algo que veio a ser considerado com grandes reservas em tempos posteriores. Muçulmanos liberais defendiam que ijtihād deveria ser usado sempre que necessário, mas outros discordavam, considerando que a Hádice o citava como questionável.

Os muçulmanos que seguiam tais procedimentos para a resolução de seus problemas de comportamento eram e são chamados até os dias de hoje de *Sunnīs* (ou sunitas).

Ao considerar sua posição geral, é óbvio que os Sunnīs (e os muçulmanos em geral) não fazem uma distinção acurada entre lei e religião, pois a lei é baseada nas ordenanças de Deus reveladas para Maomé no Alcorão. Por essa razão, o termo escolhido finalmente e usado atualmente para a lei do Islã – **Sharia** (*Sharĩa*) – significa o Caminho; isto é, o verdadeiro caminho da religião. A palavra no uso antigo, *fiqh*, ou "compreensão", foi aplicada de início igualmente para lei e para teologia, apesar de no uso comum usualmente se referir à primeira. É correta a afirmação de que "os muçulmanos concebem sua religião como uma comunidade que diz 'sim' para Deus e para o seu mundo, e a execução alegre da Lei, na maior parte do mundo islâmico, é enxergada como um valor religioso positivo"[1]. Assim, os eruditos reconhecidos da religião (os **ulamā**, "os instruídos"; isto é, professores, teólogos e juristas islâmicos com instrução formal) têm incessantemente supervisionado a observância da lei na vida humana, especialmente os *muftis*, juristas indicados para serem consultores das cortes religiosas, que têm estruturado cuidadosamente cada parecer legal (*fatwa*) seguido nos tribunais pelos *qadis* (juízes).

A distinção é feita entre as cortes religiosas e aquelas estabelecidas pelos governos civis. Por vezes as cortes civis têm procedido separadamente da Sharia, que em tais casos serve com a lei ideal de acordo com o Islã, enquanto oposta à lei em vigor nas cortes civis. Há uma diferença mais prática na jurisdição. As cortes religiosas têm usualmente proferido julgamentos em questões privadas e familiares dos muçulmanos tais quais casamento, divórcio, herança, e condutas individuais morais e religiosas. Por outro lado, as cortes civis têm administrado as leis estatutárias prescritas em algum país específico por soberanos e oficiais, a fim de regular as ações dos cidadãos de qualquer confissão religiosa.

Em casos nos quais as cortes religiosas tiverem dificuldade em chegar a um parecer legal claramente compatível com o Alcorão, recorre-se à ijtihād (razão e senso comum), mas com grande cautela. Pois, especialmente em círculos conservadores, o recurso à razão e ao senso comum pode sugerir especulação em demasia, o que provavelmente levará o indivíduo a conflitar com a Revelação. O procedimento mais seguro é examinar a Revelação e a Tradição de forma reverente, ordenando-as em um sistema. Quando isto é feito, algum tipo de arrazoamento, preferencialmente não mais do que um recurso à analogia (*qiyas*), pode ser tentado de forma cautelosa, a fim de preencher lacunas ou enfrentar novas contingências.

Resumidamente, esse é o caminho seguido pelas quatro "escolas da lei" que surgiram durante os dois primeiros séculos do Islã e ainda são reconhecidas como autoritativas.

AS QUATRO ESCOLAS DA LEI

1 OS HANIFITAS: ALCORÃO E ANALOGIA

Das quatro escolas, a primeira no tempo – a *Hanifita* – foi a mais liberal em seu uso de especulação – jurídica, evidentemente, e não teológica. Ela foi fundada no Iraque por Abu Hanifa (morto em 767 EC), um persa cujos seguidores escreveram seus ensinamentos em árabe. Sua prática geral era começar com o Alcorão (dando pouca atenção para a Hádice) e perguntar a si mesmo como seus preceitos poderiam ser aplicados por meio de analogia (*qiyas*) à situação de certa forma diversa do Iraque.

Se alguma situação em particular para a qual Maomé legislara fosse próxima analogicamente de alguma situação existente no Iraque, ele aplicava o Alcorão sem alterações. Se, entretanto, as duas situações divergissem amplamente, ele desenvolvia por dedução uma analogia aplicável para o Iraque. Caso a analogia assim obtida não fosse aceitável por se posicionar contrária ao bem público ou aos princípios gerais da justiça, ele consultava *ra'y*, a "opinião pessoal ponderada" ou "justiça arrazoada", derivada de *istihsan*, o julgamento cuidadoso daquilo que colabora para o bem público. Uma decisão então era formulada, e ela poderia até mesmo suplantar o Alcorão (p. ex., o Alcorão prescrevia cortar a mão por roubo, mas isso fora prescrito para uma situação não análoga àquela encontrada no mais diversificado Iraque; assim, ela não fora intendida para o Iraque. Por meio da dedução analógica da leitura de outras partes do Alcorão, deriva-se uma outra punição mais efetiva, a saber – o aprisionamento). Era natural para os abássidas e para os turcos otomanos seguir as decisões hanifitas acerca de leis e ritos religiosos. Elas têm sido seguidas no Iraque, no Irã, no Paquistão, e por muçulmanos na Índia e na Ásia Central.

2 OS MALIQUITAS: ALCORÃO, HÁDICE E CONSENSO

A segunda escola, a *Maliquita*, fundada em Medina por Malik ibn Anas (ca. 715-795 EC), interpretava as leis e ritos à luz do Alcorão e da Hádice conjuntamente. Quando houvesse dificuldade, ele se inclinava fortemente para o "consenso de opiniões" (*ijmā'*) que prevalecia em Medina. Foi ele quem reuniu a coleção de Hádices da *Muwatta* centralizada em Medina, que foi mencionada anteriormente. Ele usa-

---

Ao ser designado governador do Iêmen, Muadh foi questionado pelo Santo Profeta sobre qual lei ele obedeceria. Ele respondeu, "A lei do Alcorão". "Mas e se você não encontrar ali nenhum direcionamento?", perguntou o Profeta. "Então eu agirei de acordo com a Suna do Profeta", foi a resposta. "Mas e se você não encontrar nenhum direcionamento na Suna?", ele perguntou novamente. "Então eu exercerei meu próprio julgamento (ajtahidu) e agirei de acordo com ele", respondeu.
Uma Hádice[E2]

va a analogia em situações especialmente desconcertantes, e quando a analogia conflitava com o consenso da opinião erudita, ele se voltava para a "vantagem numérica". Essa escola ainda é seguida de forma geral no norte da África, alto Egito e leste da Arábia.

3 OS XAFITAS: QUATRO FONTES

A escola *xafita (shāfi'ita)*, a terceira a surgir, foi importante, pois pode-se dizer que ela escrutinizou as outras duas escolas, chegando a uma compreensão da lei baseada no que fora determinado anteriormente. Ela foi fundada por al-Shāfi'i, um árabe nascido na Pérsia mas que descendia da tribo dos Quraish. Ele distinguia claramente quatro raízes, ou fontes, para a lei: as palavras de Deus (o Alcorão), as palavras e feitos do Profeta (sua *suna* ou prática, discernida na Hádice), o consenso da comunidade muçulmana (*ijmā'*), especialmente o expresso pelos juristas, e a analogia (*qiyās*) extraída através do raciocínio. Esta formulação tem sido aceita por todas as escolas legais como a teoria clássica das fontes da lei, mas cada escola se reserva o direito de enfatizar diferentemente essas fontes. A escola xafita concede peso igual ao Alcorão e às Hádices que refletem com autenticidade as palavras e feitos do Profeta, mas, em alguns casos nos quais houver uma Hádice mais específica e clara, a ela é dada preferência mesmo em relação ao Alcorão. Por vezes se defende que as tradições representam o mundo islâmico em expansão e, portanto, a situação mais desenvolvida, mas ainda que sejam liberais a esse respeito, os xafitas rejeitam qualquer forma de *ra'y* (parecer ou opinião) por usar a especulação de uma forma sem garantias. A escola xafita ainda prevalece nas Índias Orientais, e influencia o baixo Egito (Cairo), África Oriental, sul da Arábia e sul da Índia.

4 OS HAMBALITAS: O ALCORÃO DE FORMA ESTRITA

Das quatro escolas, a mais conservadora é a *hambalita*. Ela foi fundada em Bagdá nos dias descomprometidos e felizes de Hārūn al-Radhīd pelo chocado Ibn-Hanbal, um estudante de al-Shāfi'i que era ainda mais intransigente do que seu mestre em relação à "opinião". Ele parece ter se oposto especialmente aos Mutazilistas (cf. o tópico seguinte), e aderido primariamente ao Alcorão, ao pé da letra, com uma confiança secundária na Hádice. Por se recusar a negar a eternidade do Alcorão, ele foi algemado e acorrentado pelo califa abássida al-Ma'mun, e flagelado e aprisionado por um califa posterior. As leis e rituais hambalitas são seguidas hoje no Hejaz e na Arábia Saudita como um todo.

Apesar dessas conclusões terem sido tomadas no campo legal, elas levantaram controvérsia também na área da filosofia da religião.

OS MUTAZILISTAS: TEOLOGIA E RAZÃO

Os vigorosos defensores da fé chamados de mutazilistas (Mu'tazilah) surgiram primeiramente na Síria e Iraque durante o califado Umíada, dentre os convertidos para o Islã que estavam familiarizados com os pensamentos grego, judaico, cristão e zoroastriano.

Inicialmente eles podem até ter sido motivados politicamente, mas em grande parte foram movidos por um desejo de convencer os não persuadidos, não muçulmanos, acerca da solidez da posição islâmica. Assim, eles proveram os muçulmanos de algo análogo aos apologistas cristãos (p. 619s.). De qualquer forma, eles estiveram entre os primeiros muçulmanos a se dedicar ao que veio a ser chamado de **kalām**, ou argumento racional em defesa da fé.

Em uma tentativa de achar pontos em comum com os Kharijitas e os Murjitas, os mutazilistas enfatizaram a livre-resposta individual às exigências morais de Allāh como visto no Alcorão, em particular ao serem confrontados pelas "promessas e ameaças" de Allāh contidas ali. Mas eles também tinham certeza, e acreditavam estar agindo no espírito de Maomé ao afirmá-lo, que não apenas Allāh desafiava a consciência dos indivíduos, mas também buscava por sua aquiescência racional. Assim, os mutazilistas tinham como certo que as doutrinas teológicas que pudessem ser erigidas sobre o fundamento provido pelo Alcorão – cuja veracidade eles nunca questionaram – estavam sujeitas ao crivo racional. Sua leitura de traduções de trabalhos de filosofia grega, que podem não ter sido extensas, deu-lhes a impressão de que era uma conclusão já antiga que nenhuma doutrina podia ser verdadeira caso não sobrevivesse a um exame racional. Como poderia ser a doutrina verdadeira contrária à razão?

JUSTIÇA REQUER ALGUMA LIBERDADE

Os mutazilistas defendiam que a razão insiste tanto na justiça quanto na unidade de Deus; doutrinas que lançassem dúvidas em qualquer uma das duas não podiam ser aceitas. Em defesa da justiça de Deus, os mutazilistas fizeram uma ofensiva com força total à doutrina de que *todos* os feitos humanos seriam decretados pela vontade inescrutável de Allāh e que, portanto, as pessoas não detinham a autoria de nenhum de seus atos. Como a inconclusividade do Alcorão nesse ponto dava algum espaço para clarificações posteriores, os mutazilistas insistiam que não se podia assumir nenhuma posição final que colocasse em questão a justiça de Allāh: Allāh *tinha* de ser justo; seria monstruoso pensar que ele se movia de maneira arbitrária ou por simples prazer. Como seria justo para Deus predestinar uma pessoa a cometer um pecado mortal ou manter uma atitude de heresia ou descrença, e então punir aquela pessoa como culpada de qualquer uma das duas? Não seria nem justo nem correto. A partir disso, portanto, Allāh deveria permitir para cada pessoa liberdade suficiente para escolher entre o certo e o errado, entre a verdade e a falsidade. Apenas então os humanos poderiam ser considerados responsáveis por seus atos.

Allāh ser *obrigado* a fazer qualquer coisa que fosse, como uma necessidade, era uma doutrina que muitos muçulmanos viam com desgosto e horror. Mas os mutazilistas, não obstante isso, levavam a questão ainda mais adiante, afirmando que, como Allāh era o Clemente, o Misericordioso, e desejava o bem de todas as suas criaturas, ele *tinha* de enviar as revelações para o Profeta a fim de indicar o caminho da salvação – um ato que mostrava tanto benevolência quanto uma necessidade interna de ser justo e misericordioso. Daí, a "graça necessária" devia ser vista como a entrega do Alcorão à humanidade.

O ALCORÃO TENDO SIDO "CRIADO"

Isso levou os mutazilistas a proferirem uma declaração que levantaria grande debate: eles negavam que a revelação – isto é, o Alcorão – fosse eterna, e não criada. Allāh teria criado o Alcorão quando houve a necessidade, e então o enviara para a Terra. Supor que ele não fosse criado e eterno destruiria a unidade de Deus ao colocar a seu lado algo coeterno com ele, se aproximando do politeísmo – algo que o próprio Alcorão condenava.

Esta posição foi tão persuasiva para um dos califas abássidas (al-Mamun), talvez mais em termos políticos do que propriamente intelectuais, que ele proclamou em 827 EC que seria considerado heresia asseverar a eternidade do Alcorão, chegando ao ponto de instaurar uma inquisição a fim de expurgar todos os departamentos do governo daqueles que nela criam. Porém, vinte anos depois, outro califa pensou que o ponto de vista oposto era o verdadeiro, chamando aos mutazilistas de heréticos e iniciando, por sua vez, um expurgo dos mesmos.

Antes de sua derrubada final no século X, os mutazilistas modificaram seu método racionalista em uma tendência de conceber a Deus em forma humana, ou seja, baseado na antropomorfização inerente na interpretação literal do Alcorão. Algumas seitas falavam de Deus como um ser feito de carne e sangue. Os mutazilistas se recusavam a aceitar de forma literal a descrição de Allāh assentado em um trono no céu entre os anjos, provido de mãos e pés, olhos e ouvidos. Allāh seria infinito e eterno, não estando em nenhum lugar, em particular no espaço. Era perigoso ao conceito de unidade de Deus, eles diziam, ser muito literal em relação aos seus agentes ou em relação aos seus atributos ou qualidades como se essas últimas pudessem ser seus "membros", como defendiam alguns ortodoxos. Seria consistente com a unidade de Deus falar de seus atributos apenas como sendo parte de sua essência ou como consistindo em seus modos ou estados, mas não como partes separadas. Deus era um em relação à sua essência, sem divisão ou qualificações.

Esta forma de raciocínio foi aplicada também à linguagem do Alcorão em relação a céu e inferno. O imaginário deveria ser considerado de forma figurada ou de alguma forma modificado pela consideração de que aqueles de propensão intelectual ou espiritual não buscariam no paraíso, por exemplo, delícias sensoriais.

Mas apesar de os mutazilistas terem sido capazes de ensinar aos pensadores muçulmanos que lhes sucederam o valor de se empregar um método racional de exposição, a maior parte das opiniões posteriormente se voltaria contra eles, e no século X sua escola chegou ao fim. Mas suas ideias sobreviveram entre os xiitas (cf. capítulo 18), sendo que muitos modernistas as reviveram.

Filósofos muçulmanos e o saber clássico

Os mutazilistas usavam os métodos racionalistas e as ferramentas da filosofia para discutir de dentro do Islã sobre o seu significado e mensagem; havia outros também que, sem desistir de sua fé muçulmana, se moviam em meio aos conceitos e problemas da filosofia grega. Eles eram conhecidos como os *falasifa* (filósofos). Parecia para esses pensadores que a fé muçulmana, enquanto verdade final na religião, deveria ser definida em termos filosóficos, de maneira a obter a completa aquiescência da razão. Ao fazer isso eles estavam prontos a rejeitar qualquer coisa que a razão rejeitasse. Mas seus companheiros muçulmanos, nutridos pela tradição, ficavam desconfiados e, após observarem onde sua razão os conduzia, concordaram com al-Ghazali – a quem encontraremos mais tarde – quando ele condenava a falāsifa por contradição interna ao esposar doutrinas gregas, tais quais a eternidade do mundo, a impossibilidade de ressurreição dos mortos, e Deus não possuir conhecimento das particularidades. Não obstante, durante os cinco primeiros séculos do pensamento islâmico, intelectos poderosos, demonstrando um saber enciclopédico, surgiram dentre os filósofos. Talvez o maior dentre eles tenha sido ibn-Sīnā (Avicena), que viveu na Pérsia de 980 a 1037 EC. Seus predecessores, o árabe al-Kindi de Basra e Bagdá (morto em 873 EC) e o turco al-Farabi (870-950 EC), dificilmente foram homens menos aptos. Na Espanha ibn-Rushed (Averróis, 1126-1198) seguiu o exemplo de Avicena em buscar o sincretismo entre Islã, Platão, Aristóteles e Plotino. Todos esses homens

> ganharam o respeito dos pensadores judeus e cristãos de seus tempos, pois seu embasamento na filosofia grega era mais sólido do que o possível no Ocidente medieval, com seu grande esquecimento do saber clássico. Mas os muçulmanos vieram a pensar que esses pensadores haviam saído do Islã, pisando em terreno estrangeiro.

O CAMPEÃO ORTODOXO: AL-ASH'ARĪ

A queda dos mutazilistas se deu quando os defensores mais conservadores da Suna adotaram os métodos do racionalismo (a construção de sistemas lógicos) a fim de refutá-los. Foi um homem educado em uma escola mutazilista, al-Ash'ari, que virou o jogo contra eles.

Abu'l al-hasan al-Ash'ari nasceu cerca de 250 anos após a Hégira, fez de Bagdá sua residência final e morreu ali perto dos 60 anos de idade (935 EC). Ele se tornou um dos dois grandes pensadores mais honrados pelos muçulmanos conservadores, sendo o outro al-Ghazali. Após estudar e defender publicamente os ensinos dos mutazilistas ele subitamente, aos 40 anos de idade, passou a discordar violentamente com tais ensinos, vindo a desenvolver uma exposição diferente da revelação islâmica. Nesse momento ele percorreu todo o caminho inverso, chegando até a escola legal ultraconservadora hambalita. Sua nova interpretação fez de Deus não apenas um, mas "tudo em tudo". Não importa onde e quando fossem experimentados, os sete atributos divinos – toda a vida, todo o conhecimento, poder, vontade, audição, visão e fala – eram Allāh em ação, pois Allāh criara a humanidade e todos os seus atos. As pessoas não podiam ver, ouvir, saber ou desejar nada por si mesmas; é Allāh a causa de tudo o que acontece nelas e através delas. Esta posição habilitou al-Ash'ari a prover bases lógicas para doutrinas tradicionalistas, fossem elas baseadas no Alcorão ou nas Hádices. Por exemplo, considerando que é Allāh quem causa imediatamente todos os eventos, internos ou externos, é ele também quem nos determina a pensar sobre si como descrito no Alcorão.

Pode-se falar que Allāh está assentado em um trono e que tem mãos e pés, olhos e ouvidos: o Alcorão assim o diz. Mas o Alcorão também fala que ele "não se assemelha a nada" no universo; portanto, a natureza do sentar e enxergar de Deus não é conhecida para os homens, que precisam crer que as coisas que lhes são contadas sem que eles possam conceber como elas são (o conceito de *bi-lā kayf*, "sem conceber como"), ainda assim o são. De forma similar, o imaginário concreto de céu e inferno supridos pelo Alcorão deve ser tomado como descritivo da realidade; os crentes, no paraíso, terão de fato uma visão de Allāh assentado em seu trono; mas não se deve supor que esta visão e este assentar possam ser comparados com seus equivalentes no mundo. Em relação ao Alcorão, al-Ash'ari dizia que suas palavras são, da mesma forma que as palavras na mente de Allāh, eternas, mas que as letras nas folhas de papel formando as palavras e lidas e recitadas na Terra são produzidas pelo esforço humano, possuindo origem temporal – uma solução para o antigo enigma relativo à natureza não criada do Alcorão que foi imediatamente satisfatória para a maior parte dos muçulmanos. Finalmente, al-Ash'ari não se assombrava em pensar no conceito de Allāh consistindo na causa imediata de cada ato, tornando-o responsável pelo mal assim como pelo bem: era apenas um fato que Allāh, de acordo com sua boa vontade inescrutável, decretava a descrença do infiel e o condenava por isso. Allāh tinha suas próprias razões, que não eram como as razões humanas e que os homens não deveriam ter a temeridade de buscar conhecer. Mas al-Ash'ari modificou esse duro ensinamento ao dizer que mesmo que as ações fossem predestinadas, os indivíduos "adquirem" culpa ou retidão ao agir como se fossem livres, sob a consciência de estarem tomando suas próprias decisões e assim envolvendo a si mesmos com seus próprios atos predestinados, sejam eles bons ou maus.

AL-MATURIDI

A influência de al-Ash'ari se disseminou por todas as partes. Ele foi lido e estudado em lugares tão distantes quanto Samarkanda, na Ásia Central, a norte da cadeia do Hindu Kush. Ali al-Maturidi, um hanifita contemporâneo, tanto concordava quanto discordava dele. Permanecendo na mesma posição básica sunita que al-Ash'ari ao afirmar que todos os atos são desejados por Deus, al-Maturidi fez a qualificação, geralmente aceita no mundo muçulmano, de que os pecados dos homens ocorrem devido à vontade de Deus, mas não com sua boa vontade. Deus criou a descrença e desejou-a "de uma forma geral", mas "não ordenou aos homens a praticá-la; ao invés disso, ordenou que o infiel cresse, mas desejou isso *por* ele"[1] (i. e., deixou por conta do indivíduo crer ou descrer). O ato do infiel é intencional e não agrada a Deus, pois Ele o acha detestável; por essa razão ele pune ao infiel.

Sufis

Mas o que preocupava a maior parte dos muçulmanos, mais do que o kalām de al-Ash'ari e al-Maturidi, eram coisas imediatas e do presente, tais quais (1) a prática dos cinco pilares e as cerimônias do ano ritual, (2) a experiência vagamente mística da presença de Deus no culto e na vida diária, tanto com sua "promessa" quanto com sua "recompensa", e (3) a garantia da vitalidade e realidade do Islã nas vidas e nas verdadeiras pessoas de Deus.

O Islã não possui sacerdotes ordenados e separados para uma vida dedicada ao serviço de Deus e à busca da santidade, nem hoje nem outrora (os imãs, que conduzem as orações nas mesquitas, são sempre leigos que servem de tempo integral ou parcial para a glória de Deus).

Foi um anseio popular pela presença entre eles de homens não mundanos dedicados a Deus, por ascetismo e por santidade, que encorajou o eventual surgimento do misticismo islâmico.

OS MÍSTICOS: PRECURSORES DO SUFISMO

Os predecessores dos místicos surgiram quase tão cedo quanto quando o Islã atingiu a Síria. No início do califado Umíada, muçulmanos sírios ansiosos em conhecer a Allāh nesse estranho contexto e influenciados por, entre outras coisas, passagens do Novo Testamento, vagavam, nem mendigando nem trabalhando por seu sustento, mas recitando sem parar uma litania sobre os "belos nomes" e títulos de Allāh; eles resignavam-se ao seu cuidado, em dependência confiante de que seu sustento estava a caminho. Mais ascetas do que místicos, eles praticavam estes atos com a maior das indiferenças à fome, à doença e ao abuso que sofriam da parte dos outros, dizendo que eles precisavam se colocar sob as mãos de Allāh "tão passivos quanto um cadáver na mão daquele que o lava"[1]. No Iraque houve um asceta, al-Hasan de Basra (morto em 729 EC), que era também um erudito religioso. Sua vida santa fez com que fosse reverenciado como um santo enquanto ele ainda estava vivo. Ele rejeitou este mundo (*dunyā*) como um lugar "baixo", cheio de miséria e pesar, e exortou seus ouvintes a buscar as "mansões [celestiais] que através das eras não sofrem decadência nem alteração".

OS PRIMEIROS SŪFĪS

Os primeiros *sūfīs* a carregarem o nome (significando "os que vestem lã"; isto é, aqueles que vestiam o manto de lã rude e sem tintura dos ascetas) surgiram no século VIII, mas logo ultrapassaram seus predecessores no desenvolvimento de interesses intelectuais e místicos que os encaminharam para a contemplação dirigida. Apesar de se basearem no Alcorão, eles eventualmente buscavam ajuda filosófica no neoplatonismo e no gnosticismo, enquanto que o monasticismo cristão os supria com sugestões em relação à organização. Eles adotaram um estilo de vida monástico, praticavam longas vigílias e definiam períodos de meditação. Finalmente (por volta do século XII) vieram a se reunir em fraternidades com cultos religiosos comunais marcados por rituais e música muçulmanos, muito semelhantes aos praticados nas Igrejas cristãs. O interesse que mais os consumia era a união com Deus agora, no presente, ao invés de após a morte. Como não havia linhas de pensamento distintivamente muçulmanas a guiá-los, eles se desprenderam da ortodoxia muçulmana em direção ao misticismo e panteísmo.

Os sūfīs reivindicavam terem Maomé como seu exemplo (testemunha disso é seu uso das cavernas no Monte Hirā), mas eles tinham de omitir a Hádice citando Maomé como um crítico do "monacato" (e. g., no dito atribuído a ele: "Ou você se propõe se tornar um monge cristão – neste caso, junte-se a eles abertamente! – ou você pertence ao nosso povo; então, você deve seguir nosso costume [*suna*]. Nosso costume é a vida de casado")[12]. O próprio Alcorão falava sobre os seguidores de Jesus: "No entanto, seguem a vida monástica, que inventaram, mas que lhes prescrevemos; (*Nós lhes prescrevemos:*) apenas compraz a Deus; porém, não o observaram devidamente"[C38].

Alguns sūfīs antigos, como a poetisa Rabia de Basra (morta 801 EC), buscaram a comunhão com Deus, mas eram circunspectos em relação a motivações ocultas nos regimes monásticos: ambição ou medo. Citando o verso alcorânico: "Ele lhes ama, e eles o amam" (Surata 5:59), Rabia celebrava o amor de Deus como puro e sem complicações. Ela é retratada em uma lenda com uma tocha em uma mão e um cântaro de água na outra, com o intuito de queimar o paraíso e de apagar o inferno, de forma que Deus pudesse ser amado apenas por sua beleza. Questionada se ela não esperava pelo paraíso, ela respondeu: "Primeiro o vizinho, depois a casa".

Os sūfīs foram influenciados durante o processo de seu estabelecimento pelo que ouviam das especulações místicas de um muçulmano egípcio, Dulnune (Dhūl-Nūn al-Miṣrī, morto em 859 EC), que talvez tenha recebido o epíteto "o homem do peixe vindo do Egito"; isto é, o Jonas do Egito, pois ele dissera que a individualidade é um pecado mortal e a alma precisava ser "engolida" em Deus por meio da união mística completa. Nem ele nem os sūfīs no geral pensavam que o engolimento da alma pudesse ser alcançado de uma vez só sem que a alma se preparasse para isso; havia estágios a ultrapassar. De acordo com o exemplo de Harith al-Muhasibi de Basra (morto em 857 EC), o sūfī era um peregrino na estrada que levava à "verdade", e haviam estações no meio do caminho pelas quais ele precisava passar sob a condução de um dirigente muçulmano, tais quais o arrependimento, a abstinência, a renúncia, a pobreza, a paciência, a confiança em Deus e satisfação (os "sete estágios" mais comumente prescritos). A entrada final no domínio transcendente do conhecimento e da verdade coroava os vários "estados" de ânsia, temor, esperança, amor, intimidade e confiança que Allāh concedera. O estado climático seria experimentado como um clarão intoxicante e inefável da iluminação divina trazendo consigo a certeza do amor divino – o objetivo dos teístas místicos de todas as partes.

SŪFĪS ACUSADOS DE HERESIA: AL-HALLAJ

Mas alguns poucos desses místicos não eram teístas. Eles definiam Allāh como o domínio da verdadeira existência, e quando certas influências budistas penetraram no Iraque, os sūfīs se aproximaram perigosamente do ateísmo (como fizeram alguns *zindiq* ou muçulmanos de pensamento livre, de origem zoroastriana) e passaram a enfatizar o autoaniquilamento, concebido como uma completa absorção na Verdadeira Existência, como seu objetivo final.

Estes e outros dentre os sūfīs mais extremados (os "extáticos") foram reconhecidos pelos conservadores muçulmanos como heréticos. Houve mais do que um martírio. Em 922 EC um sūfī persa chamado al-Hallaj foi flagelado, mutilado, pregado em uma forca e então decapitado por ter clamado publicamente: "Eu sou o Verdadeiro (*al-Haqq*)", diante do que seus ouvintes, acostumados a ouvir Allāh sendo chamado de "o Verdadeiro", julgaram que ele estava cometendo a pior das blasfêmias. Eles estavam certos em entender que ele sentia ser um com seu criador, mas não havia intenção de blasfemar. Ele se sentia de forma muito parecida como o fizera o místico persa Abu Yazid al-Bistami (morto em 875 EC), a quem foi atribuído o dito: "Por trinta anos o Deus transcendente foi meu espelho, e agora eu sou meu próprio espelho; isto é, eu não sou mais aquele eu, pois afirmar 'eu' e 'deus' é uma negação da unidade de Deus".

"Considerando que eu não sou mais, o Deus transcendente é seu próprio espelho. Eu digo que eu sou meu próprio espelho, pois isto é Deus falando através da minha língua, e eu desaparecendo"[K1].

Para al-Hallaj, a esperança da união mística com Deus era aquela do amante que sofre com a separação de seu ser amado, e em seus famosos versos ele lamenta qualquer ausência da perfeita harmonia com o Amado Deus. Quando ele pode, ele celebra sua presença com intimidade e ternura:

> Entre mim e ti perdura um "isto sou Eu" que me atormenta.
> Oh, vossa graça, leva embora esse "Eu" que está entre nós![K2]

Eu sou Aquele a quem eu amo, e Aquele a quem eu amo sou Eu – nós somos dois espíritos residindo em um mesmo corpo. Se tu me vês, tu vês a Ele, e se tu vês a Ele, tu nos vês a ambos[K3].

SUFISMO MODERADO POSTERIOR

Alarmados com a execução de al-Hallaj, e bastante conscientes da extravagância de linguagem que a provocara, surgiram sūfīs mais moderados, que fizeram um esforço sincero durante os séculos seguintes a fim de mostrar para seus críticos Sunnī que eles não estavam em contradição com o Alcorão ou com a Hádice. Eles tentaram provar, com linguagem temperada, que o sufismo poderia ser e era verdadeiramente muçulmano. Com volume após volume Abu Nasr al-Sarraj, Abu Talib al-Makki, Abu Bakr al-Kalabadhi e especialmente Abu al-Qasim al-Qushayri, entre outros, tentaram reabilitar o misticismo sufista aos olhos sunitas, alegando que ele buscava um reavivamento no Islã vindo de dentro. Na próxima seção, veremos como al-Ghazali produziu a grande síntese de temáticas tanto sunitas quanto sufistas, um feito que evitou que os sunitas expulsassem os sufistas do meio muçulmano, e convenceu os últimos de que seu futuro estava com o Islã.

Após o tempo de al-Ghazali (a quem estudaremos em breve), os sufistas ganharam maior confiança; de certa forma, ele lhes dera licença para existir e para continuar sua busca por uma experiência pessoal da presença viva de Allāh. Eles admitiam a legitimidade da Sharia e de kalām enquanto se baseassem na revelação de Maomé, mas reivindicavam para o seu misticismo a validade da percepção intuitiva que não podia ser expressa em termos racionais, históricos ou práticos, mas que precisava ser adornada pela linguagem da poesia e do simbolismo. Além disso, eles vieram a perceber que esse recurso à linguagem poética e intuitiva tornava difícil para os lógicos sunitas atacá-los com sucesso, e isso os libertava ainda mais em sua expressão literária própria.

POESIA SUFI: RUMI

Quando os poetas sufi posteriores deixaram de se reprimir, eles se aproximaram da linguagem de al-Hallaj, que podia ser então usada com segurança – com exceção de se reivindicar a divindade. Consideremos as palavras do poeta Jalal al-Din Rumi, escritas praticamente 300 anos após a execução de al-Hallaj:

> Quando Deus se revela para seu ardente amado, o amado é nele absorvido, mas não tanto a ponto de restar um pouco do amado. Amados verdadeiros são como sombras, e quando o sol brilha em sua glória a sombra desaparece. Um verdadeiro amado de Deus é aquele a quem Deus diz: "eu sou teu, e tu és meu"[L1].
> Que eu me torne não existente, pois a não existência soa para mim como sons de flauta cantando, "para ele devemos retornar".
> Contemplem a água em um jarro, e a derramem: correrá essa água para longe da corrente?
> Quando a água se junta à água da corrente ela se perde ali dentro, e se torna ela mesma a corrente. Sua individualidade é perdida, mas sua essência perdura. Assim, ela não se torna nem menor nem inferior[L2].
> No mundo da unidade divina não há espaço para Número, mas Número existe necessariamente no mundo de Cinco e Quatro. Podes contar uma centena de milhares de maçãs em suas mãos;
> Se quiseres fazê-las Uma, esmaga-as juntas[L3].
> Na casa de água e de argila esse coração fica desolado sem ti;
> Oh, amado, entrai na casa, ou eu a deixarei[L4].

Rumi escreveu para seus discípulos a famosa "Canção da flauta de cana", celebrando o amor de Deus que a flauta simbolizava.

Uma passagem central exclama em celebração do êxtase do amor de Deus.

> Salve a ti, então, Ó AMOR, doce loucura!
> Tu que curas todas as nossas enfermidades!
> És o médico para nosso orgulho e presunção!
> Nosso Platão e nosso Galeno!
> O amor exalta nossos corpos terrenos até o céu,
> e faz as próprias montanhas dançarem com alegria!
> Oh, amado, foi o amor quem deu vida ao Monte Sinai.
> Quando "ele tremeu e Moisés caiu em um desmaio".
> Se meu Amado apenas me tocasse com seus lábios,
> Eu também, como a flauta, irromperia com uma melodia[L5].

As referências aqui aos gregos apontam para o fato de que os sufistas, especialmente em suas manifestações como dervixes, estavam abertos para quaisquer pontos de vista que provessem ajuda em sua busca. Eles sentiam a unidade essencial de todos aqueles que buscavam a união com Deus, não importando seu nome ou seus símbolos. Uma centena de anos antes, o filósofo e poeta espanhol Ibn al-'Arabi teria dito:

> Houve um tempo no qual eu jogava a culpa para o meu companheiro se a sua religião não se assemelhasse à minha;
> Agora, no entanto, meu coração aceita todas as formas: é uma pastagem para gazelas, um claustro para monges,
> um templo para ídolos e uma Caaba para o peregrino,

as tábuas da Torá e os livros sagrados do Alcorão.

O amor apenas é a minha religião[G3].

RUMI SOBRE A EXPERIÊNCIA RELIGIOSA

A convicção dos sūfīs de que o elemento essencial na religião – em qualquer religião – era a experiência religiosa ("o espírito interior e o estado do sentimento"), ao invés de suas formas fixas, brilhava nas seguintes passagens do *Mathnavi*, de Rumi:

> Moisés viu um pastor na estrada que dizia: "Ó Deus, que escolhes a quem Tu desejas, onde Tu estás, para que eu possa me tornar teu servo, coser teus sapatos e pentear tua cabeça? Para que eu possa lavar tuas roupas, matar teus piolhos e te trazer leite, oh Adorado; para que eu possa beijar tua pequena mão, e esfregar teus pequenos pés, e quando chegar a hora de dormir, eu possa varrer teu quarto; Tu, para quem são todos os bodes que sacrifico, Tu, em cuja lembrança são todos meus 'ais' e 'ahs'!"
>
> O pastor falava tolices nesse sentido. Moisés disse, "Homem, para quem tu te diriges?"
>
> Ele respondeu: "Para Aquele que nos criou – por meio de quem esta terra e este céu foram trazidos à vista".
>
> "Escuta!", disse Moisés, "tu tens te desviado; de fato, não te tornastes um muçulmano, mas um infiel. Que balbucios são esses? Que blasfêmias, que delírios? Enche tua boca com algodão! O fedor de tua blasfêmia faz o mundo inteiro cheirar mal; tua blasfêmia transformou o roupão de seda da religião em trapos. Sapatos e meias são apropriados para ti, mas como tais coisas seriam adequadas para o Um que é um Sol?"
>
> O pastor disse: "Ó, Moisés, fechastes minha boca e queimastes minha alma com arrependimento". Ele rasgou suas vestes, levantou um suspiro e virou apressadamente sua cabeça para o deserto, indo para aquele caminho.
>
> Veio uma revelação de Deus para Moisés – "Tu afastes meu servo de mim. Viestes tu como profeta para unir, ou para separar?"
>
> "O quanto puderes, não escolhas pela separação: de todas as coisas, a que mais odeio é o divórcio. Tenho outorgado para cada um uma forma especial de agir [...] para os hindus, o idioma da Índia é louvável; para os sindi, o idioma de Sind é louvável. Eu não sou santificado por meio da glorificação que eles fazem de mim – são eles que são santificados por ela [...]. Eu não olho para a língua e para a fala, mas para o espírito interior e para a forma do sentimento. Eu observo o interior do coração a fim de checar se ele é inferior, apesar de seu dono proferir palavras que não são inferiores, porque o coração é a substância [...]. Na substância está o objeto real. Quantas dessas frases, concepções e paráfrases mais? Eu quero o queimar, o queimar: torna-te amigo dessa queima! Acende a chama do amor em tua alma e queima por completo teu pensamento e expressão! Ó, Moisés, existe o tipo de pessoa que conhece as convenções, e existe o tipo de pessoa cujo coração e espírito queima"[M].

> Se uma imagem de nosso Amado é encontrada em um templo pagão, então é um erro circundar a Caaba; se a Caaba é privada de seu doce aroma, é uma sinagoga; e se na sinagoga nós sentimos o doce aroma da união com ele, ela é nossa Caaba.
>
> *Rūmī*[G2]

Mas a ênfase dos místicos sobre a imanência e a onipresença de Deus estava em desacordo com a ênfase sunita na transcendência e onipotência de Deus, de forma que houve grande necessidade de reconciliação desses temas. Essa necessidade foi suprida por al-Ghazali, o grande sintetizador do pensamento muçulmano.

A síntese de al-Ghazali

Após as tensões entre os nacionalistas com os kharijitas e os mutazilistas, e a separação em direções diferentes dos juristas e dos místicos, o kalām de al-Ghazali, quando foi compreendido, "veio como uma libertação"[N]. Em reconhecimento ao fato de que ele reuniu diferentes tendências e resgatou as escolas dos legalismos áridos nos quais elas haviam caído após al-Ash'arī, os muçulmanos o têm chamado de Muhyī al-Dīn, "o Restaurador (ou renovador) da Religião".

Ainda assim, seu valor não foi reconhecido imediatamente. Foi apenas após algum tempo que sua síntese já havia estado entre eles que os acadêmicos muçulmanos começaram a apreciar seu balanço e sabedoria.

Nascido em uma vila persa em 1058, Abu Hamid al-Ghazali obteve sua fama em outras regiões, mas retornou para sua terra natal antes de morrer em 1111. Após ser educado em jurisprudência em uma escola xafita e em teologia por um famoso imã asharita, ele foi convidado para Bagdá, como professor na Nizamiyah, uma universidade recém-fundada onde predominava a doutrina de al-Ash'ari. Durante seus quatro anos ensinando, ele chegou a uma crise espiritual. Não estando satisfeito com o academicismo, ele se voltou para o ceticismo e, então, para o sufismo. Seu apetite intelectual o conduziu de forma ampla pelo saber humano. Próximo ao final de sua vida, ele escreveu:

Desde que eu tinha menos de 20 anos (agora eu tenho mais que 50) [...] não parei de investigar cada dogma e crença. Não houve um batinita com o qual eu me deparasse do qual eu não desejasse estudar o esoterismo; não houve um zaharita do qual eu não desejasse compreender o ponto central de seu literalismo; não houve filósofo (neoplatônico) do qual eu não quisesse aprender a essência de sua filosofia; não houve teólogo dialético sobre o qual eu não lutasse para verificar o objeto de sua dialética e teologia; não houve sufista cujos segredos eu não cobiçasse sondar; nenhum asceta que eu tomasse conhecimento sem que tentasse mergulhar em seu ascetismo; não houve ateu *zindiq* sobre o qual eu não tateasse em busca das causas de seus fortes *zindiqismo* e ateísmo. Tal foi a sede insaciável de minha alma em pesquisar e investigar desde os dias mais antigos de minha juventude, um instinto e um temperamento implantados em mim por Deus, sem que eu tivesse escolha[F5].

Sua virada para o sufismo se provou decisiva. Ele deixou a universidade, foi para a Síria para descobrir por si mesmo, sob a direção dos sūfī ali, se o seu caminho era o caminho correto para a certeza religiosa, e após dois anos de meditação e oração ele fez uma peregrinação para Meca, antes de retornar para sua esposa e filhos. Ele havia renovado sua fé sob o ideal sūfī e sentiu que o misticismo sufista, praticado moderadamente, poderia ajudá-lo a atingi-lo. Ele começou a escrever. Apesar de ter retornado para ensinar por um curto tempo, sob ordem do sultão, ele logo voltou para sua meditação e escrita em sua vila nativa até sua morte, aos 53 anos de idade.

O REAVIVAMENTO DAS CIÊNCIAS RELIGIOSAS

O livro mais importante de al-Ghazālī foi *O reavivamento das ciências religiosas*. Enquanto uma pessoa fundamentalmente religiosa, ele não estava satisfeito com o legalismo e intelectualismo dos sunitas. A teologia era irreal sem a experiência religiosa. De fato, todo o pensamento humano e a própria vida eram monótonos e sem proveito sem Deus. Ele separou tempo para analisar detalhadamente as filosofias de certos seguidores muçulmanos de Aristóteles, apenas para vir a condená-los como sistemas racionais internamente contraditórios e essencialmente irreligiosos. Para ele o universo não era eterno, mas fora criado a partir do nada pela vontade criativa de Allāh.

A relação entre as pessoas e o grande ser que criara a elas e ao mundo ao seu redor devia ser fundamentalmente moral e experimental. Não era o suficiente observar as leis e ritos do Islã, ou se tomar alguma kalām para demonstrar sua prontidão em se resguardar contra quaisquer possibilidades. Uma alma humilde devia ser profundamente religiosa, mesmo se ela fosse ignorante dos detalhes da interpretação ou teologia alcorânicas. O cerne da religião – que pode ser praticado mesmo por alguém que não seja muçulmano – é o arrependimento dos pecados, expurgar o coração de tudo com exceção de Deus e, por meio dos exercícios da religião, atingir um caráter virtuoso. Nisso, ele afirmou, os métodos sūfī de disciplina própria e de meditação, se praticados com senso comum e sabedoria, eram de grande valor. Eram inestimáveis também os Cinco pilares da fé, aceitos como obrigatórios por todos os muçulmanos; ainda assim, eles não produziam seu proveito completo a menos que fossem executados com o coração, e com a mentalidade correta. Apenas assim os muçulmanos poderiam esperar escapar da punição no último dia.

O vigor com o qual al-Ghazali censurou os professores da lei, de teologia e de filosofia, por sua falta de ardor religioso e por encorajar tendências sectárias, fez com que seus trabalhos fossem atacados de forma amarga ao serem publicados. Mas era evidente que o mesmo homem que censurava o erro onde ele pudesse ser encontrado também agia de forma humilde e sensível em sua busca pessoal por Deus. Com o passar do tempo todas as seitas, com exceção das mais extremadas, em áreas dominadas pela jurisprudência formalista – como na distante Espanha –, reconheceram a sanidade e verdade geral de sua posição. Ao final, ele recebeu a posição de o maior dos pensadores muçulmanos, e chegou a ser venerado como um santo. Os pensadores muçulmanos têm permanecido de forma geral com as formulações de al-Ghazali, sua palavra sendo tomada como tudo, menos final.

GLOSSÁRIO

Allāh (Alá), Deus: uma contração de al-ilāh, "a divindade"; a forma "Allāh" não tem plural e é usada por todos os monoteístas falantes de árabe para se referir ao "único Deus".

Caaba (Ka'ba), "o cubo": uma estrutura cinzenta de pedra em Meca; envolta anualmente com um brocado negro, ela marca o centro geoaxial do mundo islâmico, o ponto focal da orientação de orações e peregrinação.

Dīn, prática: costume ou uso (em distinção a imān, "fé").

Hádice (Hadith): o corpo de tradição referente às ações e ditos do Profeta.

Hajj, peregrinação a Meca: o quinto dos "Cinco pilares" do Islã.

Hijra (latim *Hegira*), "fuga, retirada": a migração do Profeta e seus seguidores de Meca para Medina em 622 EC, o evento fundador da fé islâmica e o primeiro ano de seu calendário.

Ijtihād: exercício da razão ou julgamento em um caso na teologia ou lei (um especialista nesse exercício é um *mujtahid*, "juiz").

Imān, fé, comprometimento: manifestação da confiança em Allāh.

Jinn, (pl.) espíritos: apesar de serem feitos essencialmente de "chamas sem fumaça", eles são capazes de assumir forma humana e animal a fim de ajudar ou frustrar os esforços humanos (sing. Jinni, comparável ao "gênio" da lâmpada de Aladin).

Kalām: teologia islâmica, argumento arrazoado em defesa da fé.

Muçulmano: "aquele que se submete" (a Allāh), um membro da comunidade da "submissão": Islã – um termo da mesma raiz árabe.

Shahadā, "testemunho", a profissão de fé muçulmana: "Não há deus além de Allāh; Maomé é o profeta de Allāh".

Sharia (Sharī'a), "caminho claro": a forma correta de vida definida para a humanidade pelo Alcorão.

Sūfīs, "os vestidos de lã": membros das seitas místicas do Islã, a mais antiga datando do século VIII na Pérsia.

Ulamā, "os instruídos": guardiães islâmicos da tradição, teólogos; algumas vezes envolvidos diretamente no governo; às vezes, uma força islâmica contrária ao governo de fato.

Zakāt: a dádiva de esmolas/impostos obrigatória, o terceiro dos "Cinco pilares" do dever islâmico. De forma geral, um quadragésimo da riqueza acumulada, apesar de as regras serem frequentemente complexas.

LEITURAS SUGERIDAS

Islã

'ABDUH, M. *The Theology of Unity*. Trad. de Isḥāq Masa'ad e Kenneth Cragg. Nova York: George Allen & Unwin, 1966.

AHMAD, A. *Islamic Modernism in India and Pakistan, 1957-1964*. Nova York: Oxford University Press, 1967.

AKHAVI, S. *Religion and Politics in Contemporary Iran*. Albânia: State University of New York Press, 1980.

Al-Ash'āri, al-Ibanah 'an Usul ad-Diyanah. Trad. de Walter Klein. New Haven: American Oriental Society, 1940.

ANSARY, T. *Destiny Disrupted: A History of the World Through Islamic Eyes*. Nova York: Public Affairs, 2009.

ARBERRY, A.J. *Sufism*. Nova York: George Allen & Unwin, 1950.

ARBERRY, A.J. *The Koran Interpreted*. Nova York: George Allen & Unwin, 1955.

ARBERRY, A.J. (ed.). *Religion in the Middle East: Three Religion in Concord and Conflict* – Vol. 2: Islam. Londres: Cambridge University Press, 1969.

ARMSTRONG, K. *Muhammad: An Introduction*. Albânia: State University of New York Press, 1992.

ASLAN, R. *No god but God: The Origins, Evolution, and Future of Islam.* Nova York: Random House, 2006.

BERGER, M. *Islam in Egypt Today.* Cambridge: Cambridge University Press, 1970.

BOLAND, B.J. *The Struggle of Islam in Modern Indonesia.* The Hague: Martinus Nijhoff, 1971.

DESSOUK, A.E.H. (ed.). *Islamic Resurgence in the Arab World.* Nova York: Praeger, 1982.

ESACK, F. *On Being a Muslim.* Oxford: Oneworld, 1999.

ESPOSITO, J.L. (ed.). *Islam and Development Religion and Sociopolitical Change.* Siracusa: Syracuse University Press, 1980.

FISCHER, M.M.J. (trad.). *Iran: From Religious Dispute to Revolution.* Cambridge: Harvard University Press, 1980.

GEERTZ, C. *The Religion of Java.* Glencoe: The Free Press, 1960.

HITTI, P.K. *The History of the Arabs.* 8. ed. Nova York: Macmillan, 1964.

HOLT, P.M.; LAMBTON, K.S.; LEWIS, B. (eds.). *The Cambridge History of Islam.* Cambridge: Cambridge University Press, 1970.

IBN ISHAQ, M.I.Y. *The Life of Muhammad.* Trad. de A. Guillaume. Londres: Oxford University Press, 1955.

JACKSON, K.D. *Traditional Authority, Islam and Rebellion.* Oakland: University of California Press, 1980.

LEVTZION, N. (ed.). *Conversion to Islam.* Nova York: Holmes & Meier, 1979.

LINCOLN, C.E. *The Black Muslims in America.* Boston: Beacon, 1963.

MOMEN, M. *An Introduction to Shi'i Islam: The History and Doctrines of Twelver Shi'ism.* New Haven: Yale University, 1985.

PELLY, L. *The Miracle Play of Hasan and Husain.* Londres: Wm. H. Allen, 1879.

RAHMAN, F. *Islam.* Garden City: Doubleday Anchor Book, 1968.

RAHMAN, F. Islam: An Overview. In: ELIADE, M. (ed.). *The Encyclopedia of Religion.* Nova York: The Macmillan, 1987.

SCHIMMEL, A. *Mystical Dimensions of Islam.* Chapel Hill: University of North Carolina Press, 1975.

SCHIMMEL, A. *Islam: An Introduction.* Albânia: State University of New York Press, 1992.

SMITH, J.I. (ed.). *Women in Contemporary Muslim Societies.* Lewisburg: Bucknell University Press, 1980.

SMITH, W.C. *Islam in Modern History.* Princeton: Princeton University Press, 1957.

WATT, W.M. *Free Will and Predestination in Early Islam.* Londres: Luzac, 1948.

WATT, W.M. *Islam and the Integration of Society.* Londres: Routledge & Kegan Paul, 1961.

WATT, W.M. *Muhammad: Prophet and Statesman.* Londres: Oxford University Press, 1961.

WATT, W.M. *Islamic Philosophy and Theology.* Edimburgo: Edinburgh University Press, 1962.

WATT, W.M. *What Is Islam?* Londres: Longmans, 1968.

WAUGH, E.H.; ABU-LABAN, B.; QURESHI, R.B. (eds.). *The Muslim Community in North America.* University of Alberta Press, 1983.

Sobre questões de gênero

CABEZON, J.I. (ed.). *Buddhism, Sexuality, and Gender.* Albânia: State University of New York Press, 1992.

CARMODY, D.L. *Women and World Religions.* Nashville: Abingdon, 1979.

CONDREN, M. *The Serpent and the Goddess: Women, Religion, and Power in Celtic Ireland.* Nova York: Harper & Row, 1989.

DAVIDS, T.W.R. *Psalm of the Brethren*. Nova York: Oxford University Press, 1909.

DAVIDS, T.W.R. *Psalms of the Sisters*. Nova York: Oxford University Press, 1913.

ELIADE, M. *Birth and Rebirth*. Nova York: Harper & Brothers, 1958.

GIMBUTAS, M. *The Goddesses and Gods of Old Europe (6500-3500 BC)*. Berkeley: University of California Press, 1982.

GIMBUTAS, M. *The Language of the Goddess: Unearthing the Hidden Symbols of Western Civilization*. Nova York: Harper & Row, 1989.

GROSS, R. (ed.). *Beyond Androcentrism*. Missoula: Scholars, 1979.

HARLAN, L.; COURTRIGHT, P.B. *From the Margins of Hindu Marriage: Essays on Gender, Religion, and Culture*. Nova York: Oxford University Press, 1995.

HAWLEY, J.S. *Sati, the Blessing and the Curse: The Burning of Wives in India*. Nova York: Oxford University Press, 1994.

HAWLEY, J.S.; WULF, D.M. *Devi: Goddess of India*. Berkeley: University of California Press, 1996.

HOPKO, T. (ed.). *Women and the Priesthood*. Crestwood: St. Vladimir's Seminary Press, 1983.

HORNER, L.B. *Women under Primitive Buddhism*. Londres: Routledge, 1930.

KINSLEY, D. *The Goddesses' Mirror: Visions of the Divine from East and West*. Albânia: State University of New York Press, 1989.

LESLIE, J. (ed.). *Roles and Rituals for Hindu Women*. Londres: Printer, 1991.

MARGLIN, F.A. *Wives of the God-King: The Rituals of the Devadasis of Puri*. Nova York: Oxford University Press, 1985.

NUTH, J.M. *Wisdom's Daughter: The Theology of Julian of Norwich*. Nova York: Crossroad, 1991.

O'FLAHERTY, W.D. *Women, Androgynes, and Other Mythical Beasts*. Chicago: University of Chicago Press, 1980.

O'FLAHERTY, W.D. *Shiva: The Erotic Ascetic*. Nova York: Oxford University Press, 1981.

O'FLAHERTY, W.D. (trad.). *Hindu Myths: A Sourcebook*. Harmondsworth: Penguin, 1975.

PAUL, D. *Women in Buddhism*. Berkeley: Asian Humanities Press, 1979.

PLASKOW, J.; CHRIST, C.P. (eds.). *Weaving the Visions: New Patterns in Feminist Spirituality*. São Francisco: Harper & Row, 1989.

PRESTON, J.J. (ed.). *Mother Worship: Theme and Variations*. Chapel Hill: University of North Carolina Press, 1982.

RAINES, J.C.; MAGUIRE, D.C. (eds.). *What Men Owe to Women*. Albânia: State University of New York Press, 2001.

RUETHER, R.R. *Religion and Sexism*. Nova York: Simon & Schuster, 1974.

RUETHER, R.R. *Womanguides: Readings Toward a Feminist Theology*. Boston: Beacon, 1985.

RUETHER, R.R.; KELLER, R.S. (eds.). *Women and Religion in America – Vol. 3: 1900-1968*. Nova York: Harper & Row, 1986.

SHARMA, A. *A Hindu Perspective on the Philosophy of Religion*. Nova York: St. Martin's Press, 1991.

SHARMA, A. (ed.). *Women in World Religions*. Albânia: State University of New York Press, 1987.

SMITH, J.I. *Women in Contemporary Muslim Societies*. Lewisburg: Bucknell University Press, 1980.

STOWASSER, B.F. *Women in the Qur'an, Traditions, and Interpretation*. Nova York: Oxford University Press, 1994.

VAN GENNEP, G. *Rites of Passage*. Trad. de M.B. Vizedom e G.L. Caffee. Chicago: University of Chicago Press, 1960.

Leitura fácil

ASAYESH, G. *Saffron Sky: A Life between Iran and America*. Boston: Beacon Press, 1999.

Outros

Allah. In: AKI, A.Y. (trad.). *The Holy Qu'ran*. Beirute: Dar Al Arabia, 1968. Disponível em www.usc.edu/dept/MSA/quran – Reimp. em FISHER, M.P.; BAILEY, L.W. *An Anthology of Living Religions*. 2. ed. Upper Saddle River: Prentice Hall, 2008, p. 273-274.

The day of Judgement. In: AKI, A.Y. (trad.). *The Holy Qu'ran*. Beirute: Dar Al Arabia, 1968. Disponível em www.usc.edu/dept/MSA/quran – Reimp. em FISHER, M.P.; BAILEY, L.W. *An Anthology of Living Religions*. 2. ed. Upper Saddle River: Prentice Hall, 2008, p. 273-274.

The Night Journey. In: SIDDIQI, A.H. (trad.). *Sahih Muhammad*. Vol. I. Lahore: Sh. Muhammad Ashraf, 1973, p. 100-103. Reimp. em FISHER, M.P.; BAILEY, L.W. *An Anthology of Living Religions*. 2. ed. Upper Saddle River: Prentice Hall, 2008, p. 270-273.

REFERÊNCIAS

[A] ADAMS, C.J. (ed.). *A Reader's Guide to the Great Religions*. Nova York: The Free Press, 1965, p. 287s.

[B] RAHMAN, F. *Islam*. Anchor Books, 1968, p. 7.

[C] Referências originais em: ARBERRY, A.J. *The Koran Interpreted*. Londres: George Allen & Unwin, 1955. Referências na tradução: EL HAYEK, S. *O significado dos versículos do Alcorão Sagrado*. São Paulo: Marsam, 1994 (1. ed., 1974): [1]96:1-5; [2]53:1-12; [3]81:1-14; [4]33-42; [5]83:10-17; [6]73:5-15; [7]18:29; [8]17:07; [9]4:123; [10]4:110; [11]4:17; [12]53:32; [13]6:39; [14]6:87; [15]6:125; [16]81:29; [17]6:77; [18]7:186; [19]17:1; [20]33:66-68; [21]56:41-52; [22]37:64-67; [23]44:43-50; [24]44:51-53; [25]56:15-24, 36; [26]13:23; [27]2:177; [28]17:23s.; [29]17:31-32; [30]4:2-4, 6, 10; [31]24:32-33; [32]2:230; [33]2:190-193; [34]5:1a, 3; [35]5:90-92; [36]1:2-4; [37]22:36; [38]57:27. • Edição autorizada pelo Centro Cultural Árabe Islâmico de Foz do Iguaçu. Disponível para download por diversas instituições islâmicas no Brasil [N.T.].

[D] JEFFREY, A. (ed.). *Islam: Muhammad and His Religion*. Nova York: Liberal Arts, 1958, [1]p. 16; [2]p. 19; [3]p. 45.

[E] ALI, M.M. *The Religion of Islam*. Lahore: S. Chand, 1970, [1]p. 23s.; [2]p. 98.

[F] HITTI, P.K. *History of the Arabs*. Nova York: The Macmillan Company, 1937, [1]p. 120; [2]p. 150; [3]p. 153; [4]p. 153; [5]p. 431. Reimp. com a permissão dos editores.

[G] GOLDZIHER, I. *Mohammed and Islam*. Trad. de K.C. Seelye. Yale University Press, 1917, [1]p. 97-98; [2]p. 183; [3]p. 183. Reimp. com a permissão dos editores.

[H] ANDRAE, T. *Mohammed: The Man and His Faith*. Trad. de Theophil Menzel. Londres: George Allen & Unwin, 1936, p. 77.

[I] WILLIAMS, J.A. (ed.). *Islam, A Book of Readings*. Nova York: George Braziller, 1961, p. 79.

[J] MOORE, G.F. *History of Religions*. Nova York/Edimburgo: Charles Scribner's Sons/T. & T. Clark, 1913-1919, [1]vol. II, p. 442; [2]vol. II, p. 441; [3]vol. II, p. 435. Reimp. com a permissão dos editores.

[K] ARNOLD, T.; GUILLAUME, A. (eds.). *The Legacy of Islam*. Oxford: Clarendon, 1931, [1]p. 215-216; [2]p. 218; [3]p. 218. Reimp. com a permissão dos editores.

[L] DOLE, N.H,; WALKER, B.M. (eds.). *The Persian Poets*. Thomas Y. Crowell, 1901, [1]p. 216; [2]p. 219; [3]p. 241; [4]p. 242; [5]p. 207-209; [6]p. 289.

[M] YOHANNAN, J.D. (ed.). *A Treasury of Asia Literature*. Mentor Books, 1958, p. 31s.

[N] CLEMEN, C. (ed.). *The Religions of the World*. Londres/Nova York: George C. Harrap/Harcourt, Brace & Co., 1931, p. 454.

[O] GIBB, H.A.R. *Modern trends in Islam*. University of Chicago Press, 1947, p. 69.

[P] RAHMAN, F. *Islam*. Anchor Books, 1968, p. 280.

[Q] ANDERSON, L. Libya and American Foreign Policy. *The Middle East Journal*, 1982, p. 519.

[R] BROWNE, E.G. *A Literary History of Persia*. Vol. IV. Cambridge: Cambridge University Press, 1953, p. 176.

[S] FISCHER, M.M.J. *Iran: From Religious Dispute to Revolution*. Harvard University, 1980, p. 183.

[T] KHUMAYNI, A.R. Islamic Government, 1971. In: AKHAVI, S. *Religion and Politics in Contemporary Islam*. Nova York: State University of New York Press, 1980, p. 212.

[U] GEERTZ, C. *The Development of the Javanese Economy*. Cambridge: Massachusetts Institute of Technology Center for International Studies, 1956, p. 91.

[V] JACKSON, K.D. *Traditional Authority, Islam and Rebellion*. University of California Press, 1980, p. 277.

[W] SMITH, W.C. *Islam in Modern History*. Princeton University Press, 1957, p. 213.

18
A alternativa Shī'ah e desenvolvimentos regionais

Fatos resumidos:

- Nome ocidental: xiitas, xiismo.
- Total da população muçulmana em 2015: 1,8 bilhão (16% xiitas).
- Nome usado pelos aderentes de 'Alī: Shī'ah (partido).
- Linguagens principais: árabe, farsi.
- Evento definidor: o martírio de al-Husayn em Karbalā.
- Principais seitas: zaiditas (Zaydis), duodecimanos (Ithnā 'Ashari), septímanos (Ismā'īlitas/Ismailitas).

A esta altura deve ser evidente para o leitor que o Islã não é e nunca foi uma fé monolítica. Estudamos algumas divergências em doutrina, divisões de natureza política, variações na lei e no desenvolvimento da vida espiritual; mesmo a posição conservadora surgiu no decorrer de um longo tempo, tendo se mostrado incapaz de definir uma forma final e fixa do islamismo. Mas não vimos até agora nenhum grande desvio; houve um, focado em questões de perfeição espiritual e sucessão política. Ele teve suas próprias seleções de hádices para interpretar os estágios mais antigos da história islâmica e, de qualquer forma, ocorreu antes que existisse qualquer padrão ou norma que pudesse impedi-lo de se desenvolver. É possível que mesmo se houvesse alguma norma esse desvio talvez não fosse cerceado, pois era motivado por um desejo muito poderoso: ter o Islã dirigido pelos próprios descendentes de Maomé, os *Ahl al-Bayt*, "o povo da casa", ou "aqueles que se reúnem sob o mesmo teto" – especificamente os descendentes de sua filha Fátima, seu primo e genro Ali, e seus netos al-Hasan e al-Husayn. A declaração de fé **Shī'ah** (xiita) é a seguinte: "Não existe deus a não ser Deus; Maomé é o Profeta de Deus, e Ali é o Santo de Deus".

I – O PARTIDO (SHĪ'AH) DE 'ALĪ

A tragédia que se abateu sobre a casa de Ali, começando com seu próprio assassinato e incluindo a morte de seus dois filhos, netos de Maomé, tem assombrado as vidas dos xiitas, "o partido de Ali". Eles têm meditado acerca desses acontecimentos sombrios através dos anos da mesma forma que os cristãos fazem a respeito da morte de Jesus. Enquanto uma comunidade separada, eles atraíram censura, mas ainda assim tinham a simpatia de sunitas e sufistas (sūfī). Eles estavam entre as seitas cujos elementos radicais as levaram a ser condenadas por al-Ghazali como culpadas de basear suas reivindicações em premissas falsas e dividir o Islã de forma pecaminosa. Ainda assim, apesar de concordar com essa condenação, o mundo muçulmano em sua maior parte tem suprimido sua contrariedade contra o movimento, considerando que o mesmo data do próprio início do islamismo e tem uma espécie de justificação perversa, mesmo aos olhos dos ortodoxos.

Os partidários de Ali desenvolveram apenas gradualmente as reivindicações finais feitas pelas várias seitas xiitas. No início, havia apenas uma asserção simples – que à medida que os eventos se desenrolaram se tornou mais e mais inflamada –

de que apenas os descendentes diretos de Maomé, e ninguém mais, detinham legitimidade para se tornarem califas.

Apenas eles deveriam receber o primeiro lugar na liderança do Islã. Este "legitimismo" pode ser considerado como sua reivindicação política e dinástica, e de início parece ter consistido em seu único interesse. Mas isso não foi o suficiente para os aderentes de sua causa no Iraque que, no decorrer dos anos, desenvolveram a teoria religiosa de que cada líder legítimo dos Álidas, a começar pelo próprio Ali, era um ***Imã Mahdi*** – um líder escolhido divinamente, guiado de forma sobrenatural e provido por Allãh de conhecimento e visão especiais. Essa afirmação foi chamada pela maior

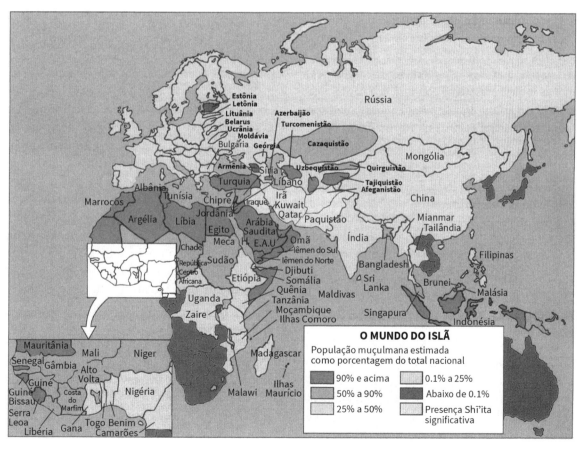

O mundo do Islã

parte dos muçulmanos de *ghuluw* – "exagero", ao invés de heresia – o que é significativo.

Ao avaliar as reivindicações xiitas deve-se ter em mente que o termo **Imã** (literalmente "exemplar") é usado com sentidos variados. No uso comum, ele se refere a qualquer líder das orações congregacionais. Muitos muçulmanos sunitas também o usam figurativamente para se referir ao líder da comunidade islâmica. Entre os xiitas, ele pode se referir ao descendente particular de Ali que é o portador apontado por Allãh da autoridade espiritual inerente na linhagem (o termo *califa* é considerado demasiadamente secular). Em conjunto com o termo "Mahdi", ele pode se referir a uma figura messiânica.

A reivindicação política dos dias iniciais foi então gradualmente suplementada por convicções sinceras como as seguintes: que Allãh estava por trás de Ali e seus descendentes de forma determinada; que ele não poderia ser frustrado pela morte; e que certamente conduziria a causa xiita rumo a um triunfo final, mesmo que isso pudesse implicar trazer de volta da morte um descendente de Ali, ou mesmo de diminuir a si mesmo, tornando-se uma figura messiânica capaz de executar os objetivos que Maomé e Ali esposaram quando líderes do mundo muçulmano.

Tais expectativas foram inicialmente pouco mais que esperanças surgidas de frustração e de fé. Mas gradualmente a esperança e a fé se transformaram em firme convicção.

A versão xiita de sucessão

Aos olhos dos xiitas, Maomé foi o Profeta do Islã, escolhido de forma divina; seu primo e genro Ali foi o Imã, o "líder" e chefe-comandante dos fiéis designado por Deus. Ali também era seu "padrão", pois os xiitas vieram a crer que antes de Maomé – o revelador da verdade na Arábia – morrer, ele escolhera Ali como o seu sucessor (califa) que viria estabelecer essa verdade através da Terra. Essa designação da parte de Maomé, portanto, conferiu a Ali o mesmo tipo de *status* sobrenatural que os católicos reivindicam que Jesus teria conferido sobre Pedro em Cesareia de Filipe. A partir disso a nomeação de Abu Bakr, Umar e Otomão como califas teria sido uma usurpação – uma usurpação de consequências trágicas, pois quando Ali foi finalmente eleito califa, a oposição tinha obtido tamanho poder a ponto de ser capaz de trazer ao califado uma resolução trágica. Todas as seitas xiitas – com exceção de uma – ficaram tão amarguradas com essa grande "traição" a ponto de até os dias de hoje amaldiçoarem Abu Bakr, Umar e Otomão como usurpadores em suas orações de sexta-feira.

Os xiitas se depararam com o mesmo tipo de tragédia sobrepujando aos filhos de Ali, que, por meio de sua herança, teriam sido dotados de sua qualidade espiritual única. Al-Hasan, o mais velho dos dois filhos que Ali teve com Fátima, foi levado pela oposição a resignar de sua posição como Imã em troca de uma mera aposentadoria, tendo morrido pouco tempo depois. Crendo que ele fora envenenado, xiitas de tempos posteriores lhe concederam o título de "Senhor de todos os mártires". Al-Husayn, o filho mais novo e terceiro Imã, de acordo com sua própria leitura da história, caiu como mártir (689 EC) juntamente com seu filho pequeno em uma batalha em Karbala, durante uma tentativa fútil de se estabelecer como o califa por direito sobre o incumbente Umíada, Yazid.

Enquanto sua interpretação da história estava ainda em seu estágio formativo, os xiitas lutaram contra os Umíadas e deram seu apoio às rebeliões que levaram ao triunfo dos Abássidas (os Abássidas, que derivam seu nome de al-Abbas, tio de Maomé, eram, portanto, parentes consanguíneos dos descendentes de Ali). Mas os xiitas não foram tratados de forma melhor pelos Abássidas do que tinham sido pelos Umíadas, e na busca de atingir seus objetivos se fragmentaram em seitas diferentes (que examinaremos em breve). Não obstante, eles continuaram a considerar os descendentes de al-Hasan e al-Husayn como "nobres" e "senhores". Entre os seus, os xiitas distinguiram – de acordo com diversos princípios sectários – certos indivíduos como imãs ordenados divinamente, que haviam herdado de Ali e dos imãs intermediários duas qualidades extraordinárias: infalibilidade em interpretar a lei e impecabilidade.

Infalibilidade, impecabilidade e um messiânico Imã Mahdi

Historicamente, apenas próximo à época do sexto imã após Ali (Jafar al-Sadiq), essas reivindicações assumiram uma forma clara. Havia dois princípios que lhes apoiavam: *nass* (designação do próximo imã pelo precedente), um princípio que foi lido retroativamente na história chegando até Maomé, como temos visto; e *'ilm* (conhecimento especial de tal natureza que dava ao imã a garantia de exercer autoridade, impor a disciplina e tomar decisões de caráter obrigatório nos casos em questão).

Eventualmente adicionou-se outra crença: a preocupação com o retorno esperado de um dos imãs, enquanto uma personagem messiânica "guiada divinamente" – o Imã Mahdi. Diversas seitas vieram a crer que nos pontos nos quais suas linhas de imãs eram interrompidas, o último desses imãs havia apenas se "ausentado" da vista de todos; ele retornaria novamente como o Mahdi antes do último dia a fim de reunir os seus ao seu redor como outrora.

A teologia da santidade: ética para condições especiais

Desenvolveu-se uma teologia enfatizando o papel da santidade e da perfeição, concorrente com as implicações políticas explícitas na reivindicação da Ahl al-Bayt ("aqueles que se reúnem sob o mesmo teto"; "o povo da casa") do Profeta. Os fiéis enfatizavam a santidade do clã do Profeta, o Banu Hashim, na posição de cuidadores da Caaba, o que era praticamente uma alegação de sacerdócio hereditário. Ali e al-Husayn vieram a ser percebidos como mártires por colocar a pureza espiritual à frente de conveniência política. Al-Husayn, por exemplo, levou toda a sua casa para Karbala, confiando na santidade da Ahl al-Bayt.

Os historiadores xiitas argumentam que ele não teria trazido sua família se tivesse uma batalha terrena em mente.

Os xiitas seguem os passos dos santos. Especialmente em solo persa, onde contrastes rígidos entre bem e mal eram correntes na linguagem cotidiana, era imperativo tornar possível uma perfeição inequívoca. Em acordo com isso, os xiitas vieram a aceitar duas "concessões" significativas na prática ética: **taqiya** (dissimulação) e **mut'ah** (casamento temporário).

DISSIMULAÇÃO: TAQIYA

Sofrendo debaixo de perseguição e compulsão dos sunitas devido à sua lealdade aos imãs, os xiitas encontraram na taqiya a possibilidade de se conformar externamente aos requerimentos feitos sobre si pelas autoridades perseguidoras, enquanto mantinham reticências em segredo. Com seu uso eles foram capazes de sobreviver como um movimento subterrâneo nas áreas onde seus pontos de vista eram proibidos. O xiismo moderno considera a dissimulação algo permissível sob certas circunstâncias extremas – em casos nos quais deixar de usá-la possa comprometer uma parente do sexo feminino ou colocar um parente em condição de absoluto desamparo.

CASAMENTO TEMPORÁRIO: MUT'AH

A acomodação à necessidade prática se encontra por trás da aceitação xiita do casamento temporário. Mut'ah (casamento com um contrato de término prefixado, sujeito a renovação) legaliza encontros sexuais que de outra forma estariam fora da lei, e torna legítima qualquer descendência deles surgida. Difere do casamento por não requerer divórcio formalizado. Os acordos não precisam de testemunhas e podem ser tão breves quanto uma noite, ou tão longos quanto a duração de uma vida. Concebidos especificamente para períodos de guerra, viagem ao estrangeiro e convulsão social, *mut'ah* tinha precedentes nos antigos dias da comunidade muçulmana de Medina, mas foi banido por Omar, o segundo califa. Ele é inaceitável para os sunitas, e nos tempos recentes passou a ser proscrito ou olhado com desprezo também por xiitas. Ainda assim, em novembro de 1990 o presidente iraniano Hashimi Rafsanjani deixou uma grande audiência estupefata nas orações de sexta-feira ao sugerir o casamento temporário como remédio para a privação sexual das viúvas e de pessoas jovens, ainda imaturas para casamentos de longa duração. Na onda de controvérsia que se seguiu, a maior parte das mulheres condenou a proposta como um regresso à prostituição. Seus defensores citaram a "insalubridade" de abstinência prolongada, aprovaram o reconhecimento da sexualidade feminina e apreciaram uma "solução" dentro dos domínios do discurso islâmico.

Sujeitos a constante oposição dos muçulmanos sunitas, os xiitas se encontraram em simpatia com algumas posições teológicas heterodoxas. Assim como os mutazilistas, eles não criam que o Alcorão fosse eterno, nem que os humanos não tivessem qualquer livre-arbítrio. Recusando-se a aceitar seus séculos de dificuldades e frustrações enquanto a vontade final de Allāh, eles argumentaram que ele estava ligado à justiça (*'adl*) e que considerava os seres humanos responsáveis por seus atos. Assim, ele *precisava* algum dia vingar os retos.

As seitas xiitas

As repressões sofridas pelos xiitas tiveram um resultado que ninguém poderia esperar. Seitas subterrâneas e grupos terroristas, geralmente considerados fora da lei pela maior parte dos próprios xiitas, continuaram a se formar. Algumas se tornaram predadoras de comunidades inteiras, ou construíram estados dentro de estados; algumas tomaram posse de áreas amplas, que governavam como reinos fora da lei; outras ainda conspiraram em segredo para aniquilar seus inimigos por meio do veneno e da adaga. Essas, é claro, têm sido a minoria violenta.

Começaremos com as seitas menos extremadas. Será necessário visualizar a árvore genealógica de Maomé, que se expande a partir de Ali por meio do neto al-Husayn e se ramifica nas gerações subsequentes. Existem três grupos gerais que formam as seitas xiitas; segue-se uma discussão sobre cada um deles.

1 OS ZAIDITAS (ZAYDIS)

Os Zaiditas são os xiitas que mais se aproximam da posição tradicionalista (sunita). Eles diferem de outras seitas por considerarem Zaid o quinto imã, ao invés de Muhammad al-Baqir, que é considerado o quinto imã por outras seitas. Os Zaiditas não se concebiam enquanto seita separada até o tempo de Jafar al-Sadiq, e têm de forma geral se distanciado do princípio de *nass*, especialmente se interpretado como detendo significado sobrenatural. É típico dos zaiditas afirmar que Ali, não tendo sido designado como primeiro califa por Maomé, ofertou livremente seu apoio para Abu Bakr e Omar quando os mesmos foram escolhidos e, portanto, esses califas não deveriam ser amaldiçoados nas orações de sexta-feira. Alguns dentre eles execram a Otomão, como um Umíada que substituiu Ali como terceiro califa, mas nem todos dos Zaiditas compartilham do mesmo ressentimento.

Todos, no entanto, concordam em que os Umíadas que sucederam Ali teriam sido usurpadores da pior espécie: eles foram e ainda são amaldiçoados. Constituindo uma força na história, os Zaiditas mantiveram uma dinastia (atualmente próxima da extinção) desde o século IX no Iêmen (no sul da Arábia) e, no passado, tiveram dinastias por períodos variando de 60 a 200 anos no Tabaristão, Dailã (Deylaman), Gilão e Marrocos.

2 OS DUODECIMANOS (ITHNĀ 'ASHARI)

A seita dos duodecimanos reivindica a grande maioria dos xiitas como seus membros. Eles receberam seu nome do décimo segundo imã, Muhammad al-Muntazar, que teve grande importância para o movimento. Eles dizem que em 878 EC ele "desapareceu" ou "se retirou" para a caverna da grande mesquita de Samarra, subindo o rio a partir de Bagdá. Tendo apenas 5 anos de idade, ele não deixou herdeiros, mas os duodecimanos se recusam a acreditar que Allāh pudesse permitir que a linhagem de imãs, instituída divinamente, se encerrasse. O décimo segundo imã, portanto, teria apenas entrado no estado de recobrimento; ele se retirara da vista dos humanos até o cumprimento dos tempos, quando retornaria como Mahdi, "o divinamente guiado", que inauguraria um período de justiça e paz antes do fim do mundo e o julgamento final.

Uma hádice bem-aceita declara que Maomé profetizou a vinda nos últimos tempos de um homem de sua própria família que faria como relatado acima; ele seria conhecido como Mahdi. Os xiitas tomaram a expressão "de sua própria família" e fizeram com que a profecia se aplicasse aos Alidas – o que significava aos imãs. Outra hádice, no entanto, contradiz a tudo isso com o dito: "Não há Mahdi senão Jesus, o filho de Maria!"[13]

Os xiitas defendem que o "imã oculto", enquanto se mantenha em seu estado escondido no qual ele não pode ser tocado pela morte, nunca deixa seus seguidores, que o aguardam, sem orientação. Ele selecionaria representantes na Terra para conduzi-los até ele. No Irã de 2009, mais de 80% de uma população de 70 milhões era composto de duodecimanos. Muitos que declaravam a si mesmos devotos do Mahdi também afirmavam serem "seculares", no sentido de desaprovar a influência política no campo religioso. Pouco tempo após sua eleição o Presidente Mahmoud Ahmadinejad alocou 17 milhões de dólares para a mesquita de Jamkaran, o principal santuário dedicado ao Mahdi.

3 OS ISMAILITAS (SEPTIMÂMICOS) E SUAS RAMIFICAÇÕES

Após os duodecimanos do Irã e os Zaiditas do Iêmen, o maior grupo dos xiitas são os Ismailitas (*Ismāʿīlis*), encontrado principalmente na Índia, Paquistão e leste da África; existem grupos menores na Síria, Líbano e Iêmen. Os ismailitas são assim chamados por terem permanecido leais a Ismail, o primeiro filho do sexto imã. Após ter sido designado por seu pai como o próximo imã (de acordo com o princípio do *nass*), Ismail foi preterido por seu irmão mais novo quando seu pai ficou sabendo de sua tendência à bebida. Mas os ismailitas se recusaram a acreditar na acusação contra o seu favorito. Eles consideraram que o pai devia ter dado ouvidos a um ataque calunioso que seria falso, pois Ismail, enquanto designado como imã – portanto, infalível e sem pecado –, simplesmente não podia ser culpado da acusação que lhe fora feita. O fato de que, como é narrado, Ismail morreu (760 EC) cinco anos antes de seu pai deixou os ismailitas ainda mais excitados. Eles concluíram que ele não estava morto, mas escondido: ele voltaria novamente como o Mahdi (alguns admitem que ele tenha morrido, mas que deixou um filho, Muhammad ibn-Ismail, que "desapareceu" na Índia, e que retornaria como o Mahdi). Em sua crença fervorosa, Ismail era a encarnação do próprio Deus, e voltaria em breve. A fim de encontrar apoio para estas ideias no Alcorão eles começaram a interpretá-lo de forma alegórica, chegando a um tipo de doutrina gnóstica tão esotérica que divulgavam-na apenas por meio de uma atividade missionária secreta dirigida a outros inclinados às crenças gnósticas. (P. ex., o universo era visto por meio de ciclos de sete: sete mensageiros "falantes" trazendo as escrituras [Maomé sendo o último] e então sete imãs "silenciosos", que de certa forma eram considerados de forma ainda mais elevada por terem recebido suas revelações diretamente de Deus, ao invés de anjos.) Quando eram presos e questionados sobre tais doutrinas esotéricas, alguns ismailitas recorriam ao ocultamento de sua fé por *taqiya*, ou negação momentânea de suas convicções reais.

Este aspecto da atividade ismailita atraiu grupos dispostos à rebelião, especialmente mawali refratários de origens persa, cristã ou judaica, não inclinados a aceitar a linha sunita predominante, nem a respeitar a autoridade do califado. Disso resultaram alguns surpreendentes efeitos políticos. Revoltas regionais esporádicas quebram a calmaria geral.

As forças do governo central tinham de ser convocadas a fim de suprimir essas insurreições, contendo-se por algumas vezes.

Movimentos dentro do xiismo

CÁRMATAS E ASSASSINOS

Podem ser citados alguns poucos exemplos de movimentos com efeitos de longa duração. Uma sociedade secreta ismailita organizada em torno de ideias comunais, cujos membros eram chamados *Cármatas*, foi formada na região próxima à foz do Golfo Pérsico, e se disseminou pela Arábia (alguns se assentaram na Síria de forma independente). Eles surgiram perto do fim do século IX, presumivelmente tendo sido fundados por certo Hamdan Qarmat, de quem o movimento tomou seu nome. Após lutar com as forças do governo, eles estabeleceram um Estado rebelde abrangendo todo o leste da Arábia, das fronteiras do Iraque até ao Iêmen, onde se mantiveram com sucesso em oposição aos califas de Bagdá. Com uma ação marcante e horrenda, eles ousaram capturar e saquear Meca durante a estação de peregrinação! Eles levaram embora a Pedra Negra nesse espantoso assalto à cidade sagrada, devolvendo-a após vinte anos, apenas porque o poderoso al-Mansur do Egito, um califa fatímida (portanto, um companheiro ismailita) o requereu. Os cármatas bloquearam as estradas do Iraque para Meca, e peregrinos passando por essas rotas ou pagavam altas taxas pelo privilégio ou tinham de retornar. Antes de finalmente serem derrubados, os Cármatas deixaram o registro de um século cheio de violência revolucionária e de banhos de sangue.

Ainda mais temidos, mas, na realidade, menos perigosos, eram os misteriosos *Assassinos* que, enquanto exponentes do que eles chamavam de "a nova propaganda", desenvolveram em alto nível a arte terrorista de se esgueirarem disfarçados até a presença de governantes e oficiais muçulmanos e golpeá-los com uma adaga envenenada. Não importa o quão pública fosse a ocasião – as orações de sexta-feira, o cerimonial de corte de um príncipe ou rei; quanto mais pessoas estivessem presentes, melhor. O terrorista mirava e atacava, sendo ele mesmo morto, ou então capturado e condenado à morte após tortura, mas ele suportava a tudo na expectativa confiante de ir diretamente para o paraíso, a recompensa prometida por ele buscada. O fundador e grande mestre dessa ordem foi Hasan Sabbah (morto em 1124 EC), provavelmente um persa, ainda que ele reivindicasse descender de uma linha de reis do sul da Arábia. Foi ele quem teve a inspiração de tomar a fortaleza na montanha de Alamut, na Pérsia, encarrapitada em uma estreita e elevada saliência de rochas de cerca de 1.200m de comprimento e de centenas de metros de largura. Ele e seus homens a fortificaram de forma tão magistral que ela permaneceu inexpugnável por dois séculos. Ali eles mantinham a si próprios, plantando sua própria comida nas terras além das alturas de sua fortaleza. Os assassinos se estabeleceram em suas altas montanhas e capturaram outras fortalezas no norte da Pérsia. Ao enviar missionários para o norte da Síria, eles também puderam iniciar ali um movimento vigoroso que eventualmente levou ao estabelecimento de um poderoso reino nas montanhas com dez ou mais fortalezas nas mãos da ordem. Foi ali que os cruzados os conheceram, temeram e respeitaram seu líder Rashid al-Sinan, cujo título "shaykh al--jabal" lhes foi traduzido como "o Velho Homem da montanha".

SEITAS SINCRÉTICAS: DRUSOS E 'ALAWITAS

Algumas seitas ismailitas extravagantes misturaram elementos de fontes judaicas e cristãs na esperança do retorno de um Mahdi. Os Drusos dos Montes do Líbano ligam seu nome e sua origem aos esforços missionários de al-Darazi no século XI. Ele persuadiu esses residentes das montanhas de que o califa fatímida (egípcio) al-Hakim, que desaparecera misteriosamente, era o último e mais perfeito de dez sucessivas encarnações de Deus, e retornaria como Mahdi. Consta que os Drusos, que formaram uma sociedade fechada por séculos e misturam elementos judaicos e cristãos com sua fé, contêm hoje cerca de 10 mil aderentes espalhados por localidades diversas.

Os Nusayrīs (ou 'Alawitas) se originaram na fronteira montanhosa entre as modernas Turquia e Síria. Eles tomaram seu nome de Muhammad ibn Nusayr, um contemporâneo do século IX do décimo imã xiita. As Cruzadas, a ortodoxia oriental e influências do sul da Ásia contribuíram para um panorama religioso que incluía a deificação de Ali de uma forma trinitária, rituais com vinho, a observação da Páscoa e do Natal, e a crença na reencarnação. Alguns sunitas os enxergam como piores do que os infiéis; outros os consideram da mesma forma que o fazem com o ismailismo: culpados apenas de "exageros", ou seja, *ghuluw*. Mas ao considerar Nusayr um "portal" (*bab*) para o Mahdi, os 'Alawitas se aproximam ao ponto de vista duodecimano do "imã oculto".

Contando com mais de 1,5 milhão de aderentes, eles vieram à atenção pública recentemente em grande parte pelo fato de que Saddam Hussein do Iraque e Hafiz Assad da Síria tinham afiliação 'Alawita.

MODERADOS MODERNOS: MUSTALIS, NIZARIS

A maioria dos ismailitas hoje, talvez entre 1 a 2 milhões, são moderados que se aproximaram das linhas mais gerais do Islã. Ramificações dos Assassinos, em sua maioria vindas da Pérsia, se dirigiram para a Índia e Paquistão, e alguns se reassentaram a partir dessas regiões para o leste da África. De suas duas seitas, Mustalis e Nizaris (nomeadas segundo os dois filhos do Califa al-Mustansir, do século XI), os Nizaris são os mais conhecidos no Ocidente como seguidores de Aga Khan. O título hereditário "Aga Khan" (comandante-chefe) foi outorgado pelo xá da Pérsia em 1818 pela primeira vez sobre o quadragésimo sexto imã ismailita, Hasan Ali Shah. Posteriormente ele se revoltou contra o xá e se juntou aos britânicos na conquista do Sind, assentando-se finalmente em Bombaim com uma aposentadoria britânica. Seu neto, o Aga Khan III (Sultão Aga Sir Mohammed Shah) foi um diplomata destacado que serviu como presidente da Liga Muçulmana de todas as Índias e depois se tornou o representante da Índia na Liga das Nações. Em 1937 ele foi eleito presidente da Liga. Alguns ocidentais sabiam apenas de certos fatos a seu respeito, como que seus seguidores o apoiavam contribuindo com seu peso em ouro, diamantes e platina; ou então, que seus garanhões puro-sangue ganharam o *Derby* inglês cinco vezes; ou ainda, que seu filho *playboy* Aly Khan animava as primeiras páginas da sociedade internacional, tendo se casado com a filha do terceiro Barão Churston e com a atriz de Hollywood Rita Hayworth.

O Aga Khan III encorajava seus seguidores a cooperarem entre si em empreendimentos como bancos, seguradoras e organizações em prol do bem-estar social. Por sua vontade, a posição de imã não foi outorgada para seu filho Aly, passando para seu neto, educado em Harvard, que foi instaurado como o Aga Khan IV em 1957. O incumbente presente tem dado continuidade aos interesses do avô nos negócios e filantropia, e tem incitado seus seguidores a obterem a cidadania dos países nos quais residem e a se inserirem por completo na vida em sociedade. Na Índia muitos ismailitas – conhecidos como *Bhojas*, têm se acomodado já por um longo tempo ao costume local das castas, mas ainda não têm mesquitas e seguem práticas de culto bastante diferentes daquelas de outros muçulmanos em suas *jamā'at khānahs* ("casas de reunião").

O maior feito dos ismailitas foi estabelecer seu domínio sobre um país importante por mais de dois séculos. Mencionamos anteriormente o Califado Fatímida do Egito (cf. p. 728). Esse regime, reivindicando para os seus califas a descendência da filha do profeta, Fátima, subiu ao poder no norte da África, conquistou o Egito, fundou e construiu o Cairo, incluindo al-Azhar, sua grande mesquita. Em seu ápice o regime controlou, a partir de sua base no Egito, o norte da África, Sicília, Palestina, Síria e ambas as margens do Mar Vermelho, incluindo Meca e Medina. Os fatímidas reivindicavam serem imãs infalíveis e os únicos califas legítimos no Islã, por descendência e por *nass*. Os abássidas sunitas, portanto, seriam usurpadores que deveriam ser expulsos do poder – daí seu interesse e longa tentativa de controle na Síria. Foi na Síria, no entanto, que eles enfrentaram seus maiores reveses, e eles nunca conseguiram chegar até Bagdá. Quando a maré se voltou de forma irreversível contra si, o último dos fatímidas foi destronado por Saladino, que era um curdo e um sunita. Ele, enquanto *vizir* nominal do Egito, comandou seu exército, que cercou os cruzados ao bloquear a Síria e retomar Jerusalém (o Egito é predominantemente sunita até os dias de hoje).

II – DESENVOLVIMENTOS POSTERIORES

Ordens dervixes Sūfī

O movimento sufista, como temos visto, após ter observado na Síria a vantagem de certos tipos de organização cristã, criou a abordagem islâmica que mais se aproximou do modelo de culto e de organização eclesiástica presentes no cristianismo. Sob a orientação de mestres ou guias, os devotos das experiências místicas Sūfī se retiravam para esconderijos ou casas monásticas a fim de viverem fraternalmente em algo próximo a sociedades comunais, desfrutando de vínculos sociais de fraternidade ao mesmo tempo em que experimentavam seus transes místicos. Aqueles que partiam em uma vida de peregrinação, dependentes da caridade alheia, viriam a ser chamados de "dervixes" (do persa *darwīsh*, "pobre"). Eles despertavam grande interesse com suas vestimentas distintivas, suas cestas de pedinte (ainda que nem todo dervixe pedisse esmola) e seu conhecido costume de passar por experiências extáticas.

Os poetas os celebravam, alguns de forma jocosa, outros com respeito e gravidade. O poeta Sadi, conhecido como o "Rouxinol de Shiraz", acreditava nos dervixes e praticava meditação com eles, mas ele os advertia que um dervixe não era feito apenas pelas roupas que vestia.

> A vida de um dervixe é passada em comemoração, agradecimento, serviço e obediência a Deus; em beneficência e contentamento, no reconhecimento da existência de um Deus e na confiança nele; e em resignação e paciência. Todo aquele provido dessas qualidades é, de fato, um dervixe. Mas um tagarela que negligencia a oração, que é dado à sensualidade e à gratificação desse apetite, que gasta seus dias até o cair da noite perseguindo sua licenciosidade, que passa a noite até o amanhecer em sono descuidado, que come qualquer coisa colocada em sua frente, que diz o que lhe vem à cabeça de imediato – este é um depravado, mesmo que vista o hábito de um dervixe[L.6].

Desde o século XII um grande número de ordens ou fraternidades dervixes foi fundado, cada uma delas com seus próprios retiros ou casas monásticas, ritos especiais e métodos de indução de êxtase. A *Qadariya* foi a primeira dessas ordens. Fundada em Bagdá por Abdal-Qadir al-Julani (1077-1166), ela se difundiu – de forma tênue, certamente – de Java a oriente até a Algéria no ocidente. Os chamados Dervixes Uivadores (os *Rifaiya*) vieram a seguir, tendo sido fundados na segunda metade do século XII por Ahmad al-Rifa'i. Os bem conhecidos Dervixes Rodopiantes (os *Maulawiya*) são membros de uma ordem fundada por discípulos do poeta persa Jalal al-Din Rumi, que já estudamos em um momento anterior (p. 741), e que deixou de legado para seus seguidores não apenas seus versos, mas também, para acompanhá-los, um método de usar a música como elemento importante e de estímulo em seus ritos, através dos quais eles rodopiavam em êxtase.

Os dervixes mais extremados vieram a se tornar um pouco mais do que xamãs. Eles assombravam os piedosos, da mesma maneira que seus protótipos hindus, ao engolir brasas vivas e serpentes, e ao atravessar agulhas, anzóis e facas através de sua carne. Muitos usavam emblemas especiais e rosários, e veneravam os fundadores de suas ordens como santos.

As ordens dervixes se assemelhavam aos franciscanos na Europa em admitir membros leigos, que viviam e trabalhavam no mundo, mas que tinham tempos determinados – usualmente no final da tarde – nos quais eles se dirigiam aos monastérios a fim de tomarem parte nos exercícios religiosos dirigidos por um líder.

Deve-se acrescentar que, apesar da notoriedade trazida para os dervixes em geral por aquele grupo dos que rodopiam, uivam ou se lançam em frenesi com o uso de chicotes e facas, a maioria dos mesmos se contenta em praticar sua vida devocional em quietude, na irmandade de suas casas, não se mostrando com frequência em público. O número de seus seguidores populares tem sido frequentemente bastante elevado, pois nos tempos medievais, para a maior parte das pessoas, as ordens sufistas *eram* a religião em sua forma mais sincera.

Veneração de santos

A menção anterior da prática pelas ordens dervixes da veneração de seus fundadores como santos traz perante nós outra variante dos temas-padrão muçulmanos, que é a veneração de santos. Na literatura muçulmana antiga o nome *wali* (plural *awliya*) é dado para pessoas que são "próximas ou semelhantes no sentir". Em um contexto religioso, o termo veio a significar "amigo de Deus", ou "alguém que está próximo de Deus", como no Alcorão, 10:64. Mas os sufistas fizeram com que *wali* significasse "santo"; isto é, uma pessoa possuída por Deus. R.A. Nicholson, em "Os místicos do Islã" (*The Mystics of Islam*), demonstra o quanto isto era humano e natural: o wali conversando com um pequeno grupo de amigos se tornava antes de tudo um professor e guia espiritual, reunindo ao redor de si discípulos durante o período de sua vida e, finalmente, se tornava o chefe santificado de uma ordem religiosa que trazia o seu nome.

Mas os santos não eram exclusivamente sūfī. O mundo muçulmano os produziu por toda parte, como atesta a longa lista de santos em Bagdá (a "cidade dos santos"), Turquia (onde cada província tem um santo), Arábia, Egito, norte da África e Índia. Esses santos têm sido usualmente colocados em uma ordem hierárquica diferindo ligeiramente dependendo da área. Aqueles que estavam na Terra nem sempre eram visíveis ou reconhecidos, mesmo entre si (centenas viviam "ocultos" no mundo), enquanto que aqueles que conheciam uns aos outros e agiam em conjunto eram organizados em uma ordem ascendente de mérito, com um número decrescente de indivíduos nos níveis mais elevados, até que no topo ou alto da hierarquia ficava a figura do maior santo de sua era ou tempo. Os santos às vezes são distinguidos dos profetas, que eram os sagrados proclamadores da Palavra de Deus; o mérito especial de um santo é experimentar o êxtase da união com Deus, e após isso exibir Deus em sua própria pessoa. Ao fazê-lo, particularmente aqueles ligados aos Sūfī e às ordens dervixes, são frequentemente associados com a execução de milagres (*karamat*, "favores" que Deus concede), tais quais voar pelos ares, caminhar na água, estar em diversos lugares simultaneamente, ressuscitar os mortos, transformar terra em ouro ou joias, e assim por diante.

Apesar dessas práticas não serem alcorânicas, é razoavelmente generalizado no mundo islâmico que os Sūfīs e o povo comum visitem os túmulos de santos muçulmanos a fim de deixar oferendas votivas, que orem pedindo a intercessão dos santos, e que lhes roguem por bênçãos (*baraka*) sobre si, pessoalmente. Muitos desses túmulos são encontrados na cercania de mesquitas, podendo muito frequentemente estar rodeados pelas sepulturas daqueles cujo último desejo fora serem enterrados em suas proximidades. É óbvio que o culto ao santo morto está em conflito direto com o espírito, se não com a letra, do Alcorão, mas a maioria dos *ulama** o têm tolerado, quando não se juntado a ele, pelo fato de que o consenso da comunidade (ijmã') ter praticamente por toda a parte se sobreposto às objeções dos críticos.

As festas e festivais do ano muçulmano

Apesar de os sunitas, sūfī e xiitas terem em certos pontos diferenças quase irreconciliáveis, pode-se dizer que forças unificadoras poderosas estiveram sempre atuando: o próprio Alcorão, e com ele os Cinco pilares, especialmente a observância dos cinco horários diários de oração e a peregrinação a Meca. As festas e festivais recorrentes do ano muçulmano não ficam muito para trás em trazer um sentido geral de unidade ao

---

* Eruditos, acadêmicos [N.T.].

mundo muçulmano. Essas festas e festivais foram desenvolvidos gradualmente através dos séculos, chegando a um número total de cinco, sendo observadas de forma diferente nas várias terras muçulmanas, mas tendo uma intenção comum.

Festas

1) A também chamada de "Pequena Festa", no final do jejum do Ramadã, nomeada *Eid al-Fitr*. É ocasião de grande alegria e ocorre no primeiro dia do mês Shawwal.
2) A Festa do Sacrifício (*Eid al-Adha*), ou "Grande Festa". Ela cai na data (décimo dia do mês *Dhu-al-hijja*) na qual os peregrinos ao redor de Meca já percorreram metade do caminho de volta da Grande Peregrinação e estão fazendo um festa de sacrifício por meio da oferenda ritual dos animais permitidos, e se reunindo no alegre compartilhamento de sua carne (p. 723).

Festivais

1) O Festival de Ano-novo (*Muharram*), celebrado durante os primeiros dias do primeiro mês. Os xiitas usam esta ocasião para relembrar a morte de al-Husayn e de seu filho pequeno na batalha noturna de Karbala; eles o fazem dedicando os dez primeiros dias em lamentação, no final dos quais uma dramatização da paixão (*ta'ziya*) é executada com muita atenção ao sofrimento e à morte do filho e do neto de Ali.
É necessário ser dito que, enquanto a celebração do Ano-novo por todo o mundo muçulmano seja unificadora, esta observância em particular é divisiva, pois a "dramatização da paixão" dos xiitas magnifica a tragédia de Karbala e perpetua sua memória. A história do assalto que causou a morte do filho de Husayn por uma flecha, o assassinato de um sobrinho por mutilação pela espada, e a própria morte e mutilação de Husayn sob os cascos dos cavalos é reencenada dramaticamente, e seus efeitos são acentuados por amplificações trazidas com anjos, profetas e reis. São também enfatizadas afirmações peculiarmente xiitas como a preexistência de Maomé (sobre o qual se afirma ter designado a Ali como seu sucessor alguns dias antes de "retornar para o céu"), os poderes divinos e atributos de Ali, e os papéis salvíficos de Hasan e Husayn, sendo que o último é retratado – como Cristo – expiando vicariamente com sua morte os pecados da humanidade. É pouco espantoso que os xiitas, particularmente no Irã (cf. p. 773) têm ficado por vezes tão inflamados a ponto de se levantar em revolta com fúria vingadora – não desprovidos de simpatia da parte das testemunhas não xiitas dos episódios dramáticos.
2) O Festival do nascimento do Profeta (*Mawlid na-Nabi*), comemorado tradicionalmente no décimo segundo dia do mês Rabi 'al-awwal (em termos de datas, este foi o último dos festivais a ser desenvolvido).
3) O Festival da Jornada Noturna (*Lailat al-Mir'aj*) do Profeta, durante a qual ele atravessou os céus, que é celebrado, como regra, na noite precedente ao vigésimo sétimo dia do mês Rajab. Mesquitas e minaretes são iluminados em honra da famosa "Viagem Noturna", e as hádices referentes ao evento são lidas com reverência.

III - ISLÃ E CULTURA

Todas as religiões do mundo, sejam de caráter formativo ou reformador, emergiram de culturas preexistentes; dependendo de seu sucesso relativo em ganhar ascendência, elas influenciaram parcial ou totalmente o contexto cultural do qual emergiram ou a partir do qual se difundiram. Elas têm tido efeito estimulante não apenas no pensamento e literatura religiosos, mas também no mundo secular – na prosa e poesia, arquitetura, música, pintura, escultura, padrões sociais e política. Para observadores ocidentais a ascendência espantosamente rápida e de tirar o fôlego do Alcorão tende a ofuscar uma completa apreciação do impacto cultural mais amplo do Islã.

Antes, no entanto, é interessante marcar o quão subitamente se iniciou a história cultural do Islã. Uma religião de expansão rápida, ela não permaneceu em sua própria terra como fizeram o hinduísmo, o daoismo e o confucionismo em seus primeiros séculos de existência; tampouco ela se difundiu além de seu local de origem por meio de um longo processo de conversão de outros para sua própria fé, como no caso do budismo. Da mesma forma que o cristianismo europeu, o islamismo ganhou seu espaço tanto por conversão quanto por sucessos políticos e militares de seus aderentes; diferentemente de seu rival europeu, no entanto, que levou séculos para atingir seu patamar elevado, o Islã partiu apressadamente da Arábia, e em um espaço muito curto de tempo afetou uma ampla variedade de culturas.

Os efeitos literários do Alcorão e de sua linguagem

O Alcorão não tem sido apenas o padrão moral e religioso pelo qual os muçulmanos têm vivido; sua linguagem, o árabe, têm tido o lugar no Islã que o latim teve no catolicismo romano. Como resultado, o árabe é a língua litúrgica do Islã e, no grau em que é empregado em mesquitas por todo o mundo, ele ajuda na arabização que une muçulmanos de muitas línguas diferentes.

Nos dias antigos do Islã é bastante natural que as hádices, os comentários sobre o Alcorão, as biografias do Profeta e outras obras religiosas fossem escritos em árabe. Também o eram a poesia e a prosa seculares, com permissão de uso público. Além disso, Platão, Aristóteles, Hipócrates, Galeno e outros autores não muçulmanos eram traduzidos para o árabe (sendo assim incidentalmente preservados para a retradução).

Tornou-se, portanto, uma regra geral na metade ocidental do Islã, de Bagdá a Córdoba, que todos os escritos sérios tinham de ser produzidos em árabe, a língua internacional da erudição muçulmana. Era a língua aceita para as "ciências religiosas" que se propunham a explicar e interpretar os trabalhos árabes básicos; e era também a linguagem para as "ciências instrumentais": *falasifa* (filosofia), astronomia, medicina, matemática, química e assim por diante.

O Ocidente cristão ficou grato por estes escritos árabes. Quando as conquistas muçulmanas tinham se encerrado e a Bacia do Mediterrâneo deixara de estar em turbulência (por invasões e saques de "bárbaros" ou setentrionais, assim como de muçulmanos e orientais), o Ocidente cristão encontrou-se muito menos informado do que as terras muçulmanas a respeito de Platão, Aristóteles, medicina, matemática, astronomia e ciência, de forma geral. O Ocidente fora alertado para as riquezas da ciência, filosofia e cultura islâmicas durante as cruzadas e através de contatos com os muçulmanos no sul da Itália e na Sicília; mas do século XI até o XIII as principais fontes de conhecimento da "sabedoria dos antigos e do Oriente" (conhecimento que iniciaria o Renascimento italiano) eram as escolas e eruditos da Espanha muçulmana. Os judeus foram em grande parte os intermediários quando os antigos textos gregos de filosofia e ciência foram retraduzidos do árabe para o latim e assim "redescobertos". Mas, além disso, as consideráveis contribuições da ciência e filosofia dos próprios muçulmanos também foram descobertas. Ao prestar esse serviço, o mundo muçulmano estimulou em alto grau o desenvolvimento do pensamento ocidental.

O árabe, em suas formas clássica e escrita, enquanto distinto de seus dialetos, continuou a ser empregado como a língua preferida da erudição muçulmana. Apesar de, como veremos, as literaturas persa e turca, dentre outras, terem se desenvolvido dentro de uma estrutura geral islâmica, elas nunca se tornaram independentes e autônomas. Isto se deve ao fato de o árabe ter retido seu caráter de língua sagrada, a linguagem por meio da qual Deus se revelara para Maomé. Não apenas isso: o árabe não foi apenas uma língua litúrgica e sacra, mas também o instrumento através do qual os muçulmanos expressaram muito de seu pensamento.

Arquitetura, pintura e outras formas de arte

Qualquer visitante nas terras islâmicas fica imediatamente consciente do elemento arquitetônico excepcional claramente indicativo da presença do Islã – a mesquita. Em seu plano geral, ela ainda lembra a mesquita de Maomé em Medina, desaparecida há muito. Após a sua época, construtores e artesãos altamente qualificados dos territórios conquistados supriram as necessidades estruturais e decorativas para a construção de domos, minaretes, arcadas, pórticos, revestimentos com azulejos e outras adaptações de estruturas bizantinas, persas, coptas e da Ásia Central. Três mesquitas sobreviventes dos tempos antigos têm fama mundial: o Domo da Rocha em Jerusalém, a mesquita Umíada em Damasco e a al-Azhar no Cairo. Palácios magníficos, fortes e mausoléus são outros feitos representativos da arquitetura islâmica. O palácio mais conhecido é o de Alhambra em Granada, Espanha; e o exemplo supremo de um mausoléu é o Taj Mahal em Agra, na Índia, considerado comumente como inteiramente comparável ao Pártenon de Atenas em termos de valor arquitetônico.

O horror islâmico à idolatria responde pela proibição de representações de humanos e animais nas artes visuais. Por um lado, isso levou, nos primeiros anos de conquista, à desfiguração ou destruição de muitos locais de arte antiga – um processo revivido tão recentemente quanto 2001 pelo extremista Talibã Wahhabi do Afeganistão, quando ele dinamitou as imensas esculturas budistas de Bamiyan. Por outro lado, as regras restritas estimularam o surgimento de estilos maravilhosamente inventivos de decoração conhecidos em língua portuguesa como *arabescos*. Eles podem ser vistos na ornamentação deslumbrante das mesquitas e na elaborada decoração interior com cores às vezes brilhantes, às vezes moderadas. Pode-se ver o mesmo estilo também nas incrustações de mobiliário com pedras coloridas ou metais, e na pintura de lustres, azulejos e carpetes.

Essas generalizações referentes à arte islâmica devem ser discriminadas com atenção às suas variantes, que vão desde a austeridade rigorosa Wahhabi às voluptuosas imagens de seres humanos e animais de todo tipo de miniaturas da Pérsia Mughal e do Rajput da Índia. Em agosto de 2000, um time de reconstrução de "auxílio" Wahhabi Sa'ud foi encontrado demolindo construções islâmicas valiosas na cidade-mercado de Djakovica (Gjakova), em Kosovo, a fim de abrir espaço para o que os doadores árabes consideravam serem estruturas islâmicas mais apropriadas (mesquitas Wahhabi são completamente desprovidas de decoração). Por outro lado, miniaturas persas, ainda que apenas raramente mostrem o próprio Profeta, se tornam com frequência retratos de santos muçulmanos venerados.

Literatura perso-muçulmana

Em seu devido tempo surgiu na Pérsia (em caracteres árabes) poesia e prosa de caráter secular, frequentemente com componentes altamente românticos e eróticos. As razões para o seu surgimento são complexas.

Para os persas era natural usar o vernáculo ao transmitir suas ideias, portando-se não como em um relacionamento de mawali (cliente) com as tribos árabes, mas de pertencimento à *shu'ubiyya* ("confederados" dos árabes, em sua totalidade). Arianos ao invés de semitas, os persas eram ainda de certa forma estrangeiros, mesmo que tivessem abraçado o islamismo. Eles podiam se comunicar livremente em persa e eram inclusive um pouco desafiadores ao fazê-lo. Em adição à reivindicação de adequação que levou ao uso de sua língua em detrimento do árabe para as canções mundanas de amor que eram compostas, pura criatividade também teve seu papel. Uma talentosa sucessão de poetas da corte surgiu do século X ao século XIV para o deleite e entretenimento dos príncipes de língua persa (farsi) que afirmaram sua autonomia quando o califado abássida se enfraqueceu e surgiram estados autogovernados (cf. p. 728). O poeta cego Rudaki, o "pai da poesia persa", surgiu na virada do século X. Era natural para Firdawsi, que veio após ele, compor em persa seu poderoso épico nacional, o *Shanhama*, glorificando os feitos de Rustam, o valente guerreiro-herói que matou sem saber seu heroico filho Suhrab, em um trágico conto conhecido por toda criança em idade escolar do Irã. Nizami seguiu seus passos ao escrever o longo épico sobre o amor malfadado de Layla e Majnum e quatro outros longos poemas.

O xiismo teve uma origem arábica e muitos de seus grandes autores preferiram escrever em árabe, mas quando se dirigiam às massas xiitas do Irã em suas assembleias *rowza* com poemas, hinos e dramas *ta'ziya* lidando com o martírio de Ali e Husayn, a língua usada era quase sempre necessariamente o persa.

Quanto aos sūfī, do século XX em diante passaram a expressar seu misticismo e seu amor terrenal e celestial no tipo de poesia para a qual a língua persa já se provara tão apropriada. Apesar de derramarem seu persa em moldes árabes, eles alteraram e emprestaram formas de verso ao compor suas odes (*qasidas*), letras de canções (*ghazals*) e quadras (*ruba'is*), sendo que o último tipo foi empregado no Rubaiyat, por Omar (Umar) Khayyam. Os mestres poetas Sa'di, Hafiz e Rumi, cujas letras de canções místicas e cujo "Alcorão da Pérsia" já citamos anteriormente, bem como Jami após eles, tornaram a poesia persa famosa do Eufrates até o Ganges (na Índia, ler e escrever em persa se tornou uma marca da pessoa culta).

Quanto à prosa persa, ainda que fosse usada para escrita acadêmica, ela também tomou a forma de uma literatura ficcional e anedótica brilhante, cujo ápice foi o *Gulistan* de Sa'di, considerado geralmente a obra-prima da prosa persa – espirituosa, bem-humorada, cheia de anedotas e máximas morais enaltecendo a vida religiosa.

Se o espaço permitisse, poderíamos nos aprofundar na rica cultura turco-islâmica e observar as notáveis literaturas em albanês, berbere, swahili, somali, urdu, panjabi, bengalês, tâmil, malaio, javanês – um campo literário cheio de percepções da diversidade do mundo muçulmano e suas culturas.

IV - QUESTÕES NO MUNDO MODERNO

É evidenciado pelo estudo da história dos dois últimos séculos que no passado recente continuaram a surgir dentro do próprio islamismo movimentos novos e poderosos – inclusive movimentos de tipo destrutivo. Em termos analíticos é possível asseverar que esses movimentos enfatizam em vários graus purificação, secularismo, conservadorismo, reformulação, nacionalismo e, ao menos em um desenvolvimento herético, sincretismo (a mistura de elementos de religiões diferentes).

A purificação Wahhabi

Um movimento pela purificação do Islã, chamado de wahhabismo no Ocidente (de acordo com o nome de seu fundador, Muhammad Abd al-Wahhab, 1703-1792), é chamado de Muwahiddun (defensores da unidade) por seus aderentes. Eles asseveram que a Unicidade de Deus exige a exclusão de todas as reivindicações rivais que atraem a atenção dos fiéis, com exceção daquelas que são rastreáveis de forma autêntica até a comunidade de Medina imediatamente após a morte de Maomé. Isto inclui práticas de inspiração sufista como veneração de santos, a existência de locais sagrados e orações intercessoras, e se estende a todo o tipo de ornamentação: as mesquitas deviam ser pintadas simplesmente de branco e sem minaretes. Em seu caminho rumo ao domínio na Arábia os Wahhabis assistiram à demolição do local de nascimento de Maomé e dos túmulos dos membros de suas famílias para que não se tornassem locais de veneração politeísta.

Após os anos de vitórias e derrotas nas disputas do século XIX pelo controle da Arábia, os Wahhabis obtiveram o suporte poderoso da tribo dos Saud, constituindo-se hoje nos monitores morais dominantes da vida na Arábia Saudita – ainda que alguns expatriados insatisfeitos tenham convocado uma guerra santa contra a nação por ela ter abrigado forças norte-americanas e, portanto, ter se mostrado curadora imprópria dos locais sagrados de Meca e Medina. Essa variante particularmente severa do wahhabismo recebeu atenção internacional quando as forças do Talibã subiram ao poder no Afeganistão e deram refúgio para o líder milionário da **jihad** Osama bin Laden (cf. p. 784).

Os sūfī, no entanto, têm também grande suporte entre o povo comum para ter de se preocupar demasiadamente com os ataques que lhes são dirigidos pelos Wahhabis. Em nome da experiência religiosa, corroborada já por muito tempo, eles continuam a defender a validade da experiência pessoal religiosa, da intuição e das práticas de suas ordens religiosas, bem como da reverência aos líderes santificados. Isto tem sido particularmente verdadeiro entre os berberes, os iranianos e os turcos. Mas os sūfī têm sido castigados pelo puritanismo e ortodoxia Wahhabi; de fato, eles têm abandonado muitas das práticas às quais se devotavam em outros tempos.

Secularismo: Turquia

As modificações mais assustadoras em direção à secularização ocorreram na Turquia, onde o secularismo foi defendido abertamente. Os Jovens Turcos, liderados por Mustafa Kemal (Atatürk), derrubaram o Califado Otomano em 1924 e iniciaram mudanças religiosas intendidas claramente para ocidentalizar e secularizar a Turquia. A separação entre "Igreja" e Estado foi inaugurada com a abolição das cortes religiosas orientadas pela Sharia e com o estabelecimento de cortes civis para presidir sobre a aplicação de novas leis afetando casamentos, divórcios, direitos das mulheres, educação e conduta pública em geral. O uso de *fez* pelos homens e do véu pelas mulheres foi proibido, e as vestimentas europeias encorajadas. Leis foram instauradas a fim de substituir o árabe pelo turco nas cerimônias religiosas e a escrita arábica com o alfabeto latino em impressões de caráter público. O efeito disso foi retirar a Turquia de relacionamentos próximos com o restante do mundo muçulmano, voltando-a para o Ocidente.

Porém, após a Segunda Guerra Mundial, tomou lugar na Turquia uma "reavaliação do Islã". O Estado introduziu instrução religiosa de regulação estatal no sistema educacional (sem intenção de reunificar Igreja com Estado); aldeões e seus imãs receberam autorização de continuar a rejeitar as traduções do Alcorão para o turco e continuar a usar o árabe em recitações do Alcorão e nas orações privadas, tanto nas mesquitas quanto em suas casas.

Entre 1987 e 1995 o islâmico Partido do Bem-estar (*Refah Partisi*) triplicou sua porcentagem nas pesquisas, subindo de 7 para 21% da intenção de voto sob a liderança de Necmettin Erbakan. Não ficou claro quantos dos votos representavam apoio ao programa islâmico e quantos eram simplesmente protestos contra a corrupção no governo anterior. Com a cooperação da anterior Primeira-ministra Tansu Ciller e de seu secular Partido da Via Justa (*Doğru Yol Partisi*), Erbakan foi capaz de reunir um governo de coalizão, mas seus esforços na execução de um programa islâmico causou desafios constitucionais da parte do Conselho Nacional de Segurança, levando a um golpe sem derramamento de sangue e à instauração de um novo governo sob o secularista Yesut Yilmaz, em julho de 1997.

Em 2002 chegou ao poder o Partido Justiça e Desenvolvimento, do Primeiro-ministro Recep Tayyip Erdogan. O partido, de raízes islâmicas, tinha o objetivo declarado de aumentar as chances de aceitação da Turquia na União Europeia. O poder dos militares foi restringido e a liberdade de expressão ampliada, com o intuito de demonstrar que um movimento islâmico poderia também abraçar um Estado secular. Desde então, no entanto, a Turquia tem reorientado seus relacionamentos com o restante do mundo muçulmano, Erdogan tem movido o país mais além, rumo ao campo islâmico – sobrevivendo a uma tentativa de golpe em 2016 –, e as intenções da Turquia em relação à União Europeia têm sido colocadas em dúvida.

Modernidade: Egito

Durante os últimos cem anos o Egito tem sido cenário de desenvolvimentos religiosos e políticos de grande importância aos olhos muçulmanos. O reflorescimento da influência egípcia começou com os esforços incansáveis de Jamal al-Din al-Afghani (1839-1897), o fundador do Movimento Pan-islâmico. Ele buscava unir os muçulmanos contra a dominação europeia e incitá-los a se livrar de desvios religiosos e sociais em relação a um islamismo puro, habilitando-os, assim, a encarar o desafio do mundo europeu. Certa ambiguidade, no entanto, pairava sobre a totalidade de sua posição: por um lado, ele convocava os muçulmanos a se oporem ao Ocidente politicamente e retornar ao islamismo primitivo em termos religiosos; por outro, ele os exortava a democratizar os estados islâmicos e fornecer um concorrente equiparável ao Ocidente ao cultivar a ciência e a filosofia modernas. Seu discípulo Muhammad 'Abduh (1849-1905), um professor e posteriormente membro do comitê administrativo da antiga Universidade do Cairo (al-Azhar), concentrou-se no último objetivo, defendendo não apenas a necessidade de estudo renovado dos trabalhos teológicos árabes, mas também a introdução no currículo universitário de cursos sobre ciência moderna, geografia, história e religião europeias. Ele estava decidido a tomar seriamente a posição ortodoxa de que a razão não pode contradizer a revelação, mas apenas confirmá-la. Além disso, a razão era de importância decisiva não apenas para a conduta moral e na busca da felicidade – à qual tinham direito tanto homens quanto mulheres –, mas também para a compreensão dos princípios do Alcorão.

Uma das consequências de seu ensino foi o fortalecimento de tendências rumo a um "modernismo" que defendia a reformulação de doutrinas e leis muçulmanas com o uso da linguagem moderna, em oposição à tradicional. Por outro lado, entretanto, seu retorno a Maomé e às tradições da antiga comunidade de Medina, no espírito do wahhabismo, resultou na formação de um grupo religioso de retorno ao Alcorão: chamado de Salafiya, era liderado por um discípulo sírio seu chamado Rashid Rida, editor de um periódico que era lido de um a outro canto do mundo muçulmano.

Reformulação na Índia

Ao nos voltarmos para a Índia antes de sua independência – isto é, para um tempo no qual a influência britânica era forte –, encontramos um tipo de reformulação feita por líderes muçulmanos liberais que se assemelha um pouco àquela feita pelos fundadores hindus do Brâmo Samaj (p. 190s.). A prontidão dos intelectuais na Índia através dos séculos em considerar com a mente aberta a toda variedade de pensamento é refletida no pensamento de direção similar de Sir Sayyid Ahmad Khan (1817-1898). Curiosamente ele foi ajudado, ao invés de reprimido, pela disseminação do movimento Wahhabi entre os muçulmanos indianos, pois, como vimos, a rejeição do movimento ao emocionalismo Sūfī e sua insistência no retorno a Maomé e à comunidade antiga de Medina deram nova importância para a razão como guia na religião. Ele defendeu a posição da autoridade suprema de Maomé, do Alcorão e das tradições antigas, asseverando que tanto a natureza quanto a razão confirmavam qualquer pessoa de mentalidade aberta em tal posicionamento. Pelo fato de Allāh ter criado e sustentado tanto a natureza quanto a revelação, a razão não deveria encontrar contradição real entre ambas. A partir disso a ciência, ou o estudo da natureza, quando propriamente conduzida, não deveria discordar do Alcorão, mas antes, apenas confirmá-lo. De acordo com isso Sir Sayyid fundou em 1875 o *Muslim Anglo-oriental College* ou *Muhammadan Anglo-oriental College* (Faculdade muçulmana/maometana anglo-oriental) na cidade de 'Aligarh (consistindo hoje na Universidade de 'Aligarh), onde cursos sobre as ciências naturais e sociais ocidentais acompanhavam o estudo da religião muçulmana.

Entre os líderes intelectuais indianos que foram encorajados a assumir posições liberais influenciados pelo pensamento ocidental estavam Sayyd Amir Ali, um xiita cujo livro *O Espírito do Islã* (*The Spirit of Islam*, publicado inicialmente em 1891 com o título *The Life and Teachings of Mohammad* – A vida e os ensinamentos de Maomé) defendia o islamismo enquanto uma religião progressiva baseada na personalidade moral perfeita de Maomé, e no ensino liberalizante do Alcorão. Ele sentiu que os intérpretes medievais do islamismo perderam esta visão do verdadeiro caráter de sua fé, endurecendo suas crenças com grande rigidez.

De forma geral, ele afirmou, o islamismo era mais humano e fundamentalmente mais liberal que o cristianismo. O islamismo, dizia ele, estava "fundamentado no amor divino" e procedia com a base da igualdade das pessoas sob o ponto de vista de Deus. Seu livro se tornou um clássico entre os liberais muçulmanos, sendo também amplamente usado por conservadores buscando conhecer a possível crença de um modernista.

Ainda mais liberais foram as preleções dadas em inglês em 1928 por Sir Muhammad Iqbal, publicadas sob o título *The Reconstruction of Religious Thought in Islam* (A reconstrução do pensamento religioso no Islã). Um poeta outrora cauteloso em relação ao misticismo sūfī, mas ainda assim inspirado por ele, Iqbal propôs uma reconstrução do pensamento islâmico em termos não tradicionais; ele enfatizou a validade da experiência religiosa pessoal, a imanência de Deus, a criatividade humana e o esperado aparecimento do super-homem. Ele implicou que pensadores ocidentais por ele citados como Bergson, Nietzsche e Whitehead deviam muito a gigantes da filosofia e da ciência islâmicas, ou mesmo deles descendiam de, cumprindo, dessa forma, uma promessa inerente no próprio Islã. Ele ainda esperava que o dinamismo que marcava o espírito do Islã deveria se libertar dos rígidos padrões aos quais os muçulmanos tradicionalmente se agarravam. Iqbal também publicou poesia em urdu e em persa a fim de expressar suas visões líricas sobre a liberdade do ser e a respeito do seu dever de abnegação em relação à sociedade.

Não devemos exagerar a influência de intelectuais como esses citados, e precisamos ser lembrados das palavras de H.A.R. Gibb, que escreveu que "o muçulmano iletrado, o aldeão, ainda não corre o perigo de perder sua fé e, mesmo que corresse esse risco, o modernista educado e criado na cidade não teria as palavras adequadas para responder às suas necessidades. Sua vida espiritual é mantida pelas irmandades Sūfī, regulares ou irregulares, pelo imã da mesquita local, ou pelo pregador itinerante revivalista"[o].

Unidade multinacional: aspirações pan-islâmicas

Jamal al-Din al-Afghani, a quem já nos referimos como tendo intencionalmente ou não encorajado o surgimento do modernismo muçulmano, estava mais diretamente interessado em dois objetivos políticos que frequentemente parecem contraditórios entre si: (1) unidade muçulmana (ou pan-islamismo) e (2) reforma regional dos governos a fim de garantir a execução da vontade popular de ter autonomia nas áreas de domínio muçulmano. O primeiro objetivo era universalista; o segundo, nacionalista, ambos sendo defendidos, entretanto, com uma tensão apreensiva que corresponde às realidades políticas.

O historiador muçulmano Fazlur Rahman apresentou as realidades políticas da seguinte maneira:

> Um camponês turco, egípcio ou paquistanês é um "nacionalista" (no sentido de ter "um sentimento por certa comunidade ou por certos costumes, incluindo a língua", que traz um sentido de coesividade regional) e sempre o foi. Mas um camponês turco, egípcio ou paquistanês também está ligado a um forte sentimento islâmico. [Seu "nacionalismo"] não é avesso a uma lealdade mais ampla e, em face de um agressor não muçulmano (como temos testemunhado frequentemente nesse e em séculos já passados) os dois sentimentos foram uma conexão extraordinariamente poderosa[p].

Unidade multinacional: aspirações pan-árabes

A história completa dos movimentos pan-árabes nominalmente seculares está além do escopo de uma história das religiões, mas é óbvia a mistura que se dá de seus interesses com aqueles de movimentos islâmicos multinacionais, como demonstrado na Guerra do Golfo em 1991. O Partido Ba'ath (Partido do Renascimento Árabe), mais forte na Síria e no Iraque, foi fundado em 1943 por Michel 'Aflaq de Damasco, o filho de um mercador ortodoxo grego, e por mais dois associados – um deles um muçulmano sunita e o outro um 'Alawita (cf. p. 757). Seu intuito era a criação de "Uma nação árabe", a ser fundada sobre a liberdade e o socialismo, sendo governada por um Comando Nacional. Os árabes eram definidos por sua linguagem e cultura comum, mas o último elemento *não* incluía religião. Explorou-se o fato de que nem todos os árabes eram muçulmanos e que tentar incluir religião como base de unidade poderia apenas levar a rupturas.

Em 1966, rivalidades entre lideranças sírias e iraquianas produziram dois Comandos Nacionais concorrentes. Em 1982, o Presidente Saddam Hussein do Iraque repudiou o conceito de Uma nação: "Os iraquianos são agora da opinião de que a unidade árabe somente pode acontecer após uma clara demarcação das fronteiras entre todos os países".

Na década de 1980, durante sua guerra contra o Irã (um país não árabe), Saddam Hussein cortejou o apoio ocidental ao enfatizar a herança democrática secular do movimento Ba'ath: seu ministro do exterior cristão, os direitos civis desfrutados pelas mulheres iraquianas, o contraste com as ambições pan-islâmicas do xiismo iraniano, e assim por diante. Na iminência da guerra com o Irã, a culpa de uma bomba lançada em seu ministro do exterior foi colocada no xiita al-Da'wa, e Muhammad al-Sadr, "o Khomeini do Iraque", foi executado (cf. p. 773-778 sobre o Irã).

Dez anos depois, Saddam Hussein anexou e ocupou o Kuwait. No calor da subsequente Guerra do Golfo, ele se camuflou com a religião: ignorou a base secular do Partido Ba'ath e reivindicou o papel de defensor do Islã em uma guerra santa contra o sionismo e a interferência ocidental. Apesar de os governos de diversos países islâmicos terem condenado a tomada do Kuwait, era evidente que em muitos casos a maioria dos cidadãos aplaudia Saddam Hussein em tal papel, mesmo estando conscientes das origens seculares do Movimento Ba'ath.

V – DESENVOLVIMENTOS REGIONAIS
Costa norte da África
EGITO

Contando com 72 milhões de aderentes, os muçulmanos do Egito são a maior comunidade nacional de fiéis do mundo árabe. No século XIX, a Universidade do Cairo (al-Azhar) era a capital intelectual do Islã. Foi ali que Jamal al-Din al-Afghani e Muhammad 'Abduh lançaram os fundamentos do modernismo islâmico e de um movimento de pan-islamismo. Foi também no Egito que em 1928 um contramovimento fundamentalista islâmico, a Irmandade Muçulmana, foi fundado por Hassan al-Banna. A Irmandade rejeitava o socialismo islâmico e outros programas modernizadores e defendia a completa implementação da lei islâmica em um Estado religioso unitário. Al-Azhar abrigou irmãos muçulmanos militantes assim como líderes reformistas, mas a maior parte de sua liderança influente permaneceu conservadora e tradicional.

Durante o período de 1900 a 1952, esforços competindo entre si para definir o papel do islamismo em um Estado egípcio independente não obtiveram um consenso teológico, mas o momento histórico de desejo em comum de libertar o país do governo britânico conduziu os eventos em direção a resultados não esperados por qualquer um dos grupos muçulmanos. Em 1952, uma revolução depôs o Rei Faruk do Egito e estabeleceu um regime militar. Dois anos depois, Jamal 'Abd al-Nasir (Nasser) assumiu o poder como presidente. O Canal de Suez foi nacionalizado em 1956 e dentro de poucos anos veio à existência a República Árabe Unida, com a Síria e Iêmen como parceiros. O Egito fora liberto dos últimos vestígios do governo colonial, e parecia que uma unidade pan-árabe estava a caminho.

O que isto significou para os movimentos muçulmanos? Os modernistas tiveram sucesso ao dar ímpeto à reforma educacional, mas seus objetivos religiosos específicos foram engolfados pela maré do nacionalismo. Eles viriam a testemunhar o surgimento de um Estado islâmico socialista nominal, mas isso ocorreu sob uma liderança militar com a qual possuíam pouca influência. A Irmandade Muçulmana, apesar de ter penetrado nas forças militares em seus níveis mais baixos, e de ter conseguido instigar a perseguição aos britânicos, viu-se não apenas incapaz de controlar Nasser e seus colegas, mas também ativamente suprimida. Após um assassino frustrado ter reivindicado a Irmandade como sua inspiração, ela foi oficialmente banida em 1954.

Os conservadores islâmicos 'Ulama se saíram um pouco melhor. Xeiques complacentes em al--Azhar eram tratados com respeito, mas as fontes reais do poder tradicionalista erodiram rapidamente. A universidade entrou sob controle direto do governo, e seu currículo tradicional foi inundado pela miríade de novas disciplinas seculares. As cortes da lei islâmica (Sharia) foram abolidas, e doações privadas religiosas (*awqaf*) e todas as mesquitas não consideradas privadas foram tomadas pelo governo. Na década de 1960, grandes *muftis* (conselheiros religiosos) da universidade facilitaram o caminho para as políticas governamentais; atividades tão diversas quanto controle de natalidade e exploração lunar foram declaradas como estando em concordância com o Alcorão.

Guerras com Israel

Enquanto isso, a presença determinada de Israel estimulava o surgimento de forças tanto coesivas quanto divisórias entre os muçulmanos. As altas expectativas geradas pela recuperação de Suez, a intervenção das Nações Unidas após os combates inconclusivos de 1956 e a criação da República Árabe Unida foram logo desfeitas: a federação rompeu-se, Israel ganhou uma vitória decisiva em 1967, o Sinai foi ocupado e o Canal de Suez, bloqueado. Houve grande reflexão sobre os ocorridos. Se *esta* era a vontade de Allāh, não poderia isso significar que seu povo não tinha sido formado de muçulmanos bons o suficiente, que não estavam totalmente submissos à sua vontade? Esta situação e a subida ao poder de Anwar Sadat após a morte de Nasser em 1970 levou a algumas mudanças significativas.

A nova constituição de 1971 proclamou o islamismo a religião oficial de Estado, e a Sharia foi nomeada enquanto "uma fonte principal" de legislação. Os tradicionalistas ficaram insatisfeitos, no entanto, preferindo que fosse *a* fonte. Mas ao definir um curso de ação centrista e gradualmente diminuindo o poder do Partido da União Socialista Árabe de Nasser, Sadat abriu caminho para uma atividade muçulmana mais direta na política.

Propostas feitas em 1972 para a unificação do Egito com a Líbia desencadearam uma resposta fervorosa de Muammar al-Qaddafi da Líbia, que intensificou a propaganda no Egito de sua própria interpretação igualitária do islamismo. Revoltas e outras pressões internas forçaram Sadat a cruzar o Canal de Suez na breve "Guerra de 1973". (Os nomes dados a este conflito sugerem a emoção religiosa a ele ligada. Os israelitas se referem ao episódio como "Guerra do Yom Kippur", e alguns muçulmanos, de "Guerra do Ramadã". Documentos oficiais egípcios às vezes se referem a ele simplesmente como "a travessia"). A *performance* honrosa dos militares egípcios trouxe um pouco de prestígio renovado para Sadat e ajudou a restaurar parte do orgulho islâmico que fora perdido em 1967. Esta força nova tornou possível para o Egito voltar as costas decididamente para a Líbia e entrar em um relacionamento especial com a Arábia Saudita que trouxe ajuda financeira, mas também aumentou a influência dos conservadores nos 'Ulama. A banida Irmandade Muçulmana recebeu a permissão tácita de retomar suas atividades, seu periódico *al-Dawah* voltou a ser publicado, e partes de causas como a emancipação feminina receberam críticas renovadas.

Após uma viagem de reconciliação para Israel em 1977, Sadat se reuniu com Menachem Begin de Israel no acordo histórico de Camp David durante o ano seguinte. Devido a esta iniciativa Sadat teve de desistir da liderança na Liga Árabe, e encarou críticas renovadas em casa. Ele reagiu em setembro de 1981 com a prisão em massa de críticos muçulmanos, cristãos e seculares, e um mês depois morreu, sendo ferido fatalmente por membros do grupo conservador Takfir wal Hijra (Arrependimento e Hégira). Seu sucessor Hosni Mubarak, que se comprometeu a dar continuidade aos acordos de paz de Camp David, foi percebido como um moderado, aberto a trabalhar também com a Organização para a Libertação da Palestina (OLP).

Em 1992, o fracamente organizado al-Gamaa al Islamiyya, ou "Grupo Islâmico", que favorecia o governo pela Sharia (lei islâmica) se tornou mais forte no Alto Egito. Ele executou ataques terroristas contra turistas com o intuito de embaraçar e enfraquecer o governo de Mubarak. Milhares de prisões e oito sentenças de morte resultaram em pouco mais do que um contínuo beco sem saída. O governo contendia que suas leis já eram baseadas na Sharia, mas as cortes civis tinham permissão para atuar, e as mulheres não tinham a obrigatoriedade de usar véus.

O governo afirmava seu direito de licenciar todas as mesquitas. Ele indicava os imãs, pagava seus salários e às vezes sugeria temas para sermões em cerca de 70 mil locais. Ainda assim milhares de mesquitas não licenciadas encontravam formas de sobreviver independentemente.

Protestos em massa irromperam durante a "Primavera árabe" de 2011, resultando na resignação de Mubarak e na suspensão da Constituição.

A Irmandade Muçulmana ressurgiu brevemente; Mohamed Morsi se tornou o primeiro e único membro da Irmandade a ser eleito presidente do Egito, em 2012. A oposição ao Islã político se amalgamou rapidamente, e Morsi foi retirado do poder pelos militares um ano depois.

Há muito em jogo no Egito. O mundo assiste, observando se uma política de compartilhamento de poder com fundamentalistas moderados simultaneamente lidando duramente com extremistas trará um consenso referente à aplicação do islamismo a um Estado modernizante.

LÍBIA: REFORMA ISLÂMICA IGUALITÁRIA

A Líbia, tendo sido ocupada em um momento ou outro pela Turquia, Itália e Grã-Bretanha, desenvolveu sentimentos anticolonialistas e nacionalistas muito antes de recuperar sua independência em 1951. O país começou como uma monarquia sob Idris, o líder de uma seita de origem sūfī chamada de Sanusiyah. A Líbia era então a nação mais pobre do mundo. O petróleo foi descoberto em 1959, e dentro de uma década a renda *per capita* aumentou de 50 dólares por ano para 1.500 dólares.

Em 1969 Muammar al-Qaddafi, um jovem capitão do exército, tomou o poder através de um golpe. Ele defendia posições políticas derivadas do socialismo árabe de Nasser e do anti-imperialismo pan-árabe. Sua cosmovisão religiosa havia sido moldada por ideias Sanusi e Wahhabis de um islamismo de pureza simples. Seus primeiros passos foram a expropriação de possessões estrangeiras de petróleo, a redistribuição de renda e a extensão da educação. Dentro de dez anos o letramento aumentou para cerca de 75%, e as matrículas nas universidades foram de 3 mil para 20 mil. Durante esse tempo, o Coronel Gaddafi desenvolvera a sua própria corrente de pensamento islâmico igualitário, tendo-a publicado em dois volumes do *Livro Verde*. Ele a chamou de terceira teoria internacional (para distingui-la tanto do capitalismo quanto do comunismo).

Ele defendia que a participação do povo no governo e na economia devia ser direta (não através de advogados ou representantes); não deveria haver salários ou aluguéis, apenas participação nos lucros de uma economia dirigida pelos trabalhadores.

Em 1977, o nome da nação se tornou Jamahiriya Árabe Popular Socialista da Líbia (sendo que *Jamahiriya* é um termo cunhado, significando algo próximo de "governo do povo"), e o Coronel Gaddafi abriu mão de todos os seus títulos políticos para se tornar o "filósofo da revolução". (Vinte anos depois, esse título seria reduzido ainda mais para "primeiro irmão" da revolução, apesar de nenhuma ínfima parte do seu poder ter sido reduzida de forma discernível.)

No início da década de 1980, o caminho para as reformas de Gaddafi se tornou mais difícil. Sua expropriação das terras de *waqf* (doações religiosas) levantou a oposição dos 'Ulama, e Gaddafi retaliou dirigindo-lhes ataques verbais e insistindo em usar um calendário religioso dez anos fora de passo com o restante do mundo islâmico.

O modelo líbio de igualitarismo tem desafiado muçulmanos de todas as partes, ganhando a admiração de alguns, mas até o momento não foi exportado com sucesso. Sua sobrevivência na própria Líbia está em xeque após a guerra civil de 2011 ter resultado na morte de Gaddafi, a fragmentação do país e o aumento da atividade de facções islâmicas.

África Central

As culturas africanas subsaarianas nunca absorveram tanto da cultura muçulmana quanto fizeram seus vizinhos ao norte. O islamismo permeava as culturas do Egito e da costa norte do Magreb de forma bastante completa: a teologia e a literatura na língua árabe acompanhou o cerne da lei islâmica em sua difusão. Em contraste, a influência muçulmana sobre as diversas tribos da África Central tem sido limitada a esferas selecionadas, deixando partes consideráveis das culturas indígenas relativamente intocadas. No cinturão de oeste para leste do Sahel – de Senegal, passando pelo norte da Nigéria, Chad, e do Sudão para a Somália – o islamismo propiciou normas externas comuns: a sistematização de códigos legais, a provisão de um calendário lunar em comum, modificação nos costumes de nascimento, casamento e funerários, e a imposição de tabus contrários à nudez e ao consumo de carne de porco. Mas esta islamização deixou intactas as estruturas profundas, as mitologias e percepções de mundo nativas, mantidas pelo povo ordinário não versado em árabe. Nomes locais para o alto deus eram frequentemente usados intercaladamente com o nome Allāh. O animismo continuou a ter parte importante na vida cotidiana, mas com uma nova tendência de identificar espíritos enquanto aliados ou de anjos ou de demônios. Magia e adivinhação continuaram, mas os clérigos islâmicos se tornaram com frequência os intermediários, alguns deles em clãs de *maraboutiques*, ou ordens hereditárias.

Nas cidades e no mundo masculino do comércio, o islamismo provê uma lei intertribal e um sistema de valores, mas entre nômades e caçadores e entre as mulheres por todas as partes, o islamismo é marginal, e as culturas tradicionais continuam a manter seus lugares. Exceções ocorrem nos locais onde emergiram estados teocráticos, como entre os Hausa e posteriormente entre os Fulani no norte da Nigéria. O sultão de Sokoto alega possuir a fidelidade de cerca de 60 milhões de muçulmanos na África Ocidental.

O incumbente de 1988 a 1996 foi Ibrahim Dasuki, um banqueiro de investimentos educado em Oxford; tratava-se de um modernista, mas que apesar disso fora de forma geral capaz de lidar com o governo militar. Porém, em uma Nigéria com uma população dividida composta de 50% muçulmanos e 40% cristãos, o ditador militar Sani Abacha sentiu a necessidade de colocar rédeas no poder do sultão. Em 1996 ele depôs Dasuki abruptamente e colocou em seu lugar seu próprio primo Alhaji Muhammad Maccido, um personagem de menor riqueza e independência. Uma eleição em 1999 substituiu o ditador militar Abacha com o primeiro governo civil na Nigéria em dez anos. Olesegun Obasanjo, o candidato vitorioso, atendeu ao desejo do eleitorado muçulmano de instaurar a Lei Sharia nas áreas do norte, desencadeando revoltas que causaram mais de mil mortos em áreas com forte expressão cristã. A Nigéria, contando com a décima maior população do mundo, permanece uma das poucas nações no cinturão do Sahel na qual o balanço de poder entre as populações muçulmana e não muçulmana é um problema contínuo. É também de longe o maior cenário de assassinatos e assaltos armados entre as comunidades cristãs e muçulmanas, muitos dos quais são perpetrados pelo grupo islâmico Boko Haram (o nome significa algo como "educação ocidental é proibida").

Irã: dimensões islâmicas de revolução

A Revolução Iraniana merece atenção especial, não apenas devido ao seu impacto internacional, mas por ter demonstrado um ramo principal da teologia xiita (os duodecimanos, ou *Ithna' Ashari*) em sua forma não diluída (cf. p. 755).

Em 1979, uma quantidade de forças profundamente arraigadas do islamismo xiita vieram à tona na derrubada do Xá Mohammad Reza.

Muitos iranianos consideravam o xá um fantoche dos interesses anglo-americanos – que foram creditados com a sua instalação em 1953 após expulsar o governo esquerdista, eleito pelos procedimentos apropriados, do Premier Mohammed Mossadegh. A crítica dos clérigos se acumulava, e em 1978 Aiatolá Khomeini, o crítico mais respeitado, buscou asilo na França. Em novembro de 1979, estudantes rebeldes islâmicos capturaram a embaixada dos Estados Unidos e tomaram a maior parte de seu pessoal como refém. Em meses Khomeini retornou, e em março de 1980 um referendo nacional aprovou a criação de um novo Estado islâmico.

É claro que as causas da revolução foram complexas, envolvendo a intervenção internacional na economia e na vida política do Irã. Ainda assim, o islamismo xiita afetou profundamente três aspectos da revolução: sua base lógica, seu fervor emocional e seu mecanismo institucional. A base lógica da revolução se baseava nas já antigas reservas que os xiitas tinham em relação às autoridades civis. Sua energia emocional jorrava das misturas únicas xiitas de luto e esperança que estavam à flor da pele e que recuavam para tempos tão antigos quanto o martírio de al-Hoseyn* em Karbala, no século VII. A força institucional da revolução foi providenciada pela autoridade investida nos **mojtaheds** (eruditos/juízes) e na rede difundida de mesquitas e ***mollahs***.

BASE LÓGICA

A base lógica da Revolução Islâmica deriva da confiança na autossuficiência da revelação no Alcorão. Enquanto um sistema completo de fé e prática, o islamismo – seja sunita ou xiita – sempre estabeleceu lei e governo de forma subordinada; ele nunca ficou à vontade com concepções ocidentais de estados seculares dentro dos quais as co-

---

* Árabe: *al-Husayn*. Nesta seção foram feitas transliterações iranianas aproximadas à pronúncia persa.

munidades religiosas conduziriam suas vidas. No Irã, a situação era ainda mais complexa. No coração do xiismo está a expectativa milenarista do retorno do Mahdi, o único governante legítimo. No ínterim todos os governos, mesmo os quase islâmicos, são ilegítimos. Arranjos temporários são toleráveis à medida que forem endossados pelos teólogos xiitas.

Era requerido do xá que ele professasse e propagasse o xiismo 'Ashari (duodecimano) como a religião de Estado. O Parlamento (*Majlis*) não poderia aprovar leis contradizendo o Alcorão, e um comitê de cinco aiatolás selecionados pelos Majlis foi criado a fim de supervisionar toda a legislação e mantê-la de acordo com a lei islâmica (Sharia). Mesmo isso não era o suficiente para alguns conservadores, e os aiatolás dos dias de hoje declaram categoricamente que os xás da Dinastia Pahlavi ignoraram esse requerimento desde seu princípio. De sua parte o Xá Mohammed Reza buscou legitimar seu governo em termos islâmicos, destacando em sua autobiografia que seu pai o nomeara em homenagem ao oitavo imã xiita Reza. Ele escreveu a respeito de sonhos com o chamado de Allāh e de sua proteção e livramento de assassinos. Referiu-se ao seu programa de reformas econômicas (a Revolução Branca) como a "redenção do Irã". Na bibliografia oficial, a majestade imperial Shahbanou Farah Pahlavi foi descrita como descendente de "vossa santidade Fatemah Zahra" (Fátima, a filha do Profeta). O título "o Grande" foi anexo ao nome de seu pai e seu corpo foi trazido para um novo túmulo no complexo de santuários tradicionais xiitas próximos à capital.

FERVOR EMOCIONAL

O fervor apaixonado de demonstrações públicas durante a revolução assustou a muitos observadores ocidentais. As frustrações econômicas e políticas eram compreensíveis, mas as formas idiomáticas de expressão eram desconhecidas por se referirem à leitura especial xiita da história. Para se compreender a linguagem extravagante, os gritos de "grande satã" e "morte a...", bem como as constantes referências a sangue, dificilmente se pode exagerar a conexão com a reencenação anual da paixão de al-Hoseyn em Karbala. Assim como Yazid, o usurpador, havia perseguido a Hoseyn em 680 EC, o xá estava perseguindo ao Aiatolá Khomeini e seus seguidores. Quando o Aiatolá Khomeini instigou seus seguidores em protesto a "vestir roupas brancas para exibir melhor o sangue" de suas feridas, a alusão foi feita diretamente às vestes ensanguentadas nas encenações da paixão (ta'ziya). Deve-se lembrar também que meses após o assassinato de al-Hoseyn e de sua família, um movimento conhecido como Tawwabun (penitentes) se juntou a ele em martírio, em uma campanha de lealdade temerária. Mais que metade de uma força de cerca de 3 mil teria se sacrificado em Ayn al-Warda, ao enfrentar uma força de 30 mil sírios. Assim, durante o mês de Muharram, é possível se ver procissões solenes de homens vestidos de negro, geralmente batendo em si mesmos com cadeias, afirmando sua solidariedade em pesar e penitência com aqueles de tempos anteriores que falharam em ajudar de forma efetiva aos mártires.

Nos dias nono e décimo do mês de Muharram assembleias de orações especiais (rowza) são executadas nas mesquitas e nas casas com o intuito de intensificar o pesar e renovar a resolução dos fiéis. Ocorrerem reuniões, geralmente separadas para homens e mulheres, com a pregação de sermões, recitações do Alcorão e de poemas religiosos, com a ênfase na tragédia de Karbala. As linhas que se seguem são extratos das estrofes do poeta Mohtasham, do século XVI:

> Muitos golpes, pelos quais o coração de Mustafa [Mohammad] foi dilacerado, infligiram na garganta seca de Mortaza, sucessor de Ali [al-Hoseyn].

Enquanto suas mulheres, com os colares arrebentados e os cabelos soltos, erguiam seus lamentos ao Santuário da Majestade Divina,
E o Espírito Confiável [Gabriel] reclinava sua cabeça até seus joelhos, em vergonha
E o olho do sol se escurecia à vista,
Quando o sangue de sua garganta seca caiu no solo, levantou-se uma perturbação que chegou até o cume do alto trono de Deus. [...]
Quando o Povo da Casa pôr suas mãos sobre o Povo da Tirania, a mão da repreensão de Deus sairá de dentro de suas mangas.
Ai! Quando a casa de Ali, com sangue pingando de seus lençóis retorcidos,
Levantar seus estandartes da areia, como uma labareda de fogo![9]

Durante os dias da ta'ziya, quando as encenações da paixão chegam em seu clímax em 'ashura – o décimo dia do mês de Muharram, os aldeões simulam o esfaqueamento, a decapitação e o atropelamento de Hoseyn. Estes são ritos de intensificação exclusivos dos xiitas, as raízes emocionais do fervor revolucionário moderno.

MECANISMOS INSTITUCIONAIS

Os mecanismos institucionais do poder islâmico no Irã incluem a autoridade dos mojtaheds, a rede de mesquitas e escolas de treinamento, a instrução diária e distribuição de esmolas por elementos do baixo clero (akhunds ou mollahs).

Nós vimos que na leitura duodecimana da história são os mojtaheds (alguns deles merecendo o honorífico especial de aiatolás) que têm garantida a autoridade suprema de governo durante o ínterim no qual o décimo segundo imã está "oculto". O exercício deste poder se dá em caráter de supervisão, e não diretamente. No Irã ele é percebido como tendo sido contínuo, ainda que demonstrações públicas do mesmo sejam infrequentes.

Os mojtaheds organizam e administram instituições educacionais. Escolas elementares nas vilas e centros de saber avançado (*madrasas*) são sustentados por provisões religiosas e por uma porção do imposto religioso (*khoms*, "um quinto") contribuído pelo fiel. A criação de contraorganizações pelo Xá Mohammad Reza indica a forma pela qual ele percebia o poder das instituições tradicionais. Um escritório central de provisão religiosa antecipava e redistribuía a renda de provisões anteriormente sob controle local.

Uma Faculdade de Teologia Islâmica na Universidade de Teerã começou a formar especialistas em teologia e jurisprudência; um Corpo Religioso, algo como o Corpo de Paz, foi criado. As escolas do governo atraíam cada vez mais alunos, retirando-os das escolas religiosas.

A revolução em 1979 depôs o xá e, quando o Aiatolá Khomeini retornou de seu exílio, os mollahs, atuando como capitães nas vizinhanças, estavam prontos para coordenar as demonstrações de apoio. Assim, o veredicto da Revolução de 1979 foi depositar o poder supremo nas mãos de um aiatolá vindo de uma Qom madrasa, e de delegar a administração de necessidades tão vitais quanto os cartões de ração para os mollahs das mesquitas.

O IRÃ ENQUANTO UM ESTADO ISLÂMICO

Vimos até o momento que nos dias do crescente fervor revolucionário (e de contínua frustração) a pregação rowza usou o paradigma de Karbala – identificando o xá com o usurpador Yazid, que ordenou a morte de Hoseyn, e identificando Khomeini com o imã martirizado. Após a vitória, um novo padrão era necessário: um modelo de justiça social como o que teria sido implantado por Ali. Logo tornou-se claro quem iria definir as intenções de Ali.

Michael M.J. Fischer delineia a aplicação desses paradigmas detalhadamente, concluindo: "O paradigma de Karbala ajudou a unir grupos de interesses diversos em um movimento de massa contra um tirano entrincheirado. Mas assim que a tirania foi removida, um novo discurso retórico era requerido. Para isso, como tanto Bazargan quanto Khomeini apontaram, era necessário se voltar para os princípios de justiça social associados com o nome Ali"[R].

Em 1979, a consolidação do poder nas mãos dos clérigos conservadores foi rápida. O Aiatolá Khomeini concordou apenas de forma relutante com um referendo nacional. Quando ele aconteceu, foi de acordo com os seus próprios termos: a escolha era "a favor" de uma república islâmica indefinida com uma cédula verde (a cor do Islã), ou "contra", com uma cédula vermelha (a cor de Yazid). Ao invés de convocar uma convenção constitucional, as forças de Khomeini lançaram seu próprio rascunho de uma constituição e agendaram a eleição de uma assembleia de especialistas para aprová-la ou emendá-la. Os critérios para os candidatos eram tão restritivos (383 de 417 eram mollahs) que o Aiatolá Shariatmadari e os partidos da Frente Nacional boicotaram a eleição. Tendo sido vencidos taticamente, esses grupos menos teocráticos tiveram de assistir enquanto o eleitorado endossava de forma esmagadora uma constituição modelada de acordo com os pontos de vista de Khomeini.

A constituição criava uma república unicameral com um presidente, um primeiro-ministro e um novo posto especial de especialista orientador jurídico, o *Líder da Revolução*, *Supremo Líder* ou *Jurista Guardião* (*Vali Faq'eh*). Mantendo este ofício, Khomeini tinha poder para intervir em qualquer questão do Estado; sua confirmação era requerida para qualquer candidato ao ofício de presidente. Ele nomeou os seis clérigos que formaram a maioria em um Conselho de Guardiães, composto por onze membros.

Na constituição iraniana há uma óbvia falta de clareza sobre a divisão de funções entre o especialista orientador jurídico e os outros ramos do governo. Às vezes Khomeini era ativo, outras vezes, passivo. Em sua visão a soberania pertencia a Deus; toda a lei necessária já havia sido revelada. O papel do Parlamento é descrito de forma mais apropriada como "definidor de uma agenda" (*barnamahrizi*) do que propriamente legislador, e um parlamento não deveria fazer mais do que implementar a lei preexistente da forma que lhes era interpretada por especialistas islâmicos.

Os movimentos econômicos iniciais se deram na direção da nacionalização dos recursos e das grandes indústrias, e na imposição de uma austeridade fundamentalista. Cartões de rações e acesso à educação superior deveriam ser obtidos nas mesquitas. As proibições de álcool, coeducação e entretenimento frívolo têm sido estritas. Os mercadores foram proibidos por lei de atender a mulheres que não estivessem com as cabeças cobertas.

Khomeini morreu em 1989 e foi sucedido pelo Aiatolá Sayed Khameni (Ali Khamenei), que cooperou tacitamente com o Presidente Rafsanjani em moderar a influência de clérigos ardorosamente fundamentalistas.

A eleição de maio de 1997 colocou um acadêmico religioso moderado, Mohammed Khatami, no ofício de presidente. A despeito do mandato de sua eleição, seus esforços na direção de relaxar o controle da imprensa, da publicação de livros e filmes, bem como suas nominações de oficiais com educação no Ocidente foram impedidos ou bloqueados por um judiciário controlado por conservadores. Jornais foram fechados e alguns de seus aliados, presos. A eleição de junho de 2001 produziu um mandato com força ainda maior (77% do eleitorado), mas várias obstruções atrasaram sua posse até agosto. Pressões do Aiatolá Khamenei forçaram então a entrada de dois candidatos mais conservadores no Conselho de Guardiães, um corpo formado por doze elementos, com poder de veto sobre as ações do Parlamento.

Candidatos com mentalidade reformadora desfrutaram de muito apoio popular nas eleições de 2009, e o fato de terem perdido trouxe acusações de fraude nas votações contra o Aiatolá Khamenei e o Conselho de Guardiães. Irromperam protestos violentos e difundidos que foram suprimidos. Oficiais subsequentes anunciaram um plano de remover influências ocidentais dos currículos universitários e substituí-las com materiais islâmicos.

Nós vimos em nossa descrição do Islamismo Duodecimano (p. 755) que as esperanças por um eminente retorno do oculto Imã Mahdi eram difundidas entre os leigos. Enquanto que a eleição do Presidente Mahmoud Ahmadinejad em 2005 tenha sido talvez mais claramente uma rejeição ao seu oponente (Rafsanjani) do que à sua própria perspectiva apocalíptica, ela demonstrou também que alguém, enquanto leigo, pode reivindicar piedade sem endossar aspectos impopulares de um governo conduzido por clérigos.

Iraque: secularismo e religião em uma nação fragmentada

Não é nosso propósito analisar a sabedoria ou tolice dos dois assaltos ocidentais contras as forças de Saddam Hussein: a "Tempestade do Deserto" em 1991, e a invasão do Iraque de 2003. O que é apropriado é um relato histórico delineando o papel da religião na história recente do Iraque.

O Iraque tem sido descrito como um frágil mosaico mesopotâmico montado pelos grandes poderes europeus após a Primeira Guerra Mundial, a partir de fragmentos de impérios anteriores. A maioria de seus habitantes é de muçulmanos; os sunitas se localizam no norte, alguns sendo árabes, e alguns, curdos. Os xiitas estão no sul, alguns árabes e alguns safwi (iranianos). Existem locais históricos preciosos nos territórios xiitas, como Karbala e mesquitas estatais em memória de imãs famosos.

O comportamento do Presidente Saddam Hussein em relação ao islamismo mudou abruptamente quando ocorreram as invasões de seu país. Ele teve uma formação secular e internacionalista. Nascido em abril de 1937 em Tikrit, uma localidade central no contexto tribal, o início de sua carreira se deu com seu comprometimento com o Partido Ba'ath em seus tempos de faculdade. O partido fora lançado em 1943 com o nome de Hisb al Ba'ath al-Arabi (Partido do Renascimento Árabe) por jovens de formações diversas, tendo em comum sua origem na classe média e educação em Sorbonne: Michel Aflaq de Damasco, o filho de um mercador ortodoxo; Salah ad-Din al-Bitar, um muçulmano sunita; e Zaki al-Arsuzi, um Nusairi (Alawita) de Alexandretta, na Turquia. Sua constituição em 1953 (após sua junção com contrapartes sírias) intendia criar "Uma nação árabe com uma missão imortal [...] unidade árabe, liberdade e socialismo".

CONVICÇÕES ABANDONADAS

Havia uma firme convicção de que o termo árabe se

> Deus tem providenciado que o governo de hoje (na terra) possua aqueles mesmos poder, autoridade e governo que o profeta e os imãs possuíam, em termos de mobilizar tropas, designar governantes, coletar impostos e gastá-los de acordo com os interesses dos muçulmanos. Mas (a única diferença é que) não há pessoa específica (que tenha tal poder, autoridade e governo); ao invés disso (eles são empunhados por) "um justo clérigo" ("alem-e'adel").
> Khomeini[S]

referia a uma família linguística, e não devia ser definido religiosamente: "A religião nos dividirá". No momento, o Partido Ba'ath abria seu caminho rumo ao poder permanente que teria após 1968 (o rei Hashemita de apoio britânico havia sido assassinado), e uma disputa com os sírios levara ao abandono de aspirações internacionalistas. Em 1974 a posição secularista foi abandonada parcialmente em movimentos de reparação: milhões foram dados para os santuários xiitas em Karbala e em outros lugares, e foram reconhecidos direitos administrativos "autônomos" para três províncias curdas. Mas tal reconciliação foi abandonada em 1980 quando uma bomba foi lançada no ministro de Relações Exteriores Tariq-Aziz (um cristão). Os xiitas foram culpados e Muhammad Baqir al-Sadr, o "Khomeini do Iraque", foi executado. A guerra contra o Irã se iniciara.

Internamente muitas das políticas secularistas de Saddam Hussein continuaram – políticas de saúde universal, acesso à educação, emprego para as mulheres e afrouxamento nos códigos de vestimenta –, mas a discriminação contra os xiitas aumentara exponencialmente. Foi apenas após a operação Tempestade no Deserto e os ataques pós-11 de setembro que Saddam Hussein se vestiu totalmente com a bandeira do islamismo e reivindicou possuir uma liderança por escolha divina, em uma guerra para liberar os muçulmanos da tirania dos cruzados. O Dr. Muyhee din Hatoor, de Bagdá, certa feita declarou em conversa com o autor: "nenhum líder do Iraque do século XX tem olhado para o islamismo, ou para qualquer outra religião, com respeito. O fervor religioso serve para ser *usado*, atiçado com propósitos definidos pelas lideranças".

Indonésia: o islamismo adaptado à Ásia

Cerca de 200 milhões de cidadãos da Indonésia identificam-se como muçulmanos, perfazendo aproximadamente 87% da quinta nação mais populosa do mundo.

No século XIII o Islã ganhou seu primeiro ponto de apoio no arquipélago por meio de viajantes mercadores Gujrati vindos do subcontinente indiano.

A Ilha de Sumatra, localizada na parte mais ocidental do arquipélago e oposta à Península da Malásia, foi exposta mais diretamente a rotas comerciais e recebeu as mais antigas influências e assentamentos muçulmanos. No século XIV o Sultanato de Malaca se tornou um centro de difusão do Islã, rivalizando com o poder em declínio de Majapahit, o último dos impérios hindu-javaneses.

As circunstâncias da introdução do Islã respondem pelas características peculiares do islamismo indonésio atual. Em primeiro lugar, muito do islamismo foi filtrado através de uma cultura indiana panteísta e mística existente antes de sua chegada. Em segundo lugar, ele se sobrepôs sobre camadas anteriores de tradições religiosas e sociais bem desenvolvidas: uma camada profunda de cultura indígena e outra, bem-assimilada, composta de cultura hindu e/ou budista. Como terceira circunstância, o islamismo foi introduzido parcialmente devido à sua utilidade nas lutas das regiões periféricas a fim de se libertarem do Império hindu-javanês. Ele ofereceu uma ideologia alternativa e serviu de símbolo de resistência.

O Islã fez seus primeiros conversos em entrepostos comerciais. Sendo uma religião sem hierarquia, ele era apropriado para o mundo comercial. Sua ênfase na igualdade e individualismo combinava com a liberdade das áreas de mercado, e sua simplicidade atraía a viajantes impacientes com os rituais e as formalidades da sociedade estratificada hindu-javanesa.

Nas áreas rurais e nas cidades distantes das rotas de comércio a aceitação do ensino e da prática islâmicos se deu mais vagarosamente, e por todas as partes ela se restringia à aderência contínua ao direito consuetudinário (*adat*), a elementos da cosmovisão hindu, e às crenças indígenas animistas. O impulso característico javanês era aceitar o rótulo de islâmico simultaneamente se agarrando às ideias culturais e convenções artísticas formadas através de séculos da mistura de visões de mundo hindus e javanesas. Esta aceitação com restrições era certamente inimiga do espírito geral do islamismo, mas se tornou uma das realidades do cenário indonésio. Até os dias de hoje combinações espantosas de ideias vêm à superfície de formas casuais. O teatro de fantoches, por exemplo, com seus temas derivados de épicos hindus, tem servido por séculos como o meio para se discorrer acerca de valores. De forma similar, pode-se encontrar interpretações típicas dos aldeões ao afirmar que os cinco heróis Pandava representariam os cinco pilares do islamismo!

CONTINUANDO COM A DIVERSIFICAÇÃO

Nas cidades e vilas em Java se faz usualmente uma distinção entre os muçulmanos devotos (*santri*) e os aderentes ordinários (*abangan*), que chamam a si mesmos de muçulmanos, mas dão mais atenção para práticas religiosas pré-islâmicas e para a lei consuetudinária *adat*. Os muçulmanos Santri dão maior prioridade à pureza na doutrina e seguem substituindo o costume antigo com a lei islâmica. Os muçulmanos abangan podem levar alguns aspectos da fé muito seriamente, tais quais a soberania de Allāh, a proibição de carne de porco e o jejum do Ramadã. Mas eles resistem aos esforços santri de promover uma substituição radical do costume local.

> *O Islã substituiu a tentativa do hinduísmo de sacralizar uma comunidade política construída em volta de desigualdade no poderio militar pela tentativa de sacralizar uma comunidade comercial, construída em volta de pontos em comum e motivações econômicas.*
> Clifford Geertz[T]

Quaisquer que sejam as diversas percepções nativas em relação ao islamismo, não há dúvida de que a maior parte dos indonésios enxerga-o com base no protesto contra a opressão estrangeira: ele *não* é inglês, *não* é holandês, e *não* é japonês. Os muçulmanos podem ser chamados de *bumiputra* (filhos do solo, nativos). Os cristãos nativos não têm tanta probabilidade de serem descritos dessa maneira.

ISLÃ E NAÇÃO

A república independente da Indonésia veio à existência em 1945, mas a luta contra os esforços holandeses em recuperar o controle levaram a mais três anos de turbulência. Um produto interessante dessas intrigas foi o florescimento breve de um governo islâmico independente em Java Ocidental. Chamado popularmente de *Dar al-Islam* (ou Darul Islã), ele foi fundado pelo líder carismático Kartosuwirjo, que proclamou a si mesmo imã em 1948. O Darul Islã produziu uma constituição islâmica detalhada e sobreviveu como uma guerrilha de rebelião regional até a morte de Kartosuwirjo em 1962. Ele é significativo no quadro do Islã na Indonésia por duas razões em especial: (1) a guerra santa (jihad) foi dirigida não contra uma nação de infiéis, mas contra uma maioria javanesa nominalmente islâmica percebida como composta por *munafiq* (aqueles que obstruem a observância do islamismo sob o disfarce do próprio Islã); e (2) as decisões de se juntar a esse Estado islâmico (como pesquisado por Karl D. Jackson) parecem ter sido tomadas com base na autoridade tradicional, ao invés do zelo religioso[U].

Essa autoridade funciona ao longo de cadeias de

relações diádicas: o "pai" (*bapak*) aconselhando o "filho" (*anak huah*). Na sociedade aldeã, onde opções alternativas não estão disponíveis, a pessoa dependente está acostumada a receber conselho de outra pessoa em uma gama de decisões de cunho pessoal, financeiro e social. O líder, acostumado ao poder da autoridade tradicional (com a força física atuando como forma de sanção), dispensa julgamento, ao invés de informação acerca de alternativas. O líder, ao invés da causa, é a força primária motivadora.

O LÍDER ORIENTADOR

O proeminente líder nacional da Indonésia durante seus primeiros vinte anos foi Sukarno, o filho de um professor da escola local em uma comunidade japonesa abangan. Sua mãe veio da hinduizada Bali. Sua educação o conduziu por um colégio de nível médio europeu e uma escola técnica, e a síntese de elementos nativos indonésios, hindus, islâmicos e europeus presente em sua formação e origem se tornou o seu modelo para a nação. Os cinco princípios (**Pancasila**), a base oficial para a constituição da Indonésia, foram propostos a primeira vez por Sukarno em 1945: a crença em Deus, nacionalismo, humanitarismo, justiça social e democracia. Havia objeções muçulmanas ao fato de que o Islã não recebia lugar especial, e um acordo conhecido como a Carta de Jakarta (*Piagam Jakarta*) adicionou uma modificação ambígua ao primeiro princípio, "crença em Deus com a obrigação de aderentes do islamismo de levar a cabo a lei islâmica". Esta redação provocaria anos de disputas amargas e frustradas entre muçulmanos ardorosos e advogados de um governo religiosamente neutro. Ela sintetiza o acordo confuso do islamismo na Indonésia.

Até o presente, os nacionalistas seculares têm tido seu espaço. Construindo a partir de uma base militar e javanesa, a democracia guiada de Sukarno baniu o Partido Reformista muçulmano, dissolveu o governo genuinamente representativo e se inclinou mais e mais para o apoio esquerdista externo a Java. Em 30 de setembro de 1965, com as estruturas econômicas e políticas próximas do colapso, elementos militares de esquerda tentaram um golpe, que foi impedido pelo General Suharto e pelas forças conservadoras do exército (com assistência da CIA norte-americana). Anos de frustração dos não javaneses e dos muçulmanos irromperam então em uma violência reativa e antiesquerda por todo o arquipélago formado por 17 mil ilhas. Um número estimado de 500 mil comunistas e seus supostos simpatizantes foram assassinados em uma questão de dias. No clima de guerra fria do Ocidente, isso foi relativamente pouco noticiado.

Com o apoio do exército e do Golkar (Partido dos Grupos Funcionais – *Partai Golongan Karya*) o General Suharto foi capaz de se agarrar ao poder até 1998, quando infortúnios econômicos forçaram sua resignação. Após um ínterim sob o Vice-presidente Habibie, uma eleição nacional em 1999 pôs na presidência um moderado político e religioso, Abdurrahman Wahid. Sua saúde em decadência e sua falta de habilidade em lidar de forma efetiva com a tentativa de independência de Timor Leste levaram à sua resignação em favor de sua Vice-presidente Megawati Soekarnaputri, a filha do primeiro presidente da Indonésia. No outono de 2004, um colega em sua coalisão, Susilo Bambong Yudhoyono, a sucedeu. Pouca mudança se seguiu a isso na política religiosa no geral.

OBJETIVOS ISLÂMICOS

Muitos líderes muçulmanos não mais se empenham em conseguir um Estado islâmico, e muitos não falam de uma "lei islâmica" de forma geral, mas apenas em um cumprimento parcial de certos "elementos" (*unsur-unsur*) do islamismo de acordo com a Carta de Jakarta: lei familiar, casamento, divórcio por repúdio e herança. Após isso, quem sabe, pudesse se instaurar de forma subalterna, através da lei, o imposto das esmolas (*zakat*), o reconhecimento das cortes islâmicas para a lei familiar e os fundamentos religiosos (awqaf). Apenas Aceh, no extremo noroeste, chegou ao ponto de criar uma Assembleia de estudiosos islâmicos (*Madjlis Ulama*) oficial. Orgulhosa de seu apelido, "Varanda de Meca", Aceh desfruta de um *status* de "território especial". Seguindo-se à massiva destruição causada pelo *tsunami* nas áreas litorâneas de Aceh em 2004, um grande número de tropas nacionais desembarcou, negando acesso a muitas entidades privadas de assistência. Isso levou a acusações de que ações brutais contra forças rebeldes estivessem sido escondidas.

Em nível nacional há um produto institucional significativo das concessões indonésias em relação ao islamismo. Trata-se do Ministério da Religião, uma agência criada inicialmente pelos japoneses como instrumento de controle. Os indonésios atualmente a enxergam como uma forma de fazer valer o princípio operativo do Artigo Um no Pancasila: crença em Deus (expandida na descrição do ministério para "Crença no Único e Singular Deus").

Para os muçulmanos, a promoção desse princípio obviamente significa a promoção do Islã, e suas funções mais conspícuas são aquelas na seção islâmica: ajuda financeira para a construção de mesquitas, para a facilitação de peregrinações a Meca, a promoção e regulação dos jejuns no Ramadã, promoção da contribuição do *zakat*, e a produção de um grande número de publicações islâmicas. Existem seções menores cristãs e hindu-budistas no Ministério da Religião, mas não há reconhecimento das religiões tribais.

A forma de lidar com a questão do *zakat* (doação de esmolas) tipifica as formas pelas quais a figura nacional paterna evita habilmente o confronto com os puristas islâmicos. Os puristas não veem razão pela qual o *zakat* não deveria ser um imposto cobrado regularmente e sistematicamente coletado. Este desejo é desviado ao se possuir um Ministério da Religião "para promover e assistir" na coleção, cobrando o *zakat* no nível de dever, ao invés de um imposto regular. A boa vontade do governo é demonstrada na capital, onde um número relativamente alto (30%) dos muçulmanos contribuem (funcionários públicos têm dificuldade em escapar da cobrança!). Durante o outono de 1968, quando novas iniciativas em relação à legislação islâmica pairavam no ar, o Presidente Suharto fez um apelo para que os muçulmanos fizessem contribuições mais generosas ao pagarem o *zakat*. Ele deu pessoalmente o exemplo ao contribuir com 100 mil rúpias, e muitas somas elevadas se juntaram. Não houve nova legislação.

Por outro lado, a ênfase do Pancasila na tolerância e na harmonia também tem sido invocada a fim de conter o ativismo muçulmano: em 1987 o governo vetou ao Partido do Desenvolvimento Muçulmano Unido (PPP) o uso posterior da Caaba como seu símbolo nas cédulas sob a base de que era algo sectário (dificultando com que fizessem campanha entre os aldeões iletrados), e intelectuais muçulmanos usam o Pancasila como base para demandar que "todas as religiões" sejam ensinadas nas escolas locais (*pesantrèn*).

Não está clara qual a direção que as aspirações islâmicas podem vir a tomar no futuro. Existem indícios de que muçulmanos indonésios estão se tornando mais conservadores. Em adição a isso, a Arábia Saudita investiu grandes somas de dinheiro em uma tentativa de disseminar o salafismo no país, mas ainda assim os muçulmanos indonésios não têm a tradição e as estruturas institucionais para produzir um experimento teocrático nos moldes de Khomeini. Seguindo-se resultados desapontadores nas eleições de 2009, existem indicações de que a liderança dos partidos islâmicos terá de aceitar um papel cultural (enquanto distinto do político).

Paquistão: um novo Estado enfrentando um velho dilema

Muhammad Iqbal (cf. p. 767), ao mesmo tempo em que rebaixava o regionalismo como algo divisivo, não obstante concluía que, tendo em vista a impraticabilidade de um califado que reunisse o mundo islâmico em um, a melhor chance de preservar a unidade estava no estabelecimento de estados nacionais que pudessem se subscrever ao princípio de unidade multinacional. A partir disso ele propôs a existência de um Estado muçulmano regional para o noroeste da Índia, desde que isto não implicasse "uma modificação do princípio islâmico da solidariedade", pois isso seria "impensável". Esta posição teve grande influência na fundação do Paquistão enquanto um Estado independente. Em 1947 um Estado muçulmano composto de Paquistão Ocidental e Oriental surgiu. Na Índia, 50 milhões de muçulmanos se tornaram uma minoria religiosa, com o direito de serem representados no Parlamento indiano. Em relação ao Paquistão, Wilfred Cantwell disse o seguinte:

> Antes de 14 de agosto de 1947, os muçulmanos da Índia tinham sua arte, sua teologia e seu misticismo; mas eles não tinham um Estado. Quando Jinnah lhes propôs que eles deveriam trabalhar em prol de obter um, eles responderam com um entusiasmo crescente. A obtenção naquela data de seu próprio Estado foi saudada com uma exaltação que era religiosa, assim como pessoal. Foi considerado um triunfo não apenas para muçulmanos, mas para o Islã[v].

As linhas gerais da constituição intendiam uma nação na qual os muçulmanos pudessem implementar seus valores por meio de instituições democráticas modificadas (mas essencialmente seculares). Mas os 'Ulama e as massas sem formação enxergaram nessas instituições um impedimento no caminho de uma verdadeira reforma islâmica. A Constituição de 1956 encobriu essas divergências ao propor uma república essencialmente secular com decorações islâmicas: um preâmbulo (a soberania pertence a Allāh), um nome (República Islâmica), um presidente muçulmano, e corpos consultivos a fim de observar que nenhuma lei repugnante ao Islã pudesse ser aprovada.

Claramente não havia consenso ideológico. Mesmo a questão "Quem é um muçulmano?" era respondida apenas negativamente na forma de distúrbios e decisões anti-Ahmadiya (cf. p. 784).

Líderes fortes subindo ao poder por meio de golpes militares preencheram o vazio deixado pela falta de consenso ideológico: Ayub Khan (1958-1969), Zulfikar Ali Bhutto (1971-1977) e Muhammad Zia-ul-Haq (1977-1988). Modernistas e seculares por formação, os dois primeiros buscaram soluções *ad hoc* para problemas econômicos e sociais urgentes, vindo a ser acusados de defender os objetivos islâmicos apenas da boca para fora e sendo forçados a fazer concessões como criminalizar a bebida e o jogo e substituir o descanso de domingo com um feriado muçulmano na sexta-feira.

A secessão do Paquistão Oriental/Bangladesh em 1971 foi um golpe para o orgulho nacional, mas Zia-ul-Hap subiu ao poder com a promessa de que sua administração marcial seria uma ponte para um sistema verdadeiramente islâmico, *Nizam-i-Islam*. Propostas imediatas incluíram a instituição de penalidades alcorânicas duras para crimes, obrigando a taxação de *zakat* para a seguridade social e abolindo a usura. Um conselho federal de 288 membros (*Majlis-e-shura*), que ele nomeou em 1982, foi encarregado com a tarefa da islamização. Ele possuía apenas poder consultivo, mas que pode exibir considerável influência por incluir representantes da maior parte das famílias e instituições ricas no Paquistão. No outro lado se encontravam variados mullahs zelosos e seus seguidores, a minoria muçulmana xiita e um relativamente pequeno partido fundamentalista Jamat-e-Islami.

Após a morte de Zia-ul-Haq, uma eleição colocou Benazir Bhutto, filha de Zulfikar Ali Bhutto, no poder. A fragilidade de sua coalisão inibiu os passos em direção a reformas seculares democráticas. De fato, o gênero da primeira-ministra e sua formação ocidental, assim como acusações de corrupção, a fizeram extremamente impopular com os islâmicos e com os militares. Seu mandato foi curto.

Em 1990 Nawaz Sharif se tornou o primeiro-ministro. Seguiram-se nove anos de disputa entre as coalisões Sharif e Bhutto. Houve diferença pouco significativa em relação à religião. O comparecimento às urnas encolheu de cerca de 60% na década de 1970 para 26% em 1996. Uma pesquisa privada relatou que 80% dos entrevistados diziam que os líderes religiosos deveriam ficar fora da política.

Em outubro de 1999 o General Pervez Musharraf usou uma disputa acerca das ações militares em Kashmir como justificativa para retirar o controle do país de Sharif. Após usar inicialmente o título de Chefe Executivo, ele foi capaz em junho de 2000 de persuadir a Corte Suprema a permiti-lo assumir a presidência até 2002. Ele prometeu um retorno para a democracia.

No outono de 2001, enquanto os poderes do Ocidente começavam a se mover contra o governo do Talibã no Afeganistão, Musharraf teve de lutar contra extremistas islâmicos em protesto e milhares de refugiados ao longo das áreas fronteiriças com o Afeganistão. Apesar de a maioria dos cidadãos favorecerem uma posição moderada, a sua própria posição era precária.

As Leis de Blasfêmia e as "Ordenanças Hudood" foram problemáticas por terem aplicado padrões distintos de evidência para muçulmanos, Ahmadiyas (cf. p. 784), e não muçulmanos. O Presidente Musharraf, em uma posição precária por ter assistido na caçada por Osama bin Laden, não obstante se manifestava frequentemente a favor de moderação. Dirigindo-se a uma conferência de eruditos islâmicos em 2006, ele destacou que as imagens do Ocidente sobre o Islã como uma região de militância eram percepções errôneas. Ele asseverou que o Islã era completamente compatível com avanços científicos e técnicos e que ele se posicionava a favor do empoderamento das mulheres e das minorias.

O partido de Musharraf foi derrotado nas eleições parlamentares de 2008. Mais tarde, no mesmo ano Asif Alik Zardari, o viúvo de Benazir Bhutto (pois ela fora assassinada em campanha), foi eleito presidente. No início de 2009 o governo anunciou que, em um tratado de paz com combatentes pró-Talibã, ele permitiria a Lei Sharia no atribulado Vale de Swat, no noroeste.

Após mais de meio século o Paquistão, uma nação de 180 milhões de habitantes, ainda precisa entrar em acordo sobre uma definição consensual de sua identidade islâmica e estabelecer uma separação estável de poderes em seu governo.

Afeganistão

Nenhum país muçulmano tem sofrido tantos conflitos dolorosos nas quatro décadas desde 1978 quanto o esparsamente povoado Afeganistão, onde restam cerca de 20 milhões de habitantes após cerca de 8 milhões terem sido desalojados e talvez mais de 1 milhão ter sido morto em uma feroz guerrilha. Através da ocupação soviética em 1989 e das frequentes incursões vindas do Paquistão (com assistência dos Estados Unidos), as rivalidades tribais se intensificaram, lançando muçulmanos contra muçulmanos em conflitos pelo poder. A maior parte era sunita ou pertencia à Escola Hanifita, boa parte sendo Pashtun (Pathan) linguística e culturalmente. Em 1996, um exército liderado por estudantes de teologia ultraconservadores treinados no Paquistão tomou controle da maior parte do país.

Eles chamavam a si mesmos de Talibã ("seguidores de conhecimento") e governavam através de um conselho decisório formado por seis clérigos. Eles impuseram regulamentos extremamente rígidos para acabar com atividades frívolas não islâmicas e com as influências ocidentais. Os homens eram obrigados a deixar as barbas crescerem; proibições gerais incluíam não apenas filmes e televisão, mas também brincar com pipas, jogar xadrez e bolas de gude. Mas foram as mulheres que sofreram o maior peso das restrições. Todas foram obrigadas a vestirem as *burkas* negras em sua completa extensão e ficarem dentro de casa, exceto para as compras necessárias de alimentos (exibir mesmo que fosse o tornozelo era punido com o chicote). Nenhuma mulher podia ter algum emprego ou ir para a escola.

No outono de 2001 adicionaram-se assaltos militares aos sofrimentos do povo afegão. Quando os ataques terroristas de 11 de setembro no World Trade Center em Nova York e ao Pentágono foram atribuídos à organização terrorista árabe Al Qaeda, o governo do Talibã foi considerado cúmplice por abrigar seu patrocinador, Osama bin Laden, e por não extraditá-lo. Após essa recusa começou a ação militar.

VI – MOVIMENTOS EM DIREÇÃO À INOVAÇÃO E AO SINCRETISMO

Por baixo da superfície de cada religião pode-se descobrir um desejo consumidor da parte de muitas almas sinceras em recuperar a vitalidade ou o dinamismo inerente de seus princípios. Isso geralmente os conduz a um retorno revivalista para períodos anteriores, e, algumas vezes, rumo à direção oposta, em movimentos radicais para o futuro.

A história do Islã está cheia desses exemplos. O modernismo que resumimos é um deles. Movimentos proféticos proclamando novas luzes sobre a situação religiosa corrente são outros.

Os Ahmadiya

Um desses movimentos se desenvolveu na Índia em um movimento religioso organizado dotado de aspectos distintivamente heréticos aos olhos de um ortodoxo. Seu líder, Mirza Ghulam Ahmad de Qadiyan (morto em 1908) aceitou a homenagem como um Mahdi nas décadas finais do século XIX. A leitura da Bíblia o convenceu que ele era também o Messias (Jesus em sua segunda vinda), e em 1904 ele se proclamou um avatar de Krishna. Mas ele permaneceu um muçulmano no sentido de ter dito que ele não era um profeta por conta própria, mas apenas por meio e através de Maomé, de quem ele reivindicava ser o reaparecimento (*buruz*). Em seu ensino, ele deixava claro que a guerra santa (jihad) não deveria ser levada pelo uso da força, mas apenas através da pregação. Seus seguidores, os Ahmadiya, são, portanto, integralmente pacifistas, e ardentes missionários. Os Ahmadiya se dividiram em vários ramos. O ramo original, ou Qadiyani, é conscientemente sincrético, mas não se isola da comunidade muçulmana. O ramo Lahore é devotamente muçulmano em seu caráter, e rejeita as reivindicações extremas que Ahmad fez acerca de si mesmo, ainda que o considere um genuíno "renovador da religião". Missionários Ahmadiya de ambos os ramos são ativos na Inglaterra, América, África e nas Índias Orientais, onde fizeram considerável uso da imprensa e consideram líderes cristãos como seus principais adversários.

Eles ainda mantêm, como por exemplo, nos arredores de Londres, suas próprias mesquitas, para as quais eles convidam cordialmente todos os que chegam, incluindo muçulmanos conservadores.

Bahá'í

A Pérsia (ou Irã) deu origem involuntariamente a outro movimento sincrético que, assim como o sikhismo, tornou-se uma fé distinta e separada – os Bahá'i. Seu pano de fundo é xiita. Influenciado pelos ensinos de um xiita herético, a saber – que os imãs dos duodecimanos seriam "portais" através dos quais os fiéis ganhavam acesso à verdadeira fé, e que o imã oculto buscava outros "portais" para conduzir os homens para si – certo Mirza Ali Muhammad adicionou em 1844 seu nome à lista desses "portais", vindo a chamar a si mesmo de Bab-ud-Din ("Portal da Fé"). Seus seguidores foram chamados, de acordo com seu nome, de Babis. Ele proclamou que sua missão era preparar o caminho para alguém maior do que ele próprio, que viria após ele e completaria o trabalho de reforma e retidão que ele iniciara. Quando ele afirmou que seus escritos eram equiparáveis, se é que não ultrapassavam as escrituras do Alcorão, e sob esta base passou a advogar extensas reformas religiosas e sociais, foi executado em 1850 como herege e perturbador da paz. Entre seus seguidores estava um jovem bem-nascido que, seguindo o costume Babi, tomou o nome de Bahá'u'lláh ("Glória de Deus"). Ele foi acusado de cumplicidade em uma tentativa de assassinato ao xá feita por um babi fanático em 1852 e foi exilado para Bagdá.

Após dez anos ali, quando ele e seus seguidores estavam a ponto de desistir, ele anunciou que era aquele que havia de vir, sobre o qual o Bab havia falado. Mudando-se com seus seguidores, que então se chamavam de Bahá'is, ele buscou asilo nas áreas muçulmanas a oeste e foi finalmente aprisionado pelos turcos em Acre, na Palestina, para o resto de sua vida. Seus escritos atingiram o mundo exterior; ele advogava um amplo ponto de vista religioso defendendo a unidade de Deus e a harmonia essencial de toda a profecia quando compreendida corretamente. Ele convocava todas as religiões a se unirem, pois cada religião conteria alguma verdade e todos os profetas seriam testemunhas da verdade única que o bahaísmo representava de forma suprema. A raça humana estava debaixo de um Deus e seria unida através de seu espírito quando a causa Bahá'i fosse conhecida e adotada. Criminalizados no Irã, os Bahá'i, com seu quartel-general em Haifa, Israel, são ativos em muitos países, especialmente nos Estados Unidos.

Os muçulmanos negros dos Estados Unidos

"Black Muslims" (*Muçulmanos negros*) é um nome não oficial que se tornou corrente após ter sido usado em um livro de C. Eric Lincoln, *Os muçulmanos negros na América* (*The Black Muslims in America* – Beacon Press, 1963). O movimento foi fundado com o propósito de redimir aos "assim chamados negros" dos Estados Unidos dando-lhes orgulho e autoconhecimento por meio do Islã (da forma que foi reinterpretado por norte-americanos). A Nação do Islã (*Nation of Islam*, ou *The Lost-Found Nation of Islam*) foi estabelecida em Detroit em 1930 por W.D. Fard (Mestre Wali Farrad Muhammad), referido como Allāh encarnado, e seu sucessor Elijah Poole (Elijah Muhammad), o Mensageiro de Allāh. Em 1934, pouco depois de Elijah ter estabelecido um templo e quartel-general (posteriormente uma mesquita) em Chicago, Fard se retirou e desapareceu (como um Mahdi).

A mitologia libertadora do movimento defendia que os "assim chamados negros" eram descendentes de um homem original negro, tendo sido muçulmanos da antiga tribo de Shabazz. Yakub –

um cientista louco – se rebelara contra Allāh e criara a fraca e híbrida raça branca de demônios, que fora responsável pela degradação temporária dos negros. Allāh, entretanto, venceria o mal em um Armagedom final.

Elijah atraía principalmente os negros pobres nas grandes cidades. Ele insistia que seus seguidores deveriam ficar fora da política e não deveriam portar armas nem iniciar agressões (mas deveriam tomar um olho por um olho se fossem atacados). Sua ênfase era criar autoestima por meio de esforços cooperativos em empreendimentos de educação e negócios. Uma forte ética de trabalho e um estilo de vida abstêmio eram requeridos, e foram formados grupos guardiães disciplinados de jovens: *Fruit of Islam* para jovens do sexo masculino treinados em karatê, e para jovens do sexo feminino, sua contraparte, o M.G.T (*Muslim Girl Training*).

Malcolm Little, conhecido como Malcolm X (Malix Shabazz), um líder talentoso e ardente orador, atraiu muitos negros de classe média na década de 1960. Ele rompeu com Elijah em 1963 e fundou sua própria mesquita islâmica – Inc. – no ano seguinte.

Antes de seu assassinato em 1965 ele fez uma peregrinação para Meca, adotou o islamismo ortodoxo e reconheceu a possibilidade de uma irmandade que não fosse racista.

À medida que o movimento prosperava as acusações aos brancos diminuíam, e quando Elijah foi sucedido por seu filho Wallace (Warith) em 1975, os passos na direção da ortodoxia sunita foram acelerados: as restrições raciais e os requerimentos de vestimentas e dieta foram reduzidos; permitiu-se que os membros participassem dos processos políticos e servissem nas forças armadas; o *Fruit of Islam* e as *M.G.T.* foram desmantelados. O nome da organização foi mudado de Nação do Islã (*Nation of Islam*) para Comunidade Mundial do Islã (*World Community of Islam*) em 1976, e então para Missão Americana Muçulmana (*American Muslim Mission*) em 1980. "Bilalianos" (de Bilal, um etíope e o primeiro muezim do Islã antigo) se tornou a designação favorita para os seus membros.

Algumas dessas mudanças foram atrativas para seguidores de classe média e para alguns imigrantes de países islâmicos, mas a membresia original, formada de negros urbanos dentre os habitantes mais pobres e alienados começou a se afastar. No final da década de 1980, estimava-se que a organização tinha mais de 150 mesquitas e uma membresia de mais de 125 mil indivíduos.

Em 1955 Louis Eugene Wolcott, um cantor de calypso nascido nas Bermudas, se juntou à Nação do Islã tomando de início o nome de Louis X. Ele estudou as ideias de Elijah Muhammad, subiu na organização, assumiu o nome de Ministro Louis Farrakhan e liderou a mesquita do Harlem de 1965 a 1975, o ano no qual Elijah Muhammad morreu. Dois anos depois, ele organizou sua própria seita, e em 1978 começou a desafiar a Wallace, pedindo pela ressurreição da Nação do Islã e de seus ensinamentos originais. Ele recebeu atenção em nível nacional quando suas tropas reorganizadas do Fruto do Islã serviram como guarda-costas para o Reverendo Jesse Jackson na campanha das eleições de 1984. A Nação do Islã adquiriu respeito através de programas de reabilitação para prisioneiros, viciados em drogas e membros de gangues, e através de treinamento profissional em suas padarias, mercados e livrarias.

O Ministro Farrakhan foi a figura conspícua entre os organizadores da "Marcha de um milhão de homens" em Washington, DC, em outubro de 1995, que foi planejada com o intuito de ampliar a dignidade, irmandade e comprometimento com o serviço entre os homens negros. Sua mensagem de duas horas e meia foi, por um lado, admirada como um chamado ao serviço mas, por outro, uma exposição nacional dos elementos ardorosos antibrancos, anti-integracionistas e antissemitas do empreendimento. Houve apreciações mistas de seus resultados: críticas ao treinamento mal-organizado que se seguiu ao evento, mas também relatórios questionáveis de aumento de voluntariado na Liga Urbana e nos programas locais, como o "De Homem para Homem", de Detroit. Talvez a estatística mais inatacável tenha sido um marcante aumento no comparecimento masculino negro nas eleições presidenciais de 1996, enquanto que a participação da maior parte dos grupos raciais ou de gênero diminuiu ou permaneceu o mesmo.

Durante o período de 1997 a 1998, o Ministro Farrakhan permaneceu nas manchetes ao efetuar uma série de visitas a nações estrangeiras: Líbia, Iraque, Irã, África do Sul (onde o Presidente Mandela deixou claro que ele "se encontrava frequentemente com pessoas com as quais ele discordava"). Havia muito mais no itinerário, incluindo estados islâmicos nos quais os eruditos não viam nada de autenticamente islâmico em sua organização. As principais objeções encontradas foram a de que nenhum muçulmano poderia crer que Allāh aparecera como um homem (W.D. Fard), declarar outro homem como profeta após Maomé, ou negligenciar flagrantemente os Cinco pilares. Alguns chamaram o movimento de "Farrakhanismo".

No século XXI, o conjunto de mesquitas e congregações predominantemente negras tinha se tornado excessivamente diversificado: algumas continham ensinamentos e práticas aceitáveis para grupos sunitas em nível mundial; outras estavam quase que completamente focadas no separatismo negro, sendo bastante frouxas em relação a questões de fé e prática. Os centros providos de melhor financiamento e maior publicidade eram os afiliados ao Ministro Farrakhan. Suas mensagens ligavam continuamente eventos públicos principais (o furacão Katrina, p. ex.) com seus pontos de vista das sagradas escrituras.

Por fim, o que é o Islã? Chegamos longe o suficiente para perceber que ele não pode ser tratado simplesmente como um conjunto de crenças definidas de formas mais ou menos estritamente "religiosas", pois se trata também de uma forma de vida e de todo um complexo cultural, incluindo trabalhos de arte, filosofia e literatura. Neste estudo, tornamo-nos conscientes desses aspectos variados do Islã ao mesmo tempo em que ponderamos o que constitui a tradição islâmica – uma tradição que não é mais imune a movimentos internos de mudança, crescimento e diversificação do que outras tradições religiosas do mundo.

GLOSSÁRIO

Awqaf (pl.): doações religiosas para "trabalhos agradáveis a Allāh", usualmente para a ajuda dos pobres ou para suporte de escolas.

Imã, "exemplar": um líder das orações e da vida religiosa; entre os sunitas, o líder da comunidade islâmica; entre os xiitas, o descendente de Ali a quem Allāh designava como portador da autoridade inerente à linhagem.

Imã Mahdi, "exemplar guiado": no xiismo, um imã designado divinamente para um papel especial messiânico.

Jihad, guerra santa: o dever de disseminar o Islã pelas armas, recentemente modificado para "esforço santo" por persuasão (Ahmadiya) e às vezes estendido para incluir a guerra contra outros muçulmanos considerados demasiadamente ocidentalizados (fundamentalismo extremista).

Mojtahed (iraniano), "juiz": um erudito especialista na aplicação do raciocínio (*ijtihād*) para interpretar a lei islâmica (árabe: *mujtahid*).

Mollah (iraniano): um clérigo local muçulmano: tutor e administrador da atividade comunal centrada em uma mesquita (árabe: mawl ā).

Mut'ah: casamento temporário requerendo ao menos um contrato oral para compensação e um término fixo; porém, renovável.

Pancasila, os Cinco princípios da constituição da Indonésia: crença em Deus, nacionalismo, humanitarismo, justiça social e democracia.

Rowza (iraniano): uma assembleia especial em uma mesquita para a leitura e pregação, a fim de intensificar o pesar a respeito do martírio de Hoseyn, e renovar a resolução.

Shī'ah (xiitas), "partido" ou facção: usualmente "o partido de Ali", o ramo do Islã defendendo que a sucessão apropriada da autoridade deve se dar através do primo e genro do Profeta.

Taqiya, "cautela", "dissimulação": dispensação dos requerimentos da religião sob compulsão ou ameaça de injúria.

Ta'ziya "lamentação": a paixão xiita reencenando os eventos centrados sobre o martírio de al--Hoseyn (árabe: al-Husayn) em Karbala.

LEITURAS SUGERIDAS

BAHA'U'LLAH. A New Revelation from the Unifier. In: FISHER, M.P.; BAILEY, L.W. *An Anthology of Living Religions*. 2. ed. Upper Saddle River: Prentice Hall, 2008, p. 362-366.

How to Perform Salaat. *The Threshold Society & The Mevlevi Order*, 10/09/2010 [Disponível em http://www.sufism.org/society/salaat/salaat.html].

Reimp. em FISHER, M.P.; BAILEY, L.W. *An Anthology of Living Religions*, 2. ed. Upper Saddle River: Prentice Hall, 2008, p. 284-285.

SCHIMMEL, A. What is Sufism. *Mystical Dimensions of Islam*. Chapel Hill: University of North Carolina, 1975, p. 3-22.

REFERÊNCIAS

[A] ADAMS, C.J. (ed.). *A Reader's Guide to the Great Religions*. Nova York: The Free Press, 1965, p. 287s.

[B] RAHMAN, F. *Islam*. Anchor Books, 1968, p. 7.

[C] Referências originais em: ARBERRY, A.J. *The Koran Interpreted*. Londres: George Allen & Unwin, 1955. Referências na tradução: EL HAYEK, S. *O significado dos versículos do Alcorão Sagrado*. São Paulo: Marsam, 1994 [1. ed. 1974]. [1]96:1-5; [2]53:1-12; [3]81:1-14; [4]33-42; [5]83:10-17; [6]73:5-15; [7]18:29; [8]17:07; [9]4:123; [10]4:110; [11]4:17; [12]53:32; [13]6:39; [14]6:87; [15]6:125; [16]81:29; [17]6:77; [18]7:186; [19]17:1; [20]33:66-68; [21]56:41-52; [22]37:64-67; [23]44: 43-50; [24]44:51-53; [25]56:15-24, 36; [26]13:23; [27]2:177; [28]17:23s.; [29]17: 31-32; [30]4:2-4, 6, 10; [31]24:32-33; [32]2:230; [33]2:190-193; [34]5:1a, 3; [35]5:90-92; [36]1:2-4; [37]22:36; [38]57:27. • Edição autorizada pelo Centro Cultural Árabe Islâmico de Foz do Iguaçu. Disponível para download em diversas instituições islâmicas no Brasil [N.T.].

[D] JEFFREY, A. (ed.). *Islam: Muhammad and His Religion*. Nova York: Liberal Arts, 1958, [1]p. 16; [2]p. 19; [3]p. 45.

[E] ALI, M.M. *The Religion of Islam*. Lahore: S. Chand, 1970, [1]p. 23s.; [2]p. 98.

[F] HITTI, P.K. *History of the Arabs*. Nova York: The Macmillan Company, 1937, [1]p. 120; [2]p. 150; [3]p. 153; [4]p. 153; [5]p. 431. Reimp. com a permissão dos editores.

[G] GOLDZIHER, I. *Mohammed and Islam*. Trad. de K.C. Seelye. Yale University Press, 1917, [1]p. 97-98; [2]p. 183; [3]p. 183. Reimp. com a permissão dos editores.

[H] ANDRAE, T. *Mohammed: The Man and His Faith*. Trad. de Theophil Menzel. Londres: George Allen & Unwin, 1936, p. 77.

[I] WILLIAMS, J.A. (ed.). *Islam, A Book of Readings*. Nova York: George Braziller, 1961, p. 79.

[J] MOORE, G.F. *History of Religions*. Nova York/Edimburgo: Charles Scribner's Sons/T. & T. Clark, 1913-1919, [1]vol. II, p. 442; [2]vol. II, p. 441; [3]vol. II, p. 435. Reimp. com a permissão dos editores.

[K] ARNOLD, T.; GUILLAUME, A. (eds.). *The Legacy of Islam*. Oxford: Clarendon Press, 1931, [1]p. 215-216; [2]p. 218; [3]p. 218. Reimp. com a permissão dos editores.

[L] DOLE, N.H.; WALKER, B.M. (eds.). *The Persian Poets*. Thomas Y. Crowell, 1901, [1]p. 216; [2]p. 219; [3]p. 241; [4]p. 242; [5]p. 207-209; [6]p. 289.

[M] YOHANNAN, J.D. (ed.). *A Treasury of Asia Literature*. Mentor Books, 1958, p. 31s.

[N] CLEMEN, C. (ed.). *The Religions of the World*. Londres/Nova York: George C. Harrap/Harcourt, Brace, 1931, p. 454.

[O] GIBB, H.A.R. *Modern trends in Islam*. University of Chicago Press, 1947, p. 69.

[P] RAHMAN, F. *Islam*. Anchor Books, 1968, p. 280.

[Q] BROWNE, E.G. *A Literary History of Persia*. Vol. IV. Cambridge: Cambridge University Press, 1953, p. 176.

[R] FISCHER, M.M.J. *Iran: From Religious Dispute to Revolution*. Harvard University, 1980, p. 183.

[S] KHUMAYNI, A.R. Islamic Government, 1971. In: AKHAVI, S. *Religion and Politics in Contemporary Islam*. Nova York: State University of New York Press, 1980, p. 212.

[T] GEERTZ, C. *The Development of the Javanese Economy*. Cambridge: Massachusetts Institute of Technology Center for International Studies, 1956, p. 91.

[U] JACKSON, K.D. *Traditional Authority, Islam and Rebellion*. University of California Press, 1980, p. 277.

[V] SMITH, W.C. *Islam in Modern History*. Princeton University Press, 1957, p. 213.

Índice analítico

Abássidas 728, 730, 733, 735, 752
'Abduh, Muhammad 766, 769
Abhidhamma Pitaka (suplemento às doutrinas do budismo) 252
Aborígines
    da Austrália 27, 37-38, 41
    da China 346
Abraão 501, 705
Abstenção sexual
    e jainismo 216
    e os Chapéus Amarelos 301
    e ritos de purificação 35, 453
    guerreiros antes da batalha 56-57
Abu Bakr 710, 712-713, 715, 718, 725
Abū Tālib 707, 709, 712
Abuso
    indiferença jaina ao 211
Acab (rei) 516
Adams, Charles 700
Adi Granth 323
Adi-Buda 291, 297, 301
Adivinhação
    árabe 703
    babilônica 70-71
    BaVenda 44-45
    céltica 95-97
    cherokee 53
    nas culturas primais 31-32
    nativa chinesa 340-341
    por blocos daoistas 369
Adoni 500
Adoração
    céu chinês 339-340
    cristã 616
    de deuses e deusas 512
    de poderes 32-34
    espíritos localizados chineses 341-342
    fogo 472
    hindu 184
    indo-ariana 120
    terra chinesa 339
    zoroastriana 492
Adriano (imperador) 559
Advaita (não dualismo) 166, 321
Afeganistão
    Islã no 783-784
Aflaq, Michel 768, 777
África
    Islã na 769-772
África do Sul
    BaVenda na 44-47
Afrodite 72, 75-76, 78, 83, 92
Aga Khan 758
Agapé 616
Ageu 543
Agni 125, 472
Agnosticismo
    no Japão 447-448
Agostinho de Hipona 635-640, 648, 649, 661
Agricultura
    aprendizado israelita da 513
    BaVenda 44
    cananeia 511
    neolítica 25
    o bem na 478
    religião primitiva romana da 86, 89
Água
    veneração à 33
Ahimsa (não injúria) 209, 210-211, 214, 216, 219
Ahl al-Bayt 750, 753

Ahmadinejad, Mahmoud (presidente) 755, 777
Ahmadiya 784
Ahmad, Mirza Ghulam 784
Ah Mun 105
Ah Puch 105
Ahura Mazda 473, 474-477, 479, 480, 481, 482, 483, 484
Aías 515
Ainu (povo) 436
Aisha 710, 714, 727, 730
Ajiva 213
Ajivadravya 212
Ajivaka 209
Akbar (imperador) 324
Akiva ben Yosef (rabi) 559, 563
Akshobhya 297
al-Afghani, Jamal al-Din 768, 769
Alara Kalama 226
al-Ash'ari, Abu'l al-hasan 737-738, 743
Alarico o Visigodo 633
'Alawitas 757
al-Baladuri 726
al-Bukhari 730
Alcheringa (tempo de sonho) 42
Alemanha
  catolicismo moderno 677
  judaísmo reformado 575
Alexandre o Grande 480, 488, 547, 548-549, 588
al-Ghazali
  o reavivamento das Ciências Religiosas 744
  síntese de 743
al-Hallāj 739-740
al-Hasan 752-753
al-Hijāz 703
al-Husayn 750, 752-753, 761, 764
Ali 712, 728, 730, 731, 750, 752-753
Alimento
  humanos como fonte de 21
  mitos cherokee 57
  no ritual Hindu 155-156
  ritual Dieri 40-41
Allāh 704, 706, 710, 717, 718, 735-740, 744
Allahabad 185
Almas
  e o caminho hindu do conhecimento 167-168
  e zoroastrismo 477
  ideias jaina 212-214
  julgamento do indivíduo 479
  ou espíritos (purusha) 163
al-Maturidi 738
al-Qaddafi, Muammar 770, 771
Alquimia daoista 363-364, 366
Alvars 177
Amar com entendimento 613
Amar Das (Guru) 323
Amaterasu 439-443, 445, 448-449, 451, 459
Amazias 519
Ambapali 257
Ambedkar, B.R. 268
Ambrósio 636
Ame-no-mi-naka-nushi-no-kami 456
Ameretat 476, 482
América
  e Japão 445-446
  judeus na 577, 580-581
América Latina
  e religião romana 86
  Teologia da Libertação 692
Américas
  Igreja Ortodoxa nas 677
Ameshaspands 476
Amesha Spentas 476, 478, 482, 484
'Am ha'aretz 590, 592
Amidismo 282
"Amigos de Deus" 653
Amitabha, Buda 271, 272, 280-282, 297, 301
Amoghasiddhi 297
Amor
  e os ensinamentos de Jesus 600-601

Amós 517-519, 521
Amritsar 323, 327-328
An (Anu) 64-66
Anabatistas 664, 667-668, 675
Anahita 480, 483, 490
   cf. tb. Ishtar
Analectos; cf. Confúcio
Ananda 230, 231-232
Ananias 529
Ananta; cf. Shesha
Anath 511, 512
Anatta 237, 292
Anaximandro 84
Anaxímenes 84
Ancestrais (espíritos)
   chineses míticos 333-334
   ritos Shraddha 156
Ancestrais, veneração dos
   chinesa 342-343, 344-345
   Confúcio sobre 398
   no Shintō 438
Angad 320
Angra Mainyu 474, 476, 477, 478, 479, 484-486, 488
Anicca 237
Animais
   nas crenças cherokee 50-53
   nas divindades célticas 96
   nos rituais romanos primitivos 88
   veneração entre os semíticos 499
   veneração nas culturas primais 33-34
Animismo
   árabe 704
   BaVenda 45
   cherokee 52
   e os semitas 499
   nas culturas primais 32
Anjos
   árabes 703
   no budismo 262, 270
   no Islã 703, 719

   no judaísmo 503, 551, 555, 556
   no zoroastrismo 473-474, 483, 486, 551
Anselmo 649
Ansiedade ritual 26, 27
Antão, Santo (Antão de Comá) 633
Antigo Testamento
   e gnosticismo 625
   e marcionismo 626
   cf. tb. Escrituras hebraicas
Antíoco Epifânio (rei da Síria) 549
Antípatro 554
Antissemitismo 532, 576, 581, 606
Anu (An) 64-66, 67
Apegos/ligações (evitá-los)
   e jainismo 216
   no budismo 238-242
Apocalipticismo de Jesus 597
Apócrifos 498, 550, 560, 562, 563, 627
Apolo 72, 74-77, 79, 83, 92, 94-95
Apologistas para o cristianismo 619-620
Apostasia religiosa 518-519
Apóstolos
   confrontações 608-611
   conhecimento dos evangelhos 626
   credo dos 626
   seguindo a morte de Jesus 607-608
   sucessão apostólica 633
Apsu 66
Aqueia, Idade (ou homérica) 71
Aquemênida (dinastia persa) 480
Aquino, Tomás de 649, 650, 651, 679
Árabe (língua)
   e o Alcorão 709
   Escrituras hebraicas em 567
Árabes
   concepções religiosas 703-704
   crenças pré-islâmicas 702-706
   diferença entre os do sul e os do norte 702-703
   e Israel 576
   e muçulmanos 700-701
   fatores raciais e geoeconômicos 702

montanhas da costa oeste (Al-Hijāz, Hejaz) 703
panteão 706
cf. tb. Islã; Muçulmanos
Arábia Saudita
purificação Wahhabi 765
Arahat
benevolência 243-244
chegar ao estado de 241-242
e karma 234
e Nirvana 242-243
Aramaica (língua)
textos sagrados em 549, 594
Arão 508-509
Arca da Aliança 507, 511, 513
Arca sumério-acádia 67
Ares 72, 74, 76
Areté (desejo por excelência) 77
Argos 73-74
Arianismo 629
Arianos; cf. Indo-arianos
Ário 629
Aristófanes 79
Aristóteles 85, 649, 650, 658, 660, 736
Arjan (guru) 323-324
Arjuna 170-174
Armaiti (piedade) 482, 490
Armas
Dieri 38
veneração de 33
Arquelau 556
Arquitetura
bizantina 646
catedrais 646
e Alexandre o Grande 547
e Islã 763
e jainismo 217
e os maias 101
Artaxerxes II 483
Arte
e religião grega 77, 79
influência Zen na 288-289
islâmica 763

Ártemis 75-76, 79
Artha (poder e substância) 153-154
Arthasatras 154
Artigos de fé (iman)
do Islã 715-720
Aruru (Ninhursag, Nintu, Ninmah) 64
Árvore(s)
Bo do Buda 228, 229
veneração de 33
Arya Samaj (sociedade ariana) 191-192
Asbury, Francis 684
Ascetismo
e bramanismo 134
e Buda 226-229, 230
e jainismo 208-210, 214, 216
e monasticismo 633
e Shiva 178-179
rigoroso 211
cf. tb. Sannyasin (andarilho sem teto)
Asha 472, 476, 478, 482
Asherah 511
Ashirat 511
Ashkenazim 571
Ashramas (estágios da vida) 159
Ashtoreth 513
Ásia; cf. Sul da Ásia
Ásia Oriental
Confúcio e confucionismo 378-427
religião nativa chinesa 333-373
Shintō 433-463
Asklepieia 72
Asklepios (Esculápio) 72
Asoka (imperador) 253-255, 261
Assassinos (seita) 756, 757
Assírios 525-526
Associação Mundial de Budistas 303
Astarte, Astarote 512-513
Astasahasrika Prajna-paramita 278-279, 281
Astrologia
babilônica 70

hindu 186
romana 92
Asuras 471, 475
Asvamedha (sacrifício equino) 131
Atanásio (bispo) 629, 630
Atar 472
Ateísmo
do Buda 233
e jainismo 214
Atenágoras I (patriarca) 676
Atena 72, 75-76, 79
festivais 79
Atharva-Veda 119, 126-127, 131
Atividades
BaVenda 44-45
Atman (eu interior) 134, 137-140, 141, 152, 158-159, 167, 171, 234-235, 237, 256
Atos dos Apóstolos
livro dos 608, 610, 618
Atsutane, Hirata 445
Augusto César 94, 554, 556, 587, 591
Aung San Suu Kyi 304
Aurangzeb 324, 327
Austrália
aborígines 27, 37-38
Dieri 38-44
Pársis na 493
Avalokita 270, 297, 299, 301
Avalokitesvara 270, 280
Avatar(es)
de Krishna 784
de Vishnu 170, 181-185
Avesta 471, 474, 478, 480, 482, 491, 492-493
Avidya 158, 164, 167
Ayodhya 186

Baal 500, 511-513, 516
Ba'ath (partido) 768-769, 777-778
Babilônia
adivinhação 70
astrologia 70
conflito com o Egito 527
escolas judaicas da 563-564
exílio hebreu em 531-537
mitos e épicos 65-69
reino de 65
sacrifício e magia 69-70
Bacabs 102, 104
Baco (Dioniso)
culto místico 93
Badarayana 166
Bagdá 728
Bagua 340
Bahadur Shah 327
Bahā'i 785
Bailey, Cyril 88
Baishtams de Bengala 197
Balder 98, 100
Balfour
declaração de 577
Bali 181-182
Ball, John 656
Bantu (habitantes das florestas) 36
Barak, Ehud 581
Bardo Thodol (Livro tibetano dos mortos) 300
Bar Kochba 559
Barnabás 614
Barrabás 589, 606
Barth, Karl 688
Bartolomeu de Constantinopla (patriarca) 676
Bartram, William 48, 54, 57
Bashō 287
Basílio (bispo de Cesareia) 634
Batistas 673
BaVenda 44-47
Bebida
líquido soma 118, 120, 121
suco haoma 472, 478, 481, 483, 485, 492
Becket, Thomas 645

Begin, Menachem 771
Bel (Enlil) de Nippur 64, 65
Bem e mal 477-479
  e governo 392-393
Benevolência
  e o estado arahat budista 243-245
  no Budismo Mahayana 268-269
  no Budismo Tibetano 298-299
Bento (santo cristão) 634
Bento XVI (papa) 682
Bernardo de Claraval (Bernard Clairvaux) 651, 653
Besant, Annie 192
Bhagavad Gita 145, 163, 168-175, 176, 183, 322
Bhagavata Purana 177, 182, 183
Bhaisjyaguru 271
Bhakti (devoção) 167-168, 169-175, 177
Bhakti Marga 169-170, 175
Bhakti Yoga 169-175
Bharatiya Janata (partido) (BJP) 194, 197, 200-201
Bhutto, Benazir 783
Bhutto, Zulfikar Ali 782, 783
Bíblia
  acurácia histórica 517
  autoridade 659
  crítica textual 687
  estudo 573
  hebraica 403, 560
  traduções 656, 660, 665
Black muslims 785
Blavatsky, Madame Helena Petrovna 192
Boaventura 653
Bodh-gaya 228, 310
Bodhicaryavatara 273
Bodhidharma 283
Bodhisattvas 269-272, 273
  kami como 438
Böhler, Peter 683
Bolena, Ana 665
Bonifácio VIII (papa) 654

Booth, William 685
Bradford, William 674
Brâma 178
Brâmanes 121, 129-131, 133-134, 143-144, 150-151, 155
  ascendência 130
  gurus 188
  e as mulheres 157
  e intocáveis 196
  e o sistema de classes varna 129-130
  papel 120-121
  reação jaina 206-208
  sacrifícios rituais 121-122
  santidade 187-188
Brâman-Atman 138-140, 159, 164, 177-178, 228, 280
  caminho do conhecimento 158-168
  caminho da devoção 168-176
  caminho das obras 155-158
  consciência pura (turiya) 139-140
  definição de Brâman 155
  e filosofia dos Upanishads 133
  manifesto e não manifesto 137
  mudanças 152-154
  quatro objetivos de vida permissíveis 153-154
  reencarnação 140-142
  rejeição 150
  ritos 131-133
  ritual interiorizado 133-134
  significado 120
  sistema de castas 142-143
  surgimento do sistema de castas (Varna) 129-130
  tendência em direção ao monismo 134-135
  textos rituais 130-131
Bramanismo
  atman 137-138, 158-159, 167
Brâmo Samaj (Sociedade Bramanista) 190-191
Breve história da filosofia chinesa 331-332
Brewster, William 674
Brihadaranyaka, Upanishads 133, 134, 137, 138, 167, 228
Brihaspati 126

Browne, Robert 673
Bruxaria
  BaVenda 45
  Cherokee 54
Buck, Pearl S. 265
Buda
  avatar de Vishnu 181-182
  Buda Vamsa 252
  caminho do meio 230
  descoberta de outros 262-263
  e a lenda das quatro visões passageiras 224-225
  e ascetismo 222, 227-228
  ensinos de 232-245
  e o Discurso no Parque das Corças 230
  e religião 249-250
  glorificação 262
  grande iluminamento 228
  grande renúncia 225-226
  interpretação cósmica 228-229
  morte do 232, 252
  paralelos com Mahavira 223
  presságios no nascimento 186
  reverência 258-259
  seis anos de busca 226-227
  vida de 223-224
Buda-Carita de Ashvaghosha 278
Budaghosa de Sri Lanka 252, 255
Budas Dhyani 269, 271-272, 297
Budas Manushi 269
Budismo
  anos recentes 302-310
  as três marcas da existência 237-238
  as Quatro Verdades Nobres 238
  cadeia de causalidade 236
  desenvolvimento 249-251
  dharma 238-239
  dharma enquanto ética 239-245
  difusão 206, 252-261
  e as mulheres 231-232, 255, 257, 308-310
  e confucionismo 414-415, 416-417
  e hinduísmo 182
  em Burma 256-261, 303-304, 309
  em Sri Lanka 255, 304-305
  em Taiwan 309
  e os leigos 231
  e Shintō 438-439, 441, 443-445, 447-448
  estabelecimento 230
  evitar o apego 239-240
  e xamãs no Japão 442
  fontes 222-223
  impacto no daoismo 370
  influência na elite shintō 44, 442-443
  linguagem 223
  motivos 221-222
  na China 263-266, 269-275, 280-290, 307-308
  na Coreia 266
  na Índia 252-256, 261-262, 268-271, 310
  na Mongólia 268, 295-296
  na Tailândia 305-306, 309
  no Camboja 306
  no Japão 266-272, 280, 281, 282, 290-295, 309, 442-448, 458, 460, 462
  no Tibete 268, 277-278, 295-296, 301, 634
  no Vietnã 306-307
  o Caminho óctuplo 241-242
  preceitos 230-231
  realidade última 417-418
  rejeição à devoção religiosa 233
  rejeição de especulação filosófica 232-233
  renascimento 234-237
  sincretismo 415-416
  tantrismo 277-278, 296-297
  vivendo em direção à transcendência 241-245
  cf. tb. Buda
Budismo Tibetano
  benevolência 299
  budismo "vermelho" 295-296
  cerimônias públicas 298-299
  clero (lamas) 300-302
  hoje 307-308
  introdução 295-296
  mantras 299-300
  pares de cônjuges 297-298
  tantrismo 296-297
Budistas tibetanos, cerimônias públicas dos 298-299
Bultmann, Rudolf 596
Burma
  budismo em 256-261, 303-304
  mulheres budistas 308-309

Bushido (código) 453-455
   e o guerreiro moderno 455-456
Buston 296
Butsu-dan (santuário do Buda) 460-463

Caaba (Ka'ba, "cubo")
   Meca 704
Cabala 569, 574
Cabanas
   BaVenda 44
Caça
   Cro-Magnon 22-24
   Dieri 39
   Idade da Pedra Média 24
   magia 22-23
Cadeia de causalidade 236
Calendário
   ciclos maias 102-103
   divindades maias 104
   e ritos maias de passagem 106
Calígula (imperador) 94
Calvino, João 662-663
Camboja
   budismo no 306-307
Caminho óctuplo no budismo 241-242
Campesinato maia 103
Canaã 502
   israelitas entram em 509-513
Cananeus
   adoração à deusa 512
   religião natural 511-512
Canção de Débora 514
Canibalismo
   Dieri 41
   Neandertais 20-21
Cântico dos Cânticos 347, 547, 562
Cao-dung (seita Chan) 284
Caos 78
Capitalismo 656
Caraítas (leitores) 567

Caráter
   e governo 391-392
   humano 389
Carey, William 686
Carlos I (rei da Inglaterra) 672-673
Carlos II (rei da Inglaterra) 673, 675
Carlos V (imperador) 660
Carlos Magno 640
Cármatas 756
Carmenta 89
Carna 89
Casa
   observâncias chinesas em 343-344
   religião romana primitiva da 86-87
Casa da canção 480, 487
Casa da mentira 479
Casamento
   Cherokee 55
   dos deuses romanos 91
   infantil na Índia 197-198
   maia 106
   temporário 753
Castas, sistema de
   e bramanismo 142-143
   e budismo 230
   impuras 196
   na atualidade 189-190
   oposição por afastamento 196-197
   problemas 195-197
   reforma a partir de dentro 197
Castor 92
Catão 90
Catarina de Aragão 665
Catarina de Sena 654
Catedrais 646-648
   cf. tb. Construções de igrejas
Católica
   reforma 668-669
Catolicismo moderno 677
Católico
   modernismo 678-679

Cavalos
    e Cro-magnons 22
Celibato
    do clero católico romano 644
    e no budismo tibetano 301
Celta
    religião 95-97
Ceres 87, 89, 92
Cerimônias
    antigo estado romano 89-91
    cura 53
    do Milho Verde 57-58
    dos budistas tibetanos 298-299
    em Meca 724
    iniciação 42-44
    maias 105-108
    Xun-zi, sobre elas 411-412
    zoroastrismo 478-479, 490
    cf. tb. Costumes funerários
Certo e errado
    no zoroastrismo 477
Céu
    culto chinês ao 339-340
    e neoconfucionismo 418-419
    e zoroastrismo 488
    fazendo a vontade do 398
    Mêncio sobre 318
    Xunzi sobre 410-412
Chac 104-105
Chan (escola) 283-285
Chandala 196
Chandogya Upanishads 134, 138
Channing, William Emery 674
Chefe de família
    brâmane 159-160
    ritos brâmanicos 131-133
Chen, Edward 426
Cherokees 48-58
    adivinhação 54
    animismo 52
    aparência física 48
    bruxaria 54
    cerimônia do Milho Verde 48

    coisas vivas 49-51
    costumes funerários 55
    guerra 56
    magia 54
    mitos de criação 48-49, 56-58
    mundo espiritual 52
    números sagrados 49
    parentesco com os animais 51-52
    ritos de intensificação 55-58
    ritos de passagem 54
    sacerdotes 52-54
    sol e lua 52
    xamãs e xamanismo 53
Chiang Kai-shek 423
Chie Nakane 434
China
    adivinhação 340-341
    adoração à terra 339
    ancestrais míticos 334-335
    antiga teoria da história 338-339
    bodhisattvas 269-272
    budismo na 280-281, 290
    comunismo na 424
    costumes funerários 343
    culto a espíritos localizados 341-342
    culto do céu 339-340
    corrupção 385
    Dao (caminho ou estrada) 337-338
    daoismo como filosofia 348-362
    daoismo como magia e religião 362-373
    difusão do budismo 263-266
    duas grandes tradições 348
    feudalismo 345-347
    formato da terra e do céu 336
    funções sociais e religiosas na antiga era feudal 345-347
    influência na cultura japonesa 435-437, 439-440
    monjas budistas 308
    observâncias nos lares 343-344
    povos do sul 346-347
    religião nativa 333-348
    religião no período moderno 423-427
    Revolução Cultural 424-425
    surgimento de escolas 348
    veneração aos ancestrais 36-37, 342-345

yang e yin 336-337
cf. tb. Daoismo
Chinvat
ponte de 479, 486, 487
Chou En-lai (primeiro-ministro) 424
Chthon 48, 78
Cibele 93
Ciência
conflito com a fé 687-688
no Atharva-Veda 126-127
Cinco
clássicos de Confúcio 382-385
grandes relacionamentos de Confúcio 389-390
grandes votos do jainismo 215-216
pilares do Islã 722-723
virtudes cardinais de Confúcio 385-386
virtudes constantes de Confúcio 394-395
Cingapura
e confucionismo 426-427
Cipriano 628, 632
Circuncisão
Dieri 42
e judaizantes 610
Cirilo (bispo) 630
Ciro o Grande 537, 541
Cisterciense (ordem) 651
Civilização micênica 71
Clarissas 652
Clemen, Carl 88, 97
Clemente de Roma 633
Clero
budismo tibetano 299-301
Coalizão cristã 689
Coisas vivas
Cherokee 49-51
Comenius (Komensky), Johann Amos 683
Comunismo
na China 424-425
Concepção imaculada 679
Concílio de Trento 656, 668, 669, 671

Condenação
visão germânica sobre 98-99
Conduta correta (ihsan) 715
Confúcio
Analectos 379-383, 387-388, 393, 399, 414
caráter 378-379
culto estatal a 421-423
e feudalismo 348-349
ensino religioso 396-398
ensinos 382-398
e pré-daoistas 349
Estado e famílias 345-346
morte 398
vida 379-380
Confucionismo
academicismo contido pelo racionalismo 413-414
e budismo 264-266, 291
culto estatal 421-423
e daoismo 399-401
e legalistas 403-406, 412-413
e Mao Zedong 424-426
em Cingapura 426
e Mêncio 406-409
e neoconfucionismo 416-421
enquanto ortodoxia de Estado 412-413
ensinos religiosos 396-398
e o homem superior 394-396
e o Meio Dourado 395-396
e os moístas 401-403
e Shintō 444-445
e simplicidade restaurada 422-423
e Wang Yang-ming 419-421
e Xun-zi 409-412
e Zhu XI 417-419
fontes 382-385
formação da escola 399
governantes e súditos 391-393
governo 392-393
hoje 426-427
influência na elite Shintō 442-443
mitologia 415
na República da China 423, 424-426
no Japão 444
piedade filial 390-391

posições rivais 399-406
retificação dos nomes 393-394
sincretismo 415-417
tradição de 348
veneração patrocinada pelo Estado 422

Confucionista
escola 399-416
sociedade 423

Congregacionais 673-674, 686

Conhecimento
caminho hindu do 158-168

Conjuração
cf. Feitiçaria

Consciência
e budismo 276-277, 279-280

Conservador
judaísmo 577, 580

Conso 87, 89

Constantino (imperador) 566, 628, 629, 644

Constantinopla 630, 632, 635, 639
queda de 640-641, 655, 729

Construções de igrejas
cristãs 626
orientais 640
cf. tb. Arquitetura; Catedrais

Contos etiológicos 28

Copta
cristianismo 633

Coreia
budismo na 266
influência na cultura japonesa 435-437

Cornford, J.M. 84

Corpo
atitude de Jesus em relação ao 599

Cósmicos
ciclos (kalpas) 140

Cosmogonia
aborígine australiana 42
budista 228
chinesa 334-336
indo-ariana 121-122

Cosmologia budista 258

Costumes funerários
BaVenda 46-47
Cherokee 55
Chinês 343
cristãos 628
Cro-Magnon 22, 23
Dieri 41
japoneses pré-históricos 435-436
maias 106-107
nas culturas primais 36-37
neandertal 20-21
no Japão 435-436
Paleolítico Superior 23
zoroastrianos 485, 492

Crânios humanos
neandertais 20-21

Credo
da Calcedônia 631
de Constantinopla 629, 676
niceno 629-630, 640, 643, 676

Creta
civilização minoica 71

Criação
cherokee 48
e teologia liberal 688
germânica 98-100
indo-ariana 121-122
maia 102
mito de 28
shintō 438
sumério-acádio 65
védica 127-129

Crisóstomo (santo cristão) 635

Cristianismo
"amor com entendimento" 613
antagonismo com os judeus 565-566
antiga Igreja Católica 623-640
como católico (universal) 620
como seita em ascensão 559
contracorrentes na Europa 671-675
copta 633
culto 616
difusão 615
e a era viking 99-101
e a Reforma Católica 668-671

e budismo 302-303
e catolicismo moderno 677-682
e helenistas 610
e jainismo 578
e judaísmo 573, 606
e os judaizantes 610
e protestantismo moderno 682-691
era apostólica 607-614
e sexualidade humana 693-694
eventos importantes 602-614
fontes 585-587
global 695
heresias e respostas 624-627
Igreja Católica Romana 498
Igreja Ortodoxa Oriental 640-643
Igreja Ortodoxa Oriental no mundo moderno 675-677
Igreja primitiva 614-620
Império Romano 605-606, 614, 627-628
influência no hinduísmo 190-191
influência sobre Maomé 708-709
"liberdade do espírito" 612
literatura 617-619
no Japão 444, 447-448
novos membros 617
organização da Igreja 617
perseguição sistemática 627-628
recentes tendências teológicas 691-695
Reforma Protestante 656-668
"segunda Igreja" popular 632
"senhorio de Cristo" 612-613
temas no ensino de Jesus 595-600
cf. tb. Igreja Católica: Igreja Ortodoxa Oriental; Jesus

Cro-magnons 21-23
  caça 21-23
  pinturas das cavernas 22-23
Cronos 76, 78
Crucificação de Jesus 606-607
Cruzadas
  e expulsões 570
  e muçulmanos 727
  saque de Constantinopla 640
Cultos
  baalismo 516

dionisíacos 81-82
do urso 20, 23
funerários 46-47
imperiais romanos 94
mistérios gregos 79-82
órficos 82

Cultura(s)
  e Islã 762-764
  pré-históricas 19-25, 435-436
Curandeiros
  Dieri 39
Curas
  BaVenda 45
  Cherokee 53
  de Jesus 595
  em templos gregos 72

Daena (consciência) 479, 486
Daevas 471, 475, 476, 477-478, 481
Daimons 78
Dakhmas ("torres de silêncio") 486, 489, 492-494
Dakshina 120, 132
Dalai Lama 301-302, 307-308
Dalits (os oprimidos) 196
Daly, Mary 693
Daniel, Livro de 549, 550, 552, 555
Dao (caminho ou estrada) 337-338
Dao De Jing
  e confucionismo 399-401
  e os legalistas 403-406
  ética 354-355
  filosofia 350-354
  invulnerabilidade mística 355
  sobre vida longa e imortalidade 363-363
  teoria de governo 355-357
  tratado 349
Daoismo
  como filosofia 348-349
  e aborígines (da China) 346
  e as mulheres 366
  e budismo 264-265
  e confucionismo 399-401, 412-413

e Estado 412-413
e feudalismo 347
e Laozi (Lao Tzu) 348-349
em formas tardias 369-370
e pré-daoistas 349-350
e vida eterna 362-363
e Zhuang-zi 357-362
hoje 372-373
invulnerabilidade mística 355
magia 367-368
mitologia institucionalizada 371-372
resposta ao budismo 370-371
sincretismo 415-417
sociedades 366
textos sagrados 367
tradição 348

Daojia (Tao-chia) 348

Dao-jiao (Tao-chiao) 348

Darshana (visão sobre a natureza das coisas) 162

Darwin, Charles
Origem das espécies 687

Dasam Granth 325-328

Dasas 117-118, 130

Dasturs 490

Davi (rei de Israel) 511

Davids, T.W. Rhys 257

Dayananda, Swami 191-192, 197

De (Te) 338

De Bary, W.T. 427

Débora 514

Décio (imperador) 627

Declaração de Colônia 682

Deísmo 682-683

Demareto 80

Deméter 71, 75, 76, 78, 79, 80-81, 92

Democracia
e judeus 575

Dengyo Daishi 443

Dervixes 758-759

Despertar da fé 277

Deus
Agostinho sobre 636-637
coigual com o diabo 485
no sikhismo 322-323
relacionamento de Jesus com 598

Deusa-mãe
Maia 104
na Idade da Pedra Média 24-25
Ninhursag (Aruru) 64
Paleolítico Superior 23

Deuses e deusas
cananeus 513
e filósofos gregos 84-85
e poetas trágicos gregos 82-84
gregos 72-77
semíticos 499
sumérios-acádios 63-65
teogonia de Hesíodo 77-78

Dêutero-Isaías 535

Deuteronômica(o)
código 534
reforma 526

Deuteronômio, Livro do 525

Devadatta 232

Deveres religiosos do Islã 715, 722-724

Devi (Durga, Kali) 179-180

Devoção
budista 233, 258-259
hindu 167, 168-177, 184-189
poesia 176-177

Dez Mandamentos 505

Dge-lugs-pa 300

Dhammapada 242, 244, 252

Dharma (forma de vida e pensamento) 115, 153, 154, 221, 238-245, 274

Dharmakara 282

Dharmakaya (Talidade absoluta) 279-280, 285-286

Dharmasastras 176

Dhyana 165, 243, 258, 283, 289, 419

Diabo
coigual com Deus 485
no Islã 719

Dia do Julgamento 552
Diana 86, 91, 92
Diáspora judaica 559
Dieri
   alto deus 42
   armas 38
   caça 38
   curandeiro 39
   dieta, longevidade e imortalidade 365
   estudo de caso 38-44
   fazedor de chuva 40
   ritos de puberdade 42-44
   rituais de alimentos 40-41
   rituais de morte 41
   totemismo 39, 40-41
Dieta de Worms 659-660
Digambaras (seita) 217-218
Digha Nikaya 352-353
Diocleciano 628
Diodoro Sículo 704
Diógenes o Cínico 81
Dione 73-74, 76
Dionisíaco
   culto 81-82
Dioniso 25, 72, 76, 79-81, 92
Direita religiosa
   no protestantismo 689
Dispater 95
Diva Angerona 89
Divindades
   árabes 703-704
   celestes da religião maia 104
   célticas 95
   como convidados no Japão 441-442
   daoistas 370-373
   germânicas 97-98
   gregas 72, 73-75
   hindu 177-184, 189
   imperadores como 370-372
   indo-arianas 122-123, 124-126
   iranianas 475
   kami 434
   litúrgicas 125-126
   maias 102, 104-105
   panteão Shintō 440
   panteão sumério-acádio 63-65
   romanas 86-88, 89
   Shintō 438-439
   zoroastrianas 481-482, 490
Di Yi (Terra) 369
Doação de Constantino 644
Docetismo 625
Domiciano 94
Dominicanos 651-656
Donar 97
Donatistas 638
Dong Zhongshu 412
Donner, Fred M. 709
Dosojin ("seres ancestrais das estradas" ou "seres ancestrais dos caminhos") 441
Dotes
   na Índia 198
Doutrina
   do caminho dourado 395-396
   do meio 383, 388, 390-391, 392, 399, 416
Druida(s) 95-97
   holocausto 97
Druj (a mentira) 476
Drusos do Líbano 757
Dualismo
   e cristianismo 650
   no bramanismo 167-168
Dukkha (tristeza ou sofrimento)
   no budismo 237-238
Dung Jung Shu 339
Duodecimanos 755
Durga; cf. Devi (Durga, Kali)
Dvaita (dualismo) 168
Dyaus Pitar; cf. Júpiter

Ea (Enki) 64, 65, 66-68
Eckhart, Mestre 653

Eclesiastes 551
Edgerton, Franklin 123
Edito de Nantes 664
Eduardo VI (rei da Inglaterra) 665
Edwards, Jonathan 684
Egito
   conflito com a Babilônia 527
   costumes funerários 37
   cristianismo no 633
   guerras com Israel 770
   israelitas no 502-505
   modernismo no 766
   muçulmanos no 770
Ek Chuah 105
El 511
Elementos
   longevidade e imortalidade 363-364
   veneração dos 33
Eliade, Mircea 162
Elias 516, 517, 572, 603
Eliseu 516
Elizabete I (rainha da Inglaterra) 665
Eloah (Elohim) 499-500
El-Shaddai 501-502, 504
Engajado, budismo
   movimentos de libertação budistas na Ásia 302
Engi-shiki 437
Enki (Ea) 64, 66
Enkidu 68
Enlil (Bel) de Nippur 64, 65-66
Éons 625
Épico
   babilônico 65-69
   hindu 176
Epístolas 619
Epona 96
Equino
   sacrifício 131
Era Viking 99
   mitos 99-101

Erbakan, Necmettin 766
Erdogan, Recep Tayyip 766
Eremitas
   brâmanes 161
   e monasticismo 633
Erínias (fúrias) 78
Eros 78
Errado
   certo e 477
Ervads 490
Escatologia (crenças acerca do fim do mundo) 596
Escócia
   Reforma Protestante 666-667
Escolástica
   católica romana 648-651
   confucionista 413-414
Escolha
   liberdade islâmica de 715
   para os hebreus 499
Escritura(s)
   autoridade da 659
   hebraicas 497, 498, 500, 567, 569
   hindu 145-146
   judaica 547, 550, 561
Esculápio 74, 88, 92
Esdras o Escriba 544-545
Esmolas
   no Islã 723
Esotéricas
   escolas do budismo 291-293
Espanha
   erudição judaica na 566-567
   Reforma Católica 668-669
Espírito dinheiro
   chinês 343
Espíritos
   adoração chinesa a espíritos localizados 341-342
   Cherokee 52-53
   crenças dos BaVenda 46-47
   do zoroastrismo 476
   e concepções árabes 703-704
   e semitas 499

Espírito Santo 610
   cristão 608, 617, 627, 631-632, 636, 639, 659
   hindu 168
   zoroastriano 476

Espontaneidade
   na filosofia Dao 352-354

Ésquilo 79, 82-83

Essênios 557, 558, 560, 589, 592

Estado
   antiga religião romana do 89-90
   confucionismo como ortodoxia 412-413
   culto a Confúcio 421-423
   e famílias chinesas 344-345
   e Shintō como ética nacional 449-450
   final supremo 417-418
   Shintō de santuários antes de 1945 450-453

Estados Unidos da América do Norte
   direita religiosa (política) 689
   Igreja ortodoxa 677
   metodismo 682
   muçulmanos negros 785-786
   Pársis em 493

Estágio da vida
   hindus 160-162

Estatuetas
   Índia pré-ariana 117

Estatuto sangrento 665

Ester 573
   Livro de 532-533, 552, 560, 562

Estêvão 610, 611

Estrutura social
   arianos 118-119

Estudo dos clássicos 413

Ética
   confucionista 385-390
   dharma budista como 239-245
   do Dao De Jing 354-355
   jaina 212-217
   Shintō 449-450

Etiológicos
   contos 28

Etruscos
   e a religião romana 86-87, 91

Eucaristia 643

Eurídice 81

Eurípides 79
   tragédias de 82-84

Europa
   judeus na 573-574
   religiões antigas 94-101

Europa Oriental
   judeus na 573

Evangelhos 618

Êxodo 502-507, 571

Expectativa e ritual 27

Ezequiel 534, 542

Fala (sentido)
   e jainismo 214

Falacer 89

Falun Gong 427

Família
   ariana 118-119
   Confúcio sobre 390-391
   deuses gregos como uma 76-77
   e o Estado chinês 345
   no budismo 239-240
   no Japão 441

Fard, W.D. 785

Fariseus 553, 554, 559, 560, 590, 600, 602, 608-609

Farrakhan, Louis 786

Farvadin 492

Fatímida
   califado 728-729, 758

Fauno 87, 89

Fa Xian 268

Fazedor de chuva
   Dieri 40

Fé
   conflito com a ciência 687-688
   cf. tb. Artigos de fé (Iman)

Feitiçaria
   Cherokee 53-54

Feitiçaria do amor
   Cherokee 53
Feminista
   teologia 693
Feng-shui 341
Fertilidade
   céltica 67
   germânica 98
   maia 104-105
   no Paleolítico Superior 23
   cf. tb. Ishtar
Festivais
   atenienses 79
   judaicos 571
   muçulmanos 760-761
   no Shintō de santuários 458
   no Shintō doméstico 459-460
   no zoroastrismo 492
Fetichismo
   BaVenda 45
   nas culturas primais 29-30
Feticídio
   na Índia 198, 199
Feudalismo
   na China 345-346
Fides 93
Filioque 638, 640
Filipe o Belo (rei) 654
Filipinas
   veneração 33
Filisteus 510, 511
Fillmore, Millard (presidente) 446
Filo 551
Filosofia
   daoismo como 348-362
   do Dao De Jing 350-355
   dos Upanishads 133
   e a Igreja Católica Apostólica Romana 649
   e culto órfico 81-82
   e os deuses gregos 84-85
   e teologia 649
   hindu 162-168

jaina 212-217
muçulmana 736
Fischer, Michael M.J. 776
Fogo, culto ao
   nas culturas primais 33-34
   no zoroastrismo 472, 479
Fogo, templos do
   zoroastrianos 491
Fontes
   sobre o budismo 222-223
Fortuna 93
Fórum
   Roma 94
Fox, George 675
França
   catolicismo moderno 677
   Cro-Magnons 22
   Igreja Católica Apostólica Romana 654
   Reforma Protestante 664, 676
Franciscanos 651-653
Francisco (papa) 682, 690
Francisco de Assis (santo cristão) 652
Frankfort, Henri 28, 32
Franklin, Benjamin 684
Fravashis 481, 484-485, 492
Frazer, (Sir) James G. 29
Frederico o Sábio 658, 660
Freyja 98
Freyr 98
Frigg 98
Fundamentalismo 688-689
Fung, Y.L. 394, 413
Fúrias (erínias) 78, 82-83
Furrina 89
Fu-xi 354, 363

Gabars 489
Gabriel (anjo) 552, 710-711, 718
Galileia
   escolas da 563-564
   no tempo romano 588-589

Gamaliel 608, 611
Gandhi, Indira 199-200, 328
Gandhi, Mahatma 174, 183, 186-187, 189, 196-197, 199-201
Gandhi, Rajiv 200, 305, 328
Gandhi, Sonia 200
Ganesha 179
Ganges (rio) 193
Gao Zu (imperador) 416, 421
Garuda 181
Gatas (hinos de Zoroastro) 471, 473, 474, 475-476, 477, 478, 479, 480, 481, 482, 485, 493
Gauleses 95
Gautama; cf. Buda
Ge Hong (Bao Pu-zi) 367
Geiger, Abraham 576
Gemara 564
Genebra 662, 663
Gênero
  diferença de gênero na Índia moderna 199
  e a Cabala 569
  e a não dualidade em Zen 287
  Hijras 189
  cf. tb. Mulheres
Gênios
  da casa imperial romana 94
  dos antigos homens romanos 88
Genku 282
Gennep, Arnold van 27
Genocídio 577
Germânicos 95, 97-101
Ghose, Aurobindo 200
Gilgamesh 67-69
Gimbutas, Marija 23, 24-25, 71, 72
Ginástica
  longevidade e imortalidade 364
Global
  cristianismo 695
Gnosticismo 625

Go-Daigo (imperador) 444
Goldziher, I. 717
Gomateshwara 218
Gong (Kung Kung) 335
Gopis 183-184
Gordura humana 39, 41
Goshala Makkhali (Maskariputra) 209-210
Götterdämmerung 99
Governantes e súditos
  Confúcio sobre 391
Governo
  e bom caráter 392-393
  teoria no Dao De Jing 355-357
Graduação social
  na antiga China feudal 345-347
Grande
  cisma 655
  despertamento 684
  saber 383, 390, 391, 399, 417
  santuário imperial de Isé 451-453
  tradição de brâmanes 177
Granth Sahib (guru) 328
Grega, religião
  deuses como família 76-77
  e Jesus 565-566
  e religião romana 86-87, 92-93
  festivais atenienses 79
  filósofos e os deuses 84-85
  influência no judaísmo 547-551
  influências primitivas 70-71
  observâncias cotidianas 78
  panteão 71-75
  poetas trágicos 82-84
  religiões de mistério 79-82
  Teogonia de Hesíodo 77-78
Gregório I o Grande (papa) 635
Gregório II (papa) 639
Gregório VII (papa) 644
Gregório XI (papa) 654
Gregório XII 682
Guan-yin 270

Guardiães da porta
  os Men Shen 372
Gudhun Chokyi Nyima 308
Guerra
  Cherokee 56
Guerreiro
  muçulmano 727
  Shintō 453-458
Gui (espíritos) 337, 342
Guillemin, Jacques Duchesne 476
Gunas (qualidades, vertentes) 163
Guomindang 423
Gurus
  hindus 188
  sikhs 319
Gyantsen Norbu 308

Habiru 501, 510
Hachiman 271, 443
Hackmann, Heinrich 249-250
Hades 68, 72, 76, 80
Hádice 701
  formação do cânon 729, 730
Hagadá 564, 565, 571
Hagar 705
Hajj (peregrinação) 705, 723
Halaká 563, 564
Hambalita
  escola do Islã 734
Hamestakan 487
Hamurabi 65
Han Fei 404, 410, 425-426
Hanuká 572-573
Hanuman 182, 184
Han Yu 416
Haoma (suco) 472, 478, 481, 483, 485, 492
Harakiri 454-455
Har Govind (guru) 324
Haridwar 185

Harijans 196
Harrison, Jane 74
Hashimitas 707, 713
Hasidim (hassídicos) 553, 574
Hatha Yoga 165, 277
Hatoor, Muyhee din 778
Haurvatat
  Ameretat 482
Hebreus
  cânon 560, 567, 575
  entrada em Canaã 509-513
  e Moisés 502-509
  exílio babilônico 531-537
  linguagem substituída pelo aramaico 546
  literatura 560-561
  pré-mosaico 499-502
  protesto e reforma proféticos 514-531
  tornam-se judeus 532
  cf. tb. Israelitas; Judaísmo
Hefesto 76, 84
Hel 98-100
Helenismo
  e cristianismo 609-610
  influência sobre o judaísmo 548-551
Hélio 75
Henoteísmo 123-124
Henrique II (rei da Inglaterra) 645
Henrique IV (imperador) 644
Henrique VIII (rei da Inglaterra) 665
Hera 72, 73-74, 76, 79, 84
Heráclito 84
Hércules 73, 92
Heresias
  no cristianismo 624-626, 640
  respostas a 626-627
  sūfīs acusados de 739-740
Hermes 72, 75-76, 78, 92
Herodes (rei da Judeia) 554, 556, 587, 591
Herodes Agripa I 558, 610
Herodes Antipas 587, 588, 593, 604

Herodianos 556, 558, 605
Heródoto 80
Heróis 78
Herzl, Theodor 577
Hesíodo
    Teogonia 77-78
Héstia 72
He Xian Gu 372
Hígia (Hygieia) 72
Higiene
    longevidade e imortalidade 364
Hijras 189
Hillel 561, 590, 608
Hinayana (budismo); cf. Teravada (budismo)
Hinduísmo
    atualmente 189-201
    bramanismo 129-146
    casta 129-146
    cerimonial 129-146
    definição 115-117
    desconfiança de muçulmanos 200
    diversidade de crença 115
    e budismo 182
    e mokṣa 143-144
    escritura 145-146
    mudanças no bramanismo 152-154
    nacionalismo 194
    ponto de vista alternativo 119
    popular 169
    posterior 129-146
    primitivo 117-146
    reação à ciência e religião ocidentais 190-195
    reforma social 195-200
    seitas 176
    três caminhos para a salvação 154-184
    Trimurti (tríade de deuses) 177-184
    vida devocional 184-189
    visão Sikh de 322
Hipócrates 72
Hiranyagarbha 122, 136
Hitogami 424
Hitti, Philip 726

Hödr 98
Holanda
    e a Reforma Protestante 664
Holocausto
    druidas 97
    judaico 520-521, 577-579, 581, 606, 680
    oferta queimada 79
Holtom, D.C. 440, 461
Homem superior 394-395
Homero 84
    deuses como uma família 76-77
    e sacrifícios 36
    Ilíada 74
    na religião grega 70
Homossexualidade
    e cristianismo 695
Honshu 439
Hori, Ichiro 442
Horóscopo
    hindu 186
Horton, W.M. 443
Howitt, A.W. 38, 42
Hraesvelg 99
Huan (imperador) 369
Huang Di 334
Huang-Lao 364
Hubal 705, 707
Hudson, Charles 50, 54, 56-57
Huguenotes 664, 671
Hui-neng 284
Hultkranz, Ake 104
Humanae Vitae 680
Humanidade
    Aquino sobre 650-651
    visão jaina das idades da 218
Humanismo
    no budismo 233
    no Renascimento 655
Hun ou shen (alma) 337
Hun Sen 306

Hunab Ku 102, 104
Hunhau 105
Hu Shi 393
Hussein, Saddam 757, 769, 777

Ibn-Hanbal 734
Ibn Nusayr, Muhammad 757
Ibn-Sīnā (Avicena) 736
Ícones e imagens
    na Igreja Católica Apostólica Romana 643
    na Igreja Ortodoxa Oriental 641-642
Iconoclasmo (movimento de destruição de imagens)
    no cristianismo 639
Idade da Pedra 20-24
    Cro-Magnons 21-22
    Neandertais 20-21
Idade da Pedra Antiga
Idade da Pedra Média 24
Idolatria
    horror islâmico à 763
Ignorância
    e caminho hindu do conhecimento 158, 167
Igreja Católica
    antiga 623-640
        controvérsia ariana 628-629
        crescimento do papado 632-633
        declarações doutrinárias 678
        divisão em leste e oeste 639-640
    e a Reforma Protestante 656-668
    e João XXIII 679-680
    e João Paulo II 681-682
    e modernismo católico 678-679
    e Paulo VI 680-681
    e protestantismo 671
    e teologia agostiniana 638-639
    e Vaticano II 679-680
    monasticismo primitivo 633-636
    na Idade Média 643-656
    no mundo moderno 677-682
    Reforma 668-672
    questões cristológicas 630-633

significando universal 623
cf. tb. Cristianismo; Jesus
Igreja Católica Apostólica Romana
    catedrais 646-648
    criatividade medieval 646-654
    declínio do papado 654-655
    diferença em relação à Igreja Ortodoxa Grega 642-643
    dissolução do monasticismo 661
    e as Reformas Protestantes 656-671
    escolástica 648-650
    ícones e imagens 641-642
    individualismo e liberdade 655-656
    misticismo medieval 653-654
    monasticismo 651-653
    na Idade Média 643-656
    reformas 655-656
    supremacia do papado 643-645
Igreja da Inglaterra 664-666, 672, 685
Igreja de Jesus Cristo dos Santos dos Últimos Dias; cf. Mórmons
Igreja Ortodoxa Oriental 640-643
    cristologia 643
    diferenças com 642-643
    doutrina 641-642
    e a Igreja Católica Apostólica Romana 676
    ícones e imagens 641-642
    no mundo moderno 675-676
Ijtihad 732
Ilha Abençoada 363
Imã 751-752
Imagens; cf. Ícones e imagens
Imortalidade
    e daoismo 362-368
Imperadores
    divinizados 370-371
Império Romano
    destruição de Jerusalém 558-559
    disseminação do cristianismo 614-615
    divisão de 639
    e cristianismo como religião de Estado 628
    e Palestina 587
    e sacrifícios 35-36
    influência sobre o judaísmo 555-557

Impermanência (anicca)
  crença budista na 237
Inanna de Uruk 64
Inari 450-459
Indara 471
Índia
  Ahmadiya 783
  bodhisattvas 269-270
  budismo na 310
  casamento de crianças 197-198
  controle britânico 197-198, 327-328
  declínio do budismo 267-269
  difusão do budismo 251-256
  diversidade de crenças 115-117
  estrutura social ariana 118-119
  indo-arianos na 117-118
  influências ocidentais 190-193
  liberalismo religioso 200-201
  muçulmanos na 317-318, 767
  mudança política 199-200
  Pársis na 485-486, 489-490, 491, 492, 493
  pré-ariana 117
  problemas de casta 195-197
  problemas populacionais 199
  secularismo 194
  surgimento do Budismo Mahayana 261-262
  viuvez 197-198
  zoroastrismo na 489, 491
Indivíduos
  julgamento de 479, 486-488
  pacto com 530-531
Indo-arianos
  bramanismo 120-121
  chegada dos 117-118
  conquista e acordos 129
  desafeição 143
  deuses primários 123-126
  divindades da terra e céu 122-123
  e espíritos 475
  e mokṣa 143-144
  estrutura social 85-86
  grupos étnicos 117-118
  Índia pré- 117
  no Irã 469
  origens cósmicas 121-122
  outros Vedas 126-127
  proximidade ao Período Védico 127-129
  Rig Veda 119, 120-121, 126-127, 131, 133-134
  ritos públicos 120
  sacrifícios rituais 121-122
Indonésia
  muçulmanos na 778-781
Indra 120, 123, 124
Indulgências
  venda de 655, 658
Infalibilidade 678
Inferno
  e zoroastrismo 487-488
  no daoismo 371
Inglaterra
  protestantismo em 672-674
  Reforma Protestante 664-666, 672
Iniciação, cerimônias de
  Dieri 42-44
  mitraísmo 482-483
Injustiça social
  Amós sobre 518-519
Inocêncio III (papa) 645-646, 652
Inquisição 669, 674
Intar 471
Intensificação
  ritos de 33
Intocáveis 196-197
Invasões indo-europeias
  em Roma 86
  na Grécia 71
  na Europa 95
Iqbal, Muhammad 767-768, 782
Irã
  culto ao fogo 472
  indo-arianos em 118, 469
  literatura persa 763
  muçulmanos em 773-777
  religião antes de Zoroastro 471-472
  zoroastrismo em 488-494
Iranis 489
Iraque 20, 777

Irineu 632
  Contra as heresias 626
Irlanda 95-96
Irmandade da Vida Comum 653
Isaac 502
Isaías 521-525
Isé 440, 444, 445, 451-453
Ishtar 64-65, 68, 69, 512, 525
  cf. tb. Anahita
Ishvara 166, 167
  cf. tb. Rama; Shiva; Vishnu
Ishvarakrishna 163
Ísis do Egito 93-94
Islã
  alternativa Shī'ah 750-758
  artigos de fé (iman) 715-720
  Cinco pilares 722-724
  credo muçulmano 723
  desenvolvimentos posteriores 758-761
  desenvolvimentos regionais 769-784
  difusão do 725-744
  e cultura 762-769
  e muçulmanos 701
  e os mongóis 729
  esmolas 723
  fé e prática 715-725
  inovação e sincretismo 784-787
  jejum durante o Ramadã 723
  lei Sharī'a 732-738
  misticismo 738
  movimentos em direção à inovação e ao sincretismo 784-787
  oração 723
  pensamento muçulmano 729-744
  peregrinação (hajj) 723-725
  primeiras controvérsias 730-731
  Profeta Maomé 707-715
  purificação Wahhabi 765
  significado 700
  sucessor para Maomé 725
  Sūfis 738-742
  Sunnīs 732-738
  um só Deus 715-716
  cf. tb. Árabes; Maomé; Muçulmanos

Ismailitas (septimâmicos) 755-756, 757-758
Israel 576
  e Palestina 581
  guerras com o Egito 769
  judeus em 581
  religião de 544
Israel da Moldávia 574
Israelitas
  e influências cananeias 513, 524
  entrando em Canaã 509-513
  e o tabernáculo 507
  migração dos 500-501
  no Egito 502-504
  no Sinai 504-506
  rituais 507-509
  cf. tb. Hebreus; Judaísmo
Itzamna 104
Ixchel 104
Ixtab 105
Izanagi 438, 440, 449
Izanami 438, 440, 449
Izumo 436, 441

Jabneh, Yavne
  escola de 562-561
Jacó 501
Jade
  imperador de 371
Jahangir 324
Jaidev 318
Jainismo 206-219
  cinco grandes votos 214-216
  dissidência do bramanismo 151-152
  e ahimsa 209-210, 214, 216, 219
  e ascetismo 209-211, 214-216
  ética 212-217
  filosofia 212-217
  forma de vida de Mahavira 208-212
  lógica 218
  prática laica no 216-218
  seguidores de Mahavira 217-219
  seitas 217-219

Janananda 188
Janata Dal 200
Jano 87, 89-91
Japão
   abertura ao comércio 446
   agnosticismo no 447
   ascendência Yamato 436
   budismo no 266-271, 280, 282, 290-295, 442-449, 458, 459, 462
   comércio com os Estados Unidos 445-446
   confucionismo no 442, 444-445
   Constituição de 1889 446
   cristianismo no 443-446, 447-448
   divindades convidadas no 440-443
   efeitos da cultura chinesa 435-439
   esforços em revisar o Mito Shintō 447-449
   famílias em 441
   festivais 458, 459-460
   Grande Santuário Imperial em Isé 451-453
   guerreiros 453-457
   influências ocidentais 447
   Mito Shintō do 438
   monjas budistas no 308
   origens étnicas 435
   reavivamento do Shintō 444-445
   restauração do Shintō 445-446
   santuários estatais antes de 1945 450-453
   Shintō como ética nacional 449-450
   Shintō de Estado 447-453
   Shintō de santuários hoje 457-458
   Shintō doméstico 459-460
   Shintō misto 443-444
   Shintō no 433-434
   Shintō sectário 461
Japji 319
Jasão 74
Jati (grupo familiar) 130, 143, 191, 195
Jejum
   durante o Ramadã 723
   judaico 571-573
Jenkins, Philip 631
Jeremias 527-531
Jerônimo (santo cristão) 635

Jerusalém
   capturada por Davi 511
   centralização da religião 526-527
   conquista dos babilônicos 527-528
   conquista dos romanos 557-559
   funções sacerdotais centralizadas em 526-527
   Igreja 610
   israelitas em 509-510
   Páscoa 604
   recaptura 549-550
   Reforma Deuteronômica 525
   retorno para 541-543
Jesuítas 670-671
Jesus
   atitude em relação ao corpo 599
   batismo 592-593
   como Filho de Deus 591, 598, 618-619, 629-630
   como Messias 603, 609
   confiança na natureza 599
   confrontos com as autoridades 604-605
   conhecimento da prisão e morte 603
   crucificação 589, 606-608
   discípulos 593, 595
   e gnosticismo 626
   ensinos de 595-602
   escatologia 597
   fontes 585-587
   infância e juventude 591-592
   início do ministério 593-595
   integridade 599
   julgamento contra 605-606
   nascimento 591
   oposição a 602-607
   relacionamento com Deus 598
   ressurreição 607-608
   sobre a moralidade 599-600
   sobre a retaliação 601-602
   sobre o amor 600-601
   tentação 592
   teologia grega ao redor 565-566
   Última Ceia 605
   vida de 591-595
   cf. tb. Igreja Católica; Cristianismo
Jeú 516

Jia Jing (Imperador) 422
Jiang Jie-shi 423
Jigai 454, 455
Ji Kang Zu 391
Jimmu Tenno 439
Jina (conquistador) 211-212
Jingu, Tensho Kotai 462
Jingu-ji 443
Jinja Shintō 449
Jinn 499, 704
Jivas (almas) 168
Jizo 271
Jnana Marga (Caminho do conhecimento) 158-168
Jnana Yoga 172
Jó 550
João (discípulo de Cristo) 586, 608, 610, 612
João (John – rei da Inglaterra) 645-646
João XXIII (papa) 679
João Batista 591-593, 598
João de Damasco 641-642
João Hircano 550, 554
João Paulo II (papa) 676, 681-682, 692, 695
Jodo-Shinshū, seita 282
Jódo Shú 282
Jomon (período) 435
Jonas (profeta) 550
Josias (rei) 525, 527, 531, 546
Josué 509, 542
   Livro de 509
Judá 524-525
   derrota pelos babilônicos 529-533
   entre impérios 527-528
   vassala da Assíria 525
Judaísmo
   a grande dispersão 557-561
   código sacerdotal 544-546
   conversões para 580
   e cristianismo 573, 578, 606
   efeitos de influências estrangeiras 550-554
   e sionismo 577
   e Vaticano II 680
   exílio babilônico 541
   influência do zoroastrismo 551
   influência em Maomé 708-711
   influência grega 548-551
   movimento conservador 577, 580-581
   na confecção do Talmude 561-565
   no mundo moderno 573-581
   nos períodos grego e macabeu 547-554
   ortodoxos 576, 580
   os judeus na Idade Média 565-573
   principais formas de 577-578
   reformado 575-576, 580
   sob governo romano 554-557, 606
   surgimento no período da restauração 542-548
   cf. tb. Hebreus; Israelitas
Judaizantes 610, 612
Judas Iscariotes 589, 605
Judas o Galileu 556, 557, 589
Judeus
   antagonismo com o cristianismo 565-566
   antissemitismo 581
   cânon 561, 562
   código sacerdotal 544-546
   como povo escolhido 536
   definindo a identidade 580-581
   desafio caraíta na Babilônia 567
   dispersão 557-561
   e Alexandre o Grande 548
   educação e estudo 561-565
   erudição 566-570
   expectativa messiânica 555
   expulsões 570
   festivais e festas 571-573
   filosofia 567
   hebreus se tornam judeus 532
   influência grega 548-551
   liderança teocrática 546
   na Babilônia 532-533, 566-567
   na Europa 574-575
   na Idade Média 565-573
   nos guetos 570-571, 573
   novos partidos no Período Romano 556-557

o Holocausto 577, 581, 606
opressão sob Antíoco Epifânio 549
pogroms 573, 576
rebelião 558-559
e independência 549-550
redenção por meio do sofrimento 536-537
respeito mútuo entre muçulmanos e 566
restauração para Jerusalém 537
ritual 545-546
sob o governo romano 589
surgimento dos partidos judaicos pós-exílio 552-554

Juízes
Livro dos 509, 513

Julgamento final 479, 486-487
Islâmico 720
pontos de vistas judaicos sobre 555-556
zoroastriano 486-487

Juliana de Norwich 654

Júlio César 94, 95-96

Juno 91, 93
espírito tutelar do sexo feminino da Roma antiga 88

Jun-zi 394, 395

Júpiter 86-91, 93, 95

Justiça
na Grécia homérica 77

Justino Mártir 616, 619

Ju Xi 420

Kabir (discípulo hindu) 318
Kagu-Tsuchi 438, 440
Kahn, Hermann 426
Kalevala 100
Kali; cf. Devi (Durga, Kali)
Kalpa Sutra 210
Kalpas (ciclos cósmicos) 140, 209
Kama (prazer) 153-154
Kami 266-267, 434, 442, 443-444, 448
Kami-dana (prateleira do deus) 459
Kamikaze
voluntários 455

kami-no-michi 434
Kanishka 261
Kapila 163
Kararu (classe) 39
Karma (feitos ou trabalhos)
crença budista no 233
interpretação jaina 212
Marga (Caminho das obras) 155-158
ponto de vista hindu sobre 141-144
Yoga 172
Karpans 481
Kaur 326
Kaurava 170
Kavis (nobres) 481
Kempis, Thomas
A imitação de Cristo 654
Kéres (poderes vagos) 78
Ketuvim 562
Khadija 708-710, 712
Khalsa ("os puros") 326
Khalsa Dal
separatistas 328
Khameni, Sayed (aiatolá) 776
Khan, Ayub 782
Kharijitas 731
Khatami, Mohammed 776
Khmer
império 306
vermelho 306
Khomeini (aiatolá) 773, 774, 775
Khuddaka Nikaya 252
Ki 65-66
Kimi, Kotani 462
Kingu 67
Kinich Ahau 104
Kitagawa, Joseph 443
Kittel, Rudolph 514
Knox, John 613, 663, 666
Koans 286-288

Kōbō Daishi 443
Kofun 435
Kogoshui 437
Koizumi, Junichiro 456
Kojiki 437, 438, 440, 445, 452, 456
Kong Fu-zi (Kung Fu-tzu); cf. Confúcio
Korê (donzela) 73, 75, 80-81
Krishna 170-175, 177, 182, 183-185
Kshathra (domínio) 476, 482
Kshatriya(s) 122, 130, 133, 142-144, 151, 171, 230-231
Kshitigarbha 271
Kublai Khan 296
Kukai 292-293
Kukulcan 105
Kunki; cf. Curandeiros
Kushans 261
Kutchi (seres sobrenaturais) 39
Kyushu 436, 439

Laden, Osama bin 765, 783-784
Lakshmi 168, 181
Lalita-Vistara 278
Lamas
  do budismo tibetano 300-302
  proeminência 268
  reencarnação 301-302
Landa, Diego de (bispo) 101-102, 106
Laozi (Lao-zi, Lao Tzu) 333, 348, 349, 369, 370, 371, 425
  origens 346
Larenta 89
Lares 87, 89
Latona 92
Leão I (papa) 632
Leão III (imperador) 639-640, 642
Legalistas (fa-jia) 346-347, 384, 403-406, 413
Legitimistas 725

Lei canônica
  conflitos com a lei civil 644
Lei de Moisés
  e judaizantes 610
Lei do Karma
  crença do Buda 233
  doutrina hindu 117
Lei, Escola da; cf. Legalistas (fa-jia)
Leigos
  e a missa 648
  e budismo 230, 252, 260-261
  regras jaina para 216-217
Levy, Rachel 22
Li 386, 395, 418
Liber 89, 92
Libera 92
Liberalismo
  do hinduísmo 190, 200-201
  e ciência e religião 688
Liberdade
  de escolha no Islã 715
  no Espírito 612
Líbia
  muçulmanos na 771-772
Lie-zi 368
Liga Americana Antidifamação 581
Li Hongzhi 427
Li Ji (Livro de ritos) 382, 385, 386, 389, 400
Limpeza pessoal no Japão 435
Lincoln, C. Eric 785
Lingayats 179, 197
Ling Bao 371
Linguagem
  árabe para o Alcorão 762-763
  uso japonês do chinês 436
Linton, Ralph 28
Lin Yutang 386, 397
Líquido Soma 118, 120-121, 123, 125
Li Shao-jun 364
Li Shi-min 370

Li Si 384, 410
Literatura
  do Budismo Mahayana 278-279, 280
  hindu 169-175, 176-177
  perso-muçulmana 764
  sagrada antiga, Shintō 437
Little, Malcolm 786
Lituânia
  judeus na 574
Liturgia
  divindades da 125-126
Livro das Mutações; cf. *Yi Jing*
Livro de história 382, 384
Livro de Mêncio 384
Livro de Mórmon 686
Livro de oração comum 666
Livro de piedade filial 399
Livro de poesia 339, 343, 385, 390, 393
Livro dos ritos; cf. *Li Ji*
Livros de Moisés 553, 562
Livros de sabedoria 550
Loehr, Max 514
Lógica
  jaina 218
Logos 550-551, 618-620, 624, 629, 630, 631
Loki 98, 100
Londres
  Pársis em 493
Longevidade
  e daoismo 362-368
Lótus da boa lei 290
Lótus Sutra 273, 290, 294
Louie, Kam 424
Loyola, Ignácio de 670
Lu, Duque de 345, 380, 392
Lua
  Cherokee 52
Lucano 95
Lucas, Evangelho de 586, 591-593, 599, 618, 626

Lugares sagrados
  hindus 184-185
Luís XIV (rei da França) 677
Lutero, Martinho
  autoridade das escrituras 659
  busca espiritual 657-658
  causa 660-661
  Dieta de Worms 659-660
  e os anabatistas 667-668
  e os judeus 573
  líder de reforma 658-661
  noventa e cinco teses 658-659
  sobre a competência religiosa 657
Luvhimba 47

Mabuchi, Kamo 445
Macabeus 549
Madhva 168
Madhyamika
  escola 275-276
Magi (sacerdotes) 480, 485-486, 490, 564
Magia
  aversiva 29
  Babilônia 69-70
  Cherokee 54
  contagiosa 29
  daoista 355, 366-367
  em culturas primais 29-30
  fertilidade 23
  para a caçada 22-23, 24
  para o crescimento de cabelo 127
  produtiva 29
  simpática 29
  tipos de 29-30
Mahabharata 118, 170, 176, 182, 183
Mahaprajapati 231
Mahasabha 201
Mahasanghika (membros do Grande Sangha) 253
Mahavairocana 280
Mahavastu 278
Mahavira 207, 208-213, 214-216, 217-218, 222-223
Mahayana (tipo de budismo)
  declínio na Índia 268-269

Índice analítico

erudição 278-279
escolas de pensamento na China e no Japão 280-295
escolas de pensamento na Índia 274-280
filosofias da religião 273-280
hoje 302-310
mensagem de ajuda aos outros 269-272
na China 263-266
no Tibete 295-302
similaridade do Budista e Vedanta 280
surgimento na Índia 261-263
tantrismo 277-279
Trikaya 279
Mahinda 255
Mahisha 180
Maia 76
Maia Kaqchiquel 106
Maia Quiche 102
Maimônides, Moisés 568, 569
Maitreya 133, 259, 270
Majjhima Nikaya 227, 245
Malaquias, Livro de 543
Malcolm X 786
Malinowski 26
Mal no zoroastrismo 476-479, 483-484
Mana
   crença no 31-32
Manassés (rei) 509, 524, 525, 526
Mandalas 277, 293
Mandamentos hebreus 505-506
Maniqueísmo 636
Manjusri 270
Mantras 277, 299-300
   zoroastrismo 484
Mantrayana 268
Manu, Código de 155-158, 159, 161, 169, 187, 196
Manyoshu 438
Maomé (Muhammad)
   a Hijra (a migração) 713
   cânones das Hádices 729-730
   chamado profético 710-711
   companheiros 725, 729
   condução por Deus 717
   despertamento religioso 709
   e o julgamento final 488
   e pontos de vista muçulmanos 701
   estabelecimento da teocracia em Medina 713-714
   guerra com Meca 714-715
   ministério em Meca 711-712
   Miraj (jornada noturna) 718
   morte 715
   nascimento e influências 707-709
   oposição em Meca 712-713
   sucessão 725, 752
   cf. tb. Islã
Mao Zedong (Mao Tsé-tung) 424-426
Marcionismo 626
Marco Aurélio 627
Marcos, Evangelho de 586, 593, 594, 595, 596, 602, 604
Mardana 319-320
Marduk da Babilônia 65-66
Maria (rainha dos escoceses) 666-667
Maria Tudor (rainha da Inglaterra) 665
Marte 89-91, 95
Martel, Carlos 639
Maruts 124
Matatias 549
Matéria (prakriti) 163-164
Mater Matuta 89
Mateus, Evangelho de 586, 591, 593, 595, 597, 600, 602, 605, 606, 618, 621
Matteri (classe) 39
Maya
   e shakti 180
   e sikhismo 320
May Day (festival) 96
McNeill, W.H. 24
Meca
   Caaba 704-705, 707

captura 756
como centro comercial 706
guerra de Maomé com 714-715
ministério de Maomé em 711-712
oposição a Maomé 712-713
peregrinação para 723-725
rivalidades internas 706-707

Medicina
cherokee 53

Medina

Meditação
budista 256-258, 283-289
hindu 172-173
jaina 214
neoconfucionista 419

Mediterrâneo Oriental
influência sobre a religião romana 93-94

Megástenes 195

Meiji (imperador) 447, 449, 455

Mêncio 345, 382, 394, 402, 406, 409, 410, 417, 421, 425

Mendelssohn, Moses 574-575

Menonitas 668, 673

Mercúrio 92, 95

Mesoamérica
religião maia 101-108

Mesopotâmia
religiões 38

Mesquitas 761

Messias
e Cabala 574
expectativas judaicas do 555-556, 596
Jesus como 603, 609
João Batista sobre 592
profecias do Dêutero-Isaías sobre o 537
títulos 555
visão de Isaías do 522-523
visão de Jesus sobre 598

Mestres celestiais 366, 373

Metodismo 682, 683-684

Mianmar; cf. Burma

Midrash 563

Miguel (anjo) 552

Miki, Nakayama 462

Milarepa 296

Milho Verde, Cerimônia do 48, 57-58

Milindapanha 235, 253

Mindari
cerimônia 44

Minerva 89, 91, 93, 95

Ming Di (imperador) 263

Minoica, civilização 71

Miqueias 524, 529

Mishima 456

Mishná 563, 564-565, 567

Missa
na catedral 647, 648
na Igreja Católica Apostólica Romana 651

Missão social
crença sikh in 323-324

Missionários
do budismo 255-256, 309
protestantismo 684, 687

Mistérios
de Elêusis 79, 81-81
escolas de mistérios do budismo 291-293
gregos 79-82, 85

Misticismo
católico romano medieval 653-654
feminino 654
muçulmano 738
sūfī 738-743

Mithra 122

Mitos
babilônicos 65-69
chineses ancestrais 334-335
confucionistas 415
da Era Viking 99-101
da primavera 68
de criação 28, 65-67, 98, 99-100
dilúvio 67-68
elevando a Zoroastro 481-482
e ritos 27-29
institucionalização dos mitos daoistas 371-373

semi-históricos 28
Shintō 436-441, 446, 447-450
Mitra 122, 125, 129, 271, 471, 475, 480, 482-483, 486, 492
Modernistas 687
Moira 77
Moisés
   em Midiã 503-504
   e os mandamentos 505-506
   e rituais 506-509
   êxodo para o Sinai 504-505
   importância de 502
   infância 503
Moístas 348, 400-403
Mokṣa 134-135, 143-144, 154
Monasticismo
   desenvolvimento do 661
   medieval 651-653
   primitivo 633-636
Monges
   budistas 255-258, 259-260
   jainas 218
Mongóis
   e o Islã 729
Mongólia
   budismo na 268
Monismo
   e bramanismo 134-135
   e caminho hindu do conhecimento 158-159, 167
Monjas budistas 255, 257, 308-310
   cf. tb. Mulheres
Monólitos maias 101
Monoteísmo
   israelita 508-509, 519
   reincidindo para o politeísmo 482-484
Mooney, James 48
Moralidade
   e os ensinos de Jesus 599-600
   e os indo-arianos no Irã 469-470
Moral Majority 689
Morishima, Michio 426

Morley, S.G. 103
Mórmons 686-687
Morte
   culto dos BaVenda 46-47
   e cherokees 55
   e culturas primais 36-37
   e Dieri 39, 41
   e divindades maias 105
   e germânicos 48-99
   e purificações zoroastrianas 484-486
   e ritos shraddha Hindu 156
Motoori 448
Movimento da Nova Vida 423
Movimentos de união das Igrejas 689-691
Mo-zi 401-403, 413, 425
Mu (duque de Qin) 343
Muawiya 728, 731
Mubarak, Hosni 771
Muçulmana(o)
   credo 722
   irmandade 769-771
Muçulmanos
   aspirações pan-árabes 768-769
   aspirações pan-islâmicas 768
   conquistas no Império Romano 639-640
   dervixes 758-759
   desconfiança dos hindus 200
   e árabes 700-701
   e budismo 268
   e cruzados 728-729
   e filosofia 736-737
   e veneração de santos 760-761
   e zoroastrismo 488-489
   festas 760-761
   festivais 760-761
   guerreiros 727
   hostilidade aos sikhs 324
   literatura 762-763
   na África 769-772
   na África Central 772-773
   na Índia 268, 317, 767-768
   na Indonésia 778-782
   na Líbia 771-772

na Turquia 765-766
no Afeganistão 783-784
no Egito 766-767, 769-771
no Irã 773-777
no Iraque 777-778
no Paquistão 782-783
nos Estados Unidos 785-787
pensamentos 729-744
respeito mútuo entre judeus e 565-566
Rohingya 304
Sunnī 732-738
visão Sikh dos 322
visões sobre as influências de Maomé 708-709
visões sobre Maomé 700-701
cf. tb. Árabes; Islã; Maomé; Shī'ah (xiitas)

Muir, John 33

Mulheres
caminho hindu da devoção 176-177
caminho hindu das obras 156-158
caminho hindu do conhecimento 159, 161
entre os arianos 119
e o budismo 231-232, 255, 257, 308-310
e o daoismo 366
e o dharma 154
e Shintō (sectário) 461-462
e teologia feminista 693
governando no Japão 436
jainas sobre 218
místicas 654
subordinação 199
xamãs e xamanismo 461-462

Muloi; cf. Bruxaria

Mumbai (Bombaim)
zoroastrismo em 493

Mundo visível
conexão com forças e espíritos invisíveis 19

Mura-muras (espíritos de heróis lendários) 39-41, 43

Murasaki (Senhora), O conto de Genji 438

Murdus (classes) 39

Murjitas 731

Muro das Lamentações 559

Murray, Gilbert 70

Museu (poeta grego) 85

Mussolini 639

Mustalis 757

Myoko, Naganuma 462

Nabi 514

Nabucodonosor (rei da Babilônia) 529-532, 541, 564, 566

Nabu de Barsippa 65

Nacionalismo
e budismo 301
Estado dos hebreus 511
hindu 194, 200

Nagarjuna 275

Nam-Marg 322

Nammu 66

Nam-tar

Nanak 317-319
antecedentes históricos 319-320
campanha itinerante 319-320
despertamento religioso 319
fundador do sikhismo 316
juventude 318

Nanak-panthis (seguidores de Nanak) 327

Nandi 179

Nanna (Sin) 64, 66

Nao, Deguchi 462

Não dualismo
de Zen 283-288
no bramanismo 166-167

Não existência
na filosofia Dao 351

Não injúria
e jainismo 215

Narayan, K.R. 201

Natã 515

Natureza
adivinhação céltica 96
divindades indo-arianas 124-125

e o Mito Shintō 441
Jesus e 599
na filosofia dao 252-253
na filosofia sankhya 163
religião dos cananeus 511
veneração da 499
Natureza humana
Agostinho de Hipona sobre 638-639
Nayanars (líderes) 177
Neandertais 20-22
Nebi'im 515
Necromantes 31
Neemias 543-545
Negra, teologia 691-692, 694
Nehru, Jawaharlal 200
Nemi (fazedor de vau) 217
Neoconfucionismo 416-421, 444
Neodaoismo 368-370
Neolítico 25
Neo-ortodoxia 688
Nero 94
Nerthus 98
Nestorianismo 630-631, 696, 708
Netanyahu, Benjamin 580-581
Netuno 89, 92
Nganga; cf. Xamãs e xamanismo
Nichiren (escola) 293-295
Nihongi ou Nihon Shoki (crônicas do Japão) 437
Nikaya, Majhima 226, 227
Ninhursag (Aruru, Nintu, Ninmah) 64
Ni-ni-gi 439, 451
Ninmah 64
Ninurta 65
Nirgrantha (asceta) 215
Nirvana 181, 229-230, 232-233, 242-244, 276
Niyati (destino) 209
Nizaris 757-758
Njörd 98

Nogi (general) 455-457
Nomes
retificação dos 393-394
Nominalismo 649
Norinaga, Motoori 445, 464
Norito 437
Nova Zelândia
Pársis na 493
Novo Testamento 585, 617, 626, 674, 686
Nu Gua (Nü Kua) 335-336
Numa 86
Numen (romano antigo) 87-88, 91
Números sagrados
Cherokee 49
Nusayrīs 757

Obras/trabalhos
caminho hindu de 154-158
execução hindu de 170
Observâncias
cristãs 618
diárias 491
Odoru Shukyo (seita) 462
Oferendas individuais maias 107
O-Harai (rito de purificação) 453
Ohrmazd 490
Oito
imortais 371
trigramas na adivinhação chinesa 340-341
virtudes confucionistas 423
Okinawa 461
Olimpo (monte) 76-77
Olmeca
cultura 102
O-mi-tuo 272
Omoto (seita) 462
Ops 87, 89
Oração
islâmica 722
maia 107
nas culturas primais 31

Orfeu 81-82, 85
Órfico
    culto 81-82
Organização social BaVenda 44
Oriente Médio
    tensões e fluxos pré-mosaicos 500-501
Originação dependente 236-237
Ortodoxo
    judaísmo 576, 580
Oseias (profeta judeu) 513, 519-520, 522
Osíris (Serápis) do Egito 83
Otomão 713, 728
Otomanos, turcos 729
Otto, Rudolph 25

Pã 78
Pacto
    com indivíduos 530
    Jesus e o 546
    judaico 502, 504-505, 506-507, 518-521, 525
    para um Estado sacerdotal 544-545
Padma-Sambhava 295
Países Baixos
    Reforma Protestante 664
Paleolítico Superior 23
Pales 87, 89
Palestina
    conquista romana 554, 556, 558-560, 587
    disputa pela posse 549-550
    e Israel 508-509, 581
    e sionismo 576-577
    pré-mosaica 500-501
    supremacia de Yahweh 516
Panchashikha 163
Panchen Lama 308
Pandavas 170
Pan Gu 335
Panis 129
Papado
    crescimento do 632-633
    declínio do 654-655
    e os estados da Igreja 639, 678
    erosão do poder 677
    Grande Cisma 655
    Gregório o Grande 635
    no Renascimento 655
    supremacia do 643-646
Papsukkal 68
Paquistão 200, 328, 782-783
Pares de cônjuges
    no Budismo Tântrico 296-297
Parinirvana 232
Parshva 208-209, 212, 217
Pársis 485-486, 486, 490, 492-493
Partido do Congresso, Índia 199-200
Parvati 179-180
    cf. tb. Devi (Durga, Kali)
Páscoa 504, 506-507, 546, 571
Patanjali 164
Patrício (ou Patrick, santo cristão) 96
Paulo (Saulo) 607, 610-614, 617-618
Paulo III (papa) 668
Paulo VI (papa) 679, 680-681
Pecado original 638, 662-663, 678
Pedro (apóstolo cristão) 607-608, 610, 611, 612, 618, 632-633
Penates 87
Peng-lai, a Ilha Abençoada 363
Peng Meng 350
Penitência
    na Igreja Católica Apostólica Romana 651
Penn, William 675
Pentateuco 502, 562, 575, 687
    samaritano 561
Pentecostes 608
Pepino o Breve 639
Peregrinação
    hajj (para Meca) 705, 723-724
    hindu 184-185

Período
  dos estados combatentes 346-347, 349, 399, 401, 404
  dos filósofos 413
  Gupta 175
Perséfone 75, 79, 80-81, 92
Perseguição da Igreja cristã 627-628
Pérsia; cf. Irã
Piedade filial (xiao) 390-391
Pietismo 683
Pilatos 604-606, 627
Pinda (bolotas de alimento) 156
Píndaro 82
Ping (imperador) 421
Pinnaru (cabeça) 39
Pinturas em cavernas 22-23
Pio IX (papa) 678
Pitágoras 82
Pítia 75
PL ("Perfect Liberty" – liberdade perfeita) Kyodan 462
Plantas
  alucinógenas 121, 472
  crenças cherokees 49-51
  veneração de 33
Platão 84-85, 482
  República 84
Plínio o Novo 615
Plínio o Velho 89, 95
Pluralismo jaina de duas camadas 213
Plutarco 81
Po 337
Poderes
  veneração e adoração de 32-34
Poesia
  devocional 176-177
  folclórica 100
  hindu 173
  livro de Poesia 339, 343, 385, 390
  persa 764

sūfi 739-740
tragédias gregas 82-84
cf. tb. Rig Veda
Pogroms
  na Europa 576
Polinices 83
Politeísmo
  grego 72
  semítico 499
Política
  e história do sikhismo 323, 328
  mudança na Índia 199-200
Polônia
  judeus na 573
Poluição
  e as divindades shintō de purificação 342
  horror dos japoneses pela 438
Pólux 92
Pomona 87
Pompeu 554
Ponte
  do Separador (a Ponte Chinvat) 479, 482-483
  flutuante do céu 438
Poole, Elijah 785
Popol Vuh 101-102
Populacionais
  problemas na Índia 199-200
Portuno (*Portunus*) 89
Poseidon 75, 76-77, 92
Posição
  na filosofia Dao 351
Possessão
  BaVenda 46
Povo comum
  e judaísmo 590
  e Reforma Protestante 656-657
  exigência por estudo 656
Povo ordinário
  e a religião chinesa antiga 345
  e jainismo 216-217
  e o hinduísmo 169, 175, 184-185

Prajapati 122, 128, 133, 134
Prajna (shesh rab tibetano, "percepção superior") 297
Prajna-paramita Sutras 278-280, 291
Prazer sexual
   e jainismo 214-215
Predestinação
   e Islã 715
Presbiterianismo 666-667, 672
Primais
   BaVenda 44-46
   características 25-38
   Cherokees 48-58
   culturas 19
   Dieri 38-44
Primitivismo chinês 279-280
Profanação
   aversão zoroastriana à 485-486
Profecia
   origens da profecia hebraica 514
Profetas
   da corte 515
   hebreus 514-531
   literários 517-524
   livros dos 562
   Zoroastro 481-482
Propriedade 386
Propriedade familiar
   religião cotidiana dos gregos 78
   ritos hindu 155-158
Protestantismo
   conflito entre ciência e fé 687-688
   e a Igreja Católica 671, 689
   e deísmo 682-683
   e o grande avivamento 684-685
   e o metodismo 683-684
   e o pietismo 683
   e os mórmons 686-687
   movimento missionário 685-686
   movimentos de união das Igrejas 689-690
   no mundo moderno 682-691
Provérbios 550

Psicologia
   interesse do Buda em 232-233
Ptolomeus do Egito 549
Puberdade, ritos de
   Cherokee 54
   Dieri 42-44
   Maias 106
Públicos, ritos
   bramanismo 130-131
   indo-arianos 121
Puja (adoração) 169, 184
Pura conversação, Escola da 368
Puranas (tradição antiga) 176
Purgatório
   crença no 643
Purificação
   Shintō 438-440
Purim 572-573
Puritanos 672-673
Purusha 122, 128, 134

Qi (ch'i) 409, 418
Qi (duque de) 407
Quatro
   livros do confucionismo 383-384
   Nobres Verdades (budismo) 238, 241
   objetivos (bramanismo) 152-154
   visões passageiras (lenda budista) 224-225
Queima de livros
   na China 384-386
Quietude
   na filosofia Dao 352
Quirino (deus da guerra) 89-91
Quirino (governador da Síria) 589, 591
Quraish (tribo) 704, 705, 707
Qur'ān (Alcorão)
   como revelação 701, 708
   criado 735-736
   direção de Deus através dele 718-719
   e zoroastrismo 488-489
   literatura e linguagem 762-763

o julgamento final 719-720
origens 710-711
Rabis 546, 553, 559
Racionalismo
contendo academicismo confucionista 413-414
escolas budistas de 289-291
Racismo
e sionismo 581
Radha 183
Radhakrishnan, Sarvepalli 197, 200
Rafsanjani, Hashimi (presidente) 754
Rahman, Fazlur 768
Rahner, Karl 680
Rahula 232
Rai Bular 318
Rajá (rajah) 118
Rajas (energia) 163
Rama 182-185, 186
Ramakrishna 180, 181, 188, 192-193, 195
Ramananda 318
Ramanuja 167-168
Ramsés II (faraó) 502
Rashnu 482, 486
Rashtriya Swayamsevak Sangh (RSS) 201
Ratnasambhava 297
Ravana 182
Razão
e revelação 649
Realismo
e nominalismo 649
Reciprocidade 388-389
Reencarnação
e Budismo Tibetano 301-302
e daoismo 366
Reflexão
modelos hindus 162-168
Reforma
luterana 660-661
social hindu 195-201

Reformas protestantes
anabatistas 667-668
dissolução do monasticismo 661
e a direita religiosa 689
e cristianismo 656-671
e João Calvino 662-663
e Martinho Lutero 657-661
e o judaísmo 573
fatores precipitantes 656-657
na Escócia 666-667
na França 664
na Inglaterra 664-666
na Suíça 661-662
nos Países Baixos 664
Reia 72, 76, 78
Reis, Livro dos 516, 525, 531
Reiyukai (seita) 462
Relativismo chinês 358-359
Religião maia
divindades 104-106
forma e sentido de tempo 102-103
formato do mundo 101-102
oferendas e orações individuais 107
ritos de passagem 106-107
sacerdotes, realeza e camponeses 103-104
sacrifícios 107-108
Religiões antigas 38
Europa além dos alpes 95-101
Grécia 70-85
Mesoamérica 101-108
Mesopotâmia 62-70
Roma 86-94
Remo 93
Ren (a raiz) 386-389
Renascimento 655
crença no budismo 233-237
sem transmigração 234-237
República Árabe Unida 769
Ressurreição
de Jesus 607
e judaísmo 552
e zoroastrismo 479
Retaliação
e os ensinos de Jesus 601-602

Revelação 708
   e razão 649
   islâmica 701-708
Reversão
   na filosofia Dao 352
Revolução Francesa 677
Rhys Davids, T.W. 257
Rig-Veda 119-121, 126-127, 131, 134
Rios
   como lugares sagrados hindus 184
Rishabha 217
Rissho Koseikai (sociedade) 462
Ritos
   de fertilidade 96
   de intensificação 33, 55-56
   de passagem 27, 54-55, 106-107, 155-158
   propriedade (lar, imóvel) 155
   puberdade 42-44
   públicos 120, 131
   Shintō doméstico 459-460
   shraddha 156
   zoroastrianos especiais 492
Ritos de purificação
   e templos do fogo 491
   nas culturas primais 35
   no Shintō 453, 459-460
   para a morte 484
Ritos domésticos
   Brâman 131-133
   bramanismo 156-158
Rituais de nascimento
   Cherokee 54
Ritual
   ansiedade do 26-27
   comida 40-41
   da missa cristã 647-648, 651
   desconfiança Sikh 322
   e expectativa 27
   e mito 27-29
   hindu 190
   israelita primitivo 507-508
   judaico 506-507, 545
   nas culturas primais 27-29, 40

   romano primitivo 88
   sibilinos 92-93
   cf. tb. Sacrifícios
Rochas
   veneração de 33, 499
Rodas de oração 299
Rolos do Mar Morto 560
Roma
   culto imperial 94
   cultos do Mediterrâneo Oriental 93-94
   fases finais 94
   influência etrusca 91
   influência grega 92-93
   religião antiga em 86-87
   religião em 86-91
   saque de 633, 638
Rombo (*bullroarer*) 43
Rômulo 93
Ronin 454
Rose, H.J. 79
Rosh Hashaná 546, 572
Roy, Ram Mohan 190
Rudra
   cf. tb. Shiva
Ruether, Rosemary Radford 693
Ru jiao 399
Rumi, Jalal al-Din 741-742, 759
Russa
   Igreja 675-676
Rússia
   judeus na 573-574
Ryobu Shintō 443-444
Ryukyu (ilhas) 461

Saadiah ben José 567
Sábado (Shabbat) 507, 533
Sabbah, Hasan 757
Sabedoria de Salomão 550
Sabinas (religião romana) 86
Sábio
   imagem de acordo com Zhuang-zi 358-360

Sacerdotes
  babilônicos 69-70
  cherokee 53-54
  hebreus 526
  judeus 553
  magi 480, 485-486, 490, 564
  maias 103
  romanos 92-93
  romanos antigos 89-90
  zoroastrianos 490
Sacerdotisas
  Pítia 75
Sachar, Abram 547
Sacramentos
  da Igreja Católica Apostólica Romana 650
  da Igreja Ortodoxa Oriental 643
Sacrifícios
  animais 483
  babilônicos 69-70
  célticos 96-97
  cerimonial público maia 107-108
  e adoração do fogo 472
  entre os romanos primitivos 89-91
  indo-arianos 120, 121-132
  nas culturas primais 35-36
  no bramanismo 130-131
  rituais brâmanes 120-121
Sacrifícios humanos
  célticos 96-97
  chineses 343
  maias 107-108
Sacro Império Romano-germânico 644, 654
Sadhus 188
Saduceus 552-553, 556, 582, 590, 608
Saemundr o Sábio 97
Sagrado
  temor diante do 25-26
Sakurai (tenente) 455
Saladino 568, 728-729, 758
Sallakhana 209, 216
Salomão 511, 515, 517, 525, 550
Salvação
  concepção no jainismo 213-214

e meditação 282
no Budismo Mahayana 269-273
três caminhos hindus 154-184
Sama-Veda 119, 126, 131
Samhitas (coleções) 119
Sammatiya 274
Samsara 140-141
Samuel
  Livro de 534, 547
  vidente hebreu 511, 515
Samurai 453
San Xian Shan 371
Sangha (ordem monástica budista) 230-231
Sankhya (escola filosófica) 158, 162-164, 208
Sannyasin (andarilho sem teto) 161, 188
Sante Asoke (seita) 305
Santidade
  dos brâmanes 187-188
  e os muçulmanos Shi'ah (xiitas) 752-753
Santos
  hindus 187-188
  veneração de 760-761
Sariputta 230, 240, 259
Sarvastivada 274
Sasana (sistema budista) 221
Sassânidas 480-488, 564, 726
Satã 477, 551
Satapatha-Brâmana 122, 131, 134
Sati (*suttee*) 157, 191
Satori 285
Sattva (claridade e bondade) 163
Saturno 87, 89
Saul 511, 514
Savitar 124
Savonarola 652, 656
Sayo, Kitamura 462
Schele 104
Schweitzer, Albert 587, 596
Secularismo
  duro 194

e hinduísmo 194
leve 194
na Turquia 765-766
Séforis
Galileia 588
Segunda Guerra Mundial
Japão na 455
o Holocausto 577, 581, 606
Seitas
hindus 176
Shintō 461-462
Selêucidas da Síria 549
Selos
Índia pré-ariana 117
Selu 56, 57
Sem casta 196-198
Semele 76
Semitas
religião dos 499
Senhorio de Cristo 612
Sen, Keshab Chandra 191, 193
Sephardim/sefarditas 570
Septuaginta 560
Sequyah 48
Ser (o próprio ser)
e a contenção jaina 214
e demonstrações hindus de controle 189
e o não apego budista 239-240
irrealidade do (anatta) 237
cf. tb. Atman (o eu interior)
Ser Supremo
Aristóteles sobre 85
crenças dos BaVenda 46-47
e aborígenes australianos 41-42
e a forma de nome plural 500
e israelitas 502-504
e o Deus único muçulmano 715-716
e religião védica 127-128
e semitas 500
e zoroastrismo 474
nas culturas primais 33-34
cf. tb. Allāh; Deus; Yahweh

Servetus, Miguel 674
Sete sábios do Bosque de Bambu, os 369
Sétimo Concílio Geral 642
Sexuais, técnicas
e longevidade e imortalidade 366
Sexualidade
e cristianismo 693
Shaiva (Shivaite) 176
Shaktismo 176, 180, 183
Tântrico 180
Shakya 223-224
Shakyamuni 272
Shamash (Utu) 64
Shang Di (governante imperial nas alturas) 339, 346, 371
Shang Yang (Sr. Shang) 404
Shankara 166-168
Shantarakshita 295
Sharadadevi 188
Sharia (lei) 732-738
Sharon, Ariel 581
Shen (espíritos celestes) 337, 342
Shen Dao (Shen Tao) 350, 404
Shen Nung 334
Shesha 168, 181
Shī'ah (xiitas)
Bahá'i 785
e Ali 750-751
e casamento temporário 754
e dissimulação 753
festivais 761
infalibilidade 753
literatura 764
moderados modernos 757-758
movimentos internos 756-757
no Irã 773-777
origens 730-731, 750
seitas 754-756
teologia de santidade 753
versão de sucessão 752

Shi Huang Di (imperador) 335-336, 347, 363-364, 384, 404, 406, 412, 415
  cf. tb. Zheng (duque de Qin)
Shimenawa (corda sagrada) 457
Shinbutsu Konko (Shintō e budismo mistos) 442
Shingon
  escola 291-292, 443
Shinran Shonin 282
Shintō 459-462
  como um culto aos ancestrais 437
  contexto 434-437
  de Estado 447-453, 456-458
  de santuários 457-458
  doméstico 459-462
  e as mulheres 460-462
  e budismo 437, 441-447
  e confucionismo 442-444
  e crescimento de novas religiões 461-463
  e cultura chinesa 435-438, 439
  e divindades convidadas 440-442
  e influências ocidentais 447
  e Japão 433-435
  e mito 438-441, 446, 447-449
  e o guerreiro 453- 457
  e o modelo familiar 441
  eruditos clássicos 445
  Escola Shingon 291
  e Tendai 290
  e Zen 285
  festivais 458, 459-460
  história do 441-447
  impureza e as divindades de purificação 439
  literatura sagrada antiga 437
  misto 442-444
  panteão 440, 443
  puro 445
  renascimento como religião separada 444
  restauração de 445-446
  ritos de purificação 453
  sectário 447, 461
Shiva 117, 176-177, 178-179, 181, 186-187
Shōtōku Taishi 267, 442
Shraddha (ritos) 156
Shruti (aquilo que é ouvido) 119, 133, 145

Shudras 122, 130, 142-143, 196
Shui Hu Zhuan 265
Shu Jing 382, 385
Shvetambara (seita) 208, 217
Sibilinos, Livros 92-93
Sidarta (*Siddhartha*); cf. Buda
Siddhas 213
Sikhismo 316-328
  antecedentes históricos de Nanak 317-318
  desconfiança do ritual 322
  e ensinos de Nanak 321-323
  e sincretismo 316
  e vida de Nanak 317-320
  história política 323-328
Simão o Zelote 589
Simão Pedro (apóstolo cristão) 592-595, 603
Si-ma Qian 364, 380, 381, 382, 399
Simon, G.E. 344
Simons, Menno 668
Sin (Nanna) 64
Sinagogas 533-534, 546
Sincretismo
  as três religiões 415
  e sikhismo 316
Singh, Govind (guru) 325-327
Singh, Marajá Dhulip 327
Singh, Manmohan 200, 328
Singh, Zail 328
Singhs 325-327
Sionismo 576, 577, 581
Síria
  conquista muçulmana da 725-726
Sita 182
Skandhas (estados de existência) 234, 236
Smith, Joseph 686
Smriti 133, 145
Sociedade Budista da Índia 268
Sociedade dos Amigos 674-675
Sócrates 78, 420

Sófocles 79, 82-83
  Édipo em Colono 83
Soka Gakkai (seita) 462
Sol
  e Cherokees 52
Soma 125-126
Song (dinastia) 416
Sophia a Éon 625
Spenta Mainyu (Espírito Santo) 476
Spiro, Melford E. 243
Sraosha 476, 482, 486, 490
Sri Lanka (anteriormente Ceilão)
  budismo em 255, 304
Srong Tsan Garm Po 295
Stayt, Hugh 44-45, 47
Sthaviravada 274
Stonehenge 96
Sturluson, Snorri 97, 98-99
Sucote 572
Sūfī 738-742
  acusados de heresia 739-740
  al-Ghazali 743
  dervixes 758-759
  moderados tardios 740
  poesia 741, 764
  primitivo 738-739
  punidos por puritanismo 765
  veneração de santos 760-761
Suíça
  Reforma Protestante na 661-662
Suicídio
  e o código Bushido 453-454
  sallakhana (morte por inanição voluntária) 216
Suiko (imperatriz) 442
Sul da Ásia
  budismo em sua primeira fase 222-245
  desenvolvimento religioso do budismo 249-310
  hinduísmo antigo 117-146
  hinduísmo posterior 150-197
  jainismo 153-219
  sikhismo 316-328

Sumérios-acádios 63-70
Sunnīs
  e a Sharia 732-738
Sunyata (vazio) 275
Sun Zhongshan 422, 423
Suovetaurilia (suíno, carneiro, boi)
  sacrifício 90
Surya 124
Susa-no-wo 436, 439-441, 449, 451-452
Suso, Henrique 653
Sutra Diamante 273, 278, 281, 284
Sutta Pitaka (discursos do budismo) 252
Svadharma (deveres) 171

Tabernáculo
  hebreu 507
Tabus 34
Tácito 95, 98
Tagore 180
Tai Ji (Grande Polo, Estado Final Supremo) 418
Tailândia
  budismo na 260, 305-306
  monjas budistas 308
  wat 259
Taiwan
  daoismo em 372-373
  monjas budistas 308
Tai Wu Di 366, 370
Tai Yi (unicidade final) 369
Tai Zong 422
Tales 84
Talibã 783-784
Talidade absoluta 277, 279, 280
Talmude 561, 564-570, 572, 574
Tamas (escuridão) 163
Tâmil 176-177, 305
Tammuz (Adonis) 68, 525
Tan Qiao 415
Tantras (tópicos) 176

Tantrayana 268
Tantrismo
   budista 277-279, 296-297
   e daoismo 366
Taoismo; cf. Daoismo
Tapas (chama interior) 134-135, 152, 214
Tara 270, 297
Taranatha 302
Tártaro (o abismo) 78
Tathagatas 271-273
Telo (*Tellus*) 87, 89
Temor diante do sagrado 25-26
Templos
   ausência entre os indo-arianos 120
   babilônicos 70
   clínicas gregas 72
   e confucionismo 422-424
   e hinduísmo 169, 175
   jainas 217
   judaico 541-543, 549
   maias 101
   romanos 93, 94
   zoroastrianos 490-491
Tempo
   obsessão maia com 102-103
Tempo de sonho
   aborígines australianos 42
Tendai (seita) 290-292, 443
Tenrikyo (seita) 461, 462
Tenzin Gyatso 307
Teogonia de Hesíodo 77-78
Teologia
   da libertação 693
   e filosofia 649
   feminista 693
   liberal 688, 693, 696
   negra 691-692, 694
   tendências contemporâneas na 691-695
Teravada (budismo)
   bodhisattvas 269
   caráter geral 256
   crenças 241
   em Burma 256-261
   em Sri Lanka 255
   estágios de Dhyana 258
   filosofia 273-274
   monjas 257
   mulheres em 308
   na Tailândia 305-306
   nome 253
   papel do monge 260-261
   reverenciando a perfeição do Buda 258
   rotina do monge 255-258
   vida devocional 259
Terceira Igreja 695
Teresa de Ávila 654
Término (numen –*Terminus*) 87, 89
Terra
   culto chinês à 339
   mãe 28, 71, 78, 440
   visão chinesa sobre 336
Terra Pura
   budistas da 281-283
Texto antigo, Escola do 385
Textos sagrados
   do daoismo 367
   Escrituras hebraicas 498
   linguagem dos judeus 548
Thich Nhat Hanh 307
Thompson, J. Eric S. 102, 103, 107-108
Thor 98-99, 100
Tiago (apóstolo cristão) 593, 610, 612, 619
Tiago (irmão de Jesus) 593, 607, 608, 610
Tiamat 65-67
Tian (céu) 340, 346
Tian Pian 350
Tian-tai (seita) 289-290
Tiberíades 563, 588
Tibete
   bodhisattvas 270
   budismo no 268, 295-302, 307-308
   monjas budistas no 308-310
   tantrismo no 277-278

Tirthankaras 217
Titãs (gigantes) 78, 83
Tito 561
Tiw/Tiwaz 97
Tokugawa, Shogunato 444-445
Torá 505, 544, 546-547, 553, 557, 563, 566, 567
Toronto
    Pársis em 493
Totemismo
    árabe 704
    BaVenda 44
    cherokee 51
    dieri 39, 40-41
    nas culturas primais 37-38
Toyo-Uke-Hime 440, 451
Transcendência
    budista vivendo rumo à 241-245
Transubstanciação 643, 646-648, 661
Três
    ilhas dos abençoados 371
    purezas 371
Tríade de deuses; cf. Trimurti
Tribos
    Dieri 38-44
Trikaya 279, 294
Trimurti 177-184
Tripitaka
    do budismo 252-253
Tsong-kha-pa 300-301, 397
Tsukiyomi 439, 440
Tung Chung-shu 413
Turbantes Amarelos 366
Turiya 139-140
Turquia
    secularismo na 765
Tyler, E.B. 32, 33

Udana 243
Uddaka Ramaputta 226
Uji-gami (divindade familiar) 441

Ultramontanismo 677
Umar 725, 727
Umíadas 713, 725, 728, 730, 731, 752-753, 755
Unicidade
    na filosofia Dao 352-353
Unitarianos 674
Upanishads
    e atman 137-138
    e Brâman 136-137
    e brâmanes 176
    e Consciência Pura (Turiya) 139-140
    e o Caminho do Conhecimento 158, 161-162, 164, 166-167
    e o sistema vedanta 166
    e o universo 122
    e reencarnação 140-142
    e ritual interiorizado 133-134
    e tendências em direção ao monismo 134-135
    filosofia dos 133
    unidade experiencial 139
Upaya 297
Urano 72, 78
Urso, cultos do
    Cherokee 51
    Neandertal 20
    Paleolítico Superior 23
Uruwana 471
Ushas 124
Utnapishtim 67, 68-69
Utu (Shamash) 64, 66

Vacas
    e Hera 73
    proteção hindu das 186-187
Vairocana 271, 297
Vaishnava (Vishnuite) 176
Vaishnavismo 176
Vaisya 122
Vaisyas 142-143
    e sistema de classes varna 129-130
Vajrayana 268, 277, 298

Valhalla 98, 99, 100
Valmiki, Ramayana 118, 145, 176, 182, 186
Varanasi (Benares) 185
Varna (classe de castas) 122, 129-130, 195
Varuna 125, 475
Vaticano I 678
Vaticano II 679-680
Vayu 124, 168, 475
Ve 99
Vedanta
    sistema 166-168
Vedas 116, 119, 122, 126-127, 130, 133, 176-178, 190-192, 470-471
Védica
    chegada dos indo-arianos 117-118
    conquista e acordo 129
    deuses primários 123, 126
    encerramento do período 127-129
    estrutura social ariana 118-119
    Índia pré-ariana 117
    outros vedas 126-127
    religião 117-129
    Rig Veda 119-121, 126-128, 131, 134
Vejove 89
Venda; cf. BaVenda
Vendetta
    lei da 706
Veneração
    de animais 499
    de Confúcio 421
    de poderes 32-34
    de vacas 186
    dos ancestrais 342-345
    dos santos 760-761
Vênus 92
Verdadeiro
    caminho antigo 445
    nome 320-322
Verethragna 483
Vermelho (budismo) 295-296
Vesta 87, 89, 90-91

Vhaloi; cf. Bruxaria
Vhavenda; cf. BaVenda
Victor Emmanuel (rei) 639, 678
Vida eterna
    e daoismo 362-363
Videvdat 484-487, 492
Vietnã
    budismo no 306-307
Vijnana (consciência) 276-277
Vilas
    observâncias hindus nas 184
Vili 99
Vinaya Pitaka (regras monásticas do budismo) 252
Vishist-advaita (monismo qualificado) 167-168
Vishnu 125, 167-168, 172-173, 176-178, 181-183, 185, 268
Vishtaspa 474
    e Zoroastro 481
Vishvakarman 122, 128
Viuvez
    na Índia 197-198
Vivekananda, Swami 180, 193
Vohu Manah (Bom pensamento) 473, 476, 477-478, 482, 492
Volturno 87, 89
Votos
    cinco grandes votos do jainismo 214-216
Vulcano 89
Vulgata 635

Wahhabi
    purificação 763
Walkabout 43
Wang Chong 414
Wang Qin-ruo 370, 372
Wang Tong 416
Wang Yang-ming 417, 419-421, 444
Wannsee
    conferência de 578

Wat
  vida devocional budista 259
Wesley, Charles 683-684
Wesley, John 683
Whitefield, George 683-684
Wieman, H.N. 443
Wilyaru (cerimônia)
  Dieri 43-44
Witthoft, John 57
Wodan/Odin 98-99
Wu Di (imperador) 283, 363-364, 412, 421
Wu Dou Mi Dao (seita) 366
Wu-wei (não agressão, ação sem interferência) 354-355
Wyclif, John 656
Wyrd 100

Xamãs e xamanismo
  BaVenda 44-45
  budistas no Japão 442-443
  Cherokee 53
  Cro-Magnon 22-23
  dervixes como 759
  e adivinhação 31
  mulheres como 461-462
  nas culturas primais 30
Xavier, Francisco 670, 671
Xenófanes 84
Xian (hsien) 362
Xian Zong 416
Xiitas; cf. Shī'ah
Xin (hsin) 386
Xuan de Chi (rei) 408
Xuan Zhuang 268
Xun-zi 383, 386, 404, 406, 409-413, 417, 425

Yahweh 502-507, 510-511, 513-516, 518-522, 525, 526-527, 530
Yajnavalkya 133
Yajur Veda 119, 126
  e Brâmanas 131

Yama 125
Yamato 439, 441
  clãs 436
Yang ou elementos leves 335-337, 341, 351
Yang Zhu 349-350, 369
Yan Huei 382
Yasht 485
Yasna 492
Yayoi 435
Yazads 490
Yazatas (anjos ou subdivindades) 482, 484
Yi (retidão pela justiça) 386
Yi Jing (Livro das mutações) 340-341, 381-382, 384-385
Yin (elementos pesados) 335-337, 341, 351
Ymir 99
Yoga
  de meditação 172-173
  sistema 164-166
  unindo, ligando 152, 162
Yogacara 276-277
Yogins 188
Yom Kippur 546, 572, 770
Yomi
  terra de 439
York Minster
  missa em 647
Younan, Munib A. (bispo) 690
Yu Huang 371
Yum Kaax 105

Zacarias 543
Zadoque 546
Zaehner, R.C. 477
Zaid 709, 712
Zaiditas 754-755
Zakkai, Johanan 561
Zamzam 705, 715
Zao Shan (deus da lareira) 372

Zarathustra; cf. Zoroastro
Zartusht Namah 481
Zelotes 556, 558, 559, 588-589
Zen (escola) 283, 285-289
Zeus 71-72, 73-75, 76-80, 82-83, 84
  cf. tb. Dyaus Pitar; Júpiter
Zhang Daoling 366
Zhang Jue 366
Zheng (duque de Qin) 347, 384
Zheng Huang (o deus da cidade) 372
Zheng-ming (princípio) 393
Zhen-yan (escola da "Palavra verdadeira") 291-292
Zhen Zong 287
Zhi (sabedoria) 386
Zhi-Yi 289-290
Zhong-ni; cf. Confúcio
Zhong Yong 385
Zhou (duque de) 397-398
Zhou (império) 340, 346-347
Zhuang-zi
  como o filósofo sereno 360
  ensaios de 357-362
  e relativismo 358-359, 425
  imagem de um sábio 359-360
  primitivismo de 361-362
  sobre atitudes 350
  sobre confucionismo 400
  sobre Laozi 348-349
  sobre vida longa e imortalidade 362-363
Zhu Xi 406, 444-445
Zhu-xi 383, 417-421
Zia-ul-Haq, Muhammad 782
Zigurates 70

Zimmer, Heinrich 128
Zi Si 383-388, 399
Ziyu 350
Zoroastrismo
  culto e observâncias diárias hoje 491-492
  dias atuais 488-493
  e cerimônias 478, 490
  e hinduísmo 117
  e muçulmanos 488-489
  ensinos de 474-479
  e o bem e o mal 476-479, 484
  e o julgamento final 486-488
  e o Ser Supremo 474
  e Spenta Mainyu (Espírito Santo) 476
  e templos do fogo 491
  evitando profanação 485-486
  e zurvanismo 485
  influência sobre o judaísmo 551
  no Irã 489
  monoteísmo rumo ao politeísmo 482-483
  origens 469-471
  problemas de modernização 493-494
  religião do Avesta Posterior 480-488
  ritos especiais do 492
Zoroastro
  ensinamentos de 474-479
  experiência de revelação 473-474
  mitos elevando-o 481-482
  morte 474
  vida de 472
Zorobabel 541, 543
Zou Yan 336
Zu 66
Zurvan dos Medos 480
Zurvanismo 485
Zwínglio, Ulrich 661-664, 667-668

Conecte-se conosco:

 facebook.com/editoravozes

 @editoravozes

 @editora_vozes

 youtube.com/editoravozes

 +55 24 2233-9033

www.vozes.com.br

Conheça nossas lojas:
www.livrariavozes.com.br

Belo Horizonte – Brasília – Campinas – Cuiabá – Curitiba
Fortaleza – Juiz de Fora – Petrópolis – Recife – São Paulo

EDITORA VOZES LTDA.
Rua Frei Luís, 100 – Centro – Cep 25689-900 – Petrópolis, RJ
Tel.: (24) 2233-9000 – E-mail: vendas@vozes.com.br